DICTIONARY OF
MEDIEVAL LATIN
FROM BRITISH SOURCES

FASCICULE VI

M

DICTIONARY OF
MEDIEVAL LATIN
FROM BRITISH SOURCES

Fascicule VI M

PREPARED BY

D. R. HOWLETT, M.A., D.Phil., F.S.A.

With the assistance of

J. BLUNDELL, B.Phil., M.A., Ph.D.,
T. CHRISTCHEV, M.A.
and C. WHITE, M.A., D.Phil.

UNDER THE DIRECTION OF A COMMITTEE
APPOINTED BY THE BRITISH ACADEMY

Published for THE BRITISH ACADEMY
by OXFORD UNIVERSITY PRESS

Oxford University Press, Great Clarendon Street, Oxford OX2 6DP

Oxford New York

Athens Auckland Bangkok Bogotá Buenos Aires Cape Town
Chennai Dar es Salaam Delhi Florence Hong Kong Istanbul Karachi
Kolkata Kuala Lumpur Madrid Melbourne Mexico City Mumbai
Nairobi Paris São Paulo Shanghai Singapore Taipei Tokyo Toronto Warsaw
and associated companies in Berlin Ibadan

Oxford is a registered trade mark of Oxford University Press
in the UK and in certain other countries

British Library Cataloguing in Publication Data
Data available
ISBN 0–19–726240–6

Typeset by John Waś, Oxford
Printed in Great Britain by
Bookcraft Ltd
Midsomer Norton, Somerset

MEMBERS OF THE COMMITTEE

PREFACE TO FASCICULE VI

With the present fascicule the second half of the Dictionary begins. It is a pleasure to acknowledge the generous financial support received by the Dictionary over the last four years from several sources, first and foremost the Arts and Humanities Research Board (and its predecessor the Humanities Research Board), and also the British Academy and the University of Oxford. The Dictionary has continued to enjoy the hospitality of the Bodleian Library. Completion of this fascicule coincides with the retirement of Mrs Lorna Lyons as Editorial Assistant after nineteen years of indispensable service. We also wish to thank Professor J. D. Latham for provision of etymologies for words derived from Arabic, Dr Margaret Bent for help with musical entries, Mr Alan Piper for supplying quotations from unpublished sources, and Mrs Jeannie de Vries and Miss Sarah Yardney for valuable voluntary work.

During the period the Dictionary was adopted as a Research Project of the Faculty of Literae Humaniores in the University of Oxford.

J. N. Adams

SUPPLEMENTARY BIBLIOGRAPHY

Abbotsford Club for 1883 read 1833.

Ac. Bristol Castle Accounts of the Constables of Bristol Castle (1221–84), Bristol Rec. Soc. XXIV (1982).

Ac. Cust. Hull Customs Accounts of Hull 1453–1490, Arch. Soc. Yorks Rec. S. CXLIV (1984).

Ac. Galley Lyme Building of the Lyme Galley 1294–96 (*KRAc* 5/21), Dors Nat. Hist. & Arch. Soc. Proc. CVIII (1981), 41–4.

Ac. Galley Newcastle add = *KRAc* 5/20.

Ac. H. Buckingham Account of the Great Household of Humphrey, 1st Duke of Buckingham (1452–3), Camd. Misc. XXVIII, Camd. 4th S. XXIX (1984) 11–55; *v. et. Comp. Dom. Buck.*

Ac. Obed. Peterb. Account rolls of the Obedientiaries of Peterborough (1329–1535), Northants Rec. Soc. XXXIII (1983).

AcWardr add *TRBk* 203 published as The Wardrobe Book of William de Norwell, 12 July 1338–27 May 1340, ed. M. Lyon, B. Lyon, and H. S. Lucas (Brussels, 1983).

ADEL. Elem. The First Latin Translation of Euclid's Elements Commonly Ascribed to Adelard of Bath, Books I–VIII and Books X. 36–XV. 2, ed. H. L. L. Busard, Studies & Texts LXIV (Toronto, 1983) [by bk. & prop.].

AD. EYNS. Hug. add corr. rept. 1985.

AD. WODEHAM Indivis. *Tractatus de indivisibilibus* (*c*1324), ed. R. Wood, Synthese Historical Library XXXI (Dordrecht, 1988); **Lect. B** superseded by *Adam de Wodeham Lectura Secunda in Primum Librum Sententiarum*, ed. R. Wood & G. Gál, 3 vols. (St. Bonaventure NY, 1990) [by dist. & quaest.].

ÆLF. Æthelwold superseded by Wulfstan of Winchester The Life of St. Æthelwold, ed. M. Lapidge & M. Winterbottom, Med. Texts (1991), app. A 71–80 [by sect.]; **Gram.** for AN gl. see *Teaching Latin* I 101–18.

AILR. Comp. Spec. Car. [by cap. & col. of *PL* CXCV]; **Ed. Conf.** add (wr. 1163); **Serm.** *Aelredi Rievallensis Sermones I–XLVI*, ed. G. Raciti, *CC cont. med.* IIA (1989) [by no., sect., & col. of *PL*].

ALDH. VirgP add glosses also ed. M. Richter, Die altenglischen Glossen zu Aldhelms 'De laudibus virginitatis' in der Handschrift BL, Royal 6 B. VII (Munich, 1996).

ALEX. ASHBY Alexander of Ashby O. S. A. [*ob. a*1214] **Biblia** *Biblia Versificata* ed. G. Dinkova-Bruun (forthcoming) [by line].

Anc. Kal. Exch. Sir Francis Palgrave: The Antient Kalendars and Inventories of the Treasury of His Majesty's Exchequer (1836) [by vol. & p.].

ANDR. S. VICT. Dan. *Expositio super Danielem*, ed. M. Zier, *CC cont. med.* LIIIF (1990); **Ezech.** *Expositio in Ezechielem*, ed. M. A. Signer, *CC cont. med.* LIIIE (1991); **Hept.** *Expositio super Heptateuchum*, ed. C. Lohr & R. Berndt, *CC cont. med.* LIII (1986); **Reg.** *Expositio Hystorica in Librum Regum*, ed. F. A. van Liere, *CC cont. med.* LIIIA (1996); **Sal.** *Expositiones Historicas in Libros Salomonis*, ed. R. Berndt, *CC cont. med.* LIIIB (1991).

AN Med. Tony Hunt: Anglo-Norman Medicine, 2 vols. (Cambridge, 1994, 1997).

Ann. Exon. Annals (17 B.C.–A.D. 1333, w. addition of app. contemporary narrative of Peasants' Revolt, 1381), in *Cart. S. Nich. Exon.* f. 5–22.

Ann. Lond. for 1311 read 1330.

Ann. Worc. for 365 read 355.

ARNULF Ep. Arnulf of Lisieux [*ob.* 1182], *Epistolae* (1166–81), ed. F. Barlow, Camd. 3rd S. LXI (1939) [by date & no.].

BACON CSTheol. add (1292); also ed. T. S. Maloney (Leiden, 1988).

BALD. CANT. Commend. Fid. superseded by *Sermones de Commendatione Fidei*, ed. D. N. Bell, *CC cont. med.* XCIX (1991) [by col. of *PL*]; **Serm.** *Sermones, Ib.* [by no., sect., & col. of *PL*].

BALSH. Ut. also with text in *Teaching Latin* I 171–6; gl. *Ib.* II 37–62.

BART. ANGL. from fasc. V cited from ed. (Frankfurt, 1601) w. ME from John Trevisa's translation, ed. M. C. Seymour, 3 vols. (Oxford, 1975).

BEDE Acts superseded by *CCSL* CXXI (1983) 1–99 [by col. of *PL*]; **Ep. Cath.** *In Epistolas VII Catholicas, CCSL* CXXI (1983) 181–342 [by col. of *PL* XCIII]; **Nom. Act.** *Nomina Regionum atque Locorum de Actibus Apostolorum, CCSL* CXXI (1983) 167–78 [by col. of *PL* XCII]; **NR** *De Natura Rerum Liber, CCSL* CXXIIIA (1975) 173–234; **Retract.** superseded by *CCSL* CXXI (1983) 101–63.

BERN. Comm. Aen. Bernard (?) of Cerne and Chartres *Commentum quod dicitur Bernardi Silvestris super sex libros Eneidos Virgilii* (12c.), ed. J. W. & E. F. Jones (Lincoln NE & London, 1977).

Best. Ashmole Bestiary from MS Ashmole 1511 in the Bodleian Library, Oxford (*c*1200), ed. F. Unterkircher and X. Muratova (Graz and Paris, 1982–4) [by f.].

BISSET dossier dated to 1301 (*Gt. Cause Ed. I* II 395); also ed. in Goodall's *Scotichron.* II 192–218 (v. FORDUN *Cont.*), and in W. F. Skene: *Chronicles of the Picts, Chronicles of the Scots* (Edinburgh, 1867) 232–84.

BLAKMAN read [*ob. p*21 May 1471].

BONIF. Carm. for 16–20 read 16–23; **Pen.** *Poenitentiale S. Bonifacii*, ed. A. J. Binterim, Die vorzüglichsten Denkwürdigkeiten der Christ-Katholischen Kirche (Mainz, 1829) V iii 430–6.

BOWER Walter Bower *Scotichronicon* XVI books in IX vols. gen. ed. D. E. R. Watt (Aberdeen, 1987–), supersedes FORDUN *Cont.*

BRADW. AM superseded by ed. M. Carruthers in *JML* II (1992) 35–41 [by line].

Brev. Hyda The monastic Breviary of Hyde Abbey, Winchester, I HBS (LXIX), II (LXX), III (LXXVI), IV (LXXVIII), V (LXXI), VI (LXXX).

BURGINDA An Unpublished Seventh- or Eighth-Century Anglo-Latin Letter in Boulogne-sur-Mer MS 74 (82), ed. P. Sims-Williams, *Medium Ævum* XLVIII (1979) 10.

BYRHT. Man. superseded by *EETS Sup. S.* XV (1995), cited by p. of ed. Crawford *EETS* CLXXVII.

Cal. PIRJews Calendar of the Plea Rolls of the Exchequer of the Jews, ed. J. M. Rigg, H. Jenkinson, & H. G. Richardson, 4 vols., Jewish Historical Society of England (1905–72) [I–III by p., IV by no.].

Canon. G. Sempr. The Book of St. Gilbert (of Sempringham, Lincs) [*ob.* 1189] (wr. 1201–2), ed. R. Foreville & G. Keir, Med. Texts (1987) [by f.]; replaces extr. of *V. G. Sempr.* and *Canon. G. Sempr.*, ed. R. Foreville, Un procès de Canonisation: le Livre de Saint Gilbert de Sempringham (Lille, 1943) [by f.].

Cant. Coll. Ox. add IV, OHS NS XXX (1985).

CAPGR. Exod. *In Exodum*, MS Bodl. Duke Humfrey b. 1; **pref.** *praefatio*, Bodleian Library Record XI (1982–5) 20–5.

Cart. Blythburgh Blythburgh Priory Cartulary (12c.–13c.), 2 vols. Suffolk Charters II–III (1980–1) [by no.].

Cart. Buckfast Fragment of the Cartulary of Buckfast Abbey [Devon] (12c.–1314), in *Reg. Exon. 1327–69* V 1563–1610 [by no.].

Cart. Burscough Cartulary of Burscough Priory [Lancs] (*c*1189–1394), Chetham Soc. 3rd S. XVIII (1970) [by no.].

Cart. Carisb. The Cartulary of Carisbrooke Priory, ed. S. F. Hockey, Isle of Wight RO (1981) [by no.].

Cart. Chester from fasc. V [by no.].

Cart. Clerkenwell for LXXVII read LXXI.

Cart. Daventry Cartulary of Daventry Priory (12c.–14c.), Northants Rec. Soc. XXXV (1988) [by no.].

Cart. Glast. for LXII read LXIII.

Cart. Haughmond The Cartulary of Haughmond Abbey, ed. U. Rees, Cardiff 1985 [by no.].

Cart. Holyrood for LXX read LXXIV.

Cart. Hosp. Essex Cartulary of the Knights of St. John of Jerusalem in England, MS BL Cotton Nero E vi (comp. 1442): *Secunda Camera* [Essex] (12c.–15c.), ff. 289–467v, ed. M. Gervers, Rec. Soc. & Econ. NS VI (1982) [by no.].

Cart. Leiston Leiston Cartulary, Suffolk Charters I (1979) [by no.].

Cart. Loders Cartulaire de Loders [Dors] (12c.–c1310), ed. L. Guilloreau (Évreux, 1908).

Cart. Reading Reading Abbey [Berks] Cartularies (12c.–14c.), Camd. 4th S. XXXI, XXXIII (1986–7) [by no.].

Cart. Shrewsb. for Shrewbury read Shrewsbury.

Cart. Sibton Sibton Abbey Cartularies and charters (1150–), 4 vols. Suffolk Charters VII–X (1985–8) [by no.].

Cart. S. Nich. Exon. Cartulary of St. Nicholas' Priory, Exeter [Devon] (mainly 12c.–13c. charters, w. 14c. additions), MS BL Cotton Vitellius D ix f. 24–182; *v. et. Ann. Exon.*

Cart. Stoke by Clare Cartulary of Stoke by Clare, 3 vols. Suffolk Charters IV–VI (1982–4) [by contin. no.].

Cart. Thame Thame Cartulary (12c.–13c.), Oxon Rec. Soc. XXV–XXVI (1947–8).

Cerne add **app.** appendix of prayers from MS BL Royal 2 A xx ff. 1–51b pp. 201–25.

Ch. Abingd. Charters of Abingdon Abbey, ed. S. E. Kelly, ASC VII–VIII (2000–1) [by no.].

Chanc. Misc. for C. 47 read C. 242–260.

Chap. Ripon Acts of the Chapter of Ripon (1452–1506), Surtees Soc. LXIV (1875).

Ch. Chester Charters of the Anglo-Norman Earls of Chester c1071–1237, ed. G. Barraclough, Lancs & Chesh Rec. Soc. CXXVI (1988) [by no.].

Ch. Crosraguel Charters of the abbey of Crosraguel, ed. F. C. Hunter Blair, Ayrshire & Galloway Archaeological Association, 2 vols. (Edinburgh, 1886).

Ch. Goring Charters relating to Goring, Streatley, and the neighbourhood (1181–1546), Oxon Rec. Soc. XIII–XIV (1931–32).

Ch. Longeville Newington Longeville Charters (12c.–15c.), Oxon Rec. Soc. III (1921).

Ch. Minster-in-Thanet Charters of St. Augustine's Abbey Canterbury and Minster-in-Thanet, ed. S. E. Kelly, ASC IV (1995) 137–82 [by no.].

Ch. Norw. Cath. Charters of Norwich Cathedral Priory (12c.–14c.), 2 vols. Pipe R. Soc. NS XL, XLVI (1974–85) [by vol. & no.].

Chr. Steph. for TORIGNY read TORIGNI.

Chr. Westm. for 'superseded by ed. B. F. Harvey, Med. Texts (1981)' read 'superseded by ed. B. F. Harvey, Med. Texts (1982)'.

Ch. S. Aug. Charters of St. Augustine's Abbey Canterbury and Minster-in-Thanet, ed. S. E. Kelly, ASC IV (1995) 1–136 [by no.].

Ch. Sherborne Charters of Sherborne, ed. M. A. O'Donovan, ASC III (1988) [by no.].

Ch. Westm. Westminster Abbey Charters 1066–c1214, London Rec. Soc. XXV (1988) [by no.].

Ch. Wint. Charters of the New Minster, Winchester, ed. S. Miller, ASC IX (2001) [by no.].

CJC *Corpus Juris Canonici*, ed. E. Friedberg, 2 vols. (Leipzig, 1879); *v. Const. Clem., Decr. Grat., Decr. Greg., ExtraC, ExtraJ.*

Collect. Francisc. *Collectanea Franciscana* I ed. A. E. Little, M. R. James, H. M. Bannister (Aberdeen, 1914), II ed. C. L. Kingsford et al. (Manchester, 1922).

Collect. Stories v. E. THRIP.

Comm. Cant. Biblical Commentaries from the Canterbury School of Theodore and Hadrian, ed. B. Bischoff & M. Lapidge (Cambridge, 1994) (wr. *p*670): **I** *Commentarius Primus in Pentateuchum* 298–384, **II** *Commentarius Augmentatus in Genesim, Exodum et Evangelia* 386–94, **III** *Commentarius in Evangelia Secundus* 396–422 [by no.].

Compilatio for 1422–7 read 1422–71.

Comp. W. Gunthorp Compte de William Gunthorp Trésorier de Calais, 1371–1372, ed. E. Perroy, Mémoires de la Commission Départementale des Monuments Historiques du Pas-de-Calais X 1 (Arras, 1959).

Conc. HS add References are to vol. III unless otherwise specified.

ConfirmR Confirmation Rolls (1483–1626), MS PRO (C. 56).

Const. Clem. *Clementis Papae V Constitutiones* (c1313), in *CJC* II 1129–1200 [by bk., tit., & cap.].

Consuet. Sal. *Consuetudinarius* (early 13c.), ed. W. H. Frere, The Use of Sarum, 2 vols. (Cambridge, 1898–1901) I 1–256 (left hand column; cf. *Cust. Sal.*).

CourtR Carshalton for 'Surr. Rec. Soc. II' read 'Surr. Rec. Soc. VIII'.

CRATHORN Cont. *Questio de continuo* (extr.), in AD. WODEHAM *Indivis.* 309–17.

CSEL *Corpus Scriptorum Ecclesiasticorum Latinorum* (Wien. Akad. 1866–).

Cust. Sal. *Custumarium* (? 13c.), ed. W. H. Frere, The Use of Sarum, 2 vols. (Cambridge, 1898–1901) I 1–251 (right hand column; cf. *Consuet. Sal.*).

Cust. Suss. for XXXL read XXXI.

Decr. Grat. *Decretum Gratiani* (c1140), in *CJC* I: **A** *Pars Prima*, 1–356 [by dist. & cap.]; **B** *Pars Secunda*, 357–1292 [by case, qu., & cap.]; **C** *Pars Tertia*, 1293–1424 [by dist. & cap.].

Decr. Greg. *Decretalium D. Gregorii Papae IX Compilatio* (1234), in *CJC* II 1–928 [by bk., tit., & cap.]; **B** *Liber Sextus decretalium D. Bonifacii Papae VIII* (c1298), ib. 933–1124 [by bk., tit., & cap.].

Dist. *Distigium* [attrib. Cornutus Antiquus, c1200–20], text & comm. in *Teaching Latin* I 328–48 [by no. & p.].

DL add **DeedsLL** Deeds Series LL (12c.–) (D. L. 26); **DeedsLS** Deeds Series LS (12c.–) (D. L. 27).

D. MORLEY after 204–55 add [by sect.].

Doc. Crisis Eng. Documents illustrating the Crisis of 1297–8 in England, Camd. 4th S. XXIV (1980) [by no.].

Doc. Lords Isles Acts of the Lords of the Isles 1336–1493, SHS 4th S. XXII (1986) [by no.].

Doc. Wreyland Wreyland Documents, ed. C. Torr (Cambridge, 1910).

DUNS Prim. Princ. add cited from ed. Garcia (1910).

EADMER Ep. ad Glast. also in *Mem. Dunst.* 412–22; **Vers. Dunst.** *Versus Eadmeri de S. Dunstano*, in *Mem. Dunst.* 424–5.

E. Ch. Waltham The Early Charters of the Augustinian Canons of Waltham Abbey, Essex, 1062–1230, ed. R. Ransford (Boydell Press, 1989) [by no.].

EDMUND Or. another prayer, to St. John, in M. PAR. *Maj.* VI 127–8.

EE Law Rep. The Earliest English Law Reports, vol. I Common Bench Reports to 1284, vol. II Common Bench Reports 1285–1289 and Undated Reports 1279–1289, ed. Paul A. Brand, Selden Soc. CXI, CXII (1996).

ELMH. Metr. Hen. V for *M. Hen. V* read *Mem. Hen. V.*

Ep. S. Lexington v. S. LEXINGTON *Ep.*

ERNULF Ep. Ernulf, Bishop of Rochester [c1040–1124], *Epistolae*: 1 *De incestis conjugiis* (1089×1098), ed. L. D'Achéry, *Spicilegium sive collectio veterum aliquot scriptorum* 2nd edn., 3 vols. (Paris, 1723), III 464–70; 2 *De corpore et sanguine Domini* (c1095), ib. 470–74; 3 (a1104) in *Ep. Anselm.* V 233–5 (*Ep.* 310); *v. et. Text. Roff.*

E. THRIP. Elias of Thriplow (*alias* Helias Tripolauensis) [13c.], **Collect. Stories** A Collection of Stories and Sketches: *Petronius Redivivus*, ed. M. L. Colker, *Analecta Dublinensia*, Med. Acad. of America LXXXII (Cambridge, Mass., 1975) 195–235; **SS** *Serium Senectutis*, ed. R. Hillas (Binghamton, NY, 1995) [by bk. & sect.].

Eton Roundels A. Henry: The Eton Roundels: Eton College MS 177 (*Figurae Bibliorum*), a colour facsimile with transcription, translation and commentary (Aldershot, 1990) [by f.].

Eul. Hist. Cont. add I 284–95.

ExtraC *Extravagantes Communes* (1295–1478), in *CJC* II 1237–1312 [by bk., tit., & cap.].

ExtraJ *Constitutiones XX Joannis Papae XXII* (1316–24), in *CJC* II 1205–36 [by tit. & cap.].

Eyre Hunts Roll of the Huntingdonshire Eyre (1286), ed. A. R. & E. B. DeWindt, Royal Justice and the Medieval English Countryside, Studies & Texts LVII (Toronto, 1981), 123–459; app. 460–87 Ramsey Abbey Banlieu Court Roll (1287); 488–523 Huntingdonshire Assizes (1287–8).

Eyre Northants The Eyre of Northamptonshire (1329–30), 2 vols. Selden Soc. XCVII–XCVIII (1983).

Eyre Surrey The Surrey Eyre (1235), 2 vols. Surrey Rec. Soc. XXXI–XXXII (1979–83).

Fines Ox The Feet of Fines for Oxfordshire, 1195–1291, ed. H. E. Salter, Oxf Rec. Soc. XII (1930) [by no.].

FISHACRE Serm. add 2, *AFP* LIV (1984) 122–41.

FLEMING Robert Fleming, dean of Lincoln [*ob.* 1483], *Lucubratiunculae Tiburtinae*, ed. V. Pacifici, *Un carme biografico di Sisto IV del 1477* (Tivoli, 1923) [and corr. readings, *Humanistica Lovaniensia* 34A (1985) 76–82].

FL. WORC. from fasc. VI text checked with The Chronicle of John of Worcester, ed. R. R. Darlington & P. McGurk, Med. Texts (1995–), but cited as FL. WORC.

FORDUN Cont. superseded by BOWER.

Found. Waltham superseded by The Waltham Chronicle, ed. L. Watkiss & M. Chibnall, Med. Texts (1994) [by cap.].

FRITH. add **Cives** *Cives celestis patrie*, ed. P. Kitson, *ASE* XII (1983) 115–20 [by stanza].

Gaol Del. Oxon Gaol Deliveries (1389–98) [J. I. 1/180], Oxon Rec. Soc. LIII (1983) 90–154.

GARL. Accent. *Accentarium* (1246–9) extr. in *Teaching Latin* I 143–5, gl. 146–50; **Aeq.** extr. in *Teaching Latin* I 138–40, gl. *Ib.* 140–3; **Comm.** *Commentarius* (1246) in *Teaching Latin* I 207–26, gl. *Ib.* 227–31 [by line]; **Dict.** add checked also against *Teaching Latin* I 196–203, gl. *Ib.* 125–56; **Epith.** *Epithalamium Beate Virginis Marie*, ed. A. Saiani (Florence, 1995) [by bk. & line]; **Mor. Scol.** for AN gl. see *Teaching Latin* I 150–1; **Mus. Mens.** add app. P [attrib.] Die nichtauthentischen Kapitel in P (I–II, XIV–XVI) 92–7; **Syn.** for AN gl. see *Teaching Latin* I 136–8; **Unus** for *Unum* read *Unus* and add gl. *Teaching Latin* II 159–73.

G. COLD. add (*alias* Geoffrey of Durham) **Godr.** (wr. *a*1196).

G. CRISPIN The Works of Gilbert Crispin, ed. A. S. Abulafia & G. R. Evans, *Auct. Brit.* VIII (1986) [by individ. short-title & sect.].

GERV. PREM. Gervase, Abbot of Prémontré and Bishop of Sées [*ob.* 1228], **Ep.** *Epistolae* (1209–*c*1220), ed. C. L. Hugo, *Sacrae antiquitatis monumenta historica, dogmatica, diplomatica* (Étival, 1725) I 1–124 [by no.]; **Ep. sup.** additional letters, ed. C. R. Cheney, Medieval Texts and Studies, (Oxford, 1973) 266–76.

GIR. PI for 5–329 read lvii–lxvii and 5–329.

GLA for in Abendlande read im Abendlande.

Gl. AN Glasg. superseded by *Teaching Latin* I 401–19 [by f.].

Gl. AN Ox. superseded by *Teaching Latin* I 420–32 [by no.; pp. 429–32 by f.].

Gl. Ben. Holme A polyglot glossary of the twelfth century, ed. D. Howlett, De mot en mot, aspects of medieval linguistics, essays in honour of William Rothwell (Cardiff, 1997) 81–91 [by letter & no.].

Gl. Bodl. Il glossario del ms. Oxford, Bodleian Library, Bodley 163 (11c.), ed. P. Lendinaria, *Romanobarbarica* X (1988–9) 506–16 [by no.].

Gl. Laud. The Laud Herbal Glossary, ed. J. R. Slacke (Amsterdam, 1974) [by no.].

GlS for in Corpus read in a Corpus.

GlT The Latin and Old English Glosses in the *Ars Tatuini* (8c.) *ASE* VI (1977) 78–9.

Gl. Westm. The Trilingual Vocabulary in MS Westminster Abbey 34/11 (14c.), ed. T. Hunt, *N & Q* CCXXVI (1981) 14–15.

GOSC. Edith for *ejusdam* read *ejusdem*; **Transl. Aug.** some chapters are quoted from *Acta SS. Boll.* May, VI 375–443 (1688), e. g. I 46 from p. 416; **Transl. Mild.** *Translatio S. Mildrethae virginis* (*c*1091), Med. Stud. XLVIII (1986) 154–210 [by cap.]; **Werb.** for *Ib.* read *PL*.

GREG. ELI. Gregorius Eliensis [*ob. p*1116], **Æthelthryth** Gregory of Ely's Verse Life and Miracles of St. Æthelthryth, ed. P. A. Thompson & E. Stevens, *Anal. Boll.* CVI (1988) 333–90; **Æthelwold** Poems on St. Æthelwold, Wulfstan of Winchester The Life of St. Æthelwold, ed. M. Lapidge & M. Winterbottom, Med. Texts (1991), app. B 84–6 [by no. & line].

GROS. Cess. Leg. *De cessatione legalium*, ed. R. C. Dales & E. B. King, *Auct. Brit.* VII (1986) [by bk. & cap.]; **Damasc. Elem.** *Joannis Damasceni Elementarium* [transl. & notes], *PG* XCV; **DM** *De decem mandatis*, ed. R. C. Dales & E. B. King, *Auct. Brit.* X (1987); **Frag.** *Glossarum in Sancti Pauli Epistolas Fragmenta*, ed. R. C. Dales, *CC cont. med.* CXXX (1995) 177–231; **Gal.** *Expositio in Epistolam Sancti Pauli ad Galatas*, ed. J. McEvoy & L. Rizzerio, *CC cont. med.* CXXX (1995) 1–175; **Tab.** *Tabula*, ed. P. W. Rosemann, *CC cont. med.* CXXX (1995) 233–320.

G. STRATTON Gilbert of Stratton [*ob. a*1295], **Aetern.** *Utrum mundus potuerit semper fuisse* in Medieval Latin Texts on the Eternity of the World, ed. R. C. Dales & O. Argerami (Leiden, 1991) 134–40.

HALES Exoticon in *Teaching Latin* I 304–19, 320–2.

HAUBOYS superseded from Fasc. V by ed. P. M. Lefferts Robertus de Handlo *Regule* The Rules and Johannes Hanboys *Summa* The Summa (Lincoln NE & London, 1991).

HAUDLO superseded from Fasc. V by ed. P. M. Lefferts Robertus de Handlo *Regule* The Rules and Johannes Hanboys *Summa* The Summa (Lincoln NE & London, 1991).

H. AVR. CG for AN gl. see *Teaching Latin* I 121–3; **Guthl. proem.** The Proem of Henry of Avranches' *Vita Sancti Guthlaci*, ed. N. Adkin, *Anal. Boll.* CVIII (1990) 350–1 [by line]; **Pass. Crisp.** The Metrical *Passio Sanctorum Crispini et Crispiniani* of Henry of Avranches, ed. M. I. Allen, *Anal. Boll.* CVIII (1990) 372–81 [by line].

Herb. Herbals and herbal glossaries: **Harl. 3388** *Synonyma Herbarum* (14c. w. 16c. additions), MS BL Harl. 3388 ff. 75–86v.

H. HUNT. HA text checked with ed. D. Greenway, OMT (1996).

HIGD. ME cited from TREVISA or Harl. 2261 printed *Ib.*

HILTON Walter Hilton, O. S. A. [*ob.* 1396], Walter Hilton's Latin Writings, ed. J. P. H. Clark & C. Taylor, 2 vols., *Analecta Cartusiana* CXXIV (Salzburg, 1987) [contin. pag.]: 73–102 *De imagine peccati* (*c*1382); 119–72 *Epistole de utilitate et prerogativis religionis* (*c*1385); 179–214 *De adoratione imaginum* (*c*1387); 221–43 *Epistola de lectione, intentione, oratione, meditatione et aliis*; 249–98 *Epistola ad quendam seculo renuntiare volentem*; 301–4 *Firmissime crede*.

Hist. Harcourt G. A. de la Roque: Histoire généalogique de la maison de Harcourt, 4 vols (Paris, 1662).

Hist. Meriadoci add also ed. M. L. Day (NY, 1988) [attrib. TORIGNI]; *v. et. Ort. Walw.*

H. LOS. for Symons read Symonds.

Hosp. Scot. The knights of St. John of Jerusalem in Scotland, documents (1215–16c.), SHS 4th S. XIX (1983).

HOTHBY Cant. Fig. *De cantu figurato* (version Fa), ed. G. Reaney, *Corp. Script. Mus.* XXXI (1983) 27–31; another text (version Ve), ib. 39–44 [by version & p.]; **Cant. Mens.** *Regulae cantus mensurati* (version Fl), ib. 19–24, (version L), ib. 51–9 [by version & p.].

Househ. Ac. Household Accounts from Medieval England, ed. C. M. Woolgar, Rec. Soc. & Econ. NS XVII–XVIII (1992–3) [by vol. & p.].

Househ. Henry The Wardrobe and Household of Henry, Son of Edward I (1273–4, *KRAc* 350/18), ed. H. Johnstone *JRL Bull.* VII (1923) 384–420 (text 400–20).

H. SALTREY T. Atkinson Jenkins 'The *Espurgatoire Saint Patriz* of Marie de France, with a text of the Latin original',

University of Chicago Decennial Publications 1st S. VII (1903) 235–327 [also sep. pag. 1–95]; prints a text from MS BL Royal 13 B VIII at pp. 310–27 (=78–95).

Hund. Warw. The Warwickshire Hundred Rolls of 1279–80, Stoneleigh and Kineton Hundreds, ed. T. John, Rec. Soc. & Econ. NS XIX (1992).

IMisc for Inquistions read Inquisitions.

Inst. Sempr. for *xxix–*lix read *xxix–*xcix

J. BRIDL. for 132 read 123.

J. BRIGG. AD John of Briggis, portionist of Merton College, Oxford [*fl.* 1380–1407], *Compilatio de Arte Dictandi*, in Medieval Rhetorics of Prose Composition, ed. M. Camargo (Binghamton NY, 1995) 93–9.

J. CHEKE Pron. Graec. Sir John Cheke *De Pronuntiatione Linguae Potissimum Graecae* (Basle, 1555).

J. COTTON [cited only in Fasc. I–II].

J. FOXTON Cosm. John Foxton [*c*1369–*c*1450], *Liber Cosmographiae* [1408], ed. J. B. Friedman, Brill's Studies in Intellectual History X (Leiden, 1988) [by cap. & quaestio, propositio, or dist.].

J. HOWD. Pract. *Practica Chilindri* or The Working of the Cylinder, ed. E. Brock, Chaucer Soc. 2nd S. IX (1868) 64–80.

JML *Journal of Medieval Latin* I– (1991).

J. SAL. Enth. Phil. *Entheticus de dogmate philosophorum*, ed. J. van Laarhoven, 3 vols., Studien und Texte zur Geistesgeschichte des Mittelalters XVII (1987), I 105–227; **Enth. Pol.** *Entheticus in Policraticum*, ib. 231–49 [by line]; **Met.** also ed. J. B. Hall, *CC cont. med.* XCVIII (1991); **Pol.** bks I–IV also ed. K. S. B. Keats-Rohan, *CC cont. med.* CXVIII (1993).

J. SEWARD for 1345 read 1435; for Ren. read R.

J. WORC. for supersedes read partly supersedes.

Kal. M. A. add partly superseded by The Metrical Calendar of Hampson, ed. P. McGurk, *Anal. Boll.* CIV (1986), 90–125 [by line].

KILMINGTON read **KILVINGTON** and add **Soph.** superseded by The Sophismata of Richard of Kilvington, ed. N. & B. E. Kretzman, *Auct. Brit.* XII (1990) [by no. & sect.].

KILWARDBY Imag. Trinit. Der Traktat des Robert Kilwardby, O. P. *De Imagine et vestigio Trinitatis*, ed. F. Stegmüller, *AHDLMA* X (1935–6) 337–407; **Sent. I (II, III, IV)** *Quaestiones in librum primum (secundum, tertium, quartum) Sententiarum* ed. J. Schneider *et al.*, Texte aus der mittelalterlichen Geisteswelt XIII, XVI, X and XII, XVII (Munich, 1986; 1992; 1982 and 1985; 1993).

KNIGHTON from Fasc. VI text checked against Knighton's Chronicle 1337–1396, ed. G. H. Martin, Med. Texts (1995).

LAVENHAM Inst. *De natura instantium, De primo instanti*, CIMA XLIX (1985) 7–23.

Leg. Angl. Lond. *Leges Anglorum Londoniis collectae* (*c*1210), ed. F. Liebermann (Halle, 1894).

LIV. add **Op.** *Opera hactenus inedita T. Livii de Frulovisiis*, ed. C. W. Previté-Orton (Cambridge, 1932).

LTR add **Ac. Cust.** Customs Accounts (Ed. I–) (E. 356).

Macro Plays The Macro Plays, ed. M. Eccles, EETS OS 262 (1969).

Manners for 3–115 read 3–85; for 116–45 read 95–145.

Medit. Anselm. A Durham Book of Devotions [comprising *Meditationes* and *Orationes* by ANSELM, *q. v.*, or attrib. to him, together w. other material from MS London, Soc. of Antiquaries 7, (12c. Durham)], ed. T. H. Bestul, Toronto Med. Latin Texts XVIII (1987) [by f.].

Merarium (early 13c.) in *Teaching Latin* I 350–67, gl. 367–8.

MILEMETE Nob. add 1–156.

Mir. Marg. *Miracula S. Margaritae Scotorum reginae* (wr. *c*1265), Madrid, Biblioteca del Palacio real, MS II 2097 (15c.) ff. 26–41v.

Mir. Tecle *Miracula S. Tecle* (13c.), Bulletin of the Board of Celtic Studies XXXVII (1900) 169–73 [by sect.].

Mir. Wulfst. add [by bk. & sect.].

MLC Medieval Library Catalogues (London, 1990–) [by vol. & p.].

Mod. Ten. Hund. *Modus tenendi unum hundredum sive curiam de recordo* (1467), printed by J. Rastell (? 1530) [by sign.].

Mod. Ten. Parl. *Modus tenendi parliamentum* (*c*1320), ed. N. Pronay & J. Taylor, Parliamentary texts of the later Middle Ages (Oxford, 1980).

Monarchia for most page numbers read of vol. II most page numbers.

M. SCOT delete **An.** *de anima*; **Intr.** *Liber Introductorius*, part of proem quoted from MS Escorial f. III 8, ff. 32v–53v; also (extr.) in *Med. Sci.* cap. xiii; **Proph.** *Futura praesagia Lombardiae Tusciae Romagnolae et aliarum partium*, ed. P. Morpurgo, *Pluteus* I (1983) 155–67.

NECKAM Corrog. for AN gl. see *Teaching Latin* I 236–50; **Sac.** complete text & sel. comm. in *Teaching Latin* I 258–72, gl. 273; **SS** *Speculum Speculationum*, ed. R. M. Thomson, *Auct. Brit.* XI (1988) [by bk., cap., & sect.]; **Ut. vv. ll.** also from text in *Teaching Latin* I 181–9, gl. *Ib.* II 65–122.

NIG. for Wireker read Witeker and add **Epig.** Epigrams, Nigel of Canterbury, The Passion of St. Lawrence, Epigrams, and Marginal Poems, ed. J. M. Ziolkowski (Leiden, 1994), 250–64 [by no. & line]; **Laur.** *Passio Sancti Laurentii Martiris*, ib. 75–190 [by line]; **Marg.** Marginal poems, *ib.* 282–302 [by f.]; **Mir. BVM** *Miracula S. Virginis Mariae*, ed. J. Ziolkowski, Toronto Med. Latin Texts XVII (1986).

N. LYNN Kal. Nicholas of Lynn, O. Carm. [14c.], *Kalendarium* (1386), ed. S. Eisner, Chaucer Library (1980).

Offic. Kentig. Office of St. Kentigern: **A** (13c.), ed. A. P. Forbes, St. Ninian and St. Kentigern (Edinburgh, 1874) xciv–c; **B** (1510), *Reg. Glasg.* I app. iii p. lxxxvii–xcviii.

Offic. Sal. superseded by *Consuet. Sal.*

Ord. Ebor. for LXXVI read LXXXIV; for (1934, 1936, 1937) read (1936 for 1934, 1937 for 1936, 1951 for 1949–50).

Orthog. Gall. superseded by ed. R. C. Johnston, Anglo-Norman Text Society Plain Texts Series V (1987) [by version S (short) or L (long) & no.].

Ort. Walw. add also ed. M. L. Day (NY & London, 1984) [attrib. TORIGNI]; *v. et. Hist. Meriadoci.*

OSB. CLAR. add (wr. 1138–9).

OSB. GLOUC. Deriv. superseded by ed. F. Bertini, V. Ussani, *et al.* (Spoleto, 1996) [by p. of ed. Mai]; MS denotes MS Hereford Cathedral P. 5. v.

Papsturkunden in England W. Holtzmann: Papsturkunden in England, 3 vols. (I–II: Berlin, 1930–5; III: Göttingen, 1952).

P. BLOIS add **AD** *Libellus de Arte Dictandi Rhetorice*, in Medieval Rhetorics of Prose Composition, ed. M. Camargo (Binghamton NY, 1995) 45–74; **Carm.** The Arundel Lyrics, ed. C. J. McDonough, The Oxford Poems of Hugh Primas and the Arundel Lyrics, Toronto Med. Latin Texts XV (1984) 73–119 [by no. & stanza or line]; **Carm. CC** *Petri Blesensis Carmina*, ed. C. Wollin, *CC cont. med.* CXXVIII (1998) [by no. & line of poem]; **Ep. Sup.** The Later Letters of Peter of Blois, ed. E. Revell, *Auct. Brit.* XIII (1993) [by no. & sect.].

P. CORNW. (II) Omnis homo Peter of Cornwall [late 13c.], *Sophisma omnis homo est* (*c*1270) [attrib.], CIMA LV (1987) 139–54.

PECKHAM Aetern. also in Medieval Latin Texts on the Eternity of the World, ed. R. C. Dales & O. Argerami (Leiden, 1991) 73–85; **Num. Myst.** *De numeris mysticis*, AFH LXXVIII (1985) 3–28, 333–83.

PETRUS Dial. add cited by p. of Mieth's edition.

Pickering for *Rec. Soc.* read *Rec. Soc. NS* and add *cf. DL Couch.*

Pipe before 1242 add 1189–90, RC (1844); for H. C. Cameron read H. L. Cannon.

Pipe Wint. for PRO Eccl. 2 read Hants RO.

Plant Names Tony Hunt: Plant Names of Medieval England (Cambridge, 1989).

Poem. Hild. A Latin Poem on St. Hilda and Whitby Abbey (*c*1100), ed. A. G. Rigg, JML VI (1996) 12–43 (text 18–32) [by line].

Pop. Med. Tony Hunt: Popular Medicine in Thirteenth-Century England, Introduction and Texts (Cambridge, 1990).

PQW add *PQW* 822a–840b =*S. Jers.* XVIII 11–94.

Prov. Windsor Latin and Middle English Proverbs in a manuscript at St. George's Chapel, Windsor, Med. Stud. XLV (1983) 343–84 [by no.].

Ps.-Bede add **Collect.** *Collectanea Pseudo-Bedae*, ed. M. Bayliss & M. Lapidge, *Scriptores Latini Hiberniae* XIV (Dublin, 1998) [by no.; 338–55 not cited].

Ps.-CAMPSALL Log. *Logica Campsale Anglici* (1324×1334), ed. E. A. Synan, The Works of Richard of Campsall, vol. II, Studies & Texts LVIII (Toronto, 1982), 49–444.

P. WALTHAM Remed. Peter of Waltham, Archdeacon of London [*ob. c*1196], *Remediarium Conversorum* [abridged from Gregory's *Moralia in Job*], ed. J. Gildea (Villanova PA, 1984).

Quid sit Deus *Quid sit Deus*, MLJ XVIII (1983) 197–225 [by sect., stanza & line].

Qui majora cernitis add 181–90 [by line].

R. BOCKING for bk. & cap. read bk. & sect.

R. CANT. for XX read XIII.

R. CLIVE Qu. Richard of Clive [13c.], *Quaestiones super Metaphysica* (? *c*1273), (extr.) CIMA LV (1987) 155–7.

Rec. Coventry The Early Records of Medieval Coventry, Rec. Soc. & Econ. NS XI (1986) [by no.].

ReceiptR add in prog. (1241–2) Pipe R. Soc. LXXXVII (1992 for 1987–8).

Rec. Holkham Lordship and Landscape in Norfolk 1250–1350, The Early Records of Holkham, ed. W. Hassall & J. Beauroy, Rec. Soc. & Econ. NS XX (1993) [by date, no. of doc., & p.].

Rec. Wardr. add 1285–6, 1286–9, ed. B. F. & C. R. Byerley, HMSO (1977, 1986).

REED Records of Early English Drama (Toronto & Manchester, 1979–) [by town or county & p.].

Regina Rhet. *Regina sedens Rhetorica* [attrib. Simon O.], in Medieval Rhetorics of Prose Composition, ed. M. Camargo (Binghamton NY, 1995) 176–207 [partly supersedes *FormOx* 357–450].

Reg. Wint. after Pontissara add Cant. & York Soc.; after Woodlock add *ib.*

RISH. add **app.** *appendix*, 411–33.

R. NIGER Ezra *Remediarium Esdrae*, MS Lincoln Cath. 27, (extr.) f. 113 in *Mil.* pp. 75–7 [by f.]; **Regum** *Liber Regum*, MS Lincoln Cath. 26, (extr.) ff. 112–3 in *Mil.* 77–80; **Phil.** *Philippicus*, MS Lincoln Cath. 15, (extr.) f. 59 in *Mil.* pp. 80–2.

ROG. FORD Maria superseded by ed. A. G. Rigg, Cîteaux (1989) 200–14 [by line].

ROLLE Ego Dormio Latin translation of Richard of Rolle's *Ego Dormio*, Med. Stud. XLIII (1981) 218–49; **Mort.** *Expositio super novem lectiones mortuorum*, ed. M. R. Moyes, Elizabethan & Renaissance Studies XCII 12 (Salzburg, 1988).

R. WESHAM Inst. Roger of Wesham, Bishop of Coventry and Lichfield [*ob.* 1257], *Instituta*, ed. C. R. Cheney, Eng. Synodalia of the Thirteenth Century (Oxford, 1968) 149–52.

SÆWULF add superseded by ed. R. B. C. Huygens, *CC cont. med.* CXXXIX (1994) 59–77

Sanct. Bev. for 112–211 [by no.] read 97–108 [by p.], 112–211 [by no.].

S. DURH. after RS add LXXV.

SelC Council Hen. VII Select Cases in the Council of Henry VII, ed. C. G. Bayne & W. H. Dunham, Selden Soc. LXXV (1958).

SelCTresp Select Cases of Trespass from the King's Courts 1307–99, 2 vols., Selden Soc. C, CIII (1984–7) [contin. pag.].

SessPLincoln Records of Some Sessions of the Peace in the City of Lincoln 1351–1354 and the Borough of Stamford 1351, ed. E. G. Kimball, Linc Rec. Soc. LXV (1971) 1–49.

SessPOxon Oxfordshire Sessions of the Peace (1387, 1397–8), Oxon Rec. Soc. LIII (1983) 60–89.

SessPStamford Records of Some Sessions of the Peace in the City of Lincoln 1351–1354 and the Borough of Stamford 1351, ed. E. G. Kimball, Linc Rec. Soc. LXV (1971) 53–6.

S. FAVERSHAM Anal. Pri. *Quaestiones super Analytica priora*, (extr.) q. I 5, 7–9, CIMA LIII (1986) 139–49; q. I 56, *ib.* LV (1987) 158–60.

SIM. GLASG. Simeon of Glasgow, Archdeacon of Teviotdale [*fl.* 1147–75]: **V. Kentig.** *Vita S. Kentigerni*, ed. A. P. Forbes, Lives of St. Ninian and St. Kentigern, Historians of Scotland V (Edinburgh, 1874) 242–52 [by cap.]; **V. Servani** Vita S. Servani, ed. A. Macquarrie, Innes Review XLIV (1993) 136–43 [by cap.].

Simil. Anselmi *Liber de humanis moribus per similitudines*, in Mem. Anselm. 39–93 [by cap.]; **app.** *appendix, ib.* 94–104; later expanded text, *Liber de S. Anselmi similitudinibus, PL* CLIX 605–708 [sourced where possible, see Mem. Anselm. 12–13; otherwise by col.].

S. LANGTON add **General prol.** *Prologus Generalitatum*, ed. R. Quinto, Un testo inedito di Stefano Langton sui quattro sensi della Scrittura, Contributi al Corso di Storia della Filosofia (Universita Cattolica) II 189–98; **Quaest.** *Quaestiones*, (extr.) CIMA XLIX (1985) 165–98; **Summa** *Summa*, (extr.) *ib.* 37–164 [by f. of MS St. John's Coll. Camb. 57].

S. LEXINGTON Ep. Stephen of Lexington, Abbot of Stanley, later of Savigny and Clairvaux [*ob.* 1260], *Epistolae*: i–cxiii (1228–9), *Anal. Cist.* II (1946) 1–118 [by no.]; 1–163 (1230–39), *ib.* VIII (1952) 181–378 [by no.]; [letters to Stephen cited as *Ep. S. Lexington*].

Spalding Club for Splading read Spalding.

Spec. Incl. for [by cap. & sect.] read [by part, cap., & p.]

Stat. Lich. read Stat. Lichf.

Stat. Sal. for Wordswoth read Wordsworth.

SWAFHAM for 97 read I 97.

Tait Essays Historical essays in honour of James Tait, ed. J. G. Edwards *et al.* (Manchester, 1933).

T. ANGLICUS v. PAUL. ANGL., T. SUTTON.

TATWINE for 143 read 165.

T. CHOBHAM Commend. Virt. *Summa de Commendatione Virtutum et Extirpatione Vitiorum*, ed. F. Morenzoni, *CC cont. med.* LXXXIIB (1997); **Praed.** *Thomas de Chobham Summa de Arte Praedicandi*, ed. F. Morenzoni, *CC cont. med.* LXXXII (1988); **Serm.** *Sermones*, ed. F. Morenzoni, *CC cont. med.* LXXXIIA (1993) [by no. & f.].

Teaching Latin Tony Hunt: Teaching and Learning Latin in Thirteenth-Century England, 3 vols. (Cambridge, 1991).

THEOD. Ep. read in EDDI 43; also in W. MALM. *GP* III 103, *ConcHS* 171–2, *CS* 68; **Laterc.** The *Laterculus Malalianus* and the School of Archbishop Theodore, ed. J. Stevenson (Cambridge, 1995) 120–60 [by cap.].

T. MERKE Form. Thomas Merke, monk of Westminster, doctor of theology, Oxford [*c*1395, *ob.* 1409], *Formula moderni et usitati dictaminis*, in Medieval Rhetorics of Prose Composition, ed. M. Camargo (Binghamton NY, 1995) 122–41.

TORIGNI add *v. et. Hist. Meriadoci, Ort. Walw.*

Tout Papers Collected papers of T. F. Tout, ed. F. M. Powicke, 3 vols. (Manchester, 1932–4).

Tract. Chirom. Treatise on Palmistry (*c*1160), in MS Cambridge Trinity College, R. 17. 1, f. 282ra–b, facsimile ed. M. R. James, The Canterbury Psalter (London, 1935).

TREVET add **Aetern.** *Utrum necesse sit Deum praecessisse productionem mundi duratione vel natura tantum* in Medieval Latin Texts on the Eternity of the World, ed. R. C. Dales & O. Argerami (Leiden, 1991) 175–9.

TREVISA John Trevisa [1326–1412], translator, cited for ME translations of BART. ANGL. and HIGD.

T. SAMPSON MD Thomas Sampson *Modus Dictandi* (wr. 1396) in Medieval Rhetorics of Prose Composition, ed. M. Camargo (Binghamton NY, 1995) 154–64.

TUCKE John Tucke [1482–*c*1550], John Tucke's Notebook, ed. R. Woodley, John Tucke, A Case Study in Early Tudor Music Theory (Oxford, 1993) 68–109 [by sect.].

T. YORK Sap. Lib. II c. 4, *AHDLMA* I (1926–7), 273–93.

Val. Norw. for 919 read 91).

V. Birini *Vita S. Birini* [*ob. c*650] (wr. *c*1070), ed. R. C. Love in Three Eleventh-Century Anglo-Latin Saints' Lives, Med. Texts (1996) 1–46 [by sect.].

V. Chris. Marky. Life of Christina of Markyate [*ob. p*1156] (wr. *a*1166), ed. C. H. Talbot, Med. Texts (1959) [by sect.]; checked against textual notes in rev. edn. (1987), and by M. Winterbottom, *Anal. Boll.* CV (1987) 281–7.

V. Cuthb. add for vv. ll. from Munich, Staatsbibliothek, Clm. 15817 ff. 100v–119v see *ASE* XXVII (1998) 131–7.

V. Ed. Conf. add ed. 2 (1992).

V. Fridesw. *Vita S. Fritheswithe Virginis* [*ob.* 735] (wr. 12c.), ed. J. Blair, *Oxoniensia* LII (1988) **A** 96–101, **B** 103–16.

V. G. Sempr. add superseded by *Canon. G. Sempr.*

V. Kenelmi *Vita et Miracula S. Kenelmi*, ed. R. C. Love in Three Eleventh-Century Anglo-Latin Saints' Lives, Med. Texts (1996) 49–89 [by sect.].

V. Neot. A, B add [by cap.].

V. Oswin. *Vita S. Oswini regis Deirorum* [*ob.* 651] (wr. 12c.), Surtees Soc. VII (1838) 1–59.

V. Ric. II add from Fasc. VI checked against text in ed. G. B. Stow (Philadelphia PA, 1977).

V. Rumwoldi *Vita S. Rumwoldi*, ed. R. C. Love in Three Eleventh-Century Anglo-Latin Saints' Lives, Med. Texts (1996) 91–115 [by sect.].

VSH Salm. *Vitae Sanctorum Hiberniae e codice olim Salmanticensi nunc Bruxellensi*, ed. W. W. Heist, *Subsidia Hagiographica* XXV (Brussels, 1965).

WALS. Mus. Mens. *Regulae de musica mensurabili*, ed. G. Reaney, *Corp. Script. Mus.* XXXI (1983) 74–98.

WALT. ANGL. Fab. for 317–91 read 316–82.

W. BURLEY Pol. for 278 read 275.

W. COMBE for Bodl. read Bodl. Bodley.

W. DURH. William of Durham [*ob.* 1249], **Aetern.** *Quaestiones de aeternitate* in Medieval Latin Texts on the Eternity of the World, ed. R. C. Dales & O. Argerami (Leiden, 1991); **Quaest.** *Quaestio de unitate ecclesiae* (*a* 1229), Med. Stud. XLIV (1982) 79–82.

W. HEREB. Serm. William Herebert O. F. M. [*c*1270–1333], *Sermones* in The Works of William Herebert, O. F. M., ed. S. R. Reimer, Studies and Texts LXXXI (Toronto, 1987) [by f.].

WHITTLESEY for 125 read II 125.

W. JUM. superseded by The *Gesta Normannorum Ducum* of William of Jumièges, Orderic Vitalis, and Robert of Torigni, ed. E. M. C. Van Houts, Med. Texts, 2 vols. (1992–5).

W. NEWB. Serm. after *Sermones* add in *Guillelmi Neubrigensis Historia.*

W. POIT. add superseded by ed. R. H. C. Davis & M. Chibnall, Med. Texts (1998).

W. ROTHWELL Sent. Abbr. William of Rothwell, O. P. [late 13c.], Sentences abbreviation (*p*1270), (extr.) RTAM LI (1984) 69–135.

W. RUSSELL Univ. William Russell, O. F. M. [15c.], *Compendium super quinque universalia*, CIMA XLIII (1983) 43–60.

WULF. Æthelwold superseded by Wulfstan of Winchester The Life of St. Æthelwold, ed. M. Lapidge & M. Winterbottom, Med. Texts (1991) 1–69 [by cap.]; **Brev.** *Breviloquium de omnibus Sanctis*, ed. F. Dolbeau, *Anal. Boll.* CVI (1988) 63–87 [by line].

W. WOODFORD William Woodford, O. F. M. [*c*1330–*c*1400], **Dom. Civ.** *De dominio civili clericorum* (1376), AFH LXVI (1973) 49–109; **Mat. Relig.** *Quattuor determinationes in materia de religione* (1389–90), ed. M. D. Dobson, unpub. B. Litt. thesis (Oxford, 1932); **Resp.** *Responsiones contra Wiclevum et Lollardos* (1395), Franciscan Studies XLIII (1983) 121–87.

WYKES Vers. read *Pol. Songs* 128–32.

CORRIGENDA (A–L)

A, for 'musical note' read 'musical letter (sts. dist. as *gravis, acutus, superacutus*) [There are no superacutes for F and G].'

abacus 2a, for 'R. NIGER II 154' read 'R. NIGER *Chr. II* 154'

abarnare, for '[?]' read '[AS *abarian*]'

abbas 1a, c1101 for '-as' read '~as'; **1b** should be introduced in etymology '[. . < Heb. =*father*]'

abatamentum, add '[OF *abatement*]'

abbatare, insert '**1 abbatare** v. abatare 2.'; for '**abbatare**' read '**2 abbatare**'

†abbita, for '(*Versus de Dieta*) EETS XXXII pt. ii, 56' read '*Dieta* 56'

aberrare, for '*GE* II 1' read '*GE* II 2 p. 177'

abinvicem b, for quot. s1153 read 'Stephanus rex et Henricus dux datis acceptisque sacramentis ~em convenerunt in fedus sub vinculo pacis J. HEX. *HR Cont.* 331' and transfer to sense **a**

abjector, for 'MAP *NC* V 5 p. 230' read 'MAP *NC* V 5 f. 66'

abstractivus, reverse order of quots. from J. BLUND and NECKAM

abundantia, delete sense **c**

accendere 2a, for 'ANSELM (*Or.* 2) III 7' read 'ANSELM (*Or.* 7) III 19'

2 accensus for **1546** read **1564**

acceptabiliter, for '**1419**' read '**s1345**' and delete '(*Lib. Alb.*)'

acclaudicatus, for present lemma read '**acclaudicatus** [cf. CL claudicare; *false etym. for* ME *acloien* < AN **acloer* < acclavare; cf. ME *encloien* < AN *encloer* < inclavare], 'accloyed', lamed (of a horse). *acloyn*, acclaudicare . . acclavare . . inclavare PP.'

achates 1b, for '*SB* 2' read '*SB* 27'; for 'GILB. VII 358. 2' read 'GILB. VII 357v. 2' and reverse order of quots.

acolytus b, add '**1465** executor . . literas compulsoriales per quemdam Willielmum Barton †actolicum [l. accolitum] . . in conspectu populi . . fecit affigi *Pri. Cold.* 200'

acrisia [ἀκρισία], want of discernment. duo discipuli euntes in Emmaus, ~ia sublata, . . Dominum cognoverunt P. BLOIS *Ep.* 29. 99B; alii . . narrant . . regem . . furia concupiscentie vectum . . ~ia percussum *Chr. Wallingf.* 28; suorum percussus ~ia NETTER *DAF* II 67v.

2 acrus, after 'acris' insert '[? l. atris]'

†actolicum, read '†actolicus v. acolytus.'

adjornare a, for '**1305**' read '**1307**'

1 adjurare 1e, for '(*Obs. Durh.*) S. DURH. *Auct.* I 219' read '*Obsess. Durh.* 7'

1 admittere 4, for 'c 765' read 'c765'

adordiri [CL ad + ordiri], **a** to begin. **b** to begin (speech or written work). **a** preliari contra Normannos ~si sunt ORD. VIT. XII 18 p. 359. **b** orator adorsus: / 'ter centum memini . .' FRITH. 272; ita ~sus est fari OSB. *Mir. Dunst.* 15; suos [sc. sermones] sic demum ~sus est GIR. *EH* I 7; *to speke*, ~diri, ex-, loqui *CathA.*

adoriri, add '**c** to begin, be born.' and transfer from **adordiri** '~itur, nascitur *GlC* A 247'

advocaria, for etym. read 'cf. CL advocare' and transfer to **avoeria** quots. **1b** 1181, **1c** 12 . ., **1d** c1370

aedificamen, for '†c960 (12c)' read '†969 (13c)'; for '*CS* 1228' read '*CS* 1264'

aedituus 1b, order quots. FRITH., *RegulC*, BYRHT. *V. Osw.*, *GAS*, R. NIGER *Chr. II*, c1200, ELMH.

aegre a, for '*GlC* A 94' read '*GlC* E 94'

1 aequus 1a, for 'a680' read 'p675'

2 aerarius, a1260 for 'cineolis' read 'cicneolis'

aestuatio 2b, for 'b sub' read 'b c1130 sub'

aestus 2a, for '*Mir. Thom.* III 47' read '*Mir. Thom.* IV 12'

aeviternus, p. 47 left column heading, for '**eviternus**' read '**aeviternus**'

affectivus b, for 'J. WALEYS *V. Relig.* I 2 f. 22D. 1' read 'J. WALEYS *V. Relig.* I 2 f. 22o. 1'

affectus 1a, for 'GROS. 1253' read 'GROS. 105' and transfer quot. to **1c**

affeuatus, for '[cf. feudare]' read '[cf. feodare]'

affidare 7, read '(w. *foris*) to forswear, renounce ownership'; for quots. read 'c1175 etc. (v. forisaffidare)'

affinator, 1566 for 'latores' read 'lotores'

affirmative, for 'BALSH. *AD* 167' read 'BALSH. *AD rec. 2* 167'

affirmativus b, read '1423 (recte 1323)'

affrus v. averus.

agalma 2, *WW* for '~ata' read 'algalmata'

alchubugi, for 'Pers. *kabh*' read 'Pers. *kabk*'

algorismus, delete square bracket after augrim

aliquamdiu a, for 'MAP *NC* V 6 p. 240' read 'MAP *NC* V 6 f. 69'

allec 1a, c1320 for ref. read 'LEDREDE *Carm.* 25. 3 (v. foras 1c)'

allocutio, for '*Met.* 142 *rub*' read '*PR* 142 *rub.*'

alloeotheta [LL < **ἀλλοιόθετος* = *that is put in place of another*], (rhet.) figurative substitution. iste modus loquendi figurative est et apud grammaticos vocatur alleotheta [MS: †assotheca] (KYN.) *Ziz.* 9; dicit doctor quod alleotheta non arguit Scripturam (WYCL.) *Ib.* 462.

alloeoticus b, delete def. and quot.

almuri, c1110 for 'egrediatur' read 'egredietur'

†alonaxdi, read '*f. l.*'

alopare, for 'd ipsam' read 'd 1538 ipsam'

3 alvus a, ÆLF. *Gl.* for 've lseo' read 'vel seo'

amare, p. 74 left column heading, for '**amare**' read '**2 amare**'

ambanum, add to etym. '[Prov. *ambans*]'

ambigena, for 'P. BLOIS *Ep.* 90' read 'P. BLOIS *Ep.* 90*'

1 amentum, for '~idulcis' read '~i dulcis'

amobrium, read '[W. *amobyr, amobr*], payment made on the occasion of the first sexual experience or delict of a woman.'

amputatio 2a, 1336 for 'wattelyngs' read '*wattelyngs*'; **1422** for 'scaffaldyng' read '*scaffaldyng*'

ana a, for 'ξ' read '℈'

anacardinus, for 'cuper" read 'euper"

anagodan, for 'leaves of asafoetida' read *'leaves of asafoetida'*

anagoge b, reverse order of quots. BEDE *Tab.* I 6 and *Id. Met.* 2 p. 70

anagogia, transfer to **angilogia** quot. O. CANT.

2 anceps, read 'v. auceps', to which transfer quots.

3 anceps, delete

angilogia [ἀγκύλος + -λογία], crooked language, false accusation. Transfer from **anagogia** quot. O. CANT.

annuatim, for 'W. MALM. *GP* II 91' read 'W. MALM. *GP* II 94'

anomalus a, for 'ALDH. *Met.* 116' read 'ALDH. *PR* 116'

anomoemereus, for 'DUNS *Metaph.* VII 20' read 'DUNS *Metaph.* VII 20 p. 480'

ansula b, for '1308' read 'a1380'

antilops a, for '*Id. Metr. Hen.* V 615' read '*G. Hen.* V p. 104'

antonomastice b, R. BURY for '~e' read 'antonomatice'

aorasia, from etym. delete '*conf w.* ἀκρισία' and transfer to **acrisia** quots. P. BLOIS, *Chr. Wallingf.*, and NETTER

appetere e, for 'AD. SCOT. *Ord. Prem.* 599B' read 'AD. SCOT *OP* 599B'

aptare 2a, for def. read 'to fit for oneself, to equip oneself with.' and add 'ut quilibet pararet et ~aret sibi unum baculum *G. Hen.* V 11 p. 69'

2 arabilis, GIR. *TH* III 10 for 'ferhles' read 'fertiles'

aratura, for etym. read '[LL *gl.*]'; delete senses **d** and **e** and read '**d** ploughland'; among quots. transfer **a** 1276, *Fleta,* 1366, **b** 1193, 1203, 1228, 1234, 1279, c1283, *Fleta, FormMan,* 1390, **c** 1363, **d** 1242, c1300, **e** c1280, **f** 1401 to **1 arura**

1 arca 2a, 1384 for 'spowte' read '*spowte*'

†arcarium read '**arcaria** [CL arca + -aria], treasury.' After quot. 1296 add '1437 pro carpentariis et aliis conductis circa facturam nove librarie et nove arcerie hoc anno (*Ac. Pri. Cath. Cant.*) *Arch. Cant.* LVIII 33'

archerius [ME, OF *archer, archier* < CL arcuarius], a bowyer. **b** bowman, archer. Transfer from **arcuarius** quots. **a** *WW,* 1575, **b** 1130, *Domus Reg.,* ORD. VIT., 1156, 1198, 1214, 1228, 12 . ., 1290, s1345, s1455.

archiepiscopa, c1198 for 'exemplum' read 'exemplo'

archipater, FRITH. for 'heredem' read 'haeredem'

archonizare, for 'c1240' read '1230'

2 arcitenens, for 'BONIF. *Aen.* 2. 34' read 'BONIF. *Carm.* 2. 34'

arcticus, before 'extremis' insert 'ultimis et'

1 arctus b, for 'H. CANT.' read 'W. CANT.'

arcuarius 1, transfer to **archerius** quots. **a** *WW,* 1575, **b** 1130, *Domus Reg.,* ORD. VIT., 1156, 1198, 1214, 1228, 12 . ., 1290, s1345, s1455

†arcutere, for '*infl; by*' read '*infl. by*'

argentum 1a, for 'WHITTLESEY 168' read 'WHITTLESEY 169'

argute, GIR. for 'a signis' read 'ex signis' and for 'predictis' read 'pretentis'

aristocraticus, WYCL. for 'contra' read 'econtra'

armilustrium c, for '~lustras' read 'armilustras'

aroma b, before '*Commend. Ed. I*' insert 'J. LOND.'

aromatizare 1b, for '(*Cantic.*)' read '(*Cant.*)'

arramare, delete '*v. et. armare* 3'

arteria, read '**2 arteria**'

2 arteria, read '**1 arteria** v. arcaria.' and transfer to **arcaria** quot. 1437

1–2 arura, read **arura** [OF *areure* < LL aratura; cf. ἄρουρα], a ploughing. **b** ploughing service. **c** (w. *gabuli*) 'gavel-earth'. **d** payment related to ploughing service. **e** (?) right to plough (with lord's plough); **f** ploughland. Transfer from **aratura** quots. **a** 1276, *Fleta* 170, 1366, **b** 1193, 1203, 1228, 1234, 1279, c1283, *Fleta, FormMan,* 1390, **c** 1363, **d** 1242, c1300, **e** c1280, **f** 1401; transfer from **2 arura** quot. BEDE to **f** to precede quot. 1401

arvina a, ALDH. for '22' read '32'

asbestos, GARL. for '599' read '550'

aspiratio, ABBO *QG* 12 for '[l. Þ]' read '[l. Ð]'

assellatio, GAD. for 'laxabuntur' read 'laxabatur'

ssendere, read 'assendere'

assilire 2a, for '(*Leg. Hen.*) *Ib.* 597' read '(*Leg. Hen.* 80. 11) *Ib.* 597'

astraura, for 'straura' read 'estrahura'

astrolabium, ROB. ANGL. (II) *Sph.* 180

astrologicus, 671 after 'computatio' insert 'elucubrata'

2 astrum 2a, 1279 for '*CourtR* 209/57' read '*CourtR A. Stratton* p. 168'

atramentum 2c, for '*Ib.* 502' read '*Ib.* 40'

attaminare 1a, for '~at' and '~ari' read '~inat' and '~inari'

attornare 10c, 1336 for '*SelKCB*' read '*SelCKB*'

2 attritus, for '*HANV.* II 260' read '*HANV.* II 50'

auca e, def. for 'Bibblesworth' read 'Bibbesworth'

†audititidestos, read '*f. l.* dulsos coenosi lichinos †audititidestos [? l. auditu et idestos] FRITH. 1118 (*cf. ALMA* XXV 86-8)'

2 auricularis 2b, *WW* for '*earclæsnend*' read '*earclænsend*'

1 aurificium, 1196 for '*Evesham.*' read '*Eynsham.*'

auscultare b, ALDH. *VirgP* 40 insert '. .' before 'surdis'

aux a, WALLINGF. *Albion* for '354' read '356'

2 Avarus, for 'R. NIGER I 56' read 'R. NIGER *Chr. I* 56'

avenama, for 'v. offnama' read 'v. ofnama'

aventailum, 1313 for '*KRAc* 275/8 f. 19d.' read '*KR Ac* 375/8 f. 19d'

2 averagium, read '[ME *average*]'

avis 2c, for '*Ib.* III 396' read '*Ib.* III 71'

avoeria [OF *avoerie*], **a** avowry, protection extended in return for payment (or the payment itself). **b** protection extended to certain tenants of boroughs (W. Marches). **c** protection extended to new settlers (or payment therefor). Transfer from **advocaria** to **a** 1181, to **b** 12 . ., to **c** c1370

axellum, read '**1 axella, ~um** [ME *axel*, AN *assel*], axle'. Transfer from **axilla c** quot. GIR. *GE* II 34 to precede 1352

2 axella v. axilla.

axilla c, delete def. and transfer quot. to **1 axella**

axungia, for def. read 'animal fat, esp. of kidneys, often used as medicament or axle-grease'; in quots. *GlC* for '*tysel*' read '*rysel*', for '*Hist. N. Durh.* 90' read '*North Durh.* 90'. Transfer quots. from **1 exugia**

azarud, for '*Alph.* 162' read '*Alph.* 163'

B, for 'musical note' read 'musical letter (sts. dist. as *gravis, acutus, superacutus*) [There are no superacutes for F & G].'

bacillus, reverse order of **1** and **2 bacillus**

baculare, for 'GARL. *Epith.* VI 572' read 'GARL. *Epith.* VI 524'

baculus 1, for 'GARL. *Epith.* VI 572' read 'GARL. *Epith.* VI 524'; **2,** for 'c1377' read 'c 1377'

baiardarius, for 'KR *Ac* 85/22 m. 6' read 'KR *Ac* 4/85/22 m. 6'

1 balancia, 1404 read '†balandis [l. balanciis]'

balatro, for 'H. AVR. *CG* 103' read 'H. AVR. *CG* p. 18 l. 11'

balbutire, delete quot. EGB. *Pen.* xi 10

balingera, for etym. read '[ME *balinger*, AN *balenger* = a small, fast naval vessel]'

ballaria, for 'lichitus' read 'lichitis'

1 ballenrum, for def. read '*f. l.*' and to quot. add '[*ed. Twiss:* decoriabitur de superiori labro]'

balsamitus, delete '†' and read '**balsamitus** [CL balsamum + -itus], balmy.'

bardicatio [cf. 2 bardus + -icius + -tio], noise made by a bard (with implication of ecstatic raving). †bradigabo, *felduop* [l. bardicatio, *fela uop*] *GlC* B 183 (cf. *EE:* badrigabo, *felduus*); bradigatio, ploratio campi, *feldwop GlH* B 488.

bardigiosus [cf. 2 bardus + -icius + -osus], bardish (w. implication of ecstatic raving). non puerorum lascivias, non garrula matronarum deliramenta, non vanas vulgi fabulas, non ruricolarum ~os [vv. ll. ~as, bardiosos, *gl.* i. e. stultas, ineptos vel irrationabiles] vagitus, non falsidicas parasitorum fribulas . . imitabatur FELIX *Guthl.* 12.

bateicium, for '1207' read '1307'

bathmum [? cf. Heb. *baten* = belly, abdomen, womb, βαθμίς = hollow (*in a joint*)], breast, belly, abdomen, womb. defende . . bathma [*gl.:* ðeeoh] exugiam atque binas idumas (LAIDCENN MAC BAÍTH *Lorica*) *Cerne* 86 (= *Nunnam.* 92); ~a, i. femora, *þeoh GlH* B 104.

1 batulus, for 'ancoris' read 'anchoris'

baubare, for '*GlC* B 41' read '*GlC* B 41'.

bedewerus, for etym. read '[AS *beadu wer* = man of war]'

benedicere 3–5, for 'bless' read 'to bless'

benta, 1220 for 'domas' read 'domus'

2 bercarius a, c1148 for '(*Inst. Sempr.* 8) *MonA* VI 946* xxi' read '*Inst. Sempr.* *xxxiii'

beus, read '[cf. Ir. *tir na mbeo* = terra viventium], living.'

bigamus, for etym. read '[LL; cf. δίγαμος]'

2 billa 4b, 1293 for '137' read '138'

binus, BEDE *HE* IV 14 for 'concurrunt' read 'occurrunt'

birwa, for etym. read '[ME *barwe, berwe* = barrow]'

blasphemare, for etym. read '[LL < βλασφημεῖν]'

1 blatta 1b, for 'Virgil *Georg.* V 242' read 'Vergil *Georg.* IV 243'

blesta, etym., for 'Norm. Fr.' read 'AN'

1 bolus 2a, for 'GARL. *Epith.* IV 275' read 'GARL. *Epith.* IV 227'

bombyx, for 'GARL. *Epith.* VI 370' read 'GARL. *Epith.* VI 322'

bordererus, read **borderus**

bovarius, for def. read 'man who works with oxen.'

bracchium 10f, for def. read 'bar of capstan by which one turns a windlass.'

bracium a, MAJOR I 3 for 'emtitunt' read 'emittunt'

†bradigabo, read '**bradigabo, bradigatio** v. bardicatio.'

branchiatura, for etym. read '[cf. branchiare + -ura]' and transfer to **branchura** quots. 1222, 1240, 1331

branchura [OF *brancheure*], branches (collect.). Transfer from **branchiatura** quots. 1222, 1240, 1331, to which add '1223 (v. frussura 3)'

brema b, *Cust. Westm.* 76 for 'haddock' read 'haddoch'

2 broca 5, for '(*Inst. Sempr.*) *MonA* VI 946 xl' read '*Inst. Sempr.* *lxv'

brutacea v. batrachium.

bubula, delete.

2 bucula 2, for '9 . . †bulbile, *bucce Ib.*' read '†bulbile, *bucce GlH* B 415' and transfer to **1 bubalus a**

bulbile, for 'v. 2 bucula 2.' read 'v. 1 bubalus a.'

burgulator, 1530 for 'murdatorum' read 'murdratorum'

buticularius b, for 'WALT. ANGL. *Fab.* 59' read 'WALT. ANGL. *Fab.* 58'

1 butor, for 'TURNER *Av.* 15' read 'TURNER *Av.* C2' and for 'ib. 64' read 'ib. G2'

1 buzo 2, for '1294' read '1296'

byssinus, for 'BEDE *Tab.* II 6' read 'BEDE *Tab.* 475'

C, for 'musical note' read 'musical letter (sts. dist. as *gravis, acutus, superacutus*) [There are no superacutes for F and G].'

2 cablicium, etym. for '(?) *infl. by* scapulare' read ' < *cadibilis'

cacelticus, for 'v. cathecticus.' read 'v. cathelcticus.'

caelicus 3b, for 'NIG. *Laur.* 30. 2' read 'NIG. *Laur.* 326' and for 'triumphali' read 'trihumphali'

calefactivus, delete **b** and transfer quot. D. BEC. to precede *Doc. Francisc.*

caliditas b, for def. read '(med. & phys.) 'heat', one of four qualities assoc. w. elements and humours.'

caltha, ALDH. *VirgP* 4 for 'malligeris' read 'melligeris'

cambuca, read '**cambuca, cambutta** [cf. OW *cam*, OIr. *camm* = crooked, OF *cambotte* = crozier, ME *cambok* = hockey stick]'; **d** for 'LANTFR. *Mir. et Transl. Swith.* A 329' read 'ÆLF. *Swith.* 6'

†cambucus, read '**cambucus** v. sambuca.'

campanista, 1284 for 'Rogero' read 'Roberto' and for '*Reg. Exon.* 1548' read '*Reg. Exon.* V 1548'

1 canella, for etym. read '[AN *canel*, OF *chanel* < canalis]'

canis 4, for def. read '**4** (as term of abuse): **a** (applied to hanger on, person attached to household); **b** (applied to non-Christian).'

1 canon, for etym. read '[CL < κανών]'; **1b,** BRAKELOND 147* for '†date [? l. late]' read 'date'

2 cantellus, 13 . . add '(= *StRealm* I 203 [12 . .]. nullum genus bladi vendatur per cumulum seu cantallum . .)'

1 cantu, for '1 cantu v. anthus.' read '**1 cantus** v. canthus.'

caorracum, read '[Gael. *caorach*], sheep.'

capidula, for 'ganata' read '†ganata [l. gavata, i. e. gabata]'

capra 2, 1267 for '*Ac. Leyburn* 214' read '(*Ac. Leyburn*) *EHR* LIV 214'

carbo 1b, for 'GILB. II 221v. 2' read 'GILB. V 221v. 2'

carcer 1b, from def. delete '(pl.)' and add before **1416** 'ut patrem suum de longo ~ere liberavit ORD. VIT. XII 18 p. 358'

caritativus c, 1530 for '*EHR* IV 308' read '*EHR* IV 309'

carola, for etym. read '[ME, OF *carole*]'

carpentatrix, for '*CourtR Wakefield* III 106' read '*CourtR Wakefield* III 126'

carruca, c1350 for '†carrucarios' read 'carrucarios'

castrensis 2b, to 'ORD. VIT. IV 17' add 'p. 290'

castrum, read '**castra** [CL *n. pl.*], ~**um**'

casubula, for etym. read '[LL]'

2 casula 1a, to 'CUTHB. *Ob. Baedae*' add 'clxiv'

casura 1b, for def. read '(loss of value through) clipping of coins'; **1200** for 'falsina, in stagno' read 'falsina in stagno'

casus, read '**1 casus**'

catechuminium, delete 'c**730**' and for '*V. Greg.* 96' read '*V. Greg.* 88'

catheticus, read '**cathelcticus** [κατά + ἑλκτικός], (med.) attractive.'

cattus 3, s**1191** for 'nominant' read 'nominabant'

1 caula 2c, c**1180** for 'sequentes' read 'sequentur'

2 causa 4a, J. SAL. *SS* for '860C' read '960C'

causticum, *Alph.* 98 delete '[ter]'

cauterizare, for etym. read '[LL < καυτηριάζειν]'

†cedantatio, read '? *f. l.*'; **1341** for 'juxta ~onem' read 'juxta †cedantacionem [? l. credentacionem]'

centaurea, *Alph.* 37 for '†nartam' read '†martam'

centinervia, for '*Ib.* 113. 2' read '*Ib.* 112v. 2 (v. barba 2d)'

cento, (NECKAM *Ut.*) 116, insert 'multiplici' before '~one coopertum'

ceraunius 2, for '*Isid. Etym.* VXII' read '*Isid. Etym.* XVII'

cholericus a, J. LOND. *Commend. Ed.* I 4 after 'colore' insert 'permixtum'

chorea 1a, for 'EDMUND *Spec. Eccl.* 59' read 'EDMUND *Spec. Eccl.* 44'

cinericius, for 'BAD. AUR. 135' read 'BAD. AUR. 155'

circuire 1a, for '*Id. EH* II 7' read '*Id. EH* II 8'

circuitus 3a, for 'ALB. LOND. *ID* 315' read '*Deorum Imag.* 11'

circumgestatio, for 'JEWEL *Apol.* 28' read 'JEWEL *Apol.* B6v'

cisimus, for '*Id. Syn.* 566 (v. choerogryllus d)' read '*Id. Syn.* 1587D (v. choerogryllus b)'

†clandestinam, for 'secretly' read '*f. l.*'; c**1225** for '~am' read '†clandestinam [? l. clam *or* clandestine]'

claustrum 1e, for 'J. BURGH *PO* VIII 121' read 'J. BURGH *PO* VIII 12 I'

2–4 clava, for '2 clavus' read '3 clavus'

clavarium, read '**clavarium** [cf. 3 clavus], box or bag for nails.'; delete sense **b**; transfer to **cloeria** quots. **1212, 1213, 1215,** and **b** s**1141**

clavica, read '**clavica** v. inclamare.' and transfer quot. to **inclamare 3a**

cleia [ME, AN *cleie*] **1** hurdle: **a** (for sheepfold or sim. or unspec.); **b** (for shelter for herdsmen); **c** (for use on board ship); **d** (for protecting wares stored on quay); **e** (for use in building bridge, embankment, or sim.); **f** (for scaffolding). Transfer from **cleta 1** quots. **a 1199, 1222, 1234, 1251, 1285,** *Fleta* 167, **1312**; **b** c**1180**; **c 1171, 1205, 1206, 1223, 1229, 1296, 1307, 1337, 1338**; **d** a**1216**; **e 1255,** s**1281, 1344**; **f 1291, 1336. 2a** hurdle or sledge on which offenders were drawn. **b** hurdle in a deer trap. Transfer from **cleta 2** quots. **a** s**1281, 1297, 1319,** a**1400,** s**1402**; **b 1251.**

cleta, read '**cleta 1** hurdle: **a** (for sheepfold or sim. or unspec.); **b** (for use on board ship); **c** (for use in building bridge, embankment, or sim.); **d** (for scaffolding). **a** ÆLF. *Gl.*, **1209,** c**1283, 1286,** c**1290, 13..**, **1388, 1390. b 1290. c 1276. d 1316, 1397.** Delete **2c** def.

clitella, R. CANT. *Malch.* II 290 for 'has' read 'hos'

2 cloca 2, transfer to sense **1a** quots. **747, 764,** EGB. *Pont.* 119

cloeria [OF *cloere*], box or bag for nails. **b** (in word-play on the name Martel = 'hammer'). Transfer from **clavarium** quots. **1212, 1213, 1215** and **b** s**1141**

coadunare 2a, *DB* I 30b for 'camerarius villanum' read 'camerarius unum villanum'

cognitio 2a, 1358 for 'cf. ib:' read 'cf. ib. 127:'

cognomen b, for '*Id. Aen.* 26' read '*Id. Aen.* 28'

coitinerare a, for '*V. Walth.* 260' read 'J. FURNESS *Walth.* 45'

†collaetatio, delete '†'

colligere 9, for 'ÆLF. *Ep.* 2. 77' read 'ÆLF. *Ep.* 3. 77'

colponatus, for '*CalExch* 236' read '*CalExch* III 236'

comedere, read '**comesse** [CL], **comedere**'

commassare b, for '†expuens' read 'expuens'

commendaticius b, AD. MARSH *Ep.* 10 for 'indigeatur, meritorum' read 'indigeatur ubi meritorum'

commurbanus v. comarba.

comorbanus, for '**comorbanus** v. comurbanus.' read '**comorbanus** v. comarba.'

complanare a, BART. ANGL. IV 1 for 'lenem [? l. levem]' read 'levem'

completive, for 'OCKHAM *Sent.* I ii 6 H' read 'OCKHAM *Sent.* II 182'

compluvium, read '**compluvium** [CL], roof sloped to collect run-off water. **9..** conpluvium, *flod* [*ofrenne*] *WW*; ~ium *flod ofrenne Gl. Ben. Holme* C 15.'

compsallere, for '**1391**' read '**1398**'

computare 2d, for 'ÆLF. *Ep.* 2. 86' read 'ÆLF. *Ep.* 3. 86'

computare 4a, 1225 for '*LTR Mem* 77 r. 11' read '*LTR Mem* 7 r. 18'

comurbanus, read '**comarba, ~us, ~anus** [Ir. *comarba*], heir, successor: **a** (Ir.) coarb, successor to abbot. **b** (Scot.) hereditary serf. **a** from **coverbus** c**1182** coverbi, from **comurbanus 1427, 1435, 1438** comurbani, **1672. b** from **cumerba 1161,** c**1170**'

conalis 1a, for 'pyramidis incise' read 'pyramidis diversis'

concentus a, for 'ALDH. *VirgV* 158' read 'ALDH. *VirgV* 1580'

conchilis [concha + -ilis] '(as) of shellfish'

conchylinus, for 'superiu' read 'superius'

conciliatio, delete '(*sic.*'

concreatrix, for 'WYCL. *Log.* II 82' read 'WYCL. *Log.* II 32'

concurialis, for 'GERV. TILB. III 2' read 'GERV. TILB. II 3'

condicionaliter b, for '*Dogm.* 204B' read '*Dogm.* 205A' and transfer quot. to sense **a**; delete **b** def., and for '**c, d, e**' read '**b, c, d**'

conficere 2b, for '*cf. confita*' read '*v. et. confita*'

confoederatio 2, for '**1275**' read '**1375**'

confraria [OF *confrarie, confraerie*; cf. frateria] **1** confraternity, brotherhood. **b** community formed for charitable purpose. **1309 b 1231** ~iam. **2** payment to confraternity of Knights Hospitallers. **14..** ~iis.

confratria, for etym. read '[cf. frateria]'; for sense **1** read 'community formed for charitable purpose' and transfer to **confraria 1** quots. **1309, 1231**; for sense **2** read 'payment to confraternity of Knights Hospitallers' and transfer to **confraria 2** quot. **14..**

congregare 2e, GAD. 111v. 1 before 'vel nigri coloris' insert 'et coloris veneti vel celestis'

conjugare 1c, for 'AD. EYNS. *Hug.* I 9 p. 46' read 'AD. EYNS. *Hug.* IV 9 p. 46'; **1d,** for 'W. NEWB. V 20' read 'W. NEWB. *HA* V 20'

conoidalis, for 'ALF. ANGL. *Cor* 4' read 'ALF. ANGL. *Cor* 4. 1'

conregium v. corredium.

conscribere 1a, 2b, for '*V. Dunst.* B' read 'B. *V. Dunst.*'

consecutive a, for '*Ps.*-GROS. 462' read '*Ps.*-GROS. *Summa* 462'

1 consensus a, for 'Balsh. *AD* 126' read 'Balsh. *AD rec. 2* 126'

consideratio 2a, a1230 for '*BBC* (*Bristol*) 122' read '*BBC* (*Barnard Castle*) 122'

consignatio 2a, 1334 for 'ferro' read 'ferro empto'

consitivus, for 'J. Sal. 619A' read 'J. Sal. *Pol.* 619A'

consociare a, *GAS* 190 for '~entur' read '~ientur'

consolidare 1c, for '*SB* 14' read '*SB* 16'

conspiratio b, 1290 for '[? l. ~it]' read '[? l. fuerit]'

constitutive, for '*Ps.*-Gros. 462' read '*Ps.*-Gros. *Summa* 462'

†contenditus, read 'v. incontenditus' andtransfer quot.

contourum, 1465 for '362' read '363'

contractus 2a, for '1301' read '1303'

contrivare, 1571 for '*Entries* 2076' read '*Entries* 207b'

contumulare, Strecche *Hen. V* 161 for 'instratis' read 'inlatis'

convenire 6c, for ref. read 'Fortescue *LLA* 41'

corialis, delete '†'

coriarius, 1504 for '*Pat* 650 m. 20' read '*Pat* 593 m. 20'

cornailarius, for '*Ac. Wardr.* (*Chanc. Misc.* 4/4) f. 58*d*.' read '(*AcWardr*) *Chanc. Misc.* 4/4 f. 58*d*.'

corrumpere 1b, for def. read 'to cause change of vowel or assimilation of consonant.'

corsettum c, 1274 for '*Gaol. Del.* 3/35A r. 4*d*. (3*d*.)' read '*Gaol. Del.* 35/1 r. 4*d*.'

coverbus, read '**coverbus** v. comarba.' and transfer quot.

cozumber, delete '†'

cranarium, delete '†'

crannoca a, 1294 for '768' read '769'

1–2 cratare, read '**cratare** v. gratare.'

crimen 1, Gir. *Spec.* III 15 p. 227, for '†excusationes [? l. accusationes]' read 'excusationes'

†crionason, for etym. read '[? cf. κρείσσων or πλεονάζων]'

crocomagma, for quot. read 'adulteratur . . admixto ~ate augendi ponderis causa cumspuma argenti trita additur . . et dicitur ~a superfluitas que relinquitur ex aromatibus Bart. Angl. XVII 41'

crucifigere 2b, for '*Hist. Hex.*' read '*Stand.*'

crucka, for ' "crotch", "crutch" ' read 'cruck'

crudarius, for etym. read '[ME *crouder* < *croud* = W. *crwth*]'

crude b, for '*Interdict* 416' read '*Serm.* 2. 15'

crudus 3a, 1294 for '*Cal. IPM* III 172' read '*Cal. IPM* III 104'

crustura, for 'iude' read 'inde'

cubicularius a, for 'W. Malm. *Wulfst.* 49' read 'W. Malm. *Wulfst.* III 5'

1, 2, 3 cumba, read '**1 cumba** [AS *cumb*, AN *cumbe*, W. *cwm*] **1** coomb, hollow, valley. Transfer all quots. from **2 cumba a, b**. **2** Repeat def. of **1 cumba a** and **b** and transfer quots. **3** measuring bowl. Transfer quot. from **1 cumba c**. **4** (inverted as dome) coom, centering (used in construction of mill-wheel). **1303** from **3 cumba**.'

4 cumba, read '**2 cumba** v. cymba.'

cumerba, read '**cumerba** v. comarba.' and transfer quots.

cumherba v. comarba.

cumulus 1a, for 'noh' read 'non'

cunire 2, for 'arapagare' read 'arapagere'

curatio 2b, after 'b ' add '1366' and for 'palefridi' read 'palfredi'

curculio, for def. read 'weevil, worm.'

cursus 6, 1468 for '*ExchScot* 580' read '*ExchScot* 581'

curticus a, for '1348' read '1345'

curtina, read 'v. 1 cortina, curtana 2b.'

cuta, for 'Turner *Av.* 11' read 'Turner *Av.* B7'

cynophagus, 1243 before 'lotofagis' delete '†' and before 'vescentes' insert 'pane'

D, for 'musical note' read 'musical letter (sts. dist. as *gravis, acutus, superacutus*) [There are no superacutes for F and G].'

Daedaleus, Daedalinus, daedalus, should precede '**daemericius, daemon**'

damnare 4a, 1259 for 'laniate fuerant' read 'laniate fuerunt'

damnificare 3, before quot. add '1276'

dare 12c, 1358 for 'ij' read 'ii'

de 9d, for '*Ib.* IV 181v. 2' read '*Ib.* IV 182v. 2'

deblaterare a, Walt. Wimb. *Palpo* 59 for 'ita' read 'rite'

decanus 8a, 1181 for '*Dom. S. Paul.* 148' read '*Dom. S. Paul.* 147'

decausa, for '*daqīq*' read '*diqāq*'

decimatio 5, before '(*Cons. Cnuti*)' delete 'a'

decimus 4a, for 'Al-cuin' read 'Alcuin'

declinatio 2b, for '(v. declivis 1a)' read '(v. declivis 1b)'

2 decorare b, Gildas *EB* 3 for 'munitionibus' read 'molitionibus'

dedicatio, from def. delete 'a (of church or sim.); b (of bishop)'; from quots. delete 'a' and 'b' and transfer quot. c1170 to precede quot. **1229**

dedicere 1e, 1258 for '*SelCMan* 61' read '*SelPlMan* 61'

defendere 1d, 1339 for 'quod nostram' read 'quod . . nostram'

defloratio 1, for '*Cust. Norm.* 50. 1' read '*Cust. Norm.* 50. 4'

deforis, delete sense **4** and for '**5**' read '**4**'

degere, for 'degēre' read 'degere'

delineatio, delete lemma and quot.

delitescere a, Aldh. *VirgV* after 'descendens' insert 'usque profundam'

delta, for 'numberal' read 'numeral'

denarius 6c, 1505 for 'virticione' read 'viracione'

deplanare, s1378 for 'patencia ad' read 'patencia sic ad'

deplorabiliter, before 'monachorum' add 'in quas [sc. enormitates]'

deprecari 2, def. should appear on a separate line in larger type

descriptiuncula, Gir. *LS* 413 for 'magnorum virorum' read 'magnorum . . virorum'

despicere 2c, for 'Bede *HE* II 27 p. 55' read 'Bede *HE* I 27 p. 55'

desponsio 1, for 'W. Malm. *GR* II 288' read 'W. Malm. *GR* II 228'

desuetio, for '*Found. Waltham* 5' read '*Found. Waltham* 6'

detergere, read 'detergēre, ~ēre [CL]'

deteriorare 2b, 1204 for ': ~averunt' read ': ea ~averunt'

determinatio 4a, 1466 for 'sicuti' read 'sicubi'

detrectare, add '**2** to disparage. **8**.. ~atur, *is teled WW*; hic tuum libitum adequat licito / sed morsu cubiti detractat tacito Walt. Wimb. *Palpo* 30. **3a** to tear off. **b** to tear down. **c** to maltreat. **d** to abuse or (?) detain wrongfully. **a** s1377 equo dejectus, amisit domini sui signum, vulgarium violencia collo suo

~atum *Chr. Angl.* 125. **b s1461** spoliabant omnia . . et, si quod tale fuerat [quod asportare non valerent], vel conculcabant pedibus vel ~abant manibus *Reg. Whet.* I 398. **c** illos . . qui eam [matrem suam] inhoneste ~averant interfecit *G. Herw.* 327b. **d** quanto quis diutius rem alienam invito domino ~are presumit, tanto . . Dominatorem omnium gravius offendit GIR. *JS prol.* p. 104. **4** to 'draw' (criminal). *Cf. detrahere* 2a. **1279** shope et redditus . . Abrahe . . Judei de Norwyco, qui pro blasphemia . . ~atus fuit et combustus *ChartR* 67 m. 4; Christiani apostate, sortilegii [*sic*] et hujusmodi ~ari debent et comburi *Fleta* 54 (cf. ib.: si . . inde convincantur, ~entur et †suspendentur); **1292** pro seduccione domino regi facta ~etur et pro dictis homicidiis . . suspendatur *Cl* 119 m. 5*d* (*sched.*).'

deultra a, for '**1212**' read '**1322**' and between 'cariandis' and 'deultra' insert '. .'

deus 1a, for 'BRADW. 80' read 'BRADW. *CD* 8D'

devexus 1a, *GlH* D 736 for 'stæþlepe' read 'stæphlepe'

diaconate, p. 648 left column heading, for '**diaconate**' read '**diaconatus**'

diaphasia [διά + φάσις], continuous utterance. diaphosia, *sunvoys vel melius soun of voys WW.*

diaphonia a, transfer to **diaphasia** quot. *WW*

diaphosia, for 'v. diaphonia a.' read 'v. diaphasia.'

diaphoresis 2, for def. read 'differentiation.'

diasynthetica, J. SAL. *Enth. Phil.* for '†diasirtica' read 'diasyrtica' and for '359' read '361'

diasyrtica [διασυρτική], declamation, second subdivision of grammar. J. SAL. *Enth. Phil.* 361 (v. diasynthetica).

diatomos, for 'Martianus capella' read 'Martianus Capella'

dictamnus, *Alph.* 51 for 'semen nec florem' read 'semen neque florem'

1 dies 1c, for '(fig.) night' read '(fig.) light'; **2a,** BEDE *TR* 5 for 'completur' read 'impletur'; **3b, 1380** for '(v. consuetudinarie)' read '(v. consuetudinarie b)'; **8b,** GIR. *Spec.* II 24 p. 69 for 'sanos' read 'sacros'; **9b,** *Dial. Scac.* I 16 B for 'ad indigenis' read 'ab indigenis'

2 diffidentia, AD. USK 71 for 'inducendae' read 'inducendas'

diffortiamentum 1a, delete 'c1320'; for 'indefendens' read 'indefensus'; for '*Reg. Aberb.* I 256' read '*RegiamM* vol. II f. 32v'

1 digitus 1, delete quot. GILDAS *EB* 1

dilanio a, J. BURGH *PO* VII 10 for 'puta si' read 'puto si'

diligibilis, R. BURY *Phil.* 2. 33 for 'pro' read 'quo'

diminuere 3d for 'NECKAM *NR* I 173 p. 295' read 'NECKAM *NR* II 173 p. 295'

diplois a, 1524 for 'albam, inducere' read 'albam, induere'

directio 1a, KILWARDBY *OS* 77 for 'refluxio' read 'reflexio'

discarcare 2a, (*Quad.*) *GAS* 234 for 'dissutum' read '†dissutum'

disceptare 2, FAVENT 6 for 'fraudolosam' read 'fraudulosam'

discooperire 1f, 1282 for '*Ib.*' read '*Ac. Man. Cant.*'

disparatio, for 'PECKHAM *QA* II 158' read 'PECKHAM *QA* 158'

dispensatorius 2a, VINSAUF *PN* 855 for 'lucet / . . / dic' read 'lucet / . . transumptio verbi; / . . / dic'

dispositio 2, transfer from **2a** to **2c** quot. **956**

disputatorius, for '**1588**' read '**1583**'

dissaisire 2, for 'or (?) *f. l.*' read 'or (?) to be referred to 1a *supra*'

dissimilitudo a, BEDE *Luke* 550 for 'aliquem' read 'aliquam'

dissipativus, for 'inpunitas cumulari' read 'inpunitas ulterius cumulari'

1 dissuere 1d, for 'lanam, †dissutum' read 'lanam et †dissutum'

distanter b, (WYCL.) *Ziz.* app. 487 for '†infinitum' read 'infinitum'

distortio, for '**b** extortion' read '**c** extortion'

distributor a, for 'Alfredus' read '[Alfredus]'

2 distringere 3b, def. for '(of metrical caesura)' read '(of metrical verse)'

†diutile, delete '†' and read '**diutile,** for a long time'

dives 1a, for 'GIR. *GE* II 20' read 'GIR. *GE* II 21 p. 271'

dividere 1a, for '*WW*' read '*GlH* F 718'

divisibilis 3, for def. read '(*murus ~is*) party wall for which two adjacent proprietors are responsible; *cf. indivisibilis* 1d.'

1 dolor 1, *Lib. Monstr.* I 3 for '†quem' read 'quem'

domesticus 1c, for 'BEDE *HE* III 15' read 'BEDE *HE* III 14'

dominicus 4b, GLANV. IX 11 for 'in ~is regis' read 'in ~is regiis'

1 domus 5a, *GlC* P 622 for 'judic[i]aria' read 'judicaria'; **5d, 1439** for 'inferioris pro' read 'inferioris . . pro'; **7a, 1362** for '*MonA* VI 1139b' read '*MonA* VI 1139a'

donarium 2b, BEDE *HE* III 5 for 'largiebatur' read 'largiebantur'

donativus 2a, GIR. *Spec.* III 15 p. 230 for 'retinere solent' read 'retinere . . solent'

dorsalis 3a, 1080 for 'altare' read 'altaria'

1 dorsare 3, delete sense **a,** transfer quot. to **2 dossare,** and delete **b** from def. and quot.

dorycnium, for '*halicaccabus*' read '*halicaccabum*'

1 dossare v. **1 dorsare.**

2 dossare [cf. dossa], to flavour with garlic. Transfer from **1 dorsare 3a** quot. GARL. *Mor. Scol.* 362

draco 3, for 'Satan' read '(w. ref. to Satan)'; **5b,** delete date '**1126**'

ducere 2a, for 'WULF. *Æthewold* 16' read 'WULF. *Æthelwold* 16' and for 'illicite' read 'inlicite'; **4c,** for '(of lighthouse)' read '(w. lighthouse as subj.)'

ducere 7, def. should follow quots. for sense **6**

dulcescere, FRITH. for 'formaret' read 'formarat'

ductus 3a, c1170 for 'ecclesiam de H.' read 'ecclesiam et H.'

dum 7b, for 'dum †cum' read 'dum †cum [? l. tamen]'

duplicare 3a, 1275 for 'ad ipso' read 'ab ipso'

duritio, for '[l. duricione]' read '[? l. duricione *or* dirricione, i. e. derisione]'

dynamis, *ASPR* VI 98 for 'actor' read 'Factor'

E, for 'musical note' read 'musical letter (sts. dist. as *gravis, acutus, superacutus*) [There are no superacutes for F and G].'

†ebraia, read '**ebraia** v. ibraia.'

edentare b, *CathA* for 'indentatus' read 'indentosus'

2 effabilis, for def. read 'who can be spoken of, that can be uttered or mentioned.' and reverse the order of quots.

efferus, for 'HWÆTBERHT 27' read 'HWÆTBERHT *Aen.* 27. 3'

effervere 1d, for '~buit' read '~buerit'

effluentia, for '~ia' read '~ia[m]'

effrigere, read '**effrigēre**'

eleemosyn-, for 'v. elemosyn-.' read 'v. elemosin-.'

elemosinarius 4a, for '*MonA* IV 43' read '*Cart. Reading* I p. 183 n. 221'

emanatio 1a, for 'R. BURY *Phil.* 9. 171' read 'R. BURY *Phil.* 11. 171'

embroudatio should precede **embroudatus**

embryo, etym. for 'LL *cf.*' read 'LL *gl.*'; Gros. 128 for 'homo' read 'hominem'

emendates, for 'emendatis 6' read 'emendatio 6'

emendatio 6d, for '**1233**' read '**1223**'

emergentia [cf. emergere 6, 7], something that crops up or accrues. Transfer from **emergere 6c** quot. **1429**

emergere 6c, 1295 for 'conlocare' read 'convocare'; transfer to **emergentia** quot. **1429**

emptor a, for 'feodis suis' read 'in feodis suis'

emunctorium 2, Ad. Scot *TT* 660A for 'lucina' read 'lucinia'

emundare 2c, for '*Const. Cnuti*' read '*Cons. Cnuti*'

encaenia, transfer '**1**' from lemma to sense **1**

encharisma, read '**encharisma** v. icarisma.'

1 enchia, for '(*DC Ebor.* (*Reg. K*)' read '(*DC Ebor.* M 2 (4) f.) *Building in Eng.* 431'

endias, delete '**endias** v. hendias.'

enervatio 1c, for 'c**1432**' read '**1432**'

enim 3, for 'contrastive' read '(contrastive)'

enot-, delete '**enot-** v. innot-.'

ens 1d, for 'immediate' read 'immediata' and for '*Ib.* 293' read '*Ib.* V 12 p. 293'

epacta 1, 797 for 'prioris quartae decimas' read 'prioris quartae decimae'

epimedium, *Alph.* 57 for 'injecta' read 'vinecta'

episcopalis 2b, W. Guisb. 347 for 'Christum Domini' read 'christum Domini'

eradicare 1b, transfer to sense **1a** quot. Ord. Vit. II 3

ereptio, for '**4**' read '**3**'

ergo 1a, 705 for 'inquirere opus' read 'inquirere opere' and for 'Frith. 1355' read 'Frith. 871'

ericius, delete '~io' and from sense **4** transfer to **heriso** quots. a**1180, 1198, 1215, 1231, 1264, 1314, 1322, 1326**

erigere 7, line 6 of quots. for '*inlage*' read '*unlage*'

erraticus 1c, Gilb. I 54v. 2 for 'interpolat' read 'interpolant'

erroneus 4, 1345 for '*RScot* 66a' read '*RScot* 660a'

erubescere 2c, Gosc. *V. Mild.* 13 for 'propriae' read 'proprie'

eruditio 3, for 'Aldh. *PR* 42' read 'Aldh. *PR* 142'

erysipelatus, delete '. .' after 'tractabilis'; for '~atus' read 'herisipilatus'

escaeta 2a, for '**1364**' read '**1368**'; for '(*MinAc*) *Econ. Condit.*' read '*MinAc Wistow*'

escariola, should follow **escarinus**

escuratio b, for 'divers[arum] armat[uram]' read 'divers[arum] armat[urarum]'

1 essaium 1d, 1539 for 'fracte' read 'fractam'

essartum 1a, for '*Dial. Scac.* I 12' read '*Dial. Scac.* I 13'

2 esse 2b, from def. delete 'impers.'

estoverium, etym. for 'AS' read 'AN'

esurire 2, for 'B. *V. Dunst.* 386' read 'B. *Ep.* 386'

et 8b, 13 . . for 'homines ville . . solebant' read 'solebant . . homines ville'

eudica, for etym. read '[*mashaqūniyā* viz. *qūniyā* misr. as *yūdiqā* = glass dross]'

euphorbium, quots. for '**d**' read '**c**'

evadere 2d, for '**1334**' read '**1238**'

evitus, for etym. read '[cf. CL avitus, hebidus]'

evocare 2, for 'dominium' read 'dominum'

exarsio, from def. delete sense **b** and in quots. for '*Rel.* 47. **b** s**1303**' read '*Rel.* 47; s**1303**'

exaudire 2b, 1437 for '*RL* II 8' read 'Bekynton II 8'

exauditor, def. for '**a** God; **b** saint' read '**a** (of God); **b** (gen.)'

exbannire, s**1313** after '~itum' insert 'destruerent'

excessive 2a, for '**1488**' read '**1438**'

excipere 7a, for 'Bede *HE* III 23 p. 175' read 'Bede *HE* I 34 p. 71'

exclusive 1, for '**1259**' read '**1289**'

excommunicare 1b, 1188 for '(v. 1 communio 5)' read '(v. 1 communio 5a)'

excrescere 3a, Gir. *TH* II 3 for 'qui lunatici' read 'quod lunatici'

exelus, read '**exelus** v. exesse.'

exemplariter 2, Fortescue *NLN* II 20 for 'viro subjeccio' read 'viro futura subjeccio'

2 exemplificare 3, for 'ad eadem' read 'ab eadem'

exercitatio 3a, for '*GlH* E 554' read '*GlH* E 454'

exhelus, delete

exesse 2, after 'R. Cold. *Osw.* 17' add 'frons tumet et labiis serpentis vulnere cancri / turpiter †exelis [MS: exesis] fetet odore gravi Nig. *BVM* 1614; arcet ab accessu solo fetore clientes / vulnus et †exeli [MS: exesi] vulneris atra lues *Ib.* 1634'

exhibere 3e, W. Malm. *GP* V 262 for 'qui crura' read 'quia crura'

exilis 1a, for '*Altercatio* 4' read '*Altercatio* 3'

exinde 2c, 1299 for 'cavaretur' read 'caveretur'

existimare 2a, Wulf. *Æthelwold* 4 for '~ant, . . a patre' read '~ant, a patre'

exordiri 1d, for 'Al-cuin *Rhet.* 20' read 'Alcuin *Rhet.* 20'

expedite 3, Duns *Ord.* V 181 for 'expeditio 4b' read 'expeditio 4'

expeditio 2d, *DB* I 56v for 'in in' read 'in'

expellere 2b, Bacon XI 218 for '(v. gummi 1a)' read '(v. gummi a)'

explicator, for 'Balsh. *AD rec. 2* 102' read 'Balsh. *AD* 102'; for '*Ib.* 115' read '*Ib. rec. 2* 115'

expolire 1d, Gerv. Cant. *Chr.* 404 for '~iti' read '~iti [? l. expositi]'

exponere 9, delete sense **9d** and for '**e**', '**f**', '**g**' read '**d**', '**e**', '**f**' in def. and quots.

exspectare 3e, 1224 for 'hereditatem sui' read 'hereditatem patris sui'

exspoliare 2c, for '*NLA* I 82' read '(*Libellus Resp.*) Bede *HE* I 27 p. 53' and transfer to precede 'Edmund *Spec. Eccl.*'

extimulare, p. 870 left column heading, for '**extimulare**' read '**exstimulare**'

exsufflatio 3, for 'Peckham *Paup.* 60' read 'Peckham *Paup.* 12 p. 60'

extendere 9b, Ockham *Pol.* II 711 for 'aliquem' read 'aliqualem'

extrahere 4, 1459 for 'dicta lanas' read 'dictas lanas'

extrajudicialiter, 1382 for 'judicaliter' read 'judicialiter'

extratentio, def. for 'withhholding' read 'withholding'

extrorsum, for 'coxam accipias et ut' read 'ut coxam accipias et'

exundatio, should follow **exundare**

Eyza, for ''*Īsā*' read ''*Īsā*'

1 fabula 1, for 'J. SAL. *Ep.* 252 (174 p. 138)' read 'J. SAL. *Ep.* 184 (174 p. 138)'

facere 9a, *G. Hen. V* 12 p. 82 for 'intermiscuisset' read 'intermisisset'; **16b, 1288** for 'ingressum' read 'ingressus'; **41c, 1253** for '~o societate' read '~o a societate'

faenedium, for '**1325**' read '**1227** (1325)' and transfer to precede quot. **1309**

faex 3b, GAD. 129v. 1 for 'ut' read 'sicut'; **4b,** for 'quas' read 'quasi'

fagetum, c**1158** for 'curtorium' read 'curtonam'

Falcidius b, c**1265** read 'nulli . . aliquod liberetur legatum nisi sufficienti cautione prestita de restituendo quantum oportuerit si forte apparuerit ~ie [v. l. falsidie] locum esse *Conc. Syn.* 716'

faldagium, for def. read '**a** sheepfold.' and for '**a**', '**b**', '**c**' read '**b**', **c**', '**d**'; in quots. add '**b**' before **1322** and for '**b**', '**c**' read '**c**', '**d**'

familiaris 2a, *G. Hen. V* 2 p. 18 for 'magnis' read 'majus'

†fartagum, for 'reddas' read 'reddas [i. e. raedas],'

fas b, def. for '(*fas est* w. inf.)' read '(*fas est* sts. w. inf.)'; LEDREDE *Carm.* 58 for 'non fas est' read 'fas non est'

1 fastigium 3, EADMER *Virt.* 581C for '~ie' read '~io'

2 favus 1b, J. EXON. *BT* I 472 for 'ulciscitur ita' read 'ulciscitur ira'

febrire b, GAD. 57v. 1 for 'ptisacis' read 'ptisicis'

1 felonia 1, 1185 for 'quoniam . .' read 'quoniam'

fenestra 1a, 798 for 'insidiant' read 'insident'; **1282** after 'quemdam' read '[l. quamdam]'

1 feralitas, RIC. HEX. *Stand.* 39v insert '**1136**' at beginning and '(*Lit. Papae*)' before 'RIC.'

2 ferdella a, *Ib.* 75 for 'sciendum est quod' read 'sciendum quod'

2 ferialis 1a, for '**14** . .' read '**1484**' and for '(*Vis. Southwell*) EHR VII 359' read '*Vis. Southwell* 49'

fervere 6a, 1167 for 'literarum . .' read 'literarum portitoribus'

fethera, 1352 for '*DL CourtR* 30/228/7 m. 3' read '*DL CourtR* 228/7 m. 3'

2 fides, ADEL. *ED* 27 for 'idem eedem in fistule' read 'idem etiam in fistule'

filius 4b, PAUL. ANGL. *ASP* delete quot.

finis 16b, *Dial. Scac.* II 24 for 'merentur' read 'mereatur'

firmitudo 1b, for 'loquebatur' read 'loquebantur'

flaccidus, for 'J. SAL. *Enth. Pol.* 1498' read 'J. SAL. *Enth. Phil.* 1498'

flagellum 1d, 793 after 'paganis' add 'devastatum'

flammiger a, ÆTHELWULF *Abb.* 764 for 'ardebant lumina clara' read 'ardebat lumine claro'

floccare 1, *Ib.* 119 for 'coccum, qui' read 'coccum, / qui'

fluxibilitas 1c, *Ib.* P 49 for '~ate' read '†flexibilitate [l. fluxibilitate]'

fodere 3b, *V. Greg.* p. 92 for 'laboriosus' read 'laboriosius'

fogagium, for '(*Leg. Forestae* 14) RegiamM II f. 20' read '(*Leg. Forestae* 16) RegiamM II f. 20v'

fons 2a, *V. Cuthb.* IV 8 for 'inire' read 'mire'

forinsecus 3a, quot. *Ib.* 309 should follow '*G. S. Alb.* III 258'

1 foris, delete sense number **1**

forisbannitura, for '[**1201**]' read '[**1201**])'

forisfacere 2a, *DB* I 56va for 'expeditione' read 'expeditionem'

forma 9c, OCKHAM *Pol.* I 319 for 'repeteretur' read 'reciperetur [v. l. repeteretur]'

formicaleo, for '*myrmicoleo*' read '*myrmicoleon*'

fortificare 3a, *Id. TC* I 33 for 'super hos' read 'super hoc'; **4,** M. SCOT. *Sol.* 717 delete final 'intendi'

fossula 1, for '*Ps.*-ELMH. *Hen. V* 88 p. 224' read '*Ps.*-ELMH. *Hen. V* 78 p. 224'

fovere 6, ALCUIN *Ep.* 190 for 'indignum' read 'dignum'

1 fractus, NECKAM *DS* IV 470 for 'infinditur' read 'infunditur'

fragmen 1, BEDE *Sam.* 707 for 'opuscula' read 'opuscula talibus . . suggerunt'

franclingus a, *Cust. Abingd.* 327 for 'francolanis' read 'francolanus'

1 Francus 10, 1176 for 'peta' read 'petra'

frangere 11a, GILDAS *EB* 4 for '. . quam' read '. . negotium quam'

fraterne, ANSELM (*Ep.* 39) III 150 for 'vestre' read 'vestra' and for 'jactamus' read 'jactamus,'

fraternus 1, ALDH. *VirgP* 53 delete 'intentabat'

fraudulenter, 796 for 'ALCUIN *Ep.*' read '*Ep.* ALCUIN.'

fremere 3, W. S. ALB. *V. Alb. & Amphib.* 2 for 'irasco' read 'irasci'

frivolus 4b, for 'recordibus' read 'vecordibus'

frixorius c, for 'c**1188**' read '**1188**'

fruncina, for def. read 'pleat (in quot., of material as cover of a book).'

frustra 1b, for 'FAVENT 16' read 'FAVENT 4'; **2,** SICCAV. *PN* 156 for 'ad perfectum' read 'ad perfectionem'

fulcire 2b, for 'ABBO *Edw.* 7' read 'ABBO *Edm.* 7'

fulgorare 3a, transfer to sense **1a** quot. HERM. ARCH. 18 to precede GIR. *TH* III 48

fullo a, NECKAM *Ut.* 107 for 'ablucionum' read 'ablucionem'

fulvidus, delete quot. *Kal. M. A.*

fumositas 2, BART. ANGL. IV 1 for 'interclusa' read 'inclusa'

2 fundalis, for 'Wythington' read 'Wyttyngton'

fundamentalis 1, c**1240** for 'perspiciunt' read 'prospiciunt' and for 'quod lapides' read 'quos lapides'

2 funditus 1b, for '(v. eradicare 1b)' read '(v. eradicare 1a)'

funiculus 2b, ?**1321** for 'vestra' read 'vestre'

2 furca, etym. for '[Ar. *fuqqā*]' read '[Ar. *fuqqā*]'

fuscus 3, for 'BONIF. *Aen.* (*De fide catholica*) 47' read 'BONIF. *Aen.* (*De fide catholica*) 48'

2 fusorius, def. for 'debased' read 'marked'

fustum 2, 1234 for 'invenire' read 'inveniri'

2 fusus 4, SPELMAN *Asp.* 86 for '*lozangey*' read '*lozongey*' and *Ib.* 115 for 'martioburbulos' read 'martiobarbulos'

galerus a, 1457 for '*Cl* 264' read '*Cl* 307'

2 Gallicanus 2c, FORTESCUE *LLA* 448 for '~um' read '†~um [MS: ~am]' and transfer quot. to sense **2b**; delete sense **2c** and for '**d**' read '**c**' in def. and quots.

garita 1, for '**1395**' read '**1394**'

gazophylacium 2b, W. CANT. *Mir. Thom.* II 89 for 'sua' read '†sua [l. sue]'

geldabilis 1b, c**1120** for 'in domino' read 'in dominio'

genderata, for '**1308**' read '**1308** (1386)'

genealogia 3a, *V. Ed. II* 263 for 'lucide' read 'lucidius'

generalis 9a, OCKHAM *Pol.* I 293 for 'magister' read 'minister'

generatio 15, for def. read 'production of figure by multiplication.'

genethliacus 1, for 'ALB. LOND. 11. 13' read 'ALB. LOND. *DG* 11. 13'

gesticulator, BRADW. *CD* 15A for 'aut se' read '†aut [l. ante; cf. inducere 1e] se'

gestus 3, for 'remaneant' read 'remanent'

getosus, for 'litigeosus' read 'litigiosus'.

gibbus 3b, for 'GIR. *SD* 46' read 'GIR. *SD* 48'

git 2, *Herb. Harl. 3388* f. 79v for 'rugella' read 'nigella'

1 glis a, GARL. *Syn.* 1578C for 'gliris animal, glisis terra tenax, glitis lappa vocatur' read '-ris animal, -sis terra tenax, -tis lappa vocatur'

3 glis a, GIR. *EH* read 'Hasculphus a marina ~si per quam ad naves transfugerat retractus GIR. *EH* I 21 p. 264; hostium multitudine magna per marinam ~sim, quo transfugerant, interempta *Ib.* II 17 p. 341'

glutinum 1b, for 'quid dicit' read 'quid dicis'

glycyrrhiza, transfer to **liquiritia** quots. OSB. BAWDSEY cliii and NECKAM *NR* II 166

gnicus, read '**gnicus** v. cnecus. **gniscus** v. lemniscus.'

gracilitas 1b, R. NIGER *Mil.* I 17 for 'qui' read '†qui [l. que]'

gradus 14a, delete quot. ADEL. *Alch.* 21 and for '*Id. Elk.*' read 'ADEL. *Elk.*'

gramineus 1a, for 'GARL. *Epith.* IV 187' read 'GARL. *Epith.* IV 178'

1 gratare v. gratari.

2 gratare [ME *graten* < OF *grater* < Frk. *kratten*] **1** to scratch. (from 1 cratare) M. SCOT. but 'cratet'; **14** . . but '~o' **2** to harrow. (from 2 cratare) c1280 but 'cratandi'; **1286** but '~andis'

gratari, read '**gratari** [CL], **1 gratare** [LL *gl.*]'

gratarium, delete '*Cf.* 1 cratare.'

gratia 15a, 1300 for 'utuntur' read 'utantur'; **22**, GILB. II 120. 1 for 'portione' read 'potione'

gratiose 3a, for 'CIREN. *prol.* I 43' read 'CIREN. *prol.* I 45'

gratus 9, for '*Cf. malegratus*' read '*malegrate, ~is*'

gravedo 1a, R. COLD. *Godr.* 40 for 'insidientibus' read 'insidentibus'

gravis 9c, GARL. *Mus. Mens.* 16 for 'intrat aliam' read 'intrat alium'

1 grena a, 1266 for 'in in ~am' read 'in ~am'

grex 1b, WALT. ANGL. *Fab.* 34. 4 for 'ire' read 'ire comes'; **2**, c800 for 'innexisti' read 'junxisti [v. l. juncxisti]'

grisus 3a, for '1263' read '1264'

grossitudo 1a, W. MALM. *GP* V 222 for 'palmarum' read 'palmorum'

grossus 12, AD. MUR. *Chr.* 213 for 'reputata' read 'reputatur'; **26b, 1559** for 'mullus' read 'nullus'

gubernio 1, ORD. VIT. XII 26 p. 413 for 'inflexis' read 'infelix'

gunfanum, for def. read 'banner, standard.'

gurges 5a, for 'c1440' read '1440'

gustare 2d, *V. Greg.* p. 110 for 'quod' read 'qualiter' and for 'mortuum' read 'mortuum multum'

gymnasium 3a, for 'GIR. *GE* II 8 p. 202' read 'GIR. *GE* II 8 p. 206'

gyrare 1c, for 'DICETO *Abbr. Norm.* 156' read 'DICETO *Chr.* 156'

haberdassarius, 1561 for '*Hug. Soc.* X 274' read '*Hug. Soc.* X 1. 274'

habere 27a, for 'Anglie' read 'reg[is] Anglie'; **27d, 1337** for 'preposito' read 'proposito'

habilitas 4a, 1409 for 'ejusdam' read 'ejusdem'

habitator a, GILDAS *EB* 44 for 'infecta' read 'interfecta'

habitus 4e, ASSER *Alf.* 15 for 'sanctimonialem' read 'sanctimonialium'

haerere 4c, delete '(? infl. by *haesitare*)'

hamare 2b, for 'R. NIGER *Mil.* I 27' read 'dum . . pravitatem defendit intricatione falsitatis ~ate lorice interceptus, proculdubio deicitur homo a bone intentionis sue studio'

hanca c, 1296, for '*DL MinAc* 1/1 r. 12d.' read '*DL MinAc* 1/1 r. 11d.'

harena 3a, ALCUIN *SS Ebor* 1187 for 'caballus / . . lapsus' read 'juvenis . . lapsus' and transfer quot. to sense **1a**

harundo 1d, LUCIAN *Chester* 72 for 'effatus' read 'effatur'

haubergellus a, 1181 for 'ferrum, lanceam' read 'ferrum et lanceam'

heironarius b, 1279 for 'Johannes Merk' read 'Johannes de Merk'; **c1285** for 'canem . . herunerum' read 'canem et herunerum'

heros 2, ALCUIN *SS Ebor* 266 for 'ingredietur' read 'ingreditur'

herpes a, *Quaest. Salern.* N 21 for 'qui dicitur' read 'que dicitur'

hexamitum, for '[ἑχάμιτος' read '[ἐξάμιτος'

Hiberus b, for 'BACON *Min.* 547 (cf. ib. 313:' read 'BACON *NM* 547 (cf. id. *Min.* 313:'

1 hic 1c, 793 for 'litteralis' read 'litterulis'

hierarcha 2a, for '**957** (12c)' read '**957** (14c)'

hodoeporicum, *GlC* E 320 for '†itererium' read 'iterarium'

homuncio 1a, a1089 delete 'scio . .'

honorabilis 3, BEDE *CuthbP* 2 for 'indutis' read 'indutum'

honorarium, NECKAM *NR* for 'non . . digni . .;' read 'non sunt digni patroni tales;'

2 hopa, 1107 for 'unum hepum' read 'unum hopum'

hoplomachus, for 'sed non' read 'sed nec'

hordeaceus a, add to beginning of quot. M. SCOT. *Sol* 715 'quod . . illa substantia sit corrupta que'

horizon a, PECKHAM *Persp.* I 65 for 'inter vidente' read 'inter videntem'

horoma b, FRITH. 709 for 'beatur' read 'beatum'

hortulus b, WALT. WIMB. *Carm.* 29 for 'ingreminat' read '†ingreminat MS: ingerminat'

hospitari 5a, c1162 for '*Regesta Scot.* I 30' read '*Regesta Scot.* I 230'

hostiliter, s1312 for '*Reg. Durh.* II 88' read '*Reg. Durh.* II 868'

hucusque 1a, OSB. BAWDSEY clxii for 'labitas' read 'habitas'

humilis 2b, for 'P. BOIS' read 'P. BLOIS'

1 humulus, read '**humulis** v. humilis.'

2 humulus, delete numeral 2

2 hundredum 1e, def. for '*forinsecus*' read '*intrinsecus, forinsecus*'; after '*centennium 5*,' add '*centenus 5*,'

hydatis, for 'ALB. LOND. *DG* 8. 1' read 'ALB. LOND. *DG* 8. 10'

hydropisis 1, OSB. GLOUC. *Deriv.* 285 for 'ὕδορ' read 'ὕδωρ'

illimpiditas, for 'ad ~atem' read 'vel ~atem'

immurare 1, W. MALM. *GP* V 232 for '~arent' read 'immurmu-rarent' and transfer quot. to **immurmurare**

immurmurare 2a, transfer from **immurare 1** quot. W. MALM. *GP* V 232, and for 'W. MALM. *Wulfst.*' read '*Id. Wulfst.*'

inclamare 3a, after quot. **1102** add 'Willelmus de Bradewas dimisit supprioratum ad preces episcopi, sc. ut adhereret ei, sed cito post infirmatus remansit †in clavica [MS: inclamatus] *Ann. Worc.* 407'

incontenditus, for '**794** (v. contenditus).' read '**794** (11c) ac-cipiebat †in contenditum [? l. incontenditam] suam propriam praenominatam terram *CS* 269'

2 jus 10b, 1287 for 'jure, mero' read 'jure mero'

1 justa, for '2 gistac' read '2 gista c'

laesivus 2b, BAKER 105 after '~um regiam magestatem' add '[*sic*]'

lamentatio a, *V. II Off.* f. 56 for 'mensuras' read 'mensurnas'

laquearius, for 'vestitus' read 'vestitis'

larbula v. larvula.

3 latare, delete

lautia, etym. for 'entertainment' read '*entertainment*'

le, add '**3** (as indef. art. before French or English sb.). **1494** in capite percussit, viz. cum uno *le baselard Sanct. Durh.* 25; **1496** cum quodam *le egelhome* in pectore juxta cor . . percusserunt *Ib.* 13;' and transfer quot. **1507** *Ib.* 27 from **2a**

Loegria, G. MON. II 1 for 'partem insula' read 'partem insule'

lohoc, def. for 'loloch' read 'lohoch'

lothos, read 'v. lotos, lotta.'

luterium, FELIX *Guthl.* 45 for 'melate' read 'melote'

M

M [CL]

1 M (letter of alphabet); **b** (as abbreviation).

ex . . sillabis M semivocali terminatis ALDH. *Met.* 9 p. 79; Paulus Quaestor elisit M litteram *Ib.*; 'comburo' per M scribendum non per N BEDE *Orth.* 18; duodecime littere, que dicitur M, tractatum OSB. GLOUC. *Deriv.* 330; M et N, quia magis quam alie [sc. semivocales] clauduntur, et magis claudentibus notulis figurantur *Ps.*-GROS. *Gram.* 25. **b** L sola Lucium significat, M sola Marcum BEDE *Orth.* 7.

2 musical note.

si P tertia sui crescat, fit M cum N faciens semitonium . . superaddatur M sui medietas fietque H, cum M sonans diapente ODINGTON *Mus.* 83.

3 numeral (= 1000); **b** (following another number as multiplier).

anno Domini m M. PAR. *Maj.* I 479; **1289** m libras (v. libra 5f). **b** xxx m militum G. MON. V 14.

maam- v. mahem-. **mabatem-** v. mabathematicon.

mabathematicon [*dub.*; cf. Jan.], juice of wild cabbage (used in medicines).

recipe . . euforbii, elacterii, mabatematicon, . . ana 3 j GILB. II 97v. 1; mabatematicon, asari, lilifagi . . *Ib.* 119v. 2; mabathematicon *Ib.* VII 358. 1; mabatematicon vel mabathemtis i. succus †caliculi agrestis *SB* 29; mabatematicon, i. succus caulis agrestis *Alph.* 107.

mabathemtis v. mabathematicon.

macarius [ML < μακάριος], blessed (in quot., of God or saint). **b** (as sb. m.) blessed person, saint.

a**786** macharius polaris aulae pantocrator *Ep. Bonif.* 138; ?**925** (1304) transcriptum cujusdam carte regis Adelstani . . in quo inveniebatur quod '. . tradidit . . monasterium . ., ubi gleba sancti somatis macharii martyris Oswaldi pausat . .' (*Ch. Athelstani* ap. *CoramR* 178 m. 53) *SelCKB* III 141; ~ii missatica Swithuni LANTFR. *Swith.* 1. **b** conamina falsa / machario [*gl.*: beato] nullas quibant inferre ruinas FRITH. 653; macharii penetrant rutilantia dindima Petri *Ib.* 1137.

macea v. 1 macia. **maceacaria, macecaria** v macecraria.

macecraria [OF *macecrerie, macequerie, machecrie*, AN *mazakerie*] meat-market, shambles; **b** (w. ref. to the market by St Nicholas Shambles, London, *cf. macellum* 1a).

c**1190** terram que fuit Ricardi . . in maceacaria versus aquilonem *Cart. Osney* II 21; c**1200** in macecaria de Oxenefordia *Ib.* 25; dedi . . unum stallum cum suis pertinenciis in macecaria de Kyngeston' *AncD* B 1827; **1264** in ~ia Oxonie *Cart. Osney* II 30; **1275** in pisconar' et in macecrar' Lond' *Hund.* I 403b. **b** c**1150** unum de stallis meis quos habui in parochia S. Nicholai ad mazatriam *Ch. Westm.* 385 (*sim. E. Ch. S. Paul* 90 [11..]: in parochia S. Nicholai ad mazacariam).

macecrarius [AN, OF *macecrer, macecrier*], butcher.

c**1067** [*William son of Gonfred*] ~ius *Regesta* I 20; ~ii *GAS* 669 (v. l., v. macerarius 1; cf. ib. vv. ll.: macecrini. machecrarii. marchetrarii) **1185** terra Godwini ~ii *Rec. Templars* 16; **1242** testibus . . Arthuro macecr' . . et aliis *Cart. Osney* I 360; **12**.. Thome filio Alexandri mascecrar' Norhampt' *MS Northants RO Buccleuch Ch.* L 46; **1274** W. B., macetrarius, imprisonatus *Gaol Del.* 3/35A m. 6; **1275** polettar', sutores, pisconar', macecrar' et alii sunt remoti a foro domini regis *Hund.* I 403b.

macecria v. macecraria. **macecrinus** v. macecrarius.

---

1 Macedo [CL], a Macedonian.

Alexander ~o *Lib. Monstr.* III 11; [regnum Persarum] adjunctum est regno ~onum R. NIGER *Chr.* I 15; transcursis ~onum campis Philippopolim pervenunt *Itin. Ric.* I 21.

2 macedo [ML], (med.) emaciation, wasting. *Cf. marcedo.*

nimia sequitur debilitatio et ~o GILB. V 207v. 1.

Macedonicus, ~ius [CL]

1 Macedonian.

iris Illirica i. Macidonea, que fuerit gravissimi ponderis *Gl. Laud.* 852.

2 (in names of plants): **a** (as sb. f. ~*ia* or n. ~*icum*) horse parsley, alexanders (*Smyrnium olusatrum*). **b** (*petroselinum* or *apium ~icum*) horse parsley, or other umbelliferous plant. **c** (*malum ~icum*) crab apple (*Malus sylvestris*; *cf. Matianus*).

a ~ia i. petrosilinum *Gl. Laud.* 995; petrosilinum ~icum, colubrina . . herbe note sunt NECKAM *NR* II 166; semen apii, macedo', saxifrage GILB. IV 189. 1; ad calculum frangendum: recipe . . semen ~ici *Pop. Med.* 249. 111; semina calida diuretica sunt . . carui, ameos, ~icum, petro[silium] domesticum GAD 15. 1; ~icum, alexandrinum idem *SB* 29; ~ia vel ~icum, petrocillinum idem, G. *alisandre*, A. *stamerche Alph.* 108; *alysaundere, herbe, or stanmarch,* ~ia *PP;* ~ia, A. *alysaunder seede MS BL Sloane* 347 f. 89. **b** si paciens . . masticet . . semen petrosilli ~ici *Pop. Med.* 229; petrosillinum ~icum, G. *alisaundre,* A. *stanmersh Alph.* 5; apium . . ~icum . . G. *ache,* A. *smalache* [? i. e. *wild celery,* Apium graveolens] *MS BL Royal 12 G IV* f. 134ra; apium ~icum i. *strucion . . staunche* vel *alisaundre Ib.* **c** malum Macodonicum i. pomum silvestre, G. *pome dé bois MS BL Sloane* 347 f. 88v.

macella v. macellum.

macellaria, meat-market, shambles.

1416 ex parte australi ecclesie parochialis . . jacet unum magnum et abhominabile sterquilinium pro ~ia civitatis Ebor', ubi intestina et fetores animalium sparguntur *Fabr. York* 248.

macellarius [CL], butcher; **b** (in gl.); **c** (by extension w. ref. to fishmonger).

c**1247** conventio . . inter J. abbatem . . et Arturum de Lond' ~ium *Cart. Osney* I 431; ~iis crudelibus [nos libri] subdimur, ubi mactari tam pecora quam jumenta . . videmus R. BURY *Phil.* 4. 66; s**1120** de quibus omnibus nullus [evasit] nisi unus ignobilis rusticus macillarius [TREVISA: *a bocher*] HIGD. VII 16 p. 460; ~ios sive bocherios et tales qui circa carnes operantur LYNDW. 303B. **b** *Gl. Leid.* 45. 19, etc. (v. 1 lanista 2a); ÆLF. *Sup.* 189 (v. lanio a); OSB. GLOUC. *Deriv.* 348, 363 (v. macellio); 'macellum' i. *mazakerie,* inde ~ius i. *mazecre* a mactando sic dictus *GlSid* f. 143v; ~ius, *macecrin* (GARL. *Unus. gl.*) *Teaching Latin* II 166. **c 1507** carnifices et tam carnium quam piscium ~ios *Midlothian* 81.

macellens v. macilentus.

macellio, macello [ML], butcher.

carrinator, carnium laniator, ~io, lanista, lanius OSB. GLOUC. *Deriv.* 142; 'violarii' [Plautus *Aularia* 510, = *one who dyes garments violet*] ~ones, 'carinarii' cenum eicientes *Ib.* 176 (~ones *perh.* misplaced gl. on carinarii, cf. ib. 142: carrinator . . macellio); hic ~io . ., i. macellarius qui carnes vendit *Ib.* 348; ~io, macellarius, carnicida, lanio, lanius, lanista, carnifex *Ib.* 363; *a fleschour,* carnifex . ., lanio, macellarius, ~io CathA.

macellum [CL], **~a** [ML]

1 market: **a** (meat-market, shambles); **b** (in gl.); **c** (fish-market).

---

a comes de M. habet ibi xiiij mansiones et ij bancos in ~o *DB* I 298ra; ea [caro] . . que in ~o venditur BALD. CANT. *Sacr. Alt.* 701A; c**1200** in mascello terram quam Simon tenuit *Cart. Osney* I 377; **1260** stallus Halegod in ~a in platea boreali (*Rental*) *Cart. Osney* III 108; **1273** (*the parish of St Nicholas*) de ~is (*DC St. Paul's*) *HMC Rep.* IX app. I p. 22b (i. e. *St Nicholas Shambles, London*; cf. ib. [13..]: ad ~um; *MGL* II 235 [**1303**]: [ecclesia] Nicholai ad ~as; ib. I 607 [**1419**]: furatus fuit unam tibiam multonis ad ~as S. Nicholai; *London Topographical Record* XVI (1932) 9–51); **1290** venit in marcell' apud Wolcherchawe et furtive abcidit bursam suam *Gaol Del.* 36/1 m. 5d. **b** †conficina, ~um *GlC* C 771 (cf. OSB. GLOUC. *Deriv.* 119: hec carnificina, -e, i. ~um); ~um, *flæcstræt, vel flæccyping* ÆLF. *Gl.* 145; ~um i. *mazakerie GlSid* 14 p. 137; carnifices in macillis [v. l. ~is; *gl.: en estauz vel en la bocherie,* etc.] suis vendentes carnes grossas bovinas . . GARL. *Dict.* 127; hoc ~um, *bochery WW.* **c** cetarium -rii, i. ~um ubi venditur cete OSB. GLOUC. *Deriv.* 108.

2 butchery, slaughter.

s**1257** homines consumpti sunt gladio . ., pecora macie vel ~o M. PAR. *Maj.* V 660.

macemia v. macis. **macenoria** v. maconeria.

1 macer [CL]

1 lean, thin, slender: **a** (of person, person's body, etc.); **b** (of animal, its body, etc.); **c** (transf. & fig., of thing or abstr.).

a ~re manus et nivee OSB. CLAR. *V. Ed. Conf.* 4; qui hic . . pingues aut ~ri fuerunt, resurgent tales? HON. *Eluc.* 1165A; [clericus] ~er . . effectus, puta quem . . noctes insomnes . . attenuaverant GIR. *GE* II 13 p. 230; quod [sponsa] esset ~ra [ME: *leane*] et pallida *AncrR* 143. **b** hunc [cervum] premit, hunc ledit tibia macra pedum WALT. ANGL. *Fab.* 44. 4; ~ro [ME: *leane*] pellicano *AncrR* 41. **c** [laudes] nimis ~ras a desiderata pinguedine dulcissimi tui [sc. Christi] affectus ANSELM (*Or.* 2) III 6; peccant in causa saccus [i. e. *money bag*] macer et vola clausa WALT. WIMB. *Scel.* 41.

2 a (of meat) not fatty, lean. **b** (as sb. n.) lean meat. **c** (of other food or crop) not rich or substantial, thin.

a caro porcina ~ra M. SCOT *Lumen* 247 (v. foliare 3b). **b** a**1087** frustrum . . de macro [piscis] (v. crassus 1d). **c** dum macra transfertur ad pinguia turget avena, / et male grossessit que levis ante fuit GIR. *Symb.* II 35 p. 377; supplet ibi pinguis frumenti macra siligo / defectum H. AVR. *Hugh* 282.

2 macer v. macir.

1 macera [ML, cf. Jan., DuC], meat-market.

carnem ne macěra carnes prebente macěra [*gl.: bucher*] H. AVR. *CG* f. 9v. 6.

2 macera v. machaera.

3 macera v. masera.

macerare [CL]

1 to make soft: **a** (by kneading, pounding); **b** (by chewing; in quot., fig.).

a farinam aqua conspergat, et manibus fortiter compingat et ~et LANFR. *Const.* 150; hec pinsa, -e, i. scacella cum qua pasta ~atur OSB. GLOUC. *Deriv.* 416; farinam aqua conspergat, et manibus fortiter inpugnet et ~et *Cust. Westm.* 67. **b** Tartareum macerans et torquens corde venenum BONIF. *Aen.* 319 (*Invidia*).

2 to make weak, weaken, wear down (person, animal, etc., esp. by depriving of food; also refl.); **b** (by beating, torturing). **c** to make thin, emaciate.

qui [sc. porci] cadavera mortuorum lacerantes manducaverunt, carnem eorum manducare non licet usque dum ~entur THEOD. *Pen.* II 11. 8; homines inedia ~ati BEDE *HE* IV 13 p. 231; medicina .. macerata in membra cucurrit *Mir. Nin.* 318; ut qui per abstinentiam ~antur [AS *gl.*: *awonad' biðon*] in corpore, per fructum boni operis reficiantur in mente *Rit. Durh.* 15; membra fatigabat, carnem macerando domabat R. CANT. *Malch.* I 152; siquis ex juvenibus .. cum parvulis jocatus fuerit, diuturna penitentia ~etur ROB. FLAMB. *Pen.* 295; vivebat parcius et se gravius ~avit *V. Edm. Rich P* 1793B. **b** non tam militari manu quam flagris callidam gentem ~aturos GILDAS *EB* 7; Justina .. diversis tormentorum cruciatibus ~ata ALDH. *VirgP* 43; macerare suam crudeli vibice carnem *Id. VirgV* 2474. **c** **10..** ~are, *mægeregan, gehlænian WW*; †besare, ~are OSB. GLOUC. *Deriv.* 398 (*under lemma* occentare; *but* cf. MS (f. 111v): obesare [*as lemma*], ~are, macrum facere); ~o, G. *enmegrir* (GARL. *Unus gl.*) *Teaching Latin* II 165.

3 a to vex, harass, (cause to) grieve. **b** (refl.) to torment oneself, grieve, sorrow. **c** (*~ari super*) to be vexed over (a matter). **d** to slaughter, massacre.

derelinque exitiabilem ac temetipsum .. ~aturum furorem GILDAS *EB* 32; ~atus [? *dep.*], *þreatende GlC* M 27; ego non ulterius lectorum exspectationem ~abo, qui hec forsitan non libenter intuentur quia gesta Willelmi successorum prestolantur W. MALM. *GR* III 304. **b** quare non consideras / quia, dum te macheras, / nichil prodes mortuo? (*Suscitatio Lazari*) *Drama* II 214. **c** **c1168** nonne probrosum est Christiano .. super amissione temporalium ~ari? J. SAL. *Ep.* 279 (256). **d** **s851** in loco qui Acle dicitur conserto prelio paganos superavit, eos inaudita cede ~avit M. PAR. *Maj.* I 381.

macerarius [ML, cf. 1 macera (v. Jan.)]

1 butcher. *V. et. macecrarius.*

clamaverunt ~ii, quos Angli vocant *flaismangeres* .. quod quaque die oportebat eos emere animalia, occidere et vendere (*Leg. Ed.* 39) *GAS* 669 (cf. tit. ib.: de mascerariis; *Leg. Ed. retract.* ib.: macherarii [vv. ll. macecrini, machecrarii, marchetrarii, macecrarii]); **c1230** illud toftum quod jacet inter tofta Rogeri ~ii et M. F. *Cart. Sallay* 602.

2 (erron. glossed as) of or pertaining to a wall (cf. *maceries*).

~ium, *de mesere* (GARL. *Unus gl.*) *Teaching Latin* II 171.

maceratio [CL=*soaking*], weakening, wearing or wasting away (of the body): **a** (var.); **b** (by fasting); **c** (*~o carnis*) mortification of the flesh (as relig. practice).

a **1121** alii usque ad mortem carceris ~one afflicti sunt (*Lit. Papae*) W. MALM. *GR* V 433; computrivit .. utriusque pedis tibia, ferrei ~one vinculi jam carne de medio pene corrosa R. COLD. *Cuthb.* 93 p. 206; **p1384** [in] immensa .. militis nostri dampna et sui corporis ~onem pium oculum dirigentes *Dip. Corr. Ric. II* 47 p. 29. **b** Deus, cui .. jejuniorum ~one .. placere studetis EGB. *Pont.* 63; assidui ~one jejunii se .. affligens PETRUS *Dial.* 39; **c1279** nimiorum jejuniorum ~one debet affligi *Doc. Eng. Black Monks* I 113. **c** per ~onem carnis adversarii spiritalis machinas evitare BEDE *Hom.* II 16. 186; mens nostra .. quae se carnis ~one [*gl.*: *wonunge*] castigat *Rit. Durh.* 14; fuit .. jejuniis aliisque ~onibus carnis moderate intentus ORD. VIT. III 5 p. 78; seipsos .. per carnis ~onem mortificare GROS. *Ep.* 57 p. 174; cum sit .. jejunandum ad ~onem carnis et refeccionem spiritus, ita quod salvetur non destruatur natura BACON VI 118; debet homo uti prudenti carnis ~one WYCL. *Ver.* III 171.

macerativus, that involves fasting, austere, abstinent.

[paupertas religiosorum] debet esse ~a, voluntaria enim paupertas martyrium est J. WALEYS *Commun.* VI 3. 6 f. 123. 1.

†macercator, *f. l.*

hic †macercator [? l. altercator], *a pleter WW*.

macere, ~escere [CL], to be or become thin.

~eo, -es, sed non est in usu; sed inde dicitur macer .. et hec macies .. et ~esco, -is i. esse macrum, unde Plautus .. [*Captivi* 134] OSB. GLOUC. *Deriv.* 347; ~eo, G. *enmegrir* (GARL. *Unus gl.*) *Teaching Latin* II 165.

macereus v. masera.

maceria, ~ies [CL], wall: **a** (var.); **b** (of building); **c** (surrounding an enclosure, town, *etc.*); **d** (fig. & in fig. context).

a Oceani gurgites .. in simulacro ~iae altrinsecus sequestrare ALDH. *VirgP* 4 p. 232 (cf. *Exod.* xiv 22; *gl.*: muri, *stanweal*); **762** (13c) usque in ~iam quae in aquilonali parte civitatis muro adjacet *CS* 192; sunt et alii lapides uno tantum latere foris prominentes in ~ia ANSELM *Misc.* 315 (cf. ib.: medio parietis); hec ~ies, -ei vel hec ~ia, -e, G. *mesere* GARL. *Comm.* 199; facilis impulsus ~iam precipitat quam nec fundamentum solidat aut cementum J. GODARD *Ep.* 220; [pluviarum] inundacionibus .. multe turres et ecclesie et antique †materie .. corruerunt TREVET *Ann.* 42. **b** novies binos .. / .. / turris fregisse fragmina / cum inmensa maceria (ALDH.) *Carm. Aldh.* 1. 192 (cf. *Luc.* xiii 4); vidit per medias ~ies oratorii ac dormitorii monachos .. altare .. circumeuntes EADMER *V. Anselmi* I 7; vidit .. per somnum aule regie sue tectum decidisse, camere ~ias ruisse *Pass. Æthelb.* 5; ejus domus ~ie adhuc superstites celo patuli tecto vacant W. MALM. *GP* V 217; **s1256** unam [pallam] .. assignavit altari S. Albani ad pendendum et ~iam adornandum M. PAR. *Maj.* V 574. **c** in angusto ~iae vinearum GILDAS *EB* 1 p. 27 (cf. *Num.* xxii 24); **†1083** (12c) [qui] ab omni episcopi servitio sint liberi nisi forte ~ies civitatis sit reparanda *Ch. Durh.* 3 p. 8; singula .. domus diis sacrata sunt ut Veste limen .., ~ies que ambit domum Herceo Jovi ALB. LOND. *DG* 4. 4; ~ia vinee cinguntur NECKAM *NR* II 167 p. 276. **d** evangelicus populus .. in caverna ~ie [cf. *Cant.* ii 14] .. delitescit *V. Birini* 14; destructa protectionis Dei ~ia GOSC. *Transl. Mild.* 7; facta sunt .. in membris ejus [sc. Christi] vulnera et in ~ia corporis ejus caverna [cf. *Cant.* ii 14] AILR. *Inst. Inclus.* 31 p. 671; **c1337** universitatem .. nitebantur, pacis soluta ~ie et unitatis vinculo dissipato, totaliter demoliri *FormOx* 98; **1437** utinam .. dissentionis facula non talem .. invalescat in flammam, que ~iem domus Dei desolationis ducat in opprobrium BEKYNTON II 41.

2 (by misinterp.) leanness (*cf. macies*).

~ies, G. *megresse* (GARL. *Unus gl.*) *Teaching Latin* II 165.

maceries v. maceria, materia. **macerinus** v. maserinus.

macerio [ML *gl.* (v. Jan.); cf. macio, maceria], mason, waller.

11.. magister carpentarius et magister mac' et magister tegulator *Growth Eng. Ind.* 502 (macerius *ed.*; ? l. macerie *or* macio); hec maceria .., et inde hic ~o [MS: macio], -nis i. maceriarum instructor OSB. GLOUC. *Deriv.* 348 (cf. ib. 363: maciones [? l. ~ones], maceriarum instructores); *a waller*, ~o *CathA*.

macerus, ~ius, ~ia [AN *macer*, OF *massier*, cf. ME *macer*], mace-bearer, macer: **a** (as officer of royal or other household); **b** (as public official).

a **1278** orta contencione inter custodes domini regis ~os et Philippum *Cart. Glast.* I 109 (cf. DOMERH. *Glast.* 588: custodes .. dictos *mazseurs*); **1287** ij s. datos Reginaldo le macuario filii regis *Doc. W. Abb. Westm.* 52 (cf. *ib.* 165 [**1290**]: R. macuario); **1337** Willelmo de E. massuerio domini regis .. aliis massueriis domini regis *Comp. Swith.* 251; ?**1341** pro equo accomodato Waltero de G. maceuero domini regis querendo *Ac. Durh.* 541; **1380** in manu Roberti de G. massarii domini nostri regis *Reg. Moray* 159 p. 185; *gennowmbre off meny in an howsholde, or under a lorde or a mayster*, massarius -ii .. massaria -e *PP*. **b** **c1520** per quemdam officiarium temporalem P. M. clavigerum dictum alias masserium *Form. S. Andr.* I 229.

macescere v. macere. **macetrarius** v. macecrarius.

macetum [*dub.*], malt, or grain for malting (in quots., usu. in Ireland).

10.. ~um, *mealt WW*; **1328** in granario de instauro domus predicte [*Clonaul*] iiij crannoci de ~o avene, precii cujuslibet crannoci v s. (*KR Ac* 239/13) *Anal. Hib.* XXIV 204; j crannocus et dim. ~i frumenti *Ib.* 206 (*Kylbarry*); **1331** x crannocos de blado mixto et ~o *RB Kildare* 122 p. 102; **1383** quelibet mensura viz. bussellus frumenti avenarum ~i et cujuslibet generis bladi *Lib. Kilken.* 79; **1475** debet suis operariis v modios frumenti et xvj de ~o *Wills Dublin* 153; **1521** ne dicti collegiales ad forum publicum .. grana frumenti aut ~i emere cogantur *Dign. Dec.* 72 p. 153.

maceuerus v. macerus. **maceum** v. macis.

machaera, ~era [CL < μάχαιρα]

1 sword, dagger; **b** (in gl. or sim.); **c** (fig.).

idcirco machĕram stricto mucrone vibrabat ALDH. *VirgV* 2419; ut dominum suum .. arrepta letali ~era [vv. ll. macera, machina] necaret FELIX *Guthl.* 35 p. 112; si ejus ~aeram vidisset uspiam LANTFR. *Swith.* 2 (cf. ib.: cultellum .. mucronem .. pugionem; WULF. *Swith.* I 278: mucronem / quem solito plerique solent vocitare machĕram [ib. 286: pugionem]); gladiorum .. multa genera videbamus: ~eras [*gl.*: *grant aspeis*, lungos gladios, etc.] et frameas, spatas et semispatia, sicas et secures BALSH. *Ut.* 49. **b** macera, gladius *GlC* M 22; gladius vel ~era vel spata vel framea vel pugio, *sweord* ÆLF. *Gl.* 142; sica, gladius, mucro, ensis, cluniculus, ~aera, splendona, framea OSB. GLOUC. *Deriv.* 557; e ante r breviatur; .. excipiuntur chimera, ~era BACON *Gram. Gk.* 116; ~era, quod est gladius vel culter *Ib.* 137. **c** divini ~eram [*gl.*: gladium, *mece* vel *hiltinc*] verbi et loricam fidei inextricabilem ALDH. *VirgP* 11 p. 240 (cf. id. *VirgV* 2464: et machĕram verbi peccati monstra necantem); **†889** (14c) noverint se cum Anna [*sic*] et Zaphira [v. *Act.* v 1–10] herebica aeterne [*sic*] anathematis ~era perforandos *CS* 561 p. 201 (*sim. CS* 761 [**940** (13c)]: se .. eterni anatematis macera perforandum; *CS* 782 [**943** (14c)], etc.); tu [Maria] salutis es minera, / clava, cuspis et machera / qua mors cesa moritur WALT. WIMB. *Virgo* 20.

2 knife, hatchet.

carnifices .. ~eras [*gl.*: *cuneys, haches, flessch ax*, etc.] et mensaculas scolaribus incutientes GARL. *Dict.* 127; cum culcitris [*sic, for* cultris] sive ~eris petrinis corticem .. frangunt sive scindunt S. SIM. *Itin.* 58; ~era, A. *a dressurcnyf WW*.

3 (erron. defined as) 'dressing-board', table on which food is prepared.

hec ~era, *a dressyngburd*; hec mensacula, *a dressyngknyfe WW*.

machaerophorus [CL < μαχαιροφόρος], 'knife carrier', lightly-armed foot soldier, kerne.

levis armaturae ~os STANIHURST *Hib.* 42 (v. kernus).

machaeropoeus [μαχαιροποιός], knife-maker, cutler.

1560 pro .. John Aylande macheropio *Ac. LChamb* 55 f. 14v.

machalum, ~olum [LL=*unroofed grain store*], stack of grain, rick.

in quibusdam locis datur .. hreaccroppum [*some MSS add*: i. macholi summitas] et firma ad machol︠um faciendum, in terra nemorosa lignum plaustri, in terra uberi caput macholi (*Quad.*) *GAS* 452–3 (vv. ll. macol-, mancol-, manchol-; AS: *hreacmete* .. *hreaccopp*. V. gutfirma, hreaccoppum).

macharius v. macarius.

machaus, (rhet.) form of metrical syzygy.

sinzigiae replicationes .., quarum vocabula haec esse noscuntur: proxilius, diprolius, diopros, trampus, cribussus, namprossimalus, phymarus, atrorbus, rivatus, pranulus, linuatus, ~us, matrimus, phynulus, febrinus. hi sunt proprie rethorum pedes, qui quaternarum mensuram sillabarum transeuntes a metricis .. repudiantur ALDH. *PR* 141 (*recte* 142) p. 201.

machavus [Heb. *mache'ov*], pain, blemish.

1543 vendidit .. unum equum .. nominatum cum hiis vitiis et mazavis sive defectibus specificatis .. et cum omnibus vitiis mazavis latenticibus et manifestis *Form. S. Andr.* II 303.

machecollare, ~icollare [OF *machecoller*], (arch.) to provide (building) with machicolations, to machicolate.

1433 licencias .. ad edificanda batallanda et ~ecollanda forcelleta castra muros et alia domos et edificia defensabilia *Langley app.* 253; **1442** licenciam dedimus .. quod ipse manerium suum de C. includere, kernellare, ~ecollare, turrellare et batellare possit *ChartR* 187 m. 3; **1449** manerium .. ~icollare (v. imbatillare 2); **1458** muros, turrim vel turres illos batellare, karnellare et ~ecollare *ChartR* 190 m. 10; **1491** muros et turres predictos sic batellatos, karnellatos et ~icollatos .. tenere *Pat* 572 m. 5 (32).

machecollatio, (arch.) machicolation.

1547 mascalcionum (v. imbatillatio).

machecollum [AN *machecolle*, OF *machecolie*], (arch.) machicolation.

1370 in ij ferramentis iiij *crampons* emptis pro machecoll' *KR Ac* 466/19 (cf. *Building in Eng.* 290); **1387** pro ciiij ^{xx} xj corbell' et machecoll' levigatis et quadratis . . emptis . . pro municione ville et marchie Cales' *KR Ac* 183/12 f. 16.

machecrarius v. macecrarius. **machena** v. machina. **machera** v. machaera. **macherare** v. macerare. **macherarius** v. macerarius. **macherellus** v. makerellus. **macheropius** v. machaeropoeus. **macherus** v. magirus.

machia [μαχία, cf. μάχη], (element in Gk. compound words defined as) battle.

naumachia, naus templum, ~ia pugna *GlC* N 11; ~ia, pugna; hinc psychomachia Osb. Glouc. *Deriv.* 366; monomachia interpretatur duellum a mons [i. e. μόνος] quod est unus et mochios quod est pugna *Alph.* 120.

machicollare v. machecollare.

machil [LL < Hebr. *m'il*], a sort of robe or long tunic.

machil, tunica talaris et hiacynthina tota Osb. Glouc. *Deriv.* 366 (cf. Isid. *Etym.* XIX 21. 4 < Jerome *Ep.* 64. 14. 1).

machina [CL < μηχανή]

1 mechanical device, implement, apparatus, contrivance.

sive per linum sive aliam quamque ~am *Comm. Cant.* III 51; rota, per girum quam trudit machina limphae Aldh. *Aen.* 48 (*Vertico poli*) 8; sumptis ~is et quibuslibet utensilibus quibus ad id perficiendum habebant opus Abbo *Edm.* 15; s**969** dum alii [operarii] lapides comportant, alii cementum conficiunt, atque alii hoc et illos rotali ~a in altum subministrant *Chr. Rams.* 41; s**1239** ~am illam penalem, que *gibet* appellatur M. Par. *Maj.* III 545; **1443** augee ventose, suspirales fistule, pipe et alie ~e per quas tota aqua . . recipitur et currit *Foed.* XI 29b; **1469** pro vectura et ammocione meremii et cujusdam ~e vocate le *craane* (*Ac. Universitatis* f. 60a) *Arch. Hist. Camb.* III 14 n. 2.

2 (mil.) engine, weapon, machine: **a** (w. ref. to siege engine or sim.); **b** (w. ref. to gun); **c** (w. ref. to missile, bullet, or sim.); **d** (in fig. context). ? **e** (gen. pl. as surname, perh. to be referred to 1 *supra*; but perh. in all quots. to be read as Scot. *machinar* or sim.).

a acies flammae . . populum . . infidelem non tam ferro igne ~is . . quam solis minis . . subjugavit Gildas *EB* 5; **10..** ~am, *searocræft* . . ~is, *wigcræftum WW*; **1075** cum balistariis et artificibus ~arum multis Lanfr. *Ep.* 35 (35); cum videret . . expugnandi difficultatem, ~as compaginari precepit W. Malm. *GR* IV 380; machina muralis sit in illis [sc. oppidis] menia servans D. Bec. 1861; arietes, vinee, vites . . et cetere ~e [*gl.*: *mangunel, engins*] belli Neckam *Ut.* 104; mangonalia, fustibula et trebucheta . . et cados versatiles, que omnia sunt ~e [*gl.*: *engins*] bellice Garl. *Dict.* 130; s**1224** ~e in quibus tam balistarii quam fundibularii in insidiis latitabant *Ann. Dunstable* 87; Grecus dicit michana, Latinus ~a, ~a est fabrica et instrumentum expugnandi Bacon *Gram. Gk.* 137. **b** ~as petrarias Otterb. 257 (v. 2 gunna b); s**1386** ~is ad petras jaciendas (v. 2 gunna a). **c** comes de S. . . in . . turre pontis per parvam ~am casualem volantem interfectus est *Plusc.* X 30 p. 363; **1622** unum tormentum A. *a gun* oneratum cum quadam plumbea ~a vocata *a slugg* (*SessPDurh*) *OED* s. v. *slug* (sb. 2) 1. **d** cum . . persecutorum rabies . . catholicae fidei propugnaculum . . atrocis . . machinae [*gl.*: *searecræftes*] arietibus subrutum funditus evertere moliretur Aldh. *VirgP* 36 p. 282; c**720** animarum nostrarum naviculae magnis miseriarum ~is . . quatiantur *Ep. Bonif.* 14 p. 22; Augustinus ad ipsum . . regni caput ~am intendit salutis Gosc. *Aug. Maj.* 64B; ad expugnandam . . logice vetustatem et antiquorum sententias diruendas ~am [*ed.*: quandam argumentandi artificiosam methodum] . . fecit J. Sal. *Met.* 868D; philosophi dum ingenii sui ~as suo quodam teomachie genere in altum erexerunt *Id. Pol.* 638B; omnia genera ~arum quibus contra poetas solius nude veritatis amatores obiciunt duplici refelluntur umbone R. Bury *Phil.* 13. 178. **e** **1327** per parvam custumam remissam . . Petro machenarum *ExchScot* I 64 (cf. ib. 272 [**1330**]: P. ~arum; 362 [**1331**] P. machenarum et aliis mercatoribus; *also* 166 [**1329**]: P. *machiner*; 300 [**1330**]: P. *machinar*; 534 [**1343**]: P. *machener*).

3 **a** structure, fabric (of building, or unspec.). **b** (of room, closet); **c** (of honeycomb). **d** frame, stand, support. **e** frame (of body). **f** (fig.) fabrication, invention.

a machina celsa labat Aldh. *VirgV* 1386; machina quae hanc matrem sustinet ecclesiam Wulf. *Swith. pref.* 58; **10..** ~a, *weorc WW*; inchoata novi templi ~a W. Malm. *GR* II 216; quattuor . . postes solo infixi totam suspendunt ~am *Id. GP* II 92; ruinam minatur tota ~a [*gl.*: *enginiment, engin, le autesse*] domus Neckam *Ut.* 109. **b** clauso cubiculo intus strepere . . ardor . . ceperat; jam paries proximus ardebat, jam clausa ~a deintus reluxerat Gosc. *Edith* 71. **c** [apes] multiformem favorum ~am angulosis . . cellulis construunt Aldh. *VirgP* 4 p. 232; et mel lentescens cerarum machinā clausum *Id. VirgV* 1599. **d** incitega, ~a super quam amphora stat in convivio Osb. Glouc. *Deriv.* 292. **e** anima humane ~e regina Pull. *Sent.* 691A; vult epulas dare sera manus, sed corporis egri / perdita non reparans machina tota perit Walt. Angl. *Fab.* 52. 14; quarum [sc. operationum naturalium] defeccione humane ~e sequitur destruccio, et sic deficit homo *Quaest. Salern.* B 86. **f** constructores suos hec obruit ~a Gosc. *Lib. Mild.* 3.

4 the system of creation, the universe, the world; **b** (w. *mundi*, *mundialis*, or sim.); **c** (w. *caeli* or *caelestis*); **d** (w. var. genitives).

kyrie, machinae / conditor trinae *Anal. Hymn.* XLVII 153; a**984** omnipotens totius machinae conditor (Æthelwold *Ch.*) *Conc. Syn.* 121 (=*CS* 1190 p. 455); deitatis opem machina trina tonat Wulf. *Swith. pref.* 242; tota celestis edificii ~a J. Ford *Serm.* 33. 8; volubilis machine firmando structuras J. Howd. *Cant.* 57. **b** Deus omnipotens . . a quo processit praesentis machina mundi Aldh. *VirgV* 1679; **956** (12c) conditor rerum a quo totius mundane ~e rite gubernacula reguntur *CS* 964; universalis . . mundi ~a in duo dividitur, in ethereum et elementarem regionem Sacrob. *Sph.* 1 p. 78; mundi ~a [Trevisa: *þe schappe of þe worlde*] Bart. Angl. IV 4; **1334** ut in opificis . . laudem tota ~a mundialis assurgat *Collect. Ox.* I 26. **c** super se . . ipsam caeli ~am contremescunt Bede *HE* I 20 (=Constantius *V. Germani* 18 p. 264: ruisse super se . .); tu scis quid machinam celestem torqueat Walt. Wimb. *Carm.* 389; celsa celi ~a jam in annum 1486 . . volutata, in ipso estatis fervore . . *Mir. Hen. VI* I 2 p. 19. **d** creaturae . . / machina Aldh. *CE* 4. 11. 10; saecli ruentis machinam *Anal. Hymn.* LI 175; **1002** (12c) sub trifaria rerum ~a *CD* 1295; num tibi quadripatens oboedit machina ruris? / tene jubente poli rutilabit dextimus axis? Frith. 684.

5 **a** device, scheme, trick, stratagem. **b** (in good sense) ingenious procedure, expedient. **c** branch of learning, science; **d** ? set of rules.

a sanctam ab omni magorum ~a illaesam . . Christi tutela protexit Aldh. *VirgP* 42 p. 294; secus evenit quam machina strata putabat *Id. VirgV* 1005; insidiarum ~as Ælnoth *Cnut* 46 (v. distendere 2b); doli ~am W. Malm. *GP* I 49 p. 90. **b** cum [medicus] omnes artis ~as . . incassum adhibuisset *Ib.* V 274. **c** a**690** bisternas . . fisicae artis ~as [v. l. mechinas] Aldh. *Ep.* 5 p. 490. **d** de ~a mulierum: mulier abstineat se a viro tres menses [etc.] Egb. *Pen.* 7 *tit.*

machinalis [CL], pertaining to a machine or engine, (*pulvis ~is*) gunpowder (*cf. machina* 2).

s**1435** perditis . . magnis machinis tam cannalibus quam fundalibus artilliariis cum eciam pulveribus ~ibus carris et quadrigis *Plusc.* XI 7 p. 380.

machinamen [LL], device, scheme.

machinor . ., inde . . hoc ~en, -nis, machinamentum, -ti, et hec machina Osb. Glouc. *Deriv.* 359.

machinamentum [CL]

1 **a** ingenious instrument, device, artifice. **b** (*~um mundi*) the universe, the world (*cf. machina* 4). **c** (mil.) engine (*cf. machina* 2).

a exquisitis poenarum ~is . . artus acriter dilacerant Aldh. *VirgP* 33 (*gl.*: *orþancum*, cogitationibus, vel *seare*; cf. ib. 34: suppliciorum ~is); ~a, *orðonc GlC* M 112; hoc . . ~o ita facto, sex candelae . . per viginti quatuor horas . . lucescebant Asser *Alf.* 104; narrat . . Augustinus . . de quibusdam mulieribus se audisse, que viatoribus in caseo dabant diabolica ~a, per que in jumenta videbantur converti *Flor. Hist.* I 568. **b** **940** (14c) finito mundi ~o *CS* 750. **c** machinas fieri precepere; . . unum fuit ~um quod nostri suem, veteres vineam vocant . ., alterum fuit . . turris W. Malm. *GR* IV 369 p. 426 (cf. ib.: machinas); licet jaculis et ~is Scalderemarienses usque ad tenebrosam noctem . . necabantur *G. Herw.* f. 326b p. 362.

2 (instance of) skilful endeavour, ingenuity (in quots., pl.).

939 (13c) perpetue prosperitatis privilegia magnis meritorum ~is . . mercanda sunt *Ch. Burton* 4 (=*CS* 746); **942** (13c) perpetua hereditas que . . ultra omnia humane mentis ~a manet *Ib.* 5 (=*CS* 771).

3 plot, stratagem, machination (usu. in bad sense); **b** (practised by the Devil, evil spirit, or sim.).

fribula aemulorum ~a [*gl.*: insidias] . . fugiens Aldh. *VirgP* 32 p. 272; **844** prolatis falsis ~is e latebris cordis sue [*sic*] *Conc. HS* 628 (=*CS* 445 p. 23); in ~o malitiae perseverantes criminati sunt eum falsa quadam objectione B. *V. Dunst.* 6; c**1191** ne . . jus . . astuta tergiversantium cavillatio aliquo possit ~o perturbare *Cart. Osney* IV 464; **1267** per fraudes et ~a vos a fidelitate vestra subtrahere *Cl* 369; quibus artibus ac ~is Mediolanum retineat [rex Gallorum] More *Ut.* 81. **b** Deus . ., hoc cimiterium . . ab invisibilium ~is hostium roborare digneris Egb. *Pont.* 55; vestrorum corporum inlecebras et antiqui hostis ~a superare *Ib.* 93; **959** (10c) ~a antiqui hostis *CS* 1030.

machinanter [cf. machinans, *pr. ppl. of* machinari], by scheming or contriving, craftily.

1337 pretendentes eo pretextu dominum ducem de jure suo . . ~er precludere et defraudare *Capt. Seis. Cornw* 94.

machinari [CL], **~are** [LL]

1 **a** to construct, devise, produce (thing); **b** to plan, devise, arrange (abstr.); **c** (fig., w. inanimate subj.); **d** (absol.); **e** (in gl., or gram. comment).

a hericius . . subterraneas vias ~abitur (*Proph. Merlini*) G. Mon. VII 4 p. 391; molior . . i. ~ari aliquid, ingeniose facere Osb. Glouc. *Deriv.* 339; idem [Aeneas] de Ida silva naves dicitur ~ari [cf. Vergil *Aen.* III 6] Bern. *Comm. Aen.* 17. **b** non estimo alterum esse . . cui sit clarius ingenium . . in operationibus ~andis G. Mon. VIII 10; cum fugam jam navigio ~arentur Gir. *TH* II 45. **c** **1299** omnes domus ~antur [*sic* MS; ? *for* minantur] ruinam et non reparabuntur *IPM* 91/2/11. **d** **1088** Lanfranco archipraesule ~ante, Wintoniae factum est donum hujus beneficii *Regesta* I 314 (=*MonA* II 266b). **e** ~antem, struentem *GlC* M 78; 'machino' pro 'machinor' dicunt sophiste / qui volando decidunt veluti locuste *Qui majora cernitis* 39.

2 to scheme, plot, contrive (something bad; N. B. dep. and act. forms are dist. only in a–b *infra*). **a** (w. dir. obj., dep. and ambiguous forms); **b** (act. and pass. forms); **c** (w. inf.); **d** (w. cl.); **e** (w. *in*); **f** (w. *contra* or dat. expr. person or abstr. plotted against); **g** (absol., also in gl.).

a diversa tormentorum genera . . cruentus carnifex . . crudeliter ~atur [*gl.*: *serwede*] Aldh. *VirgP* 47 p. 301; dolo, qualem ipse ~abatur, preventus terga ostendit W. Malm. *GR* II 179 p. 212; premeditatam prodicionem ~ans G. Mon. VI 7 p. 362; c**1213** hanc . . mutationem pravam maliciosus ille hostis antiquus . . est ~atus Gir. *Ep.* 7 p. 258; a**1238** nichil unquam ~abimur . . contra ecclesiam Eboracensem *Cart. York* 6 p. 14; dummodo dicta mala ~arentur, rex omnes illos cepit Strecche *Hen. V* 177. **b** probatum est accusatores ejus . . falsas contra eum ~asse calumnias Bede *HE* V 19 p. 327; **796** ut . . nisi ego intercessor essem pro ea [gente], quicquid eis . . potuisset . . mali ~are, jam fecisset Alcuin *Ep.* 101 p. 147; corpus exanime . . ante ostium meretricis . . jactarent; quod etiam ~averunt, crimen crimini addentes Asser *Alf.* 96; s**1349** rex . . de dicta prodicione per . . dominum G. de C. ~ata premunitus Avesb. 409; ne quid mali . . adversus eam ~arent *Eul. Hist.* I 366; mors agni indoli ~ata est *Plusc.* VIII 27 p. 157. **c** ut prostituta pellax virum castissimum prostibulo stupro . . insimulare procaciter ~aretur [*gl.*: moliretur. *seriwede*] Aldh. *VirgP* 32 p. 273; †**795** (*for* †**792** [13c]) si . . quis . . mente subdola hec ~atus fuerit annullare *CS* 849; **1324** quidam carnifices . ., redditum predictum subtrahere ~antes, alia stalla . . fecerunt (*Pat*) *MGL* II 276; pars adversa . . ~ans forte eos posse pocius fame quam ferro vincere *G. Hen. V* 16 p. 118; **1573** proditorie ~averunt, devisaverunt, conspiraverunt, et

compassaverunt nos de regali statu .. dejicere *Pat* 1105 m. 7. **d** hostes .. ~antur qualiter regem dolo interficiant G. Mon. VIII 24; ~atus est quomodo .. principes regni occiderit R. Niger *Chr. I* 89; **1214** nec .. ~abimini .. quod .. (v. elidere 3b); **1289** nec ~are permittent .. quominus hee presentes donaciones .. inperpetuum habeant vires suas *RGasc* II 316b; **1314** mulier ~ata qualiter caute et marito suo superare poterat [*sic*] *Eyre Kent* I 147. **e 1243** pro suspicione .. quod in mortem magistri W. .. fuerunt ~ati *Cl* 48 (=*RGasc* I 203); nunquam convenit .. rex cum rege quin alter illorum ~atus sit in destruccione alterius Bacon V 152. **f 939** (13c) si quis .. contra nostrum hoc decretum ~ari vel infringere aliquid voluerit *CS* 743 (*sim. CS* 978 [**956**], *omitting* aliquid); **1208** [rex] in negotio ipso contra se credit eosdem [monachos] proditorie ~atos (*Lit. Papae*) *Conc.* I 525a; que pars .. protestatur / quod honori regio nichil machinatur *Carm. Lew.* 536; contra statutum .. ~antes *State Tri. Ed. I* 69. **g** ~atur, malum cogitat *GlC* M 12; **8 ..** ~ans, *saarwiende WW*; **956** (14c) si quis .. non †prohorrescat [l. perhorrescat] evertere ~ans nostrum decretum *CS* 934; moliri .. et ~ari non cessabat Gir. *SD* 104; *deceivere*, fallere, .. fraudare, ~ari .. *Gl. AN Ox.* f. 154v.

3 (w. dir. obj.) to plan to frustrate or overthrow, to scheme against (perh. by textual corruption of formula quoted from *CS* 743 in 2f supra).

933 (?10c) si quis .. nostrum non perhorrescat ~ari decretum *CS* 694 p. 390 (*sim. CS* 1285 [**972** (14c)]: ~ari nostrum decretum).

4 (~*are*) to grind, reduce to powder.

aurum macinatum valet senibus volentibus vivere sanius et juniores esse sumptum in cibo (M. Scot *Part.*) *Med. Sci.* 295.

machinatio [CL]

1 (act or faculty of) skilful contrivance or devising, skill, craft.

aedificia .. venerabiliora et pretiosiora nova sua ~one facere Asser *Alf.* 76 p. 59; **965** (?*for* **991**; 11c) quicquid humana incipit ~o inchoare oportet primitus pantorum Conditori commendare *CS* 1166; eratis plebs usus belli ignara, que ceteris negociis ut in terris colendis diversisque commercii ~onibus intendebant [v. l. intendebatis] G. Mon. VI 2.

2 a instrument, device. **b** (mil.) engine.

a multimodis ~onibus aggressi sunt choream deponere; alii funes alii vestes alii scalas paraverunt G. Mon. VIII 12. **b** jussit ~ones innumeras fieri et menia civitatis prosternere *Ib.* V 4 p. 336.

3 plot, scheme (in bad sense); **b** (in gl.).

904 (12c) aliqua mala ~one minuere vel infringere [sc. hanc nostram donationem] *CS* 612 p. 273; viros .. tuis fraudulentia plenis ~onibus robustissime resistere valentes *V. Gund.* 33 p. 57; timet sibi regnum .. tam pravis ~onibus perturbari Gir. *EH* I 37; non .. cessat impietas ~onum, diffugia tergiversationum, calliditates cavillationum .. Ad. Marsh *Ep.* 213 p. 376; **1287** xl s. .. fideliter et sine fraude et omni ~one persolvet *Cart. Blyth* 467 p. 304; suis perniciosis ~onibus jura nostre sedi apostolice actenus usitata subtrahere moliuntur *Dictamen* 341. **b** ~o, †dolor [l. dolus], excogitatio *GlC* M 13; commenta, i. tractiones, machinamenta .., ~ones, ficta, fraudes *GlH* C 1231.

machinativus [LL], pertaining to the science of mechanics, mechanical; **b** (sb. f.) mechanics.

sic dicit .. Aristoteles: 'demonstratio non convenit in aliud genus, sed aut sicut dictum est, geometrice [sc. demonstrationes] in mechanicas et ~as aut speculativas, et arithmetice in harmonicas' [*Anal. Post.* 76a 22–5] Kilwardby *OS* 114. **b** per ~am potest subintelligi .. etiam astronomia ratione instrumentorum ei servientium *Ib.* 115.

machinator [CL], **a** machinist, engineer; **b** deviser, schemer (usu. in bad sense; freq. w. obj. gen.).

a Turstinus ~or *DB* I 52ra; **1274** pro sustentacione .. vigilum et unius ~oris in .. castro [*of Dover*] morancium *FineR* 71 m. 4 (cf. *CalFineR* I 33); **1284** magistro Jacobo ~ori *pro clays* emendis *KR Ac* 351/9 m. 3 (cf. ib. m. 5: per manus magistri Jacobi ingeniatoris); **1328** Johanni de S., ~ori, pro canape emendo ad machinas de mandato regis, c s. *ExchScot* 98. **b** ne dicerent ~ores calumniarum fantastice

suscitatum fuisse Lazarum Bede *Hom.* II 4. 126; **947** antequam ~ores retinacula fraudulenter insidiationis muscipulam illum defraudaverint [*sic*] *CS* 820 p. 586; adolescens concertabat pro virgine jugulari, protestatus se ~orem hujus consilii Gosc. *Lib. Confort.* 99; cedis .. cruente .. auctor extiterat .. rex .., vicecomes autem Herefordie .. ~or Gir. *IK* I 4 p. 50; furti illius .. principalis auctor, ~or et protractor, excogitator et doctor ille magister erat *Id. SD* 96.

machinatrix [CL], one who contrives or plots (f.; in quot., w. obj. gen.).

~ix et materia hujus mali mulier infelix Ad. Eyns. *Hug.* IV 5 p. 25.

machinettum [CL machina+OF *dim. suffix* -*ette*], little device (in quot., idol).

c**1350** ad videndum fatuitatem episcoporum, quomodo machinneto sacrificabant *MS BL Cotton Faustina B V* f. 50.

machinosus [CL], wily, deceitful (in quots., of abstrs.).

1296 hostis antiqui .. ~a calliditas *Reg. Cant.* I 73 (=*FormOx* I 41 [**1318**]); **1301** quorum ~a et imaginaria figmenta vestra providentia quesumus aspernetur (*Cl*) *Foed.* II 863b (*sim.* W. Guisb. 338 = *Eul. Hist.* III 175).

machinula [LL], small device or contrivance.

scalis .. et aliis ~is ad murum conscendendum convectis G. Steph. I 28; cum ~a ad formam asperi freni capistrata et dentata *Ib.* 29; circinus, i. ~a que apud carpentarios circulum efficit Osb. Glouc. *Deriv.* 118.

machinus [*dub.*], (defined as) buttress.

boterasse of a walle, ~us -i .., muripula .., futura *PP*.

machio v. 1 macio. **machir** v. macir. **machirus** v. magirus. **macholum** v. machalum. **Machom-, Machum-,** v. Mahom-.

1 macia, ~ium, ~ius [AN, OF *mace*, cf. ME *mace*], club, mace; **b** (used as weapon); **c** ceremonial mace, rod of office.

1235 ij ~ie ferr' de opere Sarracen' *Chanc. Misc.* 3/4. **b 1201** percussit eum quadam mascea, ita quod sanguinolentum eum fecit *CurR* I 425 (=*SelPl Crown* 40); **1239** fecit ei quandam plagam quadam ~ia in capite *CurR* XVI 958; **1256** percussit .. Hugonem quadam ~ea in capite, ita quod .. inde obiit *AssizeR Northumb* 70; **1267** ipsum percusserunt super brachium .. cum uno ~io de *quivere SelCCoron* 6; **1275** cum cultellis tractis, ~iis et aliis .. †apinis [l. armis] *Hund.* I 292; in quarum [sellarum] qualibet parte anteriori est unus anulus, in quo clava sive marsa ad ipsius equitis tutamentum .. satis bellice ponitur S. Sim. *Itin.* 53. **c 1308** servientem ad arma ~eam coram vobis portantem *RGasc* IV 173; **1312** pro expensis .. vj servientum cum massa dicto Johanni .. assignatorum pro securiori custodia dictorum captorum *RGasc* IV app. II p. 563a.

2 macia v. macis.

3 macia v. mattea.

macian- v. matianus. **maciaton** v. marciaton. **Macidoneus** v. Macedonicus.

? macidus [*if correctly read*, cf. macere], ? thin, emaciated, or ? *f. l.*

in colerica materia corpus est macidum [?l. marcidum *or* madidum], citrinitas faciei, tussis sicca .. Gilb. IV 191. 2.

maciecula [*dim. of* macies (cf. Jan.)], condition of being (somewhat) thin, leanness.

hec macies -ei, unde hec ~a, -e diminut' Osb. Glouc. *Deriv.* 348; ~a, parva macies *Ib.* 363.

macienare v. macionare.

macies [CL]

1 thinness, leanness, emaciation (of person or part of body); **b** (fig., w. ref. to lack of intellectual nourishment).

me dira famis macie [v. l. matie] torquebit egenam Aldh. *Aen.* 100 (*Creatura*) 51; famis injuria et inclemencia aeris tabe simul et ~ie semesum corpus illud affecerunt Ailr. *Ed. Conf.* 754B; matiei flamma

decorem expulit Gerv. Melkley *AV* 127; cum .. ipsum marcescere .. pallor et ~ies manifeste probarent *V. Edm. Rich C* 603. **b** a**705** meam adhuc pallentem hebitudinis ~iem (Æthelwald) *Ep. Aldh.* II p. 496.

2 a famine (also as personification); **b** deficiency of crops.

a dii duo mala terris immiserunt, morbos et ~ies Alb. Lond. *DG* 10. 10 (cf. Servius *on* Vergil *Ecl.* VI 42); s**1257** (v. macellum 2); cum .. sterilis famis, ~ies egerrima Cererem et Bacchum urbem reliquisse perpenderet *Ps.-Elmh. Hen. V* 68. **b** squalebat mundi facies ~ie et ariditate Gosc. *Transl. Mild.* 17.

3 thinness or poverty of style.

tenuitas quasi ~ies sermonis J. Sal. *Met.* 855C; c**1166** timeo .. ne lectorem jejune ~ies orationis offendat Arnulf *Ep.* 1 (*sim.* Upton 2; cf. Gir. *TH intr.* p. 6: jejuna verborum ~ies; Boethius *Arith. praef.*: jejune ~ies orationis).

macilens v. macilentus.

macilente [cf. CL macilentus], leanly, meagrely.

macilentus .. unde ~e, ~ius, ~issime adverb' Osb. Glouc. *Deriv.* 348.

macilentia [ML], leanness, emaciation.

~ia [*gl.*: i. fame] Felix *Guthl.* 41 (v. exserere 3b); hec ~ia, -e i. macies Osb. Glouc. *Deriv.* 348; *Ib.* 363 (v. macor); accidentia .. corporis [in melancholica passione], sc. ~ia, vigilie, studium, jejunium .. sunt auferenda Gilb. II 104. 2; ptisicus .. sitim patitur .. cum colli gracilitate et totius corporis ~ia J. Mirfield *Brev.* 76.

macilentus [CL], **macilens** [? LL, v. Souter, *Gloss. of Later Latin*], lean, thin, emaciated: **a** (of person, person's body, *etc.*); **b** (of animal, its body, *etc.*); **c** (fig., of abstr.); **d** (of time, sc. in which there is scarcity of food).

a corpore frugalitatis parsimonia ~ento Aldh. *VirgP* 25 p. 259; quidam .. homines .. naso longo et macellenti corpore describuntur *Lib. Monstr.* I 20; vir .. facie ~enta Bede *HE* II 16 p. 117; barba sed .. mento pendebat ei macilento R. Cant. *Poems* 7. 11; ex retentione [sc. sanguinis] quedam [puerpere] efficiuntur inflate, quedam tenues et ~ente *Quaest. Salern.* B 309; in macillentis [Trevisa: *in lene men*] generaliter est pulsus fortior .. quam in crassis Bart. Angl. III 24; si [pueri] pingues sint, statim comedunt eos; si vero sint ~enti [ME: *lene*], faciunt eos .. impinguinari *Itin. Mand.* 96. **b** c**1150** equum vel taurum vel bovem vel alia animalia ~entia *Fabr. York* 147; oves ~ente sunt, steriles et morbide J. Ford *Serm.* 51. 10; **1213** equos .. ~entos *Cl* I 137b (v. carrettarius 1a); si animal non nutritur cibo ieio, efficitur macillentum [Trevisa: *lene*] Bart. Angl. IV 7; vidit quendam arantem cum duobus bobus, uno ~ento et alio pingui, et .. ~entum [v. l. macrum] semper stimulavit Eccleston *Adv. Min.* 104. **c** fortunam ipsius [fratris] pinguem prius in ~entam et tranquillam in turbulentam .. mutare coegit Gir. *SD* 68. **d** s**1257** transiit .. annus ille sterilis et macillentus M. Par. *Maj.* V 660.

macilia v. macula. **macillarius** v. macellarius. **macillentus** v. macilentus. **macillum** v. macellum. **macinare** v. machinari.

1 macio [LL, cf. AN *mason*, OF *maçon*, ME *masoun*], **mazunus**, mason.

ipse cum ~one .. reliquias in maceria recondidit Ord. Vit. VI 10 p. 108; accitis .. artificibus .. latomisque cum ~onibus *Ib.* XII 23 p. 396; **1166** mazoni qui operatur ad tascam *Pipe* 130; Osb. Glouc. *Deriv.* 348 (v. l.), 363 (v. macerio); **1207** xj minatoribus et tribus mazunis .. quos misimus ad operandum apud castrum nostrum *Cl* I 78a; **1222** quod permittas masacones nostros .. petram .. fodere secare et .. abducere *Cl* I 492b; **1225** macones (v. cuneus 1a); **1256** cuidam mazoni existenti ad quarreram de T. ad eligendum et scapliendum liberam petram, ij s. *KR Ac* 497/12 (cf. *Building in Eng.* 26); **1280** in ij quar. frumenti datis coopertori et masoni xj s. *Ac. Stratton* 232; **1333** ad eligendum .. xxiiij masones ad quingentas petras pro ingeniis regis faciendum *LTR Mem* 105 m. 174 (cf. *RScot* I 228a); *waller*, murator .., machio *PP*.

2 macio, (app. defined as) peak, pinnacle, but perh. *f. l.*

10 . . ~ones, *scylfas WW* (*sic MS BL Cotton Cleopatra A III* f. 65ra).

macionare [OF *maçoner*], **a** (intr.) to lay or dress stonework. **b** (trans.) to build of stonework.

a 1259 pro j quar. calcis . . ad massonandum circa gistas *Ac. Build. Hen. III* 382. **b** 1274 in . . una fenestra in magna camera macienanda *Ac. Stratton* 53.

macir [CL = *fragrant resin of* Ailanthus malabarica < μάκιρ, μάκειρ], kind of spice, mace. *V. et. macis.*

~ir, i. cortex mali punici *Gl. Laud.* 1029; machir corium ejus [v. l. cujusdam] ligni est venientis a barbaris coloris rufi cum odore solido, cujus virtus est stiptica et remordens maxime in gustu *Alph.* 109; macer sive ~ir ab Anglis vocatur *mace* TURNER *Herb.* B iii; *mace, spice,* macer, acis [i. e. macis], hic LEVINS *Manip.* 6.

macis, macia, ~ium (in pl.), **macemia** [cf. OF *macis, mace,* AN *mace, mas,* ME *macis, mace*], mace, spice consisting of the dried outer covering of the nutmeg, formerly sometimes believed to consist of the flower: **a** (~*is,* gen. ~*is* or ~*idis*); some exx. cited as Latin may be of the vernacular word); **b** (~*ia* as f. sg.); **c** (~*ia* as n. pl.); **d** (~*emia*). *V. et. macir.*

a 1205 j quarterium de *mace Cl* I 22a; 1207 pro j libra ~is *Ib.* 88a; 1222 j libram de *mascys Ib.* 525a; r[ecipe] . . ~is, ciperi, omnium istorum quantum videbitur medico expedire GILB. I 48. 2; arbor aromatica aliquando habet aromaticitatem . . in fructu suo, ut patet . . in ~e [TREVISA: *mace*] quod est flos et in muscato quod est fructus BART. ANGL. XVII 2; est [nux] muscata fructus arboris in India nascentis, crescentis infra testam duram quodam corio sive folliculo tectam ad modum avellane, cujus cortex ~is vocatur, et est multum medicinalis *Ib.* XVII 109; comportes aloen, calamitam, cinnama, muscum / muscatamque nucem, macis, odora thyma GARL. *Epith.* VI 362; macis sumatur, gariophilus accipiatur *Id. Mor. Scol.* 589 [gl.: flos nucis muscate, i. mugette. istud cortex nucis muscate. villositas nucis muscate]; recipe gariofilos, nucis muscate, ~idis . . carnis tyri ana BACON IX 100; ~is non est flos nucis muscate ut quidam credunt, sed adheret ipsi nuci muscate circum[qua]que, ut potest videri in avellanis *Alph.* 108; 1419 pro j libra ~is . . pro dictis medicinis (*KR Ac* 406/30) *JRL Bull.* XXVI 91; ~is, A. *the blome of þe flour of notemyg MS BL Addit.* 27582 f. 59va. **b** 1285 iij libre ~ie et de quibib', vij s. vj d. (*Househ. Ac. Bogo de Clare*) *Arch.* LXX 32; de nominibus specierum: . . hec masia, *a mace WW*; *mace,* ~ia, species est CathA. **c** 1290 in ij lib. gariofili, ij lib. kybeb' et ij lib. ~iorum, xij s. *Ac. Swinfield* 115; de qualibet libra gariofili, galyngale, nucis muscati, masseorum, *quibibes* . ., ob. *EEC* 213; 1335 in viij libris de ~eis emptis, xxxiiij s. *Comp. Swith.* 234; de reditu . . unius libre ~eorum *Reg. Brev. Orig.* a. **d** 1286 eidem pro ij libris et iij quarteriis ~emie, v s. ix d. *Rec. Wardr.* I 755; 1290 pro ij libris macem' cub[ebe], gar[iofili], vj s. iiij d. *Doc. Scot.* I 140; 1301 Magistro Petro apothecario, pro j quar' macem' *KR Ac* 359/18 m. 9; c1305 super expensis hospicii . . de macem' *Ib.* 370/27 m. 5.

macium v. 1 macia, macis. **macius** v. 1 macia. **maclare** v. maculare. **maco** v. 1 macio.

macofilon [cf. LL machaerophyllon < μαχαιρόφυλλον], (bot.) iris.

macofilon, *gladyn, bladyn MS Cambridge Univ. Libr. Dd. 11. 45* f. 109rb.

macolum v. machalum. **macomatum, macomeria** v. mahomeria.

maconeria [OF *maçonerie,* AN *masonerie*], **a** stonework. **b** mason's craft or work. **c** mason's service (w. ref. to serjeanty). **d** ? design representing stonework.

a 1198 in maconnereia v[-]dxx li. xij d. per idem breve *RScacNorm* II 310; c1280 xxij li. in mazoneria circa dictam tumbam defuncti *Ac. Exec. W. Merton* 137. **b** 1225 assumptis tecum . . hominibus qui sciant de carpentaria et macenoria *Cl* II 35a. **c** 1212 Radulfus de Bolronn [tenet] j carucatam per mazonariam *Fees* 227 [*Lancs*; cf. ib. 220: in *masconerie;* ib. 268 [1219]: per serjantiam cementarie]; c1227 Henricus . . tenet j virgatam terre in eadem villa [*Wallingford, Berks*] per servicium de ~ia *Ib.* 386. **d** 1340 una cupa cum pomellis de masoneria garnita de aymellis

---

ingravata de alta sculptura et ymaginibus (*TRBk* 203 p. 317) *Ac. Wardr.* 401.

maconnereia v. maconeria.

macor [CL], leanness.

a maceo vel macer hic ~or, -ris, i. macies, et macritudo, -nis OSB. GLOUC. *Deriv.* 348; macilentia, macies, ~or, macritudo *Ib.* 363.

macrafon [*dub.*], kind of plant with magical properties.

planta que dicitur ~on, et hec est validissima ad amorem et reverenciam (*Secretum Secretorum*) BACON V 123.

macre [cf. 1 macer], thinly, leanly.

macer . ., unde ~re, ~rius, ~errime adverb' OSB. GLOUC. *Deriv.* 348.

macredo [ML], leanness.

dicit . . Hipocras quod mulier non potest concipere propter nimiam gracilitatem et ~inem et propter nimiam pinguedinem M. SCOT. *Phys.* 6; corporis . . tenuitas et ~o *Mir. Hen. VI* IV 129.

macrenena v. macronosia.

macrescere [CL], **a** (of person or animal) to become lean or thin, to waste away (also of personification). **b** (of food or other substance) to become thin, less dense or rich.

a macrescit [v. l. marcescit] virtus, vitium pinguescit, inundat / livor HANV. VI 33; quidam pisces dum habent ova inpinguantur et post eorum emissionem ~unt *Quaest. Salern.* N 20; quidam . . indemnitatem Beverlaci moleste ferentes et ex eorum successibus ~entes invidia suggillante *Mir. J. Bev. C* 340. **b** recipe malve viscum . . et axungiam et pista et dimitte ~ere per ij dies vel iij, postea coque et cola GILB. IV 204v. 2; pinguis [sc. victus] macrescit, dulcis acescit H. AVR. *Hugh* 297.

macritudo [CL], leanness.

OSB. GLOUC. *Deriv.* 348, 363 (v. macor).

macrobius [CL, LL *as proper name of person or* (*pl.*) *tribe,* ML *also as adj.* < μακρόβιος]

1 long-lived.

966 [homo] gustato ligni vetiti fructu ethereos aeterne beatitudinis suggestus . . conscendere ~ius confidebat *CS* 1190 p. 457.

2 (pl.) a race of very tall men (cf. Isid. *Etym.* XI 3. 26).

sunt ibi in custodiam magni viri quasi ~ii, qui sunt xij cubitorum altitudine longi GARL. *Comm.* 163 [gl.: a macros, longum, et bios, via [*sic*], quasi longus in via].

3 personal name, esp. Ambrosius Theodosius Macrobius, author of *Saturnalia, etc.*

in libro ~ii de Saturnalibus OSB. GLOUC. *Deriv.* 64; Boethius, ~ius, Lactantius R. BURY *Phil.* 10. 162.

macrocosmus [ML < μακρός + κόσμος, cf. microcosmus], the world, universe, macrocosm (usu. contrasted w. *microcosmus*).

sicut . . Deus est causa efficiens omnium que fuerunt et fiunt in ~o, ita anima est efficiens et finalis causa multarum operationum que sunt in microcosmo suo GILB. VI 244v. 1; major mundus dicitur ~us, minor mundus dicitur microcosmus, ut homo ROB. ANGL. (II) 163; ab initio ~i usque ad nostram etatem HIGD. I 1 p. 8; prefuit homo ~o, preest microcosmo superior pars rationis FORTESCUE *NLN* II 63.

macrologia [CL < μακρολογία], excessive length, prolixity (as fault in rhetoric).

macra longa et ~ia longa sententia dicitur ALDH. *PR* 122 p. 169; sunt vicia ex superhabundancia, ut . . si sentencias supervacuas ad propositum interponit, et dicitur ~ia *Ps.*-GROS. *Gram.* 69.

macrologus [ML < μακρολόγος; cf. micrologus]

1 one who speaks at length.

a schort speker, micrologus; . . *a grete speker,* †micrologus [l. ~us], grandiloquus CathA 353.

2 (rhet.) ? artificial lengthening of syllable.

---

potest . . addi vel subtrahi, immutari vel transmutari tempus propter affectus exprimendos ipsius loquentis aut propter disposiciones diversas rei significate; . . addicio quidem ~us [*ed.*; MSS: delogis. tologus. collegis] dicitur corepcio sive subtraccio micrologus [*ed.*; MSS: mcrogolis. macrologia. microlegis dicitur] . . *Ps.*-GROS. *Gram.* 70.

macronosia [LL < μακρονοσία], prolonged or chronic illness.

ad debilitatem viscerum ex macronoxia factam GILB. V 215v. 1; ex . . omni macronoxia qualis est longa quotidiana vel quartana *Ib.* VII 291. 2; †macrenena i. longa egritudo *Alph.* 107.

macronoxia v. macronosia.

macropiper [ML < μακρός + CL piper], long pepper, *Piper longum.*

recipe . . melanop[iperis], macrop[iperis], cardamomi . . ℥ iij GILB. I 24v. 1; ~er, i. longum piper, G. *lung pei[v]re MS BL Addit. 15236* f. 179v; ~er, i. longum piper, G. *lunge peyvre,* A. *long peper MS BL Sloane 5* f. 4va; ~er, i. piper longum *SB* 28; †matropiper, i. piper longum *Alph.* 107.

macros [LL *gl.* = μακρός], long.

ALDH. *PR* 122 (v. macrologia); *hereafter ys* ~os, *þæt is on Lyden longa virgula* BYRHT. *Man.* 184.

mact v. 1 mata. **macta** v. malva.

mactabilis [CL = *able to kill, deadly*], fit to be slaughtered.

s1314 animalia grossa ~ia, capones et auce, vel ova rarissime videbantur WALS. *YN* 247.

mactare [CL]

1 to sacrifice: **a** (animal); **b** (person); **c** (Christ); **d** (fig., esp. w. ref. to self-devotion in prayer, or in allegorical interp.).

a sacerdotes in lege Moyse . . ~averunt aves et boves et immolaverunt Deo arietes ÆLF. *Ep.* 2. 97; ~atis bis sex juvencis dis *Natura Deorum* 126; mactantem porcum Mathias mittit ad Orcum [v. *I Macc.* ii 23–4] *Vers. Worc.* 112; [equus] pro cunctis ~atus est GREG. *Mir. Rom.* 5. **b** adolescens concertabat pro virgine jugulari . .; . . pariter obtruncati, pariter sunt Christo ~ati Gosc. *Lib. Confort.* 99; 'debes Achilli virginem' [cf. Seneca *Troades* 244–5] sc. ~andam TREVET *Troades* 21 (cf. ib.: immolandam). **c** pia hostia Patri ~ari voluisti ANSELM (*Or.* 3) III 10. **d** quis . . unicam filiam, quae propria voluptas intelligitur, . . in sacrificium votivae placationis, ut Jepte, ~avit? GILDAS *EB* 70; diebus assidue et noctibus piis lacrimarum rivulis . . cordis ~abat hostiam in holocaustum acceptabile Domino V. *Fridesw. B* 3; [matrona] orandi gratia voluit introire [sc. in basilicam] . .; ingreditur, ut totam se ~et holocaustum *Lib. Eli.* III 43 p. 282.

2 to slaughter, kill: **a** (animal); **b** (person); **c** (Christ); **d** (fig., in allusion to *Joh.* x 10); **e** (fig., in allusion to *Act.* x 11, w. ref. to removal of person from worldly vices); **f** (in gl. and absol.).

a ut leo . . / . . pecus omne ferus mactat ALCUIN *SS Ebor* 256; 1289 in lij bobus et xx porcis ~andis circa festum S. Martini, ij s. vj d. *Ac. Swinfield* 24; 1294 peciit . . duo frusta de singulis spinis boum et porcorum in ipsa abbacia †mactorum [l. mactatorum] *Cart. Chester* 633 p. 353; salliat interim abbas carnes quas ~avit, ne putrescant WALS. *HA* II 29; 1460 j credill pro ovibus ~andis *Ac. Durh.* 89. **b** milia parvolorum in persona unius infantis impius et crudelis ~avit THEOD. *Laterc.* 15; tenerum mactavit femina natum / insuper assandum veribus transfixit acutis ALDH. *CE* IV 7. 25; cum sancti martires ut oves . . carnificum mucronibus ~arentur [gl.: *cwealde*] *Id. VirgP* 34; cunctos . . milites . . ~averunt ORD. VIT. IV 5 (v. elabi 1a); curia illa celestis . . tanquam hostibus ad ~andum exposita GIR. *TH* II 30 p. 369; senio confectos parentes . . ut ~andum et perdendum et hoc bonum debitum non conferendo . ., ex quo defectu alii spiritualiter moriuntur GASCOIGNE *Loci* 114. **e** hic est discus Petri . . omnigenis animalibus plenus, que ~avit a viciis seculi

Canon. G. Sempr. 54v. **f** jugulat, ~at, occidit *GlC* I 514; **1316** ordinatum est . . quod [carnifices] emant et ~ant [*sic*] in eadem villa pro voluntate sua *Gild Merch.* II 309 (Andover, Hants).

3 to afflict (person), (refl.) to torment oneself, grieve.

compunctionis virtutes, qua se ~abat in oratione, in missarum celebratione *V. Gund.* 7; locus . . ubi . . orationibus et lacrimis in presentia Dei . . seipsum ~are posset *Ib.* 10.

4 ? to break up, crush (in quots., w. beehive as obj.).

1336 idem respondet de v ruscis . . de quibus computat iij mactat' pro melle . . . idem respondet de ij lagenis mellis de exitu iij ruscarum ~atarum *DL MinAc* 242/3886 m. 3*d*. (*Lincs*).

mactatio [LL], slaughter (of animal): **a** (in sacrifice, or unspec.); **b** (for meat).

a immolatio, ~o *Gl. Leid.* 1. 60; ~o, *sniðung* ÆLF. *Gl.* 130; quotidie oves tot, tot boves, tot tauri . . mactabantur; a qua etiam ~one nec simplicitas columbam nec castitas turturem tuebatur H. Bos. *Thom.* III 13 p. 214. **b** c**1230** tempore ~onis porcorum *Doc. Bec.* 32; c**1380** quidam . . W. C. carnifex . . communem domum pro ~one hujusmodi bestiarum . . erexit et ~onibus bestiarum . . continue utitur *FormOx* 254; **1392** pro ~one xij bovum pro galeia *Ac. H. Derby* 207; de carnificibus . . et locis ~onum animalium *MGL* I 533.

mactator [CL], killer, slaughterer, butcher.

~ores [*gl.*: *tuerurs, tuurrus*] GARL. *Dict.* 127 (v. hilla); miles mactator patriam premit, inferiores / opprimit, usurpat predia, rura, pecus *Id. Epith.* II 107.

mactitare [*frequentative of* mactare], to maul, mangle.

to maggill, ~are LEVINS *Manip.* 127.

macton [LL *gl.* ? < μακτόν], poultice of fenugreek.

~on, i. cataplasma fenugreci que ex lana admixta pelline fit *Gl. Laud.* 1033 (cf. *Corpus Gloss. Lat. ed.* Goetz III 541. 3: ex lini seminibus admixta polline).

mactor v. inactor.

mactra [LL *gl.* < μάκτρα], kneading-trough.

a brake, frangibulum, ~a -e LEVINS *Manip.* 12.

1 mactus v. mactare 2a.

2 mactus [CL, *usu. voc.* ~e, *freq. treated as indecl.*]

1 (of person, or unspec.) honoured, blessed, excellent; **b** (w. causal abl.); **c** (w. gen. *animi*); **d** (in gl. or sim.); **e** (understood as imp.).

a macte pater patrie, meritis insigne Harolde (*Vers.*) *Found. Waltham* app. I p. 45. **b** cum gratuita supernae liberalitatis munificentia ~us puer pollesceret ALDH. *VirgP* 30 [*gl.*: ditatus . . vel . . magis auctus, *gewexan cnæplingc*]; doctrinae robore mactus FRITH. 231; monachi virtutum munere macti *Ib.* 1334; a**975** (12c) sanctis adornati virtutibus, humilitate precipui, . . orationibus assidui, abstinentia ~i, castitate perspicui *CS* 1159 p. 413; terque quaterque beatus, / letitia mactus tot tantaque gaudia nactus R. CANT. *Malch.* III 485; ~e virtute, presul sanctissime W. MALM. *GP* III 135. **c** ~us animi rex magne prorsus laudis factum adorsus *Id. Glast.* 2 (=*Id. GR* I 19); ~e animi amplissime rex, quod tibi preconium . . rependam? *Id. GR* IV 309. **d** ~us, magis auctus *Gl. Leid.* 43. 32; **10..** ~a, *þa mageectan WW*; ~us, *mæced Ib.*; frugi, bonus, ~e OSB. GLOUC. *Deriv.* 239; ~e nomen indeclinabile, bonus vel valens, et dicitur ~e quasi magis acte [MS *adds*: vel aucte] *Ib.* 354. **e** ~e, gaude *GlC* M 117.

2 (of abstr.) honoured, blessed.

tortoris . . ferocitas . . anthletis . . Christi ~a [*gl.*: aucta, *geeacnode*] martirii merita cumulavit ALDH. *VirgP* 36 p. 283; integritas nitidam necnon et passio rubram / plumabant pariter macta virtute coronam *Id. VirgV* 2445; martiribus . . / vulnere qui diro quaerebant praemia macta *Ib.* 2888.

macuarius v. macerus. **macuell-** v. masuella.

macula [CL], **~um** [ML], **mascula** [cf. ME *maskel, mascle*]

1 (disfiguring) mark, spot, stain, blemish; **b** (on the body [cf. 3 *infra*]; also fig. in use verging on 5 *infra*); **c** (caused by adhesion of dirt or sim.; in quots., fig.); **d** (w. ref. to sunspot); **e** (fig., denoting immoral person, *sc.* w. ref. to *Judas* 12; *cf.* 5 *infra*).

[corpus] sine ~a corruptionis inventum BEDE *HE* III 19 p. 168; ~is *wom* vel *spot GlS* 212; **10..** ~am, *mal*; ~am pullam, *þone sweartan speccan WW*; labes, lues, feditas, ~a, luvio OSB. GLOUC. *Deriv.* 323; ut nullam omnino pannus albissimus ex illius [sc. Eadmundi nascentis] contactu ~am contraxisset *V. Edm. Rich C* 590; **1581** pro mundyficacione ~arum un' part' anterior *Ac. LChamb* 72 f. 7 (cf. *Misc. LChamb.* 35 p. 234: *taking oute the staynes of a foreparte of cloth of gold* . .). **b** se nullis naevorum ~is deformatos . . fuisse confidunt ALDH. *VirgP* 10; tangor non pullis maculis speciosa virago BONIF. *Aen.* 169 (*de virginitate*); quo si perpetuam mavult contingere vitam, / nevorum maculas interna mente relinquat WULF. *Swith.* I 65; ab aliis ~e corporis recedunt, nullo deinceps vestigio remanente *V. Edm. Rich B* 623. **c** **796** ut ~ae, quae adheserunt illi ex hac lutulenta habitatione corpusculi, . . abluantur ALCUIN *Ep.* 114 p. 169; decet opus caritatis contexere et ~as [*gl.*: *teches*] sordium abluere NECKAM *Ut.* 107. **d** ubi . . rutilum macule conspergere solem / ceperunt varie L. DURH. *Dial.* III 141; visa est ~a tetri coloris in sole vij diebus R. NIGER *Chr. I* 70. **e** PECKHAM *Paup.* 16 (v. maculosus 3a).

2 (permanent) patch distinguished in colour, spot, mark: **a** (on body of animal); **b** (on plant); **c** (on moon).

a fera sum maculis furvi stellata coloris HWÆTBERHT *Aen.* 43 (*de tigri bestia*) 2; [pisces] turtris, nisi quod maculis carent, per omnia similes GIR. *TH* I 10. **b** trifolium, i. *clavergresse*, habens ~as in foliis *SB* 42 (cf. maculare 1c). **c** semper apparet ~a quedam in luna et quasi umbra hominis HOLCOT *Wisd.* 121.

3 (med.): **a** spot or discolouration assoc. w. disease. **b** spot or opaque place on the eye, leucoma, cataract.

a [juvenis] cui . . / . . pro crine cutis maculis vestita remansit ALCUIN *SS Ebor* 1102; vitiligo, ~a alba in corpore OSB. GLOUC. *Deriv.* 622; cum a pueritia sua lepre ~a laborasset *Canon. G. Sempr.* 147v; GAD. 134v. 2 (v. derta). **b** **10..** †macilia, *eagflea WW*; hec glaucuma -e, i. ~a oculi OSB. GLOUC. *Deriv.* 258; licet post obtalmiam solvitur dolor, quandoque tamen remanet ~a, et ex ~a fit tela, ex tela pannus . . GILB. III 134. 1; sanguis columbe . . ~as abstergit oculorum [TREVISA: *wypiþ awey þe hore of þe eiȝen*] BART. ANGL. IV 7; ex obtalmia male curata surgit albugo, et est illa ~a GAD. 108v. 1; albula, i. ~a in oculo *SB* 10; ~a est oculi suffusio, cataracta *LC* 251.

4 **a** disgrace, dishonour. **b** damage, harm.

a dedecus, ~a *GlC* D 91; indelibili ~a nobilitatem suam respersit W. MALM. *GR* IV 389 p. 461; libertatem majorum ~a sue timiditatis fuscare *Ib.* V 403; tanti dedecoris ~am *G. Hen. V* 9 p. 64. **b** pirate, pessimum genus predonum, . . nonnullam terre Anglorum ~am intulerant . .; magno quam vicinis damno quam longinquis formidini fuere OSB. *V. Elph.* 131.

5 moral fault, sin, sinful condition (*cf.* 1 b–c *supra*); **b** (w. defining gen.); **c** (w. ref. to original sin).

genitus sine ~a THEOD. *Laterc.* 8; Christum, qui . . / . . mundi maculas purgarat sanguine fuso ALDH. *VirgV* 2761; ne maculis sibimet fuscet data tempora vitae ALCUIN *Carm.* 85. 1. 29; etiam antiqua tempora . . nefandis hujusmodi criminibus ~am contraxerunt GIR. *TH* II 24; per penitentie virtutem . . ~is donare veniam J. FORD *Serm.* 45. 9; GROS. *Ep.* 108 (v. maculosus 3a); te [sc. Christum] carentem macula J. HOWD. *Cyth.* 22. 4; cogitaciones volatiles . . animam . . ~is [ME: *blake speckes*] fedant *AncrR* 108. **b** invidiae maculam . . iniquam ALDH. *VirgV* 942; **779** (8c) si quis ex heredum ejus . . ~o majore peccati forte inplicatus fuerit *CS* 230; a**975** (12c) philargiriae ~is obcecati *CS* 1159 p. 413; a**1078** orthodoxos patres . . ejusdem erroris ~a involvit LANFR. *Ep.* 50 (46 p. 144) (cf. ib.: hereseos notam); quamdiu in eo [homine] est aliqua ~a peccati ANSELM (*Orig. Pecc.* 28) II 171. **c** ~a originalis PULL. *Sent.* 646C; ~a in anima, que est originale peccatum HALES *Sent.* II 289; si . . [Christus] conceptus esset per copulam carnalem viri et femine, traxisset ~am originalis culpe GROS. *Cess. Leg.* II 3. 13.

6 fault, defect.

†**785** (? 11c) hanc . . donationem si quis . . aliquibus ~is turpare, frangere, minuere, auferre satagerit *CS* 245 (cf. *CS* 1023 [c**959** (15c)]: quam si quis . . aliquibus ~is turbare satagerit); hec menda -e, i. ~a, maxime illa que solet esse in libris nondum emendatis OSB. GLOUC. *Deriv.* 331.

7 **a** mesh of net (*sc.* w. ref. either to interstices or to netting), (pl. also) net. **b** ring or link of mail-armour. **c** (defined as) habergeon. **d** link of chain.

a **10..** ~a, *mæscre WW*; ~is i. retibus *nettum GlP* 139; qui in ~is retis ambulat [cf. *Job* xviii 8], gressus suos ambulando implicat OSB. CLAR. *Ep.* 39; alveo fluminis ~as injecit et piscibus plenas protinus extraxit *Id. V. Ed. Conf.* 10 p. 84; s**1269** in sinu talium retium debet mascula esse contexta ita larga, quod ungula pollicis unius hominis per illam tota possit transire *Leg. Ant. Lond.* 115; ~a, *maske*, retis, *net* vel *hauberjune Teaching Latin* I 142; retium . . foramina . . ~as vocant SPELMAN *Asp.* 86 (v. maculare 7b). **b** diruptis ac dissolutis lorice sue ~is T. MON. *Will.* VI 9 p. 235; minuta . . missilia lorice ~as interlabuntur R. NIGER *Mil.* I 17; *þe male of a haburion*, hamus, ~a, scama, squama, etc. *CathA*. **c** *Teaching Latin* I 142 (v. 7a supra). **d** hec numella, -e, i. quoddam genus catenarum innumeris ~is contextum OSB. GLOUC. *Deriv.* 377.

8 (her.): **a** lozenge; **b** perforated lozenge, mascle (in quots., perforation is expr. in context). **c** mullet, star.

a ~e . . sunt semper solide, nunquam vero rotunde . .; et qui hec arma portaverit, sic portare dinoscitur: portat autem de nigro cum tribus ~is argenteis . . et Gallice sic: *il port de sable trois mascles d'argent* BAD. AUR. 133; est differencia inter fusulos, masculas, et losengas: fusuli sunt longiores et stricciores in angulis transversalibus quam mascule, et iste mascule quandoque perforantur *Ib.* 199–200; habens ista arma, portat de rubio sex masculas de auro, et Gallice sic, *il port de gewlez et vj masculez d'or*; et iste mascule quandoque sunt perforate UPTON 250; ~is . . leniter productis SPELMAN *Asp.* 86 (v. maculare 7b); ~e seu apsides . . retium foramina exprimunt, ideoque Anglis *mascles* appellantur, plerumque confosse non solide sed rectangulis semper gaudentes *Ib.* 114. **b** ista crux masculata aliquando perforatur in masculis BAD. AUR. 193; *Ib.* 200, UPTON 250, SPELMAN *Asp.* 114 (v. 8a supra). **c** portat de argento et caput scuti de azorio cum duabus ~is perforatis de auro, et Gallice sic, *il port d'argent ung chief d'asor et deux moletts percees d'or* UPTON 229; penticonum ~am vocant heraldi eumque pro gutta sumunt instar stelle disperse SPELMAN *Asp.* 116.

maculabilis [LL], that can be spoiled or corrupted.

sic esset omnis scriptura sacra viciabilis a sutore . ., corrigibilis a scurra sicut ~is WYCL. *Ver.* I 111.

maculare [CL]

1 to mark with spots, (in quots., p. ppl. ~*atus*) spotted, variegated; **b** (in names of plants); **c** (~*ata* as sb. f.) clover, *Trifolium*.

cavebatur . . ne oves immolande caudam haberent ~atam ALB. LOND. *DG* 6. 32. **b** ~atum trifolium, mellelotum idem est [i. e. *clover*, Trifolium] *SB* 29; cardo ~atus, *thowthistill* [i. e. *sowthistle*, Sonchus] *MS Cambridge Univ. Libr. Dd. 11. 45* f. 101vb. **c** ~ata, trifolium idem, habens maculam in foliis . ., *clavergras MS BL Addit. 15236* f. 179v.

2 **a** to disfigure with spots, to blemish (in quots., w. ref. to leprosy). **b** (p. ppl. ~*atus*, of the eye; med.) affected by leucoma (*cf. macula* 3b).

a x leprosi . ., quos dira cutis callositas . . non particulatim sed membratim ~averat ALDH. *VirgP* 36 p. 284; nunquam vidit . . feminam tam universaliter et tam graviter ~atam *Canon. G. Sempr.* 148v. **b** injiciatur in oculis sic ~atis pulvis candi GAD. 108v. 2.

3 to make dirty, stain, pollute, befoul; **b** (in fig. context).

qui voluntate obsceno liquore ~atus fuerit dormiendo . . iij noctis horis stando vigilet GILDAS *Pen.* 22; postquam [Hercules] . . terram tanto sanguine

~avisset *Lib. Monstr.* I 12; per abruta saxorum cadens
. . fluctus sanguine maclavit G. Mon. I 16; Bacon
CSTheol. 41 (v. maculatio); pullus busardi semper
~avit nidum suum *Latin Stories* 52; **1343** allocantur
. . pro mundacione ville [Perth] que ~ata fuit per
inimicos xx s. *ExchScot* I 524.   **b** carmina Circae, /
quae fontis liquidi maculabat flumina verbis Aldh.
Aen. 95 (*Scilla*) 4; heretici . . veluti . . zizaniorum
semina . . dominicam messem ~abant *Id. Ep.* 4 p. 482.

4 (fig.) to dishonour, taint, sully, defile: **a** (person); **b** (sexually); **c** (place); **d** (abstr.); **e** (subject matter, *sc.* by poor style).

a episcopi . . non scismatis, non superbiae, non
inmunditiae infamia ~antur Gildas *EB* 69 (*unless referred to* 5 *infra*); mentis morbo ~atus Aldh. *VirgP*
50 p. 306.   **b** qui ~at uxorem proximi sui iij annos
absque uxore propria jejunet Theod. *Pen.* I 14. 9; si
puellam Dei ~averit, iij annos peniteat *Ib.* I 14. 11;
nititur egregiam [virginem] magicis maculare venenis
Aldh. *VirgV* 1853.   **c** Mediolana . . in urbe, quam
tunc temporis Ariana . . multum ~avit perfidia Alcuin
Hag. 659B; non . . admirandum est degeneres tales . .
patriam illam amittere quam predicto modo ~averant
G. Mon. XII 6 p. 521.   **d** dum maculare student armis pia foedera regni Aldh. *Aen.* 96 (*Elefans*)
3; heretici . . simplicitatem fidei evangelicae perversa
~avere doctrina Bede *Hom.* I 9. 49; invidiae maculat
famam mala pestis honestam Alcuin *Carm.* 62. 140;
a**800** veritas nulla temporis longitudine ~abitur *Id. Ep.*
189; Edgarus . . regis dedititius . . facto ad Scottum
transfugio jusjurandum ~avit W. Malm. *GR* III 251.
e ne id quod tantus scriba tanto stilo paravit videar
viliori dictamine ~are G. Mon. I 17.

5 to corrupt (morally, *sc.* person, person's
mind or body, *etc.*).

quod, nisi . . Arriano caeno . . ~aretur, esset omnino
moriturus Gildas *EB* 75; fana Dei sunt ilia vestra /
. . quae temerare nefas est et maculare piaclo [cf. *I
Cor.* iii 16–17] Aldh. *VirgV* 152; per foeda suam
maculando piacula vitam Wulf. *Swith.* I 69; hominem
peccati sorde ~atum Anselm (*CurD* I 19) II 85;
quid [prodest] caro integra mente corrupta, corpus
mundum et cor ~atum? *Canon. G. Sempr.* 46v.

6 to censure, blame, find fault with.

in hoc se studio sapientes esse putantes, / vatorum
valeant si maculare melos Alcuin *Carm.* 42. 16; alia
animalia murmuraverunt dicentes 'fi, fi, quid apponitur nobis?' et totum prandium propter hoc ~atum est
Latin Stories 56; Ricardus, plus sceleratus, / omnibus
ingratus, fuit undique tunc maculatus Gower *CT* III
375.

7 (p. ppl. ~*atus*, usu. *masculatus*; her.) consisting of, or adorned with, lozenges, lozengy,
(when lozenges are pierced) masculy (*cf. macula* 8); **b** (dist. from lozengy as describing that
which consists of squares rather than rhombs).

1243 vexillum masclatum de armis regis et armis
comitis Provincie *Cl* 42 (=*RGasc* I 199a); cf. *Liberate* 20 m. 17 [**1243**]: pro quodam vexillo masculato cum armis nostris . .); **1291** sigillum suum
rotundum . . cum saltatorio masculato de viridi et
goules de armis domini Johannis de Burgo *SelCKB*
II 30; ista crux masculata aliquando perforatur in
masculis: portat unam crucem masculatam perforatam
de rubeo in campo vel scuto argenteo, Anglice, *he
berith of silvyr a crosse of goulis mascule perforate percid*
Bad. Aur. 193; arma masculata de argento et asorio
Ib. 200; hec . . crux vocatur masculata pro eo
quod ipsa fit de masculis Upton 215; c**1444** super
cistam masculatam de *blod* et albo *KR Ac* 409/12
f. 37.   **b** multae obliquae lineae totidem obliquis
orthogonaliter transcriptae aream reddunt apsidalem
seu ~atam, sic a retium similitudine, quorum foramina absides et maculas vocant, dictam. maculis autem
leniter productis *lozongey* quasi rhombulis distinctam
nominant, extensius vero in acumina porrectis fusos
aiunt significare; differentiam etiam in situ ponunt,
~atas rhombulatasque areas cuspides semper erigere,
fusorias plerumque deprimere Spelman *Asp.* 86.

maculata v. maculare 1c.

maculatim [LL], in spots or patches, not continuously.

potest . . ita dicta intellegi: omnis terrae facies inrigata [cf. *Gen.* ii 6], quemadmodum dicitur omnis vestis
†facie [l. facies] colorata, etiamsi non continuatim sed
~im fiat Bede *Gen.* 42 (=Augustinus *Gen. ad litt.* 5.
10).

maculatio [CL], (act of) marking, staining, or
defiling, mark.

maculo, -as, unde . . ~o et macula Osb. Glouc.
Deriv. 357; estimant peccatum originale fieri ex ~one
anime per carnem corruptam ex peccato primorum
parentum, et ponunt exemplum de pomo projecto in
lutum, quod maculatur ex contaginacione luti Bacon
CSTheol. 40.

maculativus [ML], apt to stain or defile (in
quot., in fig. sense w. obj. gen.).

ociositas est anime quo ad suam affectivam ~a et
bonorum evacuativa et distractiva J. Waleys *V. Relig.*
2 f. 220 I.

Maculia v. Matuta 2.

maculose [cf. CL maculosus], spottily.

macula . . unde maculosus -a -um et ~e adv. Osb.
Glouc. *Deriv.* 357.

maculositas [ML], spottiness.

olacitas, spurculentia, spurcitas, ~as, colluvies Osb.
Glouc. *Deriv.* 475.

maculosus [CL]

1 spotted, speckled, variegated: **a** (var.); **b** (of
animal or plant or their parts); **c** (of moon).

a ~us spec*faag* GlC *Int.* 221; ~um, notis plurimis
varium GlC *M* 83; tradunt . . phisiognomi eos qui
habent oculos ~os ad nequitiam proniores J. Sal. *Pol.*
576C.   **b** lynces bestiae ~is corporibus sunt *Lib.
Monstr.* II 5; est . . pardus animal ~um et varium
Ailr. *Serm.* 474D; apparet epar ejus [sc. arietis] ~um
Quaest. Salern. B 98; apium emoroydarum, i. pes
corvi ~a habens folia *SB* 11.   **c** Selene, / que lucem
simulat et maculosa manet J. Sal. *Enth. Phil.* 1130.

2 a disfigured by spots, blemished, stained;
b (of person; in quot., as result of disease). **c** (of
disease or disfigurement) causing or consisting
of spots, blemishes.

a mendosus, ~us, sordidus, spurcus . . Osb. Glouc.
Deriv. 360; animas nigras et ~as Coggesh. *Visio* 15 (v.
exurere 2b).   **b** leprosus visu horridus, carne ~us W.
Malm. *Wulfst.* II 7.   **c** infectio cutis ~a Gad. 46. 1;
morfea est cutis fedacio ~a *SB* 30.

3 morally blemished, impure, unchaste: **a** (of
person, also as sb. m.); **b** (of action).

a cum . . de corpore vestro sint predicti ~i [sc.
immoral monks], non potest eorum macula tuam, cujus
sunt pars, non deformare Gros. *Ep.* 108 p. 320; hos . .
vocat in eadem epistola 'in epulis macule convivantes'
[*Judas* 12], emphatice nomine macularum vehementer
~os esse insinuans Peckham *Paup.* 16 p. 71.   **b** qui
sanctam voluit maculoso laedere gestu Aldh. *VirgV*
1964.

4 having interstices, reticulated (*cf. macula* 7).

Pelagiani . . non in altari sui cordis ~am instar retis
craticulam igni sacrosancto superponunt sed . . Bede
Tab. 455.

5 (in gl. on Sedulius *Carm. Pasch.* IV 191
app. misunderstood as sb.; both quots. from
MS Cambridge, Corpus Christi Coll. 173).

~a *wom* GlM 28. 428; ~a *spot* GlS 214.

maculum v. macula.

?macus [cf. 1 macer], thin, lean, or ?*f. l.*

macus, *megre* (Garl. *Unus gl.*) *Teaching Latin* II
172.

Macuta v. Matuta 2.

madefacere, *pass.* ~**fieri** [CL]

1 to make wet, moisten, dampen; **b** (refl.).

signa . . gentilis [sc. velleris] rore Sancti Spiritus
~facti [cf. *Jud.* vi 38] Gildas *EB* 70; fomes arvina vel
sevo ~factus [*gl.*: umectatus, *gesmered*] Aldh. *VirgP*
32 p. 271 ita ut . . nec pluvie stillicidium loci ~fecerit
ambitum W. Malm. *GP* I 17 p. 25; fletibus copiosis
~fiebant et lacrimis Osb. Clar. *V. Ed. Conf.* 22;
visio madefacta J. Howd. *Cant.* 338 (v. laurea 1c); si
contigerit aliquem pannum altaris aut ex aqua aut ex
vino medefactum fieri *Cust. Cant.* 287.   **b** in mare
currerunt, multis se ~facientibus usque ad mentum
V. Ric. II 12.

2 to make drunk, (pass.) to become drunk.

CathA (v. madere 3a).

madefactio [LL], (act or process of) making or
becoming wet, wetting; **b** (concr., of that which
makes wet).

~o ipsius cristalli ex aqua *Quaest. Salern.* P 15;
melius est ut corpus habeat de humiditate et ~one
balnei quam e converso (*Secretum Secretorum*) Bacon
V 95; s**1316** [fruges] vix . . colligi poterant pro nimia
~one Wals. *HA* I 146.   **b** non cibum sumpsit,
non potum, non aliquid quod vitam sustentaret, non
labiorum ~onem W. Cant. *Mir. Thom.* VI 29.

madefactivus, that makes wet.

sudor ~us circa collum Gad. 68. 1.

madefieri v. madefacere.   **madella** v. matella.

madenter [cf. madens, *pr. ppl. of* madere],
moistly.

humectim, humectatim, ~er Osb. Glouc. *Deriv.*
275.

madera [ME *madere* < AS *mædere*], (bot.) madder (*Rubia tinctorum*; in quots., w. ref. to the root
used esp. in preparation of dye).

1393 de qualibet bala ~e vel waide, unum quadrantem *Pat* 338 m. 19; **1395** habetis . . waidam, ~am,
voodhassh' . . *Cl* 236 m. 12; **1417** omnimoda mercimonia, species, vina, wadda, ~a, alumen et omnes alie
mercandise que sunt per pondus vendende *Mem. York*
II 81; **1420** pro vij pipis lini crudi, vj balis madre *EEC*
503 (*London*); **1439** [nullus emat] pannum lineum . .,
coverchiefs . ., ~am, smigma, waidam nec aliquid aliud genus grocerie *Cl* 289 m. 6d; magedan, verviculi,
warence, madyr MS BL Addit. 15236 f. 180; magedera [*Plant Names* 166: †magedena], made[r] MS Bodl.
Ashmole 1447 p. 211.

madere, ~escere [CL]

1 (intr.) to be or become wet, moist, sodden
(also fig.); **b** (by weeping, *cf.* 2b *infra*); **c** (w.
liquid or sim. as subj.).

fontibus in liquidis mergentis membra madescunt
Aldh. *Aen.* 57 (*Aquila*) 7; ~it, humidum est GlC *M*
52; **10**. . ~entia, *þa þanan* . ., ~escunt, *ðaniað and
wætigað* WW; humidare, ~ere, scatere, scaturire, irrorare Osb. Glouc. *Deriv.* 275; [Satan] in calami dormit
secreto madentis J. Howd. *Cant.* 165.   **b** ~ent filiorum circumstantium gene *V. Gund.* 41; pleno mades
oculo J. Howd. *Sal.* 24. 7 (v. 2a infra).   **c** respersio multa / sanguinis in toto maduit crudeliter orbe
Wulf. *Swith. pref.* 516.

2 (w. causal abl., *cf.* 3b *infra*) to be or become
wet with (also fig.): **a** (var.); **b** (tears, grief, or
sim.); **c** (blood, slaughter, or sim.).

a licia . . oleo madentia Aldh. *VirgV* 1428; insistunt operi nimio sudore madentes Wulf. *Swith.* II
522; imbre mademus, / fluctibus impetimur L. Durh.
Dial. III 169; pleno mades oculo, / cum os aspicis
sincerum, / fellis madens poculo J. Howd. *Sal.* 24.
7.   **b** dum plebs in exequiis dilecti regis adhuc
~eret fletibus Ord. Vit. III 11 p. 119; nocturnis
lacrimis ~ebit insula (*Proph. Merlini*) G. Mon. VII 3
p. 387; post hec visa evi[gi]lavit et cervical suum multis
lacrimis ~uisse reperit *V. Chris. Marky.* 25; ?c**1280** tota
tellus Anglie merore madescit [AN: *de plur enmoistie*]
Pol. Songs 134.   **c** campi Bethleem ~uerunt cruore
innocentum Ord. Vit. I 2. 9; mundus qui . . / . .
humanis cedibus usque madet J. Sal. *Enth. Phil.* 552;
quod tota caro proprio sanguine ~eret Gir. *GE* II 10
p. 214; [mucro] cruore madet regio J. Howd. *Cyth.* 18.
6.

3 to be sodden (with drink), intoxicated (also
fig.); **b** (w. causal abl.).

postquam madet bibulus / tunc deducet oculus /
exitus aquarum [cf. *Psalm.* cxviii 136] P. Blois *Carm.*
25. 43; *to be dronkyn*, deebriare, ~ere . . ~escere,
madefio *CathA*.   **b** digerentes vinum quo nunc ~etis
Bald. Cant. *Sacr. Alt.* 727A (cf. *I Reg.* i 14; Gir.
EH II 27 p. 303: potum, quo trans modestiam sumpto
~ebat, vix digerere valens; *V. II Off.* 7: ut ipsum vino
estuanti ~entem redderet temulentum); vino virgineo
grex apostolicus / madens sese subito factus rethoricus
Walt. Wimb. *Carm.* 143; hoc musto maduit . . /
Petrus *Ib.* 144.

4 (in gl.) to become liquid, melt.

10.. ~ens, *myltende WW*.

5 (trans.) to make wet or moist (also fig.).

~io, *enmoyster Teaching Latin* I 159; dixit [Canutus] .. mari ascendenti, ".. impero .. tibi ne in terram meam ascendas, ne .. membra dominatoris tui ~ere presumas" DICETO *Chr.* 174 (cf. H. HUNT. *HA* VI 17: madefacere); occupat extrema stultorum gaudia luctus, / et risum lacrima plena dolore madet GOWER *VC* VII 888; pars superior [mentis], que alas suas terrenis non ~uit undis FORTESCUE *NLN* II 64.

6 *f. l.*

10.. †madendum, *lotendra WW* (l. mandentium, *bitendra*, v. *ASD Sup.*).

madescere v. madere.   **Madialis** v. Maialis.

madianum [Hebr. *mathnaim = loins*], side, flank.

cladam, crassum, madianum [*gl.: sidan*], talias (LAIDCENN MAC BÁITH *Lorica*) *Cerne* 86 (= *Nunnam.* 92: cladum, crassum, madianum, talios; v. M. W. Herren *Hisperica Famina: II Related Poems* (Toronto, 1987) 123).

madidare [LL]

1 (trans.) to make wet, soak: **a** (var.); **b** (w. tears or sim.); **c** (w. blood, bloodshed).

a o electe imperator .., jam es aquila nova, sed antiquaberis; .. cum .. videberis pervolasse in altissima cedro, jamdudum nutrita in cacumine alti montis, ~ari propter tuos errores M. SCOT *Proph. pref.* 156 (*text perh. corrupt*); ros ille celitus qui ~avit vellus Gedeonis [cf. *Jud.* vi 38] *Reg. Whet.* I 357; *CathA* (v. madificare).   **b** obsecrat lacrimis madidatus amaris *Mir. Nin.* 394; viduam .. fletibus .. lamentacionibusque maternaliter ~atam E. THRIP. *SS* X 22.   **c** vigore / militis Eadwardi madidantur rura cruore WYKES *Vers.* p. 130; s1415 nisi [Galli] gladios suos in cordiali sanguine Anglorum ~arent *Extr. Chr. Scot.* 217.

2 (intr.) to be wet, sodden (in quot., w. drink).

merum .. haurientes et in conviviis Britones ~antes [v. l. madientes] *Eul. Hist.* II 385.

madidatio [ML; cf. LL madidare], (act of) making wet or damp. **b** soaking (w. drink), intoxication.

1360 item in ~one et tonsione ejusdem panni ij d. ob. (*Ac. Chamb. Chesh*) 771/23 m. 2*d*.   **b** cerebrum noxia ~one fumatum J. GODARD *Ep.* 224.

madide [CL], wetly, moistly.

madidus .., unde ~e, ~ius, ~issime adv. OSB. GLOUC. *Deriv.* 347.

madiditas [ML *gl.* (cf. Jan.)], wetness, moisture. *Cf. maditas* .

alluvies, aquositas, ~as .. OSB. GLOUC. *Deriv.* 55; hic fluor, -ris, i. ~as *Ib.* 226; *Ib.* 347 (v. mador); *a mostour*, fluor, humor, mador, ~as [v. l. maditas] *CathA* 244.

madidulus [ML *gl.* (cf. Jan.)], somewhat wet, damp.

madidus .., unde .. ~us, -a, -um, i. aliquantulum madidus OSB. GLOUC. *Deriv.* 347 (*sim.* ib. 363).

madidus [CL]

1 (of solid body or unspec.) wet, moist, damp (sts. w. causal abl.; also in fig. context): **a** (var.); **b** (of person or part of body); **c** (of land, place). **d** (as sb. n.) wet or marshy land.

a roscida, rore ~a *GlC* R 212; ~um, *obðœnit Ib.* M 94; nec doluit madidas subvertens augur acerras FRITH. 974; pannos ~os *Quaest. Salern.* P 100 (v. 2a infra).   **b** ~us baptismate procedit exercitus BEDE *HE* I 20 p. 38 (= Constantius *V. Germani* 17; cf. *GlM* 4. 67: ~us, *wete*); chaos dum juncta cerebro / tinxit non madide fuscans primordia vene *Mir. Nin.* 345 (*in description of blind woman*); flexis genibus, ~o vultu, voce simplici humiliter regi supplicarunt ut .. STRECCHE *Hen. V* 172.   **c** sceleris madidas lustrare lacunas FRITH. 316; **1334** diverse placie terre arabilis basse et matide *Surv. Denb.* 5 (v. 2 friscus 2).   **d** c1210 in tota terra mea de Margcerhaion [*Marazion, Cornw*] cum omnibus mesuagis et cum omnibus pertinenciis suis in ~o et sicco *Cart. Mont.*

S. Mich. 12 p. 13; a1246 sic ascendendo .. inter ~um et siccum de Howinkar [*Hutton, Lancs*] *Cart. Cockersand* 423.

2 a (of air) bearing moisture, moist, damp. **b** (of liquid) consisting of moisture, moist. **c** (of season) wet, rainy.

a de madido nascor rorantibus aethere guttis ALDH. *Aen.* 62 (*Famfaluca*) 1; cum aer dicetur esse humidus et siccus, quare .. pannos madidos [v. 1a supra] desiccat? responsio: non dicitur aer ~us ab humorositate .. sed quia facit humidum *Quaest. Salern.* P 100.   **b** madidis mundum faciem frondescere guttis ALDH. *Aen.* 3 (*Nubes*) 4; obsecrans Dominum madidis ac fletibus aiens WULF. *Swith.* I 119; ~a infuso *SB* 19 (v. embrocha).   **c 1296** clij [opera] in herba spargenda et feno levando hoc anno, et tantum pro matido autumpno *DL MinAc* 1/1 r. 4*d*.

3 sodden (with drink), intoxicated (also in fig. context).

ebrietate .. quasi vino ~i torpebant resoluti GILDAS *EB* 21; ni mero madidus nesciret jura tororum ALDH. *VirgV* 2524; 10.. ~e, *þære druncnan WW*; ~us a vino OSB. GLOUC. *Deriv.* 366 (v. madulfus); hoc musto [sc. Virginis] madidus verborum segetem / sparget, superfluum ratus interpretem WALT. WIMB. *Carm.* 150 (cf. madere 3b).

4 a macerated, softened, (in quot. fig., of memory) weak. **b** (defined as) pounded, crushed.

a habes .. in his, quantum ~e se potuit offerre memorie, quecumque .. potiora tibi visa sunt *Dial. Scac.* II 28B.   **b** ~um, contusum vel contritum *Gl. Leid.* 35. 80.

madificare [ML *gl.*], to make wet.

to wete, humectare, lavare, dilavare, madefacere, ~are, humefacere, madidare, liquidare *CathA*.

maditas [ML *gl.*], wetness, moisture. *Cf. madiditas.*

CathA 244 (v. l., v. madiditas); *weytt*, ~as *Ib.* 415.

maditudo, wetness (in quot., as condition of land).

1334 xliiij acr. dim. .. ibidem basse jacentes que propter earum ~inem ordinantur ad pratum *Surv. Denb.* 4.

Madius v. Maius.   **madlardus** v. mallardus.

mador [CL], wetness, moisture; **b** (w. ref. to tears); **c** (w. ref. to rain); **d** (app. w. ref. to manna).

humor vel ~or, *wæte* ÆLF. *Sup.* 176; †hoc [MS: hic] ~or, -ris, i. madiditas OSB. GLOUC. *Deriv.* 347. **b 1170** fratres nostros .. vix sine gemitu et suspiriis aut ~ore lacrimarum possum ad animum revocare J. SAL. *Ep.* 300 (304 p. 724); quorum [sc. pusionum] sunt facies ude madoribus, / complute lacrimis et lote fletibus WALT. WIMB. *Palpo* 173.   **c** palla serica feretrum opertum ab omni imbrium ~ore indemne reperiunt *IK* I 1 p. 86; nubium .. resolucio / submergens impios madore pluvio WALT. WIMB. *Carm.* 511.   **d** celum eneum .. / rorem fundit concupitum / et madorem melleum *Id. Virgo* 120 (cf. *Exod.* xvi).

madosis [*aphaeretic form of* haematosis], sanguification. *V. et. haematosis.*

secunda degestio dicitur madosis, tertia anadosis *Alph.* 144.

madra v. madera.

madria [OF, ME *madrian*], 'madrian', sort of spice or sweetmeat.

1329 onerat se de xviij libris et dim. de mandria *ExchScot* I 233 (cf. ib. 221: mandrian; *Ac. Durh.* 560 [c1357]: in diversis emptis .. viz. .. madryam).

madula v. 2 matula.

madulfus [cf. CL madulsa = ? *drunkenness*], inebriated, drunk.

madulfus [MS: madulphus], ebrius, quasi madidus a vino OSB. GLOUC. *Deriv.* 366 (cf. Plautus *Pseudolus* 1252: habeo madulsam; Paulus Diaconus *Excerpta Festi* p. 126M.: madulsa, ebrius ..).

maduls- v. madulfus.

---

madulus, wet, or ? *f. l.*

wate, aquosus, .. madefactus, madidus, ~us [? l. madidulus], pluviosus .. *CathA*.

Maeander [CL < *Μαίανδρος*], ~dra, ~drum

1 (proper name) a river in Asia Minor; **b** (otherwise expl. in gl.).

~er, proprium nomen fluvii, vel flexuositas, vel quelibet deceptio OSB. GLOUC. *Deriv.* 362. **b** ~rum, nomen montis *Gl. Leid.* 4. 36; ~rum, locum vel stagnum *Ib.* 35. 252; hoc ~rum, A. *a stynkyng pytt WW*.

2 a winding course of a river, meander. **b** a winding, flexuosity (in general); **c** winding or wavy border of garment. **d** winding track (in quot., w. allusion to 3b *infra*).

a meo, -as .. inde .. hic ~er, -ri, i. flexuostitas cujuslibet amnis, quod etiam [etc., v. 3b infra] OSB. GLOUC. *Deriv.* 341; Sinnenus .. multis variisque ~ris in oceanum tandem mergitur borealem GIR. *TH* I 7 p. 31; *a crukynge of þe water*, meandir *CathA*. **b** ~er .., flexuositas OSB. GLOUC. *Deriv.* 362 (v. 1a supra); porticus hanc [sc. regiam] ternis ambit ter dena meandris (*Vers.*) GOSC. *Edith* 89. **c** meadro, *bordan GlC* M 155a (? cf. Vergil *Aen.* V 251). **d** serpens ille [i. e. the *Devil*], / qui meandris serpit mille WALT. WIMB. *Virgo* 54.

3 (fig.): **a** (pl.) intricacies (of a subject). **b** ruse, wile, deceit.

a ne .. in illis diale[c]tice giris atque meandris .. consenescas GIR. *GE* II 37 p. 351 (= Gellius *Noctes Atticae* XVI 8. 17); sic enim oportet cavere fideles hunc tortuosum serpentem fallere conatum mille per ~os NETTER *DAF* II f. 88rb. **b** crucis et trophaeum / daemonum vafros abigat meandros / sive rapinas ALCUIN *Carm.* 121. 11. 3; ~er .. etiam quandoque generaliter pro qualibet deceptione ponitur, unde Prudentius in libro hymnorum [*Cath.* 6. 141-2, 144] 'o tortuose serpens, / qui mille per mĕandros / agitas quieta corda' OSB. GLOUC. *Deriv.* 341 (cf. R. COLD. *Cuthb.* 63: o serpens tortuose, qui mille per ~ros miseros decipiendo precipitas; J. FURNESS *Walth.* 66: mille per ~ros); quantum ad congregandum pecuniam, sunt mille ~ri per dyabolum machinati WYCL. *Sim.* 73; *deceyt or begylyng*, fraus .. decepcio .. ~er *PP*; heu .. quod non didici mille ~ras mulierum cum dissolutus eram *Wager* f. 41a.

mægbota [AS *mægbot*], fine to be paid to the kinsman of a man slain.

~am [vv. ll. meg-, mag-, mes-; AS *mægbote*] et manbotam plene emendet (*Quad.*) *GAS* 282.

maela, maella [ME, AN, OF *maille* < CL macula] **a** a link of chain. **b** mesh of net. *Cf. macula 7.*

a 1236 hec inventa fuerunt in castro Norwic': .. una chatena ferrea continens viginti et vij maelas *KR Mem* 14 m. 12*d*.   **b 1278** quod maella retis sit ita larga quod salmunculi per medium transitum possunt habere *JustIt* 132 r. 32*d*.; minuta retia .. quorum maella cum nodo debet esse de longitudine trium pollicum ad capiendas lampredas *Ib.*

maellus [cf. AN, OF *masle*, ME *male*], male pig (in quot., app. of those older than one year; *cf. Pipe Wint. 1208-9 introd. p. xxxiv*).

1209 remanent iiij^xx xix porci, unde x sunt veteres sues, ij verres, xlvij juniores sues, xl ~i *Pipe Wint.* 30; **1209** r. c. de vij suibus, j ~o, xij porcellis remanentibus anno preterito, et de iij ~is emptis ..; et remanent xiij sues, ix ~i; item r. c. de liiij porcellis proventis .. hoc anno *Ib.* 71 (*Taunton, Som*) ~i; **1211** remanent lxxxvj [porci], unde ij sunt verres, viij sues, xxx ~i, xij succule, xx juvenes porci, xiiij purcelli separati *Pipe Wint.* 125 (*Meon, Hants*; cf. ib.: unde j est masculus, viij suelle).

maemiare v. mahemiare.   **maemium** v. mahemium.

maena (mena) [CL < *μαίνη*], kind of small fish, sprat or sim.

quales pisces capis? anguillas et lucios, menas [AS: *myas*] et capitones ÆLF. *Coll.* 94; cernes / quod se conformat, Cinthia, mena tibi NECKAM *DS* III 514 p. 407; *a pylcher, fish*, mena, -ae LEVINS *Manip.* 74.

maenianum [CL, *freq. pl.*], (arch.) upper

room, (projecting) upper story, sollar. **b** gatehouse.

moenia [?*for* moeniana], superior domus *GlC* M 261; post ymnos matutinos in menianis consistens .. vidit eminus .. virum .. ALCUIN *Vedast. app.* p. 426; ad cenam vocamur, et ecce †moemana [vv. ll. mennane, meniana; *gl.*: *solers*] quedam conscendimus BALSH. *Ut.* 47; in menianis .. illis nihil egregie spectabile erat preter celi et pincelle opuscula *Ib.* 49; ab occidentali domus fronte, qua prius in ~a [*gl.*: *solers*] introivimus *Ib.* 52; meniana, *soler* (GARL. *Mor. Scol.*) *Teaching Latin* I 146; *getee of a solere*, theca .., procer .., meniana, -e, .. menianum, -ii *PP*; *solere of lofte*, solarium .., hec techa .., menianum *Ib.*; *a pentis*, appendix, appendicium ..; apheduo, ut dicit Brito, et dicitur profectum si de lignis, menianum si de lapidibus [etc.] *CathA.* **b** *a yate house*, menianum *Ib.*

maeramentum [OF *mairement, merrement*], timber.

1107 (1330) concedo .. ligna ad focum in coquina sua .., et marramenta ad edificia sua *CalCh* IV 157; ?**1177** de caseis, si quadriga tulerit, ij d., si equus, j d., si asinus, ob.; .. de .. lana et lino et mairamento lignorum dolatorum, similiter *Act. Hen. II* II 56.

maerarius [W. *maer*], bailiff, steward.

1372 et de lv li. .. receptis [de] Ll' ap Res Go' mairareo magne foreste Brek' *MinAc* 1156/18, r. 112.

maerdredum [W. *maerdref* < *maer* = *bailiff* + *tref* = *hamlet*], (in Wales) 'bailiff's hamlet', servile settlement in the demesne under supervision of the lord's bailiff (*v.* A. N. Palmer and E. Owen *History of Ancient Tenures* ([Wrexham], 1910), 100–5).

1284 extenta manerii de Nevyn [*Nefyn, Caern*] cum maerdredo burgi (*MinAc* 1171/7) *Med. Bor. Snowd.* 9.

maeremiare [cf. OF *mairenier*]

1 to furnish or support with timbers, to timber (mine).

a**1307** de busca prostrata ad mineram meremiandam et suppodiandam *KR Ac* 260/19 m. 3; ~iandam *Ib.* m. 7.

2 (p. ppl. as adj.) (made of) timber.

1451 quoddam opus meremiatum ad prestandum obstaculum ludentibus hujusmodi [sc. *of tennis*] violenter .. fregerunt (*Reg. Exon.*) *Devon & Cornw Rec. Soc.* N. S. XIII (=*Cant. & York Soc.* LXII) 120.

maeremiarius [cf. OF *mairenier*], timber merchant.

1275 Johanni merimar' pro vj planchis ad formas faciendas ad mutas, iiij s. ij d. *KR Ac* 467/6/2 m. 11.

maeremiatio, (act of) timbering (mine).

a**1307** de quercubus ad suppodiacionem et meremiacionem minere *KR Ac* 260/19 m. 4.

maeremium [AN, OF *merim, mairrien, maeresme*, etc. < LL materiamen]

1 (as material) wood suitable for, or used in, building or construction, timber: **a** (var.); **b** (w. specification of kind of tree); **c** (dist. from wood for other use or of other quality); **d** (dist. as *grossum, parvum*, or sim.); **e** (w. ref. to felling); **f** (used or for use in construction of spec. building *etc.*); **g** (in construction of ship); **h** (in machine or other artefact).

a **1169** dedi eis omnem corticem de merremio meo proprio *MonA* VI 237a; **1177** in custamento et carragio maisreni de G. de foresta de Wira *Pipe* 64; **1181** nec aliquis deferat vel deferri faciat maireniam extra Angliam (*Assisa de armis habendis*) *G. Hen. II* I 280 (cf. R. HOWD. II 262: maireniam); **1198** de pastura et de meiremio et ceteris espletiis *CurR* I 40; **1200** quod nemo .. ministrorum nostrorum exigat .. consuetudinem pro emptione .. plumbi vel merremi *RChart* 55b; c**1200** concessi .. mairemium in eodem bosco quantum opus fuerit ad edificandum in eadem terra *Couch. Kirkstall* 173; c**1213** cum libertatibus et aisiamentis maremii *Regesta Scot.* 518 (=*Reg. Paisley* 90); **1222** habebunt de *windbreche* quicquid non est utile ad meirimium *Dom. S. Paul.* 75; **1241** pro ix li. x s. positis in merimio ad opus Fratrum Predicatorum *KR Mem* 20 m. 4*d*; c**1270** ad .. dictum boscum mortuum in meremiem convertendum *Cart. Sallay* 282; hoc meremium, -mii, G. *merine Teaching Latin* II 28; non contenti quod ~ium ibidem quererent ad edificia erigenda .. sed nemus destruendo ~ium ibidem factum ad vendendum in Hyberniam transtulerunt PECKHAM *Ep.* 343; **1311** scindi faciendo et mayramena fieri faciendo dictam forestam destruxit *Reg. Gasc. A* I 247; **1329** reddendo .. annuatim .. unum plaustrum novum plenum maremio qualicumque *Reg. Newbattle* 203 p. 162; meremium, A. *tymber WW*; **1530** pro captione et provisione quorumcumque mahermii petrarum sive lapidum (*Pat* 655 m. 15) *Foed.* XIV 369a. **b** **1242** quod habere faciat fratribus minoribus de Notingh' x quercus .. ad ~ium inde faciendum *Cl* 424; **1256** x quercus aptas ad mayremium *Cl* 19; **1272** quod .. faciat habere Ricardo de W. iiij quercus ad ~ium *Cl* 469; **1289** in meremio tam de quercu quam de alneto (v. levarius b); **1583** *lez saplinges* quercuum aptis fieri vel fore ~ium *Pat* 1234 m. 6. **c** ?**1186** in lignis domui illorum [leprosorum] ad ignem et ad maisremium *Act. Hen. II* II 126; a**1189** habere debent .. de mortuo bosco ad ignem suum faciendum rationabile estoverium .. et similiter ~ium ad edificandum *BBC* (*Carlisle*) 55; a**1187** volumus ut liceat burgensibus adquirere ad usum suum tam mairemiam quam focalia *BBC* (*Wearmouth, Durh*) 54; a**1229** in foresta mea de Lach maremia ad edificia sua et boscum ad focum suum *BBC* (*1042–1216*) (*Leek, Staffs*) 57; **1240** in captione busce et mayreme [*Pipe* (*Chanc.*): merenni] apud Cestriam *Pipe Chesh* 58; **1256** unam [quercum] ad ~ium, et quinque ad scindulas faciendas *Cl* 6; portus maris in quibus applicant se naves vel batelli ad hospitand' maheremium aut buscam de foresta *Fleta* 89; **1300** de qualibet carecta busce aut meremii venali .. j ob. (*Breve pontagii*) *Reg. Carl.* I 116. **d** **1250** nec permittit eundem W. habere grossum ~ium in bosco suo de M. et minutum ~ium in brullio de B. ad reparacionem .. molendinorum et exclusarum *CurR* XX 990 (*Staffs*); **1364** dictus W. habebit grossum meremium .. pro vj paribus de *scilles, rybis*, et firstis ad costagium ipsius Willelmi lucrandum *Hal. Durh.* 34; **1381** dominus inveniet grossum meremium et molas *Ib.* 170; **1403** grossum meremium et parvum ac stramen .. invenient .. ad .. molendinum faciendum *FormA* 124. **e** **1228** (v. h infra); **1243** abducere .. unam navatam ~ii quam prosterni fecerunt .. ad fabricam ecclesie sue *Cl* 36 (=*RGasc* I 194b); **1277** in meerempnio prosternendo ad cameram domine regine et ad inclaustrum *MinAc* 1010/8 (cf. *Banstead* I 313); **1322** arbores .. succiderunt, et ~ium inde .. asportaverunt *Reg. Heref.* 232; **1409** in stipendiis Willelmi P. et Johannis C. pro operibus predictis ~ium prosternencium *MS PRO Durham 20/114/3* (cf. *EHR* XIV 517). **f** ?c**1167** mittet abbas .. operarios suos in ipsum boscum ut accipiant ibi .. et ad marrenia molendinorum suorum et ad focum et ad rogum faciendum *Act. Hen. II* I 412; **1185** pro .. maisremio ad reparandum molendinum de Lequid et portas et palicium ville de Card[iff] *Pipe* 6 (=*Cart. Glam.* I 171); **1229** quod habere faciat vicecomiti .. mayremium in bosco de H. ad latam faciendam ad domos domini regis *Cl* 218; **1233** (v. 2 gista b); **1247** ut .. capiant in foresto nostro maremium ad sustentacionem stagni sui *Melrose* 266; **1277** me .. dedisse .. ecclesie Glasguensi maremium universum ad fabricas .. necessarium *Reg. Glasg.* I 191; **1313** carpentariis pro factura operis de maerem' ligneo *MinAc* 771/7 m. 3; **1315** xxxiiij s. et x d., quos .. escaetor .. expendidit in meeremio, carpentaria et aliis diversis necessariis emptis pro reparacione molendinorum (*Mem. Ir.*) *Doc. Ir.* 369; cum dicte domus artifices meremium suum mensurarent .., inventa est trabs una .. ceteris brevior *NLA* I 392; **1337** aula .. coquina .. et una parva capella, quarum parietes sunt de maheremio et plaustro *Capt. Seis. Cornw* 1; **1364** invenire debet maheremium ad .. pontem reparandum necessarium *Pub. Works* I 98; **1379** pro merremio empto ad opus castri de Edynburgh *ExchScot* 3; [fortalicium] armatum interius .. meremio, terra et tignis *G. Hen. V* 4 p. 28; **1438** in mearemio empto pro *lovers* faciendis *Comp. Swith.* 444; edificacio dicti manerii .. de *bryke* et mearemio W. WORC. *Itin.* 48; †**966** (15c) concedo de regalibus silvis meis .. arbores et meremium ad edificationem sui monasterii *CS* 1178 p. 438; †**1089** (1480) capiend' .. sufficient' [*sic*] ~ium pro omnibus suis edificiis *Pat* 545 m. 4 (cf. *MonA* III 271a, *Regesta* I 307). **g** **1337** cum vos nuper xl quercus pro factura cujusdam galee .. nobis concesseritis, ac, sub confidentia ~ii illius .. (*Cl* 158 m. 37*d*) *Foed.* IV 730. **h** c**1152** dedit .. in eodem nemore merenum quantum opus est ad tres carucas per annum *Doc. Theob.* 255 p. 479; **1173** pro maireno carruc' curie de P. *Pipe* 56; **1193** pro maisremo ad petrarium et mangunellum, vj s. *Ib.* 74; **1228** ~ium ad telarias faciendas ad balistas regis *Cl* 49; **1243** de quolibet miliario ~ii ad tunellos, j ob. *Pat* 53 m. 10; **1255** ad mairremium ingeniorum *RGasc* I *sup.* 26b; **1291** pro meeremio ad pegones cereorum *Manners* 101; **1325** iij s. in merrem' duarum rotarum cindend' et sculpand' in bosco pro dicto molendino *MinAc* 1148/6 m. 2; **1382** pro miremio empto pro machinis construendis *ExchScot* 659; altaria .. constructa fuerunt de diversis communibus eleemosynis; sed dominus H. de G. dedit meremeum *Mon. Francisc.* I 509.

2 a timberwork, timber (of existing or demolished building *etc.*). **b** timber frame (of artefact).

a **1199** furatus est cheverun' et aliud mairemium ad valorem x s. *CurR RC* II 36; **1222** magistro B., ad sternendum aulam .. salvo meirimio *Ac. Build. Hen. III* 138; **1224** vult de pe[tra] disponere pro voluntate sua et de meiremio [sc. castri] similiter *RL* I 236; **1231** prostravit quandam cameram et marremium totum asportari fecit ad terram suam *BNB* II 381; **1239** cum catallis fugitivorum et mairenno molendin' [*Pipe* (*Chanc.*): meremio de molendin'] venditis *Pipe Chesh* 44; **1250** totum meremium putrefactum est preter postes *CalIMisc* I 31; c**1288** diversis carpentariis pro factura ~ii dicte turris et .. aliis domibus .. emendandis, l s. *Pipe* (*Chanc.*) 82 m. 19; **1343** quedam bretagia super muros .. ville .. fregerunt et maheremium inde .. asportaverunt *RScot* 638a; **1398** facient unam novam domum .. cum principali meremio de quercu et cetero meremio de ulmo et frago *Cart. Osney* I 109; **1425** custus domus dormitorii: .. in diversis hominibus conductis ad deponendum et extrahendum vetus merennum [? l. meremium] massam et lapides, x d. *Ambrosden* 575; **1457** pro prostracione meremii veteris tecti eorundem *les ilynges Ac. Durh.* 151; domos diruere .. earumque muremium asportare [*gl.*: ligna ex quibus muri construuntur] *Quon. Attach.* 30 (=*RegiamM* [*Stair Soc.*] 300: meremium). **b** **1300** receptavit meremium trebuchetti *Leet Norw.* 53.

3 a timber, beam, or sim. (as part of, or for use in construction of, building *etc.*).

1228 pondera meremiis *del miln post*, iiij d. *EEC* 157 (*Torksey, Lincs*); **1285** petram, muros et merennia inde [sc. de tenemento] prostravit et asportavit (*Eyre Oxon*) *DocCOx* 235; **1442** super factura quarundam listarum et barrurarum de ~io apud Westsmythfeld *Analog. Cant. Pilg.* 23; **1460** in domibus edificiis muris murennis lignis lapidibus .. *Melrose* 556 p. 563; **1464** pro reparacionibus factis in castro de D. .. circa edificacionem unius aule ibidem .. in muris, merimiis, tabulis, lapidibus .. *ExchScot* 291; **1490** timent de ruina tecti magne aule ibidem ex defectu meremiorum *Reg. Merton* 138.

4 woodland (containing trees suitable for timber).

?**1226** emi .. duodecim acras de maremio in brullio Cicestrie *RL* I 288.

5 (variant spellings listed in alphabetical order): **a** (more frequent forms of neuter or uncertain gender); **b** (less frequent forms of neuter or uncertain gender); **c** (feminine forms).

a maeremium: **1228** *Cl* 17; **1243** *Pat* 53 m. 10; **1256** *Cl* 6; c**1288** *Pipe* (*Chanc.*) 82 m. 19; **1313** *MinAc* 771 7 m. 3 (MS: maerem'); **1333** *LTR Mem* 105 m. 122*d*; **1338** *TreatyR* II 149 (=*Foed.* V 6a: †maerennum); **1377** (*MinAc* 1262/7)*Banstead* I 354; **1409** (*MS PRO Durham* 20/114/3) *EHR* XIV 517; **1583** *Pat* 1234 m. 6. maremium: c**1213** *Regesta Scot.* 518 (=*Reg. Paisley* 90); a**1229** *BBC* (*1042–1216*) 57 (*Leek, Staffs*); ?**1226** *RL* I 288; **1277** *Reg. Glasg.* I 191; **1329** *Reg. Newbattle* 203 p. 162; **1391** *Leet Norw.* 70. meremium: **1250** *CalIMisc* I 31; **1253** *Ac. Build. Hen. III* 248; **1272** *Cl* 466; *Teaching Latin* II 28; **1289** *KR Ac* 467/19 m. 2 (v. levarius b); **1300** *Leet Norw.* 53; **1313** *Eyre Kent* I 38; **1343** *EEC* 176 (*Gt. Yarmouth, Norf*); **1398** *Cart. Osney* I 109; **1400** *Doc. Leeds* 122 (v. leiare); *G. Hen. V* 4 p. 28; **1448** *StatOx* 272; *WW* 595; **1490** *Reg. Merton* 138. **b** †hairenum: **1227** de †hairemo cariando *ChartR* 18 m. 12 (cf. *Cart. Antiq.* I 59 [**1189**]: de mairemo cariando). maeremium: **1229** *Pat* 287 (=*RL* I 346: maremium). maerennum: (v. maeremium 5a supra). maheremium: **1233** *Cl* 270; **1337** *Capt. Seis. Cornw* 1; **1337** *Cal. Scot.* III 364; **1343** *RScot* I 638a; **1364** *Pub. Works* I 98; *Fleta* 89. maherenmium: **1342** *CourtR Ramsey* 132. mahermium: **1530** (*Pat* 655 m. 15) *Foed.* XIV 369a. mahiremium: **1236** *BNB* III 178. mairebium: **12..** *Reg. S. Andr.* 277. mairemium: a**1195** (*Ch. Hugonis Ep. Durh.*) *Boldon Bk. app.* xlii; **1199** *CurR RC* II 36; c**1200** *Couch. Kirkstall* 173; **1236** *BNB* III 178. mairemum: a**1184** *Rec. Templars* 269; **1189** (v. hairenum supra). mairennum: **1239** *Pipe Chesh* 44. mairenum: **1173** *Pipe* 56. mairremium: **1255** *RGasc* I *sup.* 26b. maisremium: **1179** *Pipe* 81; **1185** *Pipe* 6; ?**1186** *Act. Hen. II* II 126. maisremum: **1178**

Pipe 72; **1190** *Pipe* 30; **1191** *Pipe* 92; **1193** *Pipe* 74. maisrenum: **1177** *Pipe* 64. maresmium: **1275** *Hund.* II 4b. marremium: **1231** *BNB* II 381; **1246** *Cl* 431; **1249** *SelPlMan* 20. marrenium: ?**c1167** *Act. Hen. II* I 412. marrimum: **1242** (cf. meyremum infra). mayramenum: **1311** *Reg. Gasc. A* I 247. mayremium: **1229** *Cl* 218; **1256** *Cl* 19. mearemium: **1266** *MGL* II 279; **c1398** *Comp. Swith.* 208; **1438** *Ib.* 444; W. Worc. *Itin.* 48. meeremium: **1291** *Manners* 101; **1315** (*Mem. Ir.*) *Doc. Ir.* 369. meerempnium: **1277** (v. 1e supra); **1295** *KR Ac* 462/14 m. 3. meiremium: **1198** *CurR* I 40; **1224** *RL* I 236; **1229** *Cl* 189. meirenum: **c1222** *DC Cant. DE 1* (*ii*). meirimium: **1222** *Ac. Build. Hen. III* 138; **1222** *Dom. S. Paul.* 75; **1241** *Pipe Chesh* 68. meremeum: *Mon. Francisc.* I 509; **1476** *Cant. Coll. Ox.* II 196. merennium: **1285** (*Eyre Oxon*) *DocCOx* 235. merennum: **1240** (v. mayrema 5c infra); **1425** (v. 2a supra). merenum: **c1152** *Doc. Theob.* 255 p. 479. meresmium: **1275** *Hund.* II 4b. merhemium: **1335** in merhemio *KR Ac* 19/14 m. 6; merimium: **1241** *KR Mem* 20 m. 4*d*; **1464** *ExchScot* VII 291. merremium: **1181** *MonA* VI 237a; **1325** *MinAc* 1148/6 m. 2; *ExchScot* III 3. merremum: **1200** *RChart* 55b. meyremum: **1242** pro meyremo *Pipe* 146 (*Pipe* (*Chanc.*) *ib.*: marrimo). miremium: **1382** *ExchScot* 659. muremium: *Quon. Attach.* 30 (=*RegiamM* [*Stair Soc.*] 300: meremium). murenium: **1468** *Reg. Newbattle* 301 p. 271. murennium: **1460** *Melrose* 556 p. 563. murinium: **1467** *Reg. Newbattle* 299 p. 266. **c** mairemia: **1181** (*Assisa de armis habendis*) R. Howd. II 262 (cf. maironia infra); a**1187** *BBC* (*Wearmouth, Durh*) 54. maironia: **1181** (*Assisa de armis habendis*) *G. Hen. II* I 280 (cf. mairemia supra). mayrema: **1240** mayreme *Pipe Chesh* 58 (*Pipe* (*Chanc.*): merreni). meremia: **1452** *MunCOx* 215. meremies: **c1270** *Cart. Sallay* 282.

maerenarius [OF *mairenier, merenier*], timber merchant.

1253 Hugoni cum aliis merenariis pro meremio hordis et tabulis de *sape* .. *Ac. Build. Hen. III* 232; **1253** Ade merenario pro meremio hordis et latis *Ib.* 248.

maerennum v. maeremium 5a.

maerere, merere [CL]

1 (intr.) to sorrow, grieve, lament (also w. causal abl.); **b** (w. utterance as subj.). **c** (pr. ppl. as sb. m. or f.) one who grieves. **d** (pr. ppl. as adj.) sorrowing, sorrowful, mournful.

?**693** (14c) reatum exsolvat proprium sine fine semper moerens *CS* 121; ipse [Orpheus] tristis et ~ens .. raptam Eurydicen lacrimabili deflevit carmine *Lib. Monstr.* II 7; aspectans contra merentes suo abscessu fratres *Hist. Abb. Jarrow* 17; ne me aestimes tuae mestitiae .. causam nescire; scio enim certissime qui es et quare ~es Bede *HE* II 12 p. 108; peniteat septem .. diebus, / noctibus et totidem merens Wulf. *Swith.* I 1402; que cum antea virum .. incitasset, tunc moerentem verbis lenire, labantem exemplis erigere W. Malm. *GR* I 37. **b** melos meret J. Howd. *Ph.* 318 (v. maeror a). **c** inter maerentes, orantes, opperientes Frith. 1358; quis gemens, ~ens, anxius, morbidus non hic mutavit dolorem tripudio ..? Gosc. *Transl. Mild.* 1; ave, que merentum / es medicamentum / et fons gracie J. Howd. *Sal.* 29. 1. **d** convenere ad eam merenti corde parentes Wulf. *Swith.* II 873; me mea mērentem faciunt mala, plura mērentem Serlo Wilt. 2. 73.

2 (trans.) to bemoan, deplore, lament.

turturi illi lugenti viduitatem suam suique [?l. sueque] solitudinis ~enti desolationem J. Ford *Serm.* 52. 2.

maeria [OF *mairie* < majoria], district governed by mayor, mayoralty. *V. et. majoria.*

c1160 sciatis me concessisse .. ~iam Augi [*Eu, Seine-Inf.*]; .. ~iam de Blangeio [*Blangy, Seine-Inf.*] totam; procuratorem quoque ipsius, sicut et ~ie de Augo, ab omni consuetudine liberum *Act. Hen. II* I 307.

maeronia [W. *maeroni*], (duty on) stewardship.

1294 item pro maronia lactis predicte ville in estate et autumpno dimidium totius lactis dicioris hominis de villa (*Ext. Anglesey*) *Tribal System app.* 25.

maeror, meror [CL], grief, mourning; **b** (pl.).

tantum gaudii ac suavitatis tum .. tua ad bonam frugem conversio quantum nunc ~oris ac luctus ministravit ad .. vomitum .. reversio Gildas *EB* 34; ?**800** vulnerati animi ~ori .. mederi Alcuin *Ep.* 198 p. 327; **930** (13c) hujus .. exosae peregrinationis moerore pressus *CS* 669 p. 349; iterum ecce turbatio, ecce iterum obviat ~or et luctus querenti gaudium et laetitiam Anselm (*Prosl.* 18) I 113; melos meret, ut meror mulceat, / ver emarcet, ut marcor vireat J. Howd. *Ph.* 318; dulcis est vox illa que promittit requiem post laborem, gaudium post †moerum [l. moerorem] Brinton *Serm.* 24 p. 98. **b** dicito mihi qui mercedis dare velis ei .. qui his te ~oribus absolvat Bede *HE* II 12 p. 109; ~ores, dolores, gemitus, rugitus, ubi adestis si hic deestis? Anselm (*Or.* 11) III 43.

maestare [LL], to grieve, sadden, make sad.

scrupulos injicientes, blando sermone ~antes homines simpliciores Colet *Rom. Enarr.* 227.

maeste, meste [CL], sadly, mournfully.

mestus .., unde ~e, ~ius, ~issime adverb. Osb. Glouc. *Deriv.* 351.

maestifer [LL *gl.*], that brings sadness.

1048 ~eram tremendi examinis ymeram *Ch. Burton* 38.

maestificare [LL], to make sad, sadden (freq. opp. to *laetificare*).

797 quantum caritatis recordatio laetificat, tantum absentiae lacrimosa longinquitas ~at Alcuin *Ep.* 124; nihil me tantum ~at quantum eorundem adversitas Anselm (*Ep.* 96) III 222; quantum .. ipsi de suscepto patre letificati, tantum illi de amisso fuerant ~ati Osb. *V. Elph.* 129; amodo leteris nec de me mestificeris R. Cant. *Poems* 7. 42; licet herodes Mariagnem in nullo ~are vellet, illa non curabat parem viro refundere gratiam *Flor. Hist.* I 84; eo intimius murmurat inolita pululare super terram ~atus per ejus absentiam omnis homo J. Lond. *Commend. Ed. I* 8.

maestificatio [cf. maestificare, LL laetificatio], (act of) making sad.

mestus componitur mestificus .., unde mestifice adverbium et mestifico, -as, unde mestificatus, ~o Osb. Glouc. *Deriv.* 351.

maestifice, so as to sadden.

Osb. Glouc. *Deriv.* 351 (v. maestificatio).

maestificus [LL], that makes sad.

ansiferis [i. e. anxi-], mestificis *GlC* A 636; Osb. Glouc. *Deriv.* 351 (v. maestificatio).

maestitia [CL], sadness, grief, sorrow.

tuae ~iae .. causam Bede *HE* II 12 p. 108 (v. maerere 1a); lugubris infortunii moestitiam B. *Ep.* 386; **c1076** contristat me humana ~ia meus affectus Anselm (*Ep.* 53) III 167; omnis absit hodie mesticia, / nunc est enim congrua leticia Hil. Ronce. 104; dividia, tristicia, molestia, ~ia Osb. Glouc. *Deriv.* 181; ave virgo .. / que fel prisce procul pellis / mortis et mesticie Walt. Wimb. *Virgo* 9.

maestitudo [CL], sadness, grief, sorrow.

hec ~o, -nis, i. mestitia Osb. Glouc. *Deriv.* 351; ad auferendam cordis tui ~inem *Ep. ad amicum* 9 p. 106; revertere a languore tedii hujus, revertere denique a ~ine ac pondere doloris hujus J. Ford *Serm.* 63. 6; hujus nubulose temptationis ~inem .. certa depulit consolatio *Chr. Witham* 500; s**1427** quidam interfecti de villanis, ad gravem ~inem circumvicinorum *Chr. S. Alb.* 12.

maestuosus [ML], (of emotion, matter) involving sorrow, sorrowful, lamentable.

1182 pium est flere mortuum, et hujusmodi moestuosos affectus lex nature indicit P. Blois *Ep.* 2. 4A (*sim.* J. Lond. *Commend. Ed. I* 7); **1282** quia dolor est meminisse dolorem, nos hujusmodi ~am materiam .. transeuntes .. *Foed.* II 215.

maestus (me-, moe-) [CL]

1 feeling sorrow, sorrowful, sad: **a** (of person, freq. as predicate of subj. or obj.); **b** (w. indication of cause); **c** (as sb. m.); **d** (of mind or sim.).

a interrogavit quare .. solus ipse mestus in lapide pervigil sederet Bede *HE* II 12 p. 108; vidit eum, mestis omnibus, jam morti proximum *Ib.* V 5; [vir sanctissimus] suscipit et mestos, et dat discedere laetos Wulf. *Swith.* II 1166; residet ~a, dolens quod ita sit reprehensa *Simil. Anselmi* 88; hunc [sc. Saturnum] ~um, senem, canum .. inducunt Alb. Lond. *DG* 1. 1; cepit contristari et ~us esse *Latin Stories* 59. **b** [sacerdotes] uno .. perdito denario ~os et ad unum inquisitum laetos Gildas *EB* 66; mestus .. est de clade .. sed gavisus satis quia .. *Hist. Abb. Jarrow* 15; ~um eum pro culpa et sollicitum de venia percepi Anselm (*Ep.* 58) III 173. **c** Deus, mestorum consolatio, laborantium fortitudo *Nunnam.* 79; infirmos visitare, mestos consolari Edmund *Spec. Relig.* 44; **c1460** Jesus, Maria .. cum sanctis omnibus succurant mestis in tribulacionibus *Paston Let.* 610. **d** ora fluunt lacrimis, pectora mesta dolent Alcuin *Carm.* 8. 192; tu [luscinia] .. implesti .. / .. animum moestum carmine mellifluo *Ib.* 61. 4; dum diu in moesti cordis meditatione circa rem hujusmodi cogitaret B. *V. Dunst.* 23.

2 **a** expressive of sorrow, sad (in quot., of face). **b** (of emotion, thought, or sim.) involving sorrow, sorrowful. **c** (of occurrence or sim.) causing sorrow, lamentable, grievous. **d** (of place) characterized by sorrow, sad.

a roscidis oculorum fontibus .. maestam [v. l. mestam; *gl.*: tristem, *dreori*] faciem umectare .. non desinunt Aldh. *VirgP* 10. **b** frangatur .. desperatio maesta Aldh. *VirgV* 2655; maestas .. querelas Bede *Hymn.* 16. 15 (v. gemebundus b); excepi mestas tenero olim somate erumnas Frith. 701. **c** quid memorare studes nobis maestissima fata? Alcuin *SS Ebor* 1571; multis morte mestius esset sic puniri *Poem S. Thom.* 76. **d** vir humilis maesta caelum conscendit ab humo Alcuin *Carm.* 119. 2.

maeus v. meus.

maforte, ~tis, ~tium, mafora, mafors [LL], **mafortia** [LL *gl.*; < Hebr.; cf. Gk. μαφόρτης, μαφόριον], woman's head-dress, veil, wimple, or sim.; **b** (in gl. identified w.) mantle or other garment; **c** (in gl. defined as) bag, purse; **d** (w. ref. to supposed deriv. from *Mavors, cf.* Isid. *Etym.* XIX 25. 4).

pulla capitis velamina candidis et coloratis ~tibus [v. l. mavortibus; *gl.*: velaminibus, *wimplum, orlum*] cedunt, quae vittarum nexibus assutae talotenus prolixius dependunt Aldh. *VirgP* 58 p. 318; ~te, *scyfla* *GlC* M 9; **9..** ~s, *scyfele WW*; ~am quam habebat optimam ac nitidissimam in votivum parat obsequium Gosc. *Wulf.* 13; [Paulus] deinde valedicens fratribus benedixit, sibique oculos de Plautille ~a ligavit Ord. Vit. II 2 p. 265 (v. *ed. Prévost*; cf. ib. p. 264: pannum, quo caput ejus tegebatur; *Passio S. Pauli* 16: ligans sibi de Plautillae ~te oculos); ~tes, operimenta capitum mulierum Osb. Glouc. *Deriv.* 366; p**1191** togam pro podere / succinctus per fora / et mafora / pro mitra comptus temere / componere / gradum novit per littora (*Pol. Poems*) *EHR* V 319; ~a, A. *a voluper* *WW*. **b** peplum, ~tem *GlC* P359; teretrum [i. e. theristrum], ~tis *Ib.* T116. **c** ~tia, marsupium, bursa, moculus, loculus, crumena Osb. Glouc. *Deriv.* 366. **d** ~tiam, res quae ad Mafortem pertinet *GlC* M62.

maga [CL], sorceress, witch. **b** woman who tells idle stories, gossip.

illam ~am atque maleficam conclamabant J. Furness *Kentig.* 3 p. 167; quod [Picus] a quadam famosissima ~a, Circe nomine, .. in avem .. sit mutatur *Flor. Hist.* I 41 (=Paulus Diaconus *Hist. Rom.* I, v. *MGL Auct. Ant.* II 6); domina sortilega et heretica et ~a libere permittitur in civitate .. convivere *Proc. A. Kyteler* 16. **b** ex relatione ~arum veterum consimilem trufam audivimus Fordun *Chr.* IV 23.

magada [ML < μαγάς, cf. LL magas], (mus.) movable bridge of monochord.

fiat corpus concavum longum et planum, in cujus extremitate sit ~a, i. quedam eminentia formam habens semicirculi chordam ferens extensam fixam ad aliam extremitatem Odington *Mus.* 81; ad probandum consonantias fit hujus corpus quod prius descripsi chordam tenens et ~a mobilis in superficie corporis *Ib.* 85; sicut patet in monochordo quando chorda extensa super corpus concavum distinguitur diametraliter per ~am [Trevisa: *a brugge*] suppositam in duo equalia resultat diapason ex utraque parte chorde .. si chorda distinguatur in novem partes et ~a ponatur sub altera extrema sectione pars chorde longior pulsata reddet tonum Higd. III 11 p. 210.

magale [CL *pl. only*, LL (*rarely*) *and* ML *also sg.*], **~is,** rustic hut, hovel, cabin; **b** (fig.).

~ia, *byre GlC* M 81 (*sim. Gl. Leid.* 46. 37; cf. *GlC* M

46: mapalia, *byre*); ~ia vel mappalia vel capanna, *byre* vel *sceapheorden* ÆLF. *Sup.* 185; barbarolexis, ut si quis dicat . . 'magalia' pro 'tuguriis' OSB. GLOUC. *Deriv.* 69 (cf. Donatus *Gram.* ed. Holtz 3. 1); abundabant . . pascui bestiis . ., sationales ovium caulis et opilionum magalibus [*gl.*: hoc ~e, *hulke*] sive mapalibus BALSH. *Ut.* 46 (cf. *Teaching Latin* II 54); pauperibus vicariis . . pre foribus palationum facientes ~ia DEVIZES f. 40r; [rustico] assit . . tugurium [*gl.*: *hulet*] sive . . magale [*gl.*: idem (sc. *hulet*)], in quo canis . . secum pernoctet NECKAM *Ut.* 111; his pastōforium, †magalo [l. magale], tugūria jungas / atque mapale, casa . . GARL. *Syn.* 1584C; [fata] tanquam magalia castra concuciunt WALT. WIMB. *Sim.* 152; *scheperdys logge or curry*, ~is . ., mapale . . vel ~e *PP*. **b** tu pastoris es magale, / qui fideles ad vitale / minat oves pabulum WALT. WIMB. *Virgo* 68.

magalis v. magale, majalis. **magalo** v. magale. **Magalus** v. Mogalus. **maganum** v. manganum. **magarita** v. margarita.

Magdalena, ~e [LL < Μαγδαληνή]

1 the Magdalene, *i. e.* (prob.) woman of Magdala (w. ref. to Mary Magdalene, *v. Marc.* xv 40 *etc.*).

Mariam . . Magdalenam sororem Lazari BEDE *Luke* (vii 37) 423 (cf. *Joh.* xi 2); EGB. *Pont.* 10 (v. exorcista b); PULL. *Sent.* 917C (v. detergere 2a); **1335** (v. exhibitio 6b); dominus A. R., qui pingi curavit sacellum Magdalenes FERR. *Kinloss* 31.

2 kind of stone.

nomina lapidum: . . hec ~a, *a balwyn WW*.

Magdalenice, after the manner of Mary Magdalene.

pro mortuo in Egyptiorum littore ~e in meroris laqueos incidi S. SIM. *Itin.* 74 (cf. *Joh.* xx 11).

magdaleo, ~io [LL, cf. CL ?magdalia < μαγδαλιά (v. *TLL*); cf. ME, OF *magdaleon*, AN *magdalium*], (med.) paste formed into cylindrical shape and administered as medicine, pastille.

malaxetur juxta ignem quousque aqua . . consumatur, et tunc ~eones formentur GILB. II 87v. 1; addatur mirra . . et post reliqua pulverizata ad ultimum cum croco orientali ~iones componas *Ib.* II 120. 1; ~iones ad pondus nucum formentur, et qui timet de veneno ante comestionem comedat unum bolum BACON V 88 n. 1; confice cum vino et fac ~iones vel trociscos *Id.* IX 100; totum fundatur in aqua frigida, et cum fuerit induratum extrahatur et inde formentur ~eones ad modum unius digiti vel medietatis candele et in curvatum perpetrasse intromittatur, et tunc erigat se GAD. 12v. 2; de impositis intra nares valet ~eon ex aliptis muscatis formatis secundum longum contra catarrum et corrizam *Ib.* 51v. 2.

magdalis [*aphaeretic form of* LL amygdaloides < ἀμυγδαλοειδής], 'guthcorn', ?kind of spurge, perh. wood spurge (*Euphorbia amygdaloides*).

~is, *gyth corn Gl. Durh.* 303.

mage v. 1 magis. **magecoge** v. magnus 1e. **magedan, magedena, magedera** v. madera. **magenellus** v. manganellus. **magestas** v. majestas. **maggunellum** v. manganellus.

magia [CL < μαγεία], **a** (in bad sense) magic, sorcery; **b** (in good sense) occult wisdom.

a tonsuram eam quam magum ferunt habuisse Simonem quis . . non statim cum ipsa ~ia . . detestetur? (*Ep. Ceolfridi*) BEDE *HE* V 21 p. 343; quod tanta esset ejus nominis [Domini] virtus, ut nulla ei ~ia, nulla mathesis obsistere posset W. MALM. *GR* II 170 p. 200; ~ia illicita . . quam necromantiam appellant *LC* 250. **b** ~ia . ., Latine sapientia, duplex est: una est naturalis et licita materque verae medicinae, et est occulta naturae sapientia . .; alia autem est magia illicita . . *Ib.* (v. et. a supra).

magialis v. majalis. **magica** v. magicus 2b, 3.

magicare [ML], to practise magic or sorcery (on).

canus homo quartus . ., Parthus; / hujus opus quarti magice se tradidit arti, / ex Erebo manes magicando ciebat inanes R. CANT. *Malch.* II 171.

magice, by magic or sorcery, magically.

per verba potest sapiens sapienter operari et magicus ~e: sed . . unus facit per potestatem naturalem, alius aut nihil facit aut diabolus auctor est operis BACON *Tert.* 96.

magicus [CL < μαγικός]

1 (adj.): **a** pertaining to or produced by magic or sorcery, magical; **b** (of action, practice); **c** (of knowledge, belief, or sim.). **d** used in magical practice, or having magical properties.

a dicentibus Christum non esse crucifixum, sed partem maicam *Comm. Cant.* III 84; quod magico stolidi dicunt fantasmate gestum ALDH. *VirgV* 1000; erat is nigromanticis artibus instructus, ~as excitare figuras, demones territare W. MALM. *GR* II 205 p. 257; ~as, *de sorserye Teaching Latin* II 9. **b** ~ae fraudis [*gl.*: *drylices facnes*] necromantia ALDH. *VirgP* 32 p. 273; ~a maleficorum necromantia *Ib.* 43; praestrigium, deceptio ~a *GlC* P 697; metamorphosis . . alia est naturalis ut mutatio aque in glaciem, alia ~a, cum videtur id esse quod non est J. FOXTON *Cosm.* 82. 1. 4. **c** [sapientia] diabolica quantum ad hereticas et ~as [sc. scientias], sub quibus continentur . . divinationes et auguria et sortilegia FISHACRE *Prol. Sent.* 79; sortilegium sub se continet omnes species divinacionis et ~e supersticionis *Spec. Laic.* 80. **d** nititur egregiam [sc. virginem] magicis maculare venenis ALDH. *VirgV* 1853; ymagines, caracteres, carmina . . et multa hujusmodi, que estimantur a vulgo esse ~a sed a sapientibus in multis philosophica BACON *Tert. sup.* 16.

2 a (*ars ~a*) the magic art, magic, sorcery (also pl.). **b** (as sb. f.) magic.

a p**675** Simonem, ~ae artis inventorem, hujus tonsurae principem fuisse ALDH. *Ep.* 4 p. 482; magi, qui ~am artem faciunt sive philosophiam *Gl. Leid.* 16. 26; an prius . . magicas didicisset forsitan artes ALCUIN *SS Ebor* 810; qui, ~is artibus imbuti, pingues ut videbatur porcos . . ex quacunque prejacente materia producentes . . vendebant GIR. *TH* II 19 p. 106; GARL. *Tri. Eccl.* 105 (v. devirare a). **b** tolle, precor, fastus animi magicasque nocentes NIG. *Laur.* 1991; scientiam vituperabilem, que communiter dicitur ~a KILWARDBY *OS* 1; [scientia humana] duplex est, quia quedam licita et dicitur philosophia . ., quedam illicita et dicitur ~a, sc. que ex humana perversa voluntate et malignorum spirituum instinctu duxit originem *Ib.* 654; ~a . . in philosophiam non recipitur, quia omnis iniquitatis . . magistra est *Ib.* 662.

3 (as sb. m. or f.) magician, sorcerer or sorceress.

veneficas magicas dicas, lamias quoque, sagas GARL. *Syn.* 1586A; ~as, *encha[n]tereces Teaching Latin* II 3; hi . . sunt veri ~i qui a philosophia sunt alieni, sicut a veritate Dei, et a philosophis reprobantur BACON *Tert. sup.* 16; **1406** sortilegi, ~i, incantatores, nigromantici, divinitores, arioli et phitones . . qui diversa horribilia . . perpetrant (*Pat* 374 m. 22) *Foed.* VIII 427a.

magilare [LL *gl.*], to bray.

leonum est fremere, rugire . ., onagrorum ~are . . OSB. GLOUC. *Deriv.* 78.

†maginatio, *f. l.*

1300 nullus omnino delictum suum callida †maginacione [l. imaginacione] studeat palleare *Vis. Ely* 8.

magirus [LL < μάγειρος], cook.

abra . . / ut . . machirus [*gl.*: *mayster coke*] hero [i. e. ero] sic et sibi preparat escas (*Distigium*) *WW* 623 (cf. *Teaching Latin* I 339); *a cuke*, archimacherus, archicocus, cocus . . macherus . . *CathA*.

1 magis, mage [CL, *compar. adv.*; v. et. maxime]

1 to a greater degree or extent, more (than) (freq. w. *quam*, occ. w. abl. of comparison or *prae*; also w. implicit comparison): **a** (w. vb.); **b** (w. adj., adv., or sim.); **c** (w. prepositional phrase); **d** (w. numeral); **e** (pleonastically, w. adj. in comparative degree). **f** (quasi-substantivally) a greater amount, more. **g** (phil., *~is et minus*) the more and the less, *sc.* w. ref. to variation in degree (*cf. e. g.* Aristotle *Categ.* 3 b 33: τὸ μᾶλλον καὶ τὸ ἧττον).

a haec nix / . ., mirum dictu, magis indurescit ad ignem ALDH. *Aen.* 67 (*Cribellus*) 9; [Aedilberg] cujus esset virtutis ~is post mortem claruit BEDE *HE* III 8 p. 144; **1093** si quid fecit [prudentia vestra] quod mutandum intelligat, non eam pudeat facere quod ~is deceat ANSELM (*Ep.* 161) IV 33; nescires quid in eo ~is laudares, sanctitatis studium an doctrinarum exercitum W. MALM. *GP* II 75 p. 166; dilexerunt me, sed ~is munera mea G. MON. II 12 p. 268; [mater] diligebat . . illum [filium] ~is altero *Ib.* II 16; de isto modo . . aliquid querere ut adhuc ~is elucescat KILWARDBY *SP* f. 29vb. **b** quorum uterque pietate religionis imbutus sed Niger Heuuald ~is sacrarum litterarum erat scientia institutus BEDE *HE* V 10 p. 299; en, ego [sc. fornax] pulva foras sum, sed magis utilis intus ALCUIN *Carm.* 64. 2. 1; quaecumque justa dicuntur ad invicem sive pariter sive ~is vel minus ANSELM (*Mon.* 1) I 14; graviora placita ~isque punienda (*Leg. Hen.* 11. 16a) *GAS* 557 (v. gravis 6a); pre ceteris contemporaneis episcopis ~is . . Wlstani familiaritati deditus erat W. MALM. *GP* IV 165 p. 301; pius . . comparatur ~is pius, piissimus; si diceremus pior, nimium faceret hiatum OSB. GLOUC. *Deriv.* 424; nil mage triste fāme, valide nil comparo fāme SERLO WILT. 2. 46; puniceus est ~is remotus a nigredine quam purpureus BACON XIV 72; **1392** ut patet in compotis . . ~is expresse *ExchScot* 303. **c** quid ~is in usu sit debemus perspicere ABBO *QG* 13 (31); non est ~is Spiritus Sanctus de Patre quam de Filio ANSELM (*Proc. Sp.* 14) II 213; canesco . ., vel canisco, quod ~is in usu reperitur OSB. GLOUC. *Deriv.* 88. **d** **1450** sunt communes regratarii piscium . . et causant eas ~is duplo carius vendi *MunAcOx* II 590. **e** quanto ~is fragiliores sumus, tanto his [adjumentis] pluribus indigemus EGB. *Pont.* 22; s**1237** ut examen fidei vestre multo ~is pretiosius auro . . inveniatur M. PAR. *Maj.* III 453 (cf. *I Petr.* i 7); si extraneus est ~is bonus quam pater meus T. CHOBHAM *Praed.* 188; c**1375** per quorum forstallacionem . . blada . . ~is cariora devenerunt *SessPLincs* I 96; **1450** omnes pisces sunt ~is cariores *MunAcOx* II 590. **f** ego [sc. Cordeilla] dilexi te semper ut patrem . .; et si ex me ~is extorquere insistis, . . G. MON. II 11; glaucus magis habet de albedine quam nigredine BACON XIV 71; c**1290** nunquam cepit . . x m., nec magis nec minus *State Tri. Ed. I* 83. **g** hujusmodi non suscipiunt ~is et minus J. SAL. *Met.* 907C; ~is et minus non cadunt proprie nisi supra ea que sunt ejusdem generis HALES *Sent.* I 170; ~is et minus dicuntur dupliciter: aut enim secundum accessum ad terminum, aut secundum recessum a termino opposito *Ib.* II 332.

2 (w. indication of degree of difference) more (by so much): **a** (w. *eo, quo*; also *quo ~is* introducing final cl. 'in order that . . more'); **b** (w. *multo, tanto, quanto*); **c** (w. adv.); **d** (w. numeral).

a eo ~is [*GlM* 2. 97: *þam micle ma*] . . maestam faciem umectare . . non desinunt quo se quaedam vetita . . illicite perpetrasse meminerunt ALDH. *VirgP* 10 p. 239; quod eo ~is mirum est tot eum . . condere volumina potuisse, quod . . BEDE *HE* II 1 p. 77; genti / mittere dona parant ignotae, quo magis illa / annuat ALCUIN *SS Ebor* 54; **805** rogamus . . amicos . . ut semper augere his fratribus . . suum bonum dignentur, et certe credimus eo ~is Deum . . illis augere aeterna bona *CS* 319; quo . . magis facto applaudas W. MALM. *GP* I 66 p. 123; quo magis hec abeunt in sumptus, et mage crescunt J. SAL. *Enth. Phil.* 1631; fetet veritas acerba . . / et eo gravius quo mage pistica WALT. WIMB. *Palpo* 21. **b** amori . . pecuniae . . nequaquam . . inservias . .; sed multo ~is . . orationibus sacris semper invigila ALDH. *Ep.* 8 (11) p. 500 (cf. 5a infra); si modo nobis adsurgere noluit, quanto ~is, si ei subdi coeperimus, jam nos pro nihilo contemnet BEDE *HE* II 2 p. 83; **762** (*for* **747**; 12c) multo ~is hominibus placere quam Deo diligunt *Ch. Roff.* 4 (=*CS* 175); **968** (12c) si in tantum diligitur dileccio carnis, multo ~is amari debetur amor eterni regis *CS* 1227; omnis similitudo . . tanto ~is vel minus est vera, quanto ~is vel minus imitatur rem cujus est similitudo ANSELM (*Mon.* 31) I 48; ut quanto quis certaret visum intendere, tanto ~is reverberatus cogeretur cedere W. MALM. *GR* II 135 p. 151. **c** quod jure magis multum mirabile dictu est ALCUIN *SS Ebor* 769; ut his sit sermo satis mage sanus (*Vers.*) ELMH. *Cant.* 92. **d** idem [dabit] pro pastura de B. xv d.; idem inveniet j bovem ~is ad cariandum *Cust. Taunton* 22.

3 (in superl. sense) to the greatest degree, the most, most of all: **a** (w. vb., esp. of wishing, pleasing, or sim.); **b** (w. adj.). **c** (*ad ~is*) at the most, at the maximum.

a vitam cognoscere patris, / quae placet Altithrono semper ubique magis ALCUIN *WillV* 34. 60; c**905** (12c) ut eam [terram] tibi . . tradam . . sive ad possidendum sive ad commodandum alteri cuicunque tibi ~is placuerit [AS (*CS* 619): *ðæ þæ leofust bið*] *CS* 618;

c**965** (11c) demum .. te obeunte duobus quibus ~is volueris heredibus .. derelinque *CS* 1139 p. 386; **1103** unctio Sancti Spiritus .. quae sibi ~is placent et vobis expediunt persuadeat Anselm (*Ep.* 288) IV 208; animi ejus [sc. Bedae] .. sanctitas et .. puritas ~is tempore obitus excellunt W. Malm. *GR* I 60; [Leir filias] adivit singulas, ut interrogaret que ipsum ~is diligeret G. Mon. II 11 p. 262. **b 1163** quanto .. predicta regia civitas inter alias regni civitates ~is est nobilis et famosa, tanto .. (*Lit. Papae*) *Ep. G. Foliot* 141; quem magis stultum inveneris, pomum istud .. dabis *G. Roman.* 389 (cf. ib. 390: pomum .. majori stulto dare); **1316** [advocatos] ~is idoneos quos .. invenire potuit .. retinebat *RGasc* IV 1530; elige quemcumque mage gratificum tibi cernis Elmh. *Metr. Hen. V* 1262 (v. gratificus 1b); juratus coram rege modo ~is solemni quod .. *Reg. Whet.* I 163. **c 1362** ultra xxx dies ad ~is *Lit. Cant.* II 429; **1389** quilibet predictorum clericorum ad robas habeat tres clericos ad ~is *Chanc. Orders* 2.

4 rather (than) (indicating that one thing is the case, *etc.*, to the exclusion of another); **b** (w. vb. of choosing, wishing, or sim.).

Scottorum greges .. ~is vultus pilis quam corporum pudenda .. vestibus tegentes Gildas *EB* 19 (*unless referred to* 1a supra); ibi [Constantinus tyrannus] .. detrimento ~is [v. l. magno] reipublicae fuit Bede *HE* I 11 (=Orosius *Hist.* VII 40. 4); offerente .. ei episcopo ut in sua familia manendi locum acciperet, ~is domum reversus est *Ib.* V 2 p. 284; te feritate magis faciet moderatio clarum Alcuin *Carm.* 62. 51; flagitare a se suffragium, cujus ipse ~is egeret consilio W. Malm. *GP* I 52 p. 97; [Aristoteles] attribuit sensum .. cerebro .. ~is sicut instrumento quam sicut principio Kilwardby *SP* f. 39rb. **b** episcopum recipere noluerunt, idolatris ~is pontificibus servire gaudentes Bede *HE* II 6 p. 93; episcopus .. tali judicio .. non contentus .. judicium apostolicae sedis ~is elegit Eddi 24; †**964** (12c) ~is elegerunt .. suis uxoribus adherere quam Deo .. servire *CS* 1135 p. 378; cum, data sibi optione ut aut regulariter viverent aut loco cederent, ~is vitam mollem elegissent [sc. clerici] .. W. Malm. *GR* II 149 p. 167.

5 a (after negated statement, command, *etc.*, or equivalent) (but) rather (usu. w. *sed, quin*, or other adversative). **b** (in correction of preceding statement *etc.*) (or) rather, (nay) rather.

a sed ~is hoc significare voluit Dominus, quia Filius in Patre manens, cum eo universa cognoscet Theod. *Laterc.* 24; raro me quisquam cernet sub luce serena, / quin magis astriferas ego nocte fovebo latebras Aldh. *Aen.* 35 (*Nycticorax*) 4; nil .. sibi reservans, sed pauper spiritu ~is .. manere desiderans Bede *HE* IV 11 p. 226; **918** iniqua eorum presumptio non obtineat effectum, ~is hec nostra traditio firma permaneat *CS* 661; non debet homo hominem .. laudare, sed ~is ut laudabilis fiat .. orare Anselm (*Ep.* 189) IV 75. **b** quia dies sibi mortis, vel vitae ~is illius, quae sola vita dicenda est, jam adpropiaret introitus Bede *HE* IV 27 p. 274; †**958** (12c) ad maledictionem impiorum raptorum immo ~is .. ad benivol[or]um justorumque benediccionem *CS* 1038; †**969** (?12c) ne quis presencium vel ~is futurorum ambigat que sit illa libertas *CS* 1264 p. 552.

6 (*~is ac ~is, ~is ~isque*, or sim.) to an ever greater degree, more and more; **b** (w. *cotidie, semper*, or sim.).

~is ~isque .. matrimonii sortem .. refragabatur Aldh. *VirgP* 37 p. 285; cujus quanta fides fuerat .. / post mortem nituit magis ac magis undique signis Alcuin *SS Ebor* 311; magis atque magis fructu meliore gravescens Frith. 242; debet .. ligatura esse fortior in loco vulnerato et post ~is et ~is laxa versus extrema Gad. 9v. 2. **b** illa [panni particula] jugiter incanduit semper ~is ac ~is supra omnem nivis albedinem R. Cold. *Cuthb.* 54 p. 111; [nepos] malicia cotidie ~is ac ~is exuberat Gir. *SD* 18; ipsa prophetatio .. continue ~is ~isque moriebatur usque ad Christi passionem Gros. *Cess. Leg.* IV 1. 8; s**1454** nulla fuit .. boscorum vendicio .. quin .. semper .. ~is ac ~is tibi in peculium concumulabas *Reg. Whet.* I 130.

7 again, once more, a second time.

1299 si ~is convincatur super crimine predicto solvet communitati unam marcam *Rec. Leic.* I 225.

2 magis [CL < μάγις=*dish*], trough or board for kneading dough.

a knedynge trothe, ~is, pinsa *CathA*; *a muldyngborde*, rotabulum, ~is, pinsa *Ib.*

magistas v. majestas.

magistellus [*dim. of* magister, cf. magisterculus], petty schoolmaster.

1520 dehortare [Erasmum], ne dignetur hunc homuncionem responsione ..; juvenibus relinquat juvenem, sciolis sciolum, ~is ~um Lupset *Ep.* 6 p. 307.

magister [CL]

1 one who controls, governor, ruler, superior; **b** (*~er militum*) commander of troops, leader; **c** (*~er serviens*) sergeant major, master sergeant; **d** (nav.) ship's master, captain of a merchant or naval vessel.

tum habueris praeceptorem paene totius Britanniae ~rum elegantem Gildas *EB* 36; nuntius advenit mandans edicta magistri, / invadit cunctos nimia formidine terror Wulf. *Swith.* I 1405; ?**1166** quoniam tibi .. obnoxius sum ut ~ro et domino J. Sal. *Ep.* 195 (189); **1224** Aunfridus illam [ecclesiam] dedit Willelmo de B. ~ro suo *BNB* II 700; crucifixus erat Jesus inter duos latrones .. tamquam ~er eorum Edmund *Spec. Relig.* 102. **b** in palatio ~ri militum [*gl.*: *campealdra*] officio fungens Aldh. *VirgP* 47; et Herwardum ~rum militum *G. Herw.* 326; in aliis conflictibus .. ~er militum fuit Ord. Vit. IV 7 p. 223. **c 1215** quod in tempore pacis tantum duodecim servientes itinerantes habeantur in terra mea cum uno equo, qui sit ~ri servientis *Ch. Chester* 394 p. 390; ~er .. serviens et plumbarius capiunt duplex, sc. uterque iiij panes .. *Reg. Pinchbeck* I 370; **1348** Bergeveny .. . est ibidem una firma decem librarum quam ~er serviens reddere solebat annuatim *IPM Ed. III* 91 m. 31. **d 1221** assultavit navem, ita quod ~er nauta fugit apud Toppesham *CurR* X 115; ~er navis .. signum .. procelle .. agnovit *Mir. Wulfst.* II 10 p. 156; **1242** iiij de melioribus ~ris marinellis .. Baione *RGasc* I 149a; et ~ros nautas eorum .. arestaverunt *MGL* I 501; **1336** vos [sc. admirallus flote] seu ~ri marinarii vel alii homines de dictis navibus *RScot* 441a; **1403** ~ro .. balingere (v. 2 gubernator 1b); **1513** vicecapitaneis .. dominis, nobilibus .. ~ris, marinariis, hominibus ad arma (*Pat*) *Foed.* XIII 349b.

2 one in charge of others, one entrusted with the care of others: **a** (people); **b** (animal).

a allegorice nubes sunt ecclesiae ~ri sublimes Bede *Prov.* 952; praeter ~ros infantum, qui parvulis pueris, qui id non possunt, capita lavare debent Lanfr. *Const.* 158; ~er novitiorum *Ib.* 168; prestantissimus artificum ~er templique spectabilis dictator Blitherus Gosc. *Transl. Aug.* 17C; c**1155** controversia inter dominum Symonem ~um monialium .. et .. capellanum *Danelaw* 287; c**1220** in abbatia, ubi plures fratres ejusdem officii sub uno ~ro deserviunt, ~er eorum a vestiario requirat vestes illis necessarias (*Cap. Ord. Arrouac.*) *EHR* LII 276; **1353** in stipend' sacerdotum, ~ri puerorum elemosinarie .. *Ac. Durh.* 207; **1417** ~ro organistorum *Ib.* 460. **b** ~er bestie [elephanti] (M. Par. *Maj.*) *MS Cambridge, Corpus Christi Coll.* 16 f. 151v (*in marg.*).

3 a chief official in the household, head of a department: **a** (eccl. & mon.); **b** (royal); **c** (*~er Rotulorum*) Master of the Rolls; **d** (*~er Cancellariae*) Master of the Chancery; **e** chief official of a guild (merchant or relig.); **f** (naut.) purser.

a c**1200** ~er operum habeat custodiam ferri et aceri secundum antiquam consuetudinem *Cart. Rams.* II 198; **1222** ~er .. hospitalis (v. frater 9); ~er criptarum *Cust. Cant.* 142; **1308** ~ro de communia *Ac. Durh.* 4; **1334** ~ro infirmar' *Ib.* 116; c**1334** Rogero ~ro de pistrina *Ib.* 524; reddendo annuatim sibi ij solidos per ~rum fabrice ecclesie *Cart. Chester* 473 p. 277; **1404** vij cathene argentee in manu ~ri cere *Ac. Durh.* 396; **1480** dominus N. K., precentor et ~er capelle (*Vis.*) *Reg. Whet.* II 231; reddendo .. ~ro communitatis *Reg. Aberbr.* II 354; c**1499** servientibus armorum, cursoribus, ~ris de virga ac reliquis minoribus officialibus *Conc.* III 639; **1526** ~ro stauri *Ac. Durh.* 107. **b** ~er dispensator panis *Domus Reg.* 130 (v. dispensator 2c); **1162** unus ex ~ris regardatoribus et pasuagatoribus *Act. Hen. II* I 349; **1182** ac ~ris forestarum in Anglia, salutem *Ib.* II 163; **1416** ~ri deductus (v. deductus 2a); **1434** Philippus Courtenay miles sit ~er venacionum regis infra Cornubiam *Act PC* IV 284; **1456** Willelmo M., ~ro cursorum .. warde de Yarow *ExchScot* 225; **1459** ~ro hospicii *Ib.* 565; **1461** ~ro avarie *Ib.* 70; **1468** pro certis speciebus deliberatis ~ro Johanni de Camera, ~ro specierum *Ib.* 551; **1516** ~ro domino meo Brianno Tuke .. ~ro postarum, Londini *L. & P. Hen. VIII* 1698; **1545** officium ~ri jocorum, revelorum, et mascorum (*Pat*) *Foed.* XV 62a. **c** a**1423** quod custos sive ~er rotulorum cancellarie *Chanc. Orders* 7b; **1485** per .. Thomam Barowe ~rum Rotulorum (*Cl*) *Foed.* XII 271; Camd. *Br.* 143 (v. cancellaria 2c). **d 1375** de .. ~ris cancellarie (v. cancellaria 2a); a**1423** quod nullus ex ~ris seu clericis cancellarie *Chanc. Orders* 7c; in cancellaria .., in qua ~er generalis judicat Camd. *Br.* 143. **e 1340** unum ~rum sive custodem de omnibus illis qui ad gildam illam assumpti fuerint (*Chanc. Misc.*) *Gild Merch.* II 50; *Guild Cert.* 41/154 (v. 2 gilda 5); **1403** de eorum consensu .. unum ~rum .. gilde predicte *Gild Merch.* II 363; **1451** singulis annis duos ~ros et duos gardianos de seipsis [eligere possint] *Ib.* 61; **1491** per ~rum et procuratores artis scissorie *StatOx* 298; **1554** habeant unum ~rum artis sive mistere de *merchaunt venterers* civitatis predicte (*Pat*) *Gild Merch.* II 361. **f 1385** exceptis .. ~ris bursarum eorundem navium et vasorum *TreatyR* II m. 10.

4 head of a church or religious house.

episcopos et ~ros aliarum .. ecclesiarum Gosc. *Transl. Mild.* 6 p. 164; **1115** nonnullos ecclesiarum praepositos et ~ros .. destinatos Eadmer *HN* 274; **1353** ~ro et monachis de Jarowe do et lego xl s. *Feod. Durh.* 6n.

5 master (of a school): **a** (eccl. & mon.); **b** (acad.); **c** (*~er collegii* or sim.) master of a college.

a invenit .. in ~ro scolae caritatem perfectam Byrht. *V. Osw.* 423; †a**1100** teste .. ~ro scolarum Laurentio *Feod. Durh.* lxxix; [archiepiscopus] ~rum scholarum jam ante statuerat H. Cantor f. 3v; **1203** coram .. Ricardo de S. ~ro scolarum Lond' *CurR* II 267; **1309** precentor capituli et ~er scholasticus concanonicus ejusdem *PQW* 836a; **1373** ~ro scolarum elemosinarie *Ac. Durh.* 210. **b 1231** quod .. per totam villam illam [Cantebrigiam] clamari faciatis .. quod nullus clericus moretur in villa illa qui non sit sub disciplina vel tuitione alicujus ~ri scholarum *RL* I 397; **1333** lx li. .. quos dicit se solvisse magistro Johanni de Langetoft ~ro scolarium de elemosina regis ad scolas universitatis *LTR Mem* 105 m. 165; a**1350** statutum est quod ~ri scolarum gramaticalium teneantur die Veneris gramaticalia dumtaxat disputare *StatOx* 23; **1492** quia ~ri scolarum apud fratres Augustinienses in disputationibus ibi habitis sine mercede graves sustinent labores *Ib.* 300. **c 1285** ~ro et scolaribus domus de Balliolo Oxonie studentibus *Deeds Balliol* 14; quod opus .. vidi Oxonie in collegio Balioli in manibus doctoris R. T. ~ri principalis illius collegii Gascoigne *Loci* 12; **1427** magistrum Robertum Burley, ~rum sive custodem collegii vulgariter nuncupati Baylyolhall in suburbio ville Oxon' *Deeds Balliol* 152; **1443** pro pensione unius tenementi ~ri et scholarium aule Universitatis Oxonie *MunAcOx* 535; **1542** magistro Georgio C. .. tum temporis ~ro collegii de Balliolo *Deeds Balliol* 320.

6 master of a religious order: **a** (Dominican); **b** (Franciscan); **c** (Gilbertine).

a c**1250** visitari meruit a .. fratre J., ~ro totius ordinis predicatorum Eccleston *Adv. Min.* 16. **b** ~er generalis fratrum minorum Bower XI 9; ~er generalis fratrum minorum *Plusc.* VIII 10; frater Johannes de M., doctor theologie, postea ~er palatii, deinde cardinalis *Mon. Francisc.* I 558. **c** beatus Gilbertus, quondam ~er ordinis de Sempingham *Canon. G. Sempr.* 139v.

7 master of a military order: **a** Knight Hospitaller; **b** Knight Templar.

a 1185 (v. hospitalis 7b); **1201** ~er hospitalis presentat fratrem R. B. *CurR* I 464; **1335** frater J. de W., ~er domus hospitalis S. Johannis Jerusalem in Scotia *RScot* 386a; **1407** vicegerens ~ri generalis ordinis beatae Marie hospitalis Jherosolimitani *Lit. Cant.* III 101; et ~er hospitalis insule de Roodes Wals. *HA* I 301; **1501** magnus ~er Rhodi *Cl* 361 m. 11d. **b** cum ~ro militie Templi W. Newb. *HA* III 11 p. 243; habebat hic [Matheus] matrem nomine M., germanam domini R. de Hastinges, ~ri militie Templi in Anglia *Found. Waltham* 27; **1200** ~er Templi *CurR* I 300; c**1200** ~rum militie templi Girardum de Bidesfordia et magistrum hospitalis Rogerum de Molendinis *Itin. Ric.* I 2; s**1312** ~rum Johannem magnum ordinis .. procuravit comburi Ad. Mur. *Chr.* 17.

8 skilled workman, craftsman, master, one who trains apprentices.

c**1214** a transmarinis partibus deferebantur columpne et bases marmoree cumque plures .. †admitte-

renter [l. admitterentur] ~ri .. sumptibus copiosis in operarios inpensis G. COLD. *Durh.* 7; **1298** in stipendio duorum ~rorum coopertorum .. et in stipendiis duorum garcionum eorundem .. *Rec. Elton* 65; **1367** Joh'i Lewyne ~ro cementar' .. lxvj s. viij d. *Ac. Durh.* 571; **1371** Petrus bercarius de Fonsel' .. insultum fecit Johanne de Paris .. ~ro suo *SessPLincs* I 170 **1373** ~ris facientibus campanam et feretrum ex curialitate, ij s. *Ac. Durh.* 180; **1410** per quem vero terminum idem J. apprenticius ~ro suo bene et fideliter deserviet *FormA* 98.

9 one who is qualified to teach, preceptor, instructor, tutor; **b** (Christ as teacher and master); **c** (*~er gentium* or sim.) teacher of the Gentiles, the Apostle Paul; **d** (joc.).

pandere quae poterit gnarus vix ore magister ALDH. *Aen.* 100 (*Creatura*) 81; instituit scolam .. episcopo .. pedagogos ac ~ros .. praebente BEDE *HE* III 18 p. 162; sis memor Albini per tempora longa magistri ALCUIN *Ep.* 243 p. 392; nos pueri rogamus te, ~er [AS: *eala lareow*] ut doceas nos loqui Latialiter recte ÆLF. *Coll.* 89; nemo libens audit suspecti verba magistri J. SAL. *Enth. Phil.* 1455; ubi accepit discipulum pro ~ro, servum pro Domino EDMUND *Spec. Relig.* 103. **b** ut prius angusto tendebat calle magister / sanguine purpureo demens peccamina mundi ALDH. *VirgV* 1316; dum caelesti ~ro dicerent BEDE *HE* I 31 p. 66; Jesu, ~er ejus, aspice nos ANSELM (*Or.*) III 49; qui solus est ~er in celo, solus potens sola unctione docere J. FORD *Serm.* 18. 4. **c** contra Christi ~rique gentium interdictum GILDAS *Eb* 28; ~er gentium Paulus *Ib.* 97; hic erat egregius doctor mundique magister / barbara convertens doctrinis agmina sacris ALDH. *VirgV* 501. **d** dic, queso, psitacum quis 'chere' docuit? / magister stomachus, qui voces tribuit WALT. WIMB. *Palpo* 127.

10 master (of a profession), expert; **b** Porphyry; **c** (*~er Sententiarum*, sim. or ellipt.), Master of the Sentences, Peter Lombard; **d** (*~er historiarum*) Peter Comestor; **e** master of Jewish law, rabbi.

primus .. cantandi ~er Nordanhymbrorum ecclesiis Æddi .. fuit BEDE *HE* IV 2 p. 205; praeclarus nitido Beda sermone magister ALCUIN *SS Ebor* 744; in arte autem aliqua precipui honorabilesque ~rorum nomine censendi sunt *Ps.*-GROS. *Summa* 301; **s1237** eclipsis lune .. visus est .., sicut predixit ~er Walter le P. *EHR* XLIV 96; in quadruplicibus ~ri Perrotini GARL. *Mus. Mens. app. P* 96; boni cantores erant in Anglis .. sicut ~er Johannes Filius Dei *Mens. & Disc.* (*Anon. IV*) 50. **b** unde ~er in Isagogis suis *Croyl.* 82. **c** ut .. ait ~er Petrus Lumbardus in Sententiis suis .. GROS. *Cess. Leg.* III 1. 5; hec sunt verba ~ri sententiarum OCKHAM *Dial.* 746 l. 60; sicut dicit ~er sententiarum CONWAY *Def. Mend.* 1417 (*recte* 1317) l. 11; **1549** ut .. lecture probatorum authorum, ut sunt opera ~ri sententiarum .. vacent *Conc. Scot.* II 105. **d** secundum ~rum hystoriarum *Ann. Exon.* 5v; Petrus Lumbardi, magister sentenciarum .., cui contemporaneus fuit Petrus Commestor, ~er historiarum *Plusc.* VI 17. **e** **1272** [prior] eat in capitulo coram ~ris de lege sua et ibi eum implacitet *SelPlJews* 66; **1275** ~er Elias, filius ~ri Mossei, qui est ~er legis Judaice *Ib.* 88.

11 master (schol. & acad.); **b** (w. gen. of faculty); **c** (w. *in*).

c1133 Roscellino, compendioso ~ro, Theobaldus, Stampensis, ~er Oxenfordie *Collect. Ox.* II 153; **a1231** quod quilibet scolaris habeat ~rum proprium actu regentem *StatOx* 82; **s1238** canonicis dicte Oseneye ~risque Oxonie regentibus *Ann. Lond.* 35; **1268** ~ris et bachilariis universitatis Oxonie *StatOx* 25; **a1408** quod nullus ~er regens in artibus legat ordinarie ultra binam vicem aliquem librum de veteri logica .. *StatOx* 192. **b** ~er artium et decretorum et cancellarius Oxoniae ECCLESTON *Adv. Min.* 64; **1342** Clemens VI, monachus ordinis sancti Benedicti, ~er theologie AD. MUR. *Chr. app.* 224; **1440** Robertum, montis S. Michaelis .. abbatem, arcium ~rum et in decretis licentiatum BEKYNTON I 16; **1549** omnes ~ri arcium studio theologie destinati intra septem annos post magisterium suum bacchalaurei theologie erunt *StatOx* 358. **c** insuper haud metuit sese vocitare 'magistrum / artibus in cunctis' Graiorum more ferali *Altercatio* 31–2; **1301** Bonifacius episcopus .. doctoribus in theologia et ~ris in jure canonico et civili (*Lit. Papae*) *MGL* II 159; **1382** Johannes Mercer de Scotia ~er in artibus cum tribus sociis causa studiendi apud Oxon' *RScot* 43; **1430** ~ro Johanni Somerseth ~ro in medicina et doctori regis *Act PC* IV 30; **1461** ~er Johannes F., ~er in sacra pagina *Plusc.* XI 6; **1569** agitur de gravamine quorundam in artibus ~rorum penultimis comitiis inauguratorum *StatOx* 398.

12 (as title or form of address, Mr); **b** (w. ref. to youth); **c** (eccl. & mon.); **d** (as surname).

c1168 terram .. ~ri R. Ferronis *Regesta Scot.* 9; **1288** ~rum Johannem de H., ~ri Roberti de W. .. tunc cancellarii vices gerentem .. necnon et ~rum Johannem de la M. procuratorem universitatis, necnon et ~ros alios ac scholares *MunAcOx* 44; **1291** teste ~ro W. de March' thesaurario nostro (*Breve regis*) *MGL* II 188; ~er Ricardus de Morpath' .. dicti patris commissarius *G. Durh.* 32; **1498** ~ri Willielmi Warham legum doctoris custodis rotulorum cancellarie *Foed.* XII 700. **b** **1478** cum consensu .. Alexandri, ~ri Craufurdie, filii sui et heredis apparentis *Scot. Grey Friars* II 125. **c** vix parcitur ~ro Hugoni de Sancto Victore J. SAL. *Met.* 833A; **1199** vel ~rum G. clericum *CurR* I 77; **1199** ~er Rogerus positus loco abbatis de Sancto Albano *Ib.* 84; archidiaconus Oxoniensis, ~er Walterus Mapus GIR. *SD* 10; ~rum Benedictum Rofensem episcopum *Mir. Wulfst.* II 16 p. 174; **c1330** ~er Robertus de Wynchelse, Cantuariensis archiepiscopus TROKELOW 67. **d** **1199** Robertus ~er *CurR* I 77.

13 (as adj.) belonging to, coming from or characteristic of the master, magisterial; **b** belonging to or characteristic of the Lord (Christ); **c** (eccl.) preeminent, principal.

ecclesiae rutilare dedit, quibus igne magistro / sensibus instet amor, sermonibus aestuet ardor BEDE *CuthbV* 6; omnibus es mitis [sc. Theophilactus] sancta pietate magistra ALCUIN *Carm.* 21. 7; omnia .. que ~ra caritate fiunt expediunt J. SAL. *Ep.* 259 (258); monachorum legislator quasi edicto precipit generali ut omnes ~ram regulam sequantur P. BLOIS *Ep.* 131. 388B; mancipiis vitam verba ~ra domant WALT. ANGL. *Fab. app.* 56. 2 p. 364. **b** ut communi domino in commune bonum ~ra caritate concorditer obsequamur ANSELM (*Or.* 19) III 74. **c** **1451** que nostre ecclesie Armachane tocius Hibernie primaciali et ~re inter suffraganeas provincie metropolito jure subdite sunt *Reg. Armagh* p. 286.

14 (n. as sb.) authoritative (teaching).

ars eadem [sc. mathesis] cupidos celi; maris, aeris amplum / metiri spatium multa magistra docet L. DURH. *Dial.* IV 112.

magisterare v. magistrare.

magisterculus [ML, *dim. as pejorative*], little master, petty scholar, pedant.

minister, i. minor in statione dicitur, et inde hic ~us, -i, diminut. et hec magistra, -e, et hic magistratus, -us, et hoc magisterium, -ii, et hic et hec magistralis OSB. GLOUC. *Deriv.* 334.

magisteria v. magisterium.

magisterialis [ML]

1 of a master, teacher, or his teaching; **b** (as dist. from a higher authority).

didascalium, ~e *Gl. Leid.* 20. 12; ut ad finitima quoque monasteria, ~i lectionis provocatus penuria, cum consensu conservorum .. perveniret WILLIB. *Bonif.* 2; ~e et familiare [v. l. ~i et familiari] sublevatus electione, juxta canonicae constitutionis regulam suscepit *Ib.* 3. **b** quapropter illa glossa est falsa; sed quia non est alicujus sancti, sed ~is, non est mirum si falsa est BACON *Min.* 353.

2 (alch.) magisterial, of superior quality.

cuprum ~iale est Armeniacum BACON *Min.* 379.

magisterialiter, skilfully, expertly.

vermiculus [*cochineal insect*] .. ex arbore .. cum ungue ~iter decerpitur, ne tenui rupta pellicula humor inclusus effluat GERV. TILB. III 55.

magisterium [CL]

1 office of master, mastership; **b** (in charge of other people); **c** (as a head of a department or an institution); **d** (w. ref. to Christ as master).

a1128 noverit .. me Hugoni magistro scolarum ex ~ii dignitate *E. Ch. S. Paul* 216; in judicium Dei incidit, quia indebite sibi ~ium usurpavit ALEX. CANT. *Dicta* 164. **b** Domnum vero Widonem, quem ~io puerorum addidimus ANSELM (*Ep.* 39) III 150; ad infantum ~ium et ad curam claustralis prioratus tuendam promovit ORD. VIT. III 2 p. 20. **c** **1130** pro ~io in curia regis de liberatione prebende *Pipe* 18; **1311** contulit dominus ~iam [*sic*] hospitalis .. Johanni de Eghcham presbitero *Reg. Cant.* 1203; **1548** cessiones praeterea quorumcumque praeposituras, ~ia, praesidentias, gardianias societatum (*Pat*) *Foed.* XV 179. **d** **c801** non serviant carnali desiderio, sed Christi ~io ALCUIN *Ep.* 241.

2 (feud.) right of master.

c1180 non inquietabo nec aliquid dominium vel ~ium propter hoc homagium super illam [matrem meam] faciam in predicto tenemento *Ch. Westm.* 490.

3 office of teacher, preceptorship, tutorship.

a804 noli lacrimas ~ii mei neglegere ALCUIN *Ep.* 295 p. 454; ut et tu de nostro discipulatu et nos de tuo ~io gloriemur coram Deo ANSELM (*Or.* 15) III 64; de cathedra ~ii ad discipulatus humilitatem J. FORD *Serm.* I 3.

4 control, authority, guidance, governance; **b** (w. ref. to divine guidance); **c** (eccl. or mon.).

quibus [sc. filiabus] ita sub ejus ~io [sc. magistrae] astrictis *Simil. Anselmi* 86; que in schola caritatis sub ejus ~io exercentur J. FORD *Serm.* 97. 1; et sic iste advocatus [sc. necessitas] habuit ~ium et plus de favore MELTON 248. **b** divino imbuti ~io et praeceptorum instructi exemplo ALDH. *Met.* 2 p. 67; **a785** sicut frequenter celesti ~io adhortante didicimus *CS* 260; proinde quasi ejusdem Spiritus Sancti ~io edocti quod illum ulterius in carne non essent visuri OSB. *V. Dunst.* 42; quam divine prudentie ~iis et Deo grate castitatis facibus accendebat (*Quad.*) *GAS* 546. **c** frater .. in monasterio ac ~io illius educatus BEDE *HE* IV 3 p. 210; **719** beati Petri .. cujus doctrinae ~iis [divina] dispensatione fungimur *Ep. Bonif.* 12; tuo [sc. Benedicti] me subdidi ~io, licet ignavum discipulum ANSELM (*Or.* 15) III 62; si ab eo acciperet quem arguere venerat, auctoritatem ~ii inclinaret H. BOS. *Thom.* IV 28 p. 442.

5 teaching, tuition, instruction; **b** (w. subj. gen.); **c** (w. obj. gen.).

publicasque scholas professus [sc. Gerbertus], artem ~ii attigit W. MALM. *GR* II 168; et industria ~ii vicit doctorem W. DAN. *Ailred* 8. **b** illorum ~io .. ad fidem catholicam .. confluxerit ALDH. *VirgP* 35 p. 278; cujus [sc. Bonifatii] ~io quattuor evangeliorum libros .. didicit BEDE *HE* V 19 p. 324; apostolorum .. beatorum precibus foveamur quorum ~ium [AS: *gilar'*] cognovimus exequendum *Rit. Durh.* 30; hii sane religionem esse sibilant, quicquid precedentia malorum ~ia potuerunt (*Quad.*) *GAS* 530; cementariorum, quos .. attraxerat, ~io W. MALM. *GP* 117 p. 255; unde ad ~ium ejus [sc. Lanfranci] multi convenerunt ORD. VIT. IV 6 p. 210. **c** boni operis forma, ~ium vite, ordo justicie *V. Birini* f. 58; professus, hanc venerationem .. se illius .. ~io litterarum deferre W. MALM. *GP* I 42 p. 65; non ad oris ministerium sed ad spiritus potius ~ium pertineat J. FORD *Serm.* 91. 5.

6 (acad.) (status of one holding) a master's degree.

1311 non admittuntur .. ad ~ium in quacumque facultate nisi prius jurent observare statuta *Collect. Ox.* II 218; in qua [sc. theologia] licenciatus ad ~ium TREVET *Ann.* 306; **1446** submittendo se roget eundem principalem de remissione, necnon ~io et benevolencia habendis *MunAcOx* 553; episcopus .. quesivit annos ~ii sui WYCHE *Ep.* 533; **1549** ne ad .. ~ii lauream recipiantur, nisi prius de examinis rigore .. idonei fuerint reperti *Conc. Scot.* II 105; **1549** omnes magistri artium, studio theologiae destinati, intra septem annos post ~ium suum bacchalaurei theologiae erunt *StatOx* 358.

7 (alch.) knowledge, skill, artifice.

non potest fundi nisi cum magno ~io BACON *Min.* 382; quoniam apud philosophos hoc ~ium est rectum et absconsum, et .. mille nominibus nominatur. est etiam sigillatum, neque nisi sapientibus apertum ROB. ANGL. (I) *Alch.* 514a; manifestabo pedetentim hoc ~ium RIPLEY 103.

8 (alch.) 'magistery', a master or purified substance capable of changing the nature of other substances, the philosopher's stone. **b** a master principle of nature, a transforming quality.

aurum per ~ium .. est melius naturali BACON *Min.* 375; Johannes Daustin dicit quod unius aurei nummi sumptu totum fit ~ium RIPLEY 127; ~ium est species chymica ex toto, citra extractionem impuritatibus duntaxat externis ablatis elaborata et exaltata. servantur

hic omnes concretionis naturalis et homogeneae partes. sed ita exaltantur, ut dignitatem essentiarum prope attingant, unde pene eadem relinquitur quantitas seu moles, quam natura per se dedit *LC* 251. **b** que quidem ex ipso habuit materiam carnis, sed a Dei spiritu ~ium sanctitatis AILR. *Ed. Conf.* 747D; composicio in hoc ~io, est conjunccio sive matrimonium congelati spiritus cum corpore soluto RIPLEY *Axiom.* 120.

magistra [CL]

1 woman in charge, mistress. **b** (mon.) abbess, prioress.

magister de cetero ludat cum magistra / dicens: crura candida nobis subministra GARL. *Poems* 7. 11; pauperiores ceperunt et diversis carceribus mancipaparunt, sed matrem Willelmi Outlawe, ~am omnium [sortilegarum] libere aufugere permiserunt *Proc. A. Kyteler* 22; dixerunt .. dominam in .. omnibus esse et fuisse matrem et ~am *Ib.* 22. **b** **955** ego Ælfgyð ~a prefati monasterii cum gaudio magno recepi *CS* 917; **1145** juraverunt .. sanctimoniales .. quod non recipient ~as succedentes sine .. juramento fidelitatis .. in capitulo sancti Pauli *E. Ch. S. Paul* 120.

2 (w. ref. to governance of others): **a** (of the principal church of a country, region, or city); **b** (the moon as controlling fluids).

a **c1220** auctoritate ecclesie nostre que super omnes ecclesias Coventrensis diocesis mater est et ~a *Cart. Chester* 114 p. 135; ex eo tempore facta est Romana ecclesia omnium aliarum hujus regni domina et ~a HARCLAY *Thom.* 126. **b** qualiterque humorum ~a luna disponente, hec omnia fiant GIR. *TH* II 3.

3 woman entrusted with the care and supervision of the children in the household, governess; **b** mistress of the household; **c** (fig.).

accidit .. matronam .. filias cum ancillis suis ~ae commendare *Simil. Anselmi* 85. **b** ego prefata Lucia considerans diutinum servicium michi impensum per dictam Antoniam de Arengo ~am meam *Reg. Cant.* II 281; **1424** item lego prefate Antonie de Arengo ~e mee tricentas coronas *Ib.* **c** similitudo obedientiae et licentiae inter matronam et ~am, et filiam et ancillam .. vocantur autem matrona veritas, et ~a praelatio .. matrona vel domina est voluntas Dei, ~a, voluntas praelati ANSELM *Misc.* 306.

4 female teacher, instructress; **b** (w. ref. to the Virgin Mary); **c** (applied to animal); **d** (w. ref. to a place); **e** (abstr.).

Hildilithae, regularis disciplinae et monasticae conversationis ~ae ALDH. *VirgP dedic.*; in quo [sc. monasterio] regis filia primo discipula vitae regularis, deinde etiam ~a extitit BEDE *HE* III 24 p. 179; ego vitiorum omnium sentina, ego illecebrarum ~a fui W. MALM. *GR* I 204 p. 254. **b** ipsa [beata Virgo] hujus ~a discipline J. FORD *Serm.* 70. 1. **c** **c1358** asinam Balaham imitantes, que .. facta est prophete ~a *Mun AcOx* 208. **d** ipsa quoque in liberalibus studiis gentium ~a Grecia G. CRISPIN *Herl.* 95; Anglia .. inquietudinis disciplina, omnisque rebellii effecta est ~a *G. Steph.* 1. **e** secteturque humilem virtutum mente magistram WULF. *Swith. pref.* 391; haec contemplatio sit ~a vestra, haec consideratio sit regula vestra ANSELM (*Ep.* 230) IV 135; hujus ipsius numeri .. hec [sc. anima] .. ~a ostentatrixque est ADEL. *ED* 24; lex divina bonis vivendi sola magistra J. SAL. *Enth. Phil.* 1517; suo nimirum exemplo ~a nos veritas docuit W. NEWB. *Serm.* 820; **1171** ausa est irrumpere usque ad religionis professores ~a illa discordie [sc. usurpatio seorsim et singulariter eligendi] P. BLOIS *Ep.* 27. 95A; auctores perhibent, veri ratione magistra M. RIEVAULX (*Vers.*) 18; ita nimis amat dileccionem quod eam facit sibi comparem .. facit eam suam ~am [ME: *meister*] *AncrR* 162.

magistralis [CL *as sb.=one who has held office as* magister]

1 belonging to or coming from a master, authoritative. **b** chief, principal, (*~alis servientia*) master sergeanty. **c** (as sb. m.) magnate, dignitary.

1205 de ~i et capitali marescalcia domus nostre *RChart* 160b; sunt eciam quedam que dicuntur ~ia [sc. brevia], et sepius variantur secundum diversitatem casuum, factorum, et querelarum *Fleta* 76; non valet carcer? afficiantur interdum ~i disciplina; sentiant lora LIV. *Op.* 350. **b** **c1222** me concessisse .. Viviano de D. ~em servienciam de Maclesfelde *Ch. Chester* 409; **1262** si A. quondam Winton' electus dedit Nicholao le Tayllur ~em cueriam coquine S. Swithun' *IMisc* 11/15; **1419** item lego ~i clerico dicte ecclesie iiij d. *Reg. Cant.* II 169; **1429** item lego clerico ~i .. et subclerico *Ib.* II 402. **c** **1200** et ab omnibus auxiliis regum, et vicecomitum, ex omnium ~ium eorum et hidagio, ex denegeldo et horngeldo *RChart* 66a.

2 of a master craftsman.

vas sculptura ~i aurifrabrice [*sic* MS] decoratum *Chr. Rams.* liv.

3 that governs or controls: **a** (of artefact) (*~is corda*) tiller rope; **b** (of abstr.).

a **1287** ipse fuit in predicta navi quando arestata fuit primo per ~em cordam navis *CoramR* 107 m. 46. **b** ex dictis diffinitionibus hierarchie create extrahitur una ~is que talis est; hierarchia est rerum sacrarum et rationalium ordinata potestas in subditis debitum retinens principatum et accipitur ibi rationale inquantum comprehendit intellectuale MIDDLETON *Sent.* II 118.

4 of a teacher, master; **b** (as dist. from a higher or more ancient authority); **c** ? scholastic.

a797 nisi paternum nomen et ~e de pectoris tui arcano vel oris eloquio delere velis ALCUIN *Ep.* 58; ideo supplicas et hortaris, ut circa eum tempestivius vigilantia ~is appareat P. BLOIS *Ep.* 101. 312A; eisdem [sc. libris] non inmerito tam honorem quam amorem tribuere convenit ~em R. BURY *Phil.* II 37; ideo opus ~e esset, et specialiter professori hujus scripture scrutari et detegere racionem *Ziz.* 462. **b** glossa ~is .. nullius auctoritatis est BACON *Tert.* 211; **12..** dicitur liber iste Electuarium eo quod collectus et electus, extractus et confectus sit de variis libris, tractatibus, et sermonibus tam autenticis quam ~ibus (Ralph of London) *MS Lambeth 142* f. 124r. **c** ulterius per distinccionem potencie absolute a potencia ordinata est notandum quod illos terminos ~es et consimiles diversi diversimode concipiunt WYCL. *Log.* II 133; non ergo sequitur, si Christus potest facere corpus suum virtute verborum sacramentalium esse ad omnem punctum illius essencie; ergo potest facere quod humanitas non sit suppositum, vel quomodocunque aliter per terminos ~es aliter extraneetur racio, in omnibus enim similibus evidenciis est pura peticio *Id. Incarn.* 191.

5 (acad.) of a master of arts, characteristic of a master of arts. **b** (sb. n.) what is characteristic of a master of arts.

1228 doctor in sacra pagina catholicus, et in utroque jure ~em perfectionem consecutus *Reg. S. Osm.* II 112; **1296** universitates regni Francie tali duxit privilegio insignire ut omnes qui gradum ~is honoris in quacunque facultati assecuti fuerint *Reg. Carl.* I 78; **a1305** qui gradum ~is honoris .. assenti fuerint *FormOx* 6; **1332** ad preeminenciam ~em in dicta facultate honorifice meruit exaltari *FormA* 13; ibi ad statum ~em in theologia vocatus BIRCHINGTON *Arch. Cant.* 12; bachilarios .. ad cathedram ~em ascensuros .. commendare *Incept. Ox.* 168. **b** **a1345** nonnulli eorundem magistrorum per .. universitatem approbati .. adeo simplices et, sciencia sunt ignavi quod in proferendo ~ia et alia ab incongruitate se nesciunt preservare *FormOx* 169.

magistraliter [ML], as a master, in a domineering manner.

s1327 cum venissent apud Eboracum orta est discordia gravis inter Hunaldos nimis ~iter se gerentes et Anglicos hoc multum exacerbantes KNIGHTON I 445; **s1423** vos omnes non ~iter instruo, nec presidencialiter demando, immo amicabiliter, fraternaliterque suggero, moneo AMUND. I 144.

magistrare [CL]

1 to rule, govern, direct, manage. **b** (eccl.) to officiate at a liturgy.

ecclesia .. doctores .. celebrare non cessat, quos Christo Domino ~ante ad se directos in eo gloriando congaudet *V. Greg.* p. 75; illi .. quibus providendi et ~andi in alios cura committebatur *G. Steph.* 17; idem magister cuncta ~ans ibi et ministrans GIR. *SD* 4; magister ejus qui ipsum male ~at *Id. Symb.* 31 p. 310; qui sibi subjectos tanta pietate magistrat NIG. *Laur.* 167; pia meus .. / sibi melius per irrefragabiles divinorum eloquiorum sententia, Christo ~ante, persuadebit AD. MARSH *Ep.* 100. **b** **1549** unum tapetum .. locandum coram ~antibus subtus cervicalibus *Reg. Aberd.* II 194.

2 to teach, instruct. **b** to make (someone) a teacher.

sunt nutrices hodie quidam magistrantes / in quadam gramatica mecha fornicantes / venenoso docmate parvos enecantes *Qui majora cernitis* 186; ad deprimendum et ~andum communiarios et vicinos de Hale per materiam insurgend[i] contra pacem et legem domini regis *AncIndict* 61 m. 2*d.*; *to teche*, catezizare .. ~are *CathA.* **b** nemo magistratur, nisi primo discipulus sit M. CORNW. *Hen.* 296.

3 (acad.) to confer a master's degree on.

1311 non solum qui debent ~ari hoc jurabunt *Collect. Ox.* II 218; **1314** antequam hujusmodi bachalarii in facultate theologica ~entur *StatOx* 116; **1317** fratribus .. in facultate hujusmodi [sc. theologica] ~andis qui non fuerant in artibus ~ati *FormOx* 19; inthronizaciones prelatorum et eciam secularium potestatum, circa magistros quando ~antur OCKHAM *Pol.* I 163; tantos motus intuens Dominus in mari / quosdam viros nobiles fecit magistrari / ut fides ecclesie possit restaurari *Pol. Poems* I 258; **s1282** de bachalariis fieri ~andium WALS. *HA* I 23.

4 (in gl.).

magisterare, ~are OSB. GLOUC. *Deriv.* 366.

magistratio [LL=*place of instruction*], (acad.) the conferring of a master's degree.

examinatur electus sicut baccalaurius ante incepcionem seu ~em HOLCOT *Wisd.* 118.

magistratus [CL]

1 the office of a master or magistrate, magisterial dignity, power. **b** period or term of magistracy; **c** (w. obj. gen.); **d** (as title).

quem solum prae omnibus tribunicae potestatis personis et procerum ~ibus dignissimum ratus est ALDH. *VirgP* 48; **801** divina clementia, quae vos per singulos ~us in altissimum saecularis potentiae evexit honorem ALCUIN *Ep.* 240; ~us, dignitas, *wyrþscype GlP* 353; regis credatur somnio aut ejus qui ~um gerit J. SAL. *Pol.* 429B; illi qui cum ~u rei publice causa absunt RIC. ANGL. *Summa* 30 p. 48; ~um gerere non potest [sc. femina] .. femine .. nec judices esse possunt nec ~um gerere FORTESCUE *NLN* II 53. **b** in hujus abbatis ~u dejecti sunt monachi albi a Pluscardy et nigri intromissi FERR. *Kinloss* 30. **c** ~um castellanae ecclesiae .. usque ad mortem ei concessit ORD. VIT. III 13 p. 141; **1200** fideli nostro W. M. .. et heredibus suis ~um maresc' curie nostre *RChart* 46b; **1418** quia nos ~um et custodiam collegii nostri predicti [sc. omnium sanctorum de Maydeston'] per mortem domini S. W., ultimi magistri sive custodis ejusdem ~us solacio destituti *Reg. Cant.* I 168; **1426** ~u perpetui collegii quinque capellanorum *Lit. Cant.* III 148; **1456** collacionem ~us sive custodie domus S. A. [sc. Sancti Andree] London' *Reg. Brev.* 290v; supremum academiae ~um anno 1501 atque iterum 1504 gessit *Anglia Sacra* I 382. **d** reverendissime magister et domine, vestri ~us excellencie .. innotescat quod *FormOx* 365.

2 magistrate, official.

749 nostri ~us, optimates, et duces fidelissimique amici *CS* 178; **836** cum meis episcopis et ducibus et ~ibus *CS* 416; †**848** (12c) cum consensu et consilio principum ac ~uum Mercianorum gentis *CS* 454; omnis etenim ~us justitie famulus est J. SAL. *Pol.* 569A; quia sic statutum est a ~ibus discuti que ignorantur in questionibus civilibus KILWARDBY *OS* 588.

3 state of being a teacher, preceptorship.

vis preesse, antequam subesse aut coesse didiceris, et disciplinatum prevenis ~u P. BLOIS *Ep.* 13. 39D; **1431** quia arcium liberalium professor honorabili septem scienciarum triumque philosophiarum ~u conjunctim et divisim dinoscitur decorari *StatOx* 234.

4 (acad.) master's degree.

1317 eidem licenciando baccalario, quem .. dicunt .. fore dignum .. ad ~um ipsum *FormOx* 28; **1435** bifarius gradus, sc. inferior, puta bacularíatus, quasi semigradus, et superior, ut ~us, in eadem universitate consueverunt haberi *EpAcOx* 130; **1473** promocionem ad ~us dignitatem .. optes celerem fore *Lit. Cant.* III 261; **1517** baccalaurei arcium .. ad gradum ~us intra sex menses promoveantur *StatCCOx* 24. p. 59.

magistrea, (title of a play performed at Venice) *cf.* magister.

aures igitur equas adhibete, spectatores optimi; non damus ~eam .. non est hec ~ea, ubi omnis insit prudencia magistrorum .. non multitudo magistrorum nostra, ex quo ~ea nominetur LIV. *Op.* 67–8.

magiziarius, class of craftsman.

1275 reliquerunt fullones, textores, tinctores, draparii, cirotecarii, ~ii, pellipar', et alii hujusmodi menestralli villam Norht' eo quod nimis graviter talliabantur *Hund*. II 3.

maglis, castock.

~is, A. *a cavlstok WW*.

magmentum [CL = *part of a sacrificial animal*], tripe.

~um *pavnche clowt, trype PP*.

magnalis [LL]

1 great, magnificent.

quae ~ia ornamenta hujus multiplicis domus de auro et argento .. et quomodo altaria purpura .. decoravit EDDI 22; grete, .. ~is *CathA*.

2 (n. pl. as sb.) great or magnificent things, glories; **b** (of a place or artefact); **c** (of person); **d** (of a monastic order); **e** (of abstr.); **f** (of God or Christ).

qui per tanta Deo jungi meruere superno / virtutum merita, clara et magnalia multa WULF. *Brev*. 630; s**1307** recolit orbis Anglicus se in ejus [sc. Edwardi] ductu nactum fuisse ~ia *Chr. Ed. I & II* II 16. **b** ferunt .. eum dixisse nunquam sibi loci ~ia dulciaque fratrum complacuisse consorcia *Chr. S. Edm*. 75; non est hic liber completus in Latino set multa ~ia deficiunt ut patet ex Greco et Arabico BACON V 172. **c** in omnes fines orbis terre ~ia ejus [sc. regis nostri] GLANV. *prol*.; magnificans et laudans ~ia regis *G. Ric*. I 99; quidam .. qui ejusdem patris ~ia presumpserunt depravare *V. Edm. Rich B* 624; a**1323** ympnum Deo laudis leti persolvimus et operum vestrorum ~ia [sc. Pape] .. celebramus *FormOx* 31. **d** tanta igitur ac talia animadvertens ordinis monastici ~ia .. rex ELMH. *Cant*. 136. **e** qui .. agnoverit .. prodigia virtutis, ~ia nobilitatis, et miracula ejus preclare pietatis R. COLD. *Osw. pref*. p. 329; inter ~ia mathematicorum certitudo demonstracionis extollit preclarius investigantes PECKHAM *Persp. proem*.; nam arcium et scienciarum ~ia tante difficultati sunt subjecta BACON *Tert*. 8; s**1400** quid tu facis, Romana olim gloria? tui imperii ~ia notorie sunt hodie scissa AD. USK. 57; plebem doces vite magnalia / curas egros, fugas demonia J. HOWD. *Ph*. 58. **f** sufficeret vox una loqui magnalia Christi WULF. *Swith. pref*. 463; auro argentoque fabricatum ad exemplum Dei ~ium Gosc. *Edith* 291; neque dormit qui [sc. Deus] custodit Israhel; qui, cessante hominis industria, sua promsit ~ia W. MALM. *GP* V 218; Deum publice laudantes .. Deique ~ia prorumpentes GIR. *Hug*. III 6; ut exhortari possitis in invicem et variis linguis loqui ~ia Dei J. FORD *Serm*. 100. 5; omnipotentis Dei sunt collaudanda ~ia *Chr. Evesham* 21.

3 miracles, wondrous works: **a** (performed by God); **b** (performed by saints).

a alia ~ia Domini in ea die gesta sunt THEOD. *Laterc*. 2; videntes ~ia Dei sicut Moses in rubo vidit flammam sonantem EDDI 1; vera Dei cognovit ~ia, sc. corpus sanctum ab omni putredine solvum HERM. ARCH. 41; non abscondit miraculum Dei sed manifestavit coram omnibus ~ia Dei *Descr. Constant*. 254; filii qui nascentur et exurgent enarrabunt filiis suis ~ia que operabitur Dominus in valle ista *Chr. Dale* 6. **b** compulsa est ea que circa illum viderat ~ia dicere G. FONT. *Inf. S. Edm*. 38; beatus Judocus multa petentibus ~ia .. agere non destitit ORD. VIT. III 13 p. 140; etiam de vestibus ejus [Æðeldreða] jocunda prodiere ~ia *Lib. Eli*. III 59.

magnaliter [ML], greatly, to a great extent, particularly.

~iter angustiatus et tedio affectus *Spec. Eccl*. 9; ne me dicas ~iter pulcram, sed de cetero appelles me amaram *Ib*. 103; gravis infirmitas ~iter me vexavit *FormOx* 315; s**1440** cum juramento ~iter se astringens affirmavit quod .. *Meaux* III 260; **1440** certis materiis ipsum dominum regem .. ~iter tangentibus *KR Ac* 323/21; canes ville sequebantur eum [spiritum] et latrabant ~iter *Ghost Stories* 418.

magnalium, greatness, power.

divino ~io .. statim mutata fuere (*Cadoc* 22) *VSB* 70.

magnamentum [ML], divination (by the entrails of a sacrificial animal).

hoc ~um, -ti, i. divinamentum OSB. GLOUC. *Deriv*. 333.

magnanime [LL]

1 with great spirit, bravely, courageously.

nam humiliantibus sibi insurgant: sed cum ~e eis resistitur, tabescunt BACON *Maj*. II 285.

2 with great spirit, conceitedly, haughtily.

omnes magnanime sperinit virtutis amicos BONIF. *Aen*. 221.

magnanimis [LL], magnanimous, greatsouled, generous.

reges .. ~es in hostes, humiles cum servis Dei EDDI 17; compos, ~is *GlC* C 838; ~is, unde magnanimiter adverbium OSB. GLOUC. *Deriv*. 17.

magnanimitas [CL]

1 magnanimity, high spirits, high-mindedness; **b** (as royal title).

documentum ingens ~atis et fortitudinis Caroli W. MALM. *GR* I 90; in altero nimio irarum estui, in altero regie ~ati satisfaciens [sc. Henricus I] *Ib*. V 411; fortitudinis .. partes sunt ~as, fiducia, securitas, constantia, patientia GIR. *PI* I 9; ut nullus e suis nomen Herwardi profiteretur vel dignitatem vel ~atem promeret *G. Herw*. f. 324; s**1307** ex ~ate cordis mandavit .. corpus suum ibi remanere non sepultum AD. MUR. *Chr*. 10. **b** laudem ex ~ate vestra .. meruit BEKYNTON I 194.

2 bravery, courage, prowess, (concr.) heroic act.

summa ~ate in acie Christi perstantes GILDAS *EB* 10 [=G. MON. V 5]; multi ad eum quasi ad spectaculum confluebant ~ates ejus et opera auditori *G. Herw*. f. 321v; quotidie novas ~ates peragens in militia *Ib*. f. 327v.

3 arrogance, presumptuousness.

cujus [Haraldi] tanta erat ~as quod omnia sibi terrena subjicienda credebat GERV. TILB. II 20 p. 945.

4 animosity, anger, resentment.

donec .. regie ~atis motum sedarent W. MALM. *GR* V 401.

5 (in gl.).

~as, bonitas *GlC* M 118.

magnanimiter [LL]

1 bravely, courageously, stoically.

ambo .. laudabiles .. quod ille ~iter inchoaverit, iste benigne confoverit W. MALM. *GR* I 10; subintroductum .. se inconsulto, abbatem equanimiter, immo ~iter, tulerit *Ib*. I 54; persisteruntque duces eorum ~iter et proterve H. HUNT. *HA* II 17, s**1335** contra dictos hostes nostros si veniant ~iter et intrepide se opponant *RScot* 367b.

2 arrogantly, presumptuously.

1341 coacti .. ab inchoatis ~iter hostium aggressibus .. desistere (*Lit. Regis*) AVESB. 95.

magnanimus [CL]

1 great-souled, magnanimous.

magnanimum regem te claris laudet in odis ALCUIN *Carm*. VII 23; magnanimus vero votis regalibus heros / non cessit FRITH. 712; †**930** (10c) firmaverat hoc .. imperator ~us non precio philargiriae sed longevae prosperitatis *CS* 667; ita liberalis quod prodigus, ita ~us quod superbus, ita severus quod sevus W. MALM. *GR* IV 312; magni fieri possumus, si ~i GIR. *TH intr*. p. 5; s**1189** Henricus filius ejus ~us fuit, et regnum Anglie .. tenuit *Feudal Man*. 90.

2 brave, valiant, courageous, unwavering.

vir ~us et constans, qui auderet opes contempnere, fortunam provocare W. MALM. *GP* I 55; simplicitas .. episcopi, immo ~a in Deo confidentia *Id. GR* III 303; Hector magnanimum librato culmine pectus / erigit J. EXON. *BT* IV 49.

3 generous: **a** (of person) free in giving, munificent. **b** (of thing) abundant, copious.

a pontifex ~us [sc. Rogerius Salesberiensis] et nullis .. parcens sumptibus W. MALM. *GR* V 408; s**1139** Rogerius [sc. ep. Salesberiensis], qui edificiorum constructione ~um se videri vellet, plura [sc. construxerat] *Id. HN* 468 p. 25. **b** cumque multa magnanima / producebant donamina (ÆTHELWALD) *Carm. Aldh*. 2. 177.

4 arrogant, conceited, haughty, presumptuous.

hominem ultra modum .. ~um, qui regis in secretum temerarius intraret B. *V. Dunst*. 22; ~us, audax, presumptuosus OSB. GLOUC. *Deriv*. 360; ~us .. erat valde et inestimabilis presumptionis GERV. CANT. *AP* II 363.

5 influential, powerful.

erat .. iste A. [sc. archiepiscopus] ~us; post regem nulli in regno in apparatu, gestu, et potentia militari secundus GRAYSTANES 18.

magnas [LL *pl. only*], magnate, nobleman, great lord; **b** (of kingdom); **c** (eccl. or mon.); **d** (municipal); **e** (as dist. from lower orders); **f** (w. ref. to the major pieces on the back row of a chessboard).

~ates vel sapientes .. vidisti B. *V. Dunst*. 32; et hic ~as, -tis, i. ille qui magnus est in populo OSB. GLOUC. *Deriv*. 333; inter magnates magnus fertur fore vates D. BEC. 598; **1236** ~ates pecierunt .. prisonam .. de illis, quos ceperant in parcis *SelPlForest* 119; impia magnates injuste bella moventes GARL. *Tri. Eccl*. 80; sicut fieri solebat in festis ~atum [ME: *at a feste of gret lordis*] *Itin. Mand*. 104. **b** regio testamento et privilegio .. perpetuatum .. et ~atum regni subscriptione astipulatum Gosc. *Transl. Mild*. 9; **1265** cum ~atibus terre nostre deliberato consilium *Cl* 32; **1279** juravit .. rex Anglie Henricus .. quod omnes ~ates sibi subditos vel verius subdendos PECKHAM *Ep*. 2; placeat .. regi .. ceterisque ~atibus regni Anglicani WYCL. *Compl*. 88. **c** illud fit a prelatis [PL: et ecclesie ~atibus] BELETH *RDO* 95. 96; ipse [sc. abbas] ~ates abbatie, tam laicos quam literatos .. a privato suo elongavit consilio BRAKELOND 128. **d** s**1229** omnes aldermanni et ~ates civitatis per assensum universorum civium *Leg. Ant. Lond*. 6; ?s**1285** major, vicecomites, aldermani et ceteri ~ates Londoniarum *MGL* I 16; direxit eas [sc. scripturas] ad ~ates civitatis G. *Roman*. 318. **e** indulgent proceres, magnates, necne calones FRITH. 332; supellex vilis videbitur ignominiosa ~atibus J. SAL. *Pol*. 586B; non habitacula pauperum sed ~atum *Scot. Grey Friars* II 174. **f** linea prima tenet: magnates nobiliores / altera pedites quoque debiliores (*Vers. Corpus*) *Hist. Chess* 519.

magnatus [LL *2nd decl*., ML *also 4th decl*.]

1 (2nd decl.) magnate, nobleman; **b** (of kingdom); **c** (eccl.); **d** (as dist. from lower orders).

934 tota ~orum generalitate sub ulnis regiae dapsilitatis ovanti *CS* 704; cum istos consiliarios ~orum audieris J. SAL. *Pol*. 690C; s**975** quorundam ~orum filiorum Belial armati favoribus *Chr. Rams*. 71; desiderio plurium ~orum AD. MARSH *Ep*. 207; **1286** non est juri consonum quod aliquis .. attrahat tenentes suos *PQW* 671. **b** praepositi nostri ac ~i [sc. regis] *GAS* 209; **1265** prelati ac eciam ~i nostri [sc. regis] *Cl* 67; **1357** ad instanciam domini .. regis et aliorum ~orum *MunAcOx* 191. **c** **869** cum consensu licentiaque nostrorum omnium ~orum eclesiastico sub grado manentium *CS* 524. **d** **800** scis .. parvis ~orum pauperum turba accedere posse *Ep. Alcuin*. 196.

2 (4th decl.)

s**1236** rex suorum consilio fretus ~uum M. PAR. *Maj*. III 372; s**1161** in presentia regis .. et ~uum regni *Flor. Hist*. II 76; **1297** dictus dominus A. statum mangnatuum .. regni .. valeat demonstrare *Doc. Scot*. II 214.

3 (as adj.) noble. **b** (compar. as sb.) nobleman.

~ati magnatum filii tanquam novelle olivarum in circuitum mense ejus H. Bos. *Thom*. II 11. **b** vij magi, magnatiores totius regni *Eul. Hist*. I 57.

magnes [CL < μάγνης], loadstone, magnet; **b** (*lapis* ~*etis*); **c** (*lapis* ~*es*).

~es ALDH. *Aen*. 25 *tit*.; quaerens qua vi et natura ~etes ad se ferrum trahant ADEL. *ED* 33; ferrum quod rapuit magnes, sibi vis adamantis / subtrahit NECKAM *DS* VI 325; ~etes si capiti uxoris dormientis supponatur, incestum ejus viro ab ea detegi compellit *Id. NR* II 88; mulier fortius appetit quemadmodum

manes appetit ferrum cum sit incompletum GILB. VII 289. 2; ~es lapis est qui et adamas dicitur et diamas, i. durissimus ille lapis *SB* 28; cum contingit ferrum vel paleam alterari per agatem et ~etem WYCL. *Trin.* 56. **b** lapis ~etis invenitur in India in litore maris oceani *Alph.* 90. **c** Marbodus de lapide ~e OSB. GLOUC. *Deriv.* 215; ~etes lapides arcus in volsura circumquaque habeantur GREG. *Mir. Rom.* 9; de natura disputavit [sc. Thales] et inanimatis animos tradidit, coniciens ex lapide ~ete et electro W. BURLEY *Vit. Phil.* 4.

magnesia [CL =*place-name* Magnesia], (alch.) magnesia. **b** blue or Roman vitriol, copper sulphate, sulphur. **c** ? red vitriol, cobalt sulphate. **d** mercury, quicksilver. **e** imagined as mineral ingredient of the philosopher's stone.

sin eligeremus ex mediis mineralibus ut sunt omnia genera ~arum, marchasitarum, tutiarum *Spec. Alch.* 380; ~ia communiter, est marcasita *LC* 250. **b** sulphur nostrum est invisibile, et ego suo nomine proprio nominabo, quod est vitriolum Romanum, quod quidam philosophorum vocant ~iam CUTCL. *LL* 2; ~ia est testudo, vel sulphur *LC* 252. **c** finis unius est principium alterius, hoc est, lapidis rubei, qui est ~ia nostra rubea RIPLEY 112. **d** est mercurius noster et noster spiritus vite, qui extrahitur ex illa benedicta terra Ethiopie, que vocatur ~ia, multisque aliis nominibus *Ib.* 113; ~ia est mercurius, mistio substantiarum *LC* 251. **e** noster lapis appellatur microcosmus, unus et trinus, ~ia atque sulphur, et mercurius a natura proporcionatus RIPLEY *Axiom.* 110; ~ia est materia lapidis philosophorum *LC* 251.

magnetes v. magnes.

magnicaper, huge he-goat.

9.. ~er, *ormæte buccan WW*.

magnidicus [CL =*boastful, bragging*], grandiloquent, magniloquent. **b** loud, clamorous, noisy.

studuit .. Domini arbitrium consulere ipsamque Deo dilectam [sc. Mildretham] ~is votis invitare GOSC. *Transl. Mild.* 7. **b** turba .. Cuthberti gloriam quam ~is vocibus singulariter efferebat R. COLD. *Cuthb.* 75 p. 157.

magnifacere [CL; al. div.], to esteem greatly, value, cherish.

te .. erga me adeo bene meritam ~io, ut morti intrepidus occumberem *Enc. Emmae prol.*; **1166** ~i utique facio quod fecisti, sed eo majoris quo fidem in hominibus .. jam rariorem esse perspicuum est J. SAL. *Ep.* 187 (178); a**1182** non .. magni faciatis si scripturarum teneantur auctores, sed si veraciter intelligantur *Ib.* 143 (209 p. 334).

magnificare [CL]

1 to make bigger or greater, enlarge, increase; **b** (w. ref. to *Is.* ix 3); **c** (w. ref. to *Matth.* xxiii 5).

~avit misericordiam suam nobiscum Deus volens omnes homines salvos fieri GILDAS *EB* 10; rex Lucius cum .. cultum vere fidei ~atum esse vidisset G. MON. V 1 [=M. PAR. *Maj.* I 130]; **1166** si ei fuerit supplicatum, ~abit injuriam J. SAL. *Ep.* 175 (176 p. 178); qui edebat panes meos ~avit super me supplantationem *Chr. Rams.* 329; nichil ei [sc. archiepiscopo] carum erat, quod ejus gloriam ~are posset GRAYSTANES 18; **b** s**1231** multiplicando gentem suam, non ~ando letitiam M. PAR. *Maj.* III 209; a**1350** illud Ysaie multiplicasti gentem, non ~asti leticiam *StatOx* 20. **c** ut .. fimbrias .. ~ent GIR. *Spec.* II 34 p. 112; si defunctis nostris auctoribus suos per nos [sc. libros] fimbrias simie clericorum ~ant R. BURY *Phil.* IV 70.

2 to glorify, extol, praise; **b** (God); **c** (person, esp. saint); **d** (abstr.).

1073 laudantes .. et ~antes quod parentes possessiones .. pro Deo contempsistis LANFR. *Ep.* 47 (19); componitur .. magnus ~o, -as, i. exaltare OSB. GLOUC. *Deriv.* 333. **b** supplices .. Dominum gloriae ~abant FELIX *Guthl.* 7; **956** te [sc. Deum] timendum ~ant antiqui neglecti, te glorificant nuper redempti *CS* 969; potius in illo Deum ~emus nomenque illius .. exaltemus OSB. *Mir. Dunst.* 26; surrexit .. incolumis et ambulavit, ~ans Deum in sancto suo SENATUS *Wulfst.* 108; octava vice magnificare supremum / elegere viri, quos Spiritus inbuit almus GARL. *Myst. Eccl.* 173; s**1402** reversus est in pace in domum suam, ~ans Deum *Plusc.* X 19. **c** qui [sc. Deus] sanctum suum ~avit et eum exaudire dignatus est ALCUIN *WillP* 16; **966** non eum inanis tumidum vexabat gloria, sed devotum Creatoris ~abat memoria *CS* 1190; cur .. fraudor honorificentia mortalium, qui ~or consortio celestium spirituum W. MALM. *GP* II 75 p. 164; sanctitatis fama que .. Oswaldum .. ~abat EADMER *V. Osw.* 11; gaudens in Domino quod sic virginem suam Dominus ~are dignabatur *Mir. Fridesw.* 43; tunc per inane gaudium attollitur cum se cognoscit ab hominibus ~ari WALT. WIMB. *Elem.* 318. **d** **716** et has [sc. virtutes] illi .. angelici spiritus ~ando defendentes ne adfirmabant BONIF. *Ep.* 10 p. 10; non valeam modulo, sed magnificare stupendum / .. temptabo .. signum WULF. *Swith.* II 513; sicut eam [sc. doctrinam] .. ~are et commendare illis solebam ANSELM (*Ep.* 291) IV 211; ut celestis regni predestinata felicitas non tam in bono glorificatur proprio, quam ex malo ~etur alieno AD. MARSH *Ep.* 28.

3 (~*at*) as title of the Magnificat, the hymn of the Virgin Mary in *Luke* i 46–55.

ad invitatorium et ad Benedictus et ad ~at praecipitur esse in albis LANFR. *Const.* 90; et canor ympni / Magnificat sequitur, per quod devotatio surgit GARL. *Myst. Eccl.* 263; o quam gaudens cecinisti / alvo Christum cum sensisti / canticum Magnificat PECKHAM *Poems* 8. 8.

magnificativus [cf. ML magnificative], (rhet.) augmentative, magnificative, having the property of increasing.

ut propositiones preter necessarie, sc. inductive, celative, ~e, et explanative KILWARDBY *OS* 604; narratio est tamquam oratio ~a et partitio tamquam explanativa *Ib.* 605.

magnifice [CL]

1 magnificently, with great splendour, gloriously.

s**946** funus [sc. Edmundi] .. in aquilonali parte turris ~e humatum W. MALM. *GR* II 144; ille .. urbem introiens, ~e susceptus est *Ib.* II 145.

2 excellently, brilliantly, superbly.

laudantes et glorificantes Dominum ~e in servis suis mira operantem *V. Cuthb.* III 2; **1012** his testibus ~e firmiterque adamantino stilo firmantibus *Ch. Roff.* 33; religione impar nulli, peritia litterarum ~e pollens W. MALM. *GP* I 71; sub eo res ecclesie aucte ~e *Ib.* I 72 p. 136; que ipsius opera ~e declarant prodigiorum indiciis R. COLD. *Cuthb.* 48 p. 98; ne .. circa artem conquisita ~e explicantes, ipsam artem nusquam docuisse inveniamur BALSH. *AD* 8.

3 lavishly, generously, bountifully; **b** (compar. ~*entius*).

Leonem .. venerabilem papam ~e muneravit BYRHT. *HR* 62; et magnificus .. i. sublimis, et generosus; unde ~e adv. OSB. GLOUC. *Deriv.* 333; **1176** extraneis .. munifice et ~e provideat, eosque propinquioribus consanguineis anteponat P. BLOIS *Ep.* 38. 119A; multi extranei et ignoti, fama ejus excitati, tam ~e eum predicant, tam frequenter adeunt *Canon. G. Sempr.* f. 35v; †**970** (14c) a pristinis regibus .. aliisque successoribus ~e ditatum *CS* 1258. **b** cum ipsi scirent se ~entius et liberalius assuetam beneficia expendere GOSC. *Transl. Mild.* 18 p. 178.

magnificens v. magnificus 1a. **magnificenter** v. magnifice.

magnificentia [CL]

1 greatness, magnificence, glory; **b** (of God); **c** (of person); **d** (as title); **e** (of mental condition or physical act).

cum summa honoris ~a receptum .. direxit ALCUIN *WillP* 8; nihil ~a sua dignum exhibuit W. MALM. *GR* IV 311; potestate sublimes, auctoritate graves, ~a fortes J. FORD *Serm.* 16. 8; periculorum susceptio et laborum perpessio, utpote ad ~am fidentiam, patientiam, et perseverantiam GROS. *Hexaem.* IV 29. 3; ut demus ~am et honorem occupantibus nobile regnum Scocie *Plusc. pref.* p. 4. **b** ut ~am ipsius [sc. Dei] laudemus, laudantes proficiamus, proficientes laudabiles inveniamur GOSC. *Edith* 300; ipsi honor, ~a, gloria et imperium in omnia secula seculorum J. FORD *Serm.* 21. 7. **c** regii honoris ~am regi multo magnificentiorem effecit TURGOT *Marg.* 7; nec .. quicquam ei [sc. Matildi] regalis ~e deeras W. MALM. *GR* V 418; †**1077** (*recte* **1177**) paterne ~e titulos inestimabiliter ampliavit P. BLOIS *Ep.* 66. 201A. **d** **1155** ~am tuam [sc. Ludovici regis Francorum] per apostolica scripta monemus HADRIAN IV 45; **1225** rex .. duci Austrie, salutem. bene recolit ~a vestra qualiter .. *Pat* 558; dixit Pilato: ipsum .. quem crucifigere non metuit tua ~a *Eul. Hist.* I 134; **1369** in scribendo summe ~e vestre *Lit. Cant.* II 491; **1441** nostram ~am informavit *Cl* 291 m. 10. **e** Wintonie maxime munificentie sue ~am ostendit W. MALM. *GR* II 181 p. 220; cave .. ne ~a cordis tui tibi occasio sit ruine P. BLOIS *Ep.* 21. 77A; beati G. sanctitas et ~a operum ejus *Canon. G. Sempr.* f. 114v; expleti operis ~a, decor, gloria, et perpetuitas J. FORD *Serm.* 96. 4.

2 splendour, grandeur.

tanta est decoris [sc. basilice beati Pauli] ~a, ut merito inter preclara numeretur edifitia W. MALM. *GP* II 73 p. 145; Edgarus .. more suo auxerat [sc. monasterium], delectatus loci ~a W. MALM. *GP* II 90 p. 194.

3 lavishness, sumptuousness.

et hec laucia, -e, i. epularum ~a OSB. GLOUC. *Deriv.* 319.

4 arrogance, haughtiness, presumptuousness.

seipsos gracie regie submiserunt .. Rogerus autem de Mortuo Mari adhuc in sua ~a perduravit cujus .. versucia et seduccione .. *Meaux* II 359.

magnificus [CL]

1 magnificent, noble, great; **b** (of God, His name, and power); **c** (of persons, esp. saints and their prayers); **d** (as honorific title); **e** (as sb. m.) nobleman.

c**802** esto inreprehensibilis et morum dignitate, ~us in sanctitate, laudabilis in ratione ALCUIN *Ep.* 244; **10..** ~um *micellic WW*; et hoc in rege ~um videri debet, quod qui omnia pro potestate facere posset, magis quedam joco eludebat W. MALM. *GP* I 48 p. 79; fuit .. adeo munificus ut a curia Romana vocaretur ~us H. HUNT. *HA* VIII 26; et ~us, -a, -um, i. sublimis, et generosus .. dicitur quoque magnificens pro ~us, sed non est in usu OSB. GLOUC. *Deriv.* 333; **1177** nullus ~entior in donis, nullus munificentior in eleemosynis P. BLOIS *Ep.* 66. 198C; animus .. magnus, et ~us, excelsus et immensus GIR. *EH* II *pref.* **b** erit .. in ea nomen Domini Jesu Christi ~um ALDH. *VirgP* 25 p. 259; **945** summus et ineffabilis rex ac semper ~us triumphator oraculo nos hortatur Salomonico *CS* 803; a**972** ego .. ~a poliarchis Christi allubescente dinami .. praelatus *CS* 1139; ipse [sc. Deus] .. promissor est ~us, et munificus retributor P. BLOIS *Ep.* 26. 92C. **c** rustica magnificis condentem carmina sanctis ALDH. *VirgV* 2802; vir .. strenuissimus et coram Deo et hominibus ~us BEDE *HE* V 20 p. 331; **748** cujus [sc. sanctae Mariae semper virginis] .. sacris atque ~is .. precibus *CS* 177; magnificus doctor [sc. Sanctus Dyonisius], verbi qui semina sparsit ALCUIN *Carm.* 89. 5. 3; beatissimus .. Birinus, ~us pater, pastor egregius *V. Birini* 1; de Elwardo, illustri et ~o viro W. MALM. *GR prol.* **d** claraque magnifico cessit victoria regi ALCUIN *SS Ebor* 264; his tantis et tam elaboratis donis ~entissimus rex gavisus W. MALM. *GR* II 135 p. 151; s**1031** gratias agit Cnutoni ~entissimo regi *Ib.* II 186; s**1343** ~i principes, domini Odo .. et Petrus .. duces AD. MUR. *Chr.* 130; c**1408** scaccarium ~i et potentis principis, domini R. ducis Albanie *ExchScot* 40; ~os Ricardum comitem Warr', Henricum comitem Northumbr' (*Test. Hen. V*) *EHR* XCVI 97. **e** vel resecare tuos ungues vel radere barbam / coram magnificis, coram dominabus in aula D. BEC. 1214; magnificis est rara fides, nullus quia novit / quid sit amicitia *Ib.* 1560; invitatis quibusque ~is ex regnis longe positis *Flor. Hist.* I 262.

2 splendid, excellent, grand.

plurima magnificis patrantem signa triumphis ALDH. *CE* 4. 6. 15; pangere magnificas athletae nobilis odas FRITH. 103; post elaboratis et ~is edibus inclusit W. MALM. *GP* I 43; regnum West Saxonum, quo neque ~entius neque diuturnius ullum Britannia vidit W. MALM. *GR* I 16.

3 sumptuous, lavish.

reddere magnificas pro vita sospite grates ALDH. *VirgV* 1974; magnificasque Deo laudes referebas ubique ALCUIN *SS Ebor* 497; et honorifice suscepere, et vis donis honoravere W. MALM. *GR* II 183 p. 222.

4 (compar. ~*entior*; superl. ~*entissimus*).

et comparatur ~entior, ~entissimus OSB. GLOUC. *Deriv.* 333 (v. 1, 2 supra).

5 (as etym. gl.).

~us, magna faciens *GlC* M 105; presta .. ut beatus Stephanus levita ~us [AS: *micildoend*] sicut ante alius imitator Dominice passionis *Rit. Durh.* 45.

6 (as sb. n., med.) name of a medicine.

~um valet ad tremorem capitis et totius corporis GILB. V 215va.

magnilogus, magniloquent, eloquent (in quot., w. ref. to Apostle Paul).

unum [oratorium] .. fecit Petro celi clavigero et aliud ~o Paulo ORD. VIT. III 13 p. 135.

magniloquens, talkative, wordy, verbose (in quot., as sb. m.).

plus metuunt gentes tacitos quam magniloquentes D. BEC. 722.

magniloquus [CL]

1 magniloquent, grandiloquent.

si .. aut sim magniloqui multus sectator Homeri / non plane absolvam FRITH. 1313; vitium est uti verbis ~is cum agitur de rebus minimis T. CHOBHAM *Praed.* 301.

2 that says much (w. implication of meaninglessness). **b** meaningless.

rigor rebellis pervicacie et moles ~e jactantie GOSC. *Lib. Mild.* 20; ridiculum est .. esse lingua ~um, opere vero esse pusillanimem P. BLOIS *Ep.* 18. 67B. **b** sic non magniloquas quaeris, pater optime, gazas ALCUIN *WillV pref.* 23.

magnipendere [LL], to esteem greatly, value highly, prize.

in quibus nos callidus hostis solet decipere, cum nobis persuadet ea [sc. quae Dei auxilio accipimus] non ~ere ANSELM (*Ep.* 231) IV 137; presentium non ~o judicium W. MALM. *GR prol.*; et ipsius presertim antistitis benedictionem ~eret *Id. Wulfst.* II 15; nunc precipit eis ut non magis inde vel corde vel ore superbiant, aut se ~ant ROB. BRIDL. *Dial.* 47; non ~ebat quidem si etiam animam .. effunderet R. COLD. *Cuthb.* 67 p. 135; quapropter nostre majestatis est utrobique ~enda sentencia, quoniam et in excelsis defectibiliter presidemus .. *Collect. Ox.* I 43.

magnipendissimus, noble, very important, of great influence.

1402 inter illustrissimas et ~as personas *Foed.* VIII 249.

magnipotens, magnipotent, possessing great power.

et te magnipotens dextra regat Domini ALCUIN *Carm.* 55. 72; dives, magnipotens, non sis hyemalis amicis D. BEC. 1505.

magnitas [CL; cf. magnitudo], nobleman, magnate.

1512 cum prelatis et aliis regni vestri ~atibus in dicto parliamento vestro presentibus *Reg. Heref.* 146.

magnitudo [CL]

1 magnitude, size, extent; **b** (of person, animal, or mythical creature) size of body, stature; **c** (of land or island); **d** (of fixed star) class that distinguishes degree of brightness; **e** (of artefact); **f** (geom., *~o immobilis*) fixed magnitude or size.

in quadrivio .. idem est instrumentum et materia, quia ~o mensurat et mensuratur *Ps.*-GROS. *Gram.* 1 p. 14; dividitur .. ~o semper et diminuitur, et quantum ipsa dividendo minuitur, tantum crescit numerus KILWARDBY *OS* 89; in omni mobili est aliqua ~o sive molis sive virtutis ex cujus partibilitate accidit quantitas in motu *Id. Temp.* 17; manifestum est quod ~o non est res inherens rebus spiritualibus nec corporalibus, qua omne magnum dicitur magnum; igitur loquitur de ~ine que est causa omnium magnorum, sine qua nulla res est magna OCKHAM *Quodl.* 445. **b** elefans omnia animalia ~ine praeminet *Comm. Cant.* III 13; non tamen monstrum, sed homo monstruosa †magnitude [l. ~ine] fuit *Lib. Monstr.* I 51; et eandem mirae ~inis [*gl.*: *micelre ormæt*] bestiam, cui paganorum decepta gentilitas .. turificabat ALDH. *VirgP* 25 p. 258; interea nuntiatur Arturo quendam mire ~inis gigantem .. advenisse G. MON. X 3; sicut elephans cetera animalia ~ine, ita et baro alios homines precellit OSB. GLOUC. *Deriv.* 69. **c** **826** ejusdem mensurae atque ~inis sicut et illa supradicta terra quae dicitur Doddingland *CS* 851; insulam inhumane ~inis esse testatur GIR. *TH* I 3. **d** quarum [sc. stellarum] .. sex ordines ~inis esse posuerunt *Ps.*-GROS. *Summa* 551; oportet videre octavum librum Almagesti, ubi distinguuntur ~ines stellarum fixarum, quoniam sex sunt ~ines earum BACON *Tert.* 201. **e** et super ipsa erat altera corona, cujus non dicitur ~o, quod modica erat *Comm. Cant.* I 297; erexerunt statuam procerissimae [MS: procerrimae] ~inis, quae .. omnia Romanae urbis opera miro rumore praecellit *Lib. Monstr.* I 3; qui [sc. Hercules] .. columnas mirae ~inis ad humani generis spectaculum erexit *Ib.* I 12; proferens codicem .. ~inis enormis BEDE *HE* V 13 p. 312; desuper .. edificavit turrim mire ~inis G. MON. III 10. **f** dicitur geometria esse de puncto ut de minimo suo; de ~ine immobili ut de subjecto FISHACRE *Sent. Prol.* 92; pro illis qui posuerunt geometriam esse de ~ine immobili KILWARDBY *OS* 93.

2 vast extent, great size.

que [sc. Asia] a majoribus nostris .. et tractuum longitudine et provinciarum ~ine, non immerito estimata est W. MALM. *GR* IV 347 p. 395; mens agitat molem [Verg. *Aen.* VI 727], id est ~inem mundi circumducit divinus spiritus BERN. *Comm. Aen.* 119.

3 loudness, intensity, strength.

sonus irati sc. Achillis .. implevit omne litus, sc. propter vocis ~inem TREVET *Troades* 16.

4 (of abstr.) greatness of scale, size, or importance.

ne ipsa inaestimabilis mysterii ~ine graventur BEDE *HE* I 27 p. 59; **799** quatenus non solum ~o potestatis te regem ostendat ALCUIN *Ep.* 178; ideo multi ~inem ejus [sc. peccati] nescientes, in illud se praecipitabant ANSELM (*Ep.* 257) IV 170; cum ~ine calamitatis aliquos ad gratiam sui revocasset W. MALM. *GR* I 41; qui ob suorum ~inem meritorum habundanter apud Deum honorari creditur in celis *Canon. G. Sempr.* f. 122v; s**1315** mulieres parvulos pre famis ~ine comedebant GRAYSTANES 36.

5 greatness, authority, might; **b** (of God); **c** (of the Church); **d** (of person); **e** (as title).

virtus .. et potentia idem; ergo ~o et potestas HALES *Sent.* I 190; ~o, A. *gretnesse WW*. **b** quam potens ad ostensionem ~inis tue [sc. Dei] J. FORD *Serm.* 93. 8; ergo is, cujus [sc. Dei] ~inis non est finis *Ib.* 102. 2. **c** ut Romane ecclesie ~o .. tuis .. beneficiis et servitiis conservetur W. MALM. *GR* V 424. **d** nec reverebitur ~inem cujusquam, quoniam pusillum et magnum ipse [sc. Deus] fecit GILDAS *EB* 63; **1167** de ~ine regis Anglorum, et de necessitate ecclesie Romane J. SAL. *Ep.* 227 (231 p. 418). **e** †**968** (12c) cognoscat ergo ~o seu utilitas vestra quoniam determinamus et in perpetuum mansurum jubemus *CS* 1228; prefatum Philippum ad tuam ~inem mittimus DICETO *YH* I 440; s**1274** si totum vestre ~ini [sc. pape] presentemus *Flor. Hist.* III 40; **1311** ~ini regie curabimus intimare *TreatyR* I 200; **1319** literas .. tue ~ini mittimus inclusas *Conc.* II 492b; rogamus ~inem vestram [sc. Pilatum] *Eul. Hist.* I 93.

6 greatness (of soul), dignity, loftiness, nobility: **a** (of person); **b** (of abstr.).

a cedit omnis continentium eminens ~o [*gl.*: *micelnis*], cedit omnis conjugatorum sublimis celsitudo ALDH. *VirgP* 14. **b** quos ipse et animi ~ine et opum affluentia longe preiret et premeret W. MALM. *GP* I 58.

magnopere [CL]

1 with great endeavour, energetically, strongly.

per patriam .. fures ~e insectantes GILDAS *EB* 27; ~e efflagito, ut enucleata .. regulariter edisseras ALDH. *Met.* 10 p. 90; ~e, forti animo vel majore opere *Gl. Leid.* 2. 125; **959** aeterna supernae patriae emolumenta lucrando altithrono patrocinante adipisci ~e satagamus *CS* 1052; multi ex plebeiis contra suos pro Normannis ~e insurgebant ORD. VIT. IV 3 p. 177.

2 to a great extent, greatly, much.

cujus .. temporibus nostris suboles ~e avita bonitate degeneravit GILDAS *EB* 25; magnopere metuens fisci decreta nefandi ALDH. *VirgV* 1141; vale Christo virguncula / Christi nempe tiruncula / mihi cara magnopere / atque gnara in opere BONIF. *Carm.* 4. 14; dicis te audisse quia non ~e curo ad vos redire ANSELM (*Ep.* 336) V 273; ille tante fidei gratulans, simulque ~e sanitatem ejus desiderans W. MALM. *GP* V 270 p. 430.

3 especially, particularly.

nec ~e aliquid scriptura de pluvia commemorat ante diluvium *Comm. Cant.* I 65; quiddam dicitur fieri in ipso populo [sc. Hiberniae] .. quod ~e corrigendum est ANSELM (*Ep.* 435) V 382; cavendum nobis ~e est ne dum quid bonum agimus mala intentione corrumpamus PULL. *CM* 217; ~e curandum est ne vitia committantur ALEX. CANT. *Dicta* I p. 116.

magnorantia, addition, supplement.

1287 lx li. .. de quibus liberantur eidem per preceptum thesaurarii xx li. et per ~am xl li. *KR Ac* 4/16 m. 4.

magnus [CL; v. et. major, maximus]

1 great in size or extent, big, huge, vast: **a** (of person, animal, plant, or part of body); **b** (as surname); **c** (of topographical feature); **d** (in place-name); **e** (of artefact); **f** (as sb. n.).

a sed tamen cucumeres dicuntur pepones cum ~i fiunt *Comm. Cant.* I 413; de ~is hominibus Brixontis *Lib. Monstr.* I 20; sentit .. quasi ~am latamque manum caput sibi .. tetigisse BEDE *HE* IV 29 p. 279; non enim illud ~us elephas esse dicitur quod reliquis omnibus ejusdem generis minus est BALSH. *AD rec. 2* 169; per venam ~am GILB. I 66.1 (v. gibbus 2b); **1273** in expensis Simonis S. et Elye custodiencium mangnum equum comitisse et pullanos suos per vices *Ac. Stratton* 42; idcirco enim parvos pisciculos comedebam, ut aliquando ~os manducare possem *Latin Stories* 84. **b** **1167** per visum Willelmi ~i et Edwardi Blundi *Pipe* 1; Ricardus ~us tenet j virgatam terre *Cust. Taunton* 5. **c** deorsum, ut 'fontes abissi ~ae' apertae sunt *Comm. Cant.* I 26; usque contra Hispaniae septentrionalia quamvis ~o aequore interjacente pervenit [sc. Hibernia] BEDE *HE* I 1 p. 12; de silva viij denae parvae et iij ~ae *DB* I 2va; **1275** inter cimiterium S. Werburge et ~am stratam que vocatur Northgate Strete *Cart. Chester* 319 p. 213; **1275** si ~a ripa de Secheth plenarie mundetur de wrecco *IMisc* 33/26. **d** Goisfridus de ~a Villa *DB* I 281r; c**1116** Ricardus de ~a Villa *Ch. Westm.* 242; sperabamus .. Theodorum ~e insule Brittanie archiepiscopum W. MALM. *GP* I 1; hiis testibus .. Johanne le Franceleyn de ~a Tiwa *Cart. Osney* IV 226; c**1280** ego R. Waterman de ~a Gernemuta *Ch. Norw.* II 278. **e** aedificavit ibi aram ~am in sublimiori loco THEOD. *Laterc.* 8; c**1130** ad servitia ~i altaris et necessaria totius ecclesie intus et extra facienda *Ch. Westm.* 244; ignotos viros magneque stature homines in ~is navibus applicuisse G. MON. VI 10; c**1170** Stacius ~us [sc. Thebais] in corio. Stacius parvus [sc. Achilleis] *Libr. Cant. Dov.* 10; **1242** Ricardo de la Style, magistro †magecoge [l. mag[n]e coge] Suthamtonie *RGasc* I 36b (=*Liberate* 18 m. 1, cf. *Cal. Liberate* II 158); fuit optimus organista, qui fecit ~um librum organi de gradali et antifonario *Mens. & Disc.* (*Anon. IV*) 46; **1281** hanc quietam clamacionem [**1281**] in ~o rotulo comitatus Cestrie qui vocatur Domesday irrotulari fecerunt *Cart. Chester* 337 p. 224; **1301** mangne campane non pulsantur nisi pro morte hominis plenam etatem habentis *Gild Merch.* II 296; **1337** defectus librorum de secunda demonstracione in mangnis tabulis *Lit. Cant.* II 147; quandocunque invenitur punctus ~us et grossus continens quantitatem longarum duarum, duplex longa dicitur HAUBOYS 206; ille eciam ~e longe, que mensuram excedunt unius longe duplicis, nunquam perplicantur neque ligantur HAUDLO 154. **f** dico .. non ~um spatio, ut est corpus aliquod ANSELM (*Mon.* 2) I 15.

2 great in number or amount, large; **b** (of profit or expense); **c** (of measure); **d** (of time) long, great; **e** (w. ref. to vowel quantity); **f** (astr., *~us annus*) 'great year'; **g** (as sb. m.) adult, grown-up; **h** (in phr.).

erat ergo ~a admirantium turba FELIX *Guthl.* 9; quam ob causam collecta ~a synodo quaerebatur in commune BEDE *HE* I 17 p. 34; ejus ad exequias magnum concurrerat agmen ALCUIN *SS Ebor* 1585; ut cujusvis ~i exercitus ingluviem saturare .. videretur W. MALM. *GR* II 121 p. 126. **b** c**1220** magna, major, maxima, preda fit gradatim (*Contra Avaritiam* 62) *Pol. Songs* 17; et depredacio cardinalium, non sine ~is sumptibus domus GRAYSTANES 36. **c** **1312** in missione apud Rames' viij[xx]xj ringas [sc. frumenti] que fecerunt ix ~a quarteria et dimidium farine *Rec. Elton* 174. **d** si enim requiratur deliberacio temporanea ad meritum et demeritum, posset homo per ~um tempus stare in actu malo sine omni peccato OCKHAM *Quodl.*

139. **e** aliud o longum quod vocant o mega id est o ~um Bacon *Gram. Gk.* 5. **f** Bede *TR* 6 p. 193, etc. (v. annus 1c); pristina vita redit, cum magni terminus anni / ad primum revocat sidera cuncta locum J. Sal. *Enth. Phil.* 989. **g** quo fiat ut rete apostolicum ~os et pueros capiat Ad. Marsh *Ep.* 247. 32 p. 471. **h** †**937** (12c) judicata est mihi possessio illius omnis in ~is et modicis *CS* 719; in modico vel magno L. Somercote 31.

3 a (of colour) intense, strong. **b** (of sound) loud.

a in tenebris videtur eo quod modica lux vincit super ~um colorem Bacon XIV 58. **b** cum ululatu ~o ceu celeumatis vice .. cantantes Gildas *EB* 25; et tremuit tellus magno tremibunda fragore Aldh. *VirgV* 2043; c**1190** pantera .. exurgit a sompno et emittit ~um rugitum *Best.* 4 f. 4v.

4 great in degree, scope, or scale: **a** (of person); **b** (distinguishing an older man from a younger man of the same name); **c** (of natural phenomenon or disaster); **d** (of action); **e** (of abstr.); **f** (as sb. n.).

a ut Moyses ~us scriptor temporum Theod. *Laterc.* 3; fuit .. vir ille ~us in Anglia simonie fomes W. Malm. *GP* II 74 p. 151; et non inveni tam ~um stultum et infatuatum quam vos [sc. regem] *G. Roman.* 390; unde frequenter ~i potatores fiunt pauperes finaliter Holcot *Wisd.* 76. **b** tempore regis Eduardi et Willelmi ~o W. Malm. *GP* II 90; de injusta vexatione Willelmi episcopi primi per Willelmum regem filium Willelmi ~i regis *Vex. Will. tit.* **c** terre motus ~us Theod. *Laterc.* 10; est unum molendinum quod omnes pene naves confringit per ~am turbationem maris et maximum damnum facit regi et hominibus *DB* I 1ra; s**1125** ~a fames in Anglia *Ann. Exon.* 9v; s**1413** in ~o frigore et gelu *Chr. Hen. VI & Ed. IV* 148; **1496** hominibus operantibus .. in degelando aqueductum monasterii tempore ~i gelu hoc anno per j diem, iij s. *Ac. Durh.* 654. **d** scientes quod laborem ~um major aeternae retributionis gloria sequitur Bede *HE* I 23 p. 43; ubi ~is gravibusque proeliis saepe gestis receptam partem .. vallo distinguendam putavit *Ib.* I 5 p. 16; in omnibus actionibus vestris, ~is vel parvis Anselm (*Ep.* 289) IV 209; s**1449** pugnantes .. contra Cansientes qui fugarunt dictum capitaneum cum exercitu suo ultra pontem Londonie cum ~o conflictu ex utraque parte quasi per magnam partem noctis ejusdem diei *Chr. Hen. VI & Ed. IV* 151. **e** nil vereor, magnis sed fretus viribus altos / belliger impugnans elefantes vulnere sterno Aldh. *Aen.* 60 (*Monocerus*) 4; duxit .. vitam in ~a humilitatis .. perfectione Bede *HE* III 27 p. 193; multis cum lacrimis et ~a conpunctione antistes lingua .. tremente conplevit *Ib.* IV 30 p. 277; ingeniique tui / quo sum pars ultima magni Bonif. *Carm.* 6. 20; suscipe, rex, parvum magni modo munus amoris Alcuin *Carm.* 71. 2. 1; sed magnis multo nobilior meritis *Id. WillV* 33. 2; **1292** de multis aliis comitatibus .. et diversis roboriis et homicidiis se cognoscunt esse culpabiles cum mangno gaudio *SelC Coron* 129; et ideo ~us est error Hauboys 186. **f** qui immolant demonis in minimis, j annum peniteat; qui vero in ~is, x annos peniteat Theod. *Pen.* I 15. 1; quocirca incumbit magnum nos namque necesse Alcuin *Carm.* 85. 1. 43; non potest esse summe ~um nisi id quod est summe bonum Anselm (*Mon.* 2) I 15; quia delatores, parvis ~a addentes, mendaces solent esse *Id.* (*Ep.* 311) V 237; Kineardus .. causam suam agere, ~a polliceri W. Malm. *GR* I 42.

5 great in authority, mighty, powerful, influential: **a** (of God or Christ); **b** (of person); **c** (as sb. m.) great man, important person; **d** (*~us magister*) grand master; **e** (w. proper name); **f** (as proper name); **g** (*~us* or *~a dies*) Doomsday (v. dies 9b); **h** (of court).

a suggerentes magi miraculum stella, et quia ~us rex natus est in hoc mundo Theod. *Laterc.* 5; magni magna Dei portantes munera templo Alcuin *Carm.* 65. 3. 1; quapropter magni laudarunt munera Christi Frith. 598. **b** quo mox invenies magnos requiescere patres Alcuin *Carm.* 99. 15. 3; utpote quem magni reges retinere volebant *Id. SS Ebor* 1461; **1164** quia ille [sc. archiepisopus Remensis], quisquis sit in persona, ~us est in regno Francorum, et in ecclesia Romana multum potest J. Sal. *Ep.* 134 (136 p. 8); ~i fieri possumus, si magnanimi Gir. *TH intr.* p. 5; **1460** in ecclesia sancti ~i martyris Orchadensis *ExchScot* 42. **c** rex .. qui totam ejus gentem a parvo usque ad ~um delere .. decreverat Bede *HE* III 24 p. 177; dapsilis hic nimium minimis magnisque per omnem / extiterat vitam Æthelwulf *Abb.* 475; s**1312** dominus rex, timens invidiam et odium majorum regni Anglie .. posuit eum [sc. P. de Gaverstone] in castro de B. pro sua securitate, asserens prelatis, comitibus, et baronibus, et ~is regni, se posuisse eum ibidem, ut placeret eisdem Ad. Mur. *Chr.* 15; adventum regis et ~orum versus Scociam Graystanes 36; s**1327** per prelatos et alios ~os regni *Hist. Roff.* p. 368. **d** ~us ille magister hospitalis Jerosolymitani .. Romam adventavit D. Lond. *Ep.* 8; **1443** instrucciones tibi misse per magnummet magistrum Bekynton I 161. **e** praecursor Domini magnus baptista Johannes Alcuin *Carm.* 109. 22. 1; pontificis magni Wilbrordi et praesulis almi *Id. WillV pref.* 3 p. 208; credit, quod docuit magnus Aristoteles J. Sal. *Enth. Phil.* 674; sanctus episcopus, ~us Thomas Cantuariensis Gascoigne *Loci* 46. **f** Willelmus filius ~i *DB* I 143rc. **g** **815** sciat se a Deo in die ~o .. ejectum *CS* 353; **930** sciat se novissima ac ~a examinationis die .. tormentorum flammis periturus *CS* 669. **h** a**1291** salvis ij apparenciis per annum visus Franci plegii ad ij ~as curias de Weston *Cart. Chester* 221 p. 173.

magonare v. mangonare. **magor** v. major 4b.

magual [Ar. *miḥwar =axis*], axis of a sphere.

diameter fixa axis vocatur Latine, Hebraice quidem magual, et extremitates axis poli appellantur Gros. 13.

magudalis v. magudaris.

magudaris [CL magydaris < μαγύδαρις]

1 cabbage stalk, castock. **b** cabbage.

hec maguderis, *a calstok* .. hoc magudere, A. *calstok WW*; *calkstoke*, maguderis *PP*; *a cale stok*, maguderis *CathA*. **b** magudarius, *caul Gl. Durh.*; **10**.. caula vel magudaris, *caul WW*; ibi crescunt .. caula vel ~is Ælf. Bata 4 p. 58 ibi crescit sandix, caula vel magudalis *Ib.* 6 p. 99.

2 mallow.

maguderis, malva crispis, planta leonis idem *SB* 29.

magudarius, magudere, maguderis v. magudaris.

magul [Ar. *majhūl=unknown*], (math.) unknown number or quantity.

et quoniam quot dixisti, numerum Almuthemen sive magul, id est ignotum, nunciasti Rob. Angl. (I) *Alg.* 122.

magumeria v. mahomeria. **magunellum, magunellus** v. manganellus.

magus [CL < μάγος]

1 one skilled in occult learning, astrologer, seer, soothsayer, wise man (esp. in the Orient). **b** soothsayer at the service of ruler; **c** (w. ref. to *Exod.* vii 8–13).

post Soroastren et Sinonem ~orum praestantissimus fuisse memoratur Aldh. *VirgP* 43; ~i, qui magicam artem faciunt sive philosophiam .. ~i .. apud Chaldeos philosophi habentur *Gl. Leid.* 16. 26; **9**.. astrologus, vel ~us, vel mathematicus, *tungelwitega, geberdwitega WW*; augur, coenobates [v. l. schoenobates], medicus, ~us Osb. Glouc. *Deriv.* 115; queritur ergo magus prudens; inventus aditur Nig. *Mir. BVM* 133; ~us .. ille .. artem magicam solus in agro exercuit ibique verbis .. secretis et prestigiis potentibus obtinuit Greg. *Mir. Rom.* 4; secundum alios .. ~i dicuntur sapientes secundum literas seculares et proprie sapientes Persarum Gros. *Hexaem. proem.* 23; horoscopica .. quando in stellis fata hominum queruntur, sicut genethliaci faciunt qui nativitates observant, qui olim specialiter ~i nuncupabantur Kilwardby *OS* 665. **b** [Ascanius] precepit ~is suis explorare quem sexum puella concepisset G. Mon. I 3; vocatis denique ~is suis [sc. Vortegirni] consuluit illos *Ib.* VI 17; ut .. transfretaret ~umque Edwini regis .. perimeret *Ib.* XII 7. **c** et ~i pharaonis olim signa fecerunt, et antichristus .. prodigia operabitur *Canon. G. Sempr.* f. 133v; c**1195** de ~is .. pharaonis recolis te legisse P. Blois *Ep.* 4. 12C; nam te virga presignavit / que serpentes devoravit / serpentes magorum (Neckam) *Anal. Hymn.* XLVIII 276.

2 (w. ref. to *Matth.* ii 1; *~i*) the three wise men, the Magi; **b** (w. ref. to their relics).

venerunt a Persida ~i Theod. *Laterc.* 5; mægi *AS Inscr.* 6; quod trium ~orum [*gl.*: *tungelcræftigo*] mentibus aspirasti *Rit. Durh.* 2; ibant magi [*gl.*: *tungelwitegan*], quam viderant / stellam sequentes previam *AS Hymns* 51; advenere magi, ubi summi principes orti / sydere precluo Garl. *Myst. Eccl.* 192; cum magis veniam regem invisere / qui sacro virginis lactatur ubere Walt. Wimb. *Carm.* 217; et postquam ipse natus est, ~i eum .. regem Judeorum affirmaverunt Fortescue *NLN* II 11; quid aliud quam .. ~os nocturna visione premonitos Herodem delusisse *Mir. Hen. VI* I 15 p. 42. **b** refertur .. me debere sepeliri inter tres ~os Colonie J. Reading 171; s**1162** archiepiscopus trium ~orum corpora .. Coloniam transportavit *Meaux* I 180.

3 magician, sorcerer, wizard; **b** (w. ref. to *Act.* viii 24) Simon Magus; **c** (w. ref. to *Act.* xiii 8); **d** (w. ref. to Mohammed).

nolentis se vehiculum fore tiarati ~i devoturi populum Dei Gildas *EB* 1 p. 27; quamvis ut ~us putenti lotio umectaretur Aldh. *VirgP* 36 p. 282; Christum .. occidistis dicentes eum ~um et de scorto natum Petrus *Dial.* 37; ~i sunt et ob magnitudinem maleficiorum sic appellantur qui Domino permittente elementa concutiunt, rebus adimunt species suas, ventura plerumque prenuntiunt J. Sal. *Pol.* 407A; nunquam ~is vel malis aut histrionibus nisi post conversionem sacra misteria committantur Gir. *GE* I 9 p. 32; ~i sunt qui vulgo malefici ob facinorum magnitudinem nuncupantur Gros. *Hexaem. proem.* 23; proprie dicuntur illi esse ~i qui non operantur secundum artem et philosophie potestatem Bacon *Tert. sup.* 16; ~us quidam, qui demones consulere consuevit *Latin Stories* 75. **b** Simmachus autem erat Samaritanus de Gitta civitate Samarie, unde erat Simon ~us *Comm. Cant.* I 5; tonsuram eam, quam ~um ferunt habuisse Simonem, quis rogo .. non .. detestetur Bede *HE* V 21 p. 343; productoque exemplo de Simone ~o, qui Faustinianum in Simonis figura videri .. fecit W. Malm. *GR* II 171; ecclesia petra Symon Symonem superavit / est magus absortus, pseudo-Symonem petra stravit M. Rievaulx (*Vers.*) 51. **c** per Paulum ejus co-apostolum caecitate malignum percussit ~um [sc. Elymas] *V. Greg.* 81. **d** ~us et pseudopropheta Machometus, Arabes, qui et Sarraceni dicuntur, et populos multos seduxit Fordun *Chr.* III 34.

mahaimium v. mahemium. **mahaingnare, mahamare** v. mahemiare. **mahamarie** v. mahomeria. **mahamium, mahanium** v. mahemium. **mahemare** v. mahemiare.

mahemiare [AN *mahemer, mahaigner*]

1 (usu. leg.) to maim, injure, inflict grievous bodily harm on: **a** (person); **b** (part of body); **c** (p. ppl. as sb. m.) maimed man.

a **1194** homo maimatus de morbo caduco (v. caducus b); **1198** pro morte .. Petri de Hamel mahaingnati *RScacNorm* 296; **1199** assultaverunt eos et vulneraverunt et maimaverunt *CurR* I 91; si .. vir fortis aliquem hominem debilem et pauperem occiderit vel mehaingnaverit *Cust. Norm.* 38; **1201** ut homo maamiatus de hoc maamio *SelPlCrown* 2; **1219** percussit eum super manum et fure abscidit in tres digitos unde mahematus est *Eyre Yorks* 266; **1266** in servicio nostro .. mahematus *Cl* 282; de malefactoribus qui mahamaverunt .. Ricardum de dextro brachio suo *State Tri. Ed. I* 11; **1349** enormiter ~atus est et inhumaniter de tibia sua dextera *SelCKB* VI 68; quod .. Hugo .. Johannem gladio percusserit et maymeaverit *Reg. Rough* 283; cum quodam cultello percussit et ipsum felonia ~avit *Reg. Brev. Jud.* 75. **b** **1201** percussit eum gladio suo in brachio, quod maimatus est, et hoc offert probare ut homo maimatus *SelPlCrown* 5; **1336** ostendit plagas in capite suo oribiles et unum digitum suum quasi maemiatum *SelCKB* V 84. **c** **1180** quia interfuit concordie de meishaimato *RScacNorm* 26.

2 a to injure, mutilate (domestic animal). **b** to damage (merchandise).

a **1200** de placito injurie et averiorum ~atorum *CurR RC* II 236; **1214** mandamus vobis quod emi faciatis xiiij runcinos qui non sint mahinati *Cl* 177a. **b** **1225** de v balistis de cornu quos misistis .. una ad duos pedes et tres ad j pedem sunt ~ate *Cl* 516.

mahemiator, one who injures, maimer.

item de ~oribus et vulneratoribus *Fleta* 112.

mahemium [AN *maheme, mahain*]

1 (leg.) mayhem, serious crime involving grievous bodily harm, infringement of the king's peace.

~ium .. dicitur ossis cujuslibet fractio, vel teste capitis per incisionem vel abrasionem attenuatio Glanv. XIV 1 p. 173; **1199** offert probare .. versus eosdem de ~io *CurR* 91; **1201** ut homo maamiatus de

hoc maamio *SelPlCrown* 2; sicut homo mahemiatus de plaga illa, et si non sit ~ium paratus est probare per corpus suum sicut curia consideraverit *PlCrGlouc* 22; **1224** quos Ricardus de Leic' appellat de ~io et pace domini regis fracta *Cl* 648b; de morte vel ~io Anglicorum *Reg. Tristernagh* 32; **1260** de maemio et pace nostra fracta maliciose appellat *Cl* 107; licet nullis eorum fuisset convictus de homicidio, mahanio, vel robberia *Leg. Ant. Lond.* 100; breve de mahaimio et roberia *State Tri. Ed. I* 11; in .. appellis de ~io, de plagis et inprisonamento agere licebit conquerenti civiliter *Fleta* 60; **1292** ipsam A. verberavit, male tractavit et ~ium dedit cum uno baculo, frangendo manum suam dexteram *Rec. Elton* 31; cum murdro et morte hominis et plaga et maham' *PQW* 462a; secunda purgatio est de ~io *MGL* I 56; absque ~io seu enormi lesione *Reg. Brev. Orig.* 125.

2 a injury, mutilation (of domestic animal). **b** damage (of merchandise).

a si .. priusquam senectutem nimiam attingerint [sc. pecora] vel per decrepitatem, ~ium, vel laborem nimium declinaverint *Fleta* 165; **1314** cum quattuor equis fortibus non evitis aut ~io aliquo debilitatis *RScot* 127a. **b** si venditor .. vendiderit rem suam emptori tanquam sanam et sine mahamio *RegiamM* III 10.

maheremium, maherenmium, mahermium v. maeremium. **mahinare** v. mahemiare. **mahiremium** v. maeremium. **mahomaria** v. mahomeria.

Mahomelicus [cf. Mahometanus, ? infl. by Mamaluchus], of Mohammed, Islamic.

preco legis Mahumelice *Itin. Ric.* I 9 (v. lex 7c).

mahomeria [ML < OF *mahomerie*], mosque.

dum ordinate per portam que est ante machomariam de urbe exirent ORD. VIT. IX 10 p. 556; s**1098** castrum ante portam ubi pons est et mahumeria H. HUNT. *HA* VII 11; s**1189** episcopus macomeriam in honore beate Virginis dedicavit DICETO *YH* II 66; s**1190** inter quos ad magumeriam posuit tentoria dux Suavie *Ib.* 80; s**1189** urbs illa [Constantinopolis] .. novis polluebatur mahumeriis, quas perfidus imperator indulserat fieri, ut fedus quod Turcorum conjuratus inierat, obligatus confirmaret *Itin. Ric.* I 21 [=GIR. *PI* III 20: mahumeris]; s**1189** ex alia parte Thoroni, ubi sedet machomarum, ibi dominus landigravus .. omnesque Teutonici .. castra posuerunt *G. Ric.* I 95 (cf. R. HOWD. III 22: ubi sedet macomatum, id est *la mahamarie* Sarracenorum); s**1219** legatus de maxima ~ia civitatis fecit ecclesiam in honorem beate virginis Marie M. PAR. *Maj.* III 55; s**1189** Portigalensis episcopus mahomariam magnam in honorem Dei genitricis dedicavit *Id. Min.* I 462; s**1221** in qua [civitate Casne] sunt quingente malmarie .. et sex centum fundeci, ubi hospitari consueverant sophi Saracenorum (*Lit. P. Cardinalis*) *Ann. Dunstable* 71.

Mahometanus [ML], of or pertaining to Mohammed and his teaching, Mohammedan. **b** (as sb. m.) Muslim.

1502 Mahumetana illa rabies, nostri sanguinis sitibunda *Foed.* XIII 4; illius pestilentis ~ae sectae initium et dogmata P. VERG. VII 8 p. 472. **b 1502** de liga cum Ladislavo Hungarie Bohemieque rege contra ~os *Foed.* XIII 4; voverantque [Templarii] Christianam religionem et peregrinos sepulchrum Domini invisentes contra ~os tutari CAMD. *Br.* 375.

Mahometicola, worshipper of Mohammed, Mohammedan.

in terram maumeticolarum abductus est AD. EYNS. *Hug.* IV 12 p. 58; maumeticolas fugiendo dilectam olim deseruerat Egyptum *Ib.* V 13 p. 161.

Mahometicus [ML], of or pertaining to Mohammed and his teaching, Mohammedan.

s**1192** superstitionis nimirum Mahumetice est non manducare porcos, .. quia Mahumetum traduntur porci devorasse *Itin. Ric.* VI 17.

Mahometinus, follower of Mohammed and his teaching, a Mohammedan, a Muslim.

unde et Machumetini, quia prophetam eorum vino madentem porci devorarunt, sibi ab utroque, vino sc. et porco, abstinentiam indixerunt GIR. *PI* I 17 p. 68.

Mahometista [ML], follower of Mohammed and his teaching, a Mohammedan, a Muslim.

ad ipsas fundandas [vineas] Jesuitanos conducunt et non Machometistas circumcisos et immundos S. SIM. *Itin.* 58.

mahometria [AN *mahumetterie*], Mohammedanism, gen. idolatry.

illa mamentria et idolatria quas isti falsi et maledicti sacerdotes faciunt cum intingunt infantes in fontes in ecclesiis, hoc tantum faciunt ad extorquendas pecunias a populo *Heresy Tri. Norw.* 46.

Mahometus, Mohammed. **b** (*liber ~i*) the Quran. **c** ? idol.

Saraceni et Turchi Deum Creatorem colunt, Mahumet non Deum sed ejus prophetam estimantes W. MALM. *GR* II 189; templum presertim Domini, quod cotidianis venerabantur excubiis, Christianosque ingressu arcebant, simulacro Mahumet ibidem collocato *Ib.* IV 367; ad cultum Machometis Cristianos invitavit ORD. VIT. IX 10. p. 554; en execrabilis Machomes deus noster nos prorsus deseruit *Ib.* X 24. p. 154; hostis nature ferus est Machometus GARL. *Tri. Eccl.* 11; s**1239** ubi Makomethus perditus adoratur M. PAR. *Maj.* III 602; magus et pseudopropheta Machometi, Arabes, quia et Sarraceni dicuntur, et populos multos seduxit FORDUN *Chr.* III 34. **b 1329** item librum Machometi Saraceni cum cronica Martini (*DC Sal.*) *HMC Var. Coll.* I 376. **c** qui ad videndum fatuitatem episcoporum, quomodo Machumeto sacrificabant, confluxerunt *Hist. Roff.* 367.

Mahumelicus v. Mahomelicus. **mahumeria** v. mahomeria. **Mahumet(us)** v. Mahometus.

maia v. meia.

Maialis, of May.

dicunt testulam ovi si impleatur rore Madiali GERV. TILB. I 12 p. 893; ex natura roris ~is, a quo generatur *Ib.* III 55 p. 978.

maicus v. magicus. **maignagium** v. managium. **mailemarta** v. malamarta.

1 maillia [OF *maille*], small coin.

1243 xij ~ias de Muz (v. capitagium 2).

2 maillia, maillus [OF *maillel* < *malleolus*], mallet, hammer.

1233 mandatum est .. quod .. placiam in qua papiliones regis tendi faciet claudi quadam haia .. et seram et pessones et ~ias .. ad eos tendendos et distendendos et habere faciat *Liberate* 10 m. 7; **1276** item duas *gavelokes* ferreas, unum ~um et tres *wegges* ferreas *IMisc* 34/1.

mailmarta v. malamarta. **maimare** v. mahemiare. **mainagium** v. managium.

mainardus [AS *mægen heard* =*very powerful*]

1 (as personal name) Maynard.

~us tenet in Cotes j bov' terrae *DB* I 352va.

2 unit of 32 pounds: **a** (of cheese); **b** (of wool).

a 1211 de ij ponderibus j ~o casei venditis *Pipe Wint.* 113; in [caseis] supravenditis iiij^{xx}vij, qui fecerunt ij pondera j ~um *Ib.* 119; **1235** de iiij li. iiij s. de ix pond' ij mainard' casei vend' *Ib.* B1/16 r. 7d; dominus prior inveniet caseum, viz. qualibet ebdomada unum maynardum ponderis xxxij li. *Cust. Swith.* 15. **b 1221** de xxxviij s. de j pondere dimidio et dimidio mainardo lane agnine *Pipe Wint.* B1/9; **1226** de ij pond[eribus] dim' ij mainard' lane grosse .. de j pond' dim' ij mainard' lane agn' *Ib.* B1/13 r. 8d.

mainillus v. maisnillus.

mainleveta [OF *main+levee* < *manulevata*], bail, mainprise, surety.

1285 cum .. bona Arnaldi .. militis .. per vos .. seisita .. ipsi militi posuerimus in maleuta *RGasc* II 242a; **1294** de mutuo .. facto in denariis et manuleutis a diversis mercatoribus .. per me captis *Ib.* III p. clvii b; **1297** ex mutuo tam in denariis puris quam in diversis manul'entis [? l. manuleutis] a diversis mercatoribus factis et habitis *Ib.* p. clxii a; **1314** in curia nostra S. Severi recredencia vel malleuta quorumdam hominum suorum per senescallum Landarum arestatorum .. denegate fuerunt *Ib.* 1293.

mainpastus [OF *mainpast* < *manupastus*], mainpast, (dependent member of) household.

c**1180** (1328) concedo predicte abbatie .. et mainpestui ejus .. quietantiam de teloneo et omni servili

consuetudine *CalCh* 67; **1221** ipse cum vi sua et ~u suo fregit domum suam et ipsum J. virum suum cepit .. et obduxit *SelPlCrown* 104.

mainprisa [AN *mainprise, meinprise* < manus + prendere], (feud.) mainprize.

absoluti ab omni juramento et memprisa quam inter se vel cum aliis fecerunt (*Cart.*) BROMPTON 1099.

maintenementum [OF *maintenement* < manutenementum], (act of) maintaining, sustaining: **a** (tenement); **b** (legal action).

a c**1275** libere tenentes: .. Willelmus Oslak' debet pro mentenemento vj d. *Ac. Stratton* 26. **b 1290** nec justiciarii propter mayntenementum predicti W. aliquod judicium inde voluerunt reddere *State Tri. Ed. I* 19.

maintenere [OF *maintenir* < manutenere], to maintain (tenement).

1232 omnes res, jura, et possessiones servabunt et mantinebunt *Reg. Heref.* 53.

mainura [AN *mainoeure* < manu-opera]

1 work with the hands, manual labour.

1483 sol. pro expensis factis messoribus et aliis operantibus circa manuram de le Whynnyclose hoc anno, xx s. viij d. *Ac. Durh.* 648.

2 (leg.) mainour, stolen property.

c**1362** furavit .. aurum et argentum .. et .. fugit .. et reductus fuit .. cum tota menura extra libertatem S. Etheldrede et ibidem imprisonatus *Proc. J. P.* 359.

mainurare [AN *mainoeurer* < manuoperare], to work with the hands on, to labour manually at.

1504 aut ortulos floribus aptos conficient et manurabunt *Reg. Glasg.* 511; **1543** et ejusdem terras inhabitantibus, manurantibus, laborantibus et occupantibus *Form. S. Andr.* II 218; **1565** pratorum unum per J. L. .. possessum et manuratum *Scot. Grey Friars* II 145; **1573** de, in, et super predictis tenementis cum ceteris premissis cum pertinenciis inhabitantibus ac eadem manurabunt et occupabunt *Pat* 1104 m. 11 (=*ib.* 1133 [**1574**] m. 26; *ib.* 1244 [**1584**] m. 21).

mainuratio, working with the hands, labouring manually.

1376 preceptum est seisire in manum domini totam manuracionem j salinae quam T. M. nunc occupat *Hal. Durh.* 133; pro injustis intromissione, occupacione, laboracione, et manuracione terrarum de Moniabrok *Reg. Paisley* 62; **1548** [terras] in manuracione propria sive occupacione [Philippi Horsham, clerici] *CalPat* 30.

mairamentum v. maeramentum. **mairareus** v. maerarius. **mairebium, mairemia, mairemium, mairemum, mairen(n)um, maironia, mairremium** v. maeremium. **mairuo** v. maruo. **maisagium** v. masagium.

maiseria [OF *maisiere* < maceria], wall.

1247 et reficere et relevare ~ias molendinorum et exclusas et molas ducere *Cal* 546; **1248** et reficere et relevare maiseras molendinorum et exclusas et ductus curare et reparare *CalIMisc* 55 p. 16.

maisnamentum [OF *maisonement* < *mansionamentum*], house, dwelling.

1312 pro terris et paduentis que tenent a domino rege ac maynamentis apud S. Severum *RGasc app.* 548.

maisneta [OF *maisniee* < mansionata], meinie, household.

summi pontificis familia que alio nomine vocatur masnada Boso *W. Pont.* 416; s**1177** ego Berardus Gentilis, regie private maisnede [vv. ll. mainete, familie] constabularius *G. Hen. II* I 17.

maisnialis [AN *mesnal, meignal* < mansionalis], of a household, menial, (as sb.) member of household, menial servant.

1460 meanialis abbatis de Crowland *IPM* 76 m. 3.

maisnillus, ~um [OF *maisnil* < mansionile], small house, tenement.

c**1173** ~um Sancti Cirici usque ad rivum qui descendit de foresta *Act. Hen. II* I 473; c**1188** in omnibus

mainillis ad Orevillam pertinentibus, cum ecclesia et omnibus aliis pertinentiis *Ib.* II 298; **c1188** in mannillis ad Aparillam pertinentibus, quicquid ibi habebant in ecclesia, in terris et silvis *Ib.* II 298; **1200** sciatis nos dedisse .. mesnill' de oiseleria in parochia de L. *RChart* 32b.

maisonagium [OF *maisonage* < mansio + -agium], (charge for) housing or storage.

1387 pro celerag' et mesonag' vini .. et aliorum diversorum victualium *KR Ac* 183/12 m. 22*d*.

maisrem(i)um, maisrenum v. maeremium.

maisteria [ME, OF *maister* < magister], office of master.

1189 decimas omnium reddituum et expletarum et exituum de tribus mesteriis de foresta mea de Bruis *Act. Hen. II* II 396.

1 maisura [OF *masure* < mansura], tenement, messuage, dwelling, house; **b** (urban); **c** (eccl. & mon.); **d** (w. appurtenances).

in Cicestre .. in eisdem masuris lx domus plusquam antea fuerunt *DB* I 23ra; hae masurae pertinent ad terras quas ipsi barones tenent extra burgum et ibi appreciatae sunt *DB* I 238ra; **c1120** unam carrucatam terre et decem acras et unam ~am carrucate pertinentem *E. Ch. Scot.* 35; **c1129** illas quoque mazuras .. quietas concedo *Regesta* II p. 362; **1159** unam carrucatam terre et x acras et ~as carrucate pertinentes *Regesta Scot.* 131 p. 193; **c1170** totam terram quam tenuit Scerlo et per easdem divisas, cum illa ~a super rupem, ubi aula mea erat fundata *Reg. Paisley* 5; **c1190** unam piscariam in Derwent, et unam maysuram in ripa ejusdem fluminis *MonA* V 600; **1276** quidam homo obiit in quadam ~a *Hund.* II 175a. **b** intra murum civitatis unaquaque integra masura reddebat vij d. et ob. *DB* I 179ra; **c1121** in Sprostona unam carucatam terre et decem acras et unam maysuram carucate pertinentem, et in Berewyco .. unam ~am sub ecclesia *Kelso* 1 p. 4; **c1130** quicunque habet in villa S. Edmundi ~as de burgali terra pro singulis ~is dabit per annum .. singulos obolos *BBC* (*Bury St Edmunds*) 46; **a1163** dabo in perpetuam elemosinam unam plenariam maysuram in burgo meo *Reg. Paisley* 2; **c1168** unam ~am in burgo Rochb', unam ~am in Berew' *Regesta Scot.* 62 p. 164; **1189** (1307) habeant .. maysuras suas infra muros .. quietas de burgagio *CalCh* 80; **c1192** unam meisuram in castello [Rokesburg'] *Regesta Scot.* 315; **c1192** unum plenarium toftum et unam meisuram in castello et totam oblationem illorum *Reg. Glasg.* I 66. **c** **1151** sciatis me dedisse .. monachis in perpetuam elemosinam illam masuram .. cum censu quem predicta masura reddit *Act. Hen. II* I 21. **d** **c1155** notum sit .. me dedisse .. unam bovetam terre in K. cum una masura et cum communi pastura ejusdem ville *Reg. Ant. Linc.* IV 266.

2 household.

1381 masura Estur. D. P. *treys caboteaulx* .. viginti ova. masura *ez* Cosnez. J. C. unium quarterium *CartINorm.* 75.

2 maisura [OF *mesure* < mensura], measured tract (of land); **b** (urban); **c** (w. appurtenances).

c1160 ibidem unam masuram terre ex dono Radulfi filii Gilberti *Act. Hen. II* I 328; **1284** (1339) de una masura terre, et supradicto tofto *MonA* VI 1102b. **b** **1128** unam ~am terrae infra castrum *E. Ch. Scot.* 83; **a1147** unam maysuram terre infra castrum et totam oblationem illorum, qui manent vel residentes sunt in castro *Reg. Glasg.* 9; **1155** mortuum boscum in jacendo sive stando, et duas masuras terre in villa de Duno *Act. Hen. II* I 99; **c1180** me concessisse .. illas ~as terre infra Gloucestriam *Cart. Glouc.* I 189. **c** dedi .. quandam masuram terre quam habebam de feudo H. de V. .. cum omnibus ejusdem masure pertinenciis *FormA* 302.

Maius [CL]

1 (as sb.) May.

675 data idus ~i imperantibus dominis piissimis (*Lit. Papae*) *CS* 38; [apud Anglos] ~us *thrimilchi* .. vocatur BEDE *Temp.* 15; atque Gregorius hinc evectus ad astra volavit / carnif[ic]es nonis Maiae vincente kalendis *Kal. Met.* 19; **1268** datum Lavanie anno Domini m°cc°lxviij° die tercia exeunte Madio *AncC* 3/122; mors florebit ut flos in Maio J. HOWD. *Ph.* 876; **s1259** in Mayo fuit maxima aeris corruptio per totum mensem *Chr. Clun.* 101.

2 (as adj.) of May.

id est iij nonas ~as die v feriae THEOD. *Laterc.* 11; **679** in mense ~o indictione septima *CS* 45; pridie nonas ~as .. ipse migravit ad Dominum BEDE *HE* IV 29 p. 277; duodecimo kalendarum ~arum die solutus a carne et beatorum est regno sociatus in caelis *Ib.* V 7 p. 292; septima iduum ~arum die Osric rex .. vita decessit *Ib.* V 23 p.349; Jacobus servus Domini pius atque Philippus / mirifico Maias venerantur honore kalendas *Kal. Met.* 27; **c1157** diem prefigens kalendas Madias (THEOB.) *Ep. J. Sal.* 20 (54); hic [mons] mense Madio fumum .. eructuat GERV. TILB. III 13 p. 964; herbe omnes colligantur uno die in medio mensis Madii GILB. VII 316v. 2; aqua roris Madii DASTIN *Ros.* 14 p. 319b.

majalis [CL], barrow-pig.

porcus, i. sus, scroffa, aper vel verres, magalis, porcellus ÆLF. BATA 6 p. 81; magalis, *bearh* ÆLF. *Gram.* 309; **10..** magialis, *bearug WW.*

majestas [CL]

1 authority, dignity, majesty; **b** (of person; also iron.); **c** (~*as orbis*) majesty of the world, worldly might; **d** (of abstr.).

Deum .. ~ate inconprehensibilem BEDE *HE* III 22 p. 172; oblivionem mentis ~atem sue divinitatis obliviscentis BERN. *Comm. Aen.* 29; tantis auctoribus et tot innitentes .. multiplicate ~atis beneficio magni fieri possumus GIR. *TH intr.* 5; videtque .. Petrum in eminenciori constitutum loco dignum tante ~ati habitum preferentem CIREN. II 205. **b** non mihi majestas mea viluit; hinc et egenis, / hinc et divitibus plus pretiosa fuit L. DURH. *Dial.* I 487; sanctissimi Niniani totiens experta ~as AILR. *Nin.* 12; ad nutum magne ~atis et generositatis vestre [sc. *of Giraldus' nephew*] GIR. *SD* 28. **c** Constantinus ab apostolis visitatus est orbisque ~as publice professa est regnum et imperium Christi esse P. BLOIS *Ep.* 65. 194C. **d** quia rerum ~ati hujusmodi verba non competunt, que naturale judicium rationis non transcendunt J. CORNW. *Eul.* 10 p. 277; magistatem eciam et auctoritatem legis nature maximas esse pandimus FORTESCUE *NLN* I 29.

2 (of God) majesty; **b** (w. ref. to God the Father); **c** (w. ref. to the second coming of Christ in majesty; *cf. Luc.* xxi 27); **d** (w. ref. to the Holy Spirit); **e** (w. ref. to the Holy Trinity); **f** (w. ref. to the image of the divine Majesty).

presepium totus mundus adseritur, in quo suis jumentis rationabilibus pabulum subministrat Dominus magestatis THEOD. *Laterc.* 14; ita divina ~as .. speciale virginitatis privilegium praeposuit ALDH. *VirgP* 7; **743** quem concedere mihi divina patiatur magestas incolumem *Ep. Bonif.* 54; **c860** et in unitatis gloria ac divinitatis omnipotentia et ~ate coessentialem *CS* 528; sed quod contulerat sibi signum summa majestas / in studiis ipsis parvo pro posse patebo B. *V. Dunst.* 4; rerumque omnium fabrica ~atem sui oculis ingerente factoris J. FORD *Serm.* 57. 8; **1300** qui nomen sanctum in juramentis non necessariis servire faciunt vanitati, injuriantur Dominice magestati *Ord. Ely* 14; placuit celsitudini divine magestatis .. sue potencie renovare miracula *Mir. Hen. VI* II 33. **b** **c1457** sedet ad dexteram ~atis in excelsis, quem multitudo angelorum in celis .. laudant *Reg. Whet.* I 273. **c** cum in ~ate [*gl.*: *mæȝenþryme*] sua salvator noster advenerit *Rit. Durh.* 33; ipse Dominus, requirentibus discipulis signum adventus ejus in ~ate, inter ceterea signa hoc connumeravit GROS. *Hexaem.* V 7. **d** accidit .. ut .. se in specie candentis columbae illi praeberet Spiritus Sancti ~as FOLC. *V. S. Bev.* 11. **e** **798** Patris et Filii et Spiritus Sancti una est divinitas, aequalis gloria, coaeterna ~as *CS* 292; **c800** habeo .. unam Trinitatis ~atem in anima mea conditam *CS* 266; **826** obsecro .. per terribile nomen Christi, et ~atem Sanctae Trinitatis, et adventum magni judicii *CS* 392; contemplatus sum ineffabilem illam individuae Trinitatis ~atem initio fineque carentem ANSELM *Misc.* 358. **f** unam ~atem cum auro et gemmis, unam imaginem S. Benedicti cum auro et gemmis *Cart. Rams.* II 273; hic ~atis vultum videas divinitus impressum; hinc mysticas evangelistarum formas GIR. *TH* II 38; **a1236** series duodecim Patriarcharum et duodecim Apostolorum, et in medio, ~as, cum Ecclesia et Synagoga figuratur *G. S. Alb.* I 287; **1240** in una earum [parurarum] fiat quedam ~as cum duobus angelis et in altera fiat ymago Beate Marie *Cl* 255; **1267** unum chamah' .. cum magestate in capsa aurea *CalPat* 138; **c1321** baculus .. archiepiscopi gemmis ornatus cum magestate et episcopo argent' in capite *Invent. Ch. Ch.* 70; **1383** unus textus parvus ornatus cum crucifixo deaurato ex una parte et ~ate ex altera *Ac. Durh.* 432.

3 authority, majesty, sovereignty: **a** (imperial or royal); **b** (eccl.).

a **c1198** ex majestatis regie / progenie (*Pol. Poem*) *EHR* V 319; **1278** supplicat regie magestati *RParl* I 5b; nomen avaricie .. disconvenit regie magestati BACON V 43 (=*Quadr. Reg. Spec.* 32: ~ati); **1399** rex .. promisit .. se velle cedere et renunciare corone Anglie et Francie et sue regie magestati *RParl* III 416b; contra regiam ~atem et regni libertatem *Plusc.* VI 39; non sum ego juvencula sed pocius juvenis effeminatus de partibus Anglie veniens, cum imperatoria magestate, si placeat, moraturus *Wager* f. 42. **b** nos .. ~ati apostolice deferentes, causam terminandam sanctitati vestre integram reservavimus (*Lit. Archiep. Theob.*) J. SAL. *Ep.* 11 (72).

4 (*laesa ~as* or ellipt.) lese-majesty, treason.

pactus est cum hostibus ut arma daret; armis vero datis salvum eduxit exercitum: accusatur a quibusdam reus esse ~atis ALCUIN *Rhet.* 7; **1167** ut etiam mentionem fecisse libertatis lese ~atis videatur esse reatus J. SAL. *Ep.* 201 (234 p. 428); condemnandus est tamquam de crimine ~atis GLANV. XIV 7; non imputat ei Dominus interruptionis injuriam, non arguit quasi ream ~atis, quam inebriaverat vinum flagrantissime caritatis W. NEWB. *Serm.* 825; sic et mutilata frondibus arbor, cum lese ~atis dispendio, tam dignitate minuitur quam decore GIR. *TH* III 53; nos tanquam ~atis reos pubplice deferrent *Id. SD* 144; propter verba veritatis / crimen lese majestatis / dicitur committere WALT. WIMB. *Van.* 122.

5 (as title): **a** (imperial or royal); **b** (eccl.).

a quid .. super hoc vestrae placuerit ~ati [sc. Frederici Romanorum imperatoris] DICETO *YH* II 52; **a1200** et mihi durum est aliquid scribere et longe durius vestre ~atis imperio contraire P. BLOIS *Ep.* 1. 1B; **1266** atroci injuria et .. contumelia quibus .. magestatem nostram .. offendere presumpserunt *Cl* 240; **1278** valeat in Domino vestra magestas regia *AncC* 47/97; aliud suggerant regie ~ati *Proc. A. Kyteler* 21; **s1455** ante conspectum ~atis vestre [sc. regis] *Reg. Whet.* I 169. **b** **?1145** missis litteris ~atem vestram, dilecte pater [sc. papa], interpellare presumimus G. Foliot *Ep.* 36; **c1157** ad ostium ~atis vestre [sc. pape] pulsare .. erubescerem J. SAL. *Ep.* 28 (50); **1167** et si vera sunt que predicantur in compitis, non video quomodo ~as vestra probabiliter valeat excusari *Ib.* 198 (213 p. 348); **1170** noviter nos decepit occasione quorundam nuntiorum suorum a ~ate vestra [Papa Alexandro III] redeuntium BECKET *Ep.* 646; vestre ~atis eminentia [sc. Archiepiscopi Cantuariensis] AD. MARSH *Ep.* 1 p. 77.

majestativus [ML], majestic, regal.

dulcescat gravium majestativa virorum / lingua, nec invidie fuso crudescat aceto HANV. I 69; et ~a quadam imperatorii vultus assumptione NIG. *Cur.* 171; **c1206** alius [sc. hircus] mittebatur in desertum .. sed ascendendo in celum ubi semper fuerat [Deus] naturam nostram quam assumpserat potestativum et ~um in celesti gloria collocavit P. BLOIS *Ep. Sup.* 50. 4; misericordieque fons indeficiens et origo jugis antonomasiceque ~a E. THRIP. *SS* II 7; et unius supreme ~am circa potenciam *Ib.* XI 13; in visu noctis apparuit ei persona terribilis et magestativa BIRCHINGTON *Arch. Cant.* 9.

major, majus [CL; v. et. magnus, maximus]

1 greater in size or extent, larger, bigger: **a** (of animal or plant); **b** (of part of body); **c** (in place-name; sts. contrasted w. *minor*) Greater; **d** (of constellation, esp. ~*or Ursa*) the Great Bear; **e** (of artefact; also ellipt. as sb.); **f** (of literary or diplomatic text); **g** (mus.).

a quod est scirpio, i. fluvialis juncus, quae est ~or terrestri, minor autem quam harundo *Comm. Cant.* I 216; vultur modico ~or quam aquila *Ib.* I 356; elephanti .. omnibus cognitis ~ores sunt animantibus *Lib. Monstr.* II 2; et hoc armentum, -ti, quod de ~oribus dicitur animalibus OSB. GLOUC. *Deriv.* 25; captorum .. piscium ~orem .. domino .. offerens *Chr. Rams.* 183. **b** ~or digitus dextri pedis *Canon. G. Sempr.* f. 141. **c** maledicti Saraceni, qui et Agareni, tota dominantur Affrica et Asia ~ori maxima ex parte W. MALM. *GR* I 91; Syriam, et Liciam, et Minorem Asiam omnino, et ~oris urbes multas, inter quas et Ephesum, ipsam etiam Jerosolimam depopulati *Ib.* II 225 p. 276; in borealibus quoque ~oris Britannie partibus trans Humbriam GIR. *DK* I

13; Britannie ~oris quatuor ab antiquo legimus partes fuisse Gerv. Tilb. II 10; **1261** abbas ~oris Monasterii Turron' *Cl* 484. **d** Articus dicitur ab Arthos, quod est ~or Ursa Sacrob. *Sph.* 87. **e** libellum quendam, quem ego non habeo, qui non est ~or acceptorio duarum septinarum, legere cupio *Ep. Aldh.* 1 (6); curavit .. ~orem .. de lapide fabricare basilicam Bede *HE* II 14 p. 114; modo vero ~ori ambitu continetur de terra quam tunc arabatur *DB* II 372; linea ~or non nisi in duas lineas ex quibus conjuncta est dividitur Adel. *Elem.* X 39; s**1269** dedicatum est ~us altare Oseneie a R. de G. Wykes 227; **1289** in diversis clavis magoribus et minoribus *KR Ac* 467/19 m. 2. **f** nolui vero radices istarum duarum scienciarum ponere in *~ore Opere* ..; sed postea in *Minore Opere* vidi opportunum esse Bacon *Tert.* 43; **1280** est duplex scriptum protestacionis illius ~us et minus, ambo cum duplici sigillo *Cart. Chester* 34 p. 85; **1451** item liber Prisciani *In ~ore*, secundo folio de corporativis, precium iiij s. *MunAcOx* 610. **g** ponimus .. inter duas et duas punctum, et tunc erunt inequales; hoc est, prima erit minor et secunda ~or [semibrevis] Haudlo 102; et nota quod quelibet nota ~or alia perfici potest Hauboys 194; ~or caudam deprimit, ut hic *Ib.* 272.

2 greater in amount or number, larger; **b** (*~or pars*, also ellipt.) the greater part; **c** (*annus ~or* leap year. **d** (of time or leisure) longer; **e** (of light) brighter; **f** (of scent) more intense; **g** (w. ref. to level of taxation).

promisit se ei innumera et ~ora quam credi potest ornamenta regia .. largiturum Bede *HE* III 24 p. 177; fertur, quia tricies ~orem pagani habuerint exercitum *Ib.* III 24 p. 177; si detrahatur a ~ore [sc. numero] minor donec minus minore supersit Adel. *Elem.* VII 1. **b** omnes fratres vel ~or et melior pars Lanfr. *Const.* 140 (v. abbas 1a); sed in ~ori parte plus distrahuntur quam ligantur *Mens & Disc.* (*Anon. IV*) 48; non quod dicatur semibrevis ab equali parte, sed a ~ori vel minore, ut dicatur binarius ~or pars trium, unitas minor *Mus. Mens.* (*Anon. VI*) 400; s**1390** pro ~ori parte Bristollie moram traxit *Chr. Westm.* 200; infra paucos annos ~or pars cardinalium de filiis ejus erat et nepotibus *Meaux* III 40; **1454** illi, ut in ~ori, in personis plus habent genii quam ingenii, in verbis plus loquacitatis quam eloquii *Reg. Whet.* I 142. **c** ~or [sc. annus] .. constat ex trescentis et sexaginta sex diebus Bracton f. 359v. **d** quadam ergo die, solito ~us mihi et illi Deus otium concessit G. Crispin *Jud. & Chr.* 4. **e** et habent parum de luce, que occultantur a ~ori lumine Bacon XIV 58. **f** amaracus .. inter omnes herbas ~or est odorifera *Alph.* 7. **g** **1255** quod aulam Burdegale de pecunia costume ~oris operari faciat *RGasc* I sup. 55.

3 older, elder (also w. *natu*). **b** (of age) advanced. **c** (as sb.) elder. **d** (pl.) ancestors, forebears.

Cain ~or Adae filius *Eccl. & Synag.* 103; accersito .. Cnutone, filio suo ~ore *Enc. Emmae* I 3; ut coevos et etiam ~ores natu supplicibus conveniret precibus W. Malm. *Wulfst.* I 1 p. 5; ~or natu atque dignior filia *V. Chris. Marky.* 9; admittitur .. ad hujusmodi accusationem quilibet homo liber ~or Glanv. XIV 1 p. 173. **b** dum tibi, dum major per tempora creverat aetas Alcuin *Carm.* 32. 9; deinde, cum pro ~ore etate episcopali officio minus sufficeret Ric. Hex. *Hist. Hex.* I 11; pre ~ori senectute minus episcopatui ministrare sufficeret Elmh. *Cant.* 280. **c** duos .. commisisti alterum pueritie annos agentem, alterum plena integrum pubertate. nunc .. commendas ~oris ingenium P. Blois *Ep.* 101. 312A; s**1225** communiter placuit, quod rex tam populo quam plebi libertates, prius ab eo puero concessas, jam ~or factus, indulsit *Ann. Dunstable* 93; sicut Owinus ~or familie ejus *Lib. Eli.* I 10 p. 26; **1559** subditos hujus regni, quamprimum vigesimum primum aetatis annum compleverint, esse et censeri debere ~ores, aetatisque perfectae *Conc. Scot.* II 172. **d** quibus ~oribus edita sit .. nullum certum indicium existit Gosc. *Lib. Mild.* 2.

4 greater in degree, scope, or scale, major: **a** (of person); **b** (of abstr.); **c** (w. abl.) exceeding, surpassing; **d** (as sb. n.) greater or more important thing; **e** (*eo ~ore*) in a degree greater than that, what is more, moreover.

a michi precepit ~ori stulto dare [sc. pomum], quem potero invenire *G. Roman.* 390. **b** una penitentia est viduae et puellae. ~orem meruit quae virum habet, si fornicaverit Theod. *Pen.* I 2. 14; quod ut facilius et ~ore auctoritate perficeret Bede *HE* V 21 p. 332; **822** ab omni gravitatibus magioribus minoriis .. liberata permaneat *CS* 370 p. 509; ad magorem securitatem .. posui *Reg. S. Aug.* 163; sum puer, ipse vir es, majores sunt tibi vires M. Cornw. *Hen.* 34; iterato est alius ordo solus ejusdem cum ~ore differentia in diminutione *Mens. & Disc.* (*Anon. IV*) 31; non est ~or repugnancia actus meritorii ad naturam in solis naturalibus constitutam quam actus demeritorii Ockham *Quodl.* 587. **c** tametsi plures majorum id ingeniose dissuaderent, ut rem nimis arduam, Normanniae viribus longe ~orem W. Poit. II 1 p. 148. **d** verum in plurimis et pene ~oribus dissident *Dial. Scac.* I 4A; quo ~us cogitari non posset Duns *Ord.* IV 252; quia ~us est ab obediencia alicujus et communione recedere quam ab eodem appellare vel provocare Ockham *Pol.* I 295; **1287** ut aptiores [sc. clerici] et magis idonei fierent ad ~ora *Conc. Syn.* 1026. **e** c**1251** suspeccionem habeurunt quod ille fuit Willelmus de Drayton et eo ~ore, quia alias rettatus fuit de malefacto in foresta *SelPlForest* 102.

5 greater in authority, importance, or power; **b** (as honorary nickname; also, to distinguish elder from younger man of the same name); **c** (of official) chief; **d** (*~us scaccarium*) the greater Exchequer; **e** (of angel) higher in the hierarchy; **f** (eccl.; *~or festus*) major feast; **g** (of abstr.) more important; **h** (as sb. f., log.) the major premise of a syllogism.

ille, qui et obscuritate tenebrosae faciei et primatu sedis ~or esse videbatur eorum Bede *HE* V 13 p. 312; quanto major eris, tanto moderatior esto Alcuin *Carm.* 62. 103; scripsit ad magnum Gaium ~orem Atheniensium sociorum J. Sal. *Pol.* 605b; subsequitur; sacrifex est ultimus, ordine major Garl. *Myst. Eccl.* 375; scimus enim quia monacus minor est, clericus autem ~or est Lucian *Chester* 68. **b** Constantinus ~or regnavit annos xxxij; .. Theodosius ~or regnavit annos xvij .. Theodosius minor regnavit annos xlviij Theod. *Laterc.* 25; regnaverunt in ea [sc. Constantinopoli] .. Theodosius ~or .. Theodosius minor W. Malm. *GR* IV 356. **c** ~or bercarius, custodes operum et ovium monialium *Inst. Sempr.* *xxxiii; c**1228** Germano de C., ~ori forestario Hugonis episcopi *Feod. Durh.* 237. **d** qui ad ~us scaccarium resident *Dial. Scac.* I 4A. **e** ~or angelus mittit minorem angelum ad Zachariam prophetam Ad. Dore *Pictor* 152. **f** in festis principalibus, quasi principalibus, et in festis ~oribus duplicibus *Cust. Cant.* 45. **g** nec credidit ~orem [*sic*] esse juramentum secundum historiam *Comm. Cant.* I 142; cum nominantur tres virtutes, fides, spes, caritas, melius est dicere neutraliter '~or horum' quam '~or his est caritas', ut non quartum aliquid introducas, sed in rebus propositis quid majus sit secernas Abbo *QG* 19 (41). **h** quod ~or hujus syllogismi sit vera, patet Gros. 33; ~or patet, quia universale principium artis et scientie Bacon VII 2; ~or videtur sibi manifesta Ockham *Pol.* I 330; ista sequela est manifesta cum ~ori Wycl. *Compl.* 88; consequencia patet, et minor, ~or vero sic arguitur *Ziz.* 32; ~or sic: quilibet transgrediens preceptum sedis apostolice est hereticus Wyche *Ep.* 532.

6 (*~or natu*) noble, of noble birth. **b** (as sb. m. pl.) noblemen, magnates, important persons.

duos fratres de ecclesia precipuos et ~ores natu .. in comitatu regis miserunt ad prelium *Found. Waltham* 20. **b** misit ad ~ores natu Scottorum Bede *HE* III 3 p. 131; **811** cum principibus ducibusque et ~ores natu *CS* 335; et qui propter hoc se abstinere noluerit, eant omnes ~ores natu [AS: *þa yldestan men*] qui adjacent ipsi curie (*Quad.*) *GAS* 161; Osb. *Mir. Dunst.* 18 (v. conflictus 2c); **1121** (v. discissio 2); regni ~ores natu, rem publicam neglegentes *Plusc.* VII 16.

7 (as sb. m. pl.) predecessors, elder in time, higher in authority.

secundum auctoritate ~orum nostrorumque adque priorum Theod. *Laterc.* 13; quae sunt verba, quae naturae regulis produci ~orum auctoritas decrevit Aldh. *PR* 116; Pascha .. hoc, quod agere soleo, a ~oribus meis accepi Bede *HE* III 25 p. 184; sed ~orum auctoritate tantum penultima diptongus mutatur Abbo *QG* 13 (31); c**1265** fidem catholicam et religionem a ~oribus nostris sancte institutam .. propagare *Inchaffray* 160; **1287** a nostris ~oribus sepe audivimus recitari beneficia aque benedicte *Conc. Syn.* 1026.

8 (as sb. m. pl.) magnates, noblemen, important persons (also contrasted w. *minores*); **b** (of kingdom); **c** (of a court or establishment); **d** (of city); **e** (acad.); **f** (eccl., also sg.); **g** (of mil. order).

faverunt .. adstantes ~ores una cum mediocribus Bede *HE* III 25 p. 189; c**956** alii principes alii subditi concrescentes ~ores minores condonaverunt *CS* 956; si ~ores deferendo pretereat, minores .. damnando coerceat, hec .. simia justitie, non justitia Gir. *PI* I 10 p. 38; **1231** testes mei sunt viri magni fide dignissimi, omni ~ores exceptione Gros. *Ep.* 4 p. 28. **b** et ~ores quique de regno qui familiarius regiis secretis assistunt *Dial. Scac.* I 4B; s**1216** fecit omnes ~ores Anglie regi novo fidelitatem .. jurare *Eul. Hist.* III 113; s**1308** associatis sibi prenominatis Francie ~oribus *Ann. Paul.* 260; fecit .. convocacionem ~orum Scocie in ecclesia fratrum minorum Ad. Mur. *Chr.* 8. **c** ~or publicanorum de Romanis *Comm. Cant.* III 103; **1271** cancellario domini regis, justiciariis de banco et ~oribus curie *Leg. Ant. Lond.* 235. **d** **1299** portaverunt [sc. corpus] usque ad portam civitatis et ibi ~ores de civitate .. sumpserunt *Stat. Linc.* cxxii; quesitum fuit a majore, camerario, vicecomitibus, et aliis de ~oribus ville *MGL* I 77; s**1355** rex .. misit .. quattuorque burgenses de ~oribus dicte ville Oxonie Avesb. 124. **e** **1302** ~ores universitatis [sc. Oxonie] ad episcopum non venerunt sicut fieri consuevit *EHR* XXVI 508. **f** gravi in priorem Laurentium et ~ores ecclesie furore succensi sunt G. Cold. *Durh.* 2 p. 4; et eo [sc. subdecano] absente alteri de capitulo ~ori presenti licuisse et licere .. dictam jurisdiccionem .. exercere *Stat. Linc.* 240; **1462** Theodericus, humilis cardinalis, et ~or primarius alme ecclesie sancti Jacobi de Compostella *Lit. Cant.* III 238. **g** s**1308** ~ores illius ordinis [sc. Templi] accusati confessi et convicti fuerant *Chr. Ed. I & II* I 265.

9 (as sb. m. *~or domus* or sim.) majordomo, mayor of the palace; **b** (eccl.).

Ebrinus ~or domus regiae Bede *HE* IV 1 p. 203; Ecfridus et Ermenburgis .. literas et pretium mortis ejus [Wilfridi] Ebroino ~ori regie domus dirigunt Eadmer *Wilf. Brev.* 231; magnam sui partem exercitus perdidit, atque Egibardum, Anselmum, Rollandum, ~ores sui palatii R. Niger *Chr. I* 68; cum [Alexander] in quendam sibi familiarissimum et palatii ~orem capitalem noctu sententiam ferret Gir. *PI* I 17 p. 58; Ludovicus .. Ugonem .. in ~orem domus sue elegit Gerv. Tilb. II 19 p. 944; duxit filiam ducis Pippini, qui ~or erat in domo Dagoberti *Eul. Hist.* II 122; **1391** sciatis nos confirmasse .. W. de F. officium ~oris feodi baronie de C. *RMS Scot* I 816. **b** majordomus Augustinus frontem et principalem ecclesie porticum possidet Gosc. *Transl. Aug.* 24C.

10 (as sb. m.) mayor: **a** (of city or borough); **b** (of staple); **c** (of merchants); **d** (of gild); **e** (of company).

a et super hoc ~or oppidi *Chr. Abingd.* II 7; **1227** mandatum est ~ori de Len' *Cl* 5; **1301** Elyas Russel ~or civitatis Londonie *FormA* 10; ~or et communitas burgi de Launceueton' fecerunt domino duci fidelitates suas *Capt. Seis. Cornw* 3; **1376** quod loco ballivi, scabinorum et cornemannorum .. habeatis in eadem villa unum ~orem et duodecim aldermannos *Foed.* VII 116; quod .. Johan Goldsmyth de ~ore, ballivis, et communitate ville predicte sibi acquisivit *Feod. Durh.* 24; s**1449** cui tradite erant claves civitatis London' per ~orem, vicecomites, et aldermannos *Chr. Hen. VI & Ed. IV* 150. **b** ~or stapule Westmonasterii *FormA* 20; **1407** copia litterorum capitanei Calesie, ~oris stapule, et majoris ville de Calesia *Lit. Cant.* III 104; **1457** rex ~ori et constabulariis stapule ville sue Bristoll' salutem *Reg. Brev. Orig.* 180; **1487** Richardo Yorche ~ore stapule dicte ville Calesie *Foed.* XII 320; **1499** coram ~ore et constabulariis stapule Westmonasteriensis *Ib.* XII 714. **c** **1319** per quod injunximus dilecto mercatori et civi nostro Londonii Johanni de Cherleton' ~ori mercatorum dicti regni *EHR* XXI 597. **d** **1397** per W. de E. tunc ~orem dicte gilde *Gild Merch.* II 196. **e** **1438** Benedictus Bernardi, qui ~or erat societatis predicte Bekynton I 252.

11 (as surname).

historia Majoris Britanniae .. per Joannem ~orem, nomine quidem Scotum (tit.).

12 (compar. as superl.; v. 1a, 2e, 3b, 4a, 5a, 5f *supra*).

majora v. major, majorana.

majorabilis, capable of increase.

Deus est potencie infinite, non ~is nec minorabilis quoad potenciam Wycl. *Act.* 62.

majoramentum [ML], increase.

quod omne ~um .. oportet proporcionaliter ac-

quirere Wycl. (*De Tempore*) *MS Vienna, Nationalbibliothek 4316* f. 109v.

majorana, majora [OF *majorane*], marjoram (*Origanum*).

recipe salis . . satureie ~ane Gilb. II 100. 1; quedam herba similis ~ane, cujus folia sunt celestis coloris et sunt rotunda ut denarius Bacon IX 56; ~a herba purgans menstrua, G. *majorance*, A. *majorane MS Oxford Bodl. Digby 29* f. 41v; *mageron, herbe*, ~ana *PP*; basilicon semen est ~ane, ozimus idem *Alph*. 18; ~ana, ebrium, sansucus [persa] idem, minuta habet folia et plures stipites graciles *Ib*. 107; persa ~ana, sansuccus, esbrium idem *Ib*. 143; *marjoron*, herba, ~ana *CathA*.

majorare [LL]

1 to make bigger or larger, to increase.

~o, -as, i. magnum facere Osb. Glouc. *Deriv*. 333; *to make grette*, grossare, magnificare, ~are *CathA*.

2 to increase in size or extent: **a** (living thing); **b** (matter); **c** (artefact).

a in septimo vero mense fetus ~atus [Trevisa: *is more*] et ideo majus nutrimentum requirit Bart. Angl. III 24. **b** unde calor secundum tres dimensiones materiam illam augere potest, et ~are, vel extendere *Quaest. Salern*. B 267. **c** ut augeatur juramentum . . et ~etur judiciale ferrum (*Quad*.) *GAS* 389.

3 to increase in length or duration; **b** (mus.).

in toto tempore quo sol movetur a principio Arietis . . usque in finem Virginis ~antur dies supra noctes Sacrob. *Sph*. 102; si fuerit corpus tenebrosum equale corpori luminoso non dicitur umbra ~ari vel minorari propter accessum vel recessum corporis tenebrosi a corpore luminoso J. Blund *An*. 137; per illos undecim dies ~atur etas lune in primo die sequentis anni Bacon *Tert*. 288. **b** nec ultra debet longa ~ari Haudlo 116; nec ultra debet longa ~ari, quia sicut longa simplex habet in valore novem semibreves minores et non plures Hauboys 266.

4 to increase in number (in quot., of quarterings in a coat of arms).

heredes sua arma portantes possunt sua arma ~are vel minorare cum concilio regis haraldorum Bad. Aur. 130.

5 to increase in degree or scale, intensify.

pena eadem nec ~ata nec minorata Wycl. *Act*. 33.

majoratio [ML]

1 increase in size or extent: **a** (of living thing); **b** (of abstr.).

a supponitur quod, augmentacione large accepta convertibiliter pro ~one substancie, est aliqua augmentacio communiter dicta et aliqua proprie dicta. augmentacio communiter dicta est ~o inanimate substancie. augmentacio proprie dicta est in ~one substancie animate per corporeum nutrimentum quod sibi assimilat Wycl. *Log*. III 111. **b** necesse est, cum quelibet pars per situm sibi naturalem transeat, ejus diametrum longitudinalem esse in termino sue diminutionis et diametri transversales erunt in termino sue ~onis Gros. 3.

2 increase in amount or quantity, addition, supplement.

c1284 de eodem thesauro per manus diversorum et per ~onem liiij millium . . li. viij s. j d. receptis de thesauro regis tam temporis *KR Ac* 4/2; satis . . apparet sensui, quod nulla ~o quantitatis, si fiat ab agente extrinseco, est augmentacio Duns *Metaph*. IX q. 14 p. 591.

3 increase in length or duration.

per consequens concessa ~one aut minoracione ejusdem temporis Wycl. (*De Tempore*) *MS Vienna, Nationalbibliothek 4316* f. 110.

4 increase in degree or scale.

unde cum dilectionis augmentatio esset beneficii ~o, extractio post predictam experientiam esset majoris beneficii largitio quam fuisset ab initio Gros. *Cess. Leg*. I 7.

majoratissa, mayoress, wife of mayor.

1527 undecimus locus dimittitur coram domina ~a et sororibus suis *REED York* 243.

majoratus [LL = *primacy, superiority*]

1 office of mayor, mayoralty: **a** (of city or borough); **b** (of staple).

a s1255 specificatum est in cartis de ~u quod cives possunt amovere majorem suum in fine anni *Leg. Ant. Lond*. 22; **1321** ad regimen civitatis predicte et quod idem major in officio ~us illius ultra unum annum . . non moretur *PQW* 449a; **1326** in cujus rei testimonium sigillum ~us Oxonie est appensum *Deeds Balliol* 54; s1326 Ricardus [de Betoyne] electus fuit ad ~um Londonie *Ann. Paul*. 318; **1412** prout continetur in registro ~us et communitatis dicte civitatis *Mem. York*. II 41; breve de restitucione libertatis civitatis, una cum ~u, tempore Henrici Galeys, majoris *MGL* I 623; **c1540** sigillum officii ~us dicte ville Fordwici *FormA* 237. **b** c1499 deliberare . . literas patentes sibi factas de et super officio ~us stapule civitatis Exon ac comitatus Devon et Cornubie *SelCReq* 6.

2 office of majordomo, seneschalship.

hanc seneschalliam, vel, ut antiquitus dicebatur, ~um domus regie, Robertus, rex Francie, dedit G. G., comiti Andegavensi Trevet *Ann*. 63.

majoria [ML], office of mayor, mayoralty.

1254 quod de tribus hominibus quos elegerunt ad ~iam ville Sancti Emiliani . . P. Sicard' fiat major *Cl* 236; **1254** quod committat Guillielmo . . ~iam Bajone et rex . . in officio illo competenter providebit *RGasc* I 399b; **1259** nostrum . . habuisse consensum ~iam et communiam Burdegale tollendi et penitus removendi *Cl* 478; **1284** faciet fideliter ea que ad officium ~ie pertinent *BBC* (*Conway*) 366; **1312** ipsum Ottonem facimus . . majorem vestrum Burdeg' sub eisdem . . condicionibus quibus alii majores ejusdem ville . . ~iam tenuerunt antedictam *RGasc* II 610.

majoriflorere [al. div.], to flourish to a great extent.

1265 et maxime ipsis qui ~ent religione *Cart. Haughmond* 10.

majorissa

1 mayoress, wife of mayor.

pro uno signo [i. e. cygno] empto de ~a civitatis Cantuar' *Ac. Chamb. Cant*. 143.

2 majordomo of queen's household.

1251 sciatis nos concessisse dilecte nobis in Christo Gwille ~e de Attlant' terram nostram in B. Roeng' *Pat* 62 m. 2; **1258** dilecta nobis Guilla' ~a de Atlant' a puericia immo regine nostre obsequta est *Pat* 72 m. 13.

majoritas [LL = *greater part, majority*]

1 greater size or extent.

si objiciatur quod imago minor est quam res, propter quod diceret aliquis quod minor deberet videri, dicendum est quod ~as anguli cum propinquitate prevalet in hac parte Bacon *Maj*. II 155; ideo non sequitur, etsi una sit reliqua infinitus major, quod sit infinitum magna, sicut dicitur de ~ate superficiei ad lineam Wycl. *Log*. II 30.

2 greater amount or quantity.

item partibilitas, ~as, et minoritas sunt proprietates quantitatis et quanti, sed non ens non est quantum Bradw. *CD* 70A; *Ib*. 826B (v. divisibilitas).

3 greater part, majority.

ab oculis ducentium devians, quorum curae versus suum damnatum dominum jam erat ~as, quam perfici quod eorum coeperat protervitas Herm. Arch. 2; s1297 comitibus . . et baronibus pariter conglobatis, necnon ~ate populi ejus inclinante *Flor. Hist*. III 103; si racio tocius et racio ~atis accipiatur a sensu Duns *Ord*. III 141.

4 greater length.

si igitur motus solis procedat augmentando in firmamento et partes sequentes rectius oriuntur in zodiaco, erit duplex causa conjuncta ~atis dierum naturalium et dicuntur hujusmodi dies majores Gros. 23.

5 (w. ref. to the pulse rate) greater frequency or intensity.

decima significatio sumitur a pulsu, cujus ~atem constrictio super dilatationem sicut prediximus Gilb. I 14ra.

6 greater degree, scope, or scale.

quia viz. ibi pluralitas ex parte objecti concludit ~atem virtutis in intellectu Duns *Ord*. III 46.

7 greater authority, influence, or power, precedence, superiority; **b** (w. ref. to seniority, among Christ's disciples, *cf. Marc*. ix 33); **c** (w. ref. to the Church); **d** (w. ref. to the office of abbot or head of religious house).

allegebat ~atem Luelinus, parietatem Edwardus Map *NC* II 23 f. 32r; ubi propter ~atem gradus sic sibi ad invicem contenciose agunt fratres *Reg. Whet*. II 376; ~atis gracia viz. preponebatur mulieri, quo ordinis racione ipsa ei substituebatur et obedienciam debuit ut proposito suo Fortescue *NLN* II 18 p. 133. **b** apostoli in via tractant de eorum ~ate W. Leic. *Sim*. 107r; **1384** ~as . . inter Christi discipulos non penes magnitudinem mundanam, sed penes Christi imitacionem in moribus mensuratur (Wycl. *Ep*.) *Ziz*. 341. **c** s1170 illius dignitatis et ~atis ecclesiam Cantuariensem ab antiquo fuisse audivimus, ut reges Anglie ab ejusdem archiepiscopis inungi consueverint (*Lit. Papae*) Diceto *YH* I 338. **d** accidit de quodam [monacho] in quadam ~ate constituto, ut illius domus ceteris preesset fratribus *Latin Stories* 113; s1451 juste . . meretur [Johannes Whethamstede] constitui rursum super Domini familiam, justissimeque . . reaccipere illam . . ~atem [officium abbatis] *Reg. Whet*. I 6.

8 office of mayor, mayoralty.

1217 eodem die quo se dimisit de ~ate *Cl* 340b; **1242** in omnibus que ad ~atis officium pertinent *RGasc* I 108; **1250** non poterunt auxiliari Nicholao de Stocwell', quondam majori Oxonie ad recolligendum tallagium assessum super villam Oxonie tempore ~atis prefati Nicholai *Cl* 272; **1257** de facto ~atis et castri Burdegale *Cl* 119; **1319** litteris . . sigillo officii ~atis ejusdem civitatis . . signatis *MGL* II 268; s1321 Robertus de K. factus fuit custos ejusdem civitatis [sc. Londinii] et Nicholaus de F. depositus de ~ate *Ann. Paul*. 291; **1337** major et communitas predicti burgi clamant de feodo ad officium ~atis pertinente *Capt. Seis. Cornw* 39; **1388** major dixit, quod tempore quod ipsum contingeret esse in officio ~atis *Mem. York* II 20; in officio ~atis Londonie regnans Favent 5.

majus [LL], to a greater degree or extent, more (than; sts. w. abl.); **b** (w. vb.); **c** (w. adj.).

~us v solidis eis solvere non solebamus *Meaux* II 63; ~us, A. *more WW*. **b** nec ex hoc hostes pacificati, sed ~us crescentes Angliam spoliaverunt Knighton I 9; s1382 *Id. Cont*. II 179 (v. debriare 1c). **c** c1449 ~us expediens esset quod decisio . . negocii penderet in dominos nostros *Let. Ch. Ch*. 15.

majusculus [CL]

1 somewhat greater.

et ~us, -a, -um, i. aliquantulum major Osb. Glouc. *Deriv*. 333; partem divitum occupavit ambitio, partem sepelivit oblivio, ~am portionem reges Eduardus et Willelmus contulere Westmonasterio W. Malm. *GP* IV 162; herebantque incerto, an pedagogi documento contractionem fingere nosset, ut eo commento ~am stipem miserantibus detraheret *Ib*. V 269 p. 427.

2 (of person or his age) somewhat older.

nam Boamundus etatis ~e nihil erat quod retineret, sed etiam puerilia xenia dispertiret W. Malm. *GR* IV 387.

3 (as sb.) somewhat older person or animal.

ibi pusio . . brevi mirandus ipsis enituit magistris. cumque jam ~us a Cantia in Westsaxones remeasset, religionis habitum in Meldunensi, accepit cenobio W. Malm. *GP* V 189 p. 333; tres †mansiunculos [*sic* MS; v. l. majusculos, sc. isitios] furati *Id. Wulfst*. II 21; aut sola fides pro parvulis, aut sacrificium pro ~is Pull. *Sent*. 766B; injunximus ei quod vitulum redimeret, redemptum martyri Thome restitueret, et nos interim eum in custodiam susciperemus, quoadusque ~us duci posset ad martyrem W. Cant. *Mir. Thom*. VI 67; momentis singulis ventris dulciculi / per dies singulos fiunt majusculi Walt. Wimb. *Carm*. 19.

makari v. moechari.

makau [camahutus < OF *camaier* ? understood as *ça maieu*], cameo, (engraved) gem.

1243 tam de *makaus* quam de aliis lapidibus pulcris et decentibus *Cl* 42; **1243** cum quodam magno makau vel alio lapide precioso *Cl* 43.

makementum [AN *makement*], agreement, proposal. **b** machination.

1306 (1357) ex condicto vel ~o inter se et famulos eorum quorum se dicunt provisores *Pat* 251 m. 6; fecit . . quoddam ~um maritagii inter quandam . . et quemdam Galfridum *State Tri. Ed. I* 17. **b** c**1411** juratores dicunt quod M. K. Griffith' . . per ~um et procuramentum et consilium David ap Eygnon' . . felonice furati fuerunt xxiiij boves et vaccas *SessP Salop* 103 (no. 161).

makerellus [ME, AN *makerel*]

1 mackerel; **b** (as exaction).

c**1159** quod abbas Fiscannensis et conventus de unaquaque nave de terra sua debent habere lothos allectium et ~orum omni tempore quo piscari possunt *Act. Hen. II* I 227; c**1173** ipsi homines habere debent mercaturam suam in terra et in mari, et nominatim de ~o *Ib.* I 483; **1207** pro ~o ix d. *Househ. Ac.* I 113; **1262** quod . . ~os et alios bonos pisces . . emi . . faciatis *Cl* 27; **1343** pro quolibet ret' ad makerell' capiend', ob. *MinAc* 894/24; **13** . . piscator . . habeat . . mecaros sive ~os, salmones (*Nominale*) *Neues Archiv* IV 340; in sturgon lv s. ix d., in makerell' xxxiij s. *Ac. Obed. Abingd.* 38; item de ~o, haddok, merlyng, et de coungre salsato et hujusmodi piscibus salsatis *MGL* I 240; item, ~um meliorem, in Quadragesima, pro j denario *Ib.* II 119. **b** c**1189** quam [masuram] . . tenuit liberam et quietam ab omni teloneo, pontagio . . maquerello, harengis *Act. Hen. II* II 334; **1309** clamant percipere et habere custumam makerell' *PQW* 828a.

2 (as surname).

iiij c[arucatas] quas . . tenet . . Rogerus Macherellus *Surv. Linc.* 242; **1212** Willelmus ~us de Portesm' et Willelmus cum Barba ibidem *EHR* XLI 557.

1 mala [CL], lower part of the face: **a** cheek. **b** jaw.

a non cirros capitis ferrata forfice dempsit, / nec culter malas vestis lanugine rasit ALDH. *CE* 4. 7. 16; †malis [l. malas], ora *GlC* M 3; mālas, gebsias *Ib.* M 121; juvenes lanugine malas L. DURH. *Dial.* I 497 (v. juvenis 1a); ave, pulcra naso, malis, / pulcra dorso, pulcra palis WALT. WIMB. *Virgo* 90; hec gena, A. *cheke*, hec ~a idem est *WW*. **b** ~is, or maxillis *Gl. Leid.* 34. 1; ~as, maxilla OSB. GLOUC. *Deriv.* 361; hec ~a, *jouue*. hec ~a, -e, est pars faciei (SERLO WILT. *gl.*) *Teaching Latin* I 134; est mare fērale, cor gestat nauta fērale, / nimbosoque māle [*gl.*: fauces hominum, maxcille], feriuntur ab ethere māle GARL. *Mor. Scol.* 606; faux est māla, mālum vicium, mālum quoque pomum *WW*.

2 mala, ~um [AS, ON *mal*], mail, payment, rent.

a**1093** octo ~e de braseo et *derchede* ~e et *chedher* ~e E. *Ch. Scot.* 11; p**1100** in terra warlanda sunt xj bovate ad opus et xv ad ~am *Cart. Burton* 18; **1196** clamium nostrum de duobus solidis de ~a de jugo de S. *Reg. S. Aug.* 483; **1257** quieta [dolia vini] de omnimoda prisa excepta debita et antiqua prisa regis, viz. uno dolio vini ante ~um et alio post *Cl* 52; a**1263** ij solidos de redditu ad festum Omnium Sanctorum et viginti et unum denarios de ~a ad Pentecosten *Cart. Bilsington* 105; **1343** Walterus Espek, quondam dominus de Helmesley . ., concessit priori et conventui de Kirkeham . . centum solidatas redditus per annum . . pro decima de ~a maneriorum suorum *IPM* 71 m. 15; **14** . . debet ad terminum Sancti Andree ij d. quad. de redditu assiso et ad terminum Pasche ij d. de ~a et serviciis *Cart. Bilsington* 149.

3 mala [ME, OF *male*; cf. OHG *malha*], bag, pouch, sack.

1164 pro bulgis et ~iis in camera regis xxxj s. et x d. *Pipe* 20; **1180** pro ij pariis coffrorum et ij ~is *Ib.* 150; **1303** pro una ~a de albo corio pro denariis infra portandis *KR Ac* 363/18 f. 7d; **1360** Johannem Pygot de uno equo et una ~a depredatus fuit *Pat* 259 m. 17; **1371** quandam ~am cum quodam capite hominis mortui in ea contento *CoramR Mich.* rex 23; **1428** abbatem cum . . valisiis sive ~is *Mon. Hib. & Scot.* 371.

malabastrum, malabatrum v. malobathrum.

malacarpon, (bot.) red madder (*Rubia tinctorum*).

~on, *reed madre MS Cambridge Univ. Libr. Dd. 11. 45 f.* 109ra.

malache [CL < μαλάχη], **a** mallow (*Malva*). **b** sweet woodruff (*Asperula odorata*).

a malachi, i. *malue Gl. Laud.* 948; melotia, i. malua *Ib.* 962; malochia, i. malua *Ib.* 1001; herbe . . humide ut . . molochia GILB. II 104v. 1; fiat emplastrum de caricis, i. de ficubus siccis, et maloch et aqua mellita GAD. 101v. 1; malua Siriaca, molochia, malua domestica sive ortolana idem, cujus flos vocatur Siriacus; foliis, flore, radice, et semine utimur G. *mauue*, A. *malewe Alph.* 111. **b** herba malochin agria, *þæt is wudurofe Leechdoms* I 26; malachin agria, *uude rofe Gl. Durh.* 303; astula regia, i. *wuderove*, i. malacinagria, i. musga *Gl. Laud.* 155; melicinagru, i. malua agrestia *Ib.* 957; malua silvatica vel erratica agrestis dicitur moloceagria *Ib.* 996; malochinagria, A. *wodrove MS BL Addit. 18752 f.* 106v.

malachi, ~chin v. malache. **malachim** v. melech.

malachites [*μαλαχίτης], malachite.

meroctes [TREVISA: melochites] gemma est viridis, smaragdo similis, spissioris tamen et grossioris est viroris quam smaragdus; unde et colore malue nomen accepit BART. ANGL. XVI 68.

malacia [CL < μαλακία], calm weather, mild climate.

malachia, mollities *GlC* M 68; *lype . . and calm wedder*, ~ia . . *mery weddyr or softe weddyr*, ~ia *PP*.

malacinagria v. malache.

malacticus [LL < μαλακτικός], (med.) that softens or loosens. **b** (as sb. f.) soft substance.

~a, i. mollitiva *Gl. Laud.* 974; malaticum, i. e. dissolitivum [v. l. dissolutivum] *Alph.* 108; virtutem . . malagticam *Ib.* 176 (v. diaphoreticus). **b** ~a, i. lana mollissima *Ib.* 109.

maladaria [cf. maladia, OF *maladerie*], hospital for lepers.

1200 concessisse leprosis de Karenthom' unam feriam habendam apud maladeriam suam de Karenthom *RChart* 35b; **1204** disseisiverunt eum . . de ~ia quadam in qua quidam leprosus fuit *CurR* III 90; c**1216** extra villam juxta malederiam *Cart. Glam.* II 356; **1220** adjudicatus fuit pro leproso . . commissus fuit in quadam maladria *Ib.* VIII 309; **1275** ex consensu villate de Poynton' levavit unam maladriam in una placea que fuit communa ville de Poynton' *Hund.* I 259b.

maladeria v. maladaria.

maladia [OF *maladie*], malady, disease, sickness.

1467 diversis infirmitatibus et ~iis vexatus *IPM* 26/49.

maladicatrix v. maledicatrix **maladria** v. maladaria.

malagma [CL < μάλαγμα], emollient, poultice.

verax medicus [sc. Christus] . . saluberrimum componeret ~a [*gl.*: medicinam, *halwedne læcedom*] ALDH. *VirgP* 7; quod nullus medicus ~a [v. l. medicina] corporali potuit sanare *V. Cuthb.* IV 4; ~a, *salf GlC* M 21; ~a, *cliða* ÆLF. *Gram.* 302; ceram summovit et ~a quod [oculo] appositum fuerat ad purulentias extrahendas W. CANT. *Mir. Thom.* II 3 p. 158; ~a de muscis composítum cupiditati mederi videtur NECKAM *NR* II 113; [nos libri] morbis variis laboramus . ., nec est ullus qui ~a procuret R. BURY *Phil.* 4. 63.

malagnum v. malannum. **malagranatum** v. 2 mālum 2. **malagticus** v. malacticus.

malalanda [cf. 2 mala+landa, ME *mollond*], land on which rent is paid.

1336 sunt ibi lxviij sokemanni et xxix molmanni, quorum j tenet j virgatam et quartam partem j virgate terre de mollond', . . iiij quorum quilibet tenet j virgatam terre de mollond' . . *IPM* 48/2 m. 17.

malamannus [cf. 2 mala+mannus, ME *molman*], unfree tenant who pays rent (sts. to commute duty in labour or kind).

in Newtona . . tenent xij malemanny [v. l. malmanni] xxiv bovatas *Boldon Bk.* 5; c**1250** quelibet domus habens ostium apertum versus vicum, tam de malmannis quam de cotmannis et operariis, inveniet unum hominem ad *lovebone Cart. Rams.* I 488; r. c. . . de xxv li. xiij s. ix d. ob. quad. de operibus

bondorum, malemannorum et cotariorum remissis *Ac. Cornw* 203; **1300** sunt ibidem lxvj molemenni et lvj custumarii de diversis tenuris qui reddunt per annum x li. iiij s. xj d. (*Suff*) *IPM* 96 m. 5; **1302** sunt ibidem septem molmenni, de quibus Johannes le Heyward tenet unum mesuagium et x acras *Ib.* 105/7 m. 2; **1307** quidam molmanni et cottemanni metent in autumpno xvj acras *Ib.* 127/6; **1317** opera decem malemannorum in eadem villa [*Elmestede, Essex*] *Cl* 135 m. 16; **1333** molmannii *Cal. IPM* VII 531; **1338** de ij malmannis de Heighington, viz. de quolibet bondo et malmanno ij buss' cumulat' *Surv. Durh. Hatf.* 208; **1402** non plures acre falcate ad tascham, quia xxj acre falcate per opera custumariorum et molemennorum (*MinAc* 547/31) *Growth Eng. Ind.* 599.

malamarta [cf. 2 mala+marta], (Scot.) mailmart, cow paid as rent.

1459 de xl martis ij quartis marte vocatis mailmartis insule de Bute et de x martis dictis malemartis insule de Arane, de anno compoti *ExchScot* 534; **1468** de lxxxviij martis dictis malemartis . . *Ib.* 551; **1479** et de xliiij martis dictis mailemartis aliarum duarum parcium *Ib.* 615; **1480** de xliiij martis dictis malemartis *Ib.* 24.

malandrinus [ML; cf. ME, OF *malandrin*], brigand, highwayman.

per abrupta montium, concava vallium, densitates nemorum, multitudinem ~orum venimus castrum nomine Bobium S. SIM. *Itin.* 13; s**1414** malendrini (v. brigantinus); papa . . omnes . . piratas et malandrinos . . excommunicat AD. USK 97; cum magno periculo vite sue vix evasit malendrinos per viam latitantes *Eul. Hist. Cont.* III 379.

malangrafficum v. melangraphicum.

malannum, ~us [ML; ? cf. CL malandria ? < μελάνδρυον], pustule, malignant boil, anthrax, carbuncle.

796 quidam itaque ~us morbi per dulcia quidam per amara sanantur pocula ALCUIN *Ep.* 79; aderat quidam miles, cujus oculum dextrum carbunculus, quod malum Franci per antiphrasim bonum ~um vocant, . . possederat GOSC. *Transl. Aug.* 22D; infirmitate . . gravissima laborando exestuabat, quia bonum malagnum supra femina juxta inguinis ilia sustinebat R. COLD. *Cuthb.* 101; panno . . super ulcus boni malagni adibito *Ib.*; bonum malanum, i. antrax *SB* 13.

malardus v. mallardus.

malarium [CL malum+-arium], place in which apple trees grow, orchard.

~ium, pomarium, arbor que fert poma OSB. GLOUC. *Deriv.* 366.

malasella [3 mala+CL sella], saddlebag.

1388 de uno equo albo, j sella cum apparatu cuprato et ij malsell' supradicti domini J. S., uno equo *bay* Thome N., uno equo *sorell'* et ij sellis cum apparatu Nicholai M. non respondet *LTR AcEsch* 10/5.

malaspermon v. melaspermon. **malaticum** v. malacticus.

malatolta [ML; al. div.], maltolt, unjust or illegal tax or exaction.

1199 in venda et in maustosta [*sic* MS] *RChart* 25b; **1202** mercatores de Francia cum vinis etc. descendentibus de Francia in Normanniam per malam toltam que inde reddi solebat . . *Pat* 16a; **1205** saline *Cl* 26a; **1291** cum quedam maletota per quosdam leventur in civitate . . Burdegale *RGasc* III 32a; de dicta malitota *Ib.* 32b; **1291** ut . . extorsiones et maletoltas ulterius levari non permittatis *Ib.* 34a; **1303** maltollie *Cal. LBLond.* C 122; **1315** salva nobis custuma que dicitur malatouta (*Ch.*) *EHR* XXVI 329; pecunias de malitotis *Reg. Rough* 2; assisa maletote *Ib.* 29; **1444** maletoti (v. havenator).

malator v. marlator. **malatosta** v. malatolta. **malaundria** v. melandria.

malaxare [CL < μαλάσσειν], to soften, esp. with hand, to knead.

farinam aqua conspersam pinsit pistor et ~at NECKAM *NR* II 170; ~are, mollescere OSB. GLOUC. *Deriv.* 366; pix calefacta ad ignem et ~ata GAD. 24. 1; pix . . manibus ~etur *Ib.* 125. 1; emplastrum dicitur dura confeccio ex diversis rebus et glutinosis que manibus ~ari possunt *SB* 19; ~o, A. *to cnede WW*.

male [CL]

1 distressingly, painfully, unpleasantly. **b** (*male esse de*) to be out of favour with (someone), to be in bad books with (someone).

vide ne ~e pereas, festina te corrigere antequam finis veniat *Ps.*-BEDE *Collect.* 382; patibulum exosum est unicuique [latroni et regi] ubicunque ~e habet ASSER *Alf.* 90; fecit se essoniari de ~e veniendo *MGL* I 411. **b** si male de domino fueris, de te bene dicet / vix pius D. BEC. 1258.

2 improperly, badly.

redditum est castrum regi Bebanburh; fautores vero consulis ~e pacati sunt H. HUNT. *HA* VII 4; [Hibernienses] que bene formantur, exquisitissime et nusquam melius; sic et qui male, nusquam pejus GIR. *TH* III 35; quod intellectus noster per sua naturalia potest attingere ad cognoscendum essenciam prime cause, hoc ~e sonat, et est error, si intelligatur de cognicione immediata BACONTHORPE *Quodl.* 9A.

3 wickedly, wrongfully.

ut solus quod ~e agit confiteatur abati GILDAS *Pen.* 27; dum ~e acta deorsum insequitur, confundi .. a summorum contemplatione cogebatur (*Libellus Resp.*) BEDE *HE* I 27 p. 58; erant .. in veteri monasterio .. ~e morigerati clerici ÆLF. *Æthelwold* 12; clericos autem ~e actionales de ecclesiis expelleret OSB. *V. Dunst.* 35 p. 112; sunt divites qui a majoribus ~e quesitas divitias possident R. NIGER *Mil.* IV 40; **1300** ~e ipsum verberaverunt et tractaverunt *Rec. Elton* 95; in ~e audiente WYCL. *Ver.* I 299 (v. culpabiliter); ~e, A. *wykkedly WW*.

4 incompetently, ineptly.

librum .. ~e de Greco translatum BEDE *HE* V 24 p. 359; **1247** W. J. in misericordia quia ~e aravit terram domini *SelPlMan* 12; **1300** de Leticia, uxore Johannis B., quia ~e gleniavit in principio autumpni *Rec. Elton* 93; **1365** R. le Bailiffe pistor de fine pro uno pane ~e pasto et minus ponderante *CourtR Winchester*.

5 (w. adj. as quasi-neg.) not.

haec siquidem agere est philosophum diffiteri ad ad ~e sanos accedere J. SAL. *Met.* 932; HON. *Spec. Eccl.* 891D (v. maledulcis).

maleare v. malleare.

malecontentus, malcontent, rebel.

1587 jampridem enim poena capitis publice interdixi meis, in ~orum terras praesidiaque omnem annonae transportationem (*Lit. Comitis*) *Foed.* XVI 7.

malecredere [male+credere 3], (leg.) to believe ill of, mistrust, suspect.

1199 r. c. de x m. pro cervo mortuo lasciato cum corda de quo ~itus est *Pipe* 83; **1201** juratores .. dicunt quod ~unt eum inde et totus comitatus similiter ~it eum *SelPlCrown* 1; **1220** Johannes le H. captus pro morte .. Theobaldi unde rettatus est .. et ~itus de aliis rebus *CurR* VIII 279; Philippus de Sancta Brigida ~itus pro stultiloquio suo, invenit hos plegios de fidelitate *Ib.* 280; **1225** etc. (v. credere 3b); **1239** R. .. dicit quod si Deus eum adjuvet ~it J. .. de foresta domini regis *SelPlForest* 70; J. Wodeward de L. .. ~it personam de S. quia sepe vidit eum euntem cum leporariis in foresta *Ib.* 71; **c1320** examinati sunt, et non male creduntur in aliquo .. judicium 'infortunium' *MGL* I 83; neminem ~unt de morte illa *Ib.* 85.

malederiam v. maladaria.

maledicatrix, slanderer (f.).

1390 Alicia Marschall .. est communis litigatrix et maladicatrix omnium tenencium ville (*Halmote Summer*) *DC Durh.*

maledicere [CL]

1 (intr.) to speak ill (of), be insulting (to).

†lactescit [l. lacessit], exasperat, provocat vel frequenter lacerat, detrahit, ~it *GlC* L 97; preceptum est in lege ne surdo ~atur NECKAM *NR* II 181; G. de C. cepit de catallis W. de la M. occasione quod debuit maledixisse de domino Johanne Rege l m. *PlCrGlouc* 41; **1262** R. C. in misericordia quia male dixit pro W. S. *CBaron* 180; si quis tibi maledixerit [ME: *misseið*] vel malefecerit, adverte et intellige quod ipse est lima lorimarii *AncrR* 62; **1366** quia maledixerunt jur' et imponunt eis falsitatem, de misericordia vj d. *Hal. Durh.* 49.

2 (tr., w. dat. or acc.) to curse: **a** (person); **b** (living thing); **c** (day); **d** (absol.).

a ambitores istos ordinant, immo potius humiliant atque pro benedictione ~unt GILDAS *EB* 67; hi qui merito impietatis suae ~ebantur BEDE *HE* IV 24 p. 266; **1075** te et omnes adjutores tuos maledixi et excommunicavi LANFR. *Ep.* 41 (33); **c1130** omnes .. qui hec ab ecclesie servitio auferrent vel minuerent excommunicavi et maledixi *Ch. Westm.* 244; **1236** hi qui matres carnales inhonorant per legem divinam ~untur GROS. *Ep.* 22 p. 75. **b** ideoque Dominus ei [arbori] maledixit in evangelio specialiter *Comm. Cant.* I 36; ~it Christus ficulnee non habenti fructum AD. DORE *Pictor* 159. **c** **s1192** sic contriti, probati, fatigati, sepius diei qua nati sunt ~entes, frequentius seipsos colaphizantes, tandem ad Ascalonem civitatem pervenerunt *Itin. Ric.* V 3. **d** in his stabant filii Israel ad benedicendum et ad ~endum *Comm. Cant.* III 127.

3 (p. ppl.) accursed. **b** (as sb. m.) cursed man. **c** (as sb. n.) curse.

790 idem ~ti Saraceni ALCUIN *Ep.* 7; meministi quia Cain major Ade filius per invidiam suum minorem fratrem Abel cum baculo interfecit et ob hoc a Deo ~tus et vagus in terra vixit *Eccl. & Synag.* 103; si illa malidicta mulier veniret ad me ad confessionem *V. Chris. Marky.* 30; de Paradiso ejecti, de terra ~ta in sudore vultus sui panem adquirunt *Flor. Hist.* I 3; **1344** illius ~ti incumbentis *Lit. Cant.* II 281; **1446** allocate eidem de ordeo grissume tocius insule de Arane, vastate per ~tos invasores de Knapdale et Kintyre .. ij celdre ij firlote *ExchScot* 253. **b** **a766** discedite a me ~ti [cf. *Matth.* xxv 41] *CS* 194; **s1139** eventu .. ut .. ad pugnam prosilirent. primo ~tis, mox gladiis, res acta W. MALM. *HN* 469 p. 27. **c** qui ~tum vetustatis absolvit THEOD. *Laterc.* 16; non vitavit ~tum crucis, non vitavit mater ~tum sterilitatis AILR. *Serm.* 73.

maledictio [CL]

1 verbal abuse, insult, slander.

de .. ~one vel detractione causa invidie EGB. *Pen.* 9. 1.

2 **a** (act of) cursing. **b** a curse; **c** (w. ref. to *Gen.* iv 11); **d** (w. ref. to *Gen.* ix 25); **e** (written).

a debent mori qui faciunt et non de ~one tantum verborum *Comm. Cant.* I 385; Vigenna .. dicitur, quasi via Gehenne, quia erat tunc locus ~onis. homines illi .. vas illud ~onis a se removerunt *Flor. Hist.* I 113. **b** ideoque terra infecunda fuit, ut creditur, pro supradicta ~one antequam diluvio esset mundata *Comm. Cant.* I 83; **p792** quod magis est peccatum quam premium, magisque ~o quam benedictio ALCUIN *Ep.* 291; **933** sub aeternae ~onis anathemate *CS* 694; duo erant in virginis animo, .. virginitatis amor et legalis ~onis timor W. MALM. *Mir. Mariae* 118; nunquam tot ~ones sunt frustra prolate GIR. *TH* II 50; **1337** exeant cum ~one Dei et nostra *Lit. Cant.* II 156; **1552** ~oni divinae se reddant obnoxios *Conc. Scot.* II 138. **c** omnes filii Adam nativae ~onis sententiam excipiunt OSB. *V. Dunst.* 3. **d** decem naciones, ex quibus septem fuerunt de semine Canaan, in quibus ~o Cham fuit quasi jure hereditario radicata *Eul. Hist.* II 34. **e** ipsamque ~onem in calce libri posuerunt DOMINIC *V. Ecgwini* I 13.

maledicus [CL], that utters evil, evil-speaking: **a** (of person; also as sb. m.); **b** (of mouth or word); **c** (of abstr.).

a **596** nec labor vos itineris nec ~orum hominum linguae deterreant (*Lit. Papae*) BEDE *HE* I 23; quamvis ~i regnum Dei possidere non possint *Ib.* IV 24 p. 266; si quis .. maledicus .., iij annos peniteat EGB. *Pen.* 4; ?**1075** scias tamen dominum nostrum regem nullius detrahentis contra te verba recipere, sed potius contra omnes ~os regali te auctoritate defendere LANFR. *Ep.* 58 (37); **1176** si ad caput nostrum Christum respicitis, nullius innocentiam ~us aut detractor acerbius impugnavit P. BLOIS *Ep.* 100. 311C; si .. in apparencia religiosum se ostendit [rex] et in operibus sit malidicus vel malefactor .. a Deo reprobabitur BACON V 47. **b** **p1208** ora .. ~a GIR. *Ep.* 1 p. 156. **c** **1408** hoc ~um schisma .. noscitur perdurasse *Conc.* III 307a; schisma ~um quod per xxx annos et ultra in ecclesia .. perduravit *Ib.* 308b.

maledoctus, maleductus, badly guided, maltreated, ill-instructed (translating the surname *Mauduit*).

a1123 homines qui fuerunt [presentes] ..: Radulfus filius Willelmi et Willelmus Maledoctus et Robertus de Ver (*Deed; MS BL Cotton Cleopatra C VII* f. 79v) *EHR* XIV 428 (cf. *MS BL Addit. 28024* f. 28: Willelmo Maledocto); **1167** Johanni Maleducto *Pipe* 76.

maledulcis [LL], not sweet (fig.).

fugite ~e servitium pessimi domini, immo oppressionem tyranni crudelissimi et toto corde suave jugum et leve onus piissimi Domini ac confugite sub alas Patris vestri HON. *Spec. Eccl.* 891D.

malefacere [CL; al. div.]

1 to act wickedly, do wrong.

793 non enim loci ~ientes adjuvat sanctitas; sed benefacientes relegionis integritas efficiet sanctos et dignos protectione divina ALCUIN *Ep.* 19 p. 54; ille cujus armis ~tum est (*Quad.*) *GAS* 363; fuit in tempore guerre cum rege J. et pluribus male fecit *PlCrGlouc* 43; **1221** venit J. cum aliis pluribus in foresta domini regis sicut ille qui solitus fuit ~ere in foresta *SelPlCrown* 85; si quis tibi maledixerit vel malefecerit [ME: *misdeð*] .. *AncrR* 62; **1312** Ricardus S. sequebatur Matildam le Couper' cum quodam knypulo tracto ad ~iendum, per quod juste levavit uthesium super eundem R. *Rec. Elton* 198.

2 (w. dat.) to do harm to, injure (partly fig.).

1260 inquirere .. quis habuerit .. aliquod aliud ingenium ad ~iendum domino †regis [l. regi] de feris suis *Cl* 141; **1375** nulli [*sic*] .. ~iat dicto messori *Hal. Durh.* 130; deinde vocato coram rege predicto Bertramo, dixit ei rex, "quid tibi malefeci, quare me occidisti?" *Feudal Man.* 93; si aliquis heredum meorum eis malefecerit .. *Reg. Paisley* 148.

3 (p. ppl. *malefactus* as sb. n.) malfeasance, misdeed, wrong.

quis memoriam ~i de corde radicitus, ut Joseph, evulsit? GILDAS *EB* 69; in malefactores malefacta redire solebant D. BEC. 1674; **1255** vicecomes non intimavit .. justiciariis quod capti essent in foresta per forestiarios pro ~o et transgressione *SelPlForest* 14.

malefactio [ML]

1 (med.) malfunction.

pectoris inflamatio, malfactio totius corporis GILB. I 29. 1; lipochomia ~o sincopis exsolucio vulgariter idem quod spasmus *Alph.* 100.

2 (leg.) product of an evil deed, stolen property.

1195 si cum ~one aliquem ceperint *SelCh* 258; **1274** comes Cornubie appropriat in prisonam ~ones ubi nullam habet prisonem nisi per unam noctem tantum apud Lechelade *Hund.* I 166b.

malefactor [CL], wrongdoer, malefactor; **b** (w. gen. or poss. designating victim); **c** (w. gen. or prep. & abl. designating offence).

satellites, socii mali factoris vel ministri *GlC* S 31; rex .. constringet ~orem, ut emendet cui forisfecit (*Leg. Ed.*) *GAS* 629; famosissimi partium illarum ~ores, homicide, predones GIR. *IK* I 5; ~ores venerunt ad domum J. de B. et occiderunt J. puerum ipsius *PlCrGlouc* 13; **1375** sunt communes ~ores et perturbatores pacis et confederati sunt invicem ad diversa mala perpetranda *Leet Norw.* 68; **1440** ~ores illi debitas penas luent BEKYNTON I 191. **b** **1209** villata de M. .. in misericordia quia non levaverunt clamorem super ~ores regis *SelPlForest* 5; ut .. Octobonus [legatus] in turri .. obsessus sit, et vix .. liberari posset. idcirco .. ~ores suos excommunicavit *Meaux* II 73. **c** **1209** ante obitum quando fuit in prisona appellavit R. S. de S. et R. J. de eadem quod simul cum eo fuerunt ~ores de foresta *SelPlForest* 3; **1245** quomodo puniuntur inventi ~ores in parcis vel vivariis M. PAR. *Maj.* VI 117; **1255** per totum hundredum de H. dicunt super sacramentum suum quod R. le E. et quidam W. de C. sunt ~ores de morte illa *SelPl Forest* 19; **1270** sunt consueti ~ores de leporibus in .. warenna *Ib.* 42; **1313** de ~oribus in parcis et vivariis *Eyre Kent* I 43; de ~oribus parcorum et vivariorum *MGL* II 360.

malefactrix [ML], wrongdoer (f.), malefactress.

1206 credentes illam esse ~icem *CurR* IV 232.

malefatatus, ill-fated.

Gallos infelices [v. l. ~os] vinculis .. constrinxerunt M. PAR. *Maj.* III 27.

maleficere [CL = *to practise black magic*; cf. CL maleficere]

1 to act wickedly, do wrong.

1225 Walterus fuit ~iens et ebrius sepius cotidie *BNB* III 106.

2 (w. dat.) to do harm to, injure (partly fig.).

1232 milites debent . . inquirere . . quis habuerit arcus vel sagittas, vel canes vel leporarios, vel aliquod aliud ingenium ad ~iendum domino regi de feris suis *Cl* 31.

maleficiare [cf. CL maleficere], to practise black magic on, bewitch. **b** (p. ppl. as sb. m.) bewitched man.

nunquam erecta tibi sunt virilia; presumitur de frigiditate tua; alias ~atus es ROB. FLAMB. *Pen.* 14; nonne pueri, decrepiti, et infirmi ~iati, et frigidi concupiscenciam venereorum non habent? BRADW. *CD* 119B; rex Francie, ~iatus, incurrit amenciam et phreneticus est effectus WALS. *YN* 364. **b** preterea, senectus bene cognoscitur in contrahente; unde sibi imputet si cum sene contraxit; non sic cum frigido et ~iato HALES *Sent.* IV 539; illusiones fiunt . . . et hec omnia patent per infinita exempla que contigerunt nostris temporibus, ut in ~iatis et aliis innumerabilibus, de quibus non possum scribere ad hoc tempus BACON V 7.

maleficiosus [ML]

1 who does wrong, wicked.

insuper adeo ~us erat quod semper erat rancor et contencio inter ipsum et majores regni KNIGHTON I 7.

2 pertaining to black magic, of sorcery, necromantic.

per herbas vel quecunque . . molimina ~a *Text Roff.* 32.

maleficium [LL]

1 (performance of) wicked act, crime, offence.

demonstramus . . voluntario ~io vel inconsueto veniam non debere dari . . ALCUIN *Rhet.* 33; anima per penitentiam salvetur aut si quis culpabilis per aliquid ~ium [*gl.*: *yfeluoerc*] aut per herbas maleficas [*gl.*: *yfelwyrcendo*] *Rit. Durh.* 103; s**1139** domorum que auctoribus ~ii forent refugium W. MALM. *HN* 470; [Cirecestria] passerum . . ~io igne succensa GIR. *TH* III 39; **1202** malecreditur inde et ab aliis ~iis *SelPlCrown* 26; **1221** pro aliis ~iis unde ipsi habuerunt ipsos W. et H. suspectos *PlCrGlouc* 54; **1410** tanti malificii exhortatores *FormOx* 424.

2 injury, hurt (also fig.).

cur non ergo frater ejus primevus . . mores et modos optimos etatis ~io non mutavit? GIR. *SD* 40 (cf. ib.: etatis beneficio maturioris); **1260** de terris . . que J. F. . . tenuit . . qui pro quibusdam ~iis sibi impositis se subtraxit *Cl* 197; propter suum ~ium, quod contrahit a privacione que est sue substancie admixta, pocius potest dici occasio essendi quam causa SICCAV. *PN* 71.

3 black magic, sorcery, witchcraft or its effect. **b** artefact made by sorcery, composition used in witchcraft, spell.

qui mortuos consulunt vel ~ia tractant ORD. VIT. V 5 p. 321; nullus enim in suo ~io interfectus sepeliri debet in cimiterio BELETH *RDO* 159. 158; ~ia malefici exercent, qui per incantationes demoniacas sive ligationes, vel alia hujusmodi sacrilegii genera, cooperatione demonum atque instinctu nefanda committunt ALB. LOND. *DG* 11. 12; usque ad triennium presumitur ~ium esse temporale, deinde perpetuum ROB. FLAMB. *Pen.* 14; impotentie . . est una causa naturalis et alia accidentalis . . per ~ia HALES *Sent.* IV 538. **b** filtra, ~ia *GlC* F 189; bibisti ullum malificium, idem herbas vel alia causa, ut non potuisses infantes habere aut alio donasti BONIF. *Pen.* 433; clamoribus suis ac ~iis sacrilego usu de defensare posse confidunt EGB. *Pen.* 8. 3; de menstruo possunt fieri multa ~ia M. SCOT. *Phys.* 10.

maleficius v. maleficus.

maleficus [CL], **~ius**

1 who acts wickedly, wrong-doing.

regina ~a *V. II Off.* 24.

2 harmful, injurious, noxious.

per herbas ~as *Rit. Durh.* 103 (v. maleficium 1).

3 of black magic, pertaining to sorcery, (*ars ~a*) witchcraft.

in domus suas hujusmodi homines introducunt, in exquirendis aliquam artem ~iorem, penitentes isti, si de clero sunt, abiciantur THEOD. *Pen.* I 15. 4; caverat . . ne . ., siquid ~ae artis habuissent, eum superando deciperent BEDE *HE* I 25; mulier si aliquos interimit arte ~ia [v. l. ~a] sua, id est per poculum aut per artem aliquam, vij annos peniteat EGB. *Pen.* 7. 7; propria uxore comite ejusdem artis ~a plenius edocta machinatione *Mir. Wulfst.* II 22.

4 (as sb. m. or f.) person who acts wickedly, one who does evil.

in sanos et ejusmodi ~os debent parentes sui misericorditer custodire (*Leg. Hen.* 78. 7) *GAS* 595; de ~a memorata *V. II Off.* 231. f. 7a.

5 (as sb. m.) magician, sorcerer, wizard, witch.

quam . . nec magica ~orum necromantia ullatenus vincere valuerunt ALDH. *VirgP* 43; magi et arioli quorum primi qui vulgo ~i vocantur sanguine utuntur BEDE *Sam.* 699; quidam ~us Walensis decessit satis nuper infidelior MAP *NC* II 27 f. 33; direxerunt Saxones ~os . . qui regem veneno perdere procurarent M. PAR. *Maj.* I 233; s**1343** magnam maris tempestatem . . que per nigromanticos et ~os dicebatur contingere *Eul. Hist.* III 206; affirmant quoque quod angelo annunciante incarnacionem puella turbata est in sermone ejus maxime propter metum cujusdam ~i qui vocabatur Takina *Itin. Mand.* 68; *a wyche*, fitonissa, ~us *CathA.*

malefidus [CL]

1 in which no trust can be placed, unreliable, dangerous.

~a, periculosa *GlC* M 100; mutavit malefida locum defectio regis FRITH. 399; ut per eum quoquomodo injuriam expulsionis suae de ~o fratre ulcisceretur ORD. VIT. III 11 p. 124; sic sua non stabilis, sic malifida rota *Brutus* 120; malim potius eorum offensam contrahere, quam eis ~o blandiendo silentio, eorum gratiam mihi conciliare D. LOND. *Ep.* 8; quos subito emergens ab ymis flamma, quasi dirupto ~i soli gremio, involvebat AD. EYNS. *Visio* 15.

2 that has no trust or faith, unbelieving. **b** (as sb.) faithless person, infidel.

plebs malefida Deo ALCUIN *Carm.* 69. 86. **b** mirabile dictu et ~is difficile creditu OSB. *V. Dunst.* 7.

malegestum [ML; male + gestum], evil deed, bad behaviour, misdemeanour.

benegestorum celator elinguis, ~orum fictor, divulgator facundus, in laude alterius suam semper suspicatur infamiam P. BLOIS *AD* 69.

malegestura [malus + gestura; OF *male + gesture*], evil deed, bad behaviour, misdemeanour.

a**1564** exonerat erga regiam celsitudinem heredes . . de omnibus proditionibus, feloniis, roberiis, . . deceptionibus, ~is, forisfacturis *Entries* 600b; **1587** licebit . . amovere . . vicarios . . quos alicujus notorii criminis reos aut vite scandalose vel ~e fore deprehenderint *Pat* 1301 m. 35; **1630** si . . aliquam ~am vel insolenciam contra dictos gubernatorem et assistentes committent *Gild Merch.* II 369.

malegrate, **~is** [male + CL grate *or* gratis *abl. pl.* of gratia; cf. OF, ME *malgré*], with bad grace, against one's will, unwillingly.

s**1262** Andreas prior Wintonie malegrace cedens prioratui, culpis suis ut dicitur exigentibus . . apud Hidam mittitur incarcerandus *Ann. Worc.* 448; **1278** malagratis dentibus suis (v. dens 1c); **1281** J. N. . . prosequitur felonice versus N. P. de latrocinio cujusdam ciphi . . . N . . . [dicit] quod predictus J. ~is ipsius N. posuit dictum ciphum in sinu suo *Gaol Del.* 35B m. 41; **1282** eandem M . . . ~is cepit et ipsam portavit usque predictum celarium *Ib.* m. 39.

malehorsus [ME *malehors*; al. div.], packhorse.

1349 pro huc[iis] xlj palefrid' trottar' somer' et male horsorum (*KR Ac* 391/15) *Arch.* XXXI 86.

malemarta v. malamarta.

malemittere, to abandon wickedly.

si quis Christianitatem suam ~at [AS: *wyrde*] vel paganismum veneretur verbis vel operibus . . (*Quad.*) *GAS* 131.

malencolia v. melancholia.   **malendrinus** v. malandrinus.   **malenta** v. warantum.

1 maleolus [cf. 3 mala], something carried in a little bag, small pouch, or sack: **a** bundle, packet, burden. **b** testicle.

a *a fagott*, fasciculus [v. l. malliolus] . ., ubi *a byrden'* *CathA*. **b** malleolosque [*gl.*: i. e. testiculos] ferens duplici cum folle viriles, / conjectura fuit gemini Cornelia sexus HANV. I 249.

2 maleolus v. 2 malleolus.

malesanus [ML; al. div.], unsound, insane.

hoc virus ne serpat et incantos malesano / inficiat suco FRITH. 771; furorem quoque ~e mentis in Wilfridum evomuit W. MALM. *GP* III 109; et lingue stimulo mens malesana perit J. SAL. *Enth. Pol.* 383B p. 8; corpora male sana M. SCOT. *Phys.* 32 (v. distemperare 2b); quando capitibus ~is retractetur BACON *Maj.* III 35.

malesuadere [cf. CL malesuadus], to give evil counsel, to offer bad advice. **b** (p. ppl. *malesuasus* as sb. f.) ill-counselled creature, badly advised entity.

~ente invidia, hostis antiqui instinctu, alium praearripere inordinate sedem [sc. Wilfritho destinatam] . . consensit EDDI 14. **b** mens hominis decepta dolo peccare coegit / carnem, contaminat hinc caro semper eam / et tanquam dicat malesuase talio judex / 'qualia fecisti talia sume tibi' GIR. *Symb.* 30 p. 372.

malesuadus [CL], that persuades to evil, ill-advising: **a** (of person); **b** (of abstr.).

a o malesuada cohors FRITH. 1091; ~a *yfelonbecwepende oppe yfellærrende* *GlP* 179. **b** per suavitatem ~ae locutionis BEDE *Sam.* 612; **1004** ~a veniferi serpentis suggestio *Ch. Burton* 28; incipit hunc miserum malesuada superbia ludum, / cui vicina rapit gloria vana reum L. DURH. *Dial.* IV 231; frena voluptati dantur, malesuada libido / deponit stimulos territa fine suos J. SAL. *Enth. Phil.* 459; sollicitat teneras mentes malesuada voluptas NECKAM *DS* II 759.

maletractare [ML], to maltreat.

1224 quem ipsi carettarii nostri . . ceperunt ~averunt et captum secum duxerunt *Cl* 611a; ~aretur Edwardus nisi [ad]fuisset Wygornie episcopus *Ps.-RISH.* 505; **1269** eum . . in via regia . . prostravit, pannos suos fregit, et ~avit injuste et contra pacem domini *CBaron* 83; **1306** ipsos verberaverunt, vulneraverunt, et ~averunt *DocCOx* 178.

maletractatio, **~tractio** [ML], maltreatment.

ab accione . . de insultu, verberacione, vulneracione, et ~acione *Entries* 611a; insultus in ipsum ac verberacio ac ~io ipsius . . de quibus . . modo querit . . unde quoad insultum, verberacionem et ~acionem illam . . *Ib.* 629b.

maletta, **~um** [cf. 3 mala], small bag, little pouch.

1299 pro tribus ~is *Doc. Scot.* II 386; **1306** apud Whitsand in custuma triginta hominum cum quinque *harneys* et ij mallettarum, viij s. ij d. (*KR Ac* 309/10) *Poole Essays* 357; **1313** quasdam summas pecunie et quedam alia bona infra quandam ~am existencia *RGasc* IV 1090; **1332** pro custuma capitum hominum, equorum, hernesiorum, mallettorum (*KR Ac* 386/7) *Arch.* LXXVII 132; **1480** cum . . malis, ~is, bogeis, kasketis, malonibus, literis apertis et non apertis (*Lit. Regis*) *Foed.* XII 122.

maleuta v. mainleveta.

malevelle, to wish evil, to intend ill.

aliter . . haberent quidquid vellent, nihil malivolendo WYCL. *Ver.* III 215.

maleversari, to behave badly, to act dishonestly.

1348 pro . . decanis ruralibus, si in officio ~ati fuerint, seu de perquisitis etc. . . loci dioecesano minime satisfecerint *Conc.* II 750a.

malevole [LL], with ill will, malevolently.

ut .. fratres ab opere Deo grato .. malivole impediret OCKHAM *Err. Papae* 965; s**1459** mansuete .. pocius quam malivole procede .. contra eos *Reg. Whet.* I 349.

malevolentia [CL], ill will, malevolence.

nequiter judicassent, utrum per ignoranciam aut propter aliam quamlibet ~iam ASSER *Alf.* 106; satis apparet quia quae tibi infirma visa sunt, benevolentia non ~ia reprehendisti ANSELM (*Prosl.* 10) I 139; **1168** R. de B. r. c. de c m. pro habenda pace de malivolentia regis *Pipe* 28; **1200** perdonavit eis omnem ~iam suam quam ipse versus eos habuit *SelPlCrown* 39; **1303** rancores, indignaciones, et malivolencias *TreatyR* I 157.

malevolus [CL]

1 ill-willed, malevolent: **a** (of person, mind, or thought); **b** (of action); **c** (of astr. body).

a 738 si quis .. contra praeceptum meum .. malibolo animo contraire temptaverit .. *CS* 159; **804** Spiritus Sanctus in malivolam animam non intrat ALCUIN *Ep.* 293; infamiam de quadam pertinaci et ~a ejusdem gentis regina ortam fuisse ASSER *Alf.* 13; **1295** quidem malivoli bonorum .. detentores *Reg. Cant.* I 37; tunc esset insipiens artifex vel invidus aut malivolus LUTTERELL *Occam* 104. **b** per immissiones malivolas AVESB. 310; **1494** quod .. omnia malivola inter eos pendencia .. remittentur imperpetuum *Doc. Bev.* 102. **c** nisi planeta malivolus habuerit dominium super nativitatem infirmi ROB. ANGL. (II) 165; cave ne luna sit pessima, i. e. eclipsata vel malivola seu turbata BACON V 156; si .. dominus ascendens fuerit in domo mortis conjunctus Marti aut Saturno, corporaliter vel saltem per aspectum malivolum, non oportet de vita sperare N. LYNN *Kal.* 221.

2 (as sb. m.) ill-willed man, malevolent person.

non procedebat ex apostolorum justitia, sed ex malivolorum nequitia ANSELM (*Praesc.* 12) II 285; malivoli quique malignitati frena laxaverant R. COLD. *Cuthb.* 64 p. 127; thesaurus ad extraneos, ne dicamus nostros malivolos, asportatur AD. MUR. *Chr.* 145; malivolus quidam et infaustus in dicta existens abathia STRECCHE *Hen.* V 162.

malfa v. malva. **malfactio** v. malefactio.

malgma, (bot.) ? cleavers (*Galium aparine*).

~a, *hairef MS Cambridge Univ. Libr. Dd.* 11. 45 f. 109rb.

malgus, (in nonsense verse) *s. obsc.*

cownthtys fulcatum, congruryandum tersorum, / mursum malgorum, mararazorum *Digby Plays* 64.

malholmus [cf. 2 malleolus], mallet, ploughbetel, used to tighten wedges that set a plough.

c**1280** ~us (*MS Bodl. Top. Lines d.* 1 f. 53) *Antiq.* XXVII 167.

malif- v. et. malef-.

malifer [CL], that bears apples, apple-bearing.

10 .. ~er, *æpelbere WW.*

malignanter [ML], with malign intent, malignly.

1334 ~ius frequencius molestantur versuciis *Reg. Newbattle* 30.

malignantia [ML], ill will, malignity, malice.

a**1182** contra ~iam, molestias, gravamina, speciale sedis apostolice patrocinium inpendimus *Couch. Furness* I 542.

malignari, ~are [LL]

1 (intr.) to be malign, to do evil; **b** (w. dat. or prep.). **c** (pr. ppl. as adj.) malign, injurious. **d** (as sb.) malign or ill-intentioned person.

volens ~ari *Dial. Scac.* II 20; expellit Dominus demonium surdum et mutum, mirantur turbe, ~antur Pharisei et Scribe, dicentes quod in Beelzebub principe demoniorum eiceret demonia W. NEWB. *Serm.* 835; ave, carens simili, / nunquam malignata S. LANGTON *BVM* 1. 36; **1231** plures morantur clerici apud Cantebrigiam qui sub nullius magistri scolarum sunt disciplina et tuicione, set pocius menciuntur se esse scolares, cum non sint, ut tucius et forcius, visa

ad hoc oportunitate, queant ~ari *Cl* 586; arte malignandi preludit copia fandi GARL. *Tri. Eccl.* 106; si .. mittere supersederet, fraterne rabiem crudelitatis per hoc ad ~andum verebatur exacerbari E. THRIP. *SS* III 27; **1333** ut cesset occasio ~andi quot sic benigne pertractare facias ut fratres ne caritatis ostensione devicti discant *RScot* 258b; c**1440** dignum fore arbitramur, ut ~andi via calumpniantibus precludatur, testimonium veritati .. perhibere *FormOx* 465. **b** nimis frontose Christos Domini tangis: nimis presumptuose in prophetis ejus ~aris AD. SCOT *OP* 584D; ne diutius in ecclesiam Dei .. laicalium iniquitas ~etur G. *Ric.* I 223; nec causam aliquam ~andi contra eos .. suscitabo *Finc.* 15; dixit coram omnibus se non timere etiamsi voluerit archiepiscopus in his literis ~ari BRAKELOND f. 145v; ex officio suo dabit vobis priorem, si velit vobis ~ari, de alieno forte collegio *Ann. Durh.* 68; **14** .. forte ipse tunc ~abetur maxime contra nos (*Piddle Trenthide*) *Ac. Man. Coll. Wint.* **c** contra ~antium hominum .. insidias W. MALM. *GR* I 36 p. 37; **1197** quia ~antis mundi calumpnie multipliciter excrescunt et mendaces plerumque ut nec vera dicentibus credatur *Ch. Westm.* 481; dicimus hoc non universaliter in omnibus .. accidere, nisi in illis qui menstruali tempore concepti fuerint, aut corrupto lacte nutriti, aut ~antibus cibariis a pueritia educati *Quaest. Salern.* B 57; spirituum impulsione, in .. ecclesia .. tunc ~ancium *Meaux* III 195 (*n.*); qui ~antis nature omnes dicebantur *Plusc.* X 10 p. 329. **d** quis perosus est consilium ~antium? GILDAS *EB* 69; concilium ~antium intrepidus adiit OSB. *V. Dunst.* 17 p. 144; ~antium impetum fregit J. SAL. *Pol.* 615C; **1240** hoc enim erit terror ~antibus GROS. *Ep.* 83 p. 266; hoc testatur translator optimus / malignantium mucro Jeronymus J. HOWD. *Ph.* 835; **1449** cavens .. ne levi ~ancium flatu everteretur *Reg. Whet.* I 153.

2 (tr.) to be malign to, to do evil to, to injure or harm (person).

si quis .. ~averit eum in ictibus aut vinculis aut verberibus (*Quad.*) GAS 49; qui ordinatum vel alienigenam ~abit (*Ib.*) *Ib.* 537; qui ordinatum occiderit vel ~averit (*Leg. Hen.* 11. 8) *Ib.* 557; illos quoque .. cum ~ari et fraudare inciperent, in brevi subjugavit W. NEWB. *HA* V 7 p. 428; quo mater solet suffocari et ~ari M. SCOT *Phys.* 11; rex .. in eum continue ~ans AD. USK 19.

3 to contrive maliciously (an act).

quod principes terre super populum vestrum ~abunt consilium H. BOS. *Ep.* 24. 1459D; **1185** licet multa ~etur inimicus in sancta, non est tamen abbreviata manus Domini P. BLOIS *Ep.* 98. 307B; **1292** spiritum rebellionis et audaciam perperam contra memoratam ecclesiam metropoliticam assumentes *DC Cant.* Reg. Q f. 1a.

malignatio [ML], malign act, malicious deed.

temnens .. malignorum spirituum et hominum diras ~ones BYRHT. *V. Osw.* 402; s**1425** spumare ore ceperat ac machinari media ~onis AMUND. I 198.

maligne [CL], malignly.

duces eum ~issime ad se venire jusserunt EDDI 6; malus .. unde ~e, ~ius, ~issime adv. .. i. ~e facere OSB. GLOUC. *Deriv.* 337.

malignitas [CL], malign nature. **b** (med.) harmfulness, poisonousness.

quem etiam congrue eorum fuisse dicit, quorum ~ate effusus sit *Eccl. & Synag.* 120; post ~atem adverse fortune W. MALM. *HN* 466; illa ~atis furore succensa *Mir. Fridesw.* 35; ~as invidentie filia J. FORD *Serm.* 24. 7; queritur qua ~ate nature hoc contingat quod quedam vulnera leviora inferentes et minus periculosis locis semper interficiant, cum aliis et mortalia vulnera inferentibus hoc non contingat? *Quaest. Salern.* B 56; insanire conspicitur, percusso pede mortifere damnationis cum demonialium nequitiarum ~atibus immisericordissimis AD. MARSH *Ep.* 83 p. 202. **b** venenum .. omnem ~atis efficaciam prorsus amittit GIR. *TH* I 29.

malignosus [LL *gl.*], malign, malicious.

si quis de socio famulo tibi plantet in aure / verba malignosa D. BEC. 840.

malignus [CL]

1 malign, ill-willed: **a** (of person, group, or part of the body); **b** (of thought or act).

a his adversantur vitiorum castra maligna ALDH. *VirgV* 2456; Christus .. per Paulum .. cecitate ~um

percussit magum *V. Greg.* 81; a ~a manu hostilis gladii omnem amaritudinem renovavit *V. Cuthb.* III 6; cum Aedilred .. adducto ~o exercitu Cantiam vastaret BEDE *HE* IV 12; nec ~orum hominum reciperet contra justitiam sententias ABBO *Edm.* 4; a ~is spiritibus .. arripitur GIR. *TH* II 5; Palpo par Protheo vel usiformior, / .. / et quanto mollior tanto malignior WALT. WIMB. *Palpo* 89. **b** et graditur semper fastu comitata maligno ALDH. *VirgV* 2705; cupiditas et ~a professorum detestanda studia graviora nocendi genera legalibus statibus adjecerunt (*Leg. Hen.* 6. 3) *GAS* 552; c**1260** iidem Walenses de Kyri eandem terram nostram incursu malino et consueto invadentes .. depredabant *AncC* III 80.

2 (as sb.): **a** (m.) malign or ill-willed man, malefactor; **b** (spec.) the Evil One, Satan. **c** (n., *in ~o positus*) placed in adversity, put in a bad position.

a donec prostratus succumberet arte maligni ALDH. *Aen.* 76 (*Melarius*) 2; Pilatus .. precepit duos ~os secum suspendi *Eul. Hist.* I 103; canticum quod composuere ~i in derisu procerum tyrannice interfectorum *Pol. Poems* I 436n. **b** Deo gratias qui me .. a ~o perfecte liberavit BEN. PET. *Mir. Thom.* IV 86. **c** p**797** mundus in ~o positus est ALCUIN *Ep.* 260; si totus mundus in ~o positus fuerat, seipsos murum pro domo Israel opponere deberent *Flor. Hist.* III 183; consulo ergo, ut non eligamus matrem, i. e. mundum istum, quia totus in ~o positus est G. *Roman.* 90 (82); in maligno positus .. est mundus totus *Mon. Francisc.* I 592.

3 harmful, injurious, noxious: **a** (bot.); **b** (astr.).

a c**1308** superhabundancia ~arum herbarum (v. herba 1e). **b** electuarium .. non permittatur ibidem in illa nocte in qua luna erit ~ior et carens cursu superiori in radiis suis [*gl.*: luna dicitur ~ior quando est in detrimento suo] BACON V 104.

maliloquium [LL], (act of) speaking ill, detraction, slander.

aurium fenestre a fabulis et vaniloquiis immo ~iis, sint obserate GOSC. *Lib. Confort.* 80; quicumque despectus vel ~ium de eo (*Leg. Hen.* 10. 1) GAS 556; ipsi sunt .., si ~ii defuerit materia, tristes T. MON. *Will.* II 1 p. 58; incipit liber Senece de remediis fortuitorum malorum ad Gallionem: capitula de morte, .., de ~io malorum W. BURLEY *Vit. Phil.* 362.

maliloquus [LL]

1 that utters evil, evil-speaking: **a** (of person); **b** (of tongue).

hominem .. ~um M. SCOT *Phys.* 60; noli esse incredulus et ~us *Flor. Hist.* III 116. **b 1225** labia dolosa, et lingua ~a *Conc.* I 558a; c**1340** ~a detractorum lingua *FormOx* 142; s**1438** obstabat sibi primo latrancium lingua ~a, que nescit non silere AMUND. II 196.

2 (as sb. m.) evil-speaking man.

aliquis ~us prosequens eum ut perjurium regis exire dixit W. FITZST. *Thom.* 58; ~orum .. acerbitate seductus GERV. CANT. *Chr.* I 174; primo ostendit quod ~us non potest evadere impunitus in judicio per culpe sue tergiversionem HOLCOT *Wisd.* 26; ut excrescerent ~i WALS. *HA* II 38.

malina [LL], spring tide, or tide increasing toward the maximum high-water level. **b** flood, flow of the tide toward the land. **c** (erron.) ebb, flow of the tide toward the sea.

BEDE *TR* 29, WILLIB. *Bonif.* 9, PETRUS *Peripat.* 103 (v. ledo 1a). **b** ~a, *fylled flood GlC Int.* 216; quando mare inundatur ad mallinam [v. l. ~am] extenditur Sabrina super omnem maritimam NEN. *HB* 217; quando vero ~a fuerit, id est major aestus maris BYRHT. *HR* 56; hec ledonis, A. *a sulse*; hec †malma [l. malina], *a growndheve*; hic cataclismus, A. *Noys Flode WW.* **c** OSB. GLOUC. *Deriv.* 311 (v. ledo 1c); †malvia [l. malina], A. *the ebbe WW*; *an ebbynge*, refluxus, ~a *CathA*.

malinus v. malignus.

malipendere, to consider ill, to reckon as evil. Cf. *vilipendere*.

procuravit malum quod potuit adversus omnes magnates et alios qui moram ejus in Anglia ~ebant KNIGHTON I 405.

malitia [CL]

1 wicked condition, evil state, malice; **b** (w. ref. to time, place, or event); **c** (w. ref. to state of mind, as leading to evil act); **d** (*~a excogitata, praecogitata, praeconcepta*) malice aforethought.

quievit parumper inimicorum audacia, nec tamen nostrorum ~ia GILDAS *EB* 20; quod .. a ~ia inhabitantium in eo .. contigisse BEDE *HE* IV 23 p. 262; eos, qui in profundum ~ie corruerant M. PAR. *Maj.* III 457; cecidit de statu innocencie ad statum miserie .. de omni bonitate ad omnem ~iam *Eul. Hist.* I 18. **b** fames .. famam suae ~iae posteris diuturnam relinquens BEDE *HE* I 14 p. 29; contra aquilonis ~iam frigidam, invidiam fervidam LUCIAN *Chester* 56; **1220** pro debito vobis annuo censu, in quo pre ~ia preteriti temporis minus vobis est .. responsum *Pat* 267; c**1284** ne .. hec provisio .. per ~iam temporis vel per mutationem prelatorum aliquo tempore possit irritari *Reg. Malm.* II 293. **c** ut quantum .. a ~ia distet clementia demonstraret THEOD. *Laterc.* 20; muliebrem sexum in omni ~ia longe virili fortiorem GIR. *TH* I 12 p. 36; sicut cum dicitur dies mali sunt vel terra mala; non enim terre vel temporum sed potius hominum ~ia designatur *Id. GE* II 38 p. 360; si diceretur quod antiqua ~ia continuata per membra dyaboli prescripcione prevalet contra Christum WYCL. *Sim.* 93; **1565** religionem .. sediti[os]orumque hominum ~ia .. oppressam propagare *Inchaffray* app. p. 160. **d** **1235, 1323** (v. excogitare 2c); ex preconcepta ~ia W. GUISB. 342; **1304** calumpniati sunt juratores .. per ~iam precogitatam .. ita quod ipse et alii .. remittuntur prisone *RParl* I 160a.

2 wickedness (as an ill-intentioned or malicious act).

quia effusus es sicut aquas non crescas, i. in malum et per ~iam ut fecisti *Comm. Cant.* I 213; **1231** in sua .. convicti .. ~ia *Melrose* I 175; **1293** oves non fuerunt abducte per aliquam ~iam nec reducte, set per negligenciam Willelmi pastoris oves quamplures vagantes per patriam discurrebant huc et illuc *SelPlMan* 168; cum nec his compungerentur transgressores, cedendum magis censuit ~iis quam inservire litigiis KNIGHTON I 217.

3 (virulence of) disease.

ut nulla lesio vel ~ia [*gl.*: *yfelgiornisse*] in .. manu appareat *Rit. Durh.* 102; imminentem .. lepre ~iam morte nimirum prevenire desiderans tam prematura quam preclara GIR. *EH* I 13; [sanguis naturalis] cum aliis humoribus admixtus ~ie [TREVISA: *þe malice*] eorum est temperativus BART. ANGL. IV 7 p. 91; erit sermo .. de universalibus et inter hos de his prius qui ex ~ia sunt complexionis diverse ut de febribus GILB. I 2. 2; item consideranda est ~ia afflictionis sive augmenti RIC. MED. *Signa* 33; in scothomia .. est corruptio visus et ~ia creationis idolorum in conciacione nervi obtici GAD. 132v. 2; ~ia olfatus *Ib.*; si autem in fine morbi apparuerint mortui malum est quia ex ~ia morbi videntur esse mortificati J. MIRFIELD *Brev.* 60.

4 black magic, wizardry, witchcraft.

tribus vicibus jussit congregari [sc. materiam] et nusquam comparuit. et magos arcessivit et illos percunctatus est quae esset haec causa ~iae NEN. *HB* 40 p. 182.

malities [LL], wickedness.

Franciam, omnis ~iei matrem, petunt MAP *NC* I 23 f. 16v.

malitiose [CL], with evil intent, maliciously.

†inveterare [l. inveterate], callide, ~e *GlC* I 348; **793** si quis .. eum ~e tractaverit .. *CS* 267; bonos profecto constat esse quibus invident tam ~e OSB. GLOUC. *Deriv.* 83; in quibus planete per loca diversa et tempora aerem mitius aut ~ius distemperant R. NIGER *Mil.* III 96; **1292** Johannes ate Lane ~e insultavit Aliciam novercam suam *Rec. Elton* 31; **1333** per biennium sic sum fatigatus ~e *LTR Mem* 105 m. 41.

malitiositas [LL], maliciousness.

malus .. unde maliciose adv. et hec ~as OSB. GLOUC. *Deriv.* 337.

malitiosus [CL]

1 of wicked character, malicious: **a** (of person or mind); **b** (of thought or action).

a quando ~us homo mala facit opera ANSELM (*Orig. Pecc.* 5) II 146; memor injuriarum quas Alexius imperator, vir ~us et nequam, peregrinis .. irrogabat M. PAR. *Maj.* II 136; [homo] est .. ~us ut bubo BACON V 143; senescallum habuit, nomine Hamonem, astutum, versutum, ~um *Eul. Hist.* II 258. **b** c**1213** quatinus .. ~os hominum mores plenius agnoscant GIR. *Ep.* 7 p. 242; cogitacio ~a est que procedit ex animo offendendi vel nocendi HOLCOT *Wisd.* 18.

2 harmful, injurious, poisonous: **a** (bot. & med.); **b** (astr.).

a nam sanguis retentus in ~um fumum terrestrem et ponticum convertitur BART. ANGL. IV 8; elleborus niger minus est ~us *SB* 18. **b** adde etiam, quia Saturni sidus secundum mathematicos .. contrarium est, et adversam habet constellationem, et ab iis deus ~us vocatur ALB. LOND. *DG* 1. 8.

mallardus [AN *mallard, madlarde*], mallard, male wild duck (*Anas boscas*), domestic drake.

1198 per servitium .. duorum madlardorum reddendorum ad Natale *Fines P. Norf.* 41; **1213** de xv cercellis et uno madlardus [*sic*] *DC Cant. Rental* 38/1 m. 2; anatum .. masculos qui vulgo ~i dici solent GIR. *PI* III 28 p. 308; **1247** scribitur vicecomiti Sumers' et Dors' de .. dc gallinis .. xij pavonibus .. c perdicum recencium positorum in pane .. malardis et ceteris avibus de ripera, quotquot poterit *Cl* 96; dabunt etiam idem J. et heredes sui post ipsum nobis annuatim ad Natale Domini unum mathlardum et unam annatem et quatuor cercellas *Gavelkind* 183; **1292** in columb' et maulard' vj s. xj d. *KR Ac* 308/15 m. 7; **1330** j ~us et v anates *MinAc Essex* (*Kelvedon*); **13..** auceps sive aucuparius habeat .. malardos (*Nominale*) *Neues Archiv* IV 340; duobus Prucianis presentantibus dominum .. cum maulardis .., vj s. viij d. *Ac. H. Derby* 107; **1524** in .. xxiiij pull' gall' ij s., viiij mallertis, xviij d. *Ac. Durh.* 665.

mallare v. marlare.

malle [CL], to prefer: **a** (absol.); **b** (w. acc.); **c** (w. inf.); **d** (w. acc. & inf.); **e** (w. *ut*).

a ~e, velle *GlC* M 72; sive malis FERR. *Kinloss* 74 (v. gobelettus). **b** si ~ent mundi matrimonia ALDH. *VirgP* 50; ~em tamen illius spontaneam correctionem quam .. ANSELM (*Ep.* 97) III 25; rebellionis .. incentores et fautores cur ~ent nefas quam justiciam rationabiliter interrogavit ORD. VIT. IV 13 p. 263; non est aliud sub sole quod ~em [ME: *me is leovere*] nec quod adeo vellem vos habere *AncrR* 92. **c** siquis .. lupanar ingredi maluisset ALDH. *VirgP* 35; **704** si quis .. hanc donationis nostrae munificentiam augere et amplificare maluerit *CS* 111; optione data maluerunt loco cedere quam pascha catholicum .. recipere BEDE *HE* V 19 p. 325; caste qui vivere malunt BONIF. *Aen.* 256; sed Deus omnipotens mavult cito perdere sontes *Mir. Nin.* 217; c**805** si .. vendere mavellet (v. dominus 5a); **1188** malumus mori in bello quam videre dies malos *Ep. Cant.* p. 251; ad eum confluxerant malentium cum eo in terra aliena vitam pauperem ducere J. FURNESS *Kentig.* 23 p. 201; s**1389** quam judicare nos pretermittimus, malentes aliis judicium derelinquere WALS. *HA* II 186; o indomabilis et infaustus Gallorum populus, qui se mavult manifeste ulcioni subicere quam justicie obedire *G. Hen. V* 21 p. 148. **d** sepe maluit eum [Radulfum] mortuum esse quam vivere *Canon. G. Sempr.* f. 162; mutito, ni quam illum ante vinciri te nunc mavoles LIV. *Opera* 23. **e** **1094** respondi me malle ut ipse mihi irasceretur quam ut .. ANSELM (*Ep.* 176) IV 59.

malleabilis [ML], malleable; **b** (fig.).

non est ita ductile nec ita ~e BACON *Min.* 383. **b** os ejus sit malleabile J. HOWD. *Ph.* 298; set quod sit malleabile, / compassionis malleo, / bonum [sc. Christe] quo sine langueo, / .. / sis michi propinquabile *Id. Cyth.* 141. 5.

malleare [ML < CL *p. ppl.*], to hammer, to beat with a hammer: **a** (stone); **b** (earth, to reduce clods to tilth; also absol.); **c** (anvil, metal, or artefact; also absol.); **d** (fig.); **e** (pr. ppl. as sb.) one who hammers, hammerer.

a **1396** ~eant et tribulent in dictis falisc' et calcem ardeant *AncD* C 5364. **b** **1291** in †homines [l. hominibus] conductis per vices pro terra ~eanda propter duram estatem et siccam (*Pipe Wint.*) *Econ. HR* XII 378; **1293** in †homines [l. hominibus] locatis per vices pro terra ~ianda quia aliter non potuit herciari (*Ib.*) *Ib.* 379; **1306** in stipendiis ij ~iancium ad idem semen propter magnam siccitatem .. in stipendiis diversorum terram ~iancium propter siccitatem *MinAc* 1079/17 r. 1; **1344** in stipendiis ij mulierum .. glebas terre seminate cum frumento ~iancium *Ib.* 1082/5 r. 3 (3). **c** passaque tritorem rursus terit area, ducit / femina, sulcus arat, fodit ortus, malleat incus HANV. I 255; calibs vero multo siccior est et ponderosior quam ferrum .. ex malleatione quia difficilius ~eatur et facilius conteritur quam ~eatur *Quaest. Salern.* N 65; [sal allebrot etc.] non moveatur ab igne usque ad magnum tempus. postea in aquam proiciatur; poterit enim optime ~eari M. SCOT *Lumen* 250; [ferrum] nec ~eatur nisi multum bene calefiat BACON *Min.* 383; **1472** auri ~iati, aurum ~eatum *LC* 280 (v. aurum 1c); in regis apparatu per manum Douglace ~iatus *Extr. Chr. Scot.* 212. **d** postea versabit Fredericus et maleabit / partes Ytalie M. SCOT. *Proph.* 78; revivescet mater malleabit capud tyrampni *Ib.* 100. **e** incudi, malleis et malleantibus, / quorum materia mollescit ictibus! WALT. WIMB. *Carm.* 539.

mallearis, of a hammer.

lingua silens dat eloquentiam / .. / mallearis ictus militiam J. HOWD. *Ph.* 327; mallearis quem ictus secuit *Ib.* 987; crebra dat ictus verbera mallearis *Id. Cant.* 268.

malleatio [ML], hammering; **b** (fig.).

p**1160** ferri rubigo non nisi cum igne et cum quadam ~one deducitur P. BLOIS *Opusc.* 986; nota quod [quadrupliciter] formantur vasa, sc. manu, .., malleactione ALEX. BATH *Mor.* II 16 p. 150; clamor congredientium bellatorum .. ictuum fulgurantium frequens ~o, ipsum aera tumultibus repleverunt M. PAR. *Maj.* III 408; **1239** est enim justis tribulatio .. quod vasis nondum plene formatis per ~onem formatio GROS. *Ep.* 75; ferrum calidum et alia ductibilia videmus duci per ~onem T. SUTTON *Gen. & Corrupt.* 96. **b** **1195** ei coronam glorie ex ipsa impiorum ~one componit P. BLOIS *Ep.* 124. 371C.

malleator [CL], one who hammers, hammerer; **b** (fig.).

Pilatus .. os ~oris interpretatur BEDE *Cant.* 1169; ~or, cum malleo percutiens OSB. GLOUC. *Deriv.* 366; stringitur magis velut ~oris incus J. FORD *Serm.* 36. 5; constricta quasi ~oris incus *V. Edm. Rich P* 1811B; **1318** ipsi .. velut unius ~oris pertinacia solidata constricti *Mon. Hib. & Scot.* 200. **b** potius elegit esse ~or clericorum, principibus obsequendo, quam .. W. CANT. *V. Thom.* I 64; ille humilium pessimus ~or .. Satan P. BLOIS *Opusc.* 807; nunc illos pertransit ille ~or universe terre, spiritus sc. fornicationis J. FURNESS *Kentig.* 2 p. 165; Jacobus .. fortis ~or fuit Anglicorum FORDUN *GA* 144.

mallentum v. warantum.

1 malleolus v. 1 maleolus.

2 malleolus [CL], **~a**

1 little mallet, small hammer: **a** (as tool of mason, smith, or carpenter); **b** (for striking a bell or producing a tone); **c** (fig., as tool of writer); **d** (as type of destructive weapon).

a acisculum, quod habent †instructores [l. structores] quasi †mallioles [l. malleolos] ad cedendos lapides *GlC* A 168; fabrilia .. instrumenta cum incude et forficibus, et minutis ferri ~is protulit R. COLD. *Godr.* 261; asseres .. firmis clavis conjungantur, ~is [*gl*: *marteus*] sibi utrinque concurentibus NECKAM *Ut.* 114; **1355** in emend' j securis j maleoli et j tribuli pro calceto, viij d. *Sacr. Ely* II 165; **1396** solutum pro viij *wellynges* malliolorum capiendis pro quolibet *wellyng* ij d. *DocCOx* 308. **b** ad cimbalum et super tabulam abbatis ponantur tabulae cum ~is LANFR. *Const.* p. 110; portusculus, ~us in navi cum quo gubernator dat signum OSB. GLOUC. *Deriv.* 474; inveniet .. sacrista .. tabulas sonatiles cum ~is *Cust. Westm.* 49 (=*Cust. Cant.* 106); pulsabitur malliolis et tabulis sicut alio tempore solet per campanas *Ord. Ebor.* II 280. **c** quae [de Augustino] .. ab ipso [Beda] praetermissa .. fidelissime nostro ~o recudimus GOSC. *Aug. Min.* 743B. **d** angelico fulti suffragio ambustas ~i [*gl.*: *duðhaman*] machinas ..vicerunt ALDH. *VirgP* 21; eligit .. / .. manna celicum ventris urceolum, / mortis hic malleo cudens malleolum WALT. WIMB. *Carm.* 60.

2 hammer-shaped bone, ankle.

hic ~us, *for an ankle* STANBR. *Vulg.* 7; **1550** super sinistram tibiam super maleolam [A. vocatam] *the ancle CalPat* 247.

3 hammer-shaped slip of tree for planting, hammer-shoot; **b** (as twig or cutting for kindling).

~us, sarmenta *GlC* M 5; ~i, i. sarmenta *Gl. Laud.* 976. **b** ~us, genus fomenti aput Persas *GlC* M 2; ~is,

quodcumque tunguitur [i. e. tingitur] ad excitandum ignem *Gl. Leid.* 16. 9.

malleria v. marlera. **malletta, ~um** v. maletta.

malleus [CL], **~ea, ~eum**

1 hammer, mallet, maul: **a** (as tool of mason, smith, or carpenter); **b** (as tool for beating flax); **c** (for striking a bell or producing a tone).

a malleus in primo memet formabat et incus Aldh. *Aen.* 54 (*Cocuma duplex*) 7; ~eus et securis .. non auditur Bede *Templ.* 753; malleus in ferrum peditat, stridente camino Æthelwulf *Abb.* 281; tu, [ferrarie] quid das nobis in officina tua, nisi ferreas scintillas et sonitus tundentium ~eorum [AS: *slecgea*]? Ælf. *Coll.* 100; si super incudem ponatur et ~eo ferreo percutiatur *Quaest. Salern.* N 45; hic ~eus; *mail*; hec incus, -dis, *englume*; hic follis, *fou de forge Gl. AN Glasg.* f. 20vb; **1300** in ~eo ferri, vj weggis, j ligone, vj clippis, et ix clutis *Fabr. Exon.* 12; **1408** in ~iis et cuneis ferri et aliis necessariis tam ligni quam ferri emptis pro quarera .. vj s. iij d. *Rect. Adderbury* 3; **1462** arcus, sagittas, bowestrengis, langedebeves, lanceas, gleyves et ~ias ac omnia alia pro ordinacionibus nostris predictis necessaria *Pat* 500 m. 18; mallus, *bytylle WW*. **b** linum ~eis tunditur Ailr. *Inst. Inclus.* 26. **c** [musica] etiam in chordis sive aeribus atque ~eis vim suam .. habet Adel. *ED* 25; quod .. proportiones ponderum faciunt in ~eis vel cymbalis, idem eedem in fidibus ratione longitudinis brevitatisque intensionis remissionisque faciunt *Ib.* 27; ex ~eorum sonitu et chordarum extensione percussa Gir. *TH* III 13; **1468** pro emendacione .. orelogii ... iiij *boltes* cum iiij *clenches* pro tractacione ~ii ejusdem orelogii .. et j *bolt* .. pro dicto ~io *KR Ac* 514/16/2.

2 (fig.): **a** (of person as destroyer); **b** (of artefact or abstr. as type of power); **c** (phr. *inter ~eum et incudem*) between hammer and anvil, in a vulnerable position.

a ille malorum clipeus, iste ~eus Gir. *TH* III 51; solus .. Oggerus, viri sancti ut ita dicam ~eus, in sua perstitit malitia *Canon. G. Sempr.* f. 68v; fuit enim ~eus hereticorum, expositor scripturarum S. Langton *Chron.* 212; ~eum universe patrie Petrum de E. Ad. Marsh *Ep.* 116; Augustinus doctor et ~eus hereticorum S. Sim. *Itin.* 5; filius, qui baculus esset senectutis mee, factus est mihi ~eus conterens et comminuens omnia solacia vite Fortescue *NLN* II 13. **b** timor .. cum quodam austeritatis ~eo caritatis est artifex J. Ford *Serm.* 76. 4; ad hec etiam finalem denique ~eum apponens totumque negocium quasi sub securi quadam et securitate concludens causam suam sub regis societate munire molitur Gir. *Invect.* I 2 p. 91; rediit tristis et silens, quasi ~eo contradictionis repercussus *G. S. Alb.* I 307; ita bonus judex vel prelatus .. duo debet habere in manibus: ~eum ad corrigendum delicta et regulam legis et justicie Holcot *Wisd.* 53; Deus .. permisit eum iterato temptari et tundi etiam alio dire turbacionis ~eo *G. Hen. V* 2 p. 18; malea, i. genus tormenti *Alph.* 108. **c** **1169** hec est .. via justorum, hec purgatio vitiorum, virtutum conflatorium, electos statuens inter ~eum et incudem J. Sal. *Ep.* 292 (289 p. 654).

3 mesh (of a net).

1344 compertum est .. quod predicta retia vocata *treinkes* non sunt largitatis in ~io .. nisi dimidii pollicis ad plus. ideo consideratum est quod comburantur *LB Lond. F* f. 80v; quod ~ia eorundem retiorum .. deberent esse largitatis duorum pollicum ad minus *MGL* I 385; in empcionem unius mallii magni ferri querelli extendentis ad unam petram Myln *Dunkeld app.* 139.

malleuta v. mainleveta. **mallina** v. malina.

mallos [μαλλός], hair (in quot., applied to foliage).

dicitur titimallus a tytan, quod est sol, et ~on, quod interpretatur coma, quia omnis species titimalli vertit comas suas ad solem *Alph.* 185.

1 mallus v. malleus.

2 mallus [AS *mæl*], (leg.) action, suit.

qui .. hominem in ~o productum dimittat (*Leg. Hen.* 89. 3) *GAS* 605; de his qui ad ~um venire supersederint (*Quad.*) *Ib.* 161.

malluvium [CL], finger bowl, hand basin.

antiqui .. ~ium et pelluvium corrupte dicebant Osb. Glouc. *Deriv.* 262; ~ium cum gutturnio .. dum lavatur ministrandi .. studiosus sit Whittington *Vulg.* 119; ~ium cum gutturnio argenteio Ferr. *Kinloss* 32; **1550** maluvia vocata *basons Pat* 830 m. 7; unum mallouvium argenteum vocatum *a bason Ib.* m. 13.

malma v. malina. **malmaria** v. mahomeria. **malmasia** v. malveseia.

1 malo v. malle.

2 malo [cf. 3 mala], bag, pouch, sack.

1480 (v. maletta).

3 malo v. 1–3 malus.

malobathrum [CL < μαλάβαθρον], (bot.) the tree *Cinnamomum tamala* or sim., its leaf or derived oil.

malabatrum, i. folium de India *Gl. Laud.* 1053; hoc malobatrum .. i. unguentum quoddam a malis lavandis dictum Osb. Glouc. *Deriv.* 336; malabatrum folium paradisi spirat amene, / intima confortat, ad fora nostra venit Garl. *Epith.* IV 293; malabatrum, folium paradisi idem, latum habet folium et subalbidum boni odoris, quod invenitur in paludibus Indie *SB* 28; malabatrum, folium paradisi, folium est latum et subalbidum, boni odoris et invenitur in paludibus Indie supernatans aquis *Alph.* 107; malabastrum multi putaverunt nardi Indi esse folium sed falluntur *Ib.* 109.

malochia, malochin, malochinagria v. malache.

malogranatum [ML], pomegranate.

~a .. quorum naturae est uno foris cortice multa interius grana circumdare Bede *Templ.* 783; in figuram cujus ~a ficus et uve filiis Israel ostense fuerunt Holcot *Wisd.* 146.

malomeli v. melomeli. **malomellum, ~us** v. melimelum. **malonomus** v. melonomus. **malta** v. maltha.

maltha [CL < μάλθα, μάλθη], mixture of pitch or lime with fat or wax.

veniens .. episcopus ante altare faciat maltam de calce et tegula vel sabulo cum aqua benedicta *Pont. Bernham* 15; possumus artificialiter componere ignem comburentem .. ex malta et naptha et consimilibus. .. malta projecta militem armatum combussit Bacon *NM* 536; †mamitha [l. maltha] vel mara genus est sementuri [v. l. cementuri] ut in Pal[l]adio. [item] matha *Alph.* 108.

malthalla [ME *malt+halle*], malt-house, building in which malt is prepared and stored.

[*a hall* ..] ~a [*where malting took place*] *Cant. Cath. Pri.* 40.

maltmannus [ME *maltman*], maker or seller of malt.

1483 electus est in ~os magister W. *Reg. Merton* I 29; **1484** de officiariis sc. elimosinario, ortolano, et ~is elegendis *Ib.* 57.

maltollia v. malatolta. **maltura** v. molitura.

1 malum v. 2 mala.

2 mālum [CL]

1 apple; **b** (w. ref. to *Cant.* ii 5); **c** (w. ref. to *Gen.* iii 6).

10.. ~a, *æppel WW*; profecto si grossum infanti ad mandendum ~um porrigitur, pre nimia teneritudine sui parvuli oris illud mordere nequit Alex. Cant. *Dicta* 5 p. 129; ~um quando simpliciter de pomo usuali intelligitur *SB* 28; *an appylle*, pomum, ~um, pomulum, pomellum *CathA*. **b** illis potius ~is fulciri me a tua benignitate precor, que odore recreant gustuque confortant J. Ford *Serm.* 92. 3. **c** dum vetitum ligni malum decerperet ambro / a quo pestiferum glescebat semen in orbe Aldh. *VirgV* 2498; o malum! miserum malum! miserabile malum! / vir tetigit te gustus Ade? Vinsauf *PN* 1099.

2 (var.).

~a .. multis modis dicuntur .. ~um amerinum .. ~um coccimellum .. ~um conditivum .. ~um musteum .. ~um orbiculatum .. ~um precox .. ~um puniceum .. ~um quirianum .. ~um scantianum Osb. Glouc. *Deriv.* 197; dabit tibi et nobilis hortus .. malagranata, poma citrina, aurea ~a, amygdala Neckam *NR* II 166; ~a aurea, cochinum idem *Alph.* 108; **1555** ducenta octoginta octo milia ~orum aureorum A. *of oringers and lemmanse SelPlAdmin* II 94; **c1300** ~um avellanum [*hazel-nut*] nux parva .. *smal notte MS BL Addit.* 15236 f. 180; conterantur ficus sicce, dactili, ~a Citonia [*quince*] et superasperso pulvere cinamomi Gilb. I 46rb; ~a Citonia, cottana idem, *coyns SB* 28; fructus .. crucis Dominico cruore rubicundus instar ~i granati [*pomegranate*] Bede *Sam.* 581; mustum facitur de ~is granatis, id est ~is punicis *Gl. Leid.* 10. 26; Phenices sunt gens quedam ultra mare et ~a granata dicuntur ~a Punica, id est .. de terra tali, quia in habundancia sunt ibi, aut qui ibi primo creverunt Bacon *Gram. Gk.* 87; ~a maciana, ~a silvestria [*crab-apple*] idem sunt secundum quosdam, sed intellige quod ~a maciana sunt ~a usualia et domestica *SB* 28; ~a maciana, i. silvestria, virtutem habent constringendi *Alph.* 108; ~um medicum, *an oreche* Turner *Herb.* B iii; ~um quiriacum, A. *a costard WW*; baccare, ~i storac' [*birthwort*] ungule ursi Gilb. II 112vb; ~um storacis, aristologia idem *Alph.* 107; ~um terre [*comfrey*], *galluc* vel *elechtre Gl. Durh.* 303; [*sowbread*] Gad. 60. 1 (v. cyclamen); ~um terre, ciclamen *SB* 29.

3 malum v. 1 malus.

4 malum v. 2 malus.

malurare, ~ator v. marlare, ~ator.

1 mălus [CL]

1 unpleasant, distressing, painful, nasty.

pro odore ~o per nares *Comm. Cant.* I 416; acervus [i. e. acerbus], ~us, inmaturus *GlC* A 109; regis Stephani temporibus quando dies ~i fuerant T. Mon. *Will.* VI 13; res mala res pejor aliis res pessima rerum Vinsauf *PN* 1098.

2 bad, evil, wicked, vicious; **b** (of person); **c** (of angel, spirit, or demon); **d** (of intention or act); **e** (*~o modo* in wrongful or evil manner; **f** (*~o grato*) against the wishes of, in spite of; **g** (of abstr.); **h** (as sb. m.) bad man.

9.. ~a, *yfela WW*; **10..**~us, *yfel WW*; **14..** ad navem mālus spectat, mălus est viciosus, / faux est māla, mălum vicium, mālum quoque pomum *WW*. **b** in subsequentibus autem ita de ~is doctoribus dicit [Paulus] Gildas *EB* 101; **816** et si ~us homo in aperta [v. l. aperto] scelere tribus vicibus deprehensus sit *CS* 357; omni itaque mala doctrina a ~is doctoribus ~is auditoribus elucubratim exposita et condicta Asser *Alf.* 97; ne putetis vobis, sicut multi ~i reges faciunt, ecclesiam Dei quasi domino ad serviendum esse datam Anselm (*Ep.* 235) IV 143; permitto ut .. ~i et perversi clerici invadant et vastent ecclesias *Id.* (*Ep.* 327) V 258; homo .. qui de natura bonum est, ~us vitio proprio efficitur Neckam *NR* II 121. **c** per bonos sive ~os spiritus Bede *HE* V 13 p. 313; cacodemonus, ~us demon *Gl. Leid.* 38. 28; haec ipsa ratio sicut separat ab ipso ~o angelo sui casus praescientiam, ita nihilominus omnem segregat opinionem Anselm (*Casus Diab.* 21) I 268; kakos, ~us; kakodemon, ~us demon Osb. Glouc. *Deriv.* 296. **d** vos autem moniti a patre vestro diabolo inique Salvatorem ~is actibus denegatis Gildas *EB* 109; qui per incantationes ~as laedere possunt *Comm. Cant.* I 269; illic, ut capiant fraude mala socium Alcuin *Carm.* 104. 6. 10; **904** sin vero minuere vel infringere ~a mente voluerit, sciat se in horrendo illo die inevitabilem redditurum rationem *CS* 604; **961** insontem apud te culpabilem ~a suggestio non faciat (*Lit. Papae*) *CS* 1069; et a nulla persona per aliquam ~am suasionem in alium locum mutetur W. Malm. *GP* I 32 p. 50; malivolentia, malitia vel ~a voluntas Osb. Glouc. *Deriv.* 361; †**904** (12c) sin vero aliqua ~a machinatione minuere vel infringere voluerit *CS* 612; acquisicio injusta est ~a .. quia pervertit intellectum *Spec. Laic.* 2. **e** **1290** dicunt quod Alicia uxor Johannis B. ~o modo cepit j lintheamen pendens super hayam Willelmi *SelPlMan* 98; **1294** de ij busellis brasii suo ~o modo captis *Rec. Elton* 43; **c1314** si scivit dominum suum ~o modo occidisse damam predictam *Eyre Kent* 96. **f** **s1254**, **s1259** (v. gratus 9). **g** ut recipiat unusquisque juxta quod egit in corpore sive bonum sive ~um Theod. *Laterc.* 17; floribus in mediis mors mala te tulerat Alcuin *Carm.* 92. 3. 6; et mundi curis liber abesse malis *Id. WillV* 34. 44; te invito, teneo, inde tibi ~as gratias ago et habeo W. Malm. *GP* I 17 p. 25; quid de hujusmodi injuriosis dicemus, nisi vim quandam ~is moribus insitam naturaliter Osb. Bawdsey clxxvij. **h** et laus almorum mulcatur fraude malorum Aldh. *VirgV* 1648; in tranquillitate ~os cum bonis fovet plerumque Dei serenitas W. Malm. *GR* III 245 p. 306; omnes ~i pertinent ad corpus diaboli Gros. *Cess. Leg.* I 8. 4.

3 harmful, noxious: **a** (of plant); **b** (of natural phenomenon; also fig.); **c** (med.); **d** (of abstr.).

a fungus, boletus idem, tam †bomus [l. bonus] quam ~us *Alph.* 70. **b** morbi causa mali nimia est quaecumque voluptas ALCUIN *Carm.* 62. 15; invidiae maculat famam mala pestis honestam *Ib.* 62. 140. **c** cacochimia, i. ~orum humorum abundancia extra vasa *SB* 14; ~a cephalia, i. caligo *Alph.* 108. **d** super omnia vero ~a potestas Romanarum [v. l. Romanorum] in tantum nocuit G. MON. VI 4 p. 359.

4 (of omen) bad, unfavourable.

remores, ~i auspicii aves OSB. GLOUC. *Deriv.* 508.

5 (leg., of suspicion, accusation, or charge) grave, serious.

1237 J. T. captus pro ~a suspicione et ~o retto foreste .. venit *CurR* XVI 107B; **1238** W. utlagatus est .. pro ~o recto latrocinii *Ib.* 171.

6 bad of its kind, of poor quality, incompetent: **a** (of artefact); **b** (of action); **c** (*~a administratio*) maladministration; **d** (*~um debitum*) bad debt; **e** (*~a fama*) disrepute, infamy; **f** (of abstr.).

a ~am cervisiam faciens *DB* I 262va; profecti sumus inde versus Gueneloch, per arctam viam et preruptam, quam ~am plateam vocant GIR. *IK* II 13 p. 146. **b** **1281** Adam le Wyte in misericordia pro ~a falcacione *SelPlMan* 30; **1300** de Henrico in venella pro ~a arura .. vj d. *Rec. Elton* 90. **c** ut sic omnis sinistra suspicio male administracionis penitus auferatur *Stat Ox* 150. **d** **1408** pro ~o debito vij li. (v. debere 3a). **e** c**1314** quia fuerunt de aliis etc. ~e fame missi sunt gaole quousque de eis in eodem itinere plenius fuerit tractatum *Eyre Kent* 108. **f** quam ignominiosum sit ut brevis vite homo ~a exempla in perpetuum posteris relinquat W. MALM. *GR* I 81.

7 (as element in place-names and surnames).

~us Vicinus [*Malvoisin*] tenet carrucatam *DB* II 447v; c**1167** Ricardus de ~o Essarto *Pipe* 92; usque ad ~um Passum [*Malpas*] versus Cestriam GIR. *IK* II 13 p. 146; **1203** et Hugoni de ~o Alneto *Pipe* 1; **1216** Reginaldo de ~o Leporario [*Mauleverer*] *Pat* 106; **1225** hiis testibus .. H. de Mortuo Mari, Waltero de Bello Campo .. P. de ~o Lacu [*Maulay*], Briano de Insula *Reg. Glasg.* 604; **1226** hiis testibus .. Willelmo de Veteri Ponte, Symone ~o Leporario [*Mauleveret*] *Melrose* 244; **1242** Sanarus de ~o Leone *Pipe* 262; **1260** elegerunt fratrem Hugonem de ~a Morte priorem fratrum predicatorum *CalCl* 284; quidam Ricardus, vero cognomine ~a Bestia W. GUISB. 95; per manum armigeri sui Petri de ~o Lacu [*Maulay*] cui postea heredem baronie de Mulgref dedit in uxorem *Ib.* 144.

8 (as sb. n.) distress, trouble, misfortune.

cui mox destinatur legio praeteriti ~i immemor GILDAS *EB* 15; ministremus ergo Christo per bona opera; sequamur eum intentione pura, et, si ~a occurrerint, in patientia PULL. *CM* 200; ~is omnibus finis de tempore venit GIR. *TII* III 12 p. 157; culpam flemus Ade? fuit hec gustatio māli / publica causa māli, pater, in nos tam ferus hostis VINSAUF *PN* 1101; filius .. in ~o [ignis] Sancti Fiatri de Briaco. . foco consumptus interiit *Plusc.* X 14 p. 338.

9 evil-doing, wickedness, evil; **b** (w. ref. to sin).

cunctorum causam contestans esse malorum ALDH. *VirgV* 2585; **705** foedus .. ingerunt ut exules eliminarentur a nobis et ipsi nobis inferre non molirentur tantum ~um quantum minabant dictis WEALDHERE *Ep.* 22; sive historia de bonis bona referat .. seu ~a commemoret de pravis BEDE *HE pref.* p. 5; **957** virtutum amator, qui nos cupit devitare ~um sectarique bonum *CS* 988; qui enim unum ~um facit multa bona perdit PULL. *CM* 200; per formam enim exemplarem boni scit Deus ~um, quod non est aliud quam boni privatio GROS. *Quaest. Theol.* 197. **b** qui semen in os miserit, vij annos paeniteat: hoc pessimum ~um THEOD. *Pen.* I 2. 15; et Deus est lignum vitae et scientiae boni ~ique *Comm. Cant.* I 36.

10 harm, damage, injury. **b** wound.

omnipotens Deus corpus et animam vestram ab omni ~o corporali et spirituali defendat ANSELM (*Ep.* 393) V 338; **1303** Roberto Bussard fatuo de dono principis racione ~i quod sustinuit eodem die per eundem principem in aqua ibidem per manus proprias *KR Ac* 363/18 f. 21; **1335** duobus garcionibus apud Mezyngton, ut minus ~um facerent, ij s. *Ac. Durh.* 524; **1336** J. de Byry marescallo equorum regine, ne ~um faceret in maneriis .. *Ib.* 526; alius est status infirmi periculosus omnino alius et quasi contrarius: quando tantam sentit angustiam quod pati non potest ut ~um [ME: *sar*] tangatur neque medicina adhibeatur *AncrR* 60.

11 ailment, illness, sickness (var.): **a** (*~um flancae*) illness that affects the colon; **b** (*~um lecti*) illness that confines one to bed; **c** (*~um linguae*) disease of the tongue, (foot and) mouth disease; **d** (*~um mortuum*) mormal, gangrene; **e** (*~um veniendi*) illness that prevents one from appearing at court; **f** (*~um ventris*) stomach-ache; **g** (*~um villae*) illness used as essoin.

a colica passio a quibusdam ruralibus dicitur ~um flance *SB* 17 (v. 2 colicus a). **b** **1194** etc. (v. 2 lectus 1h); **1196** et Walterus se essoniavit ~o lecti et langor ei datus est *CurR* I 20; s**1256** unde idem abbas a quindeno Sancti Yllarii assoniavit se de ~o lecti *Ann. Osney* 112. **c** in j marescallo conducto ad sanandum viij stottos pro ~o lingue *DC Cant* (*AcR Ebony*). **d** unguentum optimum contra tineam, lepram, morpheam, et ~um mor', et scabiem GILB. II 83vb; ~um mortuum species est scabiei de pura melancolia naturali corrupta et putrefacta *Id.* VII 335vb; *mormale, seknesse*, ~um mortuum *PP*. **e** **1196** Isabela fecit se essoniari de ~o veniendi *CurR* I 19; **1206** et postea essoniavit se eo die de ~o veniendi *SelPlCrown* 52. **f** **1201** essoniavit se de ~o ventris quod nullum est essonium *CurR* I 383. **g** **1199** fecit se essoniari de ~o ville *CurR* I 108; **1203** fecit se essoniari de ~o ville nec per essonium ville factus fuit visus de eo *CurR* II 260.

2 mālus [CL]

1 apple tree.

~us, *apuldur GlC* M 24; ~us *apuldre Catal. MSS AS* 443; poma ferentes / hic steterant mali *V. Merl.* 91; quedam [arbores] et florum gloria commendabiles sunt et fructus .. deliciis commendabiliores, ut pirus et ~us NECKAM *NR* II 75; hec ~us, A. *apultre WW*.

2 (var.).

~us Armeniaca .. *a abricok* TURNER *Herb Names* E iv; ~us Catonea .. *a quince tree Ib.*; ~us Persica .. *a peche tree Ib.*; ~us medica, *an orege tre Id. Herb.* B3; ~us punica, *a pomgarnet tre Ib.*

3 mālus [CL], mast of ship.

turgida ventosis deponens carbasa malis ALDH. *VirgV* 2807; artemon, *obersegl* vel ~us navis *GlC* A 753; in rate triste mălum, cum frangit navita mālum SERLO WILT. 2. 68; navis per mare velificat in forma crucis virga trans ~um posita AD. DORE *Pictor* 161; armis etiam sit munita et securi qua ~us [*gl.*: *mast*] abscindi possit tempestate emergente NECKAM *Ut.* 114; cum fuisset in medio maris, simia sacculum apprehendens cum auro ~um navis ascendit *Spec. Laic.* 2.

malva [CL; cf. μαλάχη], (bot.) mallow: **a** marsh mallow, hollyhock (*Althaea officinalis*), **b** (dist. as *agrestis*, *alta*, *domestica*, *erratica*, *hortinus*, *hortulanus*, *minor*, *silvatica*, *silvestris*, *Syriacus*).

a purpureis ~arum [*gl.*: *geormanleafa*, vel *hocleafa*] floribus ALDH. *VirgP* 3; **11..** ~a *hoclef WW Sup.* 300; malfa, i. *germanlef Gl. Laud.* 953; fomentationes .. de ~is P. BLOIS *Ep.* 43. 127B; GILB. I 27. 2, TURNER *Herb.* A ii (v. bismalva); recipe hermod[actyli], †manue [l. mauue, i. e. malve], viol[e] anna ʒ x GILB. VII 314v. 1; hec ~a, *mauve Gl. AN Glasg.* f. 18ra; recipe radicem †mactarum [? l. malvarum] *Pop. Med.* 249. 111; hec ~a, A. *malle*, .. hec ~ia, *a hok WW*. **b** ~a crispa, *smerig vyrt*; ~a erratica, *hoc leaf* vel *geormen leaf Gl. Durh.* 303; acopon, i. ~a erratica *Gl. Laud.* 8; ~a silvatica vel erratica agrestis dicitur *Ib.* 996; artubus elisis ustisque medetur agrestis / malva NECKAM *DS* VII 92; ~am ortol' brancam .. GILB. IV 124v. 2; **12..** ~a cripia, i. *screpemalue*; .. ~a, i. *malue*, i. *hoc WW*; interfecto igitur antrace, recipe ~am minorem, i. *lityl hook*, et butirum ita quod tres partes sint de malva et quarta de butiro *Pop. Med.* 246; item ad hoc fiat sibi emplastrum sic, viz. recipe ~am agrestis, i. *smalhokkys*, libram unam ad minus *Ib.* 259; flos Syriacus, flos ~e, sed ros Syriacus est flos orni *SB* 21; maguderis, ~a crispis, planta leonis idem *SB* 29; alta ~a *Alph.* 22 (v. bismalva); sunt tres ~e, viz. bismalva supradicta et ~a ortelana, G. et A. *malue*, vel domestica, et crispa ~a, odorem habet sicut muge, G. *crispe mauve* vel *symoine Alph.* 22–3; malva utilior est ortina quam agrestis *Ib.* 110.

malvaviscus [cf. CL malva], (bot.) marsh mallow, hollyhock (*Althaea officinalis*).

altea, i. eviscus vel -ius malva *Gl. Laud.* 53; altea, i. malva agrestis et auscus *Ib.* 134; evisci, i. malva viscis *Ib.* 564; eptafillos, i. malvesca *Ib.* 634; radix ~i cum sepo anatis radice decocta prius est medicina summa pro duritie splenis GAD. 17. 1; semen .. ~i, i. bismalve *Ib.* 60. 1; *wyld malwe or holy hok*, herbe: astea, -e; .. malviscus, -i *PP*; mavaviscus, altea idem *SB* 29; malva silvestris, malva viscus, altea idem *Alph.* 110.

malveseia, malmsey, wine of Monemvasia.

1368 sex pipas de Malveseye, quinque pipas vini de Provincia et unum dolium vini de Vasconia *Pat* 275 m. 15; **1390** cum .. quandam taritam .. cum ~ia et aliis bonis carcatam .. juxta Sandewicum adduxissent et ibidem xxxv dolia ~ie discarcari .. fecissent *Cl* 232 m. 43; **1418** cum octo parvis barellis vini de Tire et de Malveseye *Foed.* IX 603; **1474** due bote malavisee (*KR Ac* 129/2) *Bronnen* 1747; a**1530** xx butte malmasie existentes in nave *HCA Act Bk.* 1/17.

malvesetus, malveticus, malmsey-, of Monemvasia (also ellipt. as sb. n.).

1448 pro vino, viz. malvaseto et vino albo missis de Cupro ad Falkland *ExchScot* 300; **1531** in vino malvatico *Househ. Bk. Durh.* 13; j *but* malvaseti *Ib.* 16.

malvesinus, malmsey-, of Monemvasia.

1361 unam pipam de vernage et unam pipam de *malveisyn* pro expensis nostris apud Honyflu *Cl* 198 m. 4; **1480** pro v lagenis et dimidia rubri vini et clareti, et una laguncula ~i, iiij s. ij d. *Ac. Chamb. Cant.* 135; **1482** pro vino dulci, viz. ~o *Ib.* 136.

malvia v. malina, malva. **malvicium** v. malvisium. **malviscus** v. malvaviscus.

malvisium [AN *malviz, mauvis*], mavis, song-thrush.

13.. auceps sive aucuparius .. habeat .. malvicia (*Nominale*) *Neues Archiv* IV 341.

mama v. mamma.

Mamaluchus [OF *Mameloc* < Ar. *mamlūk=one who is owned, slave*], Mameluke.

1517 cum nuper eorundem Turcharum tyranni vires et potentia eo usque creverint ut devicto Sultano cum toto ~orum exercitu tota Syria et Egypto .. sit potitus (*Lit. Regis*) *ArchJ* X 339.

mamentria v. mahometria. **mamilia** v. mamilla.

mamilla [CL], (little) breast, nipple: **a** (of human); **b** (of other mammal).

a nomina primae declinationis .. ~a ALDH. *PR* 121; mater .. per humilitatem ~ae .. pascit infantem BEDE *Cant.* 1140; **11..** ~a, *tit WW Sup.* 450; puellam .. ante illum repente tenentem in sua manu dextera quandam niveam mamiliam ANSELM BURY *Mir. Virg.* 31; questio .. / qua causa maribus dederit natura mamillas NECKAM *DS* IX 367, numquid sic fecit beata Agatha que respondit Deo nuncio ferenti medicinam ex parte Dei ad sanandum suas ~as [ME: *tittes*] *AncrR* 144. **b** [suilla] canem forte lactuerat .. cujus ~is apposita fuerat GIR. *IK* I 2 p. 28.

mamillaris [LL], resembling a breast, like a nipple.

circa medium tumorem ipsius matricis sunt duo additamenta inversa sive protensa sicut duo cornua vel duo capita ~ia *Ps.*-RIC. *Anat.* 40; coram colatorio [nasi] exeunt quasi duo capita ~ia GAD. 116v. 2.

mamillatus [CL], provided with breast-like or nipple-like protuberance.

Cambrice enim usque in hodiernum diem *cloch tethauc* appellatur, quod '~ata campana' interpretatur *NLA* II 106; clocula nostra ~ata hic apponatur *Ib.* 107; cloccam ~atam in manu sua gerens *Ib.* 108.

mamillula, little breast, little nipple.

vixque trahit cannis extorta liquamina Maurus, / quem dapis irrigua mediatrix lactat harundo, / dum calami rores angusta mamillula plorat HANV. I 274; circumcisa, brevis, limata mamillula laxum, / non implet longeva sinum *Ib.* II 17.

mamitha v. maltha.

mamma [CL]

1 breast: **a** (on human); **b** (on other mammal).

mamma · 1698 · manca

mamma

quandam puellam in occiduis Europae litoribus necdum turgentibus ~is repertam didicimus *Lib. Monstr.* I 13; dentes enim sunt cum corripiunt iniquos, ~ae cum consolantur pusillanimes suscipiunt infirmos BEDE *Cant.* 1140; †rura, monima [? l. ruma, mamma] *GlC* R 254; si tumor aut oculos aut mammas obsidet NECKAM *DS* VII 85; balbat puerulus et mammas parvulis / contrectat manibus atque digitulis WALT. WIMB. *Carm.* 48; ~a, *tete* . . hec ~a, A. *a pap of a woman* . . hec mammus, A. *pappe WW*. **b** bumaste, uva in similitudinem ~ae [vaccae] *GlC* B 214; minora . . pecora duas tantum ~as habent *GlP* 155n.; subrumus, . . i. hedus qui sub ~a adhuc existens OSB. GLOUC. *Deriv.* 497; precium ~e ovis, id est *teth*: ij d. *Leg. Wall. A* 156.

2 person bearing breasts: **a** mother, mamma, mummy. **b** disreputable woman.

a "~e, ~e", iteratis vocibus clamitantem. quo mater ipsa jam comperto . . *Mir. Hen. VI* II 33. **b** mama, turpis persona OSB. GLOUC. *Deriv.* 366.

mammare [LL], to nurse from a breast, to suckle.

vae praesente captivitate praegnantibus et nutrientibus sive ~antibus BEDE *Luke* 588.

mammaza v. mezimma.

mammia [CL < μαμμία], breast.

1392 felonice occidit J. B. . . cum uno cultello in pectore juxta mamiam sinistram *SelCCoron* 49.

mammola v. manumola.

mammona [LL < μαμωνâς < Aram.], riches, wealth; **b** (w. ref. to *Matth.* vi 24 and *Luc.* xvi 13; also joc.); **c** (w. ref. to *Luc.* xvi 9).

966 ego . . statui . . de transitorio ~a providere beatorum tabernacula mihi *CS* 1178; **1170** dives autem, filius avaritie, cultor mammone, . . P. BLOIS *Ep.* 93. 292B; de ~a sui lucri nequioris remunerabant R. COLD. *Cuthb.* 67 p. 135; ~a distribuitur *Dial. Scac. pref.* B; **1281** convertitur in ~am, quod est Christi visceribus infundendum *Conc. Syn.* 910; Christus dedit veniam nulla data mammona AD. USK 89. **b** si Deo adhereas, hereditatem meam, i. e. mundana, non habebis, quia impossibile est, Deo servire et ~e G. ROMAN. 279; bullus igitur potest libris et ~e deservire R. BURY *Phil.* 15. 194. **c** Saulus . . de mamona iniquitatis elatus BEDE *Hab.* 1242; **801** neve aliquorum impia voluntas sub tuae beatitudinis nomine sacculos suos impleat iniquitatis ALCUIN *Ep.* 217; faciens sibi amicos de ~a iniquitatis AILR. *Ed. Conf.* 770D; optinuit . . officium presbiteratus . . sed non ut animas sibi commissorum procuret, immo ut lucrum exigat temporale et ~a iniquitatis *Lib. Eli.* II 121; sumus . . ~a iniquitatis omnino carentes OCKHAM *Err. Papae* 958; ea mente ~a iniquitatis possident, qua . . patrem ad iracundiam provocant, qui prohibet quemquam commonachum aliquid suscipere quod abbas non . . permiserit possidere *Reg. Whet.* II 386.

mammonetus, marmoset.

~us, A. *a marmoset WW*; habemus ex Mauritania cercopithecum quendam quam vocamus barbaricum seu ~um varium, colore dorsi et lateris viridi, frequenti hinc inde inserto pilo griseo seu melino CAIUS *Anim.* 15

mammothreptus [LL < μαμμόθρεπτος], breastfed, suckled at the breast (also as sb.). **b** (as sb.) one suckled at the breast (for too long), pampered child.

mammotrectus et abjectus / et in messe lolium / est qui censet vicium / cum luget natura (*Ord. S. Gilb.*) *HBS* LIX 125; *sokare, þat sokyth mylk* . . mammotreptus *PP*. **b** *sokerel þat sokyth longe*, mammotreptus *PP*; *a coknay*, ambro, mammotropus, delicius *CathA*.

mammula [CL = *small breast or nipple*], nipple-shaped body on olfactory nerve.

ad odorem enim efficiendum aer odore affectus quibusdam ~is a cerebro suspendulis . . conjungitur ADEL. *QN* 31; qualitates habent temperatas ~e . . ad odorem, lingua et palatus ad gustum, manus vero ad tactum *Ib.*

mammus v. mamma. **mampa** v. mappa. **mamphora** v. maniphora.

mamphur [CL], bow-drill.

~ur, lorum quod vertit lignum tornatile OSB. GLOUC. *Deriv.* 366.

mamzer, ~erus [LL < Heb. *mamzer*]

1 bastard, illegitimate child.

mansyr, filius meretricis *GlC* M 31; *horcop, basterde*, manzer, -eris *PP*; *an hureson*, manzer i. filius scorti *CathA*; manzerus *Ib.* (v. mamzerinus); c**1543** necnon legittimandi bastardos, spurios, manseres, nothos, incestuosos *Form. S. Andr.* II 254.

2 (? as proper name).

1273 per plegiagium Manseri, filii Aaron Judei *SelPlJews* 71.

mamzerinus [cf. mamzer]

1 (as adj.) bastard, illegitimate.

Jerusalem itaque a filiis suis obsessa obclaudebatur, intus autem a populis manzerinis prophanabatur ORD. VIT. IX 15 p. 597.

2 (as sb.) a bastard, illegitimate child.

a bastarde . . manzerinus, manzerus, Hebreum pocius quam Grecum *CathA*.

manabilis [CL], that exudes.

terra mero melle manabilis J. HOWD. *Ph.* 938.

manachus v. monachus.

managerius [OF *mainagier* < managium + -arius], member of a household.

1313 debet fieri securitas pro dictis comitibus et baronibus, suis adherentibus et suis ~iis suisque alligatis *Tract. Ed. II* 18.

managium [ME, OF *manage* < mansio + -agium]

1 house, dwelling.

a**1139** persona de Cestrefeld recognoscet de Nicholao iiij bovatas terre et ~ium ad opus sacerdotis *Reg. Ant. Linc.* II no. 317 p. 8; c**1155** cum ~io erundem [*sic*] molendinorum *Danelaw* 119; a**1159** cum capitali ~io meo in eadem villa *E. Ch. Yorks* IV 31; c**1163** dimitto Rodberto de M. . . totam terram ubi ~ium suum stat juxta Duvegate *BM Ch.* no. 53; dedit . . abbas . . Hugoni . . unum maignagium in foro . . ville *Chr. Rams.* 246; **1185** Gunnilda pro j manuagio [? l. mannagio] xij d. . . Robertus . . pro j virgata et pro mannagio v s. et Willelmus frater ejus pro dim. virgata et mannagio iij s. Rogerus . . pro masuagio viij d. *Rec. Templars* 29; c**1190** domus est in fronte capitalis ~ii mei *Ch. Westm.* 370; **1200** notum sit . . quod R. . . unam virgatam terre cum ~io in Hochenartune quam H. anus suus dedit . . quietam clamavit; et preterea dimidiam virgatam terre cum ~io, quam clamavit . . similiter quietam clamavit *Cart. Osney* 276; a**1222** pro predicto manachio *AncD* A 1851; **1250** unum ~ium . . ad domos suas et ortum, et quatuor forgias faciendas *MonA* V 421; **1331** totum ~ium quod fuit . . N. in parochia . . *Ib.* VI 457.

2 household.

1185 in Warewic' Rogerus faber xlij d. pro mannagio suo *Rec. Templars* 32; **1261** cum A. de S. sit de maynagio nostro volumus quod uxoribus A. sit de ~io . . regine *Cl* 14; **1264** milites qui de mainagio suo esse consueverunt *Cl* 357; **1267** Eudoni . . qui est de ~io regis *Cl* 412.

3 management.

1296 racione terrarum quas in regno vestri de vobis tenuerunt racione menagii seu retencionis vestre *Reg. Carl.* I 68.

manalis [CL = *flowing*], (as sb. n.) floating craft, or (?) f. l.

amissis omnibus quicumque ibi etiam adduxerant, preter aliquas naves, manalia [? l. animalia], ac insuper ducem exercitus G. *Herw.* f. 326.

manantia [OF *manantie*], house, dwelling.

1220 nullam ~iam habet in partibus istis *CurR* VIII 343.

manantisa [OF *manantise*], house, dwelling.

a**1235** Thome de G. pro homagio et servitio suo totam ~am nostram in Selwike sine alicujus retenemento et sexaginta et unam acras *Act. Ep. Heref.* 366; **1245**

manapium [cf. ME, OF *nape*], tablecloth, napkin.

1373 item ibidem vij mappe, vj manutergia, et iiij ~ia, precii xxiiij s. *Pl. Mem. Lond.* A 18 m. 6.

manare [CL]

1 to flow, pour, run: **a** (of liquid); **b** (of vegetable fluid); **c** (of bodily fluid); **d** (fig.).

a larga laticis vivi flumina . . ~antia decurrunt ALDH. *Met.* 2 p.65; neque guttae graciliter / manabant, sed minaciter / mundi rotam rorantibus / umectabant cum imbribus *Id. Carm. Aldh.* I. 46; statim fontem aquae vivae, . . de saxosa terra erumpere ~antem invenerunt *V. Cuthb.* III 3; in pago Berrucscire . . continuis quindecim diebus fons sanguinem tam ubertim ~avit ut vicinum vadum inficeret W. MALM. *GR* IV 331; plurima . . per Hiberniam ~antia flumina GIR. *TH* I 7; Pegasus terram pede percutiens fecit fontem ~are Musis consecratum *Natura Deorum* 48; vadit in paradiso . . ubi sunt fluvii ~antes sine labore vel dolore *Itin. Mand.* 110. **b** stacten: quae similiter de arbore eodem modo ~atur *Comm. Cant.* I 193; teda pinguis lignum edit ex quo ~at gummositas que similiter appellatur *SB* 41. **c** purpureus cruor extemplo de carne manavit ALDH. *VirgV* 1833; ut totus fluvius de vulneribus ejus ~are videretur *Lib. Monstr.* I 3; ex quibus unum cum caput esset ab ense peremptum / illius extimplo vice trina manare solebant (*De chelidro serpente*) HWÆTBERHT *Aen.* 41. 4; ulcere putredo manat cum sanguine fedo WALT. ANGL. *Fab. app.* 7. 73 p. 374; ocillum dulciter et labra dulcia salivam parvuli more manancia WALT. WIMB. *Carm.* 225. **d** a797 tuum vero sanctissimum cor terra est repromissionis, sapientiae melle ~ans et suavissimo caritatis lacte redundans ALCUIN *Ep.* 86.

2 to leak away (fig.).

1182 dum hoc seculum manet, imo potius, dum hoc seculum ~at, judicemus nosmetipsos P. BLOIS *Ep.* 2. 7B.

3 to spread, emanate: **a** (of word or writing); **b** (of abstr.).

verba ~antia ineffabili pietate H. LOS. *Serm.* 302; [librum Regum] quem beatus Jeronimus vocat galeatum principium omnium scripturarum, que ab ipso de fonte Hebreorum ~averunt ad intelligentiam Latinorum J. SAL. *Ep.* 143 (209 p. 322). **b** in te manavit fons et origo boni WULF. *Poems* 11; a singulo Patre ~at totus amor summi Spiritus ANSELM (*Mon.*) I 67; in aliis vero singula [dona] et ab ipso ~antia R. MELUN *Paul.* 263; que utinam, sicut prava fuerant et perversa, sic tanquam frivola et vana apud modestie virum et paciencie et cujusmodi de fonte illa ~arunt . . non ignorantem . . suscepta fuissent GIR. *SD* 142; clerici regi Anglorum subjecti res non possident temporales . . jure divino, sed jure humano ab ipso rege ~ante OCKHAM *Pol.* I 253.

4 to derive, descend.

germanus, ex eadem genitrice ~ans OSB. GLOUC. *Deriv.* 263.

manaria v. minaria.

manatio [CL], flowing.

~o, fluentia *GlC* M 79.

manbota [AS *mannbot*], fine to be paid to the lord of a man slain.

si de parentela ipsius sit qui occidit eum, tunc excidat emendatio patrini, sicut ~a domini (*Quad.*) *GAS* 123; (*Ib.*) *Ib.* 189 (v. fihtwita a); et mægbotam et ~am plene emendet (*Ib.*) *Ib.* 282; si servus servum occidat, domino reddantur xx sol. pro ~a (*Leg. Hen.* 70. 2) *Ib.* 587; a die . . qua wera vadiata est in vicesimum unum diem debet halsfangum reddi; inde in xx unam noctem reddatur ~a (*Ib.* 76. 5) *Ib.* 593.

1 manca [ML], unit of measurement: **a** (as monetary unit equivalent to thirty silver pence, two and one half twelve-pence shillings or six five-pence shillings); **b** (as weight equivalent to thirty pence).

a 926 pecunia quam ego accepi ab eo, i. e. ccc ~as de puro auro *CS* 658; bos una ~a, i. e. xxx d. (*Quad.*) *GAS* 176; xxx solidorum ex v denariis, qui faciunt v ~as (*Leg. Hen.* 34. 3) *Ib.*565; xx mance, que

faciunt l solidos in Westsexa (*Ib.* 35. 1) *Ib.* 566; xxx solidi ad manbotam, i. e. hodie v ~e . . cxx solidi, qui faciunt xx ~as (*Ib.* 69. 2) *Ib.* 692; v ~e, que faciunt xij solidos et vj denarios (*Ib.* 76. 6a) *Ib.* 593; a**1123** daret quoque anno . . j monc' auri vel ij solidos (*Deed*) *EHR* XIV 428; si quis de hominibus suis in forisfactura mea justo judicio et causa aperta missus fuerit de xx manchis, adquietet se ante judicium per vj d. et post judicium per xij d. *FormA* 38; mercati sunt pacem triginta millibus auri ~is ELMH. *Cant.* 264. **b** †**867** (12c) ut . . darem . . xv mansiones . . et michi collato digno pretio, i. e. sexaginta ~as in auro puro *CS* 1210; a**988** armillam auream quae habebat octoginta ~as auri et . . dederunt . . unam torquem auream quae habebat octoginta ~as auri *CS* 1133; ad omnes principales sedes librum nunc suo jussu conscriptum velle transmittere cum pugillari aureo, in quo esset ~a auri W. MALM. *GR* II 123; ad unumquemque pedem ~am auri publico pondere pensitavit *Id. GP* II 78; coopertoria librorum euuangelii de xx libris et lx mankis auri *Id. Glast.* 41.

2 manca, ~us [cf. OF *manche*, CL *manicae*], sleeve-shaped artefact: **a** conical net. **b** handle.

a totam simul piscariam Ramesensi ecclesie contulit cum mansis [v. l. manueis] et toftis [v. l. costis] piscatorum *Chr. Rams.* 53. **b** **1220** cnipulo cum una ~a eburnea *BNB* III 406; **1226** ita verberavit in capite quod manchia fregit in manu sua *Ib.* 541; **1234** die quo falcat, debet j aurocum de herba quantum poterit levare cum ~o falcis sue *Cart. Glast.* 9; debet . . habere . . quantum poterit levare de herba cum †maneo [l. manco] falcis sue qui non frangat *Ib.* 65; **1280** mancha fuit de fraxino (v. Daneschus).

3 manca v. 2 mancus. **mancagium** v. mensagium.

1 mancare [ML; cf. CL *mancus*], to maim, spec. by cutting off hand.

a manu hic mancus . . eo quod minime habet manum, et inde ~atus OSB. GLOUC. *Deriv.* 334; s**1276** regredi volentes infra curiam, janitoribus resistentem eis ~abant et verberibus attrectabant *Ann. Dunstable* 273; *handles*, mancus, ~atus *CathA*.

2 mancare [cf. 2 manca 2], to fit with a handle.

1205 hachas ad loggiandum . . facias mantiari *Cl* I 30a.

3 mancare v. mandare. **mancellum** v. mantellum.

manceps [CL], **a** contractor, agent. **b** servant. **c** maniple.

a ~ceps carceris, i. servus, *agend, cweartenweard GlP* 796; pernoctes attabernales juges lenociniorum sunt ~cipes OSB. GLOUC. *Deriv.* 3. **b** hic ~ceps, -is, similiter pro servo OSB. GLOUC. *Deriv.* 335. **c 1569** sicut patet per billam ~cipis *REED Cambridge* 255.

mancha v. 1–2 manca.

manchetum [ME *manchet, mainchet*], manchet flour.

1540 reddendo annuatim xxvj modia frumenti et xxvj modia manseti *RentSurv R* 795 m. 3*d*.

manchia v. 2 manca. **mancholum** v. machalum. **mancile** v. mantele. **mancio** v. mansio.

mancipalis [CL = *of a contract*], (as sb. m.) contractor, agent.

multis Romani perfidorum caesis, nonnullis ad servitutem, ne terra penitus in solitudinem redigeretur, ~ibus [v. l. mancipatis] reservatis . . Italiam petunt GILDAS *EB* 7.

mancipare [CL]

1 to assign, grant, put in possession (of): **a** (w. property or abstr. as obj.); **b** (w. person as obj.).

a 789 hanc . . terram tibi tradendam et possidendam et aecclesiae usui ~andam . . concedo *CS* 257; quidquid terra nostra possidet vobis ~atum censemus OSB. BAWDSEY clvi; eidem gubernaculum . . totius ecclesie magisterium ~avit P. BLOIS *Serm.* 644C; Westsaxoniam, Cantiam, Essexiam, et Suthsexiam sub suo dominio ~avit *Flor. Hist.* I 428; terram Dacorum adivit, et eam subjectam fecit; regem in bello occidit et totam illam terram suo dominio ~avit *Eul. Hist.* II 243; **1401** ne . . periat plantacio divino cultui ~ata *Cl* 249 m. 15. **b** ut rex eum jam suis daret consiliis et negociis principalibus ~aret W. DAN. *Ailred* 3.

2 to hand over: **a** to devote (to); **b** to consign (to); **c** (absol. in gl.).

a ~andum et altario [l. altaria] sanciendum THEOD. *Laterc.* 19; qui Deo fideliter serviunt aeterna luce donabuntur, et qui impietati ~antur cum hac vita perdunt bona quae amabant BEDE *Prov.* 970; omnia corporis nostri membra ~emus ad ejus implendam voluntatem *Id. Hom.* I 3. 14; **786** ab omnibus qui sacro cultui ~antur ALCUIN *Ep.* 3 p. 21; studiosus literarum, ad causarum actiones et curas officiorum unus sum ~atus L. DURH. *Hypog.* 63; c**1182** dilectis in Christo filiabus monialibus de W. divino ibidem servitio ~atis *Ch. Chester* 202; ~atus fui arti tinctorie WHITTINGTON *Vulg.* 67. **b** in comparatione loliorum quae flammis sunt ~anda BEDE *Luke* 356; vilioribus servilis conditio ~etur J. SAL. *Pol.* 397A; **1219** sub custodia Walteri de G. teneatur carceri ~atus *Pat* 185; adjudicati fuerunt prisone in qua ferris erant ~ati *State Tri. Ed. I* 32; ne crebrius peccando ac se perdicioni mansipando *Cust. Cant.* 262; quos indifferenter omnes per paucitatem nostram agonizantem pro justitia vel fuge capcioni vel gladio ~avit G. HEN. V 14; in penis hujusmodi †manicipatum [MS: mancipatum] AD. USK 62. **c** ad ~andum, ad liberandum *GlC* A 263; ~o, *abaundoner* GARL. *Unus gl.* 165.

3 to take into one's hands (in order to control), to command, subdue. **b** (*effectui ~are* or sim.) to put into effect.

Ini . . simili provinciam illam adflictione . . ~avit BEDE *HE* IV 15 p. 236; ~atus, vinctus *GlC* M 116; accipe ergo volatile volans submersum et ~a ut tibi respondeat DASTIN *Ros.* 13; rex iter suum arripuit versus Hiberniam ad illorum rebellionem indomitam, si posset, ~andam V. *Ric.* II 126. **b** minas effectui ~avit W. MALM. *GP* I 19; propositumque suum effectui ~are curarent GIR. *EH* I 12; AD. MARSH *Ep.* 8 (v. 1 effectus 1a); **1289** nisi mandatum nostrum . . festino effectu ~etur *RGasc* II 451b.

4 (dep.) to conform with, obey, serve.

oratorum pedes qui rethoricae artis regula continentur et prosae urbanitate ~antur ALDH. *PR* 112; omnia nomina vel verba quae . . huic regulae legitime ~antur *Ib.*; ancillare, servire, obsecundare, obsequi, ministrare, famulari, ~ari, clientare OSB. GLOUC. *Deriv.* 60; ~or, -aris, dicitur pro servire *Ib.* 335.

mancipatio [CL = *formal conveyance by* mancipium]

1 handing over, committal, delivery.

carceri perpetuo ~ione nobilium plurimorum *Croyl. Cont. B* 493.

2 obedience, service.

mancipatus, ~io, servitus, clientela, obsequium, servitium, famulitium OSB. GLOUC. *Deriv.* 361.

mancipator [LL *gl.*], one who hands over, one who delivers.

928 apud Judam proditorem, . . poenarum aeternarum ~orem *CS* 663; **1377** carceri ~ores . . excommunicatos . . nuntietis *Mon. Hib. & Scot.* 359a.

1 mancipatus v. mancipare.

2 mancipatus [LL], obedience, service.

ut eos credentes felicissimo Christi ~ui subderet BEDE *Prov.* 1033; OSB. GLOUC. *Deriv.* 361 (v. mancipatio 2).

mancipiolum, little possession.

mancipium . . inde ~um, -li, diminut' OSB. GLOUC. *Deriv.* 335.

mancipium [CL], **~ius**

1 possession, property.

plagarius, ~iorum vel pecodum alienorum distractor *GlC* P 476; †mancipusque [l. mancipiisque] domus locuples sit et unguine promus R. CANT. *Malch. Ep.* 19 p. 43; equus, asinus, . . et vilissima ~ia, sedile ligneum, . . et lebetes probantur prius, et sic emuntur P. BLOIS *Ep.* 79. 244C; me tibi [Christe] devotum constituo quecumque ~ia, quocumque modo adquisita, libera tibi imperpetuum trado, villam presentem, sc. Waltham, et Chenleveden [etc.] *Found. Waltham* 12.

2 servant; **b** slave; **c** (fig.); **d** (as title of humility).

ut . . serviret ut vile ~ium ALDH. *VirgP* 31; unusquisque in servitio regis invenit averam vel viij den' vel ~ium *DB* I 189vb; recedentium autem quidam famuli, vel ~ia, vel . . goliardenses, versus ridiculos componebant M. PAR. *Maj.* III 168; **1257** plerique . . Judei . . nutrices, obstetrices, et alia ~ia Christiana . . retinere *Conc. Syn.* 560; **1298** F. et W. N. cum multis aliis clericis et eorum †manopiis [l. mancipiis] venerunt in alto vico inter ecclesiam Beate Marie et ecclesiam Omnium Sanctorum cum arcubus et sagittis et aliis diversis armis *SelCCoron* 90; letari corde debetis si paciamini dangerium a ~io [ME: *þe cokes cnave*] lavante discos *AncrR* 149; hoc ~ium, *a servante WW*. **b** c**732** quod quidam ex fidelibus ad immolandum paganis sua venundent ~ia *Ep. Bonif.* 28 p. 51; ~um *wilnincel GlP* 925; ~ia sua Hiberniam venditabant W. MALM. *GR* III 269; Plautinum Querolum miraris ubique videri, / mancipio tali non caret ulla domus J. SAL. *Enth. Phil.* 1684; avaritia . . animam liberam servile cogit esse ~ium NECKAM *NR* II 52; inceperunt nostri . . separare vivos a mortuis, proponentes eos servare ~ia redimendos G. HEN. V 13. **c** dic quid est aurum. ~mortis *Ps.*-BEDE *Collect.* 150; mancipium ventris non curat, quid sit honestum J. SAL. *Enth. Phil.* 581; ave, per quam fit creator / creature ministrator, / dominus mancipium WALT. WIMB. *Virgo* 122; quid est homo? dico, quod est ~ium mortis, hospes loci, viator transiens *G. Roman.* 335. **d** a**705** Cellanus . . in extremo Francorum limitis latens angulo exul, famosae coloniae Christi extremum et vile ~ium, in tota et tuta Trinitate salutem *Ep. Aldh.* 9.

3 (acad.) manciple.

1339 vulneravit ibidem Henricum Chadd, clericum et ~ium, contra pacem dicte universitatis [Cantebrigie] *SelCKB* V 116; **1380** de Willelmo Cook, ~io Paulhall' *DocCOx* 24; *mawncyple*, ~ium *PP*; **1464** ~ium collegii monachorum ordinis Cisterciensium *MunAcOx* 710; **1522** ~io et coquo pro custodia collegii in absentia . . xiij s. iiij d. *Cant. Coll. Ox.* II 258; **1535** stipendia . . unius ~ii sive provisoris victualium dicti collegii per annum, xl s. *Val. Eccl.* II 264b.

mancipulus [cf. manceps + -ulus, ME, OF *manciple*], servant, (spec.) maniple.

1253 de garderoba domini regis de prestito c s. liberatis magistro Henrico licentiatio cum iij mansipulis *Ac. Build. Hen. III* 214.

mancitare v. mansitare. **mancola** v. mancusa. **mancolum** v. machalum. **mancordia** v. mancornus.

mancornus, ~a, ~um [ME *mongcorn, mancorn*], maslin, mixture of grains.

a**1128** iij servientes aquarum habent in vj ebdomadis iij *sallops* de mancordia *Chr. Peterb. app.* 167; habet . . j *sallop* de *mancord Ib.*; hoc orreum debet Ailwinus reddere plenum de ~o *Dom. S. Paul.* 123; **1199** quatuor acras in B., duas sc. de mancorn' et duas de avena *RChart* 14a; **1232** in xxij quarteriis dimidio ~i lxv s. iiij d. *Crawley* 203; pro *tolcorn* et non ad emendacionem x bussellorum ~i *CourtR A. Stratton* 135, **1333** operarii non sufficiebant ad metendum frumentum et ~um propter spissitudinem bladi . . in xxxj acris ~i et avene metendis (*Pipe Wint.*) *EconHR* 2nd S. XII 394.

mancumentum [cf. CL *mancus*], shortage, deficiency.

1458 se obligant allocare et defalcare de precio predicto xiij s. et iiij d. . . pro ~o gaugii cujuslibet dolii *Cl* 309 m. 40*d*.

1 mancus v. 2 manca.

2 mancus [CL]

1 having a useless hand, deformed by the loss of a hand (also as sb.).

carnifex . . ~us manu ALDH. *VirgP* 52; ~us, *anhendi GlC* M 8; lumine privatus dimenso et corpore mancus WULF. *Swith.* I 1547; lignipedes, mancos furtum facit, exoculatos D. BEC. 1785; evasit . . loripedis et ~i deformitatem W. CANT. *Mir. Thom.* VI 52; mulier ~a, manibusque carens a nativitate GIR. *IK* II 11.

2 sick, unhealthy (also as sb.).

nec peccat tunc medicus vel chirurgicus ille licet ~um dummodo sanum reddat egrotum FORTESCUE *NLN* I 25.

3 poor, powerless (also as sb.).

~orum marsuppia replentur ALDH. *VirgP* 42; pau-

peribus stipem tribuens et munera mancis *Id. VirgV* 1803.

4 (as sb. m.) covering for a hand, glove, mitten.

myteyn, .. ~us *PP*; hic ~us, A. *a meteyne WW*.

mancusa, mancusus [ML], unit of measurement: **a** (as monetary unit equivalent to thirty silver pence, two and one half twelve-pence shillings or six five-pence shillings); **b** (as weight equivalent to thirty pence).

a **692** (14c) in numero c ~ae *CS* 79; **789** mitto, quod est centum viginti ~as (*Lit. Regis*) W. Malm. *GR* I 88; **797** ut per unumquemque annum, sc. quantos dies annus habuerit, tantos ~as eidem Dei apostolo aecclesiae, nimirum trecentos sexaginta quinque, pro alimoniis pauperum et luminariorum concinationes emittere Alcuin *Ep.* 127; **805** in pretio xxx ~arum *CS* 322; **811** centum et viginti vj mancosas *CS* 335; magnam .. pecuniam id est trecentas mancussas Asser *Alf.* 16; sed quid vis tunc, aut quot denarios vis dare, aut quot ~as Ælf. Bata 4. 26 p. 50; rex Cnut hanc thecam, necnon Ælfgiva regina, / cudere jusserunt; bis centum necne decemque / coctos igne chrison mancosos atque viginti, / necne duas libras argenti pondere magno *Chr. Abingd.* I 433; Rome autem singulis annis trecentas denariorum ~as portari precepit M. Par. *Maj.* I 386. **b** †**785** (12c) accepto .. placabili pretio c ~as auri obrizi in una armilla *CS* 245; **790** (?11c) pro ejus pecunio [*sic*] quam ab eo accepi, hoc est xv pund' et xxx ~o [*sic*] *CS* 502; **815** tradidi .. viginti et tres ~as in uno anulo *CS* 353; **840** in uno anulo xv manc' (*Ch.*) *ArchJ* XXX 174; **841** xxxj †mancolas [v. l. mancosas] in uno anulo *CS* 432; **901** kalicem aureum pensans xxx ~os *CS* 587; **948** pro placabili pecunia .. hoc est lx ~as purissimi olei *CS* 868.

1 manda [OF, ME *mande, maunde* < AS *mand*], maund, wicker basket, hamper.

1382 constabularii Turris .. perceperunt .. de quolibet batello ostreas, musculas, et cocleas ad civitatem predictam [Lond'] ducere consueto unam ~am inde super dictam wharvam [Turris] .. ponendam *Cl* 222 m. 13; **1465** pro custuma unius mawnde (*CourtR Yarmouth*) *Bronnen* 1550; **1533** arrestavit unam maundam impletam cum diversis mercandisis de bonis et catallis cujusdam Nicholai Longe de Gravesend *shomaker*, pro eo quod dicta una maunda adducta fuit a partibus exteris *KR Mem Rec. H* r. 20.

2 manda v. mandra.

mandamen, message, report.

principes, hac exhilarati fama, amica festinant legatis suis ~ina *V. Ed. Conf.* f. 39v.

mandamentum, (right of) command.

1251 capud castri seu fortaliciam et .. villam cum toto districtu et ~o castri ejusdem et eciam totam terram quam habeo .. *Reg. Gasc. A* II 446.

mandare [CL]

1 to hand over, commit, consign: **a** (w. personal obj.); **b** (w. impersonal or abstr. obj.).

a jungit ad astra fides numeros, turmasque frequentes / congregat, atque Deo solitis se mandat in horis Æthelwulf *Abb.* 612. **b** apozima dicitur quando decoquuntur alique herbe vel medicine in aqua ita quod virtus herbe aque ~etur et sic virtus medicine per os recipiatur *SB* 11.

2 to commit: **a** (*litteris ~are*) to commit to letters, to put in writing. **b** (*memoriae ~are*) to commit to memory, to record. **c** (*exsecutioni ~are* or sim.) to commit for execution, to entrust for carrying into effect (of command or sim.).

a Danihel .. nonnulla mihi de historia ecclesiastica provinciae ipsius .. litteris ~ata declaravit Bede *HE pref.*; ea .. litteris ~are studuimus *Ib.*; imperavit quod illud testimonium in eodem libello literis ~arem Asser *Alf.* 88. **b** signa sanitatum .. e quibus aliqua in libro .. memoriae ~avimus Bede *HE* IV 28 p. 277. **c** si non fuerit appellatum, executioni ~etur sententia Ric. Angl. *Summa* 35 p. 76; **1289** judicium curie .. super pedagio Leiburne fuit execucioni ~atum *RGasc* II 361b; **1340** dicturus quare sententia .. non debeat .. execucioni ~ari *FormOx* 130; antequam sententia executioni ~etur Ockham *Dial.* 901.

3 to ask, send for, summon. **b** to send; **c** (w. *pro*).

798 ~a .. per nostras curtes; quicquid ibi erit, omnia tibi parata erunt Alcuin *Ep.* 150; rex ab episcopo ~atus repente affuit *G. Steph.* 109; cum sis mandatus, sis promptus, adesse paratus / coram patrono, supplens ex ordine jussa D. Bec. 1139; quadam enim vice apud Dunelmum egrotare incipiens .. Rodbertum, priorem ipsorum canonicorum, ~avit Ric. Hex. II 9; **1214** viderunt ipsum B. fugientem cum arcu in manu sua et hoc vidit serviens regis quem ~averat, sc. R. C. *SelPlCrown* 72; **1423** abbas de D. .. prior de M. .. †mancantur [? l. mandantur] ad solvendas procuraciones per eos debitas sub pena *Reg. Heref.* 14. **b** ~abat igitur ei concordiam G. Mon. IV 14; ipse dominus omnium Jhesus Christus ~at salutes tibi *V. Chris. Marky.* 52; ~avit venerabilis pater dominus A. .. litteras sue visitacionis per officialem suum *G. Durh.* 2; ~ans nuncios ad legatum, quod sibi Turrim Londoniarum .. redderet *Flor. Hist.* III 14; **1315** vicecomes ~avit hic recordum et processum habita in curia de N. *Year Bk.* 25; **1375** J. de G. *taverner* forstallavit tanta ova in mercato ut implevit xxviij barellos diversis vicibus et illa ~avit extra regnum in externas partes *Leet Norw.* 63; cerebrum denique vestrum parumper reumaticum in pectoris regionem humoris stillicidia ~at, quod cotidie vestra tussicula matutina ostendit Kymer 3. **c** **12..** vicecomes ~et pro turensibus vel militibus de comitatu (*Cust.*) *EHR* XVII 713; **1310** ~avit pro .. Willelmo de H. .. et dixit sibi .. *Reg. Cant.* 1180.

4 to send word or message (absol.); **b** (w. dat. of person informed); **c** (w. *quod*).

vos autem scitis quod dominus papa .. me ~ante legatum suum legaverit H. Cantor f. 6v. **b** **1090** ~o tibi quod de terra quam erga me petiisti locutus sum cum uxore mea *Chr. Abingd.* II 20; quod rex graviter ferens archiepiscopo sic ~avit, deprecans eum ut ad hospitium suum remaneret H. Cantor f. 31; si abbas morbo preoccupatus matutinis interesse non possit, per capellanum suum cantori ~abit, et cantor postmodum officium abbatis procurabit *Obed. Abingd.* 369; **1240** statim nunciavit G. de B. foristario qui ~avit foristariis et viridariis ad inquisicionem faciendam per quatuor villatas *SelPlForest* 71; **1326** de magno exercitu in partibus Francie congregato, de quo mihi ~astis, nichil possum exquirere *Lit. Cant.* I 173; **1456** ~atur compotanti certificare regem .. si dicta feodifirma venit ad manus regis temporibus retroactis *ExchScot* 150. **c** p**1071** episcopus .. ~avit quod iste miserrimus tres homines Montem Sancti Michaelis adeuntes tercia Pentecostes die invaserit et interfecerit Lanfr. *Ep.* 9 (26); **1271** unde ~asti justiciariis nostris .. quod predictus H. et alii non sunt inventi in ballivia vestra *SelCCoron* 27; vicecomites ~averunt quod breve justiciariorum predictorum eis adeo tarde venit quod illud ex equi non potuerunt *MGL* I 482.

5 to give an order, to command (absol.); **b** (w. acc., inf., acc. & inf., or acc. & gd.); **c** (w. *quatenus, quod*, or *ut*). **d** (*breve de ~amus*) name of a writ.

a**1162** presencium significacione vobis ~antes precipimus quatinus eos districte conveniatis et ideo moneatis ut .. *Doc. Theob.* 20; *comander*, ~are *Gl. AN Ox.* f. 153v. **b** exin tortores buculam deglobere byrsa / mandant Aldh. *VirgV* 1205; puero .. oblationis particulam deferri ~avit Bede *HE* IV 14 p. 235; matronalem seu virginalem pudicitiam ludibrio tradendam ~at Abbo *Edm.* 5; quod autem integer et totus cum capite et pedibus et intestinis ~atus est coqui et post comestionem os illius non confringi .. Petrus *Dial.* 135; illam ~avit ibidem quiete demorari *Flor. Hist.* I 564; **1261** et si quid prefatus H. pro negocio eorum et tuicione sibi ~averit, id diligenter et viriliter exequatur *Cl* 458; c**1340** rogamus quatinus eundem N. sic excommunicatum denunciari in loco ubi deget .. ~are velitis *FormOx* 135; ex omnibus libris Decretalium unum volumen compilavit, doctoribus undique ~atis illo uti *Eul. Hist.* I 277; **1434** congregacionem .. celebrari ~arunt et fecerunt *Stat Ox* 256. **c** ut juste trittici mensuram distribuant sollicite diligenterque ~avit Theod. *Laterc.* 14; a**1071** ~o et precipio ut dominia Sancti Edmundi sint quieta ab omnibus scottis et geldis *Regesta* p. 118; ~abit .. ut .. obediant *Obed. Abingd.* 349 (v. curiarius); rex audiens .. ~avit Adelburgie quatinus nuberet *Episc. Som.* 12; **1201** rex ~avit justiciariis de banco quod duella vadiata coram eis inter R. de L. et H. de S. et inter W. de B. et R. de D. de roberia coram ipso rege ponantur quia ea vult videre *SelPlCrown* 40; **1230** discretionem vestram per apostolica scripta ~amus quatinus .. audiatis causam *Reg. Malm.* II 59. **d** **1261** habebit inde breve .. de ~amus *Cl* 488; **1573** commissio in natura brevis de ~amus post mortem Willelmi Rouswell senioris, armigeri *Pat* 1105 m. 26d.

6 (p. ppl. as sb. m.) one who executes an order or command, agent, mandatary.

quod si responderet, ad eos ~atus brevi pervenisse posset H. Cantor f. 23; qui vero alieno nomine agit vel convenitur, aut certum est eum habere ~atum aut non habere, aut dubitatur de ~ato Ric. Angl. *Summa* 18 p. 19–20; **1263** post redditionem clavium, introitum et ascensum dictorum hominum, cum vexillo predicto, et ejusdem vexilli ostensionem, statim nos, vel heredes nostri, vel ~atum nostrum (cui dicte claves, nomine nostro, et heredum nostrorum, reddite fuerunt) easdem claves incontinenti restituemus dicto vicecomite *Foed.* I 759; **1271** quingentas marcas .. quas eidem vel suo ~ato presentes litteras deferenti .. solvere promittimus *AncD* A 15909; qui duorum episcoporum sibi adjunctorum contubernio .. sui copiam ~atus presentavit mandanti *Hist. Arthuri* 86.

7 (p. ppl. as sb. n.) request, order, command. **b** (*dare, habere, recipere in ~atis*) to give, have, or receive in orders, as a command.

cum perfidorum principum ~ata adversum Christianos saevirent Bede *HE* I 7; **803** sicut et ego ~atum a domno apostolico Leone papa percepi ut .. *CS* 312; **1221** Elias committitur decano ad ~atum episcopi per breve suum *PlCr Glouc* 46; habentes a prefatis regibus .. speciale ~atum Avesb. f. 116b; post novem annos sequentes de mantato domini regis Ricardi *Chr. Kirkstall* 127; **1460** eidem per solucionem factam Laurencio D. de ~ato domini regis per consilium, compotorum rotulatore testante mandatum super compotum *Exch Scot* 2. **b** A. Tewk. *Add. Thorn.* 7 etc. (v. dare 12d); **1343** precipitur .. quod se nullatenus intromittat de dicta terra quousque aliud a rege habuerit in ~atis *ExchScot* I p. clxxxi; **1432** nemo .. sedere presumat .. nisi per assignacionem serviencium .. habencium in ~atis a cancellario .. locum et ordinem ibidem imponere pransuris *StatOx* 245; **1456** quousque .. a nobis aliud habueritis .. in ~atis *Reg. Whet.* I 263.

8 (divine) commandment; **b** (w. ref. to *Exod.* xx 1–17 and *Deut.* v 6–21).

quaedam de ~atis Domini non compleverat Gildas *EB* 38; c**675** quis ecclesiae ejus [sc. Christi] statuta spernens et doctrinae ~ata contemnens per caelestis paradisi portam .. ingreditur? Aldh. *Ep.* 3 p. 485; cum .. mentem suam in Dei ~atis stabilire vellet Asser *Alf.* 74; valet enim solum observantia ~atorum Dei Lanfr. *Comment. Paul.* 177B; quod si audire nolueris vocem Domini Dei tui ut custodias et facias omnia ~ata ejus .. Gros. *Cess. Leg.* I 2. 7. **b** ~atum secundum elidit errores heresum Gros. *DM* II 14; ~atum quartum fuit primum in secunda tabula legis *Ib.* IV 1; observancia decem ~atorum [ME: *haldunge of þe alde ten hestes*] *AncrR* 7.

9 (eccl. & mon., w. ref. to *Joh.* xiii 34): **a** commemoration on Maundy Thursday of the washing of feet during the Last Supper, or weekly or daily observance of this. **b** alms of food or money distributed in fulfilment of the commandment. **c** maundy room.

a eant ad ~atum secundum regulae edictum *RegulC* 26; singuli in singulis catinis pedes in claustro ante ~atum abluunt Lanfr. *Const.* 86; ad ~atum Sabbatorum fratres ex sinistro choro ministrantes abbati sedenti ministrabunt cum manutergio et pelvibus *Obed. Abingd.* 350; omnique feria septima ~atum .. celebrabat Gir. *Rem.* 3; recolens .. in omnibus aliis antiquioribus cenobiis ~atum pauperum cotidie .. fieri *Croyl.* 102; in ultimo die mensis Maii ~atum pauperibus facere *Croyl. Cont. A* 127; **1408** j manutergium pro ~ato *Ac. Durh.* 223; dedit .. alium ciphum de argento cum sua cooperatura majoris ponderis pro ~ato in cena Domini *Chr. Pont. Ebor. C* 426; facto prius ~ato pauperum, postea fiat ~atum fratrum, ubi prelatus et decanus et majoris ecclesie, nudis pedibus, accincti lintheis, lavent fratrum circumsedentium pedes *Miss. Ebor.* I 101. **b** c**1130** quorum solidorum altera medietas in cena domui ad ~atum pauperum Christi faciendum constituta est *Ch. Westm.* 249; item xl solidos ad ~atum in cena Domini *Chr. Abingd.* II 299; omnibus diebus anni ad ~atum pauperum procurabit unum ferculum leguminis *Ib.* 395; c**1190** noverit universitas vestra nos ~atum de tribus fratribus pascendis, quod hactenus apud nos non nisi diebus quadragesime fieri consuevit (*Lit. Episc.*) *EHR* LXII 370; hic constituit tria ~ata cotidie pa[u]peribus fieri Oxnead *S. Ben. Holme* I app. 294; Walterus consecratus est in episcopum Roffensem, qui dedit terram que pertinet ad ~atum pauperum in Borstalle. et sciendum quod in cena Domini ad ~atum pauperum non erant olim nisi duo denarii, et ipse accrevit tertium denarium *Flor. Hist.* II 67; similiter cantor, ad opus scriptorie quali-

bet septimana unum ~atum cotidianum de elemosina percipiet *Cust. Cant.* 97; p**1340** 1548 allec. pro ~ato *Ac. Durh.* 37. **c** c**1312** in utensilibus pro ~ato et parviso xiij d. *Comp. Swith.* 399; **1397** in xxij bordis . . emptis pro ostio ~ati *DC Cant. Ac. R. Celarii* ix 3.

mandatarius [LL], **~orius** [ML]

1 that bears a message or command: **a** (of a dog); **b** (of a letter).

a est ex hoc genere [canis] quem ~arium ex argumento appellamus; quod domini mandato literas aliasve res de loco in locum transferat CAIUS *Can.* 12. **b** s**1432** cum venisset tempus in quo oportebat eum scribere litteras ~orias AMUND. I 301 s**1450** vix . . ibidem per anni permansit dimidium, quin ei . . abbas litteras ~orias ad visitandum locum dictum . . transmitteret *Reg. Whet.* I 149; **1686** literas nostras ~arias retroscriptas emanavimus (*Lit. Episc.*) *EHR* XXIX 730.

2 (as sb. m.) agent, commissioner, deputy, mandatary.

1295 cum multiplex sit contemptus [sc. consistorii]; viz. in non parendo mandatis, in impediendo quo minus ad ~arium tempore competenti perveniant *Conc.* II 209a; **1318** episcopo Herefordensi . . vel suo certo ~ario *Reg. Heref.* 69; **1404** cujus prioriora ~orio meo verius vestro dixit se nolle visitari *Cap. Aug.* 169; **1431** ~arius ad infrascripta deputatus *Lit. Cant.* III 156; **1446** monitus est quod . . premunitus per ~arium incipiat peragere hujusmodi penitenciam . . infra quatuor dies a die premunicioris hujusmodi numerando *Eng. Clergy* 210; **1494** ~arium qui juxta dictarum inhibitoriarum et citatoriarum litterarum, tenores eidem episcopo inhibuit atque citavit . . arrestari incarcerarique fecit *DC Cant. Reg. S* f. 397; **1506** Antonio . . mercatori Senensi ejus factori sive ~orio (*Lit. Regis*) *Foed.* XIII 159.

mandatela [CL =*entrusting, charge*], (right of) command.

~a, -e, i. mandatum OSB. GLOUC. *Deriv.* 349.

mandatio [LL], (*memoriae ~o*) committal to memory.

sed quia sequitur ingenii inventionem memorie ~o, addit ramum: philosophiam BERN. *Comm. Aen.* 115.

mandatitius, that commands, that conveys orders.

1395 sub tenoribus . . nobis ~iis vidimus *Reg. Heref.* 119.

mandativus [LL]

1 that hands over, commits, or consigns.

dativus . . qui et ~us [MS: commendativus] dicitur ALCUIN *Gram.* 869A.

2 that commands, that conveys orders.

nec satis est mandantis amor, positoque voluntas / mandativa jugo, precibusque innixa potestas HANV. VIII 82.

mandator [CL]

1 one who issues an order or command.

1187 si intelligitis mandatum domini pape pro morte ~oris exspirasse *Ep. Cant.* 137; cessante . . exceptione de ~oris morte, perficite quod ille mandavit agendum DICETO *YH* II 51; **1236** numquid expectandum est judicium ut non desistat a mentiendo vel hujusmodi, sed persistat in eo ad mandatum ~oris hujusmodi, quousque interpellaverit judicem? GROS. *Ep.* 72* p. 225; nec potest obici postea de morte ~oris nec de negligentia partis W. DROGHEDA *SA* 12.

2 one who executes order or command, agent, mandatary.

per specialem ~orem nostrum *Entries* 41; **1587** utpote aromata, maximique pretii margaritas et uniones et alia haberent, qua ad fratres et respective institores et ~ores suos Olissiponae residentes, destinatae essent *Foed.* XVI 10.

mandebula v. mandibula.

mandere [CL], to crush with the teeth, chew, bite (also fig.). **b** to champ. **c** to gnash.

ast pueros stolidos . . / . . / tradidit ursorum mandendos rictibus ultro ALDH. *VirgV* 294; sicut dentes

~ere solent BEDE *Sam.* 584; cibus . . exponendo frangitur et ~endo gluttitur *Id. Luke* 509; mandere quae nefas est et gustare profanum BONIF. *Aen. prol.* 17; ~untur ficus *Simil. Anselmi* 15 (v. gulositas); ~o, -is, -didi, mansum, -su, i. comedere OSB. GLOUC. *Deriv.* 336; mansus, -a, -um, i. comestus *Ib.*; sane quod ad mordendi ~endique ingluviem nulla eis tribus suffecit regio aut regnum quibus funes ceciderunt in preclaris J. FORD *Serm.* 50. 2. **b** equi fero adhinniunt, tremunt artus, frenos ~unt W. FITZST. *Thom. prol.* 14. **c** dentibus insanis sese manditque trahitque WULF. *Swith. pref.* 541.

mandibilis [ML], that can be chewed.

mando, -is, -didi, mansum, . . i. comedere . . inde hic et hec ~is et hoc -le OSB. GLOUC. *Deriv.* 336.

mandibula [LL]

1 mandible: **a** jawbone. **b** cheekbone. **c** (w. ref. to *Jud.* xv 15–7).

a ut boves virulentis ~arum [*gl.*: *geagla*] dentibus . . voraciter gluttire soleat ALDH. *VirgP* 29; LANTFR. *Swith.* 33 (v. disjungere 2d); **11** . . ~e, *þe nepera chechan WW Sup.* 440; veniunt iterum alii duo [musculi] ab inferiori ~a *Ps.*-RIC. *Anat.* 29. **b** ~arum autem quedam est superior, in qua dentes superiores infiguntur, quedam inferior in qua dentes inferiores radicantur BART. ANGL. V 16; hec ~a, *a chekebone WW*; hec mandebula, *a schekebone WW*; **1497** maxillam . . a superiori ~a taliter dimisit *Entries* 45. **c** ~a asini, qua Samson mille de suis hostibus interfecit P. BLOIS *Ep.* 10. 31B; molaris dens ~e fundens aquam recreat membra Samsonis sicientis AD. DORE *Pictor* 164; hac ~a asini et hoc calculo oppilavit uxor Sansonis os ejus M. RIEVAULX (*Ep.*) 62; Deus de mortua ~a fontem eduxit HOLCOT *Wisd.* 135.

2 jowl, cheek.

rubro coloris stibio genas ac ~as [*gl.*: *ceacan*] suatim fucare satagit ALDH. *VirgP* 17; mandibilum, A. *chewylle WW.*

mandicatio v. manducatio.

1 mando v. mandare.

2 mando v. mandere.

3 mando [CL], glutton.

eduli, voratores, . . ~ones, mandoces OSB. GLOUC. *Deriv.* 192; gulonus, gluto, edulus, . . ~o, mandox, pransor *Ib.* 262; ~o, G. *glutun* GARL. *Unus gl.* 165.

mandox, glutton.

OSB. GLOUC. *Deriv.* 192, 262 (v. 3 mando).

mandra [CL < μάνδρα], **~us**, **~um**

1 sheep (also fig.).

lactea suspensis qui praebeat ubera mandris FRITH. 309; ~os dicitur ovis OSB. GLOUC. *Deriv.* 24; mandrum [*gl.*: i. ovem] *WW* (v. lycos 1).

2 shepherd, cowherd.

hic ~a, -e, i. bubulcus a bobus conmendandis OSB. GLOUC. *Deriv.* 349; ~a, qui boves hortatur *Ib.* 364; ~a, *bover Teaching Latin* I 379; *schepheerde*, opilio . . ~a, -dre, commune *PP*; †manda [l. mandra, *gl.*: i. opilio] *WW* (v. lycos 1).

3 sheepfold.

rictusque luporum / qui lustrare solent mandras et saepta bidentum ALDH. *VirgV* 993; ~as, *eouuistras* GlC M 26; ad caulas, i. ~as *to þam gesetu*[*m*] *GlS* 210.

4 monastery.

Babilam loquar qui dominici gregis excubias et ~as ecclesiae . . tuebatur ALDH. *VirgP* 33; sanctimonialium ~as [AS: *mynsterclusan*] . . defenderet *RegulC* 3; in tercio Wintoniensi cenobio . . ~as sanctimonialium ordinavit WULF. *Æthelwold* 22; in honore semper virginis Marie Deo consecratum [est], ~as sanctimonialium ordinavit quibus matrem Ætheldrytham prefecit H. ALBUS 46.

mandragoras [CL] < μανδραγόρας], **~a**, **~ia**, (bot.) mandrake (*Mandragora officinarum*); **b** (as exhibiting the shape of a man); **c** (as soporific); **d** (as aphrodisiac); **e** (as poisonous).

~a, fructus similis pomi GlC M 18; herba ~a *Leechdoms* I 50; hic ~a, *mandeglore Gl. AN Glasg.* f. 18rb; hec ~a, *mendrak Gl. AN Ox.* 641; *SB* 24,

LC 286 (v. jabora); hec mandracora, *a mandrak WW.* **b** ~a . . habeat radicem forme hominis quodammodo similem BART. ANGL. XVII 104; formam mandragoris humanam fictio plebis / ascribit NECKAM *DS* VII 285; somnum mandragora nostri facit emula vultus, / lilia candentis Virginis ora gerunt GARL. *Epith.* IV 291 (v. et. c infra). **c** mandragoras, i. poma quae crescunt in illa herba quasi in arbore, quam qui edit multum, inde opprimitur somno *Comm. Cant.* I 173; Dioscorides . . dicit ~am esse herbam somniferam BART. ANGL. XVII 104; GARL. *Epith.* IV 291 (v. b supra); infrigidantes sunt congelantes sanguinem, sicut camfora, cortex ~e et succus ejus GAD. 9. 1; ~a . . mala commessa somnium prestet *Alph.* 109. **d** sterilis speciale juvamen / mandragoras uteri, Petre, silebo tibi L. DURH. *Dial.* III 350; a suavissimis amplexibus Rachelis pro ~is filii sui ad se vocat Lia Jacob AD. SCOT *Serm.* 156D; Lia sacre prolis desiderio estuans ~as in agro inventas facile cedit J. FORD *Serm.* 92. 2; ~a . . matrices disponit ad conceptionem BART. ANGL. XVII 104; ~a alia est que morion dicitur, nascitur locis umbrosis et speluncis, folia habet similia alteri, hasta est ei alba et longa duobus palmis, radix mollis alba et longa duobus palmis in grossitudine digiti minoris. ista, ut dicitur, bibita homines amantes facit et sompnum prestat *Alph.* 109. **e** caute . . ~a est utendum, quia si in nimia quantitate accipitur, infert mortem BART. ANGL. XVII 104.

mandragoratus [cf. LL mandragoreticus], made from or suffused with mandrake.

oleo ~ato GILB. I 27. 1; oleo jusquiamino ~ato *Ib.* VII 287v. 1; de pomis autem mandragore fit oleum ~atum *SB* 29.

mandragoricus [LL < μανδραγορικός], of a mandrake.

mala ~ica per Liam perveniunt ad Rachel (*Ps.*-BEDE *Gen.*) *PL* XCI 256B.

manducabilis [LL], that can be chewed or eaten.

quicquid ~e in navi erat in lapides conversum est [Sigebert. Gembl.] DICETO *Chr.* I 108 (=*Flor. Hist.* I 292).

manducare [CL]

1 (intr.) to chew, eat; **b** (fig.); **c** (pr. ppl. as sb.).

inceperat percutere conservos suos ~ans et bibens cum ebriis GILDAS *EB* 96; congregat in unum aliquod de interaneis et ita coquit ac sic ~at more gentilium *Comm. Cant.* I 378; angeli cum patriarchis ~asse leguntur . . . Dominus . . post resurrectionem ~avit cum discipulis BEDE *Gen.* 33; ~averunt omnes cum abbate illo die BRAKELOND f. 136; secundum evangelium de omnibus cibis qui apponuntur eis liceat ~are M. PAR. *Maj.* III 139; multos infantes et mulieres ~ando necavit *Plusc.* IX 37. **b** vagogerusque eum, i. veteres ~ans in reprehendo *Comm. Cant.* I 1; duo sunt modi ~andi; sacramentaliter, quo mali ~ant; spiritualiter, quo soli boni GIR. *GE* I 9 p. 30. **c** [Harpyiae] cibum uncis pedibus de manu ~antium traxerunt *Lib. Monstr.* I 44; **804** sicut diversitate ciborum fastidium ~anti tollitur, ita varietate lectionis mens reficitur legentis ALCUIN *Ep.* 279; in terra preponatur illi et quod ~anti superfuerit non recipiatur ab aliquo, sed neque pauperibus detur ÆLF. *EC* 39.

2 (trans.) to chew, eat; **b** (w. ref. to *Joh.* vi); **c** (w. ref. to *I Cor.* xi 29).

qui ~at carnem immundam aut morticinam delaceratam a bestiis, xl dies peniteat THEOD. *Pen.* I 7. 6; de his qui crudam carnem ~ant *Lib. Monstr.* I 26 *tit.*; quid plus ~as [AS: *ytst*]? holera et ova ÆLF. *Coll.* 102; quem protinus benedixit, atque ut ei daretur ad ~andum precepit, sicque reversi sumus ALEX. CANT. *Mir.* 45 (II) p. 248; **1209** venacio . . asportata fuit ad domum B. de P. et ibidem ~ata est *SelPlForest* 112; **13** . . in sudore nimio panem manducabit [sc. logicus] (*De studiis* 35) *Pol. Songs* 207. **b** **1223** si quis ~averit meam carnem et biberit meum sanguinem vivet in aeternum *Ch. Sal.* 146. **c** judicium tibi absque dubio ~abis Boso *V. Pont.* 365; alioquin judicium sibi ~ant et bibunt GIR. *GE* I 9.

manducatio [LL], chewing, eating; **b** (w. ref. to Eucharist).

corporalis accio . . continet suas species hujusmodi, sc. . . mandicacionem BACON XV 229; ~o, potacio, inducio, et hujusmodi OCKHAM *Err. Papae* 960; ~onis stomachum *Reg. Whet.* II 388. **b** ~onem corporis Christi, manducatio manne prefigurabat PULL. *Sent.*

959D; ~o corporalis corporis Domini *Ziz.* 124; secundum ergo quod plus est de fide vel minus, est plus et minus de unione, et per consequens plus et minus de ~one HALES *Qu.* 967.

manducator [LL], eater (as sobriquet).

12.. sermones Petri ~oris (*Catal. Librorum Croyl.*) *Festschrift J. Vorstius* (Leipzig, 1954) 295; sermones magistri G. ~oris *Meaux* III p. xc.

manducatorius, of Petrus Comestor.

hystoria ~ia *Lit. Cant.* II 149.

manducere v. manuducere.

manducus [CL], masked figure with champing jaws in Atellan farce. **b** decorated horse in pageant.

manduco .. unde .. hic ~us .. i. joculator turpiter mandens OSB. GLOUC. *Deriv.* 336; mandones, avidi voratores, .. ~i *Ib.* 361. **b** *gybbe, hors,* ~us, -i *PP.*

1 mandula [1 manda+-ula], little maund.

1478 de .. una barela et una parva ~a malorum granatorum (*KR Ac* 129/2) *Bronnen* 1145; **1480** de .. una ~a pilleorum .. una ~a pottorum lapideorum *Ib.* 1158.

2 mandula [cf. mandibula], mandible: **a** jawbone. **b** cheekbone.

a *a chafte*; maxilla, .. mandubila, ~a *CathA.* **b** ~a, *chekebone WW.*

1 mane [CL]

1 (as adv.) early in the day, in the morning; **b** (*primo, summo ~e*) very early in the morning, at daybreak.

cum die quadam ~e audiret unum de fratribus ad locum .. crucis ascendere disposuisse .. BEDE *HE* III 2; **1221** concedunt quod eant cibum suum ~e et sero et omni hora diei *SelPlCrown* 89. **b** ex eo intelligitur quia Sodoma primo ~e exierit *Comm. Cant.* I 119; ~e primo ingressus ad me BEDE *HE* V 6 p. 290; primo ~e W. MALM. *HN* 457 p. 12; summo ~e *Ib.* 460; quando .. prima summo ~e cantatur, ut privatis diebus in yeme *Cust. Westm.* 90; s**1312** in crastino, summo ~e TROKELOWE 78; **1423** citari feci quod compareant .. sexto die mensis Septembris proximo futuro summo ~e *Reg. Cant.* III 511.

2 on the following morning, early next day.

rursus mane vident rumpente crepuscula luce ALDH. *VirgV* 1569; post probrosas penas quas passus est in nocte, ductus est ~e [ME: *amarezen*] ad suspendium *AncrR* 37; cum ~e in castris meis vobis signum monstravero in quodam campanili STRECCHE *Hen. V* 166.

3 (as sb. m., f., or n.) first part of the day, daybreak, morning). **b** (*~e facto, orto*) at dawn; **c** (*de ~e*; *cf.* OF *demain*).

inde traditus est Ponto Pilato presidi prima ~e THEOD. *Laterc.* 10; a ~e usque ad vesperam BEDE *HE* II 14 p. 115; a ~e secundae feriae usque ad nonam Sabbati .. a nona vero Sabbati usque ad ~e secundae feriae *DB* I 262va; mane cupitum / vespera promittens L. DURH. *Dial.* III 59; ut 'an dies sit tempus a ~e usque ad ~e' ut Babilonii dixerunt BALSH. *AD rec.* 2 176; nocte prima cujus ~e librum scriptos inchoaturus fuerat GIR. *TH* II 39; factum est vespere, prius fuit factum vespere quam ~e S. LANGTON *Gl. Hist. Schol.* 46; et mane serenum caligo denigrat J. HOWD. *Cant.* 198; **1283** debent operari .. a ~e usque meridiem *Cust. Battle* 63; mane prima sabbati surgens Dei Filius HAUDLO 168; pausantem in ~e in suo lectulo *Reg. Whet.* I 369. **b** quo conperto, orto ~e, illuc ducere vexatum .. parant FELIX *Guthl.* 41 p. 128; lectulis suis pausent usque dum ~e facto [AS: *mergene gewordene*] agant ut supradictum est *RegulC* 54; ~e facto et sole jam in altum ascendente M. PAR. *Maj.* III 111. **c** iterum de ~e surrexerunt ut impetrarent salutationem tyranni NEN. *HB* 174; **1415** de ~e accessit ad ecclesiam *Reg. Cant.* III 3; ante ortum solis de ~e *Plusc.* VI 21; **1545** hora octava de ~e *Conc. Scot.* I cclxiii.

2 mane [LL < μάνε < Heb.], first of the words written on the wall in *Dan.* v 25, glossed as *numeravit.*

sub trina verborum significatione, hoc est ~e, techel, phares, quod interpretatum dicitur numeravit, pensavit, divisit ALDH. *VirgP* 21 p. 251; mane techel fares, lepus es, lynx, non leo pares *Pol. Poems* I 40; per techel et mane phares discussaque plane (J. BRIDL.) *Ib.* 164; interpretatio sermonis; ~e, numeravit Deus regnum tuum et complevit illud *Ib.* 165; digitos scribentis in pariete, ~e, thecel, phares .. Danielis quinto R. BURY *Phil.* XVI 209.

maneia [OF *maneie* < Germ. **manaheit*], authority, control, dominion.

1176 de rebellione vero sua guagium dederunt abbati in ~iam ipsius et hoc in manu Radulfi senescalli sui vidente omni comitatu *BM Ch.* no. 57.

manelaeta [1 mane+laetus], (bot.) corn marigold (*Chrysanthemum segetum*).

si firmarius tuus ponat ~am in terra .. regis vel baronis et non vult eam deliberare et mundare debet puniri; item si nativus tuus habeat ~am in terra tua, pro qualibet planticuila, dabit tibi .. mutonem ad forisfactum suum (*Stat. Alex.* II 18) *RegiamM* II 25; ~am [MSc.: *guld*] *APScot* I 750; menelata, molos *MS Cambridge Univ. Libr. Dd.* 11. 45 f. 109rb; menelaca, G. *gounde*, A. *yellebotel Alph.* 112; *boyul or bothul herbe*, ~a *PP*; hec menoloca, A. *a bothun WW.*

manella, sort of clothing.

vestes .. melotinas, quas manellas [vv. ll. manuellas, manvelsas, mauvellas; *gl.*: *mut chusel, velu*] vocant BALSH. *Ut.* 52.

maneloquela, ~loquium [1 mane+loquela 6b, cf. colloquium], morn speech, meeting of a guild.

1389 si aliquis frater vel soror premuniatur ad ~ium et non veniat, dabit unam libram cere dicte gilde *Guild. Cert.* 41/157; **1456** ~ium ibidem tentum die dominica proxima ante festum Sancti Michaelis Archangeli anno regni regis Henrici VI xxxv^to *Gild Merch.* II 345; **1585** ad hoc ~ium, per consensum ballivorum et proborum hominum, J. S. et J. P. electi sunt *Ib.* 348; **1679** ad curiam ~ele burgi predicti ibidem tentam die Veneris sc. vicesimo sexto die mensis Septembris *Act. Marlborough.*

1 manentia [LL], unit: **a** measure (of substance). **b** duration (of time).

a **1368** vite Petri sociaris cum relinquis omnia, / morti Pauli copularis lactis effluencia; / Nicholaum consectaris olei manencia *Conc.* III 77a. **b** unum, sicut infimum genus unionis intelligibilis in re est actus cum sua per se prima duracione seu ~ia temporali WYCL. *Quaest. Log.* 233.

2 manentia v. manere.

manere [CL]

1 (trans.) to await, to remain with or among.

quanta putas eos ~ere tormenta qui illos affligebant injusti? BEDE *Prov.* 974; **974** cum universitatem generalis massae †metam [v. l. meta] ~eat certa visibiliaque .. temporalia, invisibilia vero perpetua, restat †unusquemque [v. l. unusquisque] .. *CS* 1301; hicque mos [sc. vita peregrina] cum plerosque tum vehementer adhuc ~et Hibernos OSB. *V. Dunst.* 6; c**1050** cum cunctos ~eat sors inrevocabilis horae *MS Cambridge, Corpus Christi College* 57 f. 94v; numquid et hos cineres gloria multa manet? L. DURH. *Dial.* IV 422; de mirabilibus que Rome quondam fuerunt vel adhuc sunt et quorum vestigia presens memoria hodieque ~et GREG. *Mir. Rom. prol.*; **1168** nostrates ~et, quod sine dolore non eloquor, hec ignominia sempiterna J. SAL. *Ep.* 267 (252); quem ~eat confusio ANDR. S. VICT. *Dan.* 60; **1294** dicunt quod W. L. ~et uxorem apud A. et nihil facit domino *CourtR Ramsey* 214.

2 (intr.) to remain in the same place. **b** (inf. as sb.) (act of) remaining in the same place.

per vj diebus lactis similitudinem habens ~et semen in vulva THEOD. *Laterc.* 13; sed manet in tempis paradisi hactenus heros ALDH. *VirgV* 272; veniens .. ad cenobium quod dicitur Colodesbyrig ~ensque ibi aliquod dies .. cepit .. maritima loca circuire *V. Cuthb.* II 3; care dico "māne", cum debeo surgere māne SERLO WILT. 2. 72. **b** **790** mittite tamen mihi litteras de itinere vel ~ere domini regis nostri, de pace vel praelio ALCUIN *Ep.* 8.

3 to dwell. **b** (pr. ppl. as sb.) dweller, inhabitant; **c** (as freeman or lord); **d** (as bondman).

accito .. urbis Lundoniae, in qua tunc ipse ~ebat, episcopo BEDE *HE* IV 11 p. 226; Guthlac exsurgens sub testudine tecti quo sederet ventinulam posuit; volucres vero, quasi adepto propriae mansionis loculo, illic ~ere coeperunt FELIX *Guthl.* 39; in *inland* Sancti Martini ~ent vij bordarii cum dimidia caruca *DB* (*Kent*) I 2rb; c**1168** mercatores extra regionem Scotie ~entes *Regesta Scot.* 26; Johannes Baptista .. non audebat adhuc ~ere [ME: *wunien*] inter homines *AncrR* 52; tantam .. faceciam in domum suam habere ita ut emulacionem longe ~entibus populis ingereret *Eul. Hist.* II 320; tenementi, in quo nunc ~et W. B. *Ac. Obed. Abingd.* 120. **b** quicunque ~ens in villa [Dovore] assiduus reddebat regi consuetudinem *DB* I 1ra; **1201** R. M. fugit pro illa burgeria et fuit ~ens apud B., ideo [B.] in misericordia *SelPlCrown* 5; **1249** venire faciat xij .. ad recognoscendum .. si R. separatus fuit ab astro G. patris sui in vita ipsius G. et ~ens fuit [alibi] *CurR* XIX 880; **1314** venditis domino ~enti et Taldo mercatoribus (*MinAc* I 1/3 m. 20) *EHR* XLII 197; annunciatur circumquaque ~entibus deicolis FLETE *Westm.* 40; **1475** cujus custume bina pars est de extramanentibus dictam regalitatem et tercia pars de ~entibus infra regalitatem spectantibus episcopato Sanctiandree *ExchScot* 319. **c** **1335** ego Egidius de Hikelton ~ens in Wamesworth dedi .. Hugoni filio Ricardi Gervays de Wamesworth tres rodas terre *Deeds Warmsworth Hall, Doncaster* no. 7. **d** nec servi, nec obligati raciocinio, nec ~entes tali sollicitudini obligati recipiendi sunt ad religionem OCKHAM *Pol.* II 479.

4 (as sb. f. or n.) unit of arable land, hide.

687 trado .. terram quae appellatur Ricingahaam, Budinhaam .. et †campo [MS: in campo] in silva quae dicitur Uuidmundesfelt quae simul sunt conjuncta xl [MS *altered from* lxxv] ~entium usque ad terminos *CS* 81; **697** ego W. rex Cantuariorum .. terram nominatam Hæg xl ~entium .. abbatissae Eabbae .. perdonavi *Ch. Minster-in-Thanet* 46; **767** terram xxx ~entium in Middilsaexum .. concedens donabo *CS* 201; **774** (11c) terram monasterii .. xxj ~entia *CS* 217; **805** est .. terra illa conposita in occidentali parte xv ~entium *CS* 322; **812** terrae particula duarum ~entium, id est *an sulung* ubi ad incolis Grafon Eah vocitatur *CS* 341; **833** (14c) has x ~entes prout illis placuit dividendas dimisit *CS* 410.

5 to continue to be: **a** (in spec. condition); **b** (in office); **c** (in nature or attitude).

a ergo Christo in commune / adempti a discrimine / gratis dicamus dulciter / manenti immortaliter! (ALDH.) *Carm. Aldh.* 1. 196; Angulus .. ab eo tempore usque hodie ~ere desertus .. perhibetur BEDE *HE* I 15 p. 31; occulta ~et lux .. meritorum GIR. *TH intr.* p. 5; appellatione autem pendente, .. omnia ~ent in eodem statu RIC. ANGL. *Summa* 37 p. 87; pro tali peccato quo apud ecclesiam continue ~sit et remanet reus CONWAY *Def. Mend.* 1416 (*recte* 1316); multo tempore .. ~sit regnum sine capite *Eul. Hist.* I 50. **b** **955** (12c) ego Wulfsige episcopus hujus fulcitor largitionis cruciferens in Christo ~si *CS* 905; dux ibi, Pluto, mānes, ubi terrent tristia Mānes SERLO WILT. 2. 75; nullus papa ~ens papa potest errare pertinaciter contra fidem OCKHAM *Dial.* 469; **1474** ~ebat tunc in officio supprioris .. Willelmus *Lit. Cant.* III 291. **c** **705** tantum ut omni modo in eodem sensu tecum semper ~eam WEALDHERE *Ep.* 23; apri .. ac lupi qui, cetero corpore in ferarum natura ~ente, hominum facies habeurunt *Lib. Monstr.* I 41; ibi quondam in reclusu manxit Christo dedita HIL. RONCE. 1. 81; plausus [sc. Christus] plorat ne maneas [ecclesia seu anima] in lamentis J. HOWD. *Cant.* 342; de adventu .. clerici ~ens incertus, presentem literam .. direxi *FormOx* 238.

6 to remain in existence, to persist: **a** (w. ref. to customary, legal, or testamentary provision); **b** (in acc. absol. or abl. absol.); **c** (of abstr.).

a **749** concedo, ut monasteria .. a .. vectigalibus .. servientes absoluti ~eant *CS* 178; **956** ~eat igitur meum hoc immobile donum perpetua libertate munitum .. excepto *CS* 945; **1162** quecumque .. adipisci poterint .. perpetuo eis jure ~sura statuimus *Regesta Scot.* 195; **1219** quod terra nostra ~ebat de feodo suo *RL* I 34; a**1258** quod plene ~eant eisdem consuetudinibus ad hundredum et alibi quibus tempore alicujus predecessorum meorum uti consueverunt (*Ch. Dunster*) *EHR* XVII 288; **1559** ut ecclesiarum vicarii prout singulis eorum ~ebit, cum suis parochianis .. rationem ineant *Conc. Scot.* II 174. **b** **679** ~entem hanc donationis chartulam in sua nihilominus firmitate *CS* 45; **686** ~ente hac cartula *Ch. Minster-in-Thanet* 7. **c** ~sit namque haec Christi capitis membrorumque consonantia suavis donec Arriana perfidia .. GILDAS *EB* 12; in deitate manet quoque substantia triplex ALDH. *VirgV* 39; ut justitia ejus ~eret in saeculum saeculi BEDE *HE* II 1 p. 77; **779** cum istis aeternaliter sine fine ~sura alta polorum regna et .. paradisi amoenitas *CS* 230; ut jam nullam ejus positivam esse

designationem dicendum sit ~entibus transumptivis BALSH. *AD rec. 2* 42; ~ent ergo duo principia sub primo principio, natura et voluntas, quorum neutrum alteri subjectum est *Ps.*-GROS. *Gram.* 11; ecce vult hic, quod intellectus post mortem ~et BACONTHORPE *Quaest. Sent.* 4a.

7 (of natural material or artefact) to remain fixed or static.

crede mihi, res nulla manet sine me moderante ALDH. *Aen.* 4 (*Natura*) 1; patuerunt septa sacelli, quae crucis in speciem pulchre fabricata manebant ÆTHELWULF *Abb.* 711; domus . . porticibus . . subfulta manebat *Ib.* 715; sit enim linea GD rationalis ~eantque precedentia, utraque A et B mediata ADEL. *Elem.* X 66; ostende qualiter cavari valeat / ariste spiculum si mucro maneat WALT. WIMB. *Carm.* 401; templum Hierosolymorum . . ~serat annis mc et duobus *Eul. Hist.* I 153.

8 to remain when something has been taken away, to be left over.

hujus igitur radice quadrata accepta, quae est 8, ab ea medietatem radicum 5 subtrahas, et ~ebunt 3 ROB. ANGL. (I) *Alg.* 72. 2.

manerettum [cf. manerium], little manor.

1263 extenta ~i de Bottesford *IPM* 29/2/10; habuit in dominico in ~o de Henemordon' iij ferling' terre arabilis *Ib.* 11; extenta ~i de la Penne *Ib.* 13; **1296** tenuerunt ~um de Clarette conjunctim feofati . . de honore Bolome *IPM* 77/3/19.

maneria v. manerium, minaria.

manerialis [manerium + -alis], pertaining to a manor.

1322 dedimus . . villas nostras ~es de N. *MonA* VI 520b.

maneries [AN *manere, manerie*]

1 kind, class: **a** (of person); **b** (of animal or part of body); **c** (of plant).

a populi . . mores, modos, atque ~ies libellus . . declarat GIR. *JS prol.* p. 101; tres ~ies hominum eripuit et tres dimisit WYCL. *Incarn.* 34. **b** **1207** de unaquaque cujuslibet ~iei catalli mobilis quod habuit *Pat* I 72b; in piscibus . . est multiplex ordo dentium sed una ~ies tantum, sc. dentes frangitivi *Ps.*-RIC. *Anat.* 30. **c** **1221** quod tallietis . . quot fusta ad unam ~iem maeremii et quot ad aliam ~iem maeremii in predicta foresta capi fecerit *Cl* I 452a; enula est herba cujus ~ies [TREVISA: *kynde*] est duplex BART. ANGL. XVII 58; bugla, bugle, i. *uodebroun*, una ~ies est habens florem rubeum, alia habens florem citrinum, et hec est melior *SB* 13.

2 sort: **a** (of element or substance); **b** (of artefact).

a de isto [nitro] due sunt ~ies M. SCOT. *Lumen* 246; alia res de genere vel ~ie substantie fingetur a vera materia veraque forma diversa *Ps.*-GROS. *Summa* 327. **b** de istis clisteribus aliquas ~ies pulchras et expertas dicam GILB. VII 322. 2.

3 form, mode: **a** (of composition or analysis); **b** (of thought, behaviour, practice, or procedure); **c** (of abstr.).

a quia in hujusmodi discantu consistit ~ies sive modus, in primis videndum est, quid sit modus sive ~ies, et de speciebus ipsius modi sive ~iei et gratia hujusmodi ~iei ac specierum ejus plura alia videbimus GARL. *Mus. Mens.* I 5; modus vel ~ies vel temporis consideratio est cognitio longitudinis et brevitatis meli sonique *Mens. & Disc.* (*Anon. IV*) 22. **b** punicionis deitatis anomale ~ies platealiter est puplicata trivialiterque trita E. THRIP. *SS* III 5; quod est valde alienum a ~ie dominandi WYCL. *Sim.* 30. **c** est aliquis, qui confugit ad subsidium nove lingue, quia Latine peritiam non satis habet; nunc enim cum genus audit vel species, res quidem dicit intelligendas universales, nunc rerum ~ies interpretatur J. SAL. *Met.* 876A; pro quorundam etiam judicio, hec vera est: 'homo est omnis homo', ut simplex fiat suppositio quasi pro ~ie rei NECKAM *SS* I 30. 4; sic enim fit interrogatio ratione ~iei, non ratione particularis rei, bos igitur est utilis aratro ratione ~iei, licet nullus bos sit utilis aratro *Ib.* II 6. 3; predicamentum non est nisi colleccio specierum et generum seu ~ies rerum diversarum distincta ab alio predicamento BACON III 292; ~iem seu modum *Ziz.* 360.

4 manor. **b** manor house.

cujuslibet ~iei GERV. CANT. *Chr. app. pref.* II lviii; **12..** unum toftum . . jacens juxta toftum quondam Roberti Cormayles ex parte occidentali contra ~iem Henrici Slehthe *AncD* A 9872; **1485** ita tamen quod ~ies de Arthquhorthy . . honeste tractetur *Reg. Aberbr.* II 231; **1567** cum ~iebus, locis, pomeriis . . *Scot. Grey Friars* II 259; **1625** cum ~iei loco et fortalicio *Reg. Brechin app.* 244. **b** **1541** contigua ~iei sive palatio . . episcopi *Reg. Brechin* 229.

maneriolum [manerium + -olum], little manor.

Remigius episcopus habet j ~um cum j car[uca] contiguum in civitate Lincolia cum saca et soca et cum *thol* et *theim DB* I 336ra; c**1087** dedi S. Petro Westmonasterii ~um quod juxta ecclesiam ejus habebam *Ch. Westm.* 436; **1181** ~um de Wigelai . . traditum est ad firmam hereditario possidendum sub annua pensione xl s. *Dom. S. Paul.* 146; **1201** ~um nomine Pulpen *RChart* 95a; ut . . concederet sibi prefatum suum ~um *Reg. Whet.* I 191.

manerium, ~ius, ~ia [AN *maner* < manere]

1 place in which one remains, dwelling: **a** town house. **b** manor house.

a inter civitatem et xviij ~ia qui in Hereford reddunt firmas suas, computantur cccxxxv li. et xviij s. *DB* I 179ra; charta comitis Lancastrie . . de ~io Novi Templi *MGL* I 535. **b** **1277** faciat habere Alienore regine Anglie . . xx quercus ad latas inde faciendas ad opus ~ii sui de Lindhurst *Cl* 94 m. 11; **1376, 1523** (v. fortelitium a); ubi . . constructum est ~ium nostrum quod Hayholme nuncupamus *Meaux* I 96; in edificacionem ~ii de Shene *Ps.*-ELMH. *Hen. V* 13; ipsum venerabilem patrem in majorem sui despectum ad ~ium suum de Bisshopthorpe adduci fecerunt *Chr. Pont. Ebor. C* 432.

2 manor; **b** (w. spec. appurtenances); **c** (w. ref. to tenant); **d** (dist. as *integrum, partitum*, or *partibile*); **e** (as part of another manor); **f** (*~ium causa laudis*) courtesy manor; **g** (*de ~io* as surname).

a**1072** sciatis me concessisse . . abbati Adwino et monachio Westmonasterii ~ium suum de Aldenham *Regesta* I p. 120; **1082** concedimus ecclesiae . . hos infrascriptos ~ios *Ib.* p. 122; in Rouecestre habuit episcopus . . quater xx mansuras terrae quae pertinent ad Frandesberie et Borcstele propria ejus ~ia *DB* I 5vb; xv homines . . pro xv ~iis tenebant *DB* I 269vb (v. drengus); c**1150** cum quibus libertatibus G. Ridellus avus eorum et G. Ridel uxor sua illum ~ium tenuerunt una die et una nocte *Ch. Chester* 40; **1230** per extensionem manerorum *Pipe* 164; **1285** unam ~iam *CalCh* II 289; **1292** in iiij^{xx} et xvij quarteriis avene emptis in ~ia de Dumbeltone xvj li. xiij s. iiij d. *Comp. Worc.* 12. **1329** diversis cimentariis, carpentariis, et aliis diversis operariis, operantibus per duos annos, circa facturam manerii de Tornbery iiij^{xx}v li. xviij s. viij d. *ExchScot* 259; in villagiis juxta Warwicum, ubi circa ~ia populi erant trucidati J. ROUS *Hist. Reg. Angl.* 104. **b** ad istum ~ium pertinet habere . . iiij^{xx} caretedes lignorum et paisson' iiij^{xx} porcorum *DB* I 68ra; hi v ~ii . . cum suis berewicis reddebant . . xxxij li. *Ib.* 272va; in B. ipse A. habet j ~ium sine haula *DB* I 307va; a**1141** unam ~iam in Wyrhale, Caldhers nomine, cum omnibus rebus eidem ville pertinentibus *Ch. Chester* 37; incepit etiam eodem anno ~ium de Northholm, ubi nunquam fuit prius ~ium sed jacuit velut pastura WHITTLESEY 156; **1411** apud Hicham totum ~ium, excepto antiquo stabulo et columbari *Lit. Cant.* III 116. **c** de dominicis ~iis regis *DB* I 172 (v. dominicus 4a); cum regalibus ~iis . . inter firmam regalium maneriorum *Ib.* 238ra; de dominio ~io *Ib.* II 409v (v. dominius); si etiam ~ium . . de dominio et firma regis sit (*Leg. Hen.* 91) *GAS* 607; capellano perpetuo divina celebranti infra ~ium archiepiscopale prefate ville *Chr. Pont. Ebor. B* 402; duo precipua monachorum ~ia selegit in usus proprios DEVIZES f. 40r p. 69; BRACTON 212 (v. capitalis 8c); **1307** ~ium decanale (v. decanalis). **d** hoc ~ium cum integrum fuit valuit xv li. ad numerum *DB* II 281v; **1241** ita quod illud ~ium nunquam postea partitum fuit, nec est partibile *Gavelkind* 178. **e** hoc ~ium tenuit A, . . hoc ~ium fuit et est membrum de Otone *DB* I 216vb; hoc ~ium comes T. tenuit et jacuit in Potone ~io proprio comitissae *Ib.* 217vb. **f** **1343** unum mesuagium et una carucata terre . . in Hertrugg' in dicto comitatu Berk' causa laudis vocate [*sic*] ~ium de Hertrugg' *Cl* 174 m. 24. **g** **1198** Ricardus de ~io *Pipe* 66.

3 manor court.

si inter aliquem et firmarium suum . . controversia oriatur . . in ipso ~io sit de cetero sicut in ceteris. si quis . . firmam in feodo teneat . . satisfaciat domino in curia sua vel in curia domini de quo ipsum feodum est (*Leg. Hen.* 56. 1) *GAS* 575; **1246** placita ~iorum Becens[ium] in Anglia de termino de Hokeday *SelPlMan* 6; s**1456** concessiones facte . . [aliquibus] personis de essendo justiciarios . . infra terras ~ii Hybernie (*Billa*) *Reg. Whet.* I 255.

4 condition in which something remains, manner, mode.

quod apostolus faciat hic mentionem de duabus ~iis dulcedinis. fortasse una ~ia illa est quam in his diebus gustastis AILR. *Serm.* 272A; **1241** non tenetur . . placitare . . nisi infra libertatem . . nec de placito terre nec corone nec de alio ~io placiti *CurR* XVI no. 1813.

manerius v. manerium.

1 manerus v. manerium.

2 manerus [AN *maner*, OF *maniere* < manuarius], used to being handled, trained.

1201 dat domino regi j austurcum pulcrum et bene sedentem et maner' pro habendo mercato *ROblat* 178; **1202** debet j ostur' bene sedentem pulchrum et ~um pro habendo uno mercato *Pipe* 238.

manes [CL], spirits of the dead.

manibus infernis FRITH. 377 (v. Erinys); descendentem manes invisere propter / electorum animas hunc idem sanguine fuso WULF. *Brev.* 351; Solimannus, ex manubiis Francorum claras ~ibus suorum nactus inferias, dispendium Nicee ultus est W. MALM. *GR* IV 383; non sit apud manes, tecum maneat; sinus Abre / illum suscipiat nec pena fatiget in evum M. RIEVAULX (*Vers.*) 44. 9; Maria dolium ventris iniciat, / mortales, celicos et manes debriat WALT. WIMB. *Carm.* 132; tuosque manes, id est deos quos mortuus colis TREVET *Troades* 6.

manfaris [ME *manfare*], (?) small boat operated by one man.

1326 volumus quod omnes marinarii mare exercentes dupplici armatura et quod omnes illi qui habeant ~es simplici armatura armentur *Cl* 143 m. 3.

manganale [cf. manganum, manganellus], (mil.) mangonel, machine for casting projectiles, gun.

vidi . . mangonalia [*gl.*: *mangoniaus, grete gunnys*], fustibula et trebucheta GARL. *Dict.* 130; *gunne*, mangonale, ~is *PP*; mangonale, A. *a mangnel or a gunne WW*.

manganarius [cf. manganum], of or pertaining to cords and pulleys, relating to a mangonel.

†mangoraria [? l. manganaria] est ars in ponderibus applicata, qua grave quodque parvo labore negotioque sublevatur *LC* 250.

manganellius [cf. manganellus], (mil.) man who operates a mangonel.

gunner, . . margonalius, -ii *PP*.

manganellus, ~um, ~a [cf. LL manganum, AN, ME *mangonel*], (mil.) mangonel, machine for casting projectiles, catapult, sling.

1173 pro cordis et cablis ad puteum et mangunellum *Pipe* 21; **1198** in custamento j petrarie et ij magunellorum que fuerunt portata in servitio regis in marchia Wallie viij m. per breve regis *Ib.* 76; **1206** pro fundis et una petraria et ij mangonellis et cordis . . missis apud Dovram *Ib.* 47; **1214** pro cordis ad petrarias et mangonellas *Ib.* 97; duos . . mangunellos quorum unus tante fuerat agilitatis et vehementie quod jactus ejus pervenirent in interiores macelli civitatis plateas *Itin. Ric.* III 7; s**1218** Simon de Monteforti obiit ad obsidionem Tolosae, percussus lapide mangunelli *Ann. Dunstable* 54; s**1224** ex parte orientali fuerat una petraria et duo maggunella, que cotidie turrim infestabant; et ex parte occidentis erant duo maggunella que turrim veterem contriverunt; et unum maggunellum ex parte australi et unum ex parte aquilonari, que duo in muris sibi proximis duos introitus fecerunt *Ib.* 87; **1254** virge mangenellarum (v. cabula c); **1338** liberat' J. Cundy majori Sandwyc' pro uno mangenello faciendo ad salvacionem domorum nostrarum in Sandwyco xx s. (*Day Bk. Prior Oxinden*) *DC Cant MS D.E.* 3 f. 72v; hoc mangnalium, A. *a gyn WW*.

manganum [LL < μάγγανον], **~a,** military machine.

Nero . . magano semet interficit DICETO *Chr.* I 60; si vero facto insultu capi non potest civitas impiorum, construende sunt machine et ~e et similia instrumenta bellica obsidioni necessaria R. NIGER *Mil.* III 70.

mangenellus v. manganellus.

mangerium, ~ia [AN *manger*]

1 manger. **b** nosebag.

1214 pro bordis ad manierias faciendas in navibus . . pro equis passandi *Cl* I 163a; **1214** pro bordis ad manjuras faciendas in navibus et pro clavis ferreis ad manjuras *Pipe* 129; **1270** ad mangur', **1272** manguras, manguros (v. cracha); **1276** in uno ~io ovium empto, iiij d. in iiij centum et dim. baculorum ad ~ium ovium faciendum, vj d. ob. q. *Ac. Stratton* 191; **1287** in manjoribus magni stabuli pro dextrar' faciendis *MinAc* 991/21; c**1300** pro stabula domini regis reparanda et ~is faciendis ad tascham, xxv s. *KR Ac* 486/9/2; **1301** in parietibus et mangoribus ejusdem stabuli emendandis *MinAc* 991/25; **1311** manjeria *MinAc* 856/17 m. 3; **1313** in emendacione stabuli . . cum . . novo ~io *Comp. Swith.* 393; **1320** ad faciendam ~iam in stabulo pro vj equis *MinAc* 965/4; **1359** item in cccc clavis emptis ad omnia ~ia in eisdem stabulis facienda et construenda *KR Ac* 593/28; **1373** pro xxvj peciis meremii pro mangoriis et longis stabulis faciendis et emendendis . . pro rakkis et mangor' in stabul' faciendis *Ib.* 469/13; **1388** j planke pro mang' equino *Chanc. Misc.* 239/3m; **1428** in expensis factis infra duo stabula apud B., viz., in *hekes* et maunjoriis et aliis necessariis, iiij s. *Ac. Durh.* 264; **1455** pro factura unius *gavill* in granario avenarum ac iij graduum et unius †manugerii [l. maungerii] in stabulo carect., iiij s. j d. *Ib.* 634. **b 1254** viginti ulnas de canabi ad †mamuras [l. manjuras] faciendas ad equos regis cum cordis *RGasc* I 410a.

2 banquet, feast.

1274 prioratus beati Petri debet unam ~iam ballivis domini regis tempore camparti *S. Jers.* II 8; tenentur reddere annuatim x solidos in divisione champartie vel pascere ballivos regis convenienti ~ia *Ib.* 17; **1393** ~ium sive convivium *CalPat* 286.

manglisa [manganale + OF *eglise* < ecclesia], one who attacks a church with a mangonel.

~a, A. *a choppechurche WW.*

mangn- v. magn-.

mango [CL]

1 dealer in slaves.

~ones ALDH. *PR* 162; imponunt mangones vincula saevi ALCUIN *Carm.* 8. 8; viri cujusdam servula olim furata fuerat in aquilonalibus Anglorum climatibus, atque deducta ab avidis ~onibus ad urbem in qua quiescebat sanctus corpore Christi praesul LANTFR. *Swith.* 20; mango domum rediit; famulans ancilla remansit / e patrio distracta solo WULF. *Swith.* II 84.

2 monger.

qui ad pontem venisset cum uno bato ubi piscis inesset, ipse ~o unum obolum dabat in teloneum (*Quad.*) *GAS* 232; miles . . de ~one venit et ~o de milite G. MON. VI 2; perrexerat ~o quidam . . equitium quod habebat venale distrahere W. CANT. *Mir. Thom.* III 40; libri legum venales Parisius oblati sunt mihi ab illo B. publico ~one librorum P. BLOIS *Ep.* 71. 219C; a**1216** de ~onibus bladi (*Doc. Lond.*) *EHR* XVII 724; quod nullus ~o amodo exeat a civitate obviando eis qui poletriam deferent ad civitatem *MGL* II 82; hic ~o, A. *horsemownger WW.*

3 trafficker, disreputable trader.

pauper intrans ad Franconem, / nisi marcam vel mangonem / secum ferat ad latronem, / frustra profert actionem P. BLOIS *Carm.* 26. 3. 18; ostratus moritur par ostreareo, / mango magnatibus, eques equario WALT. WIMB. *Sim.* 111.

mangonale v. manganale.

mangonare [cf. CL mangonicare], to deal, to trade (intr.).

smeremangestre que ~ant in caseo et butyro, xiij diebus ante natale Domini j d. [dabunt] (*Quad.*) *GAS* 234; mercatores qui bonam pecuniam portant ad falsarios et ab ipsis emunt, ut inpurum . . operentur, et inde ~ant [v. l. magonant] et barganiant (*Ib.*) *Ib.* 234.

mangor, ~orium v. mangerium. **mangorarius**

v. manganarius. **mangunellus** v. manganellus. **mangura, ~us** v. mangerium.

mania [LL < μανία], mania, madness.

Christum furoris arguunt et ~iae BEDE *Sam.* 658; presbiter interea baptiste munere functus, / quem novo incesti pulsabat mania demens / sacrilegum patrare nefas cum clamore latrans *Mir. Nin.* 151; volutans humo velut ~iam passus debacchando HERM. ARCH. 21 p. 55; unde quamplura emergunt incommoda ut ydropsis . . et ~ia, et melancolica, . . *Quaest. Salern.* B 120; alienatio que est in ~ia GILB. II 102. 1; melancolia est ex abundantia colere nigre, ~ia ex subtilium humorum corruptione GAD. 131v. 2; proprie loquendo melancolia vocatur infectio medie partis cerebri cum privatione rationis, set ~ia est infectio anterioris partis cerebri cum privatione imaginationis *Ib.* 132. 1; [v]ena incisa in fronte purgat emeroydis et frenesim et ~iam *Tab. Phlebotomiae.*

maniace, maniacally, madly.

quod ~e putamus onus honorem injuriam equitatem WYCL. *Ver.* III 54.

maniacus [LL], **manicus** [μανικός]

1 maniacal, mad. **b** (as sb.) maniac, madman.

quare quedam puella dum amasium expectasset facta est ~iaca? *Quaest. Salern.* P 95; item ~iace et melancolice dispositionis est BART. ANGL. IV 11. **b** quidam ~iacus in coitu mortuus est *Quaest. Salern.* Ba 103; dum in suam terram rex, quasi ~iacus, in propria viscera ferrum acuebat M. PAR. *Min.* II 185; nec inferior pars rationis semper cum virtutibus apprehensivis conjungitur, quod in ~iacis manifestum esse potest *Ps.-GROS. Summa* 476; de capitibus [arietum] balneum factum valet . . ~iacis et melancolicis GAD. 132v. 1; qui ergo conjecturat falsitatem ex talibus exemplis naturalibus similis est ~iaco frenetico vel alicui †in emerginis [l. energumeno] qui ex defectu cerebri fantasiatur illa que non sunt WYCL. *Trin.* 92.

2 that causes mania, maddening.

strignus ~icon quam alii perisson dixerunt . . ut Latini furialis, eo quod furorem faciat *Alph.* 176.

maniare [AS *manian*], to summon.

aliud enim est, si quis a domino suo sic submoneatur, ut illa vel illa die sit ad eum, et placitum ei nominetur, et aliter si ita expresse sit mannitus ut ei placitum nominetur (*Leg. Hen.* 50. 2) *GAS* 573; negligebat contra talia monstra exercitum ducere, cum et suos hoc modo ~iaret ut solus ad illa destruenda sufficeret *Eul. Hist.* II 338.

manib- v. manub-.

manica [CL], **~us**, **~ia**, **~ius**

1 manacle, (pair of) handcuffs (also fig.).

irruunt in eos . . in artissimum cippum omni compede durius constrinxere. addunt ferreas ~as manibus, et collaria ferrea in cervicibus GOSC. *Mir. Aug.* 549; brachia ei in ~is ferreis astrinxerat R. COLD. *Cuthb.* 20 p. 42; **1398** duo paria ~arum ferr' cum quatuor *shakeles* ferr' *Enr. Chester* 71/7; ~a, A. *a manicle WW.*

2 covering for forearm, hand, or sim.: **a** sleeve, cuff. **b** glove, mitten. **c** cover for document, bag.

a est velud in caracallae modum, i. sine ~is, sed et sine capello *Comm. Cant.* I 295; ingentem ~am ter plicavit in rugam LANTFR. *Swith.* 3; ~is laxis retro labentibus, cum nec brachia ejus essent grossa nec multum carnosa, nec prefata penula protenderetur nisi usque ad cubitum BELETH *RDO* 163. 164; S. [Thomas] monachi ~am apprehendit GERV. CANT. *Chr.* I 339; **1252** tunicam et dalmaticam . . cum aurifragio . . circa manucas *Cl* 128; **1261** percipiet . . supertunicam . . cum ~iis *Cart. Osney* I 180; s**1400** excrescebat nimis insolencia indumentorum . . et maxime togarum cum profundis et latis ~is, vocatis vulgariter *pokys*, ad modum bagpipe formatis *V. Ric.* II 172; **1415** unum colobium de blodio *velvet* cum ~io ornato cum spangis deauratis *Reg. Cant.* II 89; **1429** nec permittantur dicti pueri ad quamcunque partem extra domum vagare nisi . . in tunicis honestis, talaribus strictis, ~is et de eodem colore scilicet de persico vel blavio *Reg. Brechin* I 48. **b** quomodo domi sedens duas ~as a corvis sublatas cognoscebat et iterum restitutas predixit FELIX *Guthl.* 40 tit. p. 70; intuensque ~as suas ut mos juvenum erat filiis sericis consutas *Mir. Wulfst.* I 14 p. 123; collectis in volam digitis et simul in palmam replicatis, manum ~a subtraxit *NLA* I 176; hec ~a, A. *myttan WW.* **c** s**1414** rotulus . . continens cuncta monachorum nomina dicti loci in ~a sua *Chr. S. Alb.* 79.

---

3 representation of a sleeve, (her.) manche.

armis . . ~am auream in campo rubio habentibus AD. USK 58; Hastingiorum illustrium procerum juvenile symbolum vides cocciniam, manicham in aureo aequore SPELMAN *Asp.* 109.

4 handle.

cultrorum manici ponantur versus edentes D. BEC. 2598; cultrorum manice ponantur versus edentes *Modus Cenandi* (*EETS* 32 pt. II, p. 40) 8. 80; pone quodcunque volueris in vase ferreo cum longa ~a, et pone in furno RIPLEY 416.

5 rivet.

1553 de . . xxvj manucis ferreis incompletis, *syxe and twenty payer of Almayne ryvettes not complete Pat* 852 m. 29.

manicalis [cf. CL manica]

1 (as adj.) of or for the hand.

an hande, ciros G., manus, ~is participium *CathA.*

2 (as sb. n.) maniple.

1385 due albe cum una amita, duo stole, unum manucale *Ac. Durh.* 264.

1 manicare [LL; cf. CL *mane*], to rise or come early in the morning. **b** to depart quickly.

ad nos audiendos omnis populus ~at BEDE *Luke* 592; cum juxta quotidianum morem ad sacram lectionem ~aret H. BOS. *Thom.* IV 14; sic duxerat in consuetudinem ~are . . ut crepusculum et vigilis lituum non prevenire R. BOCKING *Ric. Cic.* I 68; *rysyn erly,* ~o, -as PP; *to ga arly,* manitare *CathA; to haste,* . . citare, festinare, ~are, maturare, properare *Ib.* **b** ditiores . . ascensis equis recesserunt. inferiores . . clientuli ut magistros suos sic ~asse perspexerunt, . . domus aufugerunt ORD. VIT. VII 16 p. 249; mortuo rege plures optimatum ad lares suos de saltu ~averunt *Ib.* X 15 p. 89.

2 manicare [CL *p. ppl. only*; cf. manica]

1 to manacle.

to manacle, ~are *CathA.*

2 to provide with a sleeve. **b** (p. ppl., her.) manched, provided with a sleeve as a charge.

1195 ut sacerdotes non in cappis ~atis incedant set in vestibus suo ordini congruis *Conc. Syn.* 1050; s**1188** 'indecens est' inquit supprior 'et impossibile, ut in cappis ~atis et sellis aureis, cum simus monachi, veniamus' GERV. CANT. *Chr.* I 408; capis ~atis et alatis prorsus abjectis GIR. *JS sup.* 148; a**1255** inhibemus ne capis ~atis vel aliis indumentis levitatem vel lascivie notam pretendentibus utantur publice, contra constitutionem concilii generalis *Conc. Syn.* 486; **1282** unam loricam non manucatam *TR Forest Proc.* 30 m. 36v.; supertunicas . . usque ad medium brachii ~atas *G. S. Alb.* II 451. **b 1298** unam placeam terre . . inter crucem ~atam et vetus marlarium *CourtR Hales* 385.

manicha v. manica.

Manichaeus [LL], Manichaean heretic.

miror . . quod non attendunt hujus falsitatis assertores, quam modicum distent a ~eis, illi dogmatizaverunt J. CORNW. *Eul.* 6; heresis latrat ~eorum qui dicunt duas naturas esse et substantiam bonam et malam, et animas ex Deo quasi ex fonte procedere R. NIGER *Chr.* II 122; scienter namque adversantur quidam sacre pagine ut ~ei et Marcioniste, qui legem prophetasque condempnant GROS. *Cess. Leg.* I 3. 1; a**1332** Augustinus de moribus ecclesie catholice et de moribus Manitheorum libri ij *Libr. Cant. Dov.* 14; hujus autem erroris inventor pociusve sectator fuit Manes maniacus et innanis pater ~orum BRADW. *CD* 13E; ~ei . . posuerunt duos deos, unum celestium, alium terrestrium GASCOIGNE *Loci* 28.

manicia v. manica.

manicipium, part of garment that receives the hand, sleeve, placket.

a spayre, munubium, . . manicipium *CathA.*

manicula [CL], **~um**

1 manacle, (pair of) handcuffs.

1287 unum par maniclar' quod vocatur *grym IMisc* 46/3; carcaneum ferri et ~as de ferro *State Tri. Ed. I* 51; idem B. iratus cucurrit ad A. patrem suum cum

quodam ~o [*gl*.: vel ceppo] de alneo ad manus suas ligandas, quia demens erat *SelCWW* p. cciii; **1303** de . . tribus tenis ferri, uno pari ~arum ferrearum, quatuor paribus caligarum ferrearum *Ac. Exec. Ep. Lond.* 60; **1389** nec respondet de vj paribus de *fettres*, uno ~o ferri, uno pare sipparum *LTR Esch* 10 r. 15v; fusis oracionibus per circumstantes ad Deum pro eodem statim ~e sive cathene feree de manibus ejus quibus fuerat ligatus ceciderunt *Canon. S. Osm.* 58.

2 handle (in quot., for aspersorium).

1418 cum manicla pro sancta aqua despargenda *Ac. Churchw. Glas.* 187.

3 little pin, rivet.

~a, A. *a pynet WW.*

maniculare, to manacle.

posuit manus suas ~atas ferro ligatas in foraminibus ejusdem sepulcri *Canon. S. Osm.* 77; ~o, A. *to manycle WW.*

1 manicularium, covering for forearm and hand, sleeve, cuff, glove, or mitten.

1295 cum alba, amictu, stole, †favone [l. fanone], spatulariis et ~iis, apparatis, quodam banno diasperato de Laret' *Vis. S. Paul.* 335a.

2 manicularium v. manticularium.

manicus v. maniacus, manica. **manieria** v. mangerium. **manifactura** v. manufactura. **manifactus** v. manufacere.

manifestabilis [ML], that can be made manifest.

de gratia illius gloriosissimi fruitione diversissima et ~i in perpetuum gaudebimus *Bacon* VII 122.

manifestabilitas, capacity to be made visible.

forte inde quod lux est naturaliter sui generativa, est eciam sui manifestativa, quia forte sui generativitas ipsa ~as est *Gros. Hexaem.* II 10. 1.

manifestare [CL]

1 to make visible.

omnia obscura sol in lucem ~at *Alb. Lond. DG* 8. 5.

2 to make clear, disclose, reveal; **b** (person); **c** (fact or phenomenon); **d** (abstr.); **e** (w. clause as obj.).

disceptari, ~ari *GlC* D 341; propalatum, ~atum *Ib.* P 614; vulgatum, ~atum *Ib.* U 311. **b** Christus super terram ~atus est *Theod. Laterc.* 3; ministrum se regis fuisse ~ans *Bede HE* IV 22 p. 251; perdat pecuniam suam et ipse pacem et vitam habeat, si se ~et [AS: *gif he hine cyðe*] (*Quad.*) *GAS* 222; de genere illorum qui se invicem infestare jugiter . . necnon et strangulare non cessant . . vos esse ~at *Gir. SD* 134; angelus homini in presura hominum non se ~avit [ME: *ne eadewede*] *AncrR* 52. **c** 716 hoc . . ad . . gaudium . . in medium proferens ~avit *Bonif. Ep.* 10 p. 13; de prodigio in tempore nativitatis ipsius ~ato *Felix Guthl.* 5 *tit. cap.* p. 66; quae ventura essent sibi [sc. Æthelbaldo] per signa [Guthlacus] ~avit *Ib.* 52 *tit.*; mulier . . vidit cistam . . lumine magno circum fusam, quod exterrita statim marito suo ~avit *Gir. GE* I 11; coram omnibus miraculum manifestans *Plusc.* X 6. **d** ut ~arentur mirabilia Dei *Comm. Cant.* III 77; a**798** veritate ~ata contiarii confundentur *Alcuin Ep.* 132; nuntius . . / . . properat dilecti ferre loquelas / pontificis patri; manifestat dicta prophetae *Æthelwulf Abb.* 142; a prima . . olympiade quicquid factum dicitur, per quaternarium multiplicata numeri summa ~ata *Abbo QG* 20 (43); propter . . verbum cor ~ans et naturam *Gir. SD* 26; debet . . ore omnis mundi fallacia ~ari *Gros. Templ.* 2. 5; mensura est habitudo quantitativa longitudinem et brevitatem cujuslibet cantus mensurabilis ~ans *Hauboys* 182. **e** utrum acuto an circumflexo pronuntietur accentu positio vel natura luce clarius ~ant [v. l. ~at] *Aldh. PR* 129; ~at quomodo activa et passiva deficiunt ab ista ratione tactus *T. Sutton Gen. & Corrupt.* 56; quid per dominium intelligi debeat ~ant *Ockham Pol.* I 304.

manifestatio [LL]

1 act of making visible.

s**1255** ut hominibus manifestetur Dei indignatio, in

statu corporum supracelestium fit discordie ~o. luna etenim passa est eclipsim M. Par. *Abbr.* 346.

2 (leg.) delation that follows apprehension in criminal act.

pecoris tinnitum et canis hoppa et *blowhorn*, horum trium singulum est unum solidum valens, et unumquodque reputatum est melda, id est ~o (*Quad.*) *GAS* 194; omnes vero cause simplices sunt aut conjuncte et in ~one consistunt vel in accusacione (*Leg. Hen.* 9. 1a) *Ib.* 554.

3 act of making clear or evident (to the intellect).

angelorum visionem ostendit qui illum resurrexisse certa ~one patefacerent *Bede Hom.* II 9. 139; **799** veritatis probatio erit potestatis ~o *Alcuin Ep.* 166 p. 270; ut qui eam per fidem bene creditam haberet, per ~onem cognitam dulcius amaret *Osb. V. Dunst.* 17; ad plenissimam quoque ~onem significacionis rerum, exprimit hec scriptura . . *Gros. Cess. Leg.* I 9.5; pertractat aliam opinionem que utilis est ad hujus ~onem T. *Sutton Gen. & Corrupt.* 72; hujusmodi interpretacio non est nisi exposicio vel declamacio, seu ~o veri intellectus preceptorum Dei *Ockham Dial.* 811.

4 what is made manifest, a manifestation.

adamantinus autem erat contra pectus in medio, qui dicitur ~o quia manifestum in ejus coloris motione quid futuri expectarent *Comm. Cant.* I 295; quae quidem ~o propria Johannis est, sed in multitudine piscium copiosa similitudinem gerit cum Luca *Senatus Ep. Conc.* xlvi; hoc . . fuit tercie diei ~o post resurreccionem *Eul. Hist.* I 154.

manifestative [ML], by way of manifestation.

adhuc autem penitenciam actualem justificare injustum et delere peccata potest habere duplicem intellectum sc. effective vel ostensive, ~e seu eciam significative *Bradw. CD* 414D.

manifestativus [ML], that makes clear or manifest, revelatory.

est . . frigiditas in suo dominio in subjecto suiipsius ~a *Bart. Angl.* IV 2; omnis enim forma aliquod genus lucis est, quia omnis forma ~a est *Gros. Hexaem.* I 18. 2; signa demonstrativa et ~a morbi presentis *Gad.* 45v. 2; quamlibet . . formam positivam ~am veritatis vocat Augustinus lucem *Wycl. Trin.* 61.

manifestatrix [ML], that makes clear or manifest, revelatory.

est . . Seraphin . . habens luciformem et illuminativam proprietatem . . obscurationis persecutricem et ~icem *Bart. Angl.* II 8 p. 28.

manifeste, ~o [CL], ~im

1 openly, visibly (to the eye).

vidit ~e quasi corpus hominis quod esset sole clarius *Bede HE* IV 9 p. 222; invenio . . scelera . . ~issime in eo tetricis esse descripta litteris *Ib.* V 13 p. 312; quendam seniorem pulcherrimum . . ~e somniis vidit *Ord. Vit.* III 9 p. 107; vita est ~ior in plantis quam in animalibus *Bacon* XI 180; et in ligatura descendente, prima nota tractu carente, ut in sequentibus patet figuris ~e hic: *Hauboys* 332; ~e vidimus Jesum ascendentem in celum *Eul. Hist.* I 114.

2 (w. ref. to criminal or crime) in the act, red-handed.

cirliscus homo, qui fuerit sepe inculpatus de furto et tunc postea culpabilis inventus in captali vel in aliter ~o reus [AS: *æt openre scylde*] (*Quad.*) *GAS* 105; proditionem . . ~e precinuit *Gir. DK* I 16; quicquid rapere potuit, vel ~e vel occulte, rapuit *Id. SD* 104.

3 clearly, evidently (to the intellect).

gratiae formam . . quae . . per baptismi sacramentum fidelibus confertur ~issime declaravit *Aldh. Met.* 2 p. 70; ille melius ac ~ius ipsa lingua Anglorum . . potest explanare quae sentimus *Bede HE* III 25 p. 184; verbis obscurioribus, quae tamen postmodum ~e intelligerentur *Ib.* IV 27 p. 274; cum fuerit in principio Libre incipiet declinare versus septentrionem, movendo per latitudinem signi Virginis. et horum contrarium patet ~im *Bacon* IV 431; quod est ~e contra determinacionem Philosophi *Ockham Quodl.* 575; nunc autem ex litteris delegatorum judicum ~e nobis innotuit (*Bulla Papae*) *Elmh. Cant.* 413; breviter tibi

declarabo, ~e non aspere, vere non obscure, dilucide non tecte *Ripley* 123.

manifestim v. manifeste.

manifestivus, that makes clear or manifest, revelatory.

albedo et alie qualitates materiales . . essent ita ~e suarum naturarum sicud ipsis informantibus *Wycl. Act.* 20.

manifesto v. manifestare, manifeste, manifestus.

manifestus [CL]

1 open, visible (to the eye).

~a luce patefecit *Bede HE* II 1 p. 76; suos ~is ostensionibus suae resurrectionis veros testes confirmavit *Ord. Vit.* II 1 p. 193;

2 (leg.): **a** (of criminal) caught in the act, manifestly guilty. **b** (of crime or sin) detected in the act, flagrant.

a predo . . ~us *Gir. SD* 104. **b** c**1168** pro ~a ipsius culpa *Regesta Scot.* 8.

3 apprehensible (to the mind). **b** (~*um est* or sim.) it is plain (that). **c** (*in* ~*o*) clearly, plainly.

Comm. Cant. I 295 (v. manifestatio 4); ~is exemplorum formulis hoc evidentius reserari rogo *Aldh. Met.* 10 p. 96; Aristotilem faciunt verba ~um J. *Sal. Met.* 872C. **b 956** ~um est cunctis quod omnia . . *CS* 978; ~um est quia . . *Adel. Elem.* VI 32; a**1158** ~um vobis fieri volumus quod . . *Ch. Westm.* 251; ea in ipsis enuntiationibus statim cuilibet ~a esse nemo arbitretur *Balsh. AD* 25; jam ~um est, quoniam una substantia medietatem duarum designat *Rob. Angl.* (I) *Alg.* 72. 14; major ~a est de se minor primo *Hauboys* 190. **c** cum homo dormierit, erit sanguis in ~o modicus *Bart. Angl.* IV 7.

4 revealed by or giving clear signs, manifest, unmistakeable: **a** (of person); **b** (of act or abstr.).

a 1188 non enim inveni pontificem adeo socialem, adeo ~um, adeo in omnes munificentias et liberalitates effusum P. *Blois Ep.* 20. 73B; **1235** factum fuit extra comitatum in loco secreto et non nisi coram custodibus placitorum corone qui sunt inimici sui ~i *CurR* XV 151g. **b** sed nocuit multum manifestis publice gestis *Alcuin WillV* 22. 5; quando non potest hominem perducere ad malum ~um [ME: *open*] stimulat ad aliquid bonum apparens *AncrR* 99; nisi fuerit ~a causa et probabilis quare dictis placitis non poterit intereooo *APScot* I 3aa.

manificentia v. munificentia.

1 manile [LL *gl*.; cf. CL manale], ~ium, basin.

~e, *lebil GlC* M 17; scisfus, i. ~e vel triplia [*gl*.: *læfel*] *Ælf. Bata* VI p. 100; a**1077** aqua ~e sive aquae ~e Italici unam partem dicunt, vocaturque lingua eorum vas inferius, in quod manibus infusa aqua infunditur *Lanfr. Ep.* 13 (14 p. 86); Dunstanus . . ~e aureum insignis pretii . . regi dedit in munere *Sulcard* f. 14; ~e cum manutergio *Mon. Rit.* II 189 n. 40; manilium [*gl*.: *a water basyn*] *Stanbr. Vulg.* 10.

2 manile [cf. LL manuale], maniple.

a**1077** quod si fortasse sic distinguendum putatis 'urceolum cum aqua' et postea '~e ac manutergium', quatinus ~e esse manipulum intelligatis . . *Lanfr. Ep.* 13 (14 p. 86).

manimola v. manumola. **manipastus** v. manupastus.

maniphora [cf. CL manus + φορά], cloth borne in the hand, handkerchief, napkin.

Emma . . sine clamore, elevatis sursum oculis, nullam †mamphoram [l. maniphoram] sive pannum ante oculos habens . . *Rudborne* 234; ~am Sancti Pauli *Flete* 70; †mamphora [l. maniphora], A. *a mokedore WW*; a *nampkyn*, manifra, manipulum a manu et pio, i. purgare, manifra dicitur de manu et foros, i. ferre *CathA*; a *kerchife*, flammeum, flammeolum, †mansora [? l. manfora], vitta *Ib*.

manipulare [LL *gl*.], (p. ppl. as sb. f.) handful, measure.

1281 quoddam theoloneum salis viz. de qualibet carectata ibi veniente per totum annum unam ~atam *PQW* 400b.

manipularis [CL]

1 (mil.) member of a maniple, one of a unit of infantry, soldier.

mittit satellitum . . catastam quae ratibus advecta adunatur cum ~ibus spuriis GILDAS *EB* 23.

2 member of a company (in quot., missionary).

tot dominicae legationis ~es ad quadraginta numerantur GOSC. *Aug. Maj.* 54A.

manipularius [CL *as adj.* = *of a soldier*], leader of a maniple.

~ius dux vel qui reget exercitum *EE* 310.

manipulatim [CL], in troops, in bands or groups.

quasi adversus ferocissimas barbarorum legiones, quae ~im tironum Christi testudinem . . quatere non cessant ALDH. *VirgP* 11; non secum habebant multitudines hominum qui ~im possent eos honore exsuperare BYRHT. *V. Ecgwini* 392.

manipulus [CL], ~a, ~um [ML]

1 handful, small unit, measure.

~us, . . paucus numerus *EE* 309; **1312** manupulus talis mensure est quod de viij manupulis fiet j peck' (*Cust.*) *Essex RO* D/DC 21/12; hic ~us, *a handfulle* WW; *the gripe of a hand*, pugnus, ~us LEVINS *Manip.* 141.

2 bundle, sheaf: **a** (of corn or agricultural product); **b** (of artefact); **c** (as title of book); **d** (fig. and iron.).

a sic metent semper in ~os messem suam sicque ligant *Comm. Cant.* I 190; sed semen segiti de caelo ducitur almum, / quod largos generat millena fruge maniplos ALDH. *Aen.* 32 (*Pugillares*) 7; de ove vero furata vel fasciculo ~orum emendat ij solidos *DB* I 179rb; omnibus ehtemannis jure competit . . sulhaecer, id est carruce acra, et ~us Augusti in augmentum jure debiti recti (*Quad.*) *GAS* 450; rector ecclesie . . compulit rusticum illum totum bladum suum ex grangia eicere et per singulos ~os coram se numerare *Canon. G. Sempr.* f. 41v; videt per sompnium Joseph ~um suum surgere stare et adorari a ~is fratrum AD. DORE *Pictor* 163; hic ~us, A. *repe* WW. **b 1164** decem ~os candelarum *Regesta Scot.* 243; armis . . utuntur levibus . . loricis minoribus, sagittarum ~is GIR. *DK* I 8 p. 180. **c c1520** librum wlgariter ~us Curatorum nuncupatum *Conc. Scot.* I cclxxv. **d c720** debuisti manifeste messem Dei metere et congregare sanctarum animarum ~os in horream regni caelestis *Ep. Bonif.* 15; **749** meritorum ~i . . maturescunt in coelis *CS* 178; congruum duxi vobis offerre ~orum meorum primitias J. FURNESS *Kentig. prol.* p. 159; gratias . . ago . . Deo meo quod non omnino vacuis manibus ad Deum redibo cum te quasi ~um, licet unum P. CORNW. *Disp.* 152; intendit . . de lenocinio uxoris in via, preter absolucionis beneficium, fructus uberioris ~os reportare TREVET *Ann.* 84; velud in unum coacervando ~um ad torcular eximie discrecionis sanctorum patrum pontificum et quorum interest *Mir. Hen. VI* I *prol.* p. 10.

3 maniple, company: **a** (mil.) unit of infantry. **b** (eccl.) throng.

a ~us, . . numerus militum brevis *EE* 309; porro ~i militares prout instructi erant ORD. VIT. IX 17 p. 617; inmisericordi impetu in prenobilem ducem et ipsum pugnatorum ~um irruit *Ps.*-ELMH. *Hen. V* 114. **b** atque poli proceros vidit cum mente maniplos ALDH. *CE* 2. 10; absit . . aliquid moliri contra clericos qui sacri sunt ministri altaris, coelibibus ~is corpus et sanguinem Domini conficientes H. LOS. *Ep.* 60.

4 (eccl.) maniple, Eucharistic vestment worn on the left arm.

tradat ei [sc. subdiacono] calicem et patenam et ~am EGB. *Pont.* 15; a1077 plerique autumant ~um commune esse ornamentum omnium ordinum, sicut albam et amictum LANFR. *Ep.* 13 (14 p. 84); cum sacerdote induto alba et ~o (*Leg. Ed.*) *GAS* 667; sicque etiam subdiaconibus ~os cum candelis accensis *Chr. Battle* f. 101; fertur, quam gestat vigilantia, leva manipla GARL. *Myst. Eccl.* 435; **1378** unum vestimentum cum apparatu, viz. unam casulam cum una alba et amicta et parruris, stola et ~a *Test. Karl.* 120; **1411** cum . . sex albis, stolis, et ~is *Lit. Cant.* III 113; hic ~us, A. *fanone* WW; ~um in humeris sacerdotum infigendum *Plusc.* VII 3 p. 60.

5 mace.

~i dicti sunt faces Grecorum quos manu capiantur *EE* 309; quo ibant, quo portabant ~os justitiae? W. NEWB. *Serm.* 891; sacerdos . . mappula sive ~o pro clava utitur BELETH *RDO* 32 p. 43; *mace*, clava, ~us *CathA*.

1 manis [? *syncopated form of* manfaris], (?) small boat operated by one man.

1453 pro j ~e conducto pro frettagio dictorum piscium de Hulle usque Torkesey *Ac. H. Buckingham* 26.

2 †manis, *f. l.*

sic alvum panis reficit sit ut alvus †manis [l. inanis] R. CANT. *Malch.* p. 166 l. 626.

3 manis v. mannis.

manitare v. 1 manicare.   **manitergium** v. manutergium.

manitio [AS *manung*], district in which power of exaction is exercised.

episcopus admoneat overhyrnessam illam a preposito, in cujus hoc mannitione [AS: *folgoþe*] sit (*Quad.*) *GAS* 165; una cum preposito, in cujus mannitione [AS: *monunge*] est (*Ib.*) *Ib.* 178.

manjeria, manjor, manjura v. mangerium.   **manka** v. 1 manca.

1 manna [CL < μάννα], (gum of) aromatic plant: **a** frankincense. **b** balsam.

a in primis si videantur abundare humores acuti, purgetur cum apozimate de mirobolanis citrinis, violis, . ., ~a, cassia fistula, . . *Quaest. Salern.* L 2; quare cassia fistula, thamarindi, ~a purgant sanguinem *Ib.* N 47; ~a est quoddam dulce quod fit de rore cadente super quasdam herbas vel arbores certis temporibus *SB* 29; ~a . . nascitur ex diversis arboribus super quas cadit ros, inde recipit hanc proprietatem *Alph.* 89. **b** ~a, non solum dicitur ros de coelo prolapsus, qui species est balsami et fructus aeris, verum etiam pro dulcedine sumitur ex qualibet re tracta *LC* 250.

2 manna [LL < Heb.]

1 manna: **a** (w. ref. to *Exod.* xvi, *Num.* xi); **b** (w. ref. to *Exod.* xvi 32–6); **c** (w. ref. to *Exod.* xvi 15, Heb. etym. play on *manhu* 'what is it?'); **d** (w. ref. to *Apoc.* ii 17).

a principes . . narraverunt Moysi: i. quod factum est de ~a coturnicibusque *Comm. Cant.* I 257; sicut ~a quod de celo pluit et aqua que de petra fluxit ÆLF. *Ep.* 3. 56; ?**1173** istos percussit Dominus in posteriora, . . qui ~a et gomor in putredinem vertunt P. BLOIS *Ep.* 42. 123C; hic mutuatis vasis aureis et argenteis ab Aegyptiis in deserto ~ate saturari optabat H. BOS. *Thom.* VII 1 p. 527; non deberemus aliud expectare in hac vita nisi hoc ~a de celo BACON *CSPhil.* 401; vos cibavit coturnice et ~a *Eul. Hist.* I 102; cum plueret mannā per desertum Deus olim GOWER *VC* V 691. **b** a802 idcirco in arca et virga et ~a fuisse legitur, ut in pectore rectoris esset virga districtionis et manna dulcedinis ALCUIN *Ep.* 245 p. 395 (v. et. 2a infra); archam sanctam celesti ~a refertam ad . . ecclesiam . . transtulerunt *Chr. Rams.* lxxvi; rectoris pectus confertus federis arche, / qua manne et tabulis addita virga fuit, / dulcor inest manne, sed cum candore nitenti NECKAM *Poems* 457; ~a repositum servatur in urna aurea AD. DORE *Pictor* 151; in archa . . continebatur urna aurea habens ~a *Flor. Hist.* I 55. **c** ~a, quid est hoc? *EE* 309. **d** vincenti dabo ~a absconditum *Ep. Cant.* 255 p. 238.

2 (fig.): **a** (as type of sweetness or mildness); **b** (as type of BVM); **c** (as type of Christ, esp. in Eucharist).

a a802, NECKAM *Poems* 457 (v. 1b supra); felix locus qui . . tam dulce ~a thesaurizabat GOSC. *Edith* 96; ~a mansuetudinis, que pertinet ad electos AD. SCOT *TT* 760A; [Cicero] artis rhetorice fuit arx, fons, manna, columna NECKAM *DS* V 195; amarescunt gustui mel et ~a R. BURY *Phil.* I. 15; suavissime benevolencie vestre ~a et multiformis beneficentie ymbribus irrigati *FormOx* 215. **b** manna parit vermem; sic virgo puerpera prolem. / manna Maria fuit: moralem discute sensum M. RIEVAULX (*Vers.*) 1. 26–7. **c 800** haec est ~a, quae sine fastidio satiat, sine defectu pascit ALCUIN *Ep.* 196; cibus, qui noster non specie, sed significatione ~a LANFR. *Comment. Paul.* 180; Christe, mihi măna de celi culmine mānna [*gl.*: cibum sapientie]

H. AVR. *CG* f. 10r l. 20; quem [sc. Christum] dudum in gremio / manna pavit puellaris, / ut nos pascat prandio J. HOWD. *Sal.* 30. 8; vascillum eligit aurum aureolum / alvique numinis favus alveolum / et manna celicum ventris urceolum, / mortis hic malleo cudens malleolum WALT. WIMB. *Carm.* 60; ~a sacramentavit eucharistiam *Ziz.* 162; hoc ~a, *awngyls fode* WW.

3 (applied to substance): **a** (flour); **b** (fragrant dust from a tomb).

a panem de simila pure ~e frumenti *Plusc.* IX 36. **b 1383** cum ~a sepulcri Sancte Marie *Ac. Durh.* 429.

3 Manna [Ir. *Mana*, W. *Mona*; cf. CL Mona], **a** Anglesey. **b** Man.

a insula . . secunda sita est in umbilico maris inter Hiberniam et Brittanniam et vocatur nomen ejus Eubonia, i. e. Manau [vv. ll. Manay, Manai, Menay, Man] NEN. *HB* 148; in Monia [v. l. Menia; TREVISA: *Mon*] Norwallie / que Anglesey est hodie / est lapis, sicut didici, / concurs humano femori HIGD. I 38 p. 424. **b s1235** septem archiepiscopos habuerunt cum regibus Scotie et Wallie, Hibernie et Monie insule subjectos M. PAR. *Maj.* III 325; incipiunt chronica regum ~ie et insularum *Chr. Man* 44; Godredus . . venit ad Godredum filium Sytric qui tunc regnavit in ~ia *Ib.* 50; **1327** [teste] T. R. . . domino vallis Anandie et ~ie *Melrose* II 368; G. . . dominus vallis Anandie et ~ie *Ib.* 506; insula de ~a AD. USK 17 (v. insula 2b).

mannagium v. managium.

Mannensis [cf. 3 Manna b], **a** (as adj.) of the Isle of Man. **b** (as sb.) Manxman.

a s1187 Godredus . . precepit . . Manensi populo ut . . *Chr. Man* 78; **s1237** congregatio totius ~is populi ad Tingualla *Ib.* 94; erat . . lex Danorum Norþfolc, Suþfolc, Grantebriggescyre . . insularum sc. Cathenensium, ~ium, Murefensium, et Orchadum (*Leg. Ed. Conf. interp.*) *GAS* 660 *n.* **b s1075** Godredus Cronan . . venit ad Manniam, pugnavit cum ~ibus, victus et fugatus est *Chr. Man* 50; **s1187** mortuo Godredo, ~es legatos suos ad insulas . . miserant *Ib.* 78; **s1275** ~es, licet inferiores viribus . . parabant se ad defendendum W. NEWB. *Cont.* 570.

Mannia v. 3 Manna.

Mannicus [cf. 3 Manna b], **a** (as adj.) of the Isle of Man. **b** (as sb.) Manxman.

a s1275 Mannica gens de te dampna futura cave *Chr. Man* 110. **b** Hamondus . . filius Iole ~us genere *Ib.* 114.

mannifluus [ML], flowing with manna (fig.).

nostraque mannifluo spernuntur mella sapore BEDE *CuthbV* 209.

manniare v. maniare.   **mannillus** v. maisnillus.   **manninga** v. manunga.

mannis [cf. 1 manna], (gum of) aromatic plant, frankincense.

recipe . . magnetis ana ℥ ij, masticis, manis, j olibani ana ℥ unam et semis GILB. VII 359v. 2; ~is, olibanum, thus minutum idem *Alph.* 110; thus . . tercium minutum valde et rufum, de quo ~is fieri dicitur *Ib.* 188.

mannitio v. manitio.

mannulus [CL], small riding horse, pony.

mannolus, caballus, buricus *GlC* M 57.

mannunga v. manunga.

mannus [CL]

1 small riding horse, pony; **b** (dist. from *equus* or other kind of horse); **c** (used for war or ceremonial).

proprios invisere mannos, / pinguia gramineis carpunt ubi pascua glebis WULF. *Swith.* I 495; quando recessurus fueris, sit ad hostia mannus D. BEC. 1465. **b** ille continuo impositus ~is (nam nec ambulare nec equum per se ascendere pre castigationis dolore poterat) ad sancti Augustini monasterium deportatur GOSC. *Transl. Mild.* 21 p. 184; sternatur mihi ~us. ibo insidens equo W. CANT. *Mir. Thom.* II 82; equus ille totus effectus est albus, et ~us optimus valde suaviter ambulans J. FURNESS *Walth.* 28; summariis igitur cum plenis clitellis auro et argento et diversis regalibus utensilibus, ~is insuper concupiscibilibus quamplurimis, cum aliquibus equis pretiosis dispositis

M. Par. *Maj.* III 388; *G. S. Alb.* I 259 (v. averus); de equis: .. hic gradarius vel hic ~us, *palefroi Gl. AN Glasg.* f. 21rc; **1391** pro xij ~is novis .. emptis .. pro equis domini, x scot. et pro xxxv ~is .. emptis .. *pur le store*, xiiij scot. *Ac. H. Derby* 61; hic ~us, A. *rownse* .. *a hakeney WW.* **c** non ego pomposonis adii pretiosa lupatis / moenia, nec gilvis falerato stromate mannis Frith. 1176; non faber incudem, / .. / aut mannum miles .. / odit Alex. Bath *Mor.* III 36 p. 150; assint etiam palefridi, ~i, gradarii, dextrarii usibus militum apti [*gl.*: *runsins, destrers, runcin*] Neckam *Ut.* 104; quadraginta .. militibus de novo vestitis robis consimilibus et ~is delìciosis M. Par. *Maj.* V 97; confidens mannis tauro nova bella parabit; ~us enim palafridus dicitur (J. Bridl.) *Pol. Poems* I 169; s**1420** ~i nobiles .. trappaturis induti (v. 2 currus 1b).

2 (infl. by ME *man*) horseman, one who cares for or rides horses.

†manuus [l. mannus], A. *an hakneyman WW.*

manopium v. mancipium.

manreda [AS *mannrædenn*], service or payment rendered by tenant to owner.

a**1086** sciatis me dedisse Grim capellano meo ~am Askitelis et quicquid tenet in Walsham cum *sache* et *sokne* et omni consuetudine *Reg. S. Ben. Holme* 32; a**1108** aufert ipse R. .. in Catefeld dimidiam possessionem cujusdam domus quam tenuit Bondus, et ~am cujusdam mulieris cum ij acris .. et in eodem tempore seisivit Lefchild cum terra sua et dimidiam ~am Elfredi et dimidiam ~am Snuningi cum suis possessionibus *Ib.* 169; a**1126** partita est tota terra illa cum ~is ejusdem terre in duo *Ib.* 68.

mansa, ~us, ~um [ML; cf. manere 3–4]

1 measure of land, hide.

780 largior terram .. æt Coftune v cassatorum tantundem æt Þeodanhale id est v ~arum *CS* 234; a**902** unam quinque ~orum villulam *CS* 581; **943** tradidi .. vj ~as, quod Cantigene dicunt vj *sulunga* agelluli *CS* 780; **947** bis denas ~as quod Anglice dicitur *tpentig hida CS* 820; **948** villam sc. vocabulo Tuiccanham triginta ~orum *CS* 860; **1156** partem quoque cujusdam beneficii, id est octo ~os in loco qui dicitur M. Hadrian IV 97; apud B. quedam dimidia ~ia cecidit in manu fratrum .. *Rec. Templars* 40; xv ~as agelluli *Chr. Abingd.* I 85; c**1255** terra trium ~uum, cum totidem hortis, in Glastonia *G. S. Alb.* I 55; **1336** quandam ruris mei portionem id est quindecim ~as in loco qui a ruricolis nuncupatur Cullanhamme *CalCh* IV 373.

2 estate, manor.

943 unam ~am in septem loca divisam *CS* 785; **975** quinque viz. ~as cum quindecim hydis et quindecim carucis terrae cum octodecim servis et sexdecim villanis *CS* 1313; fuit de soca Stigandi et de suis ~ibus T. R. E. *DB* II 121; †**745** in vicis atque agris ac prediis †massisque majoribus (*Ch.*) W. Malm. *GR* I 39 (=*Id. Glast.* 45: mansisque); c**1175** servicium .. equitandi .. de uno ~u ad alium ~um, sc. de Baseford ad Essebiam (*Confirmatio*) *HMC Middleton* 11; apud ~am, que dicitur Morstede Devizes f. 38v; **1275** fecit nobis ~um in pluribus locis, et plantationes suas inde abstraxit *Ann. Dunstable* III 268; **1285** dedit .. manscos suos .. salva .. collacione decimarum mariscorum illorum quos habuit *PQW* 238a.

3 dwelling, house, manse; **b** (dist. acc. use).

ut unicuique ecclesiae una ~a integra absque alio servitio attribuatur *Conc.* I 103a; A. curam parochie cum maxima parte beneficiorum ut unam carrucatam terre cum quibusdam ~is in ipsa villa de Hestaldsham .. tenuit Ric. Hex. *Hist. Hex.* II 8; David rex Scotie et Henricus filius ejus dederunt eis unum ~um in Carlel et in eadem villa aliud ~um *Ib.* II 12; c**1170** dedit .. unum ~um in dicta villa *Cart. Chester* 354 p. 236; **1331** ~um suum .. muro de petra et calce firmare et kernellare *PQW* 75b; habebit .. vicarius ~um infra rectoriam *Reg. S. Aug.* 186; **1380** pro sexdecim ~ibus husbandorum et novem ~ibus cotagiorum et herbagiorum *Reg. Dunferm.* 392; mercati sibi nitentes attrahere diversa stalla infra ~a sua extra dictum locum erexerunt *Bury St. Edm.* XXV; ~um .. quem invenit .. inhonestum .. reparavit Myln *Dunkeld* 59. **b** in Lundonia, ~um unum ad hospitium abbatis cum ecclesia Sancte Marie que adjacet *Chr. Abingd.* II 197; **1281** debet construere ad Agnetem .. unum ~um competens ad inhabitandum continens xxx pedes longitudinis infra muros et xiiij pedes latitudinis infra ambitum murorum cum postibus una cum tribus hostiis novis competentibus et cum duabus fenestris *CourtR Hales* 167; **1287** habeat .. dictus vicarius .. ~um quod inhabitat *Cart. Blyth* A. 15; c**1331** ~um quem in .. universitate, causa studii, inhabitatis .. idem ~us .. *Lit. Cant.* I 358; **1357** fossatum per quod ~um prisone nostre de Flete includitur (*CoramR*) *Pub. Works* II 33; decanus .. edificavit stabulum suum infra ~um suum decanalem super murum claustri borialem *Stat. Linc.* 374; juxta ~um leprosorum *Ord. Ebor.* II 322.

4 (as place-name) Mas d'Agenais, Lot et Garonne.

1260 W. priorem de ~o *Cl* 221; **1261** W. priorem de ~o *Cl* 465.

mansatus [cf. mansa], measure of land, hide.

rex .. dedit .. ministro suo Pirianforda xvj ~orum *Chr. Abingd.* I 222.

manseolum v. mansiolum. **manser** v. mamzer. **mansetum** v. manchetum. **mansia** v. mansa.

mansio [CL]

1 fact of remaining, continuance in a condition. **b** (*mala ~o*) form of torture.

ut aliquid tingat ad ~onem, oportet ut habeat viscositatem ex qua cohereat rei tingende *Quaest. Salern.* B 180; constantia est postquam res aggresse sunt eadem et continua animi ~o W. Donc. *Aph. Phil.* 3. 25. **b** licet pedes regis in compedibus non humiliaverit, importunitate tamen custodum plus ad malam ~onem perduxit, quam si .. artasset in vinculis Diceto *YH* II 106.

2 act of remaining in a place, halt in a journey.

~o .. in media via facta est *V. Cuthb.* IV 5; **799** festina rescribere mihi, quantum sciri posset tempus ~onis tuae apud Sanctum Amandum Alcuin *Ep.* 165.

3 place in which one remains, dwelling; **b** (fig.); **c** (w. ref. to *Joh.* xiv 2). **d** resting place of a corpse, tomb, grave. **e** dwelling place of an animal.

dedit .. eis ~onem in civitate Bede *HE* I 25 p. 46; in vico regio, qui dicitur Rendlaesham, id est ~o Rendili *Ib.* III 22 p. 174; **795** si de meo requiris itinere, .. per quam viam nescio, quia illius ignoro egressionem de Saxonia vel hiemalem ~onem Alcuin *Ep.* 49; gaudio caret an spes in ~one [AS: *to hame*] restat *Prov. Durh.* 30; dicebat .. se .. maria .. circuire ut locum ~onis haberet G. Mon. III 12; oppida in quibus Judei ~onem habebant Gir. *PI* I 17 p. 65; ~onis tue construe habitaculum, edifica monasterium J. Furness *Kentig.* 23 p. 201; videns fumum ignis de spelunca hominis Dei ascendentem, indignanter admirabatur .. qua .. fronte auderet aliquis in bosco suo ~onem sibi facere sine ipsius licencia *Chr. Dale* 4; **1326** extranei adventicii qui ~ones suas conducant de variis et nichil tenent de domino communicant in marisco cum bestiis suis et alia proficua capiunt in communa et vocantur *Undersetles CBaron* 146. **b** unaquaeque virtus ~o Dei dicitur *Comm. Cant.* III 141; corrige, quaeso, tuos mores et verba vel actus, / ut tua in his sancta reputetur mansio turmis Alcuin *SS Ebor* 1004; **735** in celestibus ~onibus Bonif. *Ep.* 35; opus ergo et ~o totius Trinitatis humanitas Pull. *Sent.* 782B; [Domine] regnum, rex, sponsus, mansio requiei J. Howd. *Cant.* 244; [Jhesu] sine quo nec solacium / nec luminis officium / mentis habebit mansio *Id. Cyth.* 101. 12. **c** c**801** (v. mansionarius 2b). **d** a**1162** sciatis me concessisse .. ecclesie beate Marie Linc' e[and]em libertatem quam rex Willelmus .. concessit edificationi predicte ecclesie et ~onibus cimiterii ejusdem ecclesie (*Ch.*) *EHR* XXIV 310; ob quod foris juxta parietem, feretro superpositus, sortitus est ~onem *Hist. Arthuri* 88; rex vero raptus est ad paratam sibi ~onem *Ib.* 90. **e** c**705** examina apum .. linquente brumalia ~onum receptacula .. ad aethera glomerant Aldh. *Ep.* 9 p. 501; per memoriam redeunt apes et aves ad suas ~ones J. Blund *An.* 290.

4 house. **b** (eccl. & mon.) house for clergy, manse. **c** mansion, palace. **d** prison cell.

de mea casula et ~one egrediens Bede *CuthbP* 27 p. 246; **832** reddo ~onem quoque quae est in aquiloni parte Doroberniae muris et clausulam, quod Angli dicunt *teage*, quae pertinet ad praedictam ~onem *CS* 402; **1085** episcopum .. concessit illi eandem terram, ea conventione ut .. homines episcopi .. de silva accipiant ligna, solummodo ad opus episcopi quantum sibi necesse erit ad comburendum, et ad ~ones restaurandas .. (*Ch.*) *EHR* XLIV 372; cyricsceattum debet homo reddere a culmine et a ~one [AS: *to þam heorðe*] ubi residens erit in natali (*Quad.*) *GAS* 117; pauperum et infirmorum ~onibus *Canon. G. Sempr.* f. 119; c**1190** illam karuchatam terre .. cum masione *FormA* 51; omnes cellule ~onum .. ex uno solidoque lapide sculpta sint Greg. *Mir. Rom.* 11; s**1382** capella S. J. Baptiste extra Leycestriam prope ~onem leprosorum Knighton *Cont.* II 182; **1443** quando primo intraverant villam antedictam pro annuali stipendio dato Thome Delgate, cujus erat ipsa mancio *Paston Let.* 871. **b** si quis ad ecclesie ~onem [AS: *mynsterhama*] pro quacumque culpa confugiat (*Quad.*) *GAS* 49; qualiter ipsum virginis monasterium ambiatur quatuor ~onibus alborum monacorum Lucian *Chester* 58; ~ones sive hospicia canonicalia *Stat. Linc.* 211; juxta ~onem abbatis Sancti Augustini *MGL* I 556; c**1520** ecclesias suas ~ones et domos ecclesiasticas *Conc. Scot.* I p. cclxxii. **c** Mariae et beatissimo incolae ejus Adriano .. regiam ~onem .. perpetualiter largitus est Gosc. *Transl. Aug.* 36C; de concilio apud regiam illam ~onem que Clarunde dicitur convocato H. Bos. *Thom.* 1086C; rus Ammonis dicitur mansio regalis *Poem. S. Thom.* 73. **d** carseres debitis mancionibus [*gl.*: *espaces*] distincti Neckam *Ut.* 105.

5 measure of land, hide.

cum terra xxx ~onum Eddi 8; **777** subregulo meo .. aliquam terrae portionem .. attribuo, id est viculus qui nuncupatur ad Segcesbearuue, iiij ~ones *CS* 223; **838** parsiunculam terre .. id est unius ~onis quae ab incolis nominatur se Eastrestadelham *CS* 419; c**1080** cuidam Giraldo .. quandam terre ~onem, †quam [l. quae] Anglica lingua *uuerc* appellatur, .. concedo *Ch. Westm.* 234; huic manerio adjacent iij ~ones terrae in Rouecestre *DB* I 8ra; in burgo de S. habet rex .. viij vastas ~ones *DB* I 246ra; ~o vicariorum continet in spacio longitudinis vie .. ccxl gressus W. Worc. *Itin.* 288.

6 manor.

1070 quedam concedo ecclesie Sancti Augustini .. hec sunt ecclesie et decime duarum ~onum, viz. Fauersham et Middeltona *Regesta* I p. 119; quando recepit [sc. Chivele] valebat xx libras excepta firma ij tainorum que in ~one erat *DB* I 69vb; nascitur illa angelica rosa in regno paterno, in regione Cantie, in regia ~one nuncupata Kymesinthia Gosc. *Edith* (II) 41 (=(I): vico); †**1095** do .. ~onem de Berwic et cum ista ~one has subscriptas ~ones, sc. Greiden, Leinhale, Dilsterhale .. *E. Ch. Scot.* 15; sit xl noctibus in carcere ad ~onem regiam [AS: *on cyninges tune*] (*Quad.*) *GAS* 49; si quis ab una ~oni [AS: *boldgetale*] in aliam transire velit (*Ib.*) *Ib.* 71; ~o .. poterit esse constructa ex pluribus domibus, vel una que erit habitatio una et sola sine vicino, etiam etsi alia ~o fuerit vicinata non erit villa, quia villa est ex pluribus ~onibus vicinata et collecta Bracton f. 434; **1490** de .. vigenti terris husbandriis cum ~one dicta le Wolt *ExchScot* 130.

7 (astr.) house, mansion, station of a celestial body: **a** part of the zodiac through which the moon passes in a day. **b** part of the zodiac in which a planet is 'at home'.

a secundum motum et diversas lune ~ones dies creticos computare D. Morley 32; ~o .. est spacium zodiaci quod pertransit Luna in die Bacon *Maj.* I 384. **b** decimum Capricorni [signum] .. brumali solstitio dedicat ~onem Bede *Temp.* 16; luna Veneri applicans in ~onibus humidis ymbres futuros nuntiat Rob. Angl. (II) 165.

mansiolus, ~um [ML], little house.

c**1200** erexerunt .. quoddam hospitale sive manseolum pauperibus *MonA* VI 608b; jussit sibi fieri manseolum juxta communem cellam infirmorum *NLA* 551.

mansionalis [ML], of a house, for dwelling.

1583 perdonamus .. fracciones et intraciones domus ~is dicti Roberti *Pat* 1236 m. 27.

mansionare [ML], to remain, reside, dwell.

1290 si ~are in villa et operari debuit *Rec. Leic.* I 215.

mansionarius [LL]

1 (as adj.) of residence, for dwelling.

domos ~ias Gerv. Cant. *AP* II 402; cum .. fratres .. municipio beati martyris locum ~ium, contra indulta monachis .. privilegia .. obtinere invigilassent *Mon. Francisc.* II 268.

2 (as sb. m.): **a** one who remains, sojourner. **b** one who resides, resident, dweller. **c** tenant.

a 1292 civibus et ~iis civitatis Xanctonie, burgorum et pertinenciarum ejusdem *RGasc* III 42a; *sojornawnt*, ~ius, -ii *PP*. **b** c**801** dico ~ium te, quia multae sunt mansiones in domo Patris aeterni ALCUIN *Ep.* 222. **c** liberavit ab illicita occupacione sexaginta ~iorum beati Petri ecclesiam BOSO *V. Pont.* 368b; **1222** fratres Militie Templi licet maximam partem obtineant ville vestre in qua suos ~ios collocarunt *RL* I 182; c**1270** de omnibus qui ~ii fuerint in feodo celerarii annuatim fiat plegiorum innovacio *Bury St. Edm.* 192; **1286** quando ~ius dictorum abbatis et conventus .. morti fuerit condempnatus *RGasc* IV 5113; ~ius in dicta villa *Ib.*

3 officer in charge of house.

fratri nostro Guthfrido ~io praecepisti, ut in albo vestrae sanctae congregationis meum nunc quoque nomen apponeret BEDE *CuthbP* prol. p. 146; ~ius, hostiarius qui custodit edem *Gl. Leid.* 39. 5; ~iis aulae principalis ut regiam sibi et optimatibus suis festive ornarent imperiose mandavit ORD. VIT. XIII 15 p. 34.

4 (as sb. m. or n.) dwelling, house.

repedat [Eadmundus] agonitheta sua ~ia HERM. ARCH. 15; *a dwellynge*, cultus, .. mansiuncula, ~ius *CathA*.

mansitare [CL], to remain, stay.

~are, manere *GlC* M 110; sero quidem rediit [v. l. mansitat], verum tria lustra peregit / hospite cum prisco FRITH. 172; apud Oxeneford ~abat W. MALM. *HN* 500 p. 62; fluvius .. ubi quem illa [sc. femina] mancitabat *Id. Mir. Mariae* 162; [columba] non insidiatur proximo, juxta fluenta habitat, quia Spiritus Sanctus in sapientibus ~at HON. *Spec. Eccl.* 962C; juxta [montis] cacumen .. leones ~ant ALB. LOND. *DG* 14. 5; pax agnina, salus hylaris, via tuta, voluntas / libera, Justicie mansitat ante pedes GARL. *Epith.* I 68.

mansiuncula [LL = *little house*]

1 measure of land, hide.

805 mediam partem unius ~ae id est *an geocled CS* 321; **972** quandam particulam denis ab accolis aestimatam mansiunlis [*sic* MS] .. offero *CS* 1287; **973** particulam quinis ab accolis aestimatam ~is *CS* 1291; **1106** unam ~am terre .. extra murum Sancti Pauli .. donaverunt *E. Ch. S. Paul.* 157.

2 estate, manor.

1005 ille .. ~as ad monasterium dedit *Cart. Eynsham* I 22; **1232** quandam ~am cum tribus acris terre *ChartR* 27 m. 13; s**1348** invalescebat pius pestilencia ut .. in innumerabilibus ~is et villis plerisque unus superstes non dimitteretur *Meaux* III 69.

3 little house. **b** (eccl. & mon.) little house for clergy, cell.

[in arca Noe] suas .. ~as Domino agente .. subibant BEDE *Gen.* 95; **1297** ~as *CalCl* 18; *a dwellyng* .. ~a *CathA*. **b** praecepit in suam ~am atque oratorium referri BEDE *CuthbP* 38; in illas, quas, ut supra tetigimus, infra septa monasterii sortiti sumus, ~as nostras nos recepimus H. BOS. *Thom.* IV 13 p. 373; habet hic unusquisque cellulam et ~am suam, ut contemplationi et orationi liberius vacet P. BLOIS *Ep.* 86. 268C; s**1245** Fratres Praedicatores Oxonie, relicta ~a quam habuerunt infra Judaismum Oxonie intraverunt novam habitationem suam WYKES 94; in quibus canonici .. ~as edificent *Reg. S. Osm.* I 338; *Chr. Dale* 3 (v. euroauster b).

4 lair (of an animal; in quot., beaver hutch).

[castores] ad suas ~as a lignis ipsum exonerant UPTON 158.

5 housing, resting place for a gun.

rimis angulis et porosis ~is, per que in canellis suis quas in nostro vulgari *gunnys* vocamus ac telis .. nos afficere potuerunt G. HEN. V 4 p. 28.

mansiunculus v. majusculus 3. **mansius** v. mansivus.

mansive, abidingly, lastingly, permanently.

'que estis' sc. per amoris affectum ~e viventes 'in monte Samarie' AD. MARSH *Ep.* 247. 34 p. 473.

mansivitas, permanence.

effectus .. ~atis quorundam et mutabilitatis sive corruptibilitatis quorundam *Ps.-*GROS. *Summa* 393.

mansivus [ML], **a** (of person) who remains (in a place). **b** (med., of condition) long-lasting. **c** (of abstr.) permanent.

a in nullo loco mansius continue circuibat GRAYSTANES 18. **b** lesionem magis ~am GILB. III 151v. 1; dolor .. ante et retro usque ad renes est ~us *Ib.* V 225v. 2; calor ~us GAD. 20v. 1 (v. hecticus 1c). **c** ad veritatem mutabilem esse necessario sequitur aliquam esse ~am *Ps.-*GROS. *Summa* 294; formaliter potest dici 'habitus cognitivus', quia qualitas ~a in intellectu, disponens quantum ad actum DUNS *Ord.* III 242; sed tercia amicicia que est propter bonum honestum habet istas condiciones, quod est ~a et rara HOLCOT *Wisd.* 160; ex statuto .. consurgit duplex obligacio .. confitendi. una est generalis perpetua et ~a: alia est specialis seu particularis transiens et fluxiva CONWAY *Def. Mend.* 1421 (*recte* 1321); logica non esset sciencia, cum sit de singularibus et universalibus que non sunt ~a sed continue incipiunt et desinunt esse WYCL. *Misc. Phil.* II 180.

mansna v. mansura.

1 mansor [LL], dweller, inhabiter.

expulsis vitiorum ruderibus talem cordis nostri paremus mansionem cujus ipse dignetur inesse ~or qui qui inevitabilis inspector et judex est BEDE *Hom.* II 12. 167; gratus ~or ingreditur *Id. Sam.* 658; et in mansionibus multis, quas in domo Patris sui ~oribus edificavit multis, me pro beneplacito suo credo et spero ordinandum J. FORD *Serm.* 43. 11.

2 mansor [Ar. *manshūr*], **mansoranus, ~enus**, prism.

cum fuerint duo ~oreni quorum altitudo una basisque unius triangula, basis vero alterius equidistantium laterum duplaque basi alterius triangule, erunt elmansorani equales ADEL. *Elem.* XI 41; dico itaque quia possibile est ut ex ABGD due pyramides equales dividantur ABGD similes duoque ~ores equales majores medietate pyramidis ABGD ... quapropter ~or quem continet duo trianguli BTL et HNZ et tres superficies equidistantium laterum HBTZ et ZTN; LBH equalis el ~ori quem continet duo trianguli NGL et ZTK et tres superficies equidistantium laterum KZGN et GLKT et ZNLT *Ib.*. quapropter ~or quem continet duo trianguli BTL et HNZ et tres superficies equidistantium laterum HBTZ et ZTN; LBH equalis el ~ori quem continet duo trianguli NGL et ZTK et tres superficies equidistantium laterum KZGN et GLKT et ZNLT *Ib.* XII 3.

mansora v. maniphora.

1 mansorium [CL mansus *p. ppl. of* mandere + -orium], manger.

manjowre, ~ium *PP*; *a mawngeur for horse*, escarium, ~ium *CathA*.

2 mansorium [ML mansa + -orium], estate, manor.

a maner, allodium, .. ~ium *CathA*.

mansorius [LL]

1 (as adj.) that remains, permanent.

1154 in loco .. tabernacula ~ia fecerunt *MonA* V 447.

2 (as sb. m.) one who remains (with a master), servant.

~ius Sancti Colingi dixit ad beatos hospites, salutans eos .. (*Barri* 14) *VSH* I 72.

mansua v. mansura.

mansuagium [cf. ML mansa + -agium], house, tenement, messuage.

1185 Willelmus Niger, pro virgata iij sol. et pro frusto prati xij d. et pro mannsuagio x d. *Rec. Templars* 35; **1230** me dedisse .. ~ium sive edificia mea *Reg. Moray* 146.

mansuefacere [CL]

1 to tame.

boves .. aut asini .. quibus semel mansuefactis quoties libet utimur BEDE *Cant.* 1108.

2 to make mild or gentle.

tumentis animum mansuefecit W. MALM. *GR* II 157.

3 to calm.

nonnichil tempestatis diminuit et mansuefecit W. MALM. *GP* V 224.

mansuescere [CL]

1 to become mild or gentle: **a** (of wild animal); **b** (of person, mind, or spirit).

a si ferina inmanitas / mansuescit [*gl.*: *mildode*] *GlP* 829. **b** pontifex haec jura praescripta in commissa sibi plebe ~endo minime adimpleret B. *V. Dunst.* 26; ~at animus divinis legibus subjacere ANSELM *Misc.* 328; multorum insolentia et presumptio rebellis spiritus ~ere didicit J. HEX. 125; ferreos .. animos .. ad pacis fraterne concordiam ~ere .. compellunt GIR. *TH* I 14; sic irascitur Dominus, ut ~at, affligit ut pareat, prosternit ut erigat P. BLOIS *Ep.* 31. 107A.

2 (of thing) to become calm.

mansuescit [*gl.*: *geþwærat*] orbis subditus *GlP* 647.

3 to become accustomed.

caro .. vitiorum confusiones ingerere ~it E. THRIP. *SS* IV 14.

4 (tr.) to tame (animal or its nature).

Dei laudamus virtutem ecclesiastico terrore indomitas feras ~ere *Ep. Anselm.* II 238.

5 (p. ppl. *mansuetus* as adj.; also as sb.): **a** (of animal) tame. **b** (of person) mild, gentle. **c** (of thing) calm. **d** (of abstr.) characteristic, habitual, customary.

a [ursus] se populo quasi ~um, palpabilem et tractabilem exhibebat GIR. *TH* II 28 p. 115; ex feris et immanibus [Orpheus] mites reddidit et ~os ALB. LOND. *DG* 8. 20 (sim. *Deorum Imag.* 18); sicut burneta probavit, / quae cellam celebrando diu, / mansueta, manuque / sueta prioris ali H. AVR. *Hugh* 606. **b** virum modestum moribus et ~um corde BEDE *HE* V 11 p. 302; puer .. Aelfsini cujusdam ~i et modesti viri filius WULF. *Æthelwold* 45; scimus te [magistrum] ~um [AS: *bilewitne*] esse, et nolle inferre plagas nobis ÆLF. *Coll.* 90; **1077** nullus ~ior est afflictis, nullus affabilior pauperibus, nullus importabilior est superbis P. BLOIS *Ep.* 66. 201A; de secundo horto, que est mansuetudo Christi, de quo omnis ~orum virtus derivatur J. FORD *Serm.* 119 *prol.*; mansueti siquidem possidebunt terram, / mites et pacifici non timebunt guerram *Superst. Pharis.* 215. **c** ~i favore pelagi *Ps.-*ELMH. *Hen. V* 31. **d** nobiles .. quos ~a pietas ipsius et benigna largitas in obsequium suum alliciebat G. MON. VII 1.

mansuete [CL]

1 mildly, gently, graciously.

veniens ad Francorum regem nomine Daegberht qui eum cum honore ~issime pro meritis ejus anteactis in eum suscepit EDDI 28; ?**1182** sane, quia benignitas regie majestatis semper eos blanda rexerat et ~e tractaverat, prodiit quasi ex adipe iniquitas eorum P. BLOIS *Ep.* 69. 214C; actus [Christe] remittis mansuete protervus J. HOWD. *Cant.* 326.

2 characteristically, habitually, according to custom.

[aves] in domibus ~e nidificant R. COLD. *Cuthb.* 27; ad maris .. gurgites natabundi .. ~ius volitando prosiliunt *Ib.*; peccata sua invicem dimittendo ~e invicem corripiendo ROB. BRIDL. 39.

mansuetudo [CL]

1 tameness.

columba cum pregnante muliere sicut ipsa michi retulit septem continuos dies in ~ine egit *V. Chris. Marky.* 1; possumus intelligere septem esse tauros terram exercentes septem virtutes carnem vexantes et septem bidentes septem simplicitatis et ~inis virtutes BERN. *Comm. Aen.* 39.

2 mildness, gentleness, graciousness.

summae ~inis et pietatis ac moderaminis virum BEDE *HE* III 3 p. 131; ~ine pugnat primum gula, tua, frater, abstinentia; .. ille ira, tu ~ine et patientia ALCH. *Ep.* 299; paruit ~o pontificis jussis imperatoris OSB. CLAR. *V. Ed. Conf.* 18 p. 101; hec siquidem petens cerebrum desiccat, adurit, arefacit, ut pro virtute vitium, pro ~ine insolentia, pro ratione sequatur insania *Quaest. Salern.* B 255; quam cito ergo ~inem [ME: *mildheortnesse*] amittit, et naturam humanam, et ira eum transformat in bestiam, ut predictum est *AncrR*

37; cum omni ~ine STRECCHE *Hen. V.* 175 (v. fistula 2a).

mansula [cf. mansa, ML mansulus], little house.

a dwellynge, cultus, habitacio, incolatus, mansio, ~a, mansiuncula, mansionarius *CathA*.

mansum v. mansa.

mansura [ML; mansurus *fut. ppl. of* manere]

1 measure of land, hide, tract; **b** (urban); **c** (w. appurtenances).

c1076 sciatis me concessisse Deo et Sancto Petro Cert' [*Chertsey*] quattuor ~as, sc. eandem villam et Eggeham, .. quietas ab omni geldo *Regesta* I 127; xx ~as terrae *DB* I 5vb (v. manerium 2a); **c1134** unam ~am terre in Argentan (*Itin. Hen. I*) *EHR* XXXIV 560; **1150** concessit .. unam ~am terre monachis, Wigornensibus de feudo nostro *Cart. Worc.* 179; **c1159** unde ipse consuetudines retinuerat et de dominio Sancti Stephani vij ~as [terre] occupaverat *Act. Hen. II* I 266; **a1189** unam ~am de una acra in mora de Butrewic *Ch. Gilb.* 70; **1206** ostendit .. scalarium quod .. levavit .. per quod disseisivit predictum Lucam de quadam †mansna [l. mansura] unde quedam pars est seminata *CurR* IV 156; **1294** ~as terre *CalCh* 444. **b** huic M. pertinent ij ~e terrae in Cantuaria de xij d. *DB* I 8ra; ex unam ~am terre infra castrum [de Rokesburg'] *Reg. Glasg.* 10; et cum ~a terre quam de illo tenet in Cava *Doc. Theob.* 285. **c** **c1163** dedimus .. tres bovatas terre in Normanebeia et in eadem villa tres ~as terre cum hominibus ibidem manentibus *Reg. Ant. Linc.* IV 1.

2 dwelling, house, tenement: **a** (rural); **b** (urban); **c** (w. appurtenances); **d** (dist. as *capitalis*).

a **960** praedictarum enim ~arum xx sc. patruus meus Eadredus rex uni .. militi devoto .. in aeternam largitus est hereditatem *CS* 1058; in foresta sunt occupatae xvj ~ae villanorum et iij bordariorum *DB* I 38vb; omni anno unaquaeque ~a reddet sex denarios *Text. Roff.* f. 193v; A. et G. dederunt sancto Ebrulfo unum campum de ~a cujusdam villani ORD. VIT. V 20 p. 471; **1185** Wlviva vidua unam mansuam [*sic*] pro nichilo *Rec. Templars* 119; **1235** et heredes sui de parva Lambertona et ~a extra villam *Pri. Cold.* 241. **b** **c1105** unam ~am in Tikeil *Cart. Blyth* 333; **c1125** sciatis me concessisse et dedisse in perpetuum .. unam ~am in burgo meo de Dunfermelyn liberam et quietam *E. Ch. Scot.* 62; **†1093** (12c) dedit .. duas ~as in civitate *Ch. Chester* 3 p. 5; **a1176** prima .. ~a constat contigua porte curie, juxta domum peregrinorum *Chr. Battle* f. 15v; **1201** de domo Ricardi de M'lay quandam ~am in villa sua Stantuna *RChart* 88; **1224** et unam ~am in Muxilberg *Reg. Newbattle* 122; **c1251** pro quadam ~a quam tenent infra balliam Novi Castelli *Deeds Newcastle* 33. **c** **c1160** ij acras ad ~am unam faciendam ubi maluerint cum communi pastura ejusdem ville .. cum libero introitu et exitu *Danelaw* 181; **c1168** concedo eis .. unam ~am cum tofto in Dunbar *Regesta Scot.* 8; **†664** (12c) in villa de Norhamtonne sexdecim ~as cum omnibus appendiciis suis *CS* 22 p. 36; **c1260** unam perticatam terre ad ~am suam *BBC* (*Stockport*) 62; in Torkeseye unam ~am, apud Stanford' ecclesiam Beate Marie juxta pontem cum viij ~is et dimidia carucata terre et prato ad eam pertinentibus *Feod. Durh.* 95. **d** **c1145** suscipimus .. ~am capitalem domus Petri de Golsa *Danelaw* 167.

mansus v. mandere, mansa. **mansyr** v. mamzer. **mantale** v. mantele. **mantallum** v. mantellum.

mantare [CL], to remain.

~are, sepe manere OSB. GLOUC. *Deriv.* 366.

mantargium v. manutergium.

mantea [cf. ML mantella, CL mantellum], mantle.

indutus est ~ea *G. Hen. II* II 82; **s1188** indutusque ~ea conjuratus est ab archiepiscopo ex parte Dei M. PAR. *Maj.* II 349.

mantega v. mantica.

mantele, ~elum [CL], **~ile** [LL]

1 hand towel, napkin.

postula eum ut reddat nobis panem .. et mel .. et piscem .. et holera et piperata fercula .. et unum ~ele ÆLF. BATA 4. 23; sit tibi mantile mundum tersumque sedile [*gl.*: ~ile, *nape*, a manu et teneo] GARL. *Mor. Scol.* 189; gausape, mensale, mappas, manutergia dicas, / addas mancile manibus quod tale vocatum *Id. Syn.* 1586C; hoc ~ile, *tuale Gl. AN Glasg.* f. 20va; **1425** in stipendio Katerine Colyns facientis mantalia coquine hoc anno xx d. *Ambrosden* II 256; hoc ~ile, *a towylle WW*.

2 table cloth, altar cloth.

aedituum ante altare componendis ~ilibus intentum W. MALM. *Mir. Mariae* 202; intravit .. Lucas capellam .. altarique nudato ~ili .. juxta regem .. ait MAP *NC* II 7 f. 25v; **1220** sex ~ilia benedicta (*Invent. Eccl. S. Andree*) *Reg. S. Osm.* I 275; que eciam ridello vel albo ~ili aut panno serico tecta erunt usque ad vesperas *Cust. Cant.* 111.

3 mantle, cloak.

lanea villosi sprevit velamina pepli / linea brumosis sumens mantilia flabris ALDH. *CE* 4. 7. 12; hoc ~ile, *a mantelle WW*.

mantelinus v. mantellinus. **mantella** v. mantellum.

mantellare, to make into a mantle.

pannus recens et novellus / fit vel capa vel mantellus / .. / antiquata decollatur / decollata mantellatur *Pol. Songs* 52.

mantellettum [ML]

1 little mantle.

1316 pro .. factura et consutacione iiij coopertu-rarum linearum et lanearum cum iiij mantellett' card' lineat' pro duobus curribus domicillarum regine *KR Ac* 99/21 m. 2; **1342** in mantilett' (v. 1 cerare a); **1349** j mantillett' de c ventr[ibus] m[ini]ver pur' (*KR Ac* 391/15) *Arch* XXXI 9.

2 (arch.) cover, mantel.

1342 domus .. cum mantiletto (v. florettatus).

3 (mil.) cover, shelter, breastwork of fortification, protective device for besiegers.

1374 pro vj paribus rotarum magnarum pro mantilett' *KR Ac* 397/10 r. 2; **1378** quandam turrim de petra et calce et duas portas in eadem turri et unum ~um cum quodam barbicano de petra et calce circa dictam turrim *Pat* 302 m. 7; **1378** pro operacionibus nostris cujusdam turris cum quodam ~o et uno barbicano que apud villam nostram Suthampton' fieri ordinavimus *Pat* 303 m. 40; **1386** compotus .. clerici operacionum regis unius mantiletti ac pavimenti circa novam turrim regis apud villam Suthamp[t]on' .. idem computat expendisse in factura mantiletti et pavimenti predictorum xxvj pond' dol' de petra de freston', xx pond' dol' petre de rag' *Ac. Foreign* 20B; **1399** quod ipse unum ~um de petra et calce facere et camere predicte conjungere et ~um predictum kernellare .. possit *Pat* 352 m. 37.

mantellinus [cf. CL mantellum], of or for a mantle.

1394 panni mantelini (*Ac. Cust. Yarmouth* 149/27) *Bronnen* 736. 76 n. 6.

mantellum [CL], **~a, ~us** [ML]

1 mantle, cloak; **b** (dist. by material or colour); **c** (*~um ferreum*) armour. **d** (*~um vertere*) to turn (one's) coat (fig.), to change allegiance.

1195 (1329) sciatis nos .. remisisse .. exigentiam ~i quam feceramus de episcopo Lincolniensi *CalCh* IV 147; penula ~i sit de cicinis [l. cisimis] vel experiolis et scurellis NECKAM *Ut.* 99; **1276** [ballivis] cepit dimidiam marcam et quendam ~um de Alicia Sarpeline indictata coram justiciariis *Hund.* II 34a; **1291** ~am capellanis .. interdicimus *Conc.* II 176a; *Pol. Songs* 52 (v. mantellare); **c1335** pro pelura empta ad mantallum nostrum *DC Cant. MS D. E.* 3 f. 2. **b** **1201** ~um de scarlata (v. caliga 1e); **1204** ~um de samitta *RChart* 134a; **1262** asport' fuerunt unum matell' de burnett' et unum suppellex *SelPlMan* 181; **1295** duos ~os de scarleto cum penulis usque ad purfil' *DC Cant. Reg.* 2 f. 27; **1307** ~um meum de viridi *Deeds Balliol* 56; **1355** unum ~um nigrum hirsutum *MunCOx* 130; **1370** mantallo albo, et pilleo in capite *Lit. Cant.* II 502; **1382** quinque ~os de panno Hibernico .., unum ~um mixti coloris *Foed.* VII 356; **1385** iij ~i, quorum unus furratus cum pellibus agninis, et ij duplicati *Ac. Durh.* 265; **1423** gestare unum mancellum nigri coloris cum pellibus de *bugy* nigris *Reg. Heref.* 32; **1436** unus ~us pro nostra domina borderatus cum ly *velvate Reg. Aberd.* II 142; **c1445** ~am penulatam *FormA* 434; **1451** ~os .. de panno vili .. habeant non rugatos circa collum *Mon. Francisc.* II 88; **1471** de ij ~is rubeis albefirme dominii de L. *ExchScot* 35; **1532** quatuor ~as vocatas *Irysshe mantelles* coloris *horsflesshe KR Mem Rec. M* r. 10. **c** **1322** de .. j ~o ferr' *MinAc* 1145/21 m. 34. **d** sic verti ~um .. disposui AD. USK 105.

2 (by assoc. w. *mantele*) hand towel, napkin.

ac abilis manibus mantellus jungitur illis GARL. *Syn.* 1587D; **1216** iiij mantell' ad portand' panem *Pipe Wint.* 159273; **1315** ~e ij rubee .. ~e iij ad patenam portandam *Invent. Ch. Ch.* 61.

3 (arch.) cover, mantel.

1237 (v. cheminea); **1239** visores operacionum .. cujusdam tuppeti ad magnam coquinam, ~i camini camere regine, et aliarum minutarum operacionum circa aulam et portam castri Winton' *KR Mem* 17 m. 9; **1241, 1335** (v. 1 caminus 1a); **1260** magistro Willelmo Pictori cum hominibus suis circa Jesse in ~o camini regis depingendum *KR Ac* 467/2; **1289** in ij grossis ferramentis emptis ad ~um camini nove camere *Ib.* 467/19.

4 (mil.) cover, shelter, breastwork of fortification.

1250 deest una janua de ~o extra turrim .. ~um ante hostium capelle *CalIMisc* I 30; **1327** mantell' ante magnam portam [castri Oxon'] oportet omnino de novo reparari *KR Ext. & Inq.* 10/2/22; **1337** habet predicta turris duas mauntelas de muro lapideo, de quibus est una pars cessa ad terram continens tres perticas per estimacionem *Capt. Seis. Cornw* 1; **1348** ~um circa magnam turrim debile est *Chanc. Misc.* 161/9; **1407** circa emendacionem mantell' cujusdam alt' turris vocate la Dongion infra castrum ibidem *KR Ac* 754/29 m. 8; antemuralibus quibusdam municionibus lapideis quas guerratores ~os appellant *Ps.*-ELMH. *Hen. V* 59.

5 (in names): **a** (as surname); **b** (in place-name).

a **1167** Roberto ~o *Pipe* 152; **1170** Robertus ~us *Pipe* 103. **b** **1215** teste me ipso apud Frigidum ~um *Pat* 137b; **1217** forestam nostram Frigidi ~i *Pat* 45.

mantellus v. mantellum.

manteolum, manteliolum [cf. mantea, mantele, mantellum], little napkin.

sit non imparatus, mantiliolo humeris suspenso, ad apponendum .. ordine fercula WHITTINGTON *Vulg.* 119; **1553** de .. sexaginta et tribus planis mantiolis, Anglice *fyve dosen and thre playne napkyns Pat* 852 m. 29.

mantia [ML < μαντεία], divination.

'~a' non est verbum philosophicum BACON V 2 (v. caelimantia).

mantica [CL], knapsack, portmanteau, travelling bag, wallet; **b** (fig.).

~um, *hondful beowes GlC* M 32; mantega, *taeg Ib.* 118; furtivae manus ~am rapiunt ejus HERM. ARCH. 34; omnes bulgias et ~as efferri coram et expilari imperavit W. MALM. *GP* I 50; episcopus continuo de mantica forpices extraxit ORD. VIT. XI 11 p. 209; **s1201** reversus est cum .. gallo bene parato quem habebat in ~a sua repositum *Ann. Wint.* 76; descendens de mula aperuit ~am suam et cibavit eum BACON V 145; **1336** in j ~a empt' pro rotulis Halm' xiv d. *Ac. Durh.* 529; **1391** pro j ~a empta pro dictis jocalibus infra ponendis *AcWardr* p. 232; **1392** pro .. velvello albo pro ~is domini et militum .. pro j pece de baldekin albo pro ~is domini militum et scutiferorum *Ac. H. Derby* 282; **1441,** UPTON 85 (v. bulga); **1540** in solutis Sawnders vectori pro carriagio mantisse ad duas vices iij s. iij d. .. solutis Sawnders eodem tempore pro vectura ~e ad duas vices (*Ac. R. Bursarii*) *Ac. Coll. Wint.*; **1587** unam mantuam [l. manticam] panni lanei Anglice vocatam *one cloke bagge of motely Pat* 1300 m. 12 (cf. ib. m. 23: duas ~as vocatas *budgettes* precii duorum solidorum). **b** ave, pulcro pulcra crine, / dente, labris, o divine / majestatis mantica WALT. WIMB. *Virgo* 88.

manticalis [cf. CL mantica], equipped with saddle-bags, panniered.

1382 nova panella pro cella [i. e. sella] ~i *Comp. Swith.* 281; **1410** (v. clitella); **1429** in j cella [i. e. sella] ~i emendanda xxij d. *Ac. Obed. Abingd.* 108.

manticare [cf. CL mantica]

1 to pack, truss.

1279 consuevit venire in aula domini cum equo et sacco proprio, in quo et harnesium domini ~are solebat et ducere idem harnesium per xl dies *Hund.* II 334a; ~o, -as, *trosser Teaching Latin* I 393; *to trusse,* ~are *CathA.*

2 (p. ppl.) equipped with saddle-bags.

unus homo, qui ~ato et claudo jumento primum prorupit in curiam .. exsultat in solio W. CANT. *V. Thom.* I 29; Neuster .. qui in vili jumento ~ato ad regis paulo ante clientelam descenderat M. PAR. *Maj.* III 88.

mantice [ML < μαντική], divination.

magia igitur generaliter .. accepta, quinque complectitur species: prestigia, sortilegia, maleficia, ~en et matematicam vanam. . . ~e in quinque partes dividitur. . . necromantica .. geomantia .. hydromantia .. aeromantia .. pyromantia ALB. LOND. *DG* 11. 12; quinque species artis magice sc. ~e, mathematica, maleficium, prestigium, sortilegium BACON *Maj.* I 240; **1393** asserere quod benedicciones ecclesiastice sunt inutiles et supersticiose erronee et ~e est hereticum et blasphemia *Reg. Heref.* 364.

manticellum [cf. CL mantica], little bellows.

accipe de pulvere isto et mitte in crucibulo cum venere et statim suffla cum ~o per unam horam et cum liquefactum fuerit .. M. SCOT *Alch.* 5.

mantichoras [CL < μαντιχώρας], fabulous beast of India and Africa.

in India nascitur bestia que manticora dicitur *Best.* f. 15v; bestia perniciosissima quam manticoram [TREVISA: mantichora] vocant habens triplicem dentium ordinem BART. ANGL. XVIII proem. p. 975.

manticula [CL], small bag, little wallet.

schepherdys scrype, ~a, -e *PP.*

1 manticulare [cf. CL manticula], to open a wallet (in order to bribe).

brybyn, maticulo, -as, -avi *PP.*

2 manticulare [cf. ML mantice], to practise divination, to deceive.

~are, fraudare *GlC* M 6; non errare licet, non manticulare necesse est FRITH. 1130.

manticularium [CL manticularia *sb. n. pl. assoc. w.* manteolum], towel.

1553 de .. octo manicular' diapris longis, Anglice *eight longe diaper towelles;* quinque planis ~iis; tribus aliis ~iis super rotular' pendentibus, Anglice *three other playne towelles to hange upon a roller Pat* 852 m. 29.

manticulum [cf. CL manticula, 1 manticulare], bribe, bribery.

brybery or brybe, matigulum *PP.*

manticulus [cf. CL manticula, 1 manticulare], briber.

brybour, ~us *PP.*

manticum v. mantica. **mantile** v. mantele.
mantiliolum v. manteolum. **mantinere** v. maintenere. **mantiolum** v. manteolum. **mantissa** v. mantica.

mantus [LL], mantle, cloak. **b** glove, mitten.

audistis enim quomodo de collo sanctissimi viri infelix ille ~um daemone plenus extraxit AILR. *Serm.* 460C; quia capitium ~i .. non poterat invenire TORIGNI *Chr.* 325; **1159** ut .. ~us .. appensus ei .. videretur (*Lit. Papae*) *Conc.* I 432b; spinosam dicit cathedram Romani pontificis ~um acutissimis usquequaque consertim aculeis J. SAL. *Pol.* 814; extraxit de sub ~o suo quandam cedulam GERV. CANT. *GR Cont.* II 309; cunctis papatum superesse notat bene mantum GARL. *Myst. Eccl.* 149; mitram reicit mantumque reliquit CAPGR. *Hen.* 44. **b** ~us, A. *a metayn WW.*

manua v. malva.

manuabilis [cf. CL manus], who can be handled (fig.), docile, governable.

puer ~is et recedens a magistro nusquam in mea opinione exititerat altioris precii *Reg. Whet.* II 407.

manuagere [CL manus+agere], to work with the hands, to earn a living.

1406 quod nulli forinseci ~entur nec aliquas mercandizas faciant *Gild Merch.* II 389.

manuagium v. managium.

manualis [CL]

1 of the hand, that fits in the hand, held in the hand: **a** (of money or offering); **b** (of book or sim.).

a tandem secuntur ~es oblationes laicorum BELETH *RDO* 41. 50. **b 802** direxi .. sub specie ~is libelli, sermonem ALCUIN *Ep.* 257; ASSER *Alf.* 89, W. MALM. *GR* II 123 (v. enchiridion 1c); ÆLF. *Ep.* 2. 137 (v. 2 liber 4b); **1354** unum parvum Psalterium ~e *Lit. Cant.* II 323; **1355** j par tabularum ~ium (v. 3 lana); bibliam ~em parvi voluminis ELMH. *Cant.* 374.

2 handy.

a**755** maxime .. quod nobis predicantibus habile et ~e et utillimum esse videtur, super lectionarium anniversarium et proverbia Salamonis BONIF. *Ep.* 91 p. 207; que omnia in fasciculo ~i perstrinximus et in capite opusculi nostri praefiximus R. COLD. *Osw. pref.* p. 329; **1405** unam cisternam lapideam pro aqua servanda et unum plumbum ~e (*Test.*) *DC Linc. MS A. 2. 29* f. 20.

3 for the hand.

1425 in xj scotellis ~ibus emptis ibidem vij d. *Ambrosden* II 253; **1574** unam mappam †manulam [l. manualem] vocatam *a hand towell Pat* 1121 m. 40.

4 who works with his hands. **b** dexterous, skilful.

bene contingit quod ~is operator sciat melius cytharizare quam musicus BACON *Tert.* 309. **b 1465** ipse dominus J. P., dicti prioratus de Coldingham ~is prior existit *Pri. Cold.* 194.

5 operated or worked by hand: **a** (of artefact); **b** (of signature); **c** (of act); **d** (of abstr.).

a 1242 unum molendinum ad equos et quatuor molendina ~ia *Liberate* 17 m. 6; **1276** consideratum est quod amittat de cetero ~e opus *Rec. Leic.* I 169; a**1292**, a**1313** (v. 2 campana 3a); **1298** cuidam carpentario pro duabus cyveris ~ibus faciendis ij d. *Rec. Elton* 66; **1306** (v. arcus 1b); item .. j mola ~is cum apparatu pro salsa facienda pretii ij s. vj d. *Ac. Exec. Ep. Exon.* 43; **1364** (v. carretta 2d); **1615** viginti duo tormenta ~ia dicta *musketts HCA Libel* 77/248. **b 1429** prout in quodam codicillo .. nostro .. signo ~i signato plenius declaratur *Reg. Cant.* II 390; **1441** propria ~i mea signata *Test. Ebor.* II 187; **1463** per j billam signeto et signo suo ~i signatam *Comp. Dom. Buck.* 53; **1463** sub sua subscripcione ~i *ExchScot* 171; in quibusdam indenturis tam sigillo armorum quam signo ~i ipsius Edmundi consignatis FORTESCUE *Tit. Edw.* 13. **c 1180** non facient .. ullum omnimodo opus ~e *Regesta Scot.* 236 p. 276; P. BLOIS *Ep.* 97 (v. 2 labor 1a); **1265** ita .. quod .. abbas suique successores vocari non possint .. ad synodum, vel ad obedientiam ~em nobis .. faciendam *Reg. Malm.* I 419; si servicia ~ia more debito domino fiant *Ib.* I 202; **1294** (v. 1 fides 7b); **1363** populus ad jactus lapidum, lignorum, et ferri, et quidam ad pilam ~em, pedivam, et bacularem .. se indulgent (*Cl*) *Foed.* VI 417; oportet quod duobus viciis careat .. viz. contactu ~i et libidinoso ad provocandum delectacionem carnis HOLCOT *Wisd.* 141; reparaverunt .. pontem .. per laborem suum ~em *Meaux* III 81; ad bellum ~e ELMH. *Cant.* 252. **d 1554** qui non sunt alicujus artis ~is *Gild Merch.* II 361.

6 (as sb. n.) handle.

1298 in ij manual' [ad carucas], xiij d. (*Ac. Monkton*) *DC Cant.*

7 salary, stipend.

1346 ~e sive salarium *DC Linc. MS A. 28* f. 7; **1389** quod posset .. unum ~e ad celebrandum pro anima .. libere recipere *Ib.* f. 18.

8 handbook, manual; **b** (liturg.) book of forms prescribed for administration of sacraments, *Rituale.* **c** title of King Alfred's commonplace book.

c**800**, BACON *CSPhil.* 442 (v. enchiridion 1a); hoc ~e, *a manuelle WW.* **b** ~e, †uorarium [l. orarium] *GlC* M 66; instrumenta ecclesiastica sunt .. gradale, ~e [gl.: *manuel*], .. ymnarium NECKAM *Ut.*

119; liber, ~e, plures habens missas et officium diversum pro vivis baptizandis, ungendis, et pro defunctis sepeliendis, habens in fine Commune Sanctorum de antiphonario non notatum *Vis. S. Paul.* 5; a**1260** quilibet rector ecclesie parochialis et vicarius habeat in ecclesia sua librum qui dicitur '~e', in quo contineatur tocius ordo officii sacramentorum que per sacerdotem possunt conferri, sc. exorcismus salis et aque, servicium cathecismi et baptismi, sponsaliorum [*sic*], extreme unctionis, commendacionis, Placebo, Dirige, et servicium sepulture *Conc. Syn.* II 645; **1368** j ~e cum ympnario *Invent. Norw.* 58; **1417** pro emendacione .. missalis et unius ~is capelle infirmarie *Ac. Durh.* 225; **1439** pro j emanuale empto ad ecclesiam *Ac. Churchw. Bath* 48; hoc ~e, *a crystynningboke WW.* **c** semper enim habebat librum in sinu quod ipse vocabat ~e, quod Anglice vocabat *handbok Eul. Hist.* III 9.

manualiter [ML], by hand, with the hands, in one's hand. **b** hand to hand. **c** red-handed.

templum civitatemque non muri ~iter facti sed precipia .. defendunt E. THRIP. *SS* III 36; civitas .. Romana .. sibi suos non solum deos effigiavit artificiali ~iterque figuratos sed etiam .. *Ib.* IX 8; **1284** seisinam .. tradi ~iter faciemus *Reg. Gasc. A* II 611; non hos manualiter cogas laborare / studium qui jugiter habeat frequentare PECKHAM *Def. Mend.* 537; **1330** prior, in capella sua, hujusmodi clericos singillatim ~iter recipiat, per verba subscripta: in nomine etc. *Lit. Cant.* I 322; pecuniam ~iter datam *Concl. Loll.* XXXVII 742; a duobus hominibus ~iter super equum eundem .. sustinere fecit *Plusc.* IX 10; continuo igne extrahe currum sive vehiculum quatuor elementorum (non ~iter sed per colores) per profundum maris RIPLEY 159. **b** s**1388** cum opidanis ~iter decertantes BOWER XIV 50 p. 416 (=*Plusc.* X 9). **c** ~iter deprehendatur cum furto *Quon. Attach.* 39.

manuarius [CL], performed by hand, hand-.

1531 quod iidem mercatores artibus et opificibus ~iis destituti sunt (*Pat.*) *Gild Merch.* II 280; sine ~io labore aut mechanico quovis artificio *Jus Feudale* 56.

manuartifex [ML], one who works with his hands, craftsman, performer.

~ex nescit artem secundum rationes et causas dare, musicus tamen scit BACON *Tert.* 309.

manuatim, by hand.

penitentes a presbitero archidia[co]no ~im et ab archidiacono reddantur abbati *Miss. Westm.* II 555n. (cf. *Process. Sal.* 69).

manubaculus, walking-stick held in the hand.

~o se suffulciens R. COLD. *Godr.* 569.

manubiae [CL], ~ium

1 booty, prizes, spoils; **b** (fig.).

Saulus .. tipicus Benjamin crepusculo devorans praedas vesperi dirimens ~ia [*gl.*: praedas, *herereaf*] .. cumulantem gazas ALDH. *VirgP* 24; exclusere duos caesis ex hostibus amnes, / manubiis farti regis venere manipli, / dant stragem late, numeratur in colla catenae FRITH. 547; ~iis letus et palmae successibus *Enc. Emmae* II 7; W. MALM. *GR* IV 383 (v. manes); Salomith prefuit his qui de bellis et ~iis abantur in thesauris S. LANGTON *Chron.* 141; rex Anglorum omnem predam et ~ia in propios usus .. convertit M. PAR. *Maj.* I 538. **b** optatis vitae ~iis spoliatos ALDH. *VirgP* 26.

2 thunderbolts.

constat, Grecos tempestate laboravisse equinoctio vernali, sole in Ariete posito, quando ~ie Minervales, id est fulminum jactus, tempestates gravissimas commovent ALB. LOND. *DG* 10. 6.

3 guards.

cumque se et suos, deceptis ~iis, interius conjecisset G. *Steph.* 50; excubitores, vigiles, ~ie OSB. GLOUC. *Deriv.* 200.

manubialis [CL], of booty.

~es predas Londoniam tulere W. MALM. *GR* III 252.

manubialiter, for the sake of booty, for plunder.

armatorum quatuor milia misit Delphos ad Appollinis templum sacrilege diruendum ~iterque spoliandum E. THRIP. *SS* III 16; Brennius .. nemine

prohibente Macedonie tocius agros et civitates ~iter extenuerat *Ib.* III 35.

1 manubiare [cf. manubiae 3], to act as guard.

~iare, vigilare, pernoctare, lucubrare OSB. GLOUC. *Deriv.* 367.

2 manubiare [cf. manubium], to provide with sleeves.

collobium habeat ~eatum [*gl.*: *maunché*] NECKAM *Ut.* 107; ~iatus, G. *manché* HALES *Exoticon* 321.

manubiator, plunderer, spoiler.

[vestis] cujus subtractionem manuum compensare ~oris cum gravitate sustinuit abscisionis E. THRIP. *SS* III 24.

1 manubium v. manubiae.

2 manubium, part of garment into or through which the hand goes, sleeve, placket.

tunicam ~iis [*gl.*: *mauncez, manchis, de macheys*] et birris, laciniis munitam NECKAM *Ut.* 98; cum ~iis superpelliciorum .. capita sua velabunt *Obs. Barnwell* 164; **1344** habeant tunicam .. cum capucio .. ita quod manubria tunice clausa usque ad manum *MonA* VI 618b; s**1428** in capam de rubio wellueto dicto *crymesyne* cum ~iis que circumtexuit suum palefredum *Chr. S. Alb.* 26; *speyre of garment*, ~ium *PP*; *a spayre*, ~ium, manulium, cluniculum, manicipium *CathA*.

manubriare [LL], to provide with a handle.

to hefte or to make heftis, ~are *CathA*.

manubriator, one who makes handles.

12.. testibus .. Roberto ~ore *CatAncD* III A 4099.

1 manubrium v. 2 manubium.

2 manubrium [CL], handle, haft (also fig.).

receptaculum ignis ~ium habens *Comm. Cant.* I 406; securis vero est redemptor noster qui velut ex ~io et ferro tenetur BEDE *Luke* 354; elevata .. in altum securi, ferrum statim de ~io prosilivit R. COLD. *Cuthb.* 110; cnipulum cum eburneo ~io ei dat MAP *NC* IV 15 f. 56; **1289** de Mauricio qui facit ~ia ad cultellos pro hutesio levato *Leet Norw.* 28; [Turcorum] sagitte facte triangulares ad modum spiculorum, quorum capita sunt hastis inserta sicud cultellus in ~io S. SIM. *Itin.* 53; **1377** in vestri .. meriti incrementum abbatieque vestre predicte honorem .. et sui venerabilis manibri *FormOx* 380; ~ium, A. *an hafte, hefte, heft WW*; **1503** pro uno ~io, iiij d. *Ac. Durh.* 102.

manuca v. manica.

manucapere [ML < CL *p. ppl.*; al. div.]

1 to take into one's hands, to take into custody: **a** (person); **b** (property).

a **1402** bedellus respondit quod districtus est et ~captus per eundem bedellum et alios *CourtR Banstead*; R. de F. per barones quatuor qui parliamento proximo interfuere, ~captus est, donec .. innocenciam declarasset WALS. *HA* I 448; **1507** super T. S. .. riotose insultum fecerunt et ipsum verberaverunt, vulneraverunt, et maletract[averunt] et incarceraverunt et in ferris ~ceperunt *AncIndict* 447 r. 43 m. 3. **b** dici .. possunt mancipia eo quod ab hortibus suis manu capiuntur *Fleta* 1; vobis mandamus quod .. possessiones ad eam pertinentes, ~capiatis, protegatis et defendatis *Cart. Glouc* II 79; **1329** medietatem terre de K. .. donacionem .. religiosis predictis concessione et donacione ~ceperunt *Reg. Newbattle* 134.

2 to take in hand, undertake, promise: **a** (w. inf.); **b** (w. gen. of ger. & acc.); **c** (w. *quod*); **d** (w. prep.); **e** (absol.).

a **1199** R. .. ~cepit reddere W. .. de debito xlviij solidorum et v denariorum medietatem *CurR* I 69; **1249** dicit quod R. ~cepit tenere ei terminum suum *SelPlMan* 21; **1258** J. ~cepit acquietare .. abbatem et homines suos et conservare ipsos indempnes in curia *Ib.* 57; **1288** ~cepit sanare capud ipsius Johannis de glabra pro novem denariis *Law Merch.* I 36; **1313** pro debitis de quibus .. satisfacere ~ceperunt *MGL* III 434; **1314** ~cepit solvere pro emendis dicti transgressionis *Rec. Leic.* I 286; s**1435** ~ceperunt habere prefatum Ricardum Whitman coram nobis in eadem cancellaria AMUND. II 84. **b** **1219** ~cepit habendi eum *CurR* VIII 86; **1220** R. de W. serviens ~cepit habendi die Lune filios presbiteri appellatos *SelPl Crown* 122; de his qui ~ceperunt habendi aliquem coram justitiariis BRACTON f. 117v; **1290** J. de N. ~cepit eum habendi coram auditoribus die Martis sequente *State Tri. Ed. I* 13; amici .. venerunt ibidem et ~ceperunt solvendi .. pecuniam pro eo *Ib.* 52. **c** c**1126** noveritis quod ~capio, pro Galfrido .. quod nullum damnum inferetur domino abbati et conventui *Cart. Glam.* I 57; **1217** ~capimus quod salvo et secure conducentur *Pat* 75; **1237** P. G. ~cepit coram baronibus de scaccario .. quod ipse reddet .. x li. pro hominibus de Holderness' *LTR Mem* 12 m. 4; **1273** ~capimus itaque quod dominus rex in suo adventu dictum donum et ejusdem liberacionem ratam habebit *AncC* 7/123; constabularius Turris Londoniarum et ~cepit quod J. de K. de .. breve quod impetraverunt .. non prosequentur *MGL* II 186. **d** **1333** invenerit tibi sufficientes manucaptores qui ~capiant pro ipso *RScot* 249a; **1375** ~cepit pro viij s. in precio unius equi arrestati ad dictam curiam *Hal. Durh.* 129; quod ~capere poterant pro amico WALS. *HA* II 27; **1420** pro .. illis ~capiat cancellario de pace per .. eos servanda *StatOx* 227; **1426** ei .. abbas cum ceteris monachis monasterii ejusdem ~capere et suscipere super se voluerint *Reg. Cant.* II 356; sub pena capitis mei ~capio quod regnum Anglie non prosperabitur quousque faventes predicte conclusioni episcopi Reginaldi digne corrigantur GASCOIGNE *Loci* 44. **e** **1271** A. de H. venit et sequebatur apellum suum versus W. S. de comitatu S. qui fuit quarto interrogatus et non venit nec aliquis ~cepit *SelCCoron* 20; **1322** de Philippo G. et Edmundo G., plegiis R. filii Philippi G., quia ipsum non habuerunt ad istum visum sicut ~ceperunt *Rec. Elton* 257.

3 to go bail for, to give surety for, to guarantee payment of or for: **a** (person or group); **b** (money); **c** (property); **d** (act).

a **1209** ~cepit homines suos veniendi coram justiciariis *SelPlForest* 8; **1239** decena R. C. et R. H. ~ceperunt villatam de H. adessendi coram justiciariis foreste ad prima placita *Ib.* 71; **1275** dominus R. de T. ~capitur per R. le C. .. dominus R. C. ~capitur per J. S. (*Retorn.*) *EHR* XXV 236; **1306** licet pluries repleggietur aut ~capiatur *BBC* (*Swansea*) 225; ut unusquisque ~caperet alterum habendi coram justiciariis *MGL* II 306; ~capti sunt per amicos fulvo metallo pregrandi WALS. *YN* 338. **b** **1216** mille libras, que nobis debentur .. quas etiam vos ipsi ~cepistis *Pat* 8; **1243** littera regis civibus ad ~capiendum pro rege v centum libris diversis mercatoribus *MGL* I 593; **1264** debet xxvj m. quas ~cepit solvere .. regi *ExchScot* 20; quas centum libras idem Michael ~cepit pro eodem Ricardo solvere dicto Gibelino et aliis sociis de alligantia eorum *Ann. Lond.* 244; **1402** de denariis .. per predictam comitissam nomine dicti comitis ~captis *Cl* 250 m. 14*d*. **c** **1243** [naves] quas duo de eisdem magistris nautis ~ceperant versus dictum Jordanum vicecomitem *MGL* II 40. **d** s**1366** ante ~captam querelam J. READING f. 189; episcopus ~cepit bellum ecclesie et Francie in necessitate *Eul. Hist. Cont.* III 356.

4 (ppl. as sb.): **a** (pr. ppl.) guarantor. **b** (p. ppl.) person stood security for, guaranteed man.

a **1238** mandatum est vicecomiti quod ea [catalla] dictis ~capientibus liberet *LTR Mem* 12 m. 9*d*. **b** s**1294** habeant hujusmodi ~capti literas nostras patentes de perdonacione secte pacis nostre super homicidiis (*Lit. Regis*) B. COTTON *HA* 236.

manucapibilis v. manucaptabilis.

manucaptabilis, ~captibilis, who can be bailed.

1278 vicecomes .. amerciatur ad decem libros quia liberavit eos per manucapcionem eo quod non fuerunt manucapibiles appelati de morte hominis *PlRCP* 27 m. 4*d*; **1346** per sufficientem manucapcionem dimittatur .., nisi de transgressione hujusmodi convincatur .. vel alia occasione in qua ~ibilis de jure non fuerit capiatur .. et si de jure ~ibilis fuerit ad sufficientem manucapcionem dimittatur *ChartR* 162 m. 11; quod nullus in gaola detentus tradatur manucaptioni nisi per assensum domini abbatis, et hoc, nisi sit ~abilis *G. S. Alb.* II 206.

manucaptio [ML], bail, mainprize, manucaption, surety; **b** (for fulfilment of contract by another); **c** (for appearance in court at a specified time).

1264 quod .. Hugonem .. manucaptoribus tradas per ~onem illam *Cl* 2; **1284** nolumus quod ea occasione imprisonentur quamdiu bonam et sufficientem ~onem invenerint *BBC* (*Conway*) 191; aderant tunc statim, qui manucaperent virum senem, respuente quippe rege .. omnem ~onem pro eo *Flor. Hist.* III 290; **1340** quod nullus de burgensibus nostris predictis capi nec imprisonari debeat in castro nostro predicto pro aliquibus eos tangentibus dum ~onem seu plegiagium ad exteriorem portam ejusdem castri possent invenire (*Ch.*) *EHR* XV 517; quod indigena, et precipue Anglicus, mercator de certo mistero vel officio in libertatem civitatis predicte non admittatur, nisi per ~onem sex proborum hominum *MGL* I 142. **b** inveniant sufficientem ~onem de proficiscendo statim in obsequium nostrum ad partes Vasconie (*Lit. Regis*) B. COTTON *HA* 235; nec a carcere liberari poterant quoquomodo nisi primitus soluta gravi redempcione, et postmodum inventa sufficienti ~one ad standum per omnia domini episcopi voluntati *G. Durh.* 29; **1340** per ~onem de reddendo nobis computos et debita predicta *Reg. Brev.* 37b. **c** **1260** quia S. .. invenit regi plegios subscriptos .. qui eum manuceperunt habere coram justiciariis regis .. mandatum est vicecomiti Kanc' quod ipsum S. per manucapcionem predictam a prisona .. deliberari faciat *Cl* 70; **1293** quod inveniat sufficientem manuc' essendi hic in octabis Sancti Hillarii *PQW* 205a; jussit eos sub ~one sua tribunali assistere W. GUISB. 365; eos dimisimus per ~onem habendi eos ad primam assisam apud Turrim Londoniarum *MGL* II 135.

manucaptor [ML], one who provides bail or surety for another; **b** (for fulfilment of contract by another); **c** (for appearance in court at a specified time).

a**1183** si .. extraneus reciperetur infra libertatum burgi .. inveniret ~ores quod bene .. se portaret *BBC* (*Tewkesbury*) 140; **1275** ad instanciam mercatorum traditus fuit dictus Simon ~oribus subscriptis *SelPlMan* 155; J. le H. in misericordia pro se et pro ~oribus suis *CourtR A. Stratton* 56; **1333** invenerit tibi sufficientes ~ores qui manucapiant pro ipso *RScot* 249a; s**1293** edictum quod indictati de latrocinio vel de morte hominis vel de foresta .. qui possunt salvos ~ores per se vel per amicos invenire, qui regis exercitum .. vellent sequi, rex .. concedit omnibus talibus pacem suam *Ann. Worc.* 516; plegii seu ~ores *Reg. Whet.* I 36. **b** **1366** quia C. inventrix prima defuncti non potuit invenire ~ores juravit coram .. coronatore quod in omni loco erit parata .. *SelCCoron* 56; **1389** concessimus .. Johanni Sprot .. officium tendatoris et ~oris prisarum falconum in omnibus portibus et villis in com. Norff' *Pat* 329 m. 22. **c** **1294** ~ores pro eisdem .. usque ad adventum justiciarii .. per manus dicti M. ceperunt *Reg. Carl.* I 7; **1313** post venit W. .. et invenit ~ores sc. R. et C. qui eum manucapiunt habendum hic corpus ejus pro corpore *Eyre Kent* I 68; nuncios misit ad episcopum in carcere, petens ab eo fidejussores vel ~ores ad respondendum sibi in curia sua seculari *Proc. A. Kyteler* 11.

manucare v. 2 manicare.

manuducatus, act of leading by the hand, guidance.

prebent illi [sc. ceco] quale possunt ejus infelicitati solatium, et ~um prestantes reducunt ad propria AILR. *Ed. Conf.* 764B.

manuducere [ML], to lead by the hand. **b** to guide (intellectually or spiritually).

s**1263** miles ~tus dominus est Malcolmus meus rex maritus BOWER X 15. **b** paternitatis vestre pietati .. spiritum contribulatum .. represento, per .. sedulitatis vestre sanctimoniam ~endum ad Eum qui dedit illum AD. MARSH *Ep.* 169; aliqui volunt ad hoc ~ere per exemplum de actione et passione R. MARSTON *QD* 53; per exempla .. ~itur intellectus ad discernendum OCKHAM *Dial.* 633; timor et amor sunt duo precepta sive principia quibus ~imur in observanciam legis Dei WYCL. *Mand. Div.* 83; philosophia de anima et corpore copulatis .. manducunt in possibilitatem et complecionem incarnacionis *Id. Ver.* III 137; bene enim ~itur Christianus credere quod est Christus in hoc quod Deus et homo NETTER *DAF* I 96a.

manuductio [ML], act of leading by the hand. **b** (intellectual or spiritual) guidance.

1165 sine ~one eorum nulli omnino liceat navigare in illo mari J. SAL. *Ep.* 140 (152 p. 52). **b** impossibile est animo nostro ad inmaterialem .. ascendere contemplacionem nisi ea que .. est materiali ~one [TREVISA: *ledinge*] utatur BART. ANGL. pref.; ut .. in divine majestatis ~one .. pertingamus .. in civitatem Jerusalem AD. MARSH *Ep.* 180 p. 322; est autem occasio activa immo, ut melius dicam, ~o ut homines sentiant de perfeccione Dei MIDDLETON *Sent.* I 203b; nihil capere potest vel cognoscere sine ~one PECKHAM *QA* 84; sacra autem nullo modo dicitur nisi propter

~onem qua inducit fideles in noticiam scripture celestis Wycl. *Ver.* I 115.

manuensis, basket carried by hand.

~is, sporta apta ad portandum in manu Osb. Glouc. *Deriv.* 367.

manufacere [CL *p. ppl. only*], to execute with the hand. **b** (p. ppl. *manufactus*) made by hand (also as sb.).

1300 quidam W. de G. retondens pannos, qui nichil ~fecit *RCoron Lond.* A 4. **b** descendat super habitantes in ea [domo benedicenda] gratiae tuae larga benedictio, ut in his ~is cum salubritate manentibus, ipsi tuum semper sint habitaculum Egb. *Pont.* 116 (=*Rit. Durh.* 148); opus . . ~um Bracton 162; quasi hominem manifactum sicut incarnatum et in hoc vocabulo Bacon *Gram. Gk.* 19n.; a**1292** salva sibi libertate piscandi per totum predictum aqueductum extra stagna manufacta et quod per nullum opus ~um refluxus aque cooperiat vel deterioret capitale mesuagium suum in L. *Cart. Chester* 445; cum quis in solo alieno opus fecerit ~um ut si howyaverit, fossatum fecerit, vel carucam inmiserit *Fleta* 104; cur etiam . . diis aliis ~is honorem divinitatis impendis Bradw. *CD* 17B.

manufactura, manufactured article.

1617 cum lane et flocci . . regni nostri Hibernie antehac non fuerunt conversi et operati in pannum et alias manifacturas *Gild Merch.* II 285.

manufictilis [ML], (n. as sb.) hand-made artefact.

item de quolibet ~ile dicimus, si homo . . sit interfectus, nos solvatur, nisi forte quis auctorem interfeccionis in usus proprios assumpserit (*Leg. Hen.* 90. 6a) GAS 606.

manufirmatio [ML], oath sworn with raised hand, promise confirmed by sign manual or signature.

jusjurandum et ~onem caute observet (*Cons. Cnuti*) GAS 301.

manufortia [1 manus+1 fortia], main force, violence.

quod ipse veniret ad manerium praedictum et hujusmodi manufort' et potentiam ab eodem amoveret *Entries* 341b.

manufortis [LL; al. div.], strong of hand. **b** (as sb. m.) man strong of hand. **c** (abl. as adv.) with a strong hand, violently.

David, ~is vel desiderabilis *GlC* D 6; tamquam ~is vultuque desiderabilis David Ad. Eyns. *Hug.* III 5; **1427** alterum David sublimare disposuit ~em, qui civitatem sanctam . . muniret libertatibus *EpAcOx* 33. **b** Samson quoque ille fortissimus in typum ~is nostri dat memoriale virtutis suae dicens J. Ford *Serm. app.* 2. **c 1361** abbas . . monasterium suum manu forti, xxx militibus et aliis soldariis tuebatur (*Catal. Abbat. Abingd.*) *EHR* XXVI 729; arrestatos et incarceratos a Nywegate Londonie noctis sub silencio manu forti surripuit Favent 5; **1471** capias . . ad respondendum nobis de diversis contemptibus et transgressionibus contra formam statuti de ingressibus ~i factis, unde indictati sunt *Paston Let.* 766; **1503** de ingressibus ~i in terris et tenementis *Treat. J. P.* 145; **1520** violenter et ~i rapiunt *Conc. Scot.* I cclxxix.

manugerium v. mangerium.

manuleus [CL], ~**ea** [LL], long sleeve.

speyre of garment, . . ~ia *PP;* ~ia, A. *a spayere WW.*

manuleuta v. mainleveta.

manulevare [ML; 1 manus+levare 9]

1 to go bail for, to give surety for, to guarantee payment of or for: **a** (person or group); **b** (money or supplies).

a 1243 G. de M., W. de H. . . et illi quos ~averunt et fidejussores eorumdem, habent diem coram rege *RGasc* I 215a; misit rogare per multos barones comitem quod sub fidejussione eorum et in cursu bonorum ejus daret eum ad ~andum ad tempus ut posset recuperare sanitatem in quodam manerio suo, quod comes facere denegavit; et ille mortuus est in carcere *V. Montf.* 283; **1252** cum Petronilla uxor P. de R. ~ata sit ad quingentas marcas *RL* II 392;

1259 si dictus G. invenerit nobis . . tres vel quatuor fidejussores racionabiles qui eum et dictos socios suos arrestatos ~are voluerint ut sint coram nobis *Cl* 479. **b 1242** mittat regi x balistas et vj milia quarellorum et omnes armaturas ferreas quas ~are poterit in civitate Burdegale *Cl* 5; **1242** vos rogamus . . quod vadia predicta ~are velitis *RGasc* I 94b.

2 (intr.) to go bail (for), to give surety (for), to guarantee payment (of or for).

1242 ad opus nostrum ~etis in . . nundinis . . usque ad valorem D marcarum *RGasc* I 131b; **1253** ~avit coram rege de habendo Petrum . . coram rege ad standum recto *Ib.* 370b; **1253** mandatum est . . quod . . res et mercandisas . . dimitti faciat ad ~andum per bonos plegios *Cl* 183.

manulevatio [ML], act of giving surety.

1260 bona Costantini . . que injuste cepistis . . non manulevastis . . mandamus . . quod . . bona manulevari faciatis . . Costantino . . per istam ~onem nichil vestri juris deperit *RGasc* I sup. xciv.

manulevator [ML], one who provides bail or surety, guarantor.

c**1252** ad manulevandum tradatis vel tradi faciatis per illos ~ores quos petit exhibere *AncC* III 168.

manulus v. manualis.

manumissio [CL], manumission, act of freeing a slave.

~o, eo quod manu mitterentur *Gl. Leid.* 1. 76; si quis de servitute redeat in liberum, in testem ~onis cum testibus redditionis domino suo xxx den. reddat, sc. pretium corii sui, in signum, quod eo dignus sit in aeternum (*Leg. Hen.* 78. 3) GAS 595; nam et libertum petam non traditum aut possessum. alioquin, quid fiet, si statim post ~onem se contendat ingenuum? P. Blois *Ep.* 71. 220C; quanti censenda est libertatis donatio, quam manumissus Vindecius . . assecutus est? si respondeas Vindecium ~one dignissimum, . . quid de servis laceratissime opinionis pronunciabis? Neckam *NR* II 155 p. 242; est . . ~o datio libertatis, id est detectio Bracton 4; c**1380** jus patronatus quod acquiritur ex ~one proprii servi *Cart. Lindores* 149; manumicio nativorum *Reg. Whet.* I 109.

manumissor [CL], one who manumits, emancipator.

hec triplicatio locum habet in herede ~oris et non in ipso ~ore Bracton f. 194v; superfluus . . nativorum ~or, ac etiam immoderatus *Reg. Whet.* I 105.

manumittere [CL; al. div.], to manumit, emancipate, free; **b** (fig.). **c** (p. ppl. as sb. m.) manumitted man, freedman.

716 mihi . . praecepit, ut fratri illius . . demandarem, ut ancillam quandam, quam in potestate communiter possederunt, pro anima ejus manu mitteret Bonif. *Ep.* 10 p. 13; emancipat, ~it *GlC* E 177; ipsa dedicationis die regem captivum ad altare ~ens, libertate palpavit, memorabile clementie sue spectaculum exhibens W. Malm. *GR* I 95; libertatem dat qui ~it Bracton 4; de hiis qui a non domino manumissi sunt Ric. Angl. *Summa* 32 p. 56; ut de cetero omnes servi per provinciam Anglie ~erentur ut fierent liberi *Chr. Kirkstall* 124. **b** jam me querit servitus / in libertatem reditus. / jam, jam me manumittas! P. Blois *Carm.* 13. 8. 45. **c** manu missorum *Canon G. Sempr.* f. 67 (v. libertinus a); **1553** R. D. manumissus pro j messuagio et j ferlingo terre native . . que devenerunt in manus domini per escaetam eo quod dictus R. nativus existens ad firmam dimissit dicta messuagium et . . sine licentia et contra consuetudinem manerii *Crawley* 519.

manumola, hand-mill.

1171 pro vj manumol' et apparatu earum xiiij s. et iiij d. *Pipe* 2 (cf. ib. 113: pro vj manusmol' iiij s.); pro puteo mundando . . et duabus manumol' vj s. *Ib.* 214; tripedem cum †mammola prec' ij d. *Dom. S. Paul.* 122; **1221** loquendum ad magnam curiam et similiter de manumulis unde queruntur *SelPlCr* 114; **1254** quandam ~am fieri faciat in . . castro *RGasc* I 385a; ad manimolas levandum *G. S. Alb.* I 419 (cf. ib. II 249: quidam de dicta villa, clamantes ~as ab antiquo); **14** . . de quolibet pari de turnis ~arum ven. ob. *EEC* 214.

manumolendinum, hand-mill.

a**1183** quilibet burgensis . . potest facere . . molen-

dinum equinum et ~um *BBC (Cardiff)* 96; **1225** in ~o iiij d. (*KR Ac*) *Househ. Ac.* 130.

manumortua, (leg.) mortmain.

1479 sciatis nos . . ratificare, ad mortizare, et ad ~am . . imperpetuum confirmare situacionem loci eisdem fratribus pertinentis *Scot. Grey Friars* II 195.

manunga [AS *manung*], district in which power of exaction is exercised.

nominentur in manunga [vv. ll. mannunga, manninga, AS: *manunge*] singulorum prepositorum tot homines quot pernoscuntur esse credibiles, qui sint in testimonio singularum causarum (*Quad.*) GAS 169.

manuopera, product of manual labour, work.

1354 quod . . ipsos ad vigilias et alias ~as ad castra . . faciendas . . nullatenus compellatis *RGasc* 66 m. 5.

manuoperalis, of work with the hands, of manual labour.

tam proborum hominum de officiis mercatoriis quam de caeteris officiis ~ibus *MGL* I 495 (=*Gild Merch.* I 117).

manuoperare, ~**ari** [1 manus+operari; al. div.]

1 (intr.) to work with the hands, perform manual labour: **a** (act.); **b** (dep.); **c** (w. animal as subject).

a 1285 de eodem [manerio] faciens, ~ans, et disponens tanquam de suo *SelCKB* I 140; **1387** idem Willelmus . . super placea predicta sic et sibi [*sic*] dimissa ~asse voluit *PlRCP* 504/376d. **b 1279** herciabit cum duobus equis usque ad horam nonam vel ~abitur usque ad horam nonam *Hund.* II 617b; **1352** W. G. ~abatur et fecit purprestursam super solum quinque tenencium *DL CourtR* 228/7 m. 3; per unum diem debet ~ari cum uno homine *Cart. Glouc.* III 175. **c 1309** dominus manerii . . habebit post mortem cujuslibet prioris decedentes meliorem bestiam que fuit ipsius inventam ~antem in tenementis que tenet de . . manerio *Year Bk* 67.

2 (trans.): **a** to work (land). **b** to cultivate (crop). **c** to produce (product).

a 1334 tenentes dictam hamellam ~averunt *Surv. Denb.* 22; **1366** terra non ~atur nec fimatur debite nec aliqua vicinitas inde fit vicinis *Hal. Durh.* 56. **b 1263** omnia fena que fuerunt H. quondam Lond' episcopi falcata, manu operata et levata ante mortem ejusdem episcopi *Cl* 197; **1275** non potuit manuoperar' bladum suum *Hund.* I 342a. **c 1210** asportaverunt de turba quam . . ~ati sunt *CurR* VI 33.

manuoperarius [al. div.], one who works with his hands, manual labourer, craftsman.

1321 quod nullus extraneus recipiatur inter eos ~ius nisi habeat litteram testimonialem *PQW* 465b; **1329** ~io vacanti una cum predictis carpentariis cindulas carpentando et . . portando . . ~io seu portitori *KR Ac* 467/7/1; **1331** Willelmo le Hare, manu operario, portanti instrumenta cementariorum *KR Ac* 469/12 m. 1.

manuoperatio [ML]

1 work with the hands, manual labour.

1286 per ~onem abbatis de R. et hominum suorum factus est quidam parvus rivulus *PQW* 297b; **1387** pavimenta post quamlibet ~onem pro premissis corrigendis intra tres dies reparent *MonExon* 123b.

2 product of manual labour, handiwork.

1350 prior ~onem illam in modo muri super orulam predicti fossati posuerat *Terr. Fleet* 165; **1365** quod omnes hujusmodi pali, inclusiones, gurgites, et ~ones extraherentur et omnino amoverentur *Cl* 203 m. 5.

manuopus [1 manus+opus]

1 work with the hands, manual labour, exercise of a craft.

~ere alicujus impeditus Hengham *Parva* 7 (v. impedire 8a); **1313** prohibuit dicto R. ~ere [*sic*] usque etc. *Rec. Leic.* I 279; **1344** fossatum elargatum fuit cum ~ere (*CoramR*) *Pub. Works* II 15; ille mariscus . . illa vallea non obstante vel alio ~ere forte potest superundari et leviter devastar' Thorne 2142.

2 product of manual labour, handiwork.

1210 licuit comiti . . dare aliis de proprio ~ere *CurR* VI 33; **1313** senescallus . . super hoc allocutus dixit . . blada crescencia que fuerunt ~us viri de felonia convicti ratione illius libertatis sue de C. ea cepit *Eyre Kent* I 86; **1319** quod nullus scindat . . corduanum . . sub foris factura ~eris illius *Gild Merch.* I 115; solvit etiam pro ~ere novi molendini de Pareo viginti duas libras *G. S. Alb.* III 447; **1365** per levaciones gurgitum, ficciones palorum, inclusiones et alia ~era in brachiis maris, aquis et flotis del Swyn *Cl* 203 m. 5.

3 (leg.) mainour, stolen goods. **b** (abl. or prep. & abl.) with (or without) stolen goods, red-handed.

1287 ~us statim apprecietur per forestarios et viridarios, et reddat precium viridariis in pleno attachiamento *SelPlForest* 63; **1334** distringatur . . ad faciendum finem cum majore pro manu opere *Rec. Leic.* II 23; **1345** nullum ~us secum inventum fuit *SelCKB* VI 50; **1398** ~us pro quo predictus Robertus sic captus fuit *Pat* 351 m. 36; **1411** omnimoda catalla vocata ~era cum quacumque persona in eisdem [terris] capta et imposterum capienda et per eandem personam coram quocumque judice deadvocanda *RParl* III 654b; cognovit se felonem, et ~us liberatur vicecomiti *MGL* I 666. **b** **1218** homines eorum non implacitentur de foresta pro supradicto nisi cum manu [MS: manū] opere inveniantur *Pat* 120 m. 22; **1268** (v. 1 cum 2e); **1286** cepit Adam Wilding illic[it]e sine ~ere sola fama Sibille uxoris Rogeri *Eyre Chester* 12 r. 4*d*; predecessores predicti abbatis nullam habuerunt prisonam, sed tantum liberam curiam baronie, ad latronem ~ere captum judicandum per sacramentum *Chr. Peterb.* 125; **1306** judicium latronum et malefactorum captorum in predictam libertatem [*sic*] cum manu opere, viz. *sakberande, bacberande* et *handhabbend Ext. Hadleigh* 244; c**1350** abbas et conventus clamant etc. infra eundem burgum custodiam omnium portarum et eciam custodiam prisonum . . quoad captos ~ere infra burgum sive sint falsarii monete domini regis sive latrones sive felones qualescumque *Bury St. Edm.* XIX; super eos levetur hutes' et clamor, et in clamore faciendo arestentur ~ere *Lib. Kilken.* 19.

manupastor [1 manus+pastor], one who feeds from the hand (fig.), member of a household.

1292 Reginaldus de M. et ~ores sui per abettum canum suorum occidit [*sic*] aprum domini abbatis *Rec. Elton* 31.

manupastus, ~a

1 one fed by hand (fig.), member of a household: **a** (first decl.); **b** (second decl.); **c** (fourth decl.).

a **1279** Matilda filia Rogeri de Hyldeley et mater ejus, cujus manu pasta est, distringuntur etc. pro leyrwyta dicte Matilde *CourtR Hales* 120; **1316** non tenetur respondere pro ~a sua et inde ponit se in consideracione curie *Law Merch.* I 101. **b** si ~um alicujus accusetur de furto, solus paterfamilias emundare potest, si velit (*Leg. Hen.* 66. 7) *GAS* 586; **1277** venerunt magister H. B. et ~i sui (*AssizeR* 262 m. 2) *EHR* XL 416; **1300** de G. de B. ~o Ricardi de S. *Leet Norw.* 52; **1313** de J. le C. de R. barber et Johanne manipasto suo *Ib.* 57; **1379** Robertus, manypastus Johannis Clerk' *Sess. Peace Essex* 177. **c** iij s. Matild' de molendino in misericordia pro ~u suo qui fecit recursum contra messorem *CourtR A. Stratton* 75.

2 (collect.) household: **a** (second decl.); **b** (fourth decl.).

a **1221** et fuit homo suus de manibus suis et nepos suus et de ~o suo *SelPlCr* 130; omnes alii de ~o *Reg. S. Osm.* I 277; si . . aliquis mastinus inventus fuerit in aliqua foresta . . ipse cujus mastinus fuerit erit culpabilis tanquam de ~o (*Leg. Forest.* 12) *AP Scot* I app. iv 326. 1. **b** nullum a se dimittat, qui inculpatus sit in ~u ejus (*Quad.*) *GAS* 395; a**1183** burgensis responderet pro ~u, filiis, et tenentibus suis *BBC* (*Tewkesbury*) 140; **1204** omnes stermanni et naute . . jurabunt pro se et ~u suo quod . . *Pat* I 42b; **1313** nulla habuerunt catalla sed fuerunt de ~u . . W. S. *Eyre Kent* I 67; **1329** concedo . . abbatie et ~ui ejus, in propriis rebus, libertates et quietantias *MonA* VI 1067a.

manupes [1 manus+pes; cf. OF *pied de main*], measure of length (two fists joined by outstretched thumbs).

1189 de sexcentis et quatuordecim acris de essartis mensuratis per perticam continentem in longitudine viginti quinque pedes et dimidiam per ~pedem *CalCh* IV 338; **1190** de dc et xiiij acris mensuratis per perticam xxv pedum et dimidii per ~pedem *Pipe* 24; **1229** pertica continere solet vel xxiiij vel xxv pedes ~pedum temporibus H. regis avi regis . . sic placet . . regi et consilio suo quod pertica magis usitata et continente in longitudine xxiiij vel xxv pedes ~pedum in essartis mensurandis . . utantur *Cl* 187.

manupiarium [1 manus+piare+-arium], artefact for cleaning with the hand.

Osb. Glouc. *Deriv.* 201 (v. mappa 1d); *sanop*, manuparium *PP*.

manupositio [1 manus+positio], (violent) laying on of hands, assault.

1485 in casibus felonie ~onis (v. 2 finabilis).

manuprisa [1 manus+prisa], (leg.) mainprise, bail.

1295 suaserunt a prisona nostra in D. duo latrones quorum unus fuit probator et plures appellaverat; qui per salvam ~am per nos erant dimissi *Ann. Dunstable* 395.

manura v. mainura.

manurasus [1 manus+rasus *p. ppl. of* radere], razed by hand.

1419 de ij bussellis . . mensura ~a *MinAc* 1249/4 m. 1*d*.

manurare v. mainurare. **manuratio** v. mainuratio.

1 mănus [CL]

1 hand: **a** (of person); **b** (partly fig.); **c** (applied to part of animal or mythical creature); **d** (applied to artefact that functions as a hand).

a quid prodest vulnus ~u tantum palpare Gildas *EB* 108; pone ~um tuam subter femur meum *Comm. Cant.* I 142; cum . . ~us cum brachio a cetero essent corpore resectae Bede *HE* III 6 p. 138; mitte ~um tuam in bullientem aquam et unum frustum de imis mihi . . adtrahe Wulf. *Æthelwold* 14 p. 28; neque dicitur Spiritus Dei ut membrum Dei, sicut ~us vel pes hominis Anselm (*Proc. Sp.* 12) II 209; chiromanta, -e, i. joculator quilibet qui ~u sua ludit cum cultellis Osb. Glouc. *Deriv.* 106; **1366** posita ~u ad pectus, juravit in verbo *MunAcOx* 224. **b** obviis ~ibus pacem amplexus, in fraterne necessitudinis amorem . . accurrit W. Malm. *GP* I 55 p. 106; Merlini proverbio, quo dici solebat, Anglie regem Hibernie triumphatorem, ab homine cum rubra ~u in Hibernia vulneratum, per Meneviam redeundo super Lechlavar moriturum Gir. *IK* II 1 p. 108; si capiatur cum rubea ~u et aliquis eum sequatur statim soleat judicium *APScot* I 320; item quod confessores seu penitenciarii . . mundas ~us servent *Norw. Cath. Pri.* 108. **c** duo pectora, quattuor ~us et bina capita habuit *Lib. Monstr.* I 8; promuscidis; quasi anguila, unde ~us bestiae dicitur *GlC* P 699; ut omnem abstergeret dubietatem, [lupus] pede quasi pro ~u fungens, pellem totam a capite lupe retrahens, usque ad umbilicum replicavit Gir. *TH* II 19 p. 102. **d** ut de numero candelarum sit, omnes ~u cerea debent extingui Beleth *RDO* 101. 106; **1282** lego . . unum firmaculum cum ~u *Cart. Osney* I 412.

2 (w. ref. to availability; *ad ~us* or sim.) close at hand, within reach. **b** (*pila ad ~us*) hand-ball. **c** (w. ref. to direction or location).

non habens scutum ad ~um quo regem a nece defenderet Bede *HE* II 9 p. 99; si latro est vel raptor, quod male ceperit, si ad ~um est, reddat (*Leg. Ed.*) *GAS* 630; libellum . . Senece De Clementia ad Neronem pre ~ibus sepe, ad ~um vero semper habens Gir. *TH* III 48 p. 191; **1265** pro eo quod vicecomes Hereford' pecuniam ad ~um promptam non habet *Cl* 20; quando infirmus habet ad ~um [ME: *on hond*] rem sibi utilem, ea bene potest uti *AncrR* 144. **b** prohibemus . . ne de cetero nostri ordinis professores ludant ad scaccarium, aleas vel ad talos, nec cum arcubus vel balistis, nec currere cum pilis ad baculos vel ad ~us *Cust. Cant.* 154. **c** c**1170** me dedisse . . Warino de Vernun . . terram intus Weflidegate ad sinistram ~um *Ch. Chester* 161.

3 (by metonymy) person; **b** (as owner; *~us secunda*) second-hand; **c** (*~us media*) middleman; **d** (w. ref. to social class).

quorum sanguis in die judicii de vestris ~ibus requiretur Gildas *EB* 96; ecclesiam operis egregii de lapide fecit, cujus tecto vel longa incuria vel hostili ~u dejecto parietes hactenus stare videntur Bede *HE* III 16 p. 117; quantum apud vos nostra potest amicitia . . et vestra sufficit operante Deo medicina, vestris ~ibus curandum propter Deum committimus Anselm (*Ep.* 36) III 144; et juret per lx hidas quod ea mortua ~us [AS: *sio deade hond*] vendidit ei (*Quad.*) *GAS* 113; non recipiat aliquis alterius hominem sine licentia illius, cui ante servivit, priusquam innocens sit apud omnem ~um [AS: *læþleas wiþ ælce hand*] (*Ib.*) *Ib.* 145; justum est, ut inde pacem habeat erga omnem ~um; et qui peccavit, luat (*Leg. Hen.* 41. 13) *Ib.* 568. **b** **1490** cujus pretextu . . ferrea res in ~u secunda carius venditur quam in prima *Mem. York* I 202. **c** **1304** prior habeat senescallum . . et unum secularem sibi adjunctum, qui negocia prioratus prosequantur . . totamque pecuniam que commode in maneriis levari poterit . . domi thesaur' dictum prioris et conventus absque diminucione et ~u media deferri faciant *Ord. Ely* 24. **d** primo . . debiles, pauperes et minores postea medie ~us homines veniunt *Becket Mat.* IV 145; s**1137** agens potestative licenter a militaribus viris homagia, relevationes, ab hominibus inferioris ~us fidelitates extorsit Diceto *Chr.* 250; s**1170** Hugo Terraconensis archiepiscopus, proferens contumelie verbum in quendam medie ~us hominem, interfectus est cultello *Id. YH* 345; quendam hominem medie ~us pro caro consanguineo habuit Brakelond f. 132v.

4 (leg., w. ref. to the number of compurgators): **a** (civil); **b** (w. ref. to provision for Jews); **c** (eccl.).

a **1184** si burgensis hac traditione . . calumpniatus fuerit, purgabit se sexta ~u per jusjurandum *BBC* (*Swansea*) 137; poterit idem negare contra totam curiam tertia ~u cum sacramento illud se non dixisse affirmando Glanv. VIII 9 p. 100; **1198** invadiavit legem faciendam et defendendam summonicionem se xij ~u in adventum justiciariorum *CurR* I 58; debent se defendere de morte hominis per triginta sex homines juratos, et pro transgressione versus regem per duodecim, et versus alium septima ~u *Leg. Ant. Lond.* 34; habeat ergo legem quam et defendat se cum xxxvj^ta ~u, unde xviij sint ex una parte . . et decem et octo ex alia parte *MGL* I 104. **b** **1275** Judeus . . sola ~u super librum (v. 2 liber 6b). **c** licebat ei inde recedere, et ad superioris domini curiam convolare, prius tamen tertia ~u prestito sacramento, quod injuste a causa dilatus fuisset *V. Thom. A* 40; diem sibi prefixit episcopus quod ad quedam que negavit duodecima ~u canonice se purgaret *Proc. A. Kyteler* 28; **1415** necnon ad admittendum in forma juris ipsorum purgaciones canonicas cujuslibet . . eorundem cum decima ~u clericorum ordinis sui *Reg. Cant.* III 369; **1416** ex consensu confratrum suorum . . ad purgacionem suam . . cum sola ~u admisit et ipsam purgacionem recepit . . canonice cum effectu *Ib.* III 25.

5 (w. ref. to craftsmanship, ability, or skill).

hanc Romana manus muris et turribus altam / fundavit Alcuin *SS Ebor* 19; bonus scriptor fuit et bonas ~us habuit is, qui universa haec scripsit Ælf. Bata 4. 26 p. 49; Alexius . . summam . . ~um bello imponere sperans, supra Boamundum . . irruit W. Malm. *GR* III 262 p. 321; s**1114** concilium Windlesoris coegit summam ~um negotio impositurus *Id. GP* I 67 p. 125; operi salvationis sue summam . . imponere ~um J. Ford *Serm.* 27. 3.

6 (w. ref. to writing): **a** hand-writing, hand; **b** script; **c** (*signum ~us* or ellipt.) sign-manual.

a et licet scriptorum non sit eadem ~us, ejusdem ~us et stili seriem fideli relatione summatim transcripsimus Dominic *V. Ecgwini* I 10; c**1170** porro littere ille stilum vestre peritie redolebant, apicesque his, quos noviter a vestra sanctitate recepi, identitatem ~us michi certis indiciis penitus expresserunt Arnulf *Ep.* 66; **1276** dicit quod starrum illud falso factum fuit nomine suo et de hoc ponit se super Judeos qui ~um suam cognoscunt *SelPlJews* 90; **1309** hoc manifeste patet per ceram et rasturam in eisdem rotulis inventam et per variacionem incausti et ~us scriptoris *SelCKB* IV 29; transcribi fecit eandem [indictationem] de nova ~u *Proc. A. Kyteler* 10; monachus ille . . invenit negocium in minutis exaratum, ut optavit, in ~ibus minutoris *Meaux* III 188. **b** AVC. Augustus, BM. bonae memoriae, . . R. rex, . . istiusmodi genus descriptionis notae Julii Caesaris appelatur, quod cum litteris quae antiqua ~us appelatur perficitur *Runica Manuscripta* 353; *Croyl.* 85 (v. Gallicanus 2a). **c** **679** signum ~us Hlothari regis donatoris *CS* 45; c**757** ~us Herevaldi episcopi. ~us Milredi episcopi *CS* 181.

7 (w. ref. to assent, help, or support); **b** (w. ref. to *Luc.* ix 62). **c** (*~us Christi*) a cordial.

precor .. ut ~um consolationis quam ei porrexistis .. nunc ne retrahatis ANSELM (*Ep.* 11) III 115; dedisti ~um monastice professioni; cursum, queso, tue conversationis attende P. BLOIS *Ep.* 131. 387B; nullus filiorum, quos genui, ~um mihi patrocinii porrigere audet J. FORD *Serm.* 95. 3; ?**1440** quomodo cotidiane in eadem ecclesia fiunt ad Deum oraciones pro omnibus et singulis ad ipsius fabrice sustentacionem ~us apponentibus adjutrices *Stat. Linc.* 358. **b** **1314** qui ~us alias ad aratrum nostre sollicitudinis posuissent *FormOx* 11; nec .. ~um ad aratrum positam .. retrahemus OCKHAM *Err. Papae* 958. **c** **1417** de precio de zinzibere, synamoum', careaway, anneys, et ~us Christi in confeccionibus xij lib. *Househ. Ac.* 507; **1514** item *for* ~us Christi vij d. *DC Cant. MS C. 11* f. 124.

8 (w. ref. to authority, power, or protection); **b** (*~us publica* or *saecularis*) the secular power. **c** (*sub ~u publica* or sim.) under notarial attestation or by a notary public. **d** (w. ref. to delegated power or authority *~us dextera*) right hand.

per ~um validam, i. per divinam potentiam *Comm. Cant.* I 221; cum .. vestra solers indolis sub ~u venerandi pontificis ornaretur ALDH. *Met.* 1 p. 62; impetraverunt a rege cur possent illi partiuncule pacem emere, quam sub ~u regis superhabebant (*Quad.*) *GAS* 220; c**1150** ego predictam abbatiam sub ~u et protectione mea habeo et omnes res eidem ecclesie pertinentes sub tuitione mea suscepi *Ch. Chester* 95; execucione officii statim cessare tenetur et nihilominus in ~u superioris sc. pape, renunciare debet OCKHAM *Dial.* 580. **b** quidam in finibus Eboraci publica ~u addicente oculorum effossione punitus est J. FORD *Wulf.* 73 p. 101; s**1222** diaconus quidam apostata convictus degradatus est et, ~ui seculari traditus, flammis ultricibus est absumptus TREVET *Ann.* 210. **c** **1304** ~u publica cujusdam tabellionis *CalCl* 123; **1307** publica ~u scriptum *Ib.* 527; **1327** super hujusmodi resignacionem per litteras autenticas et litteras vestras, vel sub ~u publica nos sine mora placeat certificare *Lit. Cant.* I 235; **1343** in persona domini T. ipsius W. procuratoris sub ~u publica constituti *Reg. Roff. Ep.* 208 p. 715; ipsa scripta originalia in consistorio Eboracensi, in forma juris, sub ~u publica et sigillo authentico .. transumi fecerunt *Meaux* III 188; **1476** decernimus quod ipsarum [litterarum] transcripto, ~u publica et sigillo alicujus episcopi .. munito *MunAc Ox* 350. **d** [Haraldus] precellens cunctis primatibus terre, regis ~us dextera *Found. Waltham* 14.

9 (w. ref. to force, power, or violence). **b** armed force (of any size), band, troop, gang. **c** (*in ~u forti* or sim.) with strong hand, with great (military) force, courageously, violently. **d** (*~us superior*) the upper hand, superiority.

Carausius quidam, genere quidem infimus, sed consilio et ~u promtus BEDE *HE* I 6 p. 17; c**1182** precipio ut firmiter et inviolabiliter faciatis teneri, et quod super eos qui eam fecerint ~um non ponatis GERV. CANT. *Chr.* 299; a primo ingressu suo ~um in nos extendit duriorem *Id. Imag.* 51; s**1207** unde rex exasperatus in dictum archipresulem ~um suam aggravavit (*Chr. Cant.*) *Id.* II lix; **1265** per quod ~um correctionis ad hoc aliter apponere debeamus *Cl* 38; c**1379** graves fecerunt insultus, ~us in eum ponentes violentas *FormOx* 252. **b** militarem ~um ad se vindicandam lacrimosis postulationibus poscens GILDAS *EB* 15; mittens ~um militarem THEOD. *Laterc.* 6; classis prolixior, armatorum ferens ~um fortiorem BEDE *HE* I 15 p. 31; fortissima collecta ~u, regi circa ripas Reni fluminis obviaverunt ALCUIN *Vedast.* 416; adunato exercitu Northymbrorum et Eboracensium non parva ~u, Scottorum multitudinem pene totam interfecit *Obsess. Durh.* 1 p. 216; c**1258** ipsos super dicta ecclesia gravi inquietacione molestavit armata ~u laicali prefatam ecclesiam invadendo *Cart. Chester* 531 p. 304. **c** suffragans manu fortiter / alma per adminicula (ÆTHELWALD) *Carm. Aldh.* 3. 26; s**1152** H. dux Normannie intravit Angliam in ~u valida et castellum de Maumebri obsedit R. NIGER *Chr. II* 188; **1242** illuc in ~u forti cum multitudine impetuosa advenit *RGasc* I 28; **1361**, FAVENT 5 (v. manufortis c); **1460** suis complicibus .. versus London adducendis cum ~u forti et in Turri .. firmiter .. in carcere collocandis *Paston Let.* 611. **d** s**1066** Angli superiorem ~um nacti, Noricos in fugam egerunt W. MALM. *GR* II 228 p. 281; in omni controversia et alio quolibet actu personam ejus concernente belli et pacis ~um habuit superiorem MILEMETE *Nob.* 24.

10 (w. ref. to fighting); **b** (*~um* or *~us conserere*, or sim.) to join battle; **c** (*~us definitio*) arbitrament of battle; **d** (*~um dare, in ~us ire* or sim.) to give oneself up, surrender, assent.

~u ad ~um pugnaverunt AD. MUR. *Chr.* 68. **b** excepit primum impetum rex .. Saxonum .. ~um conserere ausus W. MALM. *GR* I 34. **c** ad ~us diffinicionem *G. Hen. V* 1 p. 8 (v. definitio 4e). **d** ~us hostibus dabant GILDAS *EB* 25 (v. dare 11c), **1119** (v. datio 3b); Scotti omnes qui inter Anglos morabantur, aut his ~us darent aut suam redirent ad patriam BEDE *HE* III 28 p. 195; putantes homines illos ~um cito daturos fame et siti .. coactos ASSER *Alf.* 54; in ~us ire (*Quad.*) *GAS* 75 (v. ire 20f); concordi omnium episcoporum assensu pressus [Dunstanus] ~us dedit W. MALM. *GP* I 18 p. 26.

11 (w. ref. to captivity or slavery).

qui ad nos quasi ad servos Dei et veros Christianos de ~ibus diaboli fugit ANSELM (*Ep.* 380) V 324; expugnaverunt Jerosolimam et liberaverunt eam de ~ibus Turcorum W. MALM. *GR* IV 368 p. 425; Deus innocentes eripuit de ~ibus impiorum *G. Hen. V* 1 p. 6.

12 (w. ref. to administering, preserving, or handing over; *in ~u aequa* or sim.) in equal hand, impartially, even-handedly; **b** (w. gen.).

in *Danelahe* ponetur res in ~u equali, donec dirationetur (*Leis Will.*) *GAS* 509; facta fuerunt scripta inter eos et commissa fuerunt quasi in equali ~u H. abbati Cestrie *Eyre Yorks* 136; **1253** omnia predicta salvo custodiri faciat in equali ~u usque ad eundem terminum *Cl* 413; **1257** predicte terre .. committi debent .. Johanni filio Thome ad custodiendum tanquam in ~u equali *Cl* 288; **1267** carta .. feoffamenti quam idem Johannes habet de dicto Radulpho super dictis maneriis in equali ~u de consensu partium *Cl* 386; **1299** ortis igitur inde variis opinionibus rex precepit dictum pannum liberari comiti Lincoln' tanquam in ~um equalem donec discussum fuerit quid cui cedere debuit *DC Cant Reg. Q* f. 29. **b** **1263** carta feoffamenti inde confecta que est in equali ~u thesaurarii Novi Templi Lond' *Cl* 310.

13 (w. ref. to receiving, seizing, keeping, or giving). **b** (*~us portum*) 'mainport', payment or offering in lieu of tithe (cf. OF *port*).

si quis dederit aut acceperit communionem de ~u haeretici .. annum integrum peniteat THEOD. *Pen.* I 5. 7; a**716** si quid semel acceperit homo de ~u alterius in propriam potestatem *CS* 91; signando sese et spiritum suum in ~us ejus [conditoris] commendando BEDE *HE* IV 24 p. 262; in ~u sua retinuit episcopus in civitate Rovecestre iij hagas quae valent l denar' *DB* I 9ra; decreta apostolica .. ne .. aliquis de ~u regis aut alicujus laici ecclesiarum investituras acciperet ANSELM (*Ep.* 219) IV 121; si terram testamentalem habeat .. ipsa in ~um regis [AS: *þam cingce to handa*] transeas (*Quad.*) *GAS* 317; premissa professione quam Thomas Lanfranco .. ~u in ~um porrexit W. MALM. *GP* I 25 p. 42; a**1189** sciatis quod abbatia de Bordesleia cum omnibus pertinentiis suis in ~u mea [Henrici regis Anglie] et custodia est *FormA* 294; **1283** ad saisiandum et ponendum ad ~um nostram .. nobilia feuda que .. alienata et in manu mortua seu ignobili posita sunt *RGasc* II 214. **b** **1375** recipiet .. capellanus ex parte nostra ~us portum quod prebent parochiani et quam alii fideles gratis offerrent *Mem. Ripon* I 197.

14 (*~us mortua*) mortmain (legislated against in 1279); **b** (Scot.).

1276 de feodis et retrofeodis nostris ibidem alienatis et in ~u mortua seu ignobilium positis *RGasc* II 17; **1279** statuimus .. quod nullus religiosus aut alius quicunque terras aut tenementa aliqua emere vel vendere .. presumat .. per quod ad ~um mortuam terre et tenementa hujusmodi deveniant *StRealm* I 51 (=*Fleta* 181); s**1280** eodem anno fuit statutum factum, ne religiosi in ampliacionibus terrarum crescerent, quia multa feoda Anglie ad ~um mortuam devenerunt *Ann. Lond.* 89; inhibitum est ne de cetero possessiones terrarum seu redituum, sine speciali regis licencia, ad ~um mortuam devolvantur TREVET *Ann.* 293; si unicuique collegio fuerit signatus numerus patronatuum qui jam sunt in ~u mortua WYCL. *Sim.* 94; cives Londoniarum tenementa sua infra libertatem existencia legare possunt tam ad ~um mortuam quam alio modo *MGL* I 145. **b** **1379** domino J. B., archidiacono Aberdonensi .. pro se et quibuscunque assignatis suis, eciam ad ~um mortuam, xx solidos de formis dicti burgi per annum *ExchScot* 597; **1379** concessimus .. Johanni quod ipsos xx solidos annuos dare possit et assignare ad ~um mortuam cuicunque pro loco vel personis quibuscunque pro salute anime sue *Reg. Aberd.* I 130; **1397** ad ~um mortuam imperpetuum confirmamus *Melrose* 501 p. 477; **1404** ratificamus et pro nobis et heredibus nostris .. ad ~um mortuam imperpetuum confirmamus *Reg. Paisley* 82; **1467** concessiones donacionesque possessionum terrarum, tenementorum, ac annuorum reddituum .. datas, donatas, concessas et ~u mortua traditas *Reg. Glasg.* 415; **1495** in liberam, puram, et perpetuam elimosinam et ad ~um mortuam imperpetuum (*Ch. Edinb.*) *Scot. Grey Friars* II 18.

2 mānus [CL], good.

~um enim antiqui bonum dicebant ALCUIN *Dub.* 1115C.

manuseres [2 manus+seres; cf. sericus], good silk.

manceres, A. *a sylkethrede WW.*

manuscriptus [ML], written by hand.

1514 hoc presens testamentum ~um rite ratificamus *Scot. Grey Friars* II 141; codicis .. veteris ~i copiam fecit *Reg. Brev. pref.*

manutenementum, (act of) maintaining or sustaining: **a** (person); **b** (tenement); **c** (church or mon.); **d** (legal action); **e** (abstr.).

a s**1141** ei [sc. imperatrici] fidem et ~um promittimus W. MALM. *HN* 493 p. 54; c**1195** tale eis [Willelmo vel heredibus suis] auxilium et †manutenentum prestabimus quod .. *Ch. Westm.* 322; **1219** pro consilio et auxilio, et ~o Roberti Maud' *Cart. Beauchamp* 217; **1234** nec permittas quod homines sui sub ~o suo ipsum Johannem gravent vel molestent *Cl* 445; cum quidam Johannes P. per ~um Johannis de Kyrkebi .. episcopi Elyensis .. quoddam breve portasset versus .. abbatem *State Tri. Ed. I* 1. **b** Lausele est abbatis de Rameseie et non dat auxilium vicecomitis sed villa pro ~o et amore habendo de prepositis dat illis annuatim de antiqua consuetudine iiij sol. *Kal. Samson* 103r; c**1211** de ij s. de Roberto filio Alani pro ~o *Crawley* 197. **c** **1200** suscepimus in manu nostra custodia et protectione et ~o ecclesiam S. Marie de Lancastr' que est capella nostra *RChart* 40a; c**1225** me suscepisse in protectione mea et in ~o meo domum S. Oswaldi de Bardneio et monachos ibidem Deo servientes *Ch. Chester* 399. **d** **1293** quo ad ~um etc. dicit quod .. nullo alio modo manutenuit placitum predictum *RParl Ined.* 34. **e** p**1210** confirmavi firmam pacem meam .. cum ~o bone fraternitatis *Reg. Paisley* 126.

manutenentia [ML], maintenance, (act of) maintaining or sustaining: **a** (person); **b** (w. implication of wrongfulness); **c** (artefact); **d** (alms); **e** (assize); **f** (legal action); **g** (event); **h** (abstr.).

a **1334** pro conservacione marchiarum et terrarum nostrarum predictarum ac ~ia dicti regis et populi nostri ibidem *RScot* 276b; cum .. liber homo .. pro dominio habendo vel ~ia alicujus magnatis reddit seipsum illi domino *Quon. Attach.* 56; **1453** omnes et singulos rectores .. magistros et scolares in prelibata universitate .. sub nostra firma pace, custodia, defensione, et ~ia suscipimus *Reg. Glasg.* 397. **b** **1300** quatinus monachi illi .. corrigantur, quoniam, propter potenciam et ~iam dicti patris, prior Dunelmensis manum debite correccionis apponere non audebat *G. Durh.* 24; **1321** [clamium] redundat in ~iam et augmentacionem feloniarum, depredacionum .. et aliorum malorum perpetrandorum *PQW* 446a (=*MGL* II 300); **1332** roberias, felonias, receptamenta, felonum ~ias, diversa fecerunt *G. S. Alb.* II 224; pro reformacione ecclesie Anglicane, que ceca extitit et leprosa annis plurimis per manuten[en]ciam superbe prelacie *Concl. Loll. XII prol.*; **1400** convictus .. super credencia, doctrina, et ~ia quorundam errorum et heresum repugnancium orthodoxe fidei *Ziz.* 400; **1479** eo quod occupatur minus juste per Thomam Wharton ex vi ~ie domini episcopi *Ac. Durh.* 96; **1508** pardonamus .. deceptiones, extortiones, imbraciarias .. ~ias, cambipartias *Foed.* XIII 233b. **c** **1337** pro sustentacione et ~ia pontis predicti *RScot* 493a; **1460** predicti granarii sustentacione, reparacione, et ~ia *Melrose* 556 p. 563. **d** c**1145** volo enim vos scire hanc predictam elemosinam sub ~iam meam fore *Regesta Scot.* 32. **e** **1334** in presencia predictorum justiciariorum contencio mota fuit .. occasione ~ie assise supradicte *SelCKB* V 80. **f** **1293** expresse cognoscit predictam ~iam [placiti], et contra formam statuti *RParl* I 93a; **1293** est provisum quoad ~iam factam versus predictum Johannem quod rex non vult aliquid inde inquiri .. eo quod idem Johannes nichil amisit *RParl Ined.* 35; **1377** pro omnimodis .. falsarum querelarum ~iis *Foed.* VII 166. **g** **1432** in contrarium tamen determinacio solidissima processit ~ie concilii ejusdem BEKYNTON II 106. **h** Deus potest subtrahere ~iam suam a gracia, et tunc non inerit, imo quandocumque gracia non est, annihilatur DUNS *Sent.* II 37. 1. 2.

manutenentio, (act of) maintaining, sustaining, or upholding.

1552 in majorem augmentationem et ~onem regalis status coronae suae imperialis *Foed.* XV 306.

manutenere [ML; al. div.]

1 to maintain, support, sustain, uphold: **a** (absol.); **b** (person, sts. leg.); **c** (w. implication of wrongfulness); **d** (country, community, or institution); **e** (land or tenement); **f** (artefact); **g** (legal action); **h** (legal privilege or provision); **i** (event).

a favente rege et ~ente W. MALM. *GP* I 43. **b** omnesque hos ex sumptibus nostris ~ebimus (*Ps.-Cnut*) *GAS* 621; **1130** Robertus archidiaconus r. c. de j m. auri ut rex ~eret eum *Pipe* 84; **1153** precor dominum abbatem de B. quod eos protegat et ~eat et custodiat *Ch. Chester* 101; **1157** per hoc gratiam suam et amorem suum reddidit rex episcopo, ita quod de cetero eum diliget et ~ebit *Doc. Theob.* 241; si digne nobis deservierint vicecomites, et servientes vel ministri provinciarum, et homines nostros manu tenuerint GRIM *Thom.* 23; **1265** precipimus quod a predicta molestacione .. desistas et predictum Thomam et omnes possessiones suas .. ~eas et defendas *Cl* 22; **1447** domino T. N. ad manutenend' et protegend' nos et tenentes nostros lxvj s. viij d. *Ac. Durh.* 631. **c** nullus hanc ejus praesumptionem ullo modo ~ere potest sine suo magno peccato et sine ira Dei ANSELM (*Ep.* 467) V 417; dominus, qui rectum difforciabit et malum hominem suum ~ebit [AS: *for his yfelan mon licge*] (*Quad.*) *GAS* 153; omnis terra, que aliquem eorum ~eat [AS: *friþige*], qui Angliam inquietans, sit exlex apud nos (*Ib.*) *Ib.* 222; si quis excommunicatum vel utlagam habeat et ~eat [AS: *healde*] (*Ib.*) *Ib.* 353; qui excommunicatum habet et ~et, vel utlagam (*Leg. Hen.* 13. 10) *GAS* 558; **1293** cum nulli ministri regis debeant aliquas partes ~ere nec ad partem capere, idem Willelmus per collusionem et prolocucionem .. ~uit quamdam Egideam de Cogan contra eundem Johannem *RParl Ined.* 34; **1306** depredaciones, homicidia .. contra pacem nostram perpetrantes, vagantur, discurrunt, receptantur, ~entur *MGL* II 152. **d** ejus consilio rex Willelmus primo animatus ad invadendam Angliam; mox, virtute adjutus, ad ~endam W. MALM. *GR* III 256 p. 314; debet .. sanctam ecclesiam regni .. servare, fovere, ~ere, regere (*Leg. Ed.*) *GAS* 636; c**1127** precipio omnibus meis hominibus et precipue dapifero meo non eos injuste ~eatis *E. Ch. Scot.* 57; c**1155** obsecro ut eandem congregationem .. ad salutem animarum vestrarum diligatis atque ~eatis *Doc. Theob.* 110; collegium .. ~ebimus, sustentabimus, defendemus *Hist. Durh.* 3 p. 140. **e** ?**1140** predictum manerium .. warantizabimus, ~ebimus et defendemus *Ch. Westm.* 271; terram illius .. custodiet et ~ebit GIR. *PI* II 5 p. 168; **1276** promisit .. dictam terram cum omnibus pertinenciis salvare, defendere, ~ere et warentizare *Reg. Heref.* 90; Alicia de B. invenit plegios A. et B. quod de cetero ~ebit tenementum et terram *CBaron* 104. **f** **1391** Isabella Lucas habet et ~et unam vilem gutteram currentem de messuagio suo in regiam viam ad nocumentum *Leet Norw.* 72; **1587** sepes, fossat' .. reparabunt, supportabunt, sustinebunt, escurabunt, purgabunt et ~ebunt *Pat* 1290 m. 40. **g** ~ebat et procurabat diversa appella fieri versus quamplures de civitate predicta *Tri. W. Langton* 323; **1410** ad equitandum cum eo pro querelis suis ~endis *CoramR* 596 r. 76. **h** c**1130** supplico quatenus .. eleemosinam nostram .. ~eatis et juvetis *E. Ch. Scot.* p. 321; **1227** concessit .. ita quod ipsi burgenses .. jura et libertates .. ~eant *BBC* (*Chesterfield*) 339; **1286** quia libertates ecclesiasticas in suis juribus ~ere volumus *Reg. Ebor.* 43; **1311** de laboribus, quos pro jure nostro in terra nostra predicta ~endo cotidie sustinetis *RScot* 105b; s**1387** ut se et sua defenderent et justarum legum destructores destruerent, justa et jura regni pro suo posse ~erent *Chr. Kirkstall* 126; pro nullius favore ~ebis proficium singulare contra proficium publicum *MGL* I 41. **i** ad sustinendum et ~endum .. paginam barbitonsorum *Mem. York* I 208.

2 to maintain, carry on, continue.

s**1116** rex .. ubi advertit Thurstanum in sua pervicacia stare; et eandem pervicaciam .. fulcire ac ~ere EADMER *HN* 285; ad werram suam ~endam GLANV. IX 8; **1295** nobis guerram ceptam prosequentibus ac ~entbus *Reg. Carl.* I 80; utrum .. ad guerram suam ~endam vel ut maritet filiam suam .. possunt domini .. auxilia petere quero *RegiamM* II 73; nobis guerram suam inceptam prosequentibus ac ~entibus *Plusc.* VIII 20 p. 145; **1455** volens .. transgressiones et offensas predictas ~ere et sustentare *Rec. Leic.* II 263.

3 to maintain, keep, preserve.

11.. debeo eisdem monachis warantizare totum tenementum illud et ~ere per omnia conventiones suas *Cart. S. Nich. Exon.* 46; a**1158** quicunque ergo hec beneficia ~uerint et ~endo pro Christo augere voluerint, benedictionem Dei et nostram †precipiant [l. percipiant] *Ch. Westm.* 264; **1203** hec omnia fideliter ~ebo *CurR* II 297; s**1212** ordinem .. Cisterciencem .. afflixit pro voluntate sua .. ut servientes sibi scriberentur a vicecomite, et ~erent ad judicium regis W. NEWB. *Cont.* 513; hoc juramentum frater comitis manutentum / primas fervore regis suscepit ab ore GOWER *CT* II 61.

4 to hold in custody, detain: **a** (person); **b** (property).

a **1367** de Ricardo .. de morte predicta rettato xl s. cepit et prefatum Ricardum .. ad propria redire et ibidem morari fecit et ~uit *Pat* 275 m. 2*d*. **b** **1276** concedimus eisdem quod nunquam in terra nostra Vasconie aliqua racione pignorentur, vel per aliquem arrestentur vel bona eorum nisi principales debitores aut fidejussores existerent manutensa *RGasc* II 15a.

5 (pr. ppl. as sb.) maintainer, supporter.

1476 canones .. contra intensores in beneficiis .. non possunt .. demandari execuciari, propter vim laicalem et manutenentes aliorum *Conc.* III 609a.

6 (p. ppl. *manutentus* as sb. n.): **a** handle, hand-staff, haft; **b** haggaday, door-latch.

a flagellorum partes sunt ~um, virga et cappa GARL. *Dict.* 130; †manutercium [l. manutentum] A. *an handstaf*, item A. *an handele WW*; *a flayle*, flagellum, tribulus .. tres tribuli partes ~um, cappa, flagellum. ~um, *a hande staffe CathA*; *an handylle of a swerde*, capulus, ~um *Ib.*; *an hefte*, manubrium, ~um *Ib.*; *a sterte*, ~um *Ib.* **b** hoc ~um, A. *a haginday WW*.

manutenibilis, maintainable, sustainable.

1390 affirmando jurisdiccionem curie .. esse sufficientem et ~em in lege *Mem. York* I 231; nulla actio manuteneretur neque ~is existeret aliquo modo *Entries* 665rb.

manutentio [ML], maintenance, (act of) maintaining or sustaining: **a** (person); **b** (w. implication of wrongfulness); **c** (institution); **d** (artefact); **e** (legal action); **f** (legal privilege); **g** (event).

a **1220** cum ipsius comitis defensio et ~io fidelibus vestris .. pre omnibus aliis sit plurimum utilis et necessaria *RL* I 133. **b** **1419** per preceptum, ~onem, ordinacionem, et abettamentum *Treat. J. P.* 71n; **1437** abbas .. queritur quod W. T. .. et quamplures alii homines et tenentes .. per sustentacionem et ~onem suas, vi et armis .. diversos equos .. ceperunt AMUND. II 128. **c** pro competenti restauratione et ~one dictae universitatis ac sustentationis doctorum (*Lit. Papae*) *Foed.* XIV 24. **d** **1430** pro preparacione et ~one structurarum et edificiorum dicti monasterii (*Lit. ad Papam*) AMUND. I 288; **1453** deputabantur reparacioni et ~oni chori prefate ecclesie *Melrose* 554 p. 557; **1529** episcopus .. dedit .. terras .. ad sustentacionem, manutensionem, reparacionem, et cum opus fuerit, reedificacionem lapidii pontis super fluvio *Reg. Aberd.* I 393. **e** indictatus .. de conspiracione et ~one parcium in hundredo comitatu et aliis curiis *Eyre Kent* I 62; indictati de conspiracione et ~one falsarum querelarum *Ib.* ; in ~onem secte sue predicte *Reg. Brev. Jud.* 81v. **f** **1536** super defensione et ~one libertatis totius catholicae Scoticanae ecclesiae *Conc. Scot.* I cclii. **g** **1515** ad ~onem et sustentationem unius missae .. in capella .. cotidie celebrandae *FormA* 272.

manutentor [ML], maintainer, sustainer, supporter: **a** (of person); **b** (w. implication of wrongfulness); **c** (of action); **d** (of legal action); **e** (of a will).

a de quibus xij electi [juratores] qui fuerunt tenentes predicti Radulfi ~oris predicti Willelmi *State Tri. Ed. I* 29; **1327** ad predictum Thomam comitem festinanter tanquam ad principale refugium suum et capitaneum ~orem accesserunt *RParl* II 4b. **b** de falsariis et eorum ~oribus (*Quad.*) *GAS* 536; **1334** felones, ~ores felonum, et feloniarum conspiratores *Reg. Heref.* 33; **1354** ad omnes delinquentes .. et eorundem delinquencium abettatores, fautores, et ~ores arestand' et imprisonand' *RScot* 766a; **1373** unitas impeditur per injustos ~ores et justicie oppressores BRINTON *Serm.* 28 p. 115; **1396** ~or felonum *SelCCoron* 98; **1417** ad procuracionem quorundam consiliariorum, ~orum, et abettatorum suorum *Pat* 392 m. 3*d*. **c** **1381** et fuerunt ~ores insureccionis *Peasants' Rising* 4. **d** **1305** ~or falsarum querelarum (v. campipartitor 2); episcopus manuten[t]or appelli .. per cupiditatem *Tri. W. Langton* 323; a**1318** rex statuit .. quod nullus cancellarius, camerarius .. nec clerici eorum sint sustentatores aut ~ores placitorum seu querelarum in curia domini regis (*Stat. Rob. I* 22) *RegiamM* II 33 (=*Reg. Aberbr.* I 257); **1321** super conspiratoribus, ~oribus, et sustentoribus falsarum querelarum *MGL* II 366; **1414** communis ~or querelarum et communis insidiator viarum *Proc. J. P.* 303; *Reg. Brev. Orig.* 180 (v. abettator). **e** **1435** presentis testamenti voluit et ordinavit prefatum dominum regem esse et fore principem provisorem et principalem ~orem *Reg. Cant.* II 587.

manutercium v. manutenere 6.

manutergium [LL], **manuterga**

1 towel. **b** tablecloth. **c** napkin; **d** (as cheesecloth).

~ium † *lim* [l. *liin*] *EE* 371; a manu per compositionem hoc ~ium, -ii i. togilla, cum qua terguntur manus OSB. GLOUC. *Deriv.* 335; mane cum manus de more ablueret, ut ministerio nullo, ita nullo utebatur ~io AD. EYNS. *Hug.* IV 10 p. 49; pro adustione lingue lavetur lingua cum aqua calida prius et cum ~io abstergatur GILB. I 19vb; s**1254** Johannes Maurus ipsum [Henricum] potionatum et adhuc sub morte palpitantem quodam ~io suffocavit M. PAR. *Abbr.* 336; panis .. portatus in brachiis vel sub mantargio *MGL* I 358; *a towelle*, manitergium, facitergium *CathA*. **b** **11..** manuterium, vel mantele, *scet WW*; *a burdecloth*, discus, gausipe, mappa, mantile, manitergium, mensale *CathA*; **1501** iiij manitergia longa pro alta mensa *Cant. Coll. Ox.* I 39. **c** mappas et ~ia et cetera ad mensam abbatis .. pertinencia *Cust. Cant.* 53; **1501** j ~ium humerale de dyaper .. viij ~ia manualia de dyper *Cant. Coll. Ox.* I 38. **d** **1285** iij ~ia pro casio (*KRAc*) *Arch.* LXX 38.

2 (eccl.) towel. **b** (altar cloth). **c** (w. ref. to Veronica's headcloth).

a**690** nec manibus lomentum aut latex cum ~io exhibetur neque pedibus ad lavacrum pelvis apponitur ALDH. *Ep.* 4 p. 484; EGB. *Pont.* 14 (v. aquaemanile); cuncta necessaria ecclesiae dedit .. calices, sciffos, ~ia .. cornua ad vinum fundendum BYRHT. *V. Osw.* 446; de rapinis clericorum, capelle, episcopi, quid dicam, qui ecclesie dedicate lintheamina, ~ia, pelves .. tanquam predones asportans omnia GIR. *GE* II 27 p. 294; instrumenta ecclesiastica sunt hec: lavacrum .. crucifixum et alie .. ymagines .. feretrum, ~ium, facitergium NECKAM *Ut.* 119; manitergia sacerdotum sive tersoria *Cust. Westm.* 58. **b** **1236** unum ~ium, unum de canavazio ad coperiendum altare, phiolam et thurribulum *Cl* 254; **1277** quatuor ~ia ad altare, unum manutergium ad manus capellani *Mem. Ripon* I 206; **1294** ~ium unum cum frontell' .. duo ~ia ad altare .. manutergium unum ad manus *Invent. Ch. Ch.* 5; **1436** due manuterge de Dornwik consumpt' .. ij Raya manuterge pro magno altari in diebus festivis *Reg. Aberd.* II 138; **1450** lego .. summo altari ejusdem ecclesie unum linteamen et unum ~ium *MunAcOx* 599. **c** sanctum ~ium in quo est vultus Christi impictus *Descr. Constant.* 245.

manutextus, woven by hand.

cum .. orfreys de velveto blodio cum ymaginibus et stellis aureis manutectis *Invent. Norw.* 17.

manutheca [cf. chirotheca], glove.

manutheca quidem Grece / manuum positio *Pol. Songs* 53.

manuvectum, handbarrow, hod.

1450 pro iij manuvectis emptis iiij d. ob. et pro †fenovecto [l. cenovecto] cum rota .. xij d. *DocCOx* 325.

manzer v. mamzer. **manzerinus** v. mamzerinus, maserinus.

mapale [CL], **~ium,** rustic hut, shed: **a** (for person); **b** (for animal).

a obvia turba patri luctu quatiente revelat / divertitque humulis sub nota mapalia Hripis FRITH. 405; in tuguriis et in mappaliis desertis .. habitando SÆWULF 836; cadaver .. ante mappalia Rogerii comitis .. projecerunt ORD. VIT. IV 19 p. 298; tugurium pastoris, sive magale [*ed. Wright*: sive mapale vel magale, *gl.*: idem, i.e. *hulet*] NECKAM *Ut.* 111. **b** tandem mapale conspiciunt ad porcorum tutamen contra aeris intem-

periem constructum *V. Fridesw. B* 12; jumentorum nostrorum boscaria, ac aliorum animalium mappalia longius semota *Croyl.* 98 (=*MonA* II 100n.).

maparius v. mapparius.

mappa [CL]

1 cloth. **b** tablecloth. **c** undercloth. **d** handtowel; **e** (as napkin).

c743 quattuor cultellos . . calamistrum argenteum et ~am unam . . transmittere curavi *Ep. Bonif.* 72; mox sublevata ~a qua panis est coopertus intuetur an sit candidus *Simil. Anselmi* 33; post escas sumptas mappa coclearia tergas D. BEC. 1006; **1225** mampam et manutergium *LTR Mem* m. 1; **1262** asport' fuit . . j lintheamen, una ~a, pane' et bald' *SelPlMan* 181; ~a, *clothe WW.* **b** festivae ~ae super tabulas refectorii sint extensae ita ut ante pendeant LANFR. *Const.* 129; **11** . . hec ~a, i. *nape*, mantile idem *WW Sup.* 74; mensas accelerant mappis vestire clientes H. AVR. *Poems* 27. 155; camerarius debet invenire . . unam novam ~am ad dignum, et ad ceteras mensas pannos de canabio *Cust. Swith.* 16; vasa argentea, ~e mensales, lectisternia, cum omnibus utensilibus domus GRAYSTANES 36 p. 96. **c** 1533 xvj ulnae pro ij ~is vocatis *underclothes* pro tabula domini *Househ. Bk. Durh.* 157. **d** extergifacium, ~a, togilla . . manutergium, manupiarium OSB. GLOUC. *Deriv.* 201; **1574** unam ~am †manulam [l. manualem] vocatam *a hande towell Pat* 1121 m. 40. **e** 1574 utinam ~am mensalam [*sic*] vocatam *a table napkyn Ib.*

2 (eccl.) altar cloth.

dedit . . unum frontale magnum cum ~a adjunctum et aliud strictum . . que magno altari principalibus festis apponuntur WHITTLESEY 167; **1432** una ~a sive pallia pro magno altari cum frontinello ymaginibus aureis . . ij ~e de viridi et rubeo cerico cum armis domini C. intextis *Reg. Glasg.* 332; **1432** cum iiij ~is sive twalis pro altari *Ib.* 333; **1436** pro magno altari quinque ~e cum quatuor spondalibus *Reg. Aberd.* II 138.

3 map.

~e Clavicula ADEL. *MC* (*tit.*); ~a Mundi GERV. CANT. *MM* (*tit.*); ipsa pictorum varietas mendaces efficit de locorum veritate picturas quas ~as mundi vulgus nominat GERV. TILB. 956; Kambrie totius ~am, cum montanis arduis et silvis horridis . . distincte . . et aperte declaravi GIR. *LS* 414; iste insule dicuntur scripte in mapa mundi AD. MUR. *Chr.* 162.

mappale v. magale, mapale.

mappalis [ML]

1 (as adj.) of cloth.

1295 casula linea opere ~i deputatur ad altare S. Stephani *Vis. S. Paul.* 323b.

2 (n. as sb.) (piece of) cloth. **b** (eccl.) altar cloth.

~e, quod . . probandi causa ab eodem susceperat, nature jam retulit bipartite; parte . . media, fonti imposita, lapis erat; altera parte, que extra jacuerat, in sua natura permanente GIR. *TH* II 7 p. 86; **1433** lego . . eisdem feminis de naparia et linthiaminibus . . duo paria linthiaminum cum uno ~i et uno tuallo *Reg. Cant.* II 496; sordidum ~e W. WORC. *Itin.* 2. **b** 1380 lego ad summum altare in ecclesia de T. unum ~e cum manutergio, et duobus altaribus ejusdem ecclesie consimilem mappam cum manutergio consimili *Test. Karl.* 130; **1436** ad altare sancti Johannis ewangeliste ij ~ia *Reg. Aberd.* II 138; **1452** quatuor ~ia depicta ex parte dextri altaris *MunAcOx* 629; **1460** duo ~ia cum duobus frontellis *Reg. Moray* 255.

mapparia, ~ium

1 napery: **a** (royal); **b** (eccl. & mon.).

a Silverone, lotrici ~ie regine . . ij marc' *AcWardr* 319; c1370 servit ea die de senescallia comes Leycestrie . . de ~io serviet N. de Hastynge qui extractas post prandium mappas tanquam suas recipiet *Lib. Regal.* f. 28v. **b** 1294 in eadem thesauraria, ~ia dicti episcopi et unus pannus integer garcionum *Reg. Wint.* 496; **1340** item lotrici pro ~ia abluenda *Sacr. Ely* 93; **1374** in panno lineo empto apud Welles pro ~ia tam domus refectorii quam camere prioris, cvij s. *Ac. Durh.* 578; **1400** in reward' facto B., mercero, pro appreciacione mapperie *Test. Ebor.* III 20.

2 (as surname translating Napier).

1329 in solucione facta E. de D., domicelle domine regine . . et Willelmo de ~iis, ex legato dicte regine, x s. *ExchScot* 216.

mapparius [ML], naperer, keeper of the linen: **a** (royal); **b** (eccl. & mon.).

a 1235 mandatum est preposito Guldeford' quod mappas regis, quod R. ~ius regis ei sub sigillo suo commisit custodiendas . . deferri faciat *Cl* 71; maparius cibum consuetudinarium homini suo iij ob. in die *BBExch* 343; ~ius . . mappas, canabum, manutergia et que ad officium naparie pertinent de garderoba regis . . per ulnarum mensuram percipere solet *Fleta* 80. **b** 1356 ~io et marescallo aule pro salariis suis x s. *Ac. Durh.* 122.

mappella [LL], tablecloth.

da mihi . . unam ~am, ut in festivis diebus possim illam sternere super mensam meam ÆLF. BATA 4. 16 p. 41.

mapperia v. mapparia.

mappula [LL]

1 (little piece of) cloth. **b** napkin. **c** towel. **d** tablecloth.

1168 dimittimus stramina frugum . . botas, pelves, mapulam *CartINorm* 53; hi vero pitacia, alii mapulas in sacro illo fonte sanguinis . . tinxerunt H. BOS. *Thom.* VI 13; mappula portando cunctus [? l. cunctas] domini tegat escas D. BEC. 1153; scamnum modicum mapula tectum GIR. *GE* II 11 p. 221. **b** nullus cultellum mapula tergat *Inst. Sempr.* lii; digitos lingerent sapientes, ut dum quid inherebat, lingua potius lambente absumeretur quam ~a extergeretur *Itin. Ric.* I 67. **c** facitergium, togilla, mappa, ~a OSB. GLOUC. *Deriv.* 239; sorde pedes tactos dominantis dum lavat ullus / stent famuli genibus, lotos mox mappula tergat D. BEC. 918; mappula candoris nivei rapit omnibus horis / quicquid sudoris fluit ex te sive cruoris NIG. *Laur.* 1849. **d** qui in area comedent, sine mapula et mensa comedant *Inst. Sempr.* liv; *a burdecloth*, discus, gausipe, mappa, mantile, manitergium, mensale, ~a *CathA*; **1574** unam ~am, A. *a table clothe Pat* 1114 m. 34.

2 (eccl.) napkin, maniple.

incolis vero alia curantibus flamma lichinum usque ad ~am altaris absumpsit ORD. VIT. VI 9 p. 74; ~as quibus digiti sacerdotis post communionem terguntur . . lavare debent *Obs. Barnwell* 70.

mapula v. mappula.   **maquerellus** v. makerellus.

1 mara, sort of cement.

mamitha vel ~a genus est sementuri . . [item] matha *Alph.* 108.

2 mara, ~um [ML; cf. AS *mere*]

1 mere, lake, pond.

una navis quae piscatur in ~a per consuetudinem (*Cambs*) *DB* I 190vb; c1135 in vivariis et piscariis, in mareis et stagnis *Cart. Bath* 60; c1160 ij acras inter magnum ~um et parvum ~um *Danelaw* 182; c1170 unum molendinum et ~as ibi adjacentes ad piscandum *Act. Hen. II* I 552; c1180 et omne quod habebat in Wimondevilla super ~a [*sic* MS], cum ~a [MS: mare] quam ibi habebat *Ib.* II 192; **1192** custodiet . . averia sua ne damna facient in retibus piscatorum de Rameseia, que suspendi solent juxta ~as de Ubbemare et de Witlesmare *Cart. Rams.* II 348; **1231** in capite orientali cujusdam ~e que vocatur Estmere *Cl* 522; **1246** quod faciat habere Petro de S. cc bremias et cc teng' in Fossa ad quandam ~am in comitatu Richemund' instaurandam *Cl* 464; ad aquam de marra de Hornse, in occidentali parte ejusdem marre *Meaux* I 368.

2 marsh, fen, swamp.

c1140 sciatis me dedisse . . totam terram [et] ~am, paludem sc. cum edificiis et firmo *Reg. S. Osm.* I 345; a1189 (1286) in ~iis et brueris, et moris, et mariscis *CalCh* 335; ambitur . . isdem locus paludibus anguillosis, ~is late patentibus, et stagnis multimodi generis piscium *Chr. Rams.* 8; tenendam et habendam . . in ~is et mariscis, in communi libertatibus et liberis consuetudinibus *Reg. S. Thom. Dublin* 176; **1312** Willelmus H. appropriavit sibi de una ~a apud B. ad nocumentum *Rec. Elton* 196.

3 (in place-name or as surname).

in Offelei tenet Willelmus de ~a viij hid' (*Herts*)

DB I 139ra; **1169** gara Hug' de ~a reddit compotum *Pipe* 21; **1220** Petrus de ~a *CurR* 321; **1230** Wyganus de ~a debet j m. *Pipe* 160; **1242** Willelmus de ~a xl s. pro transgressione *Ib.* 29.

marabotinus [ML], maravedi, Spanish gold coin.

1177 ut rex Aldefonsus . . donet Sanctio regi Navarre, avunculo suo, singulis annis usque ad decennium tria millia ~orum *Act. Hen. II* II 60 (=M. PAR. *Min.* I 397: marbotinorum); **1253** item iiij marbotini auri . . ponderis xij d. summa ponderum . . iiij marbotinorum seu talentorum auri *AcExch* 349/25; **1254** pro uno marketino aureo de sportla *RGasc* I 345b; **1259** pro uno ~o aureo de sportla *Ib.* I *sup.* lxxxviii; **1295** feretrum S. Laurencii portatile lingneum . . cum quatuor annulis aureis affixis, et uno marbodino, et duobus obolis *Vis. S. Paul.* 313b; **1311** deductis duobus milibus marbetinorum *Ib.* II 562 p. 161b; **1313** octo milium marbotinorum *Ib.* II 1180; Arnaldus . . facit j marbotinum aureum in mutacione domini regis *Reg. Gasc. A* 36; **1523** pro cxx^ml maravidis qui se attingunt ad lxxij li. sterlingorum *Law Merch.* II 129; **1523** pro cclxxxjm ccl marvedis . . pro vijmdclx marvidis *Ib.* II 130.

maragdo v. smaragdo.

maragium [OF *marage*], marsh, swamp.

a1149 ab Egesmere totum ~ium usque ad aulam abbatis de majore Fornham in quo nulla debent intrare animalia nisi tantummodo dominice vacce ejusdem manerii *Doc. Bury Sup.* 817; **1451** sciatis nos . . concessisse . . terras de ~io de Straspey *Reg. Moray* 223; **1513** habebit . . communem pasturam in lie Bradbog et ~io ejusdem *Reg. Aberd.* I 375.

maraharer, caper.

~er, i. caper *SB* 29.

maranatha [LL < μαρὰν ἀθά < Aramaic *maranatha* = *our Lord is coming*], maranatha, imprecation for reinforcing a curse.

867 et qui hanc donationem . . temptaverit frangere . . anathema sit marenatha in die judicii ante tribunal Christi *E. Ch. S. Paul.* 2; 903 sciat se esse ~a cum Juda proditore in die adventus Domini *CS* 600; a1051 sintque anathematizati ~a, quod est perditio in die judicii *GAS* 436; H. LOS. *Ep.* 35 p. 71 (v. anathema 1c); a1162 in extremo examine districte ultioni subjaceat et sit anathema ~a *Doc. Theob.* 148; **12** . . hic liber est ecclesie beati Thome martyris de Liesnes quem qui ei abstulerit, aut illi super eo fraudem fecerit . . anathema sit ~a! fiat. fiat. amen. (*MS BL Royal 8 F* xvii) T. D. Hardy *Descriptive Catalogue, RS* XXVI (1865) II 553n.

marantia v. morantia.

mararazus, (in nonsense verse) *s. obsc.*

mursum malgorum, mararazorum *Digby Plays* 64.

mararius [cf. 2 mara 1], water-bailiff.

a1196 dedi . . Pagano ~io tres acras terre wainabilis . . in villa de Thorna [*Yorks*] *MS Bodl. Dodsworth 8* f. 234; c1200 Robertus filius Pagani quondam marrarii de Torn' *AncD* A 308; **1200** testibus . . Pagano ~io *MS BL Harleian Charters 43 C* 14; a1241 Willelmus comes Warenn marreriis suis de Brademare salutem. sciatis me . . dedisse . . decimam . . de omnibus piscariis meis *MonA* V 503b.

marascalcia v. marescalcia.   **marascallus** v. marescalcus.   **marascus** v. mariscus.

marasmus [LL < μαρασμός], withering.

ptisis . . habet tres species, extenuatam maciem, sinthesim et squalliditatem. extenuata macies maragmon appellatur, i. fervor in summa cute, et curatur ut ethica GILB. IV 196va.

marathrum [CL < μάραθρον]

1 fennel, plant or seed (*Foeniculum vulgare*); **b** (as ingredient in) medicine.

potius autem ciminum facit hoc quam maratrum vel anisum *Quaest. Salern.* B 281; hortus ornari debet . . petrosilino, et costo, et maratro NECKAM *NR* II 166 p. 274; muscus promatur, maratrum vulgo comedatur GARL. *Mor. Scol.* 590; *SB* 28, etc. (v. faeniculum 1a). feniculus . . respice in masmatum *Alph.* 63; feniculus agrestis, masmaratrum *Ib.* 140; hoc meretrum, A. *ffenyllesede WW.* **b** vix oculis maratrum gratius esse potest NECKAM *DS* III 610; additis seminibus

mara .. et parum apii GILB. I 52vb; **c1300** pocio optima contra constipacionem: recipe .. manipulum semis, maratrum, i. *fenyl rotis Pop. Med.* 238; contra constipacionem: recipe .. semen maratri, i. feniculi *Ib.* 245; item electuarium .. maratri, seminis petroselini, amei J. MIRFIELD *Brev.* 84.

2 (dist. by kind).

masmatrum *Herb. Harl. 3388* 79v, etc. (v. faeniculum 2a).

maravidus, marbetinus, marbodinus, marbotinus v. marabotinus.

marbrare [OF *marbrer*], to marble.

1256 postes una cum arcubus ejusdem [aule] ~ari *Liberate* 32 m. 10.

marbrarius [OF *marbrier*], marble-worker, marbler.

1106 hii sunt testes ex parte episcopi .. Girardus ~ius *E. Ch. S. Paul.* 157.

marbrinus [OF *marbrin*], marbled, resembling marble; **b** (as sb.).

1359 j coopertorium de panno marbrin' glauco furrurat' cum biss' *CalExch* II 240. **b 1359** unum coopertorium de panno de ~o *Ib.* 247.

1 marca [LL; cf. AS *mearc, merc*], **merca, ~us**

1 mark (of ownership), indication, sign.

si vestigium furati pecoris minetur de loco in locum .. cum ~a [MS: marcha; AS: *mid mearce*] monstretur quod rectum prosequantur (*Quad.*) *GAS* 375; **1220** quesitus quomodo cognovit equam illam post tantum tempus, dicit quod per mercum, sc. per fissuram auris *CurR* VIII 272; **1263** et predictos sex boves qui non fuerunt de mercha ipsius J. fecit merkari de merka aliorum bovum suorum per auriculas boves signo merkari fecit *PRO AssizeR* r. 8*d*; **1272** arcussit ad unam mercam cum una minuta sagitta *RCoron* 46 m. 5; **1284** cepit ix agnos et fugavit ad domum suam et ibidem mercavit in merca sua quasi felon' et habuit sectam *Hund. Highworth* 248; **1417** reperiebantur lxxiv tonelli, una pipa et capud porci sub signatura sive marqua predicta *CalCl* 398.

2 (mark of) boundary.

ne intermittatur aliquod vestigium .. vel a septentrionali merca [MS: marca; AS: *be norþan mearce*] vel australi (*Quad.*) *GAS* 176; sint mensurati ix pedes a staca usque ad mercam [MS: marcam; AS: *to þære mearce*] (*Ib.*) *Ib.* 386; **c1180** possessiones liberas et quietas ab omnibus consuetudinibus .. et defensis, et merchis, et equitacionibus, et exercitibus, et muris *Act. Hen. II* II 329; **1234** quia quedam merca parci regis de Haroving' quam ballivi de H. custodie tenentur, nimis debilitata est, mandatum est .. quod ipsam emendent et custodiant *Cl* 445; **1241** ammovit bundas et merkas positas inter terras *CurR* XVI 1408 p. 266; **1276** ponere petras ad mercas in communi prato *Hund. Highworth* 43.

3 country, land, territory.

752 non sint dispersi sicut oves non habentes pastorem et populi prope ~am paganorum non perdant legem Christi .. quia presbiteri mei prope ~am paganorum pauperculam vitam habeant BONIF. *Ep.* 93; **c929** ne aliquis recipiat hominem alterius sine licentia ipsius cui prius folgavit nec intra ~am nec extra *CS* 1341; Lodowicus .. Carlomanno .. dedit Noricam .. et ~as contra Sclavos et Langobardos W. MALM. *GR* II 110 p. 111; quandam particulam marisci quod pertinet ad ~am R. et pares *Reg. S. Aug.* 50.

4 marque, right of reprisal.

1289 excercentes marcham predictam et per ipsum G. et complices suos excerceri, prout marche consueverunt in consimilibus fieri et excerceri *RGasc* II 427b; **1295** si .. Bernardo de predictis satisfactum fuerit, extunc cessent mercha, retencio et appropriacio [bonorum de regno Portugallie] *Ib.* III 294; **1313** neque marcari aut ~am fieri supra dictum Willelmum aut ejus mercandisas seu gentes suas per aliquem faciatis *Ib.* 917; **1314** quod bona vel mercandise sue alicubi in ducatu predicto non arestentur seu sub marcha quomodolibet teneantur pro debito aliquo de quo .. non fuerit plegius vel fidejussor sive debitor principalis *Ib.* 1196; **1317** senescallus [Vasconie] .. marcham per dictum Henricum contra gentes Britannie et eorum bona petitam de consuetudine parcium illarum concessit fieri *Cl* m. 21*d*; **1371** marcha seu contraprisa, detencio vel arestacio (*Pat*) *Foed.* VI 681; **c1389** racione privilegii per nos eis indulti contra eos reprisaliis uti vel ~a non possumus *Dip. Corr. Ric. II* 69; **1438** de remedio marche seu represaliarum et pignorandi licencie BEKYNTON I 253.

2 marca, ~us [ML; cf. AS *marc*]

1 mark, measure of weight.

cum de ~is libras restauramus, ponderis equitate servata, majorem numerum in minorem contrahimus THURKILL *Li.* 127; **1303** duo costrelli de cristallo muniti argento deaurato cum lapidibus infixis ponderis vij ~arum *DocExch* 279; **1427** duos cumulos ponderum de orichalco, quorum unus sexdecim ~arum est ponderis *de Troy MunAcOx* 284; **1442** mitto .. vobis quinque ~as in auro, ponderis sufficientis et boni .. et si quas plures pecunias magister A. sive vos superrogaveritis .. satisfaciam sine mora *Pri. Cold.* 144.

2 (as measure of commodities): **a** (bread); **b** (metal; *cf.* 3b *infra*).

a panem accipiat sibi deputatum de frumento puro quinque ~is parem in pondere *Chr. Abingd.* I 345. **b 1257** fieri faciat unum ciphum auri ponderis quatuor ~arum *Cl* 98.

3 mark (as unit of exchange or money): **a** (var. & unspec.); **b** (of precious metal; *cf.* 2b *supra*); **c** (sterling); **d** (Scot.); **e** (of Cologne); **f** (of Stralsund).

a suoque labore transegisse negotium quod illi multis constaret ~is W. MALM. *GP* I 49 p. 90; dimidiam ~am .. pro exartis vi exegit. collecta est hec pecunia per vicecomites provinciarum *Chr. Battle* f. 88v; reddende ratiocinationis summa taxata, viz. circa triginta ~arum milia H. Bos. *Thom.* III 35; presul amat marcam plus quam distinguere Marcum NIG. *SS* 2743; hoc emolumentum .. ascenderet ad summam ducentarum ~arum GIR. *Invect.* II 5; **1354** librum .. precii unius marcie .. dabo *Lit. Cant.* II 323; pro nulla marcha salvabitur ille hierarcha *Pol. Poems* I 156; quantum ad consecraciones locorum dicitur, quod capiunt communiter quinque ~as .. et hoc ut legem statuunt WYCL. *Sim.* 73; annuam pensionem unius ~i *MunAc Ox* 598. **b 9..** Cantiae Þlvredo archiepiscopo pro ~is auri *CS* 322; **c960** (14c) do et concedo .. unam ~am auri, cujus medietas in usus monasterii .. cedat, de altera .. medietate refectio fratribus procuretur, et duos ciphos argenteos de xij ~is ad pondus hustingiae Londoniensis *CS* 1060; Herbertus .. dedit episcopo Bajocensi markam auri pro uno molino eorum (*Kent*) *DB* I 2rb; de thesauro ecclesie .. partim in auro, partim in argento, volens ducentas argenti ~as .. accepit EADMER *HN* 85; Lanfrancus .. abbati xliv libras Anglice monete et duos auri ~os erogavit ORD. VIT. III 12 p. 129; **c1156** quod singulis annis inde reddant mihi duas ~as auri *BBC* 208; ~e argenti ad scaccarium incisio sola significativa non est, sed per solidos designatur *Dial. Scac.* I 5K; ~am .. auri in medio talee sicut libram unam incidas *Ib.* **c 1202** ~as sterlinorum *Cal. State Papers Venice* I 1; **1237** quindecim milia ~arum sterlingorum ad racionem de solidis xiij et denariis iiij per ~am (*Instr. Imp. Fred. II*) *KR Mem* 15 m. 24*d*; magnatibus .. concessit rex scutagium, viz. de scuto quolibet duas ~as sterlingorum M. PAR. *Maj.* III 88; **1330** cum .. concesserimus .. illum annuum redditum quadraginta ~arum stirlingorum *Reg. Paisley* 31; fieri faciant de bonis et catallis .. c ~as sterlingorum *MGL* I 31; ad octo millia trecentas ~as sterlingorum BEKYNTON I 181. **d c1180** reddendo .. unam mercham *Melrose* 22; **c1350** sub pena decem mercarum *Conc. Scot.* II 64; **1429** solvent annuatim xiv marchas usualis monete Scocie *Reg. Glasg.* 328. **e** j carrucatam quam T. filius suus tenet, pro j ~a Coloniensi, pro omni servicio *Rec. Templars* 121. **f 1404** burgimagister de Stralessound, et alii sui complices de Hansa, ceperunt de Roberto .. cxxvj ~as Soundenses in pecunia *Lit. Cant.* III 80; pro ij ~is Sundensibus *Ib.* 82.

4 one mark's worth (in quots., of land).

1254 donec eis dederimus viginti ~as terre de escetis nostris *RGasc* I 302; **c1463** non fuit intencio dicti Johannis Fastolf in convencione predicta mortificare ccc ~as terre *Paston Let.* 61.

marcalis v. mercalis.

marcamentum [1 marca+-mentum], sign, indication.

c1180 precipuum .. humilitatis mercamentum est preterite paupertatis reminisci A. TEWK. *Ep.* 46.

marcandia v. mercandia. **marcandisa, marcandiza** v. mercandisa. **marcantia** v. mercandia.

1 marcare [cf. 1 marca, OF *marquer*], to mark, stamp (commodity with proprietary sign).

efficiant .. ut omne pondus sit ~atum ad pondus quo pecunia mea recipitur (*Quad.*) *GAS* 236; **1263** boves signo merkari fecit (v. 1 marca 1); **1277** centum doliis vini boni et marchantis [? l. marchatis] *RGasc* II 30a; **1281** recuperavit unam bidentem mercatam per alium sine monstrare ballivis *Hund. Highworth* 171; **1284** mercavit in merca sua *Ib.* 248 (v. 1 marca 1).

2 marcare v. marquare.

3 marcare v. mercari.

marcarius v. mercarius.

marcasita [ML < Ar. *marqashītā* < Pers. *marqashītha*], marcasite, pyrites; **b** (var.).

de modo margassite M. SCOT *Alch.* 156; postea accipe lapidem marchasite et pone in igne donec rubeat GILB. VII 324ra; ~a naturam habet tam lapidis quam metalli ejusque tot species et colores sunt quot et metallorum, estque dura et ponderosa *Ps.*-GROS. *Summa* 643; sin eligeremus ex mediis mineralibus ut sunt omnia genera magnesiarum, marchasitarum (*Ps.*-BACON *Spec. Alch.*) *Theatrum Chem.* II 380; tunc fixetur in lapidem, ut est ~a, frangibilem per multos dies in lento igne RIPLEY 338. **b** accipe .. markasidam [MS: martham] auream allumen de Tunixe quod est robeum et salsum M. SCOT *Alch.* 153; marchasita eris, marchasita argenti, marchasita auri, i. *drastys of brasse or of sylver or of gold MS BL Addit. 27582* f. 65rb; ~a est meteria metallica immatura tot specierum quod solidorum metallorum, est aurea, argentea, stannea, ferrea, plumbea et cuprea *LC* 250; ~a plumbea est antimonium *Ib.*; markasita est chalcitheos *Ib.* 252.

marcata, ~us, ~um [ML], a mark's worth: **a** (of commodity); **b** (of rent); **c** (*~a terrae*, w. ref. to yearly rental) markland.

a cum hoc instauramento, sc. viij bobus, lx ovibus, v ~is bladi *RDomin* 2; **1235** circiter ducentas ~as jocalium, sc. magnorum firmaculorum, anulorum et pulcrarum zonarum *Cl* 72; **1280** remanserunt x ~e dumtaxat de veteri blado *Reg. Heref.* 258; **c1286** capiunt .. de qualibet mercata piscis sicci x d. *PQW* 302b. **b c1150** sciatis me .. dedisse .. unam marchatam reditus perpetualiter habendum et tenendum *Reg. Ant. Linc.* II 1; **a1161** de reddittu unius ~i quem W. de S. dedit *Chr. Rams.* 305; **a1161** assignabit eis unam ~am redditus de terra sua in hundredo *Ib.*; dedit .. centum ~as reddituum, et quadraginta milites feodatos *G. Hen. II* I 351; **1200** cyrographum de ij ~is redditus in Eswull' *CurR* I 168; xx ad hoc solidos dederam, deinde xx ~as redditus .. adjeci GIR. *Symb.* I 22 p. 267; totum jus quod idem W. habuit in quinque ~is annui .. redditus .. de uno tenemento *MGL* I 299. **c c1160** sciatis me dedisse .. x ~as terre in villa Celintonie *Act. Hen. II* I 358; **1228** quingente ~e terre de terris suis *Cl* 27; **1254** dotem suam augebimus de quingentis mercatis terre per annum (*Pat*) *Foed.* I 519; **1334** de quingentis ~is terre vel redditus per annum habend' *RScot* 280a; **1375** de quadraginta ~is terre hereditarie *ExchScot* 502; **1523** (v. 2 extentus); **1560** ad quatuor mercatas terrarum de Haghill *Scot. Grey Friars* II 247.

marcator v. mercator. **marcatorius** v. mercatorius. **marcatum** v. mercatus.

1 marcatus, a mark's worth (in quots., of rent).

a1161 promisit se daturum aliam marcatam redditus ex quo adipisci poterit quadraginta ~us de hereditate sua *Chr. Rams.* 305; **a1350** omnes habentes in redditibus cc ~us ad minus *StatOx* 93; dederunt et assignaverunt duos ~us annui liberi et quieti redditus *Mon. Francisc.* I 512.

2 marcatus v. mercatus.

marcedo [ML], wasting, withering, decay.

utrum ista corpora .. habeant corrupcionem intrinsecam, que vocatur ~o DUNS *Sent.* II 15. 1. 9 p. 16.

marcedulus v. marcidulus. **marcell'** v. macellum. **marcella** v. marsilium.

marcellus [cf. 1 marca], (little) boundary.

1285 rex .. possit facere furnos extra ~os, excepto castro de Retrosingula et ejus districtu *RGasc* II 273.

marcennarius v. mercen(n)arius.

marcensis, marchiensis [ML], marcher, borderer.

s1111 non fuit coronatus sed purgens [sc. fuit] in Normanniam pro discordia que erat inter eum et ~censes Francie *Ann. Wav.* 214; s1211 rex Johannes, audito quod Wallenses .. terras regis et ~chiensium sibi finitimas depopulare et vastare cepissent .. processit in Walliam *Ann. Osney* 55; misit in Walliam comitem Lancastrie .. cum paucis ~chiensibus AD. MUR. *Chr.* 49.

marcere, ~escere [CL]

1 to wither, waste: **a** (of person); **b** (of part of body); **c** (of plant); **d** (fig.); **e** (in list of words).

a nonne tormenta sunt, ex bonis aliorum ~escere, egrescere, deperire? P. BLOIS *Ep.* 80. 248A; cumque per nimios alimentorum defectus ipsum ~escere supra modum pallor et macies manifeste probarent *V. Edm. Rich C* 603; contendunt homines marcescere tempore veris GARL. *Tri. Eccl.* 12. **b** non enim ~escente et senescente cute et arescentibus nervis strennue corpus erectum et rigidum est *V. Cuthb.* IV 14; nam quasi presagium faciunt future dissolutionis membra jam exsanguia, ac per hoc quodammodo ~entia PULL. *Sent.* 691C; quis .. cuticulam .. vel morbo ~entem vel in rugas aniles .. contractam .. appeteret GIR. *GE* II 4 p. 182; ut caro tota .. ~escens et squalida pre frigore nimio tremeret *Ib.* II 10 p. 214; ceperunt .. cilia oculorum ejus .. agitari et ita ~escere ac si bulliente aqua essent decocta AD. EYNS. *Visio* 4. **c** quum ergo terra, ~entibus hieme seminibus, solitum poscat a Jove, id est ex ethereo igne, fomentum ALB. LOND. *DG* 3. 2; autumnus enim adeo cuncta adstringit, ut etiam herbe jam ~eant, suci arborum exsiccentur *Ib.* 4. 8; quod si diutius permittantur pira, fit major dissolutio quam possit fieri dissolutorum consumptio et depuratio, quare ~escunt *Quaest. Salern.* Ba 111; herba sub vestigiis assidue transeuntium non ~escebat nec attrita terebatur COGGESH. *Visio* 11; sic florida marcencia / fragrancia fetencia/ sicci sunt fontis rivuli *Pol. Poems* I 232; rose mercuerunt / instar sterquilinii saporem dederunt *Mon. Francisc.* I 594. **d** acies segnis ad pugnam, inhabilis ad fugam, trementibus praecordiis inepta, quae diebus ac noctibus stupido sedili ~ebat GILDAS *EB* 19 (cf. Bede *HE* I 12, G. MON. VI 3); praeclara virginitatis gratia .. purpureo flore rubescit et numquam defectu dirae mortalitatis ~escit ALDH. *VirgP* 18; jaspis coloris viridi / profert virorem fidei, / quae in perfectis omnibus / numquam marcescit penitus FRITH. *Cives* 2. 4; **943** sic mutando fragilitas mortalis vitae ~escit *CS* 789; en proprio totus marcescit germine mundus, / in seseque senex perdit sua florida vertex WULF. *Brev.* 657; **1159** dextera .. apostolica teneras plantationes gratie sue beneficiis irrigare consuevit .. ne ~escant aut deficiant J. SAL. *Ep.* 108; dum enim solitario contemplanti fervens amor Dei dulcessit, omnis secularis leticia nimirum marcessit *Spec. Incl.* 3. 2 p. 114; sic bone anachorite cogitantes de supernis celi gaudiis que numquam ~escunt [ME: *neaver ne faleweþ*] sed semper virescunt *AncrR* 41. **e** floruerunt, arcuerunt, ~uerunt, languerunt ALDH. *PR* 138.

2 to be or become dry.

to be or wex dry, arere, .. †mercare [l. marcere] *CathA.*

3 to wane, disappear.

lunaris globi rotunditas .. ~ente pulcherrimi vultus forma decrescit ALDH. *Met.* 3 p. 72; fallentis vitae felicitas .. ut fumus fatescit, ut spuma ~escit *Id. PR* 142 p. 204 (cf. BONIF. *Ep.* 9 p. 5).

4 (trans.) to cause to wither.

mixtis ergo caliditatibus, ordea per consequens possibile est ~esci *Fleta* 165.

marcerius v. mercer. **Marcersis** v. Mercensis. **marces** v. merces.

marcescibilis [LL], **marcibilis,** that can wither, perishable.

omnes mundi pompas quasi ~escibiles quadam mentis nobilitare contemnere AILR. *Spec. Car.* I 31. 535A; utpote que sicut ~escibilis versa nunc in corruptionem carnis fuit non spiritus H. BOS. *LM* 1346C; *wellowynge*, flactor .. marcor, ~essibilis, ~ibilis *CathA.*

marcha v. 2 marca. **marchacia** v. marescalcia. **marchalare** v. marescallare. **Marchalcia** v. marescalcia. **marchallus** v. marescalcus. **Marchalsia** v. marescalcia. **marchandisa** v. mercandisa. **marchandizare** v. mercandisare. **marchansea** v. mercandia. **marchare** v. marquare. **marchasia** v. marcasita. **marchasita** v. marcasita. **marchatum** v. mercatus. **marchea** v. marchia.

marcheium, marcheum [AN, OF *marché*], (right to hold) a market. **b** (standard of) market.

1200 concessimus eis habere in predicto manerio liberum ~eum cum omnibus libertatibus que ad ~eum pertinent *RChart* 51b; **1285** concessit eis habere in predicto manerio liberum ~eium cum omnibus libertatibus que ad ~eium pertinent *PQW* 256. **b 1347** quindecim milia marcarum sterlingorum argenti, ad commune ~um Anglie, in una parte (*Pat*) *Foed.* V 571.

marchellare v. marescallare. **Marchelsya** v. marescalcia. **marcherus** v. mercer. **marchesis** v. marchisus.

marchesium [ML; cf. 1 marca, marchia], march, borderland.

c**1200** in marchesis unum ortulanum quietum cum sua terra *MonA* IV 645b; felonie facte fuerunt in marches' comitatus *Entries* 406ra.

marcheta, ~um [AN *marché*]

1 market, market-place.

debet cariare bladum domini ad ~um de Yvelcester *Cust. Taunton* 27; **1273** item theolonium markettorum de Duddeleg' valent per annum xl s. *IPM* 2/6 r. 4.

2 merchet.

1088 cum .. consuetudinibus sicuti homines ejusdem villae faciebant, sc. arare .. fenum facere, ~um dare, stagnum molendini facere *MonA* IV 623; **1196** danda ~am pro filiabus suis *CurR* I 16; Agnes .. dabit domino abbati xl solidos de introitu, et si cep[er]it Ricardum Kethel in virum dabit duos solidos pro ~o, si alium dimidiam marcam .. Hugo .. dabit .. duos solidos pro ~o sororis sue *CourtR Hales* 40; heredes .. tenent .. j messuagium .. et operantur ad molendinum .. et dant ~um et auxilia *Feod. Durh.* 13; **1503** cum herezeldis [l. heregeldis] bludewicis, et ~is mulierum *Foed.* XIII 63; de .. ~o pro filiabus suis maritand' *Entries* 436vb.

marchetrarius v. macecrarius. **marchetum** v. marcheta.

marchia [ML; cf. OF *marche*], **~ium**

1 boundary, border, frontier.

Anglus rex igitur, firmatis undique marthis, urbibus, et castris, bella futura cavet STEPH. ROUEN II 569; hec aqua .. inter Walliam et Angliam ~ia fuit GIR. *DK* I 5 p. 171; **1245** quod rectas et antiquas ~ias et divisas inter regna predicta recognoscerent *Anglo-Scot. Rel.* 28.

2 march, border-land: **a** (Eng.); **b** (Wales); **c** (Scot.); **d** (Ir.); **e** (Cont.).

a in cimiteriis .. que in ~is sunt si guerra fuerit, et aliqui ad habitandum ibi faciant mansionem dum guerra duraverit ORD. VIT. V 5 p. 318; hec scutum patrie fuit, hec munitio ~e *Ib.* V 13 p. 412; terris penitimis hostique propinquioribus, que ~ie dicuntur, seu potius a Marte martie dici possent, omnino destitutis GIR. *EH* II 26 p. 391; **1233** in servicio regis per preceptum suum in partibus ~iarum *Cl* 338; infra aliqua dominia regis Anglie vel Wallie, sive in merchiis eorundem ubi aliqua persona sive alique persone habitent *Entries* f. 430ra. **b** inter totum ix hidae sunt wastae in ~a de Wales (*Heref*) *DB* I 183vb; qui tot australis Kambrie finiumque illorum ~ie sibi viros homicidas .. associaverat GIR. *EH* II 20 p. 349; **1231** mandatum est J. .. quem rex ad partes ~iarum Wallie mittit ad partes illas tuendas et assecurandas *Cl* 585; pro pace reformanda inter dominum regem et marescallum suum in ~ia Wallie ECCLESTON *Adv. Min.* 95; **1257** rex constituit J. .. capitaneum exercitus sui ad custodiendum ~iam de Mungomery *Cl* 88; s**1265** milites nobiles de ~io, .. quos .. Symon .. regnum evacuare jusserat *Eul. Hist.* III 130; **1337** de bundis .. et divisis ~ie Anglie et Wallie inter predictum comitatum Salop' et terram Wallie *SelCKB* V 101. **c 1189** si autem fines sive ~ias regni Scotie .. usurpaverit (*Lit. Regis*) *G. Ric. I* 103; **1330** domino Roberto de Lawedre .. centum marcarum pro custodia ~ie et castri Berwici ac vicecomitatus ejusdem *ExchScot* 279; **1377** pro reparacione facienda super attemptatis factis super ~eis Anglie et Scocie (*RScot*) *Foed.* VII 175; **1459** allocate .. gardiano West ~iarum Scocie versus Angliam, et custodi castri de Lochmaban *Ib.* 552; **1545** pro hujusmodi regni et illius limitum et ~iarum versus Angliam .. manutentione et protectione *Conc. Scot.* I cclviii. **d 1228** scire faciat omnibus illis qui terras habent in ~iis Hibernie *Cl* 27. **e** tam regno nostro Anglie quam ville et ~iis Calesie mala .. facere proponunt *Reg. Heref.* 13; conductus per stipendiarios ville usque in ~ias Bolonie *G. Hen. V* 25 p. 166; **1431** revenciones castrorum et dominiorum in ~iis Calesii cum skuvinagis ibidem (*Pat*) *Foed.* X 490; rex Anglie super ~ias Normannie exercitu congregato multas terras vastavit *Plusc.* VI 32 p. 31.

3 march, land, territory.

1185 debent .. homines abbatis comitem juvare in guerra .. homines autem de ~ia liberi esse debent ab hujusmodi consuetudine *Act. Hen. II* II 263; transitum habens per ~iam suam, et castellorum custodes premuniens DICETO *YH* I 355; et orientalis illa servitus in liberos hos fines et bellicam ~iam .. inducetur GIR. *Æthelb.* 7.

4 (as place-name).

ensi Pictavia succumbit, Marchia metas / amittit victrix Gallis castra capit GARL. *Tri. Eccl.* 35; comes Campanie, comes etiam de ~ia, comes Britannie M. PAR. *Maj.* III 366; a**1329** Patricius de Dunbar, comes ~ie *Melrose* 365; **1503** totum et integrum comitatum nostrum ~ie ac dominia de Dunbar et Coubranspeth *Foed.* XIII 63.

5 (*dies ~iae* or sim.) march-day, day's session of court.

1291 *Abbr. Plac.* 226, etc. (v. dies 11d); **1377** pro expensis domini comitis de Carrye faciendis apud Melros, pro die ~iarum tenendo *ExchScot* 554; **1377** si .. ad dictos diem et locum ~ie abesse contigerit (*RScot*) *Foed.* VII 175.

marchialis [ML *adj. only*], margrave (Cont.).

~is de Julers .. ~is de Braundeburgh filius .. ducis Bavarie, comes de Montibus in Hanonia *Meaux* II 388.

marchianus, marcher, borderer.

1260 demandastis .. quod nos non excederemus .. ultra limites ballivarum nostrarum ad nocendum Anglicis ~is *RL* II 156; congregavit ibidem fortitudinem robustam, tam de ~is quam ceteris qui contra comitem .. conspiraverant WALS. *YN app.* 538.

1 marchiare [OF *marchier*, AN *marchir*]

1 (of person) to march, border upon (in quot., w. dat.).

1204 sicut alii barones et milites deducuntur qui ~iant forestis nostris, qui sunt extra forestam *RChart* 122b.

2 (of topopgraphical feature) to border with, be adjacent to: **a** (w. *ad*); **b** (w. *cum*); **c** (w. dat., also refl.).

a 1235 de gurgite abbatis in Ombersleg' qui ~iat ad manerium W. de Bello Campo *CurR* XV 1430. **b 1520** de .. annuo redditu .. integri tenementi ante et retro contigue coadjacentis ~iandi cum dicto cimiterio *Scot. Grey Friars* II 103; **1558** portionem terrarum ~iantem et limitantem cum passagio *Ib.* II 110. **c** p**1165** culturam que marchizat campis de Cuningisburg *AncD* A 340; **1236** in .. campis de Horefeld' qui ~iant se campis de Stapelton' *CurR* XV 1879; **1311** terras que ville de S. Severo ex parte una et bastide nostre de Arulie .. ex aliis partibus se ~iant *RGasc* IV 565; **1380** in comitatibus predictis [sc. Wigornie, Staffordie, Gloucestrie, et Herefordie], qui eidem terre Wallie immediate adjacent sive ~iant (*Cl*) *Foed.* VII 247 (=*RParl* III 391b).

3 (trans.) to separate (as a boundary).

c**1290** ad rivulum qui ~iat Balmedyck et forestam *Reg. Aberbr.* I 165.

2 marchiare [OF *marchier*], to march, walk in a military manner.

prodeund', equitand', et marchiand' versus civitatem London *Entries* 413rb.

marchiatus, margrave (Cont.).

habentes alienigenas coram eis, sc. ~um de Branburgh filium imperatoris, et marchiatum de Mysa KNIGHTON II 11.

marchidisa v. mercandisa.

marchio [ML; cf. 1 marca, marchia]

1 (lord) marcher, borderer: **a** (Eng.); **b** (Wales); **c** (Scot.); **d** (Cont.).

a 1258 mandatum est ballivis . . et omnibus ~ionibus de Northumbr', Cumb', Westmerel', et Coupland . . quod cum multitudine peditum . . veniant parati *Cl* 291; **s1282** dominus Eadmundus de Mortuo Mari cum quibusdam ~ionibus irruit in exercitum dicti Leolini [sc. principis Wallie], eundem cepit, et caput protinus amputavit *Ann. Wav.* 398. **b 1242** assignata David filio L. quondam principis Northwallie et ~ionibus . . ad faciendam et recipiendam justiciam *Cl* 357; **1259** quod ~ionibus regis Wallie restitui faceret terras suas per ipsum et suos occupatas *Cl* 4; **s1262** Rogerus . . de Mortuo Mari . . stragem eis [sc. Walensibus] . . infert miserabilem; ex intrantibus tamen una vice ~ionibus pedibus, circiter trecentis . . ab eisdem proditorie jugulatis *Flor. Hist.* II 477. **c 1403** pro duabus lastis farine datis aliquibus fortaliciis et ~ionibus, ex ordinacione dicti locumtenentis et consilii *ExchScot* 566. **d** Brebantinorum ~ionum innumera manus cum armis et impedimentis DICETO *YH* 382.

2 lord, master, (spec.) marquis: **a** (unspec.); **b** (Eng.); **c** (Scot.); **d** (Ir.); **e** (Cont.) margrave.

a e numero quorum Uuilfridus marchio summus / nobiliter superae ducens per pascua vitae FRITH. 487; civiles etenim Dagobertus marchio dextras / senserat *Ib.* 786; **1061** ut nullus rex, dux, ~io, comes, vicecomes aut alia magna parvaque . . persona contra hoc nostrum privilegium praesumat . . inquietare (*Lit. Papae*) *Conc. Syn.* 549; pectoris et capitis quasi marchio, nobile guttur / in cujus perpendiculo latet hamus amoris H. AVR. *Hugh* 196; vir validus, virtute virens, prelustris et armis, / marchio defendit castra vigore suo GARL. *Tri. Eccl.* 15; **c1280** Symon pro simplicitate / marchionum feritate / cadit cesus framea (*Vers.*) *EHR* XI 316; **1399** duces, marciones, comites, et barones CAPGR. *Hen.* 104. **b c1270** comes Glouernie et alii magnates et ~iones (*Ann. Northampton*) *EHR* XLIV 103; **1386** prefato Roberto [de Veer, comiti Oxon'] nomen ~ionis Dublin' imponimus et ipsum de nomine ~ionis dicti loci presencialiter investivimus *Dign. Peer* V 78; **1414** Thome Beaufort, Dorsetie ~ioni, Excestrie ducatum concessit *Mem. Hen. V* 30; **1448** sumptuum per ipsum factorum in passagio suo in Angliam cardinali et ~ioni de Dorsett *ExchScot* 304; de qua inclytam suscepit sobolem . . Edmundum de Dorsete ~ionem *Croyl. Cont. B* 499; ~io, id est praefectus limitaneus, secundum a duce honoris locum habet. hic titulus serius ad nos pervenit, nec ante Richardi secundi tempora cuiquam delatus . . a rege vero creantur per cincturam gladii, ac cappae honoris et dignitatis impositionem CAMD. *Br.* 134. **c 1470** nos [sc. rex Anglie] de fidelitate, discrecione provida, et circumspeccione carissimi consanguinei nostri Johannis ~ionis de Mountague confidentes *RScot* 425. **d** Ver comes Oxonie Dublinensis marchio fertur (*Mem. Vers. Ed. III & Ric. II*) *Pol. Poems* I 459. **e 991** de inimicitia Æthelredi Saxonum Occidentalium regis necnon et Ricardi ~ionis [sc. Normanniae] (*Lit. Papae*) *Conc. Syn.* 178 (=W. MALM. *GR* II 166); **1168** ipse comitis Blandratensis et ~ionis Montis Feracis fretus auxilio, divertit in terram ~ionis J. SAL. *Ep.* 244 (272 p. 554); **c1179** hec omnia a Ricardo ~ione Normannie ei donata . . sunt *Act. Hen. II* II 143; **1223** duci Narbonie, comiti Tholose, et ~ioni Provincie, salutem *Pat* 9; comes Hanonie, ~io de Julers, et dux de Gerle AD. MUR. *Chr.* 115; ~io Brandenburgensis *Flor. Hist.* I 519; **1440** Frederico, duci Saxonie, principi electori, langravio Thuringie, et ~ioni Misne [Meissen] BEKYNTON I 105; **1487** nuncii speciales . . sacri imperii ~ionum, dominorum Frizie, Salinarum, et Mechlinie *Foed.* XII 320.

marchionalis [ML], of a marquis.

1523 etiamsi regali, reginali, pontificali, ducali, ~i, comitali . . dignitate . . praefulgeant *Form. S. Andr.* I 90.

marchionatus [ML], **a** marquisate (Insular). **b** margraviate (Cont.).

a 1386 literas regis patentes quas habuit de ~u Dublin' *Dign. Peer* V 78. **b 1432** pro . . ~u Moravie *Conc.* III 520; **1441** in regno Bohemie et ~u Moravie BEKYNTON II 68; qualia sunt ducatus, ~us, comitatus, baroniae *Jus Feudale* 56.

marchionissa [ML], marchioness, marquise (Cont.).

1159 ex dono Ermenchardis ~e HADRIAN IV 247.

marchisa, ~ia [ML], marquise, marchioness.

uxor hujus Godefrici fuit Matildis marcisa . . que mortuo marito ducatum impigre contra imperatorem retentavit W. MALM. *GR* IV 373 p. 432; **1165** pro sellis . . ad opus ~e cognate regine *Pipe* 40; ~ia sponte sua

accedens ad comitem obtulit ei claves civitatis *Itin. Ric.* V 35.

marchisus, ~ius [ML]

1 (lord) marcher, borderer (in quots., w. ref. to the Welsh march).

magna seditio exorta est pro quibusdam calumniis quas idem ~i agebant pro suorum limitibus fundorum ORD. VIT. XIII 3 p. 3; **1168** in liberationibus servientium et vadiis Walensium et donis ~orum *Pipe* 199; rex . . commiserat [sc. servo] quamdam custodiam in confinio Guallie inter ~os, ubi . . rapinas et cedes in ~os exercuerat COGGESH. *Chr.* 125; **s1244** gravis guerra inter Walenses et ~os *Ann. Worc.* 436; **s1244** Walenses . . contra regem et ejus ~ios guerram moverunt cruentissimam M. PAR. *Maj.* IV 358; cum . . hec audissent Angli, viz. contermini, quos ~ios appellamus, irruerunt subito in Walenses impetu vehementi *Ib.* V 717; **s1264** venerunt Wygorniam . . contra ~os . . dimicaturi *Flor. Hist.* II 503; **s1265** per absentiam comitis Glovernie, qui se una cum ~iis receperunt in Marchia *Ann. Dunstable* 238; **1281** sine consideracione parium suorum Anglie et marchesium Wallie *Cart. Glam.* III 811.

2 marquis (title): **a** (Eng.); **b** (Cont.).

a 1398 pro piris datis markisio de Dorsett *Ac. Chamb. Cant.* 137; filia . . marquisi de Dorset et comitis de Somerseth *Plusc.* XI 1 p. 369. **b ?961** Dunstano Arnulfus ~us salutatoria mitto affamina (*Ep.*) *Conc. Syn.* 94; conjuges habebant filias Florentii Fresionum ~i ORD. VIT. IV 8 p. 237; una earum data est Arsoni ~o Ligurie *Ib.* IV 12 p. 252; Ricardum regem . . de morte ~ii [sc. Conradi] inculpant (*Lit. Episc.*) DICETO *YH* II 127; ~us iste, Conradus nomine, natione Italus *Itin. Ric.* I 7; defuncto ~io Montis Ferrati R. NIGER *Chr.* I 101; **1257** qui detulit regi rumores de partu neptis sue uxoris markisi Missien' *Cl* 47; proditor ille ~ius . . Memfredum secrete adivit M. PAR. *Abbr.* 345.

3 (as surname).

1259 faciatis . . coram nobis venire . . Petrum Marquesii *Cl* 230.

marchium v. marchia.

1 marchius [cf. marchisus], (lord) marcher, borderer.

marchius Hugo comes regem comitando feretur / contra Mensiticos vi dominante duces GARL. *Tri. Eccl.* 16; **s1265** magnoque ~iorum exercitu, et comite Glovernie secum collecto *Chr. Peterb.* 17.

2 Marchius v. Martius.

marchizare v. 1 marchiare. **marcia** v. 2 marca.

marciaton, ~um [μαρκίατον], marciaton, sort of ointment.

cura: prius inungatur cum calidis et mollificativis unguentis, ut ceroneis, ~o *Quaest. Salern.* P 92; GILB. I 36v. 1 (v. aregon); accipiatur unguentum aureum ~on arogon *Ib.* II 83v. 1; inungatur auris . . cum unguentis calidis ut martiato cum dyaltea *Ib.* III 148. 1; **c1300** [mulier] ungat se ad ignem cum istis unguentis prius simul bene mixtis viz. maciaton, *deauté*, ~on laurino *Pop. Med.* 258. 148; **c1300** ungantur loca lesa cum ~on, dauton, oleo laurino simul mixtis *Ib.* 262. 163; spina dorsi inungatur cum oleo camomille ~on agrippe GAD. 13. 2; unguentum diamarte vel ~on, quod idem est *Ib.* 39v. 1.

marcibilis v. marcescibilis.

marcidare [LL]

1 to wither, waste.

to welowe, flactere, marcere, marcescere . . ~are *CathA*.

2 (trans.) to cause to wither.

Tempe / altera, quam nec hiemps nec fervor marcidat, Hibla HANV. I 126.

marciditas [ML], withered state, wasted condition.

et hic marcor . . et ~as, ambo in uno sensu OSB. GLOUC. *Deriv.* 359; accipe nucem mus[catam] integram non habentem ~atem nec discontinuitatem GAD. 104. 2.

marcidulus [LL], (somewhat) withered, languid.

marcidus . . unde marcedulus . . diminut. OSB. GLOUC. *Deriv.* 359; ros mundum melleus rigat marcidulum / per ventris melleum expressus sacculum WALT. WIMB. *Carm.* 37.

marcidus [CL]

1 withered, wasted; **b** (of person or part of body); **c** (of animal); **d** (of plant).

~us, gravatus, lassatus *GlC* M 53; marceo . . inde ~us OSB. GLOUC. *Deriv.* 359. **b** marcida qui riguis umectant imbribus ora ALDH. *CE* 1. 9; exhausta membrorum vitalia et ~a praecordiorum ilia *Id. PR* 114 p. 155; cum mors in limine latrat / marcida depopulatus vitali pectora flatu *Id. VirgV* 2381; meatus sanguinis reserantur, rigantur ossa, carnes ~e recalescunt AILR. *Ed. Conf.* 755B; refloreat caro nostra per amorem continentie, que ~a fuit per fetorem luxurie S. LANGTON *Serm.* 2. 22; perniciosa . . vetularum [sc. feminarum] et ~o corpore spe sobolis destitutarum exempla R. BOCKING *Ric. Cic. prol.* 282B. **c** absque cibo plures degebam marcida menses ALDH. *Aen.* 47 (*Hirundo*) 1; [cicade] absque omni vite vestigio ~e fiunt et plereque putrescunt GIR. *TH* I 21; pullos ~os et rubros et tanquam eadem hora jam exclusos *Ib.* II 40 p. 125; [gallina] procedit non voce tantum rauca set horrida plumis et corpore ~a et discursu sollicita et ministerio sedula J. FORD *Serm.* 14. 6; magnus eram [sc. canis], dum magna dedi; nunc marcidus annis / vileo WALT. ANGL. *Fab.* 27. 13. **d** pulchritudo . . est parvi temporis forma, flos ~us, carnalis felicitas *Spec. laic.* 70 (cf. W. BURLEY *Vit. Phil.* 380); mox itaque crepentibus aristulis illis tam ~is, flamma vorax diffusa est adeoque velociter in totam agri latitudinem avolavit *Mir. Hen. VI* III 96.

2 lean, meagre (in quot., fig.).

nec circa ~a beneficia crebrescit hec heresis, sed circa beneficia pinguia WYCL. *Sim.* 8.

3 flat, insipid (also fig.).

desidias molles et ~a luxu otia BEDE *Luke* 566; et hec vappa, -e, i. vinum ~um quod remanet de sero OSB. GLOUC. *Deriv.* 614; vappa, vinum ~um vel garcifer *Ib.* 625; patris virgo parens primum mediumque serenat / et finem sine qua marcida metra jacent GARL. *Tri. Eccl.* 4.

marcilium v. marsilium. **marcimonium** v. mercimonium.

marcio v. marchio, Mercio.

Marcionista [ML], Marcionite heretic; **b** (as adj.) Marcionite, Marcionitic.

scienter namque adversantur quidam sacre pagine ut Manichei et ~e, qui legem prophetasque condempnant GROS. *Cess. Leg.* I 3. 1. **b** ~a heresis et Apelliana dicitur que dicit unum Dominum justum, alterum bonum R. NIGER *Chr. II* 117.

marcipium v. marsuppium. **marcisa** v. marchisa. **marcollus** v. marculus.

marcor [CL]

1 withering, wasting; **b** (of plant, also fig.).

gaudia tristitie succedent, lumina nocti, / florida marcori supplicioque quies GARL. *Epith.* I 178; ver emarcet ut marcor vireat J. HOWD. *Ph.* 318. **b s1255** ~ore verso in virorem vividum, omnia respirarunt et fructus uberes rependerunt M. PAR. *Maj.* V 496; ave, gignens, florem, / cujus ad odorem / vita redditur; / nesciens marcorem J. HOWD. *Sal.* 2. 4.

2 withered state, wasted condition, languor; **b** (fig.).

~or, languor *GlC* M 103; et hic ~or . . et marciditas, ambo in uno sensu OSB. GLOUC. *Deriv.* 359; si [panis] mucidus fuisset pre ~ore nimio R. COLD. *Godr.* 69. **b** exercitatio . . alit quietis gratiam que otii continuatione et quodam inertie sue ~ore perimitur J. SAL. *Pol.* 405C.

marcuare v. marquare.

marcudium, hammer (of a bell).

1400 lego fabrice ejusdem ecclesie meam [l. meum] ~ium cum duobus malliolis *Test. Ebor.* I 260.

marcula [cf. 2 marca], (little) mark.

recuperatio manerii de Mildenhala pro mille ~is argenti et centum BRAKELOND f. 133; rex vero, promissis xl ~is, fecit nobis cartam suam *Ib.* f. 161v.

marculus [CL], (small) hammer.

indigent etenim quampluribus, plumbo viz. cum appendiculo, regula, livello, immo ~is acriter incidentibus ANSELM *Misc.* 316; fragmentis vero que latomi de informi lapide ~is evulserant ORD. VIT. XI 27 p. 262; ut .. delatoris nostri .. dentes caninos tanquam martulo ferreo sive malleo confringamus GIR. *Ad S. Langton* 406; apparet ictus in torque magnus, quasi ferreo ~o factus *Id. IK* I 2 p. 26; fabrica, pir, forceps, follis, marcollus [ME: *marchel*], et incus *WW.*

1 marcus v. 2 marca.

2 marcus [CL], hammer, mallet.

1389 j ~us pro focalibus findendis *Ac. Obed. Abingd.* 58; *smythys hambyr*, mercus *PP*; *an hamere* .. mercus, merculus, mercellus *CathA*; *a melle* .. ~us, marculus *Ib.*

mardacula v. mordaculus.

mare [CL]

1 sea; **b** (*terra ~ique* or sim.) by land and sea, everywhere; **c** (*a ~i usque ad ~e*) from sea to sea, from coast to coast; **d** (*maritenus*) to the sea; **e** (in phr. and fig.).

quis ex vobis gladii ictu veridicantis pro confessione Christi post vincula carceris, naufragia ~um, virgarum caedem .. plexus est? GILDAS *EB* 73; cum grege piscoso scrutor maris aequora squamis ALDH. *Aen.* 16 (*Luligo*) 2; per magnam turbationem ~is (*Kent*) *DB* I 1ra; ad ~e custodiendum (*Sussex*) *Ib.* 26ra; pissiculi .. coquendi sunt in salsamento sive in muria quasi maria quod idem est quod aqua sali mixta et dicitur muria quia ~is saporem exprimit vel sapit NECKAM *Ut.* 97; multi mortalium per mundi maria / solent Mercurii mercari precia WALT. WIMB. *Palpo* 3. **b** Romani, patriae denuntiantes nequaquam .. tantum talemque exercitum terra ac ~i fatigari GILDAS *EB* 18; post divitias terra ~ique elaboratas domique congestas GOSC. *Transl. Mild.* 22 p. 186; **c1158** ut .. habeant .. omnem quietanciam in ~i et in terra, in bosco et in plano *Act. Hen. II* I 187. **c** tramite a ~i usque ad ~e .. directo GILDAS *EB* 18; Severus magnam fossam firmissimumque vallum .. a ~i ad ~e duxit BEDE *HE* I 5 p. 17. **d** ~itenus longissimo tractu protenditur ORD. VIT. IV 15 p. 270. **e** adhuc malo servit terra, ~e [ME: *se*], et sol *AncrR* 152; **13..** quod si [pauper] murmuraverit / ni statim satisfecerit, / est [sc. vicecomes] totum salsum mare (*De Judicibus*) *Pol. Songs* 228.

2 a (*altum ~e* or sim.) high sea; **b** (w. ref. to the sea as territorial waters); **c** (w. ref. to the sea as boundary).

a si massere ascenderet ut ter magnum ~e [AS: *wid sæ*] transfretaret (*Quad.*) *GAS* 459; **s1270** (v. altus 2b); si qua supra altum ~e extra corpus cujuslibet comitatus regni illius fiant FORTESCUE *LLA* 32; sciatis nos .. perdonasse .. omnimodas acciones .. que nobis .. super altum ~e juxta partes Island .. facte *BBAdm* I 268. **b** **s1052** Brittannicum ~e circumvagari, littora piraticis latrociniis infestare W. MALM. *GR* II 199 p. 243; **13..** fuit per unum diem et unum annum infra ~ia Anglie (*Cust. Preston*) *EHR* XV 497; **1428** quod .. patria Flandrie teneatur custodire ~e Flandrensium salvum, in et circa partes et costas ipsius patrie, a piratis *Foed.* X 391. **c** **774** hujus terrae sunt haec territoria: ~e in oriente et aquilone (*Kent.*) *CS* 214.

3 (spec.).

~e Tyberiadis [*the Sea of Galilee*] *Comm. Cant.* III 35; usque ad Tyrrheni ~is [*the Tyrrhenian Sea*] terminum *Lib. Monstr.* I 3; avido pharaonis exercitu rubri ~is [*the Red Sea*] gurgitibus summerso ALDH. *VirgP* 12; adriacus, petrosus; unde et ~e Adriaticum dicitur [*the Adriatic Sea*] OSB. GLOUC. *Deriv.* 52; egeator, hortator navis, a ~e Egeo [*the Aegean Sea*] *Ib.* 196; hic oceanus .. i. magnum ~e occidentale [*the Atlantic Ocean*] *Ib.* 394; Connacti ~is [*the Atlantic Ocean west of Connaught*] vastitates GIR. *TH* III 26 p. 170 (cf. ib. I 2, HIGD. I 32 p. 330: Connacticumque ~e); **c1218** humilis magister militie Templi citra ~e Grecum [*the Mediterranean Sea*] *RL* I 69; asphaltum quasi ~e Mortuum [*the Dead Sea*] dicitur, eo quod nihil gignit vivum *Eul. Hist.* II 6; magna classis Danorum in ~i boreali [*the North Sea*] J. READING f. 188.

4 inlet of the sea: **a** (*~e Sabrinum*) the Bristol Channel; **b** (*~e Scoticum* or sim.) the Firth of Forth; **c** (*~e Brendanicum*) Brandon Bay.

a **s1265** ut prius disposuerat apud Wygorniam, Sabrinum ~e transivit *Ann. Lond.* 68. **b** **c1298** citra ~e Scoticanum *Melrose app.* 23; **s1335** quod .. ~e Scotorum [MS: Scoticum] pertransirent AD. MUR. *Chr.* 75; totam patriam Laudonie usque ad ~e Scoticanum *Plusc.* X 19. **c** [lacus] qui Connacciam Momoniamque disterminat .. Brendanicum in ~e se transfundit GIR. *TH* I 7.

5 (*~e Gallicum*) the English Channel.

in partibus istis citra ~e Gallicum *Plusc.* XI 9.

6 (in place-name).

1140 dedi .. ecclesie S. Michaelis de monte in ~i *Cart. Mont. S. Mich.* 5; **1253** custodium .. terre nostre de Inter duo ~ia *RGasc* I 278b.

7 (as part of surname).

s1155 castellum de Bruges et Wigemore que Hugo de Mortuo ~i [*Mortimer*] contra regem firmaverat DICETO *YH* I 301; Hugo de Mortuo ~i, vir arrogantissimus M. PAR. *Maj.* II 210.

8 (w. ref. to the sea as abundance or vastness; also fig.).

de ~i hoc spatioso generis Adam solus in filiis ejus liber ascendit J. FORD *Serm.* 76. 5; mare laudis mergit Virgilium J. HOWD. *Ph.* 49; post pluvie maria, post venti flamina dura (*Vers.*) AMUND. I 82.

9 (*~e aeneum* or *fusile*): **a** (w. ref. to artefact in the Temple; *cf. Jer.* l 17 and *IV Reg.* xxv 13) brazen sea (understood as basin or laver). **b** (w. ref. to *Exod.* xxx 18: *labrum aeneum*) artefact in the Tabernacle.

a in quorum introitu labrum vel ~e aeneum erat positum BEDE *Cant.* 1193; apostoli .. xij boves ex ere fusiles portantes ~e eneum id est luterem AD. DORE *Pictor* 156; **1281** ordinatum ut sit rector .. ut sit ~e fusile in templi introitu juxta templi tipici sacramenta *Conc. Syn.* 900. **b** ~e eneum quod pro foribus tabernaculi est J. FORD *Serm.* 51. 6.

10 lake, mere, pond (*cf.* 2 *mara*).

usque ad ~e de Straham cum adjacentibus insulis (*De situ*) *Lib. Eli.* p. 3; stagno illi, quod vocatur Haveringemere, id est ~e Haveringi. Angli siquidem, ut Elrei, omnem aquarum cursum ~e dicunt GERV. TILB. I 990; **1256** in vivariis, ~ibus, et aliis pisscariis *Cl* 110; sunt quedam ~ia que non miscentur oceani fluctibus, aut mari magno, et dicuntur laci et stagna *Eul. Hist.* II 6; dedit nobis .. totum theloneum suum, et bordtollam ad ~e .. quod ad antecessores suos et se pertinebat ad ~e de Hornsebele *Meaux* I 421; **1583** unum marre vocatum *Reade Carre* [*Humbleton, Yorks*] *Pat* 1235 m. 13.

1 marea v. 2 mara.

2 marea, ~eia [OF *maree*], tide. **b** fish caught during one tide. *V. et. mareta.*

1253 per tidos seu ~eias *CalPat* 234; **1289** (v. b infra). **b** **1289** major et scabini .. levent .. de qualibet nave piscatoria .. unam ~eam sive lucrum quod in una marea fecerint semel per annum *RGasc* III 582.

marearcus v. marisarchus. **mareccum, marectum, marekkum** v. marreccum. **maremium** v. maeremium.

marena [OF *marraine* < matrina], godmother.

1200 versus Silvestrum et Margaretam maren' ejus *CurR* I 323.

marenatha v. maranatha. **marerius** v. mararius. **marescala** v. marescalcia.

marescalcia [ML marescalcus+CL -ia]

1 care or tending of horses; **b** (spec.) shoeing; **c** (w. ref. to other animals).

1205 pro perendinacione et ~ia equorum nostrorum *Cl* I 26a; **1269** in marschaucia affrorum pro malo lingue *MinAc* 1087/6/4; **1273** cum expensis .. equos ducencium in insulam computatis infra mareschaucia et ferrura predictorum equorum *Ac. Stratton* 42; **1281** in ~ia j equi cariagii infirmi (*Ac. Receptoris Wint.*) *EHR* LXI 103; **1305** tu vadiis garcionis custodientis equum rotulorum perhendinantis ibidem infirmi ad marescallandum .. cum marchacia dicti equi *MinAc* 991/27; **1343** in ~ia, prebenda et herba, j equo summario empto *Ac. Durh.* 170; **1346** in ferrura equi magistri J. de B. egrotantis in isto manerio per xv septimanas vj d. et in mareschalcia ejusdem iij s. iiij d. *Rec. Elton* 326; **1387** pro marshalria unius equi conducti ab eodem *Fabr. York* 128; **c1534** in expensis .. *horsmett* .. et ~ia equorum v d. v s. *Househ. Bk. Durh.* 245. **b** **1289** in martell' et ceteris ad ~iam emptis, iij d. *Ac. Swinfield* 31; **1309** in ~ia pedis j equi carectar', v d. (*Whitchurch*) *Ac. Man. Wint.* **c** **1285** in marschauc' j bovis, iiij d. (*Monks' Eleigh, Suff*) *Ac. Man. Cant.*; **1307** in marescalcione equorum et jumentarum (*Michelmersh*) *Ac. Man. Wint.*

2 office entrusted with the care of horses; **b** (w. ref. to other animals).

1225 in marrescaucia ij s. vj d. (*KR Ac*) *Househ. Ac.* I 127; **1299** summa marchalcie xxviij s. *Ib.* 166; **1391** clerico ~ie .. pro xij mannis novis ab ipso emptis .. pro equis domini, x scot. *Ac. H. Derby* 61. **b** **1204** totam ejus hereditatem habuit et ~iam avium nostrarum *RChart* 123b; **c1212** [acquietabit] de ~ia avium regis, et de militia *FormA* xxii.

3 stable.

1233 faciat habere .. unam quercum .. ad marescaltiam suam que corruit reparandam *Cl* 244; **1235** habere faciat .. x fusta in foresta .. ad quandam marescaltiam faciendam *Cl* 128; **1240** fieri faciatis de veteri grangia nostra ibidem [apud Keninton'] quandam ~iam *Liberate* 14 m. 10; **1244** usque ad veterem aulam que modo est ~ia equorum regis *Liberate* 20 m. 13; ubi nam est ~ia ad equos nostros stabulandos? M. PAR. *Maj.* V 344; marescaucia quam H. Faber tenuit extra portam versus partem occidentalem [sc. ecclesie] vj d. *Reg. Malm.* II 68.

4 marshalcy, office or department: **a** (royal); **b** (*~ia in exercitu* or sim.) marshalcy of the army. **c** (*~ia Angliae*) marshalcy of England. **d** (eccl. & mon.).

a **1212** habuit predictam partem .. per servicium marscaucie *Fees* I 66; per serjanteriam in hospicio domini regis, sc. per mariscaciam *Ib.* 74; per serjantiam marescaucie in domo regis *Ib.* 75; **s1234** eundem Gilebertum [Basset] cingulo cinxit militari, tradens ei virgam ~ie curie sue M. PAR. *Maj.* III 292; **1306** Adam de Blida, clericum marescale nostre *DC Westm.* 18/5/743; **1307** manerium de Braburn' .. est de marescallecia domini regis *IPM* 4/1 m. 6; **1314** cum dilectus nobis Johannes de Pelham clericus ~ie nostre deputaverit *RScot* 120b; **a1351** abbas et conventus clamant habere .. omnes alias mensuras et pondera in omnibus concordantibus standardis domini regis secundum mensuras et pondera marascalcie *Bury St. Edm.* 189; †**c1356** assisa panis, secundum quod continetur in scriptis de †mareschantia [l. mareschaucia] domini regis *MunAcOx* 182 (=*StRealm* I 202 [**12..**]: mareschaucia); **1378** Margareta mareschallie comitissa et Norffolchie porrexit peticionem suam *MGL* II 458. **b** **1216** quod habere faciat Johanni de Cunde de marescalc' navium denar' ad unum equum emendum *Cl* I 244a; **1230** de officio ~ie in exercitu domini regis *Cl* 410. **c** **1286** de antiqua marischalcia Anglie (v. 1 fundatio 2b); **1307** per servicium quod pertinet ad tantum tenementum pro marscalcia Anglie *Cal. IPM* IV 291; **s1417** comes ~ie Anglie ex officii sui feodo *Croyl. Cont. B* 513. **d** **1261** officium ~ie episcopatus Wintoniensis *Cl* 424; **a1381** ~ia domini prioris Dunelm' tent' apud Acley *Ac. Durh.* 327; **1385** de omnibus tenentibus ville quia non habuerunt frumentum suffic' pro officio ~ie observand' (*Marshalsey*) *DC Durh.*

5 (*curia ~iae* or ellipt.) Marshalsea: **a** (court); **b** (prison).

a **1321** sentencia .. de ~ia in illo itinere non habenda, per justiciarios promulgata fuit *MGL* II 362; **s1364** abbas de Bello .. cuidam damnato ad furcas in mariscallia domini regis obvians .. a necis interitu liberavit AD. MUR. *Cont. A* 199; finibus et amerciamentis in marcheria et aliis curiis regiis *G. S. Alb.* III 417; **s1440** acquietacio in curia ~ie super variarum rerum presentacione AMUND. II 213; **1456** ad curiam ~ie (v. curia 5b). **b** **s1330** venit unus ribaldus sceleratus de Marchalsia et pro vita sua inde habenda decollavit eum [sc. Edmundum comitem Cantie] KNIGHTON I 452; **s1381** venerunt in Sowthrerne ad carcerem regis de Marchelsya et carcerem .. fregerunt *Ib.* II 132; **s1381** aperiebant carceres .. et Marchalciam fregerunt *Eul. Hist.* III 353.

marescalcialis, belonging to or issuing from the marshalcy.

1584 damus .. potestatem .. utend' .. infra regnum nostrum predictam legem mariscalcialem sive marcialem *Pat* 1302 m. 1*od*.

marescalciare, ~ire, to take care of (horses).

1205 ipsum equum de superesse ~iari .. faciatis *Cl* 40a; **1208** quod infirmum [sc. equum] marescallciri faciatis *Cl* 98a; **1284** ~iando (v. coquere 5).

marescalcio v. marescalcia.

marescalcus, marescallus [ML; cf. AS *mearh+scealc*, Old High Germ. *marahscalh*] farrier, servant who cares for horses; **b** (royal); **c** (eccl. & mon.); **d** (w. ref. to other animals).

1235 Walterus marscallus reddidit ad scaccarium .. vj ferros equorum *KR Mem* 14 m. 2; **a1276** vij bus. avene .. dantur per marscallum xxiiij equis ad prebendum *Househ. Ac.* I 156; *a marschalle of horse*, agasio .. ~lus *CathA*. **b 1260** mandatum est .. ~lo equorum regis *Cl* 246; **1267** Elye .. ~li equorum regis *Cl* 425; ~lo equorum nostrorum .. pro frenis ad palefridos *Liberate* 44 m. 7; clericus de marescalcia cum ~lo ferratore equorum, qui .. clericus de expensis feni et avene .. ferrure equorum .. respondebit *Fleta* 78; **1336** Joh'i de Byry ~lo equorum regine, ne malum faceret in maneriis *Ac. Durh.* 526. **c a1131** Osbernus vitrarius .. Warin vinitor .. Herebertus ~dus *Chr. Rams.* 262; **c1182** testibus .. Henrico ~do *Cart. Osney* IV 65; **1324** mareschallo pro ferrura equorum, xij d. *Ac. Durh.* 14. **d 1219** mariscallus de falconibus domini regis *Fees* I 271; **1250** ~lus austurcorum et avium domini regis *Ib.* II 1172.

2 marshal: **a** (royal or aristocratic); **b** (*~cus exercitus* or sim.) marshal of the army, commander; **c** (w. ref. to the forces of a city). **d** (*~cus scaccarii* or sim.) marshal of the Exchequer. **e** (*~lus Angliae*) marshal of England. **f** (*~lus Scotiae*) marischal of Scotland. **g** (Cont.). **h** (eccl. & mon.).

a a1136 Henricus .. omnibus venatoribus et ~cis suis de curia, salutem *Chr. Abingd.* II 81; magister marscallus .. debet habere dicas de donis et liberationibus que fiunt de thesauro regis et de sua camera *Domus Reg.* 134; quatuor marscalli qui serviunt familie regis .. die qua faciunt herbergeriam vel extra curiam morantur in negotio regis *Ib.*; **1162** predictus Baldricus est .. custos meretricum publice venalium in lupanari de Rothomago, et ~us meus quandiu moror Rothomagi *Act. Hen. II* I 349; **1199** infra muros civitatis [London'] neque in porsocha nemo capiat hospicium per vim vel per liberationem mariscaldi *RChart* xl; **1236** de officio marescalcie, servivit Gilbertus ~lus .. cujus est officium tumultus sedare in domo regis, liberationes hospitiorum facere, hostia aule regis custodire *RBExch* II 759; **1247** hiis testibus .. Alano maresscallo dicti comitis *Inchaffray* 68; **1260** faciat habere H. de Dyve, ~lo hospicii regis *Cl* 103; capti sunt vicecomites et liberati ~lo curie regis, et in crastinum imprisonati *Leg. Ant. Lond.* 22; [rex] misit P. de N. quendam ~lum domus sue *Ib.* 47; de officio ~li .. tempore .. pacis est ejus officium hospicia liberare camerario regis .. item ~lo intrinseco non militi hospicia pro senescallo *Fleta* 69. **b** de heretochis .. Latine .. ductores exercitus, apud Gallos capitales constabularii vel ~li exercitus (*Leg. Ed.*) *GAS* 656; **s1214** rex .. Johannes constituerat ~lum illius exercitus Willelmum fratrem suum M. PAR. *Maj.* II 578; appellantes eum ~lum exercitus Dei et ecclesie sancte OXNEAD *Chr.* 132; **1346** constituimus .. Willelmum constabularium, et .. Thomam ~lum tocius exercitus nostri *Foed.* V 525; comes Warewykie, ~lus exercitus AD. MUR. *app.* 246; eximie probitatis miles .. comes marreshallus *Ps.*-ELMH. *Hen. V* 64 p. 180. **c 1151** nemo intra Rothomagum aliquem hospitetur ex precepto, nisi per proprium ~um civitatis *Act. Hen. II* I 19 (=*Regesta* III 729); **1321** concesserunt civibus Londoniarum habere ~los *MGL* II 362. **d** in leva ejus [sc. principalis scaccarii] .. residet cancellarius .. post hunc miles gregarius quem constabularium dicimus, post hunc duo camerarii .. post hos miles, qui vulgo dicitur ~lus *Dial. Scac.* I 5B; ~li cura est taleas debitorum, quas vicecomes reddiderit, .. mittere seorsum in forulo suo .. item si quis debitor non satisfaciens de summonitione meruerit comprehendi, huic traditur servandus, et soluto scaccario illius diei, si voluerit, mittet eum in carcerem custodie publice *Ib.* I 5G; **1236** per magistrum G. de Persor', mar[escallum] scaccarii *KR Mem* 14 m. 14. **e 1260** quod permittant R. le Bygod comitem Norff' et ~lum Anglie .. et alios fideles regis .. hospitari *Cl* 287; dum comes Norffolkie et ~lus Anglie locum habuit in sedili tanquam capitalis justiciarius Anglie *Fleta* 82; **1397** ipse et dicti heredes sui masculi, ~li Anglie, racione officii sui predicti habeant .. quendam baculum aureum circa utrumque finem de nigro annelatum *RParl* III 344b; consimiliter quique coram constabulario et mariscallo Anglie fieri solitum est de facto quod in regno alio factum est FORTESCUE *LLA* 32; ibi erant plures episcopi, dux Norfolch, marischallus Anglie *Chr. Hen. VI & Ed. IV* 162. **f c1180** David ~lus domini regis *Melrose* 21; **1314** hiis testibus .. Roberto de Keith marascallo nostro Scocie *Inchaffray* 115; marscallus Scocie, camerarius Scocie, cancellarius Scocie *Plusc.* IX 40 p. 295. **g** Gervasius Tilleberiensis, vestri dignatione mareschalcus regni Arelatensis GERV. TILB. *prol.* p. 881; **s1215** Lodowicus .. absolutus cum suis in Franciam remeavit relicto in Anglia marscallo suo pro quindecim milibus marcarum recipiendis *Ann. Dunstable* 51; traditus curie seculari, viz. mareschallo pape AD. MUR. *Chr.* 27; [papa] publicum instrumentum recepit et corporalem investituram per Anterium ~cum suum Boso *V. Pont.* 396. **h a1158** G. .. abbas Westmonasterii et totus ejusdem ecclesie conventus concedunt Roberto ~lo suo .. tres virgatas terre *Ch. Westm.* 269; unum denarium ~do, qui illos denarios colligebat BRAKELOND f. 139v; de officio marscalli aule. officium marscalli est quando abbas, prior, vel aliquis magnus ibi comederit, aquam ante prandium et post ministrabit *Cust. Cant.* 55; **1384** condonatum Thome, ~lo abbatis de debito in quo tenebatur huic officio *Ac. Obed. Abingd.* 45; **1416** lego Johanni Whytelsham ~lo meo [sc. episcopi Herefordensis] centum solidos *Reg. Cant.* II 107.

3 (*~lus mercati*) marshal of market. **b** (*~lus meretricum*) marshal of whores.

1296 mittantur in Scociam buss[ellus], galon', ulna, et pondera ac alia spectancia ad officium marescalli mercati' *Cl* 113 m. 1*d* (*sched.*). **b 1404** ~lus de meretricibus *Cl* 278 m. 28 (v. dismembrare a).

4 (passing into surname) Marshal.

c1081 cum tota terra quam dedit Milo Mariscalcus in maritagio cum filia sua A. *Regesta* I 124; terra Roberti Marescal'. Robertus Marescal' tenet de rege Laventone (*Wilts*) *DB* I 732b; Rogerus ~dus (*Essex*) *DB* II 1; terre Giroldi Mareschalchi (*Suff*) *Ib.* 438b; **c1203** de .. concessione Willelmi Turpin et Jocelini ~di *Cart. Beauchamp* 314; **s1215** Willelmus juvenis ~lus M. PAR. *Maj.* II 585; **1283** tempore ~lorum dominorum Lagenie (*Ch.*) *EHR* XXIII 216; filia Roberti Marchalli de Beforth *Meaux* II 173; **c1430** inter tenementum .. et terram prioris .. que quondam fuerunt Hugonis ~li *Feod. Durh.* 29.

marescaldus v. marescalcus.

marescalla, marshaless, wife of marshal.

s1306 dotata fuit Alicia de Henand comitissa Norfolchie et mariscalla Anglie *Flor. Hist.* III 329; **1315** ad .. querimoniam .. Alicie comitisse ~e [*wife of Roger Bigod*] *Law Merch.* I 94.

marescallare, ~izare, to take care of (horses); **b** (spec.) to shoe (horse).

1211 in equo ~ando, vj d. *Pipe Wint.* 138; **1232** in equa molendini ~anda *Ib.* B 1/15 r. 11; **1255** ~ari faciat palefridum quem rex ei mittit *RGasc* I 434b; **1306** in uno jumento infirmo marscallando, ij s. *MinAc* 1070/17 r. 8; in vino acr', sepo, uncto et aliis necessariis pro j stalone et j pullano infirmis marscallandis *Ib.*; **1309** in iiij affris marscallandis, ij s. in quodam equo infirmo mariscallando, iij d. ob. (*Barton Priors*) *Ac. Man. Wint.*; **1318** in dentibus j equi secandis et j equo marescalisando de mala lingue et sanando, x d. (*Chilbolton*) *Ib.*); **1322** pro affris sanand' et marchaland' de scabia *MinAc* 992/11; **1335** in .. medicinis emptis pro equis infirmis ~izando *Comp. Swith.* 237; **1336** in albo pinguedine, oleo oliv', vertegres, vino acerbo et melle emptis pro eisdem affris .. ad adjuvandum et marchellandum *DL MinAc* 242/3886 m. 2. **b 1300** in equis marschallandis per eundem terminum cum propriis ferris *Fabr. Exon.* 11.

marescallaria, care or tending of horses.

1251 in .. marescallar' et ferrura equorum *Pipe* 95/6.

marescallatio, care or tending of horses.

1300 in merchelacione ejusdem equi *MinAc* 935/14 m. 3.

marescallatus, marshalcy, office of marshal.

1468 pro feodo suo in officio mariscallatus de Warda predicta *ExchScot* 560; pro feodo suo in officio mariscallatus domicilii *Ib.* 566.

marescallecia, marescaucia, mareschalcia v. marescalcia. **mareschalcus** v. marescalcus. **mareschallia** v. marescalcia. **mareschallus** v. marescalcus. **mareschantia, mareschaucia** v. marescalcia. **marescum, marescus** v. mariscus.

maresium [ML; cf. AN *mareis* < mariscus], **~ia,** marsh; **b** (w. ref. to salt-marsh).

c1130 in plano et bosco, et ~io, in viis et semitis *BBC* (*Beverley*) 99; **c1169** in moris et mareisis *Regesta Scot.* 80; **a1180** in moris et mariciis (v. fractura 3); **1199** concedimus ~ia et podium de serra que avus matris nostre illi ecclesie donavit *RChart* 9a; **c1200** cum tota terra infra maram in septentrionali parte maris usque ad morressam (*Ch.*) *MonA* VI 941b; **1254** descendendo ad ~iam Gamell *Reg. Aberbr.* I 323; **1256** ascendendo per rivulum quendam parvulum descendentem de Monebrecky hoc est de marresia illa *Ib.* 228; **1272** in moris et marisiis, in piscariis et molendinis *Reg. Aberd.* I 31; **c1300** in moris et morisiis et petariis *Dryburgh* 93; **1357** tenendas et habendas .. in moris et marresiis *Reg. Newbattle app.* p. 296; **1476** planis, moris, merresiis *Reg. Glasg.* 431; **1518** et sic descendendo ad meresiam viz. le Bog .. *Ib.* 528; **1605** petiam mori seu merresii *Reg. Brechin* 293. **b** a Guillelmo Maylho annuatim pro ~io quondam Petri Guamar .. item octavam partem salis predicti ~ii *Reg. Gasc. A* I 33.

maresmium v. maeremium.

Maresuan [Heb.], a Jewish month.

octavus [Hebraeorum] ~an Novembri .. comparatur BEDE *TR* 11.

mareta [AN, OF *maree*], tide. *V. et.* 2 *marea*.

per spacium unius ~e retractus maris *S. Jers.* XVIII 219.

marettum v. maretum.

maretum [ML], marsh.

c1170 sciat .. ventura generatio me dedisse .. dominicum meum quod habebam in ~is Maidrei *MonA* VI 1024a; **1284** provisum est quod omne marettum ponitur in sev[er]allo a festo Pasche usque in festo sancti Petri qui dicitur ad vincula *Gild Merch.* II 293.

marfaca [ML; cf. Sp. *márfaga=ticking*], rough cloth (used for making pillow-cases or sim.).

1470 triginta et sex arrolios sive pecias de murfaca valoris unius libre cum dimidia pro qualibet pecia (*TreatyR*) *Foed.* XI 675b; marfaca *Ib.* (v. arrolius).

marfilla [ME *māre+filli*], young mare, filly.

1282 Thomas le M. .. habet j runc' ferand' cum ~a egrota *Chanc. Misc.* 2/7 m. 2.

margalerius v. margularius. **margareta** v. margarita. **margaretula** v. margaritula.

margarita, ~um [CL < μαργαρίτης]

1 pearl; **b** (w. ref. to *Matth.* vii 6, also fig.); **c** (w. ref. to *Matth.* xiii 46).

concae .. ita se concludentes concipiant et efficiant ~am *Comm. Cant.* III 29; in vicino Armeniae montis loco, ubi ~ae nasci perhibentur *Lib. Monstr.* II 30; musculae quibus inclusam saepe ~am omnis quidem coloris optimam inveniunt, id est et rubicundi et purpurei et jacintini et prasini, sed maximo candidi BEDE *HE* I 1 p. 10; uti si ~am candidam, in lutum missam, polluas, statimque eam inde auferas ALB. LOND. *DG* 6. 12; quedam margareta est substancia, omnis margareta est lapis, ergo quidam lapis est substancia BACON XV 301; **1341** lego .. unam zonam de magaritis et unam cistulam de auro *RR K's Lynn* I 159; ~a est lapis in quibusdam piscibus inventus i. *pearl Alph.* 111. **b** conculcantes porcorum more pretiosissimas Christi ~as, idolatrae GILDAS *EB* 38; **p675** cum Judeis Christum blasphemantibus et ~as evangelii ritu porcorum calcantibus ALDH. *Ep.* 4 p. 484; nunquid ergo ~a porcis, verbum dabitur ydiotis? MAP *NC* I 31 f. 23. **c 801** propter unius ~ae emptionem omnia dimittens, ut eam possideat, quam invenit et omnibus praetulit gazarum deliciis ALCUIN *Ep.* 226; hec est .. pretiosa illa ~a, que merito distractis omnibus comparatur J. FORD *Serm.* 11. 2.

2 (fig.): **a** (as type of something precious); **b** (w. ref. to Christ); **c** (w. ref. to person, saint, or saint's relics).

a auratis virtutum monilibus rutilare simulque candidis meritorum margaretis decorari desiderat ALDH.

VirgP 17; c**795** ut hoc fieri valeat, vigilare debet hujus inquisitor ~e [sc. virginitatis], non inertiae sopitus somno dormitare ALCUIN *Ep.* 36; pretiosae sunt ~ae praecepta Veteris et Novi Testamenti: . fides . . spes, caritas . . justitia, fortitudo, temperantia, et prudentia BYRHT. *Man.* 218; et quidem multa sese extollendi materia sibi subesse poterat, tum pro virtutum culmine, tum pro ~a scientie qua pollebat *V. Edm. Rich P* 1786D; reperta hac preciosissima philosophie ~a, placuit vestre dominacioni ut transfereretur [*sic*] de lingua Arabica in Latinam BACON V 26; summa Altissimi clemencia sic cum nostro filio sciencie ~am feliciter dispensavit *Dictamen* 354. **b** virgo munda, mundi vita, / concha de qua margarita / preciosa nascitur WALT. WIMB. *Virgo* 148. **c** valete, o flores ecclesiae, sorores monasticae . . Christi margaretae, paradisi gemmae et caelestis patriae participes ALDH. *VirgP* 60 p. 323; recondita est itaque terrae in sarcophago novo haec illustrissima ~a a formidine malorum donec transvecta est in renovatum Augustini domicilium Gosc. *Lib. Mild.* 19 p. 87; preteriere multa tempora et ~a Dei [sc. Swithunus] latebat ingloria annis ferme centum W. MALM. *GP* II 75 p. 162; jacebat sub oblivionis obscuro celeste ~um *Ib.* IV 181 p. 319; ut pretiosa ~a, que tanto tempore terra jacuerat operta, gloriosius omnibus ostenderetur *Mir. Fridesw. prol.* 4.

3 (as personal name) Margaret.

haec generosa virgo, nomine ~a, insigni specie decentior fuit omni margarita W. POIT. I 39; ~a regina TURGOT *Marg.* 235; uxor ~a, elemosynis et pudicitia insignis W. MALM. *GR* IV 311; **1242** prior Sancte Margarete de Merleberge *Pipe* 170; **1410** de ~a Fayrefax *Test. Ebor.* III 50.

4 (applied to other substances): **a** pearl-shaped weight of a plumb-line; **b** (alch.) pearl-coloured silver.

a in puncto . . *D* filum pendeat perpendiculum cum ~a *Turquet* 372. **b** argentum vocatur ~a propter coloris candorem; et unio dicitur, quia ~a et unio idem sunt . . nam ~a dicitur unio, quia numquam nisi una simul et semel generatur in concha marina BACON *Tert. sup.* 84.

margaritaria, solution of pearls.

1307 item pro uno electuario confortativo cum . . margaritar' et jacinctar' . . item pro sucurrossetis acuatis cum margaritar' et curallo (*KR Ac*) *EHR* LXVII 173.

margaritula [CL margarita + -ula], (little) pearl.

munusculum paupertatis meae et devotionis transmitto viginti quinque margaretulas inter optimas et viliores ANSELM (*Ep. Anselm.* 428) V 375.

margassita v. marcasita.

margia [OF *marge* < margo], border, edge, margin.

s**1222** Leulinus . . duo castra sita in ~ia North Wallie . . funditus destruxit *Ann. Dunstable* 82.

marginalis [ML]

1 adjacent to the shore, littoral.

ad quorum adventum . . de sub lapide eductus submersus emersit fluctusque subvehentis obsequio ad salicem, que prona lambebat aquas ~es, appulsus est W. CANT. *Mir. Thom.* III 41.

2 marginal, written in the margins: **a** (of gloss or commentary on text); **b** (of note, number, or sim.).

a Anselmus . . Laudunensis . . inter alia opuscula . . super Psalterio glosas ~es et interlineares composuit BALE *Index* 32. **b** circa tabulam de ~ibus literis et numeris in tribus . . locis, viz. in margine dextro et sinistro, et in inferiori BACON VI 191; **1520** uno loco tantum putavit non necesse esse ut ~i nota nos admoneret ironiae suae (MORE) *Ep. Erasm.* IV 1087 p. 224.

3 (as sb. f.) marginal gloss or commentary (on text, esp. Bible).

et in Genesi dicitur . . super quem locum dicit ~is NECKAM *NR* II 156 p. 251; dicit tamen ~is super illum locum quia 'Unum adoravit, Salvatorem scilicet, ostendens cujus adventum prestolabatur . .' *Id. SS* I 30. 13; reperies prope principium epistole ad Galathas . . dicit enim ~is *Ib.* II 50. 20; unde nec in ejus

[libri Ruth] principio prologus apponitur ~is, sicut consuetudo est in aliis libris S. LANGTON *Ruth* 87.

marginare [CL], to mark out or provide with margins.

regulam . . ~abimus tribus marginibus . . marginem hic vocamus strictam superficiem inter duas lineas rectas equidistantes sed prope jacentes contentam WALLINGF. *Rect.* 412.

margo [CL]

1 border, edge, margin: **a** (of topographical feature or the world); **b** (of tract of land); **c** (of artefact); **d** (fig.).

a **672** in extremo ferme orbis ~ine posita ALDH. *Ep.* 5 p. 492; inter atrae paludis ~ines FELIX *Guthl.* 25; villae campestres in ~inibus stagnorum circumsitae sunt ORD. VIT. X 6 p. 29. **b** †**705** (14c) hec pars modica telluris ex utraque parte fluminis . . hiis ~inibus videtur designata *CS* 112. **c** xij lampades ardent, quattuor intra sepulchrum, viij supra in ~ine dextro BEDE *HE* V 16 p. 318; est proprie sirma, A. *hem*, i. ~o *femineæ* vestis *GlSid* f. 150va; dum . . citeriori ~ini pontis pedem imponeret W. MALM. *GR* II 170. **d** **998** Christus . . in extremo caducorum ~ine per uterum Beatae Virginis incarnatus *Ch. Roff.* 32.

2 bank, shore; **b** (of a river); **c** (of a sea-shore).

10 . . in ~ine, *on ofre* WW; **10** . . ~inis, *stæpum* WW. **b** dum Nilotica gurgitis fluenta transire satageret . . in citeriorem alvei ~inem divina virtute translatus ALDH. *VirgP* 37 p. 286; **705** manentes . . ex utroque ~ine fluminis *CS* 113; hic et hec mergo, *a banke* fontis mergo, maris litus, sic ripa fluentis WW. **c** qui clamante pio ponti de margine Christo / linquebat proprium panda cum puppe parentem ALDH. *CE* 4. 4. 3; **672** territorii ~inem Britannici sospitem applicuisse . . comperimus *Id. Ep.* 5 p. 489; est locus undoso circumdatus undique ponto / rupibus horrendis praerupto et margine septus ALCUIN *SS Ebor* 1325.

3 margin (of book or sim.).

sic itaque venerabilem priorem, quem superior ~o pretitulat, veridice et adhuc impresentiarum superstitis femine probabilem sententiam retulisse sufficiat Gosc. *Transl. Mild.* 31; in summo tabule ~e similes pone caracteres, qui utriusque partis sint testes THURKILL *Abac.* f. 61v; ut meo stylo apponantur saltem in ~ine que non occurrerunt in ordine W. MALM. *GR* II *prol.*; †**801** (13c) episcoporum ac optimatum nostrorum testimonium . . quorum nomina in ~ine istius pagelle repperiuntur *CS* 282; si copia concedatur, incipiunt fieri glossatores incongrui et alii largiorem ~inem circa textum perspexerint, monstruosis apparitant alphabetis R. BURY *Phil.* 17. 222; scribitur in ~ine illius libri GASCOIGNE *Loci* 142; decem acre jam in manu domini episcopi, de quibus inferius in ~ine, et quinque acre in clausura *Feod. Durh.* 193.

4 confines, space (within borders).

†**948** (12c) in insula . . cujus margynes circumquaque palustribus rivulis adjacentibus ambite certis terminis comprobantur *CS* 864; quasi solitarii silvis inherent in quarum . . ~ine . . tecta viminea . . connectere mos est GIR. *DK* I 17; WALLINGF. *Rect.* 412 (v. marginare).

margonalius v. manganellius.

margravius [ML; cf. Old High Germ. *marcgravo*], margrave (Cont.).

1505 Georgius . . dux Saxonie, lantgravius Thuringie, marggravius Missne *Foed.* XIII 120a.

margularius [AN *margler* < matricularius], churchwarden, sacrist.

1203 marrublario iiij li. de elemosina statuta *RScac Norm* II 540; s**1146** servientes ecclesie, quos margalerios vocant, clericos domini pape . . fustigaverunt M. PAR. *Min.* I 278; **1367** mergulario ecclesie Ripon, pulsanti campanas *Mem. Ripon* I 122.

margus v. mergus.

1 maria v. 2 mara.

2 maria v. mare.

3 Maria [LL], the name Mary: **a** the Virgin Mary; **b** Mary Magdalene; **c** (w. ref. to *Luc.* x 38–42) Mary, Martha's sister, as type of contemplative life; **d** (other); **e** (in gl.).

a si . . nobis incontaminata ~iae virginitas incarnatum Dei Verbum caelesti puerperio peperit ALDH. *VirgP* 13; per intercessionem beatae suae genetricis semperque Virginis ~iae BEDE *HE* V 19 p. 329; in quo Arthur portavit imaginem sanctae ~iae perpetuae Virginis NEN. *HB* 200; virginem me Virginis filius huc usque servavit, virginem me virginum regina ~ia habebit OSB. *V. Dunst.* 12; **1242** in capella S. ~ie de Rupe subter castrum de Notingham *Pipe* 86. **b** Sancta ~ia Magdalene, quae cum fonte lacrimarum ad fontem misericordiae Christum venisti ANSELM (*Or.* 16) III 64; unde Augustinus . . de ~ia Magdalena, que solebat in fornicatione sua frontosa esse OSB. GLOUC. *Deriv.* 218; illa . . que tibi astat in sinistro latere, est apostolorum Christi apostola, ~ia Magdalene R. COLD. *Godr.* 110; corpus beate ~ie Magdelene a Gerardo comite Burgundie ad cenobium Viceliacum . . transfertur DICETO *Chr.* I 121. **c** duae . . istae Domino dilectae sorores duas vitas spiritales . . demonstrant: Martha quidem actualem qua proximo in cariate sociamur, ~ia vero contemplativam qua in Dei amore suspiramus BEDE *Luke* 470; Martham videre ministerio, ~iam desiderio, fidem operantem, caritatem ardentem OSB. *V. Dunst.* 23 p. 98; mente Maria vacat, sed in actum Martha laborat / est intenta gregi Martha, Maria Deo W. MALM. *GR* V 439 p. 511; rusticitas hodie se miscet philosophie, / fuscat et ecclesie Martham pacemque Marie GARL. *Mor. Scol.* 16; o devota sollicitudo, ubi nec meretur Martha corripi nec ~ia R. BURY *Phil.* 5. 75; vita activa, Martha, Lya . . vita contemplativa, ~ia, Rachelle *CathA*. **d** martyres Ipolitus, . . ~ia, Martha, Paulina W. MALM. *GR* IV 352 p. 407; s**1160** ~ia abbatissa de Rumesie, filia regis Stephani, nupsit comiti Matheo DICETO *YH* I 303 (cf. M. PAR. *Maj.* II 216); s**1173** Maria soror sancti Thome martyris, mandato regis patris et contemplatione fratris, facta est abbatissa Berchingensis *Ib.* I 371 (cf. ib. II 287). **e** ~ia inluminatrix *GlC Interp. Nom.* 204; ~ia, *þæt is on Englis hlafdia* ALDR. *Margin.* 67.

mariagium [ML < OF *mariage*], dowry, marriage portion.

Haduise nanque matri sue datis lx libris Rodomensium, subripuit ~ium suum ORD. VIT. III 2 p. 41; sororem suam F. de B. strenuo militi in conjugium dedit, et ecclesiam . . cum adjacenti fundo in ~io concessit *Ib.* III 5 p. 76; decimam . . de Manlia quam due sorores mee possident in ~io *Ib.* V 19 p. 451; c**1177** ego Alexandria filia Radulfi . . concessi et dedi Deo et . . ecclesie de Stikeswald . . totum meum ~ium *Danelaw* 285; **1211** Aliz la Brette questa est . . de dimidia capella terre . . quam clamat de ~io suo *CurR* VI 118; **1295** dat domino pro ista licentia et ~io quadraginta solidos *CourtR Hales* 330.

Mariale [ML], Mariale, book of the life and miracles of the Virgin Mary.

minus ~e. liber Sententiarum *Chr. Rams.* 365; item [lego] librum qui dicitur ~e *DC Sal.* 376.

1 mariare [cf. CL mare], to navigate, sail a ship on the sea.

1315 cum . . magister navis . . que est J. de V. et A. de O., concivium Bajone, et cum ea ~iassent filii iniquitatis . . ad dictam navem accesserunt et inter se atrociter debellarunt *Foed.* III 509.

2 mariare [OF *marier*], to marry, give in marriage to.

1295 Johanna . . cui dictus Johannes per licentiam domini ~iavit Thomam filium suum *CourtR Hales* 330.

maricandisa v. mercandisa. **maricium** v. maresium.

marifeodus, (Scot.) mair of fee.

1488 Walterus Kynkell ~us unius partis senescallatus de Stratherne *Reg. Glasg.* 503.

marinagium, marinage, seamanship.

de lege marinaria: . . ubi aliquis . . veniens ad majorem petens legem de ~io ad emendum habendum de hoc forte quod navis aliqua alteri navi fecerit dampnum *Cust. Fordwich* 29.

marinallus v. marinellus.

marinare, to soak or steep in brine.

1223 quod illi duo papiliones bene ~entur et incordentur et prompti sint et parati per omnia *Cl* I 551b.

marinarius [ML]

1 marine, of the sea.

de lege ~ia *Cust. Fordwich* 29.

2 (as sb. m.) mariner, sailor, seaman; **b** (in warship); **c** (spec. as ferryman).

prope Collenros qui secundum ~iorum computationem xxx milliaria distat ab insula May in Scotia SIM. GLASG. *V. Kentig.* 7; **1188** pro licentia concordandi de duello versus Osbertum ~ium *Pipe* 101; **1205** liberavit Rogero de Mobray et ~iis nostris v marcas *Cl* I 38a; **1293** G. . . et A. . . marinerii de Bajona *RGasc* III 68a; memorandum quod Robertus Bacon ~ius piscatorum in villa Crowmere fuit Anglicus nacione et primo ipse invenit patriam Islandie ex fortuna W. WORC. *Itin.* 6; **1434** hec sunt soluciones vadiorum ~iorum vocatorum *shipkepers KR Ac* 53/5 f. 4v; incitati homines . . per . . Calesie ~ios et piratas *Croyl. Cont. C* 556. **b 1294** pro stipendiis iiij marenariorum spectancium galeam et aliarum nautarum providencium et preparand' [*sic*] omnia armatura [*sic*] dicte galee *KR Ac* 5/2 m. 3; **1386** mittet . . regi Anglie . . decem galeas . . bene armatas viz. de uno patrono . . octo vel decem ~iis, triginta balistariis, centum et quaterviginti remigibus *Foed.* VII 521; **1513** honorandi et ordine militari insigniendi . . nostros ~ios, homines ad arma armatos, sagittarios, et alios (*Pat*) *Ib.* XIII 349. **c** informacio cujusdam *feryman*, ~ii custodientis, A. *le fery*, i. eundo et redeundo cum parva cimba ex transverso aquas de Avyn et Frome W. WORC. *Itin.* 302.

3 (as sb. f.) seamanship.

1357 aliis laboribus quam piscacioni et officio ~ie hactenus non intenderunt *Pat* 252 m. 16.

marinator [CL marinus + -tor]

1 mariner.

1204 invadiavit cuidam ~ori supertunicam suam . . ad adquietandum frettum suum *CurR* III 108.

2 pickler, one who soaks in brine.

caretarii . . examinentur a subcelerario . . hoc idem fiat de ~oribus quia necesse est *Cart. Glouc.* III 107.

marinellus [OF *marinel*], mariner, sailor, seaman; **b** (in warship).

1203 ad locandas naves et ~os ad carcandum bladum nostrum *Pat* 25b; **1212** ad pacandum arreragia ~orum custodiencium navigium domini regis (*KR Ac*) *EHR* XLI 558; **1217** cum navi, quam . . Alexander . . ducit cum ~is, et rebus et mercandisis in eadem navi contentis *Pat* 52; **1258** quod . . magister [sc. navis] ipsum ~um in aquam Tamisie projecisset, per quod submersus fuit *Cl* 318; qui capiant sacramenta omnium sturemannorum et ~orum navium ibi applicantium *BBExch* 369; capitaneus omnium portensium et omnium aliorum marinariorum et ~orum B. COTTON *HA* 234; **1375** constituimus . . Johannem Buteturt admirallum et capitaneum nautarum et ~orum nostrorum omnium portuum et locorum in quibus naves seu batelli applicant *RScot* 139b. **b 1248** galeam regis . . preparari faciat bonis armamentis et eskippari bonis marinallis *Cl* 45.

marinus [CL]

1 marine, of the sea; **b** (of deity); **c** (of creature); **d** (*aqua* ~*a*) sea-water; **e** (of tithe); **f** (of custom or law); **g** (*curia* ~*a*) maritime court.

velut quibusdam ~is irruentibus . . undis GILDAS *EB* 30; bissum: herba ~a in profundum maris crescens *Comm. Cant.* I 289; mens Deo dedita nec . . ~is gurgitibus immersum pavescit ALDH. *VirgP* 47 p. 301; a**779** illud vero, quod de libris inquisisti ~is aestibus terram advectarium, omnino incognitum *Ep. Bonif.* 124; sedatis fluctibus ~ae tempestatis ABBO *QG* 1 (3); tanquam ~as inter arenas gemmas eligens GIR. *TH intr.* p. 8; **1375** obiit extra partes ~as *IPM* 246/46. **b** Triton ~us deus dicitur BERN. *Comm. Aen.* 11. **c** sunt ferme innumerabilia ~arum genera beluarum *Lib. Monstr.* II pref.; *Selaeseu* quod dicitur Latine insula vituli ~i BEDE *HE* IV 13 p. 232; ADEL. *QN* 64 (v. conchylium a); GIR. *IK* I 3 (v. conger a); *Quaest. Salern.* N 57 (v. fluvialis b); GERV. TILB. III 73 (v. locusta 2a); GILB. VII 348v. 2 etc. (v. 1 lepus 2); **1266** (v. barsa); **1267** (v. capra 2); GAD. 10v. 1 (v. cancer 1a). **d** nisi tantum in aqua pura [*PL*: sive illa ex nive et glacie sit resoluta, sive ~a, sive fluvialis] BELETH *RDO* 110. 115C. **e 1251** (v. decimatio 3a).

f 1383 secundum legem et consuetudinem ~am (v. curia 5d). **g 1383** curia ~a (v. curia 5d).

2 (sb. m.) mariner, sailor.

1311 in vadiis xxxviij ~orum in . . navi existencium . . xxxvij li. x s. vj d., cuilibet eorum per diem iij d. *KR Ac* 14/18.

3 (sb. f.) coast, seashore.

1167 ad faciendam liberationem militibus qui custodierunt ~am *Pipe* 201; c**1180** dederunt . . a portu Wytebyensi totam ~am usque ad Blawye *Act. Hen. II* II 455; s**1170** rex Henricus . . cepit Waterford et civitatem Diuelin et plurima alia oppida super ~am illam R. NIGER *Chr. II* 172; **1205** liberavimus galias nostras per ~am Anglie *Pat* I 52b; **1212** nos . . procul de ~a . . non recedemus et vos similiter prope ~am vos teneatis (*Cl*) *Foed.* I 157; **1217** rex omnibus ballivis de marina Norfolchie . . salutem *Pat* 121; **1232** custodiam omnium portuum nostrorum, et totius ~e nostre in Hibernia *RL* I 519 (cf. *Cl* 102).

4 (sb. n.pl.) marine affairs, seamanship.

s**1312** proditores nequissimi florem singularis milicie et ~is invincibilem senescallum Gasconie, dominum Johannem de Ferariis . . veneno . . prostraverunt *Flor. Hist.* III 153.

5 (as name): **a** (personal name); **b** (in place-name or surname).

a eodem anno beatae memoriae ~us papa universitatis viam migravit ASSER *Alf.* 71. **b 1176** Hugo de ~is, decanus ecclesie beati Pauli *Cart. Osney* II 223; **1230** Albricus de ~is *Pipe* 112.

mariola, ~is, ~um [AN *mariole* < Mariola = *little Mary*]

1 image (of the Virgin Mary); **b** (spec. as statue).

contigit et crucem, et ~am, et Johannem, et loculum cum camisia S. Ædmundi . . sublata esse BRAKELOND f. 152; instrumenta ecclesie sunt hec: . . ~um [*gl.*: *mariole*], crusifixum et alie . . ymagines NECKAM *Ut.* 119; **1220** iij pepla ad ~am cooperiendam linea *Reg. S. Osm.* I 291; quandam aliam orationem solebat dicere genibus flexis ante ~am de beata Virgine quam sponsam suam dicebat EDM. *Or.* pref. 586; **1300** quatuor ~e beate Marie cum tabernaculis de eburn' et diversis imaginibus *AcWardr* 352. **b** s**1235** unam elegantissimam ~am, quam . . W. de C. . . opere sculpsit studiosissime, ecclesie nostre presentavit *Chr. Mon. S Alb.* I 286.

2 unmated female animal (in quot., goose).

1283 †marioli [l. mariole] (v. anserulus); **1307** auce: et de j anceri et iij ~ibus de remanentibus . . et remanent j ancer et iij ~es *Doc. Bec* 155; **1349** remanent vj auce, v ~e et j ancer *Rec. Elton* 342; **1351** remanent vij auce quarum v maroles *Ib.* 383.

3 (as adj.) unmated female (of animal).

1247 de v aucis mariol' et ansere exierunt . . xij aucule *MinAc* 740/7; **1258** remanent in curia iij auce ~e et iij anseres *Ac. Wellingb.* 3.

marisarchus [CL mare + -άρχης], admiral.

s**1339** Robertus de Morleye marisarcus perrexit in Normanniam cum classe sua KNIGHTON II 10; s**1360** sagittarii missi sunt ad marisarcos ad mare in defensionem regni. unus marisarcus erat J. Wesnam, prior hospitalis, et alii assignati per regem *Ib.* II 110; s**1387** Ricardus, comes de Arundelle, marearcus [v. l. marisarcus] . . classe exivit in occursum eorum *Ib.* II 234.

1 marisca [CL], blain, pustule.

a blayne, pustula, ~a *CathA*.

2 marisca v. mariscus.

mariscacia v. marescalcia. **mariscalcialis** v. marescalcialis. **mariscalcus, mariscaldus** v. marescalcus.

mariscalis [CL mariscus + -alis], marshy, fenny, swampy.

1540 terras ~es *Pat* 689 m. 51/4; **1587** illam parcellam terre ~is nostram jacentem . . prope le Bromley Marsshe *Ib.* 1300 m. 2.

mariscalla v. marescalla. **mariscallare** v. marescallare. **mariscallatus** v. marescallatus. **mariscallia, marischalcia** v. marescalcia. **mari-**

scallus, marischallus v. marescalcus. **mariscis, mariscium** v. mariscus

mariscosus [CL mariscus + -osus], marshy, fenny, swampy.

1329 summa lx s. et non plus, quia pratum ~um et debile et jacet juxta ripam de Wytheme *IPM* 16/22 m. 4.

mariculus [CL mariscus + -ulus], little marsh.

extendit se a vado lapidoso in austro per unum rivulum aque sive muriculum usque ad vadum anserum *Reg. S. Thom. Dublin* 351.

mariscus [CL = *kind of rush*], ~**a**, ~**um** [ML; cf. AS *mersc*]

1 marsh, fen, swamp; **b** (dist. as freshwater- or salt-marsh; **c** (in formulae).

679 cum omnibus ad se pertinentibus campis, pascuis, meriscis *CS* 45; c**750** juxta ~o qui dicitur Biscopes Uuic *CS* 160 (=*CS* 161: marascum); **779** adiciam ~em [*sic*] pertinentem ad aridam *Ch. Roff.* 10; **798** hanc praedictam ~am dabo *CS* 289; **1147** terra . . in sicco et in ~o divisata (*Ch. Sawtry*) *MonA* V 522b; a**1149** a molendino Roberti filii Alberti quod est in Flemtona usque ad divisionem de Lakforde pertinent ab abbates herbagia et ~ia *Doc. Bury Sup.* 817; a molendino cellerarii usque ad molendinum R. P. est totum marescum abbatis *Ib.* 818; **1199** in unum ~um quod vocatur Godinemers *CurR* I 104; alii . . illic in marissam precipites ruunt *Lib. Eli.* II 107 p. 186; c**1362** inventus fuit occisus in marosco de Mersschlond *SelCCoron* 56; **1460** viginti tria mesuagia, quingintas triginta et iiij acras pasture, bruere, et marissy in villis de Paston, Edythorp, et Bakton *Paston Let.* 57. **b 1198** et de v acris de salso ~o in Wadhoge et j salina *Fines P. Norf.* 58; c**1250** novem acras ~i salsi . . viij acras ~i dulcis *Ch. Norw.* II 472; **1327** de firma iij marisc' sals' *MinAc* 1141/1 r. 5; **1369** cum agistament' animalium tam in marisc' frisc' quam in sals' *MinAc* 894/16; **1397** quidam locus vocatus le Poldre cum quadam parcella ~i salsi *IMisc* 267/10; **1583** totum illum ~um nostrum salsum . . dimissum in diversis peciis cum aqua salsa A. *Salte Fletes Pat* 1235 m. 8. **c 686** terras sationales cum pratis, campis, silvis, fontanis vel ~um quod appellatur Stodmersch *Ch. S. Aug.* 7; c**1135** in aquis, piscariis et molendinis, pratis et marescis *Ch. Chester* 19; **1185** in pratis, et pasturis, et marescis *Regesta Scot.* 263; **1200** in bosco et plano et in maresco . . in viis et semitis *RChart* 53b; c**1235** in moris, in marrisciis *Ch. Chester* 452.

2 (in place-name or surname).

1198 Henricus de ~o *Pipe* 82; hujusmodi mali fomes et incensor erat Ricardus de ~o *Mem. Fount.* I 126; Ricardus de ~o, precipuus regis Anglie consiliarius . . multos desolatos constituit *Ann. S. Edm.* 23; **1230** Gilbertus de ~is *Pipe* 171; Thomas filius Thome de ~o *Ib.* 282; epistole fratris Ade de ~o de ordine minorum AD. MARSH *Ep. tit.*; heredes . . Bartholomei de ~o *Feod. Durh.* 9.

3 mire.

1276 obstruxit quandam viam regiam . . ad nocumentum . . et redigit illam viam in ~um *Hund.* I 125a.

4 (as adj.) marshy, swampy.

1329 racione desiccandi manerium suum de Coldham, quod situatum est in terra maresca in comitatu Cantebrigie (*CoramR*) *Cart. Rams.* III 122.

marisium v. maresium. **marissa** v. mariscus. **marita** v. maritus.

maritaceus [CL maritus + -aceus], husband-like.

sic a primo viro et marito ~eo procedit que est inferioris partis attraccio sursum COLET *Sacr. Eccl.* 42.

maritagium [ML]

1 marriage: **a** act of wedding, ceremony of marriage; **b** condition of being wedded, wedlock; **c** (w. ref. to prospective spouse); **d** (leg., ~*ium francum* or *liberum*) frank-marriage.

a *weddynge*, nupcie . . matrimonium inter cives, ~ium *CathA*. **b 1220** videntes magnum periculum quod potuit emergere si istud ~ium foret (*Lit. Reginae*) *DipDoc* I 65; **1224** de sex milibus solidorum qui vobis debentur racione ~ii contracti inter filium

Porteclini .. et quandam consanguineam vestram *Pat* 440; suspectum ~ium *Flor. Hist.* II 277; qui non sunt cognati aut consanguinei .. nec eciam ei ~io vel alio quocumque casu obligati *MGL* I 57; ante consummacionem dicti ~ii AD. USK 50; ~ium, A. *wedloke WW.* **c** c**1309** optulisset eidem Roberto dum fuit infra etatem .. competens ~ium, viz. Ceciliam filiam Willelmi de Westone *Year Bk. Ed. II* I 190. **d** ut det .. filiam suam Hugoni .. in uxorem et manerium suum de Siffort et quicquid manerio pertinet in libero ~io *CalCh* IV 266; **1166** Willelmus Paverel dedit in franco ~io quiete cum sorore sua feoda ij militum *RBExch* I 367 (cf. *BBExch* 252); c**1192** de terra .. quam Reginaldus .. Ricardo cum M. filia ejus in liberum ~ium dedit *Regesta Scot.* 320; a**1200** soror eorum versus eos clamat per breve recti ad comitatum sicut liberum ~ium datum ei ab eodem Thoma herede patris suorum petunt recognitionem utrum sit ~ium an liberum tenementum eorum *CurR* I 12; a**1200** sciatis me dedisse .. Roberto filio Reginaldi de Acle cum filia mea Matilda in liberali ~io totam terram meam et tenementum in Scaldeford *Danelaw* 339; **1200** sciatis me concessisse .. Roberto de Quenci decem libratas terre .. in liberum ~ium cum Hawisia sorore mea *Ch. Chester* 308.

2 marriage portion, dowry; **b** (dist. from *dos*).

c**1081** (v. marescalcus 4); has terras tenet Picot .. in ~io feminae suae (*Cambs*) *DB* I 197ra; **1130** Henricus filius Goislini r. c. .. pro recto de ~io uxoris suae *Pipe* 148; decimam quam .. soror ejus in ~io habuerat ORD. VIT. V 19 p. 449; c**1159** in illa medietate que in dominio abbatis erit remanebit ~ium Emme uxoris Radulfi Gulafri *Act. Hen. II* I 265; id quod cum muliere datur viro quod vulgariter dicitur ~ium GLANV. VII 1 p. 69; ville de Hocclive, que est ~ium suum quam tenet de R. Malherbe fratre suo *RDomin* 33; **1200** terram quam Radulfus .. dedit Alano de Dinan in ~io cum predicta Clemencia *Ch. Chester* 318 p. 317. **b** [uxores] remaneant legales cum ~iis suis et dotibus (*Leg. Ed.*) *GAS* 644; **1130** Mathildis uxor Raginaldi de Argenteum reddit compotum .. pro dote et ~io suo *Pipe* 95; ~ium et dos ejus [sc. Bertreie comitisse] sunt ultra mare *RDomin* 15; scio quod a viro mulieri datur dos, viro ~ium ab illo qui dat uxorem ALEX. BATH *Mor.* II 1 p. 130.

3 (feud.) maritage, right to give in marriage: **a** (Eng.); **b** (Scot.).

a **1220** ballivus .. defendit pro comite quod nunquam concessit ~ium predicte Matillidis predicto Johanni de Litlebir' set illam retinuit in custodia sua *SelPlCrown* 137; **1227** dominus rex concessit Alexandro B. .. custodiam terris et heredis Willelmi de B. .. cum ~io ejusdem heredis *Cl* 4; **1274** quod nos vel heredes nostri non habeamus custodias vel ~ia heredum suorum ratione terrarum suarum quas tenent *BBC* (*Cinque Ports*) 97; **1332** elongata .. a custodia et ~io domini regis (v. elongare 5b); custodie domini regis .. vel ~ia ad dominum regem spectancia *MGL* II 357; **1453** pro custodia omnium terrarum et tenementorum que fuerunt Johannis Fastolf de Cowehawe in comitatu Suff' armigeri defuncti habenda una cum ~io Thome filii et heredis dicti Johannis vj li. xiij s. iiij d. (*DL Ac. Var.*) *JRL Bull.* XL 399. **b** **1200** quieti .. de sectis omnimodarum curiarum, ~iis, wardis et releviis *Regesta Scot.* 424; **1264** per relevium et ~ium filii Thome Finemund .. vj m. *ExchScot* 21; ~ium heredis qui infra etatem est mero jure pertinet ad dominum feodi *Quon. Attach.* 93.

maritalis [CL], of or pertaining to marriage, marital; **b** (as dist. from life of chastity or virginity).

625 ut .. intemerato societatis foedere jura teneas ~is consortii (*Lit. Papae*) BEDE *HE* II 11 p. 105; cum .. ad thalami copulam et ~e consortium flectere nequiret ALDH. *VirgP* 43; adolescentula quedam, ~is copule sortita consorcium, nullum diuturno tempore sterilis uteri sperare potuit fructum OSB. CLAR. *V. Ed. Conf.* 13; cujus filiam ~i copula junctam habuerat GIR. *EH* I 44; **1220** non permiserunt amici ejus quod filia nostra lege ~i ei copularetur (*Lit. Reginae*) *DipDoc* I 65; [puer] cujus matre diem suum functa, aliam lege ~i pater sibi sociavit uxorem *Mir. Wulfst.* I 17 p. 124. **b** una se angelicae castitatis comitem fore gratulatur, altera se ~is lasciviae fomitem laetatur ALDH. *VirgP* 17; ut .. spreto nuptiali thalamo et ~i luxus commercio caelestis sponsi amplexus enixius satagere .. faterentur *Ib.* 48.

maritaliter [LL], maritally, (as if) through marriage (also fig.).

[Robertus] cujus si vitam et actus cerneres, in duabus sororibus sibi ~iter copulatis alterum Laban socerum judicares H. BOS. *Thom.* VII 1 p. 524; domino suo ipsam subtraxit sibique ~iter eandem de facto copulavit GIR. *PI* III 27 p. 301.

maritanus, maritime, coastal.

per loca ~a gressus suos direxit J. FURNESS *Kentig.* 23 p. 200; **1228** omnes habitantes circa partes ~as *Cl* 108 (=*RL* I 328: maritimas); **1305** ne quis eosdem in suis rebellionibus .. confortet .. et specialiter in partibus ~is .. hoc fieri precepimus (*Lit. Comitis Flandriae*) *Foed.* II 964.

maritare [CL]

1 to marry, give in marriage; **b** (man); **c** (woman); **d** (refl. or pass.) to get married.

1188 quod possint ~are se et filios, et filias, et viduas sine licentia dominorum suorum *BBC* (*Bristol*) 77; maximum dedecus totius Christianitatis, cum Christiani deberent subjici Judeis et per eos ~ari *Leg. Ant. Lond.* 234. **b** **1218** cujus filium et heredem dedimus .. Philippo, ~andum filie sue *Pat* 144; **1220** ut inde ~aret Johannem filium suum et heredem, sc. de Alicia, et de Matillide Saherum postnatum filium suum *SelPlCrown* 136; **1270** liceat .. Aumarico .. Simonem per consilium meum ~are, dummodo non fuerit per maritagium disparagatus *Cl* 299; s**1325** rex Francie non posset dictum filium regis ~are nec tutorem aut curatorem sibi dare AD. MUR. *Chr.* 44; [Soldanus] qui eciam volebat me nobiliter ~asse cum filia cujusdam principis si voluissem renunciasse fidei Cristiane, sed nolebam *Itin. Mand.* 26; item famulo Johannis Stotevyle ~ato die dominica W. WORC. *Itin.* 262. **c** ita adhuc debet si ipsa est virgo et non ~ata *Comm. Cant.* I 448 filiam, quam comiti Andegavensi ~arat *G. Steph.* 4 p. 10; ceston .. i. cingulum Veneris, et dicitur ceston eo quod in feminis ~atis signum sit castitatis OSB. GLOUC. *Deriv.* 96; habet .. vj filias ~atas et iij filias ~andas que sunt in custodia matris *RDomin* 24; s**1259** ibi ~avit secundam filiam suam filio comitis Bononie *Ann. Dunstable* 213; **1279** dedit mergettum pro quadam filia sua quam ~avit apud Nassinton' cuidam Rogero C. *Rec. Elton* 5 (=*SelPlMan* 94); hic utebatur gladio S. Adriani et regem Hungarie Stephanum convertit ad fidem cum omni gente sua ~avit Calan sororem suam ad dictum Stephanum W. WORC. *Itin.* 186. **d** inclitus ille Theodosius .. qui totius propemodum mundi gubernans monarchiam ~abatur et regalibus florentis imperii sceptris .. fungebatur ALDH. *PR* 142 (143 p. 203); **1198** Radulfus A. .. pro habenda terra .. et se ~ando ubi voluerit *Pipe* 3; Ascelina que fuit uxor Henrici P. .. ne invita ~etur, et si nubere voluerit, nubat per consensum R. *Ib.* 16; **1234** quod capiat ab ea securitatem quod nemini se ~abit sine licentia regis *Cl* 404; s**1238** rex .. sic se ~avit M. PAR. *Maj.* III 477; a**1270** quod non ~entur ubi disparagentur *Cart. Beauchamp* 117; **1294** Alicia C. ~avit se apud J. sine licencia domini. ideo distringatur, si venerit *Rec. Elton* 45.

2 to marry, take to wife.

Agnes .. tradidit terram .. Willelmo tali condicione quod debuit eam ~are honorifice .. vel ponere eam in aliqua domo religiosa *Eyre Yorks* 78; promisit filiam regis ~are si sibi auxilium dirigeret ad regnum suum recuperandum *Eul. Hist.* II 237; comes F. .. filiam domini de L. .. abduxit et ipsam contra ejusdem domini voluntatem, ut dicitur, ~avit *RGasc* III 380b.

3 (fig.): **a** (of animal); **b** (of artefact); **c** (of abstr.); **d** (in gl.).

a eque .. aspirate Favoniis, vento concipiunt, et postmodum sitientes cum maribus coeunt, sic aurarum spiritu ~antur OSB. BAWDSEY clv. **b** videsne .. quonammodo radii ex modiolo bige procedentes majori et majori distantia sejungantur usque dum rote ipsi ~entur? NECKAM *NR* II 172 p. 282; supra lectum ponatur culcitra plumalis, cui cervical ~etur [*gl.*: *seyt baylé*; *ajutet*] *Id. Ut.* 100; fundamentum [*ed. Wright*: fundamentum muri] venis terre ~etur [*gl.*: *seyt bailé*; *seit marié*; *ajouté*] *Ib.* 103; **1343** ad facturam unius jupon' pleni nebulis et stellis operat' de auro .. et serico .. maritat' cum uno garn' de tissut' *KR Ac* 390/2 m. 4; exteriori quidem parti castelli quod se ville amicabili complexu ~at *Ps.*-ELMH. *Hen. V* 51 p. 127. **c** studuit liberali scientie ~are disciplinam probatissime vite *Canon. G. Sempr.* f. 39; primo .. humilitas .. animum .. ornat .. deinde sponsi sui contemplatione castissima Verbo Dei ~at J. FORD *Serm.* 73. 5; hoc erit animam meam tibi legitimo sponso suo feliciter ~ari *Ib.* 110. 10; verba .. tam nobili ~ata conjugio ut .. simul omnia suum viderentur auctorem benedicere MAP *NC* IV 3 f. 45v; tertiam vero agit etatem, jam fidentiorem, et carnalem appetitum racionis robore ~antem, gaudentemque intrinsecus in quadam dulcedine conjugali GROS. *Hexaem.* VIII 33. 3; et amor injustus judex, adversa maritans / rerum naturas degenerare facit GOWER *VC* 5. 43. **d** *ajuster*, addere, adicere, adhibere, ~are *Gl. AN Ox.* f. 153r.

4 (p. ppl. as sb. f.) married woman.

745 in antiqua Saxonia ubi nulla est Christi cognitio, si virgo in paterna domo vel ~ata sub conjuge fuerit adulterata manu propria strangulatam cremant (*Lit. Papae*) *CS* 172; adulterium est illicitus coitus cum ~ata et dicitur adulterium quasi alterius lecti tricio *Spec. Laic.* 4.

maritatio [ML]

1 marriage: **a** act of wedding, ceremony of marriage; **b** condition of being wedded, wedlock.

a hec inter de regine ~one necne in regnum promotione actum est inter regni sublimiores EADMER *HN* 343; primum capitulum continet celebrationem mistice ~onis et connubii quod virtutes tamquam hilares convive celebrant GARL. *Epith.* VIII *cap.*; s**1252** rex .. venit .. pro ~one filie sue .. regi Scocie *Meaux* II 128. **b** verus vir et maritus est primus ille pontifex, in quo est omnis ~o in fecunditatem omnium COLET *Sacr. Eccl.* 42; Dei Filius ergo primus maritus est, a quo omnis ~o in celo et in terra nominatur *Ib.* 61.

2 marriage portion, dowry; **b** (dist. from *dos*).

1386 lego pro ~one .. filie mee .. mille marcas *FormA* 429; **1419** lego in ~one quinque pauperum virginum .. xx li. *Wills N. Country* I 21. **b** **1100** si mortuo marito uxor ejus remanserit et sine liberis fuerit, dotem suam et ~onem habebit (*Ch.*) *GAS* 521 (=*SelCh* 118).

3 (feud.) maritage, right to give in marriage.

1217 concessimus dilecto et fideli nostro J. M. custodiam terre et heredis Barnabe de H. et ~onem Matillidis que fuit uxor ipsius Barnab' *Cl* I 344a; a**1270** concessi, et .. confirmavi domino Willelmo de B. C. ~onem W. primogeniti mei *Cart. Beauchamp* 117; sic jus custodiae et ~onis haeredis .. ad dominum pertinent *Jus Feudale* 33.

maritellus [CL maritus+-ellus], little husband.

hic maritus, -ti, unde hic ~us, -li, diminutiv. OSB. GLOUC. *Deriv.* 350; ~us, parvus maritus *Ib.* 364; *an husbande*, conjux, maritus, maritolus, ~us *CathA.*

maritima v. maritimus.

maritimus [CL]

1 marine, of or on the sea; **b** (of person); **c** (of bird or creature); **d** (of case, court, or law).

navale proelium, pugna ~a *GlC* N 22; **811** cum .. saltibus piscuosis ac ~is fretibus *CS* 335; **812** cum omnibus .. litoribus piscuosis seu cunctis .. usibus .. ~isque fructibus *CS* 341; **1400** ballivus aque ~e de Bristoll' *Cl* 245 m. 16. **b** ab insula illa que esset ~orum predonum hiatibus exposita W. MALM. *GP* III 129. **c** ut Colossus qui mole vastissima monstrorum ad instar ~orum cunctos homines excrevit *Lib. Monstr.* I 3; c**1200** alcion ~a avis est que in litoribus fetus suos edere solet *Best. Ashmole* f. 67 **d** **1351** de placitis et perquisitis curiarum ~arum (v. curia 5d); **1390** ipsos .. traxerunt in placitum coram eis in curia sua ~a et contra ipsos per legem ~am processerunt .. in derogacionem legis communis *Cl* 232 m. 6*d*; **1391** cum .. in curia nostra ~a in causa pecuniaria pretensa ~a .. sentenciam .. tulisset diffinitivam invalidam *Pat* 334/1 m. 16.

2 situated near the coast, coastal, maritime; **b** (of person).

cepit nocte ~a loca circuire *V. Cuthb.* II 3; **793** contra paganos, qui apparuerunt circa terminos ~ae habitationis ALCUIN *Ep.* 19 p. 54; naves ad tutandam oram ~am fabricatas .. tempestas corripuit W. MALM. *GR* II 165 p. 189; s**1100** ceteri per urbes ~as, Tiberiadem dico et Cesaream Philippi, maturaverunt iter *Ib.* IV 374 p. 437; **1307** viij acre et tres rode terre ~e in quodam loco vocato Uppecroft mersshe *Cust. Battle* 18; **1567** lincabunt .. muros marittimos (v. lincare); **1587** muros ~os .. reparabunt *Pat* 1290 m. 40. **b** †**974** (12c) Edgarus, totius Albionis basileus necne ~orum seu insulanorum .. regum circumhabitantium *CS* 1301 (=W. MALM. *GP* V 252).

3 (as sb.) coast: **a** (f.); **b** (n. pl.).

a super omnem ~am NEN. *HB* 217 (v. malina b); in tota ~a a Rheno fluvio usque in Doniam urbem ÆTHELW. I 2; circa ~am S. Osithe navigium querendo se suscepit GIR. *JS* IV 238.   **b** 790 quasi trecenta milia in longum per ~a ALCUIN *Ep.* 7 (=W. MALM. *GR* I 91); 793 vos ~a habitatis, unde pestis primo ingruit *Ib.* 19 p. 55; marinis piscibus, per omnia latera, satis abundant ~a GIR. *TH* I 9.

4 (as sb. f.) sailor, seaman. *Cf. nauta.*

ast quidam insignis miles et ~a cognatus coram, Brumannus nomine . . in mari illos obvios habuit *G. Herw.* f. 330v.

maritolus v. maritellus.   **marittimus** v. maritimus.

maritudo [*aphaeretic form of* CL amaritudo], bitterness (cf. *Exod.* xv 23).

quibus tuae misericordiae dulcedinem merito mihi in ~inem converti peccatorum *Miss. Leofric* 8a.

maritus, ~a [CL]

1 (as sb. m.): **a** husband. **b** man. **c** (alch.) gold.

a ~us si se ipsum in furtu aut fornicatione servum facit . . mulier . . habet potestatem post annum alterum accipere virum THEOD. *Pen.* II 12. 8; quae contempta sui sprevit patrimonia sponsi / et sequitur Dominum neglecta sorte mariti ALDH. *VirgV* 2217; mulier accipiens quocunque modo ~um, si vidua erat, dabit regi xx s. (*Salop*) *DB* I 252ra; uxoris clarus dote maritus erit J. SAL. *Enth. Phil.* 218; noverce privigno et matrone offense ~o . . venenosa manus est formidanda GIR. *TH* I 36; 1375 Johannes ~us dicte Marjorie *Hal. Durh.* 132.   **b** si quis ~us aut mulier votum habens virginitatis, jungitur matrimonio, non demittat illud, sed peniteat iij annos THEOD. *Pen.* I 14. 5; quaere in eo ~um quendam nomine Teoful *V. Greg.* 91; nunc in judicio porci dixit ~us [AS: *ceorl*] sedens in apro *Prov. Durh.* 10.   **c** vitam imperciens soli et lune, ~o et uxori RIPLEY *Axiom.* 113.

2 (as sb. f.): **a** married woman. **b** wife.

a si quis fornicaverit . . cum ~a, iiij annos, ij integros, ij alios in quadragesimis tribus, et iij dies in ebdomada peniteat THEOD. *Pen.* I 2. 1.   **b** cum tu transgrediens postponas verba maritae ÆTHELWULF *Abb.* 342; neque amplius quam unam ~am [AS: *wifa*] habeat, eamque legaliter desponsatam (*Cons. Cnuti*) *GAS* 291.

marka v. 2 marca.   **markandisa** v. mercandisa. **markasida, markasita** v. marcasita.   **marketinus** v. marabotinus   **markettum** v. marcheta.   **markisius, markisus** v. marchisus.

marla, ~ia, marlum [ML; cf. ME, OF *marle* < CL marga], marl.

c1170 si alicubi in terra mea potuerint ~am invenire concedo eis locum ~e . . et viam ~e deportande usque ad terram suam *Cart. Glam.* I 111; cariavit ~am super terram *BNB* III 680; 12 . . potestatem accipiendi ~um ubicunque voluerint et invenire potuerint *Cart. Newm.* 152; c1250 ~a fodienda . . concessi . . ~am apud la Le ad marlandum terram *Reg. S. Aug.* 450; c1260 si deicit ~iam, debet deicere j rengum *Cust. Glast.* 139; genus terre quam ~am [TREVISA: *marl*] vocant . . cum spargitur, ubertas in agris reperitur HIGD. I 41 p.14; fodendo duas acras terre . . et ~iam et argillum inde vendendo *Reg. Brev. Jud.* 23v.

marlangus v. merlengus.

marlare, ~ere, ~iare [ML; cf. ME *marlen*, OF *marler*], to dig or spread marl, to marl.

c1159 in terra a rusticis ~ata *Act. Hen.* II I 308; c1160 in qua virgata sunt x et xvij acre, excepta reliqua terra non ~ata TORIGNI *app.* 336; si . . vineas plantaverit vel terram mallaverit *Cust. Norm.* 13. 1; 1211 in merlandis xxviij acris *Pipe Wint.* 80; c1214 ad terram . . ~endam sive meliorandam (*Ch.*) *MonA* V 268a; 1226 ~are facio apud S. cum duabus carretis, quoniam . . marla ibi inventa optima est *RL* I 289; 1235 et maluraverunt v acras *Pipe Wint.* B1/16 r. 12; 1245 fuit seminator ad frumentum . . et postea adjuvit ad malurand' *Ib.* B1/18 r. 13; 1258 facere possint quandam marleram ad dictam terram ~eandam *Cl* 191; in nova clotura sabulo ~ienda *Ac. Beaulieu* 104; 1280 debet ~iare dictum croftum *CourtR Hales* 135; 1299 expensa . . in terra seminata cum ordeo mallanda, vij d. ob. (*Comp. Enford Manor*) *DC Wint.*

marlaria, ~ium [AN *marlere*], marl-pit.

---

c1200 cum . . quarariis, mineris, ~iis *MonA* VI 883b; c1279 in . . viis, semitis, ~iis *Feod. Durh.* 110; 1298 unam placeam terre . . inter crucem manicatam et vetus ~ium *CourtR Hales* 385.

marlator, marler.

1211 in solido vij servientium cum ~ore *Pipe Wint.* 75; in stipendiis iiij ~orum *Ib.* 90; in dccxx ferramentis equorum malatorum *Ib.* 172; 1235 in stipendiis ij maluratorum . . in conred' ij maluratorum *Ib.* B1/16 r. 12; 1245 in liberacione ij maluratorum *Ib.* B1/18 r. 13; herciatores qui sunt ~ores in estate *Ac. Beaulieu* 318; a1327 provideantur ~ores . . et marletur . . terra *Cant. Cath. Pri.* 215.

marlatura 1 act of marling.

1211 de xij de Willelmo . . pro ~a *Pipe Wint.* 22; in ~a vj acrarum xiiij s., in marla spargenda, xij d. *Ib.* 34.

2 marl.

c1303 in ~a fodienda *Cant. Cath. Pri.* 137.

marleare v. marlare.

marleputtus [ME *marlepit*], marl-pit.

c1260 dominus trahet marliam in ~o *Cust. Glast.* 136.

marlera, ~ia, ~ium, ~um [ME, AN *marlere*], marl-pit.

1180 xxx sol. pro ~ia discooperta *RScacNorm* I 86; 1217 unusquisque liber homo . . faciat stagnum, ~am fossatum (*Ch.*) *SelPlForest* cxxxvii; 1222 occisa fuit uxor ejusdem W. . . et inventa fuit in una ~a *BNB* II 160; a1273 cum . . turbariis, quareriis, marletis [? l. marleris] *Cart. Darley* I 317; 1280 remittit domino unum ~ium quod vocatur Steynoulfesruding *CourtR Hales* 135; 1284 de malleriis eodem modo per annum xx s. *Reg. Wint.* 674; 1314 David filius Jor[werth] de Egge suppressus fuit in quodam ~o *PlRChester* 27 m. 31.

marlere v. marlare.

marlerius, of marl, (*fossa ~ia*) marl-pit.

c1160 (1316) et iij virgatas que terminantur cum terra Gaufridi de Mercato ad vallem et dimidiam acram ad fossam ~iam *CalCh* III 309.

marlerum, marletum v. marlera.   **marlia** v. marla.   **marliare** v. marlare.

marlosus, marly.

terra . . ~a *Fleta* 163.

marlura, act of marling.

c1260 pro ~a crofte sue, unde terra prioris marlata est *Cust. Glast.* 137; 1317 [*with the costs of marling*] ~e *CatAncD* VI 159.

marlutus v. merlucius.

marmita [OF *marmite*], marmit, pot.

item iiij ~as vini quas debent homines qui quondam fuerunt questales *Reg. Gasc.* A I 74.

marmor [CL]

1 marble.

falsas effigies, quas glauco marmore sculpunt ALDH. *VirgV* 1340; extrinsecus usque ad culminis summitatem totum ~ore tectum est BEDE *HE* V 16 p. 318; impellunt violentis pugnis a tergo et capite, resistitur a latice velut a solida glacie vel praeduro ~ore GOSC. *Lib. Mild.* 20; quare si ~or cum ~ore confricetur, ex aere interceptus calefit cum lapis elevatur cum vapore et de loco ad locum mutetur? *Quaest. Salern.* B 88; marmoris effigie, plana, splendente, nigella / sponsa figuratur, simplex, morosa, laborans H. AVR. *Hugh* 924; 'ferax varii lapidis', quia ibi habundat ~or TREVET *Troades* 60.

2 artefact made of marble: **a** marble slab or floor. **b** marble statue.

a nunc in refrigerio ecclesie super frigidum ~or suavi sopore detentus est ORD. VIT. III 4 p. 67; ~ori minus caute insideas, mors imminet GIR. *TH* I 35; postea pulverem istum tere super ~orem cum aqua salis armoniaci atque tartari ODINGTON *Alch.* 4; sume tartarum calcinatum album sicut nix est, et tere super ~or et incera cum aqua vite fortificata cum suis speciebus RIPLEY 212.   **b** sed titubant templi tremebundis marmora crustis ALDH. *VirgV* 1336; 1289 in j sublimi ~ore empto ad hostium mangne camere

---

regis . . v s. *KR Ac* 467/19 m. 1; 1324 custus ymag' et marrimor' *Fabr. Exon.* 153.

3 (gen. applied to other stone).

~ore *stan GlS* 212; ~or album, i. alabaustrum *SB* 29.

4 (fig.).

1188 ubi terram saxeam glacierum ~ora consternunt *Ep. Cant.* 197.

5 (of marble-like surface of) the sea.

olim, cum cuneus transgresso marmore rubro / desertum penetrat, cecinit quod carmine David ALDH. *Aen. praef.* 33; sed mare mergentem tumidis non sorbuit undis / dextera dum Christi turgentia marmora pressit *Id. CE* 4. 1. 15; dum tensis alta pererrant / marmora, psalmigraphi recolens orgia, velis FRITH. 358; 10 . . ~ora, *sae WW*; 10 . . ~ora glauca, *þa hæwnan sæs WW*.

marmorare [CL = *to cover or encrust with marble*], (intr.) to become like marble.

quicquid . . tetigerat, in aurum convertebatur. cibus quoque ac potus in auri materiam ~abat ALB. LOND. *DG* 10. 8.

marmorarius [CL], marble-mason, marble-worker.

Lambertus ~ius [tenet] xxx acras pro servicio suo *Boldon Bk.* 30; 1255 item vj ~iis pro diverso modo marmoris ad taschiam cissi xxxj s. x d. *Ac. Build. Hen.* III 284; 1325 Radulfo Rose marmorar' operanti, carianti, et ponenti petr' marmor' sub predictis magnis portis *KR Ac* 469/7 m. 1; Socrates, philosophus . . ex ~io patre W. BURLEY *Vit. Phil.* 108; ~ii nostri circa tabularum marmorearum ereccionem et columnarum supposicionem sudaverunt *Croyl. Cont.* B 463.

marmoreus [CL], ~ius

1 made of marble, marble. **b** who works with or deals in marble (also as sb. m.). **c** characteristic of marble.

fundatae sunt ergo super bases aureas columnae ~eae BEDE *Cant.* 1169; caput suum super ~eum gradum reclinavit ORD. VIT. III 4 p. 66; 1170 modo, frater, in sepulcro jaceretis ~eo P. BLOIS *Ep.* 93. 292C; in duabus columnis . . una ~ea, altera lateritia GIR. *TH* III 13; clausa . . techa et supra ~eum parietem . . erecta . . singuli . . sunt reversi *Canon. G. Sempr.* f. 112v; 1454 volo . . quod unus lapis ~ius cum duabus ymaginibus de auricalco ordinetur *Test. Ebor.* II 200; in cathedra regali lapidea et ~ia *Plusc.* VII 14.   **b** 1212 ~ius (*AssizeR London*) *Trans. Birmingham Arch. Soc.* XLVIII 63; s1461 jussit vocari . . quendum virum ~eum, sternique per ipsum sibi lectum *Reg. Whet.* I 424.   **c** sunt mulieres . . quarum corpora ~eo nitore fulgent *Lib. Monstr.* I 28; nascuntur homines . . qui . . xv pedes altitudinis capiunt et corpora ~ei candoris habent *Ib.* I 43; 1295 casula ~ei coloris *Vis. S. Paul.* 323.

2 like marble, resembling marble.

turgida dum caerula trudunt, auras ~eis deverberant spumis *Lib. Monstr.* II *pref.*; languida marmorei dum nos ligat area ponti L. DURH. *Dial.* III 107 (cf. Vergil *Aen.* VI 729); 1295 vestimentum . . habet paruram de serico ~eo *Vis. S. Paul.* 320.

†marmoricus, *f. l.*

iste, inquam, marmoricam [*sic* MS; l. in Armoricam] Britanniam . . aggreditur (*V. S. Winwaloei*) *NLA* II 558.

marmorifodina, marble-quarry.

ex jure civili lapicidinae, cretaefodinae, aut ~ae dicuntur *Jus Feudale* 189.

marmotella [OF *marmote*], (little) marmot.

debet inungi locus cum isto unguento: recipe adipem marmutelle, i. *marmuset*, et unge genua GAD. 39v. 1.

marmutella v. marmotella.

Maro [CL], name of the Roman poet Vergil; **b** (as type of leader or thinker).

bella Maro resonet, nos pacis dona canamus BEDE *HE* IV 18 p. 247; cantica sunt nimium falsi haec meliora Maronis / haec tibi vera canunt vitae praecepta perennis ALCUIN *Carm.* 78. 6.   **b** hunc ergo si ~onem

nobis et consiliarium praefecerimus ORD. VIT. X 20 p. 122.

marochum v. marreccum.

marocum, maroquin.

1372 de quolibet tymbre ~i unde xl faciunt tymbre iiij d. *IPM* 231/8.

maronia v. maeronia.

Maronicus [CL Maro+-icus], (as sb. n.) quotation from work of the poet Vergil.

ut de eo illud ~um dici posset *Enc. Emmae* II 19.

Maronita [ML], Maronite.

Maronide, qui habitant in Libano, jam diu est quod ad ecclesiam redierunt, et servant obedientiam M. PAR. *Maj.* III 398.

maroscus v. mariscus.

marpa, blackbird.

an osylle, micippa, [v. l. ~a], merula *CathA.*

marpillus, louse.

si cum aqua decoctionis lupinorum . . caput ablu-atur, ab hujusmodi mundificabitur et placterides, i. ~i, occiduntur GILB. II 81v. 2.

1 marqua v. 1 marca.

2 marqua [cf. F. *marque*; *infl. by* 1 *and* 2 marca]

1 marque, (right of) reprisal.

1293 precipientes quatinus a ~a seu gagiatione hujusmodi totaliter desistatis (*Pat*) *Law & Cust. Sea* I 19; **1385** absque ~a seu reprisalia seu alio gravamine vel impedimento . . melius expedire promittentes *RScot* 75b; **1399** mandamus quod universas et singulas naves de partibus . . Hollandie . . nomine ~e et reprisalie . . capi et arestari . . faciatis (*Pat*) *Foed.* VIII 97; **1410** nisi . . sibi licenciam . . ad . . homines et naves . . capiendum et arestandum . . nomine distruccionis, vocate ~e, . . graciose concedere velimus *BBAdm* I 389; **1421** propter ~am, contromar-quam, prisalias, seu reprisalias, inter regnum Scocie seu partes Flandrie (*RScot*) *Foed.* X 100; rex Anglie tenetur prefato mercatori concedere martam sive reprisalias UPTON 91.

2 (*litterae ~ae* or *de ~a*) letters of marque.

proviso semper quod . . presentes littere nostre de salvo conducto in prejudicium aliquarum litterarum nostrarum de ~a seu reprisallia . . non cedant *BBAdm* I 385; **1410** humiliter supplicando, quatinus sibi litteras nostras ~e et reprisallie . . graciose concedere dignaremur *Ib.* 386.

marquare, to impose marque, seize as a pledge. **b** (*litterae ~andi*) letters of marque.

1254 ipsos . . marchare et pignorare . . quousque de predicto debito plenarie persolvantur *RGasc* I 348b; **1289** nec ipsos vel bona sua aut merces . . pignoretis seu marcuetis pro delictis vel debitis alienis *Ib.* II 510b; **1293** si qua gagiata seu ~ata fuerint (*Pat*) *Law & Cust. Sea* I 19; **1295** ut nos sibi licenciam marcandi homines et subditos de regno Portugallie . . et bona eorum per terram et mare . . concederemus (*RGasc*) *Foed.* II 691. **b 1293** propter discordias inter gentes . . regis Castelle et cives nostros Bionenses exortas, aliquas litteras ~andi seu gagiandi subditos dicti regis duxerimus concedendas (*Pat*) *Law & Cust. Sea* I 19.

marquesius v. marchisus.

marquetare [OF *marqueter*], to inlay, make variegated with marquetry.

1435 quedam alia balista ~ata, appreciata iiij salutis, que valent . . cxiiij s. *Collect. W. Worc.* 572.

marquisus v. marchisus.

1 marra v. 2 mara.

2 marra [CL], mattock, hoe.

11 . . hec ~a *houue WW Sup.* 60; **1296** in iij sacc', j ~a et aliis minutis emptis *DL MinAc* 1/1 r. 15; hec merra, *a mattoke WW*; *a mattoke,* ligo, ~a *CathA.*

3 marra v. 1 Murra. **marramentum** v. maeramentum.

marrare [ML=*to mattock*], to acquire, appropriate.

1243 mandatum est R. de M. quod . . accipiat . . xl libras . . ad ~andum centum targias et centum lanceas *Cl* 24 (=*RGasc* I 185); nec fratres Minores suscipiunt ~antibus redditus de scopis annexis suis mansionibus WYCL. *Civ. Dom.* III 369.

marreccum, marroccum [ME *mare, mere* < AS *mær*+ME *rigge, rogge* < AS *hrycg*], (land enclosed by) boundary ridge.

1283 de quodam marocho, de quo predictus ab-bas [de Croyland'] questus fuit quod predictus prior [de Spalding'] nunc[quam] permisit ipsum et homines suos capere herbagium in falcando vel pascendo in fossatis, quod quidem capere vel pascere dicitur *marrock,* convenit inter eos *SelCKB* I 130; **1303** est ibidem quoddam marekkum juxta mare quod continet xvj acras quod valet per annum iiij s. *IPM* 109 m. 2; **1385** cum omnibus . . pascuis pasturis et redd{}tibus ac mareccis et piscariis in . . villa . . de Algerkyrk' *Cl* 225 m. 6d; **1409** [*his estate in . . lands, marshes*] marecta, [*saltworks*] *CalCl* 59.

marremium, marrenium v. maeremium. **marrescaucia** v. marescalcia. **marreshallus** v. mares-calcus. **marresia** v. maresium. **marrimor** v. marmor. **marrimum** v. maeremium. **marriscus** v. mariscus.

marrubastrum [CL marrubium+-aster], uncultivated kind of horehound.

marubastrum subsimile est marrubeo et facile notum, cujus vires faciunt ad morsus serpentium et ad superiosos *Alph.* 109.

marrubeum v. marrubium.

marrubium [CL], (bot.) horehound (*Marrubium vulgare*); **b** (*~ium album*) white horehound; **c** (*~ium nigrum*) black horehound; **d** (*~ium rubeum*) red horehound, madder (*Rubia tinctorum*).

marrubium pectus solatur, lumina reddit / limpi-da NECKAM *DS* VII 225; hoc ~ium, *mariul Gl. AN Glasg.* f. 18ra; c**1300** ad pectus dolens: marubium cum pulegio in olla nova cum sale modico coquet[ur] et jejuno da bibere *Pop. Med.* 229; ad latris tumorem et dolorem: marubium, i. *horhunne,* serpillum et sal mo-dicum coquet[ur] et desuper pone *Ib.* 230; marubium, prassium idem, A. *horehoune SB* 29; marubastrum subsimile est marrubeo et facile notum *Alph.* 109; maurubium prasii . . G. *maroil, fenoil,* A. *horhoune MS BL Sloane 5* f. 8va. **b** ~ium album . . tumores inveterata sanat GAD. 127. 2; marubium album, ni-grum, prassium, A. *harehosse MS BL Sloane 3149* f. 8v. **c** et dicitur marubium album, aliud autem est marubium rubium sive nigrum quo non utuntur moderni medici *SB* 29. **d** ~ium rubeum, *mader MS BL Harley 2558* f. 4v.

marrublarius v. margularius. **marruca** v. maruca.

Mars [CL]

1 Mars, Roman god of war.

non Mars vulnificus, qui belli semina spargit / . . / nec Venus . . ALDH. *VirgV* 1327; laudandi . . viri et quos ~s ipse collata non sperneret hasta si ducem habuissent W. MALM. *GR* II 177 p. 208; Gradivus . . i. ~s deus belli, eo quod gradatim itur ad bellum OSB. GLOUC. *Deriv.* 249; Thomas quasi totus ~s. Mars autem inter planetas signat super bella et certamina. unde omnis ejus actus convocabilis contingit in die Martis. a Norhamptona recessit die Martis. in transmarinis applicuit. item in die Martis in Angliam rediit. die Martis gladio occubuit. ergo totus erat ~s, totus bellicosus, et ideo Thomas dictus STRATFORD *Serm.* 28 p. 90; s**1404** miliciam sortemque Christi deserens in sortem ~tis apostatando transierat WALS. *HA* II 266.

2 war, fighting, combat. **b** (w. ref. to lawsuit) contention.

ac stimulant Martem legionum cornua cantu ALDH. *VirgV* 2460; cum rege West-Saxonum Kinewulfo aperto ~te congressus paullum leviter obtinuit W. MALM. *GR* I 86; s**1141** erat major exheredatorum numerus, quos in ~tem accendebat rerum amissarum dolor *Id. HN* 488 p. 48; insuper incumbit gens Saxona marte feroci *V. Merl.* 948; hostem arte magis quam ~te triumphat GIR. *TH* I 27; est labor ergo bonus, quando sine marte laborant / reges et populi, fine decente mori GARL. *Tri. Eccl.* 17. **b** a**1160** causam

jubeatis per legitimos tramites suo ~te discurrere *Ep. J. Sal.* 124 (86); **1204** restitutionis beneficium peto, et sic postea lis inter nos suo ~te decurrat ut justitia in judicium convertatur P. BLOIS *Ep. Sup.* 22. 11; **1278** ut . . lis inchoata . . suo ~te decurrat (v. decurrere 4a).

3 the planet Mars; **b** (w. ref. to its supposed effects).

~tis stella, utpote soli proxima, colore simul et natura est fervens BEDE *TR* 8 p. 196; **798** nunc igitur, quam diu quaesivimus, inter Martia tela ~tis stella subito effulsit ALCUIN *Ep.* 149 p. 243; ~tis vero signa iiij, gradus viij, dakaicae xxiiij ADEL. *Elk.* 18; STRAT-FORD *Serm.* 28 p. 90 (v. 1 *supra*). **b** [stella Jovis] inter ~tem posita et Saturnum . . a ~te calorem, a Saturno humorem contrahens WALS. *AD* 9; cum nasci ceperimus a sole sortimur spiritum, a luna corpus, a ~te sanguinem *Ib.* 27; clypeus palaris sex partium aureus et ruber Aragonie regum Gallis *partie de pale,* vel clypeus hexastylus solis et ~tis SPELMAN *Asp.* 83.

4 March.

hinc idus Martis quartas Gregorius aurat *Kal. Met.* 14; namque quadris constat nonis concurrere menses / omnes excepto Marte et Maio, sequitur quos / Julius et October: senis soli hi moderantur BYRHT. *Man.* 42.

5 (*dies ~tis*) Tuesday.

die ~tis W. MALM. *Glast.* 118 (v. dies 5d); **1200** summonicio facta fuit die ~tis proxima post exalta-cionem S. Crucis *CurR* I 256; **1220** committitur in custodia . . die ~tis *SelPlCrown* 123; STRATFORD *Serm.* 28 p. 90 (v. 1 *supra*).

6 (alch.) iron.

ejus tamen recepto est valde utilis in talem quia fingitur cum aliis salibus ad purificationem ~tis in lu-nam et est peroptimus M. SCOT *Lumen* 243; plumbum dicitur Saturnus . . ferrum ~s BACON *Tert. sup.* 83 (v. Jupiter 3); ~s est Venus uno modo calcinantur RIPLEY 417; ~s est ferrum *LC* 251.

marsa v. 1 macia. **marscalcia** v. marescalcia. **marscallare** v. marescallare. **marscallus** v. marescalcus. **marscaucia** v. marescalcia. **marschallare** v. marescallare. **marschaucia** v. marescalcia. **marses** v. mas. **marshalria** v. marescalcia.

marsilium, ? henbane.

herbe yrcine, betonice majoris, marcelle, baccare GILB. II 112v. 2; in aceto et forti lixivio . . coque ~ium, prassium, piganum *Id.* VII 330v. 1; elleborus niger radicem habet nigram et folia similia fabe lupine, quod ~ium dicitur *SB* 18; marcilia, i. folia lupina *SB* 29; faba lupina, marsuillum idem *Alph.* 61; marcilium, faba lupina idem *Ib.* 111 (v. faba 2b).

marsopicus [cf. CL picus], kind of woodpecker. *V. et. Martius* 1b.

~us . . *fina GlC* M 35; ~us, *vinu Gl. Leid.* 47. 67; **10 . .** de avibus: . . mursopicus, *fina WW*; **11 . .** mursopicus, *fine WW Sup.* 161.

marsuillum v. marsilium.

marsuinus [mare+suinus; cf. AS *mereswin*], marsouin, porpoise.

reddit xx lib. et unam unciam auri et unum *marsuin* (*Kent*) *DB* I 5va; de pisceria xl sol., et iiij sol. pro j ~o *Dom. Cant.* 98.

marsupialis, who thinks of the money-pouch, corrupt, greedy.

ordo tue litis si rethore marsupiali / causa servetur D. BEC. 1546; non tua venalis sit mens nec marsupialis *Id.* 1840.

marsupiare, to put or keep in a pouch, pack.

burser, ~iare *Gl. AN Ox.* f. 153v; *en burcer,* ~iate GARL. *Comm.* 227.

marsupiator, one who keeps in a pouch.

si sis mercator, nummorum marsupiator D. BEC. 1757.

marsupiolum, little pouch, money-bag.

laudabilis . . usus providentie humane, cum expensa sufficiens itineri arripiendo ab occidente in orientem in exiguo locatur marsupiola [l. marsupiolo] NECKAM *NR* II 52.

marsuppium [CL], pouch, purse, money-bag.

nec tamen eximio virtutum munere dites / auri fallentis gestant marsuppia farsa ALDH. *VirgV* 1092; ego emo cutes et pelles .. et facio ex eis .. peras et marsupia [AS: *fætelsas*] ÆLF. *Coll.* 97; jam enim venalitas ex infernalibus umbris emerserat, ut nec illud gratis presbiteri preberent infantibus sacramentum, si non infarcirent parentes marsupium W. MALM. *Wulfst.* I 7; omnes celum aspernantur, / omnes student et conantur / farcire marsupia WALT. WIMB. *Van.* 7; proprium .. est .. burgensium ferre marcipia [ME: *purs*] seu bursas *AncrR* 55; nunc marsua [*sic* MS; l. marsupia] nostra, ne vacui redeant, sacire disponunt [*V. S. Winwaloei*] *NLA* II 570; hoc mercipium, *a pawtnere WW*.

marsus [CL *adj. or sb. m. pl.*], snake-charmer.

nec venenatos aspidum rictus, quas ~i [*gl.*: *dryas*] incantationum carminibus irritabant .. pertimescit ALDH. *VirgP* 47; necnon et marsum, qui torvam carmine gypsam / irritat *Id. VirgV* 2434; ~us, incantator serpentium *GlC* M 67.

marsuum v. marsuppium.

1 marta v. 2 marqua.

2 marta, ~us [ME, Gael. *mart*], mart, ox or cow fed for slaughter; **b** (as food); **c** (as payment).

1211 remanent lxxiiij, unde viij sunt sues, j verres, xxij ~i superannati, xix suelle, xxiiij hoggetti *Pipe Wint.* 112; **1308** in ccxxviij ~is emptis per diversa loca *Ac. Durh.* 2; **1326** in custodia ~orum et porcorum regis *ExchScot* 57; **1337** de dicta preda remanserunt xxiiij marthi, qui fuerunt catalla hominum comitis de Fyfe *Ib.* 437; **1525** empt' j merta herbalis xxxij s., xvij mutounes boukis iiij li. vij s. x d. (*Exc. e Libris Domicilii*) *Bannatyne Club* LVI 3. **b** victualium que abundant in partibus illis superioribus, ut ~e, hordeum et hujusmodi (*Stat. David II*) *Regiam M* II 58; unum ~um pinguem ad .. cenam .. archiepiscopi *Vis. Derry* 8. **c 1326** immunes ab omnimodis .. ~is et aliis talliagiis *Melrose* 374; **1328** onerat se de xij ~is, per arreragia compoti sui precedentis summa recepte ~orum putet .. et debet v ~os *ExchScot* 121; **1370** nec quascunque exacciones sive bladi sive pecunie sive ~arum ab eis exigemus *Reg. Moray* 171.

martagon

1 silphium.

sunt et alia multa in herbis: j testis est ~on BACON *Tert. Sup.* 13; martegon, est silphium *LC* 252.

2 valerian.

mortagon maturella, *valeriane MS BL Harley 3388* f. 82.

martefoddellus [2 marta + foddellus], cow or ox fattened for slaughter.

1459 pro x martis dictis martfoddalis .. intratis in libris dietarum *ExchScot* 577; **1463** pro undecim martis dictis martfodellis *Ib.* 173; **1467** de xj martis dictis martefodellis comitatus de Stratherne de termino Sancti Martini hujus computi, quia tunc solvuntur tantum *Ib.* 470.

martegon v. martagon.

martellinus [LL martellus + -inus], (of pulse) like a hammer.

ibi de pulsu caprizante, ~o, serrino, vermiculoso, formicante, estuante, et tremente diffusius disputatur BART. ANGL. III 23 p. 59.

martellus [LL], **~um, ~a**

1 little hammer; **b** (as tool of mason or smith); **c** (in a mill).

s**1235** confractum est sigillum abbatis uno ~o *G. S. Alb.* I 302; *an hamere*, malleus .. mercus, merculus, mercellus *CathA*. **b** audies .. nunc follium flatus, nunc ~orum ictus GIR. *IK* I 6 p. 66; faber quidam .. quadam die mortella lapidem terens (*Coemgeni* 14) *VSH* I 241; **1253** grese ad ~a acuenda (PRO E. 467/1) *Building in Eng.* 337; ferrum .. de quo ~i et incudes BACON *Min.* 382; **1295** vj d. in acero empto pro ~o Willelmi de H. [sc. fabri] emendando *KR Ac* 5/8 m. 5; conveniencius enim dicitur, quod faber facit cultellum, quam ~us BRADW. *CD* 165C. **c 1211** expensa molendini: .. in acero ad ~os molendini, viij d. *Pipe Wint.* 155.

2 (as name): **a** (as given name); **b** (as nickname or surname).

a in Polehangre tenet ~us de Roberto de Oilgi dimidiam hidam (*Herts*) *DB* I 137vb. **b** filius Pipini fuit Karolus Tudites quem illi ~um vocant quod tyrannos .. emergentes contuderit W. MALM. *GR* I 68 (cf. HIGD. I 27 p. 280); Gesfridus cognomen ~i hereditarium sortitus suis sudoribus ampliavit *Ib.* III 235; Karolus ~us, rex Francorum GERV. TILB. II 16 p. 931.

martera v. maturella.

marterellus [ME *marter, martrin*], little marten.

unde ~orum, ut vocant Castlut, fibrorum atque similium ferarum tergora, quorum nobiliorum vestibus est usus .. secum deportant domum BOECE f. 30v.

marterinus, martrinus [ML; OF *marterin, martrin*]

1 (as adj.) of marten.

si habentibus ~rinas pelles juberet praepositus regis ut nulli venderent (*Chesh*) *DB* I 262va; haec civitas .. reddebat de firma xlv lib. et iij timbres pellium ~rinium *Ib.* 262vb; **1138** prohibemus autem .. sanctimoniales variis seu grisiis sabellinis, ~erinis, hereminis, beverinis pellibus, et anulis aureis uti *Conc. Syn.* 778; **1451** lego .. togam .. furratam cum pellibus ~rinis *Test. Ebor.* II 159; **1464** pro iiij pellibus ~erinis x s. viij d. *Househ. Ac.* II 577.

2 (as sb.) (fur of) marten: **a** (m.); **b** (f.).

a c1100 pellis de ~rino .. iiij d. *MonA* I 143; a**1185** omnes bestias salvagias nemoris mei .. habeant .. excepto senglario et ~rino *BBC* (*Swansea*) 83 (=*Cart. Glam.* I 137: ~rina); **1284** timbria pellium vulpium et ~rinorum *Pat* 103 m. 7; **1303** timbrum gupillorum, ~riorum, sablinorum, beveriorum *Doc. Scot.* II 460; **1452** lego .. zonam deauratam et foderaturam meam de ~reno in toga mea de viridi lira *MunAcOx* II 647. **b** ~rinarum [v. l. ~rinarum seu martricum] copia abundant hic silvestria GIR. *TH* I 24.

martes [ME, OF *marte*], polecat (*Mustela putorius*).

a fulmare, ~es, -tis, haec LEVINS *Manip.* 28; *a polcatte*, ~es, -tis, haec *Ib.* 37; *a fitchewe*, ~es, -tis, haec *Ib.* 94; [zibettus] est .. facie acuta ut taxi aut ~is CAIUS *Anim.* 6.

martfoddalus, martfodellus v. martefoddellus.

Martha [LL]

1 the name Martha: **a** (w. ref. to *Luc.* x 38–42) Martha, Mary's sister, as type of active life; **b** (other).

a in practicae conversationis studio desudans, quam ~a, Lazari germana, votivum Christo humanitati obsequium praebens praefigurat ALDH. *VirgP* 29 p. 267; BEDE *Luke* 470 etc. (v. 3 Maria 1c); providus inspector rerum sis, Martha secunda D. BEC. 2147. **b** in tertia ecclesia sunt Marius et ~a, etiam Audifax et Abacuc, filii eorum W. MALM. *GR* IV 352 p. 404.

2 (bot.) valerian.

~a, i. valeriana *SB* 29.

marther, marthir v. martyr. **marthirizare** v. martyrizare. **marthus** v. 2 marta.

Martialis [CL]

1 of Mars as god of war, martial, of war; **b** (*lex ~is*) martial law.

tam spiritualis gladius quam ~is ad sacerdotium ecclesie pertineat AD. MARSH *Ep.* 246 p. 416; s**1461** rebus marciis, ~ibusque machinamentis, quibus opus habuerat adversus Boreales *Reg. Whet.* I 408. **b 1584** damus .. potestatem .. utend' .. infra regnum nostrum predictam legem mariscalcialem sive ~em *Pat* 1302 m. 10d.

2 (*sidus ~e*) the planet Mars.

ab sole vel sidere ~i PECKHAM *Persp.* I *6.

3 of or in March.

c**1210** ad festum S. Marie [in] Marcio .. ad festum S. Marie ~is *Cart. Osney* IV 316.

4 (as name).

in altera basilica S. Alexander, Vitalis, ~is, filii

sancte Felicitatis W. MALM. *GR* IV 352 p. 405; ~is Coquus OSB. GLOUC. *Deriv.* 67.

martialiter, in a martial spirit, bravely.

s**1247** propter induratum et inveteratum odium obstinatus, cum .. Frethericum ~iter communire M. PAR. *Min.* III 301.

Martianus [LL]

1 (as name) Martianus.

Julianus .. Marciano [v. l. Martiono] praeside .. a cultura Christi flecti nequivit ALDH. *VirgP* 36; illa .. semper servant, teste ~o, in eadem syllaba accentum quem prius habuerant ABBO *QG* 3 (7); Macrobius, Lactancius, ~us R. BURY *Phil.* 10. 162.

2 (as sb. f.; bot.) corn marigold *Chrysanthemum segetum*.

boyul or bothul herbe, maneleta .. ~a .. campus florum *PP* 46.

Marticola [CL], who worships Mars, warlike.

non sunt marticole modo gentes, numina vana / cessant, que sancte succuluere cruci GARL. *Tri. Eccl.* 42.

martilagium, martilegium, martilogium v. martyrologium.

martina, ~ia [ME *martin*], marten.

1243 de tymbra pellium wlpium et martyniarum *Pat* 53 m. 10 (=**1242** *RGasc* I 1286: martynarum).

martineta [OF *martinet*], water-ouzel (perceived as a variety of kingfisher).

avicule quas ~as vocant, merula minores .. albo ventre nigroque dorso hic degenerant, cum in aliis regionibus ventre rubicundo .. alisque .. viriditate fulgentibus conspicue sint GIR. *TH* I 18.

martiobarbulus [cf. LL mattiobarbulus], two-edged weapon.

nos [fusum] inter ~os vel bipennes militares reponeremus ne per ludibrium dicatur bellicosissimis heroibus symbolum hoc antiquissime gestantibus SPELMAN *Asp.* 115.

martiolus [CL], small hammer.

deinde ~um de sinu proferens vitium correxit aptissime et .. vas eneum crebris ictibus reparavit J. SAL. *Pol.* 521C.

martir v. martyr. **martir-** v. martyr-. **martira** v. martura, martyra.

Martius [CL]

1 of or belonging to Mars; **b** (w. ref. to woodpecker).

erat juxta Romam in campo ~io statua W. MALM. *GR* II 169. **b** postea Circe quum eundem picum amaret et sperneretur, irata eum in avem ~iam convertit ALB. LOND. *DG* 11. 11.

2 of war, martial, military: **a** (of person, body, or action); **b** (of artefact); **c** (of abstr.).

a in ~iis conflictibus GIR. *DK* II 3; interea quanquam ~iis plurimum intentus et detentus exercitiis *Id. EH* II 5 p. 315; rex Anglorum, ut erat ~ios congressus .. semper evitans *Id. PI* III 24 p. 283; plures subpeditat virtus marsupii / quam dextra marcia pungnantis Julii WALT. WIMB. *Sim.* 52; s**1415** traxit autem secum classem mille et quingentarum carinarum, ad negocia ~ia sufficienter instructam WALS. *HA* II 307. **b 798** ~ia tela ALCUIN *Ep.* 149 p. 243 (v. Mars 3a). **c** tunc cantilena Rolandi inchoata, ut ~ium viri exemplum pugnaturos accenderet W. MALM. *GR* III 242; ea urbs [sc. Cantuaria] .. licet multotiens ~ias fortunas experta, cives suos fovet *Id. GP prol.* p. 3 (cf. id. *Mir. Mariae* 143).

3 of March; **b** (sb. m.) March.

xx die mensis ~ii THEOD. *Laterc.* 2; c**692** actum mense ~io *CS* 81; sepultus .. est corpore .. die quarto iduum ~iarum BEDE *HE* II 1 p. 79; qui defunctus die xv kalendarum ~iarum Ecgfridum filium regni haeredem reliquit *Ib.* IV 5 p. 214. **b** ut accederet xiiij luna vel in ~io vel in Aprili *Comm. Cant.* I 391; Romulus .. primum mensem Marti, cujus se filium credi voluit, dicavit .. mensesque ita disposuit ut quattuor ex his, ~ius, Maius, Quintilis, October, tricenos singulos .. haberent dies BEDE *TR* 12 p. 207;

~ius *Hredmonath* . . a dea illorum Hreda, cui in illo sacrificabant nominatur *Ib.* 15 p. 211; **1288** in crastino S. Gregorii pape in ~io anno regni regis Edwardi filii regis Henrici sexto decimo *Doc. W. Abb. Westm.* 155; **1461** due lagine servisie brasiate in Marchio *ExchScot* 83; **1468** apud manerium de Rossy xxix Mercii anno Domini MCCCCLXVIII *Reg. Aberd.* I 288.

4 (as name).

c**1166** ~ius de Ipra xx marcas in Flandria (*KR Misc.*) *EHR* XXVIII 225.

martrenus, martrinis, martrinus, martrius v. marterinus.

martrix [ML; ME *martrik*], marten. **b** fur of marten.

urla . . ex sabellino vel ~ice [v. l. matrice; *gl.: de martrin, de matrise, putoys*] vel bevere vel fibro NECKAM *Ut.* 99; hec ~ix: *martrine Gl. AN Glasg.* f. 21vc; hic ~ix: *marterine Gl. AN Ox.* 478; mesta propinatrix humecto tegmine martrix / lutricium mediis ludere cernit aquis GARL. *Epith.* III 513; **1436** in . . duobus mantellis pellium dorsorum martrixi *ExchScot* 679; ~ix, A. *a martron WW.* **b** coopertorium ~icibus vel cisimis decoratum in cespitem mutabitur NECKAM *NR* I 17 p. 59.

martrixus v. martrix.

martulia, snail.

~ia, i. testudo, A. *snayl Alph.* 111.

martulus v. marculus.

martura, marturina, marturis [ML], marten. **b** fur of marten.

bestiola quam martiram vocant perdicem in ore ferebat EADMER *V. Anselmi* II 57; cismius obrepsit et vestitura potentis / marturis et spolio non leviore bever (Bern. Silv.) GERV. TILB. III 45 (=DICETO II *app.* lxxviij: martrix). **b 1151** de unaquaque navi j tymbrium de marturis . . si . . mercatores jurare potuerint se . . non mercatos fuisse illas martur[as] *Regesta* 729 p. 268 (=*CartINorm.* 424: de marturina; marturinas).

marturella v. maturella. **marturina, marturis** v. martura.

marturus [ML], of marten.

1431 de duabus pellibus ~is *ExchScot* 538.

martyna, martynia v. martina.

martyr [LL < μάρτυρ]

1 witness.

~yr, testis *GlC* M 25; ~yr Grece, testis Latine; inde hec martyra OSB. GLOUC. *Deriv.* 359; per my [i. e. μ] scribuntur hujusmodi: ~yr quod est testis BACON *Gram. Gk.* 63; *a wyttnesse*, testis, martir *CathA.*

2 martyr; **b** (w. ref. to Thomas Becket).

pauca . . de persecutione, de sanctis ~yribus, de diversis haeresibus . . dicere conamur GILDAS *EB* 2; martires ad theatrum traduntur reste ligati ALDH. *VirgV* 1433; persecutio . . caedibus ~yrum incessabiliter acta est BEDE *HE* I 6 p. 18; corpora namque locis suic sunt inventa sub isdem / martyribusque piis digno conduntur honore ALCUIN *SS Ebor* 1070; qui . . pro Christo moritur ecclesia teste ~yr habetur EADMER *V. Anselmi* I 30 p. 53; **1166** nam quicumque pro justicia patitur, martir est, id est testis justicie, assertor cause Christi J. SAL. *Ep.* 175 (176 p. 170); a**1332** passio Sancti Ypoliti †matris [l. martyris] *Libr. Cant. Dov.* 42; **1517** ad altare S. Blasii, martheris *Scot. Grey Friars* II 198; **1518** ubi corpora sanctorum Adriani sociorumque ejus marthirum pro Christi fide ab infidelibus . . marthirizatorum sepeliuntur *Form. S. Andr.* I 65. **b** c**1176** Cantuariensis ecclesie dignitates, quas gloriosus ~yr rubricaverat sanguine suo P. BLOIS *Ep.* 5. 14B; ~yr insignis pravas regni consuetudines . . extirpando GIR. *IK* II 14 p. 149; s**1170** ~yr Domino consecratur *Meaux* I 196.

martyra [LL], martyr (f.).

martira eum roseis rubuit veneranda coronis ALDH. *VirgV* 1877; candida post sequitur cum binis martira sertis *Ib.* 2443; hec ~yra OSB. GLOUC. *Deriv.* 359 (v. martyr 1).

martyralis, ~ialis [LL], of martyr.

consecratur in paterno solio decennis innocentia Edwardus, puer impubis et flore suo speciosus, flore

suo in coronam ~ialem Domini cito metendus GOSC. *Edith* 82; ~ali vita martyrum testatur consortium *Id. Transl. Aug.* 24D; ut ostenderentur legatis regis Anglie septem dormientium martiriales exuvie W. MALM. *GR* II 225 p. 275.

martyrare, ~iare [ML], to martyr.

rediret ad Hoxne ubi martiratus occubuit (*V. S. Edm.*) *NLA* II 676; *to martyr*, martiriare, martirizare *CathA.*

martyrialiter, in the manner of a martyr.

electum praefecit Petrum quem in sacra legationis obedientia ~iter mari submersum . . ostendit civem supernum GOSC. *Transl. Aug.* 43D.

martyriatio, act of becoming or condition of being a martyr, martyrdom.

ante martiriacionem S. Thome martiris *Reg. S. Aug.* 283.

martyrium [LL]

1 testimony.

~ium, testimonium *GlC* M 101; *wittnesse*, testamentum, testimonium . . martirium *CathA.*

2 martyrdom (dist. by form): **a** (execution); **b** (ascetic life); **c** (physical suffering).

a dicebam . . Stephanum gloriosum ob ~ii palmam GILDAS *EB* 1 p. 26; candida virgineis florebat femina sertis / cum qua martirii meruit vexilla cruenti ALDH. *VirgV* 1879; sanctus Albanus, cui ardens inerat devotio mentis ad ~ium ocius pervenire BEDE *HE* I 7 p. 20; in medio foro ad signum positus et sagittis terebratus, ~ium sacravit W. MALM. *GR* III 251; **1200** tempore quo beatus Thomas archiepiscopus Cantuarensis martirium suscepit *CurR* I 320. **b** nam quod martirium gravius quam dura modeste / frena pudicicie viridi tolerare juventa? H. AVR. *Poems* 43. 86; si vero, diabolum vincere, mundo triumphare, carnem domare, proximorum adversa propria reputare, ~ium est, martyrum corona . . debetur Eadmundo *V. Edm. Rich B* 621; est vestrum martirium [ME: *martindom*; v. l. *martirdom*], quia nocte ac die estis in cruce Domini, de quo multum gaudere potestis *AncrR* 134. **c** longo . . infirmitatis ~io excoctus . . ad vitam transivit aeternam BEDE *Hom.* I 13. 228.

3 (w. ref. to the place of martyrdom) (part of) church dedicated in honour of a martyr's memory.

ad locum illum declinantes qui . . vulgo Sanctum ~ium appellatur, ad capellam videlicet quandam . . capella vero illa ob id . . Sanctum ~ium dicta, quod ibi dictus gloriosus martyr Dionysius decalvatus fuisset H. BOS. *Thom.* IV 29 p. 446; c**1448** positus est primus lapis ad martirium sancti Thome *Invent. Ch. Ch.* 162.

martyrizare [LL]

1 (intr.) to suffer martyrdom, die as a martyr.

post haec . . in una cripta ~antes occubuerunt in consortio sanctorum ALDH. *VirgP* 35 p. 280; **754** ejus diem natalicii illiusque cohortis cum eo ~antis insinuantes statuimus annua frequentatione sollemniter celebrare *Ep. Bonif.* 111 p. 240; **10** . . ~avit, *þrowode WW.*

2 (tr.) to martyr.

cum a tortoribus torqueretur et . . agonizans martirizaretur ALDH. *VirgP* 27 p. 264; non ut ille Chaldaicus insaniens contra milites Dei aut Decius infelix ~ans praetiosos certatores Christi BYRHT. *V. Osw.* 427; ut cognoverunt barbari quod essent alterius religionis, illos rapuerunt et . . ~averunt FL. WORC. I 43; alterum juxta Glastoniam ~atum cum sociis septem . . liquebit per narrationis consequentiam W. MALM. *GR* I 23; s**1181** ~atus est hoc anno ad Pascha apud Sanctum Æmundum a Judeis puer quidam Robertus nomine GERV. CANT. *Chr.* 296 (cf. BRAKELOND 125); frater Petrus de ordine predicatorum martirizatur apud Mediolanum W. NEWB. *Cont.* 536; **1518** corpora . . marthirum . . marthirizatorum (v. martyr 2a).

martyrizatio [ML], act of becoming or condition of being a martyr, martyrdom.

mausoleatus . . in villula Suthtunc dicta, de prope loco ~onis HERM. ARCH. I p. 27; s**1170** ex quo orta est dissentio inter dominum Cantuariensem et suffraganeos suos, que fuit causa ~onis beati Thome *Ann. Osney* 34; post ~onem beati Thome Cantuariensis

HIGD. I 36 p. 380; de martirizacione sanctorum, de incestibus et aliis operibus detestandis WYCL. *Ente* 273.

martyrologium [ML < μαρτυρολόγιον]

1 martyrology, book of martyrs.

~ium de nataliciis sanctorum martyrum diebus BEDE *HE* V 24 p. 359; c**750** juxta ~ium . . Romanae ecclesiae *Conc.* I 96b; residentibus cunctis legatur ~ium [AS: *þrowung ræding*] *RegulC* 21; c**1006** sabbato . . sancto pasce idipsum agendum est, quamvis in martirlogio hoc non habeatur *Comp. Swith. app.* 178; **1504** pro ligatura ij librorum quorum unus dicitur martilegium *Fabr. York* 93.

2 book of obits, necrology of a religious house.

c**1060** pro animabus interfectorum . . in omnium ecclesiarum Angliae ~iis scribi mandavit annuatim recitandam memoriam occisorum *Ann. Wint.* 16; c**1190** nomenque defuncti in martilogio singulis annis recitandum conscribetur *Cart. Rams.* II 252; c**1202** concessionem istam in pleno capitulo a conventu nostro factam redigi fecimus in scripturam in martirologio nostro *Ch. Westm.* 328; c**1210** quod nomina omnium illorum qui bona sua predicto altari contulerint . . in ~io nostro conscribantur *Ib.* 329; p**1266** noverit universitas vestra me et heredes meos vel assignatos et eorum heredes teneri conventui Burthon' sc. ad martyrlogium eorum in duodecim denariis annuatim solvendis inperpetuum de mesuagio (*Cart. Burton*) *Staffs RO* D. 603/A/Add. f. 19; **1368** nomen scribitur in martilag' fratrum predicatorum de Ievelchestr' *IPM* 204/11; **1473** suprascripta illius beneficia . . faciemus in martilogio nostro scribi *Lit. Cant.* III 270.

marubastrum v. marrubastrum. **marubium** v. marrubium.

maruca, snail.

marruca, *snegl GlC* M 37; ~a, *snægl Gl. Leid.* 47. 90; **10** . . marruca, *snegl WW.*

marula v. merula. **marum** v. 2 mara.

marus [Scot. Gael. *maer, maor* < major], (Scot.) mair: **a** (royal); **b** (of (part of) county); **c** (of city, borough, or sim.); **d** (eccl. & mon.).

a a1164 M. rex Scott' universis vicecomitibus suis et ~is *Regesta Scot.* 242; cum nomine officii sui, si fuerit ~us domini regis *RegiamM* I 6. **b** ibit ad capitalem ~um illius comitatus *Ib.* IV 8; **1364** per Thomam de S. ~um vicecomitatus de Banf *Reg. Moray* 161; **1428** per solucionem factam Henrico Amours, constabulario de Kingorne et ~o illius quarterii de Fyfe *ExchScot* 463. **c** in remissione facta cuidam ~o de Kynclevyn, receptori firmarum domini regis de Kynclevyn *Ib.* 81; **1450** et de xlvj li. xvj s. viij d. receptis a Johanne Hatelee, mairo de Strathurde et de Kinclevin, de firmis dictarum terrarum *Ib.* 392; in urbibus municipales magistratus seu jurisdiciones quas hodie nos ~os sive majores urbis . . aut praepositos dicimus *Jus Feudale* 378. **d 1315** si homines sui invenerint plegium in manu ~i abbatis *Reg. Aberbr.* I 294.

marutia, *s. dub.*

c**1231** marutias [MS: ? marunas] de pet[ra] . . facere ad elevationem castrorum meorum *RL* I 390.

marvedus, marvidus v. marabotinus.

marybonum [ME *marwe + bon*], marrowbone.

1528 in mutulium ~is . . xxij d. *REED Yorks* 248.

mas [CL]

1 male, masculine: **a** (of person); **b** (of animal); **c** (of bird).

a legimus de rege quodam, qui cum filios mares non haberet, tristabatur valde *Latin Stories* 7. **b** atque marem conscendit equum non more sueto ALCUIN *SS Ebor* 179; **1307** idem r. c. de lxiij agnis mas *MinAc Wistow* 25. **c 1270** j pullus mas *Ac. Stratton* 35.

2 (as sb. m.): **a** (of person) man; **b** (*Aegypti mares*) the men of this world; **c** the male one (of animal); **d** (of bird).

a heu miseri, talem, mortales spernite gypsam / quae matres maresque simul disperdere temptat BONIF. *Aen.* 305; auctor ergo loquens mari, in mare loquebatur et femine PULL. *Sent.* 749D; virgeo . . et orbiculari sepe ignis . . circuitur, intra quem mas non intrat GIR. *TH* II 36; ave, virgo graciosa, / sola pregnans et ventrosa / sine maris opere WALT. WIMB. *Virgo* 11;

ita intime diligas omnes mares [ME: *men*] et feminas quod de eorum malo doleas et de bono gaudeas *AncrR* 106; hic mas, *a man WW*. **b** parvos vise lares, vexatos vise scolares / Egiptique mares [*gl*.: 'Egipti', id est masculos et fortes in tenebris mundi, istius mundi] qui cleri gloria clares GARL. *Mor. Scol.* 254. **c** cum in omni fere animantium genere mares majori in robore natura producat GIR. *TH* I 12 p. 36; mares generis hujus [sc. cervorum] cum statutum tempus venerem incitat, seviunt rabie libidinis *Best. Ashmole* f. 19v. **d** Aston, j gallus, ix galline, j anser, v mares *Reg. Pri. Worc.* 8.

3 penis.

tege trifidum jecor et ilia †marsem reniculos fithrem cum obligia [l. marem testiculos fitrem cum oligia] (LAIDCENN MAC BAÍTH *Lorica*) *Cerne* 87 (=*Nunnam.* 94).

4 (alch.) gold.

mas id est sol noster debet habere tres partes et illius uxor novem, tunc par cum pari gaudebit semper RIPLEY *Axiom.* 113.

masagium [OF *masage, maisonage*, AN *messuage, mesnage* < mansio + -agium]

1 messuage, tenement, dwelling, house; **b** (~*ium capitale*) capital messuage; **c** (urban); **d** (eccl. & mon.); **e** (with appurtenances).

1154 domum ejus lapideam cum toto masnagio et virgultum ejusdem . . in dominio suo habuit *Act. Hen. II* I 82; c**1175** ~ium in Bredecrofth quod reddit xij denarios . . quod habeant . . quietum ab omni servitio *Cart. Colne* f. 18; **1179** E. de P. debet iiij m. pro habenda saisina j messagii in R. *Pipe* 9 (=*Ib.* 20 [**1180**]: massagii); **1185** juxta pontem . . de uno ~io xij d. . . de uno mesagio iiij d. . . hec ~ia sunt de feudo Willelmi *Rec. Templars* 20; c**1185** toftum et ~ium quod predictus W. tenuit *Regesta Scot.* 265 (=*Melrose* 93); c**1200** dedi . . Reginaldo . . illud maisagium quod est inter domum meam et Godam monialem *FormA* 182; **1309** tradidimus . . quandam domum cum mesnagio eidem domui adjacenti *CartINorm.* 238; cujus . . messuagii porta stat et se aperit versus austrum et que porta facta est de bordis de quercu *Eyre Kent* I 113. **b** dividetur hereditas inter omnes filios . . salvo tamen capitali mesagio primogenito filio pro dignitate aisnescie GLANV. VII 3 p. 75; **1195** capitale ~ium procedente tempore cum predictis *CurR RC* I 35; c**1200** dedi . . duas seldas meas, que sunt ante capitale masuagium meum *Cart. Osney* I 397; c**1235** ita disposuit quod Radulfus primogenitus suus haberet capitale meswagium cum crofta et Ricardus in excambium ejus haberet totum mesuragium illud proximum cum crofta ex parte *del norht Cart. Dunstable* 209; salvo tamen capitali mesagio primogenito suo pro dignitate primogeniture sue *RegiamM* II 27; **1573** totum illud scitum et capitale mesuagium manerii nostri de Twyckenham *Pat* 1106 m. 8. **c 1159** unum ~ium apud Flietam juxta pontem de Fliete . . quare . . precipio quod ipsi habeant . . predictum ~ium . . quietum de omni servitio *Act. Hen. II* I 234 (cf. *RChart* 2b: [**1199**] predictum masuagium); **1188** de x s. de j ~io in burgo de Arundel *Pipe* 3; **1191** totum mesuagium meum . . quod habui in villa de S. Ædmundo cum omnibus domibus et cum pertinenciis *Bury St. Edm.* 171; c**1195** dimidium ~ium in Westmonasterio *Ch. Westm.* 405; dedi . . quoddam burgagium . . quod jacet inter masuagio quod G. tenuit et masuagium Hugonis *FormA* 188. **d** nos terram illam . . in augmentum predicti ~ii quod decanis in perpetuum assignavimus . . dedisse DICETO II lxxiii; c**1210** pertinet . . ad priorem curia nostra . . cum croftis . . et omnibus messuagiis que sunt de croftis circa ipsam curiam *Chr. Evesham* 208. **e** c**1167** masnagium W. filii Hugonis cum omnibus pertinenciis suis tam in terris quam in aliis rebus *Act. Hen. II* I 353n.; c**1198** unum mesagium quod cum pertinentiis est proximum mesagio magistri W. de H. *Ch. Westm.* 409; c**1205** vendidi ~ium meum cum pertinentiis *Ib.* 437; **1469** j mesuagium cum iiij bovatis terre et prati *Test. Ebor* III 170; de quodam ~io cum pertinenciis suis in Belegravia *FormA* 58.

2 household.

c**1173** institutum est eis ut unusquisque de domo sua in qua obtinebit masnagium duos denarios . . reddat *Act. Hen. II* II 511; **1242** Willielmus de Grey habet licenciam regis discedendi de mesnagio regis . . sine indignacione regis, et sibi providere *RGasc* I 101.

masal [LL < Heb.], proverb, parable, similitude.

notandum autem quod vulgata versio pro parabolis

---

quae Hebraice masloth vocantur parhoemias BEDE *Prov.* 937; et revera Hebraicum quod in capite hujus operis positum est vocabulum, masloth viz. secundum antiquos ANDR. S. VICT. *Sal.* 3.

masarum v. masera.

masca, ~us [LL *gl.*]

1 spectre.

sic quoque mascarum facies cristata facessit / cum larbam et mascam miles non horreat audax ALDH. *VirgV* 2858–9; ~a, *grima*; ~us, *grima GlC* M 33.

2 masque.

1545 officium magistri jocorum, revelorum, et ~orum . . vulgariter nuncupatorum *revells & masks* (*Pat*) *Foed.* XV 62; **1560** officium magistri jocorum, revellorum, et ~arum . . communiter vocatorum *revelles & masques* (*Ib.*) *Ib.* XV 565.

mascalcio v. machecollatio.   **mascea** v. 1 macia. **mascecrarius** v. macecrarius.   **mascellum** v. macellum.   **mascerarius** v. macerarius.   **masclare** v. maculare 7.   **masclus** v. masculus.   **masco** v. 1 macio.   **Mascolus** v. masculus.

mascra, maska [AS *mæscre*; ME, AN *maske* < AS *max*], mesh of net (cf. *macula* 7a).

c**1292** recia quorum mascre sunt minoris latitudinis quam quatuor pollicum *PQW* 114; **1301** nullus piscare debet in eadem aqua cum aliquo rete nisi de certa et consueta assisa, sc. quod maske hujusmodi retium adeo sint lata quod quoddam bilettum ferreum . . transire possit per foramina maskarum *PlRCP* 138 m. 135d; **1375** sunt communes piscatores versus mare et ceperunt pisces minimas et retiis suis et maskeris nimis strictis in destruccione et vasto piscium *SessPLincs* I 223.

mascula v. macula.

1 masculare v. maculare 7.

2 masculare [cf. CL masculus]

1 to make (a woman) appear male or masculine.

mulierem masculat illa *Latin Stories* 204 (v. feminare).

2 to spay (a female animal).

1271 in viiij porcellis femellis ~andis ij d. ob. *Pipe Wint.* B1/35 r. 5d; **1287** in purcell' fem' masculand' ix d. *Ib.* B1/46 r. 2.

3 masculare [*aphaeretic form of* emasculare], to emasculate (male).

1271 ceteri porci masculi ~ati *Ib.* B1/35 m. 3.

mascularius [ML], the male one, iron., w. implication of effeminacy.

molles, ~ii, ambubaje, farmacopole DEVIZES f. 39v.

masculine [CL], in masculine gender.

'forum' neutro genere dicimus locum rebus agendis destinatum . . 'foros' ~e tabulata navium, ubi remiges sedent BEDE *Orth.* 24; Terentius ~e 'scrupulus' retulit ALCUIN *Orth.* 2345; unde Pater non est idem Filio, ~e retento hoc nomine 'idem'; quo neutraliter posito, vera est NECKAM *SS* I 20. 3; sed numquid refert essentiam ut quem, non ut quid, quia ~e et non neutraliter? *Ib.* 31. 8.

masculinitas, masculinity, essential nature of man.

~as et feminitas ALF. ANGL. *Plant.* I 6 (v. femininitas); ad ~atem sufficit aliquid in re a quo iste modus concipiendi possit accipi, puta activitas DUNS *Ord.* II 239; ~as et femineitas sunt differencie materiales forme humanitatis *Id. Sent.* II 3. 7. 1 (v. femineitas); si sit sperma debile quo ad alia preter ~atem, erit masculus similis matri GAD. 37. 1; est vir ipse [sc. Dei Filius], et ipsa ~as, femine creature perfeccio COLET *Sacr. Eccl.* 61.

masculinus [CL]

1 male, masculine; **b** (used to distinguish greater of two varieties); **c** (gram., of gender) masculine.

expletis . . ~i sexus exemplis . . ad . . secundi sexus personas . . contendamus ALDH. *VirgP* 39 p.

291; ut [Picti] . . magis de feminea regum prosapia quam de ~a regem sibi eligerent BEDE *HE* I 1 p. 12; certum est . . masculum propinquiorem per lineam ~am descendentem . . in jure regni succedere debuisse FORTESCUE *Tit. Edw.* 2; ~ior pars cum femininiori agit assidue, ut a tota simul sacrificium et proles offeratur COLET *Sacr. Eccl.* 72. **b** ideo planete et signa majoris virtutis dicuntur ~a, minoris feminina BACON V 21; unum . . est ~um, et aliud femininum RIPLEY 121 (v. femininus c). **c** nomina verbalia in -trix desinentia feminina, sicut ~a in -tor terminantur ALDH. *PR* 126; genera pronominum . . ~um . . femininum BONIF. *AG* 492 (v. genus 8a); *twa cyn on namum*, ~*um and* femininum *þæt is, werlic and wiflic* ÆLF. *Gram.* 18; pɪper, -ɪ, tam ~i generis invenitur quam neutri OSB. GLOUC. *Deriv.* 464.

2 (as sb. m.) male (child).

peperit ~um *Flor. Hist.* III 107.

3 (as sb. n.) masculine noun.

unde ~a 'domitor, monitor' ABBO *QG* 4 (10).

1 masculus [CL]

1 male, masculine.

si contingat . . habere de ea prolem ~am PECKHAM *Ep.* 355; jus mascle proli perstitit omne soli ELMH. *Metr. Hen.* V 1163; per lineam rectam per ~um sexum descendit ab dicto Henrico FORTESCUE *Tit. Edw.* 2.

2 manly, virile.

illud apud clericos quam maxime agere, ut ~am in ecclesia musicam [v. l. virilem in ecclesia vocem] haberent nec quicquam effeminate defringentes W. MALM. *GP* III 116.

3 (as surname representing) Maule, Mascal, or sim.

tenet Osbertus ~us (*Suff*) *DB* II 417; a**1189** testantibus . . Radulfo Mascolo cum ceteris probis hominibus *Feod. Durh.* 101; c**1192** cum filia ipsius Willelmi ~i *Regesta Scot.* 302.

4 (as sb. m.): **a** (of person) man; **b** (of bird) the male. **c** (alch.) mercury, quicksilver.

a quia omnis nativitas ~i decimi mensis tangit initia THEOD. *Laterc.* 13; qui saepe cum ~o aut cum pecude fornicat, x annos ut peniteret judicavit *Id.* Pen. I 2. 2; emissario: ~o non castrato *Comm. Cant.* I 373; nascitur † . . means et murcus [MS: hiis infans et masculus] atque Neotus / nomen ei donant, gaudet uterque parens *V. Neot. Metr.* 47; testiculus, -li, quia testatur ~um hominem esse OSB. GLOUC. *Deriv.* 582; queritur quare quedam mulieres et viri magis generent ~os quam feminas, quedam e converso? *Quaest. Salern.* B 193; ~um purgent se ~o per aquam per assisam, Matilldis per judicium ferri *SelPlCrown* 5; ideo peccatum meum gravius est quam ~i [ME: *a wepmon*], quia magis me dedecebat *AncrR* 121. **b** in his avibus . . degenerante ~orum privilegio, virilius . . feminei sexus efferuntur GIR. *TH* I 12 p. 36. **c** ~us est argentum vivum *LC* 251.

2 masculus [cf. masca], masque.

1551 [*controller of the king's*] jocorum, revelorum, ~orum nostrorum omnimod' vestur' revelorum praedictorum [*commonly called*] *revelles, maskes, and maskyng garments CalPat* 49.

mascus v. masca.

masera, ~us, ~um, ~ia, ~ius, ~ium [ME *masere*; OF *masre, mazre*]

1 maple.

1211 ij ciphi de mazerio *Pipe Wint.* 52; **1267** et uno cipho de mazero *SelPlJews* 37; dedit refectorio duas cuppas optimas de . . mazaro SWAFHAM 105; **1275** capiunt ciphos de ~io stantes super me[n]sas eorundem burgensium *Hund.* I 355b; **13**. . aurifaber . . habeat ciphos de macera cum pede aureo vel argenteo et superius aureo vel argenteo circumdatos (*Nominale*) *Neues Archiv* IV 341; arbor macerei et folia, et cortex GAD. 63v. 1 (v. maserinus 1b); **1402** unus ciphus de ~o *Invent. S. Paul.* 514; **1424** lego . . meliorem ciphum de ~a quem habeo cum cooperculo ejusdem *Reg. Cant.* II 287.

2 mazer.

unus mazerus cum coop' cum pede et pomello argenti *AcWardr* 350; **1313** j mazer precii v s. *Reg. Carl.* II 94; ciphi argentei et mazerie, et coclearia

argentea, ista liberentur refectorario *Cust. Cant.* 362; c**1341** ~a *IMisc* 145/5; **1358** lego mazerium meum majorem fratribus Carmelitibus de Appelby. et mazerium meum minorem domine I. de C. *Test. Karl.* 17; c**1360** abstulerunt predones hi a monasterio . . xl coclearia de argento, cc mazereas (*Chr. Abingd.*) *EHR* XXVI 734; **1361** lego . . unum mazoriu[m] album arg[ento] ligat[um] *Cart. Osney* II 311; **1362** legavit . . domino J. de W. duas maserras *Test. Karl.* 54; **1385** lego . . vj cocliaria cum j ~o *Reg. Heref.* 77; **1433** lego eidem Isabelle . . unum masserum *Reg. Cant.* II 471; **1434** lego . . Isabelle moniali de Wroxhale unum parvum masarum ligatum cum argento deaurato cum cooperculo picto *Ib.* 504; lego tria ~ia dividenda inter . . filios meos, ita quod Isabella habeat meliorem *maser Test. Ebor.* II 61; **1442** Roberto L. lego unam ~am harnasiatam deauratam cum coopertorio *Reg. Cant.* II 624.

maserinarius [cf. OF *mazerinier, mazelinier*], mazer-keeper, official of the royal household.

mazenarius duplicem cibum tantum *Domus Reg.* 133; **1196** de vij bizantiis que inventa fuerunt sub terra ubi Walcherus mazelinarius ea reposuerat *Pipe* 291.

maserinus [OF *mazerin*], of maple: **a** (of wooden artefact); **b** (of syrup).

a s**1182** ciffi novem argentei, tres cuppe manzerine DICETO *YH* II 12; s**1231** omnia utensilia, sc. ciphi argentei et macerini . . combusta perierunt M. PAR. *Min.* II 330 (=*G. S. Alb.* I 273); pisces . . debent poni in vase ligneo, sicut fraxineo in quartana et mazena [? l. maze'na, i. e. mazerina] in quottidiana GAD. IOV. 2. **b** et voco sirupum maçerinum; unde dico hic unum quod arbor maçerei et folia et cortex sunt specialia contra epilepsiam GAD. 63v. 1.

maserium, maserra v. masera.   **masia** v. macis. **masio** v. mansio.   **masius** v. mossum.   **maska, maskera** v. mascra.

masle [Ar. *maṣl* =*whey*], exudate.

masle arboris, succus foliorum ejus cum vino bibitus et ut cathaplasma adhibitus, venatis cucurrit morsibus *Alph.* 109.

masloth v. masal.   **masmaratrum, masmatrum, masmatum** v. marathrum.   **masnada** v. maisneta.   **masnagium** v. masagium.   **maso** v. 1 macio.   **masoneria** v. maconeria.

1 massa v. 1 macia.

2 massa v. mansa.

3 massa [CL]

1 lump, mass; **b** (of topographical feature); **c** (of dough; also fig., w. ref. to *I Cor.* v 6).

multae mixturae in unam ~am redactae *Comm. Cant.* I 186; quae [cupae] intrinsecus atrae picis ~a et bituminis fomite farciuntur ALDH. *VirgP* 36 p. 283; palathi, ~a de recentibus uvis *GlC* P 54; corpus . . in ~am quamdam informem et quasi piceam . . resolutum GIR. *TH* I 36; celebrata ergo in ea digestione, quod purius et sincerius est in illa ~a attrahitur ad ubera *Quaest. Salern.* B 128; ergo nature non est dissolvere massas / quas compegit ea non mediante Deus H. AVR. *Poems* 6. 59; Ysaia jubente cataplasmatur Ezechias de ~a ficuum et convalescit AD. DORE *Pictor* 155. **b 1228** sequendo *le siket* in ascendendo usque ad ~am sub Yveloteshevede, sequendo illam ~am in ascendendo usque ad viam de Stokesweit *Cl* 100. **c** si modici quippe fermenti ad ~am corrumpendum magnus est effectus GIR. *SD* 26; dicere consueverat rex H. secundus quia, si tantum vir unus de Bascrevillanis . . in mundo foret et non plures, totam mundi ~am et machinam tantillo fermento contaminandam fore et corrumpendam *Ib.* 58; sane sicut insipiens quondam mulier fermentum concupiscentie in ~am generis transfudit humani J. FORD *Serm.* 8. 4; nolite modico fermento tam infiniti et inexplebilis boni totam ~am corrumpere *Ib.* 103. 3; hec ~a, A. *a gobet of dow WW.*

2 raw material, metal-ore; **b** (w. ref. to unformed primordial matter).

pallidus argenti scrutator viscera terre / permeat et massam sudat abinde rudem L. DURH. *Dial.* II 172; argenti exclusores . . de sordida ~a lucidum comant argentum OSB. GLOUC. *Deriv.* 109. **b** tua . . voluntate ex una ~a confusa creata sunt omnia RIPLEY 9.

3 piece, block: **a** (of metal); **b** (of salt).

a sic cruor exsuperat, quem ferrea massa pavescit ALDH. *Aen.* 9 (*Adamas*) 4; auri materias massasque polire sueta *Ib.* 21 (*Lima*) 3; ~a, *clyne GlC* M 45; baculus cum ~a plumbi in summitate pendente OSB. GLOUC. *Deriv.* 455; c**1283** summa liberacionis ferri in ~a . . mdc et iiij pecie *KR Ac* 4/6 m. 2; **1325** Robertus publice fatebatur se habere unam ~am metalli argenti de pondere x librarum *Lit. Cant.* I 148; **1358** et ibidem morando ita quod arcus, sagittas, aut alias armaturas vel aurum aut argentum in ~a vel moneta . . secum non deferant *RScot* 828b; **1406** aurum vel argentum in ~a vel moneta (*Cl*) *Foed.* VIII 441; **1472** ad reportandum . . aliquam bullionem, ~am sive platam auri vel argenti (*Pat*) *Ib.* XI 735. **b 1446** una ~a salis *Ac. Durh.* 86.

4 measure of weight; **b** (of iron).

ubi supradictarum ~arum [sc. marcarum et librarum] idem est numerus, sesquialterum earum pondus THURKILL *Li.* 127. **b** ibi x servi et vj homines reddunt c ~as ferri x minus (*Glouc*) *DB* I 165rb; de hoc manerio est una hida . . quae . . reddebat l ~as ferri et vj salmones (*Heref*) *Ib.* 179vb.

5 heap, pile.

~am pulveris secum portaturus abstulit BEDE *HE* I 18 p. 37; cum nichil nisi pulveris / massa simus et cineris, / venti voranda flatibus J. HOWD. *Cyth.* 144. 2; ut, de ~a ipsa interfectorum, monticulus quidam xx pedum . . altitudinis haberetur *Meaux* II 364.

6 bulk, huge amount; **b** (of abstr.) enormousness.

~am denariorum . . donaverat R. COLD. *Godr.* 327. **b** mei, summe, misericors miserere, / quem sceleris opprimit massa patrati J. HOWD. *Cant.* 348.

7 large group (of people), multitude.

omnem humani generis massa[m] in unam fidei fermentandam coagulavit consparsio THEOD. *Laterc.* 13 ex quo genitus sum in ecclesia vel in ~a sanctorum patrum, ex quibus sum LANFR. *Comment. Paul.* 361; **1156** manifestum sit eamdem plebem in ~a S. Petri apostolorum principis sitam esse HADRIAN IV 106. 1473A; Salvator ~e misertus perdite GIR. *Spec.* IV 1; in unam ~am congregati sunt in aciem . . Scottorum irruerunt *Plusc.* X 29 p. 361.

8 mass, sum, a total, a whole.

930 luce inaccessibili rimatur quae ~am humanae conditionis generalem . . reformavit *CS* 669; pars recuperatae ~ae terreni incolatus *Ib.*; s**1297** ut injuriosos hostium conatus . . sumpta reipublice particula, ~a quiecius possidenda, potencius expugnaret *Flor. Hist.* III 295; **1479** ad opus et commodum ~e communis distribucionum quotidianarum dicte ecclesie *Reg. Glasg.* 440.

4 massa v. missa.

massagium v. masagium.

massare [LL =*to chew, eat*]

1 to chew, eat.

massat opes aliis, devorat orcus eum GARL. *Tri. Eccl.* 88.

2 to amass, collect, pile up.

s**1309** tanta frigiditas et gelu fuerat ~ata et congregata in Thamisia *Ann. Lond.* 158.

3 to build or base solidly: **a** (artefact); **b** (fig., person).

a ecclesiam . . crucibus aureis ~atis et argenteis . . exornavit GIR. *Rem.* 27 p. 47. **b** clerici a fundamento ~ati, in literatura sc. et artibus sufficienter instructi et inde . . sensim ad scientias alias profecti *Id. GE* II 37 p. 349.

massaria, massarius, masserius v. macerus. **masserum** v. masera.   **massetum** v. mossetum. **masseum** v. macis.

massicula [3 massa+-cula], (small) lump, mass.

durissimum . . silicem in lactis . . massam mollissimam mutavit et iterum hujusdem lactis duas ~as in durissimos lapides . . convertit J. FURNESS *Pat.* 16. 136 p. 571b.

massicus [CL =(*of*) *Mount Massicus*], **massitius**

1 massive, solid.

1245 feretrum . . totum est argenteum ~um sine ligno . . perpulchrum est *Invent. S. Paul.* 470; baculus . . cujus cambuca de argento massitio . . in medio sculpuntur ymagines ~ie apostolorum Petri et Pauli *Ib.* 472.

2 (as sb. m.; w. ref. to Adam) the first-formed man.

a**984** in paradiso non illicito ~us [sc. Adam] delectabatur edulio, sed parcitate contentus licito utebatur cibario (ÆTHELWOLD *Ch.*) *Conc. Syn.* 122 (=*Conc.* I 241A, *MonA* II 439).

massitius v. massicus.   **massonare** v. macionare. **massuellum** v. masuella.   **massuerius** v. macerus.

massula [CL], small lump, mass.

episcoporum assertionibus quam vervecum pellibus atramento denigratis plumbique ~a oneratis fore cedendum EADMER *HN* p. 138

masta v. mastus.

mastagium [ME *mast*+-agium], mastage.

1567 tenent . . terram barton' . . jacentem infra manerium de Payngton cum herbagio, ~io, pannagio omnium boscorum et subboscorum crescentium in et super terram predictam *Surv. Pembr.* 397.

mastatio [cf. ME *masten*], feeding, fattening.

1468 in ~one x signettorum *Househ. Ac.* II 553.

mastica v. 2 mastigia.

masticabilis, chewable, fit for mastication.

degenerant . . a mastigabili condicione in potabilem COLET *In I Cor.* 182.

masticare [LL]

1 to chew, masticate; **b** (w. ref. to *Ier.* xxxi 29-30; *Ezech.* xviii 2).

†rumigat [l. ruminat] pecus cum mastigat *GlC* R 228; divine severitatis . . animadversio . . ~antem †perculit [l. percutit] tam valide ut nullum membrum offitium suum facere posset W. MALM. *GP* V 259 p. 414; mastigancibus adhuc in carnium sufficienciis a concupiscencia sic infatuatis E. THRIP. *SS* II 11; per os alimentum recipimus, ~amus, et trajicimus HOLCOT *Wisd.* 40; hoc sacramentum . . quod oculo corporali cernitur, secundo in tres partes dividitur, et tercio ~atum dentibus inglutitur WYCL. *Conf.* 506; **1446** fatetur . . se dictum nuncium suum mandatum lacerare, mastigare et comedere fecisse *Eng. Clergy* 209; mastixo, A. *to chowe WW.* **b** s**1294** diversis diversa fabulantibus ac indies mutuo sic uvam acerbam ~antibus *Flor. Hist.* III 90.

2 (fig.): **a** to chew over, consider; **b** to gnaw, backbite.

a si illud . . te pigeat . . ~are et ruminare ALDH. *PR* 142 (143) p. 203; haec cauta ac diligenti expositione discussa quasi piis jam dentibus ~ata BEDE *Cant.* 1131; fama . . ~ata semel et trajecta ad ruminum assidue sumi non desistit GIR. *Symb.* I 28 p. 303; **1300** negocium prius inter vos est aliqualiter ~atum *Reg. Cant.* I 377; s**1423** mandamus quatenus mature ~etis hunc sermonem serioseque deliberetis AMUND. I 101; s**1457** hiis scriptis . . dentibus racionis maturius ~atis *Reg. Whet.* I 281. **b** nec eum monacorum suorum saturavit ejectio, sed semper sibi similis postea sicut prius monacum ~abat DEVIZES f. 40v.

masticatio [LL]

1 chewing, act of mastication; **b** (fig.) chewing over, consideration.

jocundis ~onibus florum redolentium vitam miseram sustentabat R. COLD. *Godr.* 59; in . . ~one cibi et transitu ejusdem *Quaest. Salern.* B 77; in corporali . . manducatione primo est ~o sive separatio, et postea digestio, ultimo unio HALES *Qu.* 965. **b** in spirituali . . ~one, cum statim fiat unio cum corpore mystico *Ib.*; a**1431** non aliter novit in causis decidere quam post ~onem licium dictat sibi nuda equitas *Reg. Whet.* II 370; mature mastigacionibus digestione perpendentes quod ipsos . . non erant futuri succursus . . defensuri *Ps.*-ELMH. *Hen.* V 86 p. 243.

2 (med.) substance for mastication.

potest concedi syrupus aliquis alterativus et confortativus, ut ~o malorumgranatorum GILB. I 19. 1; si in lactenti etate acciderit, tota cura nutrici exhibeatur in electuariis, syrupis, suffumigationibus, ~onibus, et

masticatio

pulveribus *Ib.* II 112. 1; ~ones .. fiant de duabus partibus masticis et una piperis GAD. 71v. 2.

masticatorium [LL *as adj.*], (med.) substance for mastication, masticatory.

fiant ~a: recipe masticis euforbii .. misce cum oximelle squillitico et modico cere; fiat cerotum de quo una pars ponatur inter dentes ad quantitatem fabe et cum aqua renit expellatur GAD. 48v. 1.

masticeleon v. mastichelaeon.

mastichelaeon [μαστιχέλαιον], oil of mastic.

quod fit ex rosis decoctis in oleo ad solem .. et a quibusdam masticeleon vocatur GILB. I 36v. 1.

mastichinus [LL < μαστίχινος], of mastic; **b** (of colour) of the colour of mastic, pale yellow.

cum oleo masticino GAD. 7v. 2 (v. laurinus). **b** vestes .. differentes .. colore, polymitas, rosatas, coccineas, hyacinthinas, masticinas, oloforas BALSH. *Ut.* 52.

masticinus v. mastichinus. **masticum** v. mastix. **mastiga** v. 2 mastigia. **mastigabilis** v. masticabilis. **mastigare** v. masticare. **mastigatio** v. masticatio.

1 mastigia [CL = *rascal* < μαστιγίας], kind of monster.

~ia, -e, i. monstrum quodlibet, et dicitur ~ia quasi ex Styge manans OSB. GLOUC. *Deriv.* 359.

2 mastigia, **~ium** [LL < μάστιξ, μαστίγιον], whip, scourge.

suorum quosdam relinquentes praepositos indigenarum dorsis ~ias, cervicibus jugum .. facturos GILDAS *EB* 7; cruentis ~iis [*gl.*: flagris; AS: *swipum*] .. flagellatus ALDH. *VirgP* 36 p. 282; rigida .. flagra virulentasque asperae invectionis ~ias [AS: *swipa*] ab aemulis truciter illatas experiamur *Ib.* 58 p. 318; ~ium, baculus, flagellum OSB. GLOUC. *Deriv.* 367; hec ~a, A. *wyppe* .. hec mastica, *whypcord WW*.

mastilio, mastilo, mastilonum v. mestilio.

mastinus [ML; cf. OF *mastin*], **mastivus** [ME *mastif*], (adj.; also as sb.) mastiff; **b** (~*inus inferni*) hell-hound.

c1140 ut habeat unum ~ivum ad custodiendum domum suam (*Ch.*) *MonA* III 617b; c1185 concessi .. eis licentiam habendi mastionem unum de die ligatum et de nocte solutum ad feras silvestres exterrendas *Danelaw* 294; mori mallet .. ut niger ~inus quam ut niger monachus GIR. *Spec.* II 33 p. 105; s1207 hoc anno canes venatici, leporarii, ~ivi .. fere per totam Angliam sunt occisi *Eul. Hist.* I 422; a1249 ut pastores eorum habeant canes ~ivos ad custodiam averiorum *Melrose* 307. **b** quam cito percipis quod ~inus inferni [ME: *þe dogge of helle*] venit mordax cum sanguinolentis muscis pungencium cogitacionum *AncrR* 109.

mastio, mastivus v. mastinus.

mastix [LL < μαστίχη], **mastichum** [ML], mastic.

euforbium, sarcocalla, masticum [*gl.*: mastiz], popilio NECKAM *Ut.* 110; virtute pulveris talparum et camfore, et ~icis M. SCOT *Lumen* 244; recipe farinam fabe .. draganti, ~icis BACON IX 73; ponatur ~ix super tegulam calidam quousque liquefiat, et postea superponatur stomacho; et istud optime confortat stomachum convalescencium GAD. 7v. 2; ~ix fere in omni debilitate stomaci valet *Ib.* 28v. 2; ~ix genus est resine que in modum gummi ab arbore manat *Alph.* 111.

mastixare v. masticare.

mastruca [CL], sheepskin coat.

succinctoria, quasi ~as, i. bracas *Comm. Cant.* I 42; c675 potius lacernae gracilis amictu ac ~ae tegmine incompto utatur ALDH. *Ep.* 3 (=W. MALM. *GP* V 214); mastruga, *crusne* ÆLF. *Gl.* 153; tu furaris .. denarios nostros .. et pecuniam fratrum nostrorum, et mastrugas eorum ÆLF. *BATA* 4. 31 p. 61; quidam major domus, .. pedetenus decoratus mastrugarum decore HERM. ARCH. 21 p. 54.

mastruga v. mastruca.

1 mastum [ME *mast*], mast (measure of weight, usu. 2.5 lbs.).

1509 de navi Petri Busse ij mandes cum ij ~is

---

ambr[e] .. iiij libris *yvery bedes* (*KR AcCust*) *EEC* 572.

2 mastum v. mastus.

mastus, **~a**, **~um** [ME, OF *mast*], mast of ship. **b** (~*us magnus*) mainmast.

1205 in .. empcione unius ~i navis *Cl* I 37; 1246 habere faciat .. unam bonam quercum .. ad unum ~um faciendum *Cl* 401; 1308 in quodam *haunser* empto .. pro dicta masta tractanda .. in uno *swyvel* de ferro empto .. pro dicta ~a *KR Ac* 14/14; 1338 ad emend' .. sexaginta ~a longitudinis quinquaginta pedum ad minus *RScot* 521b; navis est anima sancta, cujus merces sunt opera caritatis, .., ~us paciencia *G. Roman.* 310. **b** 1411 recept' cujusdam navis .. cum apparatu eidem navi pertinent' viz. j *trief* cum ij *bonnettes*, j mast magn', j mast parv' (*KR Ac*) *Sea Terms* II 68.

masuagium v. masagium.

masuella, **~um** [AN *masuele*, ME *masuel*], club, mace.

1319 ne quis per civitatem .. vagans .. gladium, ~am vel alia arma .. habere debeat *Foed.* III 790b; 1327 mazuellis *CalPat* 185; 1328 malefactores nocte dieque cum gladiis ~is bokelariis et aliis armis .. incedentes [*sic*] *Pat* 170 m. 11d.; 1419 breve quod nullus portat gladium, macuellum, balistam, arcum pro lapidibus *MGL* I 640; quod pistores non portent gladium massuellum etc. in affraium *Ib.* I 703.

masuellum v. masuella. **masura** v. 1 maisura.

1 mata, **~um** [ME, OF *mat* < Ar. *māta*, *māt = he died, is dead, ellipt. form of shāh māt = the king is dead*], (chess; as interj.) checkmate, mate; **b** condition or state of checkmate.

si non habet ubi pergat, scacha mattum audiat (*Vers. Wint.*) *Hist. Chess* 515; cum .. domina vicisset, ait militi secum ludenti: "non tibi sed orbi filio *mat*" *Map NC* IV 15 f. 56v; in isto schachario .. dicet ei diabolus *mact* J. WALEYS *Schak.* 465. **b** luditur cum illis [scaccis] .. donec venerit ad matham J. SHEPPEY *Fab.* 62.

2 mata, measure of ale.

et quilibet dabit unam ~am cervisie si braceat tabernam *DC Cant. Reg. S.* p. 46.

3 mata v. matta.

mataeologia [ματαιολογία], idle talk.

non est ista profecto dialectica, sed ~ia GARDINER *Bucher* 186.

matara v. matera.

matare [ME *maten*; OF *mater*]

1 (chess) to checkmate, defeat (also fig.).

ludit unus cum uno; unus aufert alii unum ludum, tandem ~at ... sic in hoc mundo .. unus amittit, alius lucratur, alius ~atur O. CHERITON *Fab.* 36b.

2 (in place-name).

castrum condere cepit quod ~a putenam, id est devincens meretricem, pro despectu Haduisse comitisse nuncupavit ORD. VIT. XII 22 p. 395.

matartara v. matertera.

mataxa [CL = *rough thread, tow*; cf. μέταξα], hackle.

genecheum .. in quo .. videbamus globellos .. et ~as [*gl.*: serence] BALSH. *Ut.* 52; textrix telam stantem percurret pectine, aut ~a circumvoluta globum filorum ministrabit NECKAM *NR* II 171; cum ~a [*gl.*: serence, hechele] aut aurifrigii nexus .. vestes laneos explicet vel pannos lineos apte consuat et sarciat *Id. Ut.* 101; instrumenta mulieribus convenientia: .. colus, ~a [*gl.*: ~a dicitur a manu et teneo: G. *tozez*; *serence*], et trahale, girgillum GARL. *Dict.* 134; ~a, *an hychele WW*.

mataxare, to hackle.

~o, A. *to hychele WW*; *rybbyn, flax or hempe*, ~o *PP*.

mataxarius, hackle-maker, hackler.

~ius, *an hychelmaker WW*.

mataxatio, hackling.

---

hekelyng, ~io *PP*.

mataxator, hackler.

~or, mataxatrix, *an hycheler WW*.

mataxatrix, hackler (f.).

hec matatrix, *a hokylster WW*; *an hekyller*, mataxarius, ~ix *CathA*.

matella [CL], chamber-pot.

~a, genus vasorum ubi antiqui mingebant *GlC* M 58; *jurdon, pyspote*, jurdenus .., madella .., madula .. urna *PP*.

matematica v. mathematicus.

1 mater v. martyr.

2 mater [CL]

1 mother; **b** (*regina ~er*) queen mother; **c** (fig.).

si cum ~re quis fornicaverit, xv annos peniteat THEOD. *Pen.* I 2. 16; si moritur infans trium annorum sine baptismo, iij annos peniteat, pater et ~er *Ib.* I 14. 29; natus .. ex patre Franco et ~re Anglica GLOUC. *Deriv.* 66; nunc .. compellitur, .., abjurare ~ris officium P. BLOIS *Ep.* 54. 162A; sic ~er filium, matrona domum, et industriosa conjux regit familiam viri sui FORTESCUE *NLN* II 23. **b** 1279 ad instanciam regine ~ris *RParl Ined.* 7; rex et regina ~er *Hist. Roff.* p. 368. **c** p675 pacem namque catholicorum ~rem et filiorum Dei genetricem esse evangelica promulgant oracula ALDH. *Ep.* 5 p. 482; artium natura ~er est J. SAL. *Met.* 839B.

2 (w. ref. to Eve); **b** (w. ref. to the Virgin Mary).

prima ~re nostra ANDR. S. VICT. *Sal.* 105; nequius .. quo corrumperetur ~er nostra; malitiosius quo violaretur genetrix nostra J. FORD *Serm.* 101. 5. **b** ab alio amatore praeventa suam .. cujus ~er virgo est ALDH. *VirgP* 45; imaginis auriferis / Christi matris capitibus (ÆTHELWALD) *Carm. Aldh.* 2. 176; Remigius in honore domine ~ris fundatam ecclesiam canonicis multis implevit W. MALM. *GP* IV 177 p. 312; c1128 nosque piissima ~er misericordie .. ad gaudia felicitatis .. perducere dignetur OSB. CLAR. *Ep.* 7 p. 67; cum ~re Domini, ~re utique et sponsa Unigeniti J. FORD *Serm.* 26. 5; 1368 ~ris misericordie miserrimus servus *Reg. Exon.* 1557.

3 (w. ref. to the Church as mother): **a** (unspec.; *v. et. ecclesia* 2b); **b** (Roman); **c** (cathedral); **d** (baptismal, usu. dist. from chapel; *v. et. ecclesia* 4d).

a ut eos .. venerabilis ~er ecclesia in suo sinu recumbentes non videat GILDAS *EB* 26; in gremio sancte ~ris ecclesie nutritus W. MALM. *GP* V p. 334; PULL. *Sent.* 899B (v. abalienare 2); secundum quod antecessores plenius in libro ~rio ecclesie continentur *Mens. & Disc. (Anon. IV)* 23. **b** 1102 quanquam prave contra nos, immo contra ~rem tuam sanctam Romanam ecclesiam te non ignoremus egisse (*Lit. Papae*) W. MALM. *GP* III 117; 1317 Romana ~er ecclesia (v. gratanter 2b). **c** Menevensis ecclesie et .. ecclesiarum totius Wallie ~er et metropolis est ecclesia Cantuariensis (*Lit. Archiep. Cant.*) GIR. *Invect.* I 1; c1192 quoniam autem ~er multarum gentium [sc. Glasguensis ecclesia] exilis antehac et angusta ad honorem Dei ampliari desiderat *Regesta Scot.* 316; 1287 ecclesia Exoniensis ~er est omnium ecclesiarum nostre diocesis (*Stat. Exon.*) *Conc. Syn.* 1056. **d** juxta cimiterium ~ris ecclesiae (*Suff*) *DB* II 281v.

4 (w. ref. to the heavenly Jerusalem; cf. *Gal.* iv 26).

ad ingressum supernae Hierusalem, quae est ~er omnium nostrum BEDE *Hab.* 1251; numquid non et vos filie estis Jerusalem et ipsa ~er vestra .. numquid non ipsa principium letitie vestre? J. FORD *Serm.* 8. 1; ad celestem illam Jerusalem .. que est .. ~er ipsius .. et ~er est omnium nostrum *Ib.* 55. 13.

5 (~*er terra*, ~*er omnium*, or sim.; w. ref. to the earth as the mother or procreatrix of all).

dic mihi quis homo qui non natus est, et mortuus est, atque in utero ~ris suae post mortem baptizatus. Adam *Ps.-BEDE Collect.* 123; potest omnis figulus ollam quantumlibet bene formatam conplodere de suo jure et aliam formare vel etiam lutum ~ri sue terre reddere R. NIGER *Mil.* IV 46; a die exitus de ventre matris eorum usque in diem sepulture in ~rem omnium M.

RIEVAULX (*Serm.*) 55; gaudet mater humus, gaudet et incola / concepta sibi vermula GARL. *Poems* 1. 3; corpus ~ri omnium commendans, spiritum alta petentem Creatori .. remisit *Plusc.* VI 44.

6 (mon.; *~er monasterii, ~er familias*, or sim.) abbess.

690 concedo .. almae Æbbae abbatissae atque carnali propinquitate proximae in Deoque ~ri monasteriali *Ch. Minster-in-Thanet* 42; EDDI 24 (v. materfamilias 3); Deo devotarum ~er ac nutrix .. feminarum BEDE *HE* IV 6 p. 219; sollicita ~er congregationis .. in conventu sororum perquirere coepit *Ib.* IV 7 p. 219; a praesentiali ~re monasterii destinata GOSC. *Edith* 283; tam ipsi matri quae pie nunc praesidet ecclesiae *Ib.* 293.

7 (*~er spiritualis*) godmother.

c1170 ~er ejus spiritualis que eam de sacro fonte levaverat *Chr. Rams.* 60.

8 (acad.; *alma ~er* or *~er universitas*; w. ref. to the university as mother to the alumni).

c1300 hujusmodi .. gravaminibus volens ~er universitas consultius occurrere *MunAcOx* 77; **1411, 1440** (v. almus 1b).

9 ewe.

1233 de cvij pellibus de ~ribus ante tonsionem venditis (*Ac.*) *Crawley* 207; de .. agnis proventis de ~ribus .. quia xvij ~res fuerunt mortue ante partum *Ib.* 212.

10 (anat.): **a** (*dura ~er*) *dura mater*, outer cerebral membrane; **b** (*pia ~er*) *pia mater*, inner cerebral membrane.

a RIC. MED. *Anat.* 213 etc. (v. durus 1c). **b** quorum unus .. partem cerebri cum lesione pie ~ris excussit W. CANT. *Mir. Thom.* IV 26; cerebrum involvitur duplici pelle quarum una vocatur pia ~er que est immediate continens cerebrum BACON *Maj.* II 4; item dicuntur due pellicule que obvolvunt cerebrum frenes, sc. pia ~er et dura mater *Alph.* 65; exteriori cerebri tunicae, duram matrem eam vulgo vocant ... subter quam et tenuis mollisque membrana, pia ~er ei nomen est, cerebrum involvit et nutrit D. EDW. *Anat.* C 1.

11 (in names of plants): **a** (*~er herbarum*) mugwort (*Artemisia vulgaris*); **b** (*~er silvarum* or sim.) honeysuckle, woodbine (*Lonicera periclymenum*).

a c1300 item .. ~er herbarum, i. *mogwort* ana unciam i. et semis *Pop. Med.* 239; archemesia, matricaria vel matricalis, ~er herbarum idem *Alph.* 13; ~er herbarum, arthemesia idem, G. *la miere de herbes* vel *armoys* A. *muguued Ib.* 106. **b** caprifolium .. ~er silvana .. idem *Alph.* 29; ~ris silva .. A. *honysocle* vel *wodebynde Ib.* 110; ~er silvarum, i. caprifolium *SB* 29; volubilis, caprifolium, ~er silvarum .. idem sunt *Ib.* 43; ~er silva i. *chevefoil* i. *wudebide* [l. *wudebinde*] *WW*.

12 (of wine) lees, dregs.

1233 de melioribus vinis .. arestari faciant ad opus regis l dolia vini super ~rem *Cl* 201; **1241** vj dolia vini .. de quibus iij sint recata et iij supra ~rem *Liberate* 15 m. 7.

13 (*~er de unionibus*) mother of pearl.

1588 pro imposicione .. jocal de ~re de unionibus *Ac. LChamb.* 79 f. 10v (cf. *Misc. LChamb.* 36 p. 66: *to set .. jewells in of mother of pearle*).

14 (as part of astrolabe) mater.

paxillus .. ad constringendum laminam cum ~re WALLINGF. *Alb.* 338.

15 (alch., *~er metallorum*) quicksilver.

~er metallorum, est argentum vivum *LC* 250.

16 source, origin, fount; **b** (of stream or sim.); **c** (of abstr.).

philosophus vocat materiam primam ~rem T. SUTTON *Gen. & Corrupt.* 117. **b** ?**11**.. ad filum ~ris aque *Cart. Fount.* 460; a**1236** ab †orres [l. orreo] in transverso usque in ~rem sikam et ita sequendo sikam usque in pratum *Cart. Cockersand* 127; **c1247** usque ad ~rem marisci de Hobirstath *Couch. Furness* II 225. **c** gratia discretionis, quae virtutum ~er est, .. inbutus BEDE *HE* III 5 p. 137; **800** ubique discretio optime valet, quae inter monachos ~er virtutum esse dicitur ALCUIN *Ep.* 209 p. 349; humilitas, quae ~er esse dicitur omnium virtutum ANSELM *Misc.* 308; gloriatio, et vanitates, et insanie false, que non prodeunt a ~re veritate R. NIGER *Mil.* IV 18; alea .. mendacii .. furti, sacrilegii ~er est P. BLOIS *Ep.* 74. 228C; hec lex .. ~er est omnium legum humanarum, a qua si ipse degenerent indigne vocantur leges FORTESCUE *NLN* I 10.

matera, ~acia, ~acium [ME, OF *materas* < Ar. *matrah =place in which something is thrown, place in which one sleeps*], mattress.

1208 pro fustaino viridi ad matracium faciendum *Cl* I 109; **1223** pro .. lineo panno grosso ad unum matracium faciendum *Ib.* 550b; **1248** quod .. fieri faciat quendam lectum .. culcitram et ~acium *Cl* 86; neque matheracia eisdem exhibebit *Cust. Westm.* 151; sed neque ~acia eisdem exhibebit, quia inordinata res est, secundum regulam, quia storia pro ~acia in regula ponitur *Cust. Cant.* 197; stramenta lectorum sint ista: scilicet sagum unum et matra *Ib.* 401; **1345** super unum matracium de sindon' faciendum et stuffandum pro lecto regis (*KR Ac*) *Arch.* XXXI 7; **1454** lego .. ij lectos plumales, ij *bolsters*, et j matriciam *Test. Ebor.* II 194; **1473** [lego] unam ~iciam, unum par lintheaminum (*Doc. Burford*) *HMC Rep. Var. Coll.* I 44; **1496** matracie .. vulgariter dict' .. *matrasses Pat* 579 m. 10/14; quinque lecta plumalia ac quinque mataras cum omnimod' apparat' eisdem lectis pertin' *Entries* 176ra.

materacia, materacium v. matera.

matercula [CL], little mother.

quoniam mulierem de ~is contra ordinem sacerdocii cedi crudeliter fustibus deputasti BART. EXON. *Pen.* 47 f. 152vb; mater, -ris; inde hec ~a, -e, diminut. OSB. GLOUC. *Deriv.* 356.

materfamilias [CL; al. div.]

1 mistress of the household, housewife; **b** (w. ref. to hostess of inn) landlady.

ait matremfamilias in villula ipsa .. visus oculorum amisisse R. COLD. *Cuthb.* 53; secundum quod uxores nostras matresfamilias vocamus HOLCOT *Wisd.* 79; matriffamilias [l. matrisfamilias] more domestica curantis forinsecis se non assolet implicare FORTESCUE *NLN* I 3; vix enim inventus est qui rem ipsi matrifamilias nunciaret *Mir. Hen. VI* IV 145. **b** ad tabernam .. accessit et .. nummisma matrifamilias pro cibi .. sui commutatione contradidit R. COLD. *Cuthb.* 129 p. 277.

2 married woman (as dist. from virgin).

nec putes quod sole [salvantur] virgines quando pereuntibus multis virginibus multas matresfamilias salvari non ignoramus *V. Chris. Marky.* 15; et si multe matres familias salvantur .. utique multo facilius salvantur virgines *Ib.* 16.

3 (mon.) abbess.

Jurmenburg .. de lupa post occisionem regis agna Dei et perfecta abbatissa materque familias optima commutata est EDDI 24.

materia, ~ies [CL]

1 wood. **b** building material, timber.

†maceriem [l. materiem] contundit TURNER *Av.* E 4v (v. lignipeta). **b** ~iem invenit ad unam domum lx pedum (*Hunts*) *DB* I 205ra; **1130** in conductu ~iei ligni de Windesor' usque ad Oxenefor' *Pipe* 127; **c1145** habeant .. potestatem in omnibus nemoribus meis .. capiendi tantum de ~ia quantum eis placuerint [*sic*] *E. Ch. Scot.* 143 p. 118; **c1161** dedi eis .. asiamenta in forestis meis .. sc. ~iem, ligna, cortices *Regesta Scot.* 226; **1173** dedit .. ~iem ad tenenda et facienda sua edificia, et ligna ad focum et clausuram *Act. Hen. II* I 473.

2 matter, material substance; **b** (dist. as *informis*); **c** (phil.; dist. from *forma*; *v. et. forma* 11c).

necdum autem habebant sol et luna stellaeque ~iam *Comm. Cant.* I 23; materiam mundi discernens ordine recto / aurea devexi dum format sidera caeli ALDH. *VirgV* 742; dei creandi ~iam lignum vel lapidem esse non posse BEDE *HE* III 22 p. 171; per unam .. et eamdem artem contingit operari in diversis ~iebus, ut contingit aurifabrum operari in auro, argento, in plumbo J. BLUND *An.* 348; lignum sive sepum sive alia ~ia combustibilis T. SUTTON *Gen. & Corrupt.* 59; dindimus est rimus per quem natura mittit ~iam spermatis ad testiculos *SB* 18. **b** postquam originaliter ~ia informis formatas species per revolventem dierum alternationem accepit ALDH. *Met.* 2 p. 68; **957** Adam Dei omnipotentis nutu protogenes ex informi ~ia creatus *CS* 995; alii .. vocant chaos ~iam informem que secundum quosdam nomine terre censetur NECKAM *SS* III 9. 12. **c** quod .. sensus apprehendat formas que sunt in ~iis hoc non est nisi propter hoc quod forme non possunt separari a ~iebus J. BLUND *An.* 234; intellectus .. materialis habet potenciam abstrahendi formas a ~iis, et intelligendi eas BACONTHORPE *Quaest. Sent.* 2a.

3 (*~ia prima* or sim.) first matter; **b** (imagined as created from nothing).

quam ad creationem primordialis ~ie ex qua omnia creata sunt J. SAL. *Met.* 940D; mercurius crudus dissolvit corpora et reducit ea in primam ~iam, sed mercurius corporum hoc facere non potest *Correct. Alch.* 15 p. 401; sperma .. cum future generationis sit prima ~ia ALF. ANGL. *Cor* 12. 1; [Jesu] prima prior materia / dives in Patris gloria J. HOWD. *Cyth.* 17. 1; dictum est mihi quod debeas resolvere omnia ad ~iam primam ... et cum istam habueris, tunc habebis pura elementa, simplicia et equalia BACON *NM* 551; aqua est prima ~ia omnium rerum que in mundo nascuntur RIPLEY 102; intellige tantum esse discriminis inter primam ~iam, que sperma metallorum vocatur, et medicinam *Id.* 114. **b** porro ~iam Deus fecit ex nihilo J. SAL. *Met.* 883B; ~ia .. prima et forma prima ex nichilo et a temporis inicio creata sunt GROS. *Hexaem.* I 9. 2.

4 (med.): **a** (w. ref. to blood or other body fluid); **b** (*~ia morbi*) physical sickness.

a constat .. purissimum et in corde digestum sanguinem spiritus esse ~iam ALF. ANGL. *Cor* 16. 2; propter putrefactionem melancholie intus et extra in motu ~ie interioris P. BLOIS *Ep.* 43. 126C; GILB. I 24. 2, GAD. 58. 2 (v. incrudare). **b** [spleneticus morbus] magis ex innata malicia .. quam morbi ~ia prodit GIR. *SD* 34.

5 kind (in quot., of plant).

ruta cujus triplex est ~ies, sc. domestica et silvestris *Alph.* 158.

6 material upon which something is based (usu. fig.).

alma humilitatis ~ia qua reliquarum incrementa virtutum conservantur ALDH. *VirgP* 13 p. 243; hic est contemplari quanta ~ia boni in regis pectore fuerit W. MALM. *GP* I 63 (cf. *Ann. Ang. & Scot.* 404); mendacium .. est radix reprobabilium et ~ia viciorum BACON V 46 (=*Quadr. Reg. Spec.* 33); **c1298** fraus est materia multorum sepe malorum (*Dunbar* 144) *Pol. Songs* 171; ?**1312** o crux, que pati pateris / hanc miseram miseriam, / tu nobis omnem subtrahe / miserie materiam (*De Morte P. de Gaverstone*) *Pol. Songs* 259.

7 subject-matter, material, topic. **b** (rhet.) theme.

in quodam .. volumine vetusto, in quo scriptor cum difficultate ~ie luctabatur W. MALM. *GR* II 132; consummavit ibi librum egregium cujus titulus et ~ia est 'Cur Deus homo' *Id. GP* I 52; quod licet preter ~iam esse videatur, ad ostendendam .. regis .. industriam huic operi .. credimus inserendum AILR. *Ed. Conf.* 755D; in secundo nocturno primus psalmus 'Dixit insipiens', cujus ~ia est Amalech et Sicelech S. EASTON *Psalm.* 12; **13**.. carta quietaclamacionis .. de eadem ~ia *Cart. Mont. S. Mich.* 13 *rub.*; s**1397** quia illa carta .. fuit concessa in prejudicium regis et quia rex .. ignorabat quod ~ie fuerant ita odiose et corone sue prejudiciales *Eul. Hist. Cont.* III 374. **b** ~ia ejus thesis vel positio est J. SAL. *Met.* 873A; thema, thesis sunt idem sc. positura et thema alias est ~ia sermonis, et norma et figura BACON *Gram. Gk.* 135.

8 matter, case, situation.

12.. non scit plus de hac ~ia *Feod. Durh.* 277; omnis favor in hac ~ia videtur periculosus *Proc. A. Kyteler* 29; **1440** ut id quod vobis in dicta ~ia utilius videtur et honestius faciatis *Pri. Cold.* 110; **1449** ita .. quod dicti arbitri terminent et finiant ~iam infra festum S. Michaelis *MunAcOx* 591; **1458** auctoritatem .. finiendi aliquam ~iam brigosam aut litigiosam *Ib.* 754; **1460** utinam bona voluntas vestra non sit in hac ~ia pigra *Paston Let.* 611.

9 cause, ground, occasion; **b** (w. gerund in gen.).

cum .. ~ies belli acrioris .. inter reges .. fero-

ces videretur exorta BEDE *HE* IV 19 p. 249; c**1084** omnem perturbationis ~iem amputare conamur (*Ch.*) *Feod. Durh.* xlvii; quid sit ~ia timoris et rami ejus? J. FOXTON *Cosm.* C 78 d. 1. 2 **b** otium .. et remotio .. largam scribendi ~iam dictantibus affatim conferunt ALDH. *VirgP* 59; **1168** ne .. gloriandi ~iam habeant (v. fastuosus 1); c**1179** ne quis contra eos aliquo modo ~iam malignandi in posterum habeat, volo .. ut predicti monachi libere .. possideant *Ch. Chester* 158; porci mei ~iam ludendi domino meo dedere GIR. *GE* II 34 p. 330; **1382** ita quod nullus habeat ~iam recedendi de molend' *Hal. Durh.* 175.

10 (in etym. gl.).

dicitur ~ia quasi mater rei OSB. GLOUC. *Deriv.* 356.

materiabilis, (phil.) susceptible to a material cause.

DUNS *Ord.* II 162–3 (v. incausabilis).

materialis [CL = *of subject-matter*]

1 material, formed or consisting of matter. **b** artificial, man-made. **c** (med., of sickness) physical, organic.

et terram, i. istam ~em quam modo videmus *Comm. Cant.* I 18; in cujus typo .. ~i liniebantur oleo BEDE *Hom.* I 16. 259; omousios genitus a coaeterno Patre ante ~em Olimpi, telluris, et oceani formationem LANTFR. *Swith. pref.*; prima pars tractat de factura et dispositione ~is et visibilis tabernaculi Moysis AD. SCOT *TT proem.* 632A; non minus scuto fidei .. quam ~ibus armis induti *G. Hen. II* I 273; s**1382** nec voluit .. aliter credere de sacramento altaris nisi quod ibi esset verus panis ~is secundum opinionem Wyclife KNIGHTON *Cont.* 163. **b** primus modus formalis .. per puncta ~ia proprie figuratur *Mens. & Disc.* (*Anon. IV*) 51; lux a natura sed lumen ~e *CathA.* **c** secunda medicina .. omnes egritudines ~es curat BACON IX 100.

2 (dist. from *spiritualis*) temporal, secular; **b** (w. *gladius*; *v. et. gladius* 6a).

materiale modo bellum, modo dico vicissim / spirituale, gemit undique pulsus homo GARL. *Tri. Eccl.* 119; in armis spiritualibus et ~ibus strenuus *Flor. Hist.* II 32. **b** **1170** ubi ~is gladius misericors est, gladius Ecclesie inhumanus esse non debet P. BLOIS *Ep.* 50. 149B; tanquam non possit rex Anglie .. gentem illam .. gladio suo domare ~i, nisi et spiritualem sibi in subsidium mutuetur GIR. *Invect.* I 2 p. 91; s**1229** contra legem Christianam decrevit vos in gladio vincere ~i M. PAR. *Maj.* III 165.

3 (phil.) pertaining to or concerned with matter; **b** (of cause); **c** (dist. from *formalis*; *v. et. formalis* 3c); **d** (log.) pertaining to matter (as dist. from form) of reasoning.

de proprietate et conditione ~i figurarum *Mens. & Disc.* (*Anon. IV*) 26; intellectus .. ~is BACONTHORPE *Quaest. Sent.* 2a (v. materia 2c). **b** *Ps.*-GROS. *Gram.* 65 (v. formalis 3b); causa ~is est passiva T. SUTTON *Gen. & Corrupt.* 69. **c** hec definicio generis non est formalis, sed ~is DUNS *Gram.* 26b. **d** est .. suppositio quedam ~is, quedam formalis. et dicitur ~is, que ipsa dictio supponit vel pro ipsa voce absoluta vel pro ipsa dictione composita ex voce et significatione, ut cum dicam "homo est dissillabum", "homo est nomen" (SHIRWOOD) *GLA* III 18.

4 (as sb. n.) material thing, substance; **b** (w. ref. to raw material).

modo fecit ~ia esse et specialia, quae ante fuerant tantum specialia *Comm. Cant.* I 27; ~ia arce sunt eadem numero .. sed composicio parcium est alia numero BACON *Maj.* II 549; nulla forma posset adnihilari, nisi quodlibet ~e adnihilaretur WYCL. *Act.* 7; **1434** pro diversis ~ibus colorum liberatis .. pictori regis *ExchScot* 579; **1448** de .. ~ibus necessariis ad earundem [sc. scolarum] .. construccionem *StatOx* 270; **1473** magistro T. S. ypotecario, pro feodo suo et ~ibus ministrandis regi *ExchScot* 189. **b** c**1370** quod possint .. capere .. omnia que super terras suas aut subtus eas continentur, viz. de arboribus, lapidibus, et minis que sunt ~ia et que in aliam formam manuopere reduci possunt ac eciam omnes res non materiales, ut carbones maritimos, turbariam et hujusmodi, que in aliam formam reduci non possunt *Rec. Caern.* 199.

materialitas [ML], (phil.) material nature, materiality; **b** (dist. from *spiritualitas*).

intellectus .., qui est in ultimo gradu incorporee nature, adeo ~ati attinet quod et corporis etiam actus dicitur esse *Ps.*-GROS. *Summa* 328; volens per harmonicam relationem intelligi concretionem et ~atem que inest numeris KILWARDBY *OS* 143; propter suam ~atem virtus activa est in eis limitata T. SUTTON *Gen. & Corrupt.* 94; secundo dico quod negata omni ~ate et quasi-~ate, vere tamen Filius est 'de substancia Patris', sicut dicunt auctoritates adducte in littera DUNS *Ord.* IV 62; cum .. anime eorum [sc. animalium] sint materiales, et similes animabus materialibus, seu formis essencialibus et propriis hominum, differantque solummodo in ~ate, in subtilitate et ruditate secundum magis et minus BRADW. *CD* 84E. **b** spiritualitas non contradicit corporalitati nec ~ati in rebus materialibus et corporalibus BACON *Maj.* II 45.

materialiter [LL]

1 materially, in matter, in material manner.

cuncta haec quae Dominus .. ad faciendum sanctuarium ~iter offerri praecepit, nos .. spiritali intelligentia debemus offerre BEDE *Tab.* 399C; quatuor .. sunt elementa .. ex quibus constituitur omne animatum corpus ~iter [TREVISA: *as of matir*] BART. ANGL. IV 1 p. 81; in motu, quo formatur sonus consonantis, est motus et inclinatio ad formandum sonum vocalis materialis; et ita in sono consonantis est sonus vocalis ~iter GROS. 9; species .. deorum .. suam sumit ex utraque natura formam .. ex ea que vivit et versatur inter homines estque ~iter fabricata, non solum capitibus solis sed et membris omnibus totoque figurata corpore E. THRIP. *SS* IX 4; s**1386** hec est in ambiguo papam voluisse seque severius et ~ius vindicasse WALS. *HA* II 142.

2 (phil. & theol.) with respect to matter; **b** (dist. from *essentialiter*); **c** (dist. from *formaliter*). **d** (log.) with respect to matter of argument.

hoc patet ~iter esse falsum BACON *CS Theol.* 54. **b** fecit .. illa [ligna pomifera] .. perfecta ~iter et essentialiter GERV. TILB. I 12 p. 893. **c** non .. generatur ex illis sequentibus, sed ex eleccionibus, in quibus est formaliter bonitas moralis; in praxibus imperatis est tantum ~iter DUNS *Ord.* I 194. **d** interdum .. dictionem rem esse contingit, cum idem sermo ad agendum de se assumitur, ut in his, que preceptores nostri ~iter dicebant imposita et dicibilia, quale est 'homo est nomen', 'currit est verbum' J. SAL. *Met.* 904B.

materiare [CL = *to build of timber*]

1 to give material form to (artefact).

ad ~iandum futuris correctoribus quedam introductiva HENGHAM *Magna intr.*

2 to supply with material nature or quality (esp. phil.); **b** (absol.).

mentes feminee penitus titulantur in istis [sc. ornamentis], / que celebrant fastus, que materiant dominatus D. BEC. 2248; in ea [sc. compositione] patet materia formata et forma ~iata GROS. 58; cum veneris ad primum quod non est aliunde ~iatum, illud erit prima materia KILWARDBY *OS* 312; ad hoc ergo ut sint multa ~iata entia simul, oportet multas materias esse SICCAV. *PN* 91; sicut dicitur homo animatus, ~iatus, albus OCKHAM *Quodl.* 125; sic idem spiritus, qui est eadem essencia vel persona hominis, potest nunc ~iari isto corpore nunc illo, manens continue idem in numero WYCL. *Compos. Hom.* 6. **b** spiritus .. est tanquam ~ians, sed humor tanquam materia membrum materiatum GILB. I 61. 1; non prius natura materia ~iat quam efficiens efficiat, quasi sine contradiccione possit esse materiatum et non effectum DUNS *Sent.* II 37. 2. 15.

3 (p. ppl. as sb. n.) material thing, something determined by material cause.

tollere materiam, ne propter materiatum / hic ego deficiam, tutius esse puto NIG. *SS* 253; per materiatum quia ad hoc ut aliquid generetur ex aliquo oportet ut ~iatum similitudinem gerat cum materia, et e converso ut sc. materia transeat in ~iatum *Quaest. Salern.* B 136; ~iatum appellamus rem factam et formatam; materiam appellamus rem ex qua facta est et formata VINSAUF *AV* II 3. 23; nulla .. materia phisicalis vere predicatur de suo ~iato GILB. VI 245v. 2; causatum a materia quod dicitur ~iatum DUNS *Prim. Princ.* 1. 4 (v. finire 9b).

matericia v. matera. **materies** v. materia.

materinum [? CL *as adj.*], building material, timber.

item de x li. liberatis talibus pro factura murorum, et v s. pro matrino [MS: mat'no; ? sc. materino] empcione ad eosdem *FormMan* 15.

maternalis [ML]

1 of or belonging to a mother, maternal; **b** (fig.).

c**1380** voluntate prima paternali et pariter ~i *Form Ox* 325; c**1410** vestre .. reverencie ~i .. clareat .. quod *Ib.* 422. **b** s**1382** ad ~is virge documentum .. advolavit [Wyclef] iterum KNIGHTON *Cont.* 161.

2 (*~is lingua*) mother tongue.

1454 statuta .. teneantur .. parochianis ~i lingua exponere *Conc. Syn.* III 567a.

3 typical of mother, motherly.

mater ~i dileccione ardore estuans (*Mir. Edm.*) *NLA* II 659.

maternaliter [ML], maternally, as a mother, in a motherly way.

ea ~iter amplexata, letaliaque que suis intendebantur liberis conabatur excipere vulnera E. THRIP. *SS* III 30; *Ib.* X 22 (v. madidare 1b); puteus .. in quo illum fructum [sc. Christum] .. balneare .. consuevit, et balneatum in ulnis virgineis dulciter ac ~iter .. collocare S. SIM. *Itin.* 63.

maternitas [ML], maternity, motherhood; **b** (as title).

maternus .. unde hec ~as, -tis OSB. GLOUC. *Deriv.* 356; a**1212** queritis .. utrum mater aliqua relatione, sc. ~ate, referatur ad filium P. BLOIS *Ep. Sup.* 74. 6; eadem ~as fuit in matre Christi ad ipsum post resurreccionem que ante fuit DUNS *Sent.* II 1. 4. 28 p. 179. **b** c**1380** reverendissima mater et domina, vestre ~ati .. me vestrum filium .. recommendo *Form Ox* 390.

maternus [CL]

1 of or belonging to a mother, maternal; **b** (fig.).

homo, quem ~a fecunditas .. in mundum edidit ALDH. *VirgP* 18; maternis quis nec poterit fore visibus aptus TATWINE *Aen.* 169; Hardecnut .. ~is per omnia parens consiliis *Enc. Emmae arg.* p. 6; utique nudus, vitiosus et sine omni scientia ex ~is sinibus processi ALEX. CANT. *Dicta* 16 p. 171; hec mater devorat quemcunque genuit, / si tamen titulum maternum meruit WALT. WIMB. *Sim.* 143. **b** ad ~um sanctae ecclesiae gremium .. perrexit ALDH. *VirgP* 44; nostra Cestria nomen resonet ~um, magnificum, singulare LUCIAN *Chester* 65; **1313** proth dolor! [Anglia] nunc cogitur nimis esse prona / filie [sc. Scocie], qua leditur materna corona (*Bannockburn* 8) *Pol. Songs* 262.

2 (*lingua ~a* or sim.; *v. et. lingua* 3c) mother tongue; **b** (w. ref. to the vernacular as dist. from Latin).

qui Francorum lingua tam recte .. tanquam ~a sibique nativa loquebatur GIR. *SD* 56; **1281** in lingua ~a secundum consuetudinem patrie *Conc. Syn.* 897; **1311** in lingua ~a *Ib.* 1331; nec tamen ~a, qua usus est voce, studui respondere J. BURY *Glad. Sal.* 573. **b** c**1296** exposuit viva voce tam verbis Latinis quam ~is *Reg. Cant.* 1270 (=*DC Cant. Reg. Q* f. 17v).

3 typical of mother, motherly.

adolescentulas ad caritatem provocans, ~a ad eas affectione commendat J. FORD *Serm.* 39. 1; ~us et compassibilis spiritus ejus [sc. S. Petri] LUCIAN *Chester* 44.

4 (as sb. f.): **a** matron, married woman. **b** godmother.

a **1282** vic' Lond' quod venire fac' .. xij bonas ~as matura et[ate] .. ad recognoscendam veritatem *Gaol Del.* 35/35B m. 38. **b** hec commater, *a godmodyre*; hec ~a, idem est *WW*.

matertera [CL]

1 maternal aunt.

nec non Jacobus Christi matertera cretus ALDH. *CE* 7. 1; p**675** Jacobus, ~ae Domini filius *Id. Ep.* 4 p. 486; ~a ejus .. Aedilberg et ipsa .. virginitatis gloriam .. servavit BEDE *HE* III 8 p. 144; quod nullus episcopus .. habeat in domo sua mulierem manentem, nisi sit mater ejus aut soror aut amita aut ~a, ex quibus nulla

mala suspicio nascatur Ælf. *Ep.* 2. 86; **1265** matartara sua *CallMisc* I 279; hec ~a, soror matris *WW*.

2 grandmother.

~a, A. *a beldame WW*.

3 sister.

GlH F 683 (v. fratruelis 1).

matesis v. mathesis. **matha** v. 1 mata.

mathematicalis [ML]

1 mathematical, pertaining to mathematics.

ad id fiunt multa argumenta ~ia et geometricalia Wycl. *Log.* III 38.

2 (as sb. n. pl.) mathematical things.

divisio ipsius philosophie naturalis, nomen nature ad ~ia et methaphysicalia extendendo Bacon VIII 110; clerici licet rudissimi ~ia possunt scire *Id. Maj.* I 104; nonne et alia plurima ~ia, naturalia, metaphysicalia, seu theologica, et moralia ignoravit Bradw. *CD* 108C; libenter . . scirem a modernis arguentibus geometrice . . quid ipsi vocant lineam, superficiem, punctum, et angulum; si negent talia ~ia posse esse Wycl. *Log.* III 45; adeo ut vix ~ia certitudine polleant, cetera vero . . vacillanti et timorosa opinione doceantur J. Bury *Glad. Sal.* 611.

mathematice [ML], mathematically, by means of mathematics.

quippe cum ipse [Pythagoras] . . exinde se [sc. eas potentias] ad cetera instrumentorum genera ~e transtulerit Adel. *ED* 27; uno modo logice . . secundo modo metaphysice . . tertio modo ~e . . quarto modo naturaliter Bacon VII 21; vel naturaliter, vel ~e, vel utroque modo *Id. Maj.* I 149.

mathematicitas, mathematical nature.

corpus . . celeste, etsi non patriatur a corpore peregrino, admitteret tamen idem secum, quia compatitur in eodem ubi, salva tamen ~atis ratione in utroque. non est ergo ~as causa repulsionis mutue vel noncompassionis in eodem Ps.-Gros. *Summa* 420.

mathematicus [CL < μαθηματικός]

1 of or belonging to mathematics, mathematical.

798 ponam . . tertio quod ex ~a quondam audita meminisse potui disciplina Alcuin *Ep.* 145 p. 233; si . . incorporeorum speculationes quis respiciat, veluti ~a theoremata et theologiam . . in quibus maxime operatur intelligentia Bern. *Comm. Aen.* 43.

2 magical.

scimus Virgilium arte ~a muscam erexisse eneam Gerv. Tilb. III 10; ardens lucerna ad caput ejus inventa est, arte ~a composita, ita ut nullius flatus violentia, nullius liquoris aspersione, valeret extingui M. Par. *Maj.* I 512.

3 (phil.) ideal, abstract (also dist. from *naturalis*); **b** (*corpus ~um*) mathematical body.

numerum . . ~um dicimus istum eumdem [sc. numerum accidentalem], solum alio modo consideratum Siccav. *PN* 97; que . . sit differentia rei naturalis ad ~am . . satis patet ex supradictis *Ib.*; differencia est inter tactum naturalem et tactum ~um. tactus naturalis est cum passione, quia quidquid tangitur, patitur . . tactus . . ~us non est nisi juxtapositio corporum, quorum ultima sunt simul sicut corpora celestia Holcot *Wisd.* 110; nunc, autem, si latera celi tangerent se tactu ~o, impossibile est quod fiat medium positivum inter illa latera sine motu locali omnium parcium Ockham *Quodl.* 47. **b** tactus et modus attribuuntur corporibus ~is T. Sutton *Gen. & Corrupt.* 51; corpus ~um *Wycl. & Ox.* 192n (v. corpus 11b).

4 (as sb. m.): **a** mathematician. **b** astrologer, diviner, sorcerer.

a philosophus quoque qui rationalem exercet, qui etiam tam phisici, quam ~i cliens est J. Sal. *Met.* 921; quod considerat ~us involutum est in eo quod considerat physicus et non e converso Kilwardby *OS* 206; mathesis . . est sciencia de quantitate, unde ~us, professor illius sciencie Bacon *Gram. Gk.* 137. **b** quae [gentilitas] vitam veritatis expertem fato, fortunae, et genesi gubernari juxta ~orum [*gl.: tungelwitegene* vel *steorgleave*] constellationem arbitratur Aldh. *VirgP* 30; Bede *TR* 3 p. 183 (v. genitura 1b); Alcuin *Suppos.*

1178C (v. genethliacus 1); ~i sunt, licet appellatio generaliter omnia complectatur, qui a positione stellarum situque firmamenti et planetarum motu que sint ventura coniciunt J. Sal. *Pol.* 408C; scit ~os Tracie sola carminum violencia quibus affuerint occidere Map *NC* III 3 f. 39v; aruspices sc. ariolos sive ~os quoscumque conducendi gracia *Mir. Hen. VI* I 9 p. 33.

5 (as sb. f.): **a** mathematics; **b** (as basis of the quadruvium). **c** astrology, divination, sorcery.

a sequens autem ~a est, imitaturque naturam J. Sal. *Met.* 896; theologia, ~a, phisica, que in scientia ultra ceteras artes precellunt Bern. *Comm. Aen.* 35; quedam . . considerat res que sunt mobiles et materiales, non tamen ut tales, sed abstrahendo eas a motu et a materia, et ista est ~a Kilwardby *OS* 15. **b** ~a quadruvii sui rotis vehitur J. Sal. *Met.* 854; ~a, secunda syllaba brevi et aspirata, doctrinalis interpretatur. est . . prima . . speculationis pars, sub se quadrivium . . continens Alb. Lond. *DG* 11. 13. **c** qui . . artes magicas et varias species ~e reprobate exercent J. Sal. *Pol.* 406D; secunda . . syllaba producta et sine h, matematica [*w. play on* μαντική, ματαιότης, ματεύω], vanitas interpretatur, huic species assignantur aruspicina, horoscopica, et scientia per aves divinandi, i. augurium Alb. Lond. *DG* 11. 13 (cf. Kilwardby *OS* 71).

6 (as sb. n. pl.) ideal or abstract things.

hoc autem non convenit ~is T. Sutton *Gen. & Corrupt.* 52; non . . tangunt se ~a *Ib.*

7 (pl.): **a** mathematics. **b** astrology.

a sed in ~is efficacissime convalescit J. Sal. *Met.* 871; **1549** tres principes questiones proponat, unam in ~is, alteram in dialecticis, tertiam in philosophicis *StatOx* 346. **b** ad determinatas eorum magnitudines et figuras . . et sic in matematicis, sc. in abstralogia Bacon VII 6.

matheracium v. matera.

mathesis [LL < μάθησις]

1 study, science, learning.

non tua te mathesis, praesul Rodberte, tuetur, / non alios aliter dinumerans abacus G. Wint. *Epigr. Hist.* 15; quoniam de quarta introducendis ~eos nos fari disciplinarum praesens tempus ammonuit Adel. *Alch.* 17; ~im . . probabilem que penultima brevi enuntiatur, quam et . . ratio probat, et . . experientia approbat, quasi quoddam doctrine sue jaciunt fundamentum J. Sal. *Pol.* 436D; ostentat mathēsis quod sit fugienda mathēsis H. Avr. *CG* f. 8v. 3; ~is . . quod est disciplina vel sciencia, a quo dicitur mathematica que est doctrinalis sciencia Bacon *Gram. Gk.* 117.

2 astrology, divination, sorcery.

per mathesim monitus, magica nimis arte peritus R. Cant. *Malch.* V 4; ut nulla ei magia, nulla ~is obsistere posset W. Malm. *GR* II 170 p. 200; omnia . . ~is, dum penultimam extendis, figmenta ad magicam referuntur J. Sal. *Pol.* 407A; fuit . . ex toto iniquitatis minister, et sibi obsequentibus artis ~eos magister G. Font. *Inf. S. Edm.* 7 p. 41; matesis media corepta et sine aspiracione est divinacio sive ars divinandi Bacon V 3.

mathetes [LL < μαθητής], pupil, disciple.

mox pastor scripsit Eous / sedibus abreptis reddi debere beatum / Christi mathiten post tanta pericula sennem Frith. 1017; didascali . . veriloqui mathites Lantfr. *Swith. pref.*; o, probi pueri et venusti mathites [AS: *leorneras*] vos hortatur vester eruditor Ælf. *Coll.* 103; ~es qui est discipulus . . descendit a matho quod est disco Bacon *Gram. Gk.* 117.

mathites v. mathetes. **mathlardus** v. mallardus.

matianus [CL]

1 (as adj.; *malum ~um* or sim.) crab-apple (*Malus pumila*).

c**1200** poma omnia mollia mala dicta sunt sed cum adjectione terrarum in quibus antea nata sunt ut persica, punica, mattiniana *Best. Ashmole* f. 93v; ungantur cum sapone gallico . . cum nitro et aceto vel cum succo malorum . . ~orum Gilb. III 168v. 1; in vino malorum ~orum vel granatorum Gad. 7v. 1; cum . . pomis acerbis et silvestribus et ~is *Ib.* 33v. 2; malum ~um, A. *a crabbe WW*.

2 (as sb.): **a** (f.) crab-tree. **b** (n.) crab-apple.

a *crabbe, tre*, ~us, -ni, fem. *PP*; ~us, *a crabbetre*

WW; *a crab tre* . . ~us, macianum est fructus ejus *CathA*. **b** succus ~orum Gilb. III 143v. 1; hydromelle et succo ~orum . . commixtum *SB* 24; ~um, *a crabbe WW*; **1485** pro xxxj bus. ~orum . . iij s. iiij d. *Ac. Durh.* 98.

matidus v. madidus. **maties** v. macies.

matinae [ME, OF *matines* < matutinae], (eccl. & mon.) matins.

post ~arum et missarum solemnia Gir. *RG* I 6 p. 33.

matinellum [OF *matinel* < matutinalis], light morning meal.

1185 comedent ad terciam in curia, et habebunt ~um vel reisive [?l. reisine], et sero quisque manipulum unum portabit de extrema segete quam tassabunt pro cena *Rec. Templars* 22; herciator habebit ~um suum *Cust. Waltham* f. 201v; debent habere ~um suum in prato *Ib.* f. 210 (v. lac 3b); c**1234** dominus illum pascet in pane [et] caseo ad ~um suum *Cust. Glast.* 81.

matitunellum v. matutinellum. **matokkus** v. mattocus. **matra, matracia, matracium** v. matera. **matrana** v. matrona.

matria, pantry.

~ia, A. *the panetrie WW*.

matrialis [cf. CL matralis], that produces offspring.

c**1100** omnes oves ejus debent esse in fauda prioris exceptis ~ibus ovibus quas ipsemet habebit in suo hospicio (*Cust. Binham*) *Med. E. Anglia* 270.

matricalis [LL = holy vervain], mugwort (*Artemisia vulgaris*).

~is . . A. *mugwort* vel *mugwed Alph.* 13.

matricaria [cf. LL matricarius = class of soldier]

1 feverfew (*Chrysanthemum parthenium*).

febrifuga, i. arbor S. Marie, ~ia idem *SB* 21; parthenium, quod officine vocant ~iam (nisi longe fallar) est herba illa quam vulgus appellat *fever few*, aut *fetherfew* Turner *Herb.* B iv v.

2 mugwort (*Artemisia vulgaris*).

~ia vel matricalis . . G. *armoise*, A. *mugwort* vel *mugwed Alph.* 13; muncaria [?l. matricaria], *mugwode MS London Soc. Antiq. 101* f. 89.

3 (~ia aquatica) 'brook motherwort', ? brooklime (*Veronica beccabunga*).

~ia aquatica secundum quosdam azarabaccara idem, calamentum silvestre idem, A. *moderuurt Alph.* 106; matriqueria aquatica secundum quosdam azarabaccaria *MS BL Sloane 3149* f. 8v.

1 matricia v. matera.

2 matricia, godmother.

a god moder, commater, ~ia *CathA*.

matricida [CL], (act of) one who kills one's own mother, matricide.

10 . . ~a, *modorslaga WW*; hic ~a, -e Osb. Glouc. *Deriv.* 356; delicti enormitas impedit matrimonium ut in uxoricida, non tamen in ~a licet majus sit peccatum Rob. Flamb. *Pen.* 59; tam p[ar]ricida quam etiam ~a . . effectus Gir. *SD* 66; hec, hic ~a, que vel qui occidit matrem *WW*.

matricidalis [ML], of a matricide.

matricida . . unde ~is Osb. Glouc. *Deriv.* 356.

matricidium [CL], act of killing one's mother, matricide.

Orestes si accusaretur ~ii, non habet defensionem, nisi hoc dicat . . Alcuin *Rhet.* 10; hoc ~ium, -dii Osb. Glouc. *Deriv.* 356.

matricius [ML], of a ewe.

1280 bona lana ~ia de collecta de Banbury (*PIR Exch* 8 m. 3) T. H. Lloyd *Engl. Wool Trade* (1977) 299.

matricula [LL]

1 little womb.

matricula

matrix . . i. locus vel pellicula in qua infans involvitur in ventre, unde hec ~a, -e, diminut' quod etiam pro chartula dicitur OSB. GLOUC. *Deriv.* 356.

2 small or young ewe.

1298 in ij multonulis et xiiij ~is emptis post tonsionem *Rec. Elton* 63.

3 charter, document. **b** register, list. **c** (~a *bibliothecae*) library list, catalogue.

OSB. GLOUC. *Deriv.* 356 (v. 1 supra). **b** sufficit vel in ~a curialium esse conscriptum J. SAL. *Pol.* 673D; **s1191** hec michi . . insinuavit idem Gilebertus Roffensis episcopus, huic ~e, ut verbo suo utar, ad preces ipsius inserenda GERV. CANT. *Chr.* 491; **c1230** secundum ordinem quo scripti sunt in ~a ecclesie *Reg. S. Osm.* I 60; **a1231** in cujus [sc. magistri] . . ~a nomen ejus inseratur *StatOx* 107; decencius est in ~a coquinarii quam in presenti de ipsis facere mencionem *Cust. Westm.* 74; **s1290** multa invenit [sc. escaetor] . . que in ~a sua conscribi fecit *G. S. Alb.* II 3. **c 1389** presens hec ~a bibliotece prioratus Dovorre (J. WHYTEFELD *Pref. Catal.*) *Libr. Cant. Dov.* 407.

4 hospital, hospice; **b** (fig.).

erant preterea in quibusdam fundis episcopii ~e, in quibus non pauci hujus morbi [lepre] incommodo detenti . . sustentabantur AD. EYNS. *Hug.* IV 3 p. 13. **b** cujus virtus maris matriculam / sitularem habet ut stillulam J. HOWD. *Ph.* 736.

matriculare [ML], to enter in a list, register.

1402 ut quos idoneos reputaverimus . . in nostro registro ~ari faciamus in serie nominatim *Conc.* III 269a; nomina in nostro registro ~ata *Ib.* III 269b; **c1410** cum titulo ~atus et infra scriptus *Pont. Sal.* II 165; **1474** nomina et cognomina in libris nostris inter ceteros benefactores nostros vivos et mortuos ad eternam rei memoriam ~antur *DCDurh. Reg. IV* f. 169v; **1565** volumus omnes scedulas . . personarum ~atarum *StatOx* 395.

matricularia [ML], office of sacrist, sacristy.

a1175 doleo quidem contigisse . . quia vos semel decipi contigit in ~ia ad incommodum J. SAL. *Ep.* 177 (208).

matricularis [ML]

1 (as adj.) of or belonging to registrar or sacrist.

1238 secundum rotulos nostros ~es sunt veri patroni ecclesie de C. *Cart. Chester* 122.

2 (as sb.) keeper of church register, churchwarden, sacrist.

796 nos ~es pro te orare non cessamus, quatinus divina te ubique praeveniat et subsequatur gratia ALCUIN *Ep.* 107.

matricularius [LL]

1 (eccl. & mon.) keeper of church register, churchwarden, sacrist; **b** (spec. as subsacrist); **c** (~*ius laicus*) doorkeeper, attendant.

dilectissimo fratri . . indignus universalis ecclesiae ~ius in Domino Jesu defecatae caritatis salutem BONIF. *AG pref.* p. 9; **801** Antonio Albinus ~ius salutem ALCUIN *Ep.* 220; una ex his [sc. domibus] est ~ii aecclesiae, aliae sunt canonicorum (*Chesh*) *DB* I 263ra; sanctae . . praedictae basilicae ~ius extiterat Brunstanus, vir fidelis et monachus HERM. ARCH. 18 p. 49. **b** in multis aliis locis [subsacrista] ~ius appellatur et hic deputatus in ministerio ecclesie sacristam adjuvare *Obs. Barnwell* 72. **c** ~ii laici qui firmant et aperiunt ostia ecclesie non habent speciale aliquod officium, sed tantum ostiarii . . habent potestatem excludendi indignos T. CHOBHAM *Conf.* 116.

2 poor man, beggar, one who receives alms.

omne patrimonium . . mancis et ~iis [*gl.*: pauperibus, *þearfum* vel *wudewan*] . . contulerunt ALDH. *VirgP* 52 p. 308; quidam ~iorum, qui infra basilicam jacebat ABBO *Edm.* 15; ~ius, pauper, inops, egenus OSB. GLOUC. *Deriv.* 367.

matriculatio, matriculation.

1565 unum registrum sive liber ~ionis omnium personarum, tam studentium quam servientium *StatOx* 392.

matricuria [ML], (eccl. & mon.) lay sister.

~ia, G. *custerere* NECKAM *Corrog.* 363.

matrimes [CL = *having a living mother*]

1 boy who looks or behaves like his mother.

~es, puer qui matri assimilatur OSB. GLOUC. *Deriv.* 365; matrimos dicitur qui sequitur matrem in moribus *CathA.*

2 boy whose mother is dead.

~es . . i. puer qui vivit superstes defuncta matre OSB. GLOUC. *Deriv.* 356.

matrimonialis [CL]

1 of or belonging to marriage, matrimonial.

s1195 in ~i causa Lotharii regis et . . uxoris ipsius DICETO *YH* II 131; **c1218** ne dum jocari se putat, honeribus ~ibus se astringat (*Stat. Sal.*) *Conc. Syn.* II 87; **1236** plus . . debet consensus ~is . . valere in prolem de proprio utero GROS. *Ep.* 23 p. 81; sub vinculo ~i se astringunt ROLLE *IA* 211; ~ia federa *Ps.*-ELMH. *Hen.* V 88 (v. 3 foedus 3b); **1474** pro materia ~i *Reg. Whet.* II 107.

2 (as sb. n. pl.) marriage.

verumptamen parem non omnibus ad utilitatem vel honestatis non inficior ad effectum pari ~ia cedunt in omine E. THRIP. *SS* I 4.

matrimonialitas [ML], state or condition of marriage.

facere . . presumpsi tam conjungibilium ~atis mencionem E. THRIP. *SS* IV 27.

matrimonialiter [ML]

1 by or in marriage, matrimonially.

s1195 regi ~iter copulata et etiam cognita DICETO *YH* II 131; **1231** in quarto gradu consanguinitatis eosdem ~iter copularunt *RL* I 391; ei . . suam sibi filiam verbis pollicetur patenter expressis ~iter individualiterque sociandam E. THRIP. *SS* III 7; ingens amor est sepe inter virum et mulierem, sed licet esset sibi ~iter [ME: *iwedded*] copulata *AncrR* 155.

2 by virtue of marriage.

preter . . Pictaviam . . et Gasconiam . . que ei ~iter obvenerant GIR. *PI* II 1 p. 157.

matrimonium [CL]

1 act of wedding, ceremony of marriage.

c1218 precipimus quod ~ia cum honore celebrentur et reverentia, non cum risu et joco, non in tabernis, potationibus publicis seu commessationibus (*Stat. Sal.*) *Conc. Syn.* II 87.

2 state or condition of being married, marriage, matrimony, wedlock; **b** (as sacrament); **c** (dist. as *carnalis* or *spiritualis*); **d** (fig.).

si quis vir uxorem suam invenerit adulteram, et noluit dimittere eam, sed in ~io suo adhuc habere, annis duobus peniteat THEOD. *Pen.* I 14. 4; antequam copula in ~io et conubii nexu nodaretur ALDH. *VirgP* 53 p. 311; si quisquam . . expulerit conjugem legitimo ~io conjunctam BEDE *HE* IV 5 p. 217; **743** nisi ab isto recesserint incesto ~io BONIF. *Ep.* 51 p. 90; dicitur . . potius ~ium quam patrimonium quia mater sustinet plures angustias in portando quam vir et generando . . parvulum T. CHOBHAM *Conf.* 145; **1331** Isolda E. peperit extra ~ium *Rec. Elton* 301. **b** ~ium viri et uxoris sacramentum est spiritualis matrimonii Christi et ecclesie GROS. *DM* 66; **c1258** ad ipsam [concupiscentiam] excusandam ~ii sacramentum in remedium posteris est concessum (*Stat. Wells*) *Conc. Syn.* II 596. **c** utriusque juris beneficio ~ia libera sunt: ideoque si ~ium carnale gaudet libertate indulta, spirituale ~ium privilegiatum et pleniore gratia libertatis; nam ubi spiritus, ibi libertas P. BLOIS *Ep.* 54. 165A; si ergo illud carnale ~ium sic potest solvi, videtur multo fortius quod illud ~ium spirituale . . possit solvi et separari T. CHOBHAM *Praed.* 304; **d** nec dissimilis gloria quod hanc ipsam ecclesiam suam ~ii sibi federe copulavit J. FORD *Serm.* 5. 2; anima . . ~ii . . celestis emula *Ib.* 58. 11; Adam ante lapsum suum prophetavit ~ium Christi et ecclesie GROS. *Cess. Leg.* III 1. 20.

3 marriage portion, dowry.

hanc [mansionem] dedit Bauduinus Willelmo filio Wimundi cum filia sua in ~io *Dom. Exon.* f. 295; **c1300** cum omnibus decimis et oblacionibus de medietate insule Inhismor, que est ~ium meum *Reg. S. Thom. Dublin* 271.

4 (alch.) union, combination.

aqua illorum facit ~ium in arsenico debite sublimato cum novem sui partibus mercurii calcinati RIPLEY 316.

matrimos v. matrimes.

matrimus [CL], (rhet.) form of metrical syzygy.

ALDH. *PR* 141 (*recte* 142) p. 201 (v. linuatus).

matrinum v. materinum.

matrinus [LL *gl.*: *maternal uncle*]

1 (as adj.) of a mother, maternal.

et pirus, huicque dedit matrina angustia nomen HANV. IV 48.

2 (as sb. f.): **a** a stepmother. **b** godmother.

a 1080 si quis . . vel cum ~a, vel cummatre, vel filiola coierit, similiter (*Conc. Illebonae*) ORD. VIT. V 5 p. 321. **b** **c1250** ~a, *marreine Teaching Latin* I 46; *godmodyr*, ~a PP; **1559** sub poena excommunicationis majoris tam in patrem quam in matrem . . et patrinos, ac ~as *Conc. Scot.* II 175.

matriqueria v. matricaria.

matrissare, ~**izare** [ML], to look or behave like one's mother.

~o . . i. matri assimilari, unde quidam 'si bene matrissas luxuriosus eris' OSB. GLOUC. *Deriv.* 356; **s1152** minor . . ~issare, i. materni generis imaginem in vultu et moribus pretendere, videbatur W. NEWB. *HA* I 23; est regula generalis quod filii quodammodo plus ~izant quam †partizant [l. patrizant] M. SCOT *Phys.* 7; **s1101** Margarete filia in omnibus studuit tam patrissare in moribus quam ~issare M. PAR. *Min.* I 188; *to folowe þe moder in maners*, ~izare *CathA*; *to folowe modyr in maners*, ~issare *Ib.*

matrissilva [ML; *al. div.*], honeysuckle, woodbine (*Lonicera periclymenum*).

matris silva, periclimenon . . G. *chevrefoil*, A. *honysocle* vel *wodebynde Alph.* 110; periclimenon, ~a . . G. *chevrefoil de haye*, A. *honysocle Ib.* 142; matrisylvam TURNER *Herb.* B iv (v. caprifolium).

matrisylva v. matrissilva.

matrius, of a mother, maternal.

in sinu matrio calescens vipera / spumat *Planct. Univ. Ox.* 45.

1 matrix v. martrix.

2 matrix [CL]

1 mother.

1185 in Kisebi, ex dono mattricis Radelli *Rec. Templars* 96.

2 (w. ref. to the Church as mother): **a** (unspec.); **b** (cathedral); **c** (baptismal, usu. dist. from chapel).

a c1300 pro transgrescione decimarum matrice ecclesie *FormMan* 17; ~ici ecclesie decimas omnimodas persolvere WYCL. *Sim.* 56. **b** Rotomagensem . . ~icem basilicam ORD. VIT. V 4 p. 314; **c1193** in ~ice ecclesia nostra Sarum (*Ch.*) *Reg. S. Osm.* I 222; de ecclesia . . Christi, que metropolis necnon ~ix tocius Anglie ordinatur ELMH. *Cant.* 84; unius ecclesie cathedralis officiarii . . precipiunt . . ut [confitentes] solvant . . ~ici ecclesie aliquid de bonis suis GASCOIGNE *Loci* 1. **c** **c1180** archiepiscopus confirmavit capelle . . omnes possessiones . . salvo jure ~icis ecclesie de B. *Cart. Chester* 91 p. 126; **1202** bene perpendimus ecclesiam [de Oreford] . . esse capellam pertinentem ad ~icem ecclesiam de Suburn' que est episcopi Elien. *Pat* I 6b; **1206** ad ecclesiam de B., ~icem ecclesiam, que habet corpora et sepulturam *CurR* IV 91; **1220** fuit capella illa ecclesia habens quicquid ~ix ecclesia habere debuit *Ib.* VIII 353; **1228** ~ix ecclesia duarum villarum . . quia habet sepulturam duarum villarum, et baptisterium *Feod. Durh.* 221; **1276** capella de Collyn eodem anno . . ita quod nullum prejudicium generetur ~ici ecclesie de Fethyressach *Conc. Scot.* I ccciii.

3 (acad.; ~*ix universitas*; w. ref. to the university as mother to alumni).

c1365 in venerabilissima ~ice nostra universitate Oxoniensi victualium regnat omnium caritudo *Form Ox* 365.

4 female animal kept for breeding: **a** a ewe (usu. w. *ovis*). **b** sow. **c** (w. ref. to fish).

a et recepit totidem bonas ~ices oves *RDomin* 29; **1195** pro liij ovibus ~icis *Pipe* 251; **1287** de l ovibus ~icibus *Rec. Elton* 26; **1314** matrices: . . de ciiijˣˣj ~icibus de remanenti *Ib.* 225; **1337** item ij bidentes ~ices de Metingham, precium xv d. *Househ. Ac.* 202. **b** **1382** necat vj porcos et ij ~ices ad lardarium et j porcellum fresclyng' *Ib.* 260. **c** **1256** quod . . faciat habere Rogero de C. xx ~ices braemias de dono regis *Cl* 3; quod . . faciant habere N. de S. M. duas ~ices bremias *Cl* 26.

5 (anat.) uterus, womb; **b** (fig.).

Johannes, sacer materna nondum editus ~ice profeta ALDH. *VirgP* 23 p. 253; hec ~ix, -cis, i. locus vel pellicula in qua infans involvitur in ventre OSB. GLOUC. *Deriv.* 356; ~ix est cista seminis susceptrix ad modum achanne facta. . . est autem notandum quod ~ix villosa est intus ut melius semen retineat *Quaest. Salern.* B 12; matricis vitium levat artemisia, confert / ictericis si sit associata mero NECKAM *DS* VII 11; ex frigiditate cognoscitur quam mulier in coitu sentit quasi glaciem in ~ice GILB. VII 301v. 1; inter sperma masculinum et femininum atque . . infantem qui ex his in ~ice generatur RIPLEY 114. **b** cum proli sue genitrix obviaret tripudians ~icemque thalamum senescenti jam soboli denuo demonstraret R. BURY *Phil.* 7. 114.

6 (*herba ~icis*) mugwort (*Artemisia vulgaris*).

herba ~icis stipitem habet quadratum rubeum *SB* 23.

7 source, origin, fount (usu. w. sb.). **b** (alch.; w. ref. to the four elements as source of all things).

quod omnes fluviorum ac rivorum decursus per occultas terrae venas ad ~icem abyssum redeant BEDE *Gen.* 98; c1200 (*of the head water*) ~icis aque *Cart. Fount.* II 466; a1253 usque ad ~icem siketam marisci *Couch. Furness* II 226; a1255 incipiendo ad ~icem pullum de B. ascendendo versus orientem usque in S. *Cart. Cockersand* 775; usque ad ~icem siketam karri *Ib.* 778; c1305 retraxerunt ~icem aquam *Cart. Fount.* II 586. **b** ~ices omnium rerum in genere sunt elementa *LC* 250.

3 matrix, mattress.

1585 de una ~ice et antiqua coopertura lecti *CourtR* 82/1123.

4 matrix v. natrix.

matrizare v. matrissare.

matrona [CL]

1 married woman, matron, mistress of a household, housewife; **b** (dist. from anchoress); **c** (fig.).

et ni matrona prudens fore damna marito / pervigili sensu nosset ventura maligno ALDH. *VirgV* 2528; fertur esse narratio quia quaedam Romae aliquando ~a sibi oblationes faciens, eas adtulisset *V. Greg.* 93; *Simil. Anselmi* 85 (v. magistra 3a); videres maritum cum ~a, cum omni postremo familia W. MALM. *GR* IV 348; GIR. *TH* I 36 (v. maritus 1a); ~a ipsius Pilati, nomine Procula (*Evang. Nicodemi*) *Eul. Hist.* I 95. **b** transformat anachoritam in ~am [ME: *husewif*] vel matrem familias *AncrR* 81; ipsa vivet de elemosinis alienis . . quia non est ~a [ME: *husewif*] *Ib.* 167. **c** s1248 cathedralis ecclesia beati Petri in Colonia, que est omnium ecclesiarum que sunt in Alemannia quasi mater et ~a, usque ad muros incendio est consumpta M. PAR. *Maj.* V 35; **1313** regionum Anglia plurium matrona (*Bannockburn* 5) *Pol. Songs* 262.

2 ewe.

reliquit . . cxxvj multones, mdcxxx ~as DOMERH. *Glast.* 522.

3 (as plant-name) thistle.

cardo, respice in labrum veneris et in matrana *Alph.* 32; ~a, cardo idem, G. *chardon*, A. *thistel Ib.* 107.

4 name of the river Marne.

similiter contigit in Galliis apud quoddam monasterium quod situm est ubi ~a fluvius cadit in Sequinam . . ecce quidam serpens per aera super ~am advenit

volans R. NIGER *Chr.* II 173; **1363** datum Germigniaci supra Maturnam *Foed.* VI 422.

matronalis [CL]

1 of or befitting a married woman, matron-like. **b** of the mistress of the household.

~is [*gl.*: mulieris, *wiflicre*] pudicitiae obliviscens ALDH. *VirgP* 44 p. 297; comitem Helisentem vocabulo seduxerunt que virginis aures sedulo demulceret lenociniis ut vel assiduitas confabulacionis hujusmodi suscitaret in audientis animo appetitum fastigii ~is *V. Chris. Marky.* 7; videre non potes pregnantium laborem, nec ~is pudicitia verbis exprimere permittit W. CANT. *Mir. Thom.* II 66; Willelmus flos militie, vir nobilis, Anna / matronale decus, omnique benignior agna H. AVR. *Hugh* 46; ave, virgo, vas verbale, / decus plantans matronale / virginis in stipite WALT. WIMB. *Virgo* 27. **b** est autem geminus pudor qui vel illicitos motus preveniens, ~i eos auctoritate coerceat ne caput attollere queant J. FORD *Serm.* 52. 6.

2 matrimonial.

te sibi . . rex . . affectat . . ~i vinculo conjugere *V. Fridesw.* B 8.

3 (sb. f. pl.) clothes appropriate for married women.

cujus indumenta in festivis diebus sint ~es [*gl.*: *vestures a dames*]: serapeline, recinium, et terestrum NECKAM *Ut.* 102.

matronare

1 (trans.) to make matron-like.

preminet in specie majestas, sobrius oris / matronatur honos HANV. VIII 306.

2 (intr.) to resemble a matron.

ne matronaret meretrix in verba Sabine / sunt sua materie reddita verba sue *Latin Stories app.* 195.

matropiper v. macropiper.

matruelis [CL = *son of maternal uncle*], maternal aunt.

matertera . . i. matris mee soror, que etiam ~is dicitur OSB. GLOUC. *Deriv.* 356.

matta [LL], mat; **b** (for floor); **c** (for chair or bed).

c1169 quamdam Genuensium navem . . munitam omni genere victualium cum ~is, cum culcitris, cum tapetis P. BLOIS *Ep.* 90. 282B; custodi hospitum assignavit octo solidos . . ad iij ~as emendas et cetera utensilia que necessaria sunt in ministerio suo SWAFHAM 108; pro ~is . . pro cooperatione prames pro salvacione victualium domini *Ac. H. Derby* 41; *a flake*, ~a lignea [i. e. linea] LEVINS *Manip.* 12. **b** studuit . . sanctum ejus propositum venerari, quam credimus plus amasse ~am anachorite Pauli quam trabeam paterni imperii Gosc. *Edith* 71; si . . sanguis effusus fuerit super lapidem aut terram aut lignum aut ~am LANFR. *Const.* p. 156; latro . . subsellia et ~as sub pedibus apposuit R. COLD. *Cuthb.* 81 p. 172; **1337** in matis pro aula . . iiij d. *Househ. Ac.* 211. **c** ~am pro stratu cubiculi habuit M. PAR. *Maj.* III 131; **1266** ~am aut literiam . . ab illo lecto amovere *Cust. Westm.* 148; sedentes super ~as novas, quas debet sacrista providere *Cust. Cant.* 8; **1452** pro factura j ~e pro sedile ad feretrum *Ac. Durh.* 474; **1519** item pro ~a pro cathedra ij d. *DC Cant. MS C. 11* f. 131b.

mattaccus v. mattocus.

mattea [LL *gl.* < CL = *dainty dish, delicacy* < ματτύη], intestines.

macia, -orum, intestina sc. que sordes eliciunt OSB. GLOUC. *Deriv.* 348.

mattinianus v. matianus.

mattocare [cf. ME *mattok*], to break (earth) with a mattock.

1338 in terra dominica mattokanda ad semen quadragesimale (*Pipe Wint.*) *Econ. HR* 2nd. s. XII 396.

mattocus [ME *mattok*], mattock or bill (of a mill).

1275 in ij fusillis reparandis . . et matokko ejusdem reparando (*Ac. R. Adisham*) *DC Cant.*; **1283** custus novi molendini aquatici . . in ferro empto ad fusillum, mettocum, gojones, viroll', et alia empto *MinAc* 893/35

m. 2; **1338** in fusillo et mattacco emendand' et ferro empto ad idem (*Ac. R. Adisham*) *DC Cant.*

mattrix v. 2 matrix.

mattula [LL], little mat.

in hoc labore continentur vepres et tunica Benedicti, matula Eulalii GIR. *GE* II 18 p. 252; matulas scannorum in capitulo *Cust. Westm.* 49 (=*Cust. Cant.* 106 mattulas); matulle tenues et stricte hinc inde per domus longitudinem exhiberi debent *Ib.* 148; ~as longas et strictas ad minus duorum pedum et dimidii hinc inde per domus longitudinem exhibere debet *Cust. Cant.* 195.

mattum v. 1 mata.

1 matula v. mattula.

2 matula [CL], little vessel, chamber pot.

hec ~a, -le, i. vas ad urinam recipiendam OSB. GLOUC. *Deriv.* 347; *jurdon, pyspote*, jurdanus . . , madella . . , madula . . , urna *PP*; hec ~a, A. *jurdan*; hic jurdanus, idem est *WW*.

maturabilis, that can ripen.

fructus brevior, minus ~is ALF. ANGL. *Plant.* I 18.

maturaliter, deliberately, maturely, with good judgement.

s1458 examinaverunt materias . . contraversiarum . . et communicaverunt ~iter cum partibus . . et eorum consiliis *Reg. Whet.* I 300.

maturanter, fast, hastily, speedily.

cito . . statim . . velociter . . mature, ~er, festine OSB. GLOUC. *Deriv.* 400.

maturare [CL]

1 to ripen (fruit).

messis in agris, uve in vineis ~averunt W. MALM. *GR* IV 369; vernus flores producit, estivus fructus ~at W. BALSH. *AD rec. 2* 156; ~antur ergo illi fructus *Quaest. Salern.* B 138; item queritur unde sit hoc, quod pira posita in palea hordei ~antur? *Ib.* Ba 111.

2 (med.) to bring (boil) to a head, to bring (condition) to a crisis (also fig.).

plurima maturans antiqua recurrit ad arma FRITH. 602; berula . . valet ad scrofulas ~andas *Alph.* 21.

3 to bring to maturity (mental quality or judgement).

pro ~ando facilius scrutantis ingenio *MGL* I 529.

4 to bring to completion in good time, to hasten. **b** (w. inf.) to make haste to.

promissum ~antes adventum BEDE *HE* I 20 p. 38; scandit equum, pubesque virum comitatur euntem, / maturant alacresque viam WULF. *Swith.* II 789; Cantuarium ergo ad ipsius patrocinia iter ~a Gosc. *Mir. Aug.* 25; transitum ~avit W. MALM. *Mir. Mariae* 216; **1160** super reditu vestro ~ando aut differendo . . contraria . . scribitis J. SAL. *Ep.* 128; ~abat, *hastevet Teaching Latin* I 29. **b** s1140 in Galliam navigare ~avit W. MALM. *HN* 486 p. 45; hujus igitur moris necessitate vir sanctus astrictus; Wintoniam ante Pascha ire ~abat *Id. Wulfst.* II 12.

5 (p. ppl. abl. as adv.) hastily, speedily.

s1298 ~ato igitur diffinitores apostolorum petunt limina *Chr. S. Edm.* 69.

maturatio [CL]

1 maturation, ripening; **b** (of fruit).

~o . . species est digestionis *Quaest. Salern.* C 29; siccitas vero terrea . . est . . ~onis ac digestionis materialis occasio *Ps.-Gros. Summa* 523. **b** ut campus . . ante commune ~onis tempus . . subito maturus inveniretur GIR. *IK* I 7 p. 69; cur bifare si tangantur postea non maturescunt? . . ex calore enim, tanquam opifice, et humiditate subita habet fieri ~o *Quaest. Salern.* C 19; ~o frugum *Leg. Ant. Lond. app.* 186; impediet fructuum ~ones BACON IX 198; tarda subsequebatur in autumno frugum ~o RISH. 3.

2 (med.) bringing (of boil) to a head, coming (of condition) to a crisis.

faba Egipciaca, lupinus idem: fructus ejus valet ad ~onem apostematum *Alph.* 61.

3 bringing to completion in good time, hastening, speeding up.

ob fuge ~onem GIR. *EH* I 41; sit potior incessus moderata ~one temperatior *Id. IK* I 8 p. 72; forsan adhuc accidere poterit quatinus mortis ~onem . . recipere queat *Id. SD* 126; **1252** in ~onem vestri negotii *RL* II 95; **1266** de dictis decem marcis remisit eidem Patricio dominus rex quinque marcas ex gracia sua, propter ~onem operis facti propter adventum Norwagiensium *ExchScot* 31.

maturativus, that hastens maturation: **a** that ripens (fruit). **b** that brings (med. condition) to full development.

a cur palea sit ~a pirorum cum sit conservativa nivis? *Quaest. Salern.* C 29; est autem caliditas crudorum et in digestorum ~a et maturitatis in fructibus celerius perfectiva BART. ANGL. IV 1 p. 85. **b** de lino . . habet enim vim mitigativam, subtiliativam, rarificativam, sive ~am *Ib.* XVII 157 (*recte* 97) p. 874; dolorum exteriorum sunt mitigativa, et duriciei remollitiva, apostematum ~a [TREVISA: *rypeþ postemes*], et saniei generativa *Ib.* XIX 43 p. 1174; apponantur . . empla[stra] ~a GILB. II 85. 1; [in hominis membro virtus] digestiva seu ~a *Ps.-RIC. Anat.* 14; cum jam augmentantur [apostemata] et dilatantur, ponantur repercussiva cum ~is GAD. 26v. 2; ~a sunt medicamenta chirurgorum apostemata quaevis ad maturitatem adducentia *LC* 250.

maturato v. maturare 5.

maturator, one who hastens.

ipse operis ~or assistens W. MALM. *GP* V 229.

mature [CL]

1 fast, hastily, speedily.

utinam haberem aliquid digni muneris quod offerrem huic qui ~ius Basilium de nodo follis hujus absolveret GILDAS *EB* 75; disputatio . . competenti clausula ~ius [*gl.*: citius vel velocius, *scortlicor*] terminetur ALDH. *VirgP* 58; ~ius, cito, velociter *GlC* M 80; Æthelwoldus . . adstitit eumque ut ~ius Wintoniam pergeret . . ammonuit WULF. *Æthelwold* 42; ~ius surrexit, abiens ad aulam satis hilaris ÆLF. *Æthelwold* 15.

2 early: **a** at an early time. **b** at an early age.

a tu quoque mane ~e mihi facias balneas accelerare B. *V. Dunst.* 20. **b** adolescens autem bone spei in scola virtutum didicit ~ius morum disciplinam *Canon. G. Sempr.* f. 38v.

3 in good time.

cum reprobis . . mitius agitur . . quando ~ius hinc tolluntur GIR. *GE* I 34; c**1211** peccatum, nisi ~e deletum fuerit, pondere suo ad aliud trahit *Id. Ep.* 6 p. 220; illud fiet quod in tanti discriminis amaritudinem lis excrescet, nisi ~ius in pacis et concordie comodum negotia vergant *Ib.* p. 226.

4 deliberately, maturely, gravely, with good judgement.

ut sapienter et ~e disponantur (*Libellus Resp.* 6) BEDE *HE* I 27 p. 52; fame, queso, atque honori et utilitati domus tue consule ~ius, innocentissime pater P. BLOIS *Ep.* 235. 538A; **1234** quod si autentices personas per claustrum coram conventu oporteat transire, per aliquam monachum ducantur ~e et pacifice (*Vis. Bury*) *EHR* XXVII 731; cum silencio ordinate intrabunt, atque ita ~e et composita se gerent ac sit etc. *Cust. Westm.* 132; per medium chorum ~e usque ad pulpitum procedere *Obs. Barnwell* 82.

maturella [OF *maturelle, maturielle*], valerian (*Valeriana*).

favaleriana ~a idem *valeryan MS BL Harley 3388* f. 79v; fu, valeriana, amantilla, veneria, portentilla vel marturella, benedicta idem *Alph.* 69; ~a, fu, valeriana idem *Ib.* 108; matura, respice in valeriana. martera, respice in fu *Ib.* 111.

maturescere [CL], to become ripe; **b** (fig.).

672 seges demum ~at ALDH. *Ep.* 5 p. 491; ut . . proprium non perdit meritum si ille colligat fructum priusquam ~at, aut in arbore dimittat e contra donec putrescat *Simil. Anselmi* 84; arbores . . multiplicato fructu ~unt H. READING (I) *Mem.* 1322B; fructus . . qui cum maturuerint in musta despumant et sic . . vina parturiunt J. SAL. *Pol.* 427D; unde in regionibus calidis fructus citius ~unt quam in frigidis, et plus dulcescunt BART. ANGL. IV 1 p. 85; in flore quando florescit ve

in fructu quando ~escit HOLCOT *Wisd.* 181; quis . . agricola sagax et providus, cum tempus putacionis advenerit, non primum in hos botros falcem mittit quos conspicit maturiores . ., quousque ~ant, dimittit intactos? *Mir. Hen. VI* II *prol.* p. 79. **b** sed cum forte foret felix praecursor adultus / atque prophetali jam maturesceret aevo ALDH. *VirgV* 406; **749** quatenus . . meritorum manipuli multipliciter ~unt *CS* 178; ex earum quippe genimine, si florere eas provenerit fructusque solito ~ere Deo donante successerit, cor sponsi sui laetificatum iri confidit J. FORD *Serm.* 61. 9.

maturire [ML], to ripen. **b** (of animal or its strength) to mature, become sturdy.

inveni etiam ~ire pro maturare OSB. GLOUC. *Deriv.* 359; *to rype* [v. l. *to be rippe*], A. maturare, maturescere, ~ire *CathA.* **b** cum ~iat ad fugam robur, [cervi] per exercitium docent cursum *Best. Ashmole* f. 19v.

maturitas [CL]

1 ripeness; **b** (of fruit; also fig.).

~as ALDH. *PR* 139. **b** tarda ~as frugum W. MALM. *GR* IV 322; effloruisti plane, evacuati sunt flores tui et non sunt reservati ad messem, non sunt ad ~atem perducti G. HOYLAND *Ascet.* 278A; maledictus est fructus quem nunquam emendat ~atis effectus GIR. *SD* 138; vix producit fructum suum ad ~atem HOLCOT *Wisd.* 181.

2 maturity.

Aldelmus, cui sapientie prerogativa et evi ~as majus culmen aspiraret W. MALM. *GP* V 223; a**1213** dixistis theologica nos scribere debere et hoc pocius ~atem nostram decere GIR. *Ep.* 3 p. 168.

3 maturity of thought or judgement. **b** (collect.) men of mature judgement.

delectabatur . . prudentia verborum juvenis . . et constantia ac ~ate cogitationis BEDE *HE* V 19 p. 324; postquam ad modicum dolor ille recesserit, ~atem quandam praetendit. cumque aestimat quod et ab aliis reputetur matura, licentiam rursus quaerere tentat *Simil. Anselmi* 88; juvenilis excusabilis est levitas cum laudabilis fuerit ipsa ~as GIR. *TH* III 52; **1174** supplicamus . . paternitati vestre quatinus eum adhibita ~ate promoveri faciatis ut . . *Ep. J. Sal.* 316 (319); advertant igitur eruditi quanta ~ate et quibuslibet manibus sepe decretales epistole decoquuntur OCKHAM *Brev.* p. 152; ordinationes . . cum multa ~ate digestas G. S. Alb. II 442. **b** s**1456** traxit ad partem nunc fratrum unum, nunc alterum, nunc totam ~atem illorum in invicem, eosque . . allocutus erat *Reg. Whet.* I 218.

4 deliberateness, gravity.

quod processiones ordinate et cum ~ate fiant, ita quod fratres precedentes et subsequentes mature incedant *Cust. Cant.* 153; **1342** in inquisicione suo processu . . faciendo, talem dignemini ~atem facere . . observari, quod, nobis non . . premunitis . . ad expedicionem negocii . . in nostri . . [prejudicium] minime procedatis *Lit. Cant.* II 261; *sadnesse in poorte et chere*, ~as, -tis *PP*.

5 haste, speed.

quod sub ea qua potestis ~ate, accedatis . . ad etc. AD. MARSH *Ep.* 59; **1259** tunc sine dilacione sub omni ~ate qua secundum legem et consuetudinem regni regis fieri poterit . . plena justicia exhibeatur *Cl* 411; **1264** sub omni qua poterit ~ate veniat cum equis et armis *Cl* 375; ad ecclesiam cum ~ate debita festinant *Ord. Ebor.* I 4.

maturitio, ripening, ripeness.

quid est aestas? . . ~o frugum ALCUIN *Didasc.* 977D.

maturitium, ripening, ripeness.

canones non sunt nisi culmi segetum aurei, et palmites uvarum ~io per virtutem scripture sue offerendi BACON *Maj.* III 39.

maturna v. matrona.

maturus [CL]

1 (of fruit, crop, or product) ripe.

~am . . segetem metunt GILDAS *EB* 16 (=BEDE *HE* I 12); cum arboris sue fructus fuerit ~us, colligit fertque inde domino suo quantum sibi fuerit visum *Simil. Anselmi* 84; campestres fruges in ~as messes coaluerant W. MALM. *GR* IV 366; contigit ut campus . . per mensem et amplius ante commune maturationis tempus . . subito ~us inveniretur GIR. *IK* I 6 p. 69; accepit caseum antiquum longi temporis et †mastur'

[? l. maturum] et pulverizavit insimul GILB. VII 324. 1; *Mir. Hen. VI* II *prol.* p. 79 (v. maturescere a).

2 (of person) fully grown, adult.

virgo decora in omni membro, jamque ~am THEOD. *Laterc.* 17; adultus, ~us *GlC* A 192; adulti, ~i *Gl. Leid.* 48. 73; [filia . . / . . nec adhuc matura sub annis] ~a, *wis, ripe GlS* 212.

3 (of condition) fully developed. **b** (of time) sufficiently advanced.

medicabilem potum sanitas ~a subsequitur W. MALM. *Wulfst.* II 9; donec interne caritatis degerente calore deduci poterit ad ~um . . *FormOx* 445. **b** siquidem hic cum ad ~am scientie, vel vite venitur etatem J. SAL. *Met.* 866; anni . . ~iores GIR. *TH* I 12 p. 35; a**1213** ~ioribus annis *Id. Ep.* 3 p. 172; non juvente verbum illud, set nature pocius violente fuisse ~ior etas, in nullo mutata vel meliorata, manifeste declarat *Id. SD* 26.

4 mentally developed, mature, experienced: **a** (of person); **b** (of thought, judgement, or act).

a ut . . patescat . . a quantis profectibus . . primordia et necdum ~a rudimentorum tirocinia . . processerint ALDH. *Met.* 1; hoc vehementer obstupendum [sc. est], quod de tali patre tam naturali tamque fideli, tam ~o in omnibus et tam morali, filius talis, tam innaturalis et tam infidelis omnique moralitate bona carens et maturitate, nasci potuit aut geniali linea propagari GIR. *SD* 130; benignus, religiosus, socialis, ~us, semper extitit, et affabilis G. S. Alb. II 51. **b 1159** donec ex ~o sicut decet consilio *Doc. Theob.* D p. 543; viris prudentibus ~i consilii *Canon. G. Sempr.* f. 96v; honesta et ~a conversacione doctor sacre pagine videretur *V. Edm. Rich B* 616; gens . . affectu pia et blanda, gestu ~a, habitu honesta *Eul. Hist.* II 100; qui ~e deliberacionis industria guerrarum molientes religare dispendis proscriptam pacem revocare curabant *Ps.-ELMH. Hen. V* 88 p. 134; ~a religione, et veridica attestacione obluctando contradixit *Feod. Durh.* lxii.

5 advanced in age, old.

antistes totus meritis maturus et annis ALCUIN *SS Ebor* 1563; vultu maturus et actu WULF. *Swith.* I 67; vultu ~us *Mir. Hen. VI* III 106 p. 188.

6 coming early or quickly. **b** occurring without delay, speedy.

quatinus Eadzinum properes maturus ad ipsum WULF. *Swith.* I 35; precox et precocus, ~us OSB. GLOUC. *Deriv.* 471; tanto eris acceptior sponso tuo Christo, quanto fueris in veste vilior, . . in aspectu verecundior, in incessu ~ior P. BLOIS *Ep.* 55. 167A. **b** surgit et ad tumbam maturo tramite pergit / sancti pontificis WULF. *Swith.* I 108; arripuitque fugam maturo calle pedester *Ib.* II 779; se traxit versus eos, peditando ~o gressu AD. MUR. *Chr.* 127; exitu ~o, id est ~a morte, cujusmodi est mors senum TREVET *Troades* 45.

Matuta [CL]

1 goddess of the dawn (*cf.* Lucretius V 656).

Matuta demum roseo surgente cubili / rex pariter surgit *V. Neot.* A 14; ~a dicitur, i. ab aurora OSB. GLOUC. *Deriv.* 349.

2 name of one of nine kinds of comet acc. to a pseudo-Ptolemaic treatise (*cf.* L. Thorndike *Latin Treatises on Comets* [Chicago, 1950] 6, 268).

Ptolomeus dicit quod stelle cum caudis sunt novem: Veru prima, secunda Conaculum, tertia Pertica, quarta Miles, quinta Dominus Aschone, sexta Maculia vel Aurea, septima Argentum, octava Rosa, nona Virga GROS. 37n. (cf. e. g. Aegidius of Lessines *De essentia motu et significatione cometarum* [Thorndike op. cit. p. 124]: Macutam sive Auroram; [ib. p. 163]: Matuta i. Aurora); Maculia est rubea et habet caudam longam . . et est ex complexione Martis, que . . significabit paucitatem aquarum et . . guerras *Ib.* 38n.; prima dicitur Veru . ., sexta Macuta vel Aurea . .; Macuta est rubea *Ps.-GROS. Summa* 586; Macutam paucitatem aquarum . . signat *Ib.* 587.

matutinalis [LL]

1 of or belonging to the dawn or early morning. **b** for or given in the morning. **c** (*colloquium ~e, loquela ~is*) morn speech, meeting of guild held in the morning (*cf.* AS *morgenspræc*, ME *morne-speche*; *Eng. Gilds* xxxii f.).

bruma, -e, i. gelu ~e OSB. GLOUC. *Deriv.* 66; calor solis . . quoniam autem in horis ~ibus debilis est . . *Quaest. Salern.* P 16; **1239** dilectio dicta . . quem quasi ~is radii perfudit calore . . meridiano consolidet fervore GROS. *Ep.* 67; ~i crepusculo M. PAR. *Maj.* I 58. **b** nisi cum pastum et refectionem annuam clericis promitteret, insuper et nummos ~es illius noctis duplicandos, ut sic celebrarent potius festum nummi duplicati quam festum Sancti Stephani GIR. *GE* II 25. **c 1330** loquelam ~em (v. loquela 6b); **1476** colloquium ~e (v. colloquium d).

2 (eccl. & mon.) of the hour or office of matins. **b** of a book containing the office of matins.

cum expletis . . hymnis ~ibus in lectulo membra posuissem . . BEDE *HE* V 9 p. 297; **799** qui se pennis excitare solet propriis ad ~es melodias, passerem in pullorum medio exhortari veniat ALCUIN *Ep.* 181; post quas eundem est ad ~es [AS: *uhtlicum*] laudes *RegulC* 19; deinde cantavimus de omnibus sanctis et ~es laudes [AS: *dægredlice lofsangas*] ÆLF. *Coll.* 101; ~i tempore celebraret *Chr. Evesham* app. 1 p. 315; **1354** celebrabit . . [missam] de Beata Virgine ~i hora *Lit. Cant.* II 320; fuit ex antiqua consuetudine ecclesie Ebor' quod esset unum luminare ad ostium vestibuli tempore ~i pro versibus in choro cantandis, inspiciendis, et recordandis super librum vocatum *Standard Fabr. York* 244. **b 1342** omnes libri ~es insufficientes (*Vis.*) *EHR* XXVI 114; **1389** unus liber ~is sive legenda, cathenatus *Process. Sal.* 299; **1487** unum parvum librum ~em cum aliis oracionibus in eodem (*Test.*) *Cart. Boarstall* app. p. 289.

3 of a mass celebrated after matins or in the morning, morrow-mass. **b** of an altar at which morrow-mass is celebrated.

~is missa agenda est et deinde eant ad capitulum *Comp. Swith.* 176; **1315** calix aureus . . ad missam ~em *Invent. Ch. Ch.* 69; c**1344** ~i missa . . decantata *Eng. Clergy* 281. **b** s**1387** (v. 2 altare 2b).

4 (n. as sb.) book containing the office of matins.

per eundem unum magnum ~e in duobus voluminibus AMUND. II 277.

matutinare, to say the office of matins.

terret . . diabolus sacerdotem . . pigrum atque sompnolentem amantem diu ~ando cubare MIRK *Man.* f. 25v.

matutinarius [ML], of the office of matins.

fratribus in choro ad vigilias ~ias . . sufficientem de candelis melioribus liberacionem faciet *Cust. Cant.* 102.

matutinellum [ML], light morning meal.

quelibet caretta habebit de priore dimidiam panem et frustrum casei ad matitunellum *Reg. Pri. Worc.* 83b.

matutinus [CL]

1 of or belonging to the dawn or early morning.

primus homo ~o tempore a Deo creatus *Comm. Cant.* II 6; ut . . in quaestionem veniat . . utrum crepusculum adhuc permaneat vespertinum an jam advenerit ~um BEDE *HE* I 1 p. 11; cum . . ~i volucres avino forcipe pipant FELIX *Guthl.* 19; **799** inter omnes saeculi hujus diversitates et caliginosas tempestates quasi ~us Lucifer, semper nova exoritur ALCUIN *Ep.* 186; ~a stella Gosc. *Edith* 42; luminaria quoque ~o tempore preparata vespertino accendebant PETRUS *Dial.* 58; letabor tamen in eis velut in stillis roris ~i J. FORD *Serm.* 22. 8; attendit ortum sideris ~i LUCIAN *Chester* 50; hodie †matutino [MS: matutino] tempore insidiis circumventi sunt *Hist. Meriadoci* 379; est valde manifesta ejus ~a [ME: *earliche*] resurrectio de morte ad vitam *AncrR* 95.

2 (eccl. & mon.) of the hour of matins.

celebramus concentibus / matutinam melodiam / ac synaxis psalmodiam (ALDH.) *Carm. Aldh.* 1. 129; BEDE *HE* III 12 (v. laus 4b); rubescente diei aurora laudes ~as canimus, que matutine dicuntur a mane BELETH *RDO* 28. 39; **1350** liber decretalium quasi ordinarie eo tempore ~o legatur, quo ordinarie solent legere jurium civilium professores *StatOx* 45.

3 (as sb. f. pl. or n. sg.) dawn, early morning.

1213 debent . . per totam noctem pacifice vigilare et vicum salve custodire usque pulsetur ad ~as per capellas, quod vocatur *daibelle Comm. Lond.* 255;

accidit autem ut . . frater W. de M. duos pedulos inveniret, et cum iret ~um, calcearet se ECCLESTON *Adv. Min.* 43; porcis omnibus optimum est jacere in loco sicco longas ~as *Fleta* 169.

4 (as sb. f., m., or n., usu. pl.) divine office celebrated before dawn before lauds, matins.

quia ea nocte sibi post expletos ~os Boisil per visum apparuerit BEDE *HE* V 9 p. 297; a**804** ~os [celebramus] propter illud psalmistae: 'in matutinis meditabor in te' ALCUIN *Ep.* 304a; post ~as [v. l. ~os; AS: *degredsangum*] *RegulC* 25; decantent . . post ~as 'Beati' etc. *Comp. Swith.* 175; in passione Domini [cantent] . . ad ~um 'Auctor salutis' *Ib.* 178; cumque ~e usque in ortum solis morarentur Gosc. *Transl. Aug.* 44B; privatis diebus, post ~a usque ad festivitatem Omnium Sanctorum, revertantur ad lectos suos LANFR. *Const.* p. 87; dum ego. . post ~os cum tecto quiescerem T. MON. *Will.* III 1; ?c**1190** (v. ignitegium 2); post primum surgens somnum, mox ad orationem . . se contulit, et tam post ~as quam ante sic permansit *V. Edm. Rich P* 1794B; tam ~e quam vespere . . cantarentur AD. MUR. *Chr.* 56 n; *matyns*, ~i, ~e *CathA*.

5 book containing the office of matins.

1417 lego . . meum optimum par ~arum *Reg. Cant.* II 123.

6 (as adv.) at dawn, in the early morning.

surrexit ~a BEDE *Cant.* 1120; Dunelmum ~us properabat R. COLD. *Godr.* 317; ad agrorum custodem, qui . . ~us exierat W. CANT. *Mir. Thom.* III 1 p. 255.

matutius v. matutinus.

matutus, of the dawn or early morning.

tempore nocturnas celebrant pro concine laudes, / et matuta Deo persolvunt vota fideles WULF. *Swith.* I 105; laetitiae et jubilum matuta laude canendum *Ib.* 935.

maulardus v. mallardus.   **maumeticola** v. mahometicola.   **maunda** v. 1 manda.

maundrellus [Eng. *maundrel*], cylindrical rod round which metal artefact is forged.

1387 de maundrell' pro gunnis obturandis xv *KR Ac* 183/12/25d; a**1396** xij canones vocatos *gunnes*, grossos et parvos, cum truncis, iij ~os grossos, iiij ~os parvos de ferro, iij'vj petras rotundas pro canonibus (*LTR Ac*) *EHR* XXVI 700; a**1397** pro vij ~is de ferro ponderantibus xliiij lib., precii li. ij d., et pro iiij[xx] touchis de ferro, precii pecia j d. ob., ab eo emptis pro canonibus (*KR Ac*) *Tout Papers* II 270; **1444** de v maundrell' ferr' in offic' fabri perusitat' in operibus regis . . et de vj bolstr' ferr' ordinat' pro vj maundrell' expensis in operibus . . predictis *KR Ac* 503/12/3.

maunjorum v. mangerium.   **mauntela** v. mantellum.   **maurella** v. morella.   **maurubium** v. marrubium.

1 maurus [CL < μαῦρος]

1 dark, black.

confestim ~i homines venerunt, qui eum de eisdem balneis abstraxerunt, ac coram oculis omnium in illum tormentorum locum portaverunt ALEX. CANT. *Mir.* 35 (I) p. 229; contrahit a mauro nomen maurella; sed ejus / vim dolor auriculae commoditate probat NECKAM *DS* VII 271.

2 (as sb.): **a** black man, Negro. **b** Mauretanian, Moor, Moroccan. **c** bogle or goblin.

a facto igitur non grandi intervallo ~i illi ad Dunstanum sua praeda vacui redeunt EADMER *V. Dunst.* 21. **b** sive ergo Eadburga pro Æthelburga vulgari errore vocitetur, sicut a Getulis ~i pro Medis appellabantur, sive vera Eadburga inveniatur Gosc. *Lib. Mild.* 3; et face sol Maurum faciat, nive bruma Britannum HANV. I 349; Templarii et Hospitalares et comites et barones et clerus et populus elegerunt comitissam de Japhes in reginam, sororem sc. predicti ~i G. Hen. *II* I 358; ex Affrica . . gentes innumere confluunt . . et populi meridionalis solis adustione deformes, quos a Graeco vocabulo mauron, quod nigrum sonat, ~os sive Mauritanos appellant *Itin. Ric.* I 38. **c** *bugge, or boglarde* mavirus [v. l. ~us] *PP.*

3 (as given name) Maur.

has tibi, sancte puer Benedicti Maure, camenas / Albinus vates versiculis cecinit ALCUIN *Carm.* 51. 2. 1; in altera ecclesia sunt Crisantus et Daria et Saturninus et ~us W. MALM. *GR* IV 352 p. 405; **1488** pro . .

factura unius tabernaculi pro sancto ~o, iij s. iiij d. *Ac. Durh.* 651.

2 maurus v. 3 morus.

mausacrata v. mercasa.

mausoleare [ML], to put in a mausoleum, to entomb.

s**755** corpusque ejus ~eatum jacet in Vuintonia urbe ÆTHELW. II 18; s**869** cujus corpus jacet ~eatum in loco qui Beadoricesuuyrthe nuncupatur *Ib.* IV 2; ~eatus quidem . . in villula Suthtunc dicta HERM. ARCH. 1 p. 27; s**890** mortuus est itaque anno xiiij postquam baptismum suscepit, ~eatusque in villa regia *Chr. S. Neoti* 95.

Mausoleum [CL]

1 tomb constructed for Mausolus at Halicarnassus.

[Mausolei] uxor . . ei fecit sepulturam et vocavit eam ~eum a nomine viri et exinde inolevit consuetudo ut quelibet nobilis sepultura mausoleum vocaretur BELETH *RDO* 159. 157.

2 large or ornate tomb, mausoleum.

in mausilio, in monumento *Gl. Leid.* 7. 6; pontificis sancti petit ut mox mente fideli / mausoleum WULF. *Swith.* I 235; sicut sepulchrum depicto ~eo [AS: *ofergeweorke*] intus plenum fetore ÆLF. *Coll.* 101; corpus dignissimae tradiderunt sepulturae, super cujus ~eum mirabile operis opus construxerunt fratres ipsius coenobii BYRHT. *V. Osw.* 473; accede mane, et metire locum octo pedibus a dextro latere mei ~ei, et invenies tumbam unius sancti socii mei Gosc. *V. Iv.* 85A; Mausōle, viva tibi dat mausōlea HANV. IX 367; hoc mausoleo fortis requiescit Haroldus (*Vers.*) *Found. Waltham* app. II p. 90; mausolea mihi non quero pyramidesve NECKAM *DS* V 339; **1432** ad honorem Dei et ecclesie ornatum corporisque sui memoriam quoddam monumentum sive ~eum sumptuosum extruxerit et compleverit et in eo suum corpus sepeliri . . disposuerit *Reg. Cant.* II 123.

3 grave.

imitator . . Empedoclis qui . . Ethnam sibi ~eum elegit MAP *NC* IV 3 f. 44v; hoc ~eum, *a grave* . . hoc ~ium, *a grafe WW*.

maustosta v. malatolta.   **mavaviscus** v. malvaviscus.   **mavirus** v. 1 maurus.

maviscus [ME *mavis* < OF *mauvis* < Breton *milhvid*], mavis, thrush.

fuit hiems gravissima . . sic quod pene cuncte volucres de genere ~orum vel merularum fame frigoreque defecerunt OTTERB. 261 (cf. WALS. *YN* 423); ~us, A. *a thryshe . . mawysse . . a thyrstylle WW*.

Mavors [CL]

1 Mars, Roman god of war.

horridus exultat crudo certamine Mavors ALDH. *VirgV* 1548; gradivus, deus belli, Mars, ~ors OSB. GLOUC. *Deriv.* 261; Stix juncta ~orti Victoriam parit quia ex odio et bello victoria procedit BERN. *Comm. Aen.* 80; posita cum casside ~ors talibus affatur WALS. *AD* 180.

2 warfare.

Mars . . enim ~ors est, id est mares vorans *Deorum Imag.* 3.

3 the planet Mars.

luna petit mensem, sol, Stilbons, et Venus annum, / sed Mavors annos vult sibi pene duos GARL. *Tri. Eccl.* 34.

Mavortius [CL], **Mavorticus**

1 of or belonging to Mars.

Mafortiam urbem, Romam *GlC* M 114; mas . . inde . . hic Mavors, -tis, unde ~ius, -a, -um OSB. GLOUC. *Deriv.* 350.

2 warlike, martial.

quosque diutine tranquillitatis vestierat toga, illos bellicus stridor, ~ius furor invasit G. *Steph.* 1; hinc patrie columen pugnat Mavortius Hector OSB. GLOUC. *Deriv.* 95; ~icus, bellicus, bellicosus, bellax, pugnax, martius *Ib.* 364.

mawnda v. manda.

maxilla [CL]

1 jaw-bone: **a** (human); **b** (animal).

a cum .. dolore ~ae sive colli premeretur BEDE *HE* IV 17 p. 246; hec ~a, A. *chekebane WW*. **b** alii ~a asinae occisum dicunt *Comm. Cant.* II 7; [Deus] Samsonem quoque de ~is asini sitientem potavit *V. Cuthb.* III 3; sed .. Samson noster in ~a non asinina sed propria .. milia dejecit populi circumdantis se J. FORD. *Serm.* 53. 1; leonum ungule, dentes, et ~e, .. fortiores sunt et majores quam rapacium aliarum ferarum FORTESCUE *NLN* II 8.

2 jaw viewed externally, lower part of face, cheek; **b** (fig.).

~a, *hleor* ÆLF. *Gram.* 298; ille ostentans urentem adhuc a superno verbere ~am "nescio" ait "utrum adhuc videatur quod eotenus sentio" GOSC. *Transl. Mild.* 19; si quis alii *neb* (faciem sive ~am) amputet, lx solid. multetur (*Quad.*) *GAS* 81; has [lacrimas] valde diligo, quia ad ~am meam descendunt ANSELM *Misc.* 324; surgens fortiter eum manu in ~a percussit GIR. *GE* I 18 p. 56; fluunt lacrime per ~as AD. USK 67; hec ~a, *a scheke WW*. **b** set neque justicia maxillas mentis adornat GOWER *VC* VII 179.

maxillaris [CL]

1 of or belonging to the jaw, of the cheek.

[ceperunt] maxille puelle supra ~em modum grossescere W. CANT. *Mir. Thom.* III 33; spiritus itaque animalis reparatus in multa quantitate transducitur ad nervos ~es et ipsos replet *Quaest. Salern.* B 169.

2 (*dens ~is*) cheek tooth, molar (also ellipt. as sb. m. or n.).

dens ~is OSB. GLOUC. *Deriv.* 261, ~is *CathA* (v. 2 genuinus); dentes precisores, molares, sive ~es BRACTON f. 145; hoc ~e, *a walthothe WW*.

maximas [cf. magnas], (pl.) magnates.

1433 gaudebant ~ates; gaudebant divites; gaudebant pauperes BEKYNTON II 62.

maxime [CL *superl. adv.*; v. et. magis]

1 to the greatest degree or extent, most, most of all, especially: **a** (w. vb.); **b** (w. sb. or pron.); **c** (w. adj.); **d** (pleonastically, w. adj. in superl. degree); **e** (w. prepositional phrase); **f** (w. causal clause); **g** (*quam ~e*) as much as possible, to the utmost.

a montibus alternandis animalium pastibus ~e convenientibus GILDAS *EB* 3; quae ~e ex vocalibus litteris .. gignuntur ALDH. *Met.* 9; quod ~e sanctos decet, cuncta quae agenda didicerat, sollicitos agere curabat BEDE *HE* III 19 p. 164; quod ~e desiderabam, missas .. celebrari repperi CUTHB. *Ob. Baedae* clx; igitur dum possessione horum bonorum quae digessimus felix fueris, nonne sufficiens tibi videberis? "et ~e", inquis EADMER *Beat.* 12 p. 284. **b** pallium lineum subtile, quo se puellae cooperiunt et meretrices ~e *Comm. Cant.* I 199; noscendis priorum gestis .. et ~e nostrae gentis virorum inlustrium BEDE *HE pref.* p. 5; ignotos notosque simul, sed maxime sanctae / illius ecclesiae laetos agnovit alumnos ALCUIN *SS Ebor* 1623; dilectissimis .. Angligenis fratribus ~eque in monasterio S. patris Benedicti ABBO *QG* 1 (1); multis virtutibus ~e abstinentia laudatus W. MALM. *GR* III 268 p. 327; c**1140** R. comes Cestrie constabulario, dapifero, et ~e vicecomitibus et burgensibus omnibusque ministris suis Cestrie salutem *Ch. Chester* 22; tripudium .. i. plausus ~e ille qui fieri solet in triumpho OSB. GLOUC. *Deriv.* 426. **c** **805** qua illis bona et spontanea voluntate ~e utile videatur *CS* 319; Beda, viz. ~e doctus et minime superbus W. MALM. *GR prol.*; hoc .. ~e horrendum quod visibiliter diabolus apparuit hominibus *Ib.* IV 331; †**969** (12c) ubi vidi .. ~e sanctam et apostolicam vitam, i. monachicum ordinem, per omnes .. provincias .. deperisse *CS* 1264 p. 549. **d** **956** soli sapientiae dediti ~e religiosissimi viri .. ululant, plangunt *CS* 921. **e** aliquando in utraque manu, ~e autem in dextera *Comm. Cant.* I 454; in multis aliis et in me ipso ~e expertus sum BEDE *HE* V 6 p. 289; spe sensim scaturiente, jam successioni inhians, ~e post abdicationem fratris W. MALM. *GR* IV 305. **f** et multi alii ex ipso testimonio, ~e quia Deus non vindicat his in ipsum *Comm. Cant.* I 431; maxima est facta strages .. ~e quod unus ex ducibus .. paganus, alter .. pagano saevior BEDE *HE* II 20 p. 125. **g** omnia clam uxore quam ne incenderet verebatur quam ~e W. MALM. *GP* V 259 p. 412.

2 mostly, for the most part, mainly: **a** (w. vb.); **b** (w. sb.).

a quos Indi Ichthyophagos appellant, qui non tantum in terris adsueti sed in fluminibus ac stagnis et juxta amnem Epigmaridem ~e demorantur *Lib. Monstr.* I 15. **b** juvenes qui cum ipso erant, ~e laici BEDE *HE* V 6 p. 289.

3 (*ideo ~e*) exactly for that reason. **b** (*tum ~e*) exactly then, just then.

ideo ~e hoc patravi quia .. didici S. Petrum .. magnam potestatem accepisse W. MALM. *GR* II 183 p. 221. **b** is semper .. Henrici glorie invidus, tum ~e in adventu Normanni pravum animum extulit *Ib.* V 397 p. 473.

4 (superl. as compar.)

~e .. quam PECKHAM *QA* 108 (v. complexionari c).

maximus [CL; *superl. adj.*, v. et. magnus, major]

1 greatest in size or extent, largest, biggest (usu. w. gen.): **a** (of topographical feature); **b** (of boundary line); **c** (of artefact).

a ALDH. *VirgV* 2805 (v. emetiri 1a); est .. Hibernia insula omnium post Britanniam ~a BEDE *HE* I 1 p. 11. **b** decumanus, ~us limes in agris OSB. GLOUC. *Deriv.* 174. **c** quendam Turchum, ~e turris custodem, .. ad proditionem sollicitaverat W. MALM. *GR* IV 363; vidit .. ~am cucullam in summo positam, ceteras minores manicarum quasi fomento protegere *Id. GP* II 75 p. 166.

2 greatest in amount or number, largest. **b** (*~a pars*) the greatest part. **c** (of time) longest.

ut accessisse ~us crederetur exercitus BEDE *HE* III 20 p. 38; factum est ut .. ~as contra archiepiscopum turbas .. excitaret W. MALM. *GP* III 133. **b** Scottorum gentes .. ~a ex parte perdomuit BEDE *HE* II 5 p. 90; **736** quarum [sc. silvarum] pars ~a ad praefatum pertinet agrum *CS* 154; ~a pars cognitionis antiquorum fuit in predictis *Mens. & Disc. (Anon. IV)* 50. **c** *Mens. & Disc. (Anon. IV)* 23 (v. legitimus 5).

3 greatest in degree, scope, or scale: **a** (of action or event); **b** (of state, condition, or sim.); **c** (of abstr.); **d** (of cause) principal.

a ut fieret defectio solis †maximam quam que notat† [? l. maxima omnium quae notae] sunt contigisse prius THEOD. *Laterc.* 10; cum ~o venerat tumultu W. MALM. *GP* I 51 p. 97. **b** de his tribus orbis terrae generibus responderi petebas quae ~um formidinis terrorem humano generi incutiunt *Lib. Monstr. prol.*; angelorum auxilio deprecatus Dominum in ~is angustiis suis non est defraudatus *V. Cuthb.* I 4; **716** quod ipse, et si non sine ~o nostro dolore, gemitu, luctu .. a nobis abiit HWÆTBERHT *Ep.* p. 399; ~um damnum facit regi (*Kent*) *DB* I 1ra; que [Cantuaria] .. ~a ubertate et integro murorum ambitu .. cives suos fovet W. MALM. *GP prol.* p. 3. **c** cujus .. ~a fuisse fertur humilitas BEDE *HE* III 14 p. 156; ~am .. coepit .. veritati et castitati curam impendere *Ib.* III 28 p. 195; o pater, o pastor, vitae spes maxima nostrae ALCUIN *SS Ebor* 1588; fures et falsarios .. ~a diligentia perscrutans, inventos puniens W. MALM. *GR* V 411. **d** pugnarum erat ~a causa Normannia *Ib.*

4 greatest in authority, importance, or power: **a** (of person, saint, or mythical creature); **b** (of city or kingdom).

a ubi sepultus est Adam ~us *Comm. Cant.* I 93; Basilius, quondam doctorum maximus auctor ALDH. *VirgV* 730; vincere ut valeat furiarum maxima mentes *Ib.* 2634; maximus ecclesiae princeps et claviger aulae ALCUIN *Carm.* 109. 24. 12; Maria .. tu illa ~a feminarum ANSELM (*Or.* 7) III 18; quorum .. ~us fide et auctoritate Berfrithus W. MALM. *GP* III 109 p. 242; trimegistus .. i. ter ~us, qui tres sc. habet potestates OSB. GLOUC. *Deriv.* 580. **b** urbs, caput orbis, habet te maxima Roma magistrum ALCUIN *Carm.* 21. 5; *we motun maxima regna / secan ond gesittan* sedibus altis (*Phoenix*) *ASPR* III 112; Colonia est civitas ~a, totius Germanie metropolis W. MALM. *GP* V 268.

5 (as personal name) Maximus, Maxim.

capto atque occiso ab eis ~o tyranno BEDE *HE* I 9 p. 23; Sextus ~us imperator regnavit in Brittannia NEN. *HB* 166; Marcus, Cassianus, Publius, ~us, Julianus W. MALM. *GR* IV 368.

6 (as sb. m.) biggest person.

statura minimos supergrediens, a ~is vincebatur W. MALM. *GR* V 412.

7 most influential or powerful person.

s**1346** dominus Russingburgh qui fuit ~us Francie preter regem AD. MUR. *Chr. app.* 248.

8 (as sb. f.) maxim, principle; **b** (dist. from *regula*).

habet .. gramatica suas regulas, dialectica ~as, rethorica locos communes NECKAM *Corrog.* 363; hanc mulieribus proponunt maximam / quod rerum decima non salvat animam *Ps.*-MAP 14. 281; de ~is theologie BACON VII 66; incipiunt regule cum ~is magistri Franconis HAUDLO 80. **b** ~e .. a regulis differunt pro tanto quia regule exemplis utuntur, ~e vero nudo modo sine exemplis intelliguntur *Id.* 178.

9 (sb. n. pl.) greatest or most important things.

quem videmus non fastidientem in minimis cum sciamus eum potentem in ~is W. MALM. *GP* V 270 p. 431.

maxuca [AN *massue*, OF *maçue* < **matteuca*], bludgeon, club, mace.

quidam enormis stature, ferens ingentem ~am ORD. VIT. VIII 17 p. 368.

mayare v. meiare.   **maymeare** v. mahemiare. **maynagium** v. managium. **maynardus** v. mainardus. **mayramenum, mayremium** v. maeremium. **maysa** v. meisa. **maysura** v. 1 maisura. **mayus** v. maius. **mazacaria** v. macecraria. **mazakata** v. mercasa.

mazaroth [LL < Heb.], twelve signs of the zodiac.

cyclus fuscatur caterva, / quem mazaroth reperimus / nuncupari antiquitus, / bis senis cum sideribus / per Olimpum lucentibus (ALDH.) *Carm. Aldh.* 1. 85; in libro beati Job, .. ~oth, i. e. signa horoscopi, legimus BEDE *TR* 6; est unus circulus qui zodiacus vel horoscopus sive ~oth appellatur necnon sideralis BYRHT. *Man.* 4.

mazarum v. masera.   **mazatria** v. macecraria. **mazavus** v. machavus.   **mazelinarius, mazenarius** v. maserinarius.   **mazer, mazerea, mazeria, mazerium, mazerius, mazerus** v. masera. **mazo** v. 1 macio.   **mazonaria, mazoneria** v. maconeria.   **mazorium** v. masera. **mazuella** v. masuella.   **mazunus** v. 1 macio.   **mazura** v. 1 maisura.

mea [ME *mai* < AS *mæg* = *woman*], female dog, bitch.

1517 incurrit penam pro eo quod custodit unam meam incastratam vocatam a *salt bitche Northants RO* (*IL* 10 m. 3v); *Ib.* (v. custodire 3a).

meabilis [CL]

1 that may be gone through, passable.

amnis et ipse vadum vix raro meabile prebet L. DURH. *Dial.* I 339; diverticula .. et latibula consueta, ipsis Walensibus ~ia, et Anglis invia et investigabilia M. PAR. *Maj.* V 597; s**1322** iter angustissimum vix x in fronte ~e *Illust. Scot.* 7; non longe a dicta catena super eandem aquam miro ingenio ~em pontem rex construxit STRECCHE *Hen.* V 170.

2 that passes through, penetrating.

orbes meabiles mensura locatos / debita jubet currere rotae J. HOWD. *Cant.* 118; cujus motu sphere volubili / revolvuntur raptu, meabili *Id. Ph.* 14; ecce, migrat, qui primo mobili / dat movere motu meabili *Ib.* 869.

meandri [μείων + ἄνδρες], lesser men.

indulgent proceres, magnates necne cālones [v. l. meandri; gl.: flexurae] FRITH. 332.

meanialis v. maisnialis.

meapte [LL], in my own fashion, by my own will.

~e, mea voluntate *GlC* M 180; parentum cura et ~e diligentia libris insueri W. MALM. *GR* II *prol.*; ~e, mea voluntate OSB. GLOUC. *Deriv.* 367.

mearchus [? cf. μέγας + ἄρχων], great ruler, lord.

~us, dominus, herus OSB. GLOUC. *Deriv.* 367.

meare [CL]

1 to proceed, pass, travel; **b** (of person); **c** (math., of line); **d** (of time).

eoas partes amo dum jubar inde meabit / finibus Indorum ALDH. *Aen.* 81 (*Lucifer*) 4; meantes, ambulantes *GlC* M 156; meat, manat *Ib.* 178; quo glaucis cupiunt crispare fluentis / littora, quin refluis satagunt nudare meantes ÆTHELWULF *Abb.* 96; [arterie] per quas hanelitus per corpus meat BERN. *Comm. Aen.* 8; *aler*, meare *Gl. AN Ox.* f. 153r. **b** frater . . / circumfusa means docet agmina Christicolarum FRITH. 1322 angeli et archangeli de loco ad locum meant ad annuntiandum, ceteri vero spiritus ad agendum PULL. *Sent.* 885C; Septembri quarto rex meat ipse sibi ELMH. *Metr. Hen. V* 935. **c** extrinseca vero inter punctum et diametrum omnium brevissima, reliquarum vero linearum infra circulum meantium linea diametro propinquior ceteris longior ADEL. *Elem.* III 8 p. 94; linearum itaque per circulum transeuntium longissima GD supra centrum means *Ib.* III 8 p. 95. **d** quorum rite diem celebramus honore meantem WULF. *Brev.* 395; post meantia tempora B. *V. Dunst.* 19.

2 (tr.) to pass through, traverse.

quale modo multas migrando mundi istius meabit mansiones HUGEB. *Will.* 5; cumque venitur eo, via lata cacumina muri / ambit et arcis ita sepe meatur apex L. DURH. *Dial.* I 384; attamen armatos descendere vallis ad amnem / fecimus armigeras, vique meare vadum *Ib.* II 404; 1318 illam [sc. venellam] ita perforavit quod nemo fere ibidem potest meare *CBaron* 124.

mearemium v. maeremium.

meatim [CL], in my own fashion.

brevi quidem narratione ~im sed et rustica ÆLF. *Æthelwold* 1; ideo autem hoc constitui et ~im disposui sermonem hunc vobis juvenibus ÆLF. BATA 4. 31 p. 64; ~im, meo more; suatim, suo more; nostratim, nostro more OSB. GLOUC. *Deriv.* 367.

meatio [cf. CL meare, meatus], movement along a course.

meo . . inde meatus, ~io, et hic et hec meabilis OSB. GLOUC. *Deriv.* 341.

meatus [CL]

1 movement along a course: **a** (by animate creature); **b** (by inanimate substance); **c** (by abstr.).

a [agmen equorum] qui trepidi fugiunt mox quadripedante meatu ALDH. *Aen.* 99 (*Camellus*) 6; transacto . . ~u Willibaldi HUGEB. *Will.* 6. **b** montanus torrens crebris tempestatum rivulis auctus sonoroque ~u GILDAS *EB* 17; aquae calidae . . naturali ~u per venas terrae exeuntes *Comm. Cant.* II 15; nunc fluvius rapido dicendus valde meatu HWÆTBERHT *Aen.* 43 (*De tigri bestia*) 3; in ~u suo [odor] contingat instrumentum odorandi J. BLUND *An.* 201. **c** bini vivi beantibus / meritorum meatibus / virentes . . / patrias petunt [ÆTHELWALD] *Carm. Aldh.* 2. 96; vermis . . / brumae meatu moritur *Ib.* 128; ~us ille cogitacionum illesus tropheum impetrat PULL. *CM* 201.

2 course along which substance moves, way, passage, channel: **a** (natural or supernatural); **b** (artificial or man-made).

a quis nesciat . . / alta poli solisque jubar lunaeque meatus? ALDH. *Aen.* 4 (*Natura*) 4; statim . . incluso ~u ante pedes ejus foris perennis exortus est BEDE *HE* I 7 p. 21; interea pernix obliquo litore caelox / solvitur, aequoreos pertemptatura meatus FRITH. 645; videt . . / . . Phoebique rotam lunaeque meatum WULF. *Swith.* I 392; ad jussum pontificis ex occultis ~ibus fons erupit W. MALM. *GP* II 84; reperies . . edificia subterranea, aquarum ductus hypogeosque ~us GIR. *IK* I 5; amnem dividentes, Albericum in medio alvei . . sepelierunt, predictam amnem predicto proprio ~u postea reddentes *Eul. Hist.* I 345; oppidani in primo auditu ascensus nostri, fractis pontibus, opturassent ~um fluminis G. *Hen. V* 5. **b** ~um noverant, per quem constructores arcis aquaeductum de Sarta illuc effecerant ORD. VIT. XII 8 p. 333; [Pactolus fluvius] qui unum tantum alveum in mare decurrebat, per innumerabiles ~us ad irrigandam provinciam derivaverit ALB. LOND. *DG* 10. 8; c1250 ~um plumbei (v. conductarium); raptores in ~u publico W. WORC. *Itin.* 322.

3 (in human or animal body): **a** part of alimentary canal. **b** vein or vesicle. **c** pore or fistula.

a adeo ut intercluderet et ciborum et faucium ~um W. MALM. *Mir. Mariae* 148; gutturis . . ~um tumor obstruebat *Mir. Fridesw.* 33; per virilis virge ~um J. FURNESS *Walth.* 83 (v. hydropicus 1b); ore gemino manducaverunt et biberunt; sed uno ~u digerebatur *Leg. Ant. Lond.* 238; vix namque una brevissima hora transierat, cum laxatis subito ~ibus illis inferioribus nedum urine abundanciam, sed pergrandem ejecit *Mir. Hen. VI* I 14. **b** ~us, venae modicae *GlC* M 143; subito . . ~us sanguinis . . reserantur rigantur ossa, carnes marcide recalescunt AILR. *Ed. Conf.* 755A; in hac enim etate stricti sunt ~us per quos discurrere deberet semen tali actioni necessarium *Quaest. Salern.* B 9; splen . . habet duos ~us, unus qui dirigitur ad os stomachi; . . alium meatum habet qui dirigitur ad epar *Ps.-RIC. Anat.* 37; fleumatica . . humiditas occupans totam cerebri regionem opilat ~us [TREVISA: *þe weyes*] nervorum BART. ANGL. IV 4 p. 94 (*recte* 95); ~us purgationis sunt impediti M. SCOT *Phys.* 5. **c** ut, sicut ~us ille anteriori quam occipitio propinquior est, ita et in ea poros ipsius cranei . . apertiores esse necesse sit ADEL. *QN* 20; tibiam ejus et pedem dexterum fistula occupaverat, et per multiplices ~us effluens, artus illos inutiles pene sibi reddidit J. FURNESS *Walth.* 131; *a pore* porus, i. ~us LEVINS *Manip.* 174.

mecan- v. mechan-.   **mecari** v. mercasa.   **mecarus** v. megaris.   **mech-** v. et. moech-.

mechania [ML < μηχανία], work with a machine, handicraft.

~ia . . est scientia humanorum operum corporeis necessitatibus obsequentium BERN. *Comm. Aen.* 32; accipe poesim que ad comparationem ~ie clara est *Ib.* 33; *an hande crafte*, ~ia CathA.

mechanice [ML]

1 mechanically, in a technical manner.

in parte tertia Majoris Operis . . quia grammatica tractat licet ~e BACON *Tert.* 234.

2 as a mechanic, in the manner of one who works with a machine, by manual labour or trade.

1340 studium dimittentes victum ~e querere compelluntur *Deeds Balliol* 299.

mechanicus [CL < μηχανικός]

1 that involves manual labour or skill, mechanic; **b** (*ars* or *scientia* ~a or sim.) mechanical art (usu. dist. from *liberalis*).

thesauros multos . . defodit in loculis qui erant, inquit, ~o modo reconditi sub terra W. MALM. *GR* II 169; ideo sciendum est quod si opus ~um, id est manuale, sit divini cultus, poterit per diem festum fieri *Spec. Laic.* 47; sine manuario labore aut ~o quovis artificio *Jus Feudale* 56. **b** quam omnes artes tam liberales quam mecanicas profitentur J. SAL. *Met.* 856B; verum est Dedalum quendam sapientem fuisse qui cum in aliis peritus esset scientiis, in mecanicis plurimum viguit BERN. *Comm. Aen.* 37; artes / mechanicas subdit ingenuasque sibi NECKAM *DS* V 722; considerans liberales artes jam in mecanicas fuisse pene conversas propter lucrum M. PAR. *Min.* III 332; ars . . mecanica est per quam substancia . . in convenientem formam . . ordinatur; . . et dicuntur ~e a 'mecando' quia faciunt intellectum hominis 'mecum', id est adulterum . . artes ~e sunt laneficium, armatura, navigacio, venatio, agricultura, medicina BACON XV 193; regula recti ~i quod sub recto geometrico continetur *AncrR* 5; prime . . sunt artes civiles sive politice; secunde . . artes puerilies et mathematice; tercie artes subtiles et philosophice; quarte artes serviles et ~e HOLCOT *Wisd.* 1.

2 (of person) engaged in manual labour, trade, or sim.

mecanici opifices facile singuli loquuntur de artibus suis J. SAL. *Met.* 867A.

3 illiterate, unlearned. **b** (of person) low in status, base; **c** (of abstr.).

lewyd, agramaticus, illiteratus, laicus, ~us CathA; *lewde*, agramatus, illiteratus, laicus, ~us *Ib.* **b** [Hen. II] filias misere condicionis, corruptas et oppressas, copulans clarissimis, heredes omnes ~os creavit. servis generosas copulans, pedanee condicionis fecit universos R. NIGER *Chr.* II 169. **c** 1197 indignum plane omnino est et absurdum, ut prenobilis anima deputata Sponsi celestis amplexibus, oblita sue originis et illius, cujus imago est, ad ~os rapiatur affectus P. BLOIS *Ep.* 138. 413A.

4 (as sb. m.) skilled manual worker, a mechanic.

albi [monachi] . . ad laborem exeunt, manibus agriculturam omnimodam excercentes propriis intra septa mecanici, extra runccatores, opiliones . ., in singulis officiosissimi MAP *NC* I 25 f. 18; perirent operaciones lathamorum, carpentariorum, et quorumcumque ~orum WYCL. *Trin.* 59.

5 (as sb. f.) mechanics, physics; **b** (as title of book).

saeculares . . philosophorum disciplinae . . arithmetica . . geometrica, musica, astronomia, astrologia, ~a, medicina ALDH. *Met.* 3 p. 71; ~a cadit extra hanc divisionem [sc. philosophie], quia non solebant philosophantes circa eam multum sollicitari KILWARDBY *OS* 567. **b** unde ne cliens Aristotilis Mecanice hujus supplantetur insidiis, eam precedentibus recte subjungit J. SAL. *Met.* 929A-B.

6 mechanical art, skill.

mecanicia, peritia vel fabrica rerum *GlC* M 141; **10..** ~a, *searocræft WW*; ~a, ars fabrilis OSB. GLOUC. *Deriv.* 366; **1432** castrum jaspertinum subtili ~a practicatum (J. CARPENTER *Ep.*) *MGL* III 462.

7 (as sb. n.) mechanical device, machine, or sim.

si homo cadat ab arbore, vel quolibet ~o super aliquem (*Leg. Hen.* 90. 7) *GAS* 606.

8 system.

novum declamationis genus deliberando, demonstrando, judicando subortum est; status causarum varios, rationale vel legale supergressos, ~um multiforme non caperet (*Quad.*) *GAS* 532.

Mechir [CL], name of sixth month of the Egyptian calendar.

Aegyptii . . quorum . . sextus [mensis] ~ir, vij kl' Februarium . . die sumit exordium BEDE *TR* 11 p. 318; sextus Egiptiorum mensis ~ir *Kal. M. A.* II 422; Hebraice Sabath, Aegip' ~ir, Grece Penitios, Latine Feb', Saxonice *Solmonaþ Miss. R. Jum.* 10.

mecon [CL < μήκων], **~os**, poppy (*Papaver*).

succum mandrag. apii miconis GILB. I 31v. 2; ~os, *whiȝt chesseboll MS Cambridge Univ. Libr. Dd. 11. 45* f. 109rb; diamiconium, i. electuarium de ~one et oppomiconium, i. succus ~onis *Alph.* 50; ~on ceratides, quam multi pardalion vocant aut agreste miconium *Ib.* 113; ~on affridis †eradia [l. eraclia] dicitur. hastam habet duarum palmarum longam et folia minuta *Ib.* 114.

meconium [CL < μηκώνιον], **~ia**, poppy (*Papaver*).

herba †metoria [l. meconia], *þæt is hwit popig Leechdoms* I 26; †metoria [l. meconia], *huit popig Gl. Durh.* 304; miconium *Alph.* 113 (v. mecon); miconium vel mico communis, papaver album idem *Ib.* 117.

mecor v. messor.

1 meda [ME, AN mede < AS medu], mead, drink of fermented honey and water.

cum calice pleno ~a AILR. *Gen. Regum* 356; idromellum, aqua mellita, que et A. ~a dicitur OSB. GLOUC. *Deriv.* 291; **1130** in corredio regis, pro x modiis de ~a et x modiis cervisee *Pipe* 73; simile judicium erit de ~a [Scot.: *of meide*], sicut de mala cervisia *Leg. IV Burg.* 63; **1304** preter decimam vini et ~e *MonA* I 87; **1467** pro iij barellis ~e val. xvj s. viij d. *EEC* 612.

2 meda v. merda.

medaria [cf. 1 meda], place for making or keeping mead.

1191 subscriptas percipiant et habeant pensiones . . ad mederiam de ecclesia de Streta *Cart. Glast.* I 69; **1262** reddendo . . ad mederiam nostram Galston' quatuor galones mellis in eodem festo S. Johannis *Ib.* 49; **1284** solvet . . domino . . iij solidos annui redditus et ~ie G. ij solidos *MonA* I 33; remisit [abbas] . . eisdem ceram et mel, que de mederia percipere solebant ejus antecessores DOMERH. *Glast.* 332; ad mederiam [ecclesie Glast.] de ecclesia de Strete, lx solidos *Ib.* 350.

medarius [cf. 1 meda], one who makes or sells mead. **b** (mon.) officer in charge of mead.

1200 Alexander ~ius *Cart. Osney* I 124; a**1225** terram Alexandri ~ii *Ib.* 120. **b 1202** per servicium quatuor summarum mirti reddendarum . . ~io *Fines RC* II 81; **1203** prior, subprior et ~ius (*Lit. Papae*) DOMERH. *Glast.* 415; **1234** custos refectorii recipiet annuatim de ~io pro magno mandato ad opus conventus quinque lagenas, duas lagenas, et duas partes unius lagene boni medonis *Cust. Glast.* 6; **1258** vicarius solvet . . ~io Glaston' ij s. vj d. *Ib.* 56.

meddix [LL], magistrate.

~ix, magistratus, didascalatus OSB. GLOUC. *Deriv.* 360.

medea [CL], kind of precious stone.

~ea [TREVISA: medus] est gemma vel lapis preciosus, in Medorum regione repertus, qui quandoque est viridis coloris, quandoque nigri BART. ANGL. XVI 67; ~eae gemma, affertur e regione Medorum. est nigra, habens venas aurei coloris, reddens succum croceum, et saporem vini, immensi effectus contra ebrietatem, et ad amorem conciliandum, ut ferunt magi *LC* 252.

medecina v. medicina. **medefactus** v. madefacere 1a.

medela [CL], remedial treatment, cure: **a** (med.); **b** (spiritual).

a si . . sanari possit aegro nequaquam ~am quaerente et ab hoc medico longius recedente GILDAS *EB* 108; cogitans . . quia ad medellam infirmantium idem pulvis proficeret BEDE *HE* III 10 p. 147; medella, cura *GlC* M 193; [Aedilthryda] aegris oculis praestaverat ipsa medelam ALCUIN *SS Ebor* 779; reversus bajulus ~ae invenit aegrotum jam extensum terrae GOSC. *Mir. Iv.* lxi; superadstans sanctus pro ~a signat debile corpus HERM. ARCH. 18; ~a, medicina, medicamen, medicamentum OSB. GLOUC. *Deriv.* 363. **b** spiritus et carnis sumpserunt corde medelam ALDH. *VirgV* 1449; ~am eis salutis . . adhibuit BEDE *Hom.* I 8. 40; ecce eger ad supernam ~am arripitur GOSC. *Transl. Mild.* 24 p. 192; thesauros ejus, quos ad animae illius ~am justius erat egentibus impartiri, in proprios usus redegerat G. STEPH. I 22; ad generalis . . confessionis ~am recurrere GIR. *GE* I 37 p. 113; mentis medela suacie J. HOWD. *Cyth.* 3. 6; desiderat anima mea votive recreacionis ~am *FormOx* 445.

medelifer [LL], health-bringing.

moxque medelifero morbi cessere sub haustu BEDE *CuthbV* 581.

medena [ME *midding*], midden, dunghill.

1376 jungunt boves pro meden' faciend' et terra arand' *IMisc* 208/4 [*CalIMisc* 378: medeum].

medera v. meiteria.

mederi [CL], **~ere** [LL]

1 (usu. med.) to cure, heal, mend: **a** (dep. w. dat.); **b** (w. acc.); **c** (absol. or ellipt.); **d** (act. w. dat.) **e** (w. acc. or as pass.); **f** (fig.).

a mandragora illis ~eri perhibetur qui nausea laborant BEDE *Cant.* 1204; Brigida relictis . . insignibus . . que . . ostentantur et morbis diversis ~entur . . W. MALM. *GR* I 23; cunctis [musica] . . confert, multis ~etur GIR. *TH* III 12; ruine parietum recte mederis J. HOWD. *Cant.* 205. **b** V. Cuthb. IV 17 (v. 1e infra); res veneranda nimis sic corpora posse mederi WULF. *Poems* 17; quem . . nec ratio mitigat, nec medicina ~etur GIR. *TH* III 12. **c** vulneratus . . est . . et inter ~endum defunctus BEDE *HE* IV 24 p. 268; ~etur, curat *GlC* M 147; erigit elisos qui vulnerat atque medetur ALCUIN *Carm.* 9. 149; rusticus attonitus negat artem scire mediri WALT. ANGL. *Fab. app.* 7. 55; vox pariter lacrimeque herent fugitivaque fallit / mens subitam mentita necem. vix rore medenti / frigidus in sensum remeat dolor J. EXON. *BT* VI 543; a**1332** liber de modo ~endi *Libr. Cant. Dov.* 58. **d 1126** quam citius poteris rediens nostro dolori ~ere *Ep. Anselmi Bur.* 97; cordis omnipotens languori medere J. HOWD. *Cant.* 12 (cf. ib. 14: cordis languoribus medere trementis). **e** membra medens pestemque liemque resolvo necantem ALDH. *Aen.* 56 (*Castor*) 8; illi [medici] . . eum . . ~ere [v. l. ~eri] ceperunt *V. Cuthb.* IV 17; os capiti ammotum morientis funera solvit, / atque medens aegrum curat virtute superna ÆTHELWULF *Abb.* 258; Lotharius . . a nepote suo Edrico . . oppugnatus, ibique vulneratus, dum ~etur emoritur GOSC. *Transl. Aug.* 36B. **f** eidem vitio ~eri volens BEDE *Prov.* 1010; **801** si tempus ~endi adhuc

fieri valeat, sana vulnus caritatis calamo, ne putrescat in pejus ALCUIN *Ep.* 237; c**803** vulnera, quae hujus saeculi miseria mihi . . inflixerat, . . ~eri adgrediar *Ib.* 239; quod eodem medico ~ente (Christo viz., qui etiam mortuos suscitat, propitiatus) posset similiter visitari V. II *Off.* 236.

2 (transf.) to assuage, comfort, remedy.

~endis apta est corporum passionibus BEDE *Cant.* 1101; felicibus / stipendiis / suos Venus remunerat / dum lusibus / et basiis / medetur his, quos vulnerat P. BLOIS *Carm.* 9. 1. 14; sed tu, Deus, miserere, / cuique potes tu medere *Drama* II 212.

3 (pr. ppl.): **a** (as adj.) that heals, healing; **b** (as sb.) one who heals, medic.

a unda sancti Yvonis ~entissima GOSC. *Mir. Iv.* lxii. **b** offensus quis ab aliquo debet hoc indicare abati, non tamen accusantis, sed ~entis affectu GILDAS *Pen.* 18; Dominus in electis suis peccatorum languorem curavit tanto ampliorem cunctis gratiae ~entis potentiam monstravit BEDE *Hom.* I 21. 250; ~entes, medici *GlC* M 194; continuo exsurgens firmatus robore tanto / ut medicum possit medicans portare medentem ÆTHELWULF *Abb.* 260.

medgabulum [ME *medgavel*; cf. 1 gabulum 1d], rent or gavel paid on endowment.

1205 de cabulo asiso xliij s. viij d. de ~o vij s. j d. *RNorm.* 137.

medialis [LL], medial, middle (also as sb. m. or f.).

dividatur . . superficies ergo AG in GB ~is, duplum ejus ~e. eodemque modo superficies AD in DB ~is, duplumque ejus ~e ADEL. *Elem.* X 36; linea bis ~is prima non dividitur nisi in ~es tantum *Ib.* 37; cum separabitur superficies ~is a superficie ~i fueritque reliqua toti incommensurabilis, erit linea potens supra reliquam superficiem *Ib.* 105; Phronesis . . / . . / cujus domus rutilat gemma mediali *Ps.*-MAP 24; incipit rubrica septima. ad cognoscendum ligaturarum ~es HAUDLO 134.

medialitas, (astr.) middle course (of sun, moon, or planet).

de elwazat, i. e. ~ate planetarum invenienda. nunc demonstrandum est, qua ratione cujuslibet planete ~as reperiri queat ADEL. *Elk.* 7; hoc interim juxta ~atem solis dictum sit WALCHER *Drac.* 97; unde ista septenarii compositio est ~atis et perfectionis carentis superfluo et diminuto ad simplicitatem conjunctio GROS. *Hexaem.* IX 10. 4.

mediamen, mean, intermediary.

nulla persona Romane ecclesie requiritur tamquam ~en absolute necessarium ad regulandum ecclesiam WYCL. *Civ. Dom.* I 380.

mediamnis [ML; cf. medius+amnis], **~us**

1 (as adj.) in the middle of a river, surrounded by water.

scuto . . innexo in arbore . . ~a . . navicula . . habet juvenem scutum illud lancea percussurum W. FITZST. *Thom. prol.* 15; quidam exheredatorum . . ~em insulam Eliensem occupant contra regem WALS. *YN* 162.

2 (as sb. m., f., or n.) island.

lacus quoque plurimos . . hec terra profert, qui et ~as, aliquantulum elevatas, et valde amenas, intra se continent GIR. *TH* I 8; dic rivos, latices, puteos, dic stagna, paludes; / illis addatur amnis simul atque fluentum / amnis jungatur, †aqua mediarana [l. a qua mediamna] vocatur GARL. *Syn.* 1578C; **1310** habeant quoddam molendinum fullonicum cum pasturis adjacentibus et ~im ibidem quod ad duas marcas estimatur *Reg. Heref.* 456; ~em Eliensem occupant contra regem TREVET *Ann.* 271; insula vitrea [sc. Glastoniensis] . . dicta est quoniam marisco profundo est undique clausa. mediampnis magis proprie diceretur quoniam mediis ampnibus sita est J. GLAST. 2; hoc medianum, est spacium inter aquas *WW*; an eland, mediampnis, mediampna *CathA*.

3 watercourse.

~a, A. *a moot* . . hec ~is, *a frechewater-dyk WW*.

medianetum [ML; cf. medianus], arbitration.

s**1177** ad ~um veniant et secundum quod ibi judicatum fuerit sibi satisfaciant G. *Hen.* II I 143.

mediannus [Ar. *māhū dāna*], spurge (*Euphorbia lathyrus*).

quedam vero plante sunt tote cortex, ut ~us ALF. ANGL. *Plant.* I 13.

1 medianus v. mediamnis 2.

2 medianus [CL]

1 situated in the middle, central.

~us, -a, -um, i. medius OSB. GLOUC. *Deriv.* 353.

2 of this world (imagined as situated between the celestial spheres and the underworld).

conveniens hominibus est . . contractus in medio matrimonialis, quo . . prole probabili ~us habundet orbis legittimaque E. THRIP. *SS* I 4; ubi sublunaria (~a scilicet) sane transcenderit . . studia *Ib.* IV 23; quoniam supplex . . summo . . suscitatori supplicaverit . . ~us suscitator Heliseus *Ib.* X 21.

3 middling.

1296 lanam . . ~am (v. bursare 1); **1446** pro cc pellibus agnorum mesan' [i. e. median'] *KR AcCust* 73/20B f. 10v.

4 (med.): **a** (of vein) median. **b** (as sb. f.) median vein.

a propter passiones cerebri venam incidetis cephalicam, propter spiritualium morbos ~am *AN Med.* II 45. **b** quidam . . in fervore summo in principio incipiunt curam a flebotomia usque ad quartum diem non ultra de hepatica vel de ~a GILB. I 26v. 2.

5 mid-Lent.

ordinatus in ~a J. SAL. *Hist. Pont.* 36 p. 71.

6 (as sb. m.) one who lives in this world, man.

non . . ~is reor ratiocinantibus animi †ligueque [l. lingueque] conjugium ceteris est utile minus expediensve matrimonialibus E. THRIP. *SS* I 5; si renuat sibi convivis convivere concors / in medio medianus . . *Ib.* X *prol.* 7.

7 (as sb. n.) middle part of the body, side.

11 . . ~um, *side WW Sup.* 472.

mediaranus v. mediamnis.

mediare, ~ari [LL]

1 (intr.) to be situated in the middle of a space: **a** (of person); **b** (of natural element or topographical feature); **c** (of artefact).

a quod sacerdos inter ipsum et altare possit libere ~are *Ord. Ebor.* I 129; non igitur erant pro tempore civitas et abbathia ab accessibus mutuis, cum nulli ~arent Ps.-ELMH. *Hen. V* 66. **b** haut procul incumbens urbi mediantibus arvis / Ydeus consurgit apex J. EXON. *BT* I 513; mundi giravit paralellum crux mediantem / horas equantem cum sol hac parte meavit GARL. *Mor. Scol.* 323; ~antibus vaporibus aqueis BACON *Maj.* II 155; dederunt . . reliquam partem del Wyk . . quam, paucis terris ~antibus . . Humbria et vetus Hullum, torrens quidam . . cingunt *Meaux* I 169; s**1457** quamvis, ~ante flumine, sane contra eosdem . . transitum facile non possumus habere *Reg. Whet.* I 278. **c** ~ante cortina *V. Chris. Marky.* 11; ille funiculus a pectore usque ad renes multis ~antibus involucris descendens, extremitatibus ad invicem coherentibus inferius ligabatur *V. Edm. Rich C* 602; sigillum . . decani R . . filo ~ante . . praesentibus apponi procuravi *Chr. Rams.* 388; castellum ejusdem ville in altera parte predicte aque solempniter collocatur cum forti ponte ~ante super aquam antedictam inter villam et castellum STRECCHE *Hen. V* 163.

2 to exist as or arrive at the middle of a period of time, to occur meanwhile. **b** to exist between; **c** (in a genealogy or line of succession).

932 decantent psalmos . . horaque ~ante tertia missam percelebrent *CS* 691; ~ante hora quinta [AS: *þæt middre tide*] *RegulC* 55; Aðeluuold / processit solito missam celebrare sacerdos, / qua mediante suo populum sermone salubri / instruit WULF. *Swith.* I 854; sabbato . . ~ante quadragesima tantum, radent se fratres ÆLF. *Regul. Mon.* 183; cum solis per Capricornum / tertius ac decimus medians existeret ortus DOMINIC *V. Ecgwini* I 17; ~ante mense Martio GERV. CANT. I 512; ~ante autumno rex Anglorum Willielmus contra Britones movit exercitum *Ann. Cambr.* 30; per

coronationem vel ~ante coronatione potest conferri . . aliqua potestas super temporalia OCKHAM *Pol.* I 160; ~antem Augustum proximi anni terminum prefigens Romam tibi venire jubeo *Eul. Hist.* II 330. **b** Deus non potest facere duos angelos raptim transeuntes, sed necesse est tempus ~are OCKHAM *Quodl.* 61. **c** Brutus etenim ab Enea, ~antibus avo Ascanio et patre Silvio, descendens GIR. *DK* I 7.

3 to be intermediate.

una est sentencia, que inter predictas sentencias aliquo modo ~are videtur OCKHAM *Dial.* 686.

4 to mediate, intervene, act as go-between: **a** (of person); **b** (of natural element or phenomenon); **c** (of artefact); **d** (of abstr.).

a 789 factum est pontificale conciliabulum . . ~ante quoque Offan rege *CS* 256; tibi me mediante salutem / corporis et mentis noveris esse datam NIG. *Mir. BVM* 693; nisi intercedente et quasi ~ante Junone ALB. LOND. *DG* 3. 2; **1220** convenit inter . . regem . . et Henricum filium . . comitis Cornubie, ~antibus venerabilibus patribus P. . . legato, P. Wintoniensi *Pat* 266; cum Pater et Filius sint unum principium Spiritus Sancti non potest dici quod Pater principiet Spiritum Sanctum ~ante Filio MIDDLETON *Sent.* I p. 119a; **1333** quod propositum, viva voce ~ante, vobis intendimus . . communicare *Lit. Cant.* II 41; **1335** ut saltem propter probitatem, et prudenciam ~antis quod humiliter petimus efficaciter nobis detur *Collect. Ox.* I 30; ille . . qui cooperatur cum symoniaco vel ~ans vel mercando WYCL. *Sim.* 98; s**1454** taliter . . apud suos notos affines et consanguineos ~avit, quod laboribus eorum et instanciis, Prolocutor inter Communes effectus esset *Reg. Whet.* I 136. **b** copulat potentiam naturalem, qua ~ante homo potest moveri S. LANGTON *Quaest.* f. 221va; unde patet quod calor aeris et nature est minister, quia ~ante calore nobilissime species et forme tam naturales quam artificiales de potencia ad actum producuntur BART. ANGL. IV 1 p. 85; has enim virtutes et excellentias acquirit ~ante calore M. SCOT *Sol* 714; homo . . generat filium ~ante spermate *Ib.* 715; si horas de clok post meridiam ~ante alicujus umbra accipere voluit, operetur cum ea secundum cum altitudinis solis ante meridiem docetur operari N. LYNN *Kal.* 193. **c** peccant enormiter omnes / qui cupiunt subdi Rome mediante tributo M. RIEVAULX (*Vers.*) 33. 14; pax, que initiata erat inter reges Anglorum et Scotorum, scripto ~ante sollempni, confirmata est *Flor. Hist.* II 139; possent etiam, ~ante pecunia, situs et liberum tenementum . . occupare *Leg. Ant. Lond. app.* 235; imperator . . monstret se paratum ~ante materiali gladio . . omnibus facere justicie complementum OCKHAM *Pol.* I 56; rex contulit episcopatum Waltero senioris Willelmi capellano quondam, ~antibus mille libris KNIGHTON I 109; cujus elacionem papa cassavit . . precibus regis, ~antibus xxxij mille marcis . . inclinatus *Meaux* II 329. **d** Dominus cum illa [sc. BVM] erat . . et . . ~ante humana natura omni plenitudine divinitatis consecravit BEDE *Hom.* I 3. 9; sunt longinquae causae, quae non per se faciunt hoc quod dicuntur facere, nisi alia ~ante causa una vel pluribus ANSELM *Misc.* 339; ~ante apostolicae sedis pietate W. MALM. *GP* I 6 p. 13; ~ante justitia EADMER *V. Anselmi* I 27; omnes . . ~ante timore pacificavit G. MON. III 17; de peregrinatione . . olim fide ~ante ac sacramento promissa GIR. *PI* II 6; nam Deus eternus quod fecit non mediante / natura, stabit; quod mediante, cadet H. AVR. *Poems* 6. 55–6; c**1250** Dei gracia ~ante *Form Ox* 489; **1277** et juramento ~ante presens scriptum sigillorum nostrorum munimine duximus roborandum *SelPlJews* 94; racio . . ~abit inter se ipsam et accionem DUNS *Ord.* IV 116; **1332** sperantes quod, ~ante prudencia vestra, sic ordinabimus pro utilitate communi, quod . . *Lit. Cant.* I 359; intelligere est summum extremum, opinio vero extremum aliud, inter que ~iat fides sive credulitas WYCL. *Ver.* II 16; demum, morte ~ante, in pace conquievit *Meaux* I 107.

5 (feud.) to act as mesne.

monasterium . . quod nullo ~ante spectat ad nos *Reg. Malm.* I 360; quod ad jurisdiccionem Romane ecclesie, nullo ~ante, pertinet ELMH. *Cant.* 421.

6 (tr.) to be situated in the middle of, to put space between, separate.

et pariles stellae . . / . . / sub borea stabant centrumque poli mediabant R. CANT. *Malch.* V 39; impedimenta solent crebro mediare propinqua WALT. ANGL. *Fab. ap.* 367; [fures] quos [Jesu] mediator medias J. HOWD. *Cyth.* 22. 6; vite lator latrones mediat *Id. Ph.* 742; sed junctio ista potest esse ~ata et immediata: immediata sine tractu, ~ata cum tractu *Mens. & Disc.* (*Anon. IV*) 42.

7 to separate by an intermediary.

1281 ejusdem Petri successoris ~ati *Reg. Heref.* 297; abbas . . cujus eciam ~ato successore . . Thoma de W., litigium etiam movebamus . . *Meaux* III 207.

8 (feud.) to separate by a mesne: **a** (person); **b** (tenement); **c** (right).

a 1279 si capitalis dominus immediatus . . feodum hujusmodi ingredi noluerit infra annum, tunc liceat proximo capitali domino ~ato feodi illius . ., feodum illud ingredi et tenere; . . et sic quilibet dominus ~atus faciat, si propinquior dominus in ingrediendo hujusmodi feodum negligens fuerit *StRealm* I 51a; **1295** quidam Willelmus . . de quo tenementa illa, immediate tenebantur . . predictus Adam, qui tunc fuit capitalis dominus ~atus . . *JustIt* 1306 r. 12; **1296** scire facias capitalibus dominis feodi illius ~atis et immediatis *Reg. Carlisle* I 113; **1320** abbas ingressus fuit tenementum . . ut dominus ~atus capitalis feodi illius *Reg. S. Aug.* 183; ut dominus ~atus capitalis feodi illius *Ib.* 372; capitalibus dominis feodi illius ~atis et immediatis *Reg. Brev. Jud.* 17. **b 1283** cum . . rex . . subvencionem recipiat in tota terra sua ~ata vel inmediata *RGasc* II 206a; per actum consumendi subditorum consumitur dominium generale et ~atum, quod habent reges et principes in rebus consumptis per actus subditorum OCKHAM *Pol.* II 525. **c 1239** accidit autem plerumque quod aliquis inferior vel totam suam potestatem vel partem ejus accipit a potestate superiori ~ata GROS. *Ep.* 127 p. 365; administracionem [regni] . . ~atam vel immediatam OCKHAM *Pol.* I 192; rectorem supremum, de cujus jurisdiccione immediata vel ~ata . . omnis alius pro quocunque delicto debent *Id. Dial.* 954; rex . . homagium principale et ~atum [v. l. medianum] tanquam dominus supremus, cepit *Plusc.* VI 42.

9 to mediate, act as an intermediary.

1188 vos consequitur nostra constantia sive morte ~ata sive vita *Ep. Cant.* 249; plus potest in primum effectum et immediatum quam in secundum et ~atum BACON *Maj.* II 411; corpus Christi ibi videtur visione ~ata [v. l. immediata] (WYNTERTON) *Ziz.* 185.

10 to divide, halve. **b** (p. ppl. as sb. n.) half.

sciendum est etiam, quando radices juxta hoc caput ~averis . . minus fuerit drachmis cum substantia pronunciatis ROB. ANGL. (I) *Alg.* 74; ~are, dividere, particulari, dimidiare, disparare, separare, secernere, frustillare, dividuare OSB. GLOUC. *Deriv.* 364; tabularum extrema non ex aliquo sago ~ato, sed ex sagorum potius capitibus . . cooperta fuerunt AD. SCOT *TT* 653B; subtrahis aut addis a dextris vel mediabis (*Carm. Alg.* 33) *Early Arith.* 73; incipe sic si vis aliquem numerum mediare (*Ib.* 83) *Ib.* 74; ad alleviamen quadragesime jam ~ate AD. USK 96; *to halfe*, ~are, dimidiare *CathA*. **b** dico itaque quia AB non dividatur in duo medialia alia secundum terminum suorum ~atorum ADEL. *Elem.* X 37; cum adjuncta fuit linee rationali superficies equalis quadrato linee potentis supra duo ~ata, erit latus ejus secundum binomium sextum *Ib.* 59.

10 to distinguish. **b** (p. ppl. as sb. n.) distinguished part.

unde ~are debemus et distincte discernere senium et juventutem, libertatem et servitutem (*Quad.*) *GAS* 355. **b** sic ergo sicut ~atorum (corruptibile videlicet corpus) alterum remanet et corrumpitur ut temporarium, sic alterum . . E. THRIP. *SS* X 3.

11 to proceed through the middle of, to complete half of (an enterprise). **b** (p. ppl.) half-completed.

quod unus eorum inceperit quilibet eorum prosequi valeat ~are et finire *Canon. S. Osm.* 31 (cf. *Reg. Cant.* I 69 [**1420**]); s**1406** omnia premissa inchoata et inchoanda ~abit *Chr. S. Alb.* 6; **1422** quod unus illorum incepit alius ~are valeat et finire *Pri. Cold.* 94; **1486** prosequi, . . ~are pariter et finire *Croyl. Cont. D* 586 (=*Conc. Scot.* I ccxxxix). **b** manifestum est signum digestionis non complete sed ~ate RIC. MED. *Signa* 36.

mediastinus [CL]

1 situated in the middle, central: **a** (med., of membrane); **b** (of colour in spectrum).

a membrana pulmones et intimum thoracem aequis portionibus per media distinguens. ~um vulgo appellatur D. EDW. *Anat.* B 4. **b** inter hos colores [nigrum et album] ~us est viror NECKAM *NR* II 56.

2 (in temporal sequence) central, intervening.

hic . . in ~o pro precedentibus et sequentibus ostendendum, totam universitatem rerum omnium esse bonam BRADW. *CD* 251A.

3 middling, of middle social status.

cotidie sarcinarii ~i properabant ORD. VIT. IX 14 p. 594; patre Gileberto . . matre Mahalt, civibus Londonie ~is, neque fenerantibus neque officiose negotiantibus W. FITZST. *Thom.* 2; ~i qui medium officium habent, id est, nec supremum nec ultimum, ut sunt atriarii VAC. *Lib. Paup.* 286.

mediatas v. mediare, medietas.

mediate, ~im [ML]

1 (phil., w. ref. to causation) through intermediate agency.

forma omnis creata vel materie necessario in actualitate sua innititur vel subjecto vere materiali, quandoque ~ius, quandoque immediatius *Ps.-*GROS. *Summa* 325; veritas . . sumit ortum ~e vel immediate ex jam dictis [principiis geometrie] BACON *Maj.* I 127; sic non omnia movet immediate, set celum immediate, ~e autem illo omnia alia *Id.* VII 27; diverse forme . . nate sunt ~ius et immediatius perficere illud DUNS *Ord.* III 61.

2 (w. ref. to perception or knowledge) with intervention (of thought or sim.).

GROS. 60 (v. immediate 2); sequitur, quod vox significans similitudinem, inquantum signum rei, significat ipsam rem, sed ~e, quia sc. immediate significat id, quod est signum ei, inquantum e[s]t signum (DUNS) *GLA* III 214 n. 126.

3 (w. ref. to divine influence) with someone else in between.

hujuscemodi enim manifestationis divinas semper per signa aliqua vel per similitudines ~e fieri existimandum H. BOS. *LM* 1370A; est lex a Domino edita ~e seu approbata FORTESCUE *Tit. Edw.* 11

4 (w. ref. to authority, jurisdiction, or sim.) through an intermediary.

GIR. *Symb.* I 22, c**1425** (v. immediate 4); quod ubicumque petitur dos versus minorem ~e vel immediate BRACTON f. 300v; qui [sc. episcopus] modo est capud capituli immediate, ut asserit, cum alio tempore, prioris scilicet in domo existentis, sit ~e capud nostrum licet capud ecclesie fuerit *Ann. Durh.* 72; **1311** quod omnes . . fratres . . se magno preceptori Anglie ~e vel immediate subjecti sint [*sic*] (*Dep. Templar.*) *Ann. Lond.* 181; potestatem relevandi suas indigencias ~e vel immediate OCKHAM *Pol.* I 357.

5 (feud.) with a mesne lord.

1281 tam illi qui tenent de ipso medietate [l. mediate] *PQW* 428a; **1284** amerciamenta eorum qui tenent de predicto magistro ~e et immediate *Ib.* 92b.

6 (w. ref. to spatial relations) in the middle.

omne cerebrum capitis ~im perforavit R. COLD. *Cuthb.* 112 p. 253.

7 (w. ref. to time) during an interval, in the mean time.

s**1237** nec personis etiam ecclesiasticis ultra quinquennium ulterius ecclesie ad firmam concedantur, nec finito quinquennio renoventur eisdem, nisi prius ipsas habuerint alii ~e M. PAR. *Maj.* III 425.

mediatim v. mediate.

mediatio [LL]

1 act of coming between.

quot denarios pertransivit sol vel planeta in quolibet signo cum ~one et preparatione et infusione sui luminis secundum ultimam certitudinem et insinuationem BACON V 160.

2 act of mediation, intervention.

qui et ex ~one hac multam adeptus est coram Deo et hominibus gratiam H. BOS. *Thom.* IV 28; **1243** per quorum [sc. episcoporum suffraganeorum] ~onem [archiepiscopus] sue principalitatis in aliis exercet officium GROS. *Ep.* 110 p. 326; de controversiis . . sedandis per ~onem . . abbatis de C. *Chr. Rams.* 375; c**1319** si . . ~one hujusmodi nequiveritis convenire *FormOx* 47; venerunt . . per ~onem fraudulentam AD. MUR. *Chr.* 35; cum egestas ad peccatum, cujus ~one indigencie succurratur, impellat RIC. ARMAGH

Def. Cur. 1494 (*recte* 1294); laudabili ~one domine
. . discordia est sopita *Chr. Angl.* 364; per ~onem
comitum . . obtenta est treuga WALS. *HA* I 51,

3 state of being mediate: **a** (w. ref. to ge-
nealogical descent of a person); **b** (of artefact in
a position); **c** (of abstr.).

a cum dicitur quod immediatior videtur processio
que medium non recipit quam que recipit etc. dico
quod falsum est ubi ~o non repugnat immediationi,
sic autem est in proposito. sicut videmus quod Seth
non minus immediate processit ab Adam quam si
genuisset eum de una muliere que non fuisset facta
de substantia Adam: si Deus fecisset sibi aliquam
talem. vides ergo quod non quecumque ~o excludit
immediationem MIDDLETON *Sent.* I p. 119b. **b** quicquid contingit inter inceptionem supradictam et finem
supradictum, pro ~one habetur *Mens. & Disc.* (*Anon.
IV*) 89. **c** materia . . facit inter ens et non ens
~onem aliquantulum similem illi ~oni quam corpora
mineralia faciunt in ordine rerum naturalium inter
corpora simplicia et animata . . SICCAV. *PN* 120; nec
obviat quod agens proximum sit remotum in natura;
sed bene innuitur quod est dare ~onem et imme-
diacionem duplicem in agendo, sc. instrumentalem et
causalem WYCL. *Dom. Div.* 73.

4 (feud.) status of being separated by a mesne.

1266 respondeat episcopo Bath' et Well' . . tanquam
medio inter nos et abbatem . . de toto servicio quod
nobis debetur de feodis abbathie . . . nolumus tamen
quod racione predictorum predicto episcopo . . prejudicium generetur vel ~o sua in aliquo ledatur *Cart.
Glast.* I 151.

5 halving, division (by two).

ADEL. *Alch.* 2, KILLINGWORTH *Alg.* 713 (v. duplatio);
si mediatio sit bene facta probare valebis / duplando
numerum quem primo dimidiasti (*Carm. Alg.* 101)
Early Arith. 75.

mediator [CL]

1 one who occupies a central position. **b** (~or
caprarum) goatherd.

mense sepe sue convivia festa relinquens, / pauperibus monachis intererat socius. / postposita pompa
turbe mediator egentis / . . G. WINT. *Epigr. Hist.* 1;
dum te carentem macula, / furum furatur copula, /
quos mediator medias, / . . J. HOWD. *Cyth.* 22. 6.
b sicut ejus antecessor tenuit, qui fuit ~or caprarum
DB I 47rb.

2 one who exists at the middle of a period of
time.

Johannes . . utriusque testamenti quasi ~or, prioris
quidem ceremoniis finem imposuit, Novique Testamenti et baptismalis gracie preco fidelissimus fuit
UHTRED *Inst.* 20.

3 mediator, intervener, go-between; **b** (w. ref.
to Christ as mediator between God and man);
c (w. ref. to priest).

ut pupilli et generi ~or tumores ducum et provin-
cialium salubri proposito compesceret W. MALM. *GR*
III 234; s1135 districto sacramento . . episcopus Wintoniensis se ~orem ad vadem apposuit *Id. HN* 466;
1167 actum est . . mecum per quosdam ~ores ut re-
cederem a fidelitate et obsequio domini Cantuariensis
J. SAL. *Ep.* 221 (229); c1240 scimus . . nos plurimos
offendere qui omnibus procurant versutiis . . ut per
se vel per ~ores in aures vestras de nobis instillent
sinistra GROS. *Ep.* 105; 1381 ac per alios bonos et
amicabiles medietatores [*sic*] *Cart. Osney* II 71; c1452
qui pro bono pacis universitatis erat ~or inter scholares de hospicio 'Pekwadir' et scholares de aula S.
Edwardi *MunAcOx* 734. **b** in fine temporum venerit
Christus Dei et hominum ~or in carne THEOD. *Laterc.*
23; solemnitas in qua ~or Dei et hominum . . mundo
lucis iter aperuit BEDE *TR* 64 p. 286; si ~orem Dei
et hominum haberet advocatum OSB. *V. Dunst.* 10;
via nobis es, o ~or Dei et hominum AD. SCOT *QEC*
3. 807C; mediator adest hominumque Deique ligator
GARL. *Myst. Eccl.* 130; ~or Dei et hominum, homo
Christus OCKHAM *Pol.* I 24. **c 796** sacerdos vero Dei
verbi et voluntatis illius praedicator debet esse in populum et intercessor ad Deum pro populo, quasi ~or
inter Deum et homines ALCUIN *Ep.* 114 p. 168; per
sacerdotem, quasi ~orem inter Dominum et homines
GIR. *GE* I 7 p. 23.

4 (feud.) mesne.

c1300 ne de cetero fiat ~or inter capitalem dominum
feodi et tenorem *FormMan* 1.

mediatorius [cf. mediator 4], (*terra ~ia*) mesne
land (ellipt. as sb. f.).

a1178 in eadem castellaria terrulas . . . item in aliis
locis quatuor ~ias in villa que dicitur Buca Meduane
Act. Hen. II II 65.

mediatrix [LL]

1 that occupies a middle position.

vix . . trahit cannis extorta liquamina Maurus, /
quem dapis irrigua mediatrix lactat harundo, / dum
calami rores angusta mamillula plorat HANV. I 273.

2 that mediates or intervenes: **a** (by separat-
ing); **b** (by joining).

a omnem . . verae lucis exortum suis tenebris
~icibus occludant BEDE *Sam.* 576B; camisia . . estibus
ferventissimis quasi ~ix interposita . . est accensa R.
COLD. *Cuthb.* 119. **b** ave, per quam mediam / fudit
in nos gratiam / mediatrix deitas EDMUND *BVM* 3.
16; s1459 ~ix misericordia *Reg. Whet.* I 348.

3 (as sb.) object that occupies a middle position: **a** (bot.) part of plant (in quot., root).
b (astr.; in quot., moon). **c** sighting-rod, alidade.

a radix autem plante ~ix est inter plantam et cibum
GROS. *Hexaem.* IV 30. 6. **b** [luna] est ~ix celestium
corporum et inferiorum BACON VI 61. **c** cujus
[sc. allidade] media linea ~ix sive linea fiducie dicitur
habens ij latera utriusque equidistanter ~ici lineata.
extremitates vero ~icis acuate sunt ut in allidada astro-
labii, supra quam due sunt pinnule . . per quarum
foramina . . radius solaris . . transibit *Early Sci. Ox.*
II 371.

4 one who mediates or intervenes, mediatrix;
b (w. ref. to S. Anne or BVM).

virago prudentissima [sc. Gunnildis], pacis inter
Anglos et Danos ~ix existens M. PAR. *Maj.* I 487;
ut sit ~ix inter ipsam et dictum demonem *Proc. A.
Kyteler* 32; s1324 que [sc. regina Anglie] cum trans-
fretasset . . effecta ~ix presentis negocii WALS. *YN*
260. **b** erat illa piissima ~ix nostra, post Deum spes
prima, virgo semper Maria ALEX. CANT. *Mir.* 52 p.
267; c1137 (v. interventrix 1a); queque mee fidei spes
est, caput et mediatrix NIG. *Mir. BVM* 1965; cum
vita viventium sit predestinatrix, / nos in vitam refert
Virgo mediatrix GARL. *Epith.* I *Summa* 28; ave, nostra
mediatrix, / ave cujus tumet matrix / sine viri copula
WALT. WIMB. *Virgo* 115; cum illa superexcellenti et
generalissima Dei et hominum ~ice Maria virgine *Mir.
Hen. VI* I 19.

5 (alch.) substance that mediates.

hec est aqua ad album . . et ~ix albedinis RIPLEY
362.

1 medica [CL < μηδική], kind of clover, lucerne
(*Medicago sativa*).

~a similis est trifolio que inter fenum nascitur, folia
habet angusta et virgulam similem trifolio. semen est
illi ut lenticulo, hanc herbam asini comedunt *Alph.*
113.

2 medica v. medicus.

medicabilis [CL]

1 that can be healed, curable.

o, quia per nullas amor est medicabilis herbas
GOWER *VC* 193.

2 that brings healing.

per tota infirmitatis spatia ~is dextra percurrit BEDE
HE I 21 p. 40; qui dum submissis precibus Deum
deprecaretur diutius, quo per sancti ~em pontificis
interventionem refrigeraret intolerabilem sui crucia-
tus dolorem LANTFR. *Swith.* 24; ~em potum sanitas
matura subsequitur W. MALM. *Wulfst.* II 9; aliptes . .
i. plagarum curator qui eas ~ibus fomentis alit, i. sanat
OSB. GLOUC. *Deriv.* 11.

medicabiliter [LL], in a healing manner.

pervigilis custodis fidelium animarum Gregorii antistitis Romuleae urbis dicta vel facta medicibiliter
proficuerunt BYRHT. *V. Ecgwini* 349.

medicalis [ML]

1 of or concerned with medicine, medical.

practicus obtusus medicalis, nescius artis, / practi-
zans temere fit mendax vilis ubique D. BEC. 1797.

2 of or pertaining to a medical practitioner;
b (*digitus ~is*) fourth finger, leech-finger.

morbi mole jacens medicos tibi consule fidos; /
illis consultis medicalia jussa sequaris D. BEC. 569.
b medium . . digitum sanitati restituit . . digitum ~em
pristina sanitate perfecte reparavit R. COLD. *Cuthb.* 68
p. 140.

3 curative, medicinal.

sabunca herba est ~is habens spicas miri odoris *GlC*
S 39; 1293 renuunt tamen omne quod ~e illi est S.
GAUNT *Serm.* 207.

medicamen [CL]

1 medicament, drug. **b** poisonous drug.

primum quidem . . beatitudinis vestrae dilectio-
ne, unde hujus fomenta quod sequitur ~inis con-
gessi THEOD. *Pen. pref.*; sicque luem carnis trudunt
medicamine spurcae ALDH. *VirgV* 1090; colirium dicitur multa ~ia in unum collecta *Gl. Leid.* 39. 49;
cum medicaminibus medicus sit eis comitatus D. BEC.
1885; de proprietate ~inum est quod juvabunt uno
tempore et non alio J. MIRFIELD *Brev.* 50. **b** lapis
corallus maximas habet virtutes, nam qui portat nunquam capietur ab ullo ~ine, nec a fulminea umbra
Alph. 92.

2 curative medicament, remedy (also fig.);
b (w. subj. gen.); **c** (w. obj. gen.); **d** (w. *pro*).

cepi cordetenus ruminare pauca ex plurimis quali
~ine possem clericis proficere, ut alee ludos relaxa-
rent et hujus artis notitiam haberent BYRHT. *Man.* 58;
confestim . . divino ~ine tacta surrexit W. MALM. *GP*
V 273 p. 436. **b** sanando paenitentiae ~ine stupri
affectum GILDAS *EB* 70; p675 ut . . medicus . . animarum vulneribus divinae pietatis ~ina . . componeret
ALDH. *Ep.* 4; ad erratica idolatriae ~ina concurrebant
BEDE *HE* IV 25 p. 269; qui ipsos episcopus, una cum decano et fratribus ceteris, adjunctis etiam oracionum
~inibus, fratrem infirmum sanare et corrigere studeat
Stat. Linc. 4. **c** quis . . hoc in eo sane mentis
non agnoscat, cum . . consideret volumina quae . . in
languentium direxit mirabile mirum, contra vitia humanorum ~ina animarum *V. Greg.* p. 103; diversarum
miseriarum in ejus beatitudine reperiunt ~inum boni-
tates R. COLD. *Cuthb.* 50 p. 104; ad sitis refectionem,
ad ~en dolorum, ad laborum levamen J. FORD *Serm.*
53. 6. **d** ad te tota fide famosa Britannia currit / quaerere pro variis sibimet medicamina morbis
ALCUIN *SS Ebor* 434.

medicamentarius [CL]

1 of or concerned with medicaments or drugs.

qui et ~iam medicinam ad vulnera aut ulcera
curanda invenit P. VERG. I 21 p. 68.

2 (as sb. n.) book of medicaments, medica-
mentary.

a1332 ~ium Platearii *Libr. Cant. Dov.* 58.

medicamentum [CL]

1 medicament, drug.

~um . . contra egritudines explorare BEDE *HE* I
27 p. 56; si confessus est, admone eum, quod scriptum est, quod non proficit in vulnere ~um, si adhuc
ferrum in eo sit BONIF. *Pen.* 430; cataplasma, ~um
GlC C 88; sicut corporum medici diversa ~a diversis generibus morborum componunt ÆLF. *EC* 34;
prout vulneri viderit expedire, leviora seu austeriora
~a apponat J. FORD *Serm.* 112. 4; pharmacum est
unguentum et ~um, venenum BACON *Gram. Gk.*
139.

2 curative medicament, remedy (usu. fig.).

penitentiam quam prae omnibus suae nobis initiatus instrumenti doctrinae Dominus Jhesus ~a male
habentibus praedicavit THEOD. *Pen. pref.*; apostatarum
cicatrices poenitudinis ~o . . salubriter curavit ALDH.
VirgP 47 p. 302; decebat ut ~um humilitatis quo
sanaretur prima mox incipientis salutis tempora prae-
tenderent BEDE *Hom.* I 4. 15; **797** Deus vero sine
labore sanat, sine tarditate ~a veniae praestat, si devota lacrimis scripta in auribus pietatis suae legatur
paenitentia ALCUIN *Ep.* 131 p. 195; si dolori ~um vult
adhibere, ubi doleat, expedit ut ostendat ei quem scit
nosse et posse mederi EADMER *Beat.* 15 p. 289.

medicari, ~are [CL]

1 to cure, heal, practice medicine (also fig.);
b (as true passive); **c** (w. dat.); **d** (w. acc.).

affero compertum medicans cataplasma salutis ALDH. *Aen.* 47 (*Hirundo*) 8; ~or, ~aris, unde medicator, medicatus OSB. GLOUC. *Deriv.* 343; GILB. II 103. 2 (v. desiderare 2a); post .. inaugurationem suam, ~ari licite poterit in omni ~andi genere *StatOx* 346. **b** **796** sunt quaedam infirmitates, quae melius dulcioribus ~antur potionibus quam amaris, et quaedam, quae melius amarioribus quam dulcibus ALCUIN *Ep.* 113 p. 166; cum tu contemplaris / per quem medicaris / menti saucie / mori venam venie J. HOWD. *Sal.* 5. 5; hec sunt cordis vulnera et quicquid ex hiis fluit letaliter statim vulnerat nisi ~etur [ME: *isalved*] *AncrR* 102. **c** si medicus fueris, medicari sic mediteris / ne sit a interitum gentis cui tu medicaris D. BEC. 1795–6. **d** hunc morbum aegroti medicantur gaudia cordis ALDH. *VirgV* 2651; **798** ut .. ignorantiae fomentis caput percussi ~ari incipiam ALCUIN *Ep.* 145 p. 231; ut .. ~eris invalidum potestate qua prevales ORD. VIT. VI 9 p. 79; revera qui languorem mundi ~aturus, incarnari non est dedignatus PULL. *Sent.* 829A.

2 to be cured, recover.

continuo exsurgens firmatus robore tanto / ut medicum possit medicans portare medentem ÆTHELWULF *Abb.* 260.

3 (pr. ppl. as sb.) one who practises medicine, medic.

gratia ~antis PULL. *Sent.* 752A (v. medicinaliter b).

medicatio [CL=*treatment of food*]

1 treatment, medication, curing; **b** (w. subj. gen.); **c** (w. obj. gen.).

nimis importune ~onis vexat infimum cruciamine ORD. VIT. VIII 26 p. 437; que .. renuat consolationem et devitet ~onem J. FORD *Serm.* 1. 5; ad .. languoris sui remedium hac unica erit ~one contenta *Ib.* 24. 8. **b** quidam caecus ex longinquis Anglorum finibus, audiens prodigiorum opininem, cum puero ductore properabat ad sancti ~onem LANTFR. *Swith.* 29; que .. olei et vini ~one curare valet J. FORD *Serm.* 101. 13. **c** tria namque miracula in hoc egro cernimus esse peracta: mulierum visionem, ac sancti patris piam commonitionem, necne languoris ~onem LANTFR. *Swith.* 3.

2 medicament, drug.

in ~onibus que fiunt ex plantis et animalibus BACON IX 17.

medicativus [LL]

1 that brings healing, curative.

~um emplastrum et antidotum apposuit animarum vulneribus J. FURNESS *Walth.* 38.

2 (as sb. m.) physician, doctor.

quis .. studiosus vel ~us ignoret ..? BRADW. *CD* 533C.

3 (as sb. f.) art of healing, medicine.

verbi gratia, ~a, que est ars sanandi, facit sanitatem in corpore T. SUTTON *Gen. & Corrupt.* 68.

medicator [LL], physician, doctor (also fig.).

†meditus [l. medicus], ~or *GlC* M 186; Domine, .. vulnerum .. potentissime ~or ALCUIN *Liturg.* 528B; Domine, omnium ~or EGB. *Pont.* 97; OSB. GLOUC. *Deriv.* 343 (v. medicari 1a).

medicatura [ML], medical treatment.

qui aliquem in collo plagiaverit .. c sol. emendetur et quicquid in ~a fuerit erogatum (*Leg. Hen.* 93. 37) *GAS* 610.

medicibiliter v. medicabiliter.

medicina [CL]

1 art of healing, medicine; **b** (acad.).

Lucas .. apud Antiochiam ~e artis egregius ORD. VIT. II 16 p. 359; sepius egrotis prestat medicina salutem D. BEC. 570; dum novus est morbus morbo medicina ministret *Ib.* 574; **1193** vulgariter dicitur quod nova et insolita morborum genera nova indigent ~a P. BLOIS *Ep.* 64. 188A; ~a una et eadem est disciplina sani et egri, nec est alia disciplina ad inducendum sanitatem et alia ad expellendum egritudinem J. BLUND *An.* 67; medicum per artem ~e dicimus sanare infirmum T. SUTTON *Gen. & Corrupt.* 68. **b** c**1400** magistri arcium possunt deponere pro inceptore in ~is *StatOx* 30n.; **1549** ~ae chirurgiaeque studiosus sex annos rem medicam discet *Ib.* 346.

2 cure, remedy, treatment (also fig.); **b** (w. subj. gen.); **c** (w. obj. gen.); **d** (w. *contra*); **e** (w. *de*).

cuncta quae saluti contraria fuerint, ac si nihil mundo ~ae a vero omnium medico largiretur GILDAS *EB* 21; pigmentum boni odoris aptumque ~ae *Comm. Cant.* I 192; animarum ulceribus ~a refocilatrix septem sententiarum serie contexitur ALDH. *Met.* 2 p. 71; a**1087** ad Frachenam villam nostram .. veni, in qua rege precipiente et corporis mei infirmitate urgente aliquam accipere ~am disposui LANFR. *Ep.* 18 (44); tanta .. rerum perversitas .. ut .. stabilis ~e providentia raro possit inveniri (*Leg. Hen.* 6. 4) *GAS* 552; **1384** in ~a nostra causa varie et diuturne infirmitatis *Ac. Obed. Abingd.* 45. **b** '.. angelus Domini sanctus Raphael' qui interpretatur ~a Dei BEDE *Tob.* 926; Raphael, ~a Dei *GlC Interp. Nom.* 264; doctores vitae, magnae et medicina salutis ALCUIN *Carm.* 10. 5. **c** vulnera dum sanas, dolor est medicina doloris *Ib.* 62. 94; ita ~a peccati et causa nostrae salvationis nascatur de femina ANSELM (*CurD* II 8) II 104; in his .. est vulnerum meorum ~a J. FORD *Serm.* 11. 6; a**1332** libellus de ~is febrium *Libr. Cant. Dov.* 56; **1418** pro medecinis oculorum suorum iij s. iv d. *Ac. Durh.* 302; pro ~a equi ij d. W. WORC. *Itin.* 40. **d** promisi docere contra eas ~am [ME: *salve*] *AncrR* 59. **e** sperat divinam de febre sibi medicinam *V. Anselmi Epit.* 139.

3 medicament, drug (also fig.) **b** (dist. acc. function, application, or sim.). **c** poisonous drug.

nobis enplastra nostris vulneribus exibuit medecinam THEOD. *Laterc.* 14; fomenta, ~a *GlC* F 284; quod dum fecisset, sequitur medicina per artus ALCUIN *SS Ebor* 1146; hinc medicina potens macerata in membra cucurrit *Mir. Nin.* 318; cogunt .. multas invenire ~as multorum experimenta morborum GIR. *TH* I 39; **1462** ave mater expers maris, / .. / portans vite medicina [*sic*] *Anal. Hymn.* XL 98. **b** siccitas artem superveniens vel ~a [TREVISA: *medicynes*] sicca agens in illos humores consumit eos et spirituum vias aperit BART. ANGL. IV 3 p. 91; in ~is ponuntur laxativis que interius recipiuntur, exterius vero in constrictivis, sicut in colliriis ad fluxum lacrimarum *Quaest. Salern.* P 83. **c** pharmacia, ~a, que et venenum, et medicinam quandoque confert OSB. GLOUC. *Deriv.* 483.

4 (alch.) elixir, transmuting agent.

ex argento et ramo dealbato cum ~a fit plus aurum in apparentia M. SCOT. *Part.* 295; ~a vel ~a laxativa vocatur que projecta in plumbum liquatum convertit illud in aurum et cuprum convertit in argentum. et hoc vocatur elixir in omnibus libris BACON *Tert. sup.* 84; alchemia est sciencia docens transformare omne genus metalli in alterum, et hoc per ~am sicut patet in multis philsophorum libris *Spec. Alch.* 378; **1373** fecit pecias predictas cum arte alconomie de auro et argento, et aliis ~is, viz. sal armoniak', vitriol et golermonik' *SelCKB* VI 165.

5 physician's house, surgery.

~am ingressus abbatis colliriis usus peroptimis .. sospitati redditur HERM. ARCH. 26.

medicinalis [CL]

1 of or concerned with medicine, medical.

p**754** si quos saecularis scientiae libros nobis ignotos adepturi sitis, ut sunt de ~ibus, quorum copia est aliqua apud nos *Ep. Bonif.* 114; chirurgia, ars ~is cum manu OSB. GLOUC. *Deriv.* 142; **1288** magistro P. cirorgio [*sic*] regis pro rebus ~ibus ad opus vulneratorum et infirmorum emptis *KR Ac* 352/14 m. 1; sciencia moralis est de homine quoad animam ~is est de homine quoad corpus DUNS *Ord.* I 90; a**1332** liber ~is collectus ex dictis Ypocratis et Aristotilis *Libr. Cant. Dov.* 58.

2 applied in medical practice.

instrumentis ~ibus [*gl.*: *mid lacniendlicum tolum*] tam valitudines ydropicorum .. quam incommoditates animarum .. curabant ALDH. *VirgP* 34 p. 275; obolus ~is iij siliquas *Gl. Leid.* 31. 19.

3 (*digitus ~is*) fourth finger, leech-finger.

digitus .. tertius medius vel impudicus, quartus ~is vel anularis OSB. GLOUC. *Deriv.* 167; digitus .. ~is W. CANT. *Mir. Thom.* II 36 (v. anularis 2).

4 medicinal, curative, healing: **a** (of part of body); **b** (of herb, plant, or sim.); **c** (of spring); **d** (of medicament, drug, or sim.); **e** (of skill or ability); **f** (fig.).

a c**798** quem adjuvat sacerdos Christi .. si nemo occulta diabolicae fraudis vulnera illius ~i [v. l. ~is] dexterae tractanda ostendit? ALCUIN *Ep.* 138 p. 218; [castoris] partis ~is .. largitione GIR. *IK* II 3 p. 117; quedam .. animalia habent linguas ~es [TREVISA: *medycynal*] et salutiferas BART. ANGL. V 21 p. 156. **b** a**797** herbas ~es, quas direxisti, gratanti animo accepi ALCUIN *Ep.* 56; saliuncula, erba ~is *Gl. Leid.* 13. 57; in testa parva continetur nucleus suavis, in favo mellis dulcedo, granum ~e in malo granato S. LANGTON *Ruth* 86; saccellacio est cum aliqua ~is herba vel avena aut furfur aut hujusmodi ponuntur in sacculo et calefiunt ad ignem et loco applicentur *SB* 38. **c** fontes dicitur habere calidos infirmis ~es *Eul. Hist.* II 87. **d** apud Antiochiam ~e [*gl.*: salutiferum, *halwende*] cataplasma procurans ALDH. *VirgP* 24; meraca -e, i. potio ~is acuta et utilis OSB. GLOUC. *Deriv.* 13; in infirmaria corpus ejus [Juliane] nudum unguentibus ~ibus perungere consuevit *Canon. G. Sempr.* f. 148v. **e** **794** ~i potentia, quae tibi post longas sanctorum patrum series hereditaria successione a Deo Christo tradita esse cognoscitur, me jubeas salutiferae pietatis verbo a peccatorum vinculis esse solutum ALCUIN *Ep.* 27. **f** ~ia quaedam Christus tribuit sacramenta ALCUIN *Dub.* 1078C; excommunicatio paenitentium non mortalis sed ~is est ÆLF. *EC* 16; hec ira ~is est curando, cujus solus exspectatur PULL. *Sent.* 705A; ille hoc audiens verbum ~e respondit mihi J. FORD *Wulf.* 50 p. 72; corda dura rigas in imbribus / Verbi, Christe, medicinalibus J. HOWD. *Ph.* 69.

5 (as sb. n., usu. pl.) medicament, drug.

mitridatum quod est summum ~e et singulare in antrace GILB. VII 353v. 1; cirurgico regis, percipienti annuatim de certo xl s. pro diversis ~ibus per ipsum appositis et apponendis circa diversos de hospicio regis, lesos et alios *AcWardr* 84; **1336** pro uno equo et ~ibus suis .. vij li. vj s. viij d. *IssueR* m. 18; electuaria et ~ia non curabat *Meaux* I 439; †decimalium [? l. medicinalium] *Entries* 187 (v. decimalis 5).

6 (sb. n. pl.) medicine (as academic discipline).

a**1350** qui, antequam licencientur, per sex annos ~ia audisse tenentur *StatOx* 41.

medicinaliter [LL], with medicine, medicinally; **b** (fig.) as a medicine, by way of cure.

tanquam a latronibus vulneratum per Samaritani curam ~iter secare, ut ferro abscindatur vulnus quod fomentum non sentit H. BOS. *Thom.* IV 17 p. 389. **b** nam infirmitas insolentie ~iter opposita fovet humilitatem, gratia medicantis fulciendo nutantem, confortat debilitatem, ut .. PULL. *Sent.* 752A; sic et enim fratres diligit, quod errores eorum ~iter corrigit J. SAL. *Pol.* 529a; **1281** adeo quod brachium seculare contra eum oportebit ~iter invocare *Reg. Ebor.* 112; sive domini temporales sive quicumque alii dotaverint ecclesiam temporalibus, licet eis in casu auferre temporalia ~iter ad cavenda peccata .. (WYCL.) *Ziz.* 255; non occidendo non comburendo .. sed elemosinas ~iter subtrahendo WYCL. *Sim.* 35.

medicinare, ~ari [ML]

1 to treat with medicine, cure, heal: **a** (person); **b** (animal); **c** (dep.).

a timentes .. ne sua hereditas nullo posse medicamine ~ari *Lib. Landav.* 6; et similiter fratri, cum ~atus fuerit, quotquot habet necessarias [sc. candelas] *Cust. Cant.* 103 (=*Cust. Westm.* 45). **b** **1209** in sulfure empto ad ~andum oves iij d. *Pipe Wint.* 38 (cf. ib. 53: in sulfure empto ad medicamentum ovium); omnium eciam equos, qui ad liberacionem ferrorum et clavorum abbatis sunt, intus et extra ~are debet *Cust. Cant.* 57; **1350** pro equo molendini ~ato j s. *Sacr. Ely* II 143. **c** sit ~atur puero virtus deifica HERM. ARCH. 30 p. 69.

2 (alch.) to treat with philosopher's stone.

aliqui philosophi, quando volunt operari ad lunam, projiciunt medicinam super aes aut ferrum; et, quando est ad solem, projiciunt medicinam super solem purissimum fusum, et iste sol ~atus est medicina ad convertendum aes vel lunam in solem CUTCL. *LL* 9.

3 (p. ppl. as sb.) one treated with medicine, patient.

~atis autem regulas ac minutis limitavit *G. S. Alb.* I 60.

medicinatio, treatment with medicine, cure, healing.

1445 nostreque egritudinis ~io saluberrima *Reg. Heref.* 268 (=*Process. Sal.* 264).

mediclinium [cf. medius+inclinis+-ium], sighting-rod, alidade.

sumpto .. astrolabio .. per utrumque ~ii foramen polo perspecto notetur graduum in qua steterit ~ium multitudo SACROB. *Sph.* 85.

medicon, kind of stone.

similiter ~on est lapis dictus a Medea NECKAM *NR* II 85; ~on dicitur a medendo vel a Media in ventre *Alph.* 113.

1 medicus [CL]

1 that heals, curative, medical.

ut transacti laborem diei temperaret medice [v. l. modice] quietis voluptas W. MALM. *GR* II 154; medica sum doctus in arte *Babio* 459; in morbis sanat medica virtute Salernum / egros VINSAUF *PN* 1008.

2 (*digitus ~us*) medical finger: **a** third finger. **b** fourth finger.

a [digito] medio .. solo, qui ~us appellatur, in medium palmae fixo BEDE *TR* 1 p. 269; tres digiti manus dextre, pollex, index, medius et verpus, id est ~us ROB. FLAMB. *Pen.* 176; regi .. reddet virgam argenteam altam usque ad os ejus, ita grossam sicut digitum ~um ejus *Leg. Wall. A* 144 (=ib. *B* 224: sicut medium digitum). **b** ejusdem [puelle] quoque manus duos digitos exteriores quos prudens adinventio ~um et auricularem nominavit interius replicatos *Mir. Wulfst.* I 22; **1271** (v. 1 digitus 1b); **1488** nervos trium digitorum suorum sc. medii, ~i, et auricularis ejusdem manus totaliter scidit *SelCCouncil Hen. VII* 64.

3 (as. sb. m. and f.) medic, doctor, physician; **b** (w. ref. to Christ as a healer); **c** (w. ref. to saint as physician or healer); **d** (acad.); **e** (as professional title, becoming a surname).

[ibis] qui mittit aquam de ore suo in culum suum ut possit degerere; indeque ~i ipsam artem didicerunt *Comm. Cant.* I 357; quem medici multum ruris per terga virentem, / cum scabies morbi pulpas irrepserit aegras ALDH. *Aen.* 94 (*Ebulus*) 4; praecepit ~o .. sanandae scabredini capitis ejus curam adhibere BEDE *HE* V 2 p. 284; ~us, *læce* ÆLF. *Gram.* 302; **1168** non est enim ~us, non incantator, qui ea de manu Domini possit eruere J. SAL. *Ep.* 281 (250 p. 504); ~orum opera parum indiget GIR. *TH* I 33; ~us autem non sanat, sed natura cujus ~us est minister SICCAV. *PN* 142. **b** quamobrem verax ~us .. caelestis medicinae antidotum .. propinaret ALDH. *VirgP* 7; ~us noster Jesus Christus AILR. *Serm.* 259; mitte medelam, medice, sauciatis / nosque devotos effice tue laudi J. HOWD. *Cant.* 33. **c** tertius Lucas ~us *Comm. Cant.* III p. 412 *tit.*; Antiochensis ~us .. lxxvii generationum laterculis protoplaustum terminum posuit ALDH. *Met.* 2 p. 68; his dive ~e fomentis eger animus in spem velut ad vitam regreditur GOSC. *Transl. Mild.* 22 p. 187; nimirum hec sancta ~a preciosissimi martyris Laurentii meruit virtutem *Id. Wulfh.* 5. **d** in urbe Psalernitana ubi maxime ~orum scole ab antiquo tempore habentur ORD. VIT. III 5 p. 70; Galienus et universalis ~orum scola ALF. ANGL. *Cor* 5. 2; **1350** theologi .. decretiste, medici et legiste *StatOx* 37; **1379** statutum est quod vesperie medicorum in scolis propriis teneantur, et quod doctores arguant in eisdem *Ib.* 177. **e** **790** Uinter ~us mihi promisit duo carrata de vino optimo et claro ALCUIN *Ep.* 8; Nigellus ~us .. tenet jugum *DB* I 1vb; **c1105** testibus Wald' cancellario et Grimbaldo ~o apud Westmonasterium, in Natale Domini (*Breve*) *Chr. Abingd.* II 93; **1209** de terra magistri H. ~i *Pipe Wint.* 77; H. de A. occidit W. de P. ita quod ante mortem ejus venit ad domum J. ~i et ibi obiit de plaga *PlCrGlouc* 24; **1309** Auberto medici [*sic*], filio magistri Roberti de Bosco, fisici *RGasc* IV 214.

4 (*~us animarum, salutis, spiritalis*, or sim., w. ref. to the cure of souls) spiritual healer; **b** (iron., w. ref. to the Devil).

inter multa gesta illius mirifica, in quibus maximae peritiae ~us fuit animarum, fertur .. *V. Greg.* 98; o ~um salutis [sc. Guthlacum] ..! FELIX *Guthl.* 51 p. 162; a**747** longum est enim enumerare, quanti spiritales ~i hujus peccati venenum et horrendum vituperabant BONIF. *Ep.* 73 p. 149; spiritales ~i diversis curationum generibus animarum vulnera sanare debent ÆLF. *EC* 34; in persona medicorum et custodum angelorum, qui ~i sunt animarum GIR. *SD* 46; quia ~us animarum contra passiones viciorum debet opponere medicamenta virtutum *Cust. Cant.* 75. **b** tot habet pixides maledictus ~us infernalis [ME: *þe luðere leche of helle*] plenas electuariis *AncrR* 82.

5 medical finger: **a** third finger. **b** fourth finger.

a hic ~us, *the therde fynger WW.* **b** medius vel impudicus, *middelfinger*; ~us vel annularis, *goldfinger* ÆLF. *Gl.* 158; **10..** medius, *middelfinger*; ~us, *læcefinger WW*; **c1205** debet utriusque manus pollicem et indicem atque medium erigere, submissis ~o et auriculari P. BLOIS *Ep. Sup.* 51. 13; *Ps.*-RIC. *Anat.* 44 (v. 2 auricularis 2b); stat medius [*gl.*: *medylle fyngure*] medio, medicus [*gl.*: *lechefyngure*] jam convenit egro *WW*; est pollex, index, medius, medicus, auricularis [*gl.*: *thombe, forefyngur, medulle fyngur, lechefyngur, litylle fyngure*] *WW*.

2 medicus v. modicus.

medietarius [ML; cf. medietas 6]

1 who shares one half of a crop (also as sb. m.).

1159 homines firmarii, ~ii, et pensionarii in eodem manerio .. manentes *Act. Hen. II* I 519.

2 (as sb. f.) share of one half of a crop.

hic potest queri de bobus et ovibus et aliis jumentis .. que dantur vel ad censum vel ad medietatem, et de aliis ~iis ROB. FLAMB. 220.

3 land held for render of one half of its produce.

1130 totam terram quam habent cum ~ia comitis que est inter Boscum Arnoldi et Charonvilur *Regesta* II p. 371; **1131** metetariam quam dedit Gilbertus *Ib.* p. 373; **c1158** cum pertinentiis suis, et molendinum, et ecclesiam cum molta et decima ipsius parochie *Act. Hen. II* I 186; **1180** ~iam de Monte Calvet que est in manu regis *RScacNorm* I 104; **1199** in ~iis et omnibus aliis rebus que ad ballivam predicti loci pertinent *RChart* 25b.

medietas [CL]

1 central point, middle.

centrum, punctum, ~as *GlC* C 280; quando ponitur punctus in ~ate, primus denotat perfeccionem, secundus vero divisionem HAUBOYS 196; he note vocantur quia per ipsas nobis cantus innotescit, verumtamen non suis prioribus litteris sed illis ~atibus sicut sequitur, quarum omnium figure et nomina breviter sequuntur ODINGTON *Mus.* 93.

2 one half: **a** (arith.); **b** (geom.); **c** (of mus. interval); **d** (astr.); **e** (period of time); **f** (*~as horae primae*) half an hour before prime; **g** (of abstr.).

a sescupla [divisio] dicta est quasi semis dupla, quia altera pars alteram non duplo vincit sed ~ate dupli ALDH. *PR* 151; sescuplum .. est quando minus continetur a majore et ~as minoris, ut tria et duo BONIF. *Met.* 109; c**798** ~as sexagenarii est tricenarius ALCUIN *Ep.* 133 p. 201; adhuc hic numerus ~ati hostium minime par fuerat *Enc. Emmae* II 6; ~as substantie 18 coequatur ROB. ANGL. (I) *Alg.* 70; in tercio anno, subtrahat duas quartas, sc. ~atem excessus N. LYNN *Kal.* 193. **b** semicirculus est figura diametro circuli et ~ate circumferentie conclusa ADEL. *Elem.* I def. 18; anguli itaque AHG et HAG uterque recti anguli ~as *Ib.* II 9; atqui unusquisque triangulorum HKZ et ZLN et NMT et TNH major ~ate portionis circuli in quam ipse triangulus *Ib.* XII 2; ~as circuli .. evolavit, reliqua vero ~as inveniri non potuit CIREN. I 319. **c** armonica arismetica .. trium terminorum ~ate exultat J. SAL. *Pol.* 399B; semitonium dicitur tonus imperfectus, quia ~as ejus non est precise, quoniam, si ab omni superparticulari removeatur aliqua proportio, illud, quod remanebit, non erit ~as *Mens. & Disc.* (*Anon. IV*) 69; semibrevis dicitur quasi ~as brevis *Fig.* 43. **d** Amphorais dicitur luna antequam sit plena, Dicotamas quando ~as plena est S. LANGTON *Gl. Hist. Schol.* 48. **e** **798** remansit .. frugum .. abundantia vix ad ~atem alterius anni ALCUIN *Ep.* 156 p. 254; circa ~atem secundi nocturni .. circumeat praedicta monasterii loca LANFR. *Const.* p. 146; item sol motu suo et sitibus variis dividit et distinguit diem per signatas ~ates et quartas et horas et horarum momenta GROS. *Hexaem.* V 6. 4; ad ~atem yemis BACON *Senect.* 54; **1326** per ~atem anni immediate precedentem *MunAcOx* 118; precabar tibi, id est optavi ut viveres ad ~atem annorum Priami, qui fuit valde senex TREVET *Troades* 56; a mediatate mensis Marcii .. valde modicum pluit AVESB. f. 136; medium lustri, id est ~as quinque annorum .. quia durabit .. duos annos et dimidium (J. BRIDL.) *Pol. Poems* I 207. **f** **1329** ordinatum est .. quod nullus de cetero petat in campis fabas nec pisas viridas preter inter ~atem hore prime et horam primam (*Lex*) *EHR* XLV 212. **g** tres modi sunt conversorum: inchoatio, ~as, perfectio ANSELM *Misc.* 307; si contingat cerebri substantiam esse ~atem inter mollitiem et duritiem, et puram, in talibus potest memoria perfici *Quaest. Salern.* N 43; forme substanciales elementorum non manent secundum totum in mixto set secundum ~atem T. SUTTON *Gen. & Corrupt.* 102.

3 half: **a** (of body); **b** (of group).

a totius corporis post se trahens ~atem OSB. *Mir. Dunst.* 140; jam palpitabat arvis ~as W. MALM. *GR* IV 373 p. 433; puella etiam quedam que dexteram ~atem corporis sui paralisi amiserat *Mir. Wulfst.* I 39; **1334** in ~ate unius *porpays* recentis emp., ij s. vij d. *Ac. Durh.* 23. **b** **1258** ita quod quelibet navis unius ~atis illarum cc navium sit deferens xx et iiij equos et quelibet alterius ~atis sexdecim equos .. *Cl* 297; **1303** in omnibus generibus placitorum .. ubi mercator inplacitatus fuerit vel alium inplacitaverit .. sit ~as inquisicionis de eisdem mercatoribus et ~as altera de aliis probis et legalibus hominibus loci illius *MGL* II 1. 205; si .. in eleccionibus diffinitorum plures quam quatuor majorem partem vocum ~ate omnium habere contigerit, illi qui plures voces habent ex ipsis pro veris diffinitoribus habeantur *Mon. Francisc.* II 110.

4 (of artefact).

alterius sepulchri concava ~as superponitur T. MON. *Will.* 55; **1283** erit panis ~as de frumento et ~as ordey *Cust. Battle* 54; **1239** non est plumbata nisi ~as turris *KR Mem* 17 m. 8; **1338** in reparacione ~atis infirmarie extra portam *Ac. Durh.* 201; potens est .. istam panis ~atem .. in immensum augere *Croyl.* 26; **1482** sol. pro construccione ~atis cimbe communis passagii apud Billyngham, cij s. iiij d. *Ac. Durh.* 648; latitudo de medieta [*sic*] gryses est una virga W. WORC. *Itin.* 268.

5 (of measure of land).

alia ~as est in foresta de Windesores (*Berks*) *DB* I 56vb; melius esse judico, ut ~atem regni rex noster cum pace habeat *Enc. Emmae* II 12.

6 (of amount rendered or supplied): **a** (in money); **b** (in kind); **c** (in labour); **d** (leg.) moiety, (right to) half (the income from) a property. **e** (*~as hominis*) half the service of a man.

a data ~ate antequam ingrederetur [scholam], daturus alteram J. SAL. *Pol.* 571D; volumus .. ut .. ei saltem ~atem .. restituat expensarum GIR. *Invect.* 157; **1219** pro j marca quam dat .. Ricardus solvendam ~atem die sancti Andree et in octabis sancti Hillarii aliam ~atem *CurR* VIII 83; **1249** reddendo .. per annum quadraginta solidos sterlingorum ad duos terminos: sc. ~atem ad festum S. Michaelis, et alteram ~atem ad Pascha *Cart. Beauchamp.* 158; sub pena decem marcarum cujus ~as detectori *Conc. Scot.* II 66; **1419** collectores .. decimarum et †medietum [l. medietatum] decimarum *Reg. Heref.* 67; **1499** una ~as marce deponetur et defalcabitur *Foed.* XII 714. **b** in .. die jejunet .. et .. quantum sumit penset, et tribuat ~atem in elymosinam EGB. *Pen.* 13. 11; **1275** Matilda S. .. reddit .. ad festum S. Martini ~atem unius galli et ij gallinas .. et faciet medietatem servicii Walteri supradicti *Ac. Stratton* 12; **1283** percipiet .. ~atem unius ferculi et caseum *Cust. Battle* 5; **1316** tibi precipimus quod de exitibus ballive tue ~atem frumenti illius molere et farinam inde in dolia salvo reponere et usque Novum Castrum .. facias cariari *RScot* 162b; **1394** unam ~atem lagene servisie .. ~atem unius ferculi *Comp. Swith.* 164; ~atem candelarum et cere, que oblate fuerint ELMH. *Cant.* 392. **c** **1218** convencionem, quam .. R. .. fecerit, de terris excolendis .. sive ad ~atem, sive alio modo *Pat* 139; **1253** A. falcatur pro ~ate per ballivos; et una ~as adunatur et ponitur super quendam tassum ... L. falcatur pro ~ate, et totum fenum est ibi integrum *SelPlForest* 110; **1283** J. .. de omnibus aliis consuetudinibus et operibus debet ~atem sicut W. *Cust. Battle* 10; **1317** cariari faciatis .. una viz. ~as in festo Sancti Martini proximum futurum et alia ~as in festo Natalis Domini *RScot* 179a. **d** habebant canonici .. ~atem aliam (*Kent*) *DB* I 1ra; ibi sunt iiij molini quorum ~as recte pertinet ad praedictum manerium (*Heref*) *Ib.* 182va; †**1093** (12c) cum ~ate bosci et plani et omnium que pertinent ad Neobold *Ch. Chester* 3 p. 6; **c1160** ex quibus propriis hec duximus exprimenda vocabulis viz. terram que

fuit Bresardi et midietatem tocius nemoris *Doc. Theob.* 139; ~as foldi pertinet ad dominum regem, alia ~as ad comitem Britannie *RDomin* 17; retinuit . . ~atem ecclesie de Bocsford BRAKELOND f. 137v; **1335** nos . . per cartam suam . . factam acceptantes et ratificantes reddidimus ei predictam baroniam . . ~ates, hospitia, feoda *RScot* 352b; Symon de Monteforti per Amiciam seniorem filiam cum ~ate comitatus Leycestrie et honoris de Hyncleye . . jure hereditario senescallus Anglie KNIGHTON I 65; **1388** v s. iij d. rec. de lacticinio vij vaccarum ad ~atem firme *Ac. Durh.* 313. **e** in L. . . ~as istius hominis fuit antecessoris . . et alia ~as S. Eadmundi . . (*Norf*) *DB* II 249v; non consummabit, id est omnem viventem, carnem sed dimidiabit, id est accipiet unam ~atem hominum (J. BRIDL.) *Pol. Poems* I 207.

7 (arith.) mean.

799 fiat unitas primi et extremi per ~atem ALCUIN *Ep.* 176; descendamus ad secundum ordinem, ubi per geometricam ~atem perpenditur quod in primo limite per arimeticam, sc. unius saltus OCREATUS *Helceph* 134.

medietatio [cf. medietas 2], (math.) halving, division into halves.

quemadmodum in ~one radicis tibi diximus ROB. ANGL. (I) *Alg.* 116.

medietator v. mediator.

medificare [LL], **~ari**, to act as a medic, to heal.

I shall hele thy dysease, tuo morbo ~abor STANBR. *Vulg.* 30.

medilanium [CL medius + ? planus + -ium], middle part.

inruit in quandam spinulam . . quae, medilanium [v. l. mediumque] plantae ipsius infigens, . . totius pedis cratem perforavit FELIX *Guthl.* 45 p. 138.

medimnarium [CL medius + mna + -arium], duty paid in corn (*cf.* 1 mina 2).

1173 possideant . . mediam redituum . . in dicto ~io seu minagio et in aqua *Act. Hen. II* II 7; facimus . . tertiam partem redituum . . de ~io Salmuriensi *Ib.* 81; ?**1182** quicquid ipse W. de M. possidebat in ~io seu minagio Salmuriensi et in aqua . . *Ib.* 224.

mediocricule, in rather mediocre fashion.

videns humi cleontarum oculos ~e obstipos auresque ad audiendum impendio accomodas . . OSB. GLOUC. *Deriv.* 3.

mediocriculus [CL], rather mediocre or insignificant.

~us, aliquantulum medius OSB. GLOUC. *Deriv.* 364.

mediocris [CL]

1 of medium size or amount. **b** of medium age or seniority.

hic fuit natione Normannus . . statura ~is, eloquio suavis, facie rubicundus ORD. VIT. III 2 p. 42; cuidam Herlewino . ., ~ium opum viro, nupserat W. MALM. *GR* III 277; sit autem quantitas ~is, quantum sc. visiva virtus distincte uno intuitu comprehendit BRADW. *AM* 7; serenissimus princeps . . ~i statura decenter enituit *Ps.*-ELMH. *Hen. V* 6; s**1512** hoc anno magna organa et ~a organa fuerunt quasi de nova reparata ac bene intonata et sonorata *Reg. Butley* 28. **b** xiij vel xv . . de senioribus, ~ibus, et junioribus *Ann. Durh.* 22.

2 (arith., of number) mean.

~es numeri [TREVISA: *þe mene nombres*] qui quodammodo simplices et incompositi esse videntur BART. ANGL. XIX 124.

3 (mus.) moderate: **a** moderately loud or soft, high or low. **b** moderately fast or slow, short or long.

a incipiat ~i voce dulcisone cantare *RegulC* 51; quando cantus planus sive tenor est gravis, contrapunctus sive discantus cantare debet acutum . .; et si tenor sit ~is, contrapunctus sit eciam ~is HOTHBY *Contrap.* Fa 101. **b** diversitas altera et major: una longa nimia et tres ~es . . et tres festinantes salva ultima, que dicitur ~is vel nimia, et sic tres ~es et tres festinantes *Mens. & Disc. (Anon. IV)* 85; pausationes . . procedunt . . in minimis, majoribus, et ~ibus *Ib.*

4 of moderate quality, middling.

quis ~i fretus ingenio expedire se posse gloriatur? ALDH. *VirgP* 43; enchiridion suum . . in quo non ~e . . habebat solatium ASSER *Alf.* 89; si . . ~em [sc. equum habuerit], et in freno providere debet mediocritatem *Simil. Anselmi app.* 193 p. 99; velamen capitis non sit de panno subtili vel pretioso, sed ~i nigro, ne videatur colore vario affectare decorem AILR. *Inst. Inclus.* 13; est . . grossities hec . . aliquando cum abundanti calore et ~i humiditate *Quaest. Salern.* B 63; nervi, etsi procedant a cerebro non elongati ab eo, inter mollitiem et duritiem fiunt aliquantulum ~es, unde hujusmodi immutationem recipiunt *Ib.* 201; discernitur . . pulsus proprie per digitorum appositionem super locum pulsatilem, quod fieri consuevit cum ~i pressione BART. ANGL. III 23; rufus . . et niger . . ~is . . inter duos colores est hominis qui diligit pacem BACON V 167; non mediocrem tamen cepi voluptatem FREE *Ep.* 58.

5 commonplace, average. **b** (of person) of middle social status. **c** (as sb.) person of middle social status.

evidens . . indicium est non esse eum legitimum pastorem, sed ne ~em quidem Christianum qui . . Novi . . Testamenti decreta recusarit GILDAS *EB* 92; gregalis, ~is *GlC* G 159; philosophia . . tam mediocritatis amica quam modestie . . . licet . . ~ibus esse poetis non liceat . . ~is tamen competit eis, etsi non scientia, sufficientia GIR. *TH intr.* p. 4; de aspectu lune ad planetas . . oppositio . . Mercurius: . . dies ~is in conventione scriptorum regum et horum similium BACON V 112. **b** quatuor ex ~ibus hominibus, quos Angli *laessthegenes* nuncupant (*Ps.-Cnut*) *GAS* 620; vir . ., inter ~es conprovincialium catervas, bone existimationis et benigne conversationis *Found. Waltham* 1; fuit . . vir iste magister Adam . . parentum ~um proles illustris *Chr. Witham* 496; erant ejus parentes censu quidem et honore seculari ~es *V. Edm. Rich P* 1775B; **1315** potestas datur Antonio de Lucy recipiendi ~es Scotos *RScot* 152b; pro salute ~is populi statuerunt TROKELOWE 96. **c** nec solum a ~ibus verum ab ipsis quoque episcopis BEDE *HE* III 25 p. 182; multi nobilium simul et ~ium de gente Anglorum *Ib.* III 27 p. 192; sintque omnes, tam primarii quam ~es et minuti, immunes, liberi et quieti ab omnibus provincialibus summonitionibus (*Ps.-Cnut*) *GAS* 621; **1309** onerosa talliagia, que per potenciores ville predicte super ~es et inferiores . . multociens sunt imposita *Gild Merch.* II 156; justicia penes ~es et communes terre rectum non potuit habere processum AD. MUR. *app.* 245; erant autem in Hibernia eo tempore multi nobilium et ~ium de gente Anglorum *NLA* I 364.

6 humble, (also as sb. m.) humble person.

Christus . . ~ibus et contritis corde . . misereri scit ALDH. *VirgP* 43; ne in conspectu majorum arrogans appareat sed potius in ~i oppositus loco BEDE *Prov.* 1012.

7 trivial, insignificant. **b** (as sb. n.) insignificant word or remark.

etiam ~is verbi aspernantur convicium GILDAS *EB* 69; his dictis, redeamus venusto animo unde discesseramus ~i alloquio BYRHT. *Man.* 40; non ~em difficultatem verborum J. SAL. *Met.* 900A. **b** si . . haec ~ia metricae definitionis regulis minime caruerint . . ALDH. *Met.* 6.

mediocritas [CL]

1 moderateness of size or amount.

statura paulo ~atem excedente GIR. *EH* I 26; quia perpendi omnia non posse in unum librum coartari, nisi ~atem decentis quantitatis liber excederet, ex utilioribus duos libros conscripsi . . P. CORNW. *Disp.* 154; equior et temperatior creatura est que convenit ~ati stature cum nigredine oculorum BACON V 167; **14 . .** ~as consistit in hunc modum: per discrecionem totius Anglie fuit mensura domini regis composita, viz. quod denarius qui vocatur sterlyngus, rotundus et sine tonsura, ponderabit xxxij grana frumenti in medio spice (*Assisa*) *EHR* XIV 505.

2 moderateness of degree.

queritur quot contingunt ad bonum odorem faciendum? duo . . caloris naturalis abundantia, humiditatis ~as *Quaest. Salern.* B 55; ad visum perficiendum hec omnia conveniunt, sc. res videnda, . . motus. si enim nimia sit motus velocitas . . *Ib.* 272.

3 avoidance of extremes, the keeping of a middle course, the mean. **b** (*aurea ~as*, w. ref. to Horace *Carm.* 2. 10. 5) golden mean; **c** (w. play on *mediocris* 2; v. *ALMA* LVI (1998)

224, '*Medius* as middle and mean', *Peritia* XIII (1999) 93–126.

Simil. Anselmi 193 (v. mediocris 4); GIR. *TH intr.* p. 4 (v. mediocris 5a); dicitur et mediocris, equalis, et temperatus quando nec centro nec extremitatibus est vicinus. hec ~as [TREVISA: *þis mene*] BART. ANGL. III 23; abstinencia est ~as in sumendo corporis nutrimentum prohibens a crapula et ebrietate *Spec. Laic.* 1. **b** felix igitur ille et fortunatus qui sub aurea ~ate que medium inter maximum et minimum locum tenet GIR. *JS sup.* 152; via media ~atis [ME: *middel wei of mesure*] est semper aurea *AncrR* 130. **c 1166** ad quod ego replicabo quoniam licet hanc auream ~atem, quam prescribo, servare non noverim aut non queam J. SAL. *Ep.* 179 (172 p. 130).

4 middle part.

febris est calor contra naturam cor in initio patens per ~ates arteriarum GILB. I 3. 1; fumi resoluti petunt cor per ~atem venarum et arteriarum *Ib.* 5v. 2.

5 middle social status.

ut sit virginitas divitiae, castitas ~as, jugalitas paupertas ALDH. *VirgP* 19; ejusdemque ~atis sortita maritum; pro fortuna mediocriter victitabat W. MALM. *Wulfst.* II 13.

6 insignificance (as title of modesty).

sicut nostra ~as posset omnia . . interpretari GILDAS *EB* 93; almitatis vestrae scripta meae ~ati allata ALDH. *VirgP* 1; **716** humillimis ~atis meae apicibus BONIF. *Ep.* 9; c**804** dum modo non cesses doctor et auxiliator meae ~atis existere *CS* 315; a**984** ego Aðelwold aeclesiae UUintoniensis episcopus regis gloriosisimi benivolentiam abbatem mea altum ~ate et alumnos quos educavi illi commendans crucis signaculo benedixi (ÆTHELWOLD *Ch.*) *Conc. Syn.* 131; ad nostrae ~atis conspectum non moreris dirigere W. MALM. *GR* I 58.

mediocriter [CL]

1 to a moderate extent or degree, moderately. **b** (w. neg.) to no small extent, greatly.

digesto . . libello . . ~iter urbano . . ALDH. *VirgP* 59; c**1074** nullus qui sacras litteras vel ~iter legit ignorat LANFR. *Ep.* 38 (10); acervus lapideus ~iter magnus GIR. *TH* II 8; queritur quare quedam est que in primo coitu ~iter delectatur, in secundo . . *Quaest. Salern.* B 307; caveat semper dormire post prandium, sed vigilet, et ~iter exercitetur ut grossa exhalet fumositas a cibis digeri incipientibus GILB. L 1; in nasis ille est magis equalis qui est ~iter longus BACON V 168; metropolitanus electum ~iter distinctaque interrogat voce : . . *Mod. Ten. Parl.* (*Hib.*) 391; **1516** xij lodices, unde viij ~iter boni *Ac. Durh.* 253; ~iter laborando vanga queritabat et tribula *Mir. Hen. VI* II 40 p. 107. **b** erat . . virtutibus . . non ~iter insignitus BEDE *HE* V 19 p. 323; secum mirari non ~iter cepit *Enc. Emmae* I 3; lectus 'funibus' intextus mollitie sue et adquiescendum commoditate non ~iter blanditur ANDR. S. VICT. *Sal.* 38; judiciis nanne non ~iter suffragatur J. SAL. *Met.* 902B; callida dirivandi forma non ~iter exuberat OSB. GLOUC. *Deriv.* 493; animos [musica] . . tristes non ~iter exhilarat GIR. *TH* III 12.

2 in a restrained or subdued manner.

Saraceni . . quinque oraciones in die naturali . . dicere tenentur, non clamorose sed voce ~iter, prout scribitur in *Alchorano* . . S. SIM. *Itin.* 35.

mediola [CL medius + -ula], insignificant little person.

nam cum juris [l. iüris] incola / ullam dicar sic sciola / que istis sint [l. sit] confusio, / ullam dabo mediola, / concludam seu †malevola [l. malivola] / quin pejor sit contencio *Pol. Poems* I 247.

mediotenus v. medius 24e.

mediousium [? cf. μήδιον], kind of plant.

~um *Alph.* 114 (v. entaticus).

medioximus [CL]

1 midmost.

in secunda [oratione] duos ~os [gl.: *midemeste*] [psalmos] *RegulC* 45; jacinctus est ceruleus / virore medioximus FRITH. *Cives* 12. 2; verbi gratia medio nihil magis medium, et tamen ~um invenitur GERV. MELKLEY *AV* 98; primo quoque confertur dominium animantium que a nobis sunt remotissima, deinde ~orum, et tandem proximorum GROS. *Hexaem.* VIII 14. 1.

2 (as sb. m.) person placed in the centre, intermediary.

medioximus, -a, -um, i. in medio positus, unde Martianus Capella quos Greci demonas Latini ~os vocant Osb. Glouc. *Deriv.* 353; nuntii Dei, quos Latini ~os vocitarunt, id est in medio positos. medioxemus enim dicitur quasi medius proximus; inter Deum namque hominemque discurrunt Alb. Lond. *DG* 2. 1; dii .. superi et inferi ~issimique Liv. 86.

meditabundus [LL], bound to think.

et truculentus erat, solitus mordere labellum / inferius, meditabundus dum stare solebat J. Herd *Hist. IV Regum* 133.

meditamen [LL], (act of) thinking, thought.

plurima secreto volvit meditamine secum Wulf. *Swith.* I 96; sancto meditamine pernox *Id. Brev.* 288; edidit hos famulus gnaro meditamine versus / perspicuos summi Beda sacer Domini Byrht. *Man. app.* 8. 1 p. 384; multa secum revolvens subtili ~ine Ord. Vit. VI 10 p. 97; illa ejus aspectu perterrita, omnium que cogitavit oblita, dixit sibi nulla inesse ~ina Hon. *Spec. Eccl.* 866D; conatus sum .. aperire .. votorum meorum ~ina Ad. Marsh *Ep.* 169.

meditanus v. mediterraneus.

meditari [CL], **~are**

1 (intr.) to think. **b** (tr.) to think about.

rationalis autem anime hec sunt officia: ~ari, meditata recordari, discernere, fixum aliquid ac certum firmare, memoriam habere et velle rerum causas discutere et, discussis, ad rei veritatem pervenire Petrus *Dial.* 50 (v. et. 1b infra); torquens labia, superbientis vel subtiliter aliquid ~antis more Andr. S. Vict. *Sal.* 65; ad scrutinium ~anti accedit J. Sal. *Met.* 853D. **b** ad indagandos .. metrorum anfractus ~antium mentes .. flectuntur Aldh. *Met.* 10 p. 84; ~ata recordari Petrus *Dial.* 50 (v. 1a supra); pondera pro meritis meditarier urgeor, era / sepius in manibus quam bona scripta ferens L. Durh. *Hypog.* 65; repentinis responsionibus aut consiliis melior quam ~atis Gir. *PI* I 17 p. 64.

2 (intr.) to meditate. **b** (tr.) to meditate upon.

ut omnes .. ~ari deberent, id est aut legendis scripturis aut psalmis discendis operam dare Bede *HE* III 5 p. 136; rex .. debet in lege Dei assidue ~ari Ockham *Dial.* 875 (*recte* 873). **b** ceu meditatus erat sacros dedasculus idem / .. libellos Aldh. *VirgV* 1643; omnem ~andis scripturis operam dedi Bede *HE* V 24 p. 357; talia ex corde ~anti astitit juvenis Osb. *V. Dunst.* 17; ut Trinitatem personarum et veritatem essencie ad plenum intelligere ~aretur Knighton I 89.

3 to think through, devise, plan: **a** (w. acc.); **b** (w. prep. & acc.); **c** (w. inf.); **d** (w. indir. qu.).

a sperantes minus animos militum .. praesente duce .. eximio posse fugam ~ari Bede *HE* III 18 p. 163; acies Anglorum declinabant et .. fugam ~antur W. Malm. *GR* II 119. **b** rex ~at contra .. comitem Lancastriae *Flor. Hist.* III 176 (*marg.*); non ~antes in fraudem *Plusc.* I 21. **c** Augustum .. perterritum atque in Italiam transire ~antem .. interfecit Bede *HE* I 9 p. 23; iter .. resumere ~abantur W. Malm. *GR* IV 366. **d** cum ~aretur assidue qualiter vitam suam secundum Deum disponeret *V. Edm. Rich P* 1782B.

meditatio [CL]

1 act of thinking. **b** result of thinking, thought.

671 rerum arcana .. non posse intelligi nisi frequens et prolixa ~o fuerit adhibita Aldh. *Ep.* 1 p. 478; ~o etiam ad ignota protenditur, et usque ad incomprehensibilia sepe se ipsam erigit J. Sal. *Met.* I 23; fantasia vero ab actu sensus est motus; ab hac autem estimatio et ~o consurgunt Alf. Angl. *Cor.* 15. 8. **b** Deus .. est semper inspector internarum mentium ~onum et omnium bonarum voluntatum instigator Asser *Alf.* 76; fateri .. illud archane ~onis involucrum quod clam secum volutaverat Map *NC* III 2 f. 36.

2 act of contemplating, meditating. **b** result of contemplating, meditation.

a705 ut assidua scripturarum ~one mentem tuam occupare non desistas Aldh. *Ep.* 6; super omnes docentes me intellexit, quia testimonia tua ~o mea est *V. Greg.* 108; in .. ~one divinarum scripturarum vitam sedulus agebat Bede *HE* IV 3 p. 211; hec quatuor capita referimus ad totidem sancte religionis exercitia, in quibus ipsa consistit totius ordinis nostri forma, sunt autem, lectio, ~o, actio Ad. Scot *QEC* 15. 826C; unguentum vel medicina contra accidiam est spirituale gaudium et lete spei solacium per lectionem, sanctam ~onem [ME: *þocht*] vel ab ore hominis *AncrR* 108; dum attenta ~one pensamus Avesb. f. 98; ~oni scripturarum insistitur Ockham *Dial.* 824. **b** ~onibus et oracionibus intenti *Cust. Westm.* 136; **1332** ~ones vel oraciones Anselmi *Libr. Cant. Dov.* 23.

3 act of thinking through, devising, planning.

si laicus alterum occiderit odii ~one, si non vult arma relinquere, peniteat vij annos, sine carne et vino iij annos Theod. *Pen.* I 4. 4; si clericus homicidium fecerit .. x annos peniteat, si odii ~one facit Egb. *Pen.* 4. 10; cogitabat quid adhuc addere potuisset, quod plus placeret ad piam ~onem; non inaniter incepta, utiliter inventa, utilius servata est Asser *Alf.* 99.

4 practice, execution.

801 nisi .. perniciosam ~onem regalis potentiae mitigaret *CS* 302.

meditatiuncula [LL], little thought.

~a, parva meditatio Osb. Glouc. *Deriv.* 366.

meditative [ML], by thought, in meditation.

vix aliquid in mente mecum ~e sub silencio .. omnino nichil ad id dico E. Thrip. *SS* VI 2.

meditativus [LL]

1 (gram.) meditative, desiderative.

~a semper meditatur ut lecturio, id est legere desidero, et esurio id est edere desidero Bonif. *AG* 496; ~a [verba] non solum in praeterito sed etiam in futuro infinitivi deficiunt Alcuin *Gram.* 876C; ~a *nabbað nænne* praeteritum perfectum ne plusquamperfectum Ælf. *Gram.* 212; dicitur hec inclinacio anime a quibusdam qualitas, ab aliis forma verborum, et ob hanc dicuntur verba potestativa, ~a, desiderativa, inchoativa, perfectiva, imitativa, frequentativa *Ps.*-Gros. *Gram.* 51.

2 meditative, deep in thought.

reddidit ille 'vale' meditativusque recedit Hanv. VI 11.

meditator [LL], thinker, deviser, planner.

si quis ~or turpibus .. datis extiterit Egb. *Pont.* 10; pius ~or se daturum spopondit Asser *Alf.* 99.

meditaturire, to desire to think.

~io, meditari desidero Osb. Glouc. *Deriv.* 366.

meditatus [LL], **a** act of thinking or meditating. **b** thought, meditation.

a verbum gratiae quod docuit crebro ~u scrutari Bede *Cant.* 1200; potius suorum, ut putamus, instinctu, quam spontaneae voluntatis ~u, dirigit sancto Herm. Arch. 24; anhelus advenit callidoque ~u preveniens e contra obstitit Ord. Vit. X 15 p. 88. **b** quid agerent exquisito ~u sollerter instruxit *Ib.* XIII 38 p. 117; dum diriguntur celice meditatus J. Howd. *Cant.* 24; hos cordi nostro suggere meditatus *Ib.* 92.

mediterraneus [CL]

1 remote from the sea, midland (also as sb. n.). **b** (as sb. n.) remote region, marchland.

~ae quoque plebes per hanc insinuentur esse salvandae Bede *Hab.* 1244; mediotollonium, medioterra[nium] *GlC* M 135; ~os Britones qui inter Merciam et mare occidentale habitant Asser *Alf.* 7; populorum cunei qui ab oceano Britannico usque ad Alpes ~o tractu jacent W. Malm. *GR* IV 350; quartam .. insule partem a tribus aliis tanquam ~um flumen a mare usque ad mare separat Gir. *TH* I 7. **b** pravitatis auctores, qui erant expulsi insula, sacerdotibus adducuntur ad ~a deferendi ut et regio absolutione et illi emendatione fruerentur Bede *HE* I 21 p. 41.

2 middle, central: **a** (*~a Anglia*) central England, Mercia, East Anglia. **b** (*~us Anglus*) Mercian, Middle Angle. **c** (*~us Saxo*) Middle Saxon.

a ~a Anglia fidem Domini suscepit sub .. rege Peada H. Albus 7. **b** Middilengli, id est ~i Angli, .. fidem .. perceperunt Bede *HE* III 21 p. 169; in ~orum Anglorum partibus Felix *Guthl.* 1; **803** †meditanorum [l. mediterraneorum] Anglorum episcopus *CS* 309; Legrecestra est civitas antiqua in ~is Anglis W. Malm. *GP* IV 176; prefuit .. rex .. Merciorum et ~orum Anglorum H. Albus 14. **c 1011** jam devastati sunt Orientales [Anglos] et Orientales Saxones, ~os Saxones .. *AS Chr.*

3 (w. *mare* or sim. or ellipt. as sb.) Mediterranean Sea.

cum dicitur oceanum mare est dulcius ~o, id est minus amarum, alia potestate ut piper dicitur calidum potentia *Quaest. Salern.* C 33; Colchos .. que est insula in mari ~o Wals. *AD* 106.

meditullaneus [cf. CL meditullium], middle, midland.

in meditullaneis [vv. ll. in mediterraneis; Mediterraneorum Anglorum] Brittaniae partibus Felix *Guthl.* 24.

meditullitus [cf. CL meditullium, medullitus], from the centre of the mind.

panes nivei candoris / de supernis dedit oris / .. allatoribus celitus / quos per angelum de celis / ministrari vir fidelis / applaudit meditullitus (*Vers.*) C. Eyre *History of St Cuthbert* ed. 3 (1887) pp. 296–7.

meditullium [CL]

1 part of a country remote from the sea, midland.

in illo tractu orientalium stagnorum, que a ~io terre orientia .. in mare .. precipitantur W. Malm. *GP* IV 182; castrum quod in ~io terre situm est Ord. Vit. VIII 13 p. 341; lapis .. in medio et ~io terre positus Gir. *TH* III 4; villas et terras, que erant in ~io Wallie, suis proceribus distribuit Rish. 103; quid est terra? basis celi, ~ium mundi, mater nascencium, etc. W. Burley *Vit. Phil.* 378.

2 middle, centre: **a** (of place or assembly); **b** (of part of plant or animal); **c** (of artefact). **d** (of text); **e** (of abstr.).

a desudans in ~io scammatis Aldh. *VirgP* 2; erat autem tam speciosa quae in ~io stabat Byrht. *V. Ecgwini* 375; posuerunt in ~io illius arvi reliquias quas detulerant a coenobio *Ib.* 393 (*recte* 383); subthronizatus in ~io ipsius magnae conventionis *Id. V. Osw.* 465; Nogion quippe tribus leugis distat ab Andeleio, et eo tempore guerris furentibus deserta erat tota regio. in ~io repentina principum facta est congressio Ord. Vit. XII 18 p. 361 cum figuris et circumscripcionibus secundum morem illius artis pro demone conjurando fecisse et in ejus ~io residere, et ut tradit ars illa diabolum instanter invocare *Spec. Laic.* 32 p. 54. **b** sic in loco supposito ut in ovo ~ium *Quaest. Salern.* N 58; succus laureole infundatur vel meditullinum ell[ebor]i ni[gri] Gilb. III 174v. 2. **c** [corpus] in ~io domus positum est Byrht. *V. Osw.* 439; ad Turrim Faris .. ut ibidem reditus et cause interminabiles totius Britannie et Hibernie et Hispanie quasi in ~io commearent Osb. Bawdsey cxlvi; *nave of qwyl* .. ~ium *PP*; hoc meditollium, *a nar* .. meditullium, A. *nawef, nafe WW*. **d** in ~io divi Hieronymi Ferr. *Kinloss* 77. **e** nec bona nec mala sint sed velud in ~io posita J. Sal. *Pol.* 755A; declinans a malo et non faciens bonum, inter bonum et malum quodam, ut ita dicam, ~io est contentus W. Newb. *Serm.* 846; velut in ~io posita, usu et eventu vel bona vel mala fiunt W. Burley *Vit. Phil.* 272.

medius [CL]

1 central, middle; **b** (pred.; w. ref. to the central part of, the middle of).

et tamen in media concludor parte pugilli Aldh. *Aen.* 100. (*Creatura*) 28; extremas catenas diruperunt; ~ia, que operosius elaborata erat, illibata durabit W. Malm. *GR* II 204 p. 255; estque possibile esse linearum ~iarum surdas multas et innumerabiles Adel. *Elem.* X 107; **c1170** regule de ~iis sillabis *Libr. Cant. Dov.* 7; Socrates per potenciam quam nunc habet in isto medio .. non possit moveri ultra punctum ~ium A spacii Kilvington *Soph.* 29b; computando a pollece ad extremum punctum ~ii digiti W. Worc. *Itin.* 234. **b** jam solus ac si arbor in ~io campo arescens Gildas *EB* 30; ad terram promissionis per ~ium mare Theod. *Laterc.* 21; nautas .. in ~io rapiebat gurgite et navem cum hominibus in terram aridam deposuit *Lib. Monstr.* I 32; fodite in ~io pavimento domus meae hanc saxosam terram *V. Cuthb.* III 3; insula ~ia in palude posita Felix *Guthl.* 25; **a786** via recta per ~ium campum quae appellatur Hiuetinhamstedi *Ch. Roff.* 15; **a1190** extendunt per midium Tochemaram usque ad fossatam *Danelaw* 350; per ~iam curtem dicte grangie nostre *Meaux* I 166.

2 (leg., *fide ~ia*) on plighted faith (as oath sworn in public).

a**1176** (v. 1 fides 7c); c**1227** ad hujus .. redditus solucionem annuatim faciendam obligavi me .. fide ~ia *Cart. Mont. S. Mich.* 71.

3 (log., *terminus ~ius*) middle term of a syllogism.

esse scientiam reperiendi ~ium terminum, et inde eliciendi argumentum J. SAL. *Met.* 909B; quid quod Aristotelis medius quoque terminus alti / viribus ingenii cedere promptus erat? NECKAM *DS* X 71.

4 situated between or among (usu. w. *inter*).

†**709** (12c) data pace supernis et ~iis civibus ut media eligant summorum consortium respuendo ima *CS* 124; inter iniquos medius J. HOWD. *Cyth.* 67. 9.

5 forming a half, half (usu. dist. from *totus* or sim.); **b** (*~ia pars*) a half. **c** (*~ia via*) halfway.

xx et unum sextarios et ~ium sextarium *Comm. Cant.* I 108; p**675** tiara .. rotunda erat quasi spera ~ia ALDH. *Ep.* 4 p. 483; ~ia radix denario coequatur numero. tota .. radix vigeno equatur numero ROB. ANGL. *Alg.* 70; integra vel †medica [l. media] pertica *Laws Romney Marsh* 13; **1543** per equas ~ias portiones *Conc. Scot.* I cclv. **b** **805** ~iam partem (v. mansiuncula 1); triangulos vero DGH ~ia pars superficiei GDHH ADEL. *Elem.* I 38; licet .. sciret .. ~iam .. partem sui exercitus nondum convenisse DICETO *Chr.* 195. **c** **1238** ad locum qui vocatur F., sc. ~ia via inter H. et S. *CurR* XVI 148M.

6 (w. ref. to the middle of a period of time).

dicitur ipsa volare per ~ias noctes *Comm. Cant.* I 359; jam ~iae noctis tempus esset transcensum BEDE *HE* IV 22 p. 261; **800** ~io Maio, perficiente Deo, ad palacium me esse arbitror ALCUIN *Ep.* 193 p. 320; †**844** (12c) si venirent ad horam tertiam diei vel ad ~ium diem dabatur illis prandium *CS* 454; c**1175** adducta est a patre suo illuc in ipsa Dominica die ~ie Quadragesime *Mir. J. Bev.* 313; **1231** ad ~iam Quadragesimam *Ch. Chester* 435 p. 435.

7 occupying a middle position in time, intervening; **b** (*~ium tempus*) the Middle Ages; **c** (*~io tempore* or sim.) meanwhile, in the meantime.

lucidas aestate noctes habet, ita ut ~io saepe tempore noctis in questionem veniat intuentibus BEDE *HE* I 1 p. 10; dum .. ~ium silentium tenerent ad invicem A. TEWK. *Add. Thom.* 5; motus localis est coexistencia successiva sine quiete ~ia OCKHAM *Quodl.* 29; **1497** annatis aut ~iis fructibus (v. annata). **b** extant enim versus, in nescio quo ~ii temporis poeta, de Cambala cruore effuso inundante in praelio Arthurii contra Mordredum CAMD. *Br.* 157. **c** c**1240** salvo .. episcopo Sarum et ejus successoribus, fructibus de predicto manerio ~io tempore perceptis *Reg. Malm.* I 407; **1242** allocabit nobis in debito predicto quantum ~io tempore de redditu predicto .. perceperit *RGasc* I 53b; **1261** si ~io tempore quod absit in fata decessero *Cl* 463; **1291** in tempore ~io (v. deponere 4d); s**1297** ~io quidem tempore Walenses .. stragem .. magnam apud le Dam .. perpetrarunt *Flor. Hist.* III 296; ~io tempore .. Clodoweus rex Christianus factus est *Eul. Hist.* II 121.

8 occupying a middle position in order or sequence; **b** (w. ref. to person's age, dist. from *junior* or *senior*); **c** (w. ref. to social class).

a**705** trina .. carmina .. subdidimus, quorum primum ..; tertium quoque ..; ~ium vero .. (ÆTHELWALD) *Ep. Aldh.* 2 p. 497; de primo supra diximus .. de secundo breviter intimandum .. de ultimis infra dicendum est .. de ~io nunc dicamus BEDE *HE* IV 21 p. 254. **b** **1290** ~ie nate *CalPat* 388; **1463** [dedi] Johanni Nele de Springfeld seniori, Johanni Nele de eadem ~io et Johanni Nele de eadem juniori [quandam hopetam pasture] *AncD* C5646. **c** ~ie manus homines *Becket Mat.* IV 145 (v. 1 manus 3d); c**1350** ~ius populus civitatis illius et pauperes *Rec. Norw.* I 194; quidam ~ie manus inter convicaneos suos .. precipuus habebatur (*Transl. Guthlaci*) *NLA* II 727.

9 occupying a middle position, moderate, medium: **a** (of colour); **b** (of sand, w. ref. to duration in time); **c** (of pulse, w. ref. to intensity, speed, or sim.); **d** (of texture); **e** (of extent); **f** (of action or crime, dist. from *major* or *minor*); **g** (of quality or abstr.).

a si lux sit color ~ius ipsa conficitur ex albedine et nigredine J. BLUND. *An.* 122; **1244** iij burnetas nigras, duas camelinas de ~io colore (v. camelinus 2); colores .. ~ii sunt azoreus, aureus, et rubeus BAD. AUR. 99 (v. 3 color 1c); colores medii tenebrosi sunt meliores extremis pro visu GAD. 111v. 1. **b** *Mens. & Disc.* (*Anon. IV*) 23 (v. legitimus 5). **c** item [pulsus] consideratur secundum tempus motuum et dicitur velox, tardus, et ~ius [TREVISA: *mene*] .. consideratur pulsus secundum tenorem virtutis et secundum hoc est fortis, debilis, et ~ius [TREVISA: *mene*] .. attenditur [pulsus] secundum consistentiam organi et tunc dicitur durus, et mollis, et ~ius [TREVISA: *mene*] BART. ANGL. III 23 p. 77. **d** cerotum .. est quiddam ~ium inter emplastrum et unguentum, spissius unguent' et liquidius emplastri *SB* 15; molipodium i. ~ium plumbum vel plumbeum *Alph.* 120. **e** item solar[ium] ~ium cum cellario subtus dictum solarium *Cart. Osney* I 46. **f** **1219** qui rettati sunt de criminibus majoribus .. qui ~iis criminibus rettati fuerint .. qui minoribus rettati fuerint criminibus *Pat* 186. **g** deliciosa nimis fugiens, nec vilia valde / sectatus fuerat, medio moderamine gaudens ALCUIN *SS Ebor* 1486; fides .. est et ~ia inter opinionem et scientiam J. SAL. *Met.* 924A; modum loquendi per tres stilos distinxerunt, sc. grandiloquum, et ~ium, et humilem T. CHOBHAM *Praed.* 273; **1242** unumquemque saccum de bona [sc. lana] pro quindecim marcis, et unumquemque de ~ia pro decem marcis *FormA* 308; fortitudine, que est virtus ~ia inter timorem et audaciam J. FOXTON *Cosm.* 82. 1.

10 (of person, w. ref. to characteristics) not given to extremes.

idem cum esset inter avarum et prodigum ita ~ius ut non posset esse prodigo sine vicio vicinior MAP *NC* V 5 f. 63.

11 (of motion) mean, steady.

secundum uniformem solis motum equalem qui apud astronomos appellatur motus solis ~ius GROS. *Hexaem.* II 11.

12 acting as intermediary or go-between. **b** (feud., *dominus ~ius*) mesne lord; **c** (*terra ~ia*) mesne land, mesnalty.

totum genus humanum de deliciis paradisi in quo positus est homo primus sine ~ia morte transiret BEDE *Cant.* 1207; **1345** hec .. significare duximus per eos, ut personas ~ias, parti alteri ulterius intimanda (*Lit. Regis*) AD. MUR. *Chr.* 168. **b** dominus ~ius residui ipsarum duarum carucatarum terre *Meaux* I 166. **c** **1458** per integras firmas terrarum ~iarum dominicalium *ExchScot* 440.

13 (in place-names).

c**1210** quietanciam secte comitatus mei Cestrie et hundredi mei de Norwyko [i. e. *Northwich*] et plantorum meorum de ~io Wyko [i. e. *Middlewich*] *Ch. Chester* 348; **1242** de redditibus .. Ruston', Mediwici [v. l. Mediowic'], et Norwic' *Pipe* 121; a**1292** quietam clamavit coquine unam acram terre in Salhale que ~ia Acra in Werforlong' appellatur *Cart. Chester* 411 p. 258.

14 (as sb. m.) person in the middle.

~ii prosiliunt, errorem fatentur OSB. *V. Elph.* 125.

15 middle finger.

~ius, *middelfinger* ÆLF. *Gram.* 298; nec manus fungitur officio pedis .. nec auricularis ~ius vel pollex ALEX. CANT. *Dicta* 137; c**1206** debet utriusque manus pollicem et indicem atque ~ium erigere P. BLOIS *Ep. Sup.* 51. 13; ~ius, *medylle fyngure*, hic ~ius, *the longe fynger*, hic ~ius, A. *the longman WW*.

16 halfpenny.

nec .. denarius vel ~ius ad manus meas pervenit D. LOND. *Ep.* 24 p. 623.

17 middle-class person.

1327 non sine grandi damno, tam procerum quam ~iorum gentis Scocie *Arnaldi Blair Relationes* (Edinburgh 1758) 2.

18 agent, middleman; **b** (*nullo ~io* or sim.) without an intervening person or authority, directly.

1535 ad examinandum, scrutandum, et inquirendum per omnes ~ios et vias quibus sciverint per suas discretiones *Entries* f. 505rb. **b** conventus monasterii S. Augustini Cantuarie ad Romanam ecclesiam nullo ~io pertinentis *Cust. Cant.* 23; cum comitatus iste sit in presenti sine ~io in manu domini regis *Proc. A. Kyteler* 35; s**1452** prior .. monasterii .. ad Romanam ecclesiam nullo ~io pertinentis *Reg. Whet.* I 10; apud ecclesiam de Doler, que S. Columbe sine ~io pertinere dinoscatur *Plusc.* IX 34 p. 281.

19 (feud.) mesne tenant.

1220 de libero tenemento suo quod tenet de .. Johanne .. unde .. Johannes, qui ~ius est inter eos, eum adquietare debet *CurR* VIII 318; **1259** de servicio feodorum abbacie predicte, de quo regi faciendo idem episcopus asserit se ~ium esse inter regem et abbatem predictum *Cl* 411; **1275** tenet de Alano filio Roaldi, qui est ~ius inter ipsum et dominum regem *Hund.* II 66; c**1285** cum capitales domini distringant feodum suum pro serviciis et consuetudinibus sibi debitis, et ~ius sit qui tenentem acquietare debet *Reg. Malm.* I 80; **1296** omnes terras et ten' .. que de nobis tenet per duos ~ios per servicium *RScot* 34a; c**1365** non sunt aliqui alii ~ii inter .. regem et prefatos R. et W. preter .. dux predictus [*sic*] de toftis predictis *Mon. Francisc.* II 296; qui ~ius fuit inter nos et priorem de Brydlingtona de servicio ipsius bovate terre *Meaux* II 40 n.

20 (as sb. f., gram.) voiced stop.

nos, quia humanus spiritus tres earum sine aspiratione leves cum aspiratione asperas facit, i. C, P, T, quarum medium optinent tres relique [sc. G, B, D] ipsarum ~iarum voces .. exprimimus sono levium ABBO *QG* 9 (21); tres ~ie, sc. *Γ, B, Δ* BACON *Gram. Gk.* 7.

21 middle note.

sic dicebant ultimam brevem et primam brevem, et due ~ie pro penultima longa *Mens. & Disc.* (*Anon. IV*) 47; omnes ~ie sunt breves, nisi per oppositam proprietatem defendantur HAUBOYS 326.

22 (w. ellipsis of *pars, moneta*, or sim.) a half.

c**1091** nulli licuit in Normannia monetam facere extra domos monetarias Rothomagi et Bajocarum et illam ~iam argenti et ad justum pensum (*Cust. Norm.*) *EHR* XXIII 508.

23 (feud.) mesne tenant (f.).

1333 queritur quod [Sibilla] injuste eum non acquietavit de serviciis que Willelmus de Botraux ab eo exigit de libero tenemento quod de prefata Sibilla tenet .. unde eadem Sibilla ~ia est inter eos (*CourtR Cornw*) *EE County Court* 182.

24 (as sb. n.) middle part, centre, midst; **b** (*in ~ium proferre* or sim.) to bring into the midst, bring to light, become or make public; **c** (*de ~io*, w. ref. to withdrawal from the midst, usu. in death); **d** (w. ref. to *II Thess.* ii 7). **e** (*mediotenus*) in or towards the middle.

in ~io platearum GILDAS *EB* 24; in Capitolium, quod est in ~ium orbis Romae THEOD. *Laterc.* 8; aut in ~io, aut in fine versus inseruntur ALDH. *Met.* 10 p. 95; habet haec [ecclesia] in ~io pene sui altare BEDE *HE* II 3 p. 86; **940** alpha, mi et *Ω*, hujus singraphae initium, ~ium, et finis *CS* 751; erit linea reliqua divisa secundum proportionem habentem ~ium dueque extremitates dividensque major linea media ADEL. *Elem.* XIII 2; unde et media pars illa Hibernie vocatur, quia in ~io est insule sita GIR. *TH* III 4. **b** illa tantum proferre conabor in ~ium, quae [Britannia] temporibus imperatorum Romanorum .. passa est GILDAS *EB* 4; dolor nimius taciturnitatis impatiens prorupit in ~ium D. LOND. *Ep.* 24 p. 622; sunt .. de hac re testes innumeri, ad quam confirmandam sententiam de multis ad ~ium paucos producam AD. SCOT *TGC* 827B; questiones .. deducte in ~ium, tuum animum in dubio suspenderunt P. BLOIS *Ep.* 19. 69B; cum .. inter cetera Christum lapidem diceret, protulit in ~ium illum lapidem angularem ab edificantibus reprobatum, protulit et in ~ium lapidem illum quem Jacob unxit oleo .. protulit et in ~ium nichilominus lapidem illum in Daniele de monte sine manibus abscisum P. CORNW. *Panth. Prol.* 41; hec .. testimonia de hiis duabus epistolis adduximus in ~ium GROS. *Cess. Leg.* I 11 p. 71. **c** ut applicet .. fratrem suum cum filiis suis de ~io filiorum Israhel BEDE *Tab.* 465; ablata de ~io regum perfidorum memoria *Id. HE* III 1 p. 128; nec adultam adhuc etas eam proprio consignabat viri, cum jam mater ejus de ~io discessit *V. Fridesw. B* 4; civem ademptum de ~io et ablatum reipublice deploravit P. BLOIS *Ep.* 80. 249B; ignoras enim diem atque horam quando tollat te de ~io factor tuus M. RIEVAULX (*Ep.*) 63 p. 176; **1267** quando .. tulerit eum Dominus de ~io *Cl* 366; s**1362** vacante ecclesia Cicestrensi per mortem de ~io Roberti episcopi J. READING f. 180v. **d** reges .. pacificati sunt .. datis induciis in annum, ita tamen ut qui tenet teneat donec de ~io fiat GERV. CANT.

Chr. 544. **e** meatum rotunditate decenter composita decusatum, id est, ornatum, decoratur, quod natura artifice placanti curvatura paululum mediotenus sursum inflectitur R. COLD. *Osw.* 51 p. 380.

25 stomach, middle of the body.

~io vero, quod plerisque sine lege turgescere solet, naturaliter et modeste substricto GIR. *EH* II 11.

26 (log.) middle term of a syllogism.

syllogizat amor hoc medio / et infertur vera conclusio J. HOWD. *Ph.* 539; quandoque quindecim informat media / quando vix unici subest sentencia TRYVYTLAM *Laus Ox.* 371; ideo dicunt recti logici solum cum ~ium existit, hoc aliquid necesse est per vim syllogismi expositorii WYCL. *Conf.* 506.

27 (pl.) things situated in the middle, between, or among.

†**709** (12c) qui alta, ~ia, yma superno nutu gubernat *CS* 124; si .. lux sit species coloris, ergo vel est unum extremorum vel aliquid ~iorum J. BLUND *An.* 121.

28 half. **b** (*per ~ium dividere* or sim.) to divide in half.

hanc [vestem] findi placuit; medium pia membra receptant / servatur medium signi memorabilis index BEDE *CuthbV* 833–4; nunc demonstrandum est quomodo angulus assignatus in duo ~ia dividatur ADEL. *Elem.* I 9; bona ipsa inter ipsum et uxorem in duo ~ia dividantur GIR. *EH* I 35 p. 283; c**1430** pro ~io iij burgagiorum *Feod. Durh.* 92; **1452** lego .. centum solidos, ~ium applicandum in usum dicti monachi .. aliud ~ium in usum reparacionis ecclesie *MunAcOx* 646; cambiavi pro argento ~ium novi nobili W. WORC. *Itin.* 266. **b** modus hanc artem inveniendi est, ut radices, jam pronuntiatas per ~ium dividas ROB. ANGL. *Alg.* 70; **1237** quevis de .. mulieribus prius obiret, per ~ium partiretur inter eos id quod illa teneret *CurR* XVI 102.

29 middle of a period of time.

1409 post ~ium Quadragesime teneatur, prout fuerat antiquitus consuetum *StatOx* 202.

30 something considered as mean between extremes.

mors vero et vita ~ium non habent, neque referunt mortui ALF. ANGL. *Cor* 1. 4; camamilla .. est quasi ~ium inter feniculum et amaruscam *Alph.* 28.

31 means. **b** (log.) argument. **c** (*per ~ium* w. gen. or sim.) with the help of, through the mediation of.

~ia .. indistinctionum quinque sunt BALSH. *AD* 62; hec [sc. anima] .. cum sensum et motum toti ministret corpori neque loco moveatur, ~iis quibusdam mobilibus aut motus aliquid habentibus hoc efficit ALF. ANGL. *Cor* 16. 2; ydolum non videtur, set est ~ium videndi BACON VII 14; per aperta mendacia et alia ~ia illicita *Ziz.* 394; s**1396** locum primum inter omnes abbates Anglie .. maximis ~iis et instancia vendicatum .. obtinuit *G. S. Alb.* III 435; c**1463** considerabat quod certum ~ium pro licencia regis .. non providebatur, et sic tota fundacio colegii pendebat in dubiis *Paston Let.* 61; **1466** has perficiet determinaciones per ~ia accepta, ex scriptis sacris *MunAcOx* 716. **b** Plato quoque in *Thimeo* ostendit stellas esse immortales hoc videlicet ~io, quia bona racione juncte atque modulate sunt GROS. *Cess. Leg.* I 2 p. 11; ostendo propositum duobus ~iis .. primo, ex racione infinitatis, secundo, ex racione necesse esse DUNS *Ord.* IV 199; cum constet, quod ecclesia non potest contra fidem errare, sequitur quod tota multitudo clericorum nunquam deviabit a fide. ideo circa istud ~ium amplius non insistas, sed alia ~ia coneris adducere OCKHAM *Dial.* 500; ad probandum posicionem suam arguit .. magister per unum ~ium *Ziz.* 9. **c** cum .. securitatem invenisset .. Willelmus per ~ium oris sui proprii *State Tri. Ed. I* 44; **1315** Johannes nichil juris clamare potest .. per ~ium predicte Matilde *Year Bk.* 42; theologus et philosophus naturalis probant eamdem conclusionem specie per ~ium alterius racionis OCKHAM *Quodl.* 479; s**1338** per ~ium serenissime domine Isabelle, matris sue predicte AVESB. f. 86v p. 302; **1412** per instancias, supplicaciones, et ~ia .. principis Henrici *StatOx* 210; **1440** per ~ia et labores reverendissimi in Christo patris BEKYNTON II 74; ~io regis Philippi in graciam patris sui receptus est *Plusc.* VI 33.

32 (feud., *breve de ~io*) writ of mesne.

1259 abbas .. dat dimidiam marcam pro uno brevi de ~io habendo ad bancum *Cl* 379; sequitur breve de ~io et potest .. placitari in comitatu et coram justiciariis *Reg. Brev. Orig.* 160.

medlea, ~leta, ~letum [ML; cf. ME *medleie, mellei*, OF *medlee, melle*]

1 medley, mêlée, brawl, fight.

ad vicecomites .. pertinet per defectum dominorum cognoscere de melletis, de verberibus, de plagis GLANV. I 2; **1207** quod sepius fuit melleta et contencio inter eos pro delictis suis, quia plures adulterabantur cum ea *SelPlCrown* 55; **1209** de vj d. de E. Mallori pro mellea *Pipe Wint.* 1; melleta [v. l. medleia] orta fuit inter eos set postea ei perdonavit et plagam, et totum *PlCrGlouc* 34; **1232** ad standum recto de ~lea nuper facta inter scolares Oxonie et burgenses ejusdem ville *Cl* 43; **1235** ad hundredum .. pertinent placita de hominibus verberatis et de ~letis *BNB* III 129; **1267** perquisita .. de Petro Haiwardo et Thome filio suo pro mella, vj s. viij d. (*Houghton*) *Ac. Man. Wint.*; **1282** perquisita .. de Johanne de Fonte pro mellat' ij s. (*Michelmersh*) *Ib.*; **1285** mariti earum .. accurrerunt et magnam ~letam fecerunt *CBaron* 73; **1293** Thomas Bayli fecit metletum cum Ade [*sic*] Walrefen, et cninipuli [*sic*] tractati fuerunt ad injuriam amborum *CourtR Hales* 217; ~letum motum fuit inter ipsum et Ricardum pistorem abbathie *Ib.* 219.

2 medley, cloth woven with wools of different colours or shades.

1307 in iiij ulnis ~leti emptis *Doc. W. Abb. Westm.* 210; **1314** in .. xv pannis de ~leto pro clericis domini (*MinAc*) *EHR* XLII 198; **1315** xij pannos de perseo et ~leto (*CoramR*) *Law Merch.* II 87; **1318** Ricardus indutus erat quadam tunica de Alemaigne de ~leto et calciatus caligis albis *SelCKB* IV 83; **1326** una roba de rubeo melleto cum tribus garnementis *Reg. Exon.* 566; **1337** in pannis de burneto, de tanneto, de melleto *Ac. Durh.* 534; **1382** in di. panno de melle empto pro domino priore *Ib.* 592; **1450** in iij pannis integris blodei mellide *Ib.* 632; **1452** in iiij ulnis panni blodii meldeti emptis et datis ministrallis *REED York* 82.

medleia, medleta, medletum v. medlea.

medo [LL *gl.*; cf. AS *medu*], mead; **b** (as taxable commodity).

unum annum peniteat sine carne vinoque et ~one THEOD. *Pen.* I 14. 10; in una ebdomada iij dies sine vino et ~one, et sine carne EGB. *Pen.* 4. 15; universae ministrationis sufficientiam habes, si tibi ~onis liquor non defuerit B. *V. Dunst.* 10 p. 18; c**1195** serviens cellarii .. quando faciet ~onem monachorum habebit panem et cervisiam de cellario monachorum *Chr. Abingd.* II 239; ~o [TREVISA: *methe*] vel medus quasi melus dicitur. et est potus confectus ex melle et aqua, optime defecatus et decoctus BART. ANGL. XIX 55; si tibi ~onis copia non deesset, quem rex super omnes liquores potare affectat M. PAR. *Maj.* I 448; **1290** in ij sext' vini, ij s. x d.; in meth'[e], x d. ob.; in cervisia, ij s. *Ac. Swinfield* 77. **b** **1202** (1291) sciatis nos dedisse .. canonicis regularibus .. decimam redditus nostri civitatis Dublinie et consuetudinem cervisie et medon' quam consuevimus habere in tabernis de Dublinia *CalCh* II 387.

medra [cf. ME *math* < AS *mæþ*], recompense for mowing.

1398 opera falc' prati .. percipiendo de domino j ~am precii xiiij d. *Ac. Man. Wint. Coll.*

medsipa [ME *medsipe* < AS *mæþ+scipe*], payment for mowing.

1209 in consuetudine messepe post tonsionem .. in consuetudine messupe, j *Pipe Wint.* 14; in consuetudine ~e, dimidium quarterium *Ib.* 18; c**1273** omnes custumarii .. venient in tempore falcacionis ad pratum domini falcandum .. et habebunt xl d. de consuetudine de bursa domini et vocatur *medsipe Hund.* II 717b.

medua [ME *medwe* < AS *mæd*], meadow.

c**1157** (1340) cum duobus pratis, Wde medua et Gosepolle medua *CalCh* IV 483.

1 medula [LL], blackbird.

merula .. antiquitus ~a vocabatur eo quod modulenter mirabiles vocis modos reddit UPTON 198 (cf. Isid. *Etym.* XII 7. 69).

2 medula v. medulla.

medulla [CL]

1 bone marrow (usu. pl.). **b** (*~a spinae* or sim.) spinal marrow. **c** (*~a cerebri* or ellipt.) substance of the brain.

excruciare student, membratim quatenus ossa / si fieri posset, vacuarent cruda medullis ALDH. *VirgV* 1996; ~a, *mearh* ÆLF. *Gram.* 298; Christi gladio [cf. *Matth.* x 34] qui divisor est parentum ac filiorum, animae ac spiritus, compagum quoque et ~arum, et omnium cordis intentionum GOSC. *Edith* 42; compagum .. et ~arum J. SAL. *Pol.* 475A (v. compages a); hec ~a, *meulle Gl. AN Ox.* 73; medula est superfluitas sanguinis in ossibus concavitatem habentibus *Ps.*-RIC. *Anat.* 11; c**1300** quo facto commisceatur hoc unguentum cum unctis cati, .. ~is cervi *Pop. Med.* 229. **b** a Pythagore assertione excogitatum est, qui primus de ~a, que in spina hominis est, anguem creari deprehendit ALB. LOND. *DG* 6. 19; acuitur [caput] a parte posteriori propter receptionem ventriculi in puppi e quo procedunt ~e [TREVISA: *marowz*] spondybiles et nervi motum facientes voluntarium BART. ANGL. V 2 p. 120; hinc se .. oculis offert ipsum cerebrum .. et postico capitis inditum cerebellum, a quo et ~a spinae in vertebras descendit D. EDW. *Anat.* C IV. **c** cerebrum .. habuit etiam multum de ~a [TREVISA: *marouz*] ut caloris acumen generatum ex motu temeretur BART. ANGL. V 3 p. 123; cerebrum .. sentit et sequitur motum lune, qua crescente, ~a cerebri crescit et decrescente diminuitur *Ib.* V 3 p. 125; cerebro occubuit perforato, et effusa ~a capitali, expiravit *Flor. Hist.* I 596.

2 one's inmost part, vitals; **b** (w. ref. to the depths of the mind or heart.

p**754** domino .. venerando .. ex intima visceralium ~arum affectione aeternaliter in Christo salutem *Ep. Bonif.* 114 p. 246; peccavi in ~is et in renis, peccavi in anima mea et in omni corpore meo *Nunnam.* 84; primis elementis literarum apud Evesham initiatus; perfectiori mox apud Burch scientia teneras informavit ~as W. MALM. *Wulfst.* I 1; lumina clarificat, sincerat fleubotomia / mentes et cerebrum, calidas facit esse medullas D. BEC. 2685; per omnes artus meos atque in ipsas ~as infusus medicinaliter exploravit J. FORD *Serm.* 22. 6; c**1240** usque ad intimas dolemus ~as GROS. *Ep.* 90 p. 279. **b** ut [S. Petrus] quasi dulcius atque diligentius nobis prospiceret ex ~a cordis LUCIAN *Chester* 44; c**1203** instabam correctioni eorum totis ~is anime, toto caritatis affectu, erat enim dolor continuus cordi meo P. BLOIS *Ep. Sup.* 4. 5; predicatio ejus .. que usque ad ~as cordium auditorum .. penetravit *Chr. Witham* 501; ad quem mei cordis medulla sitivit J. HOWD. *Cant.* 42.

3 (of plant or its product) pith or soft internal tissue. **b** fine flour.

imber et innumeras traductus in usque medulla / mille jacit species: hic rosa, gramen ibi, / hic flos, hic folium, cortex ibi, surculus illic L. DURH. *Dial.* I 101; spina rosam profert, vinum labrusca, medullam / ordea; sic florem generosum degener ortus M. RIEVAULX (*Vers.*) 17. 11; peto .. ~am frumenti in similam commutatam J. GODARD *Ep.* 222; in ~a fabe BART. ANGL. IV 4 (v. faba 1f); cortex assimilatur cuti, lignum carni, nodi nervis, vene venis, quare si aliquid ibi sit loco cordis hoc erit ~a quare ~a erit cor vel loco cordis BACON XI 228; c**1300** ovum crudum sorbe et ~am trunci caule comede jejunus *Pop. Med.* 232; condisum i. ~a ellebori nigri *SB* 16. **b** simila tritici est ~a, sc. farina purissima *SB* 39; amilum vel amidum i. ~a frumenti sine mola facti *Alph.* 8.

4 (of bread) the inner part (dist. from the crust).

~a panis cocti in aqua calida GILB. II f. 97v. 1.

5 (of land or soil) core, central part.

omni ora maritima depopulata [Danorum gens], medulam mediterranei soli depascebatur W. MALM. *GP* V 256.

6 (fig.) essence, quintessence.

spiritalem sermonum ~am enucleantes ALDH. *Met.* 4 p. 74; retecto cortice litterae altius aliud et sacratius in ~a sensus spiritalis invenire BEDE *Ezra prol.* 808; cum poenitentibus ~am indulgentiae contulit BEDE *Tab.* 419; Veteris .. Testamenti non ~e sed cortici adherentes GIR. *TH* III 19; erat .. conversus in eodem cenobio .. cujus cor Sathanas tam diu cribravit, sicut triticum, donec pene totam fidei ~am excuteret J. FURNESS *Walth.* 100; qui .. religionis ~am gustaverunt *V. Edm. Rich B* 619; medulla philosphie chemice RIPLEY 123 *tit*.

7 (in etym. gl.).

hec ~a, -e, eo quod media sit Osb. Glouc. *Deriv.* 353.

medullare [LL]

1 to fill with marrow, enrich, make fat (usu. fig.); **b** (w. ref. to *Psalm.* lxv 15).

tam . . metrorum ~ata facundiae modulatione quam . . historiae simplici expositione Willib. *Bonif.* 2; non multum apparet, quod diebus aliis studiose lectioni, pure meditationi, ~ate orationi intentum te exhibueris . . Ad. Scot *QEC* 17. 829C; minus ~ata sententiis oratio Gir. *TH intr.* p. 6; fragrans affectus [Domine], hostia medullata J. Howd. *Cant.* 59. **b** ~ata orationum holocaustomata Aldh. *VirgP* 60 p. 322; post psalmodie, orationum, ac lacrimarum holocausta ~ata Gosc. *Edith.* 61; c1155 holocaustum pro vobis obtuli ~atum, quod sua nimirum pinguedine complaceret Arnulf *Ep.* 12; consueverat . . holocaustum ~atum in odorem suavitatis Domino libare J. Furness *Walth.* 65.

2 (p. ppl. as sb.) inmost, deep, profound.

~ata mentis fiducia Aldh. *Met.* 2 p. 66; a755 ~atis et intimis praecordiorum obsecramus precibus Bonif. *Ep.* 38; ~atis suspiriis beatissimum martyrem Thomam . . invocare cepi W. Cant. *Mir. Thom.* VI 7; c1410 sacrosancta Ebor' ecclesia . . cui . . presidemus et ~atis affeccionibus . . dispensamur *Fabr. York* 197.

3 (sb. n. pl.) essential parts, extracts.

ex laboribus antiquorum aliqua paucula ~ata extraxi *Eul. Hist.* I 4.

medullaris [CL]

1 of, pertaining to, or resembling marrow, medullary.

brachiorum ossa . . medullis plena . . ut spiritus a nervis et venis confluentes ~i [Trevisa: *of marouz*] temperie serventur et nutrirentur Bart. Angl. V 27; in animalibus et . . arboribus quarum humor ~is superabundat in plenilunio *Ib.* V 58; ad defensaculum ~is substantie Gilb. VI 283. 1; cerebrum dividitur in tres substantias sc. in velatam, ~em, et ventres plenos spiritu *Ps.-Ric. Anat.* 41 p. 27; propter mollitiem cerebri, cujus substantia est ~is et unctuosa Bacon *Maj.* II 4; c1415 virtus sanguinea nervinas humectans substancias et ~es *FormOx* 424.

2 (of bone) full of marrow.

os solidum non medulare Gad. 124v. 1.

3 profound, deep, coming from the depths of the mind or heart.

1288 ut gemitus nostros . . ante thronum divine clementie . . velitis vestris ~ibus suspiriis sublimare Peckham *Ep.* 694.

4 (as sb. n.) medullary substance that prevents a plant from drying.

posuit natura farinosam sub[stanti]am circa pepanum in faba vero et amigdal'. semper enim juxta pepanum i. filium nature constituitur aqueum i. ~e prohibens pepanum ab arefactione Gilb. VI 283. 1.

5 (pl.) essential parts, extracts (fig.).

quedam ~ia sub compendio ex omnibus auctoribus cupio congregare Bacon *Maj.* II 2 n.

medulleus, of or pertaining to marrow.

medullinus, de medulla existens, quod et ~eus dicitur Osb. Glouc. *Deriv.* 364.

medullinus [ML], of or pertaining to marrow.

Osb. Glouc. *Deriv.* 364 (v. medulleus).

medulliter [ML]

1 from the depths of the mind or heart.

clamemus ~iter, clamemus valenter, hos decantando psalmos Alcuin *Liturg.* 479C.

2 completely, utterly.

1304 ipsos tanquam matris ecclesie degeneres filios separamus ~iter a mamillis *Reg. Carl.* II 53.

medullitus [CL]

1 in or to the marrow (also fig.).

c675 corporea fragilitatis valitudine ~us tabentia membra Aldh. *Ep.* 2; inmensi maeroris molestia ~us [gl.: i. e. intimet vel evisceruntur] emarcuit Felix *Guthl.* 50 p. 160; toto corpore gravibus sagittis horridus et ~us asperitate tormentorum dilaniatus Abbo *Edm.* 11; [anima] quasi ~us impinguata Bald. Cant. *Tract.* 6. 461B; libidinis flammam ab hoste antiquo ~us ingestam Gir. *GE* II 10 p. 214.

2 on the inside.

quia [oleum] suo acumine ~us ipsi panno infunditur, difficile ab eo movetur *Quaest. Salern.* B 283.

3 from or in the depths of the mind or heart, inwardly; **b** (dist. from *forinsecus* or sim.).

quod caelibatus castimoniam . . ~us [gl.: usque ad interiora, *inwurdlice*] dilexerit Aldh. *VirgP* 25 p. 257; sanctum invocans orat ~us ne eum hac vice suae voluntatis frustretur ostentamine Herm. Arch. 15; mox enim ut mulierem vidit, miserie pacientis ~us indoluit W. Malm. *Wulfst.* II 4; verbo fidei ~us obedientes Jhesum Christum Deum esse . . crediderunt J. Furness *Kentig.* 32 p. 217; at Pater omnes Filii et sermones et affectus et nutus conferens in corde suo ~us intremuit J. Ford *Serm.* 10. 5. **b** non forinsecus quasi in superficie sed intrinsecus et ~us Bald. Cant. *Tract.* 13. 535C; quorum ille precibus . . specietenus potius quam ~us flexus Ad. Eyns. *Hug.* V 7 p. 113.

4 completely, utterly.

671 legum Romanarum jura ~us rimabitur et . . secreta imis praecordiis scrutabitur Aldh. *Ep.* 1 p. 476; qui magorum molimina funditus everteret et ~us amitteret *Id. VirgP* 43; non enim in viscerato ~us fervore venarum, rivulos sugentes, gustant divinitatis, qui a praeceptorum deviantes custodia, ea quae minime faciunt predicant *V. Greg.* 79; quae rite a fidelibus adquisiti et Deo tuo ~us contulisti Byrht. *V. Egwini* 376 (*recte* 366); 1148 intimi flamma ~us concremari G. Foliot *Ep.* 79; orationibus ~us . . deditus R. Cold. *Godr.* 143; mol[l]ita eorum duricia ~us demum liquefacta *V. Har.* 14 f. 19v.

medullose, from or in the depths of the mind or heart, deeply.

ut ~ius condoleas monachis et monialibus J. Godard *Ep.* 224.

medullosus [CL]

1 medullary, full of marrow.

in animalibus non est substantia ~a cor vel loco cordis, imo aliqua dura substantia et terrestris Bacon XI 227.

2 (as sb. n.) something full of marrow.

omnia ~a in plenilunio implentur medullis, in semilunio vero minorantur in eis medulle Neckam *NR* I 79.

medum v. 2 medus.

1 Medus [CL]

1 (as adj.) Median.

docetur itaque Daniel non fuisse completum numerum lxx annorum in anno primo Darii ~i sicut arbitrabatur Andr. S. Vict. *Dan.* 97; lapis ~us est niger sed tritus emittit croceum colorem; est autem duplicis potencie, bone et male; nascitur apud fluvium Ffasin *Alph.* 92.

2 (as sb. m.) inhabitant of Media, Mede.

ubi vexillum regis ~orum aspexerat G. Mon. X 9 p. 489; habuit Saladinus quingenta millia Saracenorum . . Arabes, ~os *Itin. Ric.* I 5 p. 13; in ~orum [Trevisa: *of Medes*] regione Bart. Angl. XVI 67 (v. medea); per Arbastum ~orum prefectum M. Par. *Maj.* I 31.

3 precious stone.

nefreticis medus confert, oculisque medetur Neckam *DS* VI 275.

2 medus [LL], **~um**, mead.

medo, *medu* vel ~us Ælf. *Gl.* 128; post ~um [AS: *æfter medo*] maxime sitit *Prov. Durh.* 8; medo, sive secundum Ysodorum ~us Neckam *Ut.* 98; in refectorio inveniret caritatem vini vel ~i G. S. *Alb.* I 76; 13.. vinetarius vinum habeat . . ~um seu ydromellum (*Nominale*) *Neues Archiv* IV 339; ~um, A. *mede* WW; *meyde*, idromellum, ~us, medo *CathA*.

meeremium, meerempnium v. maeremium.

meeta v. 3 mota. **meffacere** v. misfacere. **meg'** v. mesga.

megacosmus [ML < μέγας + κόσμος], the universe, macrocosm (usu. contrasted w. *microcosmus*).

per septem . . planetas ~um decenter ornantes Neckam *NR* I 7 p. 41; sicut enim Deus est in suo ~o ubique essentialiter, ita et anima est in suo microcosmo ita quod in qualibet parte corporea essentialiter *Id. SS* I 13. 1; ex Greco etiam dictiones licenter possumus extorquere, ut Bernardus extorsit hec nomina cosmographia, microcosmus, ~us Gerv. Melkley *AV* 94.

meganus v. megaris.

megarellus [cf. megaris], mackerel (as exaction).

a1174 sciatis me concessisse . . unam masuram . . quietam ab omnibus consuetudinibus . . et de harengis, et ~is . . et omnibus aliis piscibus *Act. Hen. II* I 529.

Megaricus [CL < Μεγαρικός], philosopher of the Megarian school.

consequens est falsum secundum Aristotelem . . contra ~os Duns *Metaph.* IX 4. 1.

megaris, ~us [ML; cf. ME *megir*], mackerel; **b** (as taxable commodity).

allia si piperi sociata fideliter assint, / elixa megaris plus placet ossa caro Neckam *DS* III 454; ~us [gl.: *makerel*], turtur, et allecia *Id. Ut.* 98; 13.. mecaros (v. makerellus); conducet megaros ac ypotaros sibi caros (J. Bridl.) *Pol. Poems* I 194; megyr, fysh, ~us, -i *PP*; hic meganus, A. *a makrel* WW; *a makerell*, ~us, piscis est *CathA*. **b** 1289 ad aliam piscaturam viz. ~um . . quod habet pro quolibet milleari ~um xx d. *CartINorm.* 193; 1296 noverint universi nos dedisse . . costumas ~um Petro D. Vaschonico *Ib.* 426.

megarus v. megaris.

Megategni [μέγας + τέχνη], name of a treatise on medicine.

unde Bal. in ~i Gilb. I 25v. 2; in ~i precipitur in medicinis capit' commisceri acetum ut penetrat craneum *Ib.* III 162. 2; Gaherius . . scripsit . . librum Tegni et †Metategni [v. l. Megategni] W. Burley *Vit. Phil.* 390.

megere v. mejere.

meggildare [AS *mæggildan*], to pay wergeld.

non cogitur liber cum servo ~are nisi velit ei satisfactionem facere (*Leg. Hen.* 70. 5b) *GAS* 588.

megucarius, ~erius [OF *megeicier*], whittawer, tanner.

c1320 juramentum ~eriorum . . isti ~eri jurati fuerunt . . quod nunquam . . equos mortuos infra civitatem . . excoriabunt *MGL* III 432; c1419 ordinacio ~ariorum *Ib.* I 737.

megucerius, ~erus v. megucarius. **mehaingnare** v. mahemiare.

meia, meya [ME *move, meve* < AS *muga*]

1 mow, rick, stack.

1245 abscondit corpus ejus in quadam meya in campo *ICrim* 3121; c1300 ad faciendum meyam de vescis *Reg. S. Aug.* 101; c1300 debent colligere . . fenum . . et facere inde meias . . ad juvandum facere meyas pisarum *Ib.* 103.

2 bay in barn for storage of crop.

circueant procuratores omnes grangias, et videant omnes maias et faciant implere usque ad summum quas potuerint *Inst. Sempr.* lxviii*; c1160 in curia est . . una meia feni habens xxij pedes in longitudine et xvj in latitudine et totidem in altitudine *Dom. S. Paul.* 130; 1244 de anteriori meya ejusdem grangie versus occidentem *MinAc* 766/19; 1287 de exitu prime meye frumenti in capite aquilonali: vj^xx ij ringe, j busellus *Rec. Elton* 15; 1297 ordeum . . de xxv ringis per opera de prima meia in capite orientale [*sic*] minoris grangie plena usque *le slyverasen MinAc Wistow* 18; 1312 de xxxvj ringis de una meya plena frumento in parva grangia *Rec. Elton* 174.

meiare, meyare [cf. meia]

1 to pile into a stack.

1279 quando metet, si ligat vel meyat habebit unam garbam *Hund.* II 871a; **c1300** debent colligere et vertere, et meyare unam acram prati *Reg. S. Aug.* 101; **1374** in stipendio unius hominis mayantis dictum fenum in *les Helmes DL MinAc* 507/8227 m. 23.

2 to store in a barn.

c1321 in bladis mayand' in grangia (*Ac.*) *EHR* IX 422; **1350** in dictis fenis reparandis, moyandis infra grangiam iij s. iiij d. (*MinAc*) *Surv. Durh. Hatf.* 214; item viij mulieribus tassantibus et moyantibus fenum in grangia *Ib.* 254; **1357** in . . feno inde levando et faciendo cum eodem de predictis locis cariando in meiando *DL MinAc* 507/8226 m. 5; **1402** in expensis famulorum . . meiancium blada in grangiam (*MinAc*) *Growth Eng. Ind.* 600.

meiator, meyator [cf. meia, meiare], one who piles into stack or stores in a barn.

1247 in stipendio meyatoris iij s. (*Beds*) *MinAc* 740/7; **1276** in uno meyatore per vj dies ix d. *Ac. Stratton* 192; **1278** in j meiatore per xij dies xix d. ob. *Ib.* 214; **1298** duobus meyatoribus per autumpnum usque ad festum S. Michaelis vj s. ij d. *Rec. Elton* 70.

meida [cf. ON *miþ*], meith, land-mark.

1180 x s. de M. et W. de misericordia pro ~a asportata *Pipe* 96.

meilanda [AS *mædland*], meadow-land.

1163 de quibusdam ecclesiis . . cum duabus hidis, meylandis, mariscis, decimis et omnibus beneficiis . . earum W. Holtzmann *Papsturkunden in England* I 355 n. 94.

meinburgensis [AN *mein*+burgensis], lesser burgess.

~es j dom' (*Norf*) *DB* II 117.

meiremium, meirenum, meirimium v. maeremium.

meisa, ~ia [ME, OF *meise, maise*]

1 container for storage.

1292 pro viij meseis iiij d. *Sacr. Ely* II 3; **1421** pro j ~a cum vj pelvibus pr. xx s. (*Ac.*) *EEC* 499.

2 mease, measure: **a** (for herring); **b** (for copper).

a quinque milia alec debent salire, condire, et siccare et in misas ponere *Rec. Templars* 23; **1205** viij ~as allecis de redditu *RChart* 157b; **1226** in ij ~is allecie (*KR Ac*) *Househ.* I 429; **1242** de ~a allecum, unum quarterium *RGasc* I 129a; **1250** de qualibet ~a allecis *Pat* 61 m. 4; **1283** de qualibet messia allecis *Ib.* 93 m. 6; **1289** in mesis empt', sc. x lest' . . in meseriis ad mesand' allec, precium lest' ij d. ob. *DC Durh.* (*Ac. Wardley sched.*); **1291** pro viij meseis iiij d. *Sacr. Ely* II 3; **1294** de custum' mesyarum allec' vendit' (*RentSurv. R* 768) *Tribal System app.* 3; **1294** de quolibet batello piscant' allec' exeunte vel ingrediente portum j meis' regi pro ij s. (*Ib.*) *Ib.* 4; **1374** in lardaria . . xxiiij salmones salsi . . xiij mayse de alecibus sore *Pri. Cold.* app. lxxvi. **b 1421** pro . . iij ~is cupri rubei (*Ac.*) *EEC* 505.

meisagium [cf. meisa, meisare], (act of) bundling, packing.

1342 pro trussag' et meisag' predict' iiij[xx]j pet' cere predicte, sc. pro qualibet pet[ra] ij d. *KR Ac* 389/14 m. 7.

meisare [cf. meisa], to bundle, pack together.

1342 pro cord' et stramine pro eadem cera meisand' et trussand' *KR Ac* 389/14 m. 7.

meishaimare v. mahemiare. **meisia** v. meisa.

meispechtus [Middle High Germ. *meise*+*speht*; cf. et. Germ. *Spechtmeise*], kind of bird, nuthatch.

avicula quam Angli nucipetam vocant et Germani meyspechtum TURNER *Av.* I 3 (p. 162).

meisura v. 1 maisura. **meiteeria** v. meiteria.

meiteria, ~ius [ML < OF *moitoierie* < medieta-

ria], (feud.) métairie, farm held on the métayage system.

c1173 sciatis me dedisse . . abbatie de le Trappa . . meiteeriam meam de Meheru *Act. Hen. II* I 518; ~iam meam de Maheru, in dominio, in hominibus, in redditibus *Ib.* I 519; sciatis me concessisse . . medietatem cujusdam meitterii, cujus alteram medietatem . . donavit M. L. *Ib.* I 574; **s1156** rex . . duos metereios S. Paterni et terram de Estreis . . ei dedit (*Cart.*) TORIGNI *Chr.* app. 334; **s1158** dederunt . . decimam meteerie sue de Cavine *Ib.* 341; **1295** custumariis falcantibus prata predicta per mederam eorum de consuetudine *MinAc* 1090/3 r. 5.

meitterius v. meiteria.

mejere [CL], to urinate.

s1508 cum . . propter megendi difficultatem lecto inibi procubuisset ANDRÉ *Hen. VII* 117.

mekotes [μηκότης], greatness.

gentiles stupuere nimis, sed summa mekotes / regem cum ducibus placatos reddidit omnes FRITH. 659.

mel [CL]

1 honey; **b** (dist. as *silvestris*); **c** (as ingredient in medicine); **d** (as sweetener); **e** (paid as tithe); **f** (w. ref. to *Exod.* iii 8); **g** (w. ref. to *Deut.* xxxii 13); **h** (w. ref. to *Cant.* iv 11); **i** (fig.).

apes si occidunt hominem, ipsae quoque occidi debent festinanter, mel tamen manducetur THEOD. *Pen.* II 11. 6; formosum genus hominum legimus et hanc causam amoenitatis eorum esse adserunt quod crudam carnem et mel purissimum manducant *Lib. Monstr.* I 26; et mel lentescens cerarum machina clausum / atque favi croceum destillans flumine nectar ALDH. *VirgV* 1599; p**755** ut . . abstineant se . . ab omni potu in quo mel est *Ep. Bonif.* 113; apis ex multis floribus mel conficit *Canon. G. Sempr.* f. 95. **b 1339** de melle silvestri nil hoc anno *MinAc* 816/11 m. 4*d*; de x d. receptis de ij lagenis mellis silvestris preter decimam *Ib.* m. 6. **c** mel comestum ab umbilico cujusdam exit. . . si venter est constrictus, distenditur propter mellis ebullitionem *Quaest. Salern.* Ba 34; tantum decoquatur quousque efficiatur sicut mel spissum. hoc . . est illud mel optimum quo conficiuntur medicine BACON V 99; c**1300** ad dolorem aurium: butirum, et mel, et vinum congregatum bene commisceantur *Pop. Med.* 213; **1301** in . . melle, atramento empt' ad reparacionem equorum *Ac. Durh.* 502. **d** GILB. VII 336v. 1 (v. dulcoratio). **e** c**1158** medietatem totius decime . . sc. vaccarum, porcorum, nummorum, piscium, et mellis *Act. Hen. II* I 168; a**1162** concessit decimam annone sue venacionis sue et mellis, et omnium de quibus Christianus decimare debet *Doc. Theob.* 290. **f** dives lactis et mellis insula BEDE *HE* I p. 13; lactea currebant tunc flumina, mella fluebant GREG. ELI. *Æthelwold* 1. 4; ubi nunc Fortune sit edes mel ex olea fluxisse dicunt ANDR. S. VICT. *Sal.* 14; numquid . . valles fluent mel et lac? sugamus ergo mel de petra GIR. *TH intr.* p. 6. **g** *Ib.* (v. 1f supra); celeste manna esurientibus prebens et melle de petra sitientibus reficiens J. FORD *Serm.* 100. 3. **h** bene autem mel et lac sub lingua habere memoratur BEDE *Cant.* 1143. **i** Matthaeus mel, Marcus lac, Lucas vinum, Joannes oleum *Ps.*-BEDE *Collect.* 297; **804** sicut . . prudentissima apis de multis floribus unam colligit dulcedinem, ita providus pater ex multorum colligere debet conversatione unum optime relegionis mel ALCUIN *Ep.* 272; o favus pinguis melle dilectionis ANSELM (*Or.* 13) III 52; et potans avidis doctrine mella medullis W. MALM. *GR* II 133; mel . . glorie dulcedinem non incongrue nominaverim J. FORD *Serm.* 37. 3; si regi studeas placere, cogita / hec tantum dicere que nosti placita, / nam placet falsitas melle circumlita— / severa veritas sit longe posita! WALT. WIMB. *Palpo* 24.

2 honeycomb.

amisso rege [apes] fidem servandi muneris derelinquunt atque ipse sua mella diripiunt *Best. Ashmole* f. 77.

3 (in plant-name, *mel frugum*) white melilot (*Melilotus alba*).

melfrugum . . *whyte melilote* TURNER *Herb Names* E iiij.

mela, ~um [AS *mæl, mell*]

1 container, basin, bucket.

1311 item medium ~lum grossum xij d. *Reg. Gasc.*

A I 95; **1345** in vij ~is emptis pro bracina *Ac. Durh.* 544; **1513** pro iiij ~lis . . pro ij magnis ~lis pro *fyshe Ib.* 105.

2 measure of weight.

a**1160** cum xx ~is casei et iiij ~is de breis . . cum xx ~is ordei *Reg. S. Andr.* f. 18v; **1164** viginti dimidias ~as casei *Regesta Scot.* 243 p. 264; **1212** et x s. in octo ~iis allocatis ad Warnisturam *Pipe Ir.* 46; **1371** in ccvj mel' calcis emptis *Fabr. York* 7; xxx ~as calcis precii cujuslibet ~e xij d. (*Recog. of Debt*) *PRO* C241/22/206.

3 landmark.

1296 in iij quarentenis et dimidia nove lade faciendis juxta ~am versus orientalem (*MinAc*) *Terr. Fleet* 176.

melachina, medicine that cleanses a wound and stops the issue of blood, ? poultice.

melapium vel ~a, i. mundificativum sanguinem prohibens *Alph.* 112.

melachion, kind of opium.

melachion, i. opium *SB* 29.

melagium [OF *melage*], (C. I., feud.) 'mélage', form of rent.

c**1030** concedo . . omnes consuetudines quas in meos usus retinebam, hoc est mellagium, melayum [*sic*], et omnia quecumque ex ipso beneficio . . proveniunt *CartINorm* 183; p**1087** dedit S. Michaeli comes R. . . omnem decimam ecclesiarum ejusdem insule et omnes eciam ecclesias et totum ~ium et omnes leges episcopales *Ib.* 230; **1158** decimam illam cum omnibus ejus pertinenciis in terra et ~io quietam adclamavit *Ib.* 425; **1248** debet ~ium sc. de qualibet bovata terre unum bussellum et duas denariatas frumenti *Ext. Guern.* 25; **1270** ad Pascha sexdecim viginti ova et undecim solidos Turonensium pro ~io ab omnibus masuris de Nigro Monte *CartINorm* 133; **1331** de redditu vocato mellag' (v. denerellus).

melago [ML], balm, kind of herb (*Melissa officinalis*).

alia fit [potio] ex sanamunda . . viol', plantag', ~ine terantur et extrahatur succus GILB. II 86. 1; *bawme, herbe* . . meligo *PP*.

melagogus, ~icus [μέλας+ἀγωγός], (med.) that draws black bile. **b** (as sb. n.) medicine that draws black bile.

clistere †ydeagog' aut ~icum GILB. VI 263v. 2 (v. hydragogus a); primo minor est medicina ~a ut theodoricon *AN Med.* II 225. **b** digesta materia . . evacuanda est cum evacuativis flegmatis et melancholie commixtis vel cum equali mixtura ydragogi et ~i GILB. I 43v. 2.

melampodion [CL < μελαμπόδιον], black hellebore (*Helleborus niger*).

elleborus niger . . vel melampolion idem *Alph.* 52.

melampolion v. melampodion. **melan** v. melas.

melanchiros, ~on [μέλας+χείρ], (med.) black jaundice.

ex melancholia fit nigra [ycteritia] que vocatur ~os, i. denigrans manus GILB. VI 257. 1; melan, i. nigrum. inde . . ~on, i. ycteritia nigra *Alph.* 112.

melanchiton [μελαγχίτων], (med.) black jaundice.

faciei colore quasi plumbeo aut livido qualis est in ~on GILB. VI 237v. 1; melancolia . ., si est in toto [corpore], generat icteritiam nigram que vocatur melechion GAD. 15v. 2.

melancholia [LL < μελαγχολία]

1 black bile, one of the four cardinal humours; **b** (dist. as *naturalis* or *innaturalis*).

melancolias [*gl.*: fel cum fece nigri sanguinis admixtum, *incopan*] viscerum . . curabant ALDH. *VirgP* 34; maxime viget . . ~ia in transgressoribus, id est fel cum faece nigri sanguinis admixtum ALDH. *VirgP* 35 p. 247; moloncolia, humor fellis *Gl. Leid.* 27. 30; **944** spurcissima et venenata melanconiae truculenta spicula *CS* 801; in corpore quoque mundana sunt quatuor elementa: terra, aqua, aer, et ignis; et in isto quatuor: malencolia, flegma, sanguis, et colera ADEL. *Alch.* 17 n.; ~ia est humor spissus et grossus ex fece et turbulentia sanguinis generatur. et dicitur a μέλαν quod est niger, et χολή quod est humor . . quasi

niger humor BART. ANGL. IV 11 p. 111; si hoc potest probari quod de melencolia induceretur tertiana et si dietaretur vel curaretur ut tertiana maximus esset error et periculum GILB. I 8. 1. **b** est .. ~ia alia naturalis, alia innaturalis. naturalis est frigida et sicca, que fit in sanguine ... ~ia innaturalis non est ad modum hypostasis sive residentie et fecis, sed per modum adustionis et cinereitatis BART. ANGL. IV 11 p. 111.

2 melancholy, condition of having too much black bile.

imitator .. Empedoclis, qui sua philosophia ne dicam melancolia victus Ethnam sibi mausoleum elegit MAP NC IV 3 f. 44v; ~ia est infectio medie cellule cum diminutione rationis GILB. II 102v. 2; proprie loquendo melancolia vocatur infeccio medie partis cerebri cum privatione rationis .. si [signa sint] ex melancolia, tunc est cum timore et tristicia et sollicitudine, quia semper vult esse solitarius et solus loquitur GAD. 132. 1.

3 irascibility, ill-will.

ut remitteret conventui rancores et melancolias GRAYSTANES 29 p. 87; miles .. sensu vacuus .. cum summa malencolia respondit WALS. HA II 165.

melancholicus [CL < μελαγχολικός]

1 of or containing black bile.

ita et splen, cum sit melancolicum, Saturno dederunt D. MORLEY 38; turbidum [cerebrum] .. impurum, ut melancolicum, flegmaticum .. sensus hebetes pigrosque producit ALF. ANGL. Cor 10. 14; splen .. et renes sanguinem melancolicum quasi sibi similem magis appetunt Ps.-RIC. Anat. 9; splen .. est melancolice complexionis Ib. 37; fecis melancolice morbos dum detexit GARL. Epith. V Summa 23; mirabolani sunt medicine cordiales que evacuant fumos grossos et materiam melancolicam GAD. 68v. 1; et refrigescente caritate multorum in os et carnes melancolicas commutatur WYCL. Blasph. 86.

2 having black bile as dominant humour: **a** (of person); **b** (of animal).

a frequentius melancolice mulieres steriles sunt BERN. Comm. Aen. 9. **b** alia [animalia] .. que frigide nature sunt .. ut boves, cervi, capre et similia, id genus que Greca appellatione physici melancolica vocant ADEL. QN 7; si in aliquo [animali] plus habundabat .. terra, melancolica [facta sunt], ut bos D. MORLEY 34.

3 (of food) that increases the level of black bile or induces melancholy.

dieta sit temperata et caveant a cibis melancolicis GILB. VI 263v. 1.

4 black.

melancolicus, nigri coloris OSB. GLOUC. Deriv. 366.

5 ill-tempered, irascible.

c1200 si rixetur aut verberet sit eciam vulnificus / dicunt quia sic corrigat vel quod sit melancolicus (Pol. Poems) EHR V 322.

6 (as sb.) one who suffers from too much black bile, a melancholic person.

omnis enim tarditas a frigore provenit. unde melancolicos, licet graciles, tamen tardos videmus BERN. Comm. Aen. 48; refert de quodam melancolico qui, cum deberet custodire vasa vitrea domini sui, .. projecit ille vasa vitrea in terra GILB. II 103. 1; illud renovat, confortat et vivificat et valet ethicis et consumptis, et melancolicis, et tristibus GAD. 68v. 1.

melanchteron, medicine that purges black bile.

cologogum melancteron dicitur quasi melancoliam terens, sc. medicina purgans melancoliam Alph. 56.

melancium v. melanthium. **melancolia** v. melancholia. **melancolicus** v. melancholicus. **melanconia** v. melancholia. **melancteron** v. melanchteron.

melandria, balm (Melissa officinalis).

melandea A. berewort MS Bodl. Digby 29 f. 41v; melandrea, berewort MS BL Addit. 15236 f. 180r; melandea, A. .. berewort MS BL Sloane 5 f. 8vb; malaundria, A. bereworte MS BL Sloane 347 f. 89.

melangraphicum [μέλας + γραφικός], black script.

malangrafficum .. nigrum scriptum Alph. 73 (v. graphagia).

melanites [LL], mellite, honey-stone.

melantes -is, i. lapis melleum habens saporem OSB. GLOUC. Deriv. 357.

melanopiper [ML < μέλας + CL piper], black pepper.

melanop[iperis] GILB. I 24v. 1 (v. macropiper); alrotani, menalopi [l. melanopi'] petro[silii] Ib. VII 357v. 2; ~er, i. piper nigrum SB 29; ~er, piper nigrum idem G. poivere, A. pip[er] Alph. 111.

melanteria [CL < μελαντηρία], shoemaker's black, sort of pigment.

~ia colligitur in speluncis ubi †cramen [l. eramen] invenitur. bona est que colorem habet sulphuris .. projectoriam et strictoriam habet virtutem Alph. 114; ~ia, metallicum calchanti, id est atramenti sutorii, id est vitrioli est species, fusci in coeruleo coloris .. alias ~ion est clavorum veterum fererorum rasura, aut atramentum sutorium, quale ferme quod jam fit a nostris sutoribus LC 252.

melantes v. melanites.

melanthium [CL < μελάνθιον], black cummin (Nigella sativa).

melantium, i. nigella Gl. Laud. 982; melauncium, A. cockull MS BL Sloane 347 f. 89; acrimulatum .. melancium, gyth est equivocum ad cyminum Ethiopicum et ad nigellam Alph. 2; melancium, i. gith, ciminum Ethiopicum, agrimatum vel agrimulatum idem, crescit in segetibus; semine utimur Ib. 111.

melanurus [CL < μελάνουρος], small fish, 'black tail' (Oblata melanurus).

gobio, ~us [gl.: dars de mer], capito, ypotamus NECKAM Ut. 97; ~us, a merlynge vel ut quibusdam videtur a makerel WW; melaturus, A, a breme de mere WW; hic molanurus, piscis qui magnam caudam habet WW; a ruffe, fish, ~us LEVINS Manip. 183.

melaphacus v. meloplacus.

melapium [CL < μηλάπιον = kind of apple], medicine that cleanses a wound and stops the issue of blood, ? poultice.

Alph. 112 (v. melachina).

melaplacus v. meloplacus.

melarius, ~ium [LL], apple-tree.

~ius ALDH. Aen. 76 (Melarius) tit.; si arbor fructifera fuerit quae ~ius vocatur Id. PR 113 p. 152; ~ium, mirc-apuldur GlC M 142; 11 .. ~ium mildeu milchsc æpeldure WW Sup. 296.

melas [CL < μέλας, μέλαινα, μέλαν], black.

ampeleon melanis vel ~as, i. vitis nigra Alph. 6; melan, i. nigrum Ib. 112.

melaspermon [CL < μελάνσπερμον = black cummin], corn cockle (Agrostemma githago) or darnel (Lolium temulentum).

malaspermon, nigella, cokkel, gith MS BL Sloane 2479 f. 90v.

melassis v. mellassis. **melaturus** v. melanurus. **melauncium** v. melanthium.

melculum [CL], little honey (also fig.).

~um, parvum mel OSB. GLOUC. Deriv. 365; statim ad melculum missus dirigitur / et mellis osculum a melle petitur WALT. WIMB. Carm. 17; et fluit leniter celeste melculum / per ventris fistulam in nostrum ortulum Ib. 37; calor hujus ~i patefecit nobis januas celi quas ipse Jesus minime nobis apperuisset, nisi prius melle Virginis incaluisset Id. Elem. 317.

melda [AS melda], indicator (in quot., of price).

horum trium singulum est unum solidum valens et unumquodque reputatum est ~a [AS: melda], i. manifestatio (Quad.) GAS 194.

meldetum v. medlea.

melea [LL < μηλέα], apple-tree.

~ee folia et cime amaram habent qualitatem et ideo lumbricos necant Alph. 114.

meleagris [CL < μελεαγρίς], guinea fowl (Numida ptilorhynca).

~is pulcherrima avis est, magnitudine corporis, figura, rostro, et pede phasiano similis CAIUS Anim. f. 20.

melech [Heb.], king. **b** Book of Kings.

malachim, regum GlC M 99. **b** sicut in malachim legitur ANDR. S. VICT. Dan. 96.

melechion v. melanchiton. **melencolia** v. melancholia. **melenteron** v. mesenterion. **melessa** v. melissa.

meleuma, (?) balm (Melissa officinalis).

~a, medewort MS London Soc. Antiq. 101 f. 88v.

melewell' v. mulvellus. **melfrugum** v. mel 3. **melhodia** v. melodia.

meli [μέλι], honey.

mundus ab hoc mundo, sublatus fine secundo, / letior ante Deum degustas nunc et in evum / dulcis aroma mely, quod inebriat atria celi M. RIEVAULX (Vers.) 15. 12; dulcis aroma mely condivit eum, quia pene / pas est Gregorio mellito gutture Ib. 30. 9.

1 melia v. mela.

2 melia [CL < μελία], ashen spear.

~ia, hasta a ligno quodam OSB. GLOUC. Deriv. 366.

meliaritio v. melioratio.

melice [cf. μελικῶς = lyrically], in song.

ut .. nihil nisi multipliciter .. ~e proferri consueverit GIR. DK I 13 p. 190; in quo nunc ecclesia vel metrice psalleret vel ~e jubilaret Id. LS 418.

melicia [CL melicus], hen, domestic fowl.

~ie, galline OSB. GLOUC. Deriv. 366.

melicinagru v. malache.

melicratum, ~on [CL < μελίκρατον], melicrate, mixture of honey and water or wine; **b** (used as medicine); **c** (used as pigment).

mellicratum, i. ex vino et melle una commixtio OSB. GLOUC. Deriv. 357; mellicratum idem est quod mulsa, sed quidam mellicratum exponunt pro melle et vino, quod craton interpretatur vinum SB 30; mellicratum .. idem est quod melsa Alph. 12. **b** si .. humidos fungos patitur, accipe mellicratum et vinum ADEL. CA 10; si sanguis multum fluxerit mellicratum adde vel alia sanguinem sistentia GILB. IV 177. 1; vomitus .. educitur faciliter cum ptisana, mellic[ra]to, aut aqua calida Ib. V 211v. 2; mellicraton virtutem similem habet ydromelli, tussientibus medetur datum Alph. 115. **c** fiat bonum mellicratum ex melle et vino, et speciebus, et erit pigmentum GAD. 66. 1; pyment, pigmentum .. nectar .. mellicratum PP.

1 melicus [CL < μελικός]

1 of or pertaining to melody or tune.

pronuntiationis lex alia metro, alia prose prescribitur, siquidem alia ~a, alia metrica, alia significativa est. sed ad musicam melica pertinet J. SAL. Met. 851D (v. et. 3 infra); hac [sc. musica] instrumenta .. vocis .. substantiam .. ~is picturis .. vestiunt Id. Pol. 401B; excusatur tamen necessitate aliqua sive lege ~a vel metrica, vel rithmica, vel rethorica GERV. MELKLEY AV 6; reor tamen Dunstano celitus esse concessum ut concentum exultationis conciperet in animo cum sistematibus ~is NECKAM SS III 73. 1.

2 melodious, tuneful.

ennea si melico chelim michi carmine tangam .. / non plane absolvam FRITH. 1311; melus .. i. dulciter sonans, et inde ~us sonitur pro dulciter sonans OSB. GLOUC. Deriv. 357; nature ditaverat largitas doctorem, / dans illi dulcedinis melice canorem GARL. Poems 7. 5; per silvam regiam .. audierunt in sullimi quoddam classicum campanarum ~um valde M. PAR. Maj. V 408.

3 (as sb. f.) 'melic', theory of melody or tune as part of musical theory.

ad musicam melica pertinet J. SAL. Met. 851D (v. 1 supra); se melice metrica, metrice se rithmica jungit /

sed melice dulcis est via secta triplex GARL. *Tri. Eccl.* 100; penes numerum motuum in redeundo est ~a, penes proportionem partium sonori ad aliud est musica instrumentalis *Ps.*-GROS. *Gram.* 27.

2 melicus v. mellicus.

melidem, ? *f. l.*

dragantum album per melidem [? l. mel idem] si clarum fit et purum, item subrufum et citrinum *Alph.* 48.

melifia [CL melos + fieri + -ia], place in which poetry is made.

~ia, locus dictationis OSB. GLOUC. *Deriv.* 366.

melificare v. mellificare.

melificatio [CL melos + facere], (act of) melody-making, modulation.

omnes . . amandare pergo Musarum melicas suis cum concentibus, solicanisve cum ~onibus modulaciones E. THRIP. *SS* VI 6.

1 meliger [μελίγηρυς understood as mel + -ger], honey-bearing, sweet-voiced, melodious.

fistula rurestris cecinit prothemata cannis, / callosas cavi meliger velut excola sannas, / enervi trutinas exotica docmina plectro FRITH. 1391.

2 meliger v. melliger.

melilemnias [μέλι + CL Lemnius < Λήμνιος], balm, kind of herb (*Melissa officinalis*).

mellissa . . mellilempnias . . idem *Alph.* 115.

melilotum [CL < μελίλωτον]

1 clover, melilot (*Melilotus officinalis* or *Trigonella Graeca*).

herba milotis *Leechdoms* I 68; positionem pedum in aqua calida ubi cocta sint mellilo' et camomi' GILB. I 31v. 1; ponatur facies supra fumum aque calide in qua decocta sunt camomilla, mellilotum, et majorana GAD. 13v. 2; maculatum trifolium, mellelotum idem est *SB* 29; mellilotum, trifolium aquaticum idem *Ib.* 30; mellilotum, A. *hertyluere WW*; mellotum A. *threlevedgras WW*.

2 honeysuckle, woodbine (*Lonicera periclymenum*).

12 . . mellilotum, i. *honisocles Teaching Latin* I 51; mellilotum croceum, mellilotum majus, *mellilote*, mellilotum rubium, *red honysoke MS Cambridge, Trinity Coll. O. 8. 2* f. 9ra; matris silva . . mellilotum secundum quosdam, corna regia [caprifolium idem] . . G. *chevrefoil*, A. *honysocle* vel *wodebynde Alph.* 110.

melimelum [CL < μελίμηλον], **malomellum** [LL], **malomellus**

1 kind of sweet apple, sweeting.

apropima vel aprimia, i. melimela, solvunt [? l. dolorem] ventris, ardorem commovent *Alph.* 12; *swetyng appul*, malomellum *PP*; *a birtylle*, malomellum *CathA.*

2 (f.) tree that bears sweet apples.

malomellus, *swite apolder* ÆLF. *Gl.* 137; malomellus a dulcedine appellata quia fructus ejus mellis saporem habeat *Best. Ashmole* f. 93; *a birtylle tre*, malomellum *CathA.*

melinus [CL < μήλινος = *of quince*], **melinicus**

1 yellow, of the colour of quinces.

Melchior, senex et canus . . tunica hyacinthina sagoque mileno . . Caspar, juvenis imberbis, rubicundus, milenica tunica *Ps.*-BEDE *Collect.* 53–4; agrestis . . flosmos . . circa virgas flores aurosos habet aut mellinos *Alph.* 69; mellinus color medicine necessarius est *Ib.* 97 (v. leucoium); speragus . . confert . . florem mellinum sicut leucium *Ib.* 168; haliaetos . . magnitudine milvi est, capite albis et fuscis distincto lineis, ut ~o CAIUS *Anim.* f. 17.

2 black, or ? *f. l.*.

melinus [? l. melanus, i. e. μέλαν] color, nigrus *GlC* M 130.

---

melior, melius [CL; v. et. bonus, optimus]

1 (of person) better, more competent or skilful.

Aquilam autem et Theodotionem praeposuit septuaginta interpretibus, ac si diceret quia ~iores invenit *Comm. Cant.* I 5; **1293** J. A., J. de S., J. F., et R. J. sunt ~iores et potenciores tocius ville ad faciendum et complendum officium prepositure *SelPlMan* 168; **1299** per manus ~ioris mercatoris de Pistorio (*Ac.*) *EHR* XXI 111.

2 more virtuous, of better character, nobler (w. abl. or *quam*).

qui te . . exhibes ceteris moribus ~iorem GILDAS *EB* 33; isti tres ~iores caeteris patribus fuerunt *Comm. Cant.* II 17; a**620** in magna reverentia . . tam Brettones quam Scottos venerati sumus, sed cognoscentes Brettones Scottos ~iores putavimus (*Lit.*) BEDE *HE* II 4 p. 88; vir prudens animo est melior quam fortis in armis ALCUIN *Carm.* 62. 117; ut querenti "qualis quali sit ~ior" respondet disciplina sacra "patiens forti" BALSH. *AD rec. 2* 158.

3 better, worthier, more precious or valuable: **a** (of person); **b** (of spirit as dist. from body); **c** (of abstr.).

a ~ior tibi est vicinus aliquis BEDE *Prov.* 1018; aut electi homines ~iores et majores erunt angelis bonis, aut reprobi angeli perfecte non restaurabuntur ANSELM (*Casus Diab.* 5) I 243. **b** cum non sis corpus sed summus spiritus, qui corpore ~ior es Id. (*Prosl.* 6) I 104. **c** omnibus est donis melior dilectio sacra ALCUIN *Carm.* 11. 25.

4 better, more influential, with greater authority or freedom: **a** (of person); **b** (of city).

a de ~ioribus et antiquis hominibus totius comitatus (*Hants*) *DB* I 44vb. **b** monopolis . . i. civitas que reliquis in regione ~ior est et liberior OSB. GLOUC. *Deriv.* 355; urbs . . ~ior quam in transmarinis habet jam . . obsidetur GIR. *IK* I 5 p. 60.

5 better, of higher quality, superior: **a** (of livestock or meat); **b** (of plant); **c** (of measure of land); **d** (of artefact).

a medici dicunt carnes haedorum ~iores esse omni carni causa lasciviae eorum *Comm. Cant.* I 156; **1238** quilibet terram tenens cum moritur dabit ~ius averium domus sue ad herietum *CurR* XVI 148M p. 47; **1260** tertium ~iorem porcum suum quando potuit sibi invenire pessonam *Cal. CourtR Chester* 17; c**1311** dabunt pro herieto . . unusquisque eorum ~ius animal quod habuerit *Cust. Battle* 156. **b** bugla . . i. *vodebroun*, una rubeum, alia habens florem citrinum, et hec est ~ior *SB* 13. **c** duas ~iores hidas de his vij tenet rex (*Dorset*) *DB* I 78va. **d 1293** et ibidem liberaverunt predicto priori duo sigilla episcopi defuncti et anulum suum ~iorem preter unum *DC Cant. Reg. Q* f. 4.

6 (of debt) better, easier to recover.

1273 ceperunt . . xxj cartas de ~ioribus et clarioribus debitis predicti L. *SelPlJews* 72.

7 better, more befitting, appropriate, or preferable; **b** (w. ref. to *I Reg.* xv 22). **c** (of punitive action or measure) stricter, more efficient or severe. **d** (~*iori modo*) by a better (or the best) way (*v. et.* 15 *infra*).

quis rogo eorum ob invidiam ~ioris hostiae caelestique igni in caelis evictae, ut Abel, occisus? GILDAS *EB* 69; ~iora sunt vulnera diligentis quam oscula odientis ALDH. *VirgP* 58 p. 318; quanquam si qua fides, si quis aditus ~iori consilio esset, prestaret . . dulce confovere otium quam . . tanto indulgere labori W. MALM. *GP* I 50 p. 94; opiniones stultorum ~ioribus interpretationibus lenientes Id. *GR* II 202 p. 249; scientes experti quoniam ~ius est modicum justo super divitias peccatorum multas AILR. *Ed. Conf.* 781A. **b** per oboedientiam que ~ior est victimis ABBO *QG* 1 (3). **c 1259** per ~iorem districtionem distringatur (v. 3 districtio 5a). **d** ~iori modo quo potuit B. COTTON *HA* 322; **1384** licenciam . . capiendi vel interficiendi ~iori modo quo sciverit de phasianis *SelPlForest* cxxx n. 1.

8 (of time, occasion, or condition) better, more favourable, fortunate, or advantageous. **b** (~*ior vita*) 'the better life', life after death.

ratus est . . servare se ad tempora ~iora BEDE *HE* III 14 p. 155; innumeri heroes nati melioribus annis

---

BONIF. *Carm.* 1. 143; **747** Deus omnipotens in ~iorem statum vitam tuam corrigat Id. *Ep.* 73 p. 155; **1094** haec dedi in tali quitantia . . qualem quicunque ~orem habuit S. Cuthbertus E. *Ch. Scot.* 12; c**1124** cum omnibus consuetudinibus quas . . unquam ~ores et liberiores habuit *Ib.* 54; nec fiat melior sors mea sorte sua (*Vers.*) W. MALM. *GR* III 284 p. 340. **b 798** ut . . ad ~ioris vitae propositum merear pervenire (*Lit. Regis*) *CS* 287; hos puto quapropter nobis non esse gemendos / quos melior caelo vita sibi rapuit ALCUIN *Carm.* 9. 210.

9 (~*ior pars*) the better part.

tota vestra congregatio vel ~ior pars ANSELM (*Ep.* 345) V 283; cum ~iore diei parte victoriam pene conpasset, jam prono in oceanum sole palmam amisit W. MALM. *GR* II 107; deliberationem sequitur intellectus, ~iorem partem retinens in sinu suo J. SAL. *Met.* 927B.

10 (as sb. m.) a better, more virtuous person.

malum cum videret, admonuit ut bonus fieret; bonum, ut melior existeret; ~iorem, ut optimus esse studeret TURGOT *Marg.* 243.

11 (sb. m. pl.) people with greater influence or authority, magnates, potentates.

quando rex jacebat in hac civitate, servabant eum vigilantes xij homines de ~ioribus civitatis (*Salop*) *DB* I 252ra; si inter judices studia diversa sint . . vincat sententia ~iorum (*Leg. Hen.* 31. 2) *GAS* 564; de . . ~ioribus tocius regni KNIGHTON II 57 (v. domina 1b).

12 (sb. n.; ~*ius suum facere*) to do one's best (compar. as superl., *v. et.* 15 *infra*). **b** (*ad* ~*ius*) to the best, on the best terms.

1297 quilibet faciat suum ~ius et suo judicio relinquatur *Reg. Cant.* I 181. **b** preceptum est vicecomiti quod faciat inde commodum regis ad ~ius quod potest *LTR Mem* 10 m. 6.

13 (*in* ~*ius*; w. verbs denoting improvement, change, or sim.) for the better; **b** (contrasted w. *in pejus*).

creaturarum elementa in ~ius commutata ALDH. *VirgP* 28 p. 264; c**1100** si qui hanc prophanare vel quicquam inde nisi forte in ~ius mutare presumpserit *Feod. Durh.* xlii; renovantur in ~ius GIR. *TH* I 18; s**1279** mutata est moneta in ~ius, sc. ut tam oboli quam quadrantes sint rotundi *Feudal Man.* 102; judex suum confusus judicium emendavit in ~ius *Latin Stories* 43. **b** aqua superior est mutabilitas ejus per profectum in ~ius, et aqua inferior . . per defectum in pejus GROS. *Hexaem.* I 3.

14 (sb. n. pl.) better, nobler, or more fortunate things.

semper ad majora et ~iora crescere et numquam decrescere ANSELM (*Ep.* 402) V 346; **1117** de probitate tua non tantum bona, sed et ~iora confidimus (*Lit. Papae*) W. MALM. *GP* III 123; per mortem . . libere animo . . oblectantur gaudiis, ape ~iora presumentes Id. *GR* IV 347 p. 397.

15 (compar. as superl.).

(v. 1, 4, 5a & d, 7d, 8a, 11, 12 supra).

melioramentum [ML], improvement.

1283 in augmentis et ~is . . quoquo modo fient et provenient in civitate et districtu *RGasc* II 206a.

meliorare [CL]

1 (trans.) to improve, make better or more prosperous, cause to get better: **a** (person); **b** (country, city, or sim.); **c** (state or condition).

a non juvenculos sed adultos quorum admonitione ~entur [AS: *hi beon gebeterude*] secum in comitatu ducant *RegulC* 11; longe ~ati sumus quam fuimus *RChart* 133b; **1466** sic nos et successores nostri erimus inde ~ati *Mem. Ripon* I 177. **b** Brittania . . duorum ostiis nobilium fluminum Tamesis ac Sabrinae . . aliorumque minorum ~ata GILDAS *EB* 3; s**958** tempore istius ~ata est terra Anglorum *AS Chr.* 260; sub optentu reipublice ~ande DICETO *Chr.* 235; **1265** credentes villam illam ex hoc [sc. constructione nove universitatis] posse ~ari *Cl* 92; omnia monasteria Anglie . . ~are ac promovere aliquo . . donario insudavit *Croyl.* 29; c**1400** pro ~ando Anglie regno *Meaux* I 250. **c** si . . hoc ita complere volumus, tocius populi res ~abitur [AS: *byþ þe betere*] contra fures quam antea fuit (*Quad.*) *GAS* 181; ob hoc mors differtur, ut vita ~etur, et dum vita prolongatur, mors deterior

acquiritur ELMER CANT. *Quer.* 810C; c**1180** quoad salutem anime et corporis ~atum et confortatum A. TEWK. *Ep.* 9 p. 48; **1201** circa statum burgi illius ~andum *BBC* (*Wells*) 2; **1220** crucissignatio debet ~are conditionem suam et non deteriorare *CurR* VIII 324; **1254** et notandum quod debitum anni preteriti minoratur de ccccxl marcis .. status ecclesie in tanto ~atur quod in festo S. Michaelis hoc anno remanserant in thesauraria lxviij li. xviij s. iij d. ob. *DC Cant. Reg. H* f. 180v.

2 to reward, remunerate.

qui furem ante alios homines deiciet, sit de communi pecunia nostra ~atus xij denariis [AS: *xij pæng' þe betera*] (*Quad.*) *GAS* 178.

3 to improve, cultivate, make better use of, increase the value of: **a** (land); **b** (other property).

a 1170 terram .. cum instauramento quod in ea invenerit et omni melioratione qua eam .. ~are potuerit *Chr. Rams.* 83; **1229** ipsa .. ~avit terram illam .. ita quod nunc multo plus valet *BNB* II 302; **1558** quo [terrae et possessiones] .. colantur, ~entur et ad uberiorem fertilitatis cultum producantur *Scot. Grey Friars* II 110. **b** s**1177** in toto quantum rex Aldefonsus tenet .. ~et cum suo proprio avere *G. Hen. II* I 141; ne .. bona sacristarie .. deteriorentur, sed potius .. ~entur *Reg. Malm.* II 232.

4 to improve, refine.

ignem .. dicit Spiritus Sancti fervorem qui .. aurea dominicae domus vasa probando ~at BEDE *Luke* 499; in igne .. ~atur aurum et purius fit BACON IX 184.

5 to improve, make look better.

nec meliorari forma beata potest (*Vers.*) CAPGR. *Hen.* 64.

6 to improve, make better or clearer, facilitate.

multum ~atur et completur visio per .. radios fractos .. in quibus omnis res visa videtur BACON *Maj.* II 148.

7 to cure, cause to recover (from ailment): **a** (person); **b** (livestock).

a ab hac die nisi ~etur infirmus carnem non comedat LANFR. *Const.* 181; aliquantulum ~ari, cibo paullatim refici .. cepit GOSC. *Mir. Iv.* lxxviii; ~atus tandem ab infirmitate .. Romam eundi iter repetiit EADMER *HN* p. 287; debent taliter egrotantes aut chorum pro consuetudine ingredi aut domum infirmorum, ut, donec ~entur, ibidem quiescant *Cust. Cant.* 298. **b** coepit expectare horam qua aut ~atum reciperet jumentum aut relinqueret mortuum BEDE *HE* III 9 p. 146.

8 to improve, mend, repair.

naves ~antes exercitum restauraverunt *Enc. Emmae* II 2; **1343** de stauro domus ~ando (*Stat.*) *Eng. Clergy* 265; novam domum .. construxit, et antiquam ~avit; et .. defectus .. correxit *Mon. Francisc.* I 509.

9 to improve, correct, update.

c**1470** compotos .. ~atos percipiens, stabat in parte .. contentus de melioracione *Reg. Whet.* I 114.

10 (intr.) to improve, get better.

1231 postquam percussus fuit non ~avit ei status suus per aliquod tempus immo semper deterioravit *BNB* II 488.

melioratio [LL]

1 improvement, betterment, change for the better: **a** (of person); **b** (of country, city, or sim.); **c** (of land or other property); **d** (of state, condition, or sim.).

a cotidiana Deo cooperante studuit ~one succrescere WULF. *Æthelwold* 9; cur melioracio non admitteretur, / cui viciacio nulla commiscetur? *Carm. Lew.* 607; si .. magister [novicii] .. de ipsius ~one et perseverencia fiduciam habeat *Cust. Westm.* 224; habita .. ratione ~onis et deteriorationis in persona cujuslibet heredis BRACTON f. 75. **b 1249** ut de ~one vel deterioratione monasterii reddantur cerciores *Doc. Eng. Black Monks* I 36; **1265** pro ~one regni *Cl* 224; ad regni sui Anglie ~onem *Leg. Ant. Lond.* 227; **1292** ad ~onem ejusdem civitatis *BBC* (*Limerick*) 27; super ~one et reformacione regni Anglie *Ps.*-RISH. 493. **c 1340** jura et possessiones dicte domus .. conservabit et ad eorum ~onem fideliter laborabit *Deeds Balliol* 292; expensis quas in ~onem .. terre fecerat *Meaux* I 309. **d** egrotanti Ludovico

spatium vite prolongavit, et ~onem transacti status pro correctione vite ex insperato contulit ORD. VIT. XIII 18 p. 49; misit .. spectabiles nuntios .. qui .. animos perturbatos mitigantes ad consentiendum persone utcumque electe, cum ~one cause inducerent GERV. CANT. *Chr.* 321; c**1230** ad sue vite ~onem informentur vel si corrigi nequeant, ab universitate .. expellantur *FormOx* 349; insuper, propter ~onem status aule et libere nostre familie *Cust. Cant.* 62; super .. status regni ~one *Flor. Hist.* II 417; **1440** in relevacionem onerum et status sui ~onem BEKYNTON I 86.

2 an improved thing or artefact.

c**1176** ex .. adquisitionibus et meliaricionibus in terra S. Albani *MonA* II 229b; remisi .. totam terram quam de eis tenui in Salterra .. cum omnibus ~onibus et edificiis, et .. aisiamentis *Reg. S. Bees* 386; **1254** rex debet reddere .. fortaliciam .. Giraldo: nec imputabit si quas ~ones fecerit in .. capite castri *RGasc* I 544b; **1268** maneria post dies suos ad nos .. cum omnibus ~onibus et incrementis .. revertantur *Cl* 100; habendam et tenendam totam predictam placeam cum omnibus ~onibus imponendis et edificiis construendis *Reg. Malm.* II 291.

3 refinement.

1376 pro ~one argenti recepti pro auro debito ad dictam custumam *ExchScot* 522.

4 (of rent or income) increase, enhancement.

1417 volencium incrementum firme crane .. ac ~onem reddituum ejusdem civitatis in futurum *Mem. York* II 81; **1500** in ~one redditus ejusdem ac in evidentem proficuum ecclesie dedisse, concessisse, assedasse *Reg. Newbattle* 308.

5 return to health, recovery: **a** (of person); **b** (of livestock); **c** (of colour of bodily fluid).

a cum his verbis disparens infirmoque ~onem ingerens HERM. ARCH. 37 p. 76; denique rex, parumper ~oni restitutus, jubet se transvehi ad Venodociam *Hist. Arthuri* 86. **b 1375** escambium ij equorum inter se fecerunt ita quod Philippus haberet equum qui erat predicti Johannis. ita quod pro ~one dicti equi solvent Johanni *CourtR Winchester*; **1422** in ~one unius equi ij s. *Ac. Jarrow* 194. **c** quod post exeat [sc. sputum] in majori quantitate cum .. ~one coloris RIC. MED. *Signa* 36.

6 improvement, repair, restoration.

c**1176** quod si vestram velim predicare industriam circa edificiorum ~onem, .. circa prediorum culturam P. BLOIS *Ep.* 5. 15A; infra hostriam conventus, ad ~onem et adornacionem ipsius AMUND. II 199.

7 amendment, correction.

~one legum et consuetudinum optabili repromissa H. HUNT. *HA* VII 22 (=TORIGNI *Chr.* 81); s**1135** ~onem legum promisit juxta voluntatem et arbitrium singulorum WEND. II 217; c**1419** pro ~one ordinacionis predicte *MGL* I 362; c**1470** (v. meliorare 9).

melioritas [ML]

1 meliority, quality or condition of being better.

sed tumor arrogantie talis in modum vertitur ~atis HERM. ARCH. 14; opus gratie vel virtutis non est violentum nec nature sed secundum naturam et supra naturam ad ejus ~atem FISHACRE *Quaest.* 47.

2 improvement, return to health or normality.

quod si post ~atem coloris bonitas, ut fiat album et substantie spissitudo RIC. MED. *Signa* 36.

meliphilon v. meliphyllon.

meliphonus [μέλι + -φωνος], that sounds sweet as honey, honey-voiced.

semper subsistat modulans premirifice in melliphona [ME: *henyly swete*] meditacione ROLLE *IA* 159.

meliphyllon, melissophyllon [CL < μελίφυλ-λον, μελισσόφυλλον], fragrant herb, balm-gentle (*Melissa officinalis*).

mellisephilos sive mellifilon dictum ideo quod apes illam libenter comedunt *Alph.* 115; bullete .. habet .. folia .. similia melisophilo cum odore grani, unde et istud meliphilon multi dicunt *Ib.* 121–2.

melis [CL], ~**us** [LL], ~**os** [ML], badger.

linx et taxo, i. ~us ÆLF. BATA 6 p. 81; **11** .. hic vel hec ~os -tis, i. *tesun*, i. *broch WW Sup.* 89; taxus est ~is animal .. et dicitur melota BART. ANGL. XVIII 101; est et ~is quedam solertia quando .. eos canes insequuntur *Ib.*; hic ~us, *taissun Gl. AN Glasg.* f. 21vb.

melisophilum v. meliphyllon.

melissa [LL; cf. μελισσοβότανον], balm, kind of herb (*Melissa officinalis*).

recipe .. balsami folii ana ʒ unum et semis, mellise ʒ duas GILB. II 119v. 1; ~a herba est que a quibusdam dicitur *baume SB* 29; mellissa .. herba est pigmentaria, A. *bonrefair* vel *bouruurt* .. vel *medwor*[t] *Alph.* 115; *maydewode, herbe*, ~a *PP*; *bawme, herbe*, balsamus .. ~a *PP*; melessa, A. *medeswote WW*.

melitianum [cf. CL melitinus], kind of apple, 'honey-apple'.

10 .. metianum, *milisc æppel WW*; **11** .. melicianum, *milsch eappel WW Sup.* 297.

melitina [CL melitinus =*kind of precious stone* < μελίτινος =*of honey*], ? balm, kind of herb (*Melissa officinalis*).

melletina, *medewyrt* ÆLF. *Gl.* 134; mellauna, *meode uyrt Gl. Durh.* 304; **10** .. melleuna, *meodowyrt WW*.

melitites [CL < μελιτίτης =*wine prepared with honey*], mellite, honey-stone.

melitites [TREVISA: melantes] est lapis dictus eo quod dulcem et melleum emittit succum BART. ANGL. XVI 64.

melitus v. mellire.

melius [CL; v. et. bene, optime]

1 better, more competently or skilfully.

ille ~ius ac manifestius .. potest explanare BEDE *HE* III 25 p. 184; statum regni Anglie vestra ~ius novit sapientia AD. MARSH *Ep.* 53 p. 163; **1272** ~ius sciunt veritatem illius occasionis quam aliqui alii et .. sine illis nullam veritatem inquirere possunt *SelC Coron* 26; et ut hec ~ius [ME: *bet*] ostendamus, dividamus hoc menbrum in sexdecim particulas *AncrR* 115.

2 more correctly.

'sintagma', i. compositio vel subnumeratio ~iusque sic dicitur *Comm. Cant.* I 6; oceanus, -ni, sed ~ius dicitur ab occe Greco, i. velox OSB. GLOUC. *Deriv.* 100.

3 more fittingly, advantageously, or preferably, on better terms. **b** (w. *vendere*) more profitably, at a better price.

c**1069** habeant manerium suum .. ita plene et quiete, et libere sicut predictus rex ~ius et plenius illis concessit *Regesta* I p. 120; **1101** quod bene et in pace, et honorifice, et quiete, et libere teneant .. sicut unquam ~ius et quiecius tenuerunt tempore patris et fratris mei *Ib.* II p. 306; **1155** ita bene et honorifice .. habeant eorum consuetudines .. sicuti eas ~ius et honorabilius .. habuerunt tempore Rogerii comitis *BBC* (*Chichester*) 4; **1284** prout sibi .. ~ius placuerit *Deeds Balliol* 2; **1457** ut sibi melius videbitur expedire *Wills Dublin* 2. **b** persuasit .. quatinus equos nostros ad vendendum in Walliam, ubi longe ~ius eos quam in Anglia vendi posse dicebat, per ipsum .. transmitteremus GIR. *SD* 84.

4 more clearly or easily.

~ius exemplis quam nuda verbositate informor ALDH. *Met.* 10 p. 92; nihil ~ius intelligitur quam aeterne esse vel vivere ANSELM (*Mon.* 24) I 42; he itaque sic figurantur, ut ~ius et securius agnoscantur HAUDLO 116.

5 (w. ref. to odour) more pleasantly.

mellilotum .. similis est sulfurate in foliis sed ~ius redolet *SB* 30.

6 better, in a better state or condition.

ut nos modo credimus si sanctas reliquias tangimus ~ius habere *Comm. Cant.* I 343; videns eum ~ius habentem ac loqui jam valentem BEDE *HE* V 19 p. 329.

7 (w. *putare* or sim., usu. w. *quam*) rather (than); **b** (w. *sed*, after negated statement).

cui enim ~ius credere debemus quam illi qui jam ad illam excellentiam pervenit? AILR. *Serm.* 204; **1220** ~ius credunt quod E. illam cepisset [sc. equam] per mesprisionem et ingnorantiam quam dicto modo *SelPlCrown* 126; **1220** ~ius credunt quod hoc fecit pro Deo quam pro alia causa *SelPlCrown* 127; **1269** ~ius putant dictam damam fuisse bersatam in libertate quam in foresta *SelPlForest* 44. **b** non credunt quod ipse culpabilis sit, set credunt ~ius quod R. G. . . sit inde culpabilis *SelPlForest* 3.

8 (compar. as superl.).

c**1069**, **1101**, **1155** (v. 3a supra); **1217** liberetis . . episcopo episcopatum . . cum omni integritate sua, sicut ipsum ~ius vel integrius tenuit predecessor ejus *Pat* 86.

meliuscule [CL], somewhat better.

~e adverbium est diminutive sicut bene et male *GlC* M 159; cibo potuque ~e quam aliis diebus sunt refecti LIV. *Hen. V* f. 6v.

meliusculus [CL], somewhat better.

~a, feminum [*sic*] genus diminutive *GlC* M 158.

mella v. medlea.   **mellagium** v. melagium.

mellarium [CL = *apiary*]

1 honey-pot.

an huny pot or hony wesselle, ~ium *CathA*.

2 vessel in which grapes are pressed, vat.

~ium, -rii, i. vas in quo uve calcantur OSB. GLOUC. *Deriv.* 357.

3 vessel for storage of wine.

vas in quo vinum inditum est ~ium nominetur OSB. GLOUC. *Deriv.* 357; ~ium, vas vinarium *Ib.* 365.

mellassis [cf. LL mellacium = *decoction of wine*], molasses.

1570 saccara, succad', melasses, et pecuniam *SelPl Adm* II 144.

mellat' v. medlea.   **mellauna** v. melitina.   **mellea** v. medlea.

melleare, to sweeten with honey.

vinum conditum: piperatum et ~eatum *GlC* U 155.

Melleloquium v. Melliloquium.   **mellelotum** v. melilotum.   **mellenarius** v. millenarius.   **mellenus** v. millenus.   **melleta** v. medlea.   **melletina** v. melitina.   **melletum** v. medlea.   **melleuna** v. melitina.

melleus [CL]

1 of or proper to honey. **b** resembling honey. **c** of the colour of honey.

aliud est ~ee dulcedinis cupidum in ejus acquisitione pro viribus laborare AILR. *Spec. Car.* II 18. 567B; ~eum . . examen OSB. GLOUC. *Deriv.* 357 (v. melanites); cum mel in melleo globo reconditur / mellis globositas major efficitur WALT. WIMB. *Carm.* 18. **b** tum . . illa ~ea pignora fulsere circumstantium oculis Gosc. *Lib. Mild.* 19 p. 87; c**1220** non est totum melleum quod est instar mellis (*Contra Avaritiam* 7) *Pol. Songs* 14. **c** color . . ~eus significat frigiditatem et siccitatem et differenter mobilitatem, ut patet inferius J. FOXTON *Cosm.* 30. 1.

2 full of honey (fig.).

fons es lactis nunquam arens, / puteusque fundo carens / et abissus mella, / paradisi fragrans rosa, / vestis verbi non corrosa / corruptele tinea WALT. WIMB. *Virgo* 109.

3 delightful as honey, honey-sweet (fig.).

mellea carnalis contemnens ludicra luxus ALDH. *VirgV* 1713; ~eo quodam lapsu ex ejus ore fluit oratio W. MALM. *GP* I 67 p. 126; eadem . . villa Honestanestun . . cujus nomen pulchre interpretationi aptatur ~ee etenim petre villa sonat G. FONT. *Inf. S. Edm.* 5; melliflui verbis describens mellea dona NECKAM *DS* IX 243; ac si ~ei cujusdam aspergine roris infundas J. FORD *Serm.* 37. 5; Maria, loquere nam tua labia / torrentes mellios sunt distilancia WALT. WIMB. *Carm.* 13.

mellibradium v. mellibrodium.

mellibrodium [CL mel + ML brodium], drink made of honey and ale.

braget, drynke, mellibradium *PP*.

mellicraton, mellicratum v. melicratum.

melliculus [LL mellicus + -ulus], delightful as honey, honey-sweet.

palpo dulciculus lingua mellicula / potentes pellicit WALT. WIMB. *Palpo* 103.

mellicus [LL]

1 of or proper to honey.

venenum ~um dulcorem amaricat (*V. J. Bridl.*) *NLA* II 70.

2 delightful as honey, honey-sweet (fig.).

sed a pulsu mellico tota resultabat *Ps.-*MAP 21. 12; ~a pronuntiatio J. GODARD *Ep.* 233; **1264** litteras . . accepimus . . continentes quod melice recordationis H. pater vester . . nuper nature debitum persolvit *Cl* 388; laborem . . mutabis in ~um mansionem ut melodia perseveret ubi demorabatur tristicia ROLLE *IA* 244; rethorice . . ut colores respiciant ~os et suaves *Dictamen* 373.

mellifer [CL], honey-bearing, honey-producing.

si visum linceum profunde fixeris / in rebus phisicis plus in melliferis, / ni fallor, apibus, mirari poteris / quam in turrigeris barrorum humeris WALT. WIMB. *Carm.* 412.

mellificamen, (act of) honey-making.

mellifico . . et hoc ~en OSB. GLOUC. *Deriv.* 357.

mellificare [CL]

1 to make honey; **b** (fig.); **c** (w. internal acc.).

sic apes a malo sapore gratius ~ant Gosc. *Lib. Confort.* 28; apiarium, locus ubi apes ~ant OSB. GLOUC. *Deriv.* 52; invenit ibidem apum examen tanquam in alveario ~asse GIR. *GE* I 11 p. 42; more . . apum mellificantium nullo ocio stertebant, sed omnes laborando operi insudabant J. FURNESS *Kentig.* 24 p. 203; fac ut apes tibi mellificent, sed gratia detur D. BEC. 2188; apes enim ubertim michi ~ant J. GODARD *Ep.* 233. **b** in quibus omnibus quasi in hortis aromatum flores decerpere, et urbana suavitate loquendi ~are sibi potest diligentia modernorum P. BLOIS *Ep.* 101. 314B; o mellificans fons EDMUND *BVM* 2. 30. **c** nil valet in stomacho mel mellificare canino D. BEC. 2341.

2 to make as sweet or as pleasant as honey (usu. fig.). **b** (w. ref. to style) to refine, embellish (perh. w. play on *melos*, to make melodious).

Augustinum appetebant undique coelestia ~antem Gosc. *Aug. Maj.* 88D; tam patris imperatoria pietas quam sua scriptoria benignitas omnibus cam . . averat *Id. Edith* 62; tunc demum diu celatum virus ~ans *Id. Lib. Mild.* 12 p. 80; ~ante Domino orbem terre J. LOND. *Commend. Ed.* I 8. **b** c**1184** prefatam sane prosam . . si vobis placeret, placeret et michi ut mellificetis J. EXON. *Ep.* 3. 79.

3 (in list of words).

magnifico, ~o, mirifico ALDH. *PR* 133 p. 185.

mellificatio, (act of) honey-making.

mellifico . . ~o OSB. GLOUC. *Deriv.* 357.

mellificus [CL], honey-making; **b** (fig.).

apes . . ~as habet GIR. *TH* I 6 p. 28. **b** quemadmodum mellificis / heroicorum vorsibus (ÆTHELWALD) *Carm. Aldh.* 2. 5.

mellifilon v. meliphyllon.

melliflue [ML], as if flowing with honey (fig.).

949 rex . . largiflue Cristicolis, ~e solicolis lucra confert alacriter *Ch. Burton* 8; in manu ejus baculus insigne [*sic*] ducis ac matris ~e emicuit Gosc. *Transl. Mild.* 30 p. 199; c**1380** magistralem curam super me ~e supponastis [*sic*] *FormOx* 326.

mellifluus [LL], flowing with honey, sweet as honey. **b** (*potus ~us*) mead; **c** (fig.).

672 quemadmodum . . ~um examen . . gestamina asportat ALDH. *Ep.* 5 p. 490; licet ~os palmeti dactilos mulsum nectaris . . praestare credamus *Id. VirgP*

9 p. 236; ~i floris odoratus FELIX *Guthl.* 50 p. 156; quatenus . . apis . . ~os . . carperet flores ALCUIN *WillP* 4; donec mellifluo completa est nectare tunna *Id. WillV* 18. 11. **b** vinum . . et ~us potus cunctis largissime dabatur BYRHT. *V. Osw.* 465. **c** ~am dogmatum dulcedinem ALDH. *VirgP* 26 p. 260; mellifluo dulces eructans pectore succos ALCUIN *SS Ebor* 1410; potuisti . . ~as ejus voces audire OSB. *V. Dunst.* 40 p. 118; cum . . laureato Laurentio . . et ~o Mellito Gosc. *Transl. Aug.* 24C; quando . . percipiant terram ~am BACON *Maj.* I 303; **1327** ad ubera ~a . . Roffensis episcopi . . recurrentes *Lit. Cant.* I 245.

melliger [ML], honey-bearing; **b** (fig.).

melligeris apibus mea prima processit origo ALDH. *Aen.* 32 (*Pugillares*) 1; ~eris [*gl.:* hunibærum] caltarum frondibus seu purpureis malvarum floribus incubantes *Id. VirgP* 4 p. 231. **b** oscula melligeris decies da blanda labellis ALCUIN *Carm.* 4. 48; porte celi clavigera, / —vale, virgo Christifera— / paradisi meligera, / cuncta regentis sydera LEDREDE *Carm.* 14. 17.

melligo [CL], honeydew, nectar.

meldewe, ~o LEVINS *Manip.* 94.

mellilempnias v. melilemnias.

Melliloquium [CL mel + -loquium], 'Mellilo-quy', name of literary work.

p**1440** Augustinus in Melleloquio (*Catal. Librorum*) *JRL Bull.* XVI 470; c**1460** ~ium Augustini (*Catal. Librorum*) *Collect. Ox.* III 232.

mellilotum v. melilotum.   **mellinus** v. melinus.   **melliphonus** v. meliphonus.

mellire [ML; CL p. ppl. only]

1 to mix or sweeten with honey or sim.; **b** (fig.).

idromellum, aqua ~ita, que et Anglice *meda* dicitur OSB. GLOUC. *Deriv.* 291; quos melliverat ante, / edidicit fellire favos HANV. VII 93 (v. fellire a); abstineant se a vino, a medone atque cervisia ~ita tribus diebus per hebdomadam ROB. FLAMB. *Pen.* 255; offas ~itas lacte vaccineo *Stat. Linc.* II 414. **b** nihil quod non dulcissimi nominis Jesu fuisset melle ~itum . . meum sibi ex toto rapiebat affectum AILR. *Spir. Amicit. prol.* 660A; dat opes dolus amplas / causidicis, mellit successus, ditat, amenat D. BEC. 1508; clericus aut miles ad te si venerit hospes, / occurrens properes illi mellire salutes *Ib.* 2344; hec michi pax mellit: toxicat illa timor WALT. ANGL. *Fab.* 36. 18; cum [nomen] profertur ex lingua libera / mellit auras, pigmentat aera J. HOWD. *Ph.* 355.

2 (p. ppl. as adj.) sweetened with honey, honeyed. **b** (*harundo ~ita*) sugar-cane. **c** (*pomum ~itum*) date (fruit). **d** (fig.). **e** (as personal name) Mellitus.

~itae [*gl.:* unigswettre] dulcedinis gustum . . praecellit ALDH. *VirgP* 7 p. 234; que aqua . . saporem prebuit HON. *Spec. Eccl.* 922A. **b** arundines ~itas W. MALM. *GR* IV 374 (v. 1 canna 1b). **c** ~itis pomis W. MALM. *GR* IV 377 p. 442 (v. dactylus 3a). **d** ~ito . . ore . . illuminantur . . oculi mentis BEDE *Sam.* 589; **956** ideo certis adstipulationibus ~ita oracula divinae clamationis nos frequentativis hortationibus suadet *Ch. Burton* 14; commonuit interea ejus diocesis presulem Melitum ut beato ~iti cordis Petro fundatum consecraret locum SULCARD f. 12; vox cignea, . . ~ita facundia Gosc. *Edith* 68; carmine mellito tibi scribimus hoc bene scito M. RIEVAULX (*Vers.*) 49. **e** Laurentius, ~itus, et Justus episcopi BEDE *HE* II 4 p. 87; SULCARD f. 12 (v. 2d supra); cui sanctus ~itus . . prefuit AILR. *Ed. Conf.* 756A.

3 (p. ppl. as sb. n.) honey-sauce.

mel ad ~itum, super pultes in Quadragesima infundendum, coquinario inveniet *Chr. Abingd.* II 397.

mellis v. medlea.   **mellisephilos** v. meliphyllon.   **mellissa** v. melissa.

mellisonus [ML]

1 mellisonant, sweet-sounding.

consonis / tonis mellisonis / reddis armonias J. HOWD. *Lira* 2. 13.

2 sweet.

swete . . balsamensis . . ~us *CathA*.

mellitarius [CL mellitus + -arius], bee-keeper.

xxiij bordarii et ix ~i (*Wilts*) *DB* I 65rb.

mellitas [CL mel+-itas], sweetness.

717 quem mihi non . . auri munus nec ~ate per blandimenta adolantium verborum facetie urbanitas adscivit Bonif. *Ep.* 9.

mellitulus [CL], (somewhat) honey-sweet, (rather) delightful.

ita erat ~a, benigna, gratiosa . . Gosc. *Edith* (II) 48.

mellium v. 1 millus.   **mellius** v. melius, melleus.

mellon [μέλλον], contingent future.

aliud . . est . . ~on, id est, futurum, ab eo quod est esomenon . .; . . esomenon quidem significat quod omnino eveniet, ut cum dicimus erit hyems aut estas aut eclipsis: ~on, id est futurum, quod potest evenire, et non evenire Bradw. *CD* 733B.

mellosus [LL], full of honey.

hec . . est petra aquosa ad potandum, petra ~a ad cibandum Holcot *Wisd.* 3.

mellotum v. melilotum.   **mellum** v. mela.

mellus, kind of fish (paid as tax).

a**1189** quietam ab omni . . multuello, ~o, maquerello *Act. Hen. II* II 334.

mellvellus v. mulvellus.

melo [LL], **melonus**, melon; **b** (dist. as *Palaestinus*). **c** representation of melon.

optima etiam ei esset decoctio cassie fistule myrobalanorum citrinorum cum capillis Veneris et seminibus citroli, et cucurbitae, et ~onis P. Blois *Ep.* 43. 127B; que facile corrumpuntur in stomacho, ut mora et persica, ~ones, cucurbite Bacon IX 92; de semine mellonis trito valde Gad. 86. 1; ipsa . . undique viridariis . . palmis altissimis, milonibus, arangis . . bene dotata est S. Sim. *Itin.* 40; pepones sunt quedam species ~onis *Alph.* 142; hoc ~o, -nis, genus liguminis *WW*. **b** fructus ut . . ~ones Palestini non crocei Gilb. I 19. 1. **c 1429** legamus . . sectam nostram vestimentorum ecclesiasticorum . . de nigro et viridi *baudekyn* cum ~onis de auro cipri *Reg. Cant.* II 391.

meloada v. melotida.   **melochites** v. malachites.

melodia [LL < μελῳδία]

1 melody, tunefulness, beautiful arrangement of musical sounds; **b** (produced by human voice); **c** (produced by musical instrument); **d** (dist. from *cantus*); **e** (dist. as *angelicus* or *caelestis*).

consona ~ia ymnizantes et psalmorum concentus suaviter concrepantes Aldh. *VirgP* 52 p. 309; melodium, *suinsung* *GlC* M 150; jam venit lux vera qui adnunciat pacem melhodie *Trop. Wint.* 158; consona redditur et completur ~ia Gir. *TH* III 11 p. 153; ipsi habebant notitiam concordantiarum ~ie complete sicut de diapason, diapente, et diatesseron *Mens. & Disc. (Anon. IV)* 50. **b** felix pectus quod tot vocales ~ias emiserit W. Malm. *GR* IV 342. **c** fistule organorum per quas elicitur ~ia Osb. Glouc. *Deriv.* 24; organi ~ia, cymbalorum sonus Bacon *Tert.* 233. **d** composuit . . hystoriam duodecim responsoriorum cantu et ~ia luculentam Diceto *Chr.* 148. **e** ~ia celestis insonuit Ailr. *Ed. Conf.* 756B; II . . cum ~ia angelica *Chr. Evesham app.* 321.

2 a melody, tune.

antiphonae omnes et versiculi absque finis ~ia Lanfr. *Const.* 105; secundum ~iam invitatorii 'Ave Maria' *Ib.* 133; si ~ia: 'ibi angelorum chori concinunt' Anselm (*Prosl.* 25) I 119; cithara . . sine humano tactu, 'gaudent in celis', antiphone ~iam suaviter resonabat M. Par. *Maj.* I 473.

3 (eccl. & mon.) chanting, psalmody.

auscultantur . . neuma ecclesiasticae ~iae Gildas *EB* 34; a**796** sint in eis canonicis horis psalmorum ~ia, orationum instantia, missarum solemnia et intercessiones pro te tuisque amicis Alcuin *Ep.* 40; post vespertinam ~iam pro reverentia ejus diei *Id. WillP* 31; **10** . . ~ia, *sealmsang WW*.

4 (as personal name) Melody.

1258 Gerardus S. et ~ia uxor ejus *Cl* 353.

melodiama, **~ioma** [ML; cf. μελῴδημα], melody, sweet chanting.

melos . . i. dulcis cantus, unde hec melodia . . et hoc ~ioma . . omnia in uno sensu Osb. Glouc. *Deriv.* 357; melos, dulcis cantus, quod et melodia et ~iama dicitur *Ib.* 365.

melodificare [LL melodia+-ficare], to make as melody.

comitantur eum celestes chori celestem ~antes armoniam, vocesque angelice adusque celsitudinem personuere etheream Sulcard f. 12v.

melodioma v. melodiama.   **melodium** v. melodia.

melodizare [ML], to make as melody, sing.

sic colligimus diversos modos ~izandi *Mens. & Disc. (Anon. IV)* 84.

melodus [CL *n. pl. only* < μελῳδός]

1 (of person) proficient in music, who sings sweetly.

in clericos bene ~os inconsiderate provida W. Malm. *GR* V 418 p. 494.

2 (of tune or sim.) melodious, tuneful, sweet-sounding.

cum dextera pars sonum ~um personaret inclytis vocibus, tum sinister jubilando organicis desudabat laudibus Byrht. *V. Osw.* 464; melus, dulcis, quod et ~us et melicus dicitur Osb. Glouc. *Deriv.* 365.

melomeli [CL < μηλόμελι], honey flavoured with quinces.

malomeli, que multi cinodomel dicunt, virtutem habent similem inomelli *Alph.* 109.

melonda v. melotida.

melongena, **~ia**, egg-plant, aubergine (*Solanum melongena*).

fiat suffumigatio ex ~iis, pulvere papaveris ni[gri] Gilb. V 222v. 2; ~a vel molongenia, fructus sunt oblongi et rotundi inter albedinem et rubedinem medii *Alph.* 112.

melongenia v. melongena.

melonomus [μηλονόμος], shepherd.

schepheerde, . . malonomus *PP*.

melonus v. melo.   **melopes, melopeus, ~um** v. melopoeus.

melophorus [μηλοφόρος], 'apple-bearer', epithet of the bodyguard of the king of Persia.

Persarum reges selectorum suorum mille numero thoraces malis . . insignire consuevere, qui inde mellophori appellabantur Spelman *Asp.* 64.

melopius v. melopoeus.

meloplacus [μηλοπλακοῦς=quince-cake], sort of marmalade.

marmalad, spice, melaplacus, -i Levins *Manip.* 8; marmalet, melaphacus *Ib.* 93.

melopoeus, ~um [LL gl. < μελοποιός]

1 (m.) maker of songs, 'songwright'.

melopeus, quasi carminis factor *GlC* M 179; **10** . . melopius, *leohtwyrhta* [l. *leothwyrhta*] *WW*; melopoeus, carminis fictor, melopeus Osb. Glouc. *Deriv.* 366; *romawnce makere*, melopes *PP*.

2 (n.) sweet composition, melodious song.

melopeum, dulce compositum *GlC* M 174.

melops v. 2 melos.

1 melos v. melis.

2 melos, ~us, ~um [CL < μέλος]

1 melody, tune, sweet sound.

psalterii melos fantes modulamine crebro Aldh. *CE* 3. 54; melops, dulcis sonus *GlC* M 174; piscis . . qui per tela hostium musice petit ~a Map *NC* V 1 f. 59v; dulce melos reddunt stelle septemque planete Neckam *DS* X 135; et melos ejus melleum est palato J. Howd. *Cant.* 41; ars punctorum duplex est: una

secundum sonos et ~os, altera est secundum puncta materialia *Mens. & Disc. (Anon. IV)* 24; de sex modis temporis ~orum, prout soni vel ~i integre accipiuntur *Ib.* 37; addimus tertium ~um *Ib.* 77.

2 chanting, singing.

~os, cantatio carminis *GlC* M 157; ~os indeclinabile, i. dulcis cantus Osb. Glouc. *Deriv.* 357.

3 chant, song.

audiat angelico dulces qua carmine laudes / Daviticoque sacrum personat ore melos Bede *Hymn.* 15. 26; in hoc se studio sapientes valeant si maculare melos Alcuin *Carm.* 42. 16; ast lector melos voce articulata resultans / praedoctus biblis ad gaudia magna refundit Æthelwulf *Abb.* 499; sicut tympanus et chorus ~is et fidibus in dulcedinis modulamine concrepat R. Cold. *Cuthb.* 81 p. 168; ~us jubilationis *Ib.*; post aliquam morulam totum illud ~os in ecclesia reboavit J. Furness *Walth.* 68.

melota, ~es, ~is [LL < μηλωτή]

1 sheepskin, goatskin, or sim.

~is, pellis simplex ex uno latere †deperdens [l. dependens] *GlC* M 129; *barym skyn*, milotes, -tis . . ~a, -e *PP*.

2 cloak or mantle made of sheepskin, goatskin, or sim.; **b** (w. ref. to *Hebr.* xi 37).

dum . . spoliare se ~e [gl.: *veste, scrude*] et amiculis erubesceret Aldh. *VirgP* 37 p. 286; in somnis apparuit quadam nocte cuidam venerabili matronae, nivea indutus ~e ac talari veste Lantfr. *Swith.* 10; crede, o pater reverende, nequaquam deterior mens Deo aspirante sub hoc habitabit tegmine quam sub caprina ~e Gosc. *Edith.* 70; utebatur ad nudum asperimo cilicio; deinde ~e ex pellibus caprinis confecto J. Furness *Kentig.* 13; *gylle, fowle cloth*, ~a, -e . . vel ~es, -tis *PP*; ~a, A. *a sclavayn WW*. **b** horum nullus circuit orbem in melotis *Ps.*-Map 41. 51.

3 badger; *v. et. melis*.

est et his taxus, qui et ~a dicitur; animal mordax et immundum, mollia frequentans et montana Gir. *TH* I 25; simili . . nature artificio . . meloti utuntur *Id. IK* II 3 p. 115; revertentes ~e . . fedatam domum fedo hospiti [sc. vulpi] . . relinquunt Neckam *NR* II 127; lepus aquam benedictam portavit . . hirci campanas pulsaverunt, ~es foveam fecerunt *Latin Stories* 58.

melotes v. melota.   **melotia** v. malache.   **meloticus** v. melotinus.

melotida [LL]

1 wool (removed from animal).

melonda [l. melotida] succida, i. lana mollis *Alph.* 113.

2 (*lana ~a*) byssal filament of certain mussels.

Gilb. III 148. 2 (v. 1 lana 4d); [margarite] inveniuntur in quibusdam piscibus similibus concule marine; in superficie habent lanam †meloadam [l. melotidam] que valet ad dolorem dentium *Ib.* IV 200. 1; melotida appellatur lana que invenitur in coccis [i. e. conchis] illius piscis in quo sunt margarite *Alph.* 114.

melotinus [cf. melota]

1 made of sheepskin or sim.

vestes . . ~as [v. l. meloticas; gl.: quasi vestis tota de ovibus. dicitur etiam vestis ~a de melotis, G. *tesun*, A. *brockes*] quas manellas vocant Balsh. *Ut.* 52.

2 (sb. f.) sheepskin.

exuens luterio melote [v. l. melotinae] in quo ille orare solebat Felix *Guthl* 45 p. 140 (cf. Ord. Vit. IV 15 p. 274).

melotis, melotus v. melota.

1 Melsa, Meaux.

Willielmus, qui postmodum ~am fundavit Serlo Gram. *Mon. Font.* 93.

2 melsa v. 2 mulsus.

meltarius [ME *melten* < AS *meltan*+-arius], workman who smelts, smelter.

1370 octo homines minerarios, meltar' et boliar' de melioribus, aptioribus, et magis necessariis hominibus hujusmodi comitatus illius [Ebor'] *Pat* 282 m. 2d.;

1371 ad duodecim mineatores, boliarios, et ~ios . . capiendos et eos in mineris nostris auri, argenti, stanni, et plumbi . . ponendos *Ib.* 285 m. 31.

meluina, cornet, pipe.

a cornet, pipe, meluina, tibia LEVINS *Manip.* 86.

1 melum v. 2 melos.

2 melum [LL < μῆλον=*apple*], representation of apple. **b** (~*um Punicum*) pomegranate.

mila, id est poma de auro in circuitu lectorum pro ornamento *Gl. Leid.* 8. 16. **b** Punica mela [v. l. mala] vident granis cittisque referta ALDH. *VirgV* 1596.

1 melus v. melis.

2 melus v. 2 melos.

3 melus [ML], sweet-sounding, melodious.

~us, -a, -um i. dulciter sonans OSB. GLOUC. *Deriv.* 357.

4 melus, ? *f. l.*

melus [? l. camemelon], cameleonta idem *Alph.* 113.

mely v. meli.

mem [LL < Heb.], Hebrew letter mem; **b** (dist. as final).

Runica Manuscripta 350 (v. daleth); hic ab Onan filio Jude nomen accepit. sed differunt, quia per mim, scilicet M, filius Jude; filius Jeramel per men, scilicet N scribitur S. LANGTON *Chron.* 80; habent quinque duplicatas in figuris, set non nomine nec sono, ut caph, meyn, nun, phe, sadic BACON *Gram. Heb.* 203. **b** in principio meyn primum et apertum, in fine meyn secundum et clausum *Ib.*

membra v. membrana, membrum.

membralis, of or pertaining to the limbs or sim.

sepe ferire solebat / passio membralis sic solum, mors subitalis D. BEC. 1277.

membraliter [cf. CL membratim], one point at a time, severally, separately.

differentia animalium . . multiplex est . . proprietate, nutrimento ciborum, ac dissimilitudine sui ~iter M. SCOT. *Phys.* 21 f. 14rb.

membrana [CL], ~**um** [LL]

1 membrane: **a** (in human or animal body); **b** (in egg).

a membranum quo cerebrum continetur *Gloss. Poems* 103 (v. meninga); omentum . . i. ~a porci vel crassitudo circa ventriculum OSB. GLOUC. *Deriv.* 395; epar . . arterias paucas et nervos pauciores continet, et pelliculas vel as RIC. MED. *Anat.* 225, hec a, est pellis ale vespertilionis *WW.* **b** bene autem albugo quasi ~um erat ovi BEDE *Tob.* 934; ex tam tenui ~a, qualis in ovo clauditur ab exteriori testa J. GODARD *Ap.* 258; de ovo cocto . . potest accipi ~a tenuis inter testam et albumen GAD. 7v. 1.

2 parchment: **a** (used for a lampshade); **b** (used in a window).

a nec lanterna tibi vilescat vitrea, virgo, / tergore vel raso et lignis compacta salignis / seu membranarum tenui velamine facta ALDH. *VirgV* 211. **b** fenestrella panno lineo vel ~a [*gl.: pel*] viridi colore vel nigro distincta muneatur [v. l. muniatur] NECKAM *Ut.* 117.

3 membrane, parchment (used as writing material). **b** letter, message. **c** record, document, or sim. **d** (~*is tradere* or sim.) to record, register.

quae modo membranis per mundum scripta leguntur ALDH. *CE* 4. 5. 16; quattuor evangelia de auro purissimo in ~is depurpuratis, coloratis, pro animae suae remedio scribere jussit EDDI 17; perigamini, ~o *Gl. Leid.* 6. 15; ~a, *bocfel* ÆLF. *Gl.* 164; cantor vero procurare sibi debet ~am et incaustum et scriptorem si nescit scribere LANFR. *Const.* p. 170; precessit usum ~e papyri materia NECKAM *NR* II 174 p. 308; *parchemyyn* . . ~um . . ~a *PP.* **b** quatinus vicissim ~is discurrentibus unum atque id ipsum sentiamus EGB. *Dial.* 404. **c** ceda, cedula, tomus, ~a, instrumentum OSB. GLOUC. *Deriv.* 172; ego Johannes de Athon, canonicus Lincoln', inter utriusque juris doctores vix dignus occupare ~as J. ACTON *Comment. prol.*; ~a quedam monasterii . . perlegendo *Meaux* III

237; non sufficeret profecto ~a hec mulierum nobilium que strenue et perjuste populos rexerunt, si commemorentur, nomina continere FORTESCUE *NLN* II 15. **d** satagam ~ae summatim commendare ORD. VIT. VI 3 p. 6; hec ipsa que ~is tradidit AD. EYNS. *Hug.* V 18 p. 211; cumque inter eos referrem quedam ab aliis michi tradita, quedam viva lectione cognita, preceperunt michi quasi posteris profutura ~is recondere G. FONT. *Inf. S. Edm. prol.*

4 piece of cloth.

pittacium, modicum ~um *GlC* P 394.

5 (in gl.).

10 . . membrarum, *filmena WW.*

membranaceus [CL], ~**aticius**

1 of or pertaining to membrane.

membranicius . . i. de membrana existens OSB. GLOUC. *Deriv.* 351.

2 made of parchment.

laterculus, codex ~aticius *GlC* L 9.

membranalis [cf. ML membranale], membranous, like membrane.

audivit strepitum quasi rupture cujusdam pellis ~is nimis violenter tense *Brev. Ebor.* II 816.

membranarius [LL], parchment-maker, parchmenter.

1317 W. de Tyrington membranar' Linc' pro iiijˣˣ viij duodenis pergameni empti de eodem ad opus regis . . xlviij s. *IssueR* 183 m. 15; *parchemynere,* ~ius *PP*; hic membrarius, *a perchmenter WW*; *a parchementer,* candidarius, ~ius *CathA.*

membranaticius, membranicius v. membranaceus.

membranator [ML], parchment-maker.

1355 Rogerus de Stafford menbranator (*JustIt*) *Eng. Stat. Lab.* 175*.

membranosus [LL], membranous, resembling membrane.

septum transversum est ~a quaedam substantia D. EDW. *Anat.* B 3v.

membranula, ~um [CL]

1 fine membrane.

fren, ~a que dividit superiora et inferiora OSB. GLOUC. *Deriv.* 241; quae [venae] . . intestinis prope omnibus inferuntur, admistis una ~is adiposis D. EDW. *Anat.* B 1v.

2 (piece of) parchment. **b** (~*is commendare* or sim.) to record, register.

995 (v. inventicius 1); ad . . miracula describenda ~a exscidimus, pennas calamistravimus R. COLD. *Cuthb.* 2 p. 6; nec aliunde quam Oswaldo nostro sumamus veridice locutionis exordium, sicut excerpere poterimus de discretis ~is et multimodis historiarum *Id. Osw.* 1 p. 338; ~a, *petite escroette* GARL. *Unus* 167; multas et precipuas auctoritates et nobilissimas notabilitates . . quas apud me in sedulis et ~is non paucis confuse collectas habui . . J. MIRFIELD *Flor.* 114. **b** certam veritatis indaginem . . commendare ~is . . curavi BEDE *CuthbP prol.*; hec omnia que descripsimus sicut . . audivimus ita . . ~is inseruimus R. COLD. *Cuthb.* 16 p. 32; calamo . . currente, ~is commendaveram *Id. Godr.* 297 p. 315.

3 small piece of cloth.

pitatiola, ~a *Gl. Leid.* 29. 30.

membranum v. membrana.

membranus [LL; cf. CL membraneus], made of parchment.

1397 in uno libro magno ~o . . conscripta *Conc.* III 233b.

membrare [LL]

1 to provide with members.

to make membyr, ~are *CathA.*

2 to provide with bar or buckle.

zonas . . bene ~atas [*gl.: barrés*] ferro vel cupro GARL. *Dict.* 123.

3 (p. ppl. as adj.) provided with large members.

~atus vel membrosus, magna membra habens OSB. GLOUC. *Deriv.* 363.

membrarius v. membranarius.

membratim [CL]

1 limb by limb, part by part; **b** (w. ref. to human or animal body); **c** (w. ref. to artefact); **d** (w. ref. to literary composition).

artuatim, ~im, cesim, divisim OSB. GLOUC. *Deriv.* 43. **b** quem lurida leprae spurcitia ~im potius quam particulatim elefantino tabo contexerat ALDH. *Met.* 2 p. 70; venusta . . liniamentis ~im [*gl.: per singula membra; limmælum*] corporalibus, sed plus venusta suatim cicladibus compta spiritalibus *Id. VirgP* 36 p. 281; porcos incidunt ~im et vendunt *Gl. Leid.* 35. 72; cum gladius . . corpora martyrum laniat et ~im dividit BALD. CANT. *Tract.* VI 456A; liberos . . detruncarunt menbratim immo pocius frustatim *V. II Off.* 231; sacrificia dabant demonibus in animalibus vivis, que dividebant ~im *Proc. A. Kyteler* 1. **c** statuam . . minutatim ac ~im [*gl.: particulatim; limmælum*] exponit percussam ALDH. *VirgP* 21 p. 251; quaternionibus ~im per singula folia separatis R. COLD. *Godr.* 596; ut . . crucifixi imaginem ferro ~im comminueret GIR. *GE* II 11 p. 224. **d** 10 . . per cola, *þurhsticced.* commata, ~im *WW*; per cola, id est ~im per distinctionem clausularum et versuum S. LANGTON *Chron.* 66.

2 one point or item at a time, severally, in detail (usu. fig.).

qualitatem . . a vestra prudentia ~im et particulatim subtiliter investigatam reor ALDH. *VirgP* 3 p. 232; **1157** munificentie vestre titulos ~im exequor J. SAL. *Ep.* 85 (33 p. 55); deinde poete lucri causa et favoris easdem scientias ~im effigiaverunt, propriisque nominibus eas signaverunt, scientiam colendi agros Cererem, colendi vineas Bacchum nuncupantes ALB. LOND. *DG* 5. 2.

membriculum [CL membrum+-culum; cf. ML membriolum], (small) member or part (in quot., of manor).

1212 tenent in manerio de Oswardebec . . c solidatas terre . . et vij li. et vj d. in Walcringham . . et aliis ~is *Fees* I 150.

membrosus [CL], having large members.

membratus . . magna membra habens quod et ~us dicitur OSB. GLOUC. *Deriv.* 350; qui hinc exeunt equi . . tam ~a sui majestate quam incomparabili velocitate valde commendabiles reperiuntur GIR. *IK* II 12 p. 143.

membrum [CL]

1 organ, part of the body, limb, member; **b** (dist. acc. to function or sim.); **c** (spec.) genital member (also fig.); **d** (in phr.); **e** (in plant).

diversis cruciatibus torti sunt et inaudita ~orum discerptione lacerati GILDAS *EB* 11; sanguinem . . qui mox coaculatur et tendit ad iniminenta ~orum THEOD. *Laterc.* 13; lecto sopitus cum somno membra dedisset ALDH. *VirgV* 1275; postquam fessis menbris requiescebant alii, ille adhuc in loco joci quasi in stadio triumphans aliquem secum ludificantem expectaret *V. Cuthb.* I 3; cujus equus subito totis lassescere membris / coeperat ALCUIN *SS Ebor* 316; si vulnus eveniat alicui, sive menbri truncacione vel debilitacione (*Leg. Hen.* 93. 1) *GAS* 609; ~um [TREVISA: *a membre*] est firma pars et solida animalis ex similibus vel dissimilibus composita, ad aliquod speciale officium deputata BART. ANGL. V I p. 114. **b** inde procedit vitalis sensus per omnia ~a animae AILR. *Serm.* 289; ~orum quedam principalia, quedam principalibus deservientia. principalia: cor, epar, cerebrum, et generationis instrumenta ALF. ANGL. *Cor* 3. 1; interiorum ~orum . . cepta formatione cerebrum Mercurii, epar . . ducatu Jovis effectum spiritus vite nequaquam ingreditur *Ib.* 13. 4; organica sive officialia ~a dicuntur ex consimilibus generata et statuta, que ad completionem sensus et motus sunt anime instrumenta ut manus, pes, oculus, et consimilia BART. ANGL. V I p. 115. **c** si . . vir violenciam negat et mulier hoc affirmare velit, capiat ejus ~um pudibundum in leva manu, reliquias vero in dextra, et juret quod cum ~o illo vim ei intulerit *Leg. Wall.*

A 144; **1235** ceperunt quandam puellam unius anni et eam violaverunt et ~um suum dilacerabant *JustIt* 2. *id*; c**1270** vidit ~um viri in ~o mulieris *SelCCant* 102; s**1402** femine Wallencium, post conflictum, genitalia peremptorum absciderunt, et ~um pudendum in ore cujuslibet mortui posuerunt WALS. *HA* II 250; **1429** dicit .. quod ipse mallet capere ~um secretum mulieris quam sacramentum altaris *Heresy Tri. Norw.* 90. **d** **1075** Britones qui .. terras in Anglica terra habebant, concessa eis vita cum menbris, juraverunt LANFR. *Ep.* 35 (35); ~a et vita ejus in arbitrio regis erunt (*Oxon*) *DB* I 154vb; qui pacem regis fregerit .. si capiatur, de menbris culpa sit (*Leg. Hen.* 79. 3) *GAS* 595; comes Arcensis .. vite et ~is reservatus W. MALM. *GR* III 232. **e** toles ~a sunt circa cavam [l. uvam] *GlC* T 225.

2 component part, division: **a** (of river) tributary; **b** (of building or other artefact); **c** (of land, manor, or sim.); **d** (measure of land); **e** (of borough, fortress, port, or sim.); **f** (eccl. & mon.; also contr. w. *caput*).

a aqua de Thamer cum ~is tenet de domino duce .. pro uno feodo *Capt. Seis. Cornw.* 124. **b** ire .. per altaria et ~a monasterii, ne forte aliquis ibi dormiat LANFR. *Const.* 89; **1224** duas parvas zonas veteres cum corrigiis et ~is argenteis *Pat* 454; ire per omnia ~a monasterii, per claustrum, capitulum, loqutorium, et ceteras officinas *Obs. Barnwell* 56. **c** de hoc manerio tenet Giso episcopus unum ~um Wetmore (*Som*) *DB* I 86rb; de hoc manerio prestitit Ældred archiepiscopus j ~um Brewere (*Glouc*) *Ib.* 162vb; **1199** R. .. et uxor ejus dederunt quoddam menbrum illius terre .. in maritagium *CurR* I 75; **1242** de redditibus burgagii de Clune cum ~is annotatis in rotulis particularibus *Pipe* 8; **1290** commisimus .. omnes terras et tenementa .. cum ~is et omnibus pertinenciis suis *Doc. Scot.* I 122; rex .. dedit .. dominium de H. cum omnibus ~is, feodis militum *Meaux* I 92. **d** de terra hujus manerii tenet Ricardus j hidam et Ældred unum ~um terrae (*Salop*) *DB* I 260vb. **e** c**1155** baronibus nostris de Lide et Ingemareis que sunt ~a portus nostri de Romenale *Reg. Rough* 37; **1190** concessimus .. Nicholao de P. .. villam .. de Pakelsham, ~um de Benflete *Ch. Westm.* 300; †**664** (12c) villam de Makeseye cum ~is et appendiciis *CS* 22 p. 34; **1289** volumus quod [habitatores parochie d'Artru] sint ~um et de pertinenciis bastide predicte Castri Novi quoad resortum *RGasc* II 339b; **1311** membr' castri predicti extent' *Cal. IPM* I 243a; **1456** alicujus ville Quinque Portuum, vel alicujus nunc ~orum suorum *Reg. Whet.* I 257. **f** **1137** (c**1168**) juraverunt .. quod .. ecclesia Sutton' ~um Plimton' ecclesie habebatur *Reg. Plympton* 162; c**1152** notum sit .. nos dedisse .. ecclesiam S. Leonardi .. ecclesie S. Trinitatis .. in perpetuam elemosinam ut ~um ecclesie S. Johannis Baptiste ejusdem ville *E. Ch. Scot.* 261; c**1163** ut ibi constet conventus tanquam caput, cui Calc subiciatur ~um *Ch. Chester* 121; **1284** abbatem et conventum, et ecclesiam .. cum omnibus ~is, juribus, et possessionibus suis .. sub nostra protectione .. suscipimus *RGasc* II 224b; **1312** unum corpus cujus corporis episcopus est capud et capitulum ~a *Eng. Clergy* 76; **1338** congrua .. distribucione facta inter monasteria et eorum ~a *Lit. Cant.* II 202; prioratus .. de Tynemutha. .. a Monasterio S. Albani .. tanquam cella, sive ~um, ejusdem .. dependens *Reg. Whet.* II 185.

3 member of institution, group of people, or sim.: **a** (of kingdom or royal power); **b** (*~um Christi, Ecclesiae*, or sim.; w. ref. to *I Cor.* vi 15) member of Christ or the Church, a Christian; **c** (*~um diaboli* or sim.) member of the Devil, sinner; **d** (of council, company, or sim.); **e** (acad.).

a c**1266** ut jura imperii vobis qui estis illius sceptri ~um honorabile custodire .. curaretis (*Lit. Cardinalis*) *EHR* XV 106; **1267** ut L. principem Wallie, magnum et potens regni Anglie ~um .. adducere laborarem *Ib.* 118. **b** per tot saecula apostolo, ministro ~isque illius primitivae ecclesiae Dominus non pepercit, cum a recto tramite deviarint GILDAS *EB* 1 p. 26; mansit .. haec Christi capitis ~orumque consonantia suavis *Ib.* 12; mentes fidelium qui sunt ~a regis aeterni BEDE *Prov.* 1028; primis ecclesiae suae ~is viz. apostolis *Id. Cant.* 1133; in caelisque frui cum principe summo / cujus membra sumus GODEMAN 25; paganorum populus periit, et in ~is suis viz. Christianis Jesus Christus triumphavit GERV. CANT. *Chr.* 274; c**1213** de ~is Christi membra diaboli fecit GIR. *Ep.* 7 p. 258. **c** qui de ~is diaboli ad Christi membra transferuntur BEDE *Tob.* 929; filius .. perditionis, ~um diaboli .. nec Deum timebat, nec hominem reverebatur BYRHT. *HR* 3 p. 6 (cf. M. PAR. *Maj.* I 288); contra Christum venit et est quasi antichristus vel ejus ~um *AncrR* 21; c**1342** quidam pacis emuli ~a diaboli *FormOx* 163; ~a diabolica ligna sic fabricata .. transportantes *Plusc.* IX 34 p. 281. **d** **1549** unicuique ipsius concilii ~o *Conc. Scot.* II 86; item caveant procuratores et alia ~a judiciorum *Ib.* 126; **1577** nullus inhabitans .. qui non sit aut non voluerit esse liberum seu ~um corporis aut societatis predicte gubernatoris, assistencium et societatis predictorum de cetero mercandisabit *Pat* 1152 m. 4. **e** c**1317** tanquam uni de ~is nostris [sc. universitatis] precipuis *FormOx* 18; c**1440** odii plenus .. contra .. universitatis ~a *Ib.* 466.

4 element, member: **a** (of prose or verse); **b** (rhet.); **c** (log.; of proposition, syllogism, or sim.); **d** (of abstr.).

a caeduntur vero pedum ~a vel per aequalitatem vel per duplum vel per sescuplum vel per triplum vel per epitritum BONIF. *Met.* 109; cola, ~um *GlC Interp. nom.* 76. **b** ausesis quae addenda quedam nomina per ~a singula rerum aucmenta congeminat *Gl. Leid.* 28. 31; quod quidem significantius interpretari possumus ut sit colon ~um, coma articulus, periodus circuitus, qui sermonis sententiam claudit J. SAL. *Met.* 850C; iterum, vitiosum est facere divisiones in predicatione multorum ~orum quia ita possunt fieri auditores minus capaces .. ut non intelligant quod dicitur T. CHOBHAM *Praed.* 286; sunt autem cola et comata quidam colores rethorici qui in rethorica dicuntur ~um et articulus T. CHOBHAM *Praed.* 300. **c** primo enim divisit mendacium per tria membra T. CHOBHAM *Praed.* 286; vel tercio modo quod .. sed tercium ~um [sc. opinionis] videtur contra Arist. DUNS *Metaph.* VII 20 p. 475; omnia predicata formaliter dicta de Deo sub altero istorum ~orum continentur .. sub primo ~o continentur multa predicata que habent similem modum predicandi *Id. Ord.* IV 218; cujus distinccionis primum ~um statim prosequitur OCKHAM *Dial.* 423; hec divisio quantum ad duo prima ~a [sc. proposicionis] est manifesta. tercium ~um probatur *Id. Quodl.* 529. **d** si que sunt alie species hujusmodi, quas tamen omnes volumus sub uno servitutis menbro constitui, quem casum ponimus appellari (*Leg. Hen.* 76. 3) *GAS* 593; cetera .. novelle conversationis ~a singillatim ac seriatim distinguenda J. FORD *Serm.* 66. 3; sub primo ~o cadunt omnia que ordinata sunt sub necessario cursu nature GROS. *Quaest. Theol.* 200; duo advertite .. de confessione: primum, cujus virtutis est: secundum, qualis esse debet. hec sunt quasi duo menbra [ME: *limen*] *AncrR* 113.

meme v. 3 ego c. **memento** v. meminisse. **memet** v. 3 ego b. **memetipsum** v. ipse 18a.

meminisse [CL], **meminisci**

1 to remember, retain in the mind: **a** (w. gen.); **b** (w. acc.; also fig.); **c** (w. inf.); **d** (w. acc. & inf.); **e** (in gl.).

a memento natalium tuorum J. FORD *Serm.* 101. 13. **b** [Aelle] quem sub vaticinatione alleluiatica laudationis divine non inmerito ~imus *V. Greg.* p. 86; pressure, quam .. sustinuit, parum ~ebat *Flor. Hist.* III 74. multa quidem vidi diversaque multa notavi / que tibi vult meminens scribere penna sequens GOWER *VC* II *prol.* 2. **c** abundantiarum copiis insula affluebat ut nulla habere tales retro altas ~isset GILDAS *EB* 21; a**1160** ~imus vobis scripsisse ut .. *Doc. Theob.* 12; **1291** ~imus .. dum eramus in Vasconia, ordinasse quod .. *RGasc* III 4b. **d** p**675** quos beatum Augustinum in libro .. scripto commemorasse ~i ALDH. *Ep.* 4 p. 484; quo se quaedam vetita perpetrasse ~erunt [*gl.*: *gemunaþ*] *Id. VirgP* 10; ~i .. archiepsicopum dicere BEDE *HE* V 3 p. 285; quod nusquam in divina pagina de sole isto visibili ~imus legi EADMER *Beat.* 1; sic .. oblivioni cuncta tradiderat ut vix etiam se nomen habere ~isset GIR. *TH* III 34; c**1250** ~imus priorem vestrum .. ordinacioni nostre se subjecisse *Dign. Dec.* 93. **e** recolit, ~it *GlC* R 155; ~i verbum defectivum OSB. GLOUC. *Deriv.* 331.

2 to be mindful of: **a** (w.gen.); **b** (w. acc.); **c** (w. indir. question); **d** (w. *quod*).

a memento hujus temporis ac loquellae nostrae BEDE *HE* II 12 p. 109; mementote dextrarum vestrarum .. avorum vestrorum .. libertatis vestre G. MON. X 11; [Cuthberte] queso, memento mei, dulcis amice Dei! L. DURH. *Hypog.* 71; mementote narrationis *AncrR* 84 (v. dialogus a). **b** tantum hoc ~erit lector quod ideo repetitur hic versiculus in cantico amoris BEDE *Cant.* 1121; ~isse debet abbas officium et vocabulum suum LUCIAN *Chester* 73. **c** memento qualiter Ambacuc .. messorum fercula de Judea .. detulerit ALDH. *VirgP* 37 p. 286; memento quid per semetipsam Veritas dicat AD. SCOT *QEC* 17. 829C. **d** c**705** memento semper quod scriptum est: adolescentia et voluptas vana sunt ALDH. *Ep.* 8 p. 500; ~erit interea lector quod interim reges .. dominationem .. suam asseruerant W. MALM. *GR* II 120; ~isci debent quod .. eis .. mandatur ad publicandum dictas literas *Praxis* 21 p. 26.

3 to be sure to: **a** (w. inf.). **b** (w. *ut* & subj.).

a sed tamen hanc sociam sanctam servare memento ALDH. *VirgV* 1281; pro causa pauperum qui per se loqui non valent ipse loqui memento BEDE *Prov.* 1029; consere quippe manus, modico dormire memento ALCUIN *Carm.* 97. 19. **b** memento ut hoc oleum, quod tibi do, mittas in mare BEDE *HE* III 15 p. 158; memento ut diem Sabbati sanctifices *Eul. Hist.* I 13.

4 to mention: **a** (absol.); **b** (w. gen.); **c** (w. acc.); **d** (w. *quod*; also fig.).

a ipse est locus ubi occisus est rex Osuini, ut supra ~imus BEDE *HE* III 24 p. 179. **b** nec ~isse pigeat incliti militis Christi ALDH. *VirgP* 35 p. 276; in villa regia, cujus supra ~imus, quae cognominatur Ad Murum BEDE *HE* III 22 p. 172; episcopus cujus supra ~imus *Ib.* III 25 p. 183. **c** nec meminisse moror praeconia clara Chrisanti ALDH. *VirgV* 1123. **d** nusquam tamen lex ~it quod .. PETRUS *Dial.* 6.

5 to remind (of): **a** (w. acc. & inf.); **b** (impers., w. acc. & gen.).

a c**1198** quam [sc. cartam] mihi oblatam presente corpore patris mei meminet me in ratihabitionem super altare S. Werburge posuisse *Ch. Chester* 229. **b** ~it me summi pastoris illius qui dixit P. BLOIS *Opusc.* 1011A.

6 (imp. *memento* as sb.; cf. *Psalm.* cxxxi 1 or *Luc.* xxiii 42) commemoration of the living or the dead in the canon of the mass.

1340 in suo ~o pro nobis specialiter .. exoret *Deeds Balliol* 295; **1361** ut .. capitulum .. habeant [*sic*] in eorum ~o animas Hugonis .. Willelmi, et meam *Lit. Cant.* II 407; **1458** habendo mencionem anime mee .. in suis memoriis et ~o cum speciali collecta *Reg. Brechin* I 186; **1472** in suis missis in speciali ~o et hoc tantum pro omni alio onere *Ib.* II 114; **1502** cum speciali memoria nostri in suo ~o pro vivis *StatOx* 307.

memisia v. minusa. **memita** v. memitha.

memitha, ~e [ML < Ar. *māmītha, māmīta*], celandine (*Chelidonium* or *Glaucium*). **b** (dist. as *minor*) lesser celandine (*Ranunculus ficaria*).

sem. ~e .. juniperi, mirre GILB. I 48. 2; celidonia agrestis, ~e idem *SB* 15; memita, i. celidonia *MS BL Sloane 347* f. 89; celidonia agrestis, memita, glaucium vel glaucus agrestis idem *Alph.* 36; ~a, i. celidonia agrestis *Ib.* 114. **b** ~a, i. volubilis minor secundum Gerardum *Ib.*

memithe v. memitha.

memor [CL]

1 mindful, not forgetting (also fig.); **b** (w. obj. gen.); **c** (w. acc.); **d** (w.acc. & inf.); **e** (w. indir. qu.); **f** (w. *quod*); **g** (w. *quia*).

dux, memor ut miles, subito se vertit ad illum G. AMIENS *Hast.* 491; sed magis accelerans memori mandata reconde / pectore festinus NIG. *Cur.* 150. **b** maternae ~or reverentiae ALDH. *VirgP* 7; ipse ~or praecepti ejus .. se .. continentiae mancipavit BEDE *HE* IV 23 p. 264; Zacharia, ~or Domini *GlC Interp. nom.* 338; c**1074** ~ores .. divini judicii quo de commisso vobis regno racionem reddituri estis Deo LANFR. *Ep.* 38 (10); nemo optat fugere illum quem diligit, sed ~or sue infirmitatis, justitie divine consentit S. LANGTON *Quaest.* 142; ~or penurie et desolacionis sociorum *G. Hen. V* 21 p. 148. **c** c**795** non te canonicae praetereant horae .. ~or propheticum illud ALCUIN *Ep.* 65 p. 108. **d** rex, ~or .. populum Dei electum cecinisse aliquid in laudem *G. Hen. V* 22 p. 150. **e** **705** quia ~or sum quomodo in †praesentis [MS: praeteriti] anni sinodo statutum est WEALDHERE *Ep.* 22; ~ores per omnia quanta nos pietate recreare .. dignatus es BEDE *Cant.* 1088; ~or qualiter pro me occisus es ANSELM (*Or.* 2) III 7. **f** Angli .. ~ores quod pater ejus [sc. Cnutonis] injuste suos invasisset fines *Enc. Emmae* II 1; ~ores sumus quod .. Ansellum .. et Ursonem .. ad vos transmisimus DICETO *YH* II 139. **g** Petrus cum .. praedicaret, ~or quia Dominus prima sabbati resurrexit a mortuis BEDE *HE* III 25 p. 185; ~or quia calamus quassatus non est conterendus ANSELM (*Ep.* 143) III 289.

2 that calls to mind, commemorative.

in coelis memorem semper habere locum (*Ceolfrid*) *Epigr. Milredi* 806; virgam illam ~orem appellat Martianus, quia sermo quelibet ad memoriam ducit ALB. LOND. *DG* 9. 3; nostra nec anterior sit tibi culpa memor GOWER *VC* VII 1428; fert memor abbatis Aldhuni nil probitatis (*Vers.*) ELMH. *Cant.* 318.

memorabilis [CL]

1 worthy of remembrance, memorable, remarkable: **a** (of person); **b** (of place); **c** (of action or sim.); **d** (of name, honour, or sim.); **e** (of abstr.).

a sicut Neemias cunctos . . civitatis structores enumerans perpetuo ~es facit BEDE *Ezra* 896A; rex ~is *Id. HE* III 9 p. 146; †Roffeusis [l. Roffensis] praesul Gundulfus ~is GOSC. *Transl. Aug.* 30B. **b** hic locus ut Christo semper memorabilis almo ÆTHELWULF *Abb.* 802. **c** aliud . . ~e miraculum ferunt multi BEDE *HE* 16 p. 158; tunc quoque forte fuit quiddam memorabile gestum ALCUIN *SS Ebor* 785; ingens . . et ~e . . prelium W. MALM. *GR* III 259; venenatis optabile / das munus memorabile, / cum serpens palo figeris J. HOWD. *Cyth.* 7. 5. **d** ut tibi cultus, honor fieret memorabilis istic ALCUIN *Carm.* 99. 12. 7; primum regem, licet non ita moribus pollentem ut ejus nomen ~e facere sacra scriptura dignaretur, jam invenimus . . FORTESCUE *NLN* I 8. **e** rerum inclite gestarum ~is auctoritas GIR. *TH intr.* p. 4.

2 easy to remember.

c1176 verbum illud . . in communem deduco notitiam. verbum enim ~e est P. BLOIS *Ep.* 5. 15C.

3 perceptible by the memory or sim.

et que cognoscuntur per species expressas, habent tantum species intelligibiles; que aliis modis cognoscuntur, agunt species ~es et intelligibiles. cujus ratio est, quia res que essentialiter est in anima, essentiam suam exhibet pro habitu ~i PECKHAM *QA* 87.

4 (as sb. n.) note, memorandum.

1296 pecunia . . cujus quantitas in aliquo memorabili scribatur *Reg. Cant.* I 88.

memorabiliter [LL]

1 memorably, remarkably.

adhuc pene omnium fratrum Ramesiensium nonnullorumque Forensium cordibus, ~ius quam in libro, sunt scripta, et scriptis luculentius memorant aliqua praetermissa GOSC. *V. Iv. prol.* 81A.

2 in a manner easy to remember.

quoniam autem que nominatim distinguntur discibilius et ~ius innotescunt quam que non BALSH. *AD rec. 2* 131.

memoralis v. memorialis.   **memoraliter** v. memorialiter.

memoramen [ML], memorial record.

finit tractatus celebri memoramine dignus / tractatus talis qualem non viderat Anglus (*De morte Hen. V*) *Pol. Poems* II 129.

memorandorium [memorandum + -orium], inventory.

ut in rotulis benefactorum ejusdem et inventario seu ~io ejusdem plenius apparet AMUND. I 448.

memoranter, so as to be memorable.

memoratio et ~er adverbium OSB. GLOUC. *Deriv.* 331.

memorantius, remembrancer (in quot., of the Exchequer).

1237 inquisitum est per ~ios quo tempore T. de H. et idem J. reddiderunt compotum *PIRExch* 1a m. 1.

memorare [CL], **~ari** [LL]

1 to mention.

presbiter Tydi a me ~atus mihi indicavit dicens *V. Cuthb.* IV 6; in hanc, quam supernis ~avimus, insulam *Lit. Archiep.*) BEDE *HE* II 4 p. 88; c797 me . . in orationibus . . ~a cottidie ALCUIN *Ep.* 116; [exemplar] quod beatus Gregorius in suo ~at Dialogo GOSC. *Edith* 75; nomen eorum non ~abitur ultra GIR. *TH intr.* p. 5; c1214 si ita contigerit quod ~atus Thomas . . *Cart. Mont. S. Michel* 79.

2 to narrate, relate, tell: **a** (w. nom. & inf.); **b** (w. acc. & inf.); **c** (w. indir. qu.).

a Daniel . . gratissimum spontaneae virginitatis munus . . obtulisse ~atur ALDH. *VirgP* 21 p. 250; pars corone crystallo et adamante, et hydatide lapidibus dicitur alligata, quos hiems genuisse ~atur ALB. LOND. *DG* 8. 7. **b** hunc Theodosium fuisse abbatem Bernardus ~at W. MALM. *GR* IV 368 p. 425. **c** ~atur qui in novissimis quidem diebus homo inter homines apparuit BEDE *Cant.* 1107; arduum ~atu est quantum etiam ante baptismum inservierit pietati W. MALM. *GR* I 34; quibus auditis, nos, qui cedem exercuimus, incredibile ~atu est quanto gaudio repleremur W. S. ALB. *V. Alb. & Amphib.* 35.

3 to note, record: **a** (w. acc.); **b** (w. *quod*).

a si mens humana singula cordetenus . . ~are valeret sequeretur . . quod scribere nichil aliud faceret HENGHAM *Magna prol.* **b** ~andum quod taxatio domini I. de Hesel' excedit taxationem episcopi Norwicensis *Val. Norw.* 208; c1306 ~andum quod . . non possunt maritare filias suas *Cust. Battle* 21; s1356 ~andum quod a medietate mensis Marcii . . valde modicum pluit AVESB. f. 136v p. 468.

4 (usu. dep.) to remember, retain in the mind: **a** (absol.); **b** (w. gen.); **c** (w. acc.); **d** (w. indir. qu.); **e** (w. *quod*).

a mulieres autem in digitis suis ligantes aliquid ut ~entur *Comm. Cant.* I 430; laudibus extulerat, versu memorabar ut olim / illius egregios referens antistitis actus BEDE *CuthbV* 836; **10** . . ~ant, *gemunaþ WW*. **b** c1240 magnanimi . . proprium est non ~ari injurie GROS. *Ep.* 90 p. 282. **c** sicut sancta Maria omnia verba praedicta de Jesu ~ans conservabat *V. Cuthb.* I 3; te tamen in mente memorabor corde vidente GOWER *VC Ep.* 18. **d** a805 non ~ant . . quam terribiliter beatus Petrus . . venditores gratiae . . percellit ALCUIN *Ep.* 298. **e** ~ans . . quod . . patrem Dunstanum . . extollere consueveris OSB. *Mir. Dunst.* 24 p. 157; ~ans Dominum Jesum Christum de sacra virgine natum prius pastoribus . . annuntiatum . . et quod non sit personarum acceptio apud Deum DOMINIC *V. Ecgwini* I 8.

5 to be mindful of, think about, consider: **a** (w. gen.); **b** (w. acc.; also w. ref. to *Sirach* vii 40); **c** (w. indir. qu.); **d** (w. *de*).

a mei obliviscere et illius ~are ANSELM (*Ep.* 4) III 105; ~etur necesse est Dei AD. SCOT *Serm.* 312B; ~are vite tue ALD. USK 40. **b** qui tuos pauperes vel tuas aecclesias ~avit EGB. *Pont.* 124; novissima sua crebro ~ans et vite humane conditionem . . Deo . . terram . . dedit *Chr. Rams.* 84; ut novissima nostra . . jugiter ~emur *Cust. Westm.* 198; **1327** nos . . diem obitus sui post decessum suum singulis annis imperpetuum ~abimur per officium mortuorum . . faciend[um] *AncD* A 1940; ~are novissima tua EGB. USK 40; o de preteritis, pie rex, memorare futura GOWER *VC* VI 1117. **c** quam dubia et brevis sit vita hominis . . incessanter ~are ANSELM (*Ep.* 133) III 276; penite et ~are quam turpe sit W. MALM. *GR* I 80 p. 80; ~are quantas civitates et regna bella civilia subverterunt G. Ed. II Bridl. 38. **d** quod de fine suo vix memoratur homo GOWER *VC* VII 1162.

6 to recall to mind, recollect.

reminisci, ~are OSB. GLOUC. *Deriv.* 509.

7 (w. inf.) to be sure to.

curre, rogoque patris memorare adferre lacertum ÆTHELWULF *Abb.* 249; si ructare velis, memores spectare lacunar D. BEC. 1049.

8 (gerundive as adj.) who is to be called to mind, memorable, remarkable.

709 secundum regulam ~andi patris Benedicti (*Lit. Papae*) *CS* 126.

9 (as sb. f.) sort of tally.

talearum . . alia est que simpliciter talea dicitur, alia quam ~andam nuncupamus. . . ~anda . . que de firma blanca fieri solet, paulo brevior est *Dial. Scac.* I 5I.

10 (as sb. n.) note, memorandum. **b** (usu. pl.) Exchequer Memoranda Rolls.

c1272 huic ~ando in modum cyrographi confecto sigillum . . Reginaldi et sigillum W. celerarii alternatim sunt appensa *AncD* A 996; ~andum de ecclesiis pertinentibus ad communam *Val. Norw.* 280; **1338** mand' est Thome de B. quod eidem Roberto dictum sigillum ac rotulos memorand', et omnia alia officium illud tangentia . . liberet *RScot* 518a; c1377 liber diversorum

~andorum civitatem Ebor' tangencium et in hoc volumine irrotulatorum *Mem. York* I 1; prout de ~andis vestris colligere potui *Croyl.* 2; **1401** item ~andum de iiij partibus compedum *Ac. Durh.* 454. **b** quedam ~anda que frequenter incidunt a clerico thesaurarii seorsum tunc scribuntur ut soluto scaccario . . de hiis discernant majores *Dial. Scac.* II 2A; in ~andis scaccarii *Ib.* II 20; **1199** in ~andis S. Michaelis anno regni Ricardi viij fuit preceptum *MemR* 11; c1324 irrotulata in ~andis anni sexti, termino S. Trinitatis *MGL* II 146; c1420 camerariis scaccarii regis directum, irrotulatum in ~andis de anno ix (*KR Ac*) *JRL Bull.* XXVI 263.

memorate, mindfully.

ut sic avidius, ~ius, et glorificancius recipiat redemptorem WYCL. *Ver.* III 128.

memoratio [CL]

1 act of remembering, memory, recollection; **b** (w. obj. gen.); **c** (contr. w. *oblivio*).

in visione inordinata intelligens omnem illicitam sensacionem vel ~onem, per mulierem omnem rem mobilem abusibilem, et per mechiam omnem inordinatam concupiscenciam creature WYCL. *Mand. Div.* 438. **b** est cineris pulvis humilis memoratio finis GARL. *Myst. Eccl.* 149; **1453** solutis . . computatori de quodam speciali regardo . . causa ~onis antiqui feodi officii predicti (*KR Ac*) *JRL Bull.* XLII 120. **c** in parte posteriori [sc. cerebri] fit oblivio et ~o ab anima BACON IX 27.

2 document.

in cujus rei testimonium presenti ~oni sigillum dicti comitis . . est appensum *Cart. Lennox* 83.

3 (in gl.).

memoratus, ~o OSB. GLOUC. *Deriv.* 331.

memorativus [LL]

1 that mentions or reminds.

c798 'de' non solum τὸ ἀπὸ significat, sed etiam τὸ περὶ ~um, ut 'de partibus orationis' ALCUIN *Ep.* 162 p. 261; 'de' ~um est et intensivum, et privatum: 'de homine', 'detraho', 'desum' *Id. Gram.* 899B; hic sequitur ~um quoddam de contentis in subsequenti libello FORTESCUE *NLN pref.* (tit.).

2 of or pertaining to memory (w. *potentia, virtus*, or sim.).

delectatio sola / vim memorativam validam facit VINSAUF *PN* 2022; sicut imaginatio est arca sensus communis, et hec est virtus ~a BACON *Maj.* II 9; non enim possibile est oblivionem intercidere, ubi nulla est vis ~a ad intellectum relata *Ps.*-GROS. *Summa* 445; nec anima potest actu intelligere . . nisi prius formam recipiat, vel ad minus possit recipere, quod facit per potentiam ~am KNAPWELL *Not.* 192; quia ipsa substantia anime respectu cognitionis sui ipsius est sibi loco potentie ~e, in isto casu potentia ~a non addit respectum super essentiam anime, nisi ad ipsamet, qui magis est respectus rationis quam rei MIDDLETON *Sent.* I 56b; habet . . anima tres potencias, viz. intellectivam, .volitivam, et ~am, que secundum omnem suum appetitum in celesti gaudio saciabuntur *Spec. Incl.* IV 3 p. 136.

memorator [CL = *story-teller*]

1 one who remembers or has good memory.

ex parte autem ~oris, quantum loca concernit, tria utiliter requiruntur BRADW. *AM* 41; ~ori autem circa ymagines duo valent *Ib.* 79.

2 remembrancer (in quot., of the Exchequer).

1254 nomina continentur in rotulo qui est in cista ~oris regis ad scaccarium (*LTR Mem*) *Hist. Exch.* 714; **14** . . qui debet clare memoratori dare billam / ut breve cessare faciat cum viderit illam (*Vers. Exch.*) *EHR* XXVI 60.

memoria [CL]

1 power or ability to remember, memory; **b** (contr. w. *intelligentia*). **c** (*mandare* or *tradere* ~*iae*) to commit to memory, memorize. **d** (~*iae* or *in* ~*ia habere* or sim.) to bear in mind, remember. **e** (*bonae* ~*iae* or sim.) of sound mind.

sobrietas servat ~iam, acuit sensum *Ps.*-BEDE *Collect.* 252; ne vestra ~ia laberentur, etiam litteris digessi

Abbo *QG* 2 (5); ~iam .. suam ita aptare studeat ut praecepta Dei semper et ubique memoriter teneat, ne qua temptatio Dei timorem sanctum et amorem a ~ia cordis tollat Anselm *Misc.* 332; cerebrum .. sensus et motus, fantasie, estimationis, rationis, ~ie regimen tenet Alf. Angl. *Cor* 3. 2; continet .. illud contemplativum ~iam, intelligenciam, et voluntatem Duns *Ord.* I 201; ~ia, que est vis conservativa T. Sutton *Quodl.* 277. **b** Augustinus distinguit inter ~iam et intelligenciam tamquam inter duas partes imaginis quam investigat in mente *Ib.* 417. **c** qui .. praeteritorum permutationes temporum tenaci ~iae textu tradiderunt Aldh. *VirgP* 4 p. 232; unum .. ~iae mandare commodum duximus Bede *HE* IV 14 p. 233. **d** ~ia 'debeant retineri' Bede *Prov.* 937; tria semper habere debetis in ~ia: sonum vel proportionem, concordantiam et tempus, et quantum temporis *Mens. & Disc.* (*Anon. IV*) 74; c**1346** supplicat .. quatinus .. negocia sua .. ~ie .. habere velitis et cordi *Lit. Cant.* II 281. **e** c**1290** filii .. Simonis eum bone ~ie existentem .. in ferris detinuerunt *State Tri. Ed. I* 73; **1517** ego W. C. sane ~ie condo testamentum meum *Crawley* 545.

2 act of remembering, memory, recollection; **b** (rhet.); **c** (w. obj. gen.); **d** (w. *de*). **e** (eccl. & mon.) the memory of a saint, deceased or living person. **f** (*beatae ~iae* or sim.) of blessed memory.

672 ut oblitterata nequaquam ~ia excedat Aldh. *Ep.* 5 p. 491; a**746** deprecor te ut tecum ~ia mea secundum parvitatem meam et in praesente et in futuro persistat *Ep. Bonif.* 36; saltem ~ia vivere posse post vitam Gir. *TH intr.* p. 3; sic .. per sensum hauritur scientia, sc. ut per sensum fiat ~ia, et ex ~ia multiplicata fiat experimentum Kilwardby *OS* 11. **b** artis rhetoricae partes quinque sunt: inventio, dispositio, elocutio, ~ia, pronuntiatio. ~ia est firma animi rerum ac verborum ad inventionem perceptio Alcuin *Rhet.* 4. **c** haesit .. desperati insulae excidii insperatique mentio auxilii ~iae eorum Gildas *EB* 26; intro ipsam ecclesiam in ~iam miraculi posuerunt Bede *HE* III 17 p. 161; conpunctus ~ia peccatorum suorum *Ib.* III 27 p. 193; Scarioth, vicus ~ia mortis *GlC Interp. nom.* 306; ego sum timor et ~ia mortis, et mortem venire vobis nuntio Anselm *Misc.* 356. **d** non habens ~iam de historia 'libri Regum' Ockham *Dial.* 707. **e** c**732** ut quisque pro suis mortuis .. offerat oblationes atque presbiter eorum faciat ~iam Bonif. *Ep.* 28 p. 51; secunda feria, praesens erat sancti martyris de quo loquimur quaedam ~ia quam hymnodiis .. sollemnizabat suus coetus monasticus Herm. Arch. 41 p. 81; deinde .. rector ymnum et versiculum, et antiphonam super 'Magnificat' et '~ias' .. a cantore querat *Offic. Sal.* 23 p. 44; chorus .. ad omnes oraciones sequentes super subsellia inclinabit, et eciam ad antiphonas, excepta ~ia de sancto Augustino que fieri debet cum cantu *Obs. Barnwell* 102; post mortem proborum militum suspenduntur scuta eorum in alto in ecclesiis ad eorum ~iam [ME: *mungunge*] *AncrR* 155; si vero ~ia pro vivo sequatur post pronunciacionem ejus statim dicatur psalmus 'Levavi' cum 'Gloria Patri' vers' 'Salvum fac servum tuum' *Stat. Linc.* 13. **f** primum quidem ponimus quod in prima aetate accidisse relatu multorum didicimus, ex quibus est sanctae ~iae episcopus Tumma *V. Cuthb.* I 3; congregata synodo .. cui beatae ~iae Theodorus .. praesidebat Bede *HE* IV 26 p. 272; de morte pie ~ie predicti Thome, Eboracensis archiepiscopi *Hexham* I 7; **1217** a clare ~ie J. rege Anglie *Reg. Malm.* I 379; c**1300** mortem recolende ~ie domini .. prioris nostri .. scribere .. urgemur *Lit. Cant.* I 6.

3 record, mention: **a** (w. obj. gen.); **b** (w. *de*).

a Ecgberct, cujus superius ~iam saepius fecimus Bede *HE* V 22 p. 346; praecepit .. Eadnotho sacerdoti cujus ~iam superius feci Byrht. *V. Osw.* 430; omnisque ejusdem pecunie ~ia de rotulis eraditur *Chr. Battle* f. 89. **b** non amplius infert ~iam de Joseph Theod. *Laterc.* 8; dedit .. Henrico .. de quo tertius liber ~iam fecit W. Malm. *GR* V 420.

4 compendium, epitome, summary.

epitomem, ~ia[m] vel breviar[i]um *GlC* E 237.

5 document, memorandum (in quot., of the Exchequer).

1237 scrutari faciatis rotulos et ~ias Scaccarii, si que solucio de predictis ducentis xxv li. in eis contin[eatur] *LTR Mem* 12 m. 2*d*.

6 memorial, monument. **b** (eccl. & mon.) tomb, shrine.

[Hercules] qui .. bellorum suorum tropaea in Oriente, juxta Oceanum Indicum, ad posteritatis ~iam construxit *Lib. Monstr.* I 12; monumentum, ~ia *GlC* M 238. **b** ~ia, sepulcrum *Gl. Leid.* 3. 58; requievit supra ~iam beati Odonis, quae ad australem partem altaris in modum pyramidis exstructa fuit Osb. *V. Dunst.* 32 p. 109; a**1155** in somnis accepit apud ~iam beatorum Yvonis sociorumque ejus se esse sanandam *Chr. Rams.* lxxvi; cumque nichil profecissent, inito consilio, decretum est parentes cum adolescentulo sanctorum ~ias circuire, si forte fuerit ex illis qui misericordiam faceret cum illo *Mir. Cuthb. Farne* 10; **1236** qui conveniunt ad vigilias noctis in vigiliis sanctorum ad eorum ecclesias vel ~ias, vel ad exequias defunctorum Gros. *Ep.* 22 p. 74.

memoriabilis v. memorabilis.

memorialis [CL], **memoralis** [LL]

1 of or concerned with memory. **b** (*cellula ~ialis*) part of the brain in which memory functions.

anima .. in cerebro .. utitur .. motu .. ~iali, id est recordatione Adel. *QN* 17; ergo anima habet delectationem propter illam passionem que in ipsa fit, et non propter sonum qui est in acie animi vel propter inmutationem que fit in instrumento audientis vel in sede ~iali J. Blund *An.* 168; vis apprehensiva deintus dividitur in sensum interiorem et ymaginationem et estimationem et vim ~ialem Neckam *SS* III 94. 1. **b** cellula .. ~ialis Neckam *NR* I 7 (v. cellula 2a); cellula ~ialis Gir. *Ep.* 4 p. 188; hujus rei causa est infectio melancolie in rationali cellula, cujus infectione inficitur ~ialis que est conservativa et continua, que etiam multam melancolicam abhorret presentiam *Quaest. Salern.* B 241; formato autem intellectu transit ad puppim sive ad cellulam ~ialem [Trevisa: *denne of mynde*] Bart. Angl. III 22 p. 75; ad postremam .. cellulam ~ialem ..; hec autem minor est ceteris et angustior, ut melius et tenacius comprehensa per alias duas hic memorie sigillo inprimerentur Ric. Med. *Anat.* 216.

2 that is within memory.

1383 a tempore quo non exstat memoria fuerunt et esse consueverunt. et jam quasi tardo tempore in diebus ~ialibus dominus Edwardus tercius nuper rex Anglie .. concessit *IMisc* 228/6.

3 that helps preserve memory or record; **b** (w. ref. to fee paid for celebration of memorial).

eisque scriptis ~ialibus promulget in posteros *V. Greg.* p. 75; fiat .. tam de caucione quam de libro commodato ~ialis scriptura continens nomina personarum R. Bury *Phil.* 19. 239. **b** c**1300** denarii ~iales (v. denarius 5c).

4 worthy of remembrance, memorable, remarkable.

~iale mentis ingenium per florulenta scripturarum arva late vagans Aldh. *VirgP* 4 p. 232; sic tamen assidue nomen memorale Marie / invocat Nig. *Mir. BVM* 1409; eapropter ~iale erit nomen ejus in generationem et generationem P. Blois *Ep.* 78. 240C; qui habet aures audiendi, audiat factum ~iale Brakelond f. 147v; videbatur .. tumorem corporis plene resedisse, et se sanissimum reperit; miraculum sibi, ceteris ~iale spectaculum et stupendum *Mir. Wulfst.* I 11; cujus actus ~iales alios non vidi Capgr. *Hen.* 150.

5 (as sb. m., f., or n.) note, document, memorandum.

1163 singula capitula, sicut ~iale nostrum continebat, diligenter ei exposui *Ep. Becket* 36 p. 59; **1185** in ~iali de jure et possessionibus Plimtoniensis ecclesiae *Reg. Plympton* 164; fiat ~iale, quod sigilletur sigillo capituli, sub hac forma: 'memorandum quod ..' L. Somercote 29; **1277** ~ialia, scripta, et documenta .. tangencia causam que contra nos mota fuit *RGasc* II 30b; petatur ~iale de vicecomite vel ejus receptore brevium in quo contineatur dies liberacionis *Fleta* 151; **1452** per solucionem .. ut patet per ~ialem quondam in ultimo compoto ballivorum *ExchScot* 512.

6 (as sb. n.) memorial, memory, recollection.

plures alii cecidere, quorum nomina Deus contineat in ~i vitae suae Ord. Vit. IX 14 p. 592; obnixe .. deprecatus est ut hujus rei gratia perpetuum ~iale in ipsa ecclesia conservaretur Ric. Hex. *Hist. Hex.* I 9; ~iale .. infinite bonitatis ipsius J. Ford *Serm.* 66. 12; **13..** ut sanctum suum ~iale maneat in eternum *Mem. Ripon* I 103; tale est et illud septemplicis indiculi ~iale quod judicii in exemplaribus directivum constituimus 'que cui a quo qualiter qua occasione quo proposito qua spe dicantur' Balsh. *AD rec. 2* 164.

7 memorable thing, event, or sim.

ad hoc laborat intentio ut sua insigniant scripta memoriali aliquo dicto vel facto. .. si hec non sufficiunt, lege Valerium et Solinum, quorum alter de ~alibus dictorum et factorum, alter de ~alibus locorum scripsit W. Malm. *Polyh.* 37.

8 memento, monument, reminder. **b** (spec.) tomb, shrine.

c**803** pro nobis obtulit hoc sacrificium et nobis dedit in ~iale sempiternum Alcuin *Ep.* 307 p. 470; cui tamen, si meruit, musam ~iale dare conprecemur H. Hunt. *HA* VII 44; s**1185** deferebant .. in manibus ~ialia nativitatis Jesu Christi, passionis, resurrectionis, sc. claves turris David, vexillum sancte crucis, claves sancti sepulcri Diceto *YH* II 33; hoc .. ~iale mira arte perfectum super quatuor columnas ereas antiquitus ante aram Jovis in Capitolio stabat Greg. *Mir. Rom.* 4; petens a filio relinqui sibi ~iale dicit: 'relinque hanc vestem' Trevet *Troades* 58; nota quod ~iale voluit Christus esse suis fidelibus panem et vinum sacramentalia Wycl. *Conf.* 508. **b** sarcofagum non humo terrae condidit, immo etiam in ~iale quoddam posuit Felix *Guthl.* 51 p. 162; ~iale ejus super ipsam ex auro et gemmis .. constructum est. et epitaphium .. litteris aureis .. exaratum est Ord. Vit. VII 9 p. 193.

9 pledge.

nec ipse armarius debet libros accomodare nisi accipiat equivalens ~iale, et tunc debet nomen recipientis, et libri traditi, et ~ialis accepti in rotulo suo annotare *Obs. Barnwell* 62.

memorialiter [ML], **memoraliter** [LL]

1 in the memory: **a** in mind; **b** (as a memorial); **c** by heart.

a diligenter considerare quid .. Agatho .. censuerit .. et ~aliter retinere Eddi 52. **b** a**745** nomina .. defunctarum sororum .. ~ialiter te habere .. deprecor *Ep. Bonif.* 55; **793** meque, obsecro, in sanctis tuis orationibus habeto ~ialiter; sicut Buitta mihi ex tuis verbis fideli relatione promisit Alcuin *Ep.* 22. **c** omnem psalmorum seriem ~aliter .. didicit Eddi 2; psalmos .. more Romanorum juxta quintam editionem, ~aliter transmetuit [v. l. ~ialiter transmutavit] *Ib.* 3.

2 by or through memory.

lex nature paucioribus fuit contenta que ~ialiter per patres ad filios devenerunt Duns *Ord.* I 86; si Pater esset ~ialiter noscens, non autem intelligens, non esset perfectus *Ib.* II 320.

memoriosus [CL], who has good memory.

si eris ~us, .. *MS Bodl. Hatton 112* f. 2.

memoriter [CL]

1 with good recollection, accurately.

quando senes eritis, tunc ~iter in cunctis libris Latinis legere possitis et aliquid intelligere Ælf. Bata 4. 4; istas .. dirivationes .. prolatas .. intente suscipite et ~iter recolite .. diligenter ad memoriam revocate et ~iter ceteris commendate Osb. Glouc. *Deriv.* 632; **1415** ut veritas futuris temporibus ~iter agnoscatur publicum sibi fieri .. petierunt instrumentum *Melrose* 537.

2 in the memory, in mind.

cuncta quae dormiens cantaverat ~iter retenuit Bede *HE* IV 22 p. 260; audivit, et ~iter tenuit *Canon. G. Sempr.* f. 160; quoniam ergo ex presentia melancolici humoris cerebrum in memoriali cellula impediatur ne possit ei commendata ~iter conservare, necessitate cogente, ab ea literarum elabitur scientia *Quaest. Salern.* B 241; **1280** ~iter habeatur quod .. *Reg. Heref.* I 257; cum accesseris ad infirmum primo ~iter attende considerando signa circa egrum aspiciendo ejus vultum et linguam aperto ore J. Mirfield *Brev.* 54.

3 from memory, by heart.

benedictio a priore sacerdote detur, lectio ab uno aliquo ~iter recitetur, in refectorio totum fiat Lanfr. *Const.* p. 159; ex libro .. Geneseos verba Jacob ~iter protulit Ord. Vit. XII 21 p. 376.

memperium [ML; cf. manupiarium], device for cleaning the anus, 'arse-wipe'.

cullum, menpirium GARL. *Dict.* 121 (v. culus a); pectrices juxta focum sedent, prope cloacam et prope ~ium [v. l. monperia; *gl.*: torchung] *Ib.* 135; mempirium, A. *a wyps* WW; gumphus, menpirium [*gl.*: *arswyspe*], latrinam, cloaca, foramen WW; *an arsewyspe*, anitergium, ~ium *CathA.*

memphis v. mephitis.   **mempirium** v. memperium.   **memprisa** v. mainprisa.   **men** v. nun.

1 mena v. maena.

2 mena [μήνη], moon.

mine, luna *GlC* M 210; luna enim mene Greco sermone vocatur BYRHT. *Man. app.* 15. 59 p. 393; a *mene* mensis dicitur, hoc est defectu GIR. *TH* II 3 p. 79; Phebe vel luna, cyntania, mena / ac novitas lune neumenia dicitur inde GARL. *Syn.* 1586B.

menagium v. managium.   **menalopi** v. melanopiper.   **menastrallus** v. ministrallus.   **membranator** v. membranator.   **menbratim** v. membratim.   **menbrum** v. membrum.

menda, ~um [CL]

1 bodily defect, blemish.

ave, virgo reverenda, / sine nevo, sine menda, / luna sine cornibus WALT. WIMB. *Virgo* 144.

2 stain (usu. fig.).

condoluere patres, caeco quia numine fratres / nituntur validis tabularia menda tueri / obicibus, faciles nec cedunt posse refelli FRITH. 265; propter . . indelebilem tanti scandali notam ac ~am GIR. *Ep.* 4 p. 182; suo . . sanguine mundanas maculas et ~as meruit in terris expiare *Id. PI* I 20 p. 124; piscina mendas abluens J. HOWD. *Cyth.* 4. 3.

3 error, fault, mistake.

et quoniam nullum nos credis fingere metrum / (quod scelus est, juras) sine menda posse, maligne, / ut scis falsidicus, stolidus, perjurus, ineptus, / ter decies denos versus cape, postque sileto! *Altercatio* 91; ~a, macula maxime illa que solet esse in libris nondum emendatis OSB. GLOUC. *Deriv.* 360; caeterum non omittam ~um quod omnes Britannicos annales maculavit P. VERG. *Vat. Extr.* 200.

4 lie, falsehood.

namque ego confiteor (nullus me dicere mendum / aestimet) ÆTHELWULF *Abb.* 159.

mendaciolum [ML], little lie.

~um, parvum mendacium OSB. GLOUC. *Deriv.* 360; **1516** me tam probe noscas et ad scribendas epistolas neque tam superstitiose veracem ut ~um usquequaque velut parricidium abominer (MORE) *Ep. Erasm.* II 388 p. 193.

mendacitas [LL], mendacity, untruthfulness.

8 . . ~as, . . *perflicnes* WW; ~atis et in eo bene premeritum sic imposuit finem E. THRIP. *SS* VII 3; sic itaque sibi scienter adversancium falsitatis commenticie vel ~atis cedit in argumentum, presumptionalisve venit erroris ad innuitivum *Ib.* 8. 2; ordinasset scripturam . . mendacem . . que ~as redundaret indubie in autorem WYCL. *Ver.* II 67.

mendaciter [LL], falsely, untruthfully; **b** (dist. from *mendose*).

quidquid igitur ex mendacio te ~iter astruente colligitur LANFR. *Corp. & Sang.* 419B; frustra . . conatur dicere . . et ~iter pronuntiat ANSELM (*Incarn. A*) I 284; quod in conspectu est et tantarum personarum actum est, ~iter scribere vel nequiter negare et apud homines turpe et apud Deum criminosum est H. CANTOR f. 2v; in tenebris susurrantes, se ~iter excusantes, et alios similiter accusantes AILR. *Spir. Amicit.* III 43. 685A; ~iter, ~ius, ~issime OSB. GLOUC. *Deriv.* 331; nec viros sanctos per hoc vereantur ~iter diffamare PECKHAM *Paup.* 16 p. 69.   **b** mendax . . unde ~iter . . mendose autem hic quidam legunt pro ~iter, quod nullo modo est concedendum OSB. GLOUC. *Deriv.* 331.

mendacium [CL]

1 false statement, lie, falsehood; **b** (contr. w. *veritas*). **c** (*pater ~ii*) Satan, the Devil. **d** (*~ium pium*) lie for a righteous cause.

fortis ad scelera et ~ia GILDAS *EB* 21; nolo ut pueri mei ~um legant CUTHB. *Ob. Baedae* clxii; casualia vero, A, ut ~ium quod aliqua extrinsecus accedenti causa saepe profertur etiam non praemeditatum *Simil.*

Anselmi 121; sepius et levia confert mandacia fari / et persepe nocet veris sermonibus uti D. BEC. 879; **1200** Radulfus in misericordia pro ~io, unde convictus est *CurR* I 151.   **b** odium veritatis . . amorque ~ii GILDAS *EB* 21 p. 37 (cf. BEDE *HE* I 14 p. 30); ut ~ium fugientes veritas amplectetur THEOD. *Laterc.* 1; ecclesiae veritatem transferunt in ~ium *Comm. Cant.* III 150; ille pugnat primum gula, tu, frater, abstinentia; . . ille ~io, tu veritate ALCH. *Ep.* 299; Deus cujus natura bonitas est, ejus malo bene usus est et ~ium ejus tempore opportuno in veritatem convertit J. FORD *Serm.* 8. 8; ~ium est locucio contra mentem cum intencione fallendi proximum quod contrarium est veritati *Spec. Laic.* 49 p. 73.   **c** nam ~ii pater veritatem exhibet frequenter umbratilem, donec infidelitatis filios secum precipitet in gehennam P. BLOIS *Ep.* 65. 192B.   **d** quod sunt pia ~ia terrencia homines, ne tantum malum committant WYCL. *Ver.* II 53.

2 refusal, denial.

infitias, ~ium *GlC* I 333.

3 fictitious story, song, or sim. **b** (depicted) narrative.

nenias, ~ium *Gl. Leid.* 28. 35; **9** . . figmenta, i. plasmatio, ~ia WW.   **b 1262** tapetum . . tale quero cujus fimbrie aulam cancellarii possent cum ~io cooperire *RL* II 222.

mendaculus [ML], somewhat untruthful.

~us . . diminutivum, i. aliquantulum mendax OSB. GLOUC. *Deriv.* 331.

mendatio [*aphaeretic form of* emendatio], repair; *cf. emendatio* 3.

1384 in xij travis straminis frumenti emptis pro ~one cooperture . . dicti logii *DL MinAc* 507/8228 m. 8; **1458** pro . . ~one batelle iij li. ij s. vij d. *ExchScot* 440.

mendax [CL]

1 prone to tell falsehoods, untruthful; **b** (assoc. w. *mendosus*).

o quam falsa latro spondebat frivola mendax! ALDH. *VirgV* 2687; **798** de eo itaque primum, ubi ait propheta: 'omnis homo mendax'; quomodo ille homo ~ax sit, qui numquam loquitur, sicut infantes et muti? ALCUIN *Ep.* 149 p. 244; **8** . . testis ~ax, *leas gewitnes* WW; Merlino ~aci quis de cetero fidem habeat? GIR. *EH* I 38 p. 288; s**1382** Thomam Alquinum in suis scriptis novis opinionibus eorum contrariant et quia frater erat concludebant igitur ~ax est KNIGHTON *Cont.* 157.   **b 1172** qui indignus fuerat . . plane mendosus et ~ax *Ep. J. Sal.* 305 (307); a me si requiritur: / 'quis est, qui sic dicitur / mendax et mendosus?' / oblitus sum nominis / quia nomen hominis / est 'Obliviosus' P. BLOIS *Carm.* 25. 23. 135.

2 (of story or sim.) that gives false information.

ut nec ~ax culpetur historia, nec illum nota inuram censoria, cujus cuncta pene, etsi non laudari, excusari certe possunt opera W. MALM. *GR* III *prol.*; quedam . . est quasi naturalis sed non est vere naturalis sed ~ax et superstitiosa, sc. que per stellarum inspectionem . . predicere futura . . promittit KILWARDBY *OS* 69.

3 that gives false impression, deceiving.

hebetes ac mutos et in flexibus mundialium negotiorum ~acibus doctissimos GILDAS *EB* 66 p. 62; ironia, ~ax jocus *GlC* I 483; honor mundi transitivus / et revera fugitivus / est et certe lubricus; / est inanis et exilis, / brevis, levis, vanus, vilis, / mendax ac sophisticus WALT. WIMB. *Van.* 3.

4 vain, futile.

futile, vanum, ~ax *GlC* F 404.

5 (as sb. m.) one who is prone to tell falsehoods, liar.

rogo ne abhorreas tam mendosum et tam ~acem, sed attende confitentem ANSELM (*Or.* 15) III 62; **1197** calumpnie . . excrescunt et ~aces (v. malignari 1c).

mendicabilis, that can be begged.

mendico . . ~is OSB. GLOUC. *Deriv.* 346.

mendicabiliter, in a begging manner.

mendico . . et ~iter adverbium OSB. GLOUC. *Deriv.* 346.

mendicabulum [CL =*instrument of beggar's trade*], place in which beggars gather or live.

~um . . i. locus mendicantium OSB. GLOUC. *Deriv.* 346.

mendicamen [cf. mendicare 3], (act of) begging or taking.

canum caterva . . qui . . latratibus horrisonis morsuum ~ina sepius incursando minitabant R. COLD. *Cuthb.* 17 p. 32.

mendicanter, as a beggar.

mendico . . et inde ~anter OSB. GLOUC. *Deriv.* 346; nihil exegit dominanter . . sed solummodo ~anter NETTER *DAF* I 488a.

mendicare [CL]

1 (intr.) to go begging, be a beggar.

8 . . ~abit, *he wedlat* WW; qui cum suam farinam perisse, quasi lampades suas extinctas esse viderint, et ~are coeperint, dicetur eis, 'quid fecistis in vita vestra? . .' ALEX. CANT. *Dicta* 153; ~o, -as, i. cibum hostiatim quererе OSB. GLOUC. *Deriv.* 345; eis . . associati sunt alii duo, quorum unum fere ~antem suscepi victum queritantem arte textrina *Canon. G. Sempr.* f. 67; ut cito quisque in mortem irruat ne senex ~et MAP *NC* II 23 f. 32v.

2 (tr.) to ask, beg for: **a** (w. acc.); **b** (w. inf.); **c** (w. *ut* & subj.).

a cogor . . publice . . vite sustentaculum ~are GOSC. *Transl. Mild.* 22 p. 187; panem misericordiae ~at a te, Deus, . . anima mea ANSELM (*Or.* 9) III 33; nemo . . unquam ingemuit repulsam qui a Wlstano ~avit elemosinam W. MALM. *Wulfst.* III 5; o quanta cecitas est in divitibus / qui linguis lubricis et volubilibus / laudari gestiunt, et ab infamibus / mendicant titulos fame predonibus WALT. WIMB. *Palpo* 49; non indica eis quod velis ab eis ~are consilium BACON V 135.   **b** o quam luges obscuritum / jubar, quo clarescere / sol mendicat, et humatum / jam jam refrigescere J. HOWD. *Sal.* 38. 10.   **c** celi stupent hunc luminaria / quo mendicant, ut sint lucentia *Id. Ph.* 770.

3 to borrow, take from.

frontis oliva domat faciesque dolosa sophistam / mendicat vultum et blandos mitescit in usus J. EXON. *BT* I 247; non habet objectum sufficienter presens si non habet ipsum nisi in presencia ~ata a virtute phantastica DUNS *Ord.* III 225; ad canonistas non pertinet, nisi inquantum eorum sciencia aliqua ad fidem pertinencia a theologia dignoscitur ~are OCKHAM *Dial.* 400.

4 (pr. ppl. passing into sb.) beggar, mendicant; **b** (also w. *frater*) friar, member of mendicant order.

dum . . copiosa quaestus stipendia ad agapem pauperculis ~antibus venirent ALDH. *VirgP* 52 p. 308; s**1234** per regnum Anglie infinitos extorres reddiderunt et ~antes M. PAR. *Maj.* III 280; nullus enim ~ans ab eo vacuus recessit *V. Edm. Rich B* 621; **1375** T . . traxit sanguinem de quodam ~ante et dictus pauper levavit hutesium super eum juste *Leet Norw.* 66.   **b 1317** omnesque alii ~antium et aliorum ordinum approbatorum *FormOx* 26; in ordinibus ~ancium . . capitulum generale . . potest prelatum . . deponere OCKHAM *Dial.* 570; notat auctor unum accidens . . circa fratres ~antes (J. BRIDL.) *Pol. Poems* I 210; **1380** fratribus ~antibus de Richmond . . ij s. *Ac. Durh.* 588.

mendicatio [CL], habit or practice of begging, mendication.

mendico . . et hec ~o OSB. GLOUC. *Deriv.* 346; eciam possessionati detestantur ~onem fratrum WYCL. *Blasph.* 91; ~o fratrum validorum est illicita *Eul. Hist. Cont.* 355.

mendicativus, of begging.

~is discursibus sustinetis intendere R. BURY *Phil.* 6. 93.

mendicator [LL], beggar, mendicant.

1362 utrique ordini fratrum ~orum Karleoli *Test. Karl.* 49.

mendicatorius, characteristic of a beggar, begging.

~ia fuit Christi oracio qua aquam a Samaritana petivit NETTER *DAF* I 484b.

mendicatrix, that begs, begging, (also as sb.) beggar (f.).

quando pulsat in ostio / mendicatrix oracio, / negabis audienciam / non J. Howd. *Cyth.* 110. 5.

mendicitas [CL]

1 poverty, destitution, beggary.

neque parochialium quempiam publice unquam ~ati servire siverit neque alterius loci pauperem vacuum abire permiserit Osb. *V. Elph.* 128; cum cupidinea luce metalli perdiderunt lucem mundi et pro iniquo lucro ~ati ignominiose sunt subjecti Gosc. *Edith* 280; c1211 eum creavimus et a ~atis incomodo eripere curavimus Gir. *Ep.* 6 p. 218; potatores .. prolem suam ~ati et servituti exponunt frequenter Holcot *Wisd.* 76; discipulorum Christi beata ~as Netter *DAF* I 484.

2 (pl.) alms.

stipes, ~ates *GlC* S 541.

mendicitus, as a beggar.

1440 ne dictus pater .. victum suum ~us querere necessitetur Bekynton I 34.

mendicosus, appropriate to a beggar, beggarly.

porro locum competenter Baggamoram nuncupant / in quo Scotti mendicosas sarcinas exuerant Serlo Gram. *Bell. Stand.* 8.

mendiculus [CL = *beggarly*], poor.

~us, pauperculus et tenuis Osb. Glouc. *Deriv.* 363.

mendicus [CL]

1 poor, destitute, needy.

erumnosus, ~us, pauper, egens, egenus Osb. Glouc. *Deriv.* 198; vidimus .. Hiberniensem pauperem et ~um cornu quoddam eneum .. pro reliquiis in collo gestantem Gir. *TH* III 34; dicior est liber mendicus divite servo Walt. Angl. *Fab.* 51. 17; mens .. / .. / thesauri requirit mendica datorem J. Howd. *Cant.* 314; ecce ego jam miser et ~us, indigens et indignus *Spec. Incl.* 3. 1 p. 111.

2 (as sb.) destitute person, beggar.

stipis, ~us *GlC* S 542; c802 concursus fuit in civitate subito ~orum ex omni parte, suum parati defensorem defendere; timor et tumultus ubique increpuit Alcuin *Ep.* 245 p. 394; ego ~us et pauper, ego vermis et cinis Anselm (*Or.* 18) III 71; stipus, -pi, i. ~us, qui petit stipem Osb. Glouc. *Deriv.* 548; nudo nullus est amicus; / pauper enim et mendicus / est bubone vilior Walt. Wimb. *Van.* 89; hic ~us, A. *beggere WW*.

3 collector of alms for hospital.

1419 judicium pillorii pro uno qui se finxit ~um pro hospitali de Bethdelem *MGL* I 608.

mendium, 'dressing-board', table on which food is prepared or artefact mended.

~ium, A. *a dressyngbord WW*.

mendose [CL]

1 dirtily, filthily.

~e, fetide Osb. Glouc. *Deriv.* 360.

2 erroneously, faultily, incorrectly.

1204 quesivi eis exemplar correctissimum, quesierunt scriptorem, et datis omnibus que necessaria illi erant, ille, duobus aut tribus quaternis ~e et turpiter scriptis, remotus est ab opere illo P. Blois *Ep. Sup.* 9. 6.

3 (dist. from *mendaciter*).

Osb. Glouc. *Deriv.* 331 (v. mendaciter b).

mendositas [LL]

1 error, fault, incorrectness.

falluntur .. ~ate codicis qui dicunt Aquilam cum Priscilla conjuge sua esse attonsum Bede *Retract.* 1027C.

2 falsehood, lie.

sunt et alia quidem quam plurima primis et in luminibus obviam voluntarie veniencia meritissime punitiva semper vilis, admodumque semper abhominande ~atis exempla E. Thrip. *SS* VII 7.

mendosus [CL]

1 covered with stains, dirty, filthy.

~us, maculosus, sordidus, spurcus Osb. Glouc. *Deriv.* 360.

2 erroneous, faulty, incorrect.

juxta quaedam ~a exemplaria Bede *Luke* 476; quod tuus codex habet .. omnino ~um est *Id. Kings* 717; ut fortunatos felix devenit ad Anglos / (nomine mendoso quos nuncupat ipse 'tenaces') *Altercatio* 24; aut etiam ~os libros, dum primam orientis diei lucem contueri potuit, erasa scriptorum falsitate corrigeret B. *V. Dunst.* 37 p. 49; librum .. ~um .. vel falso scriptum, vel falsum etiam in se continentem inspiciens Gir. *IK* I 5 p. 58.

3 prone to tell falsehoods, untruthful (also assoc. w. *mendax*).

nunc mendosorum credens inventa virorum Frith. 1052; **1157** ~us ille et mendax J. Sal. *Ep.* 121 (30); P. Blois *Carm.* 25. 23. 135 (v. mendax 1b).

4 (as sb. m.) one who is prone to error or falsehood.

Anselm (*Or.* 15) III 621 (v. mendax 5).

5 (as sb. n. pl.) incorrect or false things.

Domino teste quod ~a non fingimus H. Reading (II) *Cel.* 30.

mendula, ~um [cf. menda, ~um], little stain, blemish (in quot., fig.).

nondum re ex omni parte perfecta, sed his affecta ~is viciorum Netter *DAF* I 164B.

mendum v. menda.

mendus [LL]

1 covered with stains, dirty, filthy.

~us .. sordidus, maculosus Osb. Glouc. *Deriv.* 331; feculentus, sordilentus, stercorosus, ~us *Ib.* 360.

2 prone to tell falsehoods, untruthful.

synodus astruitur, legatio menda jubetur / celibis accessum festino cogere gressu Frith. 1066.

mene v. 2 mena.

meneia [OF *menee*], blast of a hunting horn.

1237 ita quod hii qui venacionem illuc deferent singulis annis faciant duas ~as ante magnum altare S. Petri Westmonasterii *Liberate* 11 m. 6 (= **1293** *Cl* 110 m. 5: menyas; **1349** *Cl* 185 m. 6: meneyas).

Menelo [cf. OF *Mameloc* < Ar. *mamlūk* = *one who is owned, slave*], Mameluke.

quedam generis Saracenorum prava generatio, nuncupata ~ones de Halapia et Cordini *Itin. Ric.* VI 19.

menessa [ME *menes* < AS *gemænness*], (piece of) uncultivated or common land.

c1166 xxv marcas super terram suam de ~a (*KR Misc*) *EHR* XXVIII 223.

menestracia, menestralcia v. ministralcia. **menestrallus, menestrellus** v. ministrallus.

menetus [cf. OF *menee* < 1 minare], blast of a horn.

consuetum est hic intus menitos sonare quando omnia gigna pulsantur *Cust. Westm.* 256; si solus fuerit forestarius debet crucem facere in terra .. ubi animalia inveniuntur et ter cornuare ~um (*Leg. Forest.*) *RegiamM* II f. 18v.

meneus [cf. AN *meney*], demesne, landed property.

a1173 stagnum aptum de nostro feodo sive sit de nostro ~eo sive de eo quem tenent homines nostri *Ch. Gilb.* 85.

menevera, ~us [AN *menever*], miniver, kind of fur. **b** animal from which such fur derives.

1307 item in iij fururis de *meniver* pro capuciis mulierum *Doc. W. Abb. Westm.* 201; item in j pana de *menyver Ib.* 211; **1393** quod .. forura de menivero de octo tivis haberet cxx ventres, forura de menivero de septem tivis c ventres, .. capucia de menivero purato xl ventres, capucia de menivero semipurato xxxij ventres

Pat 337 m. 2; c**1431** pro xix tymbriis de mennero ab ipso emptis (*KR Ac*) *JRL Bull.* XXVI 269; capicium ejus [sc. justiciarii] non alia furrura quam ~a penulatur Fortescue *LLA* 51 p. 128. **b** c**1380** j furra de ~o .. pro tunica regis *TR Bk* 203 p. 455; **1464** solutum pro xj ventribus ~i emptis viij d. *Househ. Ac.* 577.

meneya v. meneia. **mengus** v. 2 mergus.

menialis [OF *menial, meignal*], domestic, pertaining to the household.

1438 vult et assignat omnes suos servientes ~es fore manentes et hospitantes in suo hospicio *Reg. Cant.* II 600.

menianum v. maenianum.

1 meniare [OF *mener* < 1 minare], to drive.

1234 Galfridus Palmer tenet j dimidiam virgatam terre et .. non debet summagiare nec cariare nisi dimidietatem quam Nicholaus facit. .. Walterus Wlfrig tenet tantum et .. non debet ~iare nisi medietatem quam facit Galfridus *Cust. Glast.* 116.

2 meniare v. moeniare.

meninga [LL < μῆνιγξ], meninx, any of three membranes that envelop the brain and spinal cord.

mininga est membranum quo cerebrum continetur *Gloss. Poems* 103; videns pater ejus quia cerebrum lesis miringis excuteretur W. Cant. *Mir. Thom.* IV 27; infirmitas .. illa fumo ad cerebrum ascendente pervenit, ibique miningas cerebri distendit *Quaest. Salern.* B 28; ex fumorum multitudine repletur caput et myringe [Trevisa: *the tender skynnes of þe brayn*] distenduntur Bart. Angl. XIX 43 p. 1174; cum lesione miringarum capitis Gilb. II 84v. 2; due .. matres, que dicuntur miringe vel tele vulgariter, faciunt devexas tres plicaturas Ric. Med. *Anat.* 213.

menis [μῆνις], wrath, ire.

~is .. est ira in vetustatem ducta memorieque commendata odio equipollens W. Donc. *Aph. Phil.* 4. 9.

meniscus [μηνίσκος], sapphire.

lapis phireus qui miniscus dicitur, corpora prebet integra et boni coloris et sudorem multum fluentem compescit *Alph.* 91.

menistrallus v. ministrallus.

†**menitrotoche,** *f. l.*

HBS XVIII 19 (v. karikaristo).

menitus v. menetus. **meniverus** v. menevera. **mennerus** v. menevera.

menoides [LL < μηνοειδής], crescent-shaped (also fig.). **b** (as sb.) the crescent-shaped phase of the moon.

sicut .. in astrologia Martiani luna in sua novitate ~es dicitur, .. sic Dei ecclesia .. in Abel et patriarchi ~es .. poterat .. nuncupari P. Blois *Ep.* 8. 22A; a**1212** Adam et Eva ex quo creati sunt facti sunt conjuges, sed juvenes erant, sicut luna creata est panselenos que numquam menoydes fuerat aut amphicirtos *Id. Ep. Sup.* 57. 24. **b** figure igitur lune sunt: generatio, ortus, ~es, dicotomos, .. Gros. *Hexaem.* IX 10. 7.

menoloca v. manelaeta. **menoydes** v. menoides. **menpirium** v. memperium.

menradix, hog's fennel (*Peucedanum officinale*) or masterwort (*Peucedanum ostruthium*).

~ix, anetum agreste idem. radix est, A. *bissopeswort MS BL Sloane* 5 f. 8vb.

mens [CL]

1 seat or organ of intellectual activity, the mind; **b** (dist. from *corpus* or sim.); **c** (as personified agent).

non parvolorum motibus aut teneritate ~tium puerorum Theod. *Laterc.* 17; ~te tamen rationabiles erant et iv tantum augmento digitorum a ceteris discrepuerunt hominibus *Lib. Monstr.* I 4; quatinus habeatis, carissimi, aliqua monimenta vestri exulis, quibus valeatis intendere acumen exercitate ~tis Abbo *QG* 1 (4); quemadmodum faber prius ~te concipit quod postea secundum ~tis conceptionem opere perficit Anselm (*Mon.* 11) I 26; nullus sanae ~tis aliter

sentit *Id.* (*Lib. Arb.* 1) I 208; lumina clarificat, sincerat fleubotomia / mentes et cerebrum, calidas facit esse medullas D. BEC. 2685. **b** pro meis infirmitatibus et ~tis et corporis BEDE *HE praef.* p. 8; erat carnis origine nobilis, sed culmine ~tis nobilior *Ib.* II 7 p. 94; de gentis .. hujus tam corporum quam ~tium compositione GIR. *TH* III 10. **c** tres sunt filiae ~tis: fides, spes, charitas *Ps.*-BEDE *Collect.* 248.

2 (as instrument or seat of memory).

quod ~te recolit *Comm. Cant.* III 6; prophetiae verba in ~te retinens *V. Cuthb.* I 3; venit in ~tem abbatissae pulvis ille praefatus BEDE *HE* III 11 p. 150; sedium eorum [episcoporum] discretionem non ~te tenemus *Found. Waltham* 16; studeas omnia signa, que in qualibet decoccione apparent, in ~te recondere DASTIN *Ros.* 6.

3 (as used for the expression of emotion or sim.).

qui diligit feminam ~te, veniam petat ab eo THEOD. *Pen.* I 2. 22; si quis Christianus subita temptatione ~te sua excederit .. *Ib.* II 10. 4; sed mentes muto dum labris oscula trado ALDH. *Aen.* 80 (*Calix vitreus*) 7; dilegite ~te Deum ferventi plenus amore BURGINDA 10.

4 purpose, intention, what one is minded to do.

'juravit ergo Moyses', i. statuit in ~e sua *Comm. Cant.* I 218; siquidem Adamnan .. mutatus ~te est BEDE *HE* V 15 p. 315; sola ~s, quae in fugam praecipitaret, relinquebatur W. POIT. I 8; **1126** loco distantibus suas ~tes litteris pandere (v. distare 1a); habent ~tem ut .. majores suos devorent O. CHERITON *Fab.* 25; hec exposicio vera est si opiniones referantur ad ~tes opinancium T. SUTTON *Gen. & Corrupt.* 60; **1573** jam idem Carolus .. in ~te et voluntate existit predictas separales literas patentes .. sursumreddere *Pat* 1095 m. 23.

5 meaning.

1166 tunc .. archiepiscopus ~tem litterarum .. regi cepit .. explanare *Ep. Becket* 253 p. 73; **1168** vestri similes divinarum conscios litterarum latere non potest quod ~tem totius orationis frequenter aperit nominum significatio votivorum J. SAL. *Ep.* 235 (276 p. 582); **1297** si quid in eis [distribucionibus] ~ti constitucionis predicte contrarium .. factum fuerit *Reg. Cant.* 530; est .. ~s questionis ista, utrum aliquem conceptum simplicem possit intellectus viatoris naturaliter habere DUNS *Ord.* III 11; **1342** juxta ~tem statuti predicti *Conc.* II 694b; **1431** questiones .. movendo solummodo literales absque digressione a ~te textus elongata *StatOx* 236.

6 opinion, view, conviction.

mihi .. ea ~s est ..: si qualia volo non possum, qualia possum volo GIR. *TH intr.* p. 5; c**1212** si contra ~tem loquimur, gravem, quod absit, in nos ultorem provocamus GIR. *Ep.* 5 p. 204; hec est ~s Augustini, sicut patet inspicienti librum OCKHAM *Quodl.* 160.

7 (w. adj. in abl. as quasi-adv.).

alii montanis collibus .. vitam suspecta semper ~te credentes, in patria licet trepidi perstabant GILDAS *EB* 25; intrepida ~te fugavit eos [daemones] *V. Cuthb.* III 1; eam quam accepisti divinitus gratiam, sollicita ~te custodi BEDE *HE* I 32 p. 68; se totum solo tota ~te prosternit FELIX *Guthl.* 47 p. 146; c**775** (12c) malivola ~te (v. imminuere 1b); s**1314** casum suorum elacionemque Scotorum amara ~te tractavit TROKELOWE 88.

mensa [CL]

1 table; **b** (*~a structoria*) dresser; **c** (var.).

quae circumierat totius ~ae labium *Comm. Cant.* I 297; beatus pater Augustinus hos in sua ~a versiculos fecit describi BEDE *Prov.* 1010; **10..** ~a, *beod WW*; **1250** ~e iiij, quarum tres sunt de sapo et j de fraccino *MinAc* 766/20*d*; hec ~a, *a tabylle WW*. **b** *a dressure*, ~a structoria LEVINS *Manip.* 192. **c** c**1160** (v. dormire 5a); in aula ij ~e mobiles et ij immobiles *FormMan* 21; **1373** ij ~e cum trestillis, una ~a stacionaria *Ac. Durh.* 211; **1553** de .. quatuor ~is conjunctis Anglice *fower joyned tables*, una parva ~a applectata, Anglice *on litle folding table*, quatuor veteribus ~is, duabus ~is rotundis, una ~a quadrata de *waynskott Pat* 852 m. 28.

2 table for sacred vessels or sim.

tripodia, ~a Apollonis *GlC* T 302; quid Jeronimus .. dicat ~am Solis a philosopho Apollonis litteras persequente visam in sabulo [cf. V. Maximus *Facta et Dicta Memorabilia* IV 1. 7 p. 173] J. SAL. *Ep.* 145 (209 p. 318); anclabris, -is, i. ~a in divinis officiis aptata, cujus vasa etiam anclabria nuncupamus OSB. GLOUC. *Deriv.* 26; ~a solis est hic [in epistola Hieronymi] plaga meridiana in qua currit sol. hanc enim vocabant philosophi ~am solis quia semper est ad meridiem BACON *Min.* 354.

3 altar.

cum celebrarentur sacrae libamina mensae ALDH. *VirgV* 980; ponatur tabula desuper, id est ~a altaris EGB. *Pont.* 46; quod vera Christi caro verusque ejus sanguis in ~a Dominica immoletur, comedatur, bibatur LANFR. *Corp. & Sang.* 435C; scis autem quod diaconatui annexa sunt ~e ministerium et annuntiatio Verbi Dei P. BLOIS *Ep.* 140. 421D; ara vel altare Domini vel mensa vocatur GARL. *Syn.* 1581B.

4 (*~a propositionis*): **a** (w. ref. to *Exod.* xxv 30); **b** credence-table; **c** (fig.).

a arca Dei, ~a proposicionis, vestes quas fecit Moyses .. et alia multa OCKHAM *Pol.* II 465. **b** lucebat area purpurata .. ut libatoria tabula, ut propositionis ~a GOSC. *Edith.* 44. **c** **1343** si apud se in loco nostro communi Oxonii ~am proposicionis paratam inveniunt, nec semper aliene doctrine suffragia exterius mendicare cogantur *Conc.* II 725a.

5 (*~a nummorum*) banker's or money-changer's counter.

trapezita, qui in ~a nummorum per mutationes victum querit *Gl. Leid.* 38. 29.

6 (*~a Pythagorica* or *Pythagoria*) abacus, calculating table.

quare et asser in quo hec, idest calculatoria ars depingitur, ab antiquis ~a Pytagorica, a modernis autem vel abax vel abacus nuncupatur THURKILL *Abac.* f. 55v; Pytagorici .. ~am Pithagoream ob magistri sui reverentiam, sed posteri tamen abacum dixerunt ADEL. *Abac.* 91.

7 (*~a rotunda* or sim.) the Round Table; **b** form of exercise at a tournament; **c** (her.).

~am †jocundam [v. l. rotundam] instituit apud Cornubiam in insula †Jatata [v. l. Fatata] GERV. TILB. II 17 p. 936; s**1344** corporale prestitit juramentum quod ipse .. ~am rotundam inciperet eodem modo quo eam dimisit dominus Arthurus AD. MUR. *Chr. app.* 232. **b** constituerunt .. ut .. in illo ludo militari, qui ~a rotunda dicitur, vires suas attemptarent M. PAR. *Min.* III 124. **c** simili artificio orbicularis ~ae equitibus (si qui essent) Saxonicisque nostris principibus arma ementiti sunt SPELMAN *ASP* 41.

8 (*~a manus*) flat part of the palm.

~a manus J. FOXTON *Cosm.* pp. 100–1.

9 table used at meals; **b** (var.); **c** (as source of nourishment or sustenance); **d** (as symbol of hospitality); **e** (fig.).

qui secum ad ~am sedent, non solum amantes, sed et munerantes GILDAS *EB* 27; p**675** nec ad ~am ciborum fercula pro caritatis gratia pariter percipere dignentur ALDH. *Ep.* 4 p. 484; ~am statim adposuit praeparato cibo desuper quem habebat *V. Cuthb.* II 2; sedentibus jam ad ~am fratribus BEDE *HE* III 2 p. 130; die sancti Pasche ad ~am apud Westmonasterium assederat, diademate fastigatus W. MALM. *GR* II 225 p. 274; glissera, ~a cibatoria, que et assidela, et cilliba dicitur OSB. GLOUC. *Deriv.* 264. **b** ~a canonica ibi a Baldewino episcopo Thuronensi statuitur R. NIGER *Chr. II* 135; c**1214** prior semper duplum nisi cum abbate comederit, nihilominus qui ad superiorem ~am ut custos ordinis sederit duplum *Chr. Evesham* 218; ne defectus vini alicubi fuerit .. et precipue in majori ~a *Cust. Cant.* 53; **1336** quod .. sedem pro alta ~a aule infra castrum nostrum Notingh' moveri et eam .. exaltari faceret *Cl* 157 m. 22; **1337** ne de victu sint totaliter destituti, sed ut de aliquo certo, licet non ad competentis ~e equivalenciam, sint securi *StatOx* 136; **1440** quatuor ollas .. ad usus prioris et conventus in ~a magistrorum *Lit. Cant.* III 171. **c** comedit namque epulas ~ae vitalis sed non satiatur BEDE *Cant.* 1152; **805** ut omne bonum .. fratres sibi .. ad ~am suam et ad alteram necessitatem faciant *CS* 319; c**1182** decimam omnium piscium et ciborum ~e ipsius comitis *Act. Hen. II* II 211. **d** me in propria ~a gaudebat habere convivam J. SAL. *Met.* 945B; a domo et ~a vestra nuper egrediens magister P. mihi via publica incedenti, letus, et longe letior quam expediret, occurrit P. BLOIS *Ep.* 7. 19B; **1255** dictis .. hominibus promisimus et promittimus quod eos nunquam a ~a regia separabimus *RGasc* I sup. 16. **e** in spirituali ~a idem cibus qui et potus est J. FORD *Serm.* 87. 2; ut tam bene condita quam insipida fastidientes ad ~am philosophie lautis refertam ferculis siccis dentibus emarcescant P. BLOIS *Dict.* 1127.

10 feast, meal.

vespera cotidie .. post ~am celebretur *RegulC* 30; transigebat cum eo tam seria quam joca, individuusque comes et ~e et cubiculi erat W. MALM. *GP* V 240 p. 392; debes eum vitare in tribus, sc. in oratione, in ~a, in salutatione T. CHOBHAM *Praed.* 78; **1260** die sabbati post missam et ~am *Cl* 159.

11 (*~a secunda*) second sitting.

post prandium insuper illorum qui in secunda ~a comedunt, claudatur ostium refectorii PECKHAM *Ep.* 213 p. 261.

12 allowance of food, board.

c**1284** prepositus .. habebit .. ~am suam a Gula Augusti usque festum Sancti Michaelis *Cust. Battle* 81; **1312** item pro salario unius scriptoris preter ~am suam (*Ac.*) *EHR* XLI 357; **1323** in stipend' cujusdam vitrarii auxiliantis Joh' vitrarium per j septimanam ad ~am domini *Sacr. Ely.* II 28; **1345** in conduccione dictorum duorum per unam septimanam .. per certam convencionem ad ~am x d. *Ac. Trin. Dublin* 67; **1384** in solucione facta de mandato regis pro ~a cujusdam pauperis scolaris existentis ad scolas in villa de Haddington *ExchScot* 120; **1533** solutis pro ~a plumbarii operantis circa effusionem plumbi pro opere predicto .. vij s. iv d. *Comp. Swith.* 220.

13 fund for the provision of food.

c**1180** ~am episcopalem quingentis libris .. augmentavi ARNULF *Ep.* 137 p. 209; cepit ei ostendere ~e episcopalis in hoc facto, si processerit, lesionem non modicam et reddituum mutilationem GIR. *RG* II 7 p. 56; **1456** bona ~e capitularis ecclesie .. administrasset (v. capitularis 4d).

14 (aggregate of) land, tenement, or sim., from which the income or produce supports a fund for the allowance of food.

901 terram iij manentium .. ad ~am illius congregationis .. donavimus *CS* 587; hoc est de feudo comitis R. et erat †inensa [l. mensa] ejusdem manerii (*Norf*) *DB* II 273v; c**1120** nemo ulterius valeat dubitare de Bramcestre et de suis appendiciis, cum omnibus consuetudinibus quas ipse rex Anglie si esset de ~a sua posset ibi habere, quin sint S. Benedicti de Ramesia *Cart. Rams.* I 149; quinque portiunculas Medie .. ~e regali appropriavit GIR. *TH* III 5; ut Alverniam .. ~e regali reintegraret *Id. PI* III 2 p. 231; **1261** quarta parte illius ecclesie que ad ~am episcopalem dignoscitur pertinere *Reg. Paisley* 122; **1310** villam predictam ~e comitatus nostri .. perpetuo duximus uniendam *RGasc* 361; **1315** dicta bastida .. semper remaneat in et de ~a predicti domini nostri regis et ducis *Ib.* 1626 p. 473b.

mensacula, ~us, ~um [CL mesancula < μεσάγκυλον=*javelin*; *reformed by analogy with* mensa], knife for use at table or dressing-board.

vidi hodie institorem habentem ante se cultellos ad mensam, sc. ~as [v. l. ~os] et artavos GARL. *Dict.* 123; carnificies .. macheras et ~as scolaribus incutientes *Ib.* 127; cutellarius .. habeat ~a, sive cutellos ad zonam pendentes (*Nominale*) *Neues Archiv* IV 341; *bordenyfe*, ~a *PP*; *dressynge knyffe*, ~a *PP*; *trenchoure, knyfe*, ~a *PP*.

mensaculum, ~us v. mensacula.

mensagium [CL mensa+-agium], table money, money for an allowance of food.

1284 de finibus, perquisitis, et mancagio per annum xij li. *Reg. Wint.* 672.

mensalis [LL]

1 of or used at the table, mensal.

crebris tunc ab archipresule ~ibus visitatus exeniis H. BOS. *Thom.* III 16 p. 237; mappe .. ~es *Cust. Westm.* 103; erat .. cibus Salamonis quotidie in domo ~i xxx chori simile et lxx chori farine *Eul. Hist.* I 46; de .. una ~i tabula cum tristegis aureis, et aliis vasis *Meaux* I 254; curia regalis micat ornatu radiante / gloria mensalis non splendidior fuit ante (*Vers.*) *Mem. Hen. V* 65; **1444** de .. ij tabulis ~ibus et ij trestellis *KR Ac* 503/12 f. 1v.

2 (*terra ~is*) mensal land.

terram quoque ~em manerii de Lantefei . . male mutilavit et decurtavit GIR. *JS* II p. 162.

3 (as sb. m. or n.) table.

c**1158** debet habere . . dimidium sextarium vini et duos panes et duos ~es coquine et prebendam unius equi *Act. Hen. II* I 227; **1350** iiij mense mobil[es]; j ~e dormiens; j par tristallorum *MinAc* 1127 r. 2 m. 3*d*; **1374** j lavacrum pendens in aula, ~es et trestis et formule pro aula sufficientes *Pri. Cold. app.* lxxv; **1438** volo quod remaneat in eadem rectoria unum ~e cum trestellis, j cathedra cum iij scabellis *Reg. Cant.* II 562.

4 (as sb. n.) tablecloth; **b** (eccl. & mon.) altar-cloth.

mensali mensa tegitur *Ps.-* MAP 185. 13; ut si jam tritum dicat mensale: 'solebam / esse decus mense dum primula floruit etas . .' VINSAUF *PN* 509; que vincunt candore nivem, miranda labore / artificum miro decorant mensalia mensas H. AVR. *Poems* 2. 200; hoc ~e, *nape Gl. AN Ox.* 192; **1287** item unam mensam cum mensal' precii xij d. *IMisc* 46 (31); fructus . . cocti . . in vasis apponi debent, ne mensualia inde maculentur *Obs. Barnwell* 162; *a burdecloth* . . ~e *CathA.* **b** a**1257** capellanus . . debet providere quod ~ia et cetera vestimenta ecclesie ad altare spectancia sint munda et honesta *Conc. Syn.* II 513.

5 napkin.

illi hilares iterant calices. at rege superbo / emeritum libante merum mensalibus herent J. EXON. *BT* I 262; gausape, mensale, mappas, manutergia dicas GARL. *Syn.* 1586C; s**1285** cum priore steterunt in mensa, satis curialiter in ~ibus et aliis necessariis procurati *Ann. Durh.* 65.

6 supertunic (orig. for keeping habit clean at table).

1342 nolumus prohibere, quin clerici apertis et patentibus supertunicis, alias ~ibus nuncupatis, cum manicis competentibus locis et temporibus opportunis . . uti valeant *Conc.* II 703b.

mensalitas, (provision of allowance of) food, board.

1504 dedi eciam Willelmo Sprygnall . . omnia alia terras et tenementa mea que habeo . . et omnia bona mea mobilia et immobilia . . propter que prefatus Willelmus Sprygnall inveniet me predictum Ricardum Rouche pro termino vite mee ad ~atem suam *BL Add. Ch. 59348.*

mensare, ~ari [cf. CL mensa]

1 to lay on a table.

absit dimidium panem mensare cibanti D. BEC. 2547; cultri mensati nolint onerare salare *Ib.* 2599; allec, mullus, salmo, congrus; post leviora / fercula mensentur, roche percheque lupique *Ib.* 2602.

2 (dep.) to sit at a money-changers's counter, to change money.

~ari, nummulari OSB. GLOUC. *Deriv.* 366.

mensaticus, that recurs monthly.

menstruus quod secundum mensem evenit sicut dolor capiti . . quod et ~us, et menstruatus dicitur OSB. GLOUC. *Deriv.* 363.

mensiculus [ML], (short) month.

hic mensis, -is, unde hic ~us OSB. GLOUC. *Deriv.* 350.

mensifium [cf. CL mensa], cupboard.

~ium, A. *a cuppebord WW.*

mensilla [CL mensa + -illa], little table.

1519 de xv s. de reparatore Bederne pro j petra plumbi et iij m. ~is *Fabr. York* 98.

mensio v. mentio.

mensis [CL]

1 (period of one) month; **b** (f.). **c** (*de ~e in ~em*) from month to month, in each successive month. **d** (*~e exeunte*, of reckoning) backwards from the end.

quique quadragesimus quartus ut novi orditur annus ~e jam uno emenso, qui et meae nativitatis est GILDAS *EB* 26; primo anno ~e sexto regni ejusdem

Caesaris in ~e Distro THEOD. *Laterc.* 2; quae quaternis ~ibus cum panis copia plebis inopiam refocilantes ALDH. *VirgP* 38 p. 291; ~es dicti a mensura, qua quisque eorum mensuratur BEDE *TR* 11 p. 203; si ~is ille tricesimam fert lunam, recisis xxx quot supersunt sequenti tribue ~i BYRHT. *Man.* 32; dabantur ei iiij s. ad ij ~es (*Berks*) *DB* I 56va. **b** **1294** per unam ~em *Doc. Scot.* I 429; **1363** infra ~em proximam tunc sequentem *Lit. Cant.* II 441; cum lux septena fuerat, mensis quoque dena *Reg. Whet.* I 395. **c** **1220** dicit quod fuit ad quemlibet comitatum et quod comitatus fuit de ~e in ~em *SelPlCrown* 140; **1294** de ~e in ~em (v. de 3b). **d** **1292** sexta die exeunte ~e Decembri (v. 1 dies 6c).

2 month's mind, commemoration one month after death.

1417 in die ~is mei (v. 1 dies 6e).

3 month of the year: **a** (Roman); **b** (Greek or Macedonian); **c** (Hebrew); **d** (Egyptian); **e** (English).

a **679** in ~e Maio indictione septima *CS* 45; Romulus . . primum ~em Marti . . dicavit . . secundum ~em nominavit Aprilem . . Maium tertium, quartum Junium posuit. . . Julius ~is nomen quintilis . . servavit . . Augustus ~is sextilis antea vocabatur . . September ~is, October, November, et December principalem sui retinent appellationem . . quidam autumant Januarium nuncupatum ex eo quod limes et janua sit anni . . omni intercalationi ~is Februarius deputatus est quoniam is ultimus anni erat BEDE *TR* 12 pp. 206–9; **722** ordinationes vero presbiterorum seu diaconorum non nisi quarti, septimi, et decimi ~um jejuniis, sed et ingresso quadragessimali atque mediane vespere sabbati noverit celebrandas *Ep. Bonif.* 18; apparuit ~e Augusto stella, quae dicitur cometa BEDE *HE* IV 12 p. 228; **759** peracta est . . haec donatio in ~e Februarii indictione xij[a] *CS* 187; ~e Augusti M. PAR. *Maj.* I 490. **b** a primo usque ad extremum diem . . quemque ~em computantes . . vocatur . . apud eos ipse December, Apileos; Januarius, Eudymios; Februarius, Peritios; Martius, Distros; Aprilis, Xanthicos; Maius, Artemiseos; Junius, Deseos; Julius, Panemos; Augustus, Lous; September, Gorpilos; October, Hyperbereteus; November, Dios BEDE *TR* 14 p. 210. **c** Hebraei . . primum ~em novorum . . Nisan appellantes qui . . rectius Aprili deputatur. . . secundus eorum ~is Iar Maio; tertius Sivan Junio; quartus Thamul Julio; quintus Aab Augusto; sextus Elul Septembri; septimus Theseri Octobri, quem . . novum annum appellant; octavus Maresuan Novembri; nonus Casleu Decembri; decimus Tebet Januario; undecimus Sabat Februario; duodecimus Adar Martio simili ratione comparatur *Ib.* 11 p. 203. **d** Aegyptii qui primi . . ad solis cursum . . suos ~es putare coeperunt . . quorum primus ~is Thoth, iiij kl. Septembrium; secundus Phaofi, iv kl. Octobrium; tertius Athir, v kl. Novembrium; quartus Choeac, v kl. Decembrium; quintus Tibi, vj kl. Januarium; sextus Mechir, vij kl. Februarium; septimus Phamenoth, v kl. Martiarum; octavus Pharmuthi, vj kl. Aprilium; nonus Pacho, vj kl. Maiarum; decimus Pauni, vij kl. Juniarum; undecimus Epiphi, vij Juliarum; duodecimus Mesore, viij kl. Augustarum die sumit exordium *Ib.* 11 p. 205. **e** primusque eorum ~is, quem Latini Januarium vocant, dicitur Giuli; deinde Februarius, Solmonath; Martius, Hredmonath; Aprilis, Eosturmonath; Maius, Thrimilchi; Junius, Lida; Julius, similiter Lida; Augustus, Weodmonath; September, Halegmonath; October, Winterfilleth; November, Blodmonath; December, Giuli, eodem quo Januarius nomine vocatur *Ib.* 15 p. 211.

4 (*~is lunaris* or sim.) lunar month.

~is lunaris incremento lunae senioque conficitur, dum xxviiij semis diebus paulo plusquam zodiacum peragit, sed facilitas computandi tricenis et undetricenis diebus lunae menses alternat BEDE *Temp.* 5; rectius ita definiendum quod ~is lunae sit luminis lunaris circuitus ac redintegratio de nova ad novam j solaris autem mensis digressio sit solis per duodecimam partem zodiaci *Id. TR* 11 p. 204; menses Arabum, qui post annos planos positi sunt, in annos planos mensesque solares . . reducendi sunt, ideo primo ~i lunari . . unitas adjuncta est ADEL. *Elk.* 5.

5 (*~is solaris*) solar month.

solaris . . ~is xxij horis est amplior; ex quibus xj epactarum dies accrescunt quibus sol lunae cursum singulis annis exsuperat, duodecies enim viceni et bini cclxiiij faciunt et undecies viceni et quaterni eundem numerum complent BEDE *Temp.* 5 (v. et. 4 supra).

6 (*~is purificationis beatae Virginis Mariae*) February.

1294 a ~e purificacionis beate Marie usque Pentecosten *Doc. Scot.* I 429.

7 (*~is vetitus, prohibitus,* or *venationis*) close season, fortnight before and fortnight after 24 June.

1238 capiat in manum regis omnes boscos ipsorum . . qui porcos agistari fecerunt in ipsis boscis infra ~em regis vetitum *Cl* 108; **12 . .** in expensis forestariorum ~e prohibito *MinAc* 827/38; s**1272** excepto ~e fetus vetito *Cart. Chester* 38 p. 91; **1297** solebat . . vigilare moram predicti Gilberti in valle de Rede in ~e vetito *IPM* 78/20; **1334** debent habere . . in foresta predicta . . porcos suos quietos de pannagio per totum annum excepto ~e vetito *RParl* II 79a; **1366** cum capris, bidentibus, et porcis etatis unius anni et ultra in ~e venacionis viz. quindena ante festum Nativitatis S. Johannis Baptiste et quindena post predictum festum *Cart. Boarstall* 611 p. 219; **1387** preter capras excepto ~e vetito viz. per quindenam ante festum nativitatis Sancti Johannis Baptiste et per quindenam post idem festum porcos in dicta foresta immittere non consueverunt nec debuerunt *IMisc* 236 (13).

8 (alch.; *~is philosophicus*) philosophical month, period of thirty or forty days.

~is philosophicus, est tempus digestionis, viz. quadraginta dierum . . ~is philosophicus, est tempus putrefactionis, seu periodus quod lunae motum imitatur, qui in aliquibus est xxx in aliquibus est xl dierum. philosophicus dicitur, quod in artificio lapidis philosophici usurpetur; sed et pauciores dies ~em conficiunt istum, qui definiri solet secundum naturam rei, et absolutionem operis *LC* 253.

9 (pl.) menstruation.

mirta agrestis . . urinam et ~es provocat *Alph.* 119.

mensivus, that recurs every month, monthly.

effectus eorum . . non sunt quotidiani vel ~i sicut lune vel solis BACON *Maj.* I 385.

mensor [CL]

1 one who measures or computes, measurer.

donec ~or per utrarumque arundinum summitates cacumen turris distincte perspiciat ADEL. *ED* 29; sicut ad pedem vel quantitatem corporis mensurantis vel aliquid quod sit promptum ymaginationi ~oris PECKHAM *Persp.* I 64 (67).

2 surveyor (of building works or sim.).

novam Jerusalem . . cujus ~ores prophetae GOSC. *Aug. Min.* 750A (v. designator); **1160** per ~orem libertum rescribentes J. SAL. *Ep.* 89 (131 p. 236).

mensorius [CL]

1 of or relating to measurement.

c**1195** rectoris imitans baculum / virga mensoria (*Vers.*) *EHR* V 319.

2 of or used at the table.

ferculum, mensa vel vasculum ~ium, vel cibus oblatus OSB. GLOUC. *Deriv.* 246; sed anagliffa videbamus: parte una ~ia, [*gl.*: hoc ~ium a mensa; ~ia dicuntur vasa officio mense deputata; *tablis*] parapsides, patenas, lances BALSH. *Ut.* 51.

menstrallus v. ministrallus.

menstrualis [CL]

1 monthly, that happens once a month.

si [suffocacio] sit ~is frequenter ad idropisim ducit GAD. 81v. 2.

2 of menstrual discharge. **b** (as sb. n.) menstrual discharge.

'juxta consuetudinem mulierum' i. ~em *Comm. Cant.* I 181; dicimus hoc non universaliter in omnibus ut estimo accidere, nisi in illis qui ~i tempore concepti fuerunt, aut corrupto lacte nutriti, aut malignantibus cibariis a pueritia educati *Quaest. Salern.* B 57; sollemnis et debita est . . in purgatio que superfluitas ~is appellatur, et ipsa nec in partu nec post partum purgabatur *Ib.* B 309; retinet tamen natura sanguinem ~em post mulierum impregnationem ad nutrimentum fetus et conceptus conservationem BART. ANGL. IV 8

p. 106. **b** ~ia, quae incipiunt esse a quartodecimo anno pueris *Comm. Cant.* I 113.

3 (alch.) of or pertaining to the 'menstruum', *i. e.* the solvent fluid.

his dictis videtur assentire Guido philosophus Grecus, loquens de spiritu Mercuriali aut ~i, qui extrahitur de naturali Adrop per artem RIPLEY 324; donec ignis contra naturam liquescit in igne ~i, i. e. donec perducatur ad quandam substanciam fluxibilem . . acceptam a menstruo *Ib.* 331.

menstruari [LL], ~are

1 to menstruate.

queritur quare mulieres singulis ~antur mensibus? *Quaest. Salern.* B 298; nota quod mamille maxime crescunt a duodecimo vel decimoquarto anno cum incipiunt ~are *Ib.* Ba 115; est proprium tempus ~andi a xiv° anno usque ad xl^m vel l^m annum GAD. 80. 2.

2 (p. ppl. as pr. ppl.) menstruating (in quot., w. ref. to *Lev.* xx 18).

ita ut morte lex sacra feriat, siquis vir ad ~atam mulierem accedat BEDE *HE* I 27 p. 55; purgantur per menstrua; dicuntur muliebria, quia sola mulier ~atum animal est RIC. MED. *Anat.* 228.

3 (p. ppl. as adj.) menstrual.

profluvium sanguinis quod accidit mulieri quod et . . ~atus dicitur OSB. GLOUC. *Deriv.* 363; hoc . . fit ex sanguine ~ato qui aliquando nimium humiditas cadit super puerum in matris utero J. FOXTON *Cosm.* C. 25. d. 1.

4 (p. ppl. as sb. f.) woman during menstrual discharge; **b** (w. ref. to *Is.* lxiv 6); **c** (w. ref. to *Zach.* xiii 1).

ulcera virge virilis contingunt . . ex coitu cum ~ata GAD. 84. 2. **b** vestes olerosas, purpuram, et byssum ut pannum ~ate [v. l. menstrualem] *V. Begae* 499; B. Job veretur omnia opera sua, et Isaias propheta omnes justitias suas panno comparat ~ate P. BLOIS *Ep.* 118. 348C. **c** videres ibi manifeste fontem David patentem in ablutionem peccatoris et ~ate BEN. PET. *Mir. Thom.* II 6; fons patens domui David . . in absolutionem peccatoris et ~ate GIR. *GE* I 5 p. 17.

menstruatio, menstruation.

tempus secundum quod incipiunt fluere menstrua in qualibet ~one GAD. 80. 2.

menstruositas [ML], menstruation.

signa autem ~atis sunt hec, nigreditas faciei et aque fluentes ab oculis et totius corporis ponderositas J. FOXTON *Cosm.* 88. 2.

menstruosus [LL]

1 (of woman) who experiences menstrual discharge, menstruous.

mulier ~a BACON *NM* 529; mulier ~a inficit speculum solo visu per fumos exeuntes GAD. 81v. 2; prohibitum fuit in veteri lege ne aliquis ad mulierem ~am accederet J. FOXTON *Cosm.* 88. 1.

2 of or pertaining to menstrual discharge, menstrual.

menstruus . . quod et ~us . . dicitur OSB. GLOUC. *Deriv.* 363; si aliquis gingneret puerum in tempore ~o leprosus esset puer vel gibbosus vel monstruosus J. FOXTON *Cosm.* 88. 2; expurgato sanguine prius ~o RIPLEY 425.

menstruus [CL]

1 of or consisting of a month.

menstrua volvuntur alternis tempora festis / et vicibus certis annorum lustra rotabunt ALDH. *CE* 3. 44; obsidione ~a diros carnificis coartavit ORD. VIT. XII 45 p. 476.

2 that recurs every month, monthly.

feminae itaque et ~us sui sanguinis fluxus egritudo est BEDE *HE* I 27 p. 56; non illa [sc. stella] servit noctibus / secuta lunam menstruam [gl.: mensibus deficientem *tidgfnge* (i. e. *tidgenge*)] *GlP* 286; ad ~a maris incrementa luneque plenitudinem imitantia GIR. *TH* II 7 p. 85.

3 changeable, variable, impermanent.

menstrua namque fides faciem cum tempore mutat NIG. *SS* 1017.

4 of or pertaining to menstrual discharge, menstrual.

mulieres autem ~o tempore non intrent in aecclesiam, neque commonicent THEOD. *Pen.* I 14. 17; ~a . . consuetudo mulieribus non aliqua culpa est BEDE *HE* I 27 p. 56; si in tempore ~o ecclesiam intrasti aut cum viro nupsisti, dies xl BONIF. *Pen.* 435; amoris copula . . tam forti bitumine conglutinata quod nulla materia nulloque sit unquam ~o sanguine dissolvenda GIR. *SD* 108; admixto . . in utero semine sanguis ~us descendens alimentum fit embrionis ALF. ANGL. *Cor* 12. 3; hujusmodi irrationabilis appetitus causa est ~us sanguis retentus *Quaest. Salern.* B 294.

5 (as sb. f.) woman who experiences menstrual discharge.

mulieres etiam vestre omnes fluxu pollute creduntur, cum pristini desint sacerdotes, quorum erat relictum judicio inter ~am et sanguinis fluxu pollutam discernere PETRUS *Dial.* 62; **1240** peccati originalis, quod per ~am designatur, quod siquidem, sicut et menstruum contingit invitis *Conc.* I 666b.

6 (as sb. f. or n.) menstrual discharge.

si . . in fluxu sanguinis posita laudabiliter potuit Domini vestimentum tangere, cur quae ~am sanguinis patitur, ei non liceat Domini ecclesiam intrare BEDE *HE* I 27 p. 55; virus hematites serpentis non sinit esse / letiferum, sistit menstrua, mundat epar NECKAM *DS* VI 294; sunt . . ~a quaedam superfluitates a diversis partibus corporis vi nature ad matricem attracte *Quaest. Salern.* B 19; non licet eis tamen indui sacris vestibus neque legere Epistolam neque Evangelium ad missam propter inmunditiam ~orum que sepe eis accidunt T. CHOBHAM *Praed.* 58; sed ex retentione ~orum inflant pedes pregnantium GILB. III 162. 2; menstrua fluunt qualibet lunacione semel GAD. 80. 2; ~um, fluxus sanguinis idem, dicitur a mense vel a mene quod est luna, eo quod singulis mensibus paciuntur mulieres *Alph.* 116; quemadmodum infans in utero matris mediante decoccione temperati caloris convertit ~a in naturam suam et genus suum, hoc est in carnem, sanguinem, ossa, et vitam RIPLEY 105.

7 (as sb. n.) narrative of events of one month, narrative related by the month.

kalendaria, id est ~a vel mensurna S. LANGTON *Gl. Hist. Schol.* 39.

8 (as sb. n.) period of one month.

~um, tempus unius mensis *GlC* M 149.

9 lunar eclipse.

~um, defectio lunae *GlC* M 136.

10 (alch.) 'menstruum', solvent liquid.

si ~um resolutivum oritur ex vino, ut dicit Raymundus, sive ex tartaro ejusdem RIPLEY 164; destillato ~o a primis fecibus, fiat circulacio ipsius cum speciebus calidissimis, sicut sunt piper nigrum, euphorbium *Ib.* 338; hec ~a noscas . . sine quibus vera calcinacio nec naturalis dissolucio fieri potest *Id. Axiom.* 111; menstruum, sanguis menstruosus, ~um vegetativum universale, vinum animatum, aqua regis, philosophorum: ~um extrahens, solutivum et vegetativum universale, sol, luna *LC* 253.

mensuale v. mensalis.

mensula [CL]

1 (small) board.

1494 in factura fenestrarum in clocherio cum ~is et clavis (*Comp. Sacr. Norw.*) *Arch. S.* XXXII 32; **1531** pro iij c. ~is sarratis x s. *Fabr. York* 105.

2 (small) table (also fig.).

de confecta ~a quam de horreo paratius edatur Gosc. *V. Iv. prol.* 82A; super unam ~am ante sanctum altare (*Pont. Magd.*) *HBS* XXXIX 185; tu Christi thalamus, tu legis arcula, / felix oraculum et felix urnula, / velum, ignibulum, acera, mensula, / et thimiamate respirans arula WALT. WIMB. *Carm.* 70.

mensularius [CL], banker, money-changer.

†trapizeta [l. trapezita], ~ius *GlC* T 275.

mensura [CL]

1 (act of) measuring, measurement; **b** (metr., w. ref. to quantity of syllable).

geometrica, terre ~a *Gl. Leid.* 30. 48; haec praedicta villa et infra metam liberti secundum primam ~am et secundum novissimam extra (*Yorks*) *DB* I 373va; a**1158** sicut meta et divisio illius terre facta est per respectum et consideracionem, et ~am hominum illius ville *Ch. Westm.* 265. **b** a**705** tertium [carmen] . . non pedum ~a elucubratum, sed octenis syllabis in uno quolibet vorsu compositis (ÆTHELWALD) *Ep. Aldh.* 2 p. 496.

2 dimension that can be ascertained by measurement, measure; **b** (w. ref. to *Sap.* xi 21); **c** (w. ref. to amount or quantity); **d** (w. ref. to size, length, or sim.); **e** (w. ref. to capacity, weight, or sim.); **f** (w. ref. to length, duration, or sim.); **g** (of act, process, or abstr.) degree, extent.

on Leden ~ae and on Englisc gemetu ÆLF. *Gram.* 295; mensurata autem habent essencialem ordinem ad ~am DUNS *Ord.* III 100; Aristoteles . . querit an in substanciis sit aliquid unum quod sit ~a aliorum, an hoc ipsum unum *Ib.* IV 219. **b** Deus . . omnia in numero, ~a, et pondere constituit ABBO *QG* 22 (48); disponens . . omnia in ~a, numero, et pondere ante tempora DOMINIC *Mir. Virg.* f. 137. **c** quantitas, ~a *Gl. Leid.* 2. 142; quantitates enim valde sunt diverse in participando nomen ~e, quia ~a est per quod cognoscitur quantitas; et ex hoc dicitur ~a in alius rebus, per quam scitur primo quelibet earum SICCAV. *PN* 101; quantitas est ~a substancie et equalis quantitas in diversis est ~a ipsorum T. SUTTON *Gen. & Corrupt.* 157. **d** [homo] cujus quoque manus in hujus normae ~am editae describuntur *Lib. Monstr.* I 25; est . . ejusdem insulae, juxta aestimationem Anglorum, mille ducentarum familiarum BEDE *HE* IV 14 p. 237; **814** concessi . . particulam terrae . . ~am sc. quindecim virgarum longitudinis, decem virgarum latitudinis *CS* 345; quae [Babylonia] in longitudine et latitudine aequali ~a extendebatur BYRHT. *V. Ecgwini* 382 (v. latitudo 1a). **e** **833** aliud jugum . . reddere debet cxx ~as, quas Angli dicunt *ambres*, de sale *CS* 402; cotila, ~a vini que hemina dicitur et decem cotyle faciunt unum comor OSB. GLOUC. *Deriv.* 153; unces, quedam ~e que et uncie dicuntur *Ib.* 625; c**1188** dedit . . illam ~am frumenti que vocatur *cherchet* de omnibus maneriis suis *Act. Hen. II* II 300. **f** pedes . . qui quaternarum ~am syllabarum minime transcendunt ALDH. *PR* 112; recta ~a appellatur, quidquid per rectam ~am recte longe vel recte brevis profertur GARL. *Mus. Mens.* 1 p. 37; de ~is eorundem [sc. melorum] secundum longitudinem et brevitatem *Mens. & Disc. (Anon. IV)* 22; ipsius sit officium, si aliquando plus justo protrahitur vel festinatur psalmodia vel cantus, ad certam ~am temperare *Obs. Barnwell* 60; ~a est habitudo quantitativa longitudinem et brevitatem cujuslibet cantus mensurabilis manifestans HAUBOYS 183. **g** quibus dictis et descripta illi ~a paenitendi, abiit sacerdos BEDE *HE* IV 25 p, 263; libri itaque in quibus peccata regnorum que judicanda erant, aperti sunt ut pro ~a culpe fieret et ~a pene ANDR. S. VICT. *Dan.* 63; fortassis ut pulchritudinis sue . . ~as ipsa dinoscere doceretur J. FORD. *Serm.* 47. 4; qui licet justitie hujus non possint equare ~am, excubant tamen in grege Dominico pro modulo suo *Ib.* 116. 13; **1267** dextera Domini super ~am peccati et meriti adiciens miseracionem et gloriam nutavit (*Lit. Cardinalis*) *EHR* XV 118; primam rem complent ~e infrigidacionis et humectacionis secundum mensuram rerum particularium que sunt complexio, etas, aer GAD. 20. 2; ~a sufficiencie repletus migravit a seculo CANTLOW *Orig. Cantab.* 277.

3 measured quantity, concrete measure, portion; **b** (as monetary unit or weight); **c** (dist. as *cumulata, rasa*, or sim.).

ut juste trittici ~am distribuant THEOD. *Laterc.* 14; de iij ~is frumenti (*Salop*) *DB* I 255ra; **1182** ~a vini de bladi Montis Sorelli curret per totam terram abbatie . . sine aliqua custuma quam ob hoc exigere possit dominus Montis Sorelli *Act. Hen. II* II 228; **1276** in j ~a de stramine empta iij d. (*Ac. Aghene*) *DC Cant.*; **1281** pro qualibet ~a quam portabit . . cum equo . . duos solvat denarios *RGasc* II 120b; **13** . . grandis ~a [in infirmaria] non durat alicui nisi per unum annum, quam si quis acceperit per annum et non convaluerit, recedet . . a parte orientali infirmarie, ubi datur grandis ~a (*Cust. Bury St. E.*) *HBS* XCIX 15. **b** dedragmae, duae ~ae *GlC* D 149. **c** c**1250** j ~am avene tannulam [? l. cumulam] que vocatur *mine Rec. Templars* 153; item computat in xxx quarteriis et dimidio frumenti trituratis ad tascam per rasam

~am v s. *FormMan* 34; **1365** injunctum est . . quod mensurant [*sic*] blada per ~am rasam et de eadem ~a dent multuram *Hal. Durh.* 43; c**1440** septem disci cumulati de wouk' faciunt parvam ~am rasam; que ~a, sexies impleta et rasata, facit unam ~am cumulatam; que ~a, sic mensurata, continet unam communem ringam de Hunt' *Cart. Rams.* III 159.

4 instrument for measuring; **b** (liquid); **c** (grain or sim.).

c**1419** solebant . . aldermanni in wardis suis ~as et pondera sigillare et non sigillatas condempnare *MGL* I 38. **b** sata, i. ~a, vas lapideum est sex sestariis in se habens *Comm. Cant.* III 28; **1384** non vendant cervisiam alicui, nisi cum ~a sigillata *Hal. Durh.* 185; **1427** quatuor alias ~as ereas pro liquoribus, sc. unam lagenam, potellam, quartam, et unam pintam *MunAcOx* 284. **c** **1172** et pro j ~a ad bladum mensurandum viij d. *Pipe* 18; **1427** tres ~as ereas pro granis, viz. unum modium, medietatem modii et unam quartam modii *MunAcOx* 284.

5 standard measure; **b** (of kingdom); **c** (of city, borough, or sim.); **d** (other).

de ~is 'xx argenteis', i. xviij ceratia in uno argenteo; in uno autem cerete iiij silici *Comm. Cant.* I 194; **1257** pro transgressione ~arum et pro certis ~is habendis *Cl* 48. **b** viij sextaria mellis ad ~am regis (*Glouc*) *DB* I 166rb; mercatorum falsam ulnam castigavit; brachii sui ~a adhibita omnibusque per Angliam proposita W. MALM. *GR* V 411; c**1192** in excambium viginti celdrarum frumenti et farine de illa ~a que fuit tempore regis D. avi mei *Regesta Scot.* 317; **1297** cccc quarteria frumenti per ~am Anglie rasam sine avantagio *Doc. Scot.* II 127; de ~is assignatis per regnum si servate sunt sicut provisum fuit *Eyre Kent* I 29; **1436** pro decem et octo ulnis, ~e Scoticane *ExchScot* 679; **1465** pro . . xij ulnis panni veridis, que omnia sunt ~e Flandrie *Ib.* 363. **c** **857** quod habeat intus . . medium et pondera, et ~a [*sic*] sicut in porto mos est *CS* 492; xij sextaria mellis ad ~am ejusdem burgi (*Glouc*) *DB* I 162ra; **1228** cum . . mercatores illi petiissent ~am de Gernesm' ad blada sua mensuranda ad vendendum *CurR* XIII 473; **1240** ad ~am de Barnevilla (v. cabotellus a); **1295** de cc quarteriis frumenti, quorum cantum continet [*sic*] quinque xx quarteria per ~am Lond' rasam *KR Ac* 232/19 m. 4; **1315** volumus et concedimus quod dicta bastida utatur eisdem . . ~is et ponderibus quibus civitas Burdeg' utitur emendo *RGasc* 1626 p. 472b; **1344** cum bussellis et ~is dicte ville Berewici *RScot* 650b. **d** c**1300** secundum ~am Lanfranci (v. Lanfrancus 1b); twinplix ~a vocata ~a sancte Mildrethe continens ij et amplius *Reg. S. Aug.* 26; dabunt . . dimidiam summam frumenti vel de ordeo usque summam de ~a curie de eo quod cressit ad curiam *Ib.* 204.

6 extent not to be exceeded, limit, measure (also fig.).

pane sine ~a et ferculo aliquatenus butero inpinguato die Dominico . . utatur GILDAS *Pen.* 1; non aliud quam panem ac lac tenuissimum, et hoc cum ~a gustaret BEDE *HE* III 27 p. 194; ne forte tribulatio nostra vos ultra ~am affligat DICETO *YH* 140; soli . . Christo datus est spiritus non ad ~am, igitur solus Christus habuit omnem scienciam OCKHAM *Dial.* 746; a**1400** quod nullus se jactat verbis ampullosis . . in presencie gilde, nisi fuerit in officio, et tunc cum ~a et racione (*Chanc. Misc.*) *Gild Merch.* I 27.

7 norm.

quandocunque clericus intencione alia vel ~a quam gracia spiritualiter edificandi populum a populo benediccionem receperit, symoniacus est censendus WYCL. *Sim.* 16.

8 share of duty.

det suum *heorþpenig* in sancto die Jovis . . et adquietet *inland* domini, si submonitio fiat, de *sewearde*, i. de custodia maris vel de regis *deorhege* et ceteris rebus quae sue ~e [AS: *mæþ*] sunt (*Quad.*) *GAS* 446.

9 life-sized effigy.

1393 picturam ~e beate Marie *Invent. Ch. Ch.* 111.

10 wax taper of the height of the donor.

1243 mandatum est . . thesaurario regis, quod inveniri faciat xv ~as circa feretrum beati Edwardi usque ad adventum regis in Angliam *Cl* 291; **1266** emi faciat . . trescentas libras cere et eas liberari faciat sacriste . . pro ~is regis ad luminare inde faciendum circa feretrum *Cl* 288; pro expensis j garcionis portantis ~am domini Henrici apud Cantuariam *Househ. Henry* 406.

11 tablecloth (w. play on *mensa*).

1583 unam linteameam ~am Anglice vocatam *one flaxen bordcloth Pat* 1233 m. 43.

mensurabilis [LL]

1 that can be measured, measurable. **b** (mus.) mensurable.

1315 tam in blado quam in vino et aliis rebus ~ibus, ponderabilibus, intus et extra *RGasc* 1626 p. 472b. **b** sunt ergo sex species ipsius maneriei, quarum tres dicuntur ~es, tres vero ultra ~es, id est ultra rectam mensuram se habentes GARL. *Mus. Mens.* 1. 7; ~is musica est cantus longis brevibusque temporibus mensuratus. . . ~is dico, quia in plana musica non attenditur talis mensura HAUBOYS 182; ~is simpliciter est discantus eo quod in omni parte sua tempore mensuratur TUNST. 255; ad habendam noticiam perfectam artis musice ~is, sciendum est quod . . TORKESEY 58.

2 that is used for measurement.

1447 habet . . predicta crux in altitudine sua xxvj pollices ~es *Invent. S. Paul.* 520.

3 moderate, not given to extremes: **a** (of person); **b** (of action, tax, or sim.).

a **1276** deprecamur quatinus . . sic vos ad pacem et concordiam coartetis, ut cum ad partes illas venerimus, possitis in omnibus ~es inveniri *TreatyR* I 154. **b** **1228** ad tallagium competens et ~e assidendum super homines de Cycestre *Pat* 191; si . . districtio sit ~is et per modum BRACTON f. 217v.

mensurabiliter [ML]

1 in a way that allows measurement.

tu . . unitas Deitatis . . numerabiliter es innumerabilis ac idcirco ~iter immensurabilis ALCUIN *Dub.* 1040B.

2 in due measure or proportion, proportionately.

1174 ad castella custodienda assignabit rex Scotorum de redditu suo ~iter ad voluntatem domini regis *Anglo-Scot. Rel.* 3; **1219** talliavit eum ~iter cum talliavit alios homines suos *CurR* VIII 114; concessi . . Johanni . . firmare stagnum suum . . et ad capiendum . . ~iter in emendacionem stagni *FormA* 276.

3 moderately.

1231 tam graves et onerosi estis scolaribus inter vos commorantibus quod nisi ~ius et modestius vos habueritis erga ipsos . . oportebit ipsos villam nostram exire *RL* I 398.

mensuragia v. mensuragium.

mensuragium [ML]

1 (act of) measuring, measurement.

1294 expense . . circa empcionem, ~ium, portagium, cariagium et custodiam . . bladorum (*Pipe*) *RGasc* III cxliib; et pro ~ia [*sic*] de carteria dabit nichil *Reg. Gasc. A* I 153; **1379** de . . magistro navis . . pro ~io xl wagarum salis intrancium et seg' eodem die exeunt' (*CourtR Yarmouth*) *Bronnen* I 316; **1420** commisimus Johanni Newerk de Lenne custodiam . . ~ii . . in villa predicta *FineR* m. 9.

2 measurage, fee for use of a measuring instrument.

1276 ballivi civitatis Ebor' a viginti annis elapsis cepit [*sic*] ~ium de minoribus et pauperibus contra libertatem eis concessam, viz. de quolibet [*sic*] navi carcata de blado pro mensura quolibet die j d. *Hund.* I 119b.

mensuralis [CL = *obtained by measurement*]

1 that is used for measurement.

et justum . . est ut non sit aliqua ~is virga [AS: *metegyrd*] longior quam alia (*Quad.*) *GAS* 478; **1521** vas ~e de ligno ad mensurandum cervisiam *Cant. Coll. Ox.* I 64.

2 (as sb. n.) a measure.

a *mawndrelle*, ~e, bria *CathA*.

mensuramentum, admeasurement.

1275 vicecomes . . cepit x s. . . antequam voluit exequi mandatum domini regis de brevi ~i dotis *Hund.* II 203.

mensurare [LL]

1 (intr.) to take measurements.

intendenti autem ~are quinque prescire necessarium est ADEL. *Elem.* I p. 32.

2 (trans.) to ascertain the dimension of, measure; **b** (w. ref. to amount or quantity); **c** (w. ref. to size, length, or sim.); **d** (w. ref. to weight or capacity); **e** (w. ref. to length or duration); **f** (abstr.).

quod in shopis venditur male mensuratur / quilibet perjurio vel fraude lucratur (*Vers.*) *Mon. Francisc.* I 593. **b** haec terra reddit xij d. de gelto ~ata est superius (*Norf*) *DB* II 168v; novenarius . . numerus ~at substantiam cujus unam radicem ternarius ostendit numerus ROB. ANGL. (I) *Alg.* 68. **c** veniunt homines ad ~andum tumulum in longitudine NEN. *HB* 217; a**797** (11c) ab hoc . . lapide miliarium ~abatur ad lapidem qui vocabatur candidus lapis *CS* 1007; c**1162** predictis monachis terram illam et pratum illud ~averunt et tradiderunt precepto meo *Regesta Scot.* 234; corpus meum in longum et transversum filo ~etur, ad cujus longitudinem . . fiat candela T. MON. *Will.* VI 15; a**1332** de xij mensuris ponderum et mensura corporee altitudinis, ~ande per umbram corporis *Libr. Cant. Dov.* 39; eodem anno fuit ecclesia predicta ~ata . . in longitudine . . latitudine et eciam in altitudine *Ann. Paul.* 277. **d** **1172** ad bladum ~andum (v. mensura 4c); ad faciendam justitiam pro falsis mensuris panis vel bladi ~andi BRAKELOND f. 135; **1447** pro una ferlota ad ~andum frumentum regis, ij s. *ExchScot* 262. **e** longas et hispidas Burgundie dietas ~antes GIR. *JS* V 291; motus celi tempore ~atur BACON VII 37; mensurabilis simpliciter est discantus eo quod dicitur organum pro tanto quod non in omni parte sua tempore ~atur HAUBOYS 182; brevis a brevi tempore ~atur, sed semibrevis a breviori tempore ~atur *Fig.* 43. **f** suas injurias graviores quam Domini ~atur BEDE *Prov.* 998; quis novit pre timore tuo iram tuam dinumerare? aut item quis potest pro bonitate tua misericordiam tuam ~are H. BOS. *LM* 1307A; **1384** majoritas . . inter Christi discipulos non penes magnitudinem mundanam, sed penes Christi imitacionem in moribus ~atur WYCL. *Ziz.* 341.

3 to measure (oneself in order to prepare a wax taper of the height of the donor).

miserat . . egrotus candelam, qua se ~averat, ad tumbam ejusdem martyris, et numerabat dies W. CANT. *Mir. Thom.* II 20; petiit etiam ut ~aretur cum quodam lichno ad magistrum G[ilebertum], et candela facta portata est simul cum candela sua in monasterium *Canon. G. Sempr.* f. 149v; ad quam cum venisset cum candela qua corpus suum ~averat . . continuo ab infirmitate liberata . . fuit penitus liberata *Ib.* f. 155; fecit se ~ari cum uno filo per quod facta fuit una candela cerea ad longitudinem et latitudinem corporis dicte mulieris ad tumbam dicti Osmundi offerenda *Canon. S. Osm.* 77.

4 to measure certain amounts, pay, render.

9 . . dependo i. reddo, †persolaum [l. persolvam], ~o, dabo, satisfacio, sustento, ic *agylde* GlH D 193.

5 to moderate, keep within certain limits.

homo ~at et modificat actus suos ne aliquid sit in eis superfluum vel diminutum T. CHOBHAM *Praed.* 133; **1231** quatinus super predictis hospitiis locandis vos ~antes secundum consuetudinem universitatem per duos magistros et duos probos . . homines de villa vestra . . hospitia predicta taxari . . permittatis *RL* I 398.

6 (p. ppl. as adj.) moderate, modest.

modicus . . i. parvus vel ~atus OSB. GLOUC. *Deriv.* 336; in verbis lepidus, edendo sis mensuratus *Dietarium* 55.

mensurarius [CL mensura + -arius], measurer, meter.

1275 vicecomites extorquebant a mensuratoribus granorum mediatatem laboris sui en la Quenehethe ut sic levarent firmas suas; et sic gravati sunt illi ~ii *Hund.* I 419a; **1303** de ~iis wysde et abrocar' jur' *Cal. LBLond. C* 135; **1419** quilibet ~ius habens sub se tres servientes *MGL* I 243; ~ii wisde et abrocarii inde jurati *Ib.* I 588.

mensurate, ~im [LL]

1 according to measure.

mensuratus .. et ~e et ~im adverbia ambo in uno sensu OSB. GLOUC. *Deriv.* 350; vinum .. debet distribui non †mensurare [l. ~e] sed quantum viderit necesse *Obed. Abingd.* 399.

2 in accordance with measurements taken, to measure.

quas [botas] ob suam largitatem nullus poterit aut debet refutare, sed eas postea sub camerarius .. usui fratrum faciet ~e parari *Cust. Westm.* 151 (=*Cust. Cant.* 197).

3 within certain limits, to a certain point.

omnia ~e fiant propter pusillanimes, ut absque murmurationibus sint ORD. VIT. VIII 26 p. 439; non ergo infinite potest Deus concurrere cum quolibet, sed ~e cum agentibus secundum proporcionem ad eorum potencias WYCL. *Log.* II 152.

4 in due measure or proportion, adequately.

pro captu audientium oportune et ~e verbi dapes suggerere BEDE *Hom.* II 2. 111; in omni comitiva ~e jocundus *Eul. Hist.* III 57.

mensuratim v. mensurate.

mensuratio [LL]

1 (act of) measuring, measurement; **b** (w. ref. to size, length, or sim.); **c** (w. ref. to weight or capacity); **d** (w. ref. to length or duration).

statera dolosa non tantum in ~one pecunie sed et in judiciaria discretione tenetur BEDE *Prov.* 971; misuratio, mensura *GlC* M 225; **1218** sub sigillis illorum qui vobiscum fuerint mensuracion[i] faciende *Pat* 163; in ~one pene nichil pretermittetur T. CHOBHAM *Praed.* 215; **1325** in uno bussello empto pro ~one mensurarum apud Oxoniam *MunCOx* 262. **b** gaeometrica, terrae ~o *GlC* G 1; circumplexa autem caput filo ~onis sue, in momento liberata est *Canon. G. Sempr.* f. 164v; **1277** in j nuncio misso domino apud R. pro ~one dominicorum de S. *Ac. Stratton* 84; **s1305** quod secundum illam ~onem [sc. per acras et rodas] particio fiat dicte bruere *Cart. Chester* 55 p. 98; carta preceptoria de ~one molendini ELMH. *Cant.* 462. **c 1221** quod eosdem magistrum et fratres et eorum homines .. de omni consuetudine et ~one bladi et aliis pacem habere faciatis *Cl* I 479a; **1286** pandoxatrix .. convicta super vendicione debilis cervisie vel injuste ~onis [*sic*] seu ex alia causa *BBC (Bakewell)* 223; **1335** Henrico Denny mensuratori pro ~one dictorum dciiijˣˣxiiij quar' pis' et avene *KR Ac* 19/3 m. 8; **1419** de .. ~one bladi, brasii, et salis *MGL* I 178; **1481** j galon *mesour* de ligno pro ~one mellis *Ac. Durh.* 97. **d** maneries ejus appellatur, quidquid ~one temporis, viz. per longas vel per breves, concurrit GARL. *Mus. Mens.* 1. 6; in duratione ~one BACON VIII 228; dicuntur in primo statu ~onis temporum vel secundo vel tertio, et hoc augmentando vel decrescendo vel mediando *Mens. & Disc. (Anon. IV)* 83; iste regule pro nunc sufficiunt, quia in sequentibus ad evidenciam istius figure manifestabitur distincciones modorum in prolacionibus et ~onibus ac multa alia WILL. 29.

2 dimension, measure.

hoc sumptum est res ejusdem generis vel nature, cum suam esse etiam consistat in ~one SICCAV. *PN* 98; res .. in omnibus illis fundatur scienciis, in quibus secundum modos earundem formales quasdam et differentes ~ones obtinet J. BURY *Glad. Sal.* 582.

mensurative [ML], by measurement.

tunc enim est res extensive vel ~e in alia, quando immediate mensuratur per illam, ut corpus est extensive in loco, quando una pars ejus extenditur per unam partem illius situs WYCL. *Ente Praed.* 195.

mensurator [LL], measurer.

tam artis quam sciencie ~or Aristoteles R. BURY *Phil.* 8. 127; **1419** quilibet capitalis magister ~or de omnibus populis apud ripam regine servientibus inveniet quarterium, bussellum, dimidiatum bussellum, et stricum, et unum equum *MGL* I 242; **1420** postea omnia predicta deliberata fuerunt Ricardo Lucas, qui juratus est ad exercendum fideliter officium ~oris et presentandi forisfacturas *Mem. York* II 90; *a meter*, mensor, ~or *CathA*.

mensuratrix, measurer (f.).

in quo natura est ~ix BACON IX 98; **1430** ~ix .. et moderatrix sit discrecio AMUND. I 278.

mensurnus [ML; cf. diurnus]

1 of one month.

Tullius .. ait 'tempus est pars eternitatis cum annui, ~i diurnive spacii certa dimensione' NECKAM *NR* I 4 p. 30; non quare plus vel minus, sed cur tanto spatio, sc. ~o, ut in pluribus accidere videmus *Quaest. Salern.* B 298.

2 that recurs every month, monthly. **b** payable every month.

infirmitate ~a debilitatus W. CANT. *Mir. Thom.* III 25; quandoque superfluus sanguis mulierum certis immo ~is vicibus erumpit per inferiores ramos matricis et purgantur per menstrua RIC. MED. *Anat.* 228; lamentationes ~as .. lugubriter pro tanto funere continuavit *V. II Off.* 5. **b 1337** ~is stipendiis in fabricam ecclesie convertendis *Reg. Exon.* 862.

3 (as sb. f.) narrative of events of one month, narrative related by the month.

S. LANGTON *Gl. Hist. Schol.* 39 (v. menstruus 7).

mensurum v. mensura.

1 menta [CL], mint; **b** (w. ref. to *Matth.* xxiii 23 or *Luc.* xi 42). **c** (~*a aquatica, silvatica*, or sim.) horse-mint. **d** (~*Romana, Saracenica*, or sim.) costmary (*Chrysanthemum balsamita*). **e** (var.).

~a minte *GlC Interp. nom.* 222; **10** .. mento, *minte WW*; herba ~a, *þæt is minte Leechdoms* I 46; sic et multi etiam homines noverunt quia ex corio taurino nascuntur apes, ex asinino vaspe, ex atriplicibus bufones, ex stercore muscarum ~a; creatio tamen rei cujuscunque Deo inest NECKAM *SS* I 2. 12; c**1300** item contra fluxum sanguinis per menstrua: .. ~a *Pop. Med.* 238; contra frigidum stomachum .. recipe .. ~am *Ib.* 258; hec minta, *mynt WW*. **b** ideo, dico, decimabant scribe et pharisei ~am, rutam, et ciminum GASCOIGNE *Loci* 79. **c** balsamita, i. ~a aquatica, *horsminte SB* 12; ~a aquatica, A. *horsment SB* 30; ~a silvatica, mentastrum, sisinbrium [idem], A. *horsmynte Alph.* 115; *horseminte*, .. hoc est mentastrum seu mentham caballinam CAIUS *Anim.* f. 25v. **d** succus ~e Romane, i. costi GILB. V 229. 2; ~e Sarracenice et alterius mente *Ib.* VII 316v. 2; ~a Romana, herba sancte Marie *SB* 29; ~a Romana vel Saracena, longiora et albiora habet folia et [eciam] acuciora et laciora et aliquantulum pilosa *Alph.* 116. **e** succus .. alterius ~e sc. ortolane potatus multum confert GILB. V 229. 2; c**1300** recipe .. ~am rubeam *Pop. Med.* 240; ~a domestica vel ortolana idem, A. et G. .. *mynte Alph.* 115.

2 menta v. mentum.

mentagra [CL =*disease of the chin*], (tip of the) toe, toe-nail.

~a, *bituihn GlC* M 198; tege ramos concrescentes decies / cum mentagris [AS: *mid tanum*] (LAIDCENN MAC BAÍTH *Lorica*) *Cerne* 87 (=*Nunnam* 93); ~a, *tan* ÆLF. *Gl.* 161; **11** .. ~a, *ta WW Sup.* 438.

mentagricus, equipped with toes, toed.

~us, *tanede* ÆLF. *Gl.* 161.

mentalis [CL]

1 of or pertaining to the mind (also fig.); **b** (w. ref. to *Psalm.* lxvii 28); **c** (dist. from *corporalis* or sim.).

nil michi dulcius quam in ventriculum / Marie figere mentalem oculum WALT. WIMB. *Carm.* 162; cum ergo vita sit mentale gaudium / nullis relinquitur vite pictaclum *Id. Sim.* 173; sed cum omnis sis dator gratie / sis mentales mihi delicie J. HOWD. *Ph.* 262; qui legitimo successori beatissimi Augustini ~i extollentia .. est repugnans ELMH. *Cant.* 84. **b** ut experiaris mentales excessus J. HOWD. *Cant.* 367. **c** non loquitur de voluptate carnali sed spirituali et ~i BACON *Maj.* II 339; **1297** non sine corporali labore et ~ibus angustiis *MonA* I 395b; vigilias tam corporales quam ~es erigimus AD. USK 79.

2 conceived or executed in the mind; **b** (dist. from *vocalis*).

~is .. nedum innuitiva, pactio apud renum scrutatorem et cordium utinam periculi non haberet GIR.

GE II 24 p. 282; 'fiat lux', id est verbum ~e, sive mentis conceptum, qui est ipsius Filius S. LANGTON *Gl. Hist. Schol.* 46; talis predicans cum de asercione ejus ~i constare non possit, non est hereticus judicandus OCKHAM *Dial.* 443; **1400** ~e parricidium *Lit. Cant.* III 74; **s1433** dum recenter reponimus ante oculos nostre ~is commemoracionis quantas .. sustinuistis vexaciones AMUND. I 368; quomodo magister Willelmus Edward' .. per invocacionem ~em beati regis antedicti .. mortem evasit *Mir. Hen. VI* I prol. p. 13. **b** aliquociens devocionem magis excitat oracio vocalis, aliquociens oracio ~is *Spec. Incl.* 2. 1 p. 86.

mentaliter [ML], in or with the mind, mentally; **b** (dist. from *corporaliter* or *vocaliter*).

et notat hoc tres modos operandi, sc. ~iter, materialiter, essentialiter S. LANGTON *Gl. Hist. Schol.* 41; hostiam ingemiscendo respiciat, atque ~iter eam pro more frangendo dicat 'per eundem Dominum nostrum' *Cust. Westm.* 217; ~iter .. errant OCKHAM *Dial.* 635 (v. errare 4b); ponere .. accipiunt pro ponere ~iter, quomodo ponimus quod Deus est in celo, et alias conclusiones in scholis (TYSS.) *Ziz.* 156; **1396** considerato ~iter quot expensarum onera vestra .. providencia .. subiit *Lit. Cant.* III 49; novi virum graviter ~iter vexatum horrore et timore per Sathanam immisso GASCOIGNE *Loci* 139. **b** non est diffinitum utrum vocaliter vel ~iter laudabimus Deum post judicium T. CHOBHAM *Praed.* 114; quod frequenter intersit communioni ecclesie singulis diebus, si potest corporaliter, aut saltem ~iter GROS. *Templ.* 7. 22; sed, cum non des hoc corporaliter / migrem secum saltem mentaliter J. HOWD. *CA* 132.

mentalius, conceived or executed in the mind, mental.

vocalia quidem vel ~ia cantata est hic cantilena que proculdubio discantabitur GIR. *JS* VI 322.

mentaneus, of or pertaining to the mind, mental.

1302 quam ~is oculis .. cum anxietate respicimus (*Lit. Papae*) *Foed.* II 905.

mentascum, mentaster v. mentastrum.

mentastrum [CL], horse-mint (*Mentha aquatica* or *silvestris*).

herba mentastrus *Leechdoms* I 38; hec mentaster, *mentastre Gl. AN Glasg.* f. 18rb; fiat potus de istis et pulegio utroque ~o galanga in aqua et mele GAD. 34v. 2; decoctio calamenti fluvialis, idest ~um *Ib.* 89. 1; *horsmynt, herbe* .. metastrum *PP*; mentascum, A. *horsmynte WW*; ~um, .. G. *mentastre*, A. *witeminte MS BL Sloane* 5 f. 8va; mencastrum .. A. *watermynte MS BL Sloane* 3149 f. 8v.

mentastrus v. mentastrum.   **menteamentum** v. mentiamentum.   **mentenementum** v. maintenementum.   **mentha** v. 1 menta.

mentiamentum, fabrication, lie.

1429 ex versipelli perversorum malicia, per menteamenta ficticia alia quam plurima subdoleque fabricata commenta *EpAcOx* 48.

mentica, mint.

hec ~a, A. *a mynte WW*.

menticula [cf. mentula 4], testicle.

menticula [gl.: *a mane hys thing*], testiculi [gl.: *idem est*], veratrum [gl.: *a pyntyl*], tentigo, priapus *WW*.

menticulosus, equipped with testicles.

~us, A. *ballukod WW*.

mentio [CL], mention, reference; **b** (w. obj. gen.); **c** (w. *de*).

nullus inde presumat ulterius intus aut foris aliquam facere mensionem *Cust. Cant.* 233. **b** haesit .. tam desperati insulae excidii insperatique ~o auxilii memoriae eorum GILDAS *EB* 26; mentio dum sancti pulsat penetralia cordis / cujus quadratum crebrescit fama per orbem ALDH. *VirgV* 1620; cum beatorum martyrum .. ~onem facit BEDE *HE* I 7 p. 18; **10** .. floret in hoc opere pia mentio praesulis archi / Wlfstani cui det Dominus pia regna polorum *CS* 896; Eanfridus, cujus ~o superius excidit W. MALM. *GR* I 49 p. 50. **c** in multis locis sancte scripture fit ~o de jugis AILR. *Serm.* 338; quia de vermibus fecimus ~onem OSB. GLOUC. *Deriv.* 276; ne ergo posset putari quod ille homo esset duorum sexuum cum ~o sit facta quasi de uno homine S. LANGTON *Gl. Hist. Schol.* 50;

de qua in subsequentibus fiet ~o *Chr. Dale* 5; fuit quidam alius bonus cantor in multiplici genere cantus et organi cum quibusdam aliis, de quibus aliis alias faciemus ~onem etc. *Mens. & Disc.* (*Anon.* IV) 50; **1279** de hujusmodi jure mensionem facientes *RGasc* III xxxviii; tunc de peccunia ex arborum vendicione recepta fiat ~o specialis in compoto proxime faciendo *Norw. Cath. Pri.* 113.

mentionare [ML], to mention, refer to. **b** (p. ppl. as sb. n. pl.) the things mentioned.

1401 convictus de crimine ~ato *Conc.* III 263a; **1508** infra manerium . . in vestris litteris ~atum *Reg. Heref.* 26; **1597** in hac inquisicione ~ata (*IPM*) *Cart. Glam.* 2123; **1622** tempore recognicionis debiti in brevi predicto ~ate *Law Merch.* III 80. **b** quod superficiale satis et quasi contemplativum retro ~atorum michi displicuit E. THRIP. *SS* XII 3.

mentionarius [ML], (w. *dies* or ellipt.) month's mind.

1452 diebus obitus, ~io, et anniversario meo *Mun AcOx* 643.

mentiri [CL]

1 to tell a falsehood, to lie; **b** (w. acc. & inf. or double acc); **c** (w. *de*); **d** (w. *quod*).

barbari, veluti militibus et magna, ut ~iebantur, discrimina pro bonis hospitibus subituris, impetrant sibi annonas dari GILDAS *EB* 23; nam mentita fuit strofosis lingua loquelis ALDH. *VirgV* 1913; jurando vel detrahendo sive ~iendo, falsum testimonium proferendo, vana loquendo verbis peccavi *Nunnam.* 75; Domine, qui non ~iris ANSELM (*Medit.* 2) III 83; an verum dicat qui nichil nisi se ~iri dicit BALSH. *AD rec. 2* 171; est . . ~iri dicere falsum et se scire falsum, unde 'mentire' contra mentem ire BACON VIII 70. **b** quam [urbem] triplici muro circumdatam . . ~iuntur *Lib. Monstr.* III 24; qui Dominus Deus Israel dicitur, quem tua caecitas purum hominem futurum superius ~iebatur *Eccl. & Synag.* 84; qua [presumptione] se Altissimo fore similem promittebat, Cristum se esse ~itur *V. Fridesw. B* 7; 'matris falsasque vestes', sc. quia ~iebantur ipsum esse feminam TREVET *Troades* 19; mirandum est quanto ausu temerario . . canonici ejusdem beate Mildrede translacionem . . usque ad Lymningham factam fuisse . . ~iuntur ELMH. *Cant.* 224. **c** de cujus virtute ~iri erubesceret fame volubilitas W. MALM. *GP* II 83 p. 184; dicunt eciam quod male ~iuntur [ME: *lyen falsely*] Judei de Maria et de filio ejus Jesu, dicentes quod eum crucifixerunt *Itin. Mand.* 70. **d** **1443** suggessit . . pape ~iendo quod coactus . . fuisset . . ordinem intrare *Paston Let.* 871.

2 to give false impression, pretend. **b** to seem.

corpore sine motu existente, quasi semimortuum se dormire ~itur *Latin Stories* 88. **b** a**1400** totus aer quadam ~iebatur repleri melodia (*Hist. S. Crucis*) *Bannatyne Misc.* II 15.

3 to misrepresent.

si quis coram episcopo testimonium suum et vadium ~iatur [AS: *aleoge*] cxx s. emendet (*Quad.*) *GAS* 95.

4 to disguise as, simulate.

imperator, militem se ~itus, suppliciter missam rogat W. MALM. *GR* II 175 p. 205.

5 to lie to, deceive: **a** (w. acc.); **b** (w. dat.); **c** (w. *in* & acc.); **d** (as true pass.).

a si unus marinarius presumat alium ~iri ad mensam, pane et vino porrectis, perdet iiij denarios. et si magister navis aliquem marinarium ad mensam ~iatur, perdet viij denarios *BBAdm* I 229. **b** ~itus est Deo *Comm. Cant.* I 51; si enim Deo sciens ~ior, nescio cui verum dicam ANSELM (*Ep.* 156) IV 19; culpa sit erga justiciam cui ~itus est (*Leg. Hen.* 59. 14) *GAS* 579; numquid non hoc ~iri sit Spiritui Sancto, immo et prodidisse nosmetipse J. FORD *Serm.* 110. 6; **1364** de prefato Adam quia ~itus fuit predicte Alicie in curia *Hal. Durh.* 33. **c** ipsi cuncti bene sciunt quod veridicus sum et quod in te non ~ior omnino ÆLF. BATA 4. 3; **1417** '*a lewd knave thou art*' 'tu ~iris in caput tuum, ego sum miles sicut et tu' *Conc.* III 387a. **d** ut inani spe ~iretur sibi adquiri posse per industriam quod alter amiserat per ignaviam W. MALM. *GR* IV 356.

6 (*fidem ~iri*) to break or compromise faith or allegiance.

hoc solum inerat boni, promissam fidem nolle ~iri

OSB. *V. Elph.* 131; pro cupiditate regni domino suo fidem ~itus est ORD. VIT. III 11 p. 118; **1153** facient justiciam de eo tanquam de fide ~ita *Ch. Chester* 110 p. 125.

7 to belie, give the lie to.

~iebatur opus olivae, cum eadem plebs oleo adulationis impinguaret capita miserorum BEDE *Hab.* 1252; sustulit imperator maleficio quem virtute nequibat, uxori ipsius conubium augustale ~itus: cujus insidiis elaboratum virus hauriens interiit W. MALM. *GR* III 262; s**1249** messes oblate spem ~ite (v. furfureus 1a).

8 (pr. ppl. as sb.) liar.

1178 exhibe te Joannem incestuosis, . . ~ientibus petrum . . P. BLOIS *Ep.* 15. 54A; omnis enim ~iens dicit falsum et non e contrario BACON VIII 70.

mentitor [CL mentiri + -tor], liar.

parasiti, ~ores [AS: *leogerae*], raptores (*Cons. Cnuti* 7) *GAS* 313; fratres, qui dicuntur Minores [v. l. ~ores] *Flor. Hist.* III 301; et notandum quamvis boni ~ores possunt se arguere seu jactare ingeniosos, non tamen sapientes HOLCOT *Wisd.* 43; et evidencius non conducerent pro cupiditate temporalium ~ores . . licet non ad mendacia . . sint conducti WYCL. *Ver.* II 66.

1 mento v. 1 menta.

2 mento [LL], **mentona**

1 chin.

cujus ~o est acutus et convenienter plenus carne significat hominem boni intellectus M. SCOT *Phys.* 74; **1266** in capite iiij plagas cum una hachia *a pik* . . et in gorgia et in ~ona, et in capite usque ad cerebrum *SelCCoron* 4.

2 bit, mouthpiece of horse's bridle.

frenos et falera, sellas et ~ones, ulceas et scansilia ÆLF. BATA 6 p. 89.

3 (arch.) projecting edge.

1313 in oblacionibus regis ad ~onam S. Lodowici in ecclesia conventuali S. Dionisii (*KR Ac*) *RGasc* IV xiv.

mentona v. 2 mento.

mentonalis, chin-high.

quodsi in sepem animal inpalaverit et ipsa sepes ~is non fuerit (*Leg. Hen.* 90. 4) *GAS* 605.

mentorium, *f. l.*

c**1140** me concessisse . . nundinas et †mentoria [v. l. emptoria] mercatoria et forum omnium venalium fieri ante portam eorum monachorum, ita vero quod ipsi monachi faciant ex suo mentoria mercatorum *Cart. Chester* 7 p. 53 (cf. ib. 8 p. 59 [†c**1150**]: ut *loges* mercatorum fiant).

mentula [CL]

1 penis, male sexual organ; **b** (w. apocopic play).

dumque [gens] furit nervumque trahit, male mentula rumpi / incipit; interdum rumpitur, hiique cadunt L. DURH. *Dial.* II 285; ejus judicium patietur mentula mechi D. BEC. 1895; ad idem abluitur ~a ut calor qui in ipsa habundat excitatur ad idem *Quaest. Salern.* B 247; jussit rex omnes omnium manus dextras in unum conportari et in locum alium ~as eorum MAP *NC* II 11 f. 26v. **b** sera ultrix superos vexat celumque reposcit / cum patrio projecta gelu cumque exule mentu . . / erubeo ulteriora loqui J. EXON. *BT* II 430.

2 (*falsa ~a*, leg., w. ref. to contested paternity).

1203 de placito false ~e *CurR* III 43.

3 (in plant names): **a** (~*a episcopi* or ellipt.) pilewort (*Ranunculus ficaria*). **b** (~*a sacerdotis*) chicory (*Cichorium intybus*).

a confice cum succo caul' agrestis, vel ~e episcopi quod idem GILB. I 49v. 1; ~a episcopi, *medewort MS BL Addit. 15236* f. 179v; ~a A. *gollan*, apium emoroydarum idem *SB* 30; ~a episcopi florem habet croceum et latum, in aquis crescit, secundum antiquos appellatur apium emoroydarum *SB* 115; ~a episcopi, A. *medeflowre MS BL Sloane 347* f. 89; apium emoroidarum, pes corvi idem . . secundum antiquos ~a episcopi . . Anglice appellatur *crowefet*

Alph. 11. **b** ~a sacerdotis *MS BL Addit. 15236* f. 179v; ~a sacerdotis, i. solsequium *MS BL Sloane 347* f. 89.

4 testicle.

fiber, animal quod ~as findit, quod et castor dicitur, eo quod se castret OSB. GLOUC. *Deriv.* 240; hec ~a: *coile Gl. AN Glasg.* f. 20ra.

mentum [CL]

1 chin: **a** (of human); **b** (of animal); **c** (in phr.).

a adprehendens eum de ~o, signum sanctae crucis linguae ejus inpressit BEDE *HE* V 2 p. 284; habeto stercus in ~o tuo ÆLF. BATA 4. 27 p. 52; ut . . ~um perderet virilitatis indicium W. CANT. *Mir. Thom.* IV 21 p. 334; Joab tenens ~um Amase tanquam osculaturus stringit ferrum in viscera ejus AD. DORE *Pictor* 160; fratres / . . priorem / elegere, statu dejectum sed ratione / sublimem, mento puerum sed mente senilem H. AVR. *Hugh* 136; hec ~a, A. *chyne* WW. **b** pelltaria, pellis quae a ~o bobis pendent *GlC* P 276. **c** iste Tantalus dicitur esse in aqua usque ad ~um J. FOXTON *Cosm.* 78. 1. 7.

2 *f. l.*

1212 tenet vij hidas . . que date fuerunt Ricardo de Meri in †mento [? l. tenemento] baronie sue in conquestu Anglie *Fees* I 104.

menura v. mainura.   **menusa, menusia** v. minusa. **menya** v. meneia.   **meota** v. 3 mota.

mephas, titmouse.

~as, *the mose WW*.

mephitis [CL]

1 exhalation of sulphuretted water or gas.

ne ferale chaos evitandamque mephitim / sentiscat rigidi retrusus in ima baratri FRITH. 1208; nam vulnerum latitudo mensuram pedis equabat, intolerabilesque ~es evaporabant, ut et mater ejus mortem optaret, familiaresque presentiam declinarent W. CANT. *Mir. Thom.* II 35 p. 190.

2 mist.

a miste, memphis, nebula, nebulum *CathA*.

3 place that emits stench.

hec ~is . . i. locus quilibet fetorem emittens OSB. GLOUC. *Deriv.* 342.

mepilum v. mespila.   **meprisio** v. misprisio.

1 mera [ME *mere* < AS *mere*], mere, pool, lake (in place-name or surname).

1169 homines de ~a reddunt compotum *Pipe* 70; **1198** Ailmarus de ~a r. c. de xviij d. pro falso clamore *Pipe* 121.

2 mera [ME *mere* < AS *mære*]

1 boundary, mere.

c**1220** in longa cultura . . que abutissat super ~am que est inter campos Linc' et campos de Gretwell' *Reg. Ant. Linc.* IV 76; **1399** jacet una viridis ~a, et in fine inferiore ipsius ~e descendit quidem sulcus . . et predicta ~a et sulcus dividunt campos de Burncester, Buryend, et de Bygenhull *Ambrosden* II 188.

2 space enclosed by boundary, measure of land.

1389 dim. acra jacet ibidem ultima campi inter dominicam ~am ex una parte et liberam terram Willelmi Byfeld ex altera *Ambrosden* II 197.

3 part, portion: **a** (of space); **b** (of time); **c** (of abstr.).

a **1287** tercia pars quarte partis unius ~e . . de grova Ricardi *IMisc* 46.17. **b** in ~a noctis diem clausit W. MALM. *Glast.* 79. **c** malorum mere sunt duo contraria / que verum abigunt ab omni curia WALT. WIMB. *Sim.* 31.

3 mera v. 1 merus.

meracitas [ML], purity.

~as . . i. puritas, claritas OSB. GLOUC. *Deriv.* 356.

meraciter [ML], purely, with no dilution.

et inde ~iter, ~ius, ~issime adverbia Osb. Glouc. *Deriv.* 356.

meraculus [CL], pure, undiluted. **b** (as sb. n.) potion prepared from (pure) wine.

clere as ale or wyne, defecatus, merus, merax, ~us, meratus, purgatus, perspicuus *CathA.* **b** hoc ~um . . i. quelibet potio de vino facta Osb. Glouc. *Deriv.* 356.

meracus [CL], **merax** [ML]

1 pure, undiluted, unmixed; **b** (of wine or sim.); **c** (of metal); **d** (of action or abstr.).

~ax, -cis, i. purus et clarus Osb. Glouc. *Deriv.* 356. **b** in meracum latices valuit convertere nectar Bede *CuthbV* 412; vino quidem de aqua facto et quidem ~acissimo donatus es *Id. Hom.* I 14. 72; **1169** pro vino merascissimo quo habundamus *Ep. G. Foliot* 207; octo dolia vini ~acissimi transmisit in M. Par. *Maj.* III 412; vinum meracissimum manibus tenete *Ps.-Map* 70. **c** ~acissimo liquidi argenti metallo Aldh. *Met.* 2 p. 71. **d** quod si mysterium quaerimus, apparente in carne Domino ~aca illa legalis sensus suavitas paulatim coeperat ob carnalem Pharisaeorum interpretationem a prisca sua virtute deficere Bede *Hom.* I 14. 69; ~aca sunt judicia Dei et mera est misericordia ejus Bald. Cant. *Sacr. Alt.* 722D.

2 intact, not desecrated.

Achilles corpus ~acum reddidit et Priamum illesum ad Trojana duxit menia *Natura Deorum* 186.

3 (as sb. f.) medicinal potion for stimulation of the brain.

hec ~aca . . i. potio medicinalis acuta et utilis et dicitur meraca quasi mentem exacuens Osb. Glouc. *Deriv.* 13; hec ~aca . . i. quedam potio ad vitiatum cerebrum purgandum *Ib.* 356.

4 (as sb. n.) pure wine.

sapientia . . miscuit vinum suum, at stulta mulier nil ~acum habens . . quoscumque valet aggregat Bede *Prov.* 968.

merana v. meraria.

meraria [LL *gl.*], tavern.

cauponia [? l. caupona], maeraria *GlC* C 219; cauponula, taberna . . †merana [l. meraria], ganearia, clepsydraria, pandochium Osb. Glouc. *Deriv.* 149; ~ia, taberna, caupona, ganearia, conpunula *Ib.* 365.

merarium, ~ius [cf. ἡμέρα, meridies]

1 midday.

meryene, ~ium *Merarium* 367; **1294** in festo S. Johannis Baptiste . . hora ~ii levati in suburbio ville Dublinie . . ubi fuerunt venientes de mari de quodam portu . . *CoramR* 138 r. 53d; *þe midday,* meredies, meridianus, ~ium *CathA.*

2 midday or afternoon meal.

undermele, . . ~ium . ., ~ius *PP;* hoc ~ium, *a myddyner undermete WW.*

merascus, merax v. meracus. **merca** v. 1-2 marca, merx.

mercalis [ML]

1 that can be treated as merchandise or commodity, marketable.

sponsa Christi fit mercalis / generosa generalis / veneunt altaria / venit eucharistia P. Blois *Carm.* 24. 2. 11; feda est confederatio hec venalis, et gratia hec ~is Deo et hominibus est ingrata *Id. Ep.* 116. 346B; legum vero scientia impudica est, quia meretricio more questuaria est et ~is *Ib.* 140. 417B.

2 that is used in trade or commerce, commercial.

1404 j peciam cere de v *linespunt* minus ij libris marcalibus, pro xiiij marcis *Lit. Cant.* III 82.

3 (*gilda ~is*) guild merchant.

c**1192** me dedisse . . omnibus civibus meis de Cestria gildam suam ~em *Ch. Chester* 257; c**1200** gildam suam ~em [ib.: marcalem] (v. 2 gilda 4a); c**1235** concessi . . civibus meis Cestrie gildam suam ~em *Ch. Chester* 448.

mercamentum v. marcamentum.

mercandia, ~andium, ~antia [ML]

1 commerce, trading; **b** (w. obj. gen.). **c** right of trading. **d** (~*andias exercere* or sim.) to do business, trade.

1340 tres solidos de marchasia remanent' in custodia sua *Pat* 199 m. 35; ad tantum enim sunt clerici nostri in ~andia civili usitati quod non putant esse aliam preter illam Wycl. *Civ. Dom.* III 283. **b 1414** de ~ancia beneficiorum *Conc.* III 362b. **c 1451** quod predicti liberi cives omnibus ~anciis, ~andiis, libertatibus, commoditatibus, asiamentis . . de cetero utantur *Reg. Brechin* I 171. **d** ~andias suas exercere possint *Leg. Ant. Lond.* 160; **1296** ipsos libere . . ~andias suas sinentes facere *Reg. Cant.* 151; mercatores alienigene . . suas ~andias in Anglia ut solito libere cum exaccionibus regiis exercere nequibant *Meaux* II 379; pro suis negociis et merchandiis . . perficiendis *Plusc.* VI 41; **1482** ut principaliori burgo regni nostri marcancias agenti et occupanti *Ch. Edinburgh* 162.

2 merchandise, goods, stock.

a**1195** nullus forestarius disturbabit aliquam ~andiam que venerit inter predictas metas (*Ch. Hugonis Ep. Durh.*) *Boldon Bk. app.* xl; **1199** salvum ire et salvum venire per totam terram nostram cum merchandiis et omnibus rebus suis *RChart* 16b; **1204** de abductione marcandiarum (v. abductio d); c**1205** qui cum merchaturis [v. l. **1221**: mercansis] suis . . ad . . burgum meum venerint *BBC* (*Ayr*) II 271; **1235** cum navibus, hominibus, ~andiis, et omnibus rebus suis ubicumque sint *Cl* 54; omnis ~antia, que venditur per stateram regis, ponderetur sicut aurum et argentum *Leg. Ant. Lond.* 34; **1456** pro panno laneo, ferro, et aliis marchanseis receptis ab eodem *ExchScot* 114; **1460** pro certis merchansiis receptis ab eodem *Ib.* 33; ad nundinas bona et ~andia innumerabilia portantibus *Plusc.* X 1 p. 311.

mercandiare, to do business, trade.

1294 ceteri aut filii aut filie burgensium habebunt libertates et liberas consuetudines, si ~iare voluerint *BBC* (*Chesterfield*) II 133.

mercandisa, ~ia [ML]

1 commerce, trading. **b** (~*as facere* or sim.) to do business, trade.

1275 per quam districtionem . . J. perdidit in marcandisa sua ibidem et alibi valorem x lib' *SelPlMan* 153; **1291** participet de ~a carnificum *SelPlMan* 137. **b** ne in terram nostram veniamus ad ~as ibi faciendas *BBExch* I 386; **1237** libere faciunt in eadem [civitate] markandisas suas *KR Mem* 15 m. 23/2; in merchandisiis suis agendis *RegiamM* I f. 148; **1262** libere emant et vendant in eadem civitate, et marchandisas suas faciant *Reg. Heref.* 92; **1279** ex ~ia facta in Anglia *RGasc* II 70a; **1343** nullus . . sacerdotum ~as aliquas . . exerceat *Eng. Clergy* 270; **1351** quod nullus qui non sit de gilda illa mercandizam aliquam faciat in eadem villa *Gild Merch.* II 376.

2 right of purchase.

a**1190** ut . . monachi habeant . . primam ~am post me et ministros meos in victualibus suis emendis *BBC* (*Rochester*) II 380.

3 merchandise, goods, stock.

1195 ipsi archiepiscopo xij li. de ~is . . quas ipse archiepiscopus cepit in manum *Pipe* 79; **1199** quod ipse et omnes proprie et dominice merchangise sue et omnia sua libera sint *RChart* 4b; **1202** permittatis . . mercatores comitis Leirc' . . negociari cum omnibus rebus et markandisis suis *Pat* 14; **1217** hanc ~iam debemus eis tradere apud Bristoll *Ib.* 114; **1221** ut emant et vendant per totam Angliam in civitatem et extra omnia genera marchidise *SelPlCrown* 89; **1221** non debent de jure teloneum capere . . nisi sint venales vel ferant merkandisam *SelPlCrown* 91; **1288** de aliis rebus venalibus et marcandisis vendicioni expositis *Law Merch.* III 149; c**1310** cum equis et bigis, et omnibus aliis marcandizis *FormA* 90; **1312** hujusmodi mercimonia et merchaundisam *Law Merch.* I 92; ~a sua et alia abducere *Ann. Lond.* 131; **1398** merchandizas seu mercimonia emendo vel vendendo *Reg. Heref.* 156; *a merchandyse,* . . maricandisa *CathA;* a**1531** nullus . . de merchandiciis in portu predicte ville discarcatis (*Ac.*) *EEC* 194.

mercandisabilis, marketable, saleable.

1315 dicta recognicio inter mercatorem et mercatorem et de re mercandizabili facta fuit *Law Merch.* III 34; **1353** casei boni et mercandizabilis *Reg. Rough*

248; halecium alborum bonorum habilium et mercandizabilium *Entries* f. 161vb.

mercandisare [ML]

1 to trade, do business.

1277 quod quicunque velint mercandizare in civitate . . cum civibus ejusdam civitatis *Gild Merch.* I 54; **1277** de quadam consuetudine diversorum ven' in eadem villa pro licencia marchandizandi ibidem *MinAc* 1089/7; **1340** quod ipse . . redditus . . extra depositum habere et de eisdem mercandizare et commodum suum facere possint *RScot* 585a; quod nullus . . ~et per se vel per alios infra civitatem *Ann. Paul.* 331; **1345** recepisse . . x libras bonorum et legalium sterlingorum ad mercandizandum cum eisdem denariis, ad opus et utilitatem ejusdem W. *FormA* 92; **1350** habeat libertatem sicut burgensis ibidem ad merchandizandum *Gild Merch.* II 171.

2 to trade in: **a** (w. acc.); **b** (w. *de*).

a 1306 ~are omnes grossas mercandisas *CalCh* III 73. **b 1330** debent assisam de vinis et victualibus qui marchandizaverunt de vinis et victualibus illis in grosso vel ad retallium (*Eyre*) *EHR* XXXIX 251; quod nullus minister . . ~et de vinis nec de victualibus in grosso nec ad retallium *Reg. Brev. Orig.* 184.

3 (pr. ppl. as sb.) merchant, tradesman.

1324 de mercandizantibus in predicto officio de libertate Londoniarum non existentibus *MGL* II 51.

mercandisatio [ML], commerce, trading.

habere cognicionem . . placitorum . . de decepcionibus et ~onibus factis *Law Merch.* II xcix; nulla mercandizatione cum eisdem xx solidis nec aliquo denario inde facta *Entries* f. 16va.

mercandisia v. mercandisa.

mercandisius, commercial, that relates to business or trade.

1577 exercentes sive occupantes aliquam artem, negociacionem, misteriam sive occupacionem mercandiziam *Gild Merch.* II 113.

mercandisum v. mercandisa. **mercandium** v. mercandia. **mercandiza** v. mercandisa. **mercandizabilis** v. mercandisabilis. **mercandizare** v. mercandisare. **mercandizius** v. mercandisius. **mercansa, mercantia** v. mercandia. **mercantorius** v. mercatorius. **mercare** v. 1 marcare, mercari.

mercari, ~are [CL]

1 to do business, trade.

pecunia quam boni servi adquisiere ~ando Bede *Luke* 563; nundinat, ~atur *GlC* N 189; autionare, res strenue agere, ~ari Osb. Glouc. *Deriv.* 49; **1262** ad viam habendam ad merchandum et ad sabulum portandum *Cart. Mont.S. Mich.* 35.

2 to buy, purchase, secure; **b** (land, artefact, or sim.); **c** (action or abstr.). **d** to earn.

~ari, emere Osb. Glouc. *Deriv.* 361. **b** et tenet dimidiam acram terrae quam ~atus est (*Norf*) *DB* II 204v; omnia eis necessaria sumptu ~atus domestico W. Malm. *GP* II 74 p. 151; quam plures denarios pro navi ~anda . . transmiserant R. Cold. *Cuthb.* 102 p. 227; c**1190** et domum in eodem tofto sitam, quam . . domum ~atus sum de Thoma de Halla *Cart. Blyth* 167; **1360** per custumam ccclxviij pellium lanutarum, marcatarum ante festum beati Michaelis *Exch Scot* 21. **c** lucida perpetuae mercantes munera vitae Aldh. *VirgV* 752; qui autem substantiam virtutum spiritalium veraciter adquirit ~abitur ex ea claritatem regni perennis Bede *Prov.* 977; **759** terrenis ac caducis aeterna et caelestis patriae praemia ~anda sunt *CS* 187; **957** iisdem ipsis momentaneis ac labentibus aeterna posse ~are permisit *CS* 1005; s**1139** nec A., episcopus Lindocoliensis, obstinatus egit, reddicione castellorum Niwerh et Eslefford liberationem ~atus W. Malm. *HN* 469 p. 297. **d** facile admissus est, professus mimum qui hujusmodi arte stipem cotidianam ~aretur W. Malm. *GR* II 131.

3 to traffic in: **a** (w. acc.); **b** (w. inf.).

a quid . . tam impium . . quam ad similitudinem Simonis magi . . episcopatus officium . . quempiam velle ~ari? Gildas *EB* 67; et quisquis episcopatum ~atur, Sancti Spiritus donum posse comparari pecunia opinatur W. Malm. *GR* III 265; ~ari volens dominorum gratiam *Id. GP* I 18; donum Dei non donatur, / nisi gratis conferatur, / quod qui vendit vel

mercatur, / lepra Syri vulneratur P. BLOIS *Carm.* 24. 3. 19. **b** quippe qui idiota fuerat, ut plerique sunt qui confessiones audire ~antur *G. S. Alb.* II 215.

4 to ransom, redeem.

guberna tuos famulos / quos sanguine mercatus es [AS: *tha gebohtest*] *AS Hymns* 13.

5 (pr. ppl. as sb.) merchant.

mercatorium, locus ~antium quod empurium dicitur OSB. GLOUC. *Deriv.* 361.

6 (ger. as adj.) that relates to merchants or tradesmen.

11 .. ut habeant gildam marcandam (v. 2 gilda 4a); **1254** burgenses habeant gildhallam suam ~andam in villa de Rading' *BBC* (*Reading*) II 333; **1285** *gild merchant* (~andam) *CalCh* II 323.

7 (as sb.): **a** (m., passing into surname) merchant. **b** market.

a Ernaldus Marcandus reddit computum de xx marcis *Pipe* 23. **b 1232** clamari faciant .. puplice in civitatibus et burgis et omnibus villis, ~andis, et nundinis *Pat* 502.

mercarius [ML]

1 (as adj.) that relates to merchants or tradesmen.

a**1158** gildam suam ~iam (v. 2 gilda 4a).

2 merchant, trader (passing into surname).

1155 Petrus Merciarius *Pipe* 53; Bonda Merciarius r. c. de dimidio marce *Ib.* 21; **1170** Ailsi ~ius debet xx s. .. sed nusquam invenitur *Ib.* 37; c**1220** Thomas de Stafford filius Marcarii et Agnetis uxoris ejus *Cart. Osney* II 277.

mercasa [Ar. *merkāsa*], sausage.

mazakata, tucetum, hilla, vulgaliter salsicia, i. *sausither SB* 29; hilla, respice in mescara *Alph.* 79; mecari, i. salsucie facte de carnibus intestinorum tritis, G. *sauscistres Ib.* 113; mescara vel mausacrata alio nomine etiam aortum sive hilla, vulgare salsicas, G. *saucisis Ib.* 116.

1 mercata v. marcata.

2 mercata v. mercatus.

mercatio [LL]

1 commerce, trading; **b** (w. obj. gen.). **c** (~*ones exercere*) to do business, trade.

interdicimus etiam diligenter diei Dominice mercacionem [AS: *cypingce*] et popularia placita (*Cons. Cnuti*) *GAS* 295; c**1140** et quecumque poterint adipisci vel dono vel ~one .. feudi mei sit *BM Ch.* 17; propter ~ones et negotia varia tractanda cum aliis nationibus BACON *Tert.* 95; **1267** ubicunque ierint in ~onibus suis per totam terram meam *Gild Merch.* II 245; **1268** ad firmam .. que instar ~onis habet .. monacho dari manerium .. districtius inhibemus *Conc. Syn.* II 786; ommittenda est ~o qua in alienis partibus emuntur integra, ut vendantur et integra WYCL. *Blasph.* 35. **b** ut quasi de bove sive de asino inter papam et regem ecclesie ~o fieret *Flor. Hist.* III 182. **c** c**1302** an monachi in .. mercatis ~ones aliquas emendo vel vendendo exercuerint *Reg. Cant.* 1302.

2 purchase.

mercor .. i. emere .. unde ~o OSB. GLOUC. *Deriv.* 337; si quis calumpniator reddite terre contra monachos .. apparuerit, ipse contra quemlibet pro posse suo eam disrationabit cum monachis .. sicut ~onem suam quam fecit a Symone *Reg. Malm.* I 455.

3 merchandise, goods, stock.

a**1136** mercandise [v. l. mercationes] que per mare burgo adportantur *BBC* (*Newcastle-on-Tyne*) 168; c**1140** ut .. accipiant ipsum mercatorem cum sua ~one *Cart. Chester* 7 p. 53; nec aliquid quandam [? l. quondam] disperse ~onis pecunie diminutionem perferebant R. COLD. *Cuthb.* 33 p. 76; *a merchandyse* .. ~o *CathA*.

4 market.

c**1108** concedo ut apud E. sit porthus et ~o die Jovis quaqua ebdomada *CalCh* I 258; quod mercator de quacumque ~one sit non potest emere panem ad revendendum in exercitu *G. Ric.* I 131.

mercator [CL]

1 merchant, trader; **b** (w. obj. gen.); **c** (w. *in* & abl.); **d** (eccl. & mon.); **e** (dist. as *privatus*). **f** (~*or itinerans*) itinerant merchant, pedlar. **g** (~*or periclitans* or *venturarius*) merchant-adventurer.

cum advenientibus nuper ~oribus multa venalia in forum fuissent conlata BEDE *HE* II 1 p. 79; **839** unum merkatorem quem eam lingua nostra *mangere* mominamus [*sic*] *CS* 426; **1205** pro litteris patentibus iiij marcatorum *Cl* I 55b; quidam ~or robatus fuit in eundo versus nundinas de W. et nescitur a quibus *PlCrGlouc* 9; **1456** pro triginta libris grossorum liberatis per marcartores dicti burgi de Brugis *ExchScot* 132. **b** ~or vel invadiator dotis vel maritagii *Cust. Norm.* 4. 3 (v. invadiator); **1322** quod omnes majores ~ores lanarum in balliva tua facias quod sint coram nobis *EHR* XXXI 599. **c 1448** communis ~or in granis et aliis animalibus (*Court Bk. Linc.*) *Eng. Clergy* 231. **d** c**1158** quod moniales de W. de F. E. et fratres .. servientes et ~ores earum, teneant omnes possessiones suas .. quiete .. honorifice et plenarie *Act. Hen.* II I 176. **e** c**1158** ad domos .. privatorum ~orum *StatIr* I 400. **f** non fuit manens in Bristollia immo itinerans ~or *PlCrGlouc.* 112. **g** c**1550** qui modo sunt de societate ~orum venturariorum in partibus Brabantie in partibus transmarinis *Gild Merch.* I 152; **1559** magister, gardiani et societas ~orum periclitancium *Ib.* II 87.

2 (w. ref. to Jesus) Redeemer.

sufficiebat mihi servare thesaurum Domini in hoc vase fictili, animam meam dico, pro qua ille magnus ~or sanguinem suum fudit P. BLOIS *Ep.* 102. 317B.

3 trafficker, one who engages in improper trade; **b** (w. ref. to Judas Iscariot).

donec illum vendatis ~oribus inferni qui merces suas comportant in lacum mortis ANSELM (*Or.* 10) III 35; isti non diligunt justiciam nisi sicut .. Judas Christum ad vendendum: isti enim sunt ~ores justicie et non amatores HOLCOT *Wisd.* 11. **b** mercator pessime, quo mortis genere / te digne possumus gehenne tradere? WALT. WIMB. *Carm.* 457.

4 banker, usurer.

1282 ~oribus camere, que in predicto regno recepta sunt per ipsos pro tempore vj annorum *EHR* XXXII 51; usurarii, qui dicti sunt ~ores, ad abradendum .. pecuniam siciebant OXNEAD *Chr.* 205; **1302** de quibus dicti collectores solverunt ~oribus camere domini pape .. octingentas libras (*Ac.*) *EHR* XXXI 113; excommunicacio pro pecunia ~oribus debita GRAYSTANES 87.

mercatorialis [ML], that belongs or relates to a merchant or tradesman, mercatorial.

1226 ut habeant gildam suam ~em (v. 2 gilda 4b).

mercatorie [ML]

1 by way of trade, commercially.

1353 mercimonia ad voluntatem suam propriam et non ~ie, sicut inter venditorem et emptorem convenire potuit, set contra voluntatem venditorum cepisse *Pat* 239 m. 20; bona et catalla .. sibi in shopa sua ibidem ~ie vendenda *Entries* f. 675vb.

2 for the sake of business or trade.

1390 quoddam vas de Scotia .. supra mare ~ie transeundo *RScot* 104b; **1412** ad veniendum ~ie in regnum nostrum Anglie (*Pat*) *Foed.* VIII 755.

mercatorius [CL]

1 of or relating to commerce, commercial, merchant.

adveniente nave ~ia BEDE *HA* 3; a**1086** nundinalia et argisteria, id est ~ia loca *Regesta* I 216 p. 58; barca, navis ~ia OSB. GLOUC. *Deriv.* 174; c**1419** opibus et consiliis tam proborum hominum de officiis ~iis quam de ceteris officiis manuoperalibus *MGL* I 495.

2 of or relating to a merchant or tradesman: **a** (of law court). **b** (*lex* ~*ia*) law-merchant. **c** (*gilda* ~*ia*) guild merchant.

a 1417 ad habendum .. curiam ~iam (v. curia 5f). **b 1311** in hoc casu .. secundum legem ~iam proprie admitti debent *Law Merch.* I 90. **c** a**1154** ~iam ghildam (v. 2 gilda 4a); **1252** de gylda mercantoria (v.

mercatrix [LL]

1 (as adj.) that belongs or relates to a merchant or tradesman, merchant.

c**1205** ut habeant gildam suam mercatoribus [v. l. mercatricem] *Regesta Scot.* 467; **1214** habeant gildam .. merchatricem (v. 2 gilda 4b).

2 (as sb.) merchant, trader (f.); **b** (fig.).

1395 Constancia, quondam uxor Willelmi de Bugthorp', ~ix lane *Pat* 342 m. 14. **b** pronuba est .. animarum ~ix ... est matrimonialis federis separatrix *Spec. Laic.* 68.

3 market-woman.

1284 de Isolda ~ice *CalCl* 291; quociescumque aliqua mulier ~ix fuerit publica piscium, .. pannorum vel hujusmodi *Cust. Fordwich* 26 p. 264.

mercatum v. mercatus.

mercatura [CL]

1 commerce, business, trade.

quasi ~e exercende pretextu GIR. *TH* III 43; omnes .. nundinas .. et omnem ~am que solet Londoniis haberi et extra tectum vel sub tecto exerceri, sub pena magne forisfacture et jacture precise interdixit M. PAR. *Maj.* V 29.

2 merchandise, goods, stock.

1157 quod custodiatis .. homines meos et amicos et omnes res et ~as suas et possessiones *Steelyard* 2 p. 3; c**1161** quieti ab omni teloneo de propriis catallis et ~is eorum *Regesta Scot.* 200; **1162** de ~a dabitur ibi pedagium in transitu pontis; de asini sarcina, si sit ~a, obolus unus *Act. Hen.* II I 365; **1202** plures ~e que solebant aportari ad S. Edmundum et ibi vendi *CurR* II 136; c**1205** homines .. cum merchaturis suis *Regesta Scot.* 462; **1287** in mercaturiis x s. *Med. Bor. Snowd.* 197.

mercaturia v. mercatura.

mercaturius, merchant, trader.

799 si possibile est, ut quemlibet de humiles vestros [*sic*] nobis cum ~ios qui veniunt, dirigatis *Ep. Alcuin.* 183.

mercatus [CL], ~um [LL], ~a

1 gathering for commerce, (right of) market, fair.

quatenus supernorum convivia .. muneribus de terreno nundinarum ~u [*gl.*: cetus hominum, *gestreone*] allatis gratulabunda glorificarentur ALDH. *VirgP* 30 p. 269; ~um, *ceping* ÆLF. *Gl.* 145; in hoc manerio est ~um in die Dominico (*Cornw*) *DB* I 120va; **1088** dedi .. eis feriam et marchatum in eadem villa absolute et libere absque ullo retenemento *MonA* IV 623; testes habet, quod in ~o regis emerit (*Leis. Will.*) *GAS* 509; **1220** levavit quoddam ~um .. ad nocumentum ~i

forinsecus 5d); **1570** N. Venables juratus est in gildam marcatoriam *Gild Merch.* II 348.

3 of or relating to a market. **b** that holds a market or has a market-place.

c**1525** duobus diebus ~iis (v. 1 dies 10a). **b** in qualibet villa ~ia per totum comitatum *Proc. A. Kyteler* 10.

4 marketable, saleable.

1294 unum saccum bone lane pacabilis et ~ie (*Stat. Merch.*) *MS PRO C 241* 25/289; **1419** pondus panis dominici, panis †meratorii [MS: mercatorii], et panis Francisci *MGL* I 703.

5 (as sb. f.) business, trading.

ut hec omnia referas ad ~iam non ad eam que generaliter est hominis fidelitatem E. THRIP. *Collect. Stories* 200.

6 (as sb. n.) market(-place).

~ium .. i. locus ubi mercantur OSB. GLOUC. *Deriv.* 337; a**1295** si quis .. emat lanam .. ultra statutum ~ium in deteriorationem communitatis ville (*Stat.*) *Gild Merch.* I 235.

7 merchandise, goods, stock.

ait ei imperator: 'carissime, quale ~ium ad vendendum habes?' *G. Roman.* 431.

comitis *CurR* VIII 267; **1287** habeant unum marcatum singulis septimanis *Reg. Heref.* 148; **1418** datum in marcatu domini regis juxta Rouen *Reg. Cant.* II 171; sic fiat de ~a singulis septimanis *Reg. Brev. Orig. tit.* f. 103.

2 commerce, business, trading. **b** (~*um agere, exercere*, or sim.) to do business, trade; **c** (w. obj. gen.).

in burgo circa castellum sunt xlij homines de ~o suo tantum viventes et reddunt cum foro iiij lib' et x solid' (*Staff*) *DB* I 248va; negotium . . i. ~um Osb. Glouc. *Deriv.* 393; †**745** (12c) spero . . felici . . ~u tradendo temporalia . . ea que non videntur . . me adepturum *CS* 170; si sufficientem habuerit probationem de legitimo ~u suo id eum a felonia liberat Glanv. X 17; verendum nobis, ne in ~u nostro aliquid doli ex parte nostra intervenerit . . J. Ford *Serm.* 110. 3. **b** Wiscardus talem ~um agere indignum duxit quia es in cruce pro virtute Christi preciosius omni auro estimavit Ord. Vit. VII 5 p. 172; cumque interrogassent quem ~um exercerent, dixerunt . . *Ib.* X 18 p. 102; c**1160** qui . . ~um deducunt (v. deducere 6c). **c** quando marcatum bladi tanti . . est precii *Cust. Westm.* 103.

3 right of purchase (at a market).

et aliis peregrinis aditum urbis quem antea interdixerant et ~um concesserunt Ord. Vit. IX 4 p. 480; **1221** ita quod prepositi nec baillivi habebunt aliud ~um panis aut cervisie quam alius vicinus *SelPlCrown* 97.

4 sale.

c**1160** me . . confirmasse S. filio Liulfi ~um de molendino de parco meo de Coventre *Ch. Chester* 156.

5 market-due, fee for holding a market.

c**1162** ut liberi et quieti sint . . ab omni tolnagio et passagiis et ~ibus et omnibus aliis consuetudinibus *Regesta Scot.* 222; c**1230** sint quieti . . de omnibus ~is que ad suos proprios usus fecerint ubicumque in tota terra mea venerint *Melrose* 176.

6 merchandise, goods, stock.

cum duce pacem fecit quod si Brachium transfretaret, semper ei copiosum ~um mitteret et cunctis indigentibus stipem . . impertiret Ord. Vit. IX 6 p. 494; chimini . . per quos ~a vehuntur et cetera negotia fiunt (*Leg. Ed. retr.*) *GAS* 639; cum transiret cum ~u suo versus Stretford *Mir. Montf.* 67.

7 market-place.

maledictus sit in silva et in ~o *GAS* 436; j ~um et unus parcus et in ~o manent xxv burgenses (*Suff*) *DB* II 319v; c**1115** ecclesiam Sancti Petri que est in ~u *Cart. Glouc.* II 34.

8 (in place-name or surname).

Bernardus de Novo ~o Ord. Vit. VIII 2 p. 271; **1203** de j m. de Gileberto de ~o *Pipe* 116; castellum, quod vocatur Novum ~um *Meaux* I 132.

mercecies v. merces.

mercedarius [CL]

1 one who pays for work done.

~ius, qui mercidem dat pro labore sibi inpenso *GlC* M 181; ~ii, *hyregildam* Ælf. *Gl.* 111; ~ius . . i. ille qui mercedem dat Osb. Glouc. *Deriv.* 337.

2 merchant, trader.

mango, ~ius, nundinator, negotiator Osb. Glouc. *Deriv.* 477.

mercedicus, ~ius [ML], one who speaks for money.

~ius . . i. propter mercedem dicens vel loquens Osb. Glouc. *Deriv.* 337; ~ius, propter mercedem loquens *Ib.* 361.

mercedonius [CL as adj.], one who pays (for work done).

hic ~ius . . i. ille qui solvit mercedem Osb. Glouc. *Deriv.* 337.

mercedula [CL]

1 small gift or reward.

veprecula, nubecula, ~a, ficedula Aldh. *PR* 132

p. 181; ~a, parva merces, munusculum, premiolum, donulum Osb. Glouc. *Deriv.* 361.

2 rent.

~a, *luyr* Teaching Latin I 148.

mercellus v. martellus.   **mercemonarius** v. mercimoniarius.

Mercenalaga [AS *Mercena lagu*], (part of England subject to) Mercian law.

Merchenelage *Dial. Scac.* I 16A (v. Danelaga); qui pacem regiam infregerit, secundum *Merchenelahe* c s. pene succumbet (*Leis Will.*) *GAS* 493; *Merchenelahe* (*Ib.*) *Ib.* 493; judicabantur olim lege Marcia que Anglice Merchenelaga vocatur Higd. II 86.

mercen(n)arius [CL]

1 (as adj.) hired, working for pay, mercenary. **b** (~*narius miles*) professional soldier, mercenary; **c** (fig.).

conducticius, ~narius *GlH* C 1794; is [S. Albanus] non ~narius nec futilis martir habet . . testes martirii . . Bedam et Fortunatum W. Malm. *GP* IV 179; conducticius, ~arius Osb. Glouc. *Deriv.* 156; rusticis autem ministrique domus ~ariis pretiosiora . . cibaria . . ministrabat Gir. *IK* I 12 p. 97; motum cordis . . non solum ~arii morborum curatores, sed et illiterati quidam recte sapientes non ignorant Alf. Angl. *Cor* 13. 3; rusticus quidam agnum tulit ad forum. cui intranti in villam obviaverunt sex ~arii homines astuti, quorum unus aliis dixit, . . *Latin Stories* 29; **1398** sunt . . homines ~arii . . vocati *snarlers* et *haukers* *Doc. Bev.* 42. **b** preter stipendiarios et ~narios milites paucos . . ex provintialibus habuit W. Malm. *GR* II 228 p. 282. **c** ejus . . quem elegisti, subtilter est probanda intentio, ne secundum spem commodi cujuslibet tibi velit in amicitia copulari, ~ariam eam estimans non gratuitam Ailr. *Spir. Amicit.* III 70. 688; quid prodest rhetorico eloquentie pompositate . . et lingua ~aria uti? J. Sal. *SS* 949A; quia caritas non debet esse ~aria nec querere que sua sunt [*cf. I Cor.* xiii 5] J. Ford *Serm.* 64. 3.

2 typical of a hireling (*cf. Ioh.* x 12).

c**803** luporum rabiei non resistens, sed ~naria timiditate fugiens Alcuin *Ep.* 311 p. 480.

3 (as sb. m. or f.) one who works for pay, hireling; **b** (*cf. Tob.* iv 15); **c** (w. ref. to *Luc.* xv 19); **d** (w. ref. to *Ioh.* x 12); **e** (eccl. & mon.).

conductor, ~narius, *hyra GlH* C 1790; **10** . . ~narius, *hyrman WW*; huic manerio pertinent xj sochem[anni] et j presbiter et j porcarius et j ~narius (*Essex*) *DB* II 26v; monachis ecclesiasticos honores quasi stipendia ~nariis porrigebat Ord. Vit. X 2 p. 11; infelicissimus sacerdos ad anime sue providentiam omnino non sufficit, et multarum animarum curam attentare presumit: procul dubio ~arius est, burse lucrum querit, non anime P. Blois *Ep.* 157. 451B; Ricardus quidam de Sunderland, humili genere progenitus, cuidam de Elingham marcennarii servicio fuerat mancipatus *Mir. Cuthb. Farne* 6. **b** usque ad venerabilis hujus viri tempora, medietas decime de dominio de Wi bovariis curie ejusdem manerii erat assignata, fuitque hereditas domini merces ~enarii *Chr. Battle* f. 100v; quod xl denarios ex mercede ~ariorum suorum adhuc vivens non persolverat Coggesh. *Visio* 30; o vocacio graciosa, o beati ~arii, o merces inmensa . . *Spec. Incl.* 4. 2. **c** quoniam non se dignum vocari filium . . jam judicat, saltem fieri se sicut unum ex ~ariis vestris, tantum inter vos esse mereatur Anselm (*Ep.* 140) II 286. **d** contra . . luporum ferocitatem non more ~arii, sed solertia pastorali tuebatur Aldh. *VirgP* 33; **966** Domini gregem non ~narii sed pastores fidissimi luporum rictibus eximentes intrepidi defendant *CS* 1190 p. 462; c**1214** grex omnino periclitatur et perit, ubi lupi innumeri et pastores rarissimi, et hii ~arii tantum et fugitivi Gir. *Ep.* 8 p. 278. **e** consilio abbatis . . propositum meum laudantis, ~narias meas multa devotione flagitantis licere sibi in habitu regulari . . ministrare inclusis Christi *Inst. Sempr.* *xxix; conducantur ~arii ad pectendum lanas que gravioris laboris esse noscuntur *Ib.* xl*; c**1160** si inter fratrum famulos vel ~arios aliqua contigerit querimonia *Act. Hen. II* I 307; c**1240** si quis serviens monachorum mihi forisfecerit de foresta mea . . ipsi monachi facient michi rectum . . in quantum merces dimidii anni ipsius ~narii poterit attingere *Melrose* 307; si episcopi . . in ~arios nostros pro eo quod decimas non solvimus . . eandem [sc. excommunicacionis] sentenciam protulerint *Meaux* I 331.

4 professional soldier, mercenary (dist. from *miles*).

802 in die certaminis ~narios se ostendunt, non milites Alcuin *Ep.* 253 p. 409.

5 mercer, merchant, trader (usu. of small items).

1130 Nicolao ~ario ij s. *Pipe* 148; nundinator, mercator . . ~narius Osb. Glouc. *Deriv.* 384; c**1170** hiis testibus . . Ricardo ~nario, Osberto ~nario *Danelaw* 198; **1252** marcenarius, qui in nundinis stabulum habet, de quo quod portat ad collum suspensum . . debet obolum *Gild Merch.* I 128; c**1300** mercator qui vulgo ~arius dicitur *Ib.*; mercinarius, *a mercer WW*.

6 (as sb. n.) merchandise, goods, stock.

c**1388** pro passagio navium et batellorum cum victualibus et aliis ~ariis *EHR* II 368.

Mercensis, ~inensis [AS *Merce = Mercians*]

1 (as adj.) Mercian.

749 ego Huita ~is aecclesiae humilis episcopus *CS* 178.

2 (as sb.) Mercian (man.).

c**730** ego Æthilbalth, non solum ~ium . . rex *CS* 157; Aedilredo rege ~inensium Bede *HE* IV 15 p. 239; **736** rex non solum Marcersium sed et omnium provinciarum quae generale nomine Sutangli dicuntur *CS* 154; **824** universi Mercentium principes *CS* 379; ~es omnino sine fide probat *Pass. Æthelb.* 3; Ædelbaldus vero rex regum cum ~ibus Centenses adduxerat Orientalesque Saxones et Anglos H. Hunt. *HA* IV 19; anno regni regis ~ium Ethelredi sexto M. Par. *Maj.* I 302.

Mercenus, Mercianus, Mercian (man.).

†**852** (13c) Beortulfus rex ~enorum *CS* 466; c**690** Ætelredus gloriosus rex ~ianorum *CS* 840; regnum Anglie triphariam dividitur: in Westsexiam, et Mircenos, et Danorum provinciam (*Leg. Hen.* 6) *GAS* 552; a**680** (14c) archiepiscopus Deusdedit et Saxulphus episcopus, gentes ~ini *CS* 60.

mercer, ~erus, ~erius [ML; cf. ME, AN *mercer*]

1 mercer.

c**1175** ex dono Johannis ~eri *Danelaw* 78; c**1188** totam terram nostram . . que fuit Stephani ~erii *Ch. Westm.* 290; **1199** Radulfus ~erius *Pipe* 133; Walterus H., ~er *Ann. Lond.* 95; **1345** Willelmo . . cive et ~ero ejusdem civitatis *FormA* 92; **1417** mercator vel ~erus *Mem. York* I 189; **1421** unanimiter elegerunt Robertum Midelton, ~erum, unum de xxiiij^{or} *Ib.* II 75; cives et ~eri de civitate nostra Londoniensi *Reg. Brev. Orig.* f. 89v; **1581** cum . . Henricus, nuper rex Anglie . . dederit et concesserit hominibus mistere marceriorum civitatis nostre Ebor' (*Pat*) *Gild Merch.* II 280.

2 (as personal name or surname).

a**1180** his testibus . . Ricardo ~erio . . Aluredo ~erio *E. Ch. S. Paul.* 135; c**1195** Thomas de Staford filius Marcheri *Cart. Osney* II 277; c**1200** hiis testibus . . Bernardo Coco, Willelmo Wictor . . Benedicto ~ero *Ib.* II 121.

1 mercere v. marcere.

2 †mercere, *f. l.*

1233 non est facile in partibus nostris Walenses †mercere [MS: vincere] neque refrenare nisi sit per aliquem de lingua eorum propria *RL* I 427.

1 mercerius v. mercer.

2 mercerius [ML]

1 (as adj.) of or relating to a mercer, commercial.

1432 custodibus et communitati mistere ~ie London' *Pat* 432 m. 3; ubi W. E. manet et habet seldam suam ~iam *Rent. Glouc.* 30.

2 (as sb. f.) mercery, merchandise.

1303 merces que vulgariter ~ie vocantur, ac species, mutatim vendi possint *MGL* II 206; **1342** ad cariandum diversas particulas . . draperie, pellur', ~ie et aliarum diversarum armaturarum et pavillonn' (*Ac Wardr*) *KR Ac* 389/14 m. 8; **1439** nullus ligeorum

.. nostrorum .. vendicioni exponat seu emat .. aliquam ~iam seu groceriam de crescencia seu factura territoriorum predictorum *Cl* 289 m. 6d.

3 commercial district.

de scopis in ~ia *Reg. S. Aug.* 167; ~ia et bocheria ac coyferia *Rent. Glouc.* 30.

mercerus v. mercer.

merces [CL]

1 payment, wage, reward (also fig.); **b** (w. obj. gen.); **c** (w. *pro*).

pauperes potentium vineas sine ~ede et sine cibo operati sunt GILDAS *EB* 59; sunt nonnulli qui sc. hic suam percipientes ~edem .. *V. Greg.* p. 79; ejusque humilitatem digna ~ede remunerat BEDE *Prov.* 992; †nastologis [l. nautologis], ~edes quae dantur nautis propter regimen navis *Gl. Leid.* 38. 43; **957** quod †merceciem [l. mercedem] aeternae beatitudinis recepturus sim *CS* 998; dicitur meretrix quasi pro ~ede tricans i. hominem pro ~ede impediens OSB. GLOUC. *Deriv.* 578; **1490** immarcessibilem glorie marcedem nanciscemini *Reg. Aberbr.* II 266. **b** nam ~edem operum jam sine fine tenes BEDE *HE* II 1 p. 79; cum se omnia quae posset huic tali pro ~ede beneficii daturum esse responderet *Ib.* II 12 p. 109; ut multiplicia laetus mercede laboris / Celsithroni videas faciem sine fine beatam ALCUIN *Carm.* 28. 13; emulumentum, mercis laborum *Gl. Leid.* 29. 17; hec quod causa fuit, fit ei merces meritorum NIG. *Paul.* f. 46v. 151; alioquin, percepta servicii sui ~ede .. *V. Edm. Rich C* 607; unde Domino ultore .. in bello occubuit, prodicionis sue reportans ~edem *Feudal Man.* 139. **c** mercedarius, qui mercidem dat pro labore sibi inpenso *GlC* M 181; migravit ad Dominum, ~edem eternam pro labore temporali recepturus *V. II Off.* 235.

2 bribe.

custodibus itaque suis ~ede data, hec namque sola via erat, accepta licencia mittitur [? l. mittit] timide ad hominem *V. Chris. Marky.* 28; **1313** si custodes mensurarum .. ceperunt ~edem ab aliquo ut possint emere per unam mensuram et vendere per aliam *Eyre Kent* I 29; de hiis qui capiunt ~edem ab alico pro advocaria habenda cum non sint eorum tenentes nec residentes in tenuris suis *Ib.* 46.

3 rent, hire: **a** (of land); **b** (of accommodation or sim.).

a de ~ede terre manerii hujus exeunt ix s. (*Heref*) *DB* I 179va; **c1127** de ~ede terrarum et pratorum xx s. *Chr. Peterb. app.* 166. **b** **1214** scholaribus .. condonetur medietas ~edis hospitiorum .. locandorum clericis *MunAcOx* 1.

4 merchandise, goods, stock.

~es, *cepepingc* ÆLF. *Gl.* 116; nabulum .. i. ~es nautica eo quod nare videatur cum per mare transfertur OSB. GLOUC. *Deriv.* 369.

mercetum v. mercheta. **mercha** v. 1+2 marca. **mercha-** v. merca-. **merchangisa** v. mercandisa. **merchansia** v. mercandia. **merchaundisa** v. mercandisa. **merchelatio** v. marescallatio. **Merchenelaga, Merchenelahe** v. Mercenalaga.

mercheta, ~um [AN *merchet* < mercatum], merchet.

quieti .. erunt de mercheito et auxilio nisi quando omnes liberi episcopatus dant auxilium *Boldon Bk.* 39; **a1204** ~um de filiabus hominum suorum habebit, et de filiabus suis dabit nobis ~um *Kelso* 104; **1212** dabit ~am et auxilia, et pannagium *Fees* 205; **c1250** dat ~um pro filia sicut melius finire poterit, ita tamen quod non excedat summam quinque solidorum, sive maritanda fuerit infra villam sive extra *Cart. Rams.* I 384; **1272** salvis dictis .. capellanis .. de nobis .. tractu sanguinis mercetis *Reg. Aberd.* I 32; **1278** debeat dare merchett' si habeat filiam quam maritare velit *SelPlMan* 94; **1279** dedit mergettum pro quadam filia sua quam maritavit apud N. cuidam Rogero Crudde *Rec. Elton* 5; non obstante incerto servicio ac vilissimo ut ~o sanguinis vel aliis talliagiis *Fleta* 193; **c1310** et faciendo ~am de corpore suo, et filiis et filiabus suis, et omnes consuetudines villanas *G. S. Alb.* I 461; ~a filie thani vel ogetharii duo vacce *RegiamM* IV 31.

merchett', merchetum v. mercheta. **merchia** v. marchia.

merchimotum [AS *mearc+ʒemot*], 'march-

moot', court held to try cases of infraction of border law (*cf. gemotum*).

in divisis vel [m]erchmiotis .. in comitatu vel burgimoto vel ballimoto (*Leg. Hen.* 57. 8) *GAS* 577.

merchius v. 2 mercius.

1 mercia [ML; cf. OF *merci* < merces]

1 amercement, fine; **b** (in ~ia *esse*) to be in mercy, be liable to a fine.

1176 catalla furum et ~ie que ex murdris vel ex aliis forisfacturis contingunt *MGL* II 660; **c1190** de escapio, de omnibus ~iis, et de pecunia que ad murdrum pertinet (*Cart. Holm Cultram*) *MonA* V 605b; **1199** quod .. ~ie et merciamenta predictis fratribus reddantur *RChart* 2a; **c1220** omnes ~ie et merciamenta *Cart. Osney* IV 55; **1287** (v. merciamentum). **b** **1199** si aliquis hominum suorum sit in ~ia erga nos vel ballivos nostros *RChart* 2a.

2 (as personal name) Mercia, Mercy; *v. et. Martius* 4.

1431 lego ~ie Carreu sex pecias argenteas *Reg. Cant.* II 450.

2 Mercia [AS *Merce = Mercians*], Mercia.

Werfrithum, sc. Wigernensis ecclesiae episcopum .. Plegmundum Mercium genere .. Æthelstan quoque et Werwulfum sacerdotes et capellanos Mercios genere .. Ælfred rex de ~ia ad se advocaverat ASSER *Alf.* 77; sibi Westsaxoniam, illi concedens Mertiam W. MALM. *GR* II 180 p. 217; vallum magnum inter ~iam et Britanniam GIR. *Æthelb.* 13.

3 mercia v. merx.

merciamentum [AN *merciement*], amercement, fine.

1199 mercie et ~a (v. 1 mercia 1a); **1230** si predicti homines .. fuerint amerciati prefata ~a .. remaneant *Reg. Aberd.* II 267; **1236** hundredus de Langebrag' recipit summonitionem nostram et habemus inde ij denerios, et debet serviens noster interesse et accipere ~a *Cust. Battle* 126; **1243** super nostrum plenarium ~um decem librarum *BBC (Glasgow)* 273; **1257** [clerici] compelluntur solvere ~a per possessiones laicales si quas habent *Conc. Syn.* 542; **1287** mercie et ~a pecunie sint collecta *PQW* 5a.

Mercianus v. Mercenus.

merciare, to amerce, fine.

a**1186** si forte aliquis in misericordiam meam inciderit, ~iatus sit rationabiliter per ballivum meum (*Ch.*) *Growth Eng. Ind.* 616; si aliquis hominum suorum sit ~iatus versus nos .. mercie et merciamenta pecunia predictis fratribus reddantur *RChart* 13a.

Merciarius v. mercarius.

mercicula [ML], merchandise, goods.

merx .. i. ipsa res que venditur, unde hec ~a .. diminutivum OSB. GLOUC. *Deriv.* 336; merx mercicula sed mercedula dat tibi merces H. AVR. *CG* f. 11. 22; *a merchandyse*, marx, ~a CathA.

Mercicus [AS *Merce = Mercians*], (as adj.) Mercian.

nobilibus pollens per Mercica regna triumphis FRITH. 414.

mercimonia v. mercimonium.

mercimonialis [ML]

1 of or relating to trade or commerce, commercial.

emolumentum ~e GIR. *TH* II 40 (v. emolumentum 2b); naves ~es venali tritico refertas *Id. Invect.* I 10 p. 115; emergunt et alie circiter hujusmodi venalitates turpes et ~es *Id. Spec.* II 1 p. 32; **1240** ne clerici secularibus negotiis se immisceant, negotiando circa †mercionales [l. mercimoniales] tractatus causa lucri *Conc.* I 681b.

2 (*gilda* ~is) guild merchant.

1273 qui non est de gilda nostra ~i nec de libertate nostra nec de pleno commorans inter nos *AncC* 7. 104; c**1520** guilde ~is (v. 1 gilda 4a).

mercimoniare [cf. CL mercimonium], to do business, trade.

1285 qui conveniunt .. ad vendendum et ad ~iandum de .. pannis *RGasc* III 579a; noluit †mercuncinare [l. mercimoniare] *CourtR Wakefield* II 110; **1409** quod extranei mercatores, soliti cum suis †mercioniis [l. mercimoniis] ad dictam civitatem Bajone ~iando venire *Foed.* VIII 581.

mercimoniarius [CL mercimonium+-arius], merchant, trader.

1332 Bodekino mercemonario de Lesclus pro ij paribus calciamentorum ab eo emptis (*KR Ac*) *Arch.* LXXVII 127.

mercimoniatus, (right to regulate) commerce or the community of merchants.

tercius filius .. quem feoffavit in senescaria Dacie et in ~u Anglie que non se extendebant ad tantum valorem quam nunc KNIGHTON I 19.

mercimonium [CL], ~ia

1 merchandise, goods, stock; **b** (fig.).

hosque cum suis ~iis eliminavit e templo BEDE *Templ.* 775; **796** negociatorem, Italiae ~ia ferentem ALCUIN *Ep.* 77; **1177** si aliquis proprio collo sua ~ia tulerit, nichil inde reddet *Act. Hen.* II 56; **1250** de tribus solidatis ~ie, unum quadrantem *Pat* 61 m. 4; **1283** debent .. ducere sumptibus suis mersimonia camerarii apud Alsiston' *Cust. Battle* 54; **1409** soliti .. suas ~ias ad dictam civitatem portare *Foed.* VIII 581; furatus fuerat certa bona dicti Marii, viz. marcimonia *Sanct. Durh.* 120. **b** in praecelso potestatis culmine antiquarii scriptoris ~ia indeptus est ALDH. *PR* 142 p. 203.

2 market, fair. **b** market-place.

†**904** (12c) praedictae etiam villae [Wentanae] ~ium quod Anglice *þæs tunes cyping* appellatur *CS* 612; ipsa vero die Dominica publica ~ia [AS: *cypingce*] .. prohibemus (*Quad.*) *GAS* 294. **b** ducebat eos ad aecclesiam per ~ium, ut de rebus venalibus viderent, quid eorum mente [? l. mentem] delectaret HUGEB. *Will.* 4 p. 94.

3 business, commerce, trade.

dum carnale stirpatur patrimonium, spiritale exercetur ~ium [*gl.*: commercium, *gestreon* vel *mangung*] ALDH. *VirgP* 42 p. 294; ~ia, negotiationes *GlC* M 153; pro interdicto navigio et ~io navigantium tumorem pectoris sedasse W. MALM. *GR* V 409; ad nundinas per diversas fori venales officinas ad publica ~ia exsequenda procedere R. COLD. *Godr.* 11; gens .. diversis ~iis occupata *Eul. Hist.* II 23.

4 sale or purchase.

ad se .. adquietandum erga militem de ~io ecclesie quam emerat GIR. *SD* 80.

5 reward, remuneration; **b** (w. obj. gen.).

~ium deinceps aeternae hereditatis adquirere satagebat WILLIB. *Bonif.* 1 p. 7; qui grandi victus ~io compositam juveni tradit epistolam DICETO *Chr.* I 179; tristis .. de circumventione causatur ~ii, quod multa dederit paucaque receperit J. FORD *Serm.* 110. 7. **b** sexagesimum et tricesimum fructum juxta meritorum ~ium [v. l. ~iam; *gl.*: lucrum, *tilþum*] spopondit ALDH. *VirgP* 19; si laborum nostrorum in futuro ~iam provenire diffidimus W. CANT. *Mir. Thom.* IV 49 p. 360.

mercinarius v. mercen(n)arius. **Mercinensis** v. Mercensis. **Mercinus** v. Mercenus.

Mercio [AS *Merce = Mercians*], Mercian (man).

774 Æþelredo regi Marcionum *CS* 217; **779** Offa .. rex ~ionum *CS* 230; a**803** (11c) eodem anno facta est pax inter ~iones et Occidentales Saxones *CS* 295.

mercionalis v. mercimonialis. **mercipium** v. marsuppium. **mercis** v. merces.

1 Mercius v. Martius.

2 Mercius [AS *Merce, Myrce = Mercians*]

1 (as adj.) Mercian, of the Mercians.

s**873** iterant [*sic*] pacem foederis Myrcia plebs cum eis ÆTHELW. IV 3; s**909** qui tum regebat Northhymbrias partes Myrciasque *Ib.* IV 4.

2 (as sb.) Mercian (man).

680 ego .. rex ~iorum *CS* 53; regnum Australium ~iorum, qui sunt .. discreti fluvio Treanta ab Aquilonaribus ~iis BEDE *HE* III 24 p. 180; namque

suam gentem rex hostibus eruit acris / Merciorum fidei sceptris et subdidit almis ALCUIN *SS Ebor* 558; de genealogia ~iorum NEN. *HB* 203; Plegmundum, ~ium genere ASSER *Alf.* 77; s**872** Myrcii confirmant .. foederis pactum ÆTHELW. IV 3; Cantianorum, Ostsaxonum, Merchiorum, ac Northumbrorum BOECE f. 196v.

mercum v. 1 marca. **mercuncinare** v. mercimoniare. **mercurea** v. Mercurius.

mercurella [ML], (bot.) French mercury (*Mercurialis annua*).

~e, sansuci, thuris GILB. II 112v. 2.

Mercurialis [CL]

1 like the god Mercury, mercurial, quick-witted, eloquent. **b** (as sb.) intellectual, scholar.

~is semper talis est, qualis ille, cui adheret ALB. LOND. *DG* 9. 6; Mercurius .. habet respectum .. ad deitatem et oracula prophetarum et .. lex ~is est difficilior ad credendum quam alie et habet multas difficultates supra humanum intellectum BACON *Maj.* I 257; cecidit circa libros nostre ~is species voluptati honeste R. BURY *Phil.* 18. 234. **b 1167** annus iste ex forma constellationis dicitur esse mirabilis, et in eo regum consilia mutabuntur, et .. deprimentur ~es ... ~es adeo depressi sunt ut Francia .. alienigenas scolares abegerit J. SAL. *Ep.* 225 (225).

2 (bot.): **a** (*herba ~is* or ellipt. as sb.) char-lock, kedlock, field mustard (*Sinapis arvensis*). **b** dog's mercury (*Mercurialis perennis*) or an-nual mercury (*Mercurialis annua*). **c** (var.).

a herba ~is .. cedelc *Leechdoms* I 34; ~i. ceðelc *Gl. Laud.* 984; fiat ei balneum de aqua ubi cocta sint malva, ~is, fenugrecum, .. *Quaest. Salern.* L 2; nec tibi desunt olera, si suppetit tibi facultas, bete, ~is, atriplicis NECKAM *NR* II 166; succum ~is, ebuli, et sambuci BACON IX 50; si tres guttas succi ~is calidas in narem dextram .. distilles GAD. 13v. 1; ~is, scariola idem *Alph.* 111. **b 12..** ~is, i. evenlesten, i. *mercurial WW*; c**1300** etc. (v. linozostis); c**1320** mercorialis, i. *smererwort* (*MS Erfurt Amplon. Q. 351* f. 130) *Anglia* XLII 158; ~is, mercuri, *papwort MS Cambridge Univ. Libr. Dd. 11. 45* f. 108vb; ~is major .. *papwort MS BL Royal 12 E. 1* f. 96v; ~is. A. *mercurye WW.* **c** argilitas, i. ~is, justa licupra *Gl. Laud.* 103; girobotamin, i. vervena vel ~is vel septinervia *Ib.* 702; geniotilis, i. parce seu ~is *Ib.* 760; linotesagria, i. ~is vel herba cassia *Ib.* 923; partenion, i. virginalis vel ~is *Ib.* 1195; ~is, *daisezen* (GARL. *Dict. gl.*) *Teaching Latin* II 142.

3 made of quicksilver.

salem et cantabrum et ~em GILB. II 102. 2; ex aqua ~i producta, in qua aurum et argentum prius sunt soluta *Correct. Alch.* 11; dentibus .. ipsis saliva ~i madentibus carnium, pisciumque, .. E. THRIP. *SS* II 11.

4 (as sb. n. pl., as title of a book).

c**1436** in ~ibus in alio volumine *Reg. Aberd.* II 129; Johannes in ~ibus super quibusdam regulis juris 2° fo. habetur (*Catal. Librorum*) *JRL Bull.* XVI 473.

mercurialitas, (alch.) nature or quality of mer-cury.

in quo [sc. homine] quatuor elementorum propor-cionatorum per naturam neutralis ~itas, que omnino nihil constat, producitur arte ex sua minera RIPLEY *Axiom.* 118.

Mercurius [CL]

1 the god Mercury; **b** (as god of merchants and thieves); **c** (as god of intellect and elo-quence); **d** (as type of hero); **e** (w. ref. to *Prov.* xxvi 8).

caduceum, virga Mercuri *GlC* C 168; ~ium, *Woden Ib.* M 197; ~ius .. ab antiquis gentibus sextus deus esse dicebatur *Deorum Imag.* 6. **b** sagittas .. quas ~ius arte prestigii quam ipse invenerat factus invisi-bilis furtim surripuerat *Natura Deorum* 27; ~ius .. dictus est deus mercatorum et deus furtorum *Deorum Imag.* 6; ~ius deus furum et ipse fur esse dicitur, quia mercatores, quorum deus esse describitur, per-juriis suis .. homines decipientes parum distant a furibus WALS. *AD* 18. **c** dicitur .. ~ius quasi mentis currus NECKAM *NR* I 18; ~ius est significator scripture et scriptorum et profunditatis scientiarum .. sive dulcedinis locutionis et lingue BACON *Maj.* I 257;

~ius secundus Jovis filius esse sermonis et eloquencie deus asseritur WALS. *AD* 17. **d** classis Philippi Hispaniarum regis .. a Carolo Howardo archithalasso .. victa, profligata, et maria omnia circum dijecta est; adeo ut ~ius ipse Gallo-belgicus (quamvis Anglicanae laudis satis invidus) victoriam tamen hanc non du-bitavit mirabilem appellare SPELMAN *Asp.* 95. **e** in acervo ~ii. consuetudinem habebant ambulantes in via ubi sepultus est ~ius lapidem jactare in acervum ipsius unusquisque pro honore ejus *Gl. Leid.* 8. 8; juxta sapientis regis dictum, sicut lapis est in acervo ~ii H. Bos. *Thom.* IV 13 p. 373; quot lapides mittitis in acervum ~ii his diebus! R. BURY *Phil.* 6. 95.

2 the planet Mercury.

~ius perpetuo circa solem discurrendo, quasi inex-hausta sapientiae luce radiari putabatur BEDE *TR* 8 p. 301; pro Venere autem et ~io sic: per argumentum suum examinatum in latitudinem primam intrabitur ADEL. *Elk.* 17; ~ius .. talis est, qualem vicini planete permiserint, cum et ipse convertibilis nature sit po-tentioribusque cohereat J. SAL. *Pol.* 441A; ~us sextus in ordine planetarum *Deorum Imag.* 6; cum alie stelle tarde recurrant ad ortus suos, ~ius octavo decimo die in ortu suo invenitur WALS. *AD* 19.

3 (*dies ~ii*) Wednesday; **b** (ellipt. as sb. m.). **c** (*~ii cinerum*) Ash Wednesday.

†**844** (13c) mercoris die, **1199** die ~ii (v. 1 dies 5e); quatuor dies ~ii in quatuor legitimis jejuniis servis omnibus induli sunt (*Quad.*) *GAS* 79; **1336** treugam .. a dicto die Jovis usque ad diem ~ii tunc proximum sequentem eodem die incluso .. duximus prorogandam *RScot* 395b; die ~ii proximo post festum FLETE *Westm.* 126. **b** monachus prioratus Sancti Jacobi omni die deberet in dicta capella tamen non celebrat nisi per Dominicam, ~ium, et Venerem in septimana W. WORC. *Itin.* 400. **c** sermo generalis. ~ii cinerum S. GAUNT *Serm.* 206 *tit.*

4 (bot.) dog's mercury (*Mercurialis perennis*), annual mercury (*Mercurialis annua*).

~ea, A. *cme[r]worht MS BL Sloane 962* f. 88v.

5 (alch., *filius ~ii* or ellipt.) the metal mercury, quicksilver.

M. SCOT. *Lumen* 240 (v. filius 8b); fit de ~io, i. argento vi[vo] GILB. VII 341v. 2; rerum natura omnium liquabilium genera naturaliter operata est ex ~io vel argento vivo *Correct. Alch.* 6; quum cibantur corpora ~ia et sublimatur ab eis BACON *Min.* 313; in quibus terris oportet figere duos ~ios, sc. album in terra alba, et rubeum in rubea RIPLEY 367; *quyksylver*, argentum vivum, marcurius *CathA.*

mercus v. 1 marca, 2 marcus.

merda [CL], **~um**, dung, excrement, shit; **b** (fig.).

hoc ~um, -i, eo quod minime sit merum OSB. GLOUC. *Deriv.* 357; reddite rewardas, in funus fundite mer[das] (*Epitaph.*) *Guildhall Miscellany* II 391; hec ~a, *a torde* .. hec †meda, *a torde WW*; *to mire*, stercorare, merdare, i. ~a inquinare *CathA*; *tourde in thy teeth*, ~a dentibus inheret STANBR. *Vulg.* 19. **b** cum ~am seminaveritis .. *Correct. Alch.* 14 (v. apparentia 4a).

merdare [ML], to befoul with excrement.

CathA (v. merda a).

merdasengi [Ar. *murdāsanj* < Pers. *murdār sang* = *impure stone*], litharge, lead monoxide.

SB 29 (v. lithargyrus); ~i, est de adusto plumbo pulvis *LC* 252.

merdicina [CL merda + medicina], 'merdi-cine', nonce-formation from words for 'excre-ment' and 'medicine'.

paedagogus: amicitia sua me spoliant alii adule-scentibus meis auditoribus; philaphredita: immo tuum neglegens studium. tua haec ~a LIV. *Op.* 51.

merdicus [CL merda + medicus], nonce-for-mation from words for 'excrement' and 'physician'.

immo tua phisica, cujus libros non legisti. en ~um! LIV. *Op.* 50.

merdifer [ML], carrier of excrement.

rakare of a cyte, mordifer PP.

merdosus [ML], befouled with dung, shitty; **b** (fig.). **c** (as sb. m.) filthy man.

mire, cenosus, cenolentus, ~us *CathA*. **b 1412** religiosi nostri possent religionem suam ~am deserere, et Christi religiosum .. accipere *Conc.* III 348b; contra istud ~um sophisma dyaboli oportet acute invehere WYCL. *Versut.* 99. **c** generantur ~i ex venenoso sanguine menstruo cum semine mixto GILB. VII 291v. 2.

merdus [cf. merda, mergus], kind of aquatic bird (iron., with play on *merda* and *mergus*, as on 'foul' and 'fowl').

pervagabant totam insulam Anglicanam ~i sive mergi hujusmodi, insidiantes egrotantibus AD. EYNS. *Hug.* V 17 p. 204.

mere [CL]

1 completely, entirely, wholly.

et quidam multo amplius sunt astricti choro in-teresse, quia ~e claustrales existunt *Cust. Cant.* 146; renunciavit ~e et sponte omni juri GRAYSTANES 39; **1431** sermo .. examinatorius ~eve spontaneus *StatOx* 237.

2 merely, not more than, not less than.

hic merulus, -li, eo quod ~e cantet OSB. GLOUC. *Deriv.* 356; malorum mere sunt duo contraria / que verum abigunt ab omni curia WALT. WIMB. *Sim.* 31; **1307** tale servicium est ~e servicium parve serjancie *RParl* I 214a; si gignicio nostra esset ~e naturalis, nullo modo esset in potestate voluntatis DUNS *Ord.* IV 97; per agens ~e naturale OCKHAM *Quodl.* 91; si intellectus est ~e passivus T. SUTTON *Quodl.* 99.

meredies v. meridies.

mereella [ME *merilioun*, AN *emeriliun*, OF *esmerillon* < Gmc.], (falc.) merlin (*Falco aesalon*).

esse queunt in ea [sc. aula] .. / .. / aucipitres, nisi falcones et mereelle D. BEC. 2210.

merellum, ~us [ME, OF *merel*], merel, coun-ter in the game of merels.

c**1350** causa recreacionis .. ad scacarrium vel ~os vel tabulas ludant *MonExon* 271b; **1368** eo quod ludebant ad talos et mirella *Pl. Mem. Lond.* A 13 m. 4 (=*Cal. Pl. Mem. Lond.* II 89).

merementum [cf. CL merere], what is me-rited, desert, reward.

in qua [sc. veste] semper versus orientem magis atque magis in ~um lucis eundum est COLET *Eccl. Hier.* 213; praeparati hac fide pergamus in ulterius ~um gratiae *Ib.* 223; nec habet finem ~um amoris *Id. Rom. Exp.* 204.

meremeum, meremia v. maeremium. **mereme-are** v. maeremiare. **meremiatio** v. maeremiatio. **meremies, meremium** v. maeremium. **mere-narius** v. maerenarius.

merenda [CL], light afternoon meal (orig. as part of labourer's wage).

~a, *nonmete* ÆLF. *Gl.* 147; gentaculo viali et ~a simplici [*gl.: simple mereyne, russie*] ciborum appetitum .. represseram BALSH. *Ut.* 48; *nunmete*, ~a *PP*; hec †miranda [l. miranda], *a myddyner undermete WW*; **1526** pro ~is datis episcopo, capellanis, clericis et aliis in vigilia S. Nicolai *Med. Stage* II 249; **1535** pro ~a facta in vigilias S. Nicolai .. pro ~a facta post comediam actam ix s. iij d. *Ib.*

merendare [LL gl.], **~inare**, to eat a light afternoon meal.

~o, meridiendo, *to middan dæge ic ete* ÆLF. *Gl.* 153; *to ete orendron' mete*, ~are ~inare *CathA.*

merenn(i)um, merenum v. maeremium.

1 merere v. maerere.

2 merere, ~eri [CL]

1 to have a claim to.

Deus ~uit [ME: *haueð ofgan*] nostrum amorem omnibus modis *AncrR* 152.

2 to deserve: **a** to merit (reward). **b** to incur (punishment).

a Paulus / .. / magna supernarum meruit spectacula rerum ALDH. *CE* 4. 2. 8; Christiani .. divinitus instigati multo melius judicantes aut mortem aut victoriam ~eri .. irrumpunt ASSER *Alf.* 54; **957** veniam non hic ~eatur *CS* 988; mercedem reddet qualem tunc forte merentur GODEMAN 9; laudem .. ~eri poterit .. operantis affectus GIR. *TH intr.* p. 8; Sirenes .. nomen congruum ~uerunt, quia voluptates corporales ad se mentes quorumlibet trahunt ALB. LOND. *DG* 11. 9. **b** quanto putatis deteriora ~eri supplicia? GILDAS *EB* 37; majorem ~uit quae virum habet, si fornicaverit THEOD. *Pen.* I 2. 14; ut non solum suum proprium odium ~etur .. ASSER *Alf.* 13; et quamvis imminencia / meruerim supplicia J. HOWD. *Cyth.* 149. 8; **1203** cum veniret coram justiciariis totum hoc negavit et ideo ~uit mortem set per dispensacionem eruantur ei occuli *SelPlCr* 34; si vos paciamini aliquid grave, graviora ~uistis [ME: *ofserveð*] et totum quod patimini est pro vobismet ipsis *AncrR* 64.

3 (w. inf.) to deserve (to).

latro in hora ultima confessione unius momenti ~uit esse in Paradiso THEOD. *Pen.* I 8. 5; dum mergi meruit baptismi gurgite felix ALDH. *CE* 3. 28; ut .. pro martyre .. ipse potius ~eretur percuti BEDE *HE* I 7 p. 20; ille multum gavisus est .. quia sic ~uisset infirmari CUTHB. *Ob. Baedae* clxii; praetende super me dexteram tuae majestatis ut auxilium tuum .. mecum habere ~ear ALCH. *Or.* 144; *hafað, us alyfed lucis auctor / þæt we motum her merueri, / goddædum begietan,* gaudia in celo (*Phoenix*) *ASPR* III 112; exclamat imperator 'o si vel minimum articulum .. de tanto thesauro nancisci ~erer' GOSC. *Transl. Aug.* 31A; ut .. ad horum .. eterne beatitudinis consortium pervenire ~eamini W. MALM. *GP* III 117; efficaci orationum instantia .. rei notitiam .. ~uit .. obtinere GIR. *TH* II 5.

4 (pr. ppl.) deserving, meritorious.

?**693** (14c) sit a consortio bene ~entium anathema .. possideat bona sempiterna cum bene ~entibus *CS* 121; m. r. a. .. er dominnae [l. Marþa Maria mr [sc. merentes] dominnae *AS Inscr.* 105.

5 (p. ppl. *meritus* as adj.) deserved, merited.

post pauca minas ~itas tantae insipientiae aptans .. GILDAS *EB* 42; ut .. ~itam blasphemiae suae poenam lueret BEDE *HE* I 7 p. 19. .

6 (as sb. n.) merit: **a** something that entitles one to reward or punishment; **b** (dist. from *gratia*). **c** meritorius or simple act. **d** (*~itum sancti* or sim.) virtue of a saint.

a imperitia .. una cum vilibus me ~itis inhibentibus .. GILDAS *EB* 1; monachus magni ~iti BEDE *HE* IV 3 p. 207; si Johannes XXII, quum deponebatur de papatu, amore Dei pacienter tolerasset, apud Deum ~itum habuisset OCKHAM *Dial.* 471. **b** †**880** (12c) ego Athelwlfus †mei non meriti [v. l. meis non meritis] sed Dei gratia largiente *CS* 444; non opus hoc hominis sed numinis esse probatur: / gratia, non meritum, grande peregit opus L. DURH. *Dial.* III 290. **c** hoc ne post laudanda quidem ~ita egit GILDAS *EB* 28; a**705** Aldhelmo .. ut ~ita poscunt Aedilwaldus .. salutem (ÆTHELWALD) *Ep. Aldh.* 2 p. 495; vir .. ob ~ita scelerum ad inferni claustra raperetur BEDE *HE* III 13 p. 152; si placet abbati aliquem fratrem pro suis ~itis honorare .. LANFR. *Const.* p. 175; c**1168** quociens vobis preces porrigimus, non eas de nostris ~itis ducimus promovendas, sed de benignitate vestra J. SAL. *Ep.* 278 (266); **1300** nostris precibus .. ceterisque piis operibus ~itorum que in nostra .. ecclesia cotidie exercentur *Lit. Cant.* I 12. **d** custodi me per orationes patriarcharum, per ~ita prophetarum *Nunnam.* 58 a**960** ~itis et precibus sanctorum *CS* 936; [Hubertus] unus ex minimis fratribus ordinis sancti Gileberti Sempinghamensis, sanctorum ~itis et premiis coequari *Canon. G. Sempr.* f. 33; sparsus rumor per totam Angliam martyris ~ita predicabat SILGRAVE 59; in Angliam denique, per ~ita Beati Cuthberti, perfecto negocio nostro, venientes *Feod. Durh.* liii.

7 salient feature (of an argument), fact (of a legal issue).

coepiscopis suis facti ~itum innotescens W. MALM. *GP* III 100 p. 227; episcopale constat esse officium inquietudinis pacificare dissidentium, ubi id magis reputatur ad ~itum *Feod. Durh.* lx; **1549** exploret ~ita causae *Conc. Scot.* II 121.

meresia v. maresium. **meresmium** v. maeremium.

---

meretricalis [ML], **~ialis**

1 of a prostitute, whorish. **b** (*herba ~is* or ellipt. as sb.) kind of plant (*v. et. meretricaria, meretrix* 2d).

epicroculum, pallium ~ale, quasi supertinctum OSB. GLOUC. *Deriv.* 201; meretricius, ~ialis *Ib.* 361; matrona in veste ~ali repudiata non potest injuriarum agere WYCL. *Ver.* III 67. **b** si .. volueris rubefacere faciem radas brasilii lignum in testa ovi ... radix .. ~alis satis est competens GILB. III 167v. 1.

2 who patronizes a prostitute.

jam meretricalis potius quam vir monachalis / promeruit dici NIG. *Mir. BVM* 1039.

3 meretricious.

est meretricalis certantibus ultio talis D. BEC. 687; verba .. quibus .. litteralem aut potius ~alem destruas intellectum 'osculatur me osculo oris sui ..' P. BLOIS *Opusc.* 866B.

meretricaliter [ML], **~ialiter,** in the manner of a prostitute, whorishly.

1236 si copulati prius ~ialiter contrahant postea matrimonium .. GROS. *Ep.* 23 p. 85; hic est .. laqueosus ille funiculus [sc. libidinis] .. qui .. virum rectum .. adulterinis amplexibus ~aliter effeminavit *Reg. Whet.* II 460.

meretricari [LL]

1 to act as a prostitute, to behave as a harlot; **b** (fig.).

ut .. more ~antis fortunam subripiat, .. aliena in se congerat spolia J. SAL. *Pol.* 485D; tradebat eas .. ad ~andum G. *Hen. II* 292; licet esset sibi matrimonialiter copulata, posset tamen sic fieri perversa et tam diu ~ari [ME: *for horen*] cum aliis viris quod, licet reverti vellet, ipse eam nullatenus reciperet *AncrR* 155; *to do hurdome,* ~ari *CathA.* **b 1188** mihi domini vestri gratiam enormiter toxicavit lingue ~antis adulatio et invidia detractoris P. BLOIS *Ep.* 20. 72B; si aliquando ~anti animo contigerit per ipsum divorcia celebrari *Reg. Whet.* II 398.

2 to patronize a prostitute.

quasi illic occisus esset in ~ando ASSER *Alf.* 96; ephebian .., locus prostitutionis ubi juvenes ~abantur OSB. GLOUC. *Deriv.* 190; sine delectu interdum ~antur, a quibusdam etiam nec parcitur conjugatis, quo minus .. R. NIGER *Mil.* IV 7; *to do lechery* .., luere, .. ~ari *CathA*; cave adulteres, cave ~ere [sic] COLET *In I Cor.* 192.

meretricaria, kind of plant (*v. et. meretricalis* 1b, *meretrix* 2d).

herba meretricum, ~ia idem, habet radicem rubeum, flores et folia similia lingue hircine *Alph.* 81; ~ia, herba meretricum idem, radix est illi rubea *Ib.* 112.

meretricatio [LL], resort to a prostitute, fornication.

componitur .. merces hec meretrix .. et inde hec meretricula .. et meretricius, -a, -um, et hoc meretricium, -ii, i. domus meretricum, et meretricor, -aris, verbum deponens et inde meretricator, meretricatus, ~io OSB. GLOUC. *Deriv.* 337; hic in meritricacione ipse auctor magis et effector [sc. peccati] COLET *In I Cor.* 193.

meretricator [cf. CL meretricari, LL meretricatio], one who patronizes a prostitute.

OSB. GLOUC. *Deriv.* 337 (v. meretricatio).

meretricius [CL]

1 of a prostitute, whorish.

ornatu ~io et luxu lenocinante ALDH. *VirgP* 57; prostibulum, ~iae †commixtiones [l. commixtionis] usus *GlC* P 642; ordinavit .. Ethelstanum, qui .. in ~iis amplexibus vitam effudit W. MALM. *GP* II 75 p. 164; ~ios odores excludens naribus AILR. *Spec. Car.* 520D; a lecto ~io .. et tam plectibili concubinu mane cotidie surgere GIR. *GE* II 6 p. 191; procacitas cum nutu vel tactu vel attractu, cum stolido risu, cum oculo ~io [ME: *hore echȝe*], cum gestu levi *AncrR* 72.

2 meretricious.

spurius, ~ius *GlC* S 464.

---

3 (as sb. n.) house of prostitutes, brothel.

OSB. GLOUC. *Deriv.* 337 (v. meretricatio).

4 prostitution, harlotry.

regium stuprum divina humanaque ratione compescat, mulieris adulterae ~ium suspendii comminatione percellat OSB. *V. Dunst.* 27; **1453** Margareta Curtays propter ipsius enorme, notorium, et diu continuatum ~ium *MunAcOx* II 660.

meretricula [CL], little prostitute; **b** (fig.).

et audacter hoc caput amplectitur ~a GOSC. *Lib. Confort.* 101; illis etiam, qui aliquam societatem cum istis ~is coeperunt, nullam habeat communionem sponsa Dei ALEX. CANT. *Dicta* 20 p. 191; cujus [sc. tua] germana, multis meretricula plana, / filia presbiteri, tua propria gaudet haberi (*Vers.*) GIR. *SD* 154; miles .. nomine Godefridus de Millers .. consentiente ~a que pellex fieri formidavit, comprehensus est M. PAR. *Maj.* V 34; affirmatum est .. eum hanc egritudinem incurrisse ob desiderium illius ~ule *Chr. Ang.* 104; contendere multis in verbis more ~arum vos non decet, o dilecte sorores CHAUNDLER *Apol.* f. 28a. **b** deinde locus erit, de tuis, quas laudavisti, ~is quid tenendum sit, paucis docere ADEL. *ED* 9.

meretrix [CL]

1 courtesan, court mistress, kept woman. **b** (as object of serjeanty).

~ix coronam ne habeat; si habeat, publicetur ALCUIN *Rhet.* 9; **1166** sunt cultores Jezabel, que cohabitatrix, quod nomen ~icis est, interpretatur J. SAL. *Ep.* 175 (176 p. 172); certum fit quod amator ~ici sue et iterum nuntiis suis satisfaciens omnia tribuit BERN. *Comm. Aen.* 103. **b 1212** Henricus de M. tenet vij virgatas per servicium esse [? l. essendi] hostiarius domini regis et servandi ~ices *Fees* 103; **1284** (v. domicella 2b); **1404** (v. dismembrare a).

2 prostitute, whore; **b** (as object of serjeanty). **c** (*filia* or *filius ~icis*) daughter of a whore, son of a bitch (usu. as term of abuse). **d** (*herba ~icum*) kind of plant (*v. et. meretricalis* 1b, *meretricaria*). **e** (fig.).

pallium lineum subtile, quo se puellae cooperiunt et ~ices maxime *Comm. Cant.* I 199; muliebria opera dilexit et ignaros virorum more ~icis decipiebat *Lib. Monstr.* I 1; **747** perpauce .. sunt civitates in Longobardia vel in Francia aut in Gallia, in qua non sit adultera vel ~ix generis Anglorum BONIF. *Ep.* 78 p. 169; **1166** fluxus vanus quia more ~icum, que convivia sectantur et tabernas J. SAL. *Ep.* 175 (176 p. 172); Raab ~ix duos nuncios Josue fune coccineo per fenestram submittit AD. DORE *Pictor* 165; nescitur que fuerunt ille ~ices *PlCrGlouc* 106; [Dyna] virginitatem amisit et facta est ~ix [ME: *hore*] *AncrR* 13; fures et meritrices *Eng. Clergy* 245. **b** a**1163** B. est .. custos ~icum publice venalium in lupanari de Rothomago *Act. Hen.* II I 349; **1313** ballivos domini regis ducentes quasdam communes ~ices extra civitatem Norwyci *Leet Norw.* 59. **c** *GlC* M 31 (v. mamzer 1); indignabundus et fremens, 'fili', ait, '~icis!' W. MALM. *GR* IV 313; non tibi sit nupta meretricis filia feda; / Thaydat ex more meretricis filia queque D. BEC. 2120–1; tu .. fili sordide ~icis, tu latro, tu traditor, tu diabole, tu crucifixisti socium meum DEVIZES f. 40; ait rex, 'filii ~icis male generate, vis tu modo terras dare qui nunquam aliquas impetrasti? ..' W. GUISB. 382. **d** *Alph.* 81, 112 (v. meretricaria). **e** anima mea .. ~ix obstinata ANSELM (*Medit.* 2) III 81; omnis quippe littera ~ix est, nunc ad hoc [? l. hos] nunc ad illos affectus exposita ADEL. *QN* 6 p. 12; rex Aragonie .. tunc dixit pape Eugenio 'ecclesia Romana jam est vere ~ix, quia exponit se cuicunque petenti pro pecuniis' GASCOIGNE *Loci* 125.

meretrum v. marathrum.

merewardus [ME *mere+ward*], boundary-guardian.

1316 in aquietacione prepositi et ~i plen', terr' tenent' (*Stretham, Cambs*) *MinAc* 1132/13 B 5.

1 merga [CL]

1 reaping-board (used in pairs for stripping ears of standing corn).

~ae, fustes quibus messes colliguntur *GlC* M 182.

2 pitchfork.

hec ~a, *forche Teaching Latin* I 379; hec ~a, *a forke WW*; a**1499** J. T. fecit insultum super W. G. cum

una ~a plaustral' precii iij d. domino forisfacta *CourtR Lygh*; ~am manu gestabat oblongam, quod quidem instrumentum rusticorum ferrum habet in fine bis acutum *Mir. Hen. VI* IV 144.

2 merga v. 1 mergus.

3 merga v. 2 mergus.

mergere [CL]

1 a (intr.) to plunge, dive (into water). **b** (tr.) to plunge, immerse (in water); **c** (w. ref. to baptism).

a saepe caput proprium tingens in gurgite mergo ALDH. *Aen.* 56 (*Castor*) 6; aves .. dum ~unt emerguntque pede natatili in aquis se gubernant GIR. *TH* I 16; ad minutos pisciculos, quibus vescuntur, in aquam ~entes *Ib.* I 18; tactus cujusdam piscis qui vocatur †tarcon [l. narcon] et dicitur piscis iste merguri [? l. mergere] et secundum Avicennam capitulo de stupore vocatur berile GAD. 64v. 2. **b** princeps .. / .. fratres / merserat in pontum .. / .. sed .. aequora .. / .. sanctos ad litora vectant ALDH. *VirgV* 1098; Iona propheta .. a nautis in mare mersus in ventre ceti triduo latuit *Eccl. & Synag.* 105; **1313** in meremi' apud Norton ad aquam cariand' et mergend' *Fabr. Exon.* 71. **c** omnes certatim merguntur gurgite sancto ALDH. *CE* 4. 8. 10 (=*Mir. Nin.* 68); quia grave fuerat in terra sepeliri, in aqua ~i credituros in se ad similitudinem sepulturae constituit. . in hoc, quod me in ista aqua ~endo sepelio, Christi fidelitatem, qui sepultus est, amodo me servaturum voveo ALEX. CANT. *Dicta* 20 p. 185.

2 a (intr.) to sink. **b** (tr.) to sink, send (artefact) under or to the bottom. **c** to drown (person).

a c787 non te terreat procellosa tempestas, quam Dominus supergradiens siccis calcavit pedibus et Petrum ~entem pietatis intuitu respexit ALCUIN *Ep.* 4; Lazarum a monumento suscitasti et Petro ~enti [AS: *ðæm drencende*] RIT. *Durh.* 101. **b** fluctibus equoreis nunc fertur ad ethera navis, / nunc in Tartareum mergitur egra sinum L. DURH. *Dial.* III 162; multa alia peccata que .. ~unt istam navim ut non possit venire ad portum AILR. *Serm.* 22. 4. 317A; qualiter sunt ibi positi? capita sunt eis deorsum mersa, dorsa ad invicem versa; pedes sursum erecti et in penas undique distenti HON. *Eluc.* 1160C; pondus auri in mare projecit dicens 'ego pocius vos ~am quam ipse mergar a vobis' W. BURLEY *Vit. Phil.* 84 (v. et. 7 infra); rates et carinas .. merserunt STRECCHE *Hen. V* 159. **c** inter haec duo genera funerum aut jugulamur aut ~imur GILDAS *EB* 20; Domine Jesu Christe, adoro te quando faraonem mersisti et filios Israhel liberasti *Cerne* 115; [demones] sciebant per adventum Domini se aliquando in abyssum ~endos GIR. *GE* I 19; NECKAM *DS* III 252 (v. fluitare 2); de Moyse et Egiptiis submersis. ultio digna, rei, Moyses, baptismus, Hebrei / fervet, merguntur, juvat, intonat, eripiuntur *Vers. Worc.* 101; omnes homines in eis [sc. carinis] inventos ceperunt, merserunt et occiderunt STRECCHE *Hen. V* 159.

3 (of water) to inundate, engulf.

Sinnenus .. in oceanum tandem ~itur borealem GIR. *TH* I 7.

4 to sink in the ground, to bury. **b** (p. ppl. as sb. n.) sunken part or place.

quem saxa mersi fornicis [*gl.*: *gefegede climprum*] / angusta clausum strangulant *GIP* 761. **b** alta poli vel lata soli vel mersa profundi / quis dimensus erat, solus nisi Conditor idem? WULF. *Brev.* 73.

5 to insert deeply.

ergo michi prestat nutriri lacte caprino / quam lac matris habens mergar in ore tuo [sc. lupi] WALT. ANGL. *Fab.* 26. 12; pondus amoris nimium / monstras per mortis gladium / tuis mersum visceribus J. HOWD. *Cyth.* 53. 6; vincla, vincla, nostis quem stringitis? / nostis, inquam, in quo vos mergitis? J. HOWD. *Ph.* 108. 2.

6 to cover so as to hide.

erant .. duo .. corvi, quorum infesta nequitia fuit: ita ut quicquid frangere, ~ere, diripere, rapere, contaminare potuissent, sine ullius rei reverentia .. perderent FELIX *Guthl.* 38.

7 to drown (fig.), overwhelm (in abstr.).

juste te totam mergeres in merore J. HOWD. *Cant.* 343; cum cor amore merseris *Id. Cyth.* 144. 9; [Virgo] cujus dudum pacifica / te [Christe] sompno mersit

musica / suo cubantem gremio *Ib.* 148. 5; W. BURLEY *Vit. Phil.* 84 (v. 2b supra).

1 merges [CL], sheaf of grain.

~ite culmi, †manipulos [l. manipulo] spicarum *GlC* M 167; homo fide venerabilis accepit a messoribus basilei quattuor ~ites tritici absque licentia echonomi LANTFR. *Swith.* 27; termite ramali pars mergite, pars cereali, / repit onusta pedes onus illatura sub aedes R. CANT. *Malch.* IV 35; erige cervicem, tamen hic in mergite spicam / utpote vir cautus scit reperire, cave L. DURH. *Dial.* I 179; hinc reperire scio prudens in mergite spicam *Ib.* 199; hec merges, *a schaffe,* .. *a schefe WW*; CathA 87 (v. 2 merges); *a schefe,* geliva, garba, ~es, -etis, medio producto *Ib.* 334.

2 merges [cf. 1 mergus, 1 mergulus], aquatic bird (var.).

aves .. cortis sunt hec: .. ~ites [*gl.*: *plungouns*] sive mergi [*gl.*: *dovedoppe*], alciones, galli palustres NECKAM *Ut.* 106; ~es, kote GARL. *Aeq.* 142; ~ite, A. *gavrel Id. Unus* 172; **13** .. item habeat ardeas sive airones, .. grues sive cignes sive cleres, malardos, ~ites, pavones .. (*Nominale*) *Neues Archiv* IV 340 hec ~es, A. *cote,* .. *a cott WW*; *a cute,* fulica, mergus, cuta, ~es, -tis, medio correpto CathA [v. l.: versus: est merges volucris sit mergitis sit genitivus, / si sit mergētis tunc garba dicitur esse].

mergettum v. mercheta.   **mergo** v. margo, mergere.
mergora v. 2 mergus.   **mergula** v. 1 mergulus.
mergularius v. margularius.

1 mergulus [LL], ~a, aquatic bird (var.).

non enim furva voracis ~ae factura confunditur ALDH. *VirgP* 9; mergula nec penitus nigris contemnitur alis *Id. VirgV* 222; ~us, *scalfur GlC* M 160; **798** liceat nobis sicut ~is pisces captare ALCUIN *Ep.* 146; ÆLF. *Gram.* 307 (v. 1 mergus 1); quos beatus Martinus .. videns in flumine assiduis capturis piscium intentantes .. ait GIR. *GE* II 33 p. 327; nunc in aqua, nunc in terra vivunt, et quedam nunc aere, nunc in aqua, nunc in terra esse, ut est ~us *Quaest. Salern.* N 64 p. 320; isti sunt ~i, rapina piscium suam urgentes ingluviem P. BLOIS *Ep.* 95. 299A; NECKAM *Corrog.* 237 (v. 2 mergulus); ~us ab assiduitate mergendi nomen sumpsit, sepe enim dimisso in profundum capite aurarum signa sub fluctibus colligit BART. ANGL. XII 25; hic ~us, A. *a dokare WW*; *doppare, water byrde,* ~us *PP*.

2 mergulus [cf. 2 mergus], well of a lamp.

~us est nomen equivocum ad ferrum quod est in lampade et dicitur *pluingun* et ad avem ut hic NECKAM *Corrog.* 237; *synke of a lawmpe,* ~us *PP*; hic ~us, A. *herne in the lamp WW*; **1549** (v. lychnus 1a).

1 mergus [CL], ~a

1 aquatic bird (var.).

~ae, .. corbi marini *GlC* M 182; ~a, *scraeb Ib.* M 199; ~us vel mergulus, *scealfra* ÆLF. *Gram.* 307; ego capio .. olores, id est cignos et ~os, i. mergulos ÆLF. BATA 6 p. 85; pallida nam surge[n]s pallere coegerat egros / nos aurora prius, mergus et ante volans / et terram clamando petens L. DURH. *Dial.* III 132; **11** .. ~us, *duvedoppe WW Sup.* 135; ~us, alcion, cignus archana nature frequenter aperiunt J. SAL. *Pol.* 417A; AD. EYNS. *Hug.* V 17 (v. merdus); NECKAM *Ut.* 106 (v. 2 merges); hic ~us, *plungun Gl. AN Glasg.* f. 21vc; ~e, corve aquatice *Lib. Eli.* II 105 p. 181; margus, A. *a plovere WW*; CAIUS *Anim.* 22 (v. cormorans).

2 water-dog, retriever.

fecit duos canes veteres, scilicet mirgos, suspendi M. PAR. *Maj.* III 90.

2 mergus, ~a [cf. mergere, 2 mergulus]

1 bucket.

~ora, situle cum quibus aqua de puteo trahitur OSB. GLOUC. *Deriv.* 366; ~us, vas aptum puteo .. est situla cum qua trahitur aqua a puteo GARL. *Unus* 165; **1377** item pro j ~a pro aqua pro sementariis v d. *KR Ac* 462/5; hic ~us, *a bokytt WW*; *a bucket, vessel,* ~us, -oris, hoc LEVINS *Manip.* 86; **1608** accidit quod ~us, A. *the buckett,* oneratum cum sordibus .. dilabebatur *AncIndict* 723/469.

2 well of a lamp.

lychnus lucerne papyreus erat. cincendula vero, quam †mengum [l. mergum] diximus, aurea, erantque ibi forcipes ex auro ad emungenda vel exstinguenda licinia AD. SCOT *TT* 679B.

merhemium v. maeremium.

1 meri [ML < Ar. *marī'*], oesophagus.

Leo secundum eos [sc. Arabes] habet fundum stomachi quod ~in dicunt D. MORLEY 38; si ex caliditate est sentit sitim .. si ex apostemate, vel est in ~i vel est in gula GILB. V 4v. 1; cum .. ulceratur mery sive ysophagus, prohibetur infirmus deglutire cibum *Ib.* VII 348. 1; ~i .. est quoddam membrum compositum ex duobus panniculis recipiens cibum et potum intra se qui differuntur [i. e. deferuntur] ad stomachum Ps.-RIC. *Anat.* 32; fauces sunt ubi guttur et ~i conjunguntur GAD. 50. 1; ysofagus est membrum .. a radicibus lingue incipiens usque ad ~i, i. os stomachi, protensum *SB* 26; ~i sive ysofagus est via cibi in collo *SB* 30.

2 meri v. 1 merus.

meribilis [cf. CL merere + -bilis], that can earn merit, capable of redemptive change.

BRADW. *CD* 528A (v. immeribilis).

merica v. myrica.

meridialis [CL], of midday, southern.

hora designatur antelucanum, locus porta ~is. . revertitur in noctem et in illa ~i pernox excubat MAP *NC* III 4 f. 42.

meridianus [CL]

1 of or occurring at midday. **b** as clear as midday, manifest, obvious. **c** (*daemonium ~um,* w. ref. to *Psalm.* xc 6) evil spirit of midday. **d** (as sb. f., mon.) midday rest.

tepefactus a ~o fervore radium solis BEDE *Hom.* II 7 p. 133; pro somno ~o AILR. *Inst. Inclus.* 12; sicut ~us fulgor consurget ad vesperam P. BLOIS *Ep.* 31. 107B; [oculi] velut in firmamento fixi, velut sol ~us lucent et illuminant terram J. FORD *Serm.* 16. 3. **b** nec papa nec aliquis tractando cum eo vel suis committeret symoniam, quod foret ~a cecitas infidelis WYCL. *Sim.* 66. **c 1187** etc. (v. daemonium 1e); opus demonii ~i WALS. *HA* II 52. **d** kalendis Octobris remaneat ~a quam facere solent monachi in aestate LANFR. *Const.* 86; postmodum minuti, qui tum gratia et licentia prioris de ~a remanebunt, cum priore ipsi et omnes alii ad ~am ibunt *Obed. Abingd.* 364; merideanam facturus coram lecto residens paululum obdormivit *Chr. Wallingf.* 59; post ~am .. sonitum facere *Cust. Westm.* 13 (=*Cust. Cant.* 79); hic incipit meriana. 'Levee', 'Sunesdeiesbelle' ad nonam pulsetur minor in campanili *Cust. Westm.* 315; ad ~am omnes in dormitorio venire debent *Obs. Barnwell* 166.

2 of the position of the sun at midday, meridian.

velud solis ~i aspectu hebetati *V. Fridesw.* B 9; SACROB. *Sph.* I p. 91 (v. circulus 7a); WALLINGF. *Rect.* 424 (v. linea 6c); **1387** (v. altitudo b).

3 southern.

in litore .. oceani ad ~am plagam GILDAS *EB* 18; [sol] super ~a ejus [sc. terrae] loca diebus hibernis brevem facit ascensum BEDE *TR* 34 p. 244; ad ~am Humbre fluminis ripam *Id. HE* II 16 p. 117; **798** illis, qui in orientalibus vel ~is partibus mundi morantur ALCUIN *Ep.* 149 p. 245; Rædigam, in ~a Tamesis fluminis ripa sitam ASSER *Alf.* 35; "Turchil", inquiunt ".. nunc ~am partem provinciae victor obtinet .." *Enc. Emmae* I 2; a1190 ex latere meriadiano *Danelaw* 81.

meridiare, ~ari [CL], to rest at midday.

~ior, -aris, verbum deponens, i. in meridie requiescere OSB. GLOUC. *Deriv.* 160; nemo qui tumidam bursam persequitur / securus uspiam meridiabitur WALT. WIMB. *Sim.* 46; *to rest,* quiere, con-, re-, quiescere, con-, re-, ~iari est in meridie quiescere respirare, sabbatizare, pausare CathA.

meridies [CL]

1 midday, noon. **b** (~*ies noctis,* ~*ies in nocturno*) noon of night, midnight. **c** (fig.).

Athenienses a ~ie ad ~iem dies suos computare maluerunt BEDE *TR* 5 p. 189; donec in crastinum circa ~iem corpus mortui sepeliatur (*Heref*) *DB* I 179rb; liber iste septem planetarum atque draconis statum continet a ~ie quarte ferie usque ad ~iem quinte ferie determinatum ADEL. *Elk. pref.*; fert Helene faciem, gracilem precincta Corinnam. / mĕridiem risu, dente coequat ebur *Babio* 38; verus sol in ~ie

[ME: *under tid*] sursum ascendit in sublimi cruce ad spargendum undique amoris sui radios *AncrR* 158; **1454** hora novena post merediem *Law Merch.* II 111. **b 1526** inter horam novinam et horam decimam ante merediem in nocturno ejusdem diei *AncIndict* 502 m. 124; in nocturno ante merediem *Ib.* m. 125; **1538** circa horam secundam post merediem noctis in principio ejusdem diei *Ib.* 541 m. 130; **1539** circa horam decimam ante merediem noctis ejusdem die *Ib.* m. 129. **c** sed qualiter ipsius urbis prefulgura ~ies in caliginosam declinabat vesperam aliquantulum videatur *Ps.*-ELMH. *Hen.* V 126.

2 position of the sun at noon, south.

c**704** ex meredie habet terram *CS* 107; alia die proficiscebat juxta fluvium Tesgeta tendens in ~iem *V. Cuthb.* II 5; a**867** Vectam insulam, Brittaniae proximam a ~ie BEDE *HE* I 3 p. 15; a**867** in miridie Winesland, in occidente Tucenan land, et in aquilone puplica semita *CS* 515; **867** ab aquilone .. a meritie *CS* 516; sicut Hibernia contra aquilonalem Britannia longe brevior .. ita in ~iem non minor GIR. *TH* I 3; sic sunt species mundi similiter quatuor, oriens, occidens, ~ies, et septentrio BACON V 150.

3 meridian line.

de Toleto ad cujus ~iem facte sunt tabule Toletane BACON *Maj.* I 298; de arte inveniendi ~iem ville date WALLINGF. *Rect.* I 418; istud kalendarium subsequens fuit factum ad ~iem universitatis Oxon .. *SB* 5.

meridionalis [CL]

1 of midday.

dum consuetudinaliter ~is sub intemperie temporis sola .. deambulans in pomerio E. THRIP. *SS* VII 5; si a reumate vos curare et preservare duxeritis, vitare debetis fortes insufflaciones ventorum, presertim septentrionalis plantis post ~em calorem nimium KYMER p. 555.

2 of the position of the sun at midday, meridional.

augeturque hec motio quousque pervenerit luna ad circulum ~em GROS. *Flux.* 462; BACON IV 431, WALLINGF. *Rect.* 420 (v. linea 6c).

3 southern.

ut .. de ~i abundantia replerent occidentalem inopiam *Ps.*-BEDE *Collect.* 379; ex Affrica .. gentes innumere confluunt, .. et populi ~is solis adustione deformes *Itin. Ric.* I 38; contra ~es .. plagas GIR. *TH* I 40; notata sunt in celo signa, notati venti, qui quattuor sunt cardinales et oppositi, sc. Eurus orientalis, Zephyrus occidentalis, Boreas septentrionalis, Auster ~is *Natura Deorum* 19; tertia quadra. ista signa dicuntur ~ia. ista dicitur frigida et sicca BACON IX 199; in quibuscunque lapidibus inveneris Taurum, Virginem, et Capricornum, hii lapides frigidi sunt et ~es, et perpetuo reddunt se ferentes liberos a synocha febre *Sculp. Lap.* 450; per ~es partes *FormOx* 424; insula Georgio ~ior insulam Graciosa, insula Pico ~ior ex opposito Graciosa, insula Santandrea ~ior omnium W. WORC. *Itin.* 374.

merilio [ME *merilioun*, AN *emeriliun*, OF *esmerillon* < Gmc.], (falc.) merlin (*Falco aesalon* or *lithofalco*.

1209 hominibus .. qui attulerunt merilones *Misae* 116; memorandum de ~one Johannis de Culno, qui jacuit mortuus per diem et noctem .. et, mensuratus ad comitem, convaluit *Mir. Montf.* 78; **1306** Johanni de Staundon' port' unum merillon *KR Ac* 369/11 f. 130v; **1336** arream de esperveris et merlonibus *DL Couch.* III 150; c**1380** cariat espervarios et merliones *Surv. Durh. Hatf.* 61; merilliones aves sunt, ut dicit Alexander Neckam, sic vulgariter nominate, non multum majoris forme sunt set colore dissimiles quam merule, excepto quod pedes, ungues, et rostrum habent dissimiles. aves prede cupidissime sunt et quia parve et parvi roboris sunt, parvarum avium insecutrices nominantur: socialiter enim volant tres vel quatuor quando predantur UPTON 197.

merillio, merillo, merilo v. merilio. **merimarius** v. maeremiarius. **merimium** v. maeremium. **merin** v. 1 meri.

merinula [cf. CL merula], (her.) martlet.

arma .. de rubio cum ligamine blodio et una ~a aurea AD. USK 38.

meripsia v. myrepsia. **meriscus** v. mariscus.

---

merista [ML < μεριστής], 'separator', a class of heretic.

an heretyke, circumtilio, hereticus, ~e dicuntur heretici quia separant scripturas *CathA*.

meritas [cf CL merus, mere], clarity, purity.

a clerenes, .. ~as *CathA*.

merito [CL], ~e

1 deservedly, as one deserves.

~o beatissimum dicebam Petrum ob Christi integram confessionem GILDAS *EB* 1; induratum est cor ejus benefitiis in parcendo ei plus ~o *Comm. Cant.* I 230; ~o nos quoque nostri mentionem magistri possumus *V. Greg.* 75; ab omnibus .. ~o diligebatur BEDE *HE* III 25 p. 182; principalis sedes regni ad Earnulf juste et ~o provenit ASSER *Alf.* 85; usque ad terram se in oratione humiliat, ne ~e jaceat in terra DICETO *Chr.* I 106; sagacitatis in exercicio sub sole spirantibus est homo ~issime preferendus E. THRIP. *SS* VIII 4.

2 by virtue (of), as a natural consequence (of).

~o cupiditatis GILDAS *EB* 66; ~o tenebrae super faciem erant abyssi, cum necdum lux, quae has fugaret, creata est BEDE *Gen.* 14; scribendi occasio. altera nec ~o minus quam numero secunda GIR. *TH intr.* p. 4; hujus fidei ~o accepit gratiam R. NIGER *Chr.* I 4; usurpationis ~o lepram incurrit *Ib.* 12.

meritorie [ML], by merit, meritoriously, worthily.

qui fideliter et ~ie ingrediantur ad has solempnes epulas T. CHOBHAM *Serm.* 7. 31vb; licite et de jure, immo ~ie .. est juvandus OCKHAM *Pol.* I 228; ea que .. devocionis .. optentu ~ie inchoata .. sunt *Eng. Clergy* 277; actus confessionis est iterabilis ~ie, quantum ad expressionem peccatorum et penitenciam RIC. ARMAGH *Def. Cur.* 1395 (*recte* 1295); gregis cui ~ie presidetis *FormOx* 233; dominus .. papa Christi vicarius bene et ~ie potest superflua monasteriorum retrahere et concedere curatis parochialium ecclesiarum GASCOIGNE *Loci* 20.

meritoriosus, meritorius, worthy.

contigit eo tempore ~issimum regem Athulphum Romam mittere primogenitum suum Alfredum .. in regem .. consecrandum *Brev. Hyda* f. 288.

meritorius [CL = *let out for a price*]

1 that earns merit, meritorious, worthy. **b** (w. obj. gen.) deserving (of), worthy (of).

oratio fidelium fidem ~iam habens comitem GIR. *GE* I 5 p. 17; dissolvi enim convenit bonis et malis, nec est ~ium, sed manere in carne propter fratrum utilitatem convenit tantum bonis S. LANGTON *Quaest.* 149; in bonis .. et ~iis operibus *Dial. Scac.* II 10H; quam ~ium sit libros novos scribere R. BURY *Phil.* 15 *tit.*; talis ablacio foret in casu plus ~ia quam prior collacio *Ziz.* 249; regis .. ~ie suggestioni .. condescendens ELMH. *Cant.* 134; **1428** continenciam presbiterorum et monialium fore commendabilem sed magis ~ium eisdem nubere *Heresy Tri. Norw.* 34. **b** est et labor gratie ~ius vite GIR. *GE* II 18 p. 251; actus ex puris naturalibus elicitus est ~ius vite eterne de condigno OCKHAM *Quodl.* 589.

2 merited, deserved.

non consuevit .. aliquod delictum absque reprehensione aut vindicta ~ia inultum pertransire *Cust. Westm.* 186; merces ~ia tibi de jure debetur *Eul. Hist.* III 27; **1428** mors S. Thome martyris nunquam fuit sancta nec ~ia *Heresy Tri. Norw.* 53.

3 (as sb. n.) place in which commodities or services are bought and sold.

~ia discute et lixarum castrensium inquire sententias J. SAL. *Pol.* 502A quod si defuerit, consulerem quod elector supersedeat occupans se in certo ~io WYCL. *Sim.* 52; a buthe, emporium, .., ~ium *CathA*.

meritricatio v. meretricatio. **meritrix** v. meretrix. **merka** v. 1 marca. **merkandisa** v. mercandisa. **merkare** v. 1 marcare. **merkator** v. mercator.

merlengus [ME *merleng*, OF *merlenc* < merula], merling, whiting (*Merlangus merlangus*).

1236 quod .. venire faciant tria millearia merlingorum *Cl* 402; **1241** ad emendum .. v milearia ~orum bene sallatorum sine capitibus *Cl* 380; de marlango. viij marlangos *DC Cant. Reg. J.* 280; c**1283** percipiet

---

.. vj panes et xviij alleces vel merleng' *Cust. Battle* 5; **13** .. piscator .. habeat pisces .. merlingos (*Nominale*) *Neues Archiv* IV 340; de [piscibus] marinis est merlurgus, guirardus GAD. 33v. 2; possunt eciam uti marinis [piscibus] sicut merlongo *Ib.* 55. 1; conchelinis sunt et marinis piscibus utpote polipis, ostreis .. luciis, .. merlinis, pectinibus, multonibus .. utiliora BOWER II 2; hic merlinggus, A. *a merlyng WW*.

merlenio [ME *merlein*, OF *esmerillon* < Gmc.], (falc.) merlin (*Falco aesalon* or *lithofalco*).

1336 habuerunt aereas falconum, ~onum, et espervariorum *DL Couch.* III 111.

1 merlinus v. merlengus.

2 merlinus, ~a [ME *merlin*, AN *emeriliun*, OF *esmerillon* < Gmc.], (falc.) merlin (*Falco aesalon* or *lithofalco*).

merlinus, A. *a merlyn WW*; αἰσάλων .. mihi Anglorum ~a, et Germanorum smerla esse videtur TURNER *Av.* B 1.

3 Merlinus [cf. W. *myrddin*], the name Merlin: **a** (applied to the British bard and wizard); **b** (dist. as *Ambrosius, Caledonius,* or *Silvestris*); **c** (other).

a cum in urbem que postea Kaermerdin vocata fuit venissent conspexerunt .. duos juvenes, quorum erant nomina ~us atque Dinabutius G. MON. VI 17; nondum .. ad hunc locum historie perveneram cum de ~o divulgato rumore compellebant undique me contemporanei mei prophetias ipsius edere *Ib.* VII 1; cogit me Alexander Lincolniensis episcopus .. prophetias ~i de Britannico in Latinum transferre *Ib.* VII 2; clarus habebatur Merlinus in orbe Britannus *V. Merl.* 20 illud ~i eloquium de aquila rupti federis dictum G. COLD. *Durh.* 15; **b** tunc ait ~us qui et Ambrosii dicebatur G. MON. VI 19; ecce Ambrosii ~i prophetia quam tempore Guortigerni regis Britannie vaticinatus est ORD. VIT. XII 47 p. 486; in prioribus libris ~i vaticinia, tam Celidonii quam Ambrosii .. inseruimus GIR. *TH* III *pref.* p. 401; ibi Merlinus conditur / Silvestris, ut asseritur HIGD. I 38 p. 418. **c 1336** cuidam ~o garcioni domini regis, iij s. iiij d. *Ac. Durh.* 528.

merlio, merlo v. merilio.

merlucius, ~ium [OF *mer + luce, luz* < mare + lucius], sea-luce, ling.

1288 si copia marlutorum vel murvellorum ingrueret .. *AncD* D 389; **1292** centum ~ios et mille allecia *RGasc* III 57a; **1293** mille allecia et centum ~ia *Ib.* 69a.

merobibus [CL], who drinks unmixed wine.

nomen est Lene multibiba atque ~a OSB. GLOUC. *Deriv.* 304.

meroctes v. malachites. **Meroingus** v. Merovingus. **meron** v. merus.

merops [CL < μέροψ], kind of bird, bee-eater (*Merops apiaster*).

reyne fowle, byrd .. ~es, -pis *PP*.

meror v. maeror.

merosus [LL *gl.*], pure, unmixed: **a** (of drink); **b** (of ancestry).

a fercula que sapiant et pocula sume merosa D. BEC. 2821. **b** cognomino et Ammon, id est, populum meum ... sane notandum quod proprie populus ~us interpretatur BEDE *Gen.* 181.

merotetes v. myrotheca.

1 merotheca [ML], place in which to store or sell wine.

a mero hec meroteca, -e, i. meri custodia OSB. GLOUC. *Deriv.* 356; a tawern', .. ~a *CathA*.

2 merotheca v. myrotheca.

merothecarius [ML], one who stores or sells wine.

a tawerner, caupo, caupona, cauponius, labio, ~ius, tabernio *CathA*; a vyntner, vinitor, ~ius *Ib.*

Merovingus, Merovingian (man).

regnavit Merovetus a quo Franci dicti sunt Mero-
ingi R. NIGER *Chr. II* 128; reges usque ad Pipinum ~i
vocabantur HIGD. I 27 p. 276.

merox v. esox.   **merra** v. 2 marra.   **merremium**
v. maeremium.   **merresium** v. maresium.

mersandus [Ar. *marzanjūsh* < Pers. *marzan-
gūsh* =*mouse's ear*], marjoram or stinking camo-
mile.

mesandus, amarusca idem, A. *maythe Alph.* 112;
merzandus vel mersandus, amaracus idem *Ib.* 116.

mersare [CL], to immerse, submerge, overwhelm (also fig.).

OSB. GLOUC. *Deriv.* 358 (v. mersitare); imbecillem
.. etatem meam .. ~abant gurgite flagitiorum AILR.
Inst. Inclus. 32 p. 674; cum .. / collegisset opes .. / ..
mersit eas ne mersaretur ab illis HANV. VI 276.

merscum [AS *mersc*], marsh.

†**851** (16c) terras .. molendina, ~a et mariscos libera
et soluta ab omni servitio saeculari .. concedo *CS* 461;
1338 [*in the marsh*] merscho *CalCh* IV 458.

mersilis, that plunges or dives.

neque aves ~es admittit HIGD. I 14 p. 116.

mersimonium v. mercimonium.

mersio [LL]

1 immersion (in water for baptism).

c**798** adfirmant .. quidam sub invocatione Sanctae
Trinitatis unam esse ~onem agendam ALCUIN *Ep.* 137
p. 212; quemadmodum Christus sepultus amodo victurus surrexit, sic Christianus post ~onem baptismi,
qui pro sepultura accipitur, amplius in nova vita victurus surgeret ALEX. CANT. *Dicta* 20 p. 185; Dominus
tradidit (et ecclesia consuevit) ex aqua et spiritu trina
~one, Trinitatisque invocatione baptisma celebrari.
quomodo igitur baptisma asseris, ubi nec aqua, nec
immersio .. est invocatio? PULL. *Sent.* 840A; quos
trine ~onis vocabulo sacro baptismate tingimus GIR.
GE I 14 p. 47; sperso signatur presulis amne / mersio
baptismi triplex GARL. *Myst. Eccl.* 108; sub tercie
~onis vocabulo *Conc. Scot.* II 48.

2 drowning.

olim in tempore Noe diluvio / fertur mortalium
facta perdicio, / cum brutis hominum communis mersio; / paucorum admodum erat excepcio WALT. WIMB.
Carm. 174; periculum ~onis evasit *Ann. Paul.* 353.

mersitare [LL], to immerse repeatedly, to
drown.

mergo .. inde .. merso, -as, et ~o, -as, ambo pro
frequenter mergere OSB. GLOUC. *Deriv.* 358; *to drown,*
.. ~are CathA.

mersor [ML], diver.

opulenti magnates nandi gnaros et famosos ~ores
.. querebant ORD. VIT. XII 26 p. 420; s**1184** quidam
in aqua ~or se dromundi carine supposuit M. PAR.
Min. I 429; s**1191** a quibusdam regis Ricardi ~oribus
ipsam subtus aquam invadentibus, locis quamplurimis
terebratur [navis] *Ib.* II 23.

mersura, sinking.

planctus fluunt tamquam turturei / rege merso mersura laquei J. HOWD. *Ph.* 716. 4.

merta v. 2 marta.   **Mertius** v. Martius.

merula, ~us [CL]

1 dark-coloured bird: **a** blackbird, merle, osel
(*Turdus merula*). **b** throstle-cock, thrush (*Turdus musicus*). **c** merlin, falcon (*Falco aesalon* or
lithofalco). **d** (her.) martlet.

a ~i zinzitant ALDH. *PR* 131; ~a, *oslae GlC*
M 165; **11.** ~a, *hosle WW Sup.* 173; hic canit
omnis avis, dum ventilat aura suavis: / pica loquax,
murule, turdi, turtur, philomele GREG. ELI. *Æthelwold*
6. 10; volucres .. habent proprias voces. est ..
proprietas .. ~orum zinziare OSB. GLOUC. *Deriv.*
78; fritamentum, vox ~e *Ib.* 245; merum .. inde ..
hic ~us, -i, eo quod mere cantet *Ib.* 356; succinit
hinc merulus, concentu curia gaudet NECKAM *DS*
II 903; in specie merule sanctum stimulaverat hostis
GARL. *Tri. Eccl.* 10; hec marula, est avis habens
nigrum rostrum *WW*; *a nosylle*, quedam avis, ~us, ~a
CathA. **b** **799** quid ~a nostra, volitans inter illos

gallo demandasset monastico qui excitare solet fratres
ad vigilias matutinas? ALCUIN *Ep.* 181; ~a, *þrostle*
ÆLF. *Gram.* 307; GIR. *TH* I 18 (v. martineta); nigra
parvaque avis, que vulgo ~a vocatur, circa faciem
ejus volitare cepit *Id. GE* II 10 p. 213; nuncius
aurore merulam comitatur alauda NIG. *SS* 513; hic
cum aviculam quamdam quam ~am dicunt, vocis
modulamine suavi, .. R. BOCKING *Ric. Cic.* II 2.
311F; ~a, A. *a throstel, thyrstyllecok WW*; hic ~us,
A. *a thyrstyllecok WW*. **c** falcones vero .. ~i
quoque minuti et estivales hobeli GIR. *TH* I 12 p.
37; hic ~us. A. *marlyon WW*; **1461** de j albo merilo
albe firme de Q. *ExchScot* 90; **1466** de ij albis ~is
albe firme terre de Q. *Ib.* 409; *a merlion*, alietus, ~us
CathA. **d** aves ipse, scilicet ~i, debent depingi sine
pedibus BAD. AUR. 122; quia spoliatus antea fuerat
per Danos assumpsit quinque ~os aureos portans eos
sine pedibus: quia vocabatur ipse Edwardus sine terra,
quare portavit dictos ~os sine pedibus UPTON 129.

2 dark-coloured fish or mollusc: **a** whiting,
merling (*Gadus merlangus*). **b** small lamprey,
lampron. **c** slug, snail.

a *a whyting, fish,* ~a LEVINS *Manip.* 136.   **b** hec
~a, A. *lamprone WW*.   **c** ~a, limacia idem *Alph.*
113; lunacia, respice in ~a *Ib.* 104.

3 fish soup.

~a, G. *pure de peyz Teaching Latin* I 320; ~a, G.
puray, A. *broth Ib.* 321.

merulentus [LL], vinolent.

a ~o palmitum racemo botrum nuncupaverat ALDH.
Met. 3 p. 72; ut ~a defecati nectaris defruta *Id. VirgP*
30; quantum distat dulcis sapa a ~o temeto *Ib.* 60.

merulinus [ML], of a blackbird.

philomena plus bove mugiens, / merulina vox melos nesciens J. HOWD. *Ph.* 470; habet et philomenam
magis vacca mugientem; ~am vocem, melum nescien-
tem ROLLE *IA* 259.

1 merus [CL]

1 pure: **a** (of metal or solid substance) un-
alloyed. **b** (of liquid) neat. **c** (of ethnicity) unmixed. **d** (of body) uncontaminated by sexual
intercourse.

a non .. splendida ~i argenti species turpiter de-
formatur ALDH. *VirgP* 9; argentique meri compensant
pondera multa ALCUIN *SS Ebor* 1499; **971** xl ~i argenti libras *CS* 1270; sic enim ipsum [sc. es] durum
et album in speciem ~on te invenisse letaberis M.
SCOT. *Lumen* 266. **b** ut fortunatos felix devenit ad
Anglos / .. / insolito potus mēro necnon hydromello
Altercatio 25; vinum ~um quod in hac die offertur
eis gustare recusant J. FORD *Serm.* 22. 8; merum ..
i. vinum, inde ~us, -a, -um, i. clarus OSB. GLOUC.
Deriv. 356; ~on purum idem. inde vinum meraticum
et meratim *Alph.* 112; item imeron id est purum
Ib. 118. **c** **1409** ~i Hibernici (v. Hibernicus 2d).
d sed tamen hanc sociam sanctam servare memento, /
quae tibi cum mēro copulavit corpore virgo ALDH.
VirgV 1282.

2 mere, absolute, nothing more nor less than.
b complete, entire, whole. **c** (of state of mind or
act or abstr.).

~um, sincerum *GlC* M 144; Varro tres tantum esse
Musas commemorat .. tertiam, quae ~a tantum voce
consistit ALB. LOND. *DG* 8. 22; **1448** si esset ~us laicus
(*Court Bk. Linc.*) *Eng. Clergy* 223. **b** proventus de
jure pertinent ad conventum nisi ex ~o dono conventus
abbati vel alicui alteri forte concedantur *Bury St. Edm.*
190; **1306** non purum idem. inde vinum ~um (v. debere 3a). **c** jam, mera
Clio, sona; jam sis ad carmina prona *Poem. Hild.* 1; ~a
est misericordia ejus .. vinum ire .. merum est BALD.
CANT. *Sacr. Alt.* 722D; Domino teste quod mendosa
non fingimus, sed ~am sicut est loquimur veritatem ..
H. READING (II) *Cel.* 30; **1216** ~e pietatis intuitu *Ch.
Chester* 359; vera humilitate et ~a caritate *Chr. Dale.*
1; **1299** ecclesie de P. .. ad nostram ~am collacionem
spectantis *Reg. Cant.* 346; **1308** de vj d. de incremento
redditus ejusdem ex ~a voluntate *Rec. Elton* 126; **1587**
de gracia nostra speciali ac ex certa sciencia et ~o
motu nostris *Pat* 1290 m. 37.

3 (leg.): **a** equipped with complete authority.
b (*imperium* or *jus* ~*um*) complete authority,
right to try and punish capital crimes. **c** (*ex
officio* ~*o*) by mere office, by virtue of the office alone (as dist. from *ex officio promoto vel

mixto*, by virtue of both the office and one's
appointment to it).

a **1311** sive inquisitores cum jurisdiccione vel sine,
vel executores ~os vel mixtos, constat per inspeccionem dicti procuratorii quod in omnibus est provisum *Reg. Gasc. A* I 127. **b** **1287** de jure ~o (v.
2 jus 10b); **1289** territorium .. in quo .. rex habet
~um et mixtum imperium *RGasc* II 464a; **1309** de
permutacione medietatis jurediccionis, mixti et ~i imperii, justicie alte et basse .. prioratus de M. *Reg.
Gasc. A* I 133; quod ista sunt ~i et mixti imperii atque
jurisdiccionis, est textus expressus FORTESCUE *NLN*
II 53. **c** ita .. quod iidem .. procedere valea[n]t
summarie et de plano ex officio ~o vel promoto *Rec.
Gild Camb.* 74; **1448** ex officio ~o ipsius reverendi
patris episcopi Lincoln (*Court Bk. Linc.*) *Eng. Clergy*
224; **1452** in .. causis et negociis ex officio ~o, mixto,
seu promoto .. in .. causis et negociis .. tam ad partis
instanciam quam ex officio ~o seu promoto .. *Ib.* 192;
1550 tam ad instantiam et petitionem partium, quam
ex officio ~o, mixto, vel promoto, ... de et super
quibuscumque criminibus, .. tam ex officio ~o, mixto,
quam promoto, inquirere (*Pat*) *Foed.* XV 222.

4 (as sb.) liquid: **a** (f.) wine from unpressed
grapes. **b** (n.) wine unmixed with water, neat
wine. **c** mead. **d** purée, broth.

a **1225** duo dolia vini de recco in excambium pro
duobus doliis vini super ~am *Cl* II 23b; **1229** capi
faciatis ad opus nostrum xx dolia boni vini super ~am;
videlicet xv de Wasconia et v de Andegavia *Cl.* 159.
b panis ~ique libamina .. obtulit ALDH. *VirgP* 54; ni
mero madidus nesciret jura tororum *Id. VirgV* 2524;
795 hujus te calicis ~o inebriare exopto ALCUIN *Ep.*
34; in celario sint .. ~a, vina .. NECKAM *Ut.* 98; ebrius
efficitur citius mera potans mera nigra D. BEC. 2714; ante
merum mutus est post mera multa locutus; / provenit
ergo frasis exuberis ubere vasis WALT. WIMB. *App.* 2.
24; hoc ~um, *wyn, cler wyne WW*. **c** hoc ~um, A.
mede WW. **d** ~um, G. *pure de peis Teaching Latin* I
320.

5 completeness, entirety, wholeness, (*in* ~*o*) in
gross.

valet manerium in ~o lxxxviij li. et vj s. j d. ob.
FormMan 29.

6 (*de suo* ~*o*) on one's own authority.

1487 quod .. canonicus .. manus porrexerit adjutrices de suo ~o et conquestu *Reg. Aberd.* II 301.

2 merus, ~um [μέρος], part, portion, element.

Ps.-RIC. *Anat.* 44 (v. glandula a); quadrumeron, i.
de iiij miris, speciebus *SB* 36.

meruta v. myrica.

merx [CL]

1 commodity, (pl.) goods, merchandise (also
fig.).

~x, *mertze GlC* M 161; ~x, *waru* ÆLF. *Gram.* 302;
michi—hujusmodi opere indigno ac merciarum [*sic
MS*] sarcinis aggravato V. *Neot. A prol.*; quanti ..
valeret Hibernia si non adnavigarent ~ces ex Anglia?
W. MALM. *GR* V 409; cepit cum ~cibus minutis
pervagando circuire R. COLD. *Godr.* 11; **1188** nullus
extraneus moretur in villa cum ~cibus suis propter
mercas [MS: merces] suas vendendas *BBC* (*Bristol*) 287; exponentes ~ces suas et quanto eas emere
vellet requirentes *Found. Waltham* 24; 'Socrates vult
proicere ~ces in mari', posito casu communi de pro-
jeccione ~cium in mari KILVINGTON *Soph.* 48 [49]
mm; per aliquas incursiones, invasiones, depredaciones, derobaciones personarum, ~cium seu rerum
capciones *Foed.* XI 556.

2 commerce, trade.

~x, -cis, a mercando, non merces, mercedis *GlC*
M 164; ampliatis ergo ~cibus .. crevit amor nummi
quantum ipsa pecunia MAP *NC* IV 16 f. 57v; ideo
Mercurium dictum quasi ~ces curantem, quod nego-
tiatores, quibus preest, ~cibus semper invigilent ALB.
LOND. *DG* 9. 3.

3 profit from commerce, reward.

1217 in Deo ~cem habentes, nullatenus desolemini
Pat 108.

mery v. 1 meri.   **merzandus** v. mersandus.   **me-
sa** v. meisa.   **mesagium** v. masagium.   **mesandus** v. mersandus.   **mesanus** v. 2 medianus.

mesaraicus [ML < μεσαραϊκός], (anat.) mesaraic, mesenteric.

capillus in stomaco non digeritur, sed cum succositate per subductionem emittitur, vel per meseraicas venas ab epate attrahitur *Quaest. Salern.* B 296; vena rumpitur et effunditur sanguis ad meseraicas venas et intestina et ibi coagulatur et per secessus emittitur GILB. V 223. 2; cibus in stomaco decoquitur, a quo per venas miseraicas eliquatur liquor ad epar GARL. *Dict.* 122; ad .. sustentandum venas .. sicut ~as euntes ab epate ad stomachum et ad intestina *Ps.*-RIC. *Anat.* 9; vene ab epate suggunt, epar a mesaraycis, mesarayce ab intestinis *Ib.* 33; in quasdam venas subtiles que ~e dicuntur, quarum quedam subintrant intestina et suggunt ab eis, quedam vero subintrant stomachum et ibi terminantur *Ib.* 36; suggendus est grossus cibus epatis per venas miseraicas corde, capite et ceteris membris subtilibus, spiritibus educatis WYCL. *Civ. Dom.* I 115; nisi stercus .. in vena ~a NETTER *DAF* I 165b.

mesbota v. maegbota. **mescara** v. mercasa. **mesch-** v. misk-. **mescheninga, meschenninga** v. miskenninga.

meschinus [OF *meschin* < Ar. *miskīn* = *poor, unfortunate, humble*], domestic servant (also as surname, representing *Meschin* or *Le Jeune*).

1101 Ranulpho Mischino (*Ch.*) *EHR* XXI 506; **1124** sciatis me dedisse .. totam terram .. usque ad divisam Randulfi Meschin [MS: Meschin']. . concedo .. castellum cum omnibus illis consuetudinibus quas Randulfus Meschin [MS: Meschin'] unquam habuit *E. Ch. Scot.* 54; testibus .. Ranu[lpho] ~o ELMH. *Cant.* 359.

mescinga v. mesinga. **mese** v. mesos. **mesea** v. meisa. **mesellus** v. misellus.

mesembria [ML < μεσημβρία]

1 midday, noon.

mydday, meridies, .. mesimbria *PP*.

2 position of the sun at noon, south.

~ia *Florence, Biblioteca Medicea-Laurenziana MS Amiatinus I* f. 2v-3r; ipsi [Greci] .. orientem appellant anatholen et occidentem disyn et aquilonem arcton et meridiem misymbrion BYRHT. *Man.* 202; in mysimbri climate, quae est meridies, bini duces cum uxoribus binis accumbebant *Id. V. Ecgwini* 382 [*recte* 372]; arctos namque, dysis, anathole, ~ia, dicuntur oriens et occidens, aquilo et meridies ANSELM *Misc.* 318; W. CANT. *Mir. Thom.* II 56 (v. anatole).

mesengis [OF *mesenge*], tit.

minutas aviculas que vulgari vocabulo ~es vocantur, de silvis et pomeriis passim prodeuntes GIR. *Hug.* I 9.

mesenterion [LL < μεσεντέριον], (anat.) membrane to which intestines are attached.

meson, i. medium inde .. mesontrion, i. intestinum jejunium *Alph.* 113; melenteron, i. illa pars que est inter ventrem et epar *Ib.*

mesestantia [OF *mesestance* < minus + stans], bad standing, ill luck, misfortune.

c**1250** et omnes querele et ~ie de propriatura quam predicta ecclesia versus me movit (*Cart. Fountains*) *MS BL Cotton Tiberius C. 12* f. 167.

meseraicus, mesaraycus v. mesaraicus. **mesfacere** v. misfacere.

mesga, mesguium [OF *mesgue*; cf. Ir. *mescad* = *churning*, *mescán* = *lump* (*produced by churning*)], whey.

pastoris ovium rectum est ut habeat .. blede, id est cuppam, plenam ~guii [AS: *fulle hweges*] (*Quad.*) *GAS* 451; in .. grangiis .. secundum quod ~ga ibi habundaverit *Inst. Sempr.* lxvii; ~a, liquor sc. qui ex recenti caseo profluit OSB. GLOUC. *Deriv.* 521; omnes femine debent habere inter se dimidium mesche [l. mesche] omni die, quod exierit de ipso lacte *Rec. Templars* 56; habebit .. unum magnum ciphum plenum de meg' exeunte caseo quando premitur caseus *Cust. Bleadon* 206.

mesimbria v. mesembria.

mesinga [ME *mesing* < AS *metsung* = *provision*], form of food rent.

1279 quelibet istarum hidarum debet duas doddas

---

avene in medio Marcio et ad mescingam xiiij panes et quemlibet companagium *Dom. S. Paul.* 43.

mesk- v. misk-. **meskenninga, meskenningia** v. miskenninga.

meskinus [ME *meskin*], little mace.

1417 item lego .. j peceam argenti coopertam cum *le Touthe de Parys* .. j meskyn' operat' cum argento (*Test. Nich. Bradmore, Prerog. Court Archbishop of Canterbury*) *PRO Prob. 11/2 B* f. 315v.

meslea, mesleta [OF *meslee* < *mislata*] mêl'ee, brawl, fight.

1167 pro ~lea inter ipsum et hominem Walteri *Pipe* 182; **1170** W. B. et G. debent ij marcas pro j ~leta cum hominibus canonicorum *Ib.* 33; si aliqua facta fuerit de nocte ~lea, nulla debet fieri visio locorum *Cust. Norm.* 58. 2; quedam ~leta orta fuit ad quandam cervisiam W. F. *PlCrGlouc* 83; **1223** quod interfuit ~lee ad fugandum W. A. servientem H. de B. *Cl* I 526b; **1224** propter ~leam quam fecit cum B. B. *Cl* I 603a; **1232** detenti in prisona regis apud Oxoniam pro ~lea inter scolares Oxonienses et burgenses ejusdem ville *Cl* 49.

mesnagium v. masagium. **mesnillum** v. maisnillus. **meson** v. Mesore, mesos. **mesonagium** v. maisonagium. **mesontrion** v. mesenterion.

Mesore, twelfth month of the Egyptian calendar.

Aegyptii .. quorum .. duodecimus [mensis] Mesore, viij kl. Augustarum die sumit exordium BEDE *TR* 11; Hebraice dicitur Ab, Aegyptiace Meson, .. Latine Agustus *HBS* XI p. 16.

mesos, mese, meson [CL < μέσος, μέση, μέσον]

1 (as sb. f., mus., w. ellipsis of χορδή): **a** (sg.) highest note in the tetrachord next above the lowest. **b** (pl.) notes of the tetrachord next above the lowest.

a ~e, id est media tocius monachordi ODINGTON *Mus.* 81; paramese, ~e, licanos meson WILL. 18; ~e, que est media, iota et lambda jacens *Ib.* 20. **b** hypate ~on, id est mediarum principalis. parhypate ~on, id est sub principali. lichanas ~on, id est index illius tetrachordi ODINGTON *Mus.* 81; diezeugmenon .. et synemmenon creat reliqua tetrachorda, scilicet ~on et hypaton *Ib.* 83; licanos ~on WILL. 18.

2 (as sb. n.) middle.

~on, i. medium *Alph.* 112.

mesozeugma [LL < μεσόζευγμα], (gram.) connection in the middle, both to what precedes and to what follows.

variatur zeugma et a loco ubi commune illud quod alibi subauditur est positum, .. prozeugma .. hypozeugma .. vel in media, cum ~a vocatur, ut in illo supra posito LINACRE *Emend. Lat.* xliii v.

mespila, ~ia, ~um [CL < μεσπίλη, μέσπιλον], ~us [LL]

1 medlar tree (*Mespilus germanica*) or its fruit.

mespila cum cerasis et prunis sponte relinquis NECKAM *DS* VIII 91; queritur quare quidam fructus maturantur magis in autumno quam in estate, ut ~a et cotana? *Quaest. Salern.* Ba 16; poma semper in die sancti Jacobi, necnon et cerisa pro tempore atque piros [*sic*] grossas, nuces, et ~a, si in gardino habeantur *Cust. Westm.* 91; hec ~us, *medler*, hoc ~um, *meddle Gl. AN Ox.* 544-5; ~ia, .. nepheles, *openers MS BL Addit. 15236* f. 180; prunelli, parva pira infrigidata in nive, nespila pauca, mora matura GAD. 8v. 2; pira et coctana cruda, persica, nespile, nuces magne *Ib.* 43. 1; mespyla sunt fructus, meyles idem *SB* 29; ~i fructus sunt. .. ~a semen habet rotundum et minutum maciano simile, stipticum est et eustomachum. ~i fructus est austerimus, fluxus ventris immoderatos fortissime detinet *Alph.* 116; ~a, *a medeler* .. hec mespulus, *a meltrie*, hoc mespulum, fructus ejus *WW*; *medlar, apple*, mepilum LEVINS *Manip.* 75.

2 blackthorn, sloe (*Prunus spinosa*) or its fruit.

a sla, spinum, ~um *CathA*; *a thorne tre*, mespula, rampnus *Ib.*

mespricio v. misprisio.

---

mesprisia [OF *mesprise* < misprisio], misprision.

nulle novitates nec ~ie fiant AD. MUR. *Chr.* 132.

mesprisiare [OF *mespriser*], to commit by misprision.

1397 que per ipsum R. maliciose, negligenter aut incommode facta, transgressa, acta, perpetrata, vel quovis modo ~iata, attemptata, dicta vel conjecturata fuerunt .. *Foed.* VIII 29.

mesprisio v. misprisio. **mespulum, ~us, mespyla** v. mespila.

messa [OF *mes* < messis]

1 (group that eats) a portion of food, mess.

1251 dicti abbas etc. invenient mihi necessaria in victu .. viz. .. ad manducandum in ~a coquinarii *Cart. Burton* 66.

2 (as place-name) Meaux (Yorks).

1230 Abbas de ~a [v. l. Meaus] debet j m. pro defalta *Pipe* 34; dicitur Melsa quasi ~a, quod interpretatur hospes salvans *Meaux* I 75.

messagaria [OF *messagerie*], office or function of a messenger.

1285 messaguerie (v. messagarius); **1289** in possessione .. ~ie terrarum et bladorum que et quas cives .. habent ultra flumen ... dicta messagaria in manu bajuli .. existente *RGasc* II 456a; **1313** cum .. tenuerint .. omnimodam jurisdiccionem in parochia .. necnon et messegeriam in casibus emergentibus in eadem *Ib.* IV 1006; **1317** cum universitas ipsa et consules ejusdem, a tempore construccionis ville predicte messagaria in bonis et possessionibus suis, que sub districtu vicecomitis Fezensaguelli optinent, cuto et gardiagio, usi sint hactenus et gavisi .. quod ipsam [universitatem] messagaria predicta uti et gaudere permittat, prout ea pacifice et quiete usa est hactenus et gavisa *Foed.* III 675; **1393** messagaria cum expensis forinsecis *Ac. Man. Wint.*

messagarius [OF *messager*], messenger, envoy.

1285 quod bajuli .. ponant messegarios sive gardas in villa .. et extra .. communiter: .. et quicquid de parte dicte messaguerie eos contingere obveniet, inter regem .. et abbatem .. equaliter dividatur *RGasc* II 272a; **1289** in locis constructis et construendis infra .. vicecomitatum consules, notarios, servientes, preconem, messegenarios seu gardas, et omnes alios officiales necessarios ad exercicium jurisdictionis .. fiant communiter ex parte .. regis et ducis et vicecomitis *Ib.* 314b; **1289** in minut' messager' per J. de Bosebyr', j d. ob. *Ac. Swinfield* 15; **1314** in diversis messageriis pro negociis comitis (*MinAc* I 1/3 m. 2) *EHR* XLII 199; **1337** eisdem cardinalibus .. nec non familiaribus, valettis, nunciis, messegeriis ac ministris eorum *Foed.* IV 822.

messageria v. messagaria. **messagium** v. masagium. **messagueria** v. messagaria. **messale** v. missalis.

messarius, ~erius, ~orius [cf. CL messis, OF *messer*]

1 (as adj.) of or for a harvest.

in manu .. sinistra Ceres tenebat falcem ~oriam *Deorum Imag.* 23.

2 (as sb. f. or n.): **a** duty of reaping, harvest-service (also fig.). **b** office of hayward.

a 1230 concordati sunt quod .. permittat eam habere †annas messias [? l. annuas mess'ias, i. e. messarias] de forinsecis secundum quod ad dotem suam pertinet *CurR* XIV 19; in celos messem Christi messoria misit / Massoram, sed eam fama sonora refert GARL. *Tri. Eccl.* 139 **1295** de quadam serjantia faciendi summoniciones et attachiamenta ~oria *JustIt* 1306 r. 18. **b** serjantiam illam et ~oriam sponte sua omnino reliquit *Ib.*

3 (as sb. m.) overseer of harvest, reap-reeve, hayward.

1226 canonici sustinere debent onus consuete mercedis ~arii dicti prati *Cart. Osney* IV 70; c**1230** si ~arius est, debet seminare totam terram et salvo custodire bladum et sumonere debet opus *Doc. Bec* 31; **1269** N. ~arius domini conqueritur de tali quod in dampnum et dedecus domini sui pascebat parvum pratum .. domini sui *CBaron* 76; **1275** prepositus

comitis Glouc' et ejus ~erus cum aliis ceperunt iij equos .. ballivi comitis et eos duxerunt ad manerium dicti comitis *Hund.* I 188b; **1281** alia placia [pertinet] ad communem ~arium, que vocatur Haywardesham *CoramR* 60 r. 34*d*; in stabulo .. sint tantum decem equi et x pueri, j nuncius et j ~arius *Cant. Cath. Pri.* 220; ~arius fuit abbatis de Kingeswod'; et inparcavit averia plurium hominum in patria illa *ICrim* 7/19; **1329** (v. imparcum); si prepositus, grangerius, et ~erius in suis officiis bene administrent *Cart. Glouc.* III 108; nullus prepositus aut ~erus aliquem afrum curie aliquo tempore equitet .. *Ib.* 215.

messator [cf. CL messis, OF *messer*], overseer of harvest, reap-reeve, hayward.

~or, *haiuard* (NECKAM *Ut.*) *Teaching Latin* II 89; **c1230** semivirgatarius ~or [v. l. messarius] esse debet *Doc. Bec* 39; servicium ~oris *Ib.*

messegarius, messegenarius, messegerius v. messagarius.

messenarius [cf. CL messis, OF *messer*], overseer of harvest, reap-reeve, hayward.

fuit ~ius in villa de H. ita quod pro suspicione latrocinii captus fuit et imprisonatus per villatam de H. *SelCCoron* 37.

messepa v. medsipa. **messia** v. meisa, messarius, Messias.

Messias [LL < Heb.], Messiah: **a** (as prophesied in the Old Testament); **b** (as fulfilled in Jesus Christ); **c** (as still expected by Jews).

a ejus adventum .. sancti prophete multipliciter annuntiaverunt et eum Hebrea lingua ~iam nominaverunt *Eccl. & Synag.* 60; eratque magna gloria domus David quod in tempore Achaz, regis pessimi, ~ias Dei et hominum mediator de tribu David prophetabatur nasciturus P. BLOIS *Ep. Sup.* 67. 6. **b** Mesias, Christus *GlC Interp.* 214; gratia messiam jamjam venisse prophetat P. BLOIS *Euch.* 1147C; nullum alium ~iam quam Dominum Jhesum potuerunt nobis adhuc Judei ostendere qui ante Dominum Jhesum venisset GROS. *Cess. Leg.* II 7. 11; ~iam quem Christum dicimus BACON *Maj.* III 121; idem Christum qui fuit ~ias promissus in lege (J. BRIDL.) *Pol. Songs* I 145; Messyas qui es sother veritas *Miss. Westm.* I 373; miles messie, domitor fit gentis inique *Vers. Hen. V* 174; *savyowre*, mescias *PP.* **c** Hebrei exponunt hoc de ~ia suo qui facturus est ANDR. S. VICT. *Comm.* 131; accessit ad domum Judei .. dicens .. 'vestra filia .. pariet veram [*sic*] ~iam' *Latin Stories* 72.

messibilis, that can be reaped or harvested.

reapable, ~is LEVINS *Manip.* 2. 30.

messilis, of harvest.

tempore messili sociantur frigida siccis D. BEC. 2804.

messio [CL], reaping, harvesting. **b** duty of reaping, harvest-service. **c** (fig.).

1352 Symoni ballivo de H. pro ~one bladorum lxv s. quad. *Comp. Worc.* I 53; **1375** post ~onem segetum et feni collecionem (*Pat* 292 m. 11) *EHR* XVI 102; **1379** tempore ~onis *Hal. Durh.* 155; et valet ~o cujuslibet acre vj d. *Form. Man.* 26; **1403** pro ~one segetum et cibariis pro messoribus xxix s. xj d. *Ac. Durh.* 221. **b** **c1195** (v. falcatio a); **a1295** (v. carriagium 2a). **c** quasi hec seminatio illam ~onem exigit sibi debitam GIR. *GE* II 33 p. 328; ~o est collectio sententiarum, et hoc non cessabit donec omnes gentes metantur, id est donec habeat sufficienciam sententiarum S. LANGTON *Ruth* 109; **1252** oportet nos diem ~onis extreme misericordie operibus pervenire *Doc. S. Paul.* 4.

messis [CL]

1 reaping of crops, harvest; **b** (w. ref. to *Matth.* ix 37, *Luc.* x 2); **c** (as season or time of year). **d** duty of reaping, harvest-service.

adversum grues in tempore ~is bellum conjungunt ne eorum sata diripiant *Lib. Monstr.* I 23; tempore ~is .. fructus ad metendum cum gaudio requirantur ALB. LOND. *DG* 7. 1; **1318** quod tempore messuum [l. messium] colligerentur primicie fructuum *FormOx* 30. **b** suggesserat ei multam quidem sibi esse ~em sed operarios paucos BEDE *HE* I 29 p. 63; per totum iter suum divini verbi semina spargens, multam et fertilem ~em in Dominum collegit J. FURNESS *Kentig.* 23 p. 200. **c** quod ver gignit .. vix in ~e pluvialis aquositas colligi permittit GIR. *TH* I 6; sed mox arrepto tempore Parce / maturant cum messe rates J. EXON. *BT* VI 110. **d** **1231** qui debent alia servicia et consuetudines sicut charriagia messces et alis plura *BNB* II 501.

2 (concr.) ripened corn, harvested crop; **b** (fig.).

sic metent semper in manipulos ~em suam sicque ligant *Comm. Cant.* I 190; volucrum multitudo .. se .. per omnia deinceps ab ejusdem ~is invasione continuit BEDE *CuthP* 19; unde valet populis spissam producere messem *Aen. Laur.* 3. 7; mergae, fustes quibus ~es colligiuntur *GlC* M 182; de ea habebat aecclesia .. vj acras ~is et *circscez* de consuetudine *DB* I 79ra; pugillus seminis agri pleni ~em recondet in horrea J. FORD *Serm.* 19. 8; hic ~is, *corne* .. fruges dum fruimur, sunt messes quando metuntur *WW*. **b** poscebatque sibi superae de germine messis / pabula jam tribui ÆTHELWULF *Abb.* 100; igitur ex verbo illo quod ait Moyses .. visa est mihi multa intelligentie ~is exsurgere J. FORD *Serm.* 31. 1.

messius v. messarius, messivus.

messivus [LL], of harvest.

messius [MS: messivus], maturus ad messem OSB. GLOUC. *Deriv.* 364; **1428** tribus diebus mercati tempus ~um, quod tunc instabat, proximis et immediate sequentibus *Heresy Tri. Norw.* 80.

messor [CL]

1 reaper, harvester; **b** (w. ref. to *Matth.* ix 37, *Luc.* x 2); **c** (w. ref. to *Matth.* iii 12, *Luc.* iii 17); **d** (fig.).

raro secundum prophetam videretur quasi post tergum vindemiatorum aut ~orum racemus vel spica GILDAS *EB* 24; mesores, a metendo *GlC* M 152; uno die in Augusto mittebat ~ores suos secare segetes regis *DB* I 269vb; cum ~oribus suis vinum dedisset ad potandum .. *Natura Deorum* 28; Angelus veniet ad Abacub deferentem prandium ~oribus suis *Drama* II 284; idem computat in ccccxxxiiij mecoribus [i. e. messoribus] cum fauciculis de consuetudine xxxvj s. ij d. *Ac. Cornw* 197; hic ~or, *a scherer WW*. **b** **796** non sunt in quibusdam locis ~ores ALCUIN *Ep.* 111. **c** messor celestis dispersas colligit uvas GARL. *Tri. Eccl.* 79; ~ores. seges reponitur in horreum, zizania in ignem .. cum sudore sata messoris in horrea lata *Vers. Cant.* 19. **d** constituit vos Dominus inter ~ores angelos P. BLOIS *Ep.* 141. 424D; semen largitatis in benedictione est, et benedicente dextera Jesu de modico semine manum suam ~or implebit J. FORD *Serm.* 69. 3.

2 overseer of harvest, reap-reeve, hayward; **b** (as surname).

1233 in stipendio j ~oris per annum iij s. *Crawley* 210; **1242** et in liberationibus duorum ~orum custodientium campos et prata *Pipe* 119; **1265** ~or erat prioris de Anglesaye et multas fecit districtiones justas et injustas *ICrim* 6/4; **a1270** quoad colleccionem feni sciendum quod ~or cellerarii providere debet quod media pars servicii istius fiat in prima falcacione feni et alia pars in secunda *Bury St. Edm.* 191; ballivus, prepositus, et ~or .. donec aruras .. compleverint .. bene suas faciant operaciones *Fleta* 161; **1312** j stipendio j ~oris custodientis campum et existentis ultra waynag' *LTR Ac* 19 r. 34*d*; **1340** quod habeant unum ~orem ad bene et fideliter custodiendum predictos ruscos *Cart. Glam.* 1242; **1368** injunctum est .. quod habeant unum communem ~orem *Hal. Durh.* 69; **1402** in allocacione redditus J. N. ~oris pro officio suo per annum .. v s. (*MinAc* 547. 31) *Growth Eng. Ind.* 597; prepositus quolibet mense semel ad minus articulos istius scripti distincte coram eo et socio suo ~ore aperte faciat recitari *Cart. Glouc.* III 213. **b** **1220** Godefridus ~or debet dim. m. *Pipe* 148 R. le Blodletere .. J. le Forester [et alii] .. occiderunt R. le ~er de W. *PlCrGlouc* 5; G. C. occidit R. ~orem cum knipulo suo *Ib.* 40; **1279** nomina juratorum: .. Henricus ~or *Rec. Elton* 2; de .. Willelmo ~ore *Hal. Durh.* 6.

messorius, of a reaper.

hic messor, -ris, et ~ius, -a, -um, .. et hec messio OSB. GLOUC. *Deriv.* 351.

messuagium v. masagium.

messuare [AN *messuer* < LL messare], to reap, harvest.

c1200 P. mesuabit super eundem sartum et collocabit omnes fructus ejusdem sarti (*AncD*) *MS PRO E.* 40/3357.

messupa v. medsipa.

messura [LL], reaping, harvesting. **b** duty of reaping, harvest-service. **c** (fig.).

1210 unam dietam j hominis ad ~am et auxilium assuetum *Fees* I 40; **c1185** pro ~a istarum ij acrarum recipient de aula viij panes et totidem anguillas *Kal. Samson* 158; **1240** denarios qui capi solebant .. de hominibus Leycestrie pro ~a segetum *Rec. Leic.* I 39; **1292** in expensis autumpni circa ~am bladorum una cum carectariorum tassorum collectorum et famulorum stipendiis vj li. x s. viij d. *Sacr. Ely* II 11. **b** **1200** xxiij homines de C. qui debent facere ~am unius diei tunc sint ibi *CurR* I 368; **1228** debuit villanas consuetudines .. sicut arruras et ~as *BNB* II 234; **c1230** debet .. cotidie metere dimidiam acram vel alia opera equivalencia loco ~e facere *Doc. Bec* 29; **1239** debet .. duas ~as et duas sarclaturas *CurR* XVI 991; **1276** debet unam arruram et unam ~am super dominicum castri de Peck' *Hund.* I 60a; **a1240** operationem calceti et similiter carucas et hercias et messurcia *CalCh* I 170. **c** ~am aggrediar lucubracione plenam HIGD. I 9.

messurcium v. messura. **mest-** v. et. maest-. **mester-** v. et. mister-, myster-. **mesteria** v. maisteria. **mestha** v. mesga. **mestild'** v. mestilio.

mestilio, mestillona, mestillum [ME, OF *mestilion* < mixtilio], maslin, mixture of grain, esp. wheat and rye.

1162 (1304) duodecim quarteria duri bladi, quale venit ad molendinum, scilicet, ~ulum *Reg. Whet.* II 316; de ~il'o c acr' *RNorm* 137 tam de frumento quam de ~ild' *Ib.*; fuerunt ibi .. ij quart' et j bussell' de ~ilon' *Ib.* 141; ?**1219** in .. una summa ~onis servientis de Willesden' xliiij d. (*Chanc. Misc.*) *Househ. Ac.* 119; **1225** de xxj quarteriis siliginis et ~ilionis *Ac. Foreign* 1 r. 1; **1225** v quarteria de ~illum [*sic*] et v bacones *Cl* II 41b; de ~ilone *Cal. Liberate* 18 **1233** recepit .. ad quinque servientes sustentandos a festo S. Michaelis usque ad festum S. Petri ad Vincula xxj summas de ~illone *Cl* 190; de blado manerii de T. faciat habere Johanne que fuit uxor Radulfi de G., x quarteria frumenti et x quarteria de ~ilona ad sustentationem suam, de dono regis *Cl* 53 **a1259** dabimus .. xiij cronnocos frumenti et iiij cronnocos de mastilone .. unum cronnocum de mastilono *Cart. Beauchamp* 129; **a1295** nullus frumentum, mastilionem vel ciliginem ad molas manuales molere presumat (*Stat. Gild. Berw.*) *Gild Merch.* I 232; **12..** firma de Grimeleia: .. [reddit] c et ix [sc. quarteria] avene et xvij et dim. de mestilum (*Rentale Pri. Worc.*) *Worcs. Hist. Soc.* XXIX 83.

mestillio, mestillona, mestillum v. mestilio.

mestiva [OF *mestive*], duty paid in harvested grain.

1162 in his que aliquis homo transligerinus, miles vel alius, dans ~am ponti, amico suo citra pontem miserit *Act. Hen. II* I 362; **1177** percipere solent .. tres minas frumenti pro ~a apud Daocias *Ib.* II 54; ~a alicujus messoris non reddet nisi obolum *Ib.* 56.

mestivarius [OF *mestiveur, mestivier*], overseer of harvest, reap-reeve, hayward.

1154 Raann .. vicarius, Friso ~ius de la Varenna *Act. Hen. II* I 89.

mestrix, harvester, reaper (f.).

1355 Agnes le Carde ~ix *JustIt* 312 r. 1 (cf. *Enf. Stat. Lab. app.* 174*).

mesuare v. messuare. **mestulum** v. mestilio. **mesuagium** v. masagium.

mesura, misura [ME *mesure, misure* < OF *mesure* < CL mensura], instrument for measuring.

1252 cum igitur pondus et pondus, misura et misura utrumque sit abhominabile apud Deum *Mon. Hib. & Scot.* 56a; **1371** de mesuris sigillandis *item mesme le jour ordeine est et estably que nulle mesure ne pois soit useez deinz la dite citee, si noun quil soit marcheez et seigneez dune punsyon de la livere au mair Mem. York* I 15.

mesuragium [OF *mesurage* < mensuragium]

1 (act of) measuring, measurement.

1254 habet dominus plenas palmas de eodem blado pro ~io sive bladum venditur mensuratum, sive ex-

timatum *RGasc* I 546a; **1255** pro ~io sextarii (v. 1 hemina).

2 measurage, fee for use of a measuring instrument.

1283 dabit venditor extraneus .. de salmaca bladi unum d., de carteria obolum, pro leuda et ~io nichil *Foed.* II 262; **1377** pro seggagio, ~io, et aliis proficuis de navibus extraneis *RScot* 982a; **1452** concessimus .. ~ium (v. bulcagium).

meswagium v. masagium. **mesya** v. meisa.

-met [CL], (enclitic particle attached for emphasis): **a** (to pronoun); **b** (to noun).

a de eomet ipso *V. Cuthb.* III 6; ipsemet R. Bury *Phil.* 10. 160 (v. metaphysicus 2b). **b** Christus met dicit .. Melton 249; tunc dixit sibi rexmet Ad. Usk 14; papamet duas palmas et duos dactalorum magni ponderis ramos portat plenos *Ib.* 97.

1 meta [CL]

1 cone-shaped turning post at either end of a race-track, considered as goal. **b** target.

hic metam figit cursor, tenet anchora portum M. Rievaulx (*Vers.*) 4. **b** quando ipse et alii socii sui lapides et massas ferreas ad certas ~as more ludencium proicientes colludebant .. *Canon. S. Osm.* 65; **1280** ludendo sagittavit ad quandam ~am in eadem boveria .. juxta hostium illius boverie *ICrim* 20/1; **1280** (v. bersorium); **1285** jactando quemdam baculum ad quandam ~am *IMisc* 44/34; pro eorum ~is sagittariis in le Monkdyche .. erigendis Amund. I app. p. 428; hec ~a, A. *a butte WW*; dum .. invicem certant, seseque mutuo preveniendo contendunt quis prior quisve ad ~as possit esse proximior, contigit fortuitu quendam qui se sagittantibus .. opposuerat *Mir. Hen. VI* III 118.

2 turning-point in the course of a heavenly body.

certas enim in celo ~as notabant, intra quas volantium avium omina considerarent Alb. Lond. *DG* 11. 11.

3 mark, marker: **a** gravestone. **b** brand on livestock. **c** hall-mark, mint-mark, merchant's mark.

a p**1066** hanc petram Guthlacus habet sibi metam *AS Inscr.* 26. **b** **1358** ad equos et jumenta .. ab eodem equicio .. extrahend' et ea sic electa et extracta aliqua ~a pro majori noticia inde habenda signanda *Pat* 255 m. 11. **c** perveniens ad argentum .. faciens ibi ~am, quod est in superficie nummi resolvitur in fumum *Quaest. Salern.* B 124; **1366** vendidit panem .. non signatum de ~a pistorum civitatis *MLG* III 422; **1367** ea [bona] que dicti magister et procurator per signa, ~as vel alias evidencias veraces probare possent fuisse eorundem magistri et procuratoris vel sociorum suorum. .. omnia mercandisas et bona predictorum mercatorum de navi predicta sic projecta, que iidem mercatores per signa, ~as vel alias evidencias veraces probare poterunt sua esse *Cl* 205 m. 26.

4 boundary-mark. **b** boundary-line; **c** (of sea). **d** space enclosed by boundary.

invident vicinis suis de honoribus, de campis, de vineis: etsi [l. et si] possunt, subtrahunt illi unam ~am aut mutant terminum *Ps.*-Bede *Collect.* 379; **1170** R. de M. debet dim. m. quia fixit ~as in communi pastura civium *Pipe* 150; **1182** a fossa quam ipsi fecerunt inter marescum et pratum suum usque ad divisiones et ~as que posite sunt inter pratum .. W. .. et pratum monachorum *Act. Hen. II* II 153; **1219** ~as et terminos inter utrasque partes [sc. foreste] positos *Pat* 197; c**1265** habendam .. in longitudine et latitudine sicut ~e ponuntur *Deeds Newcastle* 110; **1276** excedit ~as et fines warenne sue *Hund.* I 13a. **b** **770** bundae sive ~ae terrae praedictae *CS* 206; **969** his ~is praefatum rus hinc inde giratur *CS* 1229; monasterium quingentorum pedum .. mensuravit et ad principium et finem palos finxit. secunda die .. ~am suam curtatam invenit, et palos infixos ad longitudinem pedum trecentorum et quindecimo *Eul. Hist.* III 40; pali secundum prescriptam lineam in signum ~arum divisionis dicti marisci sunt infixi *Meaux* II 86. **c** equora .. longe .. trans usuales ~as abundantius littora complent Gir. *TH* II 3 p. 78; s**1247** mare .. solitas ~as transiens (v. irrogare 1c). **d** vipereo muro Styx ipsa et palus putridae undae quam nullus audet terribilem adtingere ~am .. cludunt *Lib. Monstr.* III 13; exit lucis angelus ab Anglorum metis *Poem S. Thom.* 75; Anglorum mete flammas sensere comete *Lib. Hyda* 291; **1288** quando mineritores veniunt in campum mineram querentes venient ad ballivum qui dicitur *berghmayster* et petent ab eo duas ~as .. et una queque ~a continet quatuor perticatas *IMisc* 47/1; **1358** quod duo homines .. fuerint ibidem fortuita submersi in ~is .. *Reg. Rough* 144.

5 limit, end: **a** (of literary composition); **b** (of period of time); **c** (end of life, death); **d** (of action, form of behaviour or process, or state of mind); **e** (of abstr.).

a **1050** nomina describentur in ~a hujus cautionis (*Ch. Regis*) *Conc. Syn.* 530; hic primo libello statuatur ~a W. Malm. *Wulfst.* I 16; libellus / huic operi metas ultimus iste dabit L. Durh. *Hypog.* 68; hic fit ~a de festis dupplicibus. incipit tractatus de .. *Cust. Westm.* 287. **b** est .. aliud genus hominum qui angustissimam ~am terminandi vitam habere dicuntur *Lib. Monstr.* I 27; Honorius, postquam ~as sui cursus inplevit, ex hac luce migravit Bede *HE* III 20 p. 169; quae post ~am hujus lucis ingerunt poenas perpetuae dampnationis Lantfr. *Swith.* 1; **982** post ~am proprii aevi, cuicumque decreverit relinquat haeredi *CD* 634 **1044** post ~am hujus labilis vite *CD* 772; dum meta [*gl.*: *ende*] noctis clauditur *GlP* 56; loci haec est temporis conditio ut tantummodo quidquid eorum ~is clauditur, nec partium fugiat rationem Anselm (*Mon.* 22) I 40; set longeva sanitas usque ad mortem quam ~a senectutis portaverit Gros. *Hexaem. proem.* 33. **c** omnes cernentes biblum hunc semper rogitent hoc / post metam carnis valeam caelis inherere Godeman 37; **981** (11c) post ~am .. istorum cleronomorum [tellus] ad usum .. redeat aecclesiae *CD* 631; antequam ~as ejus attingeret Osb. Clar. *V. Ed. Conf.* 19; vel te non mete dent dii, vel non sine me te! Serlo Wilt. 18. 30; rogo quantum angitur / cor, cum princeps est redactus / ad metam qua moritur, / consors furum cruce factus, / quando crucifigitur? J. Howd. *Sal.* 25. 9. **d** aliter enim divine pagine humilitatis ~as excedens non oboedit Eadmer *Beat.* 15 p. 290; ni Domini pietas dignetur ponere metas, / ne, dum temptentur, nimium temptando graventur Greg. Eli. *Æthelwold* 3. 5; sanctus interim ~as vivendi faciens .. J. Furness *Walth.* 50; nec minus dormiendo quam vigilando .. tam exosam laboriose peregrinationis curris ad ~am et festinas Gir. *GE* II 8 p. 204; c**1214** temporalia .. trans ~am omnem atque modestiam diripere et asportare contendunt *Id. Ep.* 8 p. 288; si .. cor dilatetur ut transeat ~am ita ut reduci ad terminum non possit .. moritur. .. [calor] qui multiplicatus, et immoderate et ultra quam meta sue dilatationis exigat, ipsum dilatat, et sic ipsum a ~a naturali retardat *Quaest. Salern.* N 61; fit generatio nubium, ventorum, grandinum, et similium. ut enim predicta fiant necessaria est et materia, et modus, et ~a ascensionis *Ib.* P 78; qua gloriaris glorie non est finis; / meta dulcoris intimi non apparet J. Howd. *Cant.* 19; quod metha abundissima in disputacione est redargucio Wycl. *Ver.* I 20; servando istam logicam non incidemus in metham que sit inconveniens apud Deum *Ib.* 24. **e** ~as necessitatis Ailr. *Inst. Inclus.* 16; ave, virgo, mali meta, / vena vite, per quam theta / tetre mortis explicit Walt. Wimb. *Virgo* 2; egrediendo ~am rationis T. Sutton *Gen. & Corrupt.* 75.

2 meta [μετά], along with, through.

metha Gerv. Melk. *AV* 68 (v. metonymia); metha cathophora [i. e. μετὰ καταφορᾶς] interpretatur transdelatus, i. epilenticus dum est in accessione *Alph.* 113.

metabasis [LL < μετάβασις], (rhet.) transition from one subject to another.

Graeca ~is et illa est, omnibus fere verbis communis, quam Graeci κατ' ἔλλειψιν vocant Linacre *Emend. Lat.* lxxi v.

metabolum [ML < LL metabola < μεταβολή =*change*], change of place, journey.

metabulum, prospera navigatio Osb. Glouc. *Deriv.* 367.

metacarpium [LL < μετακάρπιον], (anat.) metacarp, part of the hand between the wrist and the fingers.

the wrest of the hand, ~ion, -i Levins *Manip.* 92. 1.

metacentesis [LL < *μετακέντησις], (med.) incision for the drawing of blood.

fiat minutio per antipasim si sit recens, si est confirmata, per metacenthesim Gilb. IV 203. 2; detractio sanguinis per sophenas .. per ventosas et per ~im caraxationes et cauteria vicinarum partium *Ib.* VII 215. 2.

metafora v. metaphora.

metalepsis (metalempsis) [CL < μετάληψις, μετάλημψις], (rhet.) figure in which one term is substituted for another which may itself be a substitute.

~lempsis est dictio gradatim pergens ad id quod ostendit, et ab eo quod praecedit id quod sequitur insinuans Bede *ST* 154; in hora, die, mense, et anno quatuor tempora, i. e. triennium et sex menses .. per ~lemsin intelligimus Alcuin *Exeg.* 1142A; juxta acirologiam sumitur methafora, ~lensis, metonomica, quia inusitatus est sermo cum per aurigam rex significatur aut .. *Ps.*-Gros. *Gram.* 74; gradatio similiter, que a Donato ~lempsis dicitur, quandoque fit per inflexionem, quandoque per resumptionem Gerv. Melkley *AV* 20; ipsam oblacionem ita vocantes, ~lipsis, id est assumpcio dicitur, per ipsam enim Filii deitatem assumimus Netter *DAF* II 112vb.

metaliter [cf. CL metalis < 1 meta+-iter] as a target, as a goal.

ut mater dociles doctrinae lacte refovit, / ut pater ignavos sobria suscensuit ira, / ad lucis patriam cunctos metaliter hortans Frith. 1300.

metallarius [LL], metalworker.

1289 decimam solvi precipimus argentariis, ~iis, lapidicinis *Conc. Syn.* II 1053.

metallicus [CL < μεταλλικός], of metal, metallic: **a** (w. ref. to vein of ore or mineral); **b** (w. ref. to refining); **c** (w. ref. to refined metal); **d** (w. ref. to abstr.).

a per caloris actionem aurum, es, argentum, et cetere ~e species de lapidibus educuntur et forma nobiliori vestiuntur Bart. Angl. IV 1 p. 69; in rebus ~is et ceteris mineralibus Bacon *Maj.* III 54; in venis ~is infra terram T. Sutton *Gen. & Corrupt.* 93; †Fricus [l. Frigius] lapis est. iij habet species, una est †metallitica [l. metallica] que in Cipro nascitur *Alph.* 67; unde et sperma metallorum et aqua vite ~a dicitur Ripley 108. **b** **1566** xx homines ~os .. rei ~ae expertos (v. affinator). **c** omne corpus, ~um etiam, aut si quid eo solidius est Adel. *QN* 22; conspicantur ingentem regiam .. regem ~um cum regina discumbentes W. Malm. *GR* II 169; addita .. crusta ~a *Id. GP* II 88; non ergo tumeat dives ex opibus, / nec pro metallicis infletur sordibus Walt. Wimb. *Carm.* 381. **d** virtus autem ~a est, que per motum corporum celestium operatur in spiritibus subtilissimis, ut sulphure ac vivo argento. et hoc juxta species septem metallorum distingui potest, id est auri, argenti, aeris et cupri, stanni ac plumbi et ferri *Ps.*-Gros. *Summa* 594.

metallinus [LL *gl.*], that contains or is made of metal.

quis ~os homines aureo fronte minaces .. in puppibus aspiceret et nullo metu regem tantae copiae formidaret? *Enc. Emmae* II 4; **1295** lego .. omnia vasa et utensilia lignea et ~a de panetrio meo, botelaria, pistrino, et bracino (*Test.*) *EHR* XV 526; Dedalus faber aves fecit ~as *Eul. Hist.* I 41; Pyrena .. fontes habet ~os *Ib.* II 89; virtutem .. non habent nisi ex aspectu planetarum in tempore quo artificiantur, eo quod materia illarum ymaginum siccea est et terrea seu ~a, que nullam talem virtutem ipsis sculpturis imprimere potest N. Lynn *Kal.* 211; ~os regem et reginam discumbentes *Meaux* I 269; profecto aqua ista totum magisterium perficit et consummat, et est veraciter ~a qui autem querit aliam errat et in opere non prosperabitur Ripley 195.

metalliticus v. metallicus.

metallum [CL]

1 place in which metal is found, mine; **b** (as place of punishment).

aurifodina, ~um *GlC* A 883; aer cavernarum et ~orum et aer pestilentialis Gad. 67. 2. **b** ergastulum, ~um *GlC* E 285; in ~o, in carcere *Ib.* I 87.

2 substance obtained by mining, mineral, metal; **b** (dist. as precious). **c** base metal.

cujus sedes aeterna non in vili et caduco ~o sed in caelis esset credenda Bede *HE* III 22 p. 172; a**787** statua ex quaternis ~orum generibus quondam fabrefacta (Lul) *Ep. Bonif.* 140; nature providentia ~a, que materia sunt preliorum et seminaria jurgiorum, in secretis suis recondit penatibus Neckam *NR* II 52;

quia primo fuerunt boni homines, sicut aurum prevalet ceteris ~is, postea ceperunt deteriorari de gradu in gradum, sicut cetera ~a a pretio descendunt post aurum *Natura Deorum* 6; habebant regulas regulatas ex aliquo ~o duro ut in libris Cartuniensium et alibi multis locis *Mens. & Disc.* (*Anon. IV*) 60; extendunt se quedam vene continue . . ad recipiendum formam ~i . . . et hoc propter disposiciones convenientes ~o que sunt in illis venis terre T. Sutton *Gen. & Corrupt.* 93; **1329** J. le R. et magister W. de D. per artem alkemonie sciunt ~um argenti conficere (*Lit. Regis*) *Foed.* IV 384a; spodium est fuligo quae invenitur in domibus ubi funduntur ~a *SB* 40; in peditacione iij ollarum enearum . . de ~o Domini *Sacr. Ely* II 167; in factura unius campane . . cum ~o empto pro eadem v s. *Ac. Durh.* 212. **b** temptant regium animum . . ut pretio . . ~o prestrictus receptui caneret W. Malm. *GR* I 35; pretiosa ~orum genera Gir. *TH* I 34; est autem alkimia operativa et practica, que docet facere ~a nobilia, et colores, et alia multa melius et copiosius per artificium, quam per naturam fiant Bacon *Tert.* 40. **c** ?**1294** J. S. aurifaber est retonsor monete et ponit ~um in opperibus suis loco argenti *CourtR Chester* 25/1; redemit nos rerum factor / magno pretio mirifice / cum sacro suo sanguine, / non metallis mortalibus Alcuin *CR* 906.

3 artefact made of metal.

pulsante metallo, / tempore nocturnas celebrant quo concine laudes Wulf. *Swith.* I 104.

4 substance hard like metal.

ligneum ex supradictae arboris ~o oratorium construxit Willib. *Bonif.* 6 p. 32.

metamorphosicus [CL metamorphosis+ -icus], who has experienced a change, metamorphosed.

surgit a sedili talis ac coelestis vir ~us Herm. Arch. 41.

metamorphosis [CL < μεταμόρφωσις], change of form, substance, or condition; **b** (in tmesis); **c** (as title of mythological poem by Ovid).

et metamorphosin praesagit adesse cupitam Frith. 1327; ~is, transmutatio Osb. Glouc. *Deriv.* 367. **b** quatenus meta nove morfoseos, quam mundus movit, mutans quadrata rotundis, . . tibi cronica scriberem Devizes f. 25r. **c** unde Ovidius ~eos in primo . . Osb. Glouc. *Deriv.* 28; **c1200** et Ovidius in ~eorum libris commemorat *Best. Ashmole* f. 85; **c1212** in libro Methamorfosios Gir. *Ep.* 5 p. 202.

metanom- v. metonym-. **metaphis-** v. metaphys-.

metaphora [CL < μεταφορά], (rhet.) metaphor, use of a word in transferred or figurative sense.

morbus regius et elefans unum sunt. . . per metaforam dicitur, quia sicut elefans omnia animalia magnitudine praeminet, sic illa infirmitas alias *Comm. Cant.* III 13, metafora est rerum verborumque translatio Bede *ST* 152; tertio modo dicitur hoc nomen 'capud' de Christo methaphorice, in quantum est homo, hac scilicet methaphora quia sicut in capite sunt omnes sensus S. Langton *Quaest.* 133; transumptio dictionis methaphora dicitur a Donato et ab ipso per animale et inanimale quadrupliciter dividitur, quam divisionem nos omittimus. methaphoram alia absoluta, alia respectiva. . . absoluta est methaphora ubi dictio transumpta non respicit aliam dictionem appositam . . Gerv. Melkley *AV* 108; simul cum ista figura est ibi ~a, quia hic ponitur continens pro contento Bacon XV 174; quid est hec methaphora, mulieris caput est vir, nisi quod sicut caput hominis preest corpori suo, ita et mulieri preest vir Fortescue *NLN* II 56.

metaphorice [LL < μεταφορικῶς], (rhet.) metaphorically, in a transferred sense, figuratively.

simbolice oratores dicunt quod grammatici metaforice *Comm. Cant.* III 7; ab animali ad inanimale metaforice retulit Aldh. *Met.* 7; per Deum (~e loquitur) contra munitiones, id est, sententias philosophorum iniquorum Lanfr. *Comment. Paul.* 245; ~e . . dicitur gradus propter supereminentiam unius ad alterum Gilb. III 162v. 1; multipliciter . . dicitur tactus proprie et methaforice T. Sutton *Gen. & Corrupt.* 50; proprie et non methaforice *Id.* 51; tercio accipitur 'justicia' pro debita ordinacione actus ad racionem, vel aliam operacionem, et ita secundum quosdam vocatur 'justicia' ~e sumpta Ockham *Pol.* II 557; quia Apostolus ista ~e tantum, quo non palam sed sub similitudinis quadam umbra, ostendit, oportunum esse videtur ut . . Fortescue *NLN* II 57.

metaphoricus [ML < μεταφορικός], (rhet.) metaphoric, figurative. **b** (as sb. f.) metaphor, use of a word in transferred or figurative sense.

ad primum objectum dicendum quod res ~e non sunt extendende ultra proprietates, que sunt metaphore rationes Peckham *QA* 74; causa prima nec per se nec per accidens movetur vero motu, sed bene potest motu methaphorico Bacon VII 139; methaphora, quod est translacio; et methaphoricus, sermo translativus *Id. Gram. Gk.* 137; Plato . . utebatur locucionibus methaforicis T. Sutton *Gen. & Corrupt.* 117; non est enim hec fabula que tam narracione quam significacione sit ficta et falsa, sed que sub narracione ~a, tropica, figurata, rhetorice gracia, vult aliquod verum factum mystice nunciare Bradw. *CD* 102A; in cathena ~a Fortescue *NLN* II 36; nec mirandum est quod ille vates Thomas mistice locutus est de methaforico vento, cum et Sacra Scriptura comparat vitam humanam instabilibus rebus Bower X 44. **b** finis non movet nisi secundum methaphoricam Bacon VII 40.

metaphrasis [CL < μετάφρασις], paraphrase, restatement that clarifies meaning.

metafrasin, interpretatio *GlC* M 124; metafrasin, interpretationem *Gl. Leid.* 30. 61.

metaphysica v. metaphysicus.

metaphysicalis [ML], metaphysical. **b** (as sb. n. pl.) metaphysics.

fateor quod non est ibi demonstracio mathematica ex principiis per se notis, sicut nec in philosophia naturali, ~i, neque morali, sed qualem materia talis moralis permittit Bradw. *CD* 59B; quis eciam in naturali sciencia aut in ~i sapiencia dubitet causas esse priores et superiores apud naturam causatis? *Ib.* 409B; utrum definicio naturalis et ~is ejusdem distinguantur realiter: . . homo naturalis et homo ~is definiuntur et sunt distincta Ockham *Quodl.* 538; ridiculosum est dicere quod quidam est homo naturalis et quidam ~is, ita quod distinguntur *Ib.* 541. **b** in quarto [volumine] metaphysicalia cum moralibus subjungentur Bacon II 1; queritur de trimembri divisione in litera posita que est divisio ipsius philosophie naturalis, nomen nature ad mathematicalia et methaphysicalia extendendo *Id.* VIII 110; ~ia sunt consona colloquiis divinis *Id. Maj.* III 42.

metaphysice, ~os [ML], metaphysically.

uno modo logice . . . secundo modo ~e et sic similiter genus et differentia sunt principia eorum Bacon VII 21; horum autem principiorum quedam sunt mere principia et solum ~e nata sunt declarari *Id. Maj.* II 226; hoc statim patet . . et potest ex decimo ~e confirmari Bradw. *CD* 832A; ut mysticws typicws metaphysicws ac πνευματικως isthaec potissimum intelligantur *REED Gloucs* 371.

metaphysicus [ML < μετά+φυσικός]

1 (as adj.) of or concerning metaphysics, metaphysical, that is beyond the physical or natural.

conabar . . colligere que dixerunt antiqui de anima secundum utrumque modum, sc. physicum et ~um T. York *Sap.* VII 10; non sic naturales sciencias et ~as et alias Bacon *Tert.* 105; et hoc ex tractatu meo methaphisico, et aliis tractatibus distinguentibus sciencias planius elucescit *Id. Gram. Gk.* 58; tercius nidus et altissimus . . est ~us, quo cognoscimus eternitatem Dei ex ejus immensitate coassistere omni tempori preterito vel futuro *Ziz.* 14.

2 (as sb. f. or n.): **a** metaphysics; **b** (as title of book).

a eum non modo phisice, verum et metaphisice et totius philosophie expertem pronuntio Alf. Angl. *Cor* 16. 19; **a1291** cum potencia activa sit in materia naturali et non in materia methafisica *Quaest. Ox.* 131; anima secundum suum esse concretum partim est de physica et partim est de ~a J. Blund *An.* 21; unde et scientia naturalis dividitur in methaphisicam, mathematicam et phisicam, methaphisica vero agit de consequentibus ad esse *Ps.*-Gros. *Gram.* 12; qui bene scit ~am Bacon *CSTheol.* 36. **b** Methaphisica [v. l. methafisica] fratris Rogeri ordinis Fratrum Minorum Bacon I 1; testante Avicenna primo Methaphisice *Ib.* II 1; Aristoteles . . dicit secundo Methephisice *Id. CSTheol.* 53; unde et primo ~e dicitur T. Sutton *Gen. & Corrupt.* 52; **1329** lego domui scolarium de Balliolo in Oxon' . . librum Eticorum cum Metaphisicis in uno volumine . . item Metaphisicam Avicenne (*DC Sal.*) *HMC Rep. Var. Coll.* I 376; ipsemet secundo ~e clare docet R. Bury *Phil.* 10. 160; composuit . . Aristotiles multos libros, sc. . . Metaphisice libr. XII W. Burley *Vit. Phil.* 248; Methephysica secundo fo. inter duo (*Catal. Librorum*) *JRL Bull.* XVI 479; sanctus Thomas super Methefisicam *Cant. Coll. Ox.* 48; ad ~en Aristotelis Ferr. *Kinloss* 44.

3 (as sb. m.) metaphysician.

nec solliciteris super hoc quod aliter medicus, aliter metaphisicus, aliter theologus utitur hoc nomine 'ypostasis' Neckam *SS* II 3. 4; non subjacet consideratione physici . . subjacet considerationi ~i J. Blund *An.* 18; qui sapientem vocat nomine philosophi ut Platonem quia methaphisicus aut Aristotelem quia medicus . . *Ps.*-Gros. *Gram.* 73; ~i est considerare causam motus celestis Bacon VII 64; alias autem proposiciones quas ~us posset concipere Duns *Ord.* II 134; si dicatur quod aliter considerat ~us hominem et †naturalis [l. naturalem], et ideo homo consideratus a ~o distinguitur ab homine considerato a naturali Ockham *Quodl.* 542; similiter querunt metaphisici si dominium istud sit dimissibile vel indimissibile Wycl. *Versut.* 100.

metaplasmus [LL < μεταπλασμός], **a** (gram.) alteration of a word by addition, omission, or transposition of letters or syllables. **b** (rhet.) change of subject to which words apply (in quot., w. ref. to head and members of Christ).

a hos duos ~os [sc. sinalipham et ecthlipsim] Aldh. *Met.* 9; ubi . . in metris 'prendo' pro 'prehendo', vel 'saecla' pro 'saecula' legitur, vel aliquid hujusmodi, non est synalipha sed syncope, quae species est ~i Bede *AM* 121 *sum þœra dœla is* ~us, *þœt is awend sprœc to oðrum hiwe hwilon for fœgernysse* Ælf. *Gram.* 294; *hig gehleapað on* ~um [*gl.*: i. e. transformatio, causa metri ut gnato pro nato] Byrht. *Man.* 96; barbarismus . . vitiosa locutio orationis in communi sermone, quod in poemate dicitur ~us Osb. Glouc. *Deriv.* 69; isdem in methaplasmi tractatu consequenter dicit: antithesis est litere pro litera positio, ut olli pro illi Gerv. Melkley *AV* 8; si subtrahitur vel apponitur littera vel sillaba aut immutatur aut transmutatur . . erit primum genus sermonum figurarum et appellatur methaplasmus, hoc est transformacio *Ps.*-Gros. *Gram.* 69; sed dicit Catholicon de tropis, quod ~us excusat barbarismum, qui est vicium diccionis Palmer 427. **b** illud tamen non te lateat, carissime, quod frequens est in psalmis ~us, id est mutatio persone et materie S. Easton *Psalm.* 8.

metare v. metere.

metari [CL]

1 to measure ground for, to plan, lay out; **b** (camp). **c** (p. ppl. as sb. m.) camp, fort, fortification. **d** (by ellipsis or as intr.) to pitch camp.

molendinum . . ~abitur G. Mon. VII 3 (v. divertere 1a); ~ari, metiri Osb. Glouc. *Deriv.* 363; locum religioni antes W. Cant. *Mir. Thom.* V 32 p. 401, ubi . . refugii loca . . dominatores terrarum ~ari solent Gir. *TH* I 8. **b** castra . . quae juxta firmam petram ~atus es Bede *Sam.* 525; **s1166** (v. castrametari); **s1190** ~atus est rex . . castra extra civitatem Devizes f. 29r p. 16; **s1191**, **s1265** (v. castrum 1a); non procul a suo castello castra mea, immo Dei excelsi, in proximo sum ~aturus Studley 7 p. 374. **c** **c985** hiemale sumunt ~atum Æthelw. IV 3 p. 44; subito ~atum [*gl.*: *chastel, mote, un mont*] jam presens conspicio Balsh. *Ut.* 46. **d** postquam ~ati sunt Saxones in supra dicta insula Tanet Nen. *HB* 36.

2 to measure into portions, to deal out, share.

1316 de lxiv multonibus . . felonice furatis . . et fugatis ad domum predicti B. in Heyford et ibidem ~atis *SessPNorthants* 70.

metaria [cf. AN *meiteier* < medietarius], farm held in tenancy.

similiter fit recognitio utrum terra sit hereditas vel ~ia *Cust. Norm.* 20. 1.

metastrum v. mentastrum.

metasyncriticus [LL < μετασυγκριτικός=*that alters the state of pores*], (med.) that defines without curing a disease.

methasin creticum interpretatur morbos determinans sine sanans *Alph.* 113

metategni v. Megategni.

metathesis [LL < μετάθεσις], **a** (gram.) transposition of letters or syllables. **b** (rhet.) transposition of sentences. **c** (med.) transposition of morbific substance from one part of the body to another.

a [methaplasmi illi] anathesis, ut olli pro illi, et methathesis, ut Evandre pro Evander GERV. MELKLEY *AV* 76; ~is est translatio litterarum vel sillabarum *Ps.-*Gros. *Gram.* 70; aliquando per ~im . . nomina transformantur ELMH. *Cant.* 338; ad hunc locum pertinet et naturalis ordo sensuum mutatus, sive hysterologian, sive histeron proteron, sive sensuum ~in, sive quocunque hunc nomine appelles LINACRE *Emend. Lat.* lxii. **b** methatesis est rerum transpositio, verbi gratia cujusdam filius propter meretricem abdicatus ex ea sustulit filium, qui moriens illum patri commendavit: adoptavit pater nepotem. contradicitur sic: adoptavit ejus filium propter quam ejecerat suum GERV. MELKLEY *AV* 161. **c** [flebotomiam] quidam faciunt per methatesim ne trahatur materia ad nobile membrum GILB. III 173. 2.

1 metatio [CL]

1 act of measuring.

metior . . inde . . metor, -ris, i. metiri, et inde metator, ~io OSB. GLOUC. *Deriv.* 350.

2 measured stage (of a journey).

inde jam festinate in Angliam tendens, ad Belensem altera ~one pervenit urbem AD. EYNS. *Hug.* V 14 p. 171; ~onem quartam Stanfordia, quintam nobis Anacastria prefixit *Ib.* V 19 p. 225.

2 metatio [cf. CL metere], reaping, harvesting.

1279 debet metere ij acras bladi . . et post ~onem debet qualibet septimana iiij opera *Hund.* II 539b.

metator [CL], measurer, marker.

OSB. GLOUC. *Deriv.* 350 (v. metatio 1); ~ores, mansionum preparatores *Ib.* 367; p**1197** jam corporis mei tabernaculo ~ores mortis se ingerunt P. BLOIS *Ep. Sup.* 1. 8.

metatum [μητᾶτον < metatum p. ppl. of metari], hospice for travellers. *Cf.* 1 *metatio* 2.

apud mitatum est ecclesia sanctorum xl martirum et sunt in ipsa reliquiae eorum *Descr. Constant.* 257.

metaxare [cf. metaxarius], to act as a merchant, to set a price.

prisyn, or settyn a prise, mexo, -as *PP.*

metaxarius [LL < μεταξάριος], merchant.

priser or setter of price in a market or oðyr place, ~ius, -ii *PP.*

metebedripa [ME *metebedrype*], harvest-service during which food is provided.

1242 [terram] tenuit de eo per duas bedrepas et unam metebederepam in autumpno *CurR* XVI 2262; faciet unam ~am in autumno ad cibum domini et valet ultra cibum obolum *Cart. Glouc.* III 90; faciet unam ~am cum uno homine ad cibum domini *Ib.* 92.

meteeria v. meiteria.

metegabulum [AS *metegafol*; cf. 1 gabulum], rent or gavel paid in food.

in quibusdam locis gebur dabit . . metegablum (*Quad.*) *GAS* 448.

metellus [CL = *mercenary, hireling*], harvester, reaper, hayward.

moware with a syth, . . ~us, -li *PP*; ~us, A. *reperefe,* . . *reve WW*; a *scherere*, metillus, messor, falcarius, terista *CathA.*

meteoraliter [cf. meteorus], (med.) by swelling, with inflation.

ex sanguine etiam cordis fere metheorico alitur [v. l. metheoraliter] et robustum efficitur ALF. ANGL. *Cor* 15. 4.

meteoricus [cf. meteorus], vaporous.

Aristoteles . . in quarto Meteororum corpora metheorica in quatuor partitur, sc. fumum, vaporem, halitum, spiritum. diffinitque spiritum: corpus metheoricum habile fluere in longitudinem metheoricum fit . . per elevationem ALF. ANGL. *Cor* 10. 5 [cf. Arist. *Meth.* 387a29–30].

meteorus [LL < μετέωρος = *raised above the ground*]

1 (as sb. n. pl.) celestial phenomena; **b** title of a book by Aristotle about celestial phenomena.

sciencia naturalis sive phisica multas habet partes, ut . . scienciam meteororum *Ps.-*Gros. *Gram.* 14. **b** Metheororum ALF. ANGL. *Cor* 10. 5 (v. meteoricus); ut ait Aristoteles in libro Metheorum SACROB. *Sph.* 78; quod est contra Arist' in Meteo' GILB. I 37v. 1; scribitur in secundo Metheororum quod putrefactio est finalis corruptio BACON VII 10; Liber Methaphisicae et Phisicae et Metheororum *Chr. Rams.* 367; **1443** textus de Celo et Mundo et Metheoorum *Cant. Coll. Ox.* 6; ut dicit Philosophus in libro Metheorum UPTON 98.

2 (as sb. f. sg.) vaporous substance that tends to rise.

particula calore continuo nutrimentum ducit et digerit. hec igitur pro materie et nutrimenti qualitatibus metheoram facit. . . neque fit caro, non enim est sanguis digestus, sed ex sanguinis digestione digesta metheora. . . albetur vero, aerei quippe metheora est ALF. ANGL. *Cor* 15. 3.

metere [CL], **~are**

1 to reap, harvest: **a** (crop); **b** (land); **c** (fig.); **d** (absol. or intr.). **e** (pr. ppl. as sb.) reaper, harvester. **f** (inf. as sb.) reaping, harvesting.

a segetem ~unt, calcant, transeunt GILDAS *EB* 16; ~ent semper in manipulos messem suam *Comm. Cant.* I 190; capellanus fructus curie sibi commisse ~at; quidquid autem intra parochiae fines clauditur, parochianis derelinquat PULL. *Sent.* 928A; frumentum . . in autumno messuerunt GIR. *TH* II 49; falcem fert, sive quod fructus, quos tempus producit, falce ~untur ALB. LOND. *DG* 1. 6; **1279** de Henrico G. quia tarde venit ad ~endum bladum domini in autumpno *Rec. Elton* 2; **1325** non messuit bladum (v. custos 3d). **b** cum tua rura mētis, vicini parcito mētis SERLO WILT. 2. 76; **1269** A. de B. conqueritur de R. in pace Dei messuit unam acram terre sue frumenti *CBaron* 74; **1289** ~et unam rodam bladi in autumpno *SelPlMan* 33; **1345** in cccxlviij acris . . bladi ~atis, ligatis etc. *Comp. Swith.* 150. **c** bis quingentesos sanctae messis manipulos evangelicae praedicationis falce ~ens ALDH. *VirgP* 282; placet quippe Deo ut hinc inde ~amus dolorem, quia nobis haud displicuit seminasse iniquitatem PULL. *Sent.* 760A; principio metas sic continuat levis etas, / ut, res tam letas que seris, hora, metas SERLO WILT. 10. 3–4; in gaudio messuerunt quod in lacrimis seminaverunt HON. *Spec. Eccl.* 976D; tales elegit pauperes . . ut seminans in benedictionibus de benedictionibus et ~eret *Canon. G. Sempr.* f. 46; c**1214** tam temere tamque tirannice subditorum suorum episcopi tales temporalia ~unt GIR. *Ep.* 8 p. 282; apostolorum qui ~unt de agro mundi homines, de agro Scripture sententias, de agro Ecclesie animas S. LANGTON *Ruth* 105; fortuna spurios repente culminat, / post hore morulam ferit et fulminat; / donat et repetit, metit et seminat WALT. WIMB. *Carm.* 352. **d** certatimque metunt pluvia ne forte graventur WULF. *Swith.* II 523; omnes ad opus domini arabant et herciabant, falcabant et ~ebant *DB* I 166rb; **1368** quia non invenit unam mulierem ~entem cum domino tempore autumpnali pro j cotagio quod cepit de domino prout convenit inter ipsum et terrarium *Hal. Durh.* 72; **1371** quia noluerunt ~ere cum domino *Ib.* 108; **1390** quando mecunt mecent pro j opere dimidiam acram frumenti *Crawley* 291; **1430** ~ent iiij diebus cum j homine ad manerium de F. *Feod. Durh.* 17. **e** spice que effugerunt manus ~encium BART. ANGL. pref. **1355** r. c. de v s. ix d. de quadam consuetudine vocata *wedyngpeny* proven' de ~entibus hoc anno in autumpno (*Kent*) *MinAc* 899/10 m. 1. **f 1199** faciendo omnia servicia . . preter arare et ~ere *Regesta Scot.* 422; et colligunt inter se iij sol. quos dant aule de Lacford pro arare et ~ere *Kal. Samson* f. 95r p. 41.

2 to cut off (wool), shear (sheepskin).

~it, secat *GlC* M 151; domino prodest me vivere; / vivo / ut metat in tergo vellera multa meo WALT. ANGL. *Fab.* 26; **1420** pellibus agninis messis *EEC* 470.

3 to cut down, kill.

[Edwardus] puer impubis et flore suo speciosus, flore suo in coronam martyrialem Domini cito ~endus GOSC. *Edith* 82; Mars furit, exundat cruor, impetus imperat, ardet / ambitus, excrescit preda rapina metit GARL. *Epith.* I 60; anus metit mors rugosas / et puellas speciosas / aliquando percutit WALT. WIMB. *Van.* 144.

metereius v. meiteria.   **metetaria** v. medietarius. **meth'** v. medo.   **metha-** v. meta-.

methamus [ME *mete+hom*], a food rent.

1300 predicta villa [de Neuport] cum hameletto de Bilchangr' debent [*sic*] taliari ad c s. quando dominus rex talliat burgos et ~os suos *IPM* 95/19.

metheor- v. meteor-.   **methephisica** v. metaphysicus.

†Methiana, *f. l.*

fuit vir Amon regali prosapia †deregione Methiana [l. de regione Demetiana] *Lib. Landav.* 6.

methodicus [LL < μεθοδικός]

1 methodic (applied to one of the three schools of physicians in Antiquity).

hii tres viri tot hereses invenerant. prima ~a inventa est ab Apolline, qui remedia sectatur et carmina, secunda empirica . . que non indiciorum signis sed solis constat experimentis; tercia logica W. BURLEY *Vit. Phil.* 184.

2 (as sb. m.) a 'methodic', member of the Methodic school of physicians in Antiquity.

~i nec elementorum racionem observant, nec tempora, nec etates, nec causas, sed solum morborum substancias W. BURLEY *Vit. Phil.* 184; methodus, i. regula vel doctrina . . inde ~us super afforismos *Alph.* 112.

3 (as sb. f.) method for treatment of ailments through music (by assoc. w. *melodus*).

Appollo . . in medicina plurimum viguit et metodicam, id est carminalem medicinam primus invenit et carminibus morbos curavit BERN. *Comm. Aen.* 35.

methodium [CL < μεθόδιον], artifice, trick.

nobis inevacuabili veritatis testudine galeatis congruit normalibus agenda rubricare ~iis ['*for us, helmeted with the unnullifiable protection of truth, it is appropriate to adorn things to be done with square artifices*, i. e. *honest dealings*'] O. CANT. *Pref. Frith.* 17.

methodus, ~os [CL < μέθοδος]

1 mode of proceeding, method; **b** (log.); **c** (as personified agent).

Greci eam [artem] ~on dicunt quasi compendiariam rationem que nature vitet dispendium J. SAL. *Met.* 838A; siquidem ars quelibet suas habet ~os, quas nos figuraliter adviationes vel aditus possumus interpretari *Ib.* 870D; ciborum genera, offariorum [MS: hosphatorium] ~is [*gl.: de arts*] multipliciter mihi elaborata BALSH. *Ut.* 48; opus votivum per metodum artis inventam ad finem diu desideratum usque perducerem P. CORNW. *Panth. prol.* 41; ~us, i. regula vel doctrina, et interpretatur compendium *Alph.* 112; **1549** de ~o et forma praedicationum *Conc. Scot.* II 104. **b** que quidem est ~us, id est ratio compendiaria propositi pariens et expediens facultatem J. SAL. *Met.* 861B; licet suis muniantur principiis, eis [singulis disciplinis] tamen logica ~os suas, compendii sc. rationes, communiter subministrat *Ib.* 870C; vidit . . Aristoteles omnia problemata que sunt de simplici inherentia predicati cadere sub unam ~um NECKAM *NR* II 173 p. 298; secundum eundem modum ~i quod tenuimus de facere et pati T. SUTTON *Gen. & Corrupt.* 97. **c** impedit hujusmodi votum regulare, / ergo sani methodi metuunt intrare PECKHAM *Def. Mend.* 380.

2 (w. ref. to trick, ruse, or machination).

nunc multi cogitant de burse comodo / qui Judam superant in fraudis methodo WALT. WIMB. *Sim.* 9.

3 (w. play on μεσ- + ὁδός), middle of the road, way; **b** (fig.).

1500 item unum tenementum jacens in ~o tendente ad locum fratrum minorum *Reg. Glasg.* II 502. **b** semita delicti, culpe via, strata reatus, / methodus inferni, Stygis orbita, limes Averni HANV. VI 419.

methologia v. mythologia.   **methonom-** v. metonym-.   **metianum** v. melitianum.

meticulose [ML], fearfully, in terror.

sui qui timide ad curiam venerant et illic contra inimicos meticulosi [v. l. ~e] egerant H. CANTOR f. 26; experrectus crepitaculo semiulcos ~e retegens oculos OSB. GLOUC. *Deriv. pref.*; oculos subaspiciendo cum

quadam formidinis nota in partem variam ~e dirigere AD. EYNS. *Hug.* V 9; a**1200** nunc autem in ea ruditate nativa, qua condite sunt, vestris, ~e tamen, oculis se presentant, censuram potius exspectantes, quam gratiam expetentes P. BLOIS *Ep.* 1. 1B; s**1417** ceteri ~e fugerunt *Chr. S. Alb.* 110; suppressit minas fastuosas, et eo celerius atque ~ius latebras, ut prius, repetiit WALS. *HA* II 307.

meticulositas [ML], fearfulness, timidity.

~as videretur ac diffidentia GIR. *Symb.* I 31 p. 319; mox calcaribus urgens sonipedem fugere festinabat. quare multi, qui cum eo erant execrantes, ejus ~atem ad dandum dextris Dominis paraverunt *V. Ric. II* 95; propter muliebrem ~atem WALS. *HA* II 153.

meticulosus [CL], **meticulus**

1 full of fear, timorous, terrified. **b** (as sb. m.) frightened man.

non ulterius munus meum obnubet ~osa cunctatio W. MALM. *Wulfst. ep.* p. 1; ait lupus [lepori] "super omnia es animal ~osum" O. CHERITON *Fab.* 58; ~osus es fugitansque periculi ANDR. S. VICT. *Comm.* 272; ~us vel ~osus, metu plenus OSB. GLOUC. *Deriv.* 366; ideo tanti sacramenti majestate deterritus, insufficientiam sanctitatis, quam ille gradus exigit, ~osus allego P. BLOIS *Ep.* 123. 362C; Londonienses .. ~osi ut mures, timidi sicut lepores *V. Ric. II* 73 (cf. WALS. *HA* II 145: timidi velut lepores ~osi ut mures). **b** framea .. i. quoddam telum eo quod ~osos fremere faciat OSB. GLOUC. *Deriv.* 235; per ~osos rigor justitie, maxime in illa curia, cernitur vacillare M. PAR. *Maj.* V 544.

2 that inspires fear, awesome.

Wilfridi reliquias .. marcidas, immo, quod dictu quoque ~osum est, praelatorum horripilatione, neglectas O. CANT. *Pref. Frith.* 29; constellationem illam ~osam de ventorum immanitate, quam astronomici nobis comminati sunt R. NIGER *Mil.* IV 27; periculosum quippe est .. in illum scribere qui potest proscribere, ~osa res in illum allegare qui potest relegare GIR. *TH* III 51 (=*Id. Invect.* I 4 p. 98); cum eruditis et exercitatis in ea facultate nedum indoctis et imperitis ~a sit practica multum et pericula *Id. Spec.* III 9; quatuor genera temptationum presertim carnalium impugnant: ~ose [ME *dredfule*], mirabiles, lete et tristes *AncrR* 89; ecce quomodo potestis cognoscere quod est ~osus [ME: *arch*] et debilis. nonne ~osus [ME: *arche*] est pugil qui dimicans pedes impetit, qui in compugili tam imum querit? *Ib.* 102.

metificare, to frighten, make afraid, terrify.

non preteribit mensis Maii, quin adeo confusi erunt et ~ati WALD. *YN* 517.

metiri [CL], **~ire**

1 to determine the length, size, or volume of, to measure; **b** (as true passive); **c** (w. internal acc. or sim.); **d** (arith. & mus.); **e** (geom.); **f** (astr.).

~itur, mensurat *GlC* M 184; mensusque est omnia fundamenta monasterii propria manu WULF. *Æthelwold* 12 (=ÆLF. *Æthelwold* 8); mane ergo iterum ad ~iendum [longitudinis lignum] acceditur GOSC. *Transl. Mild.* 34; unde cum moritura putaretur [Cantuarie mulier], unus arrepto filo mensus caput et collum moribunde vovit martyri Thome W. CANT. *Mir. Thom.* VI 64; pater igitur filiam lichno ~iens, et lichno ceram imprimens, ad beate Virginis feretrum candelam optulit *Mir. Fridesw.* 8; in signum voti lichno se ~iens, ab omni Deo juvante respiravit incommodo *Ib.* 53; hujus domus latitudinem ipse mensus sum habetque spacium cclxvj pedum in latitudine GREG. *Mir. Rom.* 21; virgo mirabilis novo prodigio / Deum oppalliat sub ventris pallio, / magnum abbrevians in parvo spacio, / immensum metiens ventrali modio WALT. WIMB. *Carm.* 30. **b** animus .. solo mensus ab immenso, solo finitus ab infinito GIR. *EH* pref. p. 224; res .. cum fuerint prope horizonta et ~ite fuerint per instrumenta quibus mensurantur sidera BACON *Maj.* II 473. **c** in qua mensura ~ieris eum [tumulum] in ista vice, iterum non invenies eum in una mensura NEN. *HB* 73; secundum mensuram regule qua mensus est tibi Deus P. BLOIS *Ep.* 131. 388B; s**1324** rex .. Francorum eandem mensuram, quam rex Anglie Francis .. mensus fuerat .. Anglis omnibus .. intulerat *Flor. Hist.* III 229. **d** prima pars habet capitula decem: ..; de proportione numerorum qui ab aliis ~iuntur ODINGTON *Mus.* 44. **e** quomodo astronomia est diversa in subjecto a geometria, et quare ipsa ~itur terram KILWARDBY *OS* 93–4 (*tit.*); habebat .. geometrica Euclidem ~ientem *MGL* III 460. **f** simul terras metitur et astra, / has pedis, hec oculi cursu HANV. III 274.

2 to mark off, delimit: **a** (time); **b** (abstr.).

a Junius ex senis [regularibus feriarum] solus metitur manifeste BYRHT. *Man.* 42; tum aeternam claritatem aeternamque noctem animo ~ire GOSC. *Lib. Conf.* 69; et quod ejus solum rei sit aliquod tempus, cujus diurnitatem tempus ~iendo aliquomodo terminat et terminando ~itur ANSELM (*Mon.* 22) I 39; horae nocturnae quantitatem ~ietur ADEL. *Elk.* 27. **b** nam per illam [sc. crumenam] metiuntur / penas delinquencium WALT. WIMB. *Van.* 57; quare dum ex factis, ut dicunt leges, jus ~imur FORTESCUE *NLN* II 50.

3 to measure into portions, deal out, share.

plicetur denarius ultra capud defuncti, et ~iatur ad beatum Wlstanum *Mir. Wulfst.* II 12.

4 to take the measure of (fig.), to estimate, consider.

multi .. a miraculis vitam quidem sanctorum solent considerare, atque a signis sancta illorum merita ~iri *V. Greg.* p. 77; mensus est sollicite si .. aquarum non deesset sufficientia *G. Steph.* 21; **1165** quod versans apud me attentius revolvebam, et ~iebar in animo quid sperare possimus J. SAL. *Ep.* 138 (144 p. 32); **1166** cum omnes rerum circumstantias diligentius ~iar, me recolam amplius debitorem *Ib.* 190 (180 p. 193); **1167** si tempora periculosa ~imini, si dies malos expavescitis, .. nunquid creditis vos hac via Deum placare posse .. *Ib.* 200 (235 p. 435); rerum temporalium ~iuntur eventus P. BLOIS *Ep.* 19. 71B.

metletum v. medlea. **metodicus** v. methodicus. **metodus** v. methodus. **metonom-** v. et. metonym-.

metonomasticus [cf. *μετονομασία=change of name*], (rhet.) metonymic.

methonomastica [sc. appellatio] est quando continens stat pro contento, ut 'bibe ciphum' et sic de aliis. de antonomastica et methonomastica non est dubium, quia antonomastica semper est personalis et determinate, methonomastica similiter proprie et per se sumpta, per accidens tamen potest esse simplex BACON XV 288.

metonymia [CL < *μετωνυμία*], **metonomen,** (rhet.) replacement of the name of a thing by the name of its attribute or sim., metonymy.

metonomia est quaedam veluti transnominatio. hujus multae sunt species aut enim per id quod continet id quod continetur ostendit BEDE *ST* 155; est quoque pulchra translatio per ~iam, cum res per auctorem rei significatur, ut pro bello Martem et pro frugibus Cererem ALCUIN *Rhet.* 37; in Scripturis Sanctis genus est locutionis, quod apud grammaticos ~ia dicitur, id est, dum per efficientem designatur id quod efficitur *Id. Dogm.* 31B; ad Sanctum Walericum .. portus ita per metonomiam dicitur W. MALM. *GR* III 238; methonimia idem est quod transnominatio, metha enim trans, onoma nomen GERV. MELKLEY *AV* 68; post mare, post fluvios, de piscibus edere pauca / mens cupit, ordo monet, mētonymia jubet NECKAM *DS* III 372; in principio temporis creatum est celum, secundum dupplicem methonomiam, sc. celum empireum cum angelis *Id. SS* III 11. 1; est .. figura methonomie quando hoc modo ponitur continens pro contento, ut cum dicimus "ebibe cyphum" id est "vinum quod est in cypho" et est color denominatio VINSAUF *AV* II 3. 46; iste autem color est una figura grammatice sub tropo contente, que a Beda, .. metanomia seu †methaomia [l. methanomia] vocatur BRADW. *CD* 565C; ubi patet quod secundum figuram methonomine intelligit per hunc [modum] vinum WYCL. *Conf.* 509; *brede*, .. panis, .. simila, similago, siligo, sed hec tria per metenomiam *CathA*.

metonymice [ML; cf. LL metonymicos < *μετωνυμικῶς*], (rhet.) metonymically, by metonymy.

docebit ergo diligentia ad immitationem istorum methonomice materiam ponere pro materiato, ut videtur, ut auro superbit manus, id est annulo cujus materia est aurum GERV. MELKLEY *AV* 68; attribuimus accidentibus sive formis quod est stomachorum sive materiarum, et ita loquimur metonomice GILB. VI 245. 1.

metonymicus [ML < *μετωνυμικός*]

1 (as adj.) metonymic.

venter eburneus, venter mirificus / modo mirifico fit methonomicus, / contentus continens WALT. WIMB. *Carm.* 46.

2 (as sb. f.) metonymy.

juxta acirologiam sumitur methafora, metalensis, metonomica, quia inusitatus est sermo cum per aurigam rex significatur aut cum effectu causa, aut cum per unum plura gradatim ut per spicam annus hiis mediis, scilicet seges autumpnus *Ps.*-GROS. *Gram.* 74.

metopium [CL < *μετώπιον*], ointment containing oil of bitter almonds.

~ium, respice in oleum amigdalinum *Alph.* 118; oleum amigdalinum, quod multi ~ium dicunt, ex amigdalis amaris *Ib.* 128.

metopoeus v. mythopoeius. **metoria** v. meconium.

metorium [cf. metari], artefact that measures, ladle.

discus, metorium [*gl.*: *ladylle*], contus, scutella, parapsis *WW* 626.

metra v. mitra. **metrapolitanus** v. metropolitanus.

metreta [CL < *μετρητής*]

1 liquid measure equal to about 8.5 English gallons. **b** vessel that contains this amount; **c** (fig.).

vas duas ~as capiens *Comm. Cant.* I 143; *Itin. Ric.* VI 37 (v. 3 batus); *Ib.* 38 (v. amphora a); ~a, quod est mensura liquidorum .. BACON *Gram. Gk.* 118; sex etates mundi: ydria metretas capiens est quelibet etas *Vers. Cant.* 16. **b** *a multer dische*, ~a, tessera *CathA*. **c** terne ~e [*gl.*: i. e. mensure] sint in corde tuo, i. e. fides Sancte Trinitatis, et bina sit in mente, hoc est dilectio Dei et proximi BYRHT. *Man.* 210.

2 measure of length.

denique ex hac tripodali particula detruncata a sufficienti ~a, crux Domini convenientissime est in fronte navis ecclesiastice sublimata .. GOSC. *Transl. Mild.* 34.

3 person who has lived a long measure of time.

decrepitus, vetulus, vetus, emeritusque, senilis, / longevus fit in his, sic pristinus, atque metreta GARL. *Syn.* 1588A.

metrice [LL], metrically, in metre: **a** (as dist. from prose); **b** (as dist. from rhythmic syllabic verse).

a unam sancti Cuthberti vitam, ~e et prosaice scriptam *Hist. Cuthb.* 211; non positione diptongo vocali ante vocalem, non producto et correpto accentu, non inquam ~e, set prosaice scripsi domno meo domno priori M. RIEVAULX (*Ep.*) 74 p. 82; partim ~e, partim prosaice CAPGR. *Hen.* 19. **b** tuis quoque me rescriptis aliquando refice / sive prosa, sive rithmo, sive velis metrice HIL. RONCE. 2. 36; libros ~e composuerat [sc. Ovidius] M. PAR. *Maj.* I 92; a quodam ~e sic dictum est: 'nulla libris erit apta manus ferrugine tincta' R. BURY *Phil.* 15. 194; de quo quidam sic ~e ait: si lapis est unus, dic qua fuit arte levatus; / si lapides plures, dic ubi contigui *Eul. Hist.* I 412; metrice jam referam, quod adhuc superesse videtur ELMH. *Metr. Hen. V* 89.

metricus [CL < *μετρικός*]

1 of or concerned with measure.

penes vero moram majorem et minorem est proporcio et penes hanc est musica ~a, penes numerum motuum in redeundo est melica *Ps.*-GROS. *Gram.* 27.

2 metrical: **a** (as dist. from prose); **b** (as dist. from rhythmic syllabic verse).

a Sedulius .. in praefatione ~a .. versum .. texuit ALDH. *Met.* 10 p. 85; librum .. de metrico Paulini opere in prosam transtuli BEDE *HE* V 24 p. 359; placuit autem eos ipsos et hic subnectere, quia ~am vim prosa gratiorem quibusdam novimus esse *V. Gund.* 49; c**1170** Beda de scematibus et arte ~a *Libr. Cant. Dov.* 8; modus scribendi, viz. ~us, qui numero et pede mensuratur, et prosaicus, qui consistit in plano dictamine (J. BRIDL.) *Pol. Poems* I 130; assero quod dictaminum quattuor sunt genera, viz. aliud ~um, aliud prosmetricum, aliud ruthmicum seu rithmicum, et aliud prosaycum *Dictamen* 337. **b** Eulaliam .. / metrica nunc studeant venerari carmina sanctam ALDH. *VirgV* 2010; **804** sicut mihi nuper delatum est per carmina ~ae artis ALCUIN *Ep.* 273 (=W. MALM. *GP* III 118).

3 (as sb. m.) metrist, composer or analyst of metrical verse.

hic versus . . apud ~os laudabiles habentur ALDH. *Met.* 10 p. 87; pedes . . quibus ~i . . funguntur *Id. PR* 112 p. 150; quod ~i in versibus scandendis synalipham vocant BEDE *Mark* 243; ~ius, *mederwyrhta GlC* M 200; et quia prosum / multis in prosis, in metris tu michi prosis, / excellens metricos, superas bonitate metri quos M. CORNW. *Hen.* 6; quidem ~us hyperbolicis laudibus extulit sic defunctum: 'ille comes ille pius Theobaldus erat quem / gaudet habere polus, terra carere dolet' KNIGHTON I 130; quidam ~us scripsit 'Anglorum cuncta prece pauset plebs operosa' AD. USK 127.

4 (as sb. n.) metrical verse.

sed nunc verum est illud ~um 'pontus erit siccus cum pauper habebit amicum' ROLLE *IA* 197.

5 (as sb. f.) art of composing metrical verse.

didicit . . inibi grammaticam artem et ~am et libros divinos ÆLF. *Æthelwold* 6 (=WULF. *Æthelwold* 9: grammaticae artis peritiam atque mellifluam metricae rationis dulcedinem); se melice metrica, metrice se rithmica jungit GARL. *Tri. Eccl.* 100.

Metridatum v. Mithridates.

metrificare [ML], to compose in metric verse: **a** (trans.); **b** (intr.).

a Juvencus . . ~avit Mattheum evangelium . . 'officio amissamque levant promissa loquelam' BACON *CSPhil.* 456.   **b** presbiter . . ~et tropice, i. e. conversive GARL. *Dict.* 133; jussit de bellis me metrificare novellis / qui sedet in stellis (J. BRIDL.) *Pol. Poems* I 128; quod iste terminus ~are idem significat quod versificare *Ib.* 130; per sanctum David Wallus bene metrificavit *Feudal Man.* 148; sic idem monachus ~avit FORDUN *Chr.* IX 29.

metrificatio [ML], composition in metric verse.

s1461 (v. decas b).

metrista [ML], composer of metric verse, metrist.

quidam Anglicus ~a post hec cecinit in ejus laudem hos versus qui sequuntur: 'summi jura gerens, illustrans stemate mundum' STRECCHE *Hen. V* 155; dicente et ad hoc faciente ~a Anglicano 'est regnum duplex . .' *Pri. Cold.* 254; s1454 ut verbis utar ~e 'astutum rapido vulpem sub pectore gessit *Reg. Whet.* I 136; s1455 juxta ~am . . 'opprime dum nova sint subiti mala semina morbi' *Ib.* 204; *a versifier*, versista, . . ~a *CathA*; rex Anglie adduxit optimum tocius Anglie ~am . . ut veram rem gestam metris suis exprimeret. . . 'de planctu cudo metrum cum carmine nudo' *Extr. Chr. Scot.* 141.

metropolicus [LL < μητροπολικός], (eccl.) metropolitan, archiepiscopal.

949 ego Wulfstan archiepiscopus ~i honoris fastigio Eboracensi civitate suffultus *CS* 880; **1229** in institutione dignitatis ~e lignum vite (*Lit. Papae*) M. PAR. *Maj.* III 171; **1355** preemineat . . priori Wygorniensis ecclesie, eidem Cantiariensi ~o jure subjecte *Lit. Cant.* II 329.

metropolis [CL < μητρόπολις]

1 mother city, capital of a province or kingdom, metropolis; **b** (fig., of Jerusalem, w. ref. to *Gal.* iv 26 or *Apoc.* xxi 10).

in . . Antiochiae municipio, quae est ~is Aegipti ALDH. *VirgP* 36 p. 282; in civitate Doruvernensi, quae imperii sui totius erat ~is BEDE *HE* I 25 p. 46; Orientalium Saxonum . . quorum ~is Lundonia civitas est *Ib.* II 3 p. 85; [Eduin Euboricam urbem] metropolimque sui statuit consistere regni ALCUIN *SS Ebor* 204; **855** gesta est hujus donationis cartula . . in ~e quae nominatur Wegrunnan cæstor *CS* 490; [Cnuto] jussit civitatem Londoniam, ~im terrae, obsidione teneri *Enc. Emmae* II 7; ~is, *ealdorburh Gl. Bodl.* 19; set Dunelmensis presul metropolis, Hugo, / jure dicabo tibi *Brutus* 19; nam in ~i Hibernie, id est, in civitate Dublinie . . *Reg. S. Thom. Dublin* 263; Babylonia . . cujus ~is quondam dicta fuit Babylon *Eul. Hist.* II 20.   **b** urbs sacra Jerusalem per quam figuramus / celestem metropolim GARL. *Epith.* IV *Summa* 3.

2 (eccl.) see of a metropolitan archbishop. **b** city in which a metropolitan archbishopric is

sited. **c** cathedral church in which the throne of a metropolitan archbishop is sited.

Dunstanum . . primae ~is Anglorum primatem ac patriarcham instituit OSB. *V. Dunst.* 32; Aldredus . . de Wigornensi sede in ~im Eboracam translatus . . H. CANTOR f. 1; ut episcopo Sancti Andree daretur pallium et ut sedes ejus Scotorum, Orcadum, et adjacentium insularum ~is fieret J. SAL. *Hist. Pont.* 36; tante ~is tantus antistes AD. MARSH *Ep.* 246. 19 p. 460.   **b 745** [civitas] quae nuper Agrippina vocabatur, nunc vero Colonia, juxta petitionem Francorum per nostrae auctoritatis preceptum nomini tuo ~im confirmavimus *Ep. Bonif.* 60 p. 124; pace reformata, nichilominus est animata / urbs Eboraca sequi contraria juris et equi, / metropoli subici fugiens et filia dici *V. Anselmi Epit.* 148; his tempestatibus Cantuaria ~is obsessa et combusta est ORD. VIT. IV 6 p. 206; [Armaciam] quasi ~im constituit, et proprium totius Hibernie primatie locum GIR. *TH* III 16; tunc limitati sunt veteres episcopatus sub ~ibus Londonum, Eboracum, et Caerlium R. NIGER *Chr. II* 117; Anglia . . duas habet ~es, Cantuariensem et Eboracensem GERV. TILB. II 10 p. 917; pectore contriti cives comitanter eandem, / versus metropolim, Cantuaria quae vocitatur, / bustum portatur, quo presul fuit olim *Pol. Poems* I 228.   **c** cum ~is, in qua passus est, ecclesia Sanctae Trinitatis titulata sit *V. Thom.* B 53 p. 142; **1300** prior Ecclesie Christi Cantuariensis totius Anglie prime ~is *Lit. Cant.* I 13; **1445** in sancta nostra Cantuariensis Ecclesia, totius Anglie ~i *Ib.* III 191.

3 (attrib. or as adj.) metropolitan.

798 ~is ecclesia saepe praefatum cenobium Cocham, cujus inscriptiones in suo gremio habebat, . . injuste spoliata fuerat *CS* 291; a1075 Lanfrancus . . consecratus est . . quarto kalendas Septembris in sede ~i a suffraganeis LANFR. *Ep.* (3) (=W. MALM. *GP* I 25); Lanfrancus . . sacratus est . . in ipsa ~i sede . . a cunctis ferme episcopis Anglie EADMER *HN* 13; incensa quoque et beati Petri ~is ecclesia et ornamenta illius H. CANTOR f. 1; s1366 eufamia fratris Symonis de Langham tunc episcopi Eliensis dominus papa certificatus dicte ecclesie ~i providit de eodem J. READING f. 190v.

metropolita, ~ites [LL < μητροπολίτης], (eccl.) metropolitan, archbishop.

tum a Cantuariorum ~a ceterisque patribus et proceribus, . ., suscepta regni regeneratur GOSC. *Edith* 41; illius et dextram sustentat metropolita; / ad laevam graditur alter honore pari G. AMIENS *Hast.* 803; quando in ~item metropolis nostra illum suscepit H. CANTOR f. 4; non potero consecrare nec sanctum Pascha sicut decet metropolim et ~iten sollempniter facere *Ib.* f. 16; verbum tam diri sceleris ad aures sacratissimi Cantuariorum ~e delatum *Itin. Ric.* I 63 p. 120; tempore Britonum tres erant in Britannia insula ~e: Legionensis, . . secundus ~a Londoniensis vel Trinovantinus; tertius erat Eboracensis GERV. TILB. II 10 p. 917; pallia portabunt patriarche, metropolite GARL. *Myst. Eccl.* 149; **1274** (v. exarchus b).

metropolitanatus, see or office of a metropolitan archbishop, metropolitanate.

renunciando papatum, cardinalatum, patriarchatum, metropolitonatum, episcopatum acceptat WYCL. *Compl.* 89.

metropolitanus [LL]

1 (as adj., eccl.) metropolitan: **a** (of city); **b** (of *cathedra*, church, or see); **c** (of archbishop or bishop); **d** (of abstr.).

a 799 metrapolitanam . . ecclesiam, s1093 ecclesia . . ~a (v. ecclesia 4a); **805** ~ae civitatis in Dorobernia *CS* 319; caput est Kambrie Menevia et urbs olim ~a GIR. *IK* II *pref.*; ut in Dorobernie civitate . . ~us locus totius Brittanie habeatur BIRCHINGTON *Arch. Cant.* 2.   **b** †**949** ~am cathedram (v. cathedra 2a); [reliquias] intra ambitum ~e . . ecclesie collocavi EADMER *V. Osw.* 25; **1173** ad ~am sedem . . episcopi . . accesserunt *Ep. J. Sal.* 320 (311); in ecclesia matre et ~a, et coram altari GIR. *EH* I 20; ecclesia ~a nunc fabricata est *Eul. Hist.* I 209; **1514** Johannes . . prior ecclesie ~e *Scot. Grey Friars* II 228; **1536** Gavino . . insignis ~e ecclesie Glasguensis archiepiscopo *Conc. Scot.* I ccxlvii.   **c** ordinatus . . a Goduine ~o episcopo Galliarum BEDE *HE* V 8 p. 295; **744** de episcopis vero ~is *Ep. Bonif.* 57; **813** archipontifice . . ~o (v. episcopatus 1b); in hoc libello decessoris vestri penultimi, viri venerabilis et ~i antistitis GIR. *IK pref.* p. 7; episcopus . . in presentia . . T. Cant. archiepiscopi ~i sui . . monasterium ab omni jurisdictione sua . . fore liberum recognovit *Chr. Battle* ed. Brewer app. 188; tanquam ~o Eboracensi subici

archiepiscopo *Plusc.* VI 29.   **d** jacebat . . ~i sacerdotii pallio et monachii tantum obductus cuculla GOSC. *Transl. Aug.* 41C; quatenus in illa civitate ~us honor haberetur ELMH. *Cant.* 95; **1473** ecclesiam Sancti Andree . . ~a dignitate decoravimus *Mon. Hib. & Scot.* 469; authoritate ipsius archiepiscopi ~a *Reg. Brev. Orig.* 66r.

2 (as sb.): **a** one who lives in a metropolis. **b** metropolitan, archbishop.

a ~us, qui manet in metropoli OSB. GLOUC. *Deriv.* 367.   **b 601** quatinus Lundoniensis civitatis episcopus . . ~i honore perfruatur (*Lit. Papae*) BEDE *HE* I 29 p. 63; **634** duo pallia utrorumque ~orum, i. e. Honorio et Paulino, direximus (*Lit. Papae*) *Ib.* II 17 p. 119; **798** Dorobernensis aecclesiae ~us *CS* 291; Odo . . Dorobernensis civitatis ~us O. CANT. *Ep.* 949D; a1075 ego Thomas ordinatus jam Eboracensis aecclesiae ~us . . LANFR. *Ep.* (3) p. 44; **1101** ut nec profectio nec ingressus ad imperatorem sine ~i litteris pateret episcopo (*Lit. Papae*) EADMER *HN* 130; sub duabus ~orum civitatibus W. MALM. *GP* I 10; tu, . . cum ~us ejus existeres, et legationis officio fungereris . . *Ep. Innoc. III* 15.

metropolitice, as a metropolitan, with the authority of an archbishop.

1286 de quibusdam . . predecessoris nostri processibus . . ipso ibi [sc. Oxonie] ~e visitante *Conc.* II 128a.

metropoliticus [LL < μητροπολιτικός]

1 (as adj., eccl.) metropolitan: **a** (of *cathedra*, church, or court); **b** (of abstr.).

a 1169 Lundoniensis episcopus publice . . protestatus est quod . . cathedram ~am illuc transferri faciet J. SAL. *Ep.* 289 (292 p. 666); **1293** vacante nuper ecclesa Christi Cant' ~a predicta *DC Cant. Reg. 2* f. 15v; in qua idem archiepiscopus tenet curiam suam ~am THORNE 2043; **1408** sacrosancta Ebor' ecclesia, mater vestra et ~a cui . . presidemus *Fabr. York* 197; **1469** in claustro ecclesie cathedralis ~e S. Trinitatis *Wills Dublin* 7; **1477** eccl. ~e beati Petri Ebor. *Test. Ebor.* III 230.   **b** c1168 patrem dico quia ei ~o jure praesidet J. SAL. *Ep.* 265 (261); c1214 ob dignitatem ecclesie vestre ~am GIR. *Ep.* 8 p. 270; cujus recognitionem metropolitanus archiepiscopus auctoritate apostolica et ~a comprobavit *Chr. Battle* ed. Brewer app. 188; **1299** qui plus ceteris . . suffragiis ~is noscitur indigere *Reg. Cant.* 560; auctoritate ~a ordinamus *Reg. Carl.* 287; **1543** ~e et primitialis nostre servitutis *Conc. Scot.* I cclii.

2 (as sb.) metropolitan, archbishop.

1296 ut suffraganeus certificet ~um . . de processo super ecclesia *Reg. Cant.* 80.

metrum, ~on [CL < μέτρον], **~us, ~a**

1 instrument with which one measures.

est abacus mensa, ~um, capitale columne GARL. *Aeq.* 1590D.

2 measure, standard.

quod . . decimi mensis limitem tetigisset in virginis uterum . ., perficiens quod nullus ex filiis hominum tangit ~um nascendo per semine, nisi solus Christus THEOD. *Laterc.* 12; ~um, modium *GlC* M 128; ut particeps fieri merearis gloriae Dei, assumendo ~on trium modiorum, i. e. agnitionem Patris et Filii et Spiritus Sancti . . BYRHT. *Man.* 210; in omni genere est dare unum primum, quod est ~um et mensura omnium posteriorum KYKELEY 215; ut sit ~um in omni accione morali tocius praxis ecclesie WYCL. *Blasph.* 41.

3 poetic measure, metre. **b** (in compound) poetic foot.

vocatur quidem versus spondiazon, sed ~um dactilicum ALDH. *Met.* 10 p. 82; heroico ~o sive elegiaco BEDE *HE* V 24 (v. elegiacus); BONIF. *Met.* 111 (v. heroicus 3a); divisiones grammaticae artis. . . *sume sind geahtene* ~a *on Grecisc, ðæt is on Leden* mensurae *and on Englisc gemetu* ÆLF. *Gram.* 295; naturaliter productas syllabas penultimas propter mutam et liquidam nulla necessitas ~i corripit ABBO *QG* 4 (11); barbaries sibi barbara nomina fingit, / sed subdi renuit legibus ipsa metri NECKAM *DS* III 942; et si metra meis incongrua versibus errent GOWER *VC* II *prol.* 25.   **b** ALDH. *Met.* 10, *GlC Int.* 96 (v. dimeter); BEDE *AM* 94 (v. hexameter a); BONIF. *Met.* 113 (v. monometer).

4 verse in quantitative measure, metric verse;

b (dist. from prose); **c** (dist. by form); **d** (dist. from rhythmic syllabic verse).

dactilus excepto decurrat fine metrorum Aldh. *VirgV* 48; si penultimae natura longae sunt, nec etiam in ~o breviari possunt Abbo *QG* 3 (7); cum Paulo Tullium lectitare, tunc etiam ~o ludere, laciniosisque carminibus amatoria texere Ailr. *Spec. Car.* II 24. 573; mediocriter essem / pauper vel summe dives, si metra placerent H. Avr. *Poems* 127. 17; tibi vero sciencia soli / metrica perfecte. sed quid metra laudo per hec te? M. Cornw. *Hen.* 24; retroversa dabo, que metro notificabo; / notificabo metro que dabo versa retro Garl. *Hon. Vit.* 86; cujus bonitatis magnitudinem .. quidam eleganti dictamine ad ~os breviter sic comprehendit *Flor. Hist.* III 138; unde versus: 'metra juvant animos, componunt plurima paucis' (J. Bridl.) *Pol. Poems* I 130; quem notat hunc metrum, meritis et nomine Petrum / abbas egregius primus laris extitit hujus Elmh. *Cant.* 126. **b** nunc in fine precor prosam metrumque legentes Aldh. *VirgV* 2867; **746** obsecro, ut mihi Aldhelmi episcopi aliqua opuscula seu prosarum seu ~orum aut rithmicorum dirigere digneris ad consolationem peregrinationis meae (Lul) *Ep. Bonif.* 71 (v. et. 4d infra); cum in ~o I corripiatur, in prosa tamen naturalem servat accentum Abbo *QG* 16 (36); iste auctor potius scripsit in ~a quam in prosa *Pol. Poems* I 130. **c** heroico ~o vitam illius texi praecepit W. Malm. *GP* I 15. **d** **746** (v. 4b supra); in epigrammatibus, rhythmis et ~is W. Fitzst. *Thom. prol.* 9.

5 rhythmic syllabic verse.

gratis homo / imo fono / uti latro / tetro metro / pendens ligno / petit regno / fore viso / paradiso *Cerne* 132; a**1332** ~um 'dulcis Jesu memoria' *Libr. Cant. Dov.* 48.

6 versicle (of a psalm).

hi qui psalmum intonent usque ad ~um debent psalmum dicere. . . post ~um bonam pausam faciamus *Cust. Sal.* 36.

mettagium [MSc. *mettage*], (right to duty paid for) measuring.

1491 insulam et rupem de Inchgarde .. cum ~iis, ancoragiis, *le urak* et *ware RMS Scot* 429.

mettocus v. mattocus.

metuere [CL]

1 to fear, be frightened of. **b** (w. inf.) to fear (to); **c** (w. acc. & inf.); **d** (w. *ne*); **e** (impers. pass.); **f** (pr. ppl. w. gen. or dat.); **g** (gdv.) fearsome, to be feared.

ostrea quem metuit duris perterrita saxis Aldh. *Aen.* 37 (*Cancer*) 6; nequaquam minas principis ~it Bede *HE* I 7 p. 19; ne metuas nunc me, dulcissima conjux Alcuin *SS Ebor* 895; nil metuens ergo pertransit gramina tuto Frith. 800; *doter*, ~ere *Gl. AN Ox.* f. 154r. **b** arcam testamenti .. contingere non ~ens Aldh. *VirgP* 45; o quam felix .. conscientia quae .. dicere non ~it 'Domine tu scis quia amo te' Bede *Hom.* II 22 p. 216; ut prave agere ~at *Id. HE* II 1 p. 78; flumina qui metuat modica sulcare carina Alcuin *Carm.* 76. 2. 1; his faber ammonitus metuens sicophanta videri Wulf. *Swith.* I 87; ut homini placere volentes Deo ~erent displicere *V. Edm. Rich C* 607; Herodes metuens honores regios / per novum perdere regem Walt. Wimb. *Carm.* 248; **1390** expelli ~unt *FormOx* 229. **c** plus se terrenus mundani cultor agelli / hic metuat multo gypsam lacerare superbam Aldh. *VirgV* 2751; **1283** ~entes se sententialiter succumbere in eisdam *Conc.* II 100a; **1301** ~entes .. turbari et immutari .. eorum libertates per eundem [sc. visitatorem] *Ib.* 267a. **d** metuunt ne funditus omnis / jam caderet citius veterum cultura deorum Alcuin *SS Ebor* 1052; prius enim mentem ~ere facit, ne pro peccatis suis a Deo separetur *Simil. Anselmi* 131. **e** de cujus exitu de die in diem ~itur Ad. Marsh *Ep.* 33 p. 133. **f** non .. ~ens bellorum *Enc. Emmae* II 2; s**1397** rex sibi ~ens Wals. *HA* II 224. **g** belua nuncupari potest quicquid in terris aut in gurgite in horrendi corporis ignota et ~enda reperitur forma *Lib. Monstr.* II *pref.*; terra marique ~endus dominus noster Hinguar Abbo *Edm.* 7; **1388** ~endissime domine, vestre dominacionis excellencie patefacimus .. quod .. *MunAcOx* 795; **1433** vestre ~endissime celsitudini *EpAcOx* 107; s**1455** ~endissimam personam vestram *Reg. Whet.* I 184; **1493** rex ~entissime *Cl* 363 m. 4*d*.

2 (intr.) to be afraid.

haud metuit princeps Aldh. *VirgV* 2695; solum ignavus ~ere potest *Prov. Durh.* 22; mirantur et ~unt Romani Map *NC* II 17 f. 29.

metus [CL]

1 fear. **b** exploitation of fear, intimidation.

horrendum incussere metum per corda virorum Aldh. *VirgV* 2614; plena metu mulier Frith. 495; se semper spei ~usque medius .. equa lance libravit Map *NC* II 17 p. 81; que enim major amaritudo quam vigilare ~u exanimem noctesque diesque, formidare malos fures, incendia, servos? Bern. *Comm. Aen.* 108; c**1298** pene metu territus, tergum dat tyrannus (*Dunbar* 209) *Pol. Songs* 176; ut ceteri ~um habeant in terra mea contra voluntatem meam promoveri *Eul. Hist.* III 99. **b** **1281** omnis injuriosa .. seu per violenciam seu per ~um rei usurpacio aliene *Conc. Syn.* 903.

2 (w. gen. of person or thing regarded as source of danger): **a** dread. **b** awe.

a quid .. deformius .. quam .. abjecto caeli terraeque ~u libidinibus regi? Gildas *EB* 4; propter ~um Archelai filii Herodis habitavit in Nazareth Theod. *Laterc.* 7; non diu ~us idem bibendi calicis eorum corda premebat Bede *Hom.* II 21. 231; alii hoc fieri ~u majoris periculi vetabant *Id. HE* IV 30 p. 279; ne [pastor] cadat a cura, cogente metu moriendi Gerv. Cic. *Vers.* xlvii; nisi in ~u [ME: *dute*] mortis *AncrR* 133. **b** [leonem] quem regem esse bestiarum ob ~um ejus .. poetae .. fingunt *Lib. Monstr.* II 1.

meu v. meum.

meum [CL < μῆον], aromatic plant, spignel (*Meum athamanticum*).

gencia meu. carpobal. Gilb. III 174. 1; men, peucedanum, feniculus porcinus, idem sunt. herba est similis feniculo sed tortuosa. men, i. anetum agreste *SB* 30; meu est herba similis feniculo sed tortuosa. [respice in sister] *Alph.* 116; sister, anetum agreste, meu idem *Ib.* 174.

meurrere v. murdrare.

meus [CL; *voc. sg. m. or f.* mi]

1 owned, used, governed, or sim., by me, my: **a** (of body or part of it); **b** (of artefact); **c** (of name); **d** (of kingdom or province); **e** (of abstr.); **f** (sb. n. pl.) my things or possessions.

a namque meum jugiter conservat corpus in aevum Aldh. *VirgV* 1726; ut de opere manuum mearum vivere queam Bede *HE* IV 26 p. 271. **b** c**1130** xv solidos qui mei esse solebant .. de magno altari *Ch. Westm.* 244. **c** ego ipse dum Israel nomen meum *Comm. Cant.* I 211. **d** habeo fratrem .. presbyterum in mea provincia Bede *HE* IV 20 p. 250; jura et consuetudines in omni regno meo W. Malm. *GR* II 185. **e** **822** aliquam partem terre juris meg [*sic*] *CS* 370; **823** pro remedio anime maee [*sic*] *CS* 373. **f** ut omnia mea mihi reddat W. Malm. *GP* III 105.

2 (of person) related or dear to me, who is under my authority, influence, or sim. **b** (sb. m. pl.) my people, persons related to me, under my authority, or sim.

671 salutate in Christo omnem sodalium meorum catervam Aldh. *Ep.* 1 p. 478; **686** fili. mi dilectissime (*Lit. Archiepiscopi*) *CS* 68; o mi puer Felix *Guthl.* 49 p. 148; tu es antistes meus amatus Bede *HE* V 6 p. 291; terram quam pridem tenuit pater, hanc sibi reddam, / ut meus ante fuit, si meus esse velit G. Amiens *Hast.* 246; filia mi, remane hic mecum Gosc. *Wulfh.* 7; ne fle, meus fili, nam et tu rex eris Knighton I 113. **b** haec in Scripturam Sanctam meae meorumque necessitati ex opusculis venerabilium patrum breviter adnotare .. curavi Bede *HE* V 24 p. 357; pacem et securitatem servabo tam per me quam per meos W. Malm. *GR* V 422; c**1125** non a meis sed a judicibus abbatis *Cart. Chester* 6 p. 49; **1201** prohibeo .. ne aliquis meorum .. dictos monachos super his disturbare .. presumat *Ch. Chester* 332.

3 performed, experienced, or sim., by me.

cuncta piaclorum solvantur gesta meorum Aldh. *VirgV* 2822; de casu et interitu meo dolebat Bede *HE* V 6 p. 290; **861** qui hanc meam donationem .. infringere .. retemptaverit *CS* 855; supersunt propterea plura meum, monachi Malmesbiriensis, expectantia offitium W. Malm. *GP* V 186 p. 331.

4 characteristic or typical of me.

p**675** pro quibus causis mea mediocritas scripta direxerit Aldh. *Ep.* 4 p. 481.

5 appropriate for me, (*meum est* w. inf.) it is my task or sim. (to).

illo vos non absolvo, nec meum est vobis laxare Hugeb. *Wynn.* 9; qualicumque modo illud suscipiat ipse videat, quoniam quidem non est meum judicare, sed ejus imperio, si injustum non fuerit, obtemperare, dicente Domino .. Alex. Cant. *Dicta* 14 p. 163.

meuta v. 3 mota. **meya** v. meia. **meyare** v. meiare. **meyator** v. meiator. **meylo** v. 1 mullo. **meyn** v. mem. **meyremum** v. maeremium.
meyspechtus v. meispechtus.

mezereon [Ar. *māzariyūn*], spurge laurel (*Daphne laureola*) or spurge olive (*Daphne mezereum*).

anabulla major, spurga, ~on, rapiens vitam, faciens viduas, leo terre, species [est] titimalli .. cujus semen vocatur catapucia. G. et A. *spurge Alph.* 9.

mezimma [Heb.], evil device.

imperator magis iratus mandavit denudare et eum flagellare fortiter cum corrigiis minutis quae habebant †mammazas [*sic*] in capitibus (*Ps.*-Bede *Serm.*) *PL* XCIV 493C.

1 mi v. ego, meus.

2 mi [ML], (mus.) third note in hexachord.

addant 'sicut erat in principio', et cetera, cum pausa, puncto, et modo quo prius, excepto puncto finali, qui sic fiet fa, mi, re, fa *Cust. Cant.* 425.

3 mi v. my.

mia v. mya.

1 mica [CL], **micha** [ML], **micis**

1 grain, crumb; **b** (of bread); **c** (w. ref. to *Marc.* vii 28); **d** (fig.).

10.. ~a, *cruma WW*; **1292** de j bussello ~ium quadrantem *Reg. Wint.* II 721; c**1300** per pannum colatur et faciat ~as, i. *miis* in dicto succo seu liquore .. *Pop. Med.* 243; sciatis quia multe ~e [ME: *crome*] mihi ceciderunt *AncrR* 132; hec ~a, A. *crowm WW*. **b** panis .. non erat in diversorio nisi tamen ~as pro benedictione panis congregatas super mensam constituit *V. Cuthb.* II 2; ut enim prius educatur simplici lacte matris, .. deinde farinae commixto, postea ~is panis, postmodum etiam crustis *Simil. Anselmi* 141; dietam, sicut scitis, oportet esse pertenuem: ptisanam sc., et ~am panis ter in aquis, aut quater ablutam .. P. Blois *Ep.* 43. 127B. **c** noli remanere jejunus et cum muliere .. Chananea atque cum catulis ~is vescere reliquarum J. Ford *Serm.* 71. 3. **d** s**1406** astabat et huic sermoni pro ~is colligendis sicut et multis aliis Robertus de Waterton' *Chr. S. Alb.* 2; ne ~a .. prudentiae consultationisque subsistit Ferr. *Kinloss* 7.

2 miche, loaf of bread (*cf.* OF *miche*); **b** (var.).

1153 xiiij ~as et duas summas vini, et tres solidos et dimidium ad carnem *Act. Hen. II* I 35; non poterat vas illud plures panes monachicos, qui ~hes vulgariter et usualiter vocari solent, continere nisi duodenos J. Furness *Walth.* 56; s**1294** peciit .. unam ~heam et ij galones cervisie *Cart. Chester* 633 p. 353; **1295** concesserunt michi .. singulis diebus quamdiu vixero duas ~has monachales, duos galones cervisie conventualis .. et unum denarium pro companagio; et pro qualibet septimana septem panes servientium *Cart. Burton* 75; c**1368** unam ~am panis conventualis et j lagenam servisie melioris *Cart. Osney* III 41. **b** clare, Phebe, mica—dabitur tibi cum sale mīca Serlo Wilt. 2. 77; **1237** unam parvam albam ~am et unam bisiam ~ham *Cart. Osney* III 42; **1261** unam magnam albam ~ham et unum galonem melioris cervisie *Ib.* I 181; **1262** percipiat unam salam ~am et unum panem hospitis, et unum galonem secunde cervisie *Ib.* III 40; s**1280** pro seipso xiv albas ~hias et xiv galones cervisie melioris *Ann. Dunstable* 284; s**1294** de alba ~hea subtraximus pondus decem solidorum *Ib.* 388.

2 mica [cf. CL micare], little spark.

a sparkle, scintilla, ~a Levins *Manip.* 32.

micamen, shine, glitter.

mico .. inde hoc ~en Osb. Glouc. *Deriv.* 358.

micanter, flashingly, gleamingly, glitteringly.

micatim adverbium, i. ~er, splendenter OSB. GLOUC. *Deriv.* 358.

1 **micare** [CL]

1 to quiver, vibrate.

vibrat, ~at *GlC* U 171; dextrarios . . ~antes auribus W. FITZST. *Thom. prol.* 11.

2 to emit light, flash, gleam; **b** (of heavenly body or sim.); **c** (of flash, spark, or sim.); **d** (fig.).

coruscare, radiare, ~are, gliscere, nitere OSB. GLOUC. *Deriv.* 142. **b** 672 quamvis . . rus . . quemadmodum poli cardines astriferis ~antium vibraminibus siderum, ornetur ALDH. *Ep.* 5 p. 492; quasi fulgor stellae ~antis inter tenebras BEDE *HE* V 12 p. 306; donec ei pleno lumen in orbe micat ALCUIN *WillV* 34. 6; multa per innumeras micuere lumina terras, / late per populos Domini pia gratia fluxit, / . . *Mir. Nin.* 9; 1189 ille Lucifer matutinus omni ~anti stella ~antior P. BLOIS *Ep.* 172. 467B; sol sine nube micans, per te Cistercius ordo / fulget ut aurora totoque relucet in orbe M. RIEVAULX (*Vers.*) 14. 5. **c** ibi inter flammas ignium et ~antia fulgura fragor quoque tonitruorum et clangor sonabat bucinae BEDE *Hom.* II 17. 194; mox fulgura terribilia ~uerunt que magos cum templo consumpserunt HON. *Spec. Eccl.* 1014C. **d** tam ardenter suaves scintillae ~abant ANSELM (*Or.* 13) III 52; nox te [Christe] micante turbida serenatur J. HOWD. *Cant.* 322.

3 to shine with reflected light, flash, glitter; **b** (of part of body); **c** (of precious stone); **d** (of artefact); **e** (fig.).

10 . . ac ~are, *and scinefrian WW*. **b** simplices sydera / luce micant ocelli P. BLOIS *Carm.* 4. 3a. 41; duo oculi ut duo luminaria in celo ~ant HON. *Eluc.* 1116B; cornicis faciem adequat lilio, / quam dicit gracius micare Cinthio WALT. WIMB. *Palpo* 142. **c** topazion ut aqua ~at *GlC* T 210. **d** mucronibus undique ~antibus ac flammis crepitantibus GILDAS *EB* 24; a797 nec unius parvissimi et variis motibus vibrantis in sole spurcitiam athomi offendunt in eis, sed cristallina puritate ~antia [sc. pocula] ALCUIN *Ep.* 60; abstinentie illius est inditium, quod nichil ibi . . videas fulgurare auro, renidere gemma, ~are argento W. MALM. *GR* IV 337. **e** nec non terra micat caelestibus inclyta signis ALCUIN *SS Ebor* 392; quanta namque sit luxilla, de qua ~at omne verum quod rationali menti lucet ANSELM (*Prosl.* 14) I 112; subdita sic ratio formam summe rationis / sordibus expulsis induit, inde micat J. SAL. *Enth. Phil.* 636; sic michi sis amodo vita in premio, vita micasura [? l. micatura] ignara mortis, vita secura oblita timoris RIC. ARMAGH. *AP* 22.

4 (of person) to shine, excel, be notable.

virginitate micans gaudet amica cohors (*Vers.*) BEDE *HE* IV 18 p. 247; tempore nam micuit Wilfridus episcopus illo ALCUIN *SS Ebor* 577; 804 quidam enim caritate abundat; quidam humilitate ~at ALCUIN *Ep.* 272; clara David de stirpe sacra micat ecce Maria WULF. *Brev.* 105; milite quodam . . pre aliis in hac defensione virtute ~ante GIR. *EH* I 25; bene dicit quicquid dicat, / nam quicunque veste micat / alter Cato creditur WALT. WIMB. *Van.* 30.

2 **micare** [LL], to crumb, crumble, break into small pieces.

to mye brede, ~are, interrere *CathA*; *to mulbrede*, interere, ~are *Ib.*; *to crimbil*, ~are, minuere LEVINS *Manip.* 127; *to crum*, minuere, ~are *Ib.* 188.

micatim, flashingly, gleamingly, glitteringly.

~im OSB. GLOUC. *Deriv.* 358 (v. micanter).

micatorium, grater.

assit etiam ~ium [*gl.: miur*], et ruder, ad quod sordes quoquine defluere possint NECKAM *Ut.* 98; 1290 in j micator', xiiij d. *Ac. Swinfield* 42; lego . . j ~ium et ij onofora, et unum mortarium cum pilo *FormMan* 17; 1332 pro . . j hamo ferri . . j ~io, iiij barellis pro salsa (*KR Ac*) *Arch.* LXXVII 121; hoc ~ium, *a myere WW*; *a grater*, ~ium *CathA*.

miccire [CL], (of goat) to bleat.

caprae ~iunt, canes baubantur vel latrant ALDH. *PR* 131 p. 180; ovium balare, hircorum ~ire OSB. GLOUC. *Deriv.* 78.

micella [ML], (little) crumb.

1377 perciperent de pauperibus viduisve micellis (*De Morte Ed. III*) *Pol. Poems* I 222.

micha v. 1 mica, nucha. **michana** v. machina 2a. **michea** v. 1 mica. **michi, michimet** v. 3 ego. **michia** v. 1 mica.

michina [μυχός + -ina], nostril.

sennas atque michinas [*gl.: þa næs þyrel*] (LAIDCENN MAC BAÍTH *Lorica*) *Cerne* 86 (= *Nunnam.* 92).

michis, micis v. 1 mica. **michrochosmos** v. microcosmus. **micibilis** v. miscibilis.

micinus [cf. LL micina < 1 mica + -inus], for bread, in which bread is stored.

preteriola, domuncula ~a in nave unius cubiti, in quibus abscondunt cibos suos *Gl. Leid.* 15. 11.

micippa, blackbird.

an osylle, ~a, merula *CathA*.

micleta, ~e [ML], ? kind of herb.

zucca[rum] ro[seum] cum bolo vel sanguine draconis vel †nuclete [l. miclete] cum mastice vel dyacodion cum kacabre . . et cetera remedia que in dissintiria . . dicentur GILB. V 214. 1; electuarium commixtum in tribus, sc. dyacon', athana[sia], et micle *Ib.* 220v. 2; offeratur requies cum athanasia et ~e equaliter vel dyacodion *Ib.*; in lib. j succi plantaginis resolvatur ʒ i. ~e GAD. 59. 1.

miconium v. meconium.

microcosmus [LL < μικρόκοσμος]

1 the 'little world' of human nature, man as microcosm; **b** (w. ref. to human body).

non exterioris hominis motibus . . sed interioris gestibus . . siquidem ~um id est minorem mundum ALDH. *VirgP* 3; homo ipse, qui a sapientibus microcosmos, id est minor mundus, appellatur BEDE *TR* 35 p. 247; 993 qui . . ~um, Adam viz., . . praeficiens (*Ch. Regis*) *Conc. Syn.* 192; homo, *man* vel ~us, *læsse middaneard* ÆLF. *Gl.* 155 (cf. *WW* 262: michrochosmos); in quo . . optimam vivendi ducem naturam sequimur, que ~i sui, i. e. mundi minoris, hominis sc., sensus universi in capite collocavit J. SAL. *Pol.* 513C; his [sc. animalibus] . . cunctis ~us homo longe precellit GIR. *TH* I 13 p. 40; prefuit homo macrocosmo, preest ~o superior pars racionis FORTESCUE *NLN* II 63. **b** item humanum corpus mundo assimulatur, unde ~us appellatur, quasi minor mundus *Quaest. Salern.* B 177.

2 the 'little world' of a separate individual.

justum enim est, ut in regno sui ~i obtineat jura regia, que in universitate hominum Sauli indulgenda Samuel judex et propheta liquido describat R. NIGER *Mil.* II 1.

3 the world.

ye werlde, . . emisperium, . . cosmus, ~us *CathA*.

4 (alch.) the philosopher's stone.

noster lapis appellatur ~us, unus et trinus, magnesia atque sulphur et mercurius a natura proporcionatus RIPLEY *Axiom.* 110.

micrologium [ML < μικρός + λόγιον], short speech.

a shorte speche, mucrologium, breviloquium *CathA*; *short speche*, ~ium *Ib.*

micrologus [LL < μικρολόγος]

1 one who speaks briefly.

a short speker, ~us *CathA*.

2 (rhet.) ? artificial shortening of syllable.

corepcio sive subtraccio ~us *Ps.*-GROS. *Gram.* 70 (v. macrologus 2).

3 (as title of book) brief utterance.

hac . . ratione de anathomia causa communis utilitatis, sicut in ~o promissum est, tractare volentes RIC. MED. *Anat.* 212.

microtechne [μικρός + τέχνη], 'little art', medicine; **b** (as title of book).

micron interpretatur parvum, inde microtegni, i.

parva ars *Alph.* 117. **b** ut ait Galienus in Microtegni M. SCOT. *Phys.* 12.

microtegni v. microtechne.

micrus [ML < μικρός], little, small.

he ealneg sceal / boethia biddan georne / þurh his modes gemind micro in cosmo / (*Aldhelm*) *ASPR* VI 97; ~on interpretatur parvum *Alph.* 117.

micta v. 2 mitta.

mictare, ~itare [ML], to urinate.

calculum infirmitas dicitur. non potest migare quasi lapis obturat virilia *GlC* C 129; *to pysse*, . . ~are, ~itare *CathA*.

mictatus v. mutare 4a. **mictere** v. mittere 13.

micticius, mincticius [LL mingere + -icius], that resembles urine or is passed as urine.

mincticius, -a, -um, sicut mincticium dicimus liquorem vel quia minctui est similis vel quia eum mingimus OSB. GLOUC. *Deriv.* 348.

mictim [ML], by urinating.

mingo . . et ~im adverbium OSB. GLOUC. *Deriv.* 348.

mictio, minctio [LL], (act of) urinating, urination.

10 . . minctio, *miging WW*; 1309 pro . . minccione [*super crucem*] *Conc.* II 331b; quod nonnulli eorum ipsa die vel alia septimane sancte, pro conculcatione et minccione predictis consuerunt convenire de hac spuicione super crucem et aliis obpropriis *Ann. Lond.* 184.

mictitare v. mictare.

mictualis, minctualis [LL], diuretic.

lithospemon . . nascitur locis altis et asperis, virtus est ei minctualis *Alph.* 101.

mictura, minctura [LL]

1 (act of) urinating, urination.

ut . . tam mincture [v. l. micture; *gl.: pissure*] quam stercoracionis pecorum sentiat beneficium NECKAM *Ut.* 112.

2 (act of) passing as urine.

trocisci valentes ad sanguinis mincturam GILB. VI 277v. 1.

3 urine.

valde accelerat partum et adjuvat parturientem, nec minus deploratas prodit feminas per ~am OTTERB. 5.

micturire [CL], **mincturire**

1 to (desire to) urinate.

mingturientes in illam [sc. crucem] quasi opprobrium quoddam OSB. BAWDSEY clxvi; ~ire, mingere desiderare OSB. GLOUC. *Deriv.* 363; *to pysse* . . ~ire *CathA*.

2 (trans.) to pass as urine.

ut diceret ipse Alcaiz quod jumentina sua sanguinem ~iens pullum perdidisset OSB. BAWDSEY clxxx.

1 **mictus, minctus** [LL]

1 (act of) urinating, urination.

mingo . . inde hic ~us OSB. GLOUC. *Deriv.* 348; queritur quare cum vinum defertur provocamur ad ~um? *Quaest. Salern.* B 226; accidit . . frequens minctus epate infrigidato GILB. VI 278v. 2.

2 (act of) passing as urine.

de minctu sanguinis *AN Med.* I 151.

3 urine.

c798 altaria . . canum ~u fedata ALCUIN *Ep.* 136 p. 210; minsaterium, vas ad recipiendum urinam vel ~um OSB. GLOUC. *Deriv.* 363; pro minctu sanguis effluxit W. CANT. *Mir. Thom.* III 23; leonem minima minctu confundit hyena GIR. *TH* I 27 p. 61.

2 **mictus** [LL < μικτός], mixed.

commune vel mixtum quod Graeci coenon vel ~on vocant BEDE *AM* 139; [poematos genus] coenon est vel

~on *Ib.* 2382 (140) (v. coenus); *þæt Grecisce lareowas cigeaþ* koenon *oþþe* ~on BYRHT. *Man.* 172 (162).

micula [CL], morsel, (little) crumb; **b** (w. ref. to *Marc.* vii 28); **c** (fig.).

[dentes] non adhuc mundati ~is *Comm. Cant.* I 422. **b** permissus lambere sum vescentium abjectas uti catellus esuriens ~as B. *Ep.* 386. **c** post praegustatas saluberrimae doctrinae ~as *Ib.* 387.

midda v. 2 mitta a.

Middelanglus [AS *Middelengle* (*pl.*)], Middle Angle.

Middilengli . . fidem . . perceperunt BEDE *HE* III 21 (v. mediterraneus 2b); Northumbrorum, Merciorum, Midilanglorum FORDUN *Chr.* III 39.

Middelsaxo v. Middelsaxonus.

Middelsaxonus, ~saxo [AS *Middelseaxe, -an* (*pl.*)], Middle Saxon.

831 in provincia ~anorum *CS* 400; †948 (13c) in provincia ~onum *CS* 860.

Middelsexa, ~ia [AS *Middelseaxe = Middle Saxons*], Middlesex,

a989 in Suþseaxa et in Þestseaxa, et in ~seaxa *CS* 1098; c1170 Bernardus de Sancto Walerico . . in ~sexa (*KR Misc.*) *EHR* XXVIII 221; s1215 de Hertford, de ~sexe, de Cantebruge M. PAR. *Maj.* II 637; c1345 magister Robertus de Baldok, canonicus S. Pauli, et archidiaconus ~sexie . . sepultus in ecclesia S. Pauli *Doc. S. Paul.* 53; precedente processione plebanorum de ~sexia *MGL* I 30; in comitatu ~sexie FLETE *Westm.* 96.

Middilenglus v. Middelanglus.

middum v. 2 mitta.

Midensis, of Meath.

c1392 apostolice sedis gracia ~is episcopus *Ziz.* 349; episcopatus Miden' in Hyb' *Reg. Brev. Orig.* 307.

Midia [Ir. *Mide*], Meath.

unde et Media pars illa Hibernie vocatur, quia in medio est insule sita GIR. *TH* III 4; c1258 cum . . excellentie dominorum ~ie nihil habeamus in possessione *RL* II 135.

midietas v. medietas.

Midilanglus v. Middelanglus. **midius** v. medius.

mierum [ME *miere, miur* < *micatorium*], grater (*v. et. mioura*).

1308 de . . j ~o precii ij d. . . invent' in coquina (*Ac. Templ.*) *MS PRO E 358/19* r. 27.

miffa v. muffa. **migare** v. mictare.

migma [LL < μίγμα]

1 mixture, farrago.

~a, commixtum *GlC* M 229; ~a, et mixtum idem est *Gl. Leid.* 13. 39; ~a, æsceda ÆLF. *Gl.* 148.

2 (mixed) fodder.

c1170 ruricola . . porcum nutriverat et siliquis et cossis, et ~ate depastum impinguaverat (*Transl. Guthl.*) *Acta SS Boll. Apr.* II 59b; *provender for hors*, ~a *PP*.

3 soap.

sape, ~a, smigma, sapo *CathA*.

migraneus [ME *migrane*, OF *migraigne* < LL hemicranius], that affects half the head, of migraine; **b** (*vermis ~eus*) worm or maggot supposed to cause migraine (*v. et. hemicranius*).

ut hanc infirmitatem et hanc guttam ~eam destruere . . facias *AN Med.* II 232. **b** venit vermis ~eus qui devoravit carnes meas *Ib.*

migrare [CL]

1 to change position or residence, move: **a** (of person or animal); **b** (of diocese); **c** (of abstr.).

a 673 ut ipsi monachi non ~ent de loco ad locum (*Conc.*) BEDE *HE* IV 5 p. 216; jusserat ut gypsam verbo terrente migrare ALDH. *VirgV* 2407; cum eam

[Antiochiam] deserendo . . Romam ~avit ANSELM (*Ep.* 156) IV 21; miserabile dedecus ut novus advena veteres colonos ~are compelleret W. MALM. *GR* II 161; Johanne in Eboracum ~ante, quia jam Bosa defunctus erat *Id. GP* III 110; antequam urbe ~ent LIV. *Op.* 100. **b** Licitfeldensis [sc. diocesis] ergo ~avit in Cestram W. MALM. *GR* III 300; ut sedes episcoporum ex villis ad urbes ~arent *Id. GP* II 83 p. 183. **c** versicolor varie migrans per saecula lustro BONIF. *Aen.* (*Vana Gloria*) 333; ille virtutum fervor refrixit in posteris [Graiorum] et in orbem Latinum ~avit GIR. *PI* III 19; vigore membrorum prostrato virtus corporis ~abat in spiritus virtutem *V. Edm. Rich B* 621; absciso bracchio, aut anima, que est in eodem situ cum bracchio redit ad corpus, et tunc ~aret de subjecto in subjectum, aut corrumpitur et habetur propositum OCKHAM *Quodl.* 65; illa quantitas precedens . . naturaliter ~at a subjecto in subjectum *Ib.* 443; et cum tamen accidens non potest mirare de subjecto in subjectum WYCL. *Versut.* 101.

2 to pass: **a** (of life); **b** (of time, in quot., pass.).

a mors inimica glorie / . . / vita migrante moritur J. HOWD. *Cyth.* 75. 12; teritur / vita migrans mortalium *Ib.* 108. 3. **b** a diluvio . . usque in tempore Abram nongenti anni ~antur et . . bis xl ÆTHELW. I 1 p. 3.

3 (*~are a saeculo* or sim., or ellipt.) to die, pass away (of person or plant); **b** (pass.).

donec aetheream miles migraret in aulam ALDH. *VirgV* 708; hic venerabilis virgo Susanna ~avit ad Christum (*Cal. Willibr.* f. 36v) *HBS* LV 7; supernam ~avit ad lucem BEDE *HE* III 8 p. 143; nuntiavit . . abbatissimam jam ~asse de saeculo *Ib.* IV 21 p. 257; paucis sermonibus dicere, quo ordine ~aret a saeculo CUTHB. *Ob. Baedae* clx; ut ad illustriora . . ~aret habitacula GOSC. *Transl. Mild.* 2; a1220 Philippus apostolus ~avit (*Ann. S. Edm.*) *ANQuellen* 108; ecce migrat cedrus in Libano / cruce Christus, cantus in organo J. HOWD. *Ph.* 460. **b** 963 quibus voluerit cleronomis derelinquat quibus etiam ex hac vita ~atis rus praedictum . . ad usum primatis aecclesiae . . restituatur *CS* 1108; s457 S. Patricius ad Dominum ~atur *Ann. Cambr.* 3.

4 (p. ppl. as sb.) a deceased person.

1310 coram Deo preces effundite, ut . . requiem tribuat jam ~atis, et . . superstitibus . . indulgent sospitatem *Chr. Rams. app.* 398.

migratio [CL]

1 change of position or residence, move.

c800 mors boni hominis ~o est ad meliorem vitam ALCUIN *Ep.* 198 p. 327.

2 (*~o ab hac luce* or ellipt.) departure from this life, death.

redit . . annuus ejusdem beati Wilgilsi sanctae ~onis dies ALCUIN *WillP* 31; exoro . . gratiam Dei, ut [te] in hac praesentia incolumem et post ~onem corporis custodiat ÆTHELW. pr. 1; quam plus necat nati migratio / quam necaret mortis illatio J. HOWD. *Ph.* 422; iteretur scribentis actio / ut scribatur agni migratio *Ib.* 697; c1335 tempore decessus et ~onis sue de hac vita *Reg. Kilmainham* 72; 1336 in pane empto ad distribuend' pauperibus diebus ~onis dominorum W. de G. senioris et W. de D., xx s. *Ac. Durh.* 531; 1440 de ~one . . principis Alberti BEKYNTON I 244.

mila v. milia. **milarium** v. miliarium.

mildus [AS *milde*]

1 mild.

salva alia confor[ta]tiva que apud veteres Anglos vocatur ~a, alia purgativa que apud eosdem dicitur strica. ~am sic facies ADEL. *CA* 14.

2 (sb. f. as personal name).

in burgata libera femina ~a (*Suff*) *DB* II 419; heredes domine ~e *Feod. Durh.* 11.

mileare v. miliarium. **milenicus** v. melinus. **milere** v. molere.

miles [CL]

1 soldier; **b** (dist. from *mercennarius*); **c** (dist. as *mercennarius, stipendarius,* or sim.); **d** (dist. as *temporalis* or *spiritualis*); **e** (fig.).

quattuor fuerunt ~ites qui Dominum crucifigentes praesidi paruerunt *Comm. Cant.* III 118; inter discrimina perfidorum ~itum [*gl.*: infidelium satellitum; impiorum latronum; *ortreowra cempena*] ALDH. *VirgP* 7; quam [bestiam] ferunt Alexandrum mortuis xxvj ~itibus tandem confixam occidisse venabulis *Lib. Monstr.* II 16; ordinarius ~is, qui integro ordine militat *GlC* O 266; olim se juramenti vinculo ~ites obligabant, quod starent pro reipublice statu P. BLOIS *Ep.* 94. 294B. **b** 802 mercennarios ostendunt, non ~ites (v. mercennarius 4). **c** mercennarios ~ites . . habuit W. MALM. *GR* II 228 (v. mercennarius 1b); stipendarii autem ~ites pacem nescierunt ORD. VIT. XI 3 p. 175; 1162 et in liberatione vij ~itum soldariorum de toto anno *Pipe* 53. **d** sicut ~es temporalis armis munitus est temporalibus, sic ~es spiritualis debet armis munitus esse spiritualibus *Simil. Anselmi app.* 193. **e** regina caritas . . scuto bone voluntatis sue coronat ~ites suos J. FORD *Serm.* 97. 10.

2 (collect. sg.) soldiery, army.

exin Britannia omni armato ~ite, militaribus copiis . . spoliata GILDAS *EB* 14; ad exorandum Deum pro ~ite bellum agente BEDE *HE* II 2 p. 84; rogaverunt Sigberctum ad confirmandum ~item secum venire in proelium *Ib.* III 18 p. 163.

3 (w. ref. to archangel Gabriel).

Deus ad te salutandam / et salute gravidandam / suum mittit militem WALT. WIMB. *Virgo* 113.

4 (*~es Christi* or sim., or ellipt.) soldier of Christ, usu. a saint. **b** (soldier of pagan deity).

comminata . . morte delatoribus ~itum ejusdem [sc. Christi] GILDAS *EB* 8; sic miles Christi frenabat marmore ponti ALDH. *VirgV* 825; miraculum . . quod Dominus pro amore ~itis sui fecerat *V. Cuthb.* III 4; se . . veri Dei ~item esse proposuit. deinde praecinctus spiritalibus armis . . FELIX *Guthl.* 27; ille caelestis exercitus praecipuus ~es gemebat BEDE *HE* I 27 p. 61; 800 sed et fortissimi contra Nestorium ~itis Cyrilli, . . ALCUIN *Ep.* 203; bis ternis radiat Policarpus †meles [l. miles] in armis *Kal. M. A.* I 416. **b** nec milite votivo / castra Diones privo P. BLOIS *Carm.* 2. 4. 37.

5 (pre-Conquest Eng.) thane.

venit . . duce Basso ~ite [AS: *þegn*] regis Eduini fortissimo BEDE *HE* II 20 p. 125; episcopus . . primos provinciae duces ac ~ites [AS: *þegnas*] sacrosancto fonte abluebat *Ib.* IV 13 p. 230; 850 ego Lulla ~es consensi et subscripsi *CS* 460; c952 ego Eadredus . . rex . . dedi cuidam meo fideli ministro ac ~iti . . tres mansas agelluli *CS* 888; †909 (11c) ut nulli secularium ~itum . . ipsud rus . . ad ecclesiam Dei pertinens . . dare praesumant *CS* 620; augmentabatur de die in diem in ~ite quod ~es se suscepisse credebat a rege *V. Birini* 3.

6 (post-Conquest Eng. and Scot.): **a** knight; **b** (*~item creare* or *facere*) to dub or create a knight; **c** (spec. as enfeoffed); **d** (in royal service); **e** (eccl. & mon.); **f** (dist. as *gregarius* or *simplex*).

a cuncta sua ab eo, ut ~es a domino recepit W. POIT. I 37; pater ejus Jocelinus nomine, ~es strenuus et vir bonus et opulentus *Canon. G. Sempr.* f. 37v; sicut unus et idem homo ~es et dux, sed in diversa comparatione secundum diversa accidentia J. BLUND. *An.* 385; 1228 faciatis venire coram vobis archiepiscopos, episcopos, abbates, priores, comites et barones, ~ites et libere tenentes et ballivos singulorum comitatuum *Cl* 45; nonne est stolidus ~es [ME: *cnicht*] qui quietem querit in pugna et ediam in area? *AncrR* 139. **b** 1240 forma de ~itibus faciendis *Cl* 239; c1276 si contingat novum ~item in dicta curia creari, ensis sua in matrice ecclesia offeratur et secundum consuetudinem redimatur *Cart. Osney* IV 350. **c** de hac terra tenent ij clerici ij hidas et iij virgatas et unus ~es j hidam (*Heref*) *DB* I 181va; ix ~ites feudum tenentes (*Chesh*) *Ib.* 270rb; †1083 [? 1086] [berwicum] tenendum pro servicio unius ~itis *Ch. Westm.* 236; exceptis auxiliis nostris que inde sicut in aliis ecclesie terris de ~itibus nostris accipiemus *Ib.* 1153 tam in dominicis quam in feodis ~itum *Act. Hen. II* I 40; c1170 tenendum . . sicut alii ~ites mei feuda sua de me tenent per servicium unius ~itis *Regesta Scot.* 43; agrarios ~ites recensens DICETO *Chr.* 144 (v. agrarius b). **d** c1072 precipio tibi quod submoneas omnes illos qui sub ballia et justitia tua sunt quatinus omnes ~ites quos mihi debent paratos habeant ante me ad octavas Pentecostes (*Breve Will.* I) *EHR* VII 17; tainus vel ~es regis dominicus moriens . . dimitteb' regi omnia arma sua (*Berks*) *DB* I 56va; cum regii ~ites . . multos effugarunt W. MALM. *GR* IV 306 p. 361; J. de S., doctor legum advocatus et ~es de concilio regis

Ad. Mur. *Chr.* 171. **e** episcopus .. concessit illi eandem terram ea conventione ut duobus ~itibus serviet sibi (*Ch.*) *EHR* XLIV 372; reddit xxiij lib' et unum ~item in servitio archiepiscopi (*Kent*) *DB* I 3ra; de ista terra habent ~ites archiepiscopi lij carucatas (*Yorks*) *Ib.* 302va; ex quorum armigeris unus noctu, infracto cujusdam ~itis contubernalis hospitio, magnam partem substantiae ejus furto abstulit Gosc. *Transl. Mild.* 23 p. 188; a**1161** sciatis quod ubi R. clericus reddidit compotum de scutagio ~itum nostrorum ad scaccarium *Cart. Rams.* I 255; **1348** in pannis pro ~itibus et clericis, vallectis, servientibus officiorum, garcionibus *Ac. Durh.* 545. **f** ~ites .. gregarios .. coercuit W. Poit. II 33 (v. gregarius 3a); ne gregarii ~ites repente introirent et pecunias civium violenter dirigerent Ord. Vit. IV 4 p. 181; **1298** de equis banerettorum, ~itum simplicum, scut[iferorum], vallettorum, qui non sunt de hospicio regis *KR Ac* 6/9.

7 knight's fee.

c**1130** pro tenura sua xvj^{mam} partem ~itis perficiat (*Ch.*) *Eng. Feudalism* 280; c**1135** me dedisse .. A. Silvestri meo homini et ministro Stortunam et Pudican in feudo et hereditate .. pro suo servicio, sc. pro dimidio ~ite *Ch. Chester* 35; c**1180** salvo servicio meo, sc. quinta parte unius ~itis *Ib.* 194; et defendit se pro quinta parte ~itis *RDomin* 36; c**1200** faciendo forinsecum servitium quantum pertinet ad decimam partem unius ~itis (*Ch.*) *Feod. Durh.* 18; **1203** de J. B. de quarta parte j ~itis *Pipe* 48.

8 (~*es parliamenti* or sim.) knight of Parliament.

pro ~itibus Parliamenti qui non fuerunt electi per comitatem [? l. comitatum] Otterb. 191; laudabili constancia ~itum parliamentalium Wals. *HA* II 84.

9 (~*es de comitatu, de shira*, or sim.) knight of the shire or county: **a** (in Parliament); **b** (in court of law).

a c**1320** rex solebat mittere brevia sua omnibus vicecomitibus Anglie quod eligi facerent quilibet de suo comitatu per ipsum comitatum duos ~ites idoneos et honestos et peritos ad veniendum ad parliamentum suum *Mod. Ten. Parl.* 11; de .. ~itibus comitatuum *Ib.*; **1336** ~itibus comitatus illius [Midd'], nuper ad regem ad parliamentum suum .. pro communitate comitatus predicti venientibus *SelCKB* V 89; **1343** habere faceret eidem .. Johanni de Bokland, uni ~itum comitatus illius, nuper ad parlamentum .. x libras et iiij s. *Ib.* VI 20; **1440** quod non sit electus ~es alicujus comitatus ad veniendum ad parliamentum nostrum *Pat* 448 m. 33; vicecomites convenire fecit .. ut ipsi nullum ~item de pago vel de shira permitterent eligi ad Parliamentum, nisi quem rex et ejus consilium elegissent *V. Ric. II* 85. **b** **1203** ~ites de comitatu non male credunt Aldredum fratrem Alfredi *CurR* II 195; c**1215** cives duellum non judicant in civitate sed vicecomes mandet pro turensibus vel ~itibus de comitatu ad judicandum duellum *EHR* XVII 713; **1221** sicut jacuit in domo sua .. languore qui ei adjudicatus fuit per iiij ~ites de comitatu ad eum missos per judicium comitatus de quodam placito *SelPlCrown* 106.

10 (~*es de hundredo*) knight of the hundred (-court).

1198 ponit se .. super legales ~ites de duobus vicinis hundredis *CurR* I 45; **1221** ~ites de hundredo et ~ites de hundredo de J. et alii et villate veniunt et dicunt super sacramentum suum quod malecredunt eos et totam villatam preter iiij homines *SelPlCrown* 116.

11 (~*es de honore*) knight of an honour (cf. 1 *honor* 6b).

1196 ipse exigit a ~itibus de honore de Lancastre *CurR* I 24; dominus rex H. .. elegit quatuor ~ites de honore de melioribus et legalioribus, et antiquioribus .. et fecit eos recognoscere servitium ~itum de honore *BBExch* 64.

12 (~*es argentarius*) 'pesour', official of the Exchequer. **b** (~*es gregarius*) constable in the Exchequer.

~es argentarius *Dial. Scac.* I 6F (v. argentarius b). **b** ~es gregarius quem constabularium dicimus *Ib.* I 5C (v. gregarius 4).

13 (~*es pro corpore regis* or sim.) knight of the royal body-guard.

1474 Thome Mountgomery ~itis pro corpore (*TreatyR*) *Foed.* XI 834; **1506** Johannes Husey, ~es pro corpore domini regis *Cl* 371 m. 7*d*.

14 (~*es de fraternitate garteriorum* or sim.) knight of the Order of the Garter.

1352 ~itibus de societate garter', s**1388** ~es de Jartero (v. garterium b); **1410** coram nobis et honorabilibus ~itibus de la *Garter Foed.* VIII 657; **1416** baronibus et ~itibus de fraternitate garteriorum *Ib.* IX 335.

15 (spec. as ~*es generalis Franciae*) ? chief treasurer (in France).

1514 J. de S. curie supreme parliamenti Normanie primum presidentem, dominum T. B. ~item Francie generalem *Foed.* XIII 437.

16 (~*es Christianus, crucesignatus*, or sim.) crusader. **b** (~*es Hospitalis* or *Hierosolomitanus*) Knight Hospitaller. **c** (~*es insulae Rhodi* or sim.) Knight of Rhodes. **d** (~*es Templi* or *de Templo*) Knight Templar.

solummodo quattuor Christiani ~ites fusi victoriam ceteris sanguine peperere suo W. Malm. *GR* IV 376; **1191** ~itibus crucesignatis (v. crucesignare 1a); cum .. triplex ordo sit ~itum, assint milites evocati, tumultuarii, et sacramentales [*gl.*: milites pugnantes contra incredulos; *liez par fiaunce*] Neckam *Ut.* 105. **b** s**1187** ~ites .. hospitalis (v. hospitalis 8a); ~ites Hierosolymitani, Rhodii, et cruciferi *Jus Feudale* 271. **c** fratres vocati ~ites de Rodis Gascoigne *Loci* 2; qui tot pecunias darent ~itibus insule Rodi *Ib.* 126. **d** xviij de ~itibus Templi evaserunt Ord. Vit. XIII 33 p. 94; c**1139** ~itibus Templi Salomonici *Rec. Templars* 227; **1153** fratribus religiosis de Templo Domini ~itibus *Ib.* 186; apud domum ~itum Templi juxta Doveram Wend. II 75; ~ites Templi Gazam .. reedificantes Trevet *Ann.* 26.

17 (chess) knight.

~es .. regine gressum cum incessu peditis unico transitu metitur, partim obliquans cursum, partim directo tramite legens iter Neckam *NR* II 184; quidam dicuntur reges, quidam ~ites, quidam duces, quidam pedones O. Cheriton *Fab.* 36B; unus dicitur rex, .., quartus ~es J. Waleys *Schak.* 463.

18 (as a name of a comet).

stelle cum caudis .. quarta ~es Gros. 37*n* (v. Matuta 2); ex complexione itaque Veneris est ~es, ipseque magnus ad modum lune et habet crines, radiosque suos infundit retro se et peragrat duodecim signa ... ~es namque nocet regibus et potentibus mutationemque legis signat et rerum *Ps.*-Gros. *Summa* 586–7.

milesimus v. millesimus. **milgago** v. vulgago.

milia [LL *inscr.*], mile.

1409 a dicto loco in Petraforata per v milas dicta Nassa de Guissen, continue unam post aliam distat *Foed.* VIII 582.

miliaceus [LL], made of millet; **b** (as sb. m.) millet bread.

rusticano ~eo pane ventris esuriem vix consueveras saciare *AN Med.* II 41. **b** **1239** ventrem pene possent miliatio saturare (*Lit. Papae*) M. Par. *Maj.* III 602.

miliare v. miliarium.

Miliarensis [Miliariae+-ensis], (as sb.) coin of Miliariae in Catalonia, spec. a European counterfeit of an Almohad half dirhem.

a**1275** de denariis de Venitia non decidit libra nisi in j d. .. similiter de Mylerensibus Yspaniae *RBExch* III 979.

miliaria [CL], bird that eats linseed, linnet.

~ia, quam linotam nostrates appellant Turner *Av.* C6; G. L. linariam, sive ~iam esse rubetram putabat *Ib.* I2.

miliaris [cf. ML miliarius], that resembles a grain of millet in size or shape.

in cute fit formica ~is et est parva sicut formica magna et caput habet sicut granum milii vel horobi Gad. 25. 1.

miliarium, ~ius [CL *as adj.*], **miliare** [LL]

1 (as measure of distance) mile; **b** (var.).

Pontus insula c ~io a Roma est in mare Tyrenum *Comm. Cant.* III 57; unius ferme ~ii et dimidii spatio interfluente Tino Bede *HE* V 2 p. 283; pluribus abinde ~ibus Firmino .. miraculose transvecto Gir. *TH* II 28 p. 115; **1279** per iiij ~ia quando fit iter per pontem Baldewini *Law Merch.* III 141; sunt plura mercata in Wallia ubi unus non distat ab alio nisi per tria milaria *Ib.*; per triginta millaria ab Eboraco distans Elmh. *Cant.* 188. **b** duodecim ~iorum Anglicorum interstitio Gosc. *Mir. Iv.* lxi; leugam Toneburge tantumdem spatii in metiendo recepisse, quantum hactenus Brionnense ~ium probatur retinere W. Jum. *Cont.* VIII 15; que sunt milliaria .. non Italica sed longe majora *Ps.*-Gros. *Summa* 514 (v. leuga 1); a dicto ponte per unum milliare Anglicum Ad. Mur. *Chr.* 213; **1395** octo stadia faciunt ~e Anglie; sexdecim stadia faciunt ~e Gallicum *Mem. York* I 142.

2 space of one mile.

1255 infra mileare in quo situm est castrum de Pevense *Cl* 253.

3 (set of) a thousand; **b** (of fish); **c** (of semi-precious stone); **d** (of artefact).

isti vero dant modum certificandi hoc in numero milliariorum et partium ejus Bacon *Maj.* I 224; ponderator .. debet habere pro uno centum .. unum obolum .. et sic de milliariis *Leg. Ant. Lond.* 25; **1303** si emat per ~ios, dabit pro quolibet ~io iiij d. secundum rectam custumam *EEC* 165. **b** **1086** unum millearium et dimidium siccarum anguillarum *Ch. Westm.* 462; Rannulfus .. concessit .. suam decimam de Sesmundeham quae unoquoque anno valebit nobis octo millarios de harenc' et hos harengos faciet nobis habere Radulfus *Text. Roff.* f. 185v; Thomas archiepiscopus dedit canonicis quatuor villulas .. et unum ~e anguillarum per annum *Hexham* I 56; **1236** tria millearia merlingorum *Cl* 402; **1241** v mileaira merlengorum *Cl* 380; c**1250** queque navis que piscatur allec reddet .. j ~ium allecis sicci *Reg. S. Aug.* 28; **1282** de quolibet ~i allecis *Pat* 101 m. 14; ~e [allecii] *Fleta* 73 (v. centum 1d); **1298** in uno ~e rosci cariando ..... in una navi conducta pro uno myliare de rosco cariando *Rec. Elton* 65; **1299** de quolibet ~i allecum venali unum quadrantem *Reg. Carl.* I 115. **c** pro duobus ~is de corallo et uno ~o de geto emptis *Househ. Eleanor* 106. **d** **1230** habere faciat .. unum ~e quarellorum de quarellis regis *Cl* 312; **1254** pro xj ~iis quarellorum *RGasc* I 391.

4 (as measure of weight) 'mil', one thousand pounds, thousandweight: **a** (of hay); **b** (of wax); **c** (of tin).

a a**1204** de milliario feni unum denarium *Reg. Wint.* 743. **b** a**1204** (1265) de ~io cere duos denarios *Ib.* 742; **1205** pro dim. miliar' cere ducto usque ad W. *Cl* I 25a; **1260** quatuor vel quinque ~ia cere que Ricardus de Ewell, emptor garderobe nostre, capturus est *Liberate* 36 m. 4; **1265** unum ~e et quingentas libras cere *Cl* 157. **c** **1197** in lj miliar' stamni quolibet miliar' computato pro lx s. *Pipe* 15; **1198** in emptione de c et liiij ~ibus et de c et xxx li. de stamno *Ib.* 181; de marcis provenientibus de stamno Devon' et Cornub', sc. de quolibet ~e j m. *Ib.* 232; **1223** ad reddendum ei duo milliaria et ccc stagni *Cl* I 567a.

5 (~*ium annorum* or ellipt.) millennium, thousand years (in the age of the world).

sexta die milarii [v. l. ~ii] mundus in aetate Christus super terram manifestus est Theod. *Laterc.* 3; sextum .. milarium annorum et ipse dicit apparere salvatorem *Ib.* 4; in ipso milliario quo natus est Christus Lanfr. *Comment. Paul.* 288B.

miliarius v. miliarium. **miliatius** v. miliaceus.

milies, millies [CL], a thousand times or many times; **b** (in comp. numeral).

in omnibus vultus et radii solares, ubique splendor incogitabilis, non hujus solis, sed ~lies clarior ipsis etiam septemplicibus radiis, tantoque huic quanto dies nocti incomparabilis Gosc. *Lib. Confort.* 112; talis est infernus et ~lies pejor, et haec vidi in inferno et ~lies pejora Anselm *Misc.* 357; c**1176** ~lies postulavi licentiam recessurus, sed nec repulsam passus, nec licentiam sum adeptus P. Blois *Ep.* 5. 13B; a**1212** item queritur utrum eterna generatione sit pluries vel centies vel ~ies genitus, utrum heri, utrum circa vesperas P. Blois *Ep. Sup.* 74. 8; arbitramur preterea, imo, fateor, ~ies experimur non esse absque salute frequentacionem tumuli hujus serenissimi regis Henrici *Mir. Hen. VI* II 56 p. 143; ~lies jam compertum est Major VI 7 p. 282. **b** o res millenis ~ies petita

votis *Enc. Emmae* II 16; ~ies mille millenus Thurkill *Abac.* 58 (v. decimare 7).

milifolium v. millefolium. **milio** v. millio. **milis** v. miles.

militanter [ML], as a soldier, in fighting fashion.

mallet ita defungi in armis ~er quam per dampnacionem parliamenti scandalizabiliter Favent 16.

militare [CL]

1 to serve as a soldier, perform military duties, fight; **b** (w. dat.); **c** (w. *pro*); **d** (w. ref. to *I Cor.* ix 7); **e** (fig.). **f** (of dog).

et tamen sub uno imperatore ~are noscunt Aldh. *VirgP* 19; sub signis eorum ~abant Gothi et Wascones W. Malm. *GR* IV 349; precipui pugiles in utraque parte ~abant Ord. Vit. V 10 p. 387; Radagasius rex Gotthorum .. monachos ~are coegit R. Niger *Chr. I* 47; orta est tanta dissensio inter regulos quod ille qui fortis fuit opprimebat debilem; tandem Offa super omnes ~abat *Eul. Hist.* III 2. **b** notatum id a quodam qui olim illi ~asset, et confestim Ethelstano dictum W. Malm. *GR* II 131; qui nunc Henrico regi Anglorum ~at Ord. Vit. III 2 p. 28; egregii quique viri, qui magno ~averant Alexandro, diversas occupavere provincias M. Par. *Maj.* I 63. **c** ea condicione ut hi pro patriae pace .. contra adversarios ~arent, illi militantibus debita stipendia conferrent Bede *HE* I 15 p. 31; s**1139** [rex] pro omnium pace debet ~are W. Malm. *HN* 475 p. 33. **d** **1167** filiorum expertus devotionem, stipendiis suis ecclesie ~at Anglicane J. Sal. *Ep.* 212 (197); cum soldano moratus fui et cum stipendiis ~avi in guerris ipsius [ME: *at hes wagis and in his werris travayled*] *Itin. Mand.* 26. **e** ~are putares procellas in excidium miserorum nautarum W. Malm. *Wulfst.* II 19; militat ad pacem labor officiosus, et ambit J. Sal. *Enth. Phil.* 537; vestris .. profectibus ~at sive sobrietas sive etiam ebrietas mea J. Ford *Serm.* 39. 6. **f** delectantur ludentes in .. canibus ~antibus in silvis W. Fitzst. *Thom. prol.* 18.

2 to serve, be on duty: **a** (royal); **b** (eccl. & mon.). **c** (trans.) to cause to serve.

a in curia Henrici regis inter coevos ~avit Ord. Vit. VI 8 p. 47; s**1306** ad augmentandum igitur profeccionem suam in Scociam, fecit rex per Angliam publice proclamari, ut quotquot tenerentur fieri milites successione paterna, et qui haberent unde ~arent, adessent apud Westmonasterium in festo Pentecostes, admissuri singuli omnem ornatum militarem, preter equitaturam, de regia garderoba *Flor. Hist.* III 131. **b** [canonici] cum rochetis ~abunt et desubtus cincti erunt *Obs. Barnwell* 46. **c** c**1356** voluit .. castigare, disciplinare, ~ari omnes habitatores .. Aquitannie .. patri suo rebelles et ad pristinam ipsius ligeanciam .. revocare Avesb. f. 134.

3 (eccl. & mon., *~are Deo* or sim., or ellipt.) to serve (as soldier of) God: **a** (unspec., also fig.); **b** to serve God as monk or nun.

a ast ita de die in diem meliorando, Deo ~ando, alios monendo proficiebat Hugeb. *Wynn.* 2 p. 108; a**797** si .. ab hac convalescas infirmitate, ~are disponis .. in majorem sanctae Dei ecclesiae profectum Alcuin *Ep.* 55; mox ut plena informationis perfectio in eum confluerent, Cantiam misit; sub disciplina Lanfranci aliquamdiu ~aturum W. Malm. *Wulfst.* III 17; c**1155** rogo itaque .. ut qui hactenus varietatibus hujus seculi militastis, Deo ~etis saltem ad modicum tempus P. Blois *Ep.* 6. 19A; pro Deo ~at et cum Deo, certe et secundum Deum, quia non ad gloriam certat .. sed ad salutem J. Ford *Serm.* 57. 6; en sine milite vadit ad prelia / nec una militat Christo cinomia Walt. Wimb. *Carm.* 527. **b** ut .. accepta tonsura pro aeterno magis regno ~are curaret Bede *HE* III 18 p. 162; **796** ut in cenobio ~et Christo Alcuin *Ep.* 102; †**866** (11c) fratribus Deo ~antibus in Wigornensi monasterio *CS* 514; **1176** ut qui a primitivis adolescentie motibus, in castris monastice religionis Deo ~averat, jam non monachum, sed angelum in homine fateretur P. Blois *Ep.* 38. 117C; cum tempore Brigide viginti moniales hic Domino ~assent Gir. *TH* II 35; monasterium .. ubi .. Hereswitha .. Deo feliciter ~abat M. Par. *Maj.* I 302.

4 (*ecclesia ~ans*) Church militant, the Church on earth considered as warring against the powers of evil (usu. dist. from *triumphans*).

ecclesia ~ans .. triumphans Gir. *TH* III 31 (v. ecclesia 2d); hic .. vir Domini, etsi martyris nomen .. in ecclesia ~ante non meruerit .. a numero sanctorum in ecclesia triumphante non creditur exclusus *Canon. G. Sempr.* f. 34v; **1284** ad utilitatem tocius ecclesie ~antis et stabilimentum universitatis Oxonie *Deeds Balliol* 281; sicut .. per regnum celorum nonnunquam ecclesia ~ans debet intelligi, sic eciam per celeste imperium spiritualiter boni in ecclesia ~ante possunt intelligi Ockham *Pol.* I 81; **1325** Petrum, pastorem ecclesie ~antis, in fluctibus ambulantem, ne mergeretur, Christus erexit *Lit. Cant.* I 145; non tenentur fideles credere quod Romanus pontifex nunc militans est caput universalis ecclesie ~antis [ME: *heed of al holi chirche on erþe*] *Concl. Loll.* XXXVII 20.

5 to mount or ride a horse (as a knight).

chivaucher ~are *Gl. AN Ox.* f. 154r.

6 to brawl, scuffle; **b** (w. ref. to mental illness).

1221 ceperunt de quadam femina peregrina que ~avit in quadam caretta duos solidos *SelPlCrown* 91. **b** ille [lapis] habet potestatem curandi demoniacos, lunaticos, maniacos, et in nocte ~antes, atque freneticos *Sculp. Lap.* 451.

7 to engage in argument or disputation.

nec apud Montem Pessulanum in scholis ~averit Neckam *NR* II 123 p. 201.

8 (fig.) to contradict, be inconsistent with, militate: **a** (w. dat.); **b** (w. *contra*).

a eidem sentencie ~ant nedum tota illa distinccio, sed et tota subsequens distinccio, viz. distinccio nona Fortescue *NLN* I 5. **b** verba Innocencii III que contra predicta videntur expressissime ~are Ockham *Pol.* I 39; c**1363** ista racio .. ~at contra magistrum meum (Kyn.) *Ziz.* 89.

9 (pr. ppl. as sb.) soldier, warrior; **b** (eccl. & mon.) soldier (of or for Christ). **c** (*~ans in saeculo*) tenant, geneat.

~antibus debita stipendia conferrent Bede *HE* I 15 p. 31 (v. 1c supra); comes audivit gentiles cum magnis ~antium cuneis adventare Ord. Vit. IX 14 p. 589; nullus capitaneorum, nullus ~ans regi, nullus minister regis Diceto *Chr.* I 312; graves labores operancium .. terrores et pericula navigancium ac ~ancium *Spec. Incl.* 3. 1 p. 112; debita stipendia suis obsequiis ~antibus erogare Avesb. f. 91v. **b** animos ~antium Christo instigantes Aldh. *VirgP* 8; **744** (14c) [ego Hilla] ~ancium Christo humilis ancilla *CS* 168. **c** si quis in seculo ~ans [AS: *geneatmanna hwylc*] debitum domini sui pensum census neglexerit (*Leg. IV Eadg.*) *GAS* 207.

militaris [CL]

1 of, connected with, or used in the army or by soldiers, military: **a** (of artefact); **b** (of discipline, office, or sim.). **c** (*res ~is* or sim.) military occupation or practice.

a Britannia .. ~ibus copiis .. spoliata Gildas *EB* 14 (=Bede *HE* I 12 p. 251); denarius ~is xviij silicas habet *Comm. Cant.* III 45; sine lorica fidei armaturaque ~i repertos Aldh. *VirgP* 53 p. 311; tentorium, casa ~is *GlC* T 123; paludamentum .. quedam vestis ~is Osb. Glouc. *Deriv.* 438; juvenem .. ~ibus armis instructum Gir. *EH* I 13 p. 248. **b** vir in laico habitu atque officio ~i positus Bede *HE* V 13 p. 311; **801** ego, ~is cingulo laboris deposito quietus Deo servire desiderans Alcuin *Ep.* 237; leges tulit quibus sui et divino cultui, et discipline ~i assuescerent W. Malm. *GR* II 122; proquiritare, sub ~i conditione legem indicere Osb. Glouc. *Deriv.* 480. **c** Nero nihil omnino in re ~i ausus est Bede *HE* I 3 p. 15; ut .. preter scientiam rei ~is etiam consilii et etatis maturitate pollerent W. Malm. *GR* III 238; ~ibus negotiis plene instructus Gir. *TH* III 52 p. 199.

2 pertaining to, characteristic of, or exercised by a knight, knightly: **a** (of weapon or sim.); **b** (of practice, service, status, or sim.). **c** (*curia ~is*) court of chivalry.

a curiam Philippi regis Francorum adiit regisque armiger factus ei servivit donec ab eo arma ~ia accepit Ord. Vit. III 9 p. 109; ~i cingulo decorantur P. Blois *Ep.* 94. 294B; **1286** insigniis ~ibus interim sit privatus, nec calcaria deaurata nec gladium nec sellam ~em aut deauratas phaleras habiturus Peckham *Ep.* 657; s**1323** depositis insigniis gradatim ~ibus Trokelowe 127; ~ibus insigniis decoravit *Plusc.* VII 25. **b** hic et Mala Corona vocabatur eo quod in juventute sua ~ibus exercitiis et levitatibus detinebatur Ord. Vit. III 2 p. 28; et arma ferentes laicalem feudum ~i famulatu defendebant *Ib.* V 12 p. 397; hominium ab eo tali tenore recepi: ut .. michi .. ~e servitium .. singulis annis exiberet *Ib.* VII 15 p. 238; qui nollent .. honorem status ~is sustinere, pecunia se redimerent M. Par. *Maj.* V 560; **1391** vestram ~em preeminenciam in Christo requirimus *Pri. Cold.* 69. **c** **1385** cause .. deberent in nostra curia ~i per jura et secundum forum ejusdem curie tractari (*Pat*) *Foed.* VII 487; **1389** in curia ~i (v. curia 5b); **1389** cum .. nostri constabularii et marescalli Anglie in curia nostra ~i loca tenentes in quadam causa fidei lese pretense, que coram ipsis in dicta curia vestra .. verti sperabatur .. quandam excepcionem declinatoriam .. rejecissent *Pat* 328 m. 1; **1391** Alta Estre. curia ~is honoris de Maundevill' ibidem tenta *DL CourtR* 67/844; **1399** fuerant capti et imprisonati et ducti coram constabulario et marescallo Anglie in curia ~i *RParl* III 420b.

3 that consists of armed men.

~em manum Gildas *EB* 15 (v. 1 manus 9b); mittens manum ~em, occidit omnes pueros in Bethleem Theod. *Laterc.* 6.

4 (*ecclesia ~is*) Church militant, the Church on earth.

1479 cum ecclesia ~is sepe fallit et fallitur *Fabr. York* 209.

5 (as sb. m.) military man, knight.

deinde ut in ~ibus clareres exercitus ad castra regum direxit G. Mon. I 1; vix aliquis ~ium procedit in publicum capite discooperto Ord. Vit. VIII 10 p. 325.

6 (as sb. n. pl.) insignia of knighthood.

s**1148** Henricus accinctus est ~ibus Diceto *YH* I 267; c**1302** quo ~ibus a rege .. accincto .. dictam comitissam desponsavit *Chr. S. Edm.* 63.

7 military affairs or practices.

quod mihi ~ibus evenit non cicatrix sed scabies Liv. *Op.* 179.

militariter [CL], in a soldierly manner, militarily.

ascendunt equos et ~iter armati et magnanimiter animati .. ruunt in populum improvidum *Collect. Stories* 221; predicti nobiles cum suo soldano nunquam nisi in equis pilam percutiunt, nec cum ea suo modo ~iter solatiantur nec etiam examinantur tam equi quam equites .. sicud examinantur Christianorum milites in hastiludiis S. Sim. *Itin.* 52.

militatio [ML], (feud.) (duty of) military or knightly service.

1200 terram .. quietam de .. exercitu et ~one et de omnibus aliis consuetudinibus *RChart* 70a.

militatura, order of knights, knighthood.

cum inter clericatum et ~am soleat esse de prestantia altercatio *Chr. Wallingf.* 19; secundum regulam .. ordinis Callactravee ~e *Meaux* II app. 390.

militia, ~ies [CL]

1 (active) military service, warfare, (concr.) battle. **b** (*~iae*) in the field, at war (usu. contrasted w. *domi*); **c** (w. ref. to prowess in battle); **d** (w. ref. to *Job* vii 1); **e** (fig.).

963 semper sit meum donum immune praeter arcem construendam .. agonisque ~iam *CS* 1112; non solum non occultabat, sed etiam gloriabatur .. specimen nobilis ~ie ostentans W. Malm. *GR* IV 388 p. 456; de ~ie .. vestre industria quis hesitet? *Ib.* V 446; frustra militiam, frustra temptavimus arma L. Durh. *Dial.* II 399; Britones .. desiderabant ~iam set nec multum curabant in quem eventum inciderent dum eam incipiebant G. Mon. X 4 p. 477. **b** in .. agendis domi et ~ie H. Cantor 8v (v. curialiter 1a); domi ~ieque Osb. Bawdsey clxxvij (v. domus 1a). **c** Christus .. per ~iam [ME: *cnichtschipe*] ostendit quod fuit dignus amore, sicut solent quandoque milites facere *AncrR* 154. **d** nonne vita hominis ~ia est super terram Neckam *NR* II 155 p. 242. **e** hac ita militia venti cecidere peracta / imber abit, cessat grando, procella perit L. Durh. *Dial.* III 183; huic omnes artes famule; mecanica queque / dogmata, que variis usibus apta vides, / que jus non reprobat, sed publicus approbat usus, / huic operas debent militiamque suam J. Sal. *Enth. Phil.* 448; exercitio ~ie litteralis magnatum venaris amicitiam P. Blois *Ep.* 131. 386B.

2 (*~ia spiritualis* or sim.) spiritual warfare (usu. performed by member of religious order); **b** (contrasted w. *terrestris* or *corporalis*).

coenubialis ~iae [*gl.*: pugnae, *campdomes*] frontem .. armatam .. offerentes ALDH. *VirgP* 11 p. 240; accinctus armis ~iae spiritalis BEDE *HE* I 7 p. 19; ad perpetuae beatitudinis ~iam FELIX *Guthl.* 27 p. 92; **802** turpe est enim monacho ~iam spiritalem amittere et saecularibus se implicare negotiis ALCUIN *Ep.* 250; si .. monachos in sua possessione ad Dei ~iam .. non sustentabat ORD. VIT. III 1 p. 12; insigni cingulo et nobili cinctorio monachalis ~ie sumptis M. RIEVAULX (*Ep.*) 63; hec accepistis omnia ad vite subsidium, et ad sancte ~ie stipendium OCKHAM *Disp.* 16. **b** in quibus, ablato studio militiae terrestris, ad exercendam ~iam caelestem .. locus .. suppeteret BEDE *HE* III 24 p. 178; milicies corporalis absque ~iei spiritualis suffragio, que devotis educatur oracionibus, arida reputatur *Dictamen* 350.

3 army, soldiery; **b** (spec. as one of three orders of society); **c** (*~ia caeli*, astr.) zodiac celestial cycle that governs human acts; **d** (spiritual and fig.).

hujus loco Constantinus ex infima ~ia .. sine merito virtutis eligitur BEDE *HE* I 11 p. 24; occisus est ibi inter alios de ~ia ejus juvenis vocabulo Imma *Ib.* IV 20 p. 249; talis itaque ~ies fastuosis scansis ratibus intrat pelagus *Enc. Emmae* II 5; miliciam vix ipse suam populumque coercet / gens est quae nullum novit habere modum G. AMIENS *Hast.* 221; Alexius princeps ~ie .. in Paflagoniam ierat ORD. VIT. VII 5 p. 167; rex Anglorum .. cum audisset ~iam Ricardi filii sui urbem Sanctonicam occupasse M. PAR. *Maj.* II 291. **b** clerus, ~ies, et agricultores GOWER *VC* III *tit.* **c** Arcturus, Orion, .. et lacteus circulus caeteraque ~ia caeli BEDE *TR* 34 p. 244. **d** cum carnalis ergastuli vinculis enodaretur, a caelestis ~iae manipulo astriferis inferri caelorum orbibus conspexit ALDH. *VirgP* 37 p. 286; agmina ~iae caelestis gloriam incarnati Dei .. praedicant BEDE *Tab.* 464; c**1070** ipsi beato ~ie celestis principi *Cart. Mont. S. Mich.* 1; Mildretha .. quam ille summus dux ecclesiarum et princeps ~iae Christianae Paulus post Dominicas nuptias visus est honorifice deducere ejusque postulationi obedire GOSC. *Transl. Mild.* 21 p. 185; diabolus itaque propriaque voluntas Deo regi regum adversantur, et congregata vitiorum ~ia regnum illius *Simil. Anselmi* 37.

4 knight's service. **b** land held by knight's service, knight's fee.

si miles fuerit vel per ~iam tenens, tunc secundum jus regni Anglie primogenitus filius patri succedit in totum GLANV. VII 3; custodiam pueri et terre que descendit ei ex parte matris sue per ~iam *CurR* II 26. **b** feoffati fuerunt prius de ~ia abbatis Burgi quam de sergancia predicta H. ALBUS 54; **1203** de tercia parte ~ie quam habuit *CurR* III 9; **1255** solet esse de serjancia, set dominicum suum mutatur in ~iam *Hund.* I 20b; **1289** terra seu ~ia vocata de Masserres prope villam .. quod .. dicta ~ia seu terra ut nobile feudum teneretur a nobis *RGasc* II 367a.

5 (feud.) order of knights, knighthood. **b** (*curia ~iae*) court of chivalry.

ille, ubi primum per etatem potuit, ~ie insignia a rege Francorum accipiens W. MALM. *GR* III 230; quod rem ignavam et pudendam fecisset, ~ia pulsus est *Ib.* III 243; Lanfrancus .. ei ut regis filio .. ~ie cingulum in nomine Domini cinxit ORD. VIT. VIII 1 p. 267; **1257** faciant habere ea que ad novam ~iam suam pertinent honorifice *Cl* 53; **1259** unam marcam auri, per quam finem fecit nobiscum pro respectu ~ie sue habendo *Cl* 361; **1391** cum sit ~ie proprium, immo debitum, jura antiqua ecclesie defendere *Pri. Cold.* 69. **b 1389** de consuetudine curie ~ie (v. curia 5b).

6 military order: **a** (of the Knights Templar). **b** (of the Knights of Jesus Christ).

a 1137 sciatis me dedisse et concessisse .. fratribus ~ie Templi Salomonis de Jerusalem .. manerium de Cressyng *Rec. Templars* 145; **1142** fratribus ~ie Templi Jerusalem *Ib.* 213; a**1190** feci divisam meam .. domui ~ie Templi Jerusalem mmmmm marcas argenti (*Test. Hen. II*) *FormA* 422; **1198** preceptor patrum ~ie Templi *CurR* I 35; **1217** fratrem Gerardum .. magistrum ~ie Templi *Pat* 51. **b 1217** Philippus de Albiniaco, dux ~ie Christi *Pat* 108; novum ordinem militum, qui dicitur ordo ~ie Jesu Christi .. instituit *Meaux* II 390.

militissa [ML], dame, wife of knight.

a knyghte wyffe, ~a *CathA*.

milito [ML, *first attested in* ALDH.], soldier, warrior; **b** (*~o Christi* or sim.) soldier of Christ or God.

quot tyrannici ~onum commanipulares humanae naturae nocituri subsequantur ALDH. *VirgP* 13 p. 241; hic ~o, -nis, i. miles OSB. GLOUC. *Deriv.* 358. **b** sanctorum coetibus aggregatur et ~onum Christi catervis .. adsciscitur ALDH. *VirgP* 44; ut suo inbecillioris aetatis ~oni Deus .. coeptae rei solacium .. providens condonavit WILLIB. *Bonif.* 1.

militulus [CL miles+-ulus], petty knight.

moris .. antiquitus non erat quemlibet ~um sigillum habere *Chr. Battle* f. 86v.

milium [CL]

1 millet (*Panicum miliaceum*). **b** grain of millet.

~ium, genus leguminis *GlC* M 209; **10..** ~ium, *mil WW*; ~ium [*gl.*: *mil*], cepe et hujusmodi legumina NECKAM *Ut.* 96. **b** unum enim ~ium dicitur magnum respectu aliorum ~iorum que sunt minora et est parvum in comparacione ad montem T. SUTTON *Gen. & Corrupt.* 58; volueris memorari in magno vel in parvo, cujusmodi sunt mundus, exercitus, civitas, ~ium, jotha, aut vermiculus minimus BRADW. *AM* 123.

2 (*~ium solis*) gromwell (*Lithospermum*).

postea da apozima ex radicibus apii, feniculi .. ~ii solis GILB. VI 272v. 1; si sit a renibus .. tunc valet ~ium solis, nuclei cerasorum, saxifragria GAD. 34. 1; cauda porcina, i. ~ium solis, *gromil* idem *SB* 14; granum solis, i. ~ium solis, i. *gromil Ib.* 23; ~ium solis, palma Christi, *gromil* idem *Ib.* 30; *grumelle*, ~ium, gramen solis *CathA*.

millare v. 1–2 mullare. **millarium** v. miliarium.

mille [CL]

1 a thousand; **b** (pl., w. qualifying numeral) (so many) thousand; **c** (as sb., w. gen.); **d** (as adj.).

~e nomen indeclinabile in singulari, milia vero in plurali OSB. GLOUC. *Deriv.* 353. **b 10..** duodecies quinquagies ~ia, *twelfsiþum fiftig þusenda WW*. **c** in sex milia annorum concordant omnes apparuisse Dominum THEOD. *Laterc.* 4; militum Christi circiter x milia ALDH. *VirgP* 36 p. 282; ita decem milia librarum soluta cupiditatem Danorum explevere W. MALM. *GR* II 165; cum trecentis milibus sagittariorum occurrit *Ib.* IV 383. **d** trans Tamesis nobilis fluvii alveum, cum ~e viris sicco ingrediens pede GILDAS *EB* 11; nam prius viginti quattuor milia libre, mox triginta milia date W. MALM. *GR* II 165 p. 190; ciliarcus, qui preest ~e hominibus OSB. GLOUC. *Deriv.* 150; **1226** tria ~ia marcas ad liberationes militum *Pat* 35; xx ~e marcas .. consignaret *Meaux* I 280; mil, quadringentis annis Christi, deca ternis ELMH. *Metr. Hen. V* 49.

2 (w. ref. to any large number or amount): **a** (as sb., w. gen.); **b** (as adj.).

a ita iste congruo tempore milia populorum pasceret in aecclesia sanctorum WULF. *Æthelwold* 5; multo melius .. experior in .. fratre nostro Mauritio, quam in ~ibus auri et argenti ANSELM (*Ep.* 58) III 172; multa ~ia utriusque sexus hominum .. ejus celsitudinem et coronam consecuta sunt *Id.* (*Ib.* 168) IV 45. **b** scaevos scismaticos et mille pericula perfert ALDH. *VirgV* 995; centum milia candelas illi illuminabo *Flor. Hist.* II 16; millia truncata membra per arvaque sata W. PETERB. *Bell. Hisp.* 115.

3 set of a thousand (usu. as measure of fish): **a** (w. gen.); **b** (w. *de*).

a iiij milia allecium *DB* I 26va (v. 1 gabulum 1b); **1224** propter ij m allecis (v. gavelmannus). **b** xl milia de allecibus (*Kent*) *DB* I 3ra.

4 a thousand persons or soldiers. **b** (pl., w. qualifying numeral) (so many) thousand persons.

mille, tibi, folium, grates persolvere mille / debent quos vexant calculus atque febris NECKAM *DS* VII 267. **b** undecies centena simul cecidisse leguntur / milia per miseram moribundis civibus urbem ALDH. *CE* 4. 7. 32; legio, sex milia *GlC* L 131.

5 (*~e passuum*) a mile. **b** (pl. ellipt.) (so many) miles.

per xviij milia passuum aquam tanto sanguine commixtam reddidisse fertur *Lib. Monstr.* I 3; distant .. inter se monasteria haec xiij ferme milibus passuum BEDE *HE* IV 21 p. 258; plusquam xxx milibus passuum *V. Chris. Marky.* 34; octingenta milia passuum in longum .. habet GIR. *TH* I 2. **b** Brittannia insula .. octingentorum in longo milium, ducentorum in lato spatium .. tenens GILDAS *EB* 2; 'vultur', modico major quam aquila et per centum milia sentire potest cadavera *Comm. Cant.* I 356; 'quasi stadia xxv', hoc est tria milia *Ib.* III 128; trajectu milium l sive .. stadiorum ccccl BEDE *HE* I 1 p. 9; incipit .. duorum ferme milium spatio a monasterio Aebbercurnig *Ib.* I 12 p. 26.

milleare v. miliarium.

milleartifex [ML], (as epithet of the Devil) master of a thousand artifices.

ad ultimum ille ~ex, qui mille per meandros agitare quieta corda conatur J. FURNESS *Walth.* 66; antiquis autem generis humani inimicus ~ex *Chr. Dale* 5.

millecuplus, milletuplus [ML; cf. LL centuplus, decuplus], thousandfold. **b** (as sb. n.) thousandfold quantity.

augmentetur autem virtus finita secundum proporcionem illam que est B ad A, puta si A est centuplum vel ~cuplum ad B DUNS *Sent.* I 2. 2. 36 p. 484; accipiatur virtus centupla ad illam virtutem finitam datam, vel ~tupla *Id. Ord.* II 218. **b** ejus magnitudine primo coequatus / venter in millecuplum crevit ampliatus (*Vers.*) RIPLEY 424.

millecies v. millesies.

millefolium [CL], milfoil, yarrow (*Achillea millefolium*); **b** (used in medicine).

mille vocor viridi folium de cespite natus ALDH. *Aen.* 50 (*Myrifillon*) 2; ~ium vel myrifilon .. vel centefolia, *gæruwe* ÆLF. *Gl.* 133; epigurium, ~ium, tanicetum ÆLF. BATA 6 p. 99; herba ~ium *þæt is gearwe Leechdoms* I 36; **12..** ~ium, i. *milfoil WW*; achilles, i. ~ium *SB* 9; ambrosia minor, i. ~ium *SB* 10; miriofillos sive ut Latini millifolium majus, i. supercilium Veneris dicunt .. A. *noseblede Alph.* 118; hoc milifolium, A. *mylfoile WW*. **b** ~ium sicut est [naribus] immissum, provocat [fluxum]; odoratum vel bibitum retinet GAD. 9v. 2; pocio pro plagis curandis: accipe .. quintefoil, ~ium *Pop. Med.* 225; ad difficultatem urinandi succus ~ii potatus cum aceto prodest *Ib.* 229.

milleformis [LL], of a thousand forms, cunning.

vultis esse versipelles aut ~es [AS: *þusenthiwe*] in mendaciis ÆLF. *Coll.* 101.

millemillia, 'a thousand thousands', a very large number.

pono duo exempla pro ~ibus BACON *CSPhil.* 435.

millemodus, of a thousand ways, manifold.

~am ad vota desideriorum utriusque vitae prosperitatem ASSER *Alf. dedic.*

millemorbia, nettle.

~ia, falcaria, secundum Anglicos urtica *MS BL Sloane 3149* f. 8r.

millenaritas, state of consisting of a thousand, 'millenarity'.

Macrobius .. magnum annum rotationis eorum [sc. planetarum] complete in quindecim millibus annorum concludi putavit et forte de millennaritate annorum .. falso sentiebat *Ps.*-GROS. *Summa* 568.

millenarius [LL], **millenaris** [ML]

1 millenary, that consists of or pertains to a thousand.

optata futurorum requies promissorum et beatae perennis vitae felicitas .. non nisi septena per temporum incrementa ~io numero .. insontibus et piaculorum crimine carentibus tribuitur ALDH. *Met.* 2 p. 63; ~ius autem numerus ultra quem nulla nostra computatio succrescit, plenitudinem rerum .. indicare consuevit BEDE *Hom.* II 2. 113; c**798** prima progressio numerorum est ab uno usque ad decem, secunda a decem usque ad centum, tertia a centenario numero usque ad ~ium ALCUIN *Ep.* 133; sic centenarium numerum duplicando et triplicando etc. ~ius excrescit numerus ROB. ANGL. (I) *Alg.* 66; plurimas expensas, ultra summas videlicet ~ias *Meaux* III 17.

2 (as sb. m.) a thousand. **b** millenary mark on a tally.

de centenario supra retulimus. nunc tempus instat ut de ~io strictim loquamur BYRHT. *Man.* 232; dum pueri per ~ios . . moriuntur GIR. *GE* II 27 p. 301; sicut aiunt arismetici, prima unitas est simplicitas, secunda unitas est denarius, tercia unitas est centenarius, quarta unitas est ~ius GROS. *Cess. Leg.* III 4. 4; de ~io . . medicorum vix erit unus qui saltem leviter curabit BACON *Maj.* II 204; *a thowsande* ~ius, millenus, millecies *CathA.* **b** si multi ~ii vel centenarii, vel vigene librarum incidende sunt, lex eadem servetur, ut ex patentiore parte . . talee . . major numerus, ex altera vero minor incidatur *Dial. Scac.* I 5K.

3 chiliarch, commander of a thousand men.

chiliarchus, tribunus vel ~ius *GlC* C 377; ~ius, *þusendrica* ÆLF. *Gl.* 110; Jovinianus . . ~ius maluit cingulum perdere, quam thurificare R. NIGER *Chr.* II 126; chiliarchus princeps mille hominum unde chiliarchi dicuntur ~ii Latine BACON *Gram. Gk.* 139; **1319** ~ios, centenarios, et vintenarios pro predicto numero quatuor milium . . peditum . . eligatis *RScot* 200a.

4 chiliast, millenarian heretic.

Irenaeus in ~iorum sectam . . lapsus est BEKINSAU 735.

5 (as sb. m. or n.) millennium.

hoc sic esse a sacris scriptoribus usque ad mundi sextam etatem et sextum ~ium inventum est GROS. *Cess. Leg.* III 4. 4; ergo plane vult Augustinus quod nichil obstat, quin sciri poterat, quo centenario vel ~io vel septenario venturus sit Antichristus HARCLAY *Adv.* 65; **1382** omnes doctores de secundo ~io *Conc.* III 171b; omnes doctores primi ~ii post Christum *Eul. Hist. Cont.* III 350; qui in quarto vel quinto ~io cum Deo ambulabant CAPGR. *Hen.* 176.

6 set of a thousand (usu. of fish). **b** (understood as) mease of herring.

et xvj millenar' allecium (*Sussex*) *DB* I 26ra; celararius quadraginta denarios et unum ~ium allecium *Text. Roff.* f. 197v; **1232** concessimus . . quod capiatis . . de quolibet ~io allecis venali . . unum quadrantem *Pat* 483; c**1283** valet cariagium j mellenarii [allecis] iiij d. *Cust. Battle* 5; **1284** de quolibet ~io maeremii venientis, unum obolum, de quolibet ~io bordorum veniencium, unum denarium *Pat* 103 m. 7; **1419** de quolibet ~io allecis . . obolus *MGL* I 239. **b** *a mayse of herynge,* ~ius, allistrigium *CathA.*

7 (as measure of weight) thousandweight: **a** (of wax); **b** (of tin).

a **1242** liberate . . xxij li. pro j ~io cere empti . . ad cereos faciendos *Liberate* 7 m. 12. **b** **1407** ~e stanni albi *Cl* 256 m. 10d.

millennium, millennium.

centennium cornicibus, ~ium posuere cervis, corvis autem estatem incredibilem MAP *NC* I 1 f. 7v.

millenus [CL]

1 (pl., also in comp. numeral): **a** a thousand (each); **b** (w. ref. to any large number).

a c**954** caeteris omnibus sacerdotibus, quinquies ~os solidos *CS* 914; summa prius dicta, si sit sine fraude quotata / bis tres millenas fertur transcendere libras *Reg. Whet.* I 469. **b** tetrica contemnens millenis damna periclis ALDH. *VirgV* 366; vir Dei tandem hostis pellacis ~as artibus ~as [gl.: *þus*] formas persentiens FELIX *Guthl.* 34 p. 110; **796** mihi plus placet quam ~a talenta auri et argenti ALCUIN *Ep.* 112; illa te genuit in dulci gremio, / infigens oscula mille filio WALT. WIMB. *Carm.* 272; rex . . licet resistentibus inimicis, per ~os frontorios . . transvadavit *Meaux* III 57.

2 (usu. in comp. numeral) thousandth. **b** (~a proportio) one of a thousand parts, a thousandth.

~us, millesimus OSB. GLOUC. *Deriv.* 364; anno milleno sexagesimo quoque seno / Anglorum mete crinem sensere comete (*Vers.*) MAP *NC* V 3 f. 6o; c**1198** annus millenus centenus septuagenus (*Vers. S. Thom.*) *EHR* V 324; Christi millenus centenus jungitur annus GARL. *Tri. Eccl.* 44; anno milleno centeno septuageno / Anglorum primas corruit ense Thomas (*Vers.*) *Eul. Hist.* III 72; ab origine mundi quatuor ~o tricesimo secundo anno *MGL* I 497. **b** hec . . non procedit in infinitum set stat quia ultra ~am proportionem non potest materia rarefieri BACON VIII 155.

---

3 that consists of a thousand.

migratus est annorum numerus ~us supra quoque viginti et duo ÆTHELW. I 1 p. 3.

4 thousandfold (usu. w. ref. to any large amount or number).

semita quin potius milleno tramite tendit / quae non errantes ad caeli culmina vexit ALDH. *Aen.* 59 (*Penna*) 7; quod ~a testimoniorum congerie [gl.: *þusendfealdre . . gegaderunge*] liquido probari potest *Id. VirgP* 8; ne duplicem poenam accipias, vel septupla vel ~a [v. l. ~am] EGB. *Pen. prol.* p. 416; inventum ut valeat, milleno carmine canta ALCUIN *Carm.* 48. 3; languor . . ~o pondere invadendo hunc . . ad occubitum . . perduxit B. *V. Dunst.* 20; hilariter cum ~a usura recepturi impendite ANSELM (*Ep.* 90) III 217.

5 (as sb. m.) a thousand.

a thowsande . . ~us, millecies *CathA.*

6 (as sb. f.) set of a thousand (usu. of fish).

c**1283** debet cariare ij mellenas alleci sicci vel recentis *Cust. Battle* 4; **1325** forisfactura ~e [leschie] apprecietur ad ij s. viij d. ex antiquo [*sic*] consuetudine *CBaron* 142; dimidiam ~am anguillarum *FormA* 243.

7 (sb. m. or n.) (group of) a thousand people.

constituti sunt . . de unoquoque ~o duo electi OSB. BAWDSEY cxliv (v. conjurare 2c).

millerium, ~ius [AN *miller,* OF *millier* < miliarium], a thousand. **b** set of a thousand (as measure of herring).

W. . ., datis tribus millibus librarum argenti, sigillum . . retinuit, licet R. . . quartum ~ium superoptulerit DEVIZES f. 26v. **b** **1205** pro vj miller' allec' ad opus nostrum *Cl* I 38a; solvit . . dimidium ~ium allecis *Reg. S. Aug.* 197.

millesies [ML], a thousand times (usu. hyperbolic); **b** (*millies ~ies*) a million times.

anima est ~ies major toto mundo etsi mundus esset ~ies major quam est *Spec. Eccl.* 7; si subjectum esset per se significatum aliquo modo, vel aliquid de essentia significanti nominis passionis, si ~ies exprimeretur, in eo adhuc intelligeretur SICCAV. *PN* 65; amicus qui ~ies [ME: *þusent fald*] fulgencior est quam sol *AncrR* 29; naturali . . flore decorati sunt et ~ies meliori W. BURLEY *Vit. Phil.* 14; s**1455** pro tunc potuisset ~ies, si voluisset, liberius patrasse illud horrendum facinus *Reg. Whet.* 168; ~ies melius quam sunt corpora solis et lune RIPLEY 325; *a thowsande,* millenarius, millenus, millecies *CathA.* **b** post operis complementum sit millies ~ies fortior et perfectior *Spec. Alch.* 381.

millesimus [CL], (usu. in comp. numeral) thousandth. **b** (*pars ~a*) one thousandth part, a thousandth.

fracta est . . Roma a Gothis anno milesimo CLX-IIII suae conditionis BEDE *HE* I 11 p. 25; **1058** anno †Dominice [l. Domini] ab incarnatione Domini nostri Jesu Christi millessimo lviij *MS BL Addit. Ch.* 19801; †**1083** [? **1086**] anno incarnationis Dominice ~o lxxx°iij° [? l. lxxx°vj°] *Ch. Westm.* 236; anno incarnationis Domini ~o quinquagesimo secundo W. MALM. *GR* II 160; factum est autem miraculum istud in ecclesia Wigornensi anno incarnati Verbi ~o ducentesimo duodecimo *Mir. Wulfst.* I 43 p. 143; **1242** hec donatio . . facta est anno millissimo vicesimo septimo *RGasc* I 150b. **b** dictum est de multis generibus temptationum contentis sub septem criminalibus peccatis, nichilominus tamen non de ~a [ME: *þusent foalt*] parte temptationum quibus homines temptantur *AncrR* 82.

millessimus v. millesimus. **milleus** v. mulleus. **milliare, milliarium** v. miliarium. **millies** v. milies. **millifolium** v. millefolium.

millio [ML], a million (usu. w. gen.).

venit rex Francie Johannes Londoniis portans secum milionem argenti quam regi Anglie debuerat pro incarceracione usque Eul. Hist. III 232; rex . . Francie pro sua redempcione solvet regi Anglie tres miliones scutorum J. READING f. 176; tres miliones florenorum WALS. *HA* I 290; p**1437** regem Francigenis pro uno ~one auri vendiderunt *Eng. Hist. Lit.* 15c 316; tres ~ones scutorum AD. USK 50; tres ~ones auri *Plusc.* IX 45 p. 304; **1514** pro dicta solucione dicte summe unius ~onis, seu decem centum millium scutorum auri *Foed.* XIII 409.

---

millissimus v. millesimus. **millo** v. 1 mullo, mullus.

1 millus [CL], **mellum** [LL], **mellium,** collar for dog.

millus vel collarium *sweorteh* ÆLF. *Gl.* 120; millus . . i. collare circa collum canis OSB. GLOUC. *Deriv.* 353; *coler of howndis,* millus *PP*; hic †nullus [l. millus], *a grehownd colere WW*; *a colar of a hund,* millus, collarium, copularius *CathA*; nostri . . [canes villaticas] . . ursos, tauros . . aliaque fera animalia . . nullo millo nullo corio defensos exagitare . . docent CAIUS *Can.* f. 7; [canis] quem mandatarium . . appellamus, quod domini mandato literae . . transferat, vel mellio inclusas vel eidem alligatas *Ib.* f. 8.

2 millus v. mulleus.

3 millus v. mullus.

milluus v. milvus.

milnus [ME *milne* < AS *mylen, myln*], mill.

c**1290** unam acram terre . . et abuttat . . super terram W. N. versus ~um de M. *Carte Nativ.* 164.

milo v. melo. **milotes** v. melota. **milotis** v. melilotum.

miltos [CL < μίλτος], red ochre, ruddle.

†multa [l. miltos], sinopida bona et spissa et gravis colligitur in Cappadocia in spelunca distillans. virtus est ei stiptica et exfervatica et exphastica *Alph.* 121.

miltura v. molitura. **miluuellus** v. mulvellus. **milvago** v. vulgago.

milvaris, (*lapis ~is*) pyrites, 'fire-stone', stone with which one strikes fire.

lapis pirites, i. lapis ~is, quem quidam dicunt de lapide lato supra quem solet ignis construi *Alph.* 90–1.

milvellus v. mulvellus.

milvus [CL], **~ius** [ML], **~ium**

1 bird of prey, kite, glede (*Milvus milvus*).

~i jugiunt vel jugilant ALDH. *PR* 131 p. 180; ~us, *glioda GlC* M 201; in Attica ~us apparet *Kal. M. A.* II 424; deportata super navem circulando ~i more rapientis in predam usque devenit *Ep. ad amicum* 16 p. 127; milvius a molli nomen sumpsisse volatu / dicitur NECKAM *DS* II 645; hic ~us, *escuffle Gl. AN Glasg.* f. 21vc; gallina . . docet pullos cavere a ~o BACON *CSTheol.* 40.

2 kind of plant (*Ammi copticum*). **b** (*pes ~i*) ? bishop-weed (*Ammi majus*).

herba calida, pes millui, catracta *Alph.* 83; pes ~i, i. herba calida i. contrarca *Ib.* 140. **b** herba calida, pes ~i is ~ium *Leechdoms* I 62.

milwellus v. mulvellus. **mim** v. mem. **mima** v. mimus, nimius. **mimerire** v. minurrire.

mimeticus [LL < μιμητικός], mimetic, that imitates.

poematos genera sunt tria aut enim activum vel imitativum est, quod Graeci dramaticon vel †micticon [l. mimeticon] appellant BEDE *AM* 139; *þas þing man hæt on Grecisc* drammatikon *oððe* †micticon [l. mimeticon] BYRHT. *Man.* 170 (162).

mimicus [CL < μιμικός]

1 pertaining to or characteristic of a mime, mimic, histrionic.

cavillo ~o, i. illusione scurili vel joculari, *gliwlicre hypsinge GlP* 619; per . . artem ~am et histrionicam GIR. *GE* II 30 p. 313; dulcis pernicies est assentacio, / deludens mimico stultis prestigio, / sirena mulcebris cantus obsequio / prodens inprovidos dulci naufragio WALT. WIMB. *Palpo* 117.

2 (as sb. m.) actor (in mimes).

1494 quando ~i nostri fuerunt in *lez downes* (*Assess. N. Romney*) *Malone Soc. Collect.* VII 125.

mimilarius [cf. CL mimarius], one who performs in mimes, actor.

~ius, mimilogus, lusor, joculator *CathA.*

mimilogium, utterance of a mime, (musical) entertainment.

~ium, A. *mynstrisye WW*.

mimilogus v. mimologus.

mimiloquium [CL mimus + -loquium], utterance of a mime, entertainment.

jogulrye or jogulment . . ~ium *PP*.

mimium v. minium.

mimographus [CL < μιμογράφος], writer of mimes.

~us, histrionum scriptor *GlC* M 212.

mimologus [LL < μιμολόγος]

1 actor or reciter of mimes.

a bowrder, mimilarius, mimologus, lusor, joculator *CathA*.

2 composer or teacher of mimes.

~us, qui mimos docet. mimus, qui agit *GlC* M 231.

mimopora v. myoparon. **mimurire, mimurrire** v. minurrire.

mimus, ~a [CL < μῖμος]

1 actor (in mimes), minstrel, buffoon.

quia ~i sunt vel histriones BEDE *Prov*. 979; a805 melius est Deo placere quam histrionibus, pauperum habere curam quam ~orum ALCUIN *Ep*. 281; ~us, jocista, scurra, *gligmon* ÆLF. *Gl*. 150; [Elfredus] regis . . Danorum sub spetie ~i subiens tentoria W. MALM. *GR* II 121 p. 126; **1166** assertio sacerdotum, qui illud predicant quod ~us aut histrio sine dispendio verecundie non loqueretur J. SAL. *Ep*. 184 (174 p. 140); regis enim curiam sequuntur assidue histriones, candidatrices, . . nebulatores, ~i, barbatores P. BLOIS *Ep*. 14. 49A; bene litteratus est et prudens sed degeneravit in ~um MAP *NC* IV 15 f. 55v.

2 (f.) actress in mimes. **b** lecherous woman.

rima, lima, ~a, roga ALDH. *PR* 133 p. 185. **b** si riscus est amplus et ~am [*gl.: lecheresse*] ducunt cum rica, i. crispina GARL. *Comm*. 647.

3 entertainment.

in ~o, *in gliowe GlC* I 228; **10** . . ~um, *gliw WW*.

1 mina, mna [CL < μνᾶ]

1 (as measure of weight) mina, equal to 100 drachmas or roughly one pound.

mna Grecum nomen est ccc denarios appendens *Comm. Cant. app*. p. 562; mina est libra una et semiuncia . . mina Graece, Latine mine dicitur *Gl. Leid*. 33. 2; c**1100** mna centum dragmis appenditur *Eng. Weights* 5; hec vocabula duo mina et mna idem significant sed confunduntur apud multos et in locis quampluribus et scribitur et pronunciatur unum pro alio, sed mina est Latinum constans centum dragmis, ut ait Plinius BACON *Gram. Gk*. 75.

2 (as measure of corn, equivalent of) two bushels.

c**1165** in eadem parrochia . . unam minam frumenti *CartINorm* 250; **1196** unde idem R. solebat reddere episcopo duas minas avene *Ch. Sal*. 58; c**1230** ij minas ordei vel iij minas avene, et est mina parum major quam duo busselli *Doc. Bec* 85; unam minam frumenti *Cust. Abingd*. 308; **1289** triturabit per annum septem minas et dimidiam *SelPlMan* 33; terram . . que olim ad feodam firmam pro xxx minis frumenti fuerat dimissa OXNEAD *S. Ben. Holme* 299.

3 (as monetary unit, usu. perceived as equivalent of) one pound.

minis i. talentis *hefum GlP* 553; terrea contempnas, bone serve, lucrare decem mnas / quas Domino prestes, ut in ipsius requie stes (LAMBERT) R. CANT. *Poems* 3. 19; colligit Anselmus quod sevit, 'serve fidelis' / audit, et in mnarum lucro lucratur honorem *V. Anselmi Epit*. 11; †uma [l. mna], Besantius atque talentum GARL. *Syn*. 291 (v. drachma 1a); emiserunt in caput regis subgredientis minas [*gl. in marg.: id est talenta*] aureas cum frondibus lauri G. HEN. V 15 p. 110; s**1438** mox suadente sibi sani consilii angelo, decrevit has mnas quam hic inserere . . . in hac sua relacione intendit semper pro mna una predium unum AMUND. II 159; **1583** redditus quatuor minarum sex solidorum decem denariorum *Pat* 1241 m. 38; **1586**

solvat bedello suae facultatis . . quinque minas *StatOx* 438.

4 (her.) bezant.

collige differentiam inter pilas, †muas (arnas) [l. mnas (minas)], talenta, et maculas, artocopas, vel serusa. . . †mue (arne) [l. mne (mine)] vel talenta sunt etiam similia pilis, sed sunt semper aurei coloris BAD. AUR. 133.

2 mina [CL *pl. only*]

1 menace, threat. **b** (~*as facere*) to threaten.

cum ab iniquo principe ~ae hujuscemodi intentarentur GILDAS *EB* 75; mentem Deo dicatam nec ~arum ferocitas reflectit nec blandimentorum lenitas demulcet ALDH. *VirgP* 33; nequaquam ~as principis metuit BEDE *HE* I 7 p. 19; **798** non subvertat cor tuum ambitio seculi, adolantium officia, species vanitatis, timor potentium, ~ae crudelium ALCUIN *Ep*. 156; **9** . . ~as, *þeowwracam WW*; ~is, *beotum GlS* 210; in . . proceres . . ~is acerrimis intonare cepit GIR. *EH* I 29. **b** c**1290** dicit quod . . Willelmus nunquam ei ~as fecit *State Tri. Ed. I* 21.

2 damage.

c**1220** si pro defectu guterie murus predictus vituperetur vel ~am paciatur prenominatus J. et heredes debent illum murum emendare *Cart. Osney* II 122.

3 mina, minea [ML; cf. W. *mein*, Ir. *méin*]

1 mine.

689 (13c) unum aratrum in quo ~a ferri haberi cognoscitur *Ch. S. Aug*. 8; **1282** invenient . . ~eam ad sustentacionem . . forgee *TR Forest Proc*. 31 m. 17 (v. 3 errare e); **1369** velimus eisdem ~am suam in Coupland . . liberari *RScot* I 933a; **1384** et quod de remanenti carbonum levare valeat per vendicionem omnes custus quos idem Johannes faciet super questu ~earum de carbonibus supradictis *Ib*. II 69a; in subterraneis locis et ~is in terra fossatis *Plusc*. X 29 p. 362.

2 (mineral or metallic) ore.

1196 in custamento ardendi ~am xvj l. et iij s. *Pipe* 261; c**1200** non capiant carbones . . ad ~am suam ferri comburendam (*Ch. Holm Cultram*) *MonA* V 595; **1227** quod permittat abbatem de Gratia Dei capere ~am in foresta de Dene ad denarios suos quantum ei necesse fuerit ad unam forgiam *Cl* II 183b; **1293** habere liberam mynam de plumbo et ferro emendas *PQW* 211a; c**1295** lxxiiij pedes . . plumbi de exitu nigre ~e (v. 1 bola); **1300** de qualibet lada ~e nigre (v. hutta); **1317** allumen . . fuit prosequens secundum monstrum quatenus ~a hujusmodi alluminis prosequi potuit *Law Merch*. I 106; **1338** et dictam ~am auri et argenti . . purgare et peraffinare (*Pat*) *Foed*. V 71a; hec †nima [l. mina] *a sylver rodde WW*.

minabunde, in a threatening manner, menacingly.

~e, quia potens erat, regi respondit MAJOR VI 7 p. 282.

minabundus [ML], full of threats, menacing.

~us, minis plenus OSB. GLOUC. *Deriv*. 366.

minacitas [LL], threatening aspect.

minax . . et hec ~as OSB. GLOUC. *Deriv*. 358; c**1213** baculi illius mitreque ~as GIR. *Ep*. 7 p. 258.

minaciter [CL], in a threatening manner, menacingly.

793 vidimus . . domus sereno aere de summitate ~iter cadere tecti ALCUIN *Ep*. 16; vidi . . fortia castra tetrorum spirituum venire, qui me invadere atque secum tollere ~iter intendebant ALEX. CANT. *Mir*. 48 (II) p. 256; subjectos clementer moderari, hostibus ~iter infremere W. MALM. *GR* I 32; minax . . unde ~iter, ~ius, ~issime OSB. GLOUC. *Deriv*. 358; pueris nostris illuc transmissis loquens ~iter GIR. *SD* 96; servis suis ~iter prorumpebat *V. Rob. Knaresb*. 8.

minagium [1 mina + -agium], duty paid in corn.

c**1179** me concessisse . . ~ium in civitate Andegavis . . preterea . . placiam unam . . ad faciendum granarium ubi ~ium reponant *Act. Hen. II* I 541; **1173** (v. medimnarium); **1214** ~ium Niorti sic illud habere consuevit *Cl* I 142.

minanter [CL], in a threatening manner, menacingly.

s**1261** dure, ~er et proterve respondit, dicens quod . . *Flor. Hist*. II 466.

1 minare [CL]

1 to drive: **a** (person or livestock); **b** (cart or plough).

a ita adduxerit Deus animantia terrae vel aves ad Adam, quomodo solet pastor gregem ~are de loco ad locum BEDE *Gen*. 50A; habeo quendam puerum ~antem [AS: *þywende*] boves cum stimulo ÆLF. *Coll*. 90; invitos [Danicos] ad regiam ~are villam molitus est FL. WORC. I 62; tolle tecum vitulos nostros et ~a eos usque Depedale et festinanter revertere *Chr. Dale* 3; **1275** constabularius castri . . ipsum ~avit in prisonem *Hund*. I 209; c**1298** pastor oves minat baculo, lupus ore minatur (*Dunbar* 152) *Pol. Songs* 171. **b** subsequitur . . ~antes carrum cum corpore *Pass. Æthelb*. 210; otia pigra sibi sapiens contraria vitat. / . . / hinc exercet agros et minat aratra colonus L. DURH. *Hypog*. 66; **1494** et sol' tribus pueris ~antibus aratra iij s. *Ac. Durh*. 652.

3 to drive off, carry away.

s**871** post diffusi praedas ~ant, vastant loca ÆTHELW. IV 3; ossa patris minat nimia commotus in ira (*Vers*.) CAPGR. *Hen*. 35.

4 to lead. **b** to command.

equum habeat quem . . prestare possit vel ipse ~are [AS: *lædan*] quocumque dicatur ei (*Quad*.) *GAS* 448; quis est iste puer parvulus?: . . ipse est sine dubio qui ~avit Paulum et fecit eum ire ad Ananiam AILR. *Serm*. I 38. 216. **b** septimam [aciem] . . ~avit dux Godefridus M. PAR. *Min*. I 120.

5 to take along (as aide or companion).

rex in illa transfretatione Rogerium de Monte-Gomerici . . secum ~avit ORD. VIT. IV 4 p. 178.

6 to take or lead as wife, marry.

hec nova sit tibi conjunx / traduc, inclina; cur heres? accipe, mina R. CANT. *Malch*. II 485; Malchus festinat, conivet ducere, minat *Ib*. 539.

7 to pursue.

si vestigium furati pecoris ~etur [AS: *gif man . . bedrifþ*] de loco in locum (*Quad*.) *GAS* 375.

8 (refl.) to conduct oneself.

Grais Troja minans cecidit, non se bene minans SERLO WILT. 2. 74 (v. et. minari 1).

2 minare v. minari.

3 minare [ML], **mineare** [cf. ME *minen*, OF *miner*]

1 to dig, sap, undermine.

1224 quod posueris in carpentariis predictos muros ~eatos stancionantibus *Cl* I 617a.

2 to dig for minerals or sim., mine.

1384 quod ipse querere facere possit et ~eare pro carbonibus maritimis per dominium de Baumburgh *RScot* 69a.

minari [CL], **2 minare** [LL]

1 (intr.) to speak or act menacingly, threaten (usu. w. dat.); **b** (transf., w. inanim. subj.); **c** (w. *de* or *ad* & gd.) to threaten with. **d** to threaten with respect to.

sanctum Amos prophetam hoc modo ~antem audite GILDAS *EB* 53; impius idcirco fornacis torre minatur / puberibus castis ut cultum suggerat ardor ALDH. *VirgV* 379; intentant, ~antur *GlC* I 259; Deus semper ~atur . . justitia ejus peccatrici animae meae ANSELM (*Or*. 13) III 51; SERLO WILT. 2. 74 (v. 1 minare 8); **1268** minarunt ei quod ipsam in cippis ponerent *AssizeR* 618 r. 14; quare mulieri ~ari posset vir, cum dominus ejus constitutus fit FORTESCUE *NLN* II 42. **b** turres proceritate sua in celum ~antes W. MALM. *GR* III 249 (cf. GILDAS *EB* 3, ALDH. *VirgP* 47: minaci proceritate). **c** **1265** cum . . comes ~atus fuerit abbati . . de incendio domorum *Cl* 64; **1275** ~abatur eis de vita et membris de combustione domorum *SelCCoron* 36; **1289** habent . . inimicos ipsis hostiliter insidiantes ac eciam de violenciis . . ~antes *RGasc* II 450b; **1375** ~ans eis ad verberandum

(v. fugere 4a). **d** **1201** ~atus fuit ei de corpore (v. de 7a); **1275** eo quod ~abantur ei de vita et membris *SelCCoron* 33.

2 (trans.) to threaten: **a** (w. threatened consequence in acc.); **b** (w. threatened person or abstr. in acc.); **c** (w. inf. or quasi-acc. & inf.) to threaten to; **d** (w. gd. in gen.); **e** (as true passive).

a rationem reddens, quam ob rem talia ~aretur, ita ait GILDAS *EB* 46; **705** foedus .. ingerunt ut exules eliminarentur a nobis et ipsi nobis inferre non molirentur tantum malum quantum ~abant dictis WEALDHERE *Ep.* 22; accedit alius, et nisi mentiatur ~atus illi mortem ANSELM (*Praesc.* 1. 6) II 257; magnum incommodum, si fata sivissent, terre ~atus W. MALM. *GR* V 403; sic iterum tonat ore lupus "mihi dampna minaris?" WALT. ANGL. *Fab.* 2. 9. **b** spes tamen assistit, audax monet, imperat, urget / prorsum proficiens me †muat [MS: minat] ipse labor NECKAM *DS* IV 651; **1294** ipse ~atur eas ad ponend' eas in duriorem prisonam nisi voluntati sue consenserint *PlRChester* 6 r. 11; **1378** qui eos ~avit ad occidendum *IMisc* 217/2 m. 3; **1381** ipsum verberavit, vulneravit, .. et ~avit de vita et membris *SessPCambs* 57; quod dedignatur proprium regnumque minatur GOWER *CT* III 14. **c** populi bestiales Pictorum feroci animo subjectionem Saxonum despiciebant, et jugum servitutis proicere a se ~abant EDDI 19; de naribus ignem / oreque spirantes ignitis, meque minantur / prendere forcipibus ALCUIN *SS Ebor* 947; ideo ~atur se .. resumpturum suas investituras ANSELM (*Ep.* 451) V 399; priorem deponere ~abatur GERV. CANT. *Chr.* 144; sine .. strepitu judicii contra nos procedere ~abatur *Meaux* II 307; jamque ~abatur in terram hostium nos propellere *G. Hen. V* 25 p. 176. **d** Angliam intrandi cotidie ~abantur *Flor. Hist.* II 499. **e** **956** culpa inibi nacta extimplo pulsus in hac aerumnosa terra mortem ~atam tulit *CS* 921; †vitem [l. vitam] miserabiliter finiens mortem ~atam pertulit *CS* 949; **1344** dicit quod ipse ~atus est de vita et membris per homines ignotos *SelCKB* VI 31.

3 (transf., w. inanimate subject).

cum [tumor] per dies crescens oculo interitum ~aretur BEDE *HE* IV 30 p. 279; cum .. naufragium indubitatum aqua per rimulas ingrediens ~aretur W. MALM. *GR* III 290; jam vetustate quassa menia et vicinam ruinam ~antia reparatorem desiderant W. MALM. *GR* IV 354; **1259** quod caminum camere regis .. qui ~atur ruinam, reparari .. faciat *Cl* 380; perpulcra edificia .. vel totaliter corruerunt, vel inevitabilem ~abantur ruinam *G. Hen. V* 6 p. 38.

minaria, ~arium, ~era, ~eria, ~erium, ~erum [ML, cf. AN ME *minere*, OF *miniere*]

1 mine; **b** (as place-name or surname).

1130 Burgenses de Caerleolio r. c. .. de veteri firma ~eiriae argenti *Pipe* 142; **1130** Willelmus et Hildretus debent r. c. de xl li. de firma manariae argenti hujus anni transacti *Pipe* 142; c**1145** D. rex Scottorum justicie sue et ministris de ~eria sua de Carleolo salutem *Regesta Scot.* 39; **1159** idem vicecomes r. c. .. de ~aria stagni *Pipe* 41; c**1195** concessi .. totam terram et ~erium ferri *Cart. Sallay* 287; **1242** de firma mynarii Karl' *Pipe* 15; **1243** de exitibus manerie plumbi (v. discus 3d); **1279** Henricus .. Robertus .. homines ~arye domini regis de Aldeneston queruntur .. quod Aldeneston' et mynaria ejusdem et homines ejusdem ~arie de .. domino rege fuerint alienati *AssizeR Northumb* 266; **1390** operentur in predicta minura (v. 2 dampna); *mynure*, ~era *PP*; tria tantummodo ~era ibidem aperta fuerunt *Pat* 1173 m. 4. **b** **1173** ex dono Roberti .. annuente Gilleberto de ~eriis, cujus fefi erat *Act. Hen. II* I 553.

2 (right of) mine or mining.

medietatem ~eriae ferri ubicunque in hoc manerio inventa fuerit (*Chesh*) *DB* I 269ra; medietatem .. ~ariae ferri ibidem inventae *Ib.*; a**1198** confirmacio .. de minoria et mortuo bosco *Cart. Sallay* 286; c**1270** totum jus ~erii et totam minam totius terre mee *Couch. Furness* I 261.

3 (metallic or mineral) ore.

1155 in restauratione maneriorum regis totius comitatus c et quat' xx li. et xiiij d. et in defectu ~ariae plumbi xviij li. *Pipe* 38; ~eram .. plumbi ad cooperiendam ecclesiam S. Marie .. et ~eram ferri .. ad carucas et alias necessitates faciendas *Boldon Bk.* xlvi; **1235** ad querendum mineram ferri .. et quod ibidem de ~era illa ferrum fieri faciat *Cl* 86; c**1270** ad .. ~ariam conflandam et comburendam *Cart. Sallay* 282; lanam ejus zelat Flandria, coria et pelles Normannia, ferrum et plumbum, et stannum Wasconia, ~eras et sales Hibernia *Eul. Hist.* II 140; c**1361** assignamus .. decimas .. et specialiter ~eri et ferri *Mem. Ripon* I 204; ~era de qua elicitur aurum vel argentum *SB* 14 (v. cadmia); res preciosa tamen in vili sepe minera / restat GOWER *VC* II *prol.* 15.

4 source; **b** (fig.).

cor .. positum est in medio .. ut distans equaliter ab extremis sit principium, et ~era omnium virtutum GILB. VI 248. 1; medicina .. cujus ~era est planta Indie BACON IX 52; ubi tamen ~era sit scitur si filum intingatur in aqua sanguinis draco[nis] vel in sanguine muris et circumcingatur pectus; ubi cicius desiccabitur, ibi est ~era GAD. 52v. 2. **b** tu salutis es minera, / clava, cuspis et machera / qua mors cesa moritur WALT. WIMB. *Virgo* 20; cor, mineram meram dulcedinis / letum lambit amaritudinis J. HOWD. *Ph.* 773; seminacio itaque blasfemiarum et fructus sui modi crescendi docet patule quod ~era blasfemie ita jacet WYCL. *Blasph.* 18.

minarius, minearius [cf. ME, AN *minour*, OF *mineor*]

1 one who digs, undermines wall or sim., sapper.

1191 in liberationibus xl ~eariorum c li. .. et pro .. machinis ad castellum de Linc' capiendum *Pipe* 1; a**1341** Johanni Elyas et iij sociis suis ~ariis pro vadiis suis quolibet ad xij d. per diem *AcWardr* 355.

2 one who digs for minerals or sim., miner.

1292 salvis nobis et heredibus nostris minera de Aldeneston', ~ariis et libertate eorundem, minere et ~ariorum que nobis .. retinuimus *PQW* 129b; **1355** ad quadraginta ~arios in foresta predicta .. eligend' et arraiand' *RScot* 785a.

minarya v. minaria.

minatim, menacingly, in a threatening manner.

s**1381** Watte Taillar .. versus regem processit, petens ab eo ore ~im [v. l. minanter quasi] precipiendo literas .. meliorari et corrigi *V. Ric. II* 29.

1 minatio [cf. 1 minare]

1 (act of) driving: **a** (livestock); **b** (cart).

a **1456** allocate eidem pro ~one et vigilia martarum et de *lez stukemartis* predictis usque Strivelyn *Exch Scot* 287; **1537** pro empcione et ~one animalium .. xvij s. ij d. *Ac. Durh.* 698. **b** **1364** inventus fuit mortuus .. occasione ~onis cujusdam carecte cum tribus equis in eadem junctis, cujus ~o nunciata fuit coronatoribus burgi Colcestr' *Pat* 270 m. 7; **1534** soluti Johanni Cotts, pro ~one bigarum *Househ. Bk. Durh.* 264.

2 (act of) carrying.

1532 puero Clementis pro ~one feni apud *le staks* per septimam xij d. *Househ. Bk. Durh.* 57.

2 minatio [CL], act of threatening, utterance of threats.

1371 non fuit ausus exire de ecclesia predicta pro timore mortis, causa ~onis predictorum Ricardi .. et Alani *SessPLincs* I 155.

3 minatio, mineatio [cf. 3 mina, 3 minare]

1 (act of) undermining, sapping (usu. mil.).

1224 J. de S. mineatori nostro quamdiu fuerit in ~eatione murorum castri Bedef' .. habere facias *Cl* I 617a.

2 (act of) digging for minerals or sim., mining.

1356 simul morantes in shelis suis dum sic simul morantur et ~eacionem suam exercent (*Pat*) *Rec. Stan.* 126.

minativus [ML], that threatens, menacing; **b** (w. threatened object in dat. and threatened consequence in obj. gen.).

oportet quod sit prudens correpcio, prima hortativa, secunda monitiva, tercia ~a, nunc verbis generalibus, nunc specialibus, ut pertinent corripienti et correpto WYCL. *Civ. Dom.* I 333; catharacte pulcherrime, in ruinam parietum ~e *Ps.*-ELMH. *Hen. V* 42 p. 105; saxivoma in turrium et mutorum apices, depopulativis afflatibus ~a *Ib.* 52 p. 129. **b** subterraneas catharactas ruine menibus ~as curaverunt effodere *Ib.* 59 p. 154.

1 minator [LL]

1 one who drives or steers, driver. **b** captain of boat.

cacher, or dryvere, ~or .. abactor *PP*; ~ores carucarum, ventatores, subcarectarii *Ac. Beaulieu* 318. **b** **1429** cuidam servitori ~oris ducenti quandam batellam ad partes boriales, v s. *ExchScot* 470.

2 leader, commander.

factus autem episcopus dux et ~or eorum DEVIZES f. 42v; corpore et animositate prestancior, ceterorum erit ~or et ductor *V. Ed. II* 252.

2 minator, mineator [cf. 3 mina, 3 minare]

1 one who digs, undermines wall or sim., sapper.

1198 ~atoribus qui fecerunt bovas et scinderunt fossata de Roka et cellaria m li. dcc li. *RScacNorm* II 309; **1207** in liberationibus xj ~iatorum et trium cementariorum .. cuilibet .. iij d. in die, et magistro ~eatorum vj d. in die *Pipe* 54; **1214** liberate .. servientibus carpentar' et myneator' *Cl* I 180a; **1221** pro tonellis vacuis ad opus minutorum nostrorum *Cl* I 453b; sociis suis minitoribus ad castrum de Byham' prosternend' *Ib.*; **1224** pro tonellis vacuis ad opus ~eatorum *Ac. Foreign Hen. III* 18; **1241** mandatum est vicecomiti Hereford' quod de ballia sua venire faciat ad regem usque Castriam c probos et validos ~eatores cum omnibus ingeniis suis *Cl* 362; erat ibi machina, que vocabatur cattus, sub qua fossores subterranei, qui ~eatores appellantur, ingressum et egressum habebant *Ann. Dunstable* 87.

2 one who digs for minerals or sim., miner.

1211 in xxvj perticatis †fassati [l. fossati] faciendis ad stagnum molini in tasca de Hulle et sex ~atoribus ibidem conductis ad idem *Pipe Wint.* 171; c**1222** minitores Cumberlande habent litteras de protectione *Pat* 339; **1290** pro expensis magistri Henrici de Pysane ~atoris venientis de Dunelm' .. occasione cujusdam mine invente apud Herdeshull' (*Ac. Wardr.*) *Chanc. Misc.* 415 f. 13; **1292** ~atores de minera de Aldeneston *PQW* 117b; **1371** ad duodecim ~eatores, boliarios et meltarios .. capiendos et eos in mineris nostris auri, argenti, stanni, et plumbi in com' Glouc' .. ponendos *Pat* 285 m. 31.

minatorie [ML], menacingly, in a threatening manner.

Thurstanus .. ~ie terram illam ut suam propriam possessurum se dixit ELMH. *Cant.* 212.

minatorius [LL], that threatens, menacing. **b** (*litterae ~iae*) letters minatory.

quod nec ipse .. in vestituras ecclesiarum amittere vellet, et hoc verbis ~iis cum juramento affirmavit M. PAR. *Min.* I 192 (cf. WEND. II 172: minacibus). **b** c**1264** arripuit .. bollas et literas .. ~ias ad interdicendum capellam .. regis *Ann. Tewk.* 163; per litteras suas deprecatorias et ~ias *State Tri. Ed. I* 21; **1309** per litteras .. ~ias et excommunicatorias *PQW* 834a.

minax [CL], that threatens, threatening, menacing; **b** (of animal); **c** (fig., of inanim. or abstr.); **d** (w. gen.).

10.. ~ax, *beotende WW*; in conventu hominum tumido vultu erectus, ~aci oculo astantem defigens W. MALM. *GR* IV 312; itaque spiritu furoris exagitatus, .., torvis et ~acibus oculis, .. astantibus timorem pariter et horrorem incussit *Mir. Fridesw.* 64. **b** videbat .. campum .. plenum tauris cornibus ac vultu ~acibus *V. Chris. Marky.* 37. **c** domorum, quarum culmina ~aci procerítate porrecta in .. compage pangebantur GILDAS *EB* 3; ut flammantis pyrae cacumina ~acem [*gl.*: terribilem, *egislice*] obolisci proceritatem .. praecellerent ALDH. *VirgP* 36 p. 283; bini et bini ~acem fluminis profunditatem ac si solidum ingrediuntur GOSC. *Aug. Maj.* 80A; **1160** nunquid impudentiam ~ax redemptorum satellitum violentia consecrabit? ARNULF *Ep.* 28 p. 39; **1284** licet inspecta vestra ~aci et prejudiciali pagina PECKHAM *Ep.* 513. **d** nondum advenerat autumnalis messis, cum jam absumptis victualibus, pane deficiente, acrius instaret mortis ~ax famis oppressio J. FURNESS *Walth.* 54.

mincere [ME *mincen*, AN *mincer*, OF *mincier* < minutia+-are], to chop into little pieces, mince.

1299 debet .. ~ere olera cum dominus venerit et portare ad coquinam *RB Worc.* 310.

mincticius v. micticius. **minctio** v. mictio.

minctualis v. mictualis. **minctura** v. mictura.
minctus v. 1 mictus. **mine** v. 2 mena. **minea**
v. 3 mina. **mineare** v. 3 minare. **minearius**
v. minarius. **mineatio** v. 3 minatio. **mineiria**,
minera v. minaria.

mineralis [ML]

1 of or at a mine.

1577 tria tantummodo minera ibidem aperta fuerunt super que tres domus ~es edificate fuerunt *Pat*
1173 m. 4.

2 (*virtus ~is* or sim.) 'mineral virtue', the
power that makes minerals.

secunda est virtus empirica sive ~is, et hec triplex:
alia enim est lapidificativa, alia metallica, alia inter
has media *Ps.*-GROS. *Summa* 594; virtus . . ~is in
ventre terre non potest aliquando digerere materiam
et naturam auri BACON *Maj.* II 214; elementa . . non
debent dici proprie esse in potencia respectu ~is vel
vegetabilis SICCAV. *PN* 142; unde primo notandum est,
quod principia ~ia in mineris sunt argentum vivum et
sulphur. ex istis procreantur cuncta metalla, et omnia
mineralia *Spec. Alch.* 378.

3 that has the nature of a mineral or contains
mineral substance, mineral. **b** (alch., *sol ~is*)
gold.

dico . . causam materialem, id est situalem, sicut
sunt forme elementorum et corporum ~ium GROS.
124; facit . . mediacionem . . similem illi mediacioni
quam corpora ~ia faciunt in ordine rerum naturalium
inter corpora simplicia et animata SICCAV. *PN* 120;
omne metallum fuit aliquando aqua ~is. quamobrem
cum aqua rediguntur in aquam omnia RIPLEY *Axiom.*
112. **b** lapis animalis nobilis quadratus, et sol ~is, et
medicina que natat in mari BACON IX 60.

4 (as sb. n.) a mineral; **b** (dist. from *metallum*);
c (dist. as *majus, medium,* and *minus*); **d** (as title
of book).

nihil aliud queritur nisi utrum ex aliquo ~i, puta
sole vel luna, possit aliqua virtus seminaria . . pro-
creari M. SCOT *Sol* 713; que tantum corpora sunt, ut
~ia, habent naturalem posicionem in infima FISHACRE
Quaest. 44; vegetabilium plantatio, ~ium transmutatio
GROS. 5; universum . . remanebit inperfectum propter
carenciam animalium et plantarum et ~ium T. SUT-
TON *Gen. & Corrupt.* 191; p**1300** artifices conflant illa
~ia (v. conflare 2a). **b** metallis et omnibus ~ibus
BACON *Tert.* 47; in ejus montibus diversa inveniuntur
~ia et metalla *Eul. Hist.* II 73; primo . . pro metallis
et ~ibus . . secundo pro metallis et vita vegetabili
RIPLEY 134. **c** distinguuntur . . corpora mineralia
. . in duas partes: scilicet in partem metallicam, id est
metalla . ., ut aurum, argentum, cuprum, stannum,
plumbum, et ferrum, et dicuntur ~ia majora; et in
partem mineralem . ., ut sales, atramenta, alumina,
vitriolum, arsenicum, auripigmentum, sulphur et similia, et dicuntur ~ia minora *Correct. Alch.* 4; in . .
sanguine, vino, vitriolo, aut in mediis ~ibus RIPLEY
Axiom. 112. **d** secundum Arist' in ~ibus GILB. VI
267v. 1.

minerarius [minera+-arius]

1 (as adj.) rich in minerals or having mines.

Mendippi colles . . ~ios vocat Lelandus, et recte
opinor, . . plumbi enim fodinis opulenti CAMD. *Br.*
196.

2 miner, one who undermines wall or digs for
minerals.

1264 cum mittamus . . ~ios, quorum quilibet percipit per septimanam duos solidos *Cl* 349; **1300** cum
xij ~iis missis per eundem vicecom' *AcWardr* 63; **1302**
de ~iis de Haliwell solventibus xx s. pro libertatibus
suis habendis *MinAc* 771/2 m. 4; **1310** quod dicti
sagittar' armis competentibus muniti et predicti ~ii
sint ad R' ad dictos diem et locum prompti *RScot*
91b; **1357** quod ~ii . . remanentes in dicta minera . .
habeant et teneant metas recedencium et se subtra-
hencium de dicto opere *Enr. Chester* 39 r. 1.

minerator, mineritor, miner.

1287 de libertatibus quas ~itores domini regis de
Recco clamant habere (*Inq.*) *Rec. Stan.* 123; et bene
licebit ~atori solvere . . debitum *Ib.* 124; **1290** propria
voluntate sua mineriam nostram a predictis Nicholao
et aliis ~itoribus extorsit *KR Ext. & Inq.* 3/2/16.

minere v. minuere. **mineria** v. minaria. **mi-**

neritor v. minerator. **minerium, minerum** v.
minaria.

Minerva [CL]

1 Minerva, Italian goddess of handicrafts or
wisdom (usu. identified with Athena); **b** (dist.
from Athena).

aurea sternuntur fundo simulacra Minervae ALDH.
VirgV 1331; simulacrum Palladis, id est ~ae *GlC*
P 89; cum gentium philosophi . . septenarium ~e
adtribuerint ABBO *QG* 22 (49); vestra . . humilitas me
comparat ~ae et vocat 'montem' ANSELM (*Sacr. prol.*)
II 239; ~a . . jam Athenas deseruit, jam a Roma
recessit, jam Parisius preterivit, jam ad Britanniam . .
accessit feliciter R. BURY *Phil.* 9. 157. **b** Palladis et
~e studia, Muse viz. et militie castra . . sese semper
concomitari solent GIR. *PI* III 12 p. 259.

2 wisdom, wit, intelligence; **b** (as honorific
address, sts. iron.).

sale ~e . . conditum G. MON. I 1 (v. 2 condire
b); ille chorus super tam copiosa loquentis munera
[MS: minerva] alterutrum admirans OSB. GLOUC. *Deriv.* 61; regni consuetudinem talem esse . . declarantes
tanquam ~am vestram et vestrorum in hoc instruere
posset GIR. *Symb.* I 22 p. 263; hic Omerus est elinguis / et minerva Flacci pinguis, / hic est traulus
Tullius WALT. WIMB. *Virgo* 82. **b** qui . . carminis
delectamento aures ~e tue mulcerent G. MON. VII
2; quia igitur vestre non placet ~e ut nobis quod
exigimus perficiatur, nos hoc in medium relinquimus
Chr. Battle f. 68v.

Minervalis [CL], characteristic or typical of
Minerva (as goddess or symbol of wisdom).

~i musatum magistre suppliciter invocata Sophia
Ps.-ELMH. *Hen. V prol.* p. 2.

1 mineta [ML, cf. OF *minete*], vessel for measuring corn.

1331 debent . . invenire excloturam et postes exclo-
ture et cabotellum, ~am, godetum (*KR Ac*) *S. Jers.* I
61.

2 mineta v. moneta.

minetare, to mine, dig for minerals.

1397 libere fodere, mineare sive ~are ac omnimodas
mineras . . ibidem facere *Couch. Furness* I 290.

minetaria, ~ium [cf. minetare], (right of) mining.

c**1195** concessi eis totum miniterium ferri *Cart.
Sallay* 285; confirmavi . . totam terram et miniteriam
ferri *Ib.* 286.

minetarius [cf. OF *minetier*], one who digs for
minerals, miner.

1163 Drogo ~ius r. c. de x marcis ut posset aperire
minariam *Pipe* 3; **1207** quod recipiatis quatuordecim
minitarios nostros . . et ponatis eos in operacione
nostra apud Odiham *Cl* I 93b.

1 mingere [LL]

1 to urinate; **b** (w. ref. to *I Reg.* xxv 22);
c (trans.).

ubi antiqui ~ebant *GlC* M 58 (v. matella); mittit
qui ad vota piorum / aligeras volucres mingentque
[? l. ningent que] ad septa sacelli ÆTHELWULF *Abb.*
175; contigit ut quodam tempore imperator minctum
mane surgeret R. NIGER *Chr. II* 159; queritur quare
asinus cum venerit ad locum ubi alii minxerint statim
~at? *Quaest. Salern.* B 182; hospes, legatus, famulans
non mingat in aulo D. BEC. 1085; stranguria quando
quis cum difficultate ut guttatim ~it [ME: *whanne a
man pissiþ wiþ difficulte dropping-mele*] BART. ANGL.
VII 54; si quis minxerit . . super parietes domus
gilde . . emendet *Stat. Linc. Berw.* 10 (v. 2 gilda 4f).
b ut nullum paries mingentem lotia nosset ALDH.
VirgV 2532; totam Kambriam . . transpenetravit ut
in eadem fere ~entem ad parietem non reliquerit
GIR. *DK* II 7; ipse ait quod non relinqueret de eis
'mingentem ad parietem'; ~ere quidem ad parietem
virili sexui convenit et non muliebri FORTESCUE *NLN*
II 5. **c** c**1270** cum urina mane minctus manet
spissa *AN Med.* II 43; urina . . in parva quantitate
micta GAD. 31v. 1; stranguria est constriccio colli
vesice cum urina guttatim ~itur *SB* 40.

2 to pass as urine; **b** (*nivem ~ere*) to snow, or
(?) *f. l.*

emorrogius, qui sanguinem ~it pro urina OSB.
GLOUC. *Deriv.* 194; quare cervus in cursu quandoque
~at sepum? *Quaest. Salern.* W 13; ~itur sanguis et
corpus infrigidatur GAD. 31. 1. **b** s**1517** die S. Mar-
celli papae et martiris nivem mingebat [? l. ningebat],
que jacuit et †perducavit [? l. perduravit] usque xiij
diem mensis Februarii *Reg. Butley* 35.

3 to urinate on.

ego vellem ut totus esses caccatus et minctus pro
his omnibus verbis tuis ÆLF. BATA 4. 27 p. 52.

2 mingere, *f. l.*

1395 omnes ipotecarii Notingham vendunt species
per pondera indebita . . et eciam †mingunt [? l. jun-
gunt] veteres species cum novis *Rec. Nott.* I 280.

mingturire v. micturire.

miniare [CL], to colour red with cinnabar,
miniate.

brabantia: scutum furvum aureo leone, lingua, et
falculis ~iatis impressum UPTON *App.* 2.

1 miniator v. 2 minator.

2 miniator [ML], illuminator or rubricator of
manuscripts.

a luminere of bukes, ~or, miniographus, illuminator
CathA.

minicus v. miricus. **minifera** v. nenufar.

minime [CL, *superl. adv.*; v. et. minus]

1 to the least extent or in the least degree,
least, least of all; **b** (w. *in*).

inde quoddam compositum surgit, terreum maxime, aquaticum parum, aereum minus, igneum ~e
ADEL. *QN* 1. **b** videbatur clero quod non tam scan-
dalizanda aut parvipendenda esset auctoritas ecclesie
quod pro reduccione illius perverse . . secte rece-
dendum esset eciam in ~e ab eo quod in premissis
determinavit *Reg. Cant.* 249.

2 (as negation) by no means, not, not at all;
b (as negative answer); **c** (in indir. qu.); **d** (in
prohibition).

Abraam licet riserit ~e increpatus fuisse reperitur
Comm. Cant. I 112; et mirum quare inter omnia quae
creasse Deus legitur . . probatio divinae visionis ~e
addatur BEDE *Gen.* 19C; duo ex his erant homines
Ordulfi, tercius ~e (*Devon*) *DB* I 105ra; ~e solvetur
ligatura ferri a tuo corpore ante quam pervenias ad
locum qui Æt Homme dicitur BYRHT. *V. Ecgwini* 388
(*recte* 378). **b** definitio hominis est definitio animalis? ~e ANSELM (*Gram.* 8) I 152; numquid propter
cognitionem et voluntatem sine usu peritus erit? ~e
ALEX. CANT. *Dicta* 3 p. 119; "scisne cujus est equus
ille nigerrimus". cui illa ait, "~e, domina" *Mir. Marg.*
f. 39v. **c** patebit utrum vera dixerim an ~e *Enc.
Emmae* I 1. **d 944** hujus libertatis statuta ad irritum
deducere ~e quispiam praesumat *CS* 791; a**1097** prior
. . nisi conventu omni volente, et tunc pro certa et
rationabili causa, ~e deponatur *Feod. Durh.* xl.

Minimianus [CL minimus+-ianus, anus], very
small arse.

plaudebas, planges; occidebas, morieris, / Maximi-
anus eras; Minimianus eris *Pass. Crisp.* 163.

minimitas, (mus.) 'minimity', state or condition of being a minim.

figura . . minime est corpus oblongum ad modum
losonge gerens tractum directe supra caput, qui tractus, signum ~atis vocatur TUNST. 256b.

minimus [CL, *superl. adj.*, v. et. parvus, minor]

1 smallest in size or extent; **b** (w. ref. to *III
Reg.* xii 10); **c** (in place-name).

gemmae color vel flos favae ~ae *Comm. Cant.* I
287; auricularis, ~us digitus OSB. GLOUC. *Deriv.* 47.
b sic regno Roboam privatur merito / qui patri
minimo non equat digito WALT. WIMB. *Carm.* 314.
c in ~a Waldringafelda (*Suff*) *DB* II 315.

2 smallest in amount or number. **b** (of duration) shortest.

cum . . civitatis esset pars vastata non ~a BEDE *HE*
II 7 p. 94; ut ne ~am quidem lucis alicujus posset
particulam videre *Ib.* IV 10 p. 224. **b** recta brevis

est illa que non valet nisi unum tempus quod est ~um in plenitudine vocis HAUBOYS 242; est omnium musicorum sonorum communis mensura, omnium enim est iste sonus ~us WILL. 17; pause sunt sex, viz. pause longe, brevis, semibrevis, ~e, semiminime, et crome HOTHBY *Cant. Fig.* Ve 43.

3 smallest in degree or scope (of action or abstr.).

si .. non ~um intuentium mentibus ardorem divinae caritatis incuterent GILDAS *EB* 10; non ~as eisdem hostibus strages dabant BEDE *HE* I 16 p. 33.

4 smallest in authority, importance, or power, insignificant; **b** (*cf. I Cor.* xv 9).

1184 milites nostri, qui a Christianis detenti sunt, sunt rustici et ~i atque vilissimi homines (*Lit. Saladini*) DICETO *YH* II 25. **b** venerabilis domino suo H. Dei gratia Londonensis ecclesiae decano et toti ejusdem ecclesie capitulo suorum ~us magister David D. LOND. *Ep.* 4 *tit.*

5 (as sb. f., mus.) minim.

quorum unus est, qui procedit per unam longam duplicem et per semibrevem vel ~am et longam debitam ... secundus modus irregularis est brevis parva vel ~a cum longa duplici vel nimis longa conjunctim (*Mens. & Disc.* (*Anon. IV*) 84; nam minor semibrevis tres ~as valet, brevis valet tres minores, ergo brevis novem ~as valebit HAUDLO 110; figura .. ~e est corpus oblongum TUNST. 256b (v. minimitas); minor .. minoratam continet et ~am. minorata autem duas continet ~as HAUBOYS 272; crocheta .. ad nil deserviret .. quia ultra ~am non est ulterius de jure divisio facienda WALS. *Mus. Mens.* 74.

6 (as sb. n.) smallest amount, quantity, or sim., minimum; **b** (*in ~o* or sim.) to the least extent, in the least degree.

ira percitus in Kineardum insiluit ~umque abfuit quin vita privaret W. MALM. *GR* I 42; cum fuerit unum ~um sensibile unius tocius spacii pertransitum, erit hec proposicio vera KILVINGTON *Soph.* 12p; quod est contra Philosophum dicentem impossibile est dare minus ~o HAUBOYS 188. **b** qui immolant daemonis in ~is, j annum paeniteat, qui vero in magnis, x annos paeniteat THEOD. *Pen.* I 15. 1; **939** nemo .. hoc .. donum .. vel ex ~o irrumpere temptat *Reg. Malm.* I 310 (cf. *CS* 716: minime); **964** si quisque .. hujusque donationis scedulam vel in ~o infringere temptaverit *CS* 1134.

7 smallest detail, aspect, or sim.

in monasterio, ubi ~a districte custodiuntur, ibi rigor ordinis monachorum inviolabilis permanet ANSELM (*Ep.* 231) IV 137; diligenter .. hoc facitis, si ~a non contemnitis *Ib.* (*Ib.* 403) V 347.

8 (n. sg. as adv.) to the least extent, in the least degree; **b** (as negative answer).

quotus enim quisque est qui vel ~um litteris imbutus non alios infra dignitatem suam opinetur W. MALM. *GR* V 444; mihi quidem haut ~um prodesset OSB. GLOUC. *Deriv.* 265. **b** "et tu scisne mori?" minimum. "scis vivere?" necdum, / sed meditando mori vivere disco mihi L. DURH. *Dial.* IV 67.

mininga v. meninga.

miniographus [ML], illuminator or rubricator of manuscripts.

~us .. ille qui minio scribit OSB. GLOUC. *Deriv.* 352; ~us, G. *alumenur* GARL. *Unus gl.* 165; ~us *CathA* (v. 2 miniator); *a vermylon wrytter*, minographus *Ib.*

miniscus v. meniscus.

minister [CL]

1 servant, attendant; **b** (w. ref. to *Luc.* iv 20); **c** (fig.).

c**1280** omnes ~ri tocius curie habebunt pransum sicut predicti precariarii *Crawley* 232; **1308** de cccxiij hominibus cum ~ris curie metentibus et ligantibus *Ib.* 263; **1425** clerico, garcioni et aliis ~ris refectorii *Ac. Durh.* 272. **b** lector fuit, quando librum Esaiae prophetae in medio synagogae in aures plevi [i. e. plebis] aperuit, legit, et cum replicuissit, ~ro tradidit THEOD. *Laterc.* 19. **c** unde patet quod calor aeris et nature est ~er [TREVISA: *mynystir and servant*], quia mediante calore nobilissime species et forme tam naturales quam artificiales de potencia ad actum producuntur BART. ANGL. IV 1 p. 85.

2 (pejorative) tool, accomplice, flunkey.

10.. parasitis, ~ris *WW*; satelles .. i. ~er crudelitatis OSB. GLOUC. *Deriv.* 543; **1166** Doech, regie indignationis ~er J. SAL. *Ep.* 190 (180 p. 194).

3 one who acts under the authority of another, an official, agent: **a** (unspec.); **b** (royal); **c** (eccl. & mon.); **d** (other).

a sic sequitur dominum devota mente minister ALDH. *VirgV* 1314; si dominus ~ro suo precipiat ut causam suam agat (*Leg. Hen.* 61. 2) *GAS* 581. **b** contigit ut .. ipse rex suis ducibus ac ~ris interpres verbis existeret caelestis BEDE *HE* III 3 p. 132; **765** (12c) Ecgberhtus rex Cantiae tibi Eardulfo meo fidelissimo ~ro atque episcopo *Ch. Roff.* 7; a**1072** Willelmus Dei gratia rex Anglie .. omnibus baronibus et ~ris, et fidelibus suis Francis et Anglis *Regesta* I p. 120; J. .. percussit .. J. de L. ~rum domini regis in officio suo faciendo et ipsum felonice sic interfecit *SelCCoron* 119. **c** ipse episcopus et duo sui ~ri BEDE *HE* IV 11 p. 226; si absque licentia ~ri episcopi dissolverit eum (*Chesh*) *DB* I 263ra; si ~er episcopi ibi fuerit et ostenderit causam sancte ecclesie (*Leg. Ed.*) *GAS* 629; dicunt quod dominus R. S., capellanus, .. est denunciatus et excommunicatus per ~rum domini episcopi (*Vis. Heref.*) *EHR* XLV 96. **d** eat summonicio regis ad dapiferum vel ~rum manerii si dominus desit (*Leg. Hen.* 92. 18) *GAS* 609; sepe etiam boni judices habent malos vicarios et ~ros [AS: *gingran*] refantes (*Quad.*) *GAS* 475.

4 one who is responsible for others or for particular service.

1084 Ewart auri faber, Elart ~er terrae .. sunt testes conventionis .. abbatis et Godwyni *Reg. Malm.* I 328 de clerico Lundoniensi .. approbo quod fecistis de Roberto, ~ro pauperum, quod mihi consuleretis, facite ANSELM (*Ep.* 331) V 266; apocrisarius, ~er secretorum, legatus OSB. GLOUC. *Deriv.* 57; a**1130** H. rex Anglorum W. filio Ansgeri et omnibus ~ris portuum maris salutem (*Ch. Wint.*) *EHR* XXXV 394.

5 (eccl. & mon.) minister, servant of God (usu. w. indication of incumbency): **a** (w. ref. to archbishop or bishop); **b** (other).

a c**1127** R. Dei gratia Londoniensis ecclesie etsi indignus ~er universis successoribus suis *E. Ch. S. Paul.* 43; c**1170** Ricardus, Dei gracia Coventrensis ecclesie ~er humilis *Cart. Chester* 79 p. 120; c**1230** Rogerus miseratione divina London' ecclesie ~er humilis *E. Ch. S. Paul.* 220; **1284** Cantuariensis ecclesie ~er humilis, tocius Anglie primas *Foed.* II 277. **b** ut apertius cunctis pateat .. non esse sacerdotes vel Dei ~ros, qui .. mandata opere secundum vires suas non adimpleverint GILDAS *EB* 106; misit cum .. legatariis suis plures cooperatores ac verbi ~ros BEDE *HE* I 29 p. 63; at alii atque alii praefata ex gente ministri / sermonis fuerant illis in partibus orbis ALCUIN *SS Ebor* 1071; servata abbati in omnibus reverentia, prior, qui et praepositus in regula nominatur, honorabilior est reliquis ~ris domus Dei LANFR. *Const.* p. 143; Assandunam ecclesiis insignivit, ~ros instituit qui .. Deo supplicarent pro animabus ibi occisorum W. MALM. *GR* II 181; **1298** totus Christus .. omni die offertur pro populo .. per ~ros ewangelicos *Lit. Cant.* I 25; **1561** Petrus Deloenus, verbi ~er in ecclesia Londino-Germanica (*State Pap. Dom.*) *Hug. Soc.* X 278.

6 (~*er generalis* or sim., or ellipt.) minister-general, head of religious order: **a** (of Knights Templar); **b** (of Friars Minor); **c** (~*er provincialis*) a provincial, head of religious order in district or province.

a **1190** G. filius Stephani milicie Templi in Anglia ~er humilis *Danelaw* 380. **b** **1225** fratri A. ~ro Fratrum Minorum .. R. archidiaconus Leircestriensis salutem GROS. *Ep.* 2; **1247** ipso fratre absoluto a ~ri sui obedientia *Mon. Hib. & Scot.* 48b; **1333** consimiles litere diriguntur .. ~ris ordinis Fratrum Minorum in Angl' *RScot* 258b; **1351** rex .. ~ro generali Fratrum de ordine Minorum salutem (*Cl*) *Mon. Francisc.* II 280. **c** mittant eos ad suos ~ros provinciales, quibus solummodo .. recipiendi fratres licentia concedatur M. PAR. *Maj.* III 137; c**1297** ~ro ordinis Fratrum Minorum Aquitannie provinciali *RGasc* III 373a.

7 minstrel.

1447 in solucione facta xv ~ris ludentibus in crastino festi Pasche .. xv d. *Mem. Ripon* 240; **1495** item ~ris, A. *mynstrels* domini regis (*DC Exon*) *REED Devon* 111.

ministerculus [CL minister+-culus], (little) servant.

descendit Dominus in ventris laculum / ibique vertitur in ministerculum WALT. WIMB. *Carm.* 20.

ministerialis [LL]

1 that pertains to or is concerned with an office or service, ministerial: **a** (of person). **b** (*liber ~is*) pontifical.

a ut non permittat ~es viros in Anglia .. animas pro quibus mortuus est Auctor vite .. trucidare AD. MARSH *Ep.* 143 p. 276; **1318** suos clericos ~es Anglorum summi pastoris *FormOx* 44. **b** **816** ubi aecclesias aedificentur, a propriae diocesi episcopo sanctificatur .. sicut in libro ~e [i. e. Pontificali Ecgberhti] habetur *Conc. HS* III 580.

2 that is performed by an agent or minister.

1423 peccati dimissio .. pertinet solum ad Deum sub racione qua Deus est, cum peccati ~is dimissio non sit hic ad propositum *Reg. Cant.* 162.

3 (as sb. m.) one who is entrusted with particular office or service, an official; **b** (royal or aristocratic); **c** (eccl. & mon.).

~ium siquidem tanta est multitudo, quanta est locustarum P. BLOIS *Ep.* 95. 298D; consiliarii fideles, et mundi ~es AD. MARSH *Ep.* 1 p. 79. **b** episcopos suos .. comites ac nobiles suos, ~es .. et omnes familiares .. diligebat ASSER *Alf.* 76; a**1119** (1380) quieti .. de omnibus auxiliis vicecomitum et minsterilium eorum *CalCh* V 265; ~es vero regis qui ibi forte tunc aderant id tacite considerabant H. BOS. *Thom.* III 37. 1152B; rex Francorum in coronatione sua .. Philippum Flandrie comitem privilegiatum habuit ~em DICETO *Chr.* I 438; accusatur .. quod regios ~es honorifice non exhibuerit P. BLOIS *Ep.* 95. 299B. **c** seneschalli episcopi ceperunt fidelitatem ab omnibus ~ibus infra curiam DOMERH. *Glast.* 537; **1292** aut ipsos aut eorum officiales seu ~es sede Cant' vacante super premissis impedire presumat *DC Cant. Reg. Q* f. 1; necnon et dompnus abbas, cum domi fuerit, et omnes alii ~es, una cum aliis in ordine sue conversionis, processionaliter incedere *Cust. Cant.* 318.

ministerialiter [ML], as an official or agent, by virtue of the office occupied, ministerially.

a**1212** recolo me .. castumque sponsum virgini matri et filio virginis officiose et ~iter assidere P. BLOIS *Ep. Sup.* 52. 3; te .. sic ignarum fore non crederem, quin eloquencie Cillenium scias esse prelatum, discussorem deorum consuetudinaliter exercitum ~iter et expeditum .. E. THRIP. *SS* IV 19; per applicacionem passionis Christi, quam applicat peccatori solus sacerdos ~iter, quando absolvit eum CONWAY *Def. Mend.* 1417 (*recte* 1317); isto modo habet Christus automatice potestatem dimittendi peccata .. et ~iter atque subautentice in nomine Christi alii sacerdotes ecclesie WYCL. *Ente* 173.

ministeriatus [ML], office or rank of minister (in quot., of Friars Minor).

minister generalis ordinis Fratrum Minorum .. dicti ~us officio per nos .. privatus et inhabilis redditus ad quecunque .. officia obtinenda OCKHAM *Pol.* I 293; **1445** omnimoda officia ordinis .. tam ~us quam aliorum officiariorum ejusdem ordinis *Pat* 460 m. 14; **1518** antequam ~us officium adeptus est .. in officio provincialatus ter hanc rexit provinciam *Scot. Grey Friars* II 285.

ministerium [CL]

1 service, attendance; **b** (fig.).

mulier .. coeptum ~ium nobis omnibus propinandi usque ad prandium completum non omisit BEDE *HE* V 4 p. 287; Martha erat satagendo circa frequens ~ium ut pasceret hospitem W. NEWB. *Serm.* 882. **b** locus lepre est membrum illud corporis quod in peccandi ~ium usurpatur J. FORD *Serm.* 112. 6.

2 help, aid, support (also fig.).

angelica ~ia vel eloquia divina .. ecclesiam juvant BEDE *Tab.* 407; nec celum umquam intrabis mee manus ~io W. MALM. *GR* V 439; ipsorum [spirituum] ~io plerumque futura predicebat GIR. *IK* I 5 p. 57; anima in corpore .. mole carnis oppressa ita obfuscatur quod uti intellectu non potest nisi sensus ~io precedente J. BLUND *An.* 367; spirituum .. virtutes suos effectus .. per humorum ~ium [TREVISA: *mynistracioun*] operantur BART. ANGL. IV 4 p. 94; loco

nunciorum ad deferendum litteras inter partes utuntur ~io columbarum *Itin. Mand.* 64.

3 duty, office, service (usu. performed under the authority of another): **a** (royal); **b** (eccl. & mon.); **c** (other).

a ut .. ad ejus [regis Osuini] ~ium de cunctis prope provinciis viri etiam nobilissime concurrerent BEDE *HE* III 14 p. 156; has iij terras tenet in ~io regis (*Beds*) *DB* I 218va; c**1156** ~ium meum de esnecca mea cum liberatione que pertinet *Act. Hen. II* I 122. **b** ita ut vas, Dei quondam in ~io praeparatum vertatur in zabuli organum GILDAS *EB* 34; in sacramento vel ~io sanctae catholicae ecclesiae THEOD. *Laterc.* 22; [Paulinus] habuit secum in ~io et Jacobum diaconum BEDE *HE* II 16 p. 117; cathecizandi vel baptizandi ~ium *Ib.* V 6 p. 291; quidquid pertinet ad primatis Angliae ~ium ANSELM (*Ep.* 319) V 248. **c** accidit .. ut .. a dispensatore ~iorum .. inter operarios .. deputaretur GOSC. *Edith* 300; si cujus ~ium est in nocte facere domum lucidam esse non facit quod debet, .. ANSELM *Misc.* 350; **1191** R. de M. .. vocavit regem warantum de mynisterio foresterie de Essex' relicto, quod non habuit *Pipe* 28.

4 office of minister; **b** (of Friars Minor).

a**1158** omnia tenementa que fuerunt Walterii S. et ~ia infra ecclesiam et extra, in domibus et terris et omnibus aliis rebus *Ch. Westm.* 254; tenementa et ~ia cum correddiis et consuetudinibus omnibus eisdem ~iis pertinentibus *Ib.* (cf. ib. *rub.*: de serjantiis vestibuli et pincernarie); **1180** r. c. de c li. .. de nova firma de ~io de Gorroic' in insula de Gersui *RScacNorm* I 26; **1200** manerium de Loveris cum omnibus pertinenciis et libertatibus et liberis consuetudinibus suis cum ~io de Loveriis *RNorm* 2. **b** propter hoc conveniens esset ut ~ium Fratrum Minorum in Anglia super hoc interpellaretur AD. MARSH *Ep.* 20.

5 time in office, period of service.

1245 ecclesia predicta, que graviter in spiritualibus et temporalibus ipsius B. ~io est collapsa *Mon. Hib. & Scot.* 44a.

6 trade, craft (represented by guild); **b** tool of trade.

1151 ut habeant gildam suam ita bene et honorifice, et plenarie de ~io suo .. et nullus faciat ~ium eorum nisi per eos *Act. Hen. II* I 22; c**1260** habeant easdem convenciones cum fullonibus et tinctoribus meis quos vicini burgenses .. cum talibus ~iis habent *BBC* (*Warton*) 301; dissensio orta est .. inter aurifabros et telarios ita quod .. ad invicem dimicantes occisi sunt ex utroque ~io *Ann. Paul.* 307. **b** **1292** episcopus receptat talia ~ia magna et parva in soca sua libera, de quibus dominus rex deberet habere de quolibet ministerio magno burellorum per annum v sol. et de ministerio chalonum duplicium xij d. per annum *Reg. Wint.* 721.

ministicus v. myristicus.

ministra [CL]

1 handmaid, assistant; **b** (fig.).

statim jussit ire ~am et capsellam in qua erat adducere BEDE *HE* III 11 p. 150; lotis primis suo [sc. abbatissae] suarumque ~arum obsequio ceteris *Ib.* IV 17 p. 244; pedissequa, ~a *Gl. Leid.* 45. 22. **b** he septem naturalis et moralis [sc. philosophie] sunt ~e: .. manifestum est quod probationem veram ministrant GROS. 4.

2 (in apposition as quasi-adj.) that provides, (w. gen.) provider of.

omnes terras, victualium ~as, auferens W. MALM. *GP* II 90.

ministrabilis, able or ready to serve or help, helpful.

fortis fuit et fidelis, in pace ~is, mirum .. in modum consimilis fuit angelis (*V. Carantoci* 2) *VSB* 142.

ministralcia [ME, AN *ministralcie*], minstrelsy, musical entertainment.

1300 ij menestral' facientibus menestralcias suas coram dicto domino Edwardo apud Sanctum Edmundum dicto xij die Maii iij s. *AcWardr* 163; **1332** cuidam menestrallo vocato Baggepiper, obvianti domine Alianore in itinere suo et facienti menestralciam suam coram eadem, de dono domine, per manus proprias, xij d. (*KR Ac*) *Arch.* LXXVII 134; **1350** ij menestrallis de Lovain' facientibus menestraciam coram rege (*AcWardr*) *TR Bk* 203 p. 216; **1377** in tripudiis, coreis, et solempnibus ~iis, pro gaudio solemnitatis (*Cl*) *Foed.* VII 160 (=*MGL* II 481).

ministralis [ML], one who is entrusted with office or service, an official: **a** (royal, aristocratic, or sim.); **b** (eccl. & mon.).

a ~ibus regis, qui ibi aderant, id tacite considerantibus A. TEWK. *Add. Thom.* 8; **1263** quod .. liceat dicto regi .. quoscumque alios officiales ac ~es regni ac domus sue preficere, instituere .. amovere *Ann. Tewk.* 178; ~es castelli .. interrogaverunt puellam *Mir. Montf.* 69; **1287** quieti sint de sectis hundr' et com' et auxil' vic' et omnium ~ium eorum *PQW* 4a. **b** quidam sunt prelati sive ~es. istos video cum Noe de arca fabricanda et regenda sollicitos P. BLOIS *Serm.* 668D.

ministrallus [ME, AN *ministrall* < ministralis]

1 servant (unspec.).

1266 quod Eustacho .. ~o nostro, faciatis habere unam robam .. de dono nostro *Cl* 195; **1271** [perdonatur] quia pauper et menestrallus est (*PlFor*) *Collect. Staffs* V 1 p. 145; **1307** item dati cuidam menastrallo principis ij s. *Doc. W. Abb. Westm.* 205; **1309** domine regine Anglie menestrello (*Stat. Merch.*) *MS PRO C 241* 65/147; **1314** in .. v pannis pro sagittariis, iiij pannis pro menestrallis et carpentariis cum tonsura et cariagio pro liberata comitis ad natale emptis (*MinAc*) *EHR* XLII 199; **1392** pro factura diversorum scutorum pro menstrallis regis *ExchScot* 312.

2 one who acts under the authority of another, an official.

a**1227** (1232) hiis testibus .. Miletto menestrallo meo *CalCh* I 170.

3 tradesman, craftsman (usu. organized in guild).

1252 de robis et aliis rebus que idem Wyot' [le Vilur] eisdem vendidit ut menestrallus *ICrim* 1/12; **1275** menestralli (v. draparius 1a, magiziarius).

4 minstrel, entertainer.

1330 menestralli [regis]: .. Rogero le Trumpour, .. Johanni le Nakerer, Johanni le Harpeour, .. Cleyo le Taborer, .. Merlyno le Vieleour, Janyno le Sautreour, .. Ricardo le Guyterer *KR Ac* 385/4; **1335** in donis diversis monestrallis, viz. in festis Nativitatis Domini, Pasche .. *Comp. Swith.* 240; c**1342** Johannes dictus le Fol menestrallus *FormOx* 142; respondisse legitur quidam mimus regi .. querenti quare non essent .. probi milites nunc .. cui menistrallus "da mihi talem regem qualis fuit Carolus Magnus" *Latin Stories* 126; sic solebant ~i dicere opera .. bonorum militum (J. BRIDL.) *Pol. Poems* I 143; **1418** quod .. quendam ~um ad organa cum uno equo .. transire permittatis *Foed.* IX 603; c**1450** quod .. menestrallos coram altaribus Virginis et Crucis indevote strepitantes .. ejiciant *Reg. S. Paul.* 72.

ministrare [CL]

1 (intr.) to be a servant, be attentive (to, usu. w. dat.).

si Deus voluisset .. in honorem ejus ~are hospitibus piger non essem *V. Cuthb.* I 4; de eo quod angelo ~avit et tribus panibus a Deo donatus est *Ib.* II 2 *tit.*; coepit .. clamare his quae sibi ~abant BEDE *HE* IV 8 p. 221; constat quia is qui ex caritate ~at majus quid habet quam ille cui ~atur ALEX. CANT. *Dicta* 14 p. 160; si tainus .. habebat tainum qui ~aret ei [AS *þe him filigde*] (*Quad.*) *GAS* 457.

2 to serve, be in office, perform service: **a** (royal); **b** (eccl. & mon.); **c** (pr. ppl. as sb.).

a **1228** servare .. episcopum, qui in .. officio thesaurarie scaccarii nostri .. diu et laudabiliter ~avit *Pat* 186; **1454** tempore quo secretarius ~avit in officio compotorum rotulatoris *ExchScot* 614. **b** consequentius labrum hoc ablutionem nobis compunctionis .. commendat, qua semper opus habemus, maxime autem cum mysteriis caelestibus ~aturi appropiamus BEDE *Tab.* 496; c**1193** invenient .. capellanum qui in ea [sc. capella] pro anima comitis H. patris mei perpetuo ~et *Regesta Scot.* 367 p. 362; presbyteros duos instituit .. Deo ~aturos in ecclesia *Found. Waltham* 14; cum in ecclesia Sempinghamensi .. ~arem, multa ibi insignia vidi, plura audivi *Canon. G. Sempr.* f. 35v; a**1296** alium capellanum sibi socium .. in ecclesia S. Werburge inveniet qui .. per iij dies in capella de B. ~abit *Cart. Chester* 78 p. 119; c**1450** frater Helyas .. fuit tercius generalis minister, et ~avit ix annis *Mon. Francisc.* I 533. **c** si quis altari ~antium [AS: *weofodþen*] accusetur (*Quad.*) *GAS* 286; c**1250** ut domus Domini tanta paupertate vilescat ut sibi ~ans ydoneus .. non valeat reperiri *Dryburgh* 59.

3 (trans.) to serve, attend.

si per istam viam equitas, invenies hospicium, in quo equus tuus satis laute habebit, sed tu male ~aberis *G. Roman.* 375; in domo unius civis .. honorifice erant recepti et splendide ~ati *Ib.* 397.

4 to give, provide, supply: **a** (substance or commodity); **b** (abstr.).

a quae victui sunt vestro necessaria ~are curamus BEDE *HE* I 25 p. 46; c**1180** ut .. quicquid emolumenti aut obvencionis residua ecclesie porcio ~averit eis cedat ad usum *Ch. Westm.* 288; videre mihi videor .. Hiram ~antem ligna P. BLOIS *Ep.* 104. 327C; c**1270** ne victualia monachis ~arentur *Feod. Durh.* 249; ipse testis ~avit necessaria forestario prioris *Ib.* 286. **b** tantum gaudii .. tua ad bonam frugem conversio, quantum .. maeroris ac luctus ~avit ad horribilem .. vomitum nefanda reversio GILDAS *EB* 34; huic verbum fidei et lavacrum salutis ~abat BEDE *HE* IV 13 p. 230; **798** qui verbum Dei imperante Gregorio Anglorum genti ~abat (*Lit. Regis*) *CS* 287; sicut lex vetus lex Dei dicitur, quia a Deo est, et lex Moysi, quia per Moysen ~ata est ANSELM (*Orig. Pecc.* 4) II 144; s**1095** anima .. corpori vitam ~at cum adest, causam vero mutationis cum recedit W. MALM. *GR* IV 347 p. 397.

5 to dispense, administer; **b** (as executor of deceased person).

cordi ministrans saucio medicinam J. HOWD. *Cant.* 23; c**1350** quod .. sacramenta ecclesiastica ~et *Conc. Scot.* II 65; justiciam ~are, rebelles punire *Plusc.* VII 33; licet parti contrarie .. ~are contra eosdem testes quecunque interrogatoria pertinencia ad causam institutam *Praxis* 46. **b** **1423** est plenarie ejus voluntas ut omnia .. bona et catalla .. duo executorum suorum .. ~ent *Reg. Cant.* 274.

ministratio [CL]

1 service, attendance.

quid dicemus de ministerio convivii? scimus apparatum ciborum multis milibus superhabundasse, sed ~onem neminem approbasse *Ann. Paul.* 261.

2 help, aid, assistance (to).

1332 littera missa servienti nostro .. pro ~one fratrum nostrorum Oxonie commorancium *Lit. Cant.* I 468.

3 disposal, use.

rex ordinavit .. possessiones et villas ccclxv de Egypto et India .. ad ~onem ecclesie [S. Sophie] DICETO *Chr.* I 93.

4 (rendering of) service, (performance of) office, ministry (usu. under the authority of another): **a** (royal); **b** (eccl., mon., & acad.). **c** (w. ref. to Friars Minor) office of minister general; **d** (other).

a **1279** ministri nostri ex parte nostra infra burgum predictum nullam ~onem faciant *BBC* (*Nether Weare*) 160. **b** **979** excepta sanctae Dei basilicae suppeditatione ac ~one *CD* 623; tirunculus Christi .. assidua ~one Domino serviebat OSB. *V. Dunst.* 5; **1195** H. J. qui habet ~onem capelle Sancti Judoci *Pipe* 209; **1213** episcopos non impedimus .. quominus .. plena sue ministracionis autoritate .. utantur *RChart* 193b; de omnibus fratribus .. qui aliquam in monasterio ~onem habent *Cust. Westm.* 93; **1456** W. T. custodis collegii .. pro ij anno ~onis officii sui *Cant. Coll. Ox.* II 179. **c** cum intellexissem per .. fratrem N. .. causam .. profectionis sue in ~onem Francie AD. MARSH *Ep.* 175. **d** c**1350** quia nonnulli beneficiati nostre diocesis .. ad ~ones se ingerant laicorum propter quod honestati clericali frequenter derogatur *Conc. Scot.* II 67.

5 administrative district, province of Friars Minor.

de divisione Anglie in ~ones ECCLESTON *Adv. Min.* 50.

6 (act of) dispensing or administering; **b** (as executor of deceased person).

1409 capitulum Ebor' tenetur pro ~one divinorum in ecclesia predicta in octo festis duplicibus solempnibus per annum .. capes et vestimenta .. exhibere

Fabr. York 246; c**1500** pro ~one sacramentorum *Ac. Durh.* 251. **b 1420** volo quod hec voluntas mea . . implentur per bonam deliberacionem ipsorum qui habebunt ~onem de bonis meis *Reg. Cant.* 183.

7 (in gl.).

apparatu vel ~o, *æxfaru GlC* A 696; apparabilis, ~o *Gl. Leid.* 3. 46.

ministrative, by virtue of office.

OCKHAM *I. & P.* 15 (v. dominative a).

ministrativus [ML], that serves or helps, ministrative.

virtutes . . ~e . . sunt iiij . . pascitiva, nutritiva, immutativa, informativa GILB. VI 242. 1; que [membra] sunt illis ~a, nervi sc. cerebro, arterie cordi RIC. MED. *Anat.* 212; est autem in deficienti fertilitati ~a, omni genere metalli fecunda OXNEAD *Chr. Min.* 412; non dominativus . . sed ~us OCKHAM *I. & P.* 14 (v. despoticus); quod humilior ac ~ior instar sui sit WYCL. *Dom. Div.* 221.

ministrator [CL]

1 servant, attendant; **b** (w. ref. to Jesus Christ).

apparator, ~or, auxiliator *GlC* A 699; c**1275** quicumque fuerit principalis ~or stet immobilis *Stat. Linc.* I 368; c**1450** aliorum ~orum Dei in ista ecclesia celebrancium *Ib.* 408. **b** precessor eorum est et ~or Dominus Jesus, nam cum sit super omnia, novissimus omnium fieri dignatus est . . quippe humillima dignatione sua ministrat illis J. FORD *Serm.* 85. 8; ave, per quam fit Creator / creature ministrator WALT. WIMB. *Virgo* 122.

2 one who acts under the authority of another, an official; **b** (eccl. & mon.).

si quis sit serviens regis vel cujuslibet potestatis ~or (*Leg. Hen.* 61. 4) *GAS* 581. **b** ergo ministrator clarissimus ordine sacro / praesul perfectus meritis plenusque dierum ALCUIN *SS Ebor* 1520.

3 one who administers or dispenses, dispenser; **b** (as executor of deceased person).

hic . . apud nos sanctitatis est ~or et gratie, in celestibus autem vite est propinator et glorie J. FORD *Serm.* 70. 6; fidei doctores ac sacramentorum ~ores FORDUN *Chr.* III 8. **b 1423** idem Johannes supplicat feoffatoribus suis . . quod omnia propina proveniencia . . liberentur ~oribus bonorum testamenti dicti Johannis *Reg. Cant.* 272; **1448** executoribus testamentorum divitum et ~oribus bonorum potentum personarum defunctarum *StatOx* 273.

ministratorie [ML], ministerially, by virtue of particular office or service.

1377 homo potest solum ~ie dare tam naturali filio quam filio invitacionis et temporale dominium, et eternum implicitum (WYCL.) *Ziz.* 247; tunc dicuntur hii [sc. sancti] facere tale miraculum subauctentice vel ~ie WYCL. *Eccl.* 45; primo pertinente quo ad Deum et ~ie ad prosecucionem episcopi *Id. Sim.* 33.

ministratorius [CL]

1 that serves or assists (sts. w. obj. gen.).

iccirco in operibus tuis optimis fiduitae experimentum accipio ut que in me bona defecerint ~ia copiose caritatis tuae cura subpedite t *Ep. ad amicum* 10; siquidem hoc est Philologiam Mercurio copulari, i. pro eo namque logica dicta est, quod rationalis, id est rationum ~ia et examinatrix est J. SAL. *Met.* 859D; quis item ignoret angelos esse ~ios spiritus, et a Domino frequenter missos esse ad diversarum rerum executionem? NECKAM *SS* I 1. 6; c**1430** quam sit jocosam emulis, quam dolorosum benevolis, quamque ~ium obloquii . . ubi propter majoritatem gradus sic sibi ad invicem contenciose agunt fratres *Reg. Whet.* II 376.

2 of or exercised by an official or particular office.

minoratus est . . non necessitate ~ia, sed pietatis suae spontanea voluntate ALCUIN *Exeg.* 1040A; qui remurmurant contra ~iam et vicariam potestatem istam leccionem Cristi attenderent WYCL. *Ver.* I 105.

ministratura [ML], duty, service (performed under the authority of another).

a**1212** quamdiu . . heredes sui eis legaliter et fideliter

---

de ministura [l. ministratura] servierint *Kal. Samson* 124.

ministratus [LL]

1 service, attendance.

ministro, -as . . et hic ~us, -us, et hoc ministerium OSB. GLOUC. *Deriv.* 410.

2 office of minister.

1347 sacerdotes . . quociens idem ~us vacaverit . . teneantur . . nominare ministrum *Conc.* II 737a.

ministura v. ministratura.

1 minitare [*frequentative of* 1 minare], to lead, govern.

~o, A. *to gye, or governe WW.*

2 minitare v. minitari.

minitari, ~are [CL]

1 (intr.) to speak or act menacingly, threaten (repeatedly); **b** (transf., w. inanim. subj.).

~atur, adsidue minatur *GlC* M 217; ~are, frequenter minari OSB. GLOUC. *Deriv.* 366. **b** c**1212** ~antem capiti nostro clavam clava majori retundemus GIR. *Ep.* 5 p. 204.

2 (trans.) to threaten: **a** (w. threatened consequence in acc.); **b** (w. inf. or quasi-acc. & inf.) to threaten to; **c** (w. *quod*).

a videas aliquando hominem . . non cantare ac ridiculosa quadam vocis interceptione quasi ~ari silentium AILR. *Spec. Car.* II 23. 571C. **b** forcipibus . . ~abantur me conprehendere BEDE *HE* V 12 p. 306; ~ans se ulturum in ejus pervicatia quod tota loqueretur Gallia W. MALM. *GR* II 178. **c** jam utique . . ~antur quod . . statim publice predicabunt errores suos R. NIGER *Mil.* III 81.

3 (transf., w. inanim. subj.). **b** to make imminent.

conposuit precibus Eadbert minantia mortem / flabra, pius praesul vester et ipse pater ALCUIN *Carm.* 9. 169; trabes maxima in culmen templi levabatur et . . in praeceps multorum ~ans interitum vergi coepit ADEL. BLANDIN. *Dunst.* 6; effusus sanguis . . imminentem tibi interitum ~at *Pass. Æthelb.* 8; adeo tecta ruinam ~antia numquam periculo exemit W. MALM. *GR* IV 341. **b** concipiens . . terciam filiam . . partum . . ~avit W. DAN. *Ailred* 19 (v. gerulus 3b); jam hora tardior noctem ~aret placitum dominus G. . . recrastinavit *Chr. Battle* f. 41v.

minitarius v. minetarius. **minitatim** v. minutatim. **miniter** v. mintarius. **miniteria, ~ium** v. minetaria. **minitire** v. mintrire. **minitor** v. 2 minator.

minium, ~ius [CL]

1 vermilion, cinnabar; **b** (used as red pigment in rubrication); **c** (her.) gules.

~ium, *read teafor* ÆLF. *Gl.* 164; **11** . . hoc mimium, i. *vermillun WW Sup.* 35; si . . pulvis inter marmora cum aqua in modum ~ii ducatur GILB. II 77v. 2; qui postea igne calcinacionis calcinetur usque dum vertatur in ~ium et plumbum rubeum RIPLEY 196. **b** litterulas summa capitum hortans jungere primas / versibus extremas hisdem, ex minio coloratas TATWINE *Aen. concl.* 208; ideo his predictis quattuor capitulis ~io adnotatur unitas SENATUS *Ep. Conc.* xlix; scriptor habeat . . ~ium [v. l. mineum, *gl.: vermiloun*] ad formandas litteras rubeas vel puniceas . . sive capitales NECKAM *Ut.* 117; ad evidenciam majorem volo . . illud quod principaliter tangitur . . in linearum principiis cum ~io annotari BACON XVI 1; ~ium quidam rubeus est pictorum vel scriptorum, G. et A. *verimeloun Alph.* 117. **c** si aurum, ~ium, colorve alius . . a clipeo excidit J. SAL. *Pol.* 595A; clypeum vides ex cyano ~ioque palatim distinctum, tribus argenteis aquilis expansis SPELMAN *Asp.* 129.

2 (gen.) pigment, a paint.

completos quoque agalmatibus variis decoratis / multigenis miniis pulchris nec non simul auro GODEMAN 14 (=*Bened. Æthelwoldi* f. 4v).

3 (as adj.) of vermilion colour, red.

seorsim in margine nomen Hieronymi ~io colore signavit H. BOS. *Ep.* 1. 1418C; color ~ius [TREVISA:

---

the colour *þat hatte* ~eus] idem est quod coccinus ac vermiculus rubedini propinquus et affinis BART. ANGL. XIX 16; videtur quod rubedo habeat multos gradus, ut ~ium in primo gradu, croceum in croco orientali et sanguine, rubicundum ut flamma ignis BACON XIV 76.

minka [ME *mink*], mink (*Mustela lutreola*).

1482 de Willelmo Grenebet, Hans, pro iij parvis fard[ellis] cum l tymb' *letres*, j tymb' et xxx pell[ibus] mynkk', ij furr' *leberd wombys KR AcCust* 194/24 r. 9.

minoci, alexanders, horse parsley (*Smyznium olusatrum*).

apium agreste, ~ci idem. respice in yposelinum *Alph.* 13; ~ci, i. apium agreste *Ib.* 118.

minographus v. miniographus.

minor, minus [CL; *compar. adj.*, v. et. parvus, minimus]

1 smaller in size, extent, or sim.: **a** (of animal, plant, or sim.); **b** (of topographical feature). **c** (*Britannia* ~or) Brittany. **d** (~or mundus) the 'little world', man as microcosm. **e** (astr., *Ursa* ~or) the Little Bear. **f** (of object or artefact).

a fluvialis juncus, quae est major terrestri, ~or autem quam harundo *Comm. Cant.* I 216; cyrogillum et hirax . . ~ores sunt quam porci *Ib.* I 354; nuicula . . i. amigdala quasi ~or nux OSB. GLOUC. *Deriv.* 370. **b** vallata duorum ostiis nobilium fluminum Tamesis ac Sabrinae . . aliorumque ~orum meliorata GILDAS *EB* 3; 'a mari rubro', i. ab austro; quem narrant historici non esse ~orem Adriatico mari *Comm. Cant.* I 277. **c** s**1075**, etc. (v. Britannia b); dives provincia victoriosa, potens in armis victrix, i. Brittannia ~or, Letavia (*V. Iltuti* 1) *VSB* 194; pater meus et mater mea de optimatibus ~oris Britannie traxerunt originem P. BLOIS *Ep.* 49. 147B. **d** microcosmum, id est ~orem mundum ALDH. *VirgP* 3 (v. microcosmus 1a); propter hoc vocatus est [homo] ~or mundus BACON V 143. **e** septentrionalis dicitur a septentrione, hoc est, a ~ori Ursa SACROB. *Sph.* 87. **f** trium . . feminarum viliores et ~ores memoriae cernuntur BEDE *HE* V 17 p. 319; latomi qui majores lapides incidunt, cymentarii, qui ~ores dolant *Gl. Leid.* 23. 4; carabum, modica navis, ~or quam scafa *Ib.* 39. 31; **1464** unum horologium fixum in pariete, cum duabus campanis, una majore et alia ~ore *Ac. Durh.* 639.

2 smaller in amount or number. **b** (*annus* ~or) year of 365 days (as dist. from leap year). **c** (as sb. n.) smaller amount.

quia non in ~ori numero erunt homines electi ANSELM (*CurD* 17) II 76; **1294** plus nobis placeret presencia vestra cum ~ori gente, quam major numerus gencium sine vobis *RGasc* III 274a; **1462** et eidem, per decidenciam mensure antique cum qua firma granorum domini regis recipiatur, que ~or est nova mensura cum qua grana deliberantur ementibus *ExchScot* 133. **b** usualis annus qui dicitur annus ~or constat ex trescentis et sexaginta quinque diebus BRACTON f. 359v. **c** in sex milia autem annorum concordant omnes apparuisse Dominum . . vel si etiam unus plus, alius ~us dixerunt THEOD. *Laterc.* 4; ut . . nulla harum portio ~us quam trecentos homines haberet BEDE *HE* II 2 p. 84; **1289** si . . appareat quod pro dicta tercia parte . . minus debentur eisdem . . illud minus . . executionem . . solvi . . precipimus *RGasc* II 361.

3 (of time or duration) shorter; **b** (mus., ellipt. as sb.) a minor note.

~or . . semibrevis terciam partem unius brevis habet HAUDLO 100; minima manente in suo gradu . . mutato nomine minor vocatur . . eo quod ~or est semibrevi HAUBOYS 192. **b** brevis majorem et ~orem valet, vel tres ~ores HAUDLO 112; semiminor . . terciam partem ~oris perfecte in se continet HAUBOYS 310.

4 younger; **b** (distinguishing a member of the same generation); **c** (distinguishing a member of a more recent generation); **d** (as sb.) the younger one.

a postulando . . prohibentur . . ~or xvij annis et surdus RIC. ANGL. *Summa* 26; **1393** si . . utrumque scolarem ~orem quindecim annorum fore contigerit *Lit. Cant.* III 18. **b** Cain major Adae filius . . suum ~orem fratrem Abel . . interfecit *Eccl. & Synag.* 103. **c** Theodosius ~or regnavit annos xlviij THEOD. *Laterc.* 25; gubernaculum Romani imperii post Justinianum Justinus ~or accepit BEDE *HE* III 4 p. 133; suum orbem illustrarunt prefulgide Dunstanus et

Eðelwoldus, quasi ~or Petrus et ~or Paulus *Lib. Eli.* II 53; Lidulfo mortuo, Otto ~or coronatur R. NIGER *Chr. I* 79. **d** ~or primogenitum et Jacob Esau supplantabit P. BLOIS *Ep.* 101. 314C.

5 minor, under-age. **b** (*~or aetas* or sim.) minority, state of being under-age. **c** (as sb.) an under-age person.

si ~or dum fuerit infra etatem donationem fecerit, in pendenti erit donatio BRACTON f. 11v; relicto herede ~ore *Plusc.* IX 13. **b** licet aliquamdiu prohibuisset imperitia sermonis et verecundia ~oris etatis *Canon. G. Sempr.* f. 35v; **1290** promisit .. domicellus .. se contra promissa non venturum, racione ~oris etatis seu .. quacumque alia racione *RGasc* II 562a; **1346** sed prefatus Philippus .. dictum regnum Francie, dum sic eramus in annis ~oribus constituti, sibi per potentiam, contra justitiam usurpavit (*Cl*) *Foed.* V 496; racione ~oris etatis ejusdem filii et heredis .. Stephani *Hal. Durh.* 35; abbas .. racione ~oris etatis earundem .. custodiam tenementorum .. vendicabat *Meaux* II 292. **c** **1255** renuntiantes .. privilegio ~orum, et omni exceptioni juris quod nobis juvare posset *RGasc* I *sup.* 33a; cum autem ~ori opposita fuerit exceptio minoris etatis BRACTON f. 424; c**1295** curator curatorio nomine pro ~oribus antedictis *SelCCant* 681.

6 smaller in degree, scope, or scale, minor. **b** (as sb.) lesser offence.

ast tamen post carnalis consortii copulam de utroque ~ora virtutum praeconia crebrescunt ALDH. *VirgP* 53 p. 312; ipse nobilitatem religionis non ~ore quam parentes .. virtute exercuit BEDE *HE* II 1 p. 73; **822** ab omni gravitatibus magioribus minoriis .. liberata permaneat *CS* 370; **1243** faciat habere Thome .. in .. haya x quercus .. ubi ad minus dampnum .. haye capi possint *RGasc* I 178b; [anacardi] quandoque interficiunt, et ~us malum quod ex eis accidit est mentis alienatio GILB. VII 352. 1. **b** cum quis indictatus de ~ori quam de quo fiet judicium vite etc. licet non veniat non debet utlagari *Eyre Kent* I 94.

7 less in authority, power, or sim., less important: **a** (of person); **b** (of hierarchical order, also as sb.); **c** (as sb.) person of lower rank or class. **d** (as sb. f., log.) minor premiss of syllogism.

a cumque se .. ad exteriora sparserit, etiam cum interiora appetit ad haec procul dubio ~or redit BEDE *HE* II 1 p. 74 cliens, amicus ~or *GlC* C 469; s**1325** translatum fuit prope magnum altare .. per Johannem de Everdon, Gerardum de Cusania .. et ~ores canonicos et vicarios *Doc. S. Paul.* 51. **b** **747** cum .. sacri ordinis praefati praesules cum ~oris ordinis dignitatibus convenissent (*Clovesho*) *CS* 174; **1245** B. .. dudum in ~oribus constitutus *Mon. Hib. & Scot.* 43b. **c** adjutrix disciplinae regularis eidem matri existere ~ores docendo vel castigando curabat BEDE *HE* IV 9 p. 222; [liber] per ejus est largitionem etiam ~oribus ad legendum contraditus *Ib.* V 15 p. 317; **1382** minores induerent pannum viliorem / et de corda cannabi induerent cinctorem *Pol. Poems* I 256. **d** ~or autem hujus syllogismi patet per illud quod dicit Aristoteles GROS. 34; probatio ~oris: condensatio est motus partium materie ad medium *Id. Flux.* 459; accipitur in ~ore allegacionis predicte quod .. OCKHAM *Pol.* I 116; c**1363** consequencia patet, et ~or, major vero sic arguitur *Ziz.* 32.

8 (*Fratres ~ores* or ellipt. as sb.) Friars Minor, Franciscans.

c**1240** qui .. Fratres ~ores Sarum constituit et eisdem aptum locum .. dedit *Ch. Sal.* 269; **1271** item ~oribus decem solidos *Cart. Osney* II 563; tractatus .. Fratris Rogeri Bacon ordinis Fratrum ~orum BACON IX 144; predicatores et ~ores ceperunt habitare in Norwyco B. COTTON *HA* 113; die Parasceves ~orum Hertilpol H. HARTLEPOOL 193.

9 (w. ref. to length of work; *propheta ~or*) Minor Prophet.

de Johel vel de prophetis ~oribus *Gl. Leid.* 17 *tit.*

10 (compar. as superl.; *ad ~us*) at least; **b** (*ad omne ~us*) at the very least. **c** (*ad ~us quam*) as little as. **d** (*pro ~ori*) for the shortest period of time.

deficiunt illi ad ~us x librae (*Essex*) *DB* II 38v; **1184** quattuor vel tres ad ~us de canonicis vestris *Dryburgh* 195; Anacletus papa qui sancivit ut ad ~us tres misse interessent R. NIGER *Chr. II* 115; non cotidie: ad ~us vero ter in anno GIR. *GE* I 9 p. 29; ad ~us a parte majori terre quam nunc tenet M. PAR. *Maj.* III 106; **1444** ut vel sacerdotem, vel ad ~us virum in sacris ordinibus constitutum .. destinetis *Lit. Cant.* III 189. **b** **1569** liberum erit cancellario .. ad omne ~us ante solutionem instantis termini .. eosdem .. accersiri jubere *StatOx* 399. **c** hoc .. observato, quod, ad ~us quam possint, nocturnis horis .. froccis induti .. ad latrinam pergant *Cust. Westm.* 143. **d** rex .. in manu sua accepit temporalia illorum episcoporum .. ita quod nihil haberent nisi solummodo victum et vestitum et hoc pro ~ori, et totum residuum cedebat in usum regium *Eul. Hist.* III 95.

minorabilis [ML], that can be diminished or lessened.

Deus est potencie infinite, non majorabilis nec ~is, quoad potenciam WYCL. *Act.* 62.

minoramentum [ML], diminution, decrease.

quod omne .. ~um oportet proporcionaliter acquirere (WYCL. *De Tempore*) *MS Vienna NB 4316* f. 109v.

minorare [CL]

1 to make smaller, reduce in size, extent, or sim.); **b** (w. ref. to *III Reg.* xvii 14–16).

at vero capitis si pressus mole gravabor, / ima petens jugiter minorari parte videbor ALDH. *Aen.* 41 (*Pulvillus*) 6; molinum .. valebat lx sol' ..; et modo xl sol' eo quod sit ~atum (*Hants*) *DB* I 49ra; tanto magis ~atur angulus linearum concurrentium in oculo J. BLUND *An.* 103; cum jam non potuit ~ari corpus primum, utpote completum et invariabile GROS. 55; idem de divisis fractis, remotis, vel ~atis *Fleta* 113; **1412** Deus nihil potest adnihilare, nec mundum majorare seu ~are *Conc.* III 346a. **b** nec hydriam farine, nec lecythum olei largitio ~abit P. BLOIS *Ep.* 105. 329A.

2 to reduce in amount or number. **b** to reduce the use or intake of. **c** (of sound) to reduce in intensity, weaken.

defecerunt populi multi in igne, et gentes multae ~atae sunt GILDAS *EB* 51; uterque exercitus, alacritate simul et numero ~atus, in castra se recepit W. NEWB. *HA* II 23 p. 158; ~avit debitum lx librarum usque ad xxx libras BRAKELOND f. 122; si precium .. ~avit *Fleta* 21. **b** quod .. ~et vinum .. et vitet omnes cibos humidos generantes fleuma BACON IX 47. **c** quanto sonus remotior est a suo ortu, tanto debilior est et in recedendo ~atur J. BLUND *An.* 183.

3 to reduce (time or duration) in length, shorten. **b** (mus., p. ppl. as sb. f.) note shortened in duration.

~antur dies supra noctes SACROB. *Sph.* 102. **b** ~ata una duas minimas valet, et formatur veluti minima naturaliter .. precedit minima ~atam quando ambe [v. l. ambo] post se signum rotundum habent HAUDLO 110 (=HAUBOYS 264); una .. semibrevis major inter minores et ~atas comitari potest HAUBOYS 266.

4 to reduce in degree, scope, or scale, lessen. **b** (of punishment or sim.) to alleviate, mitigate.

ut lucem in se homo divinae cognitionis fervoremque divinae dilectionis ~atum esse cognosceret BEDE *Gen.* 36C; per hoc .. ~avit .. honorem et laudem Dei ANSELM (*Praesc.* 3. 7) II 273. **b** in flosculis paradysi ~atur paulominus amaritudo mea amarissima M. RIEVAULX (*Ep.*) 58; et pena eadem nec majorata nec ~ata WYCL. *Act.* 33.

5 to reduce in importance, authority, or power, degrade, diminish: **a** (person); **b** (w. ref. to *Hebr.* ii 7–9); **c** (of dignity, power, or sim.).

qui .. in cognatione temporalium .. pedem sui figit affectus, servit et ~atur J. SAL. *Pol.* 670A; credisne Patrem esse ~atum in substantia ratione particule decise ab eo? NECKAM *SS* II 12. 3; Offa .. pugnavit contra Kenulfum .. sed Kenulfus Martis casu ~atus a loco per fugam recessit M. PAR. *Maj.* I 350; non est .. degradatus, ~atus, vel degeneratus, si mihi ministrat *Id. Min.* I 353; fortitudine et racione natura eas [sc. feminas] a viris ~avit FORTESCUE *NLN* II 14. **b** in qua etiam [natura] ~atus est paulo minus ab angelis BEDE *Hom.* I 19. 66; ut perfectum Deum innuant paulo minus ~atum ab angelis sub forma servi ABBO *QG* 22 (48); sicut .. propter hominem et in homine Christus paulominus ~atus est angelis G. CRISPIN *Serm.* 17 p. 174; ut quem paulo ante vidimus angelis ~atum H. BOS. *LM* 1345A; quem paulo minus ~avit ab angelis Altissimus R. BURY *Phil.* 10. 159. **c** mallem dignitatem terre vestre augeri quam ~ari EADMER *HN* p. 351; **1156** nunquam potestatem Petri et apostolice fastigia dignitatis cogitas ~are (*Bulla Papae*) ELMH. *Cant.* 412; c**1194** pax terre nostre non infringitur nec potestas justitiaria ~abitur (*Lit. Regis.*) DICETO II *pref.* lxxx; tempore regis Stephani ~ata .. fiscali potestate GIR. *JS* I p. 122; jura, quibuscunque in episcopatu abstulit vel ~avit .. restitui .. mandavit G. COLD. *Durh.* 10.

minorascere, to be less skilled or experienced (in).

~ere eos pocius tolleramus in musicalibus, quam in scripturarum scienciis BLAKMAN *Hen. VI* 12.

minoratio [LL]

1 decrease in size, extent, or sim.

799 sed et haec quoque ~o [sc. lunae], in Ariete vel circa eum signis si lunaris incensio evenerit, saepius considerantibus occurrit ALCUIN *Ep.* 170; unde cornuum ~o et subtiliatio *Quaest. Salern.* B 135; ut sicut ex fine suo [plante] habent comitantiam continue consumptionis, habeant eciam et continuam restaurationem sue consumtionis et ~onis GROS. *Hexaem.* VIII 22; spasmus est ~o longitudinis membri ipsius in quantitate naturali *SB* 40.

2 reduction in amount, number, or sim., lessening.

c**1120** sine ~one aliqua decimarum *MonA* II 67; c**1157** ne tempore nostri apostolatus ecclesie Dei rerum suarum detrimentum incurrere debeant vel jacturam et in bonis suis ~onem aliquam sustinere (*Lit. Papae*) *DC Cant. Ch. Ant.* M 340; **1232** non me contristat sed multo magis letificat aut ab altioris dignitatis gradu descensio aut terrenarum opum ~o GROS. *Ep.* 9 p. 46; **1290** per ~onem firmarum terre foreste Maldisley x li. xv s. viij d. *ExchScot* 40; per subtraccionem vel ~onem aque predicte *Reg. Brev. Orig.* f. 252v.

3 reduction in degree, scope, or scale, diminution.

800 tota plenitudo divinitatis et nulla ~o nec defectio ALCUIN *Ep.* 205 p. 341; ~o beatitudinis in celo WYCL. *Ver.* II 55; **1392** ~o erubescencie *Ziz.* 345.

4 reduction in importance, authority, or power, (act of) degrading: **a** (of person); **b** (of power or sim.).

a et hoc ad ~onem praecursoris Domini quod corpus ejus sepulturae absque capite datur BEDE *Hom.* II 23. 242A; si .. ~onem [Filii] vellet ostendere ALCUIN *Exeg.* 1034C; nec ad aliorum [sc. scriptorum] ~onem spectare existimat si sacrorum reseratione eloquiorum depromit quid sentiat ANDR. S. VICT. *Comm.* 274; **1275** comitissa de Warwike tenet dictum mercatum ad ~onem domini regis et burgens' predictorum de pecunia predicta *Hund.* II 261b. **b** c**1156** nichil mutare vel innovare in lesionem vel ~onem potestatis episcopi presumatis *Doc. Theob.* 172; **1412** ~o potencie antichristi *Conc.* III 341a.

minorativus [ML], that diminishes or lessens.

flobotomia ~a et evacuativa GAD. 5. 1 (v. evacuativus a).

minoria v. minaria.

Minorissa [ML], Minoress, sister of the order of St Clare.

ut .. conventum monasterii ~arum Sancte Clare .. protegatis *RGasc* II 322a; **1349** ~e ordinis .. ~arum (v. abbatia c); **1458** Frideswide, filie sue, moniali domus ~arum sancte Clare .. prope turrim London' *Steelyard* 98; religionem monialium que de ordine sancti Francisci sunt et ~e vocantur WALS. *HA* II 50.

Minorita [ML], a Franciscan, Friar Minor, Minorite.

1559 conventum fratrum ~arum *Scot. Grey Friars* II 202; **1559** gardianus fratrum ~arum *Ib.* 234.

minoritas [ML]

1 smaller amount, number, or sim. **b** (of monetary unit) lesser value (as result of depreciation).

c**1239** patronatus enim seu jus patronatus non intenditur vel remittitur ex majoritate vel ~ate rei cujus est patronatus GROS. *Ep.* 72* p. 226; queritur quare majoritas vel ~as quantitatis cause non variant speciem GILB. VI 249. 2; item partibilitas, majoritas, et ~as sunt proprietates quantitatis et quanti: sed non

ens non est quantum BRADW. *CD* 70A. **b** si fortassis, propter ~atem pecunie, [c sol.] ad ornamentum providenciam singulis annis non sufficiant WHITTLESEY 159; propter ~atem denariorum *RegiamM* I f. 161.

2 shorter length or duration.

quando vero procedit motus solis diminuendo in firmamento et partes sequentes obliquius oriuntur, conjuncta est duplex causa ~atis dierum naturalium. dicuntur hujusmodi dies minores GROS. 23.

3 minority, state of being under age.

etatis tenelle ~as G. *Ed. III Bridl.* 143; videntes regem eorum quasi in cunabulis in ~ate constitutum timuerunt ne . . regnum dispendium pateretur *Plusc.* VII 16; **1536** durante ~atem etatis predicti R. *Crawley* 528.

4 lesser authority, importance, or power, inferiority; **b** (w. ref. to Friars Minor).

absit autem ut ex his verbis concipiat quis ~atem unius persone ad aliam NECKAM *SS* II 32. 4; cassia existit in virtute cynomomi, sed est debilior. sic est de devocione ad proximum respectu devocionis ad Deum, quia illa huic assimilatur, sed illa inferior et debilior; sic enim oportet propter ~atem creature KILWARDBY *Jejun.* 173; Christus exemplo sui, qui major existens se minorem exhibuit, majoribus non solum equalitatem, sed eciam ~atem quandam suasit OCKHAM *Dial.* 863; unde majoritas et ~as ewangelica propter suam spiritualitatem, sicut dominium et servitus ewangelica, non repugnant WYCL. *Civ. Dom.* I 78. **b** proprie . . nomine mendicitatis ac ~atis distinguitur hic ordo ab aliis ordinibus PECKHAM *Paup.* 10 p. 30.

minorizatio, decrease, diminution.

1438 nulla ~o de pensione quadraginta marcarum predictarum decetero imperpetuum fiat *Cl* 289 m. 32*d*.

Minotaurus [CL < Μινόταυρος], Minotaur.

~um . . illud deforme monstrum . . qui taurinum caput habuit *Lib. Monstr.* I 50; ~us ALDH. *Aen.* 28 (*Minotaurus*) *tit.*; possibile est per artem et per naturam: ut fuit ipocentaurus et ~us M. SCOT *Phys.* 24 f. 16ra.

minsare [LL], **minsitare** [ML], to urinate.

~o, -as, i. frequenter mingere OSB. GLOUC. *Deriv.* 348; ~ito . . aliud frequentativum *Ib.*; *to pysse*, . . mictare, . . ~are, ~itare *CathA*.

minsaterium v. minsatorium.

minsatilis [ML], that can be easily passed as urine.

~is, i. quod cito emingimus sicut nimis aquosa vel parum cocta cervisia OSB. GLOUC. *Deriv.* 348.

minsatio, (act of) urinating.

minsaterium . . vas quod recipit minctum quasi nimia ~one tritum OSB. GLOUC. *Deriv.* 348.

minsator [ML], one who urinates.

minso . . unde ~or OSB. GLOUC. *Deriv.* 348.

minsatorium [ML], chamber-pot. **b** drain of byre or stable.

minsaterium, vas ad recipiendum urinam OSB. GLOUC. *Deriv.* 363; *a jordan'*, madula, madellum, ~ium, urinale, urinaria, urinarium *CathA*. **b** *growpe where nete of bestis standyn* . . musitatorium *PP*; *a grupe*, minsorium *CathA*.

minsorium v. minsatorium. **minsterilis** v. ministerialis.

minsterium [ME *minster* < AS *mynster* < monasterium], minster; **b** (as place name).

magnam partem campanilis . . ~ii Eboracensis construxit *Hist. Durh.* 5. **b 1161** ex dono Rogeri de Kesneto decimam terrae suae de Ministr' et de tota lana sua de Oxinefordesira *Act. Hen. II* I 332.

1 minta v. 1 menta.

2 minta [ME *minte* < AS *mynet* < moneta], (office of) mint, place in which money is coined; **b** (*Magister ~ae*) Master of the Mint.

1413 exceptis illis qui officiarii ~e et ministri mistere monete cunagii sive escambii . . nuper fuerunt *Cl* 263 m. 23*d*; **1495** (v. fusator). **b 1418** magistrum ~e et

cunagii nostrorum infra ducatum nostrum Normann' *RNorm* 270.

mintarius [ME *minter* < AS *mynetere* < monetarius], minter, moneyer, one who coins or changes money.

c1192 testibus . . T. clerico comitis presentium scriptore, A. minitro *Ch. Chester* 260; **1418** de sua propria voluntate recusavit de cetero operari in arte monetarii et myntarii *Mem. York* II 76.

mintire v. mintrire.

mintrire [CL], (of mouse) to squeak.

mures ~iunt vel muniunt ALDH. *PR* 131 p. 180; mintire [v. l. minitire], sonare, clamare, quod proprium est murium OSB. GLOUC. *Deriv.* 367.

mintuosus v. unctuosus. **minturnire** v. minurrire.
minuatim v. minutatim.

minuere [CL]

1 (intr.) to become smaller. **b** (trans.) to reduce in size or extent, make smaller.

lunaticus est cujus ~ente luna minuatur vel mutatur cerebrum *Comm. Cant.* III 43. **b** ~atur . . cerebrum *Ib.* III 43 (v. a supra).

2 to reduce in amount, number, or value, make less.

admisso itaque trocheo ~itur temporum numerus et erunt tempora xxiij ALDH. *Met.* 10 p. 82; sic male sacra fames exactor dispulit illos, / sic minuet servos, nec sic sibi sat habet illa ALCUIN *Carm.* 8. 13; **958** si quis . . hoc . . donum . . frangere vel ~ere voluerit, ~at omnipotens Deus dies illius in hoc seculo *CS* 1040; c**965** hoc donum . . minentes et spoliantes sciant se in novissimo judicio . . rationem reddituros *CS* 1139; c**1175** prohibeo ut nullus quicquam predictarum decimarum auferre, ~ere, vel detinere presumat *Regesta Scot.* 165; **1213** si qua . . tenementa vel feoda sua post inchoatam discordiam ad detrimentum . . episcopi . . minuata invenerits *Cl* I 154a.

3 (~*ere sanguinem*) to let blood. **b** (~*ere sanguine* or ellipt.) to bleed (person, part of body, or animal); **c** (w. object bled in dat.). **d** (p. ppl. as sb.) person who has been bled.

licentia ~endi sanguinem omni tempore statim post capitulum petenda est LANFR. *Const.* 159; ~ere vero sanguinem sine detrimento corporis non contingit N. LYNN *Kal.* 207. **b** cum ii qui ~endi sunt . . ad locum . . venerint LANFR. *Const.* 159; Robertus faber . . debet ~ere boves domini sanguine ad Natale *Cust. Glast.* 102; **13** . . [v]ena sub pollice, si ~atur, contra caliditatem corporis valet multum *Tab. Phlebotomiae*. **c 1213** pro furrura Ricardi Clerici qui ~uit domino regi iiij s. *Misae* 234; **1337** in sanguine domine . . ~endo iiij d. *Househ. Ac.* 216. **d** queritur quare dicatur: 'tertia lux cunctis gravior solet esse minutis'? *Quaest. Salern.* D 38, queritur de ~tis quare magis diligunt coire quam non ~ti? *Ib.* B 39; **1234** de ~tis sic volumus quod spacium minuendi et numerus minuendorum . . observentur (*Vis. S. Edm.*) *EHR* XXVII 735; et econverso sedebunt per ordinem, quando cenant cum ~tis *Cust. Cant.* 10; a ceteris fratribus portabitur ad infirmariam, viz. ad mensam †munitorum [l. minutorum] et ad mensam infirmorum *Cust. Swith.* 20; **1451** exceptis ~tis, debilibus, et infirmis *Mon. Francisc.* 92.

4 to have one's blood let: **a** (refl. or pass., w. *sanguine* or ellipt.); **b** (refl. as middle, w. *sanguinem* or ellipt.); **c** (absol. or intr.).

a rex . . ~tus est sanguine. . . etsi non sanguine, ut esse testaris, ob mentis tamen livorem rex minutus est Dei gratia *Pass. Æthelb.* 7; infirmi fratres et qui opus habebant ~i sanguine *Chr. Abingd.* II 154; in balneo calido de utroque brachio se sanguine ~ens spontanea . . stulta morte vitam finivit *Chr. Dale.* 10; homo infirmus sanguine non minuitur [ME: *he ne let him naut blod*] ex illa parte ubi est infirmitas *AncrR* 33. **b** qui sibi in curia sanguinem ~unt vel accipiunt medicinam P. BLOIS *Ep.* 14. 48C; Burnellusque sibi minuit crinesque totondit NIG. *SS* 1509; c**1230** ut nullus canonicorum preter ejus licentiam sibi [v. l. se] ~at, vel a civitate recedat *Reg. S. Osm.* I 14; inveni eum jacentem in lecto, ~erat enim sibi *Chr. Evesham* 144. **c 1194** vicarii . . nullo modo recedant a villa . . nisi per licentiam decani, nec ~ant, nisi prius in capitulo licentia publice requisita *Conc.* I 500a; cur ante prandium juvenes ~unt et senes post prandium *Quaest. Salern.* C 10.

5 to cut into smaller pieces, mince.

in quoquina sit mensula, super quam olus apte ~atur [*gl.*: *seit mynce*] et lecticula, et pise, et fabe frece NECKAM *Ut.* 96.

6 to subtract, take away. **b** (p. ppl. as sb. n.) subtracted number.

ex illi xxj drachmas [v. l. ex his ergo xxj ~e] ROB. ANGL. (I) *Alg.* 74; quod de thesauro nichil ~atur per x annorum spacium *Norw. Cath. Pri.* 115. **b** aucta ~ta simul minues, sed cetera junges ROB. ANGL. (I) *Alg.* 138.

7 to reduce in degree, scope, or scale, lessen. **b** to alleviate, mitigate (pain or sim.).

nulla occupatio animae meae potuit ~ere amorem vestri ANSELM (*Ep.* 22) III 129; candor . . interior non ~itur sed potius ex pressuris suscipit incrementum ALEX. BATH *Mor.* II 8 p. 127. **b** contuli . . illis benefitium . . penam ~i qui mortem acceleravi W. MALM. *GR* II 202 p. 252; ut [dolorem] ~ant jam remissum GIR. *TH* III 12 p. 157.

8 to reduce in authority, importance, or power, degrade: **a** (person or living thing); **b** (dignity, law, or sim.).

a c**1095** circumjacentibus plateis frequenter ~eris, et frequenter bannearis H. LOS. *Ep.* 16; a**1162** nemo . . presumat eas [sc. moniales] vel res earum opprimere, ~ere, vel aliquam injuriam . . eis inferre *Doc. Theob.* 174; et mutilata frondibus arbor . . tam dignitate ~itur quam decore GIR. *TH* III 53. **b 798** ne ullus rex . . apostolica decreta violenter infringat aut ~at (*Lit. Papae*) *CS* 284; a**1072** defendo ne aliquis de prefato jure ecclesie prescripte aliquid auferat vel ~at *Regesta* I 120; ut numquam aestimetis vestrae celsitudinis ~i dignitatem ANSELM (*Ep.* 248) IV 159; **1117** ne nos eandem dignitatem ~amus aut ~i sinamus W. MALM. *GP* I 69.

9 (p. ppl. as adj.) small in size, amount, or value; **b** (of animal). **c** (as sb. m.) small intestinal worm.

obolus, ~tus nummus *GlC* O 65; ni pius in templo Deus aera minuta ferentem / laudasset viduam, quae sua tota dedit ALCUIN *WillV prol.* 13; calculus, ~tissima petra arenae *Gl. Leid.* 12. 12; et c acrae silvae ~tae (*Kent*) *DB* I 10va; **1242** arma ~ta (v. gisarma); **1486** empciones ~te per dietas . . in omnibus et singulis ~tis empcionibus victualium *Househ. Ac.* 557. **b** ~tissimarum avicularum *CathA* (v. minurrire). **c** lumbrici secundum quosdam generantur in yleon, ascarides in orbo, cucurbitini in longaone, et mimiti [? l. minuti] in eodem GILB. V 229. 1.

10 less important, with little authority or power. **b** (as sb. m.) person of lower rank or status.

1167 sed fortasse ~ti homines indigni videntur ut pro eis tanti principes debeant exacerbari J. SAL. *Ep.* 200 (235); **1168** ~ti homines ejusdem ville r. c. de xx s. de eodem auxilio *Pipe* 41; duo ~torum hominum quos *tunman* Angli dicunt (*Ps.-Cnut*) *GAS* 621; c**1211** quid faciant clerici miseri et ~ti sub potestate constituti? GIR. *Ep.* 6 p. 220; **1289** curia de ~tis placitis tenta apud Gippewycum *AncD* A 3776. **b** sintque omnes, tam primarii quam mediocres et ~ti, liberi et quieti (*Ps.-Cnut*) *GAS* 621.

11 minute, executed with attention to detail.

1284 de latrocinio unius furure ~ti operis *Gaol. Del.* 35B m. 24*d*.

12 (p. ppl. as sb. f. or n., usu. pl.) small object.

naenia, i. ~ta quae in sole videmus vibrare, quod paene nihil *Comm. Cant.* I 7; **1308** in amigdalis, croco, rys, pipere, galanga, ficubus, resinis et aliis ~tis . . emptis *Ac. Durh.* 3; **1328** dedit eis meremium . . et alia ~ta cum cariageo eorundem *Deeds Balliol* 315; **1337** ~te necessarie tam de empcione quam de stauro pro hospicio domine *Househ. Ac.* 226; Greci autem pro albo piperi accipiunt quoddam ~tum planum sine rugis quod invenitur in pipere nigro . . *SB* 22.

13 (as sb. f. or n.) small coin, mite; **b** (w. ref. to *Luc.* xxi 2); **c** (as measure of weight).

quadrans duo ~ta habet. duodecim ~ta in uno tremisse sunt *Comm. Cant.* III 5; calcus minima pars ponderis est quae tenet dimidium silique et quartam partem silique, idest ~am et semissem *Ib. app.* p. 564; quadrans genus nummi est habens duo ~ta *Gl. Leid.* 29. 9; de alia scira homo de summa caballi j denar'

dabat. de eadem vero scira unam ~tam (*Chesh*) *DB* I 268ra; sepius invigilo quot mille talenta minutis / constent L. DURH. *Hypog.* 65 (v. invigilare 2c); et ego de uno denario iij Pictavinas sive tria minuta *Latin Stories* 113. **b** a**797** et ipse Dominus viduae laudavit duo ~ta quae .. Deo .. obtulit ALCUIN *Ep.* 74; copiosis largitionibus divitum plus duae ~tae valuerunt pauperculae Gosc. *Transl. Aug.* 26B; omnibus largitionibus divitum copiosis plus due ~te valuerunt evangelice paupercule apud judicem justum *NLA* II 38. **c** *halfe a fardynge*, calcus, calculus, †munitum [l. minutum] *CathA*; *a myte*, quando est pondus, ~tum *Ib.*

14 (as sb. f.) small fry.

~te, lochie sc. GIR. *TH* I 9 (v. locha).

15 (as sb. f.) minute, rough draft.

curiam pervieniens, invenit negocium in ~tis exaratum, ut optavit, in manibus minutoris *Meaux* III 188; **1428** doctores provisionem .. conciperent et ~tam exinde redigerent in scripturam *Reg. Cant.* III 191; **1449** cedulam papiream forma ~te ipsorum prelatorum desideria continentem producentes *Conc. Scot.* I cvi; item pro ~ta .. viij flor., pro charta .. pro scriptore AMUND. II 271.

16 (as sb. f. or n.; geom. or astr.) minute, one sixtieth of a degree.

gradus .. ~tum 60 ADEL. *Alch.* 21; GROS. 14 (v. gradus 14a); secundum astronomos iterum quilibet gradus dividitur in 60 ~ta. quodlibet minutum in 60 secunda SACROB. *Sph.* 88; nullus sinus est nobis notus nisi quantum communicat cum diametro quam dividimus in 300 ~ta WALLINGF. *Quad.* 32; margines [sc. regule] .. dividemus in 60 partes equales divisione fideli et vocabuntur hec sectiones gradus seu partes cordarum, quarum parcium quamlibet dividamus in 60 ~ta vel in quotlibet longitudo permittit *Id. Rect.* 412; ~tarum continuacio *SB* 7.

17 (as sb. f. or n.) minute: **a** (of an hour; usu. one tenth of an hour); **b** (as one sixtieth of an hour); **c** (as one sixtieth of a day).

a recipit hora .. x ~ta BEDE *TR* 3; ~ta .. a minore intervallo vocantes *Ib.*; **798** una hora decem habet ~ta, decies vero decem ~ta faciunt centum ~ta ALCUIN *Ep.* 148 p. 240; ~tum quoque est ex iiij momentis collectum. punctum vero temporis spatium duobus ~tis ut dimidio metitur. hora etenim iiij punctis contenta est, xxiiij diei ADEL. *Alch.* 17; *a minute (a mynet of an howre)*, ~ta, ~tum *CathA*. **b** scinditur .. hora equalis .. in lx° partes quas vocant fracciones seu ~ta BACON VI 48. **c** duodecim lunationes .. continebunt trecentos quinquaginta quatuor dies et viginti duo ~ta unius diei BACON *Tert.* 284; unum autem ~tum diei est xxiv minute hore; quoniam sicut dies ad suum minutum, ita hora ad suum minutum igitur permutatum BRADW. *CD* 470A.

18 (as sb. f., mus.) minute, form of note (shorter than a semibreve).

prima dicitur largissima, .., sexta ~ta, septima minima .. ita semibrevem primo divido in iij partes quas ~tas voco WILL. 24; Odington non vocavit illam notam minimam sed ~tam quia posuit quod minor possit esse *Ib.* 25.

19 (as sb. n.) (as measure).

1418 de qualibet pipa cisare, cervisie, et boscheto v sol. Turonenses ac etiam de quolibet minoto salis *Foed.* IX 565.

minuescere [cf. LL minuiscere], to decrease, become smaller.

dicitur currus lune propter duas ejus potestates eo quod crescit et ~it OSB. GLOUC. *Deriv.* 65; ~o .. verbum incoativum *Ib.* 352.

minuettum, (fur of) miniver.

1198 pro iiij°ʳ penulis de minuto vario *Pipe* 182; unum capucium de minuto vario *Cl* 33; cum pellura de bissis vel de minuto vario *Cl* 175; **1220** faciatis habere .. duas tunicas de ~o *Cl* I 415b; **13** .. item habeat grossum russetum vel minuetum, burellum Londoniense vel burellum de Beauveis, .. (*Nominale*) *Neues Archiv* IV 340.

minula, (small) sausage.

hec ~a, *sausichel Gl. AN Ox.* 264.

minulus [(littera) minor *or* minium+-ulus], small or rubricated letter.

---

933 his testibus roborata constat, quorum nomina subtus ~is [*gl.*: colore rubeo] depicta annotantur *CS* 695 (=*CS* 716: **937** [13c]); **941** (12c) his testibus consentientibus quorum nomina subtus ~is depicta annotantur *CS* 765.

minura v. minaria.   **minurire** v. minurrire.   **minuritio** v. minurritio.

minurrire [CL], (of bird) to chirp, twitter.

aves minuriunt vel vernant, vel vernicant ALDH. *PR* 131 p. 179; minurire, i. minutim cantare OSB. GLOUC. *Deriv.* 352; sanguinea respersa nota minturnit hirundo NECKAM *DS* II 789; minturniens hirundo cruore Terei respersa *Id. NR* I 52; *to chiter os byrdis dose*, garrire, †mimurire [l. minurrire] *CathA*; hirundinum mimurrire et mimerire [l. minurrire et minurire] est omnium minutissimarum avicularum *Ib.*

minurritio [CL], chirping, twittering (of bird).

minuritio .. i. cantilena minutarum avium OSB. GLOUC. *Deriv.* 352.

minus [CL; compar. adv., v. et. minime]

1 to a lesser degree or extent, less (than): **a** (w. vb.). **b** (w. adj.); **c** (w. sb.); **d** (w. prepositional phrase); **e** (pleonastically, w. adj. in comparative degree).

a sub astris minus producuntur monstra quae ab ipsis per plurimos terrae angulos eradicata .. legimus *Lib. Monstr.* I *pref.*; per singulos tamen idipsum non ~us valet probari ANSELM (*Mon.* 59) I 70; quia enim ~us mensuraverunt peccata qua quam debuerint, expectant plenitudinem ire in fine T. CHOBHAM *Praed.* 215. **b** bonum a non bono, magis bonum a ~us bono ANSELM (*Mon.* 68) I 78. **c** vocans non ~us peccatores quam eos qui se putant justos GILDAS *EB* 10; ut .. linguam .. Latinam .. non ~us quam Anglorum .. noverit BEDE *HE* V 20 p. 331; altera [occasio] nec merito ~us quam numero secunda GIR. *TH intr.* p. 4. **d** non ~us in aliis quam in seipso ANSELM (*Mon.* 62) I 72. **e** **1264** quidam juniores et ~us discretiores (v. 3 color 3b); **1501** †apocus .. minus prestancior (v. abacus 1).

2 (w. numeral) minus, less (usu. at the end of a phrase): **b** (w. abl.); **c** (w. *a* & abl.); **d** (w. acc.).

quinque millia quingenti ~us quinque ÆTHELW. I I p. 3. **b** quinquies quadragenas [horas] acerrimo crudelitatis tormento una ~us accepit ALDH. *VirgP* 24; c**1200** concessi .. x. uno obolo ~us *Cart. Mont. S. Mich.* 21; **1211** xxiij acras et dimidium duobus fallis ~us (v. falla); tenet .. unum *solin* dimidia virga ~us (*Kent*) *DB* I 13rb; s**1133** regnavit .. annis triginta quinque, et a nonis Augusti usque ad kalendas Decembris, id est, mensibus quatuor, diebus quatuor ~us W. MALM. *HN* 457 p. 12. **c** anno .. Verbi incarnati duodecim ~us a millesimo OSB. V. *Dunst.* 41. **d** tenet .. ij *solins* dimidium jugum ~us (*Kent*) *DB* I 12va; a**1235** ij acras terre v fallas ~us (v. falla); c**1240** habentem *deu quarentaynes* in longitudine tres perticas ~us *Starrs* I 56; servitium Willelmi .. qui tenet feodum j militis x solidatas terre ~us *BBExch* 258.

3 (as negation) not perfectly, not quite: **a** (w. vb.); **b** (w. adj. or adv.).

a ut, si ferri vulnus ~us ad mortem regis sufficeret, peste juvaretur veneni BEDE *HE* II 9 p. 99; abusitatus, ~us instructus in scientia *GlC* A 50; cibi qui ~us suffitiunt avidius sumuntur W. MALM. *GR* I 47; ~us medullata sententiis oratio GIR. *TH intr.* p. 6; **1324** passum ordei non potuit eicere humores et erat putrefactum et ~us conveniens ad fundendum inde brasiam suam *CBaron* 137. **b** vitam ac professionem ~us ecclesiasticam in multis esse cognovit BEDE *HE* II 4 p. 87; sciens vero clericus se ~us canonice institutum, et in futurum precavens, abbatem de Bello Walterum adiit *Chr. Battle* f. 92.

minusa, **menusa** [OF *menuise* < minutia], kind of small fish, sts. denoting the minnow (*Leuciscus phoxinus*), or applied generally to any small fish. **b** fry, young one of a fish.

pulverem ei de minusia fac et cum carne ei porrige ADEL. *CA* 13; **1207** pro mulvello vj s. et pro menusa vj s. (*Chanc. Misc.*) *Househ. Ac.* 113; **1211** in minusia empta ad opus domini regis, xij d. *Pipe Wint.* 42; **1323** in †memisia [l. menusia], iij d. ob. *Ac. Wellingb.* 127; **13** .. piscator .. habeat .. celliras sive minusas (*Nominale*) *Neues Archiv* IV 340; **1493** in menuciis pro interferculari vj d. *Comp. Swith.* 308; **1514** in menusiis

---

pro interferculari iij d. ob. *Ib.* 330. **b** **1219** quod nullus .. decetero capiat menusam salmonis *Cl* I 385a.

minusculus [CL]

1 somewhat smaller, rather small (in size or extent); **b** (~*a formula*) small or lower-case type.

quod hoc opusculum, licet constet ~um, .. dictare vobisque destinare nequiverim ALDH. *VirgP* 59; minor .. et ~us .. i. aliquanto minor OSB. GLOUC. *Deriv.* 409; irundo ~a corpore GROS. *DM* 4. 30. **b** ~is Aldi formulis MORE *Ut.* 216 (v. formula 3e).

2 less important, minor.

libet enim duobus exemplis palam facere; quod nec etiam in ~is rebus amantes sui paciatur contristari W. MALM. *Wulfst.* III 25; cum illi inter se conquirerent ~as questiones ille qui eos invitaverat irridendo dixit se scire velle, cur .. W. BURLEY *Vit. Phil.* 174.

minusia v. minusa.

minutal [CL], slice, portion, (small) piece (of bread or sim.). **b** pounded fish.

hoc ~al .. i. minimum frustum OSB. GLOUC. *Deriv.* 352; ~al, frustum panis quod et quadra dicitur *Ib.* 364; *cantel, of qwat so it be* .. ~al *PP*; *a bit*, buccella .. ~al LEVINS *Manip.* 148. **b** ~al, *gebeaten fisc* ÆLF. *Gl.* 127.

minutare [LL], to reduce in authority or power, diminish, degrade.

1260 cum igitur intencionis regis non fuerit statum predictorum custodum .. ~are *Cl* 213.

minutaris [cf. CL minutalis], less important, insignificant.

de quibusdam ~ibus [v. l. minoribus vel ~ibus] abbatibus tacemus TORIGNI *Chr.* 268.

minutarius, haberdasher, one who deals in small items.

1562 Radulpho Hamonde ~io *Ac. LChamb.* 55 f. 15; *an haberdasher*, ~ius LEVINS *Manip.* 80.

minutatim [CL]

1 one bit at a time, piece by piece (also fig.). **b** (w. ref. to merchandise) by retail.

discum confringi atque eisdem ~im dividi praecepit BEDE *HE* III 6 p. 138; in manibus funem aureum tenens per quem pedetemptim prefulgidam ~imque complicatam deorsum misit tunicam LANTFR. *Swith.* 3; verebantur .. quod beati viri reliquie .. omnino essent comminute ~imque in pulverem coacte DOMINIC V. *Ecgwini* II 1; novit quam abstrusa sit veritas .. quam difficiliter et ~im eruitur ANDR. S. VICT. *Comm.* 274; c**1156** altare .. ne tolleretur auctoritatem vestram opponente, noctu minuatim asportaverunt *Doc. Theob.* 129. **b** **1303** ita quod merces que vulgariter mercerie vocantur ac species ~im vendi possint *EEC* 260.

2 into small pieces.

tunditur ~im et pulvis ejus miscetur cum mirra *Comm. Cant.* III 148; corpus .. ~im contritum .. totum Deo affertur BALD. CANT. *Tract.* 6. 460C; ut ~im confractos .. et vita privatos .. conspiceret GIR. *PI* III 29 p. 314; lampades .. ad terram cadentes ~im confracte sunt *Chr. Dale* 11; tempestates in mari subito exorte sunt ita ut omnia navis armamenta minitatim in momento rumpebantur (*Cart. Vallis Regis*) *MonA* V 704a.

3 (~*im per intervalla*) ? at intervals of one minute.

estivo tempore post meridianam, tacto signo in ecclesia ~im per intervalla .. pulsandum est ad nonam *Cust. Cant.* 116.

minutatio [ML], reduction in importance, authority, or power, degrading.

1261 ad ~onem status nostri corone et dignitatis nostre et ad subversionem juris .. et regni legis *Cl* 481.

minute [CL]

1 into small pieces.

ponatur pulvis super lapidem et teratur ~issime RIPLEY 207.

2 (of a voice) thinly.

vox juvencule acriter atque ~e cachinnantis CIREN. II 87.

minutellum [minuere 12+-ellum], small piece.

multa minutella [*gl.*: multos parvos morsellos] reseca presente puella GARL. *Mor. Scol.* 181.

minutia [CL]

1 small piece, particle. **b** small item.

ut ipsas puellas cum ~ia particule qua differunt multiplicem ROB. ANGL. (I) *Alg.* 118; epistolam . . more canis rabidi dentibus inscindendo in ultimas ~ias particulavit *Ep. ad amicum* 22; ~ia . . minima cujuslibet rei portio OSB. GLOUC. *Deriv.* 352; **1159** repperi eum jacentem super acutissimas lignorum ~ias quales a cesoribus lignorum solent fieri WALTH. *Ep.* f. 79 p. 98; corpus . . effossum in ~ias discerpsit DICETO *YH* I 357; interdictum . . interceptum est a civibus, et in ~ias dilaniatum, jactatur in mari *Flor. Hist.* II 501. **b 1225** ab hujusmodi ~iis maxime de hujusmodi firmaculis et jocalibus aliis . . quintam decimam non requiratis *Pat* 573.

2 fine point, minute detail.

sapientes mundi . . ~iis disputationum irretire gestunt animas simplicium GIR. *GE* II 37 p. 354.

3 (geom. or astr.) minute, usu. one sixtieth of a degree; **b** (~ia ~iarum) second, one sixtieth of a minute.

opportet . . hanc divisionem per ~ias fieri, sed magister noster ~iarum . . usum non habens, tali utebatur divisione: . . unumquemque punctum in 60 ~ias, unamquemque ~iam in 60 minutias minutiarum dividebat WALCHER *Drac.* 88. **b** *Ib.* (v. 3a supra).

4 minute: **a** (one tenth of an hour). **b** (one quarter of a day).

a scinditur . . hora equalis in ~ias quarum x faciunt horam BACON VI 48. **b** dicentes . . anni quantitatem esse ex 365 diebus et quarta diei integra, que ~ia cum quarto anno pervenit ad integrum diem GROS. *Comp.* 218; donec ex ~iis omissis aggregetur aliquid sensibile quod ponitur pro uno die *Ib.* 242; ita ut ~e neglecte per tres annos precedentes resumantur cum ~iis quarti anni ad perficiendum unum diem integrum BRACTON f. 359v.

5 (math.) divided part, fraction.

reliquos [sc. caracteres] . . dicimus ~ias, idest imperfectos, quod per illos integri minuuntur, id est aut ex toto aut ex parte adnichilantur THURKILL *Abac.* f. 55v; his viiij figuris . . tam integros quam ~ias figurantibus utuntur ADEL. *Alch.* 18; nunc de proportionandis ~iis dicendum est OCREATUS *Helceph.* 139; in ~iis seu fraccionibus physicis KILLINGWORTH *Alg.* 713 (v. fractio 5b); in scribendo ~ias seu fracciones physicas *Ib.* 715.

minutim [CL]

1 one bit at a time, piece by piece. **b** separately.

omnia hec ~im collegit et in eum sigillatim singula queque projecit R. COLD. *Godr.* 83. **b** ~im, cesim, divisim OSB. GLOUC. *Deriv.* 364.

2 into or in bits.

humores . . guttatim . . ~imque ad ima revertentes . . pluire dicuntur GIR. *TH* I 6 p. 27; fenestre vitree ~im confracte *Ps.*-ELMH. *Hen. V* 42 p. 105.

3 finely, minutely.

minurrire, ~im canere OSB. GLOUC. *Deriv.* 364; stupens intueor ventrem Cristifere, / tenella crustula minutim tremere / et suras Parias dulci sub pondere, / ventrosam feminam et sine Venere WALT. WIMB. *Carm.* 32; cum cocleari ferreo ~im perforato ODINGTON *Alch.* 4.

minutio [CL]

1 decrease, diminution.

minuo . . et hec ~o OSB. GLOUC. *Deriv.* 352.

2 reduction in duration, shortening.

prima pars erat de sex modis temporis melorum . . secunda . . pars est de ~one vel fractione eorundem *Mens. & Disc. (Anon. IV)* 37.

3 (~o sanguinis or ellipt.) (act of) blood-letting; **b** (w. ref. to Christ's passion).

c1006 qui in ~one sunt sanguinis *Comp. Swith.* 177; in crastino ~onis . . aliquis minutorum . . ad petendam veniam se offerat LANFR. *Const.* 159; quidam sapiens post ~onem dormiens, oblitus est omnium que scivit *Quaest. Salern.* Ba 80; **1260** magister Thomas cirugicus regis . . propter ~onem regis . . ad diem illum venire non possit *Cl* 54; nullum . . tempus est melius . . ad sanguinis ~onem BACON V 77; tercius prior et quartus prior si fuerit celarius, habebunt tertia die municionis sicut subprior: ceteri vero fratres habebunt dimidium panem *Cust. Swith.* 23. **b** ipse potatus est aceto cum felle mixto in ~one sua, nos in minutione nostra vino gariophylis condito contra eum potamur ALEX. BATH *Mor.* IV 17 p. 132; sed notandum quod sponsus anime fidelis,—omnipotens et salvator, Deus, Dei Filius—sic minutus duram dietam in sua ~one [ME: *blodletunge*] passus est *AncrR* 34.

minutivus [LL], that can be diminished or reduced.

c1165 aurum . . inputribile, largum ad dilatationem, nec igne nec tunsionibus ~um J. SAL. *Ep.* 167 (145).

1 minutor v. 2 minator.

2 minutor [ML]

1 one who lets blood, blood-letter.

c1150 testibus Gilberto ~ore et filio ejus (*Ch.*) *Eng. Feudalism* 282; **1156** Johanni ~ori xxx s. *Pipe* 72; **1185** Andreas ~or *Rec. Templars* 74; ligna ad . . minuciones fratrum . . atque ~orem inveniat camerarius *Cust. Westm.* 154 (cf. *Cust. Cant.* 200); ~or j panem ponderis Wlsi . . cocus informarie j panem *Reg. Pinchbeck* I 363.

2 one who writes minutes, minuter, note-taker.

negocium in minutis exaratum . . manibus ~oris *Meaux* III 188 (v. minuere 15); a**1400** ~or . . qui et corrector cancellarie dicebatur *Ib.* 189 (v. corrector 1c).

minutorius

1 (as adj.) responsible for blood-letting.

minister ~ius procurabit ventosas, minister autem vanas *Chr. Abingd.* II 409.

2 (as sb. n.) trencher, cutting board.

a trenchour, secatorium, . . ~ium *CathA*.

minutrix [cf. ML minutor], one who lets blood, blood-letter (f.).

Emelina ~ix de Augo . . habuit partem fusi in palma infixam (*V. S. Laurentii Dublinensis* 64) *Anal. Boll.* XXXIII 177.

minutulus [CL], somewhat small, tiny.

~ue . . i. aliquantulum minutue OSB. GLOUC. *Deriv.* 351.

mioparo v. myoparon.   **miotacismus** v. myotacismus.

mioura [ME, AN *miour* < micatorium], grater (*v. et. mierum*).

1329 liberavit abbati . . iiij cacobos magnos, duas ollas ereas, quatuor patellas, unam myouram, et unam craticulam *ExchScot* 202; domino Henrico capellano, vij patellas, et vij ollas, et ij craticulas, j cacabum, ij myour' et j scomour' *Ib.* 228.

mira [ME *mire*], mire, swampland.

[*between Traneby mire*] mira [*& Langrig*] *Reg. Holm Cultram* 64.

mirabalanus v. myrobalanum.

mirabilis [CL]

1 marvellous, remarkable, causing wonder.

quis zelo Dei accensus ~i ad ultionem fornicationis . . consurrexit? GILDAS *EB* 70; ecce dapes lautas et munera larga ciborum / ante fores antri cernunt—mirabile fato ALDH. *VirgV* 1593; fuit quidam homo ~is naturae quem Midam appellaverunt *Lib. Monstr.* I 37; c**793** beatus Hilarius, doctor ~is ALCUIN *Ep.* 23 p. 62; cujus vitam ~iorem quam referatur ~is finis testatur GOSC. *Wulsin* 5; femina angelis ~is, Maria sanctissima ANSELM (*Or.* 6) III 15; hoc enim et in auditu auris mirabillimum H. BOS. *Thom.* VI 3 p.

496; hoc est valde ~e, quo modo talia possunt ad invicem compati sine discordia *Mens. & Disc. (Anon. IV)* 81.

2 strange, curious.

o mirabiles Judei, attendite et videte / si est dolor sicut [MS: similis] dolor meus *Oh ye merveylows Jewys Non-Cycle Plays* 6. 718.

3 wonder-working, thaumaturgic.

Deum in S. Cuthberto ~em collaudavimus R. COLD. *Cuthb.* 66.

4 (as sb. n.) marvel, miracle, wondrous deed, phenomenon, or sim.

o ~e quoddam dixisse eum opprobrium hominum cum omnis mundi opprobria deleverit GILDAS *EB* 74; baptizatus ex aqua est, ex quo et ~ia facere inchoavit THEOD. *Laterc.* 9; **790** Deus, qui facit ~ia magna solus ALCUIN *Ep.* 8; magnum ~e pisces inveniri in fonte dum non flumen fluit in eo NEN. *HB* 215; fecit enim ~ia in vita sua, reddens cecis visum AILR. *Ed. Conf.* 754A; ex vilibus et muracido ferro fit ferrum andanicum, et ecce mirrabile magnum M. SCOT. *Part.* 295.

5 noteworthy or curious thing.

1293 sciatis quod si haberem ad manus rotulos curie . . ego vobis certificarem et vobis monstrarem multa ~ia non oportune facta *SelPlMan* 166.

mirabilitas [LL], wondrousness, marvellousness.

quod si fingunt ~atem eukaristie, dicant . . quod remanet panis substancia et omnia illa accidencia sine ejus informacione WYCL. *Apost.* 175; nam Deus posset hoc facere, et redundaret in difficultatem credendi ac ~atem operum Dei *Id. Blasph.* 27.

mirabiliter [CL], in a remarkable or wondrous manner, marvellously.

signorum miraculis ~iter adornatus est GILDAS *EB* 11; nunc antiquarum arcana legum ab illo ~iter digesta ALDH. *VirgP* 4 p. 232; multi . . ad salutaria jejuniorum remedia subeunda sunt ~iter accensi BEDE *HE* IV 14 p. 236; quam ~iter omnia supernus rector . . gubernat *CS* 994; Salvatoris nostri ymaginem habens . . aureis distinctionibus ~iter decoratam AILR. *Gen. Regum* 349; patrem [habere] in natura Deitatis, sed sine cooperatione matris, ut sit ipse idem homo ex matre sine patre: Deus ex patre sine matre, filius ~iter matris, ~ius Patris PULL. *Sent.* 781A.

mirabolanus v. myrobalanum.   **mirac** v. mirach.

mirach [ML < Arab. *maraqq*], 'mirach', the anterior abdominal wall.

in ~ac, idest pellicula involvente intestina, sunt octo lacerti *Ps.*-RIC. *Anat.* 35; est ~ach exterius supra ventrem, sc. extra siphac; et est interius dividens nutritiva a generativis GAD. 21v. 2; ~ach est pellicula gibbosa sive pinguis supra totum ventrem propinquior cuti exterius *Ib.* 30v. 1; ~ath est quidam paniculus sicut pinguedo subtilis extensa circa intestina ad modum cujusdam rethis *SB* 30; inferior venter . . a prima cute ad peritonaeum Graecis ἐπιγάστριον, barbaris ~ach appellatur D. EDW. *Anat.* A 3.

miraclium v. miraculum.   **miracopium** v. myracopum.

miraculabiliter [cf. ML miraculose, CL mirabiliter], in a remarkable or wondrous manner, marvellously.

c**1400** in vita et in morte miraculis ~iter claruit *Mon. Francisc.* I 519.

miraculose [ML]

1 in a remarkable manner, marvellously.

quam virtutis efficaciam erga febrium miseriam hactenus ~e optinuerint R. COLD. *Osw.* 43 *tit.*; videas ergo quam ~e vir ille sibi restitit in suis *Dial. Scac.* II 2D; ab inventione protomartyris Stephani . . tam gloriosa, tam ~e gesta H. BOS. *LM* 1303A; ex his . . que sanctorum meritis egregie nimis et valde ~e gesta sunt GIR. *TH* II pref. p. 74.

2 miraculously, supernaturally; **b** (contrasted w. *naturaliter*).

mortuo Swano rege Dacorum, quem beatus Eadmundus ~e occidit, Ethelredus rediit in Angliam R. NIGER *Chr.* II 156; et sic pluribus abinde miliaribus Firmino Uscesciam tam ~e transvecto GIR. *TH* II 28

p. 115; nisi ~e fieret contra naturam, ut accidit beato Joanni qui de virgis fecit aurum et argentum *Correct. Alch.* 14 p. 399; recenter elatum tempore prius aliquantulo ~issime resuscitavit elatus, eodem videlicet quo mortuus est anno E. Thrip. *SS* X 12; homo [sc. S. Dionysius] vixit ~e sine capite Ockham *Quodl.* 459; quodcunque opus a Deo ~e factum Wycl. *Eccl.* 45. **b** quando autem intellectus et intelleccio non fiunt naturaliter sed ~e Ockham *Quodl.* 633.

miraculosus [ML]

1 remarkable, marvellous, wondrous.

quid enim ~ius, quid mirabilius quam ut hominem hodie mundus adoret quem heri abominabatur? Ben. Pet. *Mir. Thom.* I 6; mare ibidem .. peregrinis .. ~um iter ostendere solet Gir. *TH* II 28 p. 116; cum autem Hubertus, victor ~us .. letus pervenisset M. Par. *Min.* II 221.

2 miraculous, supernatural (contrasted w. *naturalis*).

ideo non erit resurrectio mortuorum naturalis, sed ~a J. Blund *An.* 364; illa eclipsis [in passione Domini] non fuit naturalis, immo ~a et contraria nature Sacrob. *Sph.* 117; c1381 ~us modus essendi sacramentalis (Wycl.) *Ziz.* 117.

3 that works wonders, thaumaturgic.

locus tamen unicus est scaccarium in quo non est ~a [sc. bursa], nam semper justi regis oculus ibi videtur esse recens Map *NC* V 7 f. 72.

miraculum [CL]

1 amazing or remarkable deed, phenomenon, or sim.

haesit .. tam desperati insulae excidii insperatique mentio auxilii memoriae eorum qui utriusque ~i testes extitere Gildas *EB* 26; id quo cuncta carent veteris miracula mundi Aldh. *Aen.* 25 (*Magnes ferrifer*) 2; in eadem aetate alio ~o .. Dominus magnificavit eum *V. Cuthb.* I 4; ubique ~a illius fulserunt Felix *Guthl. prol.* p. 64; ~um horribile, quam voluntaria perversitas! Anselm (*Medit.* 2) III 81; de aquila .. ad idem persuadendum tale scribit beatus Ambrosius nature ~um Gros. *DM* 4. 31.

2 (~um hortulanum) kind of plant, ? castor-oil plant (*Ricinus*).

miraclium ortholanum, respice in pentadactilus *Alph.* 118; pentadactilis, gira solis, ~um ortulanum, custos orti idem *Ib.* 141.

3 miracle.

suggerentes magi ~um stellae Theod. *Laterc.* 5; profetica signa sequebantur et superna ~a caelitus comitabantur Aldh. *VirgP* 30; nec martyrio eorum caelestia defuere miracula Bede *HE* V 10 p. 300; c1180 de surdo, muto, et tineoso, per ~um Sancti Johannis sanato Ric. Hex. *Hist. Hex. prol.* p. 4; contra naturam fiunt miracula, vires / nature Deitas frangere sola potest Gower *VC* V 625; 1494 quidam .. dicunt esse ~um quicquid excedit humane nature industriam *Conc.* III 638a.

4 miracle-play, dramatic representation based on the life of Christ and the legends of the Saints.

c1244 faciunt etiam .. clerici ludos quos vocant ~a Gros. *Ep.* 107; c1255 ubi quemdam ludum de Sancta Katerina, quem ~a vulgariter appellamus, fecit *G. S. Alb.* I 73; estimabant ibi spectacula celebrare que nos ~a appellare consuevimus *Latin Stories* 100.

miranter [ML]

1 in a remarkable manner, marvellously.

hujus saecli extrema / tempora fere tanta / replens miranter gloria (*De S. Swithuno*) *Anal. Hymn.* XL 337. 7b.

2 with amazement or surprise.

1324 ~er audivimus, quod .. *Foed.* IV 26.

mirare v. migrare, mirari.

mirari, ~are [CL]

1 to be surprised or amazed (at), wonder (at): **a** (w. dat.); **b** (w. acc.); **c** (w. acc. & inf. or sim.); **d** (w. abl.); **e** (w. indir. qu.); **f** (w. *quod*); **g** (w. *ad, de, super*).

a mirantur cuncti stupidis hinc inde loquelis Alcuin *SS Ebor* 417. **b** quis Herculis fortitudinem et arma non ~etur *Lib. Monstr.* I 12; ~antes simplicitatem innocentis vitae Bede *HE* I 26 p. 47; mirares juvenem corpore, mente senem Nig. *Mir. BVM* 372; cujus [sc. Promethei] opus Minerva ~ata, spopondit ei quicquid vellet de donis celestibus ad opus suum juvandum Alb. Lond. *DG* 10. 9; cujus magnitudinem cum ~aretur vox missa celitus dixit ei quod ipse serpens erat ficturus *Natura Deorum* 30; hoc manifestum est quod, que semper eodem modo se habent, minus ~amur; que vero frequenter mutantur et renovantur, magis, et causa est quia ~amur rara et nova Kilwardby *OS* 17. **c** nec ~etur aliquis me tantum in hoc immorari Anselm (*Proc. Sp.* 2) II 188; nisi qui omne quod subito comperiunt se intelligere ~antur Balsh. *AD* 93. **d** isti ~ant stella *Tap. Bayeux* 34; protegit, mirat, habet, robore, fraude, fide Garl. *Tri. Eccl.* 9. **e** o serva Dei, quid ~aris licet sit in aliqua insula super hoc mare? *V. Cuthb.* III 6; coepi .. ~ari quare ad murum accederemus Bede *HE* V 12 p. 307; si clare pateat signi relacio, / miror ni transeat omnis elacio Walt. Wimb. *Carm.* 427; si totam demonum catervam cerneres, / miror an vacuum infernum diceres *Ib.* 563. **f** olli mirantur, quod nosset clancula furta / quae prius abstrusis credebant gesta latebris Aldh. *VirgV* 1489; preterea ne ~aretur quod alienum negotium ageret W. Malm. *GR* I 82. **g** de virtutibus Guthlaci .. ~ari coeperunt Felix *Guthl.* 46 (v. librarius 2a); ~ari illa ad temptationem insolitam et quidnam hec fames velit hoc loco, hoc tempore et preter morem J. Ford. *Wulf.* 58; ~abantur omnes super prudentia et reponsis illius M. Par. *Maj.* I 90; et non ~eris de tali ordine punctorum *Mens. & Disc.* (*Anon. IV*) 36.

2 (gdv. as adj.) remarkable, marvellous, causing wonder. **b** (as sb. n.) wondrous deed or sim.

Ezechiel .. quattuor evangelicorum animalium ~andus inspector Gildas *EB* 61; cui sic evenit miranda salutis origo Aldh. *VirgV* 2074; duae columnae aereae maximi et ~andi operis circa ostium templi narrantur esse statutae Bede *Hom.* II 25. 438D; multa .. sui novitate valde ~anda Gir. *TH pref.* p. 20. **b** quis tua, Domine, miranda narrabit? J. Howd. *Cant.* 179; proprio confessori .. totam ullam effundat, ibi evomat totum ~andum [ME: *speowe ut al þ' wunder*] in tantum quod timeat ejus aures offendere qui peccata ipsius audit *AncrR* 133.

mirate, in a remarkable manner, marvellously, wondrously.

nos ille, id est gentem Anglorum, eo ~ius per se gratia Dei credimus edoctam adducere *V. Greg.* p. 80.

mirath v. mirach.

miratio [CL], (act of) marvelling at, admiration.

[homo in Asia] duo pectora, quattuor manus et bina capita habuit et ad ipsius ~onem multos rumorosa contrahebat opinio *Lib. Monstr.* I 8.

mirative [cf. LL mirativus]

1 in a remarkable manner, wondrously.

quidam fame necati per loca sylvestria ~e reperiuntur vermibus et avibus comedendi R. Howd. IV 186.

2 with amazement or surprise.

de Cristo quidem legimus quod venit per magnam distanciam ad Jordanem baptizandus a Johanne et Johannes ~e dixit sibi, "ego a te debeo baptizari et tu venis ad me?" Wycl. *Chr. & Antichr.* 689.

mirator [CL], one who stares with surprise or amazement, admirer.

iste ab Augustinensi ejusdem virginis tumba fugaciter repulsus est, qui sciscitantibus ~oribus numquam se talem percussuram tulisse respondit Gosc. *Lib. Mild.* 9; item a miror hic miro, -onis, i. ~or Osb. Glouc. *Deriv.* 335; quippe tot enormes artus cernens animalis, / mirator stupidus fit forme prodigialis Nig. *Paul.* f. 47v l. 312.

mircacanta, mircacante v. myrtacantha. **Mircenus** v. Mercenus.

mire [CL]

1 in a remarkable manner, remarkably, wondrously.

mire portendit pandens misteria rerum Aldh. *CE*

4. 10. 6; taceo .. quam ~e demones effugavit *V. Cuthb.* I 7; considerantibus illis .. fontem .. a Romanis ~e olim constructum .. Waga .. revelavit *Ib.* IV 8; ~e, magnifice *GlC* M 220; habita ~e et gloriose de adversariis victoria *G. Steph.* 47; acopum, i. mitigativum, et dicitur ab a quod est sine et copos quod est labor. inde miracopium, i. ~e mitigativum *Alph.* 1.

2 miraculously, supernaturally.

in qua nec metas aevi nec tempora clausit / tempora sed mire sine tempore longa creavit Bonif. *Aen.* 5 (*De Caritate*) 37.

mirelevia [AN mireleve < medium relevium], mid-afternoon.

1269 in villa de Wastonesham .. inter capellam et mare ad horam de *mireleve* insultavit in ipsum *JustIt* 569A m. 25d; a1273 inter horam que vocatus [*sic*] Gallice *mireleve* et horam vespertinam! *SelCCant* 104; 1287 inter horam none et mirleve *CourtR A. Stratton* 158.

mirellum v. merellum. **miremium** v. maeremium. **mirgizo, mirgizona** v. murgiso, murgisona. **mirgus** v. 1 mergus. **mirica** v. myrica. **miricetum** v. myreticum.

miricus [LL; cf. μῆριγξ], hedgehog.

minicus, ericius *GlC* M 219.

miridicus [LL *gl.*], who says wondrous things.

~us .. i. mira dicens Osb. Glouc. *Deriv.* 335; *mervelous*, ammirificus in factis, ~us in dictis *CathA*.

miridies v. meridies.

mirificare [LL], to make marvellous or wonderful, to glorify (with miracles); **b** (Jesus Christ); **c** (person, usu. saint or martyr; cf. *Psalm.* iv 4); **d** (act or abstr.; cf. *Psalm.* xxx 22).

to make mervelous, ~are *CathA*. **b** amor, Ihesu, sic te mirificat / quod tuorum pedes mundificat / tua manus J. Howd. *Cant.* 30. **c** quod suo tempore dignaretur caelestibus signis sanctum suum ~are Wulf. *Æthelwold* 43; tam glorifico suum famulum munere .. ~avit Jesus Christus Byrht. *V. Ecgwini* 394; 1187 ob Dei reverentiam et gloriosi martyris [sc. Thome] quem Deus ~avit *Ep. Cant.* 23; scitote quantum Dominus ~at amatorem suum Rolle *IA* 268; electos suos tam virtutum insigniis decorare quam et miraculorum fulgore perlucido ~are contendit et gloria *Mir. Hen. VI* I 9 p. 31. **d** [Deus] ibi opera hominum inestimabili decore ~avit Greg. *Mir. Rom.* 1; re faciente fidem verbis, lactis liquor idem / virginis et matris mirificavit opus Nig. *Mir. BVM* 704; 1333 Dominus misericordiam suam nobiscum licet immerito magnifice ~ans (*Lit. Regis*) G. Ed. III Bridl. 117; 1345 [Deus] .. suam ~avit graciam (v. devolutio 2a); fervetque mens muneribus ~ata nec aspicere dignatur oblectamenta iscius exilii Rolle *IA* 250; 1355 Dominus .. justificaciones suas potenti virtute ~ans *Conc.* III 34a.

mirificatio [LL]

1 glorification (by miracles).

de beatae Mildrethae ~one Gosc. *Transl. Mild.* 36.

2 wondrous act or sim.

ut .. non solum .. regina sed etiam rex vocaretur ad laudem et excellentiam ~onis sue H. Hunt. *HA* V 17.

mirificator [LL], one who glorifies (by miracles).

sic plerumque ipse sanctorum ~or alios in mediis ignibus protegebat, ab aliis etiam ignes fugabat Gosc. *Transl. Aug.* 16B.

mirifice [CL], **mirificenter**, in a remarkable or amazing manner, marvellously.

quod me prae ceteris ad te amandam ~e accendit Bede *Cant.* 1139; hoc Suuithinus miraculis ~e decoravit Ælf. *Æthelwold* 18.; translationem expositur gloriosae virginis Mildrethae ad locum quo nunc praesentiam suam ~e propalat Gosc. *Transl. Mild. prol.*; ille, ubi perfecta victoria potitus est, suos sepeliendos ~e curavit W. Malm. *GR* III 247; sic virtutes ejus in quatuor elementis mundi ~entissime declarata [*sic*] speciali decore monstrantur Dominic *Mir. Virg.*

f. 138; Deus populum suum sustentavit ~e per cibum quendam generatum in aere HOLCOT *Wisd.* 600.

mirificens v. mirificus.   **mirificenter** v. mirifice.

mirificentia [LL]

1 working of a miracle.

in qua plane, simili in praedicta puella ~ia, apparet magna Deo dilectae Mildrethae praestantia GOSC. *Transl. Mild.* 30 p. 197; optulit auctori Domino sueque dilecte magnificentiam et ubique diffudit hanc ~iam *Ib.* 31; quo [pisce] empto et asportato, ex more condiendi exenterato, omnipotentis Dei ~ia compedum clavicula quibus vir sanctus pedes suos astrinxerat in visceribus piscis invenitur DOMINIC *V. Ecgwini* I 6.

2 wondrous deed, phenomenon, or sim.

hec ~ia .. i. mirum OSB. GLOUC. *Deriv.* 335.

1 mirificus [CL], marvellous, remarkable, causing wonder; **b** (as quasi-sb.).

mirificis formata modis, sine semine creta ALDH. *Aen.* 20 (*Apis*) 1; ecclesiae suae .. aedificium multifario decore ac ~is ampliavit operibus BEDE *HE* V 20 p. 331; exin mirificis fulsit tua gloria signis ALCUIN *SS Ebor* 432; ardua murifici fulgent insignia templi *Mir. Nin.* 93; haec et alia his ~entiora gesta vidi ego *Enc. Emmae* II 21; ad magnum et ~um delatus sum castrum MAP *NC* III 2 f. 36; cujus ~a demon virtute cecidit obrutus juxta lectulum *V. Edm. Rich C* 607; venter eburneus, venter mirificus / modo mirifico fit methonomicus, / contentus continens WALT. WIMB. *Carm.* 46. **b** nunc jacet pallidus heri mirificus *Ib.* 334.

2 mirificus v. myristicus.

mirifillo v. myriophyllon.

mirifluus, wondrously flowing.

quod jam in mortuo / cursu mirifluo / olei fons ludit *Miss. Ebor.* II 49.

miringa v. meninga.   **miriofillos** v. myriophyllon. **mirleva** v. mirelevia.   **mirm-** v. myrm-.

miro [ML; cf. CL mirari], one who stares with surprise or amazement, admirer.

a miror hic ~o, -nis, i. mirator OSB. GLOUC. *Deriv.* 335.

mirobalanum, mirobolana v. myrobalanum. **miropola** v. myropola.   **miropolium** v. myropolium. **mirotheca** v. myrotheca.   **mirra** v. 1–2 murra. **mirrepolium** v. myropolium.   **mirreteca** v. myrotheca.   **mirrifer** v. murrifer, myrrhifer. **mirrifluus** v. murrifluus, myrrhifluus.   **mirt-** v. myrt-. **mirudon** v. myrmedon.

1 mirus v. 2 merus.

2 mirus [CL]

1 extraordinary, remarkable, causing wonder; **b** miraculous, supernatural. **c** (in place-name).

homines .. corpora miri candoris habentes .. describuntur *Lib. Monstr.* I 20; suscipiens Christum miro veneratur amore ALDH. *VirgV* 1980; quae quondam mirus perscripsit Baeda magister ALCUIN *Carm.* 72. 4; sabunca herba est medicalis habens spicas ~i odoris *GlC* S 39. **b** ~a res et non nisi caelitus facta BEDE *HE* IV 11 p. 227; non ad naturam sed ad Dei miram potentiam hujusmodi opus pertinet PULL. *Sent.* 886B. **c** 1230 abbas de ~is Vallibus [*Merevale, Warw*] *Pipe* 213.

2 (n. sg., pred.) amazing, surprising: **a** (w. inf. or acc. & inf.); **b** (w. indir. qu.); **c** (w. subordinate clause, usu. w. subj.); **d** (w. supine).

a fama est .. regem Scottorum .. dixisse ~um videri tam vili homuntioni tot provintias subici W. MALM. *GR* I 156; erat .. ~um videre .. quanta eum .. opum sequebatur copia *Id. HN* 481 p. 38. **b** ~um quare stultum appellare velitis laborem nostrum BEDE *HE* III 25 p. 184; est ~um quomodo audent querere panem ab eo cui suum auferunt *Ps.*-BEDE *Collect.* 379. **c** quid ~um si apostolorum oracula .. abominentur ALDH. *VirgP* 56; ~um .. quod tantam frigoris asperitatem .. tolerare praevales BEDE *HE* V 12 p. 310; nec ~um cum inter has et illas tanta sit vicinitas ABBO *QG* 9 (22); nec ~um .. si a tramite veritatis .. deviaverint GIR. *TH* I 6; non erat ~um quia paucis modis utebantur juxta diversitates ordinum supradictorum *Mens. &*

Disc. (*Anon. IV*) 32; non est ergo ~um [ME: *seolcuþ*] si nos miseri peccatores tolleremus hic penas *AncrR* 139. **d** sed, mirum dictu, magis indurescit ad ignem ALDH. *Aen.* 67 (*Cribellus*) 9.

3 (f. as sb.; ~*a solis*) chicory (*Cichorium lutybus*).

eleutropia, incuba, sponsa solis vel ~a solis, solsequium, cicoria idem, A. et G. *cicoree*, cujus flos dionisia vocatur *Alph.* 53; ~a solis, sicorea idem, G. et A. *cikoree Ib.* 117.

4 (n. as sb.) marvel, wondrous deed, phenomenon, or sim.

dum caput inclines, mundum super erigis astra / et mirum saeclis, mors tua vita fuit ALCUIN *Carm.* 116. 4; mirificentia, ~um OSB. GLOUC. *Deriv.* 361; que, quot, quanta, quibus pro sanctis mira coruscant GARL. *Tri. Eccl.* 77; dicunt preterea quod angeli locuntur eis in ydolis et ~a operantur *Itin. Mand.* p. 144; Contreye: mirum, sopanedula tracta que wyrum / .. / cardones mille—hec sunt insignia ville *Staura Civ.* 13.

mis v. 3 ego.

1 misa v. meisa.

2 misa [OF *mise*]

1 (act of) spending, outlay, expense (usu. pl.).

1242 ita quod de ~a predictorum x li. regi respondeant in reditu suo de nundinis *Liberate* 17 m. 5; adjudicentur feoffatis dampna sua et ~e sue quas fecerint occasione placiti *Leg. Ant. Lond. app.* 229; **1276** et est summa ~arum ejusdem compoti mdcccclxxxij li. xix s. j d. *Reg. Heref.* 35; **1288** summa ~arum hujus anni *Doc. Scot.* I 61; **1295** et restituere sibi .. expensas, ~ias, et interesse *Ib.* II 13; **1301** compotum .. de vadiis et aliis ~is et expensis hominum ad arma *Reg. Carl.* 182; **1337** subire graves ~ias et expensas *CartINorm* 45; **1419** argentum quod solvit pro eorum ~is, costagiis, et expensis *MGL* I 568.

2 mise, grant, payment, or tribute.

relevatas, / debita, gersumas, fines, scutagia, misas / imbreviare D. BEC. 1145; **1234** quietum .. clamavimus .. Ricardum et heredes suos de omnibus receptis, ~is, rationiciniis, compotis *Cl* 534; **c1381** rates misis sibi [*granted by the said community to the Archbishop of York for Westwood*] *Doc. Bev.* xxix; **1536** preposit' ~arum .. collect' ~arum *DL CourtR* 79/1059 r. 2.

3 settlement, agreement.

1264 cum .. quedam pacis federa nuper apud Lewes essent prolocuta per formam cujusdam ~e, in quam unanimiter consensimus *Cl* 389 (=*RL* II 257); comes .. statutum quoddam edidit quod quidam ~am Lewensen inusitato nomine nuncupabat WYKES 152; **1265** donec ~a apud Lewes facta .. concorditer fuerit ad impleta *MGL* II 664.

4 arbitration, judicial sentence or award.

1262 cum .. supposuerimus nos dicto vestro super omnibus contencionibus inter nos .. habitis, et vos vestri gracia ~am illam in vos assumpseritis *Cl* 120; **1262** tam rex ipse quam barones .. se ponerent in ~am in hac forma *Foed.* I 739; ante duellium vadiatum vel ~am magne assise *State Tri. Ed. I* 3; **1293** si dominus rex admittere velit predictam mysam jurate loco magne assise *PQW* 585b; **1293** non est necesse super hujusmodi don' facere ~am *Ib.* 595b.

5 (leg.) issue in writ of right.

1303 et quia per quandam aliam juratam captam .. inter easdem partes super consimili ~a in quodam alio brevi de compoto .. compotum *PIRCP* 148 m. 69; **1378** protestando quod ipsi non cognoscunt aliquod tale recordum umquam esse factum de quo in ~a predicta fit mencio *Ib.* 490 r. 105.

misca v. 1 muscus, nusca.   **miscarium** v. mistera. **miscelenium** v. miscellaneus.

miscellaneus [CL]

1 that combines various elements, mixed.

item a misceo miscellanus .. i. mixtus, quod etiam ~eus .. dicitur OSB. GLOUC. *Deriv.* 346.

2 (as sb. n.) hotchpotch.

pauperis inpense sint miscellenia [*gl.*: id est residua, a misceo] GARL. *Mor. Scol.* 197; *a messe of metis ȝove to poure men when men hath etyn*, miscelenium *PP*.

3 (understood as) pot for mixing food.

miscellaneus .. unde ~ea vasa dicimus in quibus prandia gladiatorum commiscebantur OSB. GLOUC. *Deriv.* 346.

miscellanus v. miscellaneus.

miscellarius, mixed.

~ius, mixtus, quod et miscellactius dicitur OSB. GLOUC. *Deriv.* 363.

miscellenium v. miscellaneus.

miscellio [CL], one who prepares different potions.

~o, -nis, i. ille qui novit artem diversos miscendi potus OSB. GLOUC. *Deriv.* 346.

miscellus [CL *as adj.*], (as sb. n.) mixture. **b** text that contains miscellaneous subjects, miscellany.

crisoprassus .. / est intertinctus aureis / quodam miscello guttulis FRITH. *Cives* 11. **b** hujusce miscillo brachilexii contignabo O. CANT. *Pref. Frith.* 22.

miscere [CL]

1 to mix, blend.

ut .. sacra altaria, cadaverum frusta .. velut in quodam horrendo torculari mixta viderentur GILDAS *EB* 24; pulvis ejus ~etur cum mirra *Comm. Cant.* III 148; unum ovum .. cum parvo lacte aqua mixto percipiebat BEDE *HE* III 23 p. 175; qui miscere furens famulos sibi vina rogabat ALCUIN *WillV* 20. 17; **1419** nullus vendicioni exponat vina contrafacta aut miscuata *MGL* I 711; dolea vini cum succo elebori nigri .. miscuentes *Plusc.* VII 23 p. 96.

2 to combine: **a** (substance or artefact); **b** (form); **c** (action); **d** (abstr.).

a ~ent semen in conjugio *Comm. Cant.* I 41; ad ecclesiam sanctorum Apostolorum est aecclesia mixta cum templo sanctorum apostolorum in honore omnium sanctorum *Descr. Constant.* 258; **c1205** ne quis .. faciat pannum tinctum vel mixtum *Regesta Scot.* 467; in iiij petr' trame sc. grossioris fili ad artinandum et miscuendum *Ac. Beaulieu* 215; in j sacca iiij petr' grosse lane pectinandis xxvij s. vj d., pro qualibet petra x d. in eadem artinanda et bene ~enda xx s. *Ib.* 220; in xvij lagenis olei emptis .. ad ~endum cum Rosyl' *Ac. Galley Newcastle* 178. **b** quis est versus mixtus? qui utrumque in se habet, id est partem districti et partem divisi ALDH. *Met.* 10 p. 93; serpens qui .. caeruleam fulgore specie aureo per omnes ~ebat squamas *Lib. Monstr.* III 8; breves .. cum longis duplicibus ~eri possunt HAUDLO 118; **1559** pro decimis minutis sive personalibus sive mixtis *Conc. Scot.* II 174. **c** laetitiae cachinos et jocosos ludorum amplexus ~entes ALDH. *VirgP* 35 p. 278; **1362** super .. accionibus quibuscunque realibus, personalibus, sive mixtis *RScot* 864a. **d** ubique gaudia mista dolori AILR. *Ed. Conf.* 776B.

3 to add or introduce (as ingredient or sim.).

illa quae semen viri sui in cibo ~ens ut inde plus amoris accipiat, peniteat THEOD. *Pen.* I 14. 15; cum quibus haec cantans cupiens sua miscere vota / non cessat famulans, quandoque non vitiis ÆTHELWULF *Abb.* 806; de quibusdam monachis qui ~uerunt venenum vino in calice abbati celebranti missam GIR. *GE* I 45 p. 122.

4 (refl. & pass.) to mix with, get involved with or in: **a** (person); **b** (action or abstr.).

ludentibus me miscui et .. cursu equi contendere coepi BEDE *HE* V 6 p. 290; comes .. qui excommunicatus vobis divina celebrantibus se ~et ANSELM (*Ep.* 65) III 182. **b** 705 liberius consentissem [*sic*] si non aliorum inventione me prius ~uissem WEALDHERE *Ep.* 23; **774** cuncta tamen fugitivae tempora vitae et omnes prosperitates saeculi hujus adversis causis ~eri cernimus *CS* 224; sed pius antistes vetuit specialiter unum / ex sociis, ludo ne se misceret inani ALCUIN *SS Ebor* 1182; precor .. ut nullatenis vos huic peccato ~eatis ANSELM (*Ep.* 424) V 370; non quod facundie jungi refugiat, sed immoderate verbositati ~eri non consentit ALB. LOND. *DG* 9. 2; per devia voluptatum .. oberrans infinitis me ~ui malis J. MIRFIELD *Flor.* 114.

5 to unite in sexual congress or in matrimony. **b** (intr.) to enter sexual or matrimonial union (with).

lex . . permittit . . ut . . duarum sororum filius et filia ~eantur BEDE *HE* I 27 p. 51; mulieri vir ~etur quando inlicitae concupiscentiae animus in cogitatione per delectationem conjungitur *Ib.* p. 57. **b** cum noverca autem ~ere grave est facinus *Ib.* p. 51.

6 to exchange.

dulcia . . inter eos sepe ~entur colloquia *V. Gund.* 3; cum jam archiepiscopus factus esset hillarior et amica adinvicem et grata ~erent colloquia *Chr. Witham* 502; cum omnipotenti Domino fabulari, . . cum tocius mundi Salvatore ~ere colloquia *Spec. Incl.* 2. 1.

7 to provide, secure.

705 quia nullo modo possum inter illos reconciliare et quasi obses pacis fieri nisi maximum communionis consortium inter nos ~eatur WEALDHERE *Ep.* 22; unique ex suis mandavit specialem suam flasconem sumere ac pauperibus ~ere Christi ALCUIN *WillP* 17.

8 (p. ppl. as adj. or quasi-adv.) part-, partly.

quare . . consentiret [papa] vocari pater sanctissimus . . deus mixtus, vel deus in terris WYCL. *Chr. & Antichr.* 691; **1495** rex est persona mixta, *car* est persona unita cum sacerdotibus *Saint Esglise Treat. J. P.* 186.

9 (p. ppl. as sb. n.) mixture.

ad hoc dicendum quod possumus loqui de partibus mixti, et sic verum est quod partes ejus, sc. ipsa mixibilia actu in ipso mixto aliquo modo sunt BACON XIII 369; similiter in mixto quatuor materias quatuor miscibilium, et forte quintam mixti SICCAV. *PN* 115.

10 motley, cloth of mixed colour or fabric.

1314 in . . xij pannis de rubeo mixto pro clericis (*MinAc*) *EHR* XLII 199; **1326** collobium et capicium . . de mixto vendatur *FormA* 426; **1382** unam peciam panni blueti coloris . . et unam aliam peciam panni de mixto (*Cl*) *Foed.* VII 356.

11 (as sb. f. or n.): **a** light meal; **b** (mon.) light breakfast after communion.

a qua de causa in festo Cereris eadem hora mixtam, idest parvum cibum, gustant sacrificantes Cereri *Natura Deorum* 54. **b** detur spatium quo ministri fratres . . mixtum [AS: *snædincge*] accipiant *RegulC* 24; peractae missae caelebratione omnes ad mixtum peragunt. post mixtum sacerdos suum peragat mandatum Æ̷LF. *EC* 9; ingressi . . refectorium faciant ante et retro ante sedilia sua et considentes sumant mixtum de pane tantum et potu quem super justicias suas a refectoriis in sciphis positum invenerint LANFR. *Const.* p. 107; licet ei ante conventum discumbere, et quotidianum mixtum de promptuario, ut unus ministrantium, debet habere *Obed. Abingd.* 393.

misch- v. misk-. **mischinus** v. meschinus.

miscibilis [ML], that can be mixed or combined, miscible. **b** (n. as sb.) substance that can be mixed or combined, ingredient.

mixtio est ~ium elementorum vel aliorum alteratorum unio *Ps.*-GROS. *Summa* 605; prima est potentia miscibilium, et iste potentie ~es commixte et confuse generant massam confusam BACON XIII 84; coagulasti eum [sc. Mercurium] et reduxisti album ut nix et contribilem et ~em CUTCL. *CL* 190. **b** alio modo per contactum, ut micibilia mixta tangunt se BACON XI 249; ipsa mixibilia *Id.* XIII 369 (v. miscere 9); pugna diversarum qualitatum in corpore per qualitates activas necessario concludit rationes essentialiter diversas super quas fundatur pugna, scilicet diversitatem ~ium in mixto PECKHAM *QA* 30; utrum primus parens vel aliquid aliud possit esse incorruptibile ex equalitate ~ium secundum virtutem *Quaest. Ox.* 125; unde ad tantum desipui quod putavi zimare, id est videre eciam, vel alium pulverem colorantem, cum terra liquata vel alio ~i coextendi WYCL. *Log.* III 68.

miscillum v. miscellus. **miscis** v. promuscidis. **misck-** v. misk-.

miscravatio [AS *mis-*+*cravatio* < AS *crafian*], (leg.) wrong accusation, error in making a plea.

difforciacione recti; ~one; presumptis accusationibus (*Leg. Hen.* 22. 1) *GAS* 561.

miscuare, miscuere v. miscere.

misdocere [AS *mis-*+docere], to teach wrongly, mislead.

si presbiter populum suum ~eat [AS: *miswyssige*] de festo vel de jejunio, reddat xxx sol. (*Quad.*) *GAS* 131.

misefurra, kind of fur.

1421 pro xvj cistis vitri j barello cum iiij mantellis calaber' . . ij mantellis ~e *EEC* 509.

misellulus [ML], poor, wretched, humble. **b** (as sb.) poor, wretched person.

misellus . . et ~us . . ambo diminutiva OSB. GLOUC. *Deriv.* 347. **b** piissime, potentissime, his tuis ~is [v. l. misellis] miserere OSB. *Mir. Dunst.* 3.

misellus [CL]

1 poor, wretched, humble. **b** (as sb.) poor, wretched person.

672 ~us homuncio ALDH. *Ep.* 5 p. 492; clementer mitis populo miserere misello ALCUIN *Carm.* 27. 10; c**800** ego Pilheardus [l. Ᵽilheardus] ~us comis regis Merciorum *CS* 201d; ~us, diminutive miser *GlC* M 214; me ~um servum suum *Mir. Hen. VI* II *prol.* p. 85. **b** pascere non cessat praebens alimenta misellis ALDH. *VirgV* 2211; tunc caecis merget flammis sine fine misellos BEDE *Hymn.* 14. 123; surdis auditum, languentibus atque salutem / firmabant cunctis et restituere misellis WULF. *Brev.* 617; mortem ~us pro clementiae teneritudine indeptus W. MALM. *GR* V 419; Jesu pie . . tui nunc ~i miserere R. COLD. *Godr.* 148.

2 (as sb. m. or f.) leper.

quod meselli non veniant infra muros civitatis *Chain Bk. Dublin* 234; *a lepyr, . . ~a, . . ~us CathA.*

miser [CL]

1 wretched, unfortunate, pitiable: **a** (of person); **b** (of country); **c** (of act, condition, or circumstance); **d** (of abstr.).

a confugiunt undique de diversis locis ~errimi cives GILDAS *EB* 25; auxilium miseris ut ferret civibus ultro ALDH. *VirgV* 820; amodo paciamur hominem quemque ~erum [AS: *earmne*] tam quam felicem, puplica rectitudine dignum esse (*Cons. Cnuti*) *GAS* 309; nonne satis miser est, quem nec Deus ipse beare / sufficit? ulterius quis miser esse potest? J. SAL. *Enth. Pol.* 10. **b** ne penitus ~era patria deleretur GILDAS *EB* 17. **c** audio . . sonitum inmanissimi fletus ac ~errimi BEDE *HE* V 12 p. 306; ~eram vitam pauco tempore pane cibario sustentavit W. MALM. *GR* II 188; ~era humane imperfectionis conditione GIR. *TH intr.* p. 8. **d** impudentis filiae quodam ineluctabili pondere ~eram animam oneras GILDAS *EB* 31; ecce ~eram animam et misericordem apostolum ANSELM (*Or.* 9) III 32.

2 despicable.

saevit Herodes adversus Christum et quasi posset inter ceteros unum jugulare quem sibi succedere ~er timebat THEOD. *Laterc.* 15; dicens contemnendos esse eos et ~eros, qui Deo suo . . oboedire contemnerent BEDE *HE* III 21 p. 170.

3 that brings misery, awful.

gravissima Sarracenorum lues Gallias ~era caede vastabat BEDE *HE* V 23 p. 349; tunc per ~eram semiviri regis ignaviam omnino emarcuit W. MALM. *GR* I 96.

4 (as sb. m. or f.) poor, wretched person.

his igitur miseris spondet Victoria virgo ALDH. *VirgV* 2392; illa [sc. Scylla] . . ~erorum fertur lacerasse naufragia *Lib. Monstr.* I 14; erat . . multum misericors et cultor pauperum ac velut pater ~erorum BEDE *HE* III 14 p. 156; sit quoque nostra manus miseris largissima semper ALCUIN *Carm.* 100 1. 10; si ~er ille maledictam mulierem deseruerit, sit absolutus W. MALM. *GR* II 175.

5 miser.

ex quibus nundinis . . multi . . ~eri et ambiciosi depauperati fuerunt AD. MUR. *Chr.* 174.

miserabilis [CL]

1 miserable, wretched, eliciting pity: **a** (of person, also dist. from *miser*); **b** (of act, condition, or sim.); **c** (of abstr.).

a sumptu publico privatoque adjunctis secum ~ibus indigenis GILDAS *EB* 18; cum multis miser videretur, paucissimis erat ~is W. MALM. *HN* 481 p. 39; **1168** in paupertatem et ignominiam miser, sed nulli ~is, corruit J. SAL. *Ep.* 233 (239 p. 454); Romano pontifice nemo ~ior est, conditione ejus nulla miserior

Id. Pol. 814B; de miserrimi illius nec ~is tamen Jude proditoris in scopulo marino positione GIR. *TH* 43; c**1270** nisi proprias causas persequantur vel ~ium personarum *Conc. Scot.* II 35. **b** quas [pantheras] Lucanus poeta . . per carmen ~e [Orphei] provocatas cecinit *Lib. Monstr.* II 7; rem ut erat ~is et lacrimabilis . . hoc est uxoris velut mortuae disperabilem vitam, episcopo . . revelavit *V. Cuthb.* IV 3; clamabat . . ~i voce: "quid vis modo?" BEDE *HE* V 13 p. 311; Abel, luctus ~is *GlC Interp. Nom.* 5. **c** tibi [sc. Sanctae Mariae] sese conatur praesentare ~is anima mea, morbis vitiorum languida ANSELM (*Or.* 5) III 13.

2 that brings misery, awful.

ingens . . et ~e advena veteres colonos migrare compelleret W. MALM. *GR* II 161; ~is et infanda cedes Walterii Dunelmensis episcopi quem Northanimbri . . trucidarunt *Ib.* III 271; novem sunt que festinare debent confessionem. . secundum est magna et ~is jactura quam peccator incurrit, quia nichil quod agit Deo placet *AncrR* 125.

3 pitying, that confers pity, that shows mercy.

a cardinalibus consecratur, quem cum ante simplex fuerat Deus ~i gracia et eloquencia perfudit BROMP-TON 1033.

miserabilitas [LL], ability to pity, capacity to show mercy.

non quesivit in eis justiciam, quam ipse erat daturus, sed solam materiam humilitatis et ~atis, id est, ut essent apti ad misericordiam BRADW. *CD* 436D.

miserabiliter [CL], in a manner that elicits pity, pitiably, miserably, wretchedly.

Ezechiel . . cui primum Dominus ~iter plagam Israel defleti ait GILDAS *EB* 61; cum constet . . spissos palmitum pampinos . . ~iter marcescere ALDH. *VirgP* 9; ~iter . . daemonica fraude seductus BEDE *HE* V 13 p. 311; quo ~ius ipse desperata salute periret *Ib.* V 14 p. 315; discordat . . ~iter anima mea cum copulata sibi carne mea ANSELM (*Or.* 13) III 54.

miseraicus v. mesaraicus.

miseramen [LL], pity, mercy.

ergo solo strati, poscunt miseramina Christi FRITH. 1011.

miseranter [CL], mercifully, pityingly.

~anter adverbium OSB. GLOUC. *Deriv.* 347; **1276** Deus . . pacienciam . . nostram respiciens ~anter *TreatyR* I 134 p. 55.

miserari, ~are [CL]

1 to have mercy (on), be merciful (to): **a** (absol.); **b** (w. dat.); **c** (w. acc.); **d** (as act.).

a gratias agebat Deo ~anti *V. Cuthb.* I 4; vos videam laetos mox, miserante Deo ALCUIN *Carm.* 18. 16; ecce Neotus adest, Domini miserantis alumnus *V. Neot. A* 13; ~ante Deo claruit veritas ANSELM (*Ep.* 63) III 178. **b** **1394** docuit hominem ad diligendum inimicos, et ad ~andum eis *Conc.* III 222B. **c** ~are labores nostros ANSELM (*Prosl.* 1) I 99; ~ans hominem in periculo gravi positum *Id.* (*Ep.* 27) III 135; horum igitur Wlstanus ~atus W. MALM. *Wulfst.* I 7; hostes . . suos ~atus precepit indigenis sepelire eos G. MON. X 13; afflictos ~ans et penas mitigans GIR. *PI* I 16 p. 57; attamen ~atus hominem ambo pondera apposuit in lance COGGESH. *Visio* 15. **d** item a misereor ~o, -as, i. misereri OSB. GLOUC. *Deriv.* 347.

2 to grant out of pity.

s**1245** rege ~ante ei deducatum (v. deducatus).

3 (gdv. as adj.): **a** miserable, wretched, eliciting pity. **b** awful, bringing misery.

a crudelitas quae letiferam ~andis civibus luem inferebat ALDH. *VirgP* 52 p. 309; domicilium est ingressus in quo aeger quiescebat ~andus LANTFR. *Swith.* 3. **b** ~andas imminentes poenas cito exitu devitabant GILDAS *EB* 19; qui genitus mundum miseranda labe resolvit ALDH. *CE* 2. 30; at vulgus reliquum, miseranda strage peremptum (*Vers.*) W. MALM. *GR* II 135.

miserarius, merciful.

1126 quatinus perlecta cartula natorum pro te laborantium gemitibus ~ius . . vela retorquere non differens *Ep. Anselm. Bur.* 96.

miseratio [CL]

1 compassion, pity, mercy; **b** (in diplomatic phr.); **c** (w. subj. gen.); **d** (w. obj. gen.); **e** (w. ref. to *Psalm.* l 3).

in medio Tiberis alveo sine ~onis [*gl.*: *forgifenysse*] respectu mergere jussit ALDH. *VirgP* 51; c**695** supernae dignatio ~onis (*Lit. Papae*) *CS* 84; ut nos ab hoste .. sua ~one defendat BEDE *HE* III 2 p. 129; sperate in Domino et veniet miseratio vobis ALCUIN *Carm.* 62. 178; ~o qualis erit unde amor deerit? PULL. *Sent.* 704D. **b** c**1158** Ricardus divina ~one Roffensis ecclesiae minister *Doc. Theob.* 173; **1433** nos .. Willelmus ~one divina prior Ecclesie Christi *Lit. Cant.* III 163; **1459** Georgio ~one divina episcopo Brechinensi *Conc. Scot.* II 80. **c** saepe nocet puero miseratio blanda magistri ALCUIN *Carm.* 62. 38; ad tempus latuit, sed eum miseratio Christi / luce coruscantem, mundo post prodidit omni WULF. *Swith.* I 480; filii ejus .. missi ad regem Swevorum ut perimerentur, sed, ~one ejus conservati, Hunorum regem petierunt W. MALM. *GR* II 180 p. 218; tandem sibi ~o judicis vitam prorogaret in posterum *Id. Wulfst.* I 8 p. 14; quumque in infirmitatem decidisset, et mori se comperisset, Apollinis ~onem precatus est ALB. LOND. *DG* 13. 3. **d** seu ~one fortunarum ejus infracta, seu virtute delectata W. MALM. *GR* I 34. **e** de multitudine ~onum Dei illum confortans ANSELM (*Ep.* 65) III 185; in multitudine ~onum suarum salvabit eos DICETO *YH* II 133.

2 amercement.

Willelmo autem .. debitam ~onem xx solidarum gratanter remitto BRAKELOND f. 133.

miserativus, concerned with pity or compassion.

in tristicia vivunt que ad iram disponit, et ~i sunt quoniam omnes sue debilitati et miserie comparticipes putant, et hoc est miserabile HOLCOT *Wisd.* 178.

miserator [LL], one who pities: **a** (of God); **b** (of person).

a Deus .. omnipotens dominator .. ~or EGB. *Pont.* 38; haud enim ~oris omnium caeleste ei deerat solatium, a cujus laude numquam ejus cessaverat organum B. *V. Dunst.* 4; omnipotens et ~or Deus J. SAL. *Pol.* 389A; miserator et misericors Dominus R. COLD. *Godr.* 138; pauper peccator, Dominus tibi sit miserator SERLO BAY. 211; c**1190** ~or eternus respiciat in vos et non moretur *Ep. Cant.* 261; ~or animarum AD. MARSH *Ep.* 100. **b** justicie judex, miserator et optime tu rex *Vers. Hen. V* 22.

miseratrix [LL], one who pities (f.).

melliflua ~ix quod infirmis meritis defuit sua benignitate supplevit GOSC. *Transl. Mild.* 26; ut quasi hac voce humana judicium ~icis suae implorare viderentur *Id. Werb.* xxiii.

misere [CL], in a manner that elicits pity, pitiably, miserably, wretchedly.

quia .. junctis ~e manibus .. omnes aut ruina perituri aut fluctibus absorbendi deciderent BEDE *HE* IV 13 p. 231; vastavit ~e gentem innoxiam *Ib.* IV 24 p. 266; qui ~e ascendit ~ius rotatur et ~errime deicietur J. SAL. *Pol.* 812C; canonicis ab ipso ~e nimis et infeliciter institutis GIR. *IK* II 1 p. 106; igitur in hiis viij figuris totum pondus erit significandi, aut sumptum per differentias vocis que sunt asperum, leve, .. jocose aut ~e etc. *Ps.*-GROS. *Gram.* 70.

miserea v. miseria.

misereri, ~ere [CL]

1 to have mercy (on), show compassion (towards): **a** (absol.); **b** (w. gen.); **c** (w. dat.); **d** (w. acc.); **e** (w. abl.); **f** (w. *in* & abl.); **g** (w. *super* & acc. or abl.).

a ita succedentibus sibi lictoribus acriter fustigatus; nichil aliud inter tormenta nisi "~ere Domine, Domine ~ere" clamitabat W. MALM. *Wulfst.* I 8 p. 14; ~ere et observa legem tuam BACON V 146; te precor instanti da tempore, Criste, misertus, / ut metra que pecii prompta parate queam GOWER *VC* II *prol.* 85. **b** dedignatur namque ut praelatus illius sui ~tus vel ad modicum sibi parcat, immo magis ut suam immoderate puniat culpam desiderat *Simil. Anselmi* 138; nato Jove mire pulchritudinis, ipsius ~ta, misit Saturno lapidem ALB. LOND. *DG* 15. 10; ~ti pulchritudinis illius eam .. vivam .. dimiserunt *V. II Off.* 6; est major Dei misericordia qua potest ejus ~eri si vult GROS. *Quaest. Theol.* 199. **c** Christus clementia sua .. qua .. contritis corde ultro ~eri scit ALDH. *VirgP* 43; noster .. episcopus .. rogantibus nobis ~tus est ei *V. Cuthb.* IV 4; si forte mihi Dominus .. ~eri voluerit BEDE *HE* III 13 p. 153; ~ere [AS: *gimilsa*] supplicibus tuis *Rit. Durh.* 18. **d** verum ne paupertatem illius diabolus ~eri [v. l. miserari] videatur OSB. *V. Dunst.* 14; ~tus Anglicane ecclesie desolationem FL. WORC. *Cont. B* 141. **e** clamant carnifices nulla pietate miserti GOWER *VC* I 1048. **f** set mare qui pedicus calcavit in orbe misertus *Ib.* I 1909. **g** vir .. Domini ~tus super turbam fame valida pereuntium omnem pecuniae portionem quam habebat in usus pauperum expendit WULF. *Æthelwold* 29; motus et ~tus super ecclesie desolatione M. PAR. *Maj.* III 543.

2 (*~ere*) Miserere (usu. w. ref. to Penitential *Psalm.* l).

deinde .. duos psalmos 'Domine ne in furore tuo' .. et '~ere mei Deus' .. canant *RegulC* 19; **1293** cum servientes conventus ad ecclesiam finito prandio cum '~ere' processerint *Reg. Malm.* II 384.

3 (impers., *me ~et* w. gen.) I feel sorry (for).

extremum puto calamitatis, cujus etiam me ~et, quod .. W. MALM. *HN* 481 p. 39.

4 (gdv. as sb.) miserable, wretched person.

peccavi, redeo, miserere precor miserendi GOWER *VC* I 1823.

miserescere [CL], to have mercy (on): **a** (absol.); **b** (w. dat.); **c** (w. acc.).

a 10.. ~at, *gemiltsige WW*; miserescite, magni / Mirmidonum proceres J. EXON. *BT* II 60. **b** qui solet indignis ultro miserescere bernis ALDH. *VirgV* 2818; diu Deum oravi cum gemitibus ut meis perplurimis delictis ~eret, et rem ostensam demonstraret BYRHT. *V. Ecgwini* 376 (*recte* 366); imploremus Cunctitonantem ut allubescat et ~at effectibus nostris ÆLF. BATA 5. 11. **c** vir Dei, parentum sollicitudinem et vexatae humanitatis labores ~ens, velut paterno pectore illis propitiari coepit FELIX *Guthl.* 41 p. 130.

miseria [CL], misery, wretched state or condition; **b** (fig. or as personification).

labores et dolores inspicere, ~iam et impietatem contra GILDAS *EB* 51; pannis vero advolvitur nostras ~ias quatiendo THEOD. *Laterc.* 14; †**909** (12c) omnium contubernio segregatus aeterna inferni ~is dampnatus intereat *CS* 628; quid mirum effluam totus in lachrymas, / defleam, lugeam tantas misereas *Pol. Poems* II 114. **b** inscius utrum gloriosa Felicitas tibi vehat .. dilicias saeculi, an spumas agit ore cruento ~ia BURGINDA 10.

miseriator v. miserator.

misericordia [CL]

1 compassion, pity, mercy; **b** (w. ref. to *Gen.* xix 19); **c** (w. ref. to *Psalm.* lxxxv 13); **d** (in diplomatic phr.); **e** (as title or form of address); **f** (fig. or as personification).

penitentes secundum canones non debent communicare .. nos autem pro ~ia .. licentiam damus THEOD. *Pen.* I 12. 4; nullum .. scire .. ab alienis .. aliquid genus ~iae sperantem *V. Cuthb.* II 5; divina operante missericordia ALCUIN *WillP* 24; justitiae .. est ~ia quasi lumen, et ~iae vigor justitia ANSELM *Misc.* 329; **1324** valeat .. in Christo per sue matris ~ia gloriosa *Lit. Cant.* I 127; **1415** item volo habere .. vij capellanos .. divina celebraturos in recompensacionem vij mortalium peccatorum et emendacionem vij operum ~ie in locis istis *Reg. Cant.* II 51. **b** magnificavit .. ~iam suam nobiscum Deus volens omnes homines salvos fieri GILDAS *EB* 10. **c** ~ia Dei quae magna est ALEX. CANT. *Dicta* 1 p. 115. **d 875** ego Plegmundus ~ia Dei archiepiscopus *CS* 539. **e** c**1130** rogantes humiliter vestram pietatem et ~iam ut illum fratrem et amicabiliter tractetis et diligatis *Ch. Westm.* 248A; veniam a vestra petimus ~ia MAP *NC* V 5 f. 63v. **f** subsequenter subjungit Pietas .. cui ~ia: "et idem [Deus] non solum misericors sed et multe misericordie" *Quaest. Salern.* B 1.

2 mercy, discretionary power, authority (usu. w. ref. to amercement).

reclamat pro hoc manerio ~iam regis (*Herts*) *DB* I 132vb; de omni terra sua est in ~ia regis (*Worcs*) *Ib.* 172ra; quicumque alterutram perfregerit, de vita et omnibus in ~ia regis sit [AS: *buton him se cyninge gearian wylle*] (*Quad.*) *GAS* 280; a**1123** et ibi positus fuit Serlo in ~ia regis per judicium baronum de scaccario quia .. (*Ch.*) *EHR* XIV 426; cum .. aliquis de mobilibus in beneplacito regis judicatur, lata in eum a judicibus sententia per hec verba, 'iste est in ~ia regis de pecunia sua', idem est ac si 'de tota' dixissent *Dial. Scac.* II 16; rex .. retinuit in ~ia sua castellum Cestrie *G. Hen. II* I 135; c**1320** de illis qui sunt in ~ia .. regis et non sunt amerciati *MGL* I 79.

3 amercement, fine.

1100 si quis baronum vel hominum meorum forisfecerit, non dabit vadium in ~ia pecuniae suae (*Ch. Coron. Hen. I* 8) *GAS* 522; c**1131** homo London' non judicetur in ~ia pecunie (*Ch. Hen. I* 7) *Ib.* 525; **1201** Willelmus et Rob' in misericordia pro falso clamore. ~ia Willelmi dimidia marca *SelPlCrown* 2; **1202** pro quadam ~ia in quam cecidit in curia domini sui et quam sepius summonitus reddere noluit *Ib.* 18; a**1220** si equus inventus fuerit in prato domini detur nummus pro eo de ~ia *BBC* (*Haverfordwest*) 154; **1247** quod nullus burgensis de Drogheda de ~ia pecunie judicetur .. nisi secundum antiquam consuetudinem suam (*Ch.*) *EHR* XV 312; **1263** salvis mihi .. de dictis burgensibus terciis ~iis de assisis panis et cervisie fractis *BBC* (*Agardsley*) 179; pro una sola ~ia solvit xx libras argenti *Leg. Ant. Lond.* 163.

4 tallage.

1167 R. ruffus reddit compotum de c et vj s. et j d. de veteri ~ia monet' Lincol' *Pipe* 51; de ~ia .. Judeorum et de redemptione monetariorum .. sua portio .. regine debetur *Dial. Scac.* II 26B; **1190** possessiones .. teneant quietas de .. omnibus auxiliis et ~ia comitatus *Cart. Rievaulx* 127; c**1210** reddet quilibet eorum xij d. de firma .. et quietus erit de omni ~ia que ad predictam villam pertinet *Ch. Chester* 349 p. 348; **1215** erunt ~ia et leges in Wich tales quales prius fuerunt *Ib.* 394 p. 390.

5 (mon.) relaxation of the rule.

tempore ~ie, et quotiens in misericordie domo fit recreatio *Cust. Westm.* 131; quando conventus est super ~iam, et abbas debet esse similiter *Ib.* 258.

6 special allowance for food or drink.

c**1255** ut detestabiles ingurgitationes ~iarum prohiberentur *G. S. Alb.* I 235; de his .. percipit coquinarius viginti solidos at [l. ad] faciendum ~iam tertiam *Chr. Evesham* 213*n*; conventus habuit trinam ~iam per annum in domo ad hoc proprie deputata, ubi comedebant carnes secundum quod Deus dabat SWAFHAM 110; **1327** in solutis ad ~iam infirmorum per annum xvj s. *Comp. Swith.* 255; quociens coquinarius facit ~ias inveniet abbati tria generalia ~ie duplicata ad nonam, et quatuor pitancias AMUND. II 317.

7 (*~ia, domus ~iae*, or sim.) misericord, monastic parlour.

1222 ad hec statuimus ut cum ratione debilitatis .. monachi seorsum in ~ia morantur, semper habeant secum ad minus duos seniores *Conc. Syn.* II 124; si monachi in hospicio recepti cum abbate .. vel in ~ie domo reficere debeant *Cust. Westm.* 83; ad ~ias, et quoties aliquis in infirmitorio discubuerit, secundum temporis exigentiam, inveniet lucernam *Obed. Abingd.* 376; **1293** statuimus .. articulos pro statu diete refectorii, ~ie, et infirmitorii *Reg. Malm.* II 383; **1300** ne domus juxta vestrum refectorium que vocatur ~ia vobis in judicium convertatur .. *Reg. Cant.* 853; in infirmitorio, in mensa communi, ac in domo ~iarum ibidem *Cust. Cant.* 40 (v. domus 8); **1434** aula que vocatur *þe table* vel ~ia in qua comedunt monachi carnes videlicet extra refectorium *Reg. Cant.* II 541; diverse sunt officine constitute, viz. .. camera sacriste, ~ia, et alie *Chr. Evesham* 286.

8 misericord, part of a hinged seat in a choir stall.

facta oratione super formas aut ~ias, si tale tempus fuerit, signantes se inclinent *Inst. Sempr.* xlvi*; c**1200** super formulas vel ~ias inclinamus (*Stat. Carthus.*) *MonA* VI vi; et sedebunt super ~ias dicendo 'Pater noster' *Cust. Cant.* 15.

9 dagger.

1299 predictus N. percussit eum retro in dorso cum dicta ~ia *Gaol Del.* 37/4 m. 2*d*; **1306** [*cutting off his thumb*] cum una ~ia *CourtR Wakefield* II 61; [*with a knife & j dagger*] ~ia *Ib.* IV 127; **1325** cepit .. unum equum et unum aketonem et unum ~um *Cl* 142 m. 6; **1452** una ~ia argentea, precii .. vj s. viij d. *MunAcOx* 658.

misericordialis [ML], merciful.

posuit fundamentum super quod edificavit discipulis suis monastice religionis affectum et indicte discipline ~em obedientiam *Ep. ad amicum* 52.

misericordialiter [ML], mercifully.

~iter per Deum omnipotentem motus fuit *Entries* f. 599vb.

misericordiosus [ML], compassionate, merciful.

1370 graciam Dei . . cum ~a indulgencia . . obtinere *Conc.* III 129b.

misericorditer [CL]

1 compassionately, mercifully, pitifully.

ut avertatur furor Domini a vobis ~iter dicentis GILDAS *EB* 110; p**675** solita clementia ~iter refocilat ALDH. *Ep.* 4 p. 485; cum aliorum erratibus ~iter intervenimus praemium nostrae benignitatis restituet BEDE *Hom.* II 12. 164; Deo ~iter favente B. *V. Dunst.* 7; multo mitius agiter et ~ius GIR. *GE* I 34 p. 109; **1220** consideratum est quod amittat pedem et sciendum quod ~iter agitur cum eo per consilium . . regis cum majorem penam de jure demeruisset *SelPlCrown* 127.

2 in a manner that brings misery, awfully, pitiably.

s**1301** mulieres in puerperio decubantes ~iter et atroci sevicia trucidarunt *Ann. Lond.* 119; paganos omnes . . ~iter trucidavit CIREN. II 56.

3 by way of amercement.

c**1195** et si de sanguine et plaga convictus fuerit triginta denarios vadiet et per gratiam meam vel baillivorum meorum ~iter reddat *Rec. Lostwithiel* 329.

misericordum v. misericordia.

misericors [CL]

1 compassionate, merciful.

volens magis incidere in manus ~dis Dei quam hominum GILDAS *EB* 39; erat multum ~s et cultor pauperum BEDE *HE* III 14 p. 156; miser homo, esto ~s ALCH. *Ep.* 298; hic igitur beatus vir fuit Romanus genere, sed ~dissimus homo *Descr. Constant.* 260; erat . . mens ~s que vellet satisfieri cunctis W. MALM. *Wulfst.* III 19; viri miscericordes BIRCHINGTON *Arch. Cant.* 14 (v. 1 compati 2g).

2 (as sb. m.) misericord, dagger.

1300 de N. de B. pro thesauro invento viz. unum ~dem pretii xviij d. *Leet Norw.* 52; **1306** Thomas vulneravit ipsum cum quodam ~e in dorso *DocCOx* 166; **1313** quia . . abstulerit . . unum sigilum, unum ~dem *Leet Norw.* 56.

misevenire [AS *mis-*+evenire], to turn out badly, go wrong.

et si compellatio sit, et in emundatione ~iat [AS: *mistide*], judicet episcopus (*Quad.*) *GAS* 349.

misfacere [AS *mis-*+facere], to injure, harm, do wrong: **a** (absol.); **b** (w. dat.); **c** (w. acc.).

a nec debet requiri a domino si homo suus ~iat (*Leg. Hen.* 86. 2) *GAS* 601; si eorum crocca towallet . . et ~iant (*Ib.* 94. 3a) *Ib.* 611; **1214** absque meffacere et absque faciendo guerram inter Joannem regem Anglie et nos *Foed.* I 125b; **1217** cupiant de rebus nostris . . ubicunque ea invenerint absque mesfacere, se dictam pecuniam non persolverimus *Pat* 114. **b** **1221** quod nobis per castrum illud nullatenus mesfaciet *Cl* I 460a. **c** **1231** dominus rex Francie posset eos juvare sine se mesfacere *Ch. Chester* 436; sine se meffacere *Ib.*; **1242** nos, sine nos mesfacere, poterimus juvare hominem nostrum contra malefactorem *RGasc* I 162b.

misia v. 2 misa. **misitare** v. missitare.

miskenninga [AS *miscenning*], miskenning, mistake or variation in pleading before court.

?**1131** ~a in *hustenge* (v. hustingum a); s**1136** omnes exactiones et meschenningas et injustitias, sive per vicecomites vel per alios quoslibet male inductas, funditus exstirpo W. MALM. *HN* 464 p. 20 (=*SelCh* 144: mescheningas); c**1180** sine omne occasione et ~a *Ch. Westm.* 294; sine occasione et misckeningia *Ib.*; sine omni occasione et mischeningia *Ib.* 295; sine omni occasione et mischenningia *Ib.*; c**1200** reddendo . . annuatim . . viginti solidos . . sine omni occasione et meskenninga *E. Ch. S. Paul* 242; reddendo . . annuatim mihi et heredibus meis . . unam libram piperis . . sine omni occasione et miskenninga *Ib.* 79; c**1205** reddendo . . annuatim nobis . . duas marcas . . sine omni occasione et miskenningia *Ib.* 210; **1321** quod in civitate illa in nullo placito sit miskennyngga *PQW* 449a.

mislata [ML < *misculata], mêlée, brawl, fight.

1091 et si in exercitu vel in curia vel in via curie vel exercitus ~a [v. l. vis illata] evenit que pro precedente ira facta non fuerit (*Cust. Norm.*) *EHR* XXIII 507.

mislocutio [AS *mis-*+locutio], wrong phrasing, verbal error in pleading, miskenning.

transeunt etiam in ~one *miskenninge* (*Leg. Hen.* 22. 1) *GAS* 561.

misor [OF *miseor*], arbiter, awarder.

1259 [*to appoint arbitrators or awarders*] ~ores *Cal Pat* 25.

misprisio, mesprisio [AN *mesprision*, OF *mesprison*]

1 misprision, wrong action or omission, culpable error. **b** (*~o proditionum*) misprision of treason, offence like treason, but involving less guilt.

c**1190** per mesprisionem et negligenciam nuper priorem [l. priorum] Roffen' . . ad ecclesiam illam indebite compresentaverunt *Reg. Roff.* 182; **1203** pro ~one foreste *Pipe* 143; **1383** de diversis mesprisionibus in officio suo predicto ibidem factis, in speciali de quinque milibus francorum ab inimicis nostris Franc' per tractatum illicitum . . receptis, . . allocutus (*Ch.*) *RParl* III 398a; **1422** pro commodo tocius populi domini regis, et emendacione certorum defectuum et ~onum usitatorum publice . . quedam ordinaciones statuuntur et sunt tales *Mem. York* II 126; **1444** in reformacione et satisfaccione mesprisionum et extorcionum si quas fecerim *Paston Let.* 12 p. 24; **1513** falsas oblegancias, meprisiones, ac concelamenta *Reg. Heref.* 175. **b** **1573** mespriciones prodicionum *Pat* 1106 m. 3.

2 mistake, misunderstanding.

1220 melius credunt quod E. illam cepisset in pastura per mesprisionem et ignorantiam quam dicto modo *SelPlCrown* 126.

missa [LL]

1 sent artefact, missive, letter.

epistola, ~a OSB. GLOUC. *Deriv.* 196; prout per recordum et processum loquele praedicte . . ~a liquet manifeste *Reg. Brev. Jud.* f. 41b.

2 (eccl.) prayer, spec. at the end of a liturgy, when one is sent away.

ad ~as, ad [fi]nitas *Gl. Leid.* 2. 10; ~as, amissas vel finite *Ib.* 2. 110 (cf. *Regul. Bened.* 35. 20: in diebus . . sollemnibus usque ad ~as sustineant); flumina non ledent cui Christi munera cedent, / missis Clementis, cathedra Petri residentis (J. BRIDL.) *Pol. Poems* I 153; ~is Clementis, . . orationibus domini pape *Ib.* 155; **1418** ~am quandam *gloton messe* vulgariter nuncupatam . . introduxerunt *Conc.* III 389a.

3 mass; **b** (def. as canon of the mass, up to and including consecration of the Host); **c** (def. as complete liturgy); **d** (text of the liturgy).

altera consuetudo ~arum in . . Romana ecclesia, atque alteram Galliarum tenetur (*Libellus Resp.*) BEDE *HE* I 27 p. 49; unam diem . . dominicam . . in qua requies et ~a fit in pace ecclesiae *Comm. Cant.* III 114; spirabunt tura Sabaea / quando sacerdotes missas offerre jubentur ALDH. *CE* 3. 82; BEDE *HE* II 1 etc. (v. celebratio 4); *Ib.* II 5 etc. (v. celebrare 4a); quasi ad ~am celebrandum LANTFR. *Swith.* 35; EADMER *V. Anselmi* I 10, c**1293** (v. 2 dicere 5b); **1199** etc. (v. audire 5a); potest hec diccio '~a' esse participium et intelligitur ibi pro supposito hoc nomen 'hostia', cum mater ecclesia mittat Deo Patri talem hostiam BACON XV 183; non fuit hec ~a, sed miseria. maledicti sint omnes et clerici et sacerdotes istius congregacionis J. SHEPPEY *Fab.* 69; **1411** quod . . vicarii massas suas poterint celebrare *Reg. Heref.* 79. **b** quandoque ~a vocantur solummodo illa verba, quibus Dominicum corpus conficitur BELETH *RDO* 34. 44. **c** dicitur etiam ~a totum illud officium quod est ab introitu ~e usque ad 'ite missa est' BELETH *RDO* 34. 44; ~a est a nobis hostia ad Patrem . . dicitur etiam ~a totum illud officium quod vulgo ~am appellare solemus GIR. *GE* I 7 p. 23; *Ib.* II 20 (v. 1 canon 4a). **d** **1417** communiario et scribenti ~am de Trinitate iij s. iiij d. *Ac. Durh.* 286.

4 (dist. as): **a** (high or sung: *~a alta, cantata, cum nota, decantata, magna, major, processionalis, solemnis, summa*, or sim.); **b** (low or said: *~a bassa*); **c** (*~a sicca*) mass without consecration.

a quotidie [Ceolfridus] ~a cantata salutaris hostiae Deo munus offerret BEDE *HA* 22; ~ae cantarentur *Id. HE* IV 20 etc. (v. cantare 2d); c**1006** offerat unus chorus ad primam ~am et alter ad missam majorem *Comp. Swith.* 183; c**1100** serclabit usque pulsabitur ad altam ~am (*Ext.*) *Med. E. Anglia* 272; ~as . . decantandas GIR. *GE* I 49 (v. decantare 2b); **1290** abbati parato magnam ~am celebrare in ecclesia sua Westmonasterii preceperunt *RParl* I 41a; singulis namque diebus tres ~as cum nota audire solebat TREVET *Ann.* 280; **1336** ~a solempnis eodem die cum exequiis precedentibus in perpetuum pro eodem *StatOx* 134; **1377**, c**1530** (v. altus 7b); **1395** ad magnam ~am per notam *Gild Merch.* II 170; **1426** tempore summe ~e *Lit. Cant.* III 147; ~am . . per infantulos chori . . alta voce cantatam *Plusc.* X 30 p. 364; **1489** ad celebrandum et cantandum post obitum suum annuatim in Dominica proxima sequente unam ~am de nota pro animabus antedictis *Reg. Aberd.* II 302; alie preces . . in ~is processionalibus, alternatim dicende hoc modo *Miss. Ebor.* I 207; ~a primitus solemni . . cantata *Conc. Scot.* II 85. **b** **1429** (v. bassus 2d). **c** duas cantare ~as . . unam cum sacrificio et aliam siccam BELETH *RDO* 51. 58.

5 (dist. by): **a** (hour, time, or frequency of celebration); **b** (day of celebration).

a dum matutinalis ~a [*gl.*: *capitel mæsse*] canitur *RegulC* 36; cantavimus . . tertiam, et fecimus ~am de die [*gl.*: *mæssan be dæge*] ÆLF. *Coll.* 101; audivit ad ~am matutinam a longe pulsari campanam MAP *NC* I 20 f. 29; deinde officium ~e de nocte . . deinde officium ~e de luce *Cust. Norw.* 27; **1292** specialiter singulis septimanis unius ~e celebratio indicantur *Conc. Syn.* 1110; **1357** ~am anniversariam (v. anniversarius 1c); **1376** ~as ebdomedarias (v. hebdomadarius 2a). **b** presbyter . . cum ~am quasi de Dominica celebraturus usque ad offertorium perduxisset . . statim regirando quasi ~am de Sancto Spiritu similiter ad offertorium usque perduxit GIR. *GE* I 48 p. 127; **1317** decem tricennalia ~arum de Nativitate . . pro x tricennalibus ~arum de Circumcisione . . x tricennalibus ~arum de Resurreccione . . x tricennalibus ~arum de Ascensione . . *PlRCP* 285 r. 1; **1447** cum ~is dominicalibus (v. dominicalis 3a); ad matutinas memoria de Dominica cum ~a dominicali in capitulo *Brev. Sal.* I cxxx.

6 (dist. by): **a** (celebrant); **b** (honorand); **c** (congregation or recipient of intention); **d** (occasion or purpose). **e** (*~a nova* or *prima*) first mass celebrated by newly ordained priest.

a si quis permiserit hereticum ~am suam celebrare in aecclesia catholica et nescit, xl dies peniteat THEOD. *Pen.* I 5. 8; ~a vero matutinalis ab abbate celebriter canitur ORD. VIT. III 101 p. 7; hec ~a erit cum diacono et subdiacono, cum sequencia et simbolo *StatOx* 13n; c**1535** subsacrista Dunelmensis pro candelis albis pro ~a primatis xx d. *Househ. Bk. Durh.* 26. **b** die viij kalendarum Septembrium qua S. Bartholomei ~a celebrari solet FELIX *Guthl.* 27 *cap.* p. 68 (cf. ib. 27 p. 90: S. Bartholomei sollemnitas); **798** ut ibi ~am Sanctae Mariae agant ALCUIN *Ep.* 150; a**1100** pro me ~a de Trinitate in monasterio cantetur unaquaque Dominica die (*Ch.*) ORD. VIT. V 406 p. 13; ait, quia duas eodem die Marie ~as celebraverat, se tertiam tunc dicere non posse GIR. *GE* I 48 p. 128; facit . . cupiditas preter missam diei debitam ~as favorabiles; veluti de Dominica, de Sancto Spiritu, de Trinitate, de Angelis, de Epiphania . . non enim de beato Lino vel clero [? l. Cleto] et Sebastiano et hujusmodi ~as adjiciunt *Ib.* 49 p. 131; ibi audiant ~am, ad summum altare, solempniter, de Sancto Spiritu *Chr. Battle* (*ed. Brewer*) *app.* 193; c**1226**, **1246** ~am de domina (v. domina 4a); **1282** fiant predicte ~e de Sancto Spiritu vel de Beata Virgine *Deeds Balliol* 278; **1289** his completis ad nos rediit in quandam capellam et mantello deposito ~am de Sancta Trinitate celebravit (*DC Cant.*) *HMC Var. Coll.* I 256; **1415** lego xlj s. viij d. pro quingentis missis celebrandis videlicet centum ~is de Summa Trinitate, aliis centum ~is de Spiritu Sancto, terciis centum ~is de Assumpcione Beate Marie et ceteris ducentis ~is de Requiem pro anima mea et animabus supradictis *Reg. Cant.* II 83; **1430** lego vj[c] denarios ad celebrandum vj[c] ~as . . viz. c ~as de Trinitate, c de Cruce, c de Spiritu Sancto, c de Sancta Maria, c de Omnibus Sanctis

et c de Requiem *Ib.* 477; **1434** invenient quendam capellanum .. celebraturum imperpetuum sic quod singulis septimanis videlicet diebus Dominicis ~am de Trinitate, diebus Lune de angelis, diebus Martis de apostolis, diebus Mercurii de martiribus, diebus Jovis de confessoribus, diebus Veneris de virginibus, diebus Sabbati de B. Virgine Maria .. dicet *Ib.* 594; **1496** terciam itaque ~am de sacro cruore et corpore Christi ad altare ejusdem *ExchScot* 585; **1536** pro celebracione ~e et antiphone de Jesu *Ac. Durh.* 418. **c** nam omni die pro eo ~am singularem celebrare EDDI 65; [litterae] in quibus .. ~as videlicet et orationes sacrosanctas pro Deo dilecto patre ac magistro Baeda a vobis diligenter celebrari repperi CUTHB. *Ob. Baedae* clx; pro me sollemnia cantat / missarum ALCUIN *SS Ebor* 814; ~a pro infirmis celebrata *Id. WillP* 21; matutinalis ~a [*gl.*: *capitel mæsse*] pro rege .. celebretur *RegulC* 20; privatas ~as OSB. *V. Elph.* 130; LANFR. *Const.* 100 etc. (v. familiaris 5b); **c1190** prima ~a specialis, cetere communes erunt *Cart. Ramsey* II 252; nisi forte sicut unam de celebret ~am et aliam pro defunctis GIR. *GE* I 7 p. 24; peculiares ~e qualibet hora [celebrantur], .. dummodo non in publico, ne populus a solemnitatibus abstrahatur *Ib*; **c1210** etc. (v. capitalis 12); episcopus, .. ~as pro defunctis celebraverat M. PAR. *Maj.* II 217; post evangelium ~e parochialis *Reg. Aberd.* II 19; ~am de Requiem .. celebret *Deeds Balliol* 295; **1350** pro benefactoribus ~a cum Placebo et Dirige *StatOx* 13; **1400** ~am de Requie *Ib.* 210; **1412** illis .. diebus, quibus universitatis ~e .. celebrantur *Ib.* 219; **1506, 1509** (v. capitularis 4e). **d** incipit ~a judicii (*Jud. Dei*) *GAS* 402; incipit ~a judicii *Text. Roff.* f. 50; rex et imperator fuerunt in ~a exequiali solemni .. pro domino de Morle *G. Hen. V* 24 p. 162; **1472** vicarii chorales .. parietes salutantes usque finem evangelii in ~is obituum cum acciderint, et post elevacionem exeunt *Fabr. York* 251. **e** narravit de rectore de Pytyltone, paralisi percusso die qua cantavit suam novam ~am *Mir. Montf.* 82; Petrus primam ~am celebravit in Antiocha, dicendo tantum 'Pater noster' etc. *Ann. Exon.* 6; **c1365** cuidam novicio celebranti primam ~am *Ac. Durh.* 175.

7 (in place-name; Inchaffray, with play on Gael. *aifrìonn* < *offerenda* = 'the mass').

1200 concedimus .. Inche Affren quod Latine dicitur Insulam [*sic*] ~arum *Inchaffray* 6; **1239** monasterio de Incheaffrane quod insula ~arum dicitur *Ib.* 58; testibus .. Innocentio abbate de Insula ~arum .. *Cart. Lindores* 25; **1275** abbas de Insula ~arum *Mon. Hib. & Scot.* 115b; monasterium Insule ~arum, alias autem Incheanffray dictum *Plusc.* VI 152.

missalis [ML]

1 (as adj.) of or for a mass: **a** (w. ref. to a book containing the text of a liturgy); **b** (w. ref. to celebration of the liturgy); **c** (w. ref. to payment for celebration of the liturgy).

a beatus Gregorius in suo Antiphonario et ~i Libro EGB. *Dial.* 16 p. 411; **801** de ordinatione et dispositione ~is libelli nescio cur demandasti ALCUIN *Ep.* 266; **a802** mısı cartulam ~em vobıs .. ut habeatıs singulis diebus, quibus preces Deo dirigere cuilibet placeat *Ib.* 250 p. 405; vestimenta, corporalia .. libri ~es .. *Obs. Barnwell* 68; **1415** duo vestimenta integra pro sacerdote exceptis dalmatica et capa, cum libro ~e et uno calice *Reg. Cant.* II 188; sex libros ~es *Reg. Whet.* I 475. **b** totum ~e officium tangit LANFR. *Comment. Paul.* 350; oraciones ~es composuit *NLA* II 85; **1430** propter supervenientes extraneos ne ~i careant officio *Reg. Cant.* II 478. **c c1218** denarium ~em, **1250** cum denariis ~ibus (v. denarius 5c); **1284** habebit etiam de oblationibus ad altare provenientibus unum denarium ~e [*sic*] quoties celebraverit *Ambrosden* 304; **1433** vicarius .. percipiet unum denarium ~em *Reg. Heref.* 161.

2 (as sb. m. or n.) missal, book containing the text of a liturgy.

in antiphonario suo et ~i EGB. *Dial.* p. 412; [futurus sacerdos] preparet arma ejus [sc. Dei] .. i. e. psalterium, lectionarium, antefonarium, ~em, baptisterium, martyrologium .. *Id. Pen. prol.*; ÆLF. *Ep.* 2. 137 (v. 2 liber 4b); linteo tamen remanente subtus ~e LANFR. *Const.* p. 115; **c1130** dixit nobis quoddam opus, sc. ~e, apud vos incepisse *Ch. Westm.* 248A; **c1160** [abbas] de ~i altaris rasit omnes literas aureas *Cart. Ramsey* II 274; **1284** cepit unum messalem precii xx s. et unum manualem *CourtR Ramsey* 150; unum ~e sine feriis, aliud ~e pro parte cum feriis *Invent. Norw.* 56; **1369** in ligatura unius messalis capell' infirmar' *Ac. Durh.* 209; **1432** (v. clapsula).

1 missare [cf. LL missa], to celebrate mass.

quis tunc audiret missam, ~antes care conduceret vel acciperet more ecclesie sacramentum? WYCL. *Euch.* 1 p. 15; sicut Witcliff ..: quod ~antes quare conducantur, inculcat contra confirmaciones et ordinum collaciones NETTER *DAF* II f. 270rb.

2 missare [cf. missus *p. ppl. of* CL mittere], to send.

to sende, mandare, commendare, destinare, mittere, .. legare, ~are, missitare, stellare *CathA.*

missarius [*aphaeretic form of* CL emissarius], emissary, agent, steward.

a stewarde, economus, .. ~us qui regit familiam *CathA.*

1 missaticus [ML; cf. 1 missare], one who celebrates mass.

missa .. unde .. hic ~us, -ci, qui frequenter canit missam OSB. GLOUC. *Deriv.* 342.

2 missaticus [ML; cf. 2 missare]

1 (as adj.) sent away, suspended, debarred (from).

to suspende, suspendere; suspendit, suspensus, ~us *CathA.*

2 (as sb. m.) one who is sent, messenger, envoy.

quando ~i regis veniebant ibi dabant pro caballo transducendo iij d. *DB* I 1ra; legatus, missus, nuntius, ~us OSB. GLOUC. *Deriv.* 323.

3 (as sb. n.) what is sent, message, instruction.

cognovit sese nefandum scelus committere occultando macarii ~a Swithuni ac neglegendo fidi precamina amici LANTFR. *Swith.* 1; Swithuni caelando sacri missatica patris WULF. *Swith.* I 154; [credulus vir] fratrem predictum accersivit, accersitumque postulavit ut ~a beati patris impleret *Id. Æthelwold* 42; **c1120** debet portare ~a ubi precipitur *Cart. Burton* 28.

4 embassy, mission.

qui .. vice sua equitaret in missiatico regis (*Inst. Cnuti*) *GAS* 457; si quis alii missione in ~o causa mortis sit (*Leg. Hen.* 90. 11c) *Ib.* 606; ALB. LOND. *DG* 9. 1 (v. internuntium).

missatio [cf. 2 missare], a sending, a mission.

~one divina *Melrose* 179.

missator [cf. 1 missare], one who celebrates or studies mass.

1523 quaeso te tante ~or, quid tu nobis probare potes de missa (*Ep. ad Lutherum*) MORE *Opera* 128b.

missele v. missilis. **missericordia** v. misericordia.

missibilis [LL]

1 (as adj.): **a** who can be sent. **b** that can be hurled or thrown.

a omnes ergo superni spiritus communi vocabulo censentur angeli, tum quia omnes sunt ~es NECKAM *SS* III 31. 3. **b** jaculo ~i GERV. TILB. III 83.

2 (as sb. n.) object that can be hurled or thrown, missile.

quidam tantum utantur ~ibus et sagittis BACON V 153.

missilis [CL]

1 (as adj.): **a** who can be sent. **b** that can be hurled or thrown.

a ~is, ad mittendum habilis OSB. GLOUC. *Deriv.* 362. **b** missilibus firmavit moenia saxis, / vix quae bis terni cervice subire potentes BEDE *CuthbV* 402; venit ex inproviso ultra antiquam aecclesiam quoddam ~e †saxums [l. saxum] vehementi volatu conans beati patris caput collidere B. *V. Dunst.* 18.

2 (as sb. n.) object that can be hurled or thrown, missile: **a** (arrow, dart, javelin, spear). **b** shuttle. **c** (iron., w. play on 'missile' and 'missive').

a quidam autem pestifero livore inficiebantur proprieque malicie vulnifico ~i puniebantur ORD. VIT. III 5 p. 78; ~i capite transforato succubuit *G. Steph.* 12; ~ia lignea, que .. arcu mittenda ferro formare consueverat GIR. *IK* I 11 p. 84; arcum .. cum sagittis et ~ibus arripiens *Id. SD* 138; cavendum est .. a majoribus tormentis et a minutis ~ibus R. NIGER *Mil.* I 17; quid prodest diviti cum inpregnaverit / philippis forulos, cum opes auxerit, / cum se pecunia suffarcinaverit, / si mortis missile marca non referit? WALT. WIMB. *Sim.* 85; hoc missele, A. *darte*, .. hoc mustile, hoc jaculum, *a darte WW*. **b** sicut namque suum texens sibi missile mittit / et leva recipit quod sua dextra jacit L. DURH. *Dial.* II 347; ~e, A. .. *a shetel WW*. **c** item quedam transeunt cum universitate .. pertinentie et jure. item in incertam personam sicut sunt ~ia BRACTON 41v.

missio [CL]

1 release.

manumissi, servi per manus ~onem liberati OSB. GLOUC. *Deriv.* 366.

2 act of sending or being sent. **b** mission.

c985 ab adventu Augustini misso [*sic*] a beato papa Gregorio .. post ~onemque illam .. ÆTHELW. III 1 p. 28; fidei adhibendus est auditus et auditui praedicatio, et praedicationi ~o LANFR. *Comment. Paul.* 140A; ~o, praedicatio, auditus, intellectus nihil sunt nisi velit voluntas quod mens intelligit ANSELM (*Praesc.* III 6) II 271; hoc legamen, -nis, i. ~o OSB. GLOUC. *Deriv.* 297; collegium apostolorum, licet ante ~onem Sancti Spiritus erraverit, tamen post dictam ~onem non erravit OCKHAM *Dial.* 478. **b 1303** in ~one facta curie Romane per dominum G. de Burdon, cccxxxiij li. vj s. viij d. *Ac. Durh.* 505; a principio ~onis .. Augustini ELMH. *Cant.* 77; haberet primo die ~onis cibum ad expensas *Entries* 574a.

3 (theol.) sending forth, procession (of the Holy Spirit).

a Patre procedit et a Filio quia et ejus ~o ipsa processio est qua ex Patre procedit et Filio BEDE *Hom.* II 16. 182; cum .. Filius .. ostendat unam esse ~onem Patris et suam ut nec Pater mittat nisi cum Filius mittit ANSELM (*Proc. Sp.* 4) II 192; quemadmodum ergo se habent ii tres circa principium atque processum eternaliter, ita quoque se habent in ~one temporaliter PULL. *Sent.* 687B; disceptabant insuper si sit idem processio [sc. Spiritus Sancti] et ~o vel differant, quod disputationibus relinquimus discutiendum M. PAR. *Maj.* V 456.

4 sending away, dismissal, dispatch.

1371 quia noluerunt habere unum messorem ad ~onem terrarii *Hal. Durh.* 109; **1390** quia quidam testes quos producere in hac parte intendebat in partibus remotis extiterunt petebat ~onem ad partes de Plymouth et Plympton *SelPlAdm* I 12; **1426** ecclesiam .. vacantem per ~onem diu Johannis Lyly *Reg. Roff. Ep.* f. 76.

5 (leg.): **a** surrender or handing over (of property). **b** admission (of person to a right).

a s1242 dominus abbas Landblethian adivit ut ~onem ejusdem ecclesie acciperet *Ann. Tewk.* 125; cum .. moniales minime comparerent, judices subpriorissam, precentricem, cellerariam ac sacristam ab ingressu ecclesie suspenderent. et quia moniales .. ~onem in capellam .. impediverunt .. *Meaux* II 17. **b 1240** decani .. pro ~onibus clericorum in possessionem ecclesiarum .. nichil .. extorquere presumant *Conc. Syn.* II 308; requisitus quid esset institutio, quid ~o, nescit distinguere *Feod. Durh.* 254; **1296** admissio, institucio, et in .. ecclesie corporalem possessionem ~o *Reg. Cant.* 134.

6 incitement, instigation.

1194 per eum et ex ejus ~one combuste fuerunt domus R. *CurR RC* I 29; **1218** Willelmus .. appellat Robertum .. quod ipse .. vulneravit eum ... idem appellat Herveum diaconum de vi et Robertum filium Hugonis de ~one *Eyre Yorks* 368; **1305** ~one ejusdem transgressionis *JustIt* 1015 m. 7; **1305** predictus P. et alii .. per preceptum et ~onem predicte M. ad ipsum verberandum .. venerunt *Ib.* m. 11.

7 expenditure, expense.

1253 illi qui ipsam recipient debent eis restituere ~ones rationabiles quas ipsi fecerint pro eodem *RGasc* I 273b; **1254** de predictis frumento, vino, et baconibus, et de omnibus ~onibus quas fecerit pro hujusmodi victualibus .. mittendis in castrum .. et de doliis etc. .. in quibus .. reponentur, ipsum servabimus indempnem *Ib.* 538b; **1260** expensas, custus, ~ones quas nos et amici nostri diu sustinuimus *RL* II 162; de quibus

computat in missione [MS: miscione] tali loco ij per talliam . . et in dono domini ij post pullenacionem *FormMan* 40.

8 loss.

1260 damna, ~ones, dedecus, et gravamina que nos et amicos nostros diu pati oportuit *RL* II 162; omnis dolor mundanus est ~o [ME: *sonde*] Dei *AncrR* 65.

missitare [CL], to send repeatedly.

987 filium suum misitare dignatus est *Ch. Burton* 25; postremo penuria etiam victualium obsessus Burgundio, interventores pro clemencia ~abat W. POIT. 1 9; ipsi reges . . coronam ei regiam ~ant W. MALM. *GP* II 74 p. 154; instabant fideliter monachi; ~abantur per Angliam epistole doloris interpretes, amoris indices *Id. Wulfst.* III 29; ~o, -as, i. frequenter mittere OSB. GLOUC. *Deriv.* 342.

missivus, (*litterae ~ae* or sim.) letters missive.

1364 de litteris ~is *FormOx* 364; cum literis ~is ad dominum . . remisit AD. USK 63; in factura registri ejusdem . . cum variis epistolis ~is AMUND. II 270; literis ~is per Johannem de Cumyn regi Anglie transmissis *Plusc.* IX 6; **1472** [rex misit] litteras suas ~as ipsius signo manuali et signeto consignatas *Cl* 324 m. 16*d*; **1473** littera ~a . . archiepiscopo super . . *Lit. Cant.* II 510 *tit.*; **1511** misit litteram ~am (*Vis. Faversham*) *EHR* VI 30; quandam literam ~am privato signito domini regis sigillato ac signo domini regis manuali signato *Entries* 297a.

missor [CL =*shooter*], sender.

dampnarunt missos dignos carcere, ~orem [sc. regem] arguerunt stultitie W. MALM. *GP* III 106; **1294** cum servicio ~oris *Doc. Scot.* I 415.

1 missorium [LL]

1 dish, platter, vessel.

†**605** (11c) missurium [v. l. missurum] etiam argenteum, scapton aureum, iterum sellam cum freno aureo et gemmis ornatum . . optuli *Ch. S. Aug.* 3 (=THORNE 1762, ELMH. *Cant.* 115); hoc ~ium, -ii, i. conca modica ubi aliquid liquoris immittitur OSB. GLOUC. *Deriv.* 342.

2 item of food, course of a meal.

cowrs off mete, ~ium, -ii *PP*.

2 missorium [LL], mission, embassy.

quendam ducem, nomine Cadorum, Rome miserunt . . hic vero . . negocia et ~ia modo et ordine quo in Britannia dicta fuerant, imperatori patefecit *Eul. Hist.* II 269.

1 missus [CL]

1 discharging, (falc.) casting off.

hic missus, *get de esperver Gl. AN Glasg.* f. 21vc.

2 sending, dispatching.

insolitum quippe est mihi ut quisquam . . eat Romam, nisi meo potissimum ~u W. MALM. *GP* I 50 p. 92.

2 missus v. mittere.   **mist-** v. et. myst-.

mistera, ~ium, ~um [ME, AN *mister* < ministerium]

1 duty, office, service.

Robertus Blundus quandiu habuit ~ium habebat ex eis x sol. (*Norf*) *DB* II 110v; valebat . . quando Godricus [dapifer] recepit ~ium xxxvj sol. *Ib.* 125; totum hund' reddit xl et pertinet ad ~ium Godrici *Ib.* 127; c**1108** sciatis me reddidisse . . manerium de Snetesham cum duobus hundredis . . et ~ia de Lenna cum medietate fori et thelonei *Regesta* II p. 322; c**1127** et servientes hujus ~ii [sc. in pistrino monachorum] habent per annum de solidatis xxiiij s. et iiij d. *Chr. Peterb. app.* 167; c**1150** ut quamdiu in curia mea ipse et heredes sui in mysterio mihi sicut de omnibus aliis serviciis sint quieti *Danelaw* 363.

2 occupation, trade. **b** guild.

1275 quod nemo operaretur de ~is eorum infra quinque leucas circa burgum Oxon' *BBC* (*Oxford*) 283; **1337** ac quidam alii operarii lanarum ac pannorum . . pro lanis ibidem operandis, et ~a alias sua in eodem regno exercenda (*Pat*) *Foed.* IV 751; s**1362** tegulatores, videntes tantam necessitatem de mestera sua jam imminentem, mesteram suam exercere . .

differunt *G. S. Alb.* III 47; **1415**, **1437** (v. contrafactor 2a); **1419** constituimus te lathomum nostrum ad castrum de Rokesburgh in hiis que ad ~am tuam pertinent *RScot* 224a; **1424** custodibus communitatis mysterie mercerie civitatis Londoniarum *Lit. Cant.* III 145; **1436** (v. arcuarius a); **1481** (v. discretor 2); **1554** quod decetero habeant unum magistrum artis sive ~e de *merchaunt venterers* civitatis predicte *Gild Merch.* II 361; **1577** officio sive ~a tinctoris *Reg. Brev. Orig.* 106. **b** **1321** tam super ~is quam alia modo . . tallagia assidere possint *PQW* 449b; **1327** concordia . . inter homines de mestero sellariorum London . . et homines de mesteris fustariorum, pictorum, et loremariorum cupri et ferri *Lond. Ed. I & II* II 253; mercator de certo ~o *MGL* I 142; *botelmakers* et *shethers* jurati ad regulandum ~um suum *Ib.* 654; custos communitatis ~e mercerie *MonA* VI 740.

3 tool of trade.

1309 j miscarium ad telandum, precii v s. *S. Jers.* XVIII 270.

mistio v. mixtio.

mistrum [ME *mistrou, mistru* =*mistrust, suspicion*], hatred.

privy hate in mannys hert, ~um, -i *PP*; *an hateredyn*, favonium, . . ~um *CathA*.

mistum [OF *miste* < mixtum], (mon.) light breakfast after Communion.

post orationem vadant in refectorium accipere mixtum [v. l. mistum] hebdomadarii coquinae LANFR. *Const.* 88; ut cum homines communicaverint, dato unicuique statim, priusquam recedat, buccella panis et collirida una et vinum, ne forte aliquid de sacramento in ore remaneat et spuendo emittatur . . hoc prandiolum ~a vocatur BELETH *RDO* 119. 122; c**1220** minuti . . quarta die qui opus habuerint sument ~um (*Const. Mon.*) *EHR* LII 277.

misura v. mesura.   **misuratio** v. mensuratio.

misy [CL < μίσυ], copper ore.

~eos genus est terre quo caremus *Alph.* 117; ~eos aliud est Egipcium, aliud Ciprinum quod est optimum ocularibus medicaminibus *Ib.* 118; ~y est res metallica, ex speciebus calchanthi, ex humore coagulato, ut chalcitis, ~y et sori, chalcitidi generi cognata sunt, quasi ex una radice producta: tenuis est ~y, crassius est sori, sed hodie ~i non cognoscitur *LC* 253.

1 mita [μίτος], thread.

polymitam, i. multivariam. poli, i. multa. ~a dicitur stamen in tela *Comm. Cant.* I 189.

2 mita [OF *mite*], mitten, glove.

cirotecas . . et ~tas [v. l. ~as] de corio factas GARL. *Dict.* 124; ~tas vel cerotecas in manibus permittuntur . . habere *Obs. Barnwell* 46; **1418** unum par ~arum cum martiris furratarum *RNorm* 253; *cuff, glove, or meteyn*, ~ta, -e *PP*.

3 mita [ME, AS *mite*; cf. OF *mitte*], small insect, mite.

nomina vermium: . . hec mica, A. *a* †*mynte* [l. *myte*] *WW*; *a myte*, ~a *CathA*.

4 mita v. 2 mitta.

mitana [ME, OF *mitaine*], mitten, glove.

cyrotecarum et †mittanuarum [l. mittannarum] omnis superfluitas . . caveatur *Inst. Sempr.* xlv; j pouche et j par mitenarum pro ij d. *Rec. Leic.* I 363; *a mytane*, mitta, ~a *CathA*.

mitatum v. metatum.

mite [CL], gently: **a** not violently. **b** not severely.

a ob fedus mite contendunt Israhelite NIG. *Paul.* f. 49r l. 477; respondit mortuus virgini se in aere purgatorio pati sed solito ~ius Gerv. TILB. III 103 p. 996; in penalibus enim causis, ubicumque potest civilis juris humanitas, occasionem nanciscitur, ut cum lapis in penam ~ius agatur D. LOND. *Ep.* 3. **b** Herus . . / mite reddens refugium (ÆTHELWALD) *Carm. Aldh.* 5. 71; conversus ad me ~issime dixit, . . *V. Cuthb.* IV 6; ut ~ius dicam W. MALM. *GP* I 46; **1281** parvum habet in bonis. ideo ~ius secum agitur de misericordia *PQW* 424a.

mitella [CL]

1 woman's head-dress.

STANBR. *Vulg.* p. 9 (v. mitra 1).

2 (her.) bend.

Johannes le Strange . . clypeum Regeri le Strange de Ellesmere caerulea ~a transegit SPELMAN *Asp.* 142.

mitere [cf. CL mitis, mitescere], to be tame.

ab hoc nomine quod est mitis ~eo, -es, quod non est in usu OSB. GLOUC. *Deriv.* 346; mitet leunculus et, sicut scribitur, / in ventris pascua cum agno pascitur WALT. WIMB. *Carm.* 24.

mitescere [CL], to become mild: **a** (of natural phenomenon); **b** (of person or mental state).

a et procella ~it *Best. Ashmole* f. 50v. **b** **799** ut ~at indignatio ejus servo suo Felici *Ep. Alcuin.* 182 p. 307; gratia mira Dei sed eum mitescere fecit WULF. *Poem.* 12; ut furor illorum mitescat, dissimulare / multa solet, simulat, quod sit et ipse furens J. SAL. *Enth. Phil.* 1437; passio . . tempore ~ens . . vim doloris paulatim amittit GIR. *TH* II 12; set dolor Choronidis / se tumidis / exerit singultibus / nec precibus / mitescit P. BLOIS *Carm.* 10. 3a. 50; voluntas . . nec ~it blandimento BALD. CANT. *Tract.* 494C.

mithra v. mitra.

Mithridates [CL], **Mithridatos, ~us, ~um** [ML]

1 Mithridates 'the Great', king of Pontus.

victo Metridate et filio ejus Pharnace GREG. *Mir. Rom.* 24; a Mitridato rege GILB. V 225. 2 (v. 2 infra).

2 Mithridate, (electuary considered as) universal antidote.

detur musa enea cum aqua calida vel metridatum GILB. I 44. 1; detur tyriaca aut mitridatum *Ib.* II 105v. 2; mitridatum, i. mater omnium antidotorum vel a Mitridato rege dictum *Ib.* V 225. 2; Avicenna dicit in capitulo de tyriaca quod ante fuit inventa compositio tyriace quam ejus radix que est caro tyri, quia tunc vocabatur metridatos BACON IX 108; tyriaca et metridatum administrantur ad omnes egritudines nervorum frigidas GAD. 65v. 2.

mitificare [CL]

1 to make (natural phenomenon) less severe.

786 ille . . qui ~at fluctus, exaudita vestra deprecatione, ~avit cerula freta *Ep. Alcuin.* 3 p. 20.

2 to make (person or his disposition) less enraged.

saevos mitificans, virtutis et omina monstrans FRITH. 1374; atqui crebro furoribus excitatus mollescit animus interpolatione ~atus E. THRIP. *Collect. Stories* 215.

mitificatio, mitification, mitigation.

Josue Calephque . . vestimentorum per cissuras multitudinisque murmurum popularis per ~ones incircumvenibilis eciam arbitrarii judicis absoluteque licentis gratiam promeruere E. THRIP. *SS* II 13.

mitificus [CL], who behaves mildly, clement.

huic frater quidam, subjectus corpore, mente / mitificus servit ÆTHELWULF *Abb.* 19. 2.

mitigabilis, mitigable.

ex eis que eruperunt de corde illius . . conjici possunt motus, vix ~es, ex variis occasionibus concepti erga germanum suum AD. MARSH *Ep.* 34.

mitigare [CL]

1 to make (climate or season) less severe.

Mars . . yemes ~at WALLINGF. (*EPT*) I 232 (v. 2 dominium 2b).

2 to tame, make (animal) less wild.

leones ~are GOSC. *Edith* (II) 67.

3 to make (person) gentle, to make (mental condition) moderate.

fit munus . . ad ~andum Conditoris iram proficuum BEDE *Prov.* 999; quam [Innogen] Brutus blandiciis

mittigans .. dulcia basia innectit G. Mon. I 11; linguam compescat, iram ~et, jurgia caveat Ailr. *Inst. Inclus.* 7; ferreos .. animos .. ~ant Gir. *TH* I 14; qui [Domine] tuo mitigas dolore lamenta J. Howd. *Cant.* 91; ~at dolorem Trevet *Troades* 56.

4 to mitigate: **a** to relieve (sufferer, suffering, or condition). **b** to alleviate (effect of law, punishment, or abstr.).

a nec inferus ullis miserorum cruciatibus valet ~ari Bede *Cant.* 1212. **b** austeritatem legis gratia fidei evangelicae ~are dignatus es Bede *Cant.* 1088; modis quibus potuit procurare cepit quo tantam inopiam sua ope ~aret Alex. Cant. *Mir.* 32 p. 222; habet .. hoc sacramentum similitudinem cum corporis sanitate in eo quod olei natura est ut morbos ~et et sanet S. Langton *Quaest.* 372; a**802** ut per illius loci vel templi, qui apud eos sanctus habebatur, [reverentiam] severa legum cautio ~aretur Alcuin *Ep.* 245 p. 397; ~ata prius .. antiqua querela inter imperatorem et eum *G. Hen. V* 25 p. 172; **1448** per mutuos tractatus amicorum .. pensio ~ata fuit ad summam octo marcarum *Eng. Clergy* 239; sic lex que criminalia plectit non didicit in personalibus ~are rigorem Fortescue *NLN* II 50; **1555** videtur justiciariis .. quod predictus J. ~abit danna predicta *Entries* 573b.

mitigatio [CL], mitigation, alleviation, relief (of condition).

Galienus .. proportionalem pulsui spiritum dicit, non quod aer spiritus fiat intendit, sed quod ad caloris ~onem sufficiat Alf. Angl. *Cor* 10. 8; ut quos non satis trahit gratia nec disciplina concutit, alliciat ~o consolationum et coaptet ad ecclesie edificium R. Niger *Mil.* III 12; nam et myrrha illa presto est, et in mortificatione jactantie et in ~one patientie sue J. Ford *Serm.* 85. 6; c**1212** ire ~onem pacienter expectare Gir. *Ep.* 5 p. 190; habet tamen grossiores qui sua grossitie predicti animalis spiritus ingrossant, ingrossati cum ad ~onem interiorum nec attrahi possint nec emitti, ipsum animal suffocationis telo perimunt *Quaest. Salern.* B 107.

mitigativus [LL]

1 (as adj.) mitigative, that alleviates or soothes: **a** (med. condition); **b** (psychological condition).

a cum aliis humoribus admixtus malicie eorum est temperativus, sua virtute doloris oculorum ~us Bart. Angl. IV 7; cujus virtus est stiptica et vulnerum conglutinativa, ventris constrictiva, vulnerum renum et vesice sanativa, doloris splenis ~a *Ib.* XVII 76; unguentum ~um est capiti imponendum Gilb. II 80v. 2; cura .. ~a Gad. 33v. 1 (v. alleviativus b); *Alph.* 11 (v. anodynus). **b** **1167** laboravi .. apud dominum Cantuariensem, utens nunc ~is, nunc acerbioribus, et omni sermonum genere J. Sal. *Ep.* 207 (217); ad mitigandam correptionem .. ~a .. responsio Gir. *Symb.* II 26 *tit.* p. 369; humilitas vera .. est sapientie demonstrativa, est pene .. ~a *Spec. Laic.* 41; **1435** ~a vestra subvencio *FormOx* 448.

2 (as sb. n.) medicine that alleviates pain.

vulneribus illius exemplo Samaritani ~a et sanativa procurabat *Mir. Wulfst.* II 16 p. 172; non est insistendum repercussivis sed alterativis et ~is Gilb. III 131v. 2; si .. volumus facere .. ~um, addatur camomilla Gad. 6v. 2; *Alph.* 1 (v. acopum).

mitigatorius [CL], mitigatory, that alleviates or soothes (pain).

anesis, i. resis, i. requies, ab a quod est sine et nesis labe, inde anetica, i. ~ia *Alph.* 10; paragoriticum, i. ~ium *Ib.* 135.

mitigatrix [ML], one who mitigates (f.).

celi potens imperatrix, / maris moti mitigatrix / famulo subvenerat Garl. *SM* 235.

mitigium, mitigation, alleviation, relief (of condition).

quia cum calor angustatur non possit habere ~ium flamme Gilb. II 114v. 2; cum calor non possit ~ium invenire *Ib.*; cum non habeat ~ium flamme .. calefit superflue *Ib.* IV 196. 2.

mitis [CL]

1 sweet, succulent, mellow.

mitia nec penitus spoliabunt mente venena Aldh. *Aen.* 98 (*Elleborus*) 5.

2 (of metal) soft, ductile.

aurum est metallum ~issimum Bad. Aur. 106.

3 (of animal) gentle, not fierce or wild.

et mitem armento fecit succedere taurum Aldh. *VirgV* 589; pantheras .. quidam ~es quidam horribiles esse describunt *Lib. Monstr.* II 7; Orpheus .. ex feris .. ~es reddidit Alb. Lond. *DG* 8. 20 (v. durus 3c); leo terribilis .. / .. / cum miti celebrat agno colludium Walt. Wimb. *Carm.* 25; agnus, animalium ~issimum ut ipse fuit hominum, ipsum typice presignavit Fortescue *NLN* II 66.

4 gentle, not violent, harsh, or severe: **a** (of person; also as sb.); **b** (of word, mental or med. condition, or abstr.).

a si quis vero eorum [regum] ~ior et veritati aliquatenus propior videretur, in hunc quasi Britanniae subversorem omnium odia .. contorquebantur Gildas *EB* 21; humilis et ~is pro inimicis orando se ipsum obtulit pro omnibus *V. Greg.* p. 84; mitis in orbe pater multa miracula gessit, / federa firma tenet mitis in orbe pater (*Hymnus*) *Mir. Nin.* p. 962. 12; ~ibus vero et humilibus ~ior columba Ælf. *Æthelwold* 19; *we motun* .. / .. / .. blandem et mitem / *geseon sigora Frean* (*Phoenix*) *ASPR* III 113; 'beati ~es'. ~is est quem non ira vel rancor vel aliquid tale afficit, sed omnia equanimiter sustinet Anselm *Misc.* 327; ~is eis et liberalis princeps extiterat Gir. *EH* I 25; deberes .. esse ~ior [ME: *mildre*] et dissimulare castigationem, non turbare cor tuum et in iram commovere *AncrR* 99; si presumptuosus es et Deum estimas nimis ~em [ME: *nessche*] ad vindictam de peccato sumendam, tu putas sibi peccatum placere *Ib.* 129. **b** per Abel insontem ~is innocentia .. praesignabatur Aldh. *VirgP* 54; consolari eum cepit ~issimis verbis *V. Cuthb.* II 8; a**796** memento ~issimam Samaritani mentem, qui vulneratum omnique praesidio destitutum oleo et vino fovebat, pietatis fascia ligavit .. Alcuin *Ep.* 86 p. 131; dixit ~i affatu .. Byrht. *Man.* 204; timidus ad exequenda Dei mandata, pium ac ~e cor subdebat Dominic *V. Ecgwini* I 2; quedam preludia dissolucionis extreme sed adhuc ~ia senciebat *V. Edm. Rich C* 611; posteriores [i]mpetus habet ~iores et melius est incidere in ~iores impetus quam in crudeliores Trevet *Troades* 37.

mititas [ML], mildness, gentleness.

fides in Petro, doctrina in Paulo, mititas in Andrea, virginitas in Johanne Brinton *Serm.* 42 p. 186; humilitas, abstinencia, columbina ~as [ME: *unlaðnesse*] et alie hujusmodi virtutes sunt amene in conspectu Dei *AncrR* 131; anticristus evasit per suas fallacias contra Cristi humilitatem et ~atem populi seductivas Wycl. *Chr. & Antichr.* 11 p. 682; in Moyse ~atem et mansuetudinem *NLA prol.* p. 2.

mititia [ML], mildness, gentleness.

1368 [Catherina] Moysi connumeratur suavi mititia (*Vers.*) *Conc.* III 77a; cum inturbata ~a habere intencionem merendi bona patrie Wycl. *Civ. Dom.* II 242; in veteri testamento viguit rigor juris. quem sequebatur ~a, sic oportet esse in novo *Id. Ver.* III 70; hunc rex miticia, necnon terroribus arctat Elmh. *Metr. Hen. V* 91; miticie radiis populus jubilando nitescit *Ib.* 179.

mitologia v. mythologia.

mitra [CL < μίτρα], **~um**

1 head-dress; **b** (for Gilbertine nun).

~as, i. ornamenta pectoris vel corona *Gl. Bodl.* 46; alterius mitra crines mitrare caveto D. Bec. 1177; **1239** faciatis etiam emi unam ~am de precio xx marcarum et eam salvo custodiat donec rex aliud inde disposuerit *Cl* 155; amicilium dicitur fascia capitis, sc. peplum, *a bende or a fyllet*; id est ~a virginalis (*Ortus Vocabulorum*) *CathA* 27n; mundum reticulum mitrum [*gl.*: *bonet*] crinale mitella Stanbr. *Vulg.* p. 9. **b** habent etiam .. si voluerint [monache] et ~as lineas, nigras et forratas de agninis pellibus *Inst. Sempr.* *lxxix.

2 hat or turban worn by Jewish priest.

tyara vel ~a, de ipsa erat caput coopertum in modum pilleoli facta, et sic volvebatur circa caput et subtus humerale refectus *Comm. Cant.* I 295; sacerdotes quippe in lege ~a tegebant caput, ad similitudinem cujus huic raditur caput *Simil. Anselmi* 93.

3 mitre: **a** (worn by bishop); **b** (worn by abbot).

a ipse autem in vestitu candido, desuper amictus pallio, ~a caesariem constrictus, diem transigebant Osb. *V. Elph.* 130; a parte posteriori [corone] pendebant albe due tanquam vitte instar episcopalis ~e descendentes usque ad renes ejus *V. Chris. Marky.* 52; idem significat ~a episcopalis per duo cornua Beleth *RDO* 134. 139A; **1243** fieri .. faciant duo paria ~arum episcopalium *Cl* 32; pontificis mitra duo testamenta figurat Garl. *Myst. Eccl.* 448; **1282** mithra bona cum cirothecis *Reg. Wint.* 382; **1388** ad respondendum et satisfaciendum domino regi de quodam ~o quod fuit Alexandri archiepiscopi Ebor' eidem W. invadiato pro c iiij^{xx} xiij li. vj s. viij d. *LTR Mem.* r. 19; ~a cum indumento pontificali Elmh. *Cant.* 27. **b** putatis in susceptione mitre, sandaliorum et annuli vestri monasterii dignitatem plurimum promovisse P. Blois *Ep.* 90 284B; abbatem ab usu ~e .. suspendit Diceto *YH* I 405; **1245** fili abbas, .. utendi ~a et anulo .. concedimus .. facultatem (*Lit. Papae*) *Mon. Hib. & Scot.* 44a; **1266** abbates .. quibus mittre usus est .. concessus (v. aurifrigiatus a); **1361** ~um et baculum et alias dignitates que abbati pertinebant totaliter sequestrabant (*Chr. Abingd.*) *EHR* XXVI 737; Alexander II .. abbati Egelsino jussit ~a et sandaliis uti Elmh. *Cant.* 89; dedit ecclesie Westmonasteriensi unam ~am bonam de albis parellis Flete *Westm.* 135.

4 (dist. as): **a** (*simplex*, without ornament); **b** (*aurifrigiata* or sim., with orphreys); **c** (*pretiosa* or sim., with precious stones).

a **1368** cum uno anulo pontificali aut simplici ~a aurifrasiata vel alio jocali competente (*Test. Episc.*) *Reg. Exon.* 1550; lego cuilibet .. coepiscopo Cantuariensis provincie unam ~am simplicem, qui non habuerit me vivente *Ib.* 1553. **b** c**1390** metram auream .. gemmis .. ornatam (*MS Lambeth 20* f. 166) *Invent. Ch. Ch.* 110n; **1530** ~a frittata (v. 1 frettare 3). **c** casula togatus aurea, ~a .. redimitus ardenti cristallina R. Cold. *Cuthb.* 68 p. 140; **1206** ~am quandam cum lapidibus preciosis *Pat* I 58b; **1368** illam preciosam ~am quam emi ab executoribus predecessoris mei .. pro cc m. sterlingorum et postea cum cxx marcis Parisius totaliter reparari et meliorari feci (*Test. Episc.*) *Reg. Exon.* 1552; dedit ecclesie cathedrali Eboracensi unam pretiosam ~am *Chr. Pont. Ebor B* 440; ~am, seu tiaram rectius, gemmis ac margaritis .. variegatam Ferr. *Kinloss* 75.

5 mitre-square, square with blade set at an angle of 45° for making mitred joints.

1377 in expens' sacriste apud Aukland pro ~o et meremio, iiij s. vj d. *Ac. Durh.* 386.

mitraforus v. mitrophorus.

mitrare [CL *p. ppl. only*]

1 to fit with a head-dress, to cover the head of: **a** (woman); **b** (man); **c** (condemned man).

a furtim mitrata Venus Hanv. III 450; mulier .. ~ata Fordun *Cont.* XIV 31 (=Bower XIV 31) (v. cornutus 4e). **b** tu cyrothecatus, mitratus sive capatus, / indutus clamide mense non esto clientans D. Bec. 1168; *Ib.* 1177 (v. mitra 1). **c** ab exploratoribus arrestatus et de furto accusatus pro apostata denunciatus stolatus et ~atus Bower XVI 36.

2 to fit with a mitre: **a** (bishop); **b** (abbot). **c** (p. ppl. as sb. m.) mitred man, bishop or abbot.

a s**1187** ipsi [cardinales] .. semper incedebant ~ati *G. Hen. II* II 4; ~atus et pontificalibus indutus Gir. *Symb.* I 31 p. 324; nolunt arma pati, gaudent tamen esse mitrati Garl. *Mor. Scol.* 346; s**1257** ~avit me [sc. archiepiscopum], et ego eum coronabo M. Par. *Maj.* V 626; s**1247** non curans de episcopatu .. venit in Angliam .. ut quasi episcopus ~atus incederet *Flor. Hist.* II 329; pro tali munio mitrari meruit Walt. Wimb. *Palpo* 86. **b** Walterus .. electus in abbatem Westmonasterii .. in conventibus episcoporum ~atus incessit Diceto *YH* I 404; s**1099** isti omnes [abbates] ~ati sunt, et cum episcopis predictis in ministerio patriarche assistunt M. Par. *Maj.* II 110; abbas .. fuit ~atus cum episcopis *Chr. Evesham* 202; s**1219** celebravit synodum .. in qua appellatum fuit ab abbate Eveshamie quia non potuit ~atus interesse et primum locum post episcopum obtinere *Ann. Worc.* 411; abbates .. ~ati cum mitris *Conc. Scot.* II 4; s**1379** abbates ~ati (v. abbas 1a). **c** non stipati ~atorum corona nec erant examine ministrorum H. Bos. *Ep.* 20 1456B; certant mitrati pro lege velle pati Garl. *Hon. Vit.* 80; quatuor ista facit [sc.oleum], penetrat, lucet, cibat, ungit, / que sibi mitratus debet habere bonus Gower *VC* III 1172; s**1410** humerus ~atorum *Chr. S. Alb.* 51; o quam meritum pape esset, si superflua

plurium locorum et ~atorum faceret uniri rectoribus animarum devotis ..! GASCOIGNE *Loci* 149.

3 to cover.

in mensa domino potus pincerna propinet, / et coram domino mitrent coopercula cupas D. BEC. 1150.

mitrarium, case for a mitre.

legavit .. baculum pastoralem cum mitra et ~io et cyrothecis *Cart. Bath* 808 p. 156.

mitricor, *s. dub.*

cum sita prima digestione in ore et stomacho, et separato in puro terrestri ac per intestina demisso, oportet in epate celebrari digestionem secundam subtili, a quo in †epato [l. epate] mitricori [MS: mit'co'i] expulso a venibus ad vesicam; et tercio in corde alimento decocto, vel subtilius primo virtus regitiva distribuit per arteries .. WYCL. *Log.* III 112; quamdiu manet vis assimilativa mitriti [MS: mit'ti] ut membrum secundum terre dyametrum fiat majus, tamdiu manit augmentacionis potencia *Ib.* 113.

mitriti v. mitricor.

mitrophorus [μιτροφόος], one who wears a mitre, bishop.

vile struit alchimus super mitraforum W. COMBE 192 (v. Lysiacus).

1 mitta v. 2 mita.

2 mitta, ~um [ME *mitte* < AS *mitta*], measure of capacity: **a** (of salt); **b** (of malt or grout).

a de una salina l ~as salis (*Gloucs*) *DB* I 169rb; ibi silva reddit v solidos qui dantur ad Wich pro lx ~is salis (*Heref*) *Ib.* 179vb; huic manerio pertinent xiij salinae in Wich et iij salinarii reddentes de his salinis ccc ~as salis (*Worcs*) *Ib.* 172rb; dedi .. unam middam salis *Ch. Gilb.* 87; **1255** xxx mitas salis *Fees* 1291; trescentas sexaginta ~as salis *Chr. Evesham* 73; **1316** de iiij middis salis de redditu venditis, prec' midd' viij s. *MinAc* 1132/13 B9*d.*; **1350** in ij ~is salis emptis ij s. ij d. *Comp. Worc.* 57; **1399** redditum duorum middorum salis, terciam partem unius aree salis *Cl* 242 m. 4; **1441** de precio x mit' salis .. que quidem x mit' continent inter se iij quarteria salis juxta rat' mensure patrie, prec' cujuslibet mit' x d. *DL MinAc* 645/10461 r. 8; contulerant .. ccclx[tas] mictas salis *MonA* II 36b. **b** c**1100** in septimana recipiet x sextarios frumenti fannatos et x ~as brasii *MonA* I 606b; c**1170** (v. grutum 1a); **1251** faciet etiam tres ~as braesii .. et habebit ad quamlibet mutam siccandam unum fesciculum straminis *Cart. Rams.* I 317; **1279** triturabit unam ~am ordei sc. quatuor †beng' [MS: reng'] per annum et dimidiam *Hund.* II 657b; **1297** xl ring', que fecerunt viij ~as *MinAc Wistow* 11; xv ring' que fecerunt iij ~as de novo grano *Ib.*; **1298** grutum: .. in missione apud Rames' xij[xx]vij ringas ij busellos que fecerunt lv ~as *Rec. Elton* 73; ?**12..** ad potum: xxiiij ~e de *grut*, quarum singulas faciunt una treia Ramesie et una ringa *Cart. Rams.* III 231; **13..** quatuor communes ringe, duo busselli, faciunt ~am gruti. et quinque communes ringe brasei et prebende faciunt ~am. nota quod ~a brasei debet mensurari sic .. *Ib.* 158.

mittanna, mittanua v. mitana.

mittere [CL]

1 to allow to go free, to release.

emancipent, manum ~ent *Gl. Leid.* 1. 50; manumissio, eo quod manu ~erentur *Ib.* 1. 76; deliberare, ~ere vel disponere OSB. GLOUC. *Deriv.* 177.

2 to discharge, hurl, let fly.

[pisces] non solum recte caperentur sed etiam sponte misissent se in navem *Comm. Cant.* III 97; jacit, ~it *GlC* I 7; missile mittit L. DURH. *Dial.* II 347 (v. missilis 2b); aves .. pernici velocitate se deorsum ~unt GIR. *TH* I 16; missilia .. arcu ~enda *Id. IK* I 11 (v. missilis 2a); ~endi .. lapides manu vel funda P. BLOIS *Ep.* 94. 295A; quam mittit ysopus / undam GARL. *Myst. Eccl.* 153.

3 to throw (dice), cast (lots).

786 audivimus etiam, quod, dum inter vos litigium versatur, sortes more gentilium ~it is *Ep. Alcuin.* 3 p. 27; vestimenta ejus diviserunt sibi, sortem ~entes ÆLF. *Regul. Mon.* 188; et missa sors vestem divisit athletis J. HOWD. *Cant.* 62; **1276** facta autem ista particione equaliter sortem ~endo *Cl* 93 m. 17*d*; inter binos et binos sortem ~i jussit. missis itaque sortibus, sors nunc unum nunc alium morti tradidit, donec ventum fuerit ad ultimum cum quo Josephus sortes missurus fuit *Eul. Hist.* I 147; rex mittens sortes mandavit habere cohortes GOWER *CT* III 198.

4 to give forth, utter.

plangentis Christi vulnera / mittetur vox dulcissona, / digna dans laudum cantica LEDREDE *Carm.* 23. 2.

5 to commit (offence). **b** to impute (committed offence), to bring (a charge).

jura volunt quod homo facinus qui mittit et alter / qui consentit ei sint in agone pares GOWER *VC* I 1123. **b** allegiare, insinuare, ~ere *Gl. Leid.* 1. 7; de rebus hereditatis sue interpellatus post xv annos defensorem habeat vel idem respondeat, et calumpniam ~at in rebus suis, ut nullus eas teneat uno anno et uno die sine contradiccione, dum sanus sit et in patria pax (*Leg. Hen.* 59. 9a) *GAS* 578; nec debet requiri a domino si homo suus .. numquam deinceps ad eum redeat et hoc in verum ~ere possit (*Ib.* 86. 2) *Ib.* 601; ut liceat ei qui accusatus est seipsum ydoneare et si presens fuerit homo qui crimen ~it liceat ei per pugnam crimen illud super se impositum si potuerit deicere UPTON 78; quod si ille cui crimen ~itur negare voluerit, per seipsum pugnam faciat nec ei liceat campionem pro se dare *Ib.* 79; quando quis alteri crimen de uxore sua miserit dicens quod cum ea fornicatus esset *Ib.* 82.

6 to put, place. **b** to put forward (also fig.). **c** to put down, drop.

oblatum sibi munus .. misit .. in sinum sibi BEDE *HE* III 2 p. 130; hic debet ~ere chrisma in fronte ipsius hominis EGB. *Pont.* 7; jaceat ferrum super carbones .. postea ~atur super staplos (*Quad.*) *GAS* 387; Benedictus homini compedibus vincto approprians, digitum in anulo ferreo inter duas compedes medio misit *Lib. Eli.* III 33; ~e super ripam laci cibum et ferrum, et recede DICETO *Chr.* I 13; coronam suam misit super caput pueri *Eul. Hist.* I 38. **b** jamjamque essent manus ad panem benedicendum missuri .. BEDE *HE* III 6; subito illum intimorum stimulatio corripuit, .. confestim manum Domini ad se missam cognovit FELIX *Guthl.* 50 p. 152; David .. noluit ~ere manum, et occidere Saul OCKHAM *Pol.* I 161; Canutus venit in Angliam et misit clamium in regno Anglie KNIGHTON I 18. **c** ~e hamum, inquit, et invenies in ore piscis staterem OSB. GLOUC. *Deriv.* 511; qui insipienti dat honorem, sicut qui ~it lapidem in acervum mercurii P. BLOIS *Ep.* 18. 67A; ne .. ~at margaritas ante porcos OCKHAM *Dial.* 498.

7 to put (something into something else).

†aqua [l. aquam] in pelve misit THEOD. *Laterc.* 19; qui semen in os miserit, vij annos peniteat *Id. Pen.* I 2. 15; nardus .. in caldarium ~itur et coquitur usque ad pinguedinem *Comm. Cant.* III 79; quas [astulas] cum in aquas miserint BEDE *HE* III 2 p. 129; partem glutinati salis .. in aquam offertoriam [vv. ll. opertoriam, †oportorium] levi rasura ~ebat FELIX *Guthl.* 53 p. 168 laterna .. candela in eam missa .. ASSER *Alf.* 104; ~at [abbas] de corpore Christi in calicem ÆLF. *Regul. Mon.* 188; homo manum suam in te [sc. aqua] missurus [AS: *bið sendend*] (*Jud. Dei*) *GAS* 409; misit .. in loculum vacuum sex .. argenteos W. CANT. *Mir. Thom.* III 27; modicam tollens humi partem .. in aquam ~ens, ori patientis infudit M. PAR. *Maj.* I 307; ~entes calcem in farina sua, plurimos Christianorum extinxerunt *Eul. Hist.* I 386; Desiderius abbas montis Cassini veneno in calicem ejus misso extinctus est KNIGHTON I 74.

8 (*~ere manum*, also with *ad, in, super*): **a** to put one's hand to, to begin (an enterprise). **b** to lay one's hand on, seize (person); **c** (artefact or property); **d** (leg.) to put one's hand (into another's, as indication of good faith).

a ~entes manum ad aratrum OCKHAM *Pol.* II 776; manum ad ardua misimus AVESB. f. 95; nolite missas ad aratrum revocare manus *Reg. Whet.* II 417. **b** merito moriere qui .. miseris manum in christum domini DICETO *Opusc.* II 237; sanguis tuus super caput tuum, eo quod misisti manum in christum Domini M. PAR. *Maj.* I 500; si papa in se vel alium manus crudeles cupit ~ere OCKHAM *Dial.* 572; **1511** [prior] non ~at manus et pedes in confratres suos (*Vis.*) *EHR* VI 32. **c** ex illis v perquirat unum, qui cum eo juret, quod in recto publico manum ~at ad propria (*Quad.*) *GAS* 155; manus ~at dominus ad peccuniam suam (*Leg. Hen.* 13. 12) *GAS* 559; c**1130** nolo enim ut habeant occasionem ~endi manum ullo modo super elemosinam meam (*Lit. Regis*) *EHR* XXIV 220; **1217** redditum [civitatis Burdegale] .. eis habere faciatis, nec in ipsum redditum manum ~atis, vel aliquem alium manum ~ere permittatis *Pat* 51; **1243** alioquin rex manum ~et ad bona sua *RGasc* I 180a. **d** si advocatus .. dicat quod nunquam hoc ei vendidit .. tunc licebit advocanti ipsam manum in verum ~ere [AS: *tymð*] quod nullum aliud vendidit ei quam id ipsum (*Quad.*) *GAS* 123; si quis pro furti compellatione libertatem suam forisfaciat et manum suam in manum ~at [AS: *his hand on hand sylle*], et parentes sui deserant eum .. (*Ib.*) *Ib.* 145; si quis deprendat quod amisit, advocet inde cum quo deprehenditur, unde venerit ei; et ~at in manum [AS: *sylle on hand*] et det plegium, quod adducet advocatum suum (*Ib.*) *Ib.* 224; ~at in manum venditoris [AS: *sette on ða hand þe hit him sealde*] et roget ut mundificet et adquietet ei (*Ib.*) *Ib.* 224; sic advoco, sicut hoc mihi vendidit, cui nunc in manu ~o [AS: *ðe ic hit nu on hand sette*] (*Ib.*) *Ib.* 397; si quis in servum transeat .. manus in manus domini ~at et caput (*Leg. Hen.* 78. 2c) *Ib.* 594.

9 to put (person): **a** (in place); **b** (in spec. condition, usu. leg.); **c** (in mental condition).

a auferens illum de ergastulo .. et bombicinis indutum vestibus misit in triclinium ALDH. *VirgP* 35; modo ~endus est in cathedram episcopalem EGB. *Pont.* 4; **1201** ut capiat corpus Johannis et ~at eum in gaoliam *CurR* I 411; Johannes .. a Domitiano Cesare in ferventis olei dolium missus perhibetur M. PAR. *Maj.* I 116; qui super aliqua causa criminali fuerit indictatus, statim capiatur et gaole ~atur *Fleta* 113; alioquin misisset eum in prisona *State Tri. Ed. I* 60; s**1315** eodem anno rex et regina miserunt se in mare versus Parisius, cum multis terre nobilibus WALS. *HA* I 137; **1412** supra mare in quoddam hulcum .. se miserunt (*Lit. Regis*) *Foed.* VIII 755. **b** pro defensione sub abbatia se misit *DB* I 32vb (v. defensio 2a); femina quae hanc terram tenebat misit se cum ea in manu reginae (*Surrey*) *DB* I 36va; capiant omne quod habet et ~ant eum in plegium (*Quad.*) *GAS* 161; si culpabilis erit .. ~at credibiles plegios [AS: *sette getreowe borgas*] quod omnis mali deinceps abstineat (*Ib.*) *Ib.* 219; si pecus intercietur, et ultra flumen advocetur, tunc ponatur *inborh* vel *underwed* ~atur [AS: *lecge*], ut placitum illud finem habeat (*Ib.*) *Ib.* 379; adeat prepositus regis et ~et eum sub plegio, ut ad rectum perducatur (*Ib.*) *Ib.* 221; si quis a domino suo missus sit in plegium, et ostendere possit, quod ei et sponsione vel fidejussione illa dampnum venit (*Leg. Hen.* 44. 1) *Ib.* 569; **1130** si quis de hominibus suis in forisfactura mea justo judicio et causa aperta missus fuerit de xx manchis, adquietet se ante judicium per vj denarios *FormA* 38; o admirabile .. genus Britonum ipsum [Cesarem] bis in fugam propulerat qui totum orbem sibi miserat G. MON. IV 9; **1158** si aliquis .. a consuetudinibus eorum et scottis se foras misit *BBC* (*Norwich*) 108; a**1189** et nullus eis injuriam faciat vel injuste eos in causam ~at de vicario .. (*Ch.*) *EHR* XVI 99. **c** id quod auditum est de vicario .. multos misit in admirationem AD. MARSH. *Ep.* 27.

10 to put: **a** (person in possession of property); **b** (property in defined legal condition); **c** (w. ellipsis of obj.).

a ipse comes dedit Radulfo de Bernai ij *radmans* et misit eos extra hoc manerium cum terra quam tenebant (*Heref*) *DB* I 180va; Alanum .. in corporalem possessionem misi [ecclesie de W.] *Chr. Rams.* 315; monachi denique in antiquam ecclesie missi libertatem G. COLD. *Durh.* 11; **1222** (v. corporalis 1c); **1234** dedit ei terram illam per cartam suam et eum misit in seisinam *CurR* XV 1022D; si appellet ne scriptus heres ~atur in possessionem RIC. ANGL. *Summa* 37 p. 82; judices abbatem .. in possessionem capelle .. miserunt *Meaux* II 16. **b** Osbernus misit terras eorum in unum manerium (*Kent*) *DB* I 11vb; misit episcopus domum illam in suo manerio (*Surrey*) *Ib.* 30ra; S. tenuit unam hidam quae missa est in foresta regis (*Hants*) *Ib.* 45vb; [una virga] fuit de firma regis; et .. fuit missa foris, sed hund' nescit quomodo (*Hants*) *Ib.* 49va; silva missa est in defenso *DB* I 56vb, 176vb (v. defendere 3b); non potuit istam terram ~ere in aliquo loco nisi in abbatia *DB* II 57b; **1289** possint licita .. ~ere .. terram .. ad omnia sibi necessaria ad vineas .. plantandas *RGasc* II 312a. **c** episcopus misit ad firmam pro x libris (*Kent*) *DB* I 10va; Heraldus abstulit ei quando regnum invasit et misit in firma sua (*Hants*) *Ib.* 38rb; Oda tenuit de rege E. in N. in alodium. ibi erant x hidas, sed rex E. misit ad servitium et geldum pro iiij hidis et una virga (*Hants*) *Ib.* 45va; de hac terra tenuit .. Aluui .. dimidiam virg[am], non potuit foras ~ere de Inchelintone *Ib.* 198rb.

11 to put (something in a category), to class (with).

lexiva in caustica ~itur et est ad usum medicine eficacissima *Alph.* 98.

12 to cause to go, send: **a** (person); **b** (w. inf. expr. purpose); **c** (w. prep. & acc. or abl.); **d** (w. prep. & gdv.); **e** (w. *ut* & subjunctive).

a item ~it satellitum canumque prolixiorem catastam GILDAS *EB* 23; mittens manum militarem, occidit omnes pueros THEOD. *Laterc.* 6; tantum presbiterum aliquem secum ~ere .. deposcebat *V. Cuthb.* II 8; missis militibus episcopum jussit interfici BEDE *HE* V 19 p. 325; coram ipso et aliis de consilio regis illuc missuris *Leg. Ant. Lond.* 31; dabitur dies languenti per quatuor milites sibi missuros quod compareat *Fleta* 387; quod .. ~antur aliqui de sanguine dictorum regum .. potestatem habentes concordandi ... quod predicti ~endi sint in predicta curia AD. MUR. *Chr.* 130; eum misit in exilium, in Tusciam .. ibique in carcere mitti jussit *Eul. Hist.* I 137. **b** ab eodem .. impio regi misso a Judaea prophetare GILDAS *EB* 77; missus est archangelus Gabrihel evangelizare beata[m] Maria[m] THEOD. *Laterc.* 2; hunc [Thomam] .. misit .. / eoas gentes almis convertere biblis ALDH. *CE* 4. 6. 13; misit .. Augustinum .. praedicare verbum Dei BEDE *HE* I 23 p. 42; uno die in Augusto ~ebat messores suos secare segetes regis *DB* I 269vb; misit Merlinum .. querere ut .. M. PAR. *Maj.* I 221; hunc Augustinum mittens .. / cultum divinum meritis relevare supinum ELMH. *Cant.* 90. **c** rex vero contra eum misit in allegationem archipresulem Eboracensem Rogerum R. NIGER *Chr. II* 170; W. de W. quem ipse miserat in nuncium suum *SelPlCrown* 77; rex Anglorum .. clericum suum .. pro salvo conductu et mercatu victualium .. misit TREVET *Ann.* 109; misit igitur in hujus execucionem negocii duces B. et E. cum notabili exercitu *Ps.*-ELMH. *Hen. V* 127 p. 157. **d** si rex ad mare custodiendum sine se ~ere suos voluisset (*Sussex*) *DB* I 26ra; **1219** ~it fratrem Willelmum .. pro custodienda abbatia de Wilton, vacante *Pat* 223; mittit nuntios in Angliam, pro accersiendo Lodowico M. PAR. *Maj.* I 451; misit .. rex Anglie militare presidium ad dominum imperatorem jurandum *Ib.* III 485; misit istum et alios ad capiendum quosdam homines prioris *Feod. Durh.* 246; vidit B. .. ~ere in prestam episcopi, quando volebat, pro meremio capiendo *Ib.* 298. **e** Hieronimus .. missus ab eo ut reaedificaret Hierusalem *Comm. Cant.* I 5.

13 to send: **a** (animal, artefact, or present); **b** (letter, book, or doc.); **c** (abstr.); **d** (w. ellipsis of obj.).

a ut .. fructuum munuscula ~eret ALDH. *VirgP* 47; sed leo de clatris rugibundus mittitur artis / virgineos artus tutos servare puellae *Id. VirgV* 1235; Indorum rex .. ad regem Romae Anastasium duos pardulos misit *Lib. Monstr.* II 6; **1306** de lana grossa nichil vel agnina nichil hic quia mictebatur apud W. (*Ac.*) *Crawley* 241; de hiis qui miserunt ad domum religiorum vel ad domum alicujus equos vel canes ad perendinandum ad custum aliorum *Eyre Kent* I 41; **1333** sigillum .. procuratoribus .. ~ere teneatur *MunAcOx* 127; **1336** quando presenta missa fuerunt regi *Ac. Durh.* 533; quod .. falcem suam presumpserit .. in messem ~ere alienam OCKHAM *Pol.* I 87; misit regi Francie Pippino cantum organicum *Eul. Hist.* I 236. **b** in epistola quam ad Romanam ecclesiam misit [Ignatius] GILDAS *EB* 74; quibus ille exhortatorias ~ens litteras BEDE *HE* I 23 p. 43; **798** cunctos libellos .. misit *CS* 291; litteras vobis et nuncios misimus GIR. *SD* 44; mandamus quod recordum .. nobis .. ~atis *State Tri. Ed. I* 8; errores solitos quos nunc tua curia mittit / corrige *Pol. Poems* II 119. **c** supervenit .. clades divinitus missa BEDE *HE* IV 3 p. 207; c**1250** donat ecclesias .. / ribaldis pessimis, qui jura spiritus / vendentes suffocant et †mittant [sic MS: l. mittunt] penitus (*Vers.*) *EHR* XXXII 405. **d** miserat episcopus mulieri .. de aqua benedicta BEDE *HE* V 4 p. 287.

14 a to send word or message to; **b** (absol. or with *ad* or *in*); **c** (w. indir. qu. as obj.).

a misit etiam Galliam et revocavit Mellitum ac Justum BEDE *HE* II 6 p. 93. **b** Pilati uxor, nomine Procla, misit ad eum dicens "nihil tibi et justo illi" THEOD. *Laterc.* 10; misit .. Elfled rogavitque virum Dei .. ut .. BEDE *CuthbP* 24; per nuntium alterius fidelis fratris praecipiens, ut hoc indicium coram illo faceret, supplici rogatu [3 MSS *add.*: per nuntium] ~ebat FELIX *Guthl.* 48 p. 146; in Galliam misit, M. et J. revocavit FL. WORC. I 14; nunc autem bene intelligo quapropter ad me misisti ROB. ANGL. (I) *Alch.* 512b; ~entes in villam propter vinum BRAKELOND f. 41; [Herodes] misit et occidit omnes pueros qui erant in Bethleem M. PAR. *Maj.* I 84; p**1298** inter hec rex Francie, mittens absque mora, / regem rogat Anglie pro treuga decora (*Dunbar* *253) *Pol. Songs* 179; misit .. Edwardus in Angliam pro quibusdam magnatibus suis, et venerunt ad eum comites et barones W. GUISB. 211.

15 (w. *post, pro, propter,* or *super*) to send after or for, to fetch. **b** (w. *pro*) to send as substitute for.

[pallium] pro quo rex .. miserat FL. WORC. II 37; si perpetuo opere sepulturam virorum decorare volueris pro chorea gigantum G. MON. VIII 10; cumque hec audissent Britones censuerunt pro lapidibus ~ere *Ib.* 11; pro eo statim miserunt *G. Herw.* 374; propter hanc se velle ~ere asseruit *Ib.* 384; qualiter ~itur pro domino feodi, sc. T. le Prude *Found. Waltham* 7 *tit.*; **1215** nullus liber homo capiatur vel imprisonetur .. nec super eum ibimus, nec super eum ~emus, nisi [etc.] *Magna Carta* 39; **1274** statim misit post Willelmum Peny, teþingmannum de Auste *Hund.* I 168b; ~ebant duos de garcionibus suis post fenum *Ib.* 174b; Adam misit pro .. Petro ut veniret coram eo *State Tri. Ed. I* 85. **b** misit pro se illo presbyterum Leutherium nepotem suum BEDE *HE* III 7 p. 141; **1230** non venerunt, sicut summoniti fuerunt, nec pro se miserunt *LTR Mem* 11 m. 5.

16 to send along, refer, pass: **a** (person); **b** (artefact).

a prosequitur idem venerabilis historiographus [Beda] altam genealogiam regis, ad quem lectorem ~imus GOSC. *Transl. Aug.* 45A; fortassis expediar si misero eos qui me interrogant ad doctiorem *Mem. Fount.* I 44. **b** potus sive dapes cuiquam si mittere cures, / tecum vescentis assensu mitte sodalis D. BEC. 1011–12.

17 to send (to market), export.

aurum ~it Arabs W. FITZST. *Thom. prol.* 12; Ethiopia ~it bestiam parandrum nomine *Best. Ashmole* f. 23; Ferraria fallax .. / .. peregre missura †quas [? l. que] tua mala parant M. SCOT. *Proph.* 33; que lucrative sunt artes sunt modo vive / .. / et celeres misse que possunt es habuisse, / resque foro misse que possunt lucra dedisse GARL. *Mor. Scol.* 23–4.

18 to send in payment, pay.

in †Lodiutone [l. Lodintone] debent ~i xiij solid' de pastura quam comes dedit ei (*Sussex*) *DB* I 22rb; hanc consuetudinem misit eis Aluricus (*Suff*) *Ib.* II 283; ille undecimus custodiat ipsorum hyndenorum pecuniam et sciat quid ipsi ~ent, quando ipsi gildare debebunt (*Quad.*) *GAS* 175; et ~at omnis qui hominem habebit .. denarium (*Ib.*) *Ib.* 177; si piscis regius .. comprehenditur, quod in hiis saliendis et aliis necessariis ministrandis a vicecomite ~itur, sine brevi computatur *Dial. Scac.* II 8A; **1279** cum quart' debeat ~i apud Rams' triturabit iiij thravas de .. blado *Hund.* II 657a; compotus Johannis Chamburleyn ballivi de Clonken de omnibus recepcionibus missis expensis et liberationibus *Ac. Trin. Dublin* 55.

19 to end (with or in).

quae vero praeteritum in -ui ~unt hanc regulam refutant ALDH. *PR* 137; ignis ablativum casum et in E et in I ~it BEDE *Orth.* 29.

20 a (pr. ppl. as sb.) sender. **b** (p. ppl. as sb. m.) sent man, envoy, legate, messenger. **c** (p. ppl. as sb. f. or n.) message. **d** (p. ppl. as sb. m. or n.) instigation. **e** (p. ppl. as sb. n.) sent portion, allowance.

a ~ens et recipiens graviter puniantur *Eyre Kent* I 41. **b 753** Bonifatius exiguus legatus vel missus Germanicus BONIF. *Ep.* 109; **786** misit .. missos suos ALCUIN *Ep.* 3 p. 20; **802** beatitudinis vestrae missus ad nos pervenit *Ib.* 254; nam 'lego, legas', quod est 'legatione fungor', unde 'legatus', id est 'missus', longam habet le- ABBO *QG* 6 (16); ubicumque regis justitia .. placita tenuerit, si missus episcopi veniens illuc aperuerit causam sancte ecclesie, ipsa primitus terminetur (*Leg. Ed.*) *GAS* 629; inquisitus si fuerit aliquis de furto .. et noluerit confiteri magistro, seniori, vel misso senioris (*Jud. Dei*) *Ib.* 420; **1214** recepimus de misso vestro .. centum marcas *Cl* I 174b; menia defendunt clausi, succurrere missi / qui veniunt magna de Babylone cadunt GARL. *Tri. Eccl.* 50; **1450** debere episcopo aut ejus misso in spiritualibus referre *Reg. Brechin* I 134; **1476** religiosum .. coram secularibus judicibus eorumve officialibus deputatis sive missis accusare *MunAcOx* 350. **c** a**713** ut cum vestris indiculis missisque ad .. Romam .. dirigetur (ÆLFFLÆD) *Ep. Bonif.* 8; epistola, misa *GlC* E 231; Augustinus ab archiepiscopo Arelatensi ordinatus secundum missa B. Gregorii Pape BIRCHINGTON *Arch. Cant.* 1. **d** Rogerus .. appellat Robertum .. de pace domini regis et plagis .. idem appellat de vi et de misso Rudulfum *Eyre Yorks* III 354. **e** paxmati panis mensura et misso parvum inpinguato .. utatur GILDAS *Pen.* 1.

mittitas v. mititas. **mitu-** v. mutu-.

mitulus [CL], kind of mussel.

horsemuscelles, hoc est .. mytulos caballinos seu hippomytulos CAIUS *Anim.* f. 25v.

miurus, ~os [CL < μείουρος], hexameter that ends with an iambus as distinct from a spondee.

quid est ~os vel spicodis? .. ~us vel spicodis ad unam significationis regulam pertinere noscuntur ALDH. *Met.* 10 p. 95.

mixibilis v. miscibilis.

mixolydius [LL < μιξολύδιος], (mus.) mixolydian.

modi in diatonico genere accipiendi sunt secundum species diapason, et tot debent esse modos, scilicet septem. .. myxolydium ODINGTON *Mus.* 87.

mixtarabs [mixtus+CL Arabs; *as etym. gl. of* Ar. *musta'rib* = *'making oneself an Arab, like an Arab'*], Mozarab, Iberian Christian who practises Arab Muslim customs.

quod a Galippo ~e in lingua Tholetana didici D. MORLEY 215.

mixtare [*frequentative of* miscere]

1 to mix.

c**1380** de ij quarteriis frumenti ad ~andum siligini pro semine *Reg. Rough* 221.

2 (mon.) to breakfast after communion (*cf. miscere* 11b).

debilitati plurimum nostrorum gratia misericordie condescendentes, canonicos permittimus ~are quousque xxx annos etatis compleverint .. nec sumat mixtum aliquis sacerdos *Inst. Sempr.* *li.

mixtilio, mixtillum, maslin, mixture of grain, esp. wheat and rye.

1205 tres bussellos ~ionis *RNorm* 129; **1227** presentabunt .. quinque quarteria frumenti, et quinque de ordeo, et tria de ~ione, et duo de avena *Ch. Sal.* 186; **1248** r. c. de lxvij quarteriis de toto redditu mixtilli, unde in semine de l acris xv quar' vij buss' (*Chilbolton*) *Ac. Man. Wint.*; **1248** bladi venditio: de x quar. .. mixtelli venditis *Rec. Crondal* 76; **1275** iij acrarum ~onis (v. imbladatura b); **1316** vij bussellos ~lionis *Cart. Glam.* III 1035; **1350** de iiij bus' de mixtill' *Sacr. Ely* II 148; ~io, A. *draggeye* .. *medylde corne* .. *moge* *WW*; *mastilyon, bigermen,* ~io *CathA*; femina .. dum aura flante perprospera tritici et siliginis ~ionem ventilare disposuisset, filiam .. sedere fecit super aream *Mir. Hen. VI* I 3.

mixtillio v. mixtilio.

mixtim [CL]

1 in an intermingled way, mixedly; **b** (of artefacts).

misceo .. inde mixtus .. et ~im adverbium OSB. GLOUC. *Deriv.* 346. **b** non pauca cum passim a pluribus ~imque tenentur pariter posuimus THEOD. *Pen. epil.*; flosculos .. in corpore unius libelli, ~im quamvis, .. redigere ASSER *Alf.* 89; qui etiam ista temporalia ~im bonis et malis abunde tribuit AILR. *Serm.* 25. 15. 338; brevis .. valet .. tres minimas et tres minoratas ~im se habentes HAUDLO 112; hii prefati quinque ~im se habere possunt *Ib.* 176.

2 (of persons) together.

c**745** ~im adire regem .. debetis et pro pace aecclesiastica pariter deprecari *Ep. Bonif.* 64 p. 134; juvenes vero, qui in custodia sunt, ~im sint in ordine seniorum LANFR. *Const.* 105; cum ~im videam et justorum et injustorum infantes ad baptismi gratiam eligi ANSELM (*Orig. Pecc.* 24) II 167; ceteros cum insulanis ~im in acies constituit G. MON. VIII 4; extranei in refectorio .. inter fratres mixtum sedere non debent *Obs. Barnwell* 160.

3 (of abstr.) collectively, simultaneously.

si affectio et intensio ~im considerentur BALD. CANT. *Serm.* 9. 49. 427; Deus et proxima per se causa ejusdem creature operantur illam ~im, non singillatim, simul, non vicissim GROS. 203; dupliciter potest agere de figuris aut quia sunt instancie contra regulas communes grammatice et sic debet agere ~im de eis cum arte *Ps.*-GROS. *Gram.* 68; item quod Deus ~im

cum re extra presenti necessitatem hanc causet Bradw. *CD* 753B.

4 mutually.

et cum ~im ictus ingeminarent dedit casus aditum Nennio G. Mon. IV 3.

5 partly, also.

ut quidam doctor tradicionis humane et ~im theologus dicit Wycl. *Ver.* I 153.

mixtio [CL]

1 act or process of mingling: **a** (of physical substances); **b** (in social intercourse); **c** (in mil. engagement).

a primum enim oportet elementa complexionaliter misceri, ut ex eorum ~one proportionali vite possit innasci principium Alf. Angl. *Cor* 12. 7; mater et filius uno judicio, / uni subjaceant mortis supplicio, / et matri filium conjungat mixtio / cruoris mutui matremque filio Walt. Wimb. *Carm.* 599; differt confusio a ~one, nam .. species mixte in eadem remanent substantia, confuse vero in aliam materiam transferuntur *Fleta* 177; **1289** indictatur de retonsione monete et de ~one alterius metalli quam argenti cum argento *PIRChester* 6 r. 4; tactus enim est communior quam ~o T. Sutton *Gen. & Corrupt.* 50; pro .. falsa metallorum ~one .. condemnari Ripley 186; mistio humoris cum re sicca *LC* (v. inceratio). **b** propter ~onem et societatem quam quotidie habent cum Germanis *Eul. Hist.* II 63. **c** in prima ~one lancearum tam feroci impetu grassati sunt nostros quod eos fere ad longitudinem lancea retrocedere compulerunt G. Hen. V 13.

2 maslin, mixture of wheat and rye.

1276 nullus prepositus .. liberet .. denarios .. propter pericula .. recipienti et propter ~ones receptionum *Reg. Heref.* 109; **1286** in ~one cum *wok*' vij ringas *Rec. Elton* 16.

3 (log.) mixed form, false syllogism.

patet responsio ad primam ~onem Wycl. *Log.* II 12.

mixtitio, mingling, mixture.

1526 dicit potum conventualem ex avena et ordeo esse mixtum qua ~one multum redditur debilis et nocivus *Vis. Wells* 218.

mixtletus, (of cloth) mixed, motley.

1301 pannos .. ~os (*CoramR*) *Law Merch.* II 64.

mixtor, mixer, (~*or poculorum*) brewer of mead.

disponens in ea [sc. curia regis] xxiiij ministros officiales: .. propinator, ~or poculorum, dapifer aule, cocus .. *Leg. Wall.* B 193.

mixtum v. mixtim.

mixtura [CL]

1 act of mingling, mixing.

cujus mixtura sanguinis, / aque divique numinis / cunctis medetur languidis, / adjuncto verbo judicis Ledrede *Carm.* 29. 5; [vinum] propter ~am vel illimpiditatem *Miss. Ebor.* II 223.

2 act of uniting (in sexual intercourse).

facere videtur, flatu solo et occulta quadam inspiratione, citra ~am, apum ex cera [v. l. favo] procreatio Gir. *TH* I 15 p. 49.

3 mixture, combination.

libamina, multae ~ae in unam massam redactae *Comm. Cant.* I 186; rosam maritans lilio / prudentior Natura / ut ex hiis fiat apcior / et gracior / mixtura P. Blois *Carm.* 4. 5a. 78; alludens ~e lanarum colorum diversorum ex quibus Haverfordie panni fieri solent Gir. *SD* 38; hujusmodi enim ~e a summo omnium creatore statim anima infunditur Alf. Angl. *Cor* 12. 8; breves .. cum semibrevibus majoribus atque minoribus, cum minoratis et minimis associantur. et si alia ~a sit, viciosa est Hauboys 268; electrum est ~a auri et argenti *SB* 19; confita, i. ~a, confeccio est *Alph.* 4 (v. alipta).

4 maslin, mixture of grain, esp. wheat and rye.

1275 de j quarterio et dim. bussello frumenti, j quar. et dim. avene, dim. buss. ~e *Ac. Stratton* 62; **1297** de xl s. de xij quar. ~e molendini vend' ante autumpnum, precium quar. iij s. viij d. *Ac. Cornw* 179; **1303** item respondent de lxvj s. xj d. ob. de novemdecim quarteriis ~e facte de frumento, viz. novem quarteria in grangia inventa et residua de siligine et ordeo *Ac. Exec. Ep. Lond.* 86; **1337** frumentum de H. memorandum .. ~a *Househ. Ac.* 203; **1352** in ~a cum siligine inferius j qr. ij estr. .. in ~a cum frumento supra quo semine faciendo ij qr. iiij estr. di. *Comp. Worc.* 69; **1356** curallum .. et totum computatur in ~a ad liberacionem famulorum *Crawley* 274; **1364** in ~a ad liberacionem famulorum ix quarteria *Banstead* 344.

5 cloth of mixed fabric or colour, motley.

1347 unam tunicam de ~a *Mem. Beverley* II 135.

mna v. 1 mina.

Moal, Moallus v. Mogalus.   **mobiliare** v. mobiliare.

mobilis [CL]

1 able to move, quick in movement: **a** (of a body or act); **b** (of an element); **c** (of the mind).

a [oculus] ne nimia rotunditate nimis esset ~is [Trevisa: *mevable*] habuit aliquam planiciem, ut ad moderantiam ejus velocitas duceretur Bart. Angl. V 5 p. 128; est corpus. ergo est corpus animatum et ~e voluntarie; ergo est animal J. Blund *An.* 9; ab Aristotele et ab Avicenna habemus quod subjectum physici est corpus ~e in quantum ipsum est subjectum motus et quietis *Ib.* 18; actus voluntatis varii et ~es presupponunt aliquem actum immobilem Duns *Ord.* II 60. **b** flammis mobilibus, *of styrigendlicum GlP* 248; quanto levius tanto ~ius, et quanto ponderosius tanto immobilius, ut patet in elementis Fishacre *Quaest.* 50; caliditas est elementaris proprietas .. summe ~is et motiva [Trevisa: *most mevable to meve*] Bart. Angl. IV 1 p. 84. **c** est autem sophisticis abundare ~ioris ingenii et magis exercendi, ceteris altioris et magis exercitati Balsh. *AD* 36; hoc enim bene ~is est ingenii in omnino ignotis et dubitabilibus prompte quid sic quid non discernere *Ib. rec. 2* 111.

2 that can be moved, moveable. **b** (*res ~es, bona ~ia*) moveable property, chattels; **c** (dist. as livestock). **d** removeable, dismissable.

mergam cadaver fluctibus / .. / aut semper illic mobilis, *wealcol GlP* 831; qui igitur trucinandum [MS: cruciandum] se ponit in lingua, moveri eum necesse est cum ~e trucina Walt. Wimb. *Elem.* 318; talia autem sunt activa et passiva, motiva et ~ia T. Sutton *Gen. & Corrupt.* 53. **b** †793 (12c) mansiones cum .. omnibus rebus ~ibus vel fixis *CS* 267; querit statum Ollonis in rebus ~ibus et immobilibus Map *NC* IV 16 f. 58; nonnulli pinguius dominium habent in rebus ~ibus .. et in rebus suis immobilibus habent minus dominium Ockham *Pol.* I 308; bonis ~ibus (*Test. Hen. V*) *EHR* XCVI 96; **1437** necnon bonis suis quibuscumque ~ibus, que .. habuit Bekynton I 6; **1512** pro bonis suis temporalibus seu ~ibus *MunCOx* 242. **c** pastores suos adit vacuatosque ovilibus ~ia quibus inicere potest hamos abducit Map *NC* IV 16 f. 59; **1270** ~ibus se moventibus *CalCh* II 155. **d** priores de Coldingham omnes et singuli mobiles erant ad disposicionem prioris et capituli Dunelmensis *Pri. Cold.* 125.

3 varying, changeable: **a** (gram.); **b** (astr.).

a omnia [sc. nomina] ~ia sunt et epitheta dicuntur exceptis .. illis quae ab equite et pedite ac comite dirivata protulimus Aldh. *PR* 135; studendum est praeterea metricis, quantum artis decori non obsistit, ut ~ia nomina fixis nominibus praeponant .. ut 'mitis in inmitem virga est animata draconem' [Sedulius *Carm. Pasch.* I 132] Bede *AM* 114; 'montanus' ~e per tria genera est Tatwine *Ars* 1. 15 p. 8; *sume synd* ~ia, *þæt synd awendendlice, forðan ðe hi beoð awende fram cynne to cynne*: hic sanctus .. haec sancta .. hoc sanctum Ælf. *Gram.* 20; annuntius .. nuntius, invenimus quoque utraque nomina ~ia Osb. Glouc. *Deriv.* 379. **b** lune vero sublimatio ~is est .. Adel. *Elk.* 18.

4 unstable, inconstant, fickle: **a** (of person, thought, emotion, or action); **b** (of abstr.).

ore favet vulgus clamoso mobile statim / et bona collaudat patrum consulta suorum Alcuin *SS Ebor* 50; **942** ubi vulgares prisco more ~ique relatione vocitant *CS* 775; Rotbertum .. virum animi ~is W. Malm. *GR* V 392; spernentis [sc. Deum] mens sepe dolet. nunc gaudia fingit / inque vices metuit mobilis atque cupit L. Durh. *Dial.* IV 220; similiter si verbum pro nomine referendum est ad mobilitatem et immobilitatem, ut scire tuum nichil est, id est sciencia tua que ~is est *Ps.-Gros. Gram.* 71; placet principibus

palpo vertibilis, / in dolo stabilis, in verbo mobilis Walt. Wimb. *Palpo* 27. **b** nutabundus, ~is *Gl. Leid.* 34. 41; ne forsan mobilis aetas / praecipitem pravae retrahat per competa sectae Frith. 238; **941** quatinus temporalium rerum ~i presencia utens fidelem obedienciam ac pacem laudabilem erga regni ceptra nostra .. *CS* 769.

5 (as sb. n., log. & phil.): **a** a thing that moves. **b** (*primum ~e*) first mover.

a aliqua pars A sine medio erit totaliter non pertransita, quod patet quia aliqua pars est in A a qua ~e nunc distat, et per tempus adhuc distabit ab ista Kilvington *Soph.* 15d. **b** hoc modo nec anime nec angeli sunt in tempore, quia sunt extra primum ~e, quia non subjacent ejus motui Gros. 259; qui primo das motum mobili J. Howd. *Ph.* 14; si .. primum ~e esset generatum, omnia que moventur essent corruptibilia T. Sutton *Gen. & Corrupt.* 184; item potest argui de tempore ascensionis Christi, quia secundum istam posicionem tempus est primum ~e; sequitur igitur, primum ~e est, igitur tempus ascensionis Christi nunc Lutterell *Occam* 77; corpora enim celestia que continentur sub primo ~i omnia habent motum secundum motum illius Holcot *Wisd.* 10.

6 thing that can be moved. **b** moveable property, chattels.

in quantum [spiritus humanus] est anima diffinitur dupliciter quia unitur corpori sc. ut motor ~i [Trevisa: *as mevere to þe þing þat is imeved*] Bart. Angl. III 3; sed inter ea que moventur, dubium est de pluribus an motus dans motum ipsi ~i sit anima vel natura, ut in eis que moventur orbiculariter J. Blund *An.* 3; ~e .. non movebitur nisi partim sit in termino a quo, et partim in termino ad quem Bacon *Tert.* 169; dico quod proporcio objecti ad potenciam est proporcio motivi ad ~e vel activi ad passivum Duns *Ord.* I 100; omne ~e presupponit aliquid immobile *Ib.* II 60; si aliqua potencia in corpore movet aliquod ~e in aliquo tempore precise secundum ultimum potencie sue, pars illius potencie sive motoris movebit partem ~is in minore tempore Ockham *Quodl.* 768–9. **b** omnia .. ~ia lapsorum .. presbyterorum .. traderentur episcopis Eadmer *HN* p. 232; aut enim in universo ~i suo reus judicatur pro minoribus culpis, aut in omnibus immobilibus, fundis sc. et redditibus, ut eis exheredetur *Dial. Scac.* II 16; decimam .. ~ium suorum (*Sal. Tithe*) *SelCh* 189; **1276** totum ~e quod habuerit [fugitivus] erit nostrum *RGasc* II 15b; Willelmus non habet ~ia que sufficiant ad tanta dampna *State Tri. Ed.* I 37; cepit rex tertiam decimam partem regni tam de ~ibus quam immobilibus ad recuperandum *Ann. Cambr.* 66; bona mea ~ia et immobilia *Lit. Cant:* I 17.

7 variable or changeable thing.

separatius autem deinde distingui hec mediocriter ad disciplinam ~ibus inutile. .. minus ergo ad disciplinam ~ibus distinguantur hec ut nunc dictum, magis autem ut predictum Balsh. *AD* 81.

8 capacity to be moved.

~e [v. l. moveri] est primo passio corporis Ockham *Quodl.* 29.

mobilitare [CL]

1 to set in motion.

si secundo modo sit subjectum compositum, tunc datur talis regula: subjecto universalis affirmative existente termino composito et obliquo (composito vel simplici) precedente, et recto subsequente, totum obliquum distribuitur, et non rectum. unde in exponente negativa rectum a parte predicati locabitur, ab obliquo quod subicitur separatum. .. et patet quomodo siloisari et inferri vel descendere respectu talis universalis, scito quod pars obliqua ~atur, et pars recta stat confuse tantum Wycl. *Log.* I 93; posito ergo vacuo, per summum impossibile, simpliciter mobilietur [? l. mobilitetur] successivo motu in illo motu naturalissimo secundum ultimum sui appetitus, pro quolibet instanti acquirendo quolibet ejus indivisibili situm indivisibilem *Ib.* II 144.

2 to vary, change.

et hinc dicitur illam notam sic ~are terminum subsequentem, more negacionis. unde sequitur: 'si homo currit animal currit'; ergo 'si iste vel quicunque alius homo currit, tunc animal currit' Wycl. *Log.* II 187.

mobilitas [CL]

1 ability to move, quickness of movement,

agility: **a** (of a body); **b** (of an element or abstr.); **c** (of the mind).

a leones calidissimi et siccissimi sunt natura quod satis ostendit eorum ~as, fortitudo, iracundia *Quaest. Salern.* B 58; manus ipse a ~ate sua interim non quiescebant, sed nunc ab his, nunc vero ab illis pecuniam accipiebant COGGESH. *Visio* 24; manus insuper quarum mira est ~as ad scribendum apta CHAUNDLER *Apol.* f. 13. **b** †citatem [l. citatum] aeris, ~atem aeris *GlC* C 420; fontes .. marine .. ~atis sortiti naturam GIR. *TH* II 7 p. 85; spiritum ex vehementi calore et siccitate distemperatum et mobilem temperate humectat et refrigerat, et ~atem ejus humefaciendo contemperat. .. ex quo attracto, in tantum retardatur ~as spirituum ejus quod .. *Quaest. Salern.* B 161; ideo cum tractet de corpore mobili sicut de subjecto, non solum debet passiones ejus ostendere, sed etiam ~atem ejus qua ingreditur esse et egreditur KILWARDBY *OS* 84; si dicatur quod auctores negant esse relaciones in Deo propter defectum fundamenti absoluti, dicitur quod communiter ponunt auctores relaciones racionum esse in Deo, et non dicere ~atem subjecti, nec requirere accidens absolutum pro suo fundamento WYCL. *Log.* II 132. **c** adolescentes .. qui propter .. naturalem ~atem saepe sui memoria affectuose movent cor meum ANSELM (*Ep.* 173) IV 55.

2 capacity to be moved.

neque dux presumat de ~ate sui tabernaculi, quo minus sollicitetur de via sua, neque rex de sui templi stabilitate, quo minus curet de pace sua R. NIGER *Mil.* II 20.

3 variability, changeability.

Ps.-GROS. *Gram.* 71 (v. mobilis 4a).

4 instability, inconstancy: **a** (of physical object); **b** (of human mind or behaviour).

a insipientibus in aedificanda domo arenarum pendulae ~ati Dominus non cooperetur GILDAS *EB* 109. **b** qui .. statum mentis perdidit foras in inconstantiam motionis fluit atque exteriori ~ate indicat quod nulla radice interius subsistat BEDE *Prov.* 961; cum quidem prudentissime, ut ipsius opes et auctoritas totius Anglicae gentis dissensum coercerent, si rem novare mallent perfida ~ate, quanta sese agunt W. POIT. I 41; rex dies aliquot in propinquo loco Bercingis morabatur dum firmamenta quedam in urbe contra ~atem ingentis ac feri populi perficerentur ORD. VIT. IV 1 p. 165; inconstantia est ~as animi circa varias occupationes BERN. *Comm. Aen.* 103.

mobilitatio, variation, change.

non sic ut sit ~o nisi pro illo, pro quo fit distincta intelleccio. .. ideo scriptura sepe restringit ad particulare tempus, pro quo fit specialiter ~o WYCL. *Ver.* I 179.

mobiliter [CL], with movement or change.

moveo .. inde ~iter adverbium et hec mobilitas OSB. GLOUC. *Deriv.* 332.

mocheus, kind of fish.

13.. piscator .. habent pisces .. ~eos (*Nominale*) *Neues Archiv* IV 340.

mochios v. machia. **mociare** v. motiare.

moculus [ML], little bag, little purse.

capissidilis, peristipatius, marsupium, ~us, loculus OSB. GLOUC. *Deriv.* 151; mafortia, .. bursa, ~us, .. crumena *Ib.* 366.

mocum, kind of legume.

~um, quasi fabae albo colore inveniuntur in conca *Gl. Leid.* 24. 5.

modalis [ML]

1 (log.) modal, in which the predicate affirms or denies the subject with a mode of qualification (as dist. from absolute or inherent). **b** (as sb. f.) modal term or proposition.

consideranda est sub differentiis, in quibus differentiam facit in syllogismo, quales sunt he: affirmativum, negativum, universale, particulare, ~e, de inesse, et alie hujusmodi (SHIRWOOD) *GLA* III 14; proposicionum jam dictarum alia ~is, alia de inesse BACON XV 255; possibile est Antichristum fore, est similiter distinguenda, eo quod potest esse de inesse, vel ~is. si sit de inesse, significat possibile sit Antichristum fore, ac si diceretur possibile est lignum, possibile est animal; id est aliquod possibile seu aliqua res possibilis est lignum vel animal. si autem sit ~is, sensus ejus est notus BRADW. *CD* 658C; termini ~es sunt isti: possibile, impossibile, necessarium, contingens et eorum adverbia; .. et quilibet terminus qui modificat significacionem alicujus oracionis WYCL. *Log.* I 6; proposicio ~is est illa in qua ponitur aliquis modus ~is LAVENHAM 55. **b** percurrunt itaque, quid nomen, .. item que sit natura ~ium, et que singularium contradictio J. SAL. *Met.* 900A; nonne ~es sunt iste: 'Deum possibile est esse', 'Deum necesse est esse'? NECKAM *SS* II 44. 2; **s1284** contraria possunt esse simul vera sicut in ~ibus *Ann. Osney* 298.

2 (leg.) that contains a provision defining the mode by which something takes effect (as dist. from absolute or conditional).

cum sit pura donatio et non condicionalis nec ~is BRACTON f. 23.

modaliter [ML], by mode, modally (as dist. from absolutely or inherently).

non advertentes quid simpliciter enunciatum sit, quid ~iter licet tacito predicamenti modo J. SAL. *Hist. Pont.* 41; contingit Johannem etc. et quelibet talis dupliciter potest sumi, scilicet de inesse et ~iter ... cum autem verbum ~iter sumitur, non habet regula illa locum: non enim significat contingens inesse alicui aut aliquid illi, sed aliquid contingenter posse inesse alteri, puta, velle Johanni BRADW. *CD* 658B–C.

modellus [CL modus+-ellus; cf. modulus], vessel, mould.

1327 (v. lardatorium).

modera, chicken meat, chickweed.

~a, *cicenamete* ÆLF. *Gl.* 136; in viridario .. crescit .. cyminum, ~a [*gl.*: *cicinmete*], lappa .. ÆLF. BATA 6 p. 99; ~a, *cicene mete Gl. Durh.* 304; **11..** ~a, *chicnemete WW.*

moderamen [CL]

1 physical control.

ignoratur opifex qui mundum in suum orbem absque ullo axis ~ine eregit *Gl. Leid.* 44. 10; conscendit lembum quem pari ~ine nisus remigiorum et prosperitas ventorum continuo alteri ripe intulit W. MALM. *GP* V 266.

2 governance; **b** (of the mind or spirit); **c** (w. subj. gen.); **d** (w. obj. gen.).

rex .. Edwinus / disposuitque suas justo moderamine leges ALCUIN *SS Ebor* 217; sunt alii quos summa Dei sic gratia firmat, / in quibus ipse opifex equo moderamine simplex / presideat WULF. *Brev.* 196; rex vero Egfrid his diebus regnum Northanhymbrorum pio ~ine tenuit BYRHT. *HR* 16; cum .. etiam duces nostri ~inis sui gubernacula desperati relinquerent OSB. BAWDSEY clxxvii; regnum .. strenuo justoque rexerat ~ine CIREN. II 56. **b** carnea lasciviae vincens ergastula mentis, / conservans geminum justo moderamine pondus ALDH. *VirgV* 831; presbiter egregius venerando nomine Plecgils / dilectam coluit justo moderamine vitam *Mir. Nin.* 375; isti vero ~ine sobrio motus illicitos cohibentes desideria carnalia spiritali virga castigant P. WALTHAM *Remed. prol.* 29; deliciis dedit et vitiis certum moderamen NIG. *Paul.* f. 47 l. 201. **c** justitiae ~ina GILDAS *EB* 26; ipse perplura catholicae observationis ~ina ecclesiis Anglorum sua doctrina contulit BEDE *HE* III 28 p. 195; divinae increpationis ~ine perterriti WILLIB. *Bonif.* 8 p. 52; sic namque quamvis laboriose, una cum sublimibus in regali palatio diu degebat, binas habenas sacro ~ine tenens, legis videlicet et theoricae necnon et practicae vitae B. *V. Dunst.* 13 p. 23; **926** aeterni arbitris ~ine *Ch. Burton* 3; **1011** genuino naturalis potentie gubernante ~ine *Ib.* 34; **a1077** adjuncto quod aecclesiastice disciplinae ~ina non bene vos tenere affirmo LANFR. *Ep.* 17 (41); eapropter in regno consulendo vitari hoc diaboli virus oportet, quod justitie et pacis esse ~en debet G. FONT. *Inf. S. Edm.* 37; ob claritatem ingenii, et litterature peritiam, et ~en honestatis, quibus divinitus est insignitus AD. MARSH *Ep.* 198 p. 357; **1314** ut, per benignitatem et compassionis viscera, rigor discipline ~en assumat *Lit. Cant.* I 36; **1545** felix suscepte cure ~en *Conc. Scot.* I cclxi. **d** gentis gubernacula tradidit et florentis imperii ~en regendum commisit ALDH. *VirgP* 53; dum de conversationis suae cotidiano ~ine meditaretur FELIX *Guthl.* 30; sic bonus egregiae duxit moderamina vitae ALCUIN *SS Ebor* 1019; regni ~ina gubernante Aðeldredo rege Anglorum WULF. *Æthelwold* 41; rex novus Anglorum surrexit, vas vitiorum, / rex numero regum, non rex moderamine legum *V. Anselmi Epit.* 45.

3 moderation, restraint.

summae mansuetudinis et pietatis ac ~inis virum BEDE *HE* III 3 p. 131; quanto vero ~ine regiminis hujus rexit habenas, quam pium et humilem, salvo solum majestatis honore, se in cunctis exhibuit GIR. *Æthelb.* 3; ~en .. quod et temperantie subjacet, .. precipue motus corporis et gestus moderatur *Id. PI* I 13; **1235** ago gratias quod me .. corripere et increpare voluistis super correptione et increpatione mea, que, ut creditur et videtur a multis, modum et ~en excessit GROS. *Ep.* 11 p. 50; archiepiscopus Cantuariensis canonicos Londonie, eo quod eos visitare vellet, cum maximo gravamine potenter conatur confundere; tandem visitavit sed cum ~ine *Flor. Hist.* II 377; omnes cantus debito more festive et celebriter cum ~ine sustentando *Cust. Westm.* 32 (=*Cust. Cant.* 94); vicarias .. sub ~ine subsequenti taxavimus *Reg. S. Thom. Dublin* 319.

4 measure, order.

frons altior latius preminet, nasusque lineari ~ine pendet, nec nimis acute videtur exsurgere R. COLD. *Osw.* 51 p. 380.

5 moderated adjustment, modified circumstance.

1226 solvent quidem monachi decem solidos illos hoc adhibito ~ine, quod quotiens dictam terram tradiderint ad firmam *Melrose* 226; **1247** habito super hoc ~ine proporcionali agnis in numero ovium et e converso computatis *Reg. Ant. Linc.* III 61; **1278** si idem .. episcopus superstes non fuerit .. fiat .. ut supra, viciniori episcopo suffragaret, hoc adhibito ~ine, quod .. *Conc.* II 32b; **1297** [procuracio cardinalium] si sine ~ine congruo cum dictis gravaminibus .. concurrerat .. totum clerum .. pregravaret *Reg. Cant.* 525; **1301** in collecione residui .. vestram diligenciam continuare velitis .. juxta ~en in mandato .. conprehensum *Ib.* 738; **1317** prefatum statutum ad hoc reducere studeant ~en sc. .. *FormOx* 28; **1361** que quidem cista .. sit ejusdem condicionis cum cista de Langetone, hoc adjecto ~ine ut .. *StatOx* 163; nullum .. aliud hujusmodi numeri taxacionis monachorum .. scimus ~en nisi .. quod Willelmus .. unum molendinum .. ad augmentum unius monachi ultra numerum quinquaginta .. monachorum nobis conferebat *Meaux* II 28; **1446** in predictam [ecclesiam] admissus fuit sub condicione et ~ine, viz. quod per biennium .. litterarum studium exerceret *Eng. Clergy* 243.

moderanter [CL], in a controlled manner, moderately.

[divitiae] cum justitia ~er acquisitae ASSER *Alf.* 99; vinum .. / si jungatur aqua moderanter corpora curat D. BEC. 2708; cepit totius regni habenas irreprehensibiliter, imo laudabiliter, habenas ~er et sapienter gubernare *V. II Off.* 6; exercitus Gallicorum ~er et ordinate appropinquans AD. MUR. *app.* 246.

moderantia [LL]

1 physical control.

corda cithare dulcedine melliflua resonat, dum digitorum ~ia artis prescientiam predictando informat R. COLD. *Cuthb.* 97; per ~iam namque navium accipimus temperantiam que est moderatrix omnium voluptatum BERN. *Comm. Aen.* 26.

2 moderation, restraint.

vitam inmensae ~iae peregit FELIX *Guthl.* 24; quatenus quam possent ~iam adhiberent et ad notitiam ipsius cuncta referrent BOSO *V. Pont.* 431; quod ex ~ia mandati nostri .. regis magnitudo debeat facilius inclinari (*Lit. Papae*) *G. Hen. II* I 356; **1239** speramus a Domino .. vectes et ostia fuisse opposita ubi predicta diffusio tumentes fluctus suos confringeret et ultra ~ie metas non precederet GROS. *Ep.* 76; frenum apponat temperantie et lora ~ie BRACTON f. 107; ~iam mansuetudinis .. observans AD. MARSH *Ep.* 30 p. 123; *a sobyrnes*, sobrietas, ~ia, mensura, modestia, abstinencia, temperancia *CathA.*

3 measure, order.

a mesure, bria, .. mensura, ~ia *CathA.*

moderari, ~are [CL]

1 to control.

planetarum dispar volubilitas, quae praecipitem caeli vertiginem .. diverso linearum tramite moderantur [Hyadae] ALDH. *Met.* 3 p. 73; Vulcanus cātax quem fingunt igne potentem / torrida flammigeris

moderantem fulmina frenis *Id. VirgV* 1350; ~atus, rectus *GlC* M 243; ~ari, regere *Ib.* M 290.

2 to govern, preside over; **b** (acad.); **c** (fig., gram., metr., & mus.).

Arbiter .. qui .. / .. regale tribunal / disponis moderans aeternis legibus illud ALDH. *Aen. praef.* 3; Rectori magno, moderat qui saecula cuncta ÆTHELWULF *Abb.* 64; si Spiritus Sanctus ~atur vobis, legem carnaliter non observatis LANFR. *Comment. Paul.* 283; Deum .. asserentes .. humanum .. genus in exordio et progressu fineque ~asse M. PAR. *Maj.* I 84. **b 1565** senior .. in duabus quaestionibus respondebit; duo vero illi proximi in senioritate opponent, publicus theologie prolector ~abitur *StatOx* 383; **1594** quempiam .. doctorem ad suas disputaciones ~andas asciscant *Ib.* 452. **c** quot tempora ~atur arsis et thesis? arsis trium temporum dominatur, thesis duorum ALDH. *PR* 133; NECKAM *DS* X 127 (v. diesis).

3 to moderate, restrain. **b** to render less violent. **c** (pr. ppl. as adj.) moderating, restraining. **d** (p. ppl.) moderate, restrained.

Stigandus .. posset .. numquam avaritiam suam ~ari W. MALM. *GP* I 23; sobria Cornubia, modus in qua se moderatur, / 'Cornu' namque 'bria' recta racione vocatur M. CORNW. *Hen.* 219; vix infirmatur post prandia qui spatiatur / aut declinatur in sompnum quem moderatur GARL. *Mor. Scol.* 414. **b** cadunt .. qui noluerunt ~ari quid facerent in furore suo NIG. *Ep.* 18; *asuager*, ~are *Gl. AN Ox.* f. 153v. **c** monachus est nobis quo non moderantior alter G. AMIENS *Hast.* 273; moderantior [v. l. moderatior] olim / mortali contenta jugo non astra coegit [Venus] J. EXON. *BT* II 422. **d** sed moderata gestat cetram Patientia contra ALDH. *VirgV* 1631; erat .. homo simplicis ingenii ac ~atae naturae BEDE *HE* V 12 p. 310; quanto major eris tanto moderatior esto ALCUIN *Carm.* 62. 103; **1077** nullus rege nostro est honestior in loquendo, in comedendo urbanior, ~atior in bibendo P. BLOIS *Ep.* 66. 198C.

4 to measure, order. **b** (p. ppl.) moderate in size or extent.

~atis passibus ingrediuntur et salutato rege litteras ei .. optulerunt G. MON. IX 15; **1232** venient cum familia ~ata et honesta, prout convenit honestati abbatis monasterii memorati *Ch. Chester* 431; †**970** (13c) excepta ~ata expedicione et pontis arcisve restauratione *CS* 1258. **b** yppomaratrum .. radicem habet ~atam *Alph.* 197.

5 to regulate, adjust, modify. **b** (spec.) to reduce, curtail, diminish. **c** (p. ppl.) curtailed, diminished.

habet .. abas hujus rei ~andae facultatem si oboedientia ejus [sc. monachi] placita fuerit Deo et abati suo GILDAS *Pen.* 4; ita auctoritas sacerdotalis circa infirmum ~etur THEOD. *Pen.* I 15. 5; solebat enim reverendissimus pater pro etate et capacitate audientium ~ari sermonem W. MALM. *Wulfst.* I 1 p. 7; **1299** quod compareant .. quarto die juridico .. quem terminum propter diutine vacacionis periculum sic duximus ~andum *Reg. Cant.* 376; **1309** infra spacium duorum mensium .. quod sufficiens ~amur *Ib.* 1070; **1411** habitus fuit ~atus contractus cum W. R. *Doc. Bev.* 34; **1438** virum .. juxta leges .. armorum tempus ad hoc congruum ~are .. aptum dignaremur BEKYNTON I 201; **1445** universa que agere aut ~ari decreverim *Ib.* 259; **1559** in damnis et interesse, arbitrio ordinarii ~andis *Conc. Scot.* II 159. **b 1261** si aliquis recuperet versus nos aliquod tenementum vel terras, de tenementis et terris que R. .. dedit nobis .. fiet ei ~ata subtractio portionis sue annue quam recipit a nobis per visum legalium hominum *Cart. Osney* I 180; **1267** amerciamentum viginti solidorum ad quos .. Robertus nimis graviter amerciatus fuit coram te .. ~ari fecimus ad dimidiam marcam *Cl* 333; **1352** cum .. subsidium ad sex denar' sterlingor' de singuli marcis .. ad quatuor denar' de marc' duxerimus ~andum *Conc.* III 26b. **c** tribulatio .. temporis brevitate ~ior (*Ps.*-BEDE *Matth.*) *PL* XCII 103C.

moderate [CL], in a controlled manner, moderately.

infirmitate pressus est, adeo tamen ~e ut .. loqui toto eo tempore posset BEDE *HE* IV 22 p. 261; capaciter, ~e *GlC* C 172; vas quantum plenior tantum ~ius [AS: *fægror*] ambulandum *Prov. Durh.* 42; papa igitur ~e ipsis sic dicitur respondisse M. PAR. *Maj.* V 237; **1324** sumptibus suis fideliter et ~e appositis *MinAc* 1126/5 r. 1; cum tamen antea fuerat ~e se agens apud omnes, extunc sevissime grassatus est *Eul. Hist.* I 139; quod homo regat suum corpus in sex rebus non naturalibus ~e WYCL. *Versut.* 103.

moderatio [CL]

1 (rule that governs) conduct which avoids extremes.

fideles .. reguntur ~one sapientiae quae eos jurgari non sinit BEDE *Prov.* 978; a sapientibus tenenda sit ~o, ut Deus timeatur omni tempore, homo pro tempore W. MALM. *GR* IV 312.

2 governance.

operam adhibeas tuam ut utriusque ~one communicata editio in medium producta pulchrius elucescat G. MON. *pref.*; nec etas ipsius expetebat ut regnum ~oni illius cessisset *Ib.* III 13; namquam .. Romana res publica per consortes in tantam excrevit amplitudinis gloriam sicut per unicam imperatorie ~onis potestatem GIR. *PI* I 1; justum .. flagellat Deus et tam prospera quam adversa circa eum paterna ~one dispensat P. BLOIS *Ep.* 138. 409D; **1274** decimas, domos, terras, .. vobis et per vos vestro monasterio auctoritate apostolica confirmamus .. salva in predictis decimis ~one concilii generalis (*Bulla*) *Foed.* II 23; hec sciencia non est inventa propter necessaria extrinseca sed propter necessaria intrinseca, ut viz. propter ordinem et ~onem passionum et operacionum DUNS *Ord.* I 231.

3 moderation, restraint.

te feritate magis faciet moderatio clarum ALCUIN *Carm.* 62. 51; magna quidem virtus est nam moderatio linguae *Ib.* 113; temperiem, ~one *Gl. Leid.* 2. 174; infrunita, sine freno vel ~one *Ib.* 12. 34; bella quam plurima nescias majore virtute an ~one gesserunt W. MALM. *GR* I 18; excolentiores cibi anime non adimunt puritatem si cum ~one sumantur OSB. GLOUC. *Deriv.* 95.

4 act of regulating, adjusting, or modifying.

1344 pro ~one penitencie injuncte certis fratribus .. pro penitencia .. aliquantulum moderanda .. *Lit. Cant.* II 279.

5 moderated adjustment, modified circumstance.

1294 quia .. videbatur eisdem .. quod alique condiciones contente in dictis instrumentis fuerant perquam graves, petebant .. super his ~onem a fratribus *Mon. Francisc.* II 60; **1312** eidem requisicioni cum infrascriptis ~onibus, quas pro securitate nostra .. utiles reputamus, benigne annuentes *Conc.* II 422a; **1317** statutum ad hoc reducere studeant moderamen, sc. .. ~onem hujusmodi .. studeatis .. confirmare *FormOx* 28; **1399** concessimus .. cancellario et scolaribus graduatis universitatis Oxon' quod ipsi ad sedem apostolicam pro provisionibus et expectacionibus beneficiorum habendis juxta formam ~onis inde per nos nuper facte prosequi .. valeant *Pat* 352 m. 18.

moderativus [ML], that controls, governs, moderates, or regulates.

nec respectu istorum actuum est cognicio practica ut aliquo modo est ~a istorum actuum DUNS *Sent.* I q. 4 prol. p. 197; habitus virtuosi sunt elicitivi actuum, et non sunt elicitivi passionum, sed magis ~i OCKHAM *Quodl.* 179.

moderator [CL]

1 one who controls, controller.

est annus solaris primus et precipuus, quia sol 'dux et princeps est ~orque luminum reliquorum', ut ait Cicero BYRHT. *Man.* 16; orbis ~ores eos [sc. planetas] habent J. SAL. *Pol.* 440D; dux, .. et princeps et ~or luminum reliquorum, mens mundi et temperatio ALB. LOND. *DG* 8. 19; stella lux ingremiatur / per quam hora designatur, / moderator syderum GARL. *SM* 981.

2 one who governs or presides over, governor, president (in quots. w. ref. to God); **b** (eccl. & mon.); **c** (acad.); **d** (mus.) director, conductor.

et pius vitae moderator hujus / et labor tempus habeat quiesque ALCUIN *Carm.* 121. 4. 1; **963** annuente altithroni ~oris imperio *CS* 1101; **1340** si summus ~or omnium manum non apposuerit adjutricem *Form Ox* 303. **b** sub rege Cnuto celeberrimus Augustinensis aulae ~or Elfstanus enituit GOSC. *Mir. Aug.* 17 p. 550. **c 1546** deputentur .. tres ad minus ~ores collegiorum universitatis .. quibus .. scriba de omnibus .. academie redditibus .. per illum receptis .. compotum faciet *StatOx* 341; **1549** ceteri contra disputent. ubi responsor hesitaverit, ~orum alter .. nodum dissolvat *Ib.* 347; **1583** si disputationes .. omittantur .. si id ~oris culpa evenerit, decem solidis .. mulctabuntur *Ib.* 427. **d 1561** in spectaculo .. quod choristarum ~or ordinavit (*Reg. Coll. Magd.*) *Med. Stage* II 250.

3 one who regulates, regulator.

quin is cordi ejus ~or sederet OSB. *V. Elph.* 127; si tempore discernas et modum in singulis modulator simul et ~or observes, qui narrator fueras importunus fieri poteris opportunus GIR. *TH* III 12; cum ceteri spiritus super florem de radice Jesse requiescant, iste eum dicitur repleturus loco idcirco novissimo ordinatus ut aliorum ~or et custos intelligatur J. FORD *Serm.* 9. 6.

moderatorium, (mus.) moderation.

tunc prima longa habebit tria tempora et brevis sequens refertur ad longam sequentem. .. regula predicta habet intelligi in primo ~io et non in secundo, et ita potest regula salvari HAUBOYS 224.

moderatrix [CL]

1 (as adj.) that controls, governs, or restrains.

quid docet ars vocis moderatrix articulate, / et discipline cuilibet apta comes? L. DURH. *Dial.* IV 73; **1166** ratio ~ix J. SAL. *Ep.* 145 (168 p. 100); a**1167** ~ix philosophia *Ib.* 186 (192).

2 (as sb. f.) that which controls, governs, or restrains.

paupertas .. adhibetur ut luxuriam ~ix ista compescat J. SAL. *Pol.* 669B; per moderantiam namque navium accipimus temperantiam que est ~ix omnium voluptatum BERN. *Comm. Aen.* 26.

moderatus, act of restraint, condition of being restrained.

s**1454** ducuntur potius passionis impetu, quam consilio racionis, sive discrecionis ~u *Reg. Whet.* I 142; s**1461** fedior est fatu, bis turpior est moderatu; / nescit honesta loqui vir fede progeniei *Ib.* 400.

modernitas [ML], modern times, the present day.

vix enim ~as in questu pecunie mitiora prioribus jura dictavit *Dial. Scac.* I 8G; me contempnet quia vivo ~as MAP *NC* I 12 f. 11v; nostra dico tempora ~atem hanc, horum sc. c annorum curriculum, cujus adhuc nunc ultime partes extant, cujus totius in his que notabilia sunt satis est recens et manifesta memoria, cum adhuc supersint centennes ... centum annos qui effluxerunt dico nostram ~atem et non qui veniunt, cum ejusdem tamen sint rationis secundum propinquitatem, quoniam ad narrationem pertinent preterita, ad divinationem futura *Ib.* 30 f. 23.

modernus [LL]

1 new, of the present time, contemporary: **a** (of person); **b** (of one currently holding office); **c** (of abstr., esp. time); **d** (as dist. from past).

a ~is praedicatoribus ecclesiae BEDE *Hom.* II 8. 146; ~i versificatores *Id. AM* 92; ~os laudo doctores .., qui dum antiquorum dicta revolvunt .. ALCUIN *Dub.* 1084A; de illis dialecticis ~is .., qui nihil esse credunt nisi quod imaginationibus comprehendere possunt ANSELM (*Incarn. A*) I 289; Wlfildem pene ~am, que .. vetustatem ceterarum [abbatissarum] sanctitatis gratia compensat W. MALM. *GP* II 73 p. 143; jacent egregia ~orum nobilium et attolluntur fimbrie vetustatis abjecte MAP *NC* V 1 f. 59; c**1298** ira movet militum mentes modernorum (*Dunbar* 5) *Pol. Songs* 160; hoc idemque faciunt ~i cantores HAUDLO 102; marubium .. nigrum, quo non utuntur ~i medici *SB* 29; in scriptura sacra, in sanctis doctoribus et ~ioribus doctoribus WYCL. *Ver.* II 172; ~i heretici *Chr. S. Alb.* 49. **b** usque ad Hugonem .., a quo descendit ~us Ludovicus W. MALM. *GR* I 68; s**1349** quatenus iter electi monasterii Sancti Albani, loco domini abbatis ~i, quem extinctum putabant, omnino dissuaderet *G. S. Alb.* III 182; **1421** de mandato domini gubernatoris ~i *ExchScot* 339; Henricus rex ~us et Henricus quintus pater ejus FORTESCUE *Tit. Edw.* 10; **1433** mitra fuit dominorum Bathoniensium episcoporum moderni et defuncti *Reg. Cant.* II 486; **1460** que vasa J. D. .., marcator domini regis .. nuper defuncti, misit domino regi ~o *ExchScot* VII 32; **1554** ipsum W. A. primum et ~um magistrum artis .. facimus (*Pat*) *Gild Merch.* II 361. **c** ~o tempore ALDH. *Met.* 10 p. 89; hujuscemodi versum .. ~us usus .. non libenter admittit *Ib.* 10 p. 93; Judaei,

sopita ~ae invidiae flamma, fidem veritatis accipiunt Bede *Hom.* I 10. 52; fuit in Mercia ~o tempore quidam .. rex nomine Offa Asser *Alf.* 14; preter ~am humane vite consuetudinem scimus eum [sc. Gilebertum] vixisse *Canon. G. Sempr.* f. 119; sic est diebus ~is, quia mendacium diligitur et veritas oditur J. Sheppey *Fab.* 30; unde moderna fides commaculata dolet Gower *VP* 33; **1440** malicia temporum ~orum Bekynton I 49. **d** antiquis sive ~is .. Christi ecclesiis Bede *HE* II 19 p. 122; antiquas et ~as revolve historias J. Sal. *Pol.* 598A; pristina cum gestis intersero gesta modernis Garl. *Tri. Eccl.* 6; omnes antiqui medici et ~i eorum imitatores Kilwardby *SP* f. 43vb; **1595** primos et ~os custodes et gubernatores libere schole *Pat* 1431 m. 18.

2 (as sb. m.): **a** modern man, contemporary person; **b** (as dist. from past); **c** (as dist. from future).

a Morinorum, quos ~i Flandros cognominant W. Jum. VI 9; habet hec generatio ingenitum vitium, ut nihil quod a ~is reperiatur putet esse recipiendum Adel. *QN intr.* p. 1; hoc nomen 'usiosis' secundum usum ~orum equipollet huic nomini 'deitas' Neckam *SS* II 3. 4; ut mos est ~orum loqui Kilvington *Soph.* 58; hoc enim ~i reputant secundum martyrium *Eul. Hist.* I 77. **b** [Dunstanum] non disparem esse antiquioribus in miraculis nec minorem ~is in gloriosis actibus Byrht. *V. Osw.* 459; 'os, ossis' et 'ossum, ossi' declinaverunt antiqui et .. per duo U scribunt ~i Abbo *QG* 17 (39); quod secundum antiquam rethorum diligentiam longa temporum observantia floruit, ~orum versutia seviens enervavit (*Quad.*) *GAS* 532; **1453** quoddam mansum .. vocatum antiquitus M., a ~is quidem le Cardinalisplace vulgariter nuncupatum *Lit. Cant.* III 214. **c** **1074** notum sit omnibus ~is et futuris quod petitio Rogeri .. *Regesta* I 77; **1162** sciant ~i et posteri, clerici et laici, me concessisse .. *Regesta Scot.* 196; sciant clerici et laici, ~i et posteri *Ib.* 215; **1274** ~is et futuris .. innotescat quod .. (*Ordinatio Abbatis*) *G. S. Alb.* I 449; ut .. intencio tam posteris pateat quam ~is R. Bury *Phil. prol.*; quedam de antiquis chronicis .. sunt extracta et ad evidenciam ~orum et etiam futurorum .. hic inserta Avesb. f. 79.

3 (as sb. n.) contemporary affair, recent or current event.

vetustissima, vetera, ~a quasi mansiunculis tribus .. recollige Diceto *Chr.* 18; ut enim de presentibus et ~is dicam, ut anteriora non taceam Lucian *Chester* 40.

modestare, to control, govern, restrain.

~are, temperare vel regere Osb. Glouc. *Deriv.* 366.

modeste [CL]

1 in a restrained manner, temperately. **b** steadily, smoothly, comfortably.

vir .. pectore mediocriter quadrato, medio .. quod plerisque sine lege turgescere solet, naturaliter et ~e substricto Gir. *EH* II 11; cantoris sive precentoris sit officium .. tumultuantes et inordinate discurrentes per chorum ~e arguere et sedare *Stat. Linc.* I 298. **b** [angeli] illam revehentes cum nimia suavitate velut quietissimo alarum remigio, ita ut nec in curru nec in navi ~ius duci potuisset, subvolabant Felix *Guthl.* 33.

2 with respect for propriety, modestly.

cum .. ita se ~e et circumspecte .. gereret ut merito .. amaretur Bede *HE* V 19 p. 322; adversum est quicquid moneo tolerare modeste Æthelwulf *Abb.* 31; ~ius se habere ceperunt, qui prius multiplicaverunt loqui sullimia gloriantes M. Par. *Maj.* III 333; inducitur Ulixes ~ius suadens matri ut indicet natum Trevet *Troades* 44.

modestia [CL], respect for order, discipline, or propriety, modesty.

inter ceteras virtutis et ~iae .. glorias Bede *HE* III 14 p. 156; et croceo rutilet verecunda modestia vultu Alcuin *Carm.* 14. 11; **1072** multaque in hunc modum quae epistolaris ~ia per singula explicare non potest Lanfr. *Ep.* 3 (4 p. 52); tria sunt quae hominem faciunt honeste vivere inter homines: verecundia, silentium, ~ia Anselm *Misc.* 296; ~ia, que et temperantie pars est, .. ad ambitum animi sedandum specialius applicatur Gir. *PI* I 13; inerat ei discreta ~ia et modesta discretio *Chr. Battle* f. 120; vellem quod nota esset eis vestra ~ia, ut immoderantia vestra et non modus in modum transiret et moderantiam S. Langton *Serm.* 2. 16; ~ia [ME: *mete*] optima est *AncrR* 108.

modestinus v. modestus.

modestus [CL]

1 restrained, temperate, mild; **b** (of natural phenomenon).

duce Ambrosio Aureliano viro ~o Gildas *EB* 25. **b** gratia roris aut ~us imber J. Sal. *Pol.* 413C; columbam unam .. egressam de monasterio vidit ad se recto itinere ~o volatu venire *V. Chris. Marky.* 1; rectum et modestinum [*sic*] cursum .. aquae *Entries* 441v. 2.

2 well ordered, disciplined.

religiosae ac ~ae vitae abbas Bede *HE* V 12 p. 310; a**800** esto in cibo ~us, in poculo parcus, in loquendo sobrius .. Alcuin *Ep.* 209 p. 349; **1178** sis in judiciis rectus, in loquendo ~us, in jubendo discretus .. P. Blois *Ep.* 15. 53C; ~a et honesta sufficientia Gir. *TH* I 37; [Christus est] ~us in discreta et ~a affectuum hominum ordinacione Bart. Angl. I 21.

3 that induces restraint, that encourages discipline.

cujus doctrinam studuit servare modestam Wulf. *Swith.* II 142; ~is legibus Gosc. *Transl. Mild.* 6 p. 162.

modiatio [LL=*measure* (*by Roman bushel*)], prisage, levy on grain or wine.

c**1133** volo quod eam teneat Sanctus Ædmundus bene et in pace et libere de telonio et passagio et omni consuetudine per terram et aquam excepta sola ~one mea *Doc. Bury* 56; **1151** quod nullum eorum det pro ~one nisi vinum, si in die qua vinum venerit Rothomagum oblata fuerit ministris ducis ~o *Regesta* III 729; **1169** in defalta ~onis maneriorum xxiiij li. et xviij d. *Pipe* 45; **1201** quieti sint .. de omnibus consuetudinibus et theloneis et ~one vini *SelPlJews* 2; **1328** do .. quietanciam de theoloneo et de ~one *MonA* VI 1067b.

modicare [LL], to restrain, temper, moderate.

~are, temperare Osb. Glouc. *Deriv.* 366.

modice [CL]

1 moderately, to little extent.

~e, *petitement* Gallice *Teaching Latin* I 29.

2 for a moderate period, for a little while.

quod ubi patri retulit, ille inclinis lectulo ~e obdormivit, et ecce vocale signum matutinorum intonuit Gosc. *Transl. Aug.* 35B.

3 in a moderate degree, slightly.

eminulis, ~e eminentibus *GlC* E 171; nunc ~e tactus, ita dolenter succlamat Eadmer *Beat.* 5.

modicitas [LL]

1 littleness, smallness: **a** (of size or amount); **b** (of duration of time); **c** (of extent of abstr.).

lepores .. minuti, cuniculis .. sui ~ate .. consimiles Gir. *TH* I 24; serpens exiguus, ~atem tamen malitia supplens *Ib.* I 36; pigmeus videbatur ~ate stature que non excedebat simiam Map *NC* I 11 f. 13; Ligeris pre ~ate aque in immensum arctati et contracti *G. Hen. II* II 69; cum [asperiolus] aquam transfretare propter sui ~atem non sufficiat Gerv. Tilb. III 65 p. 981; c**1225** si vicarie .. quid propter ipsius ~atem viderit adiciendum *Reg. Linc.* II 149. **b** **1230** membrum licet in corpore modicum non minus pro ~ate horret dolorem capitis *RL* I 379; c**1240** in ~ate somni *Ch. Sal.* 273. **c** non est appetenda potentia principandi sive dominandi ob utilitatis ~atem J. Waleys *Commun.* I 2. 2; hanc ~atem potentie *Ib.*; totus error in ecclesia originatur ex ~ate vel defectu fidei Christiane Wycl. *Civ. Dom.* II 62; quia mearum virium ~atem longe excedit operis hujus immensitas .. hoc munusculum premisisse .. *Mir. Hen. VI* I *prol.* p. 1.

2 littleness, insignificance. **b** (~*as mea* or *nostra*) my littleness (as expression of humility).

hec sunt que magnos majoribus inhiare, mediocres modum excedere, et mediocritate quamquam aurea contentos non esse, minores vero suam non equanimiter ~atem, licet felicem, licet liberam, tollerare compellunt Gir. *GE* II 23; considerantes .. archidiaconi tam eruditionem quam persone favorabilem ydoneitatem et canonicorum Menevensium qui contra eundem missi fuerant per omnia ~atem .. *Id. Invect.* IV 8. **b** mee pariter incumbat ~ati *V. Har. prol.*; c**1239** adjecitque insuper .. negotiis .. nostris et ecclesie ~ati nostre commisse expediendis .. salubre consilium .. prestare Gros. *Ep.* 66; insufficientiam ~atis mee Ad. Marsh *Ep.* 1 p. 77; **1279** rex Anglie me suscepit .. factum vestrum circa ~atem meam acceptans plurimum Peckham *Ep.* I 2; **1321** cum omnimodis accionibus graciarum, ad quas nostra ~as se extendit *FormOx* 73; vitas patrum investigare et capere nostra ~as minime suffecisset Aylward 287; s**1452** pro nostre ~atis viribus *Reg. Whet.* I 87.

3 modesty.

1377 non mirum si vestra plurimum terreatur ~as in tantam sublimitatem intendere *FormOx* 380.

modiculus [LL], moderate, slight.

inquirunt .. qualiter ~a, quam habent, substantia consumatur P. Blois *Ep.* 12. 37C.

modicus [CL]

1 moderate, small: **a** (in breadth, length, height, or size); **b** (in number or amount); **c** (in extent or duration); **d** (in significance of abstr.).

a [sum] minor .. / aut modico Phoebi radiis qui vibrat atomo Aldh. *Aen.* 100 (*Creatura*) 67; **679** dono terram .. cum .. silvis ~is *CS* 45; libellum perpulchrum sed vehementer ~um Bede *HE* V 13 p. 312; gomor major in ose xv modios; ~us autem gomor xxij sextarios *Gl. Leid.* 31. 2; est .. civitas quaedam ~a .. quae Walingaford appellatur Wulf. *Æthelwold* 42; grex formicarum .. modicarum R. Cant. *Malch.* IV 16; G. .. cum quodam homine suo cui nomen Yvor ~us [i. e. W. *Ifor bach*] .. guerram habuerat Gir. *IK* I 6; quod mundus ciclicus / non claudit, uterus includit modicus Walt. Wimb. *Carm.* 46; in primo eorum impetu ~am insulam de Portelond pene prius omni indigena vacuam combusserunt *G. Hen. V* 19; **1426** nec ~issimam in me scintillam repererunt *Conc.* III 472a. **b** ~um fermentum totam massam corrumpit Gildas *EB* 100; residuum cum ~o .. pane bibebat Bede *HE* III 27 p. 194; adstante .. turba hominum non ~a *Ib.* IV 11 p. 227; ex parte non ~a res gestas .. Ælfredi .. expedire procurabo Asser *Alf.* 72; tributum non ~um Gir. *TH* II 50. **c** post ~um tempus Bede *HE* IV 23 p. 263; totam .. noctem .. gratiarum actione Deo ducere studebat nisi tantum ~us somnus impediret Cuthb. *Ob. Baedae* clx; aetatula, aetas ~a *GlC* A 329; eloquar et modico percurram magna relatu Wulf. *Swith. Praef.* 354; infra ~um tempus Gir. *SD* 14; s**1452** intendimus, dum quid ~issimum temporis habemus, operari bonum *Reg. Whet.* I 23. **d** †**710** (12c) sit .. terra libera .. tam in magnis quam in ~is rebus *CS* 127; **836** ~is et a magnis causis *CS* 416; c**1285** de judicio estimationis vestra gloria nobis crescit non ~a *Dign. Dec.* 14.

2 moderate in importance, humble.

~a fuisti, Roma, quando me erexisti, sed minor eris, quando me dejicies *Ps.*-Bede *Collect.* 93; jam magnum reddes modico tu munus amico Alcuin *Carm.* 62. 186; **1176** ~us domini Cantuariensis cancellarius P. Blois *Ep.* 38. 117A; [filia] junior omnium quam moriens ~am .. reliquerat et innuptam, .. postea nupsit Ludovico Gir. *PI* I 20 p. 137; nec potest aliquis sic stare nisi sic cadat, id est, se ~um [ME: *edeliche*] et vilem reputet *AncrR* 105; **1309** frater Thomas, Dei permissione ~us sacerdos Roffensis *Lit. Cant.* I 32.

3 (as sb. m.) moderately important person, humble man.

845 ab omni tribulatione noti et ignoti, magni et ~i libera consistit in aevum *CS* 450; quo recondetur modicus expavescens, / dum capita principium ira calcabit? J. Howd. *Cant.* 135; Domine, dic quo modici delitescent / et gregis quem movebit cura pusilli? *Ib.* 168; †ancicardi [v. l. anacardi] fructus .. [quos] imperiti modici [v. l. medici] testiculos vocant *Alph.* 9.

4 (as sb. n.) moderately important matter, insignificant affair.

qui modica spernit minuit majora per horas Alcuin *Carm.* 62. 163; †**671** (12c) ut .. cunctorum negotiorum, seu in magnis seu in ~is .. sit libera *CS* 26; ?**692** (14c) si quis hanc donationem .. in maximo aliquo vel in ~o minuere ausus sit .. *CS* 78.

5 moderate amount, small portion, a little bit; **b** (w. gen. of object or artefact); **c** (w. gen. of abstr.). **d** (w. prep.) moderate amount of time, short while. **e** moderate degree.

melius est ~um justo super divitias peccatorum multas AILR. *Ed. Conf.* 781A; **1324** qui de statu ecclesie vestre Cantuariensis ~um cognovit, et minus proculdubio intellexit *Lit. Cant.* I 118; **1341** ~um ibi, ~um ibi (*Lit. Regis*) AVESB. f. 95v; finito . . concilio . . et . . ~is expeditis AD. MUR. *Chr.* 189; torpente vento dum per ejus amiciciam ~um vel nihil itineris lucrari potuimus *G. Hen. V* 23; hec materia ~um confert ad materiam subjectam *Plusc.* VII 1. **b** cellarium, in quo ~um vini in una repperit tunna ALCUIN *WillP* 18; hauriunt ministri ~um illud confecti liquoris OSB. *V. Dunst.* 87; quis enim nesciat manna . . seu animatas et sensibiles creaturas . . parva buccella panis modicoque vini praestantiores exstitisse? LANFR. *Corp. & Sang.* 440C; ?**1220** illud ~um terre quod jacet ante portam ipsius molendini *Ch. Chester* 293; modicum terre . . manibus propriis humiliter offero et depono *Reg. Moray* 313; et cum audisset eos preter ~um farine nichil habere *NLA* I 214. **c** post ~um temporis ex quo eam accepit BEDE *HE* IV 17 p. 243; non est frater tuus carnalis propinquior tibi quam unus alius, nisi tanto quod tu et ille habetis ex uno patre carnali exordium carnis vestre quod est ~um fetoris, putredinis et fetulencie EDMUND *Spec. Relig.* 12 p. 39; vehemens ignis . . intra ~um temporis suburbana consumpsit TREVET *Ann.* 112. **d** ita haec vita hominum ad ~um apparet BEDE *HE* II 13 p. 112; si post ~um tollat me Factor meus CUTHB. *Ob. Baedae* clxii; fletuum causas solliciti perquirunt, et post ~um hoc ad quaesita responsum accipiunt OSB. *V. Dunst.* 116; Eadulfo post ~um mortuo *Obsess. Durh.* 7; sed illo post ~um defuncto RIC. HEX. *Hist. Hex.* I 1; post ~um . . surrexit a somno CIREN. II 274; cum . . occupaverat officium . . prioratus ad ~um, videns illud sibi contrarium et ineptum spontanee resignavit *FormOx* 188. **e** ibi omnia procedunt in judicio et justitia, nec excedunt statuta vestra vel in ~o limites equitatis P. BLOIS *Ep.* 95. 301B; eos ad ~um dura et crudelis exactorum suorum acerbitas non patitur respirare M. PAR. *Maj.* III 570; quin in sumendis alimentis ad mensam multociens nec satisfacerent vel in ~o *V. Edm. Rich B* 617.

6 (as adv.) to a moderate degree, little.

subservat, ~um servat *GlC* S 624; vix tamen exiguo manserunt gaudia lustro, / nam modicum trita viguit perversius hidra FRITH. 1044; ~um quidem vos honorat qui nos spernit A. TEWK. *Ep.* 3 p. 37; [Elviva] convalescens ~um, in biga delata est ad Sempingham *Canon. G. Sempr.* f. 153; **1309** presumpcione non ~um effrenata *Lit. Cant.* I 34; et nullus debet transire inter processionem suam, sed a latere, cui obviando debent inclinare ~um *Cust. Cant.* 9; **1344** affectantes non ~um . . vestre placere . . beneplacito voluntatis *Ib.* II 276; ordinavit aliqua, licet ~um ponderanda AD. MUR. *Chr.* 59; naute . . non ~um perterriti . . AVESB. 384; a medietate mensis Marcii . . valde ~um pluit . . semina . . ~um vel nihil crescebant *Ib.* 468; **1452** bonis . . incipientibus . . non ~um deteriorari *MunAcOx* 628.

7 (w. ellipsis of *tempus* or prep. or as adv.) for a short time, a little while.

rursumque ~um silens, tertio dixit BEDE *HE* IV 9 p. 223; dein ~um requietus *Ib.* IV 20 p. 250; ~um . . obdormiens ita . . vitam finivit *Ib.* IV 22 p. 262; mirabili virtute irruit in Eadmundum, et mox se paululum subtrahens, rogat juvenem sustinere ~um et sibi prestare auditum *Flor. Hist.* I 545; ~um ante ejus mortem cometes apparuit *Eul. Hist.* I 339; ~um ante festum omnium sanctorum rex Ricardus . . transfretavit in Francia accipere sibi uxorem et reverti *Chr. Kirkstall* 129.

modificare [CL]

1 to reckon, calculate.

1259 plenam damus potestatem ad ~andum nomine nostro, illam summam pecunie, quam recipere debemus ab illustri rege Francie pro quingentis militibus per biennium terendis prout viderint expedire (*Lit. Regis*) *Foed.* I 680.

2 (mus.) to compose or perfom in a mode.

igitur . . omnia distincte psallendo ~entur [AS: *hydryman*] *RegulC* 8; sicut David psalterium sumens, citharam percutiens, ~ans organa OSB. *V. Dunst.* 8 p. 78; tu musicus in conviviis didicisti posthac convivantium animos carmine demulcere, et inter cantandum tibiis carmen ~are *Id. Mir. Dunst.* 9; deinde cum dicit 'alio flectite', regina Heccuba ~at planctum, quia felicius est esse mortuum quam vivere captivum TREVET *Troades* 13.

3 to moderate, set limits to, restrain.

quia erant quidam suilla carne viventes, quidam non, ~at eos apostolos LANFR. *Comment. Paul.* 147–8; adversa etenim nostra sic ~at medicinalis sapientia Dei H. BOS. *Ep.* 11. 1435C; vir tam animo quam corpore ~ato, nec illo elato nec hoc dilatato GIR. *EH* I 43; **1187** ut Deus . . manum suam ~et quatenus sustinere *Ep. Cant.* 15; precipis orbes rapide remeare, / quorum modificatur mensura meatus J. HOWD. *Cant.* 176.

4 to modify, adjust, revise, qualify.

raciones advento, quare dicitur, quod non est absolute necessarium appellare a sentencia lata contra fidem. sed ignoro, quare ista assercio taliter ~atur OCKHAM *Dial.* 530; vere dicit philosophus . . quod substancia est nobis prior accidente cognicione quiditativa, cum nemo cognoscat quid sit accidens, nisi prius cognoscat quomodo substancia est ~ata WYCL. *Misc. Phil.* I 177; in quibusdam vellet condescendere peticionibus Gallicorum . . et in quibusdam non, quia vellet eorum peticiones ~are *Chr. Westm.* p. 206; [statutum] vel mutaretur vel ~aretur WALS. *HA* II 283.

modificatio [CL]

1 reckoning, calculation.

1503 summam centum librarum legalis monete Anglie in pecunia numerata, prefatis abbati et conventus monasterii S. Crucis de Waltham, sub quadam ~one infrascripta disponendam *FormA* 338.

2 (mus.) composition or performance in a mode.

secundo cum dicit 'felix Priamus!' exequitur chorus Trojanarum mulierum ~onem planctus TREVET *Troades* 14.

3 regulation, rule.

determinatum est ut suam archiepiscopus . . exerceret jurisdictionem, et sic visitationem prosequeretur sub diffinita ~one M. PAR. *Abbr.* 314; s**1427** qua ~one perlecta, et ab omnibus audita, placenter gratanterque recepta AMUND. I 223.

4 modification, adjustment, revision, qualification.

hic nullus est defectus in ~one vocali sed reali tantum KILWARDBY *OS* 553; nescio an ad hoc quod catholici aliquam accercionem habere debeant pro damnata explicite, oporteat in damnacionem talem vel equipollentem ~one vel specificacione vel determinacione tanquam hereticam vel veritati catholice inimicam adjungere taliter vel equipollenter proferendo sentenciam talem assercionem tanquam hereticam vel veritati catholice inimicam damnamus OCKHAM *Dial.* 430; quo ad paupertatem, quam Dominus noster sustinuit, michi adversantes et ego non fuimus contrarii: sed que ad ~onem adjectam, 'non quia propter se paupertatem dilexit' . . illam particulam suadebo RIC. ARMAGH *Def. Cur.* 1405 (*recte* 1305); **1360** injunccionibus . . non poterimus consentire, set ad ipsarum revocacionem, seu saltem ~onem racionabilem . . intendimus laborare *Lit. Cant.* II 395; s**1453** si billa dicta . . evaderet domum illam [sc. inferiorem Parliamenti] absque ~one ulla *Reg. Whet.* I 93; **1512** dixit quod sic, cum ~one viz. 'salvis privilegiis dicti hospitalis' *Reg. Heref.* 144; **1549** sequentem per ~onem notantur *Conc. Scot.* II 102.

modificativus

1 that moderates, sets limits to, restrains.

~us . . libidinum J. WALEYS *Compend.* 153B (v. cohibitivus).

2 (gram.) that modifies or qualifies.

c**1280** ~a constructio est ut hic: iste incendit superbus, canto letus, venio jocundus, meditor tacitus. isti nominativi superbus, letus, jocundus, tacitus, . . reguntur a verbis adjunctis ex vi modificationis quia modificant et determinant actum verbi (*DC Worc* F 61) *OHS NS* XVI 165.

modificator [CL], one who forms to a pattern or rule.

OSB. GLOUC. *Deriv.* 336 (v. modificus).

modificatrix, one who forms to a pattern or rule (f.).

cum autem attendimus . . in ipsis motibus moderationem, ~ix est musica (*De artibus liberalibus*) GROS. 2.

modificentia, moderation, restraint.

~ia, temperantia, moderantia OSB. GLOUC. *Deriv.* 361.

modificus, that modifies.

modus componitur ~us, -a, -um, et modifico, -as, unde modificator, et modificatus, modificatio OSB. GLOUC. *Deriv.* 336.

modiocris v. mediocris. **modiolum** v. modiolus.

modiolus [CL]

1 nave of a wheel, hub.

~us, *nawepe* ÆLF. *Gl.* 106; transeat . . axis per ~os sive tympana NECKAM *NR* II 168; erant hujus rote canthi ac ~i radii undique dentati atque densati J. FURNESS *Walth.* 102; tympanum in alia significacione est ~us rote per quem axis transit BACON *Gram. Gk.* 66; **1310** custus carectarum . . hi iij novis circulis emptis pro ij mediol' ligand', viij d. . . . hi ij ~is unius carecte boxand', iij d. *MinAc* 992/8; **1365** in ij circulis ad ~a emendenda ad carectas non ferratas emptis (*Redstowe, Norf*) *Ib.* 949/3.

2 bushel (as measure of capacity).

a buschelle . . ~us *CathA* (v. 2 batulus).

modius, ~ium [CL]

1 measuring-vessel, bushel (also fig.); **b** (w. ref. to *Matth.* v 15, *Marc.* iv 21, or *Luc.* xi 33).

~ium domini sui plenum non erat HUGEB. *Wynn.* 12 (v. demere c); c**795** siquid pleno amoris ~io superaddi potest ALCUIN *Ep.* 42; in granario sive in apoteca sit ostorium, corus, ~ius [*gl.*: *cumbe*] NECKAM *Ut.* 106; virgo mirabilis novo prodigio / Deum oppalliat sub ventris pallio, / magnum abbrevians in parvo spacio, / immensum meciens ventrali modio WALT. WIMB. *Carm.* 30; **1419** j *geauge camere* de ferro pro latitudine et pro profunditate ~iorum sigillandis *Mem. York* II 90. **b** lichinum sub ~io [*gl.*: *mittan*] coruscantem . . non patitur ALDH. *VirgP* 44; quod lumen non sub ~io sed super candelabrum Dominus poni jussit EDDI 1; nec decuit modio abscondi tam clara lucerna ALCUIN *WillV* 37. 53; sub timoris ~io militie sue arma et veritatis lucernam abscondentes H. BOS. *Thom.* IV 1 p. 320; in insula Farne modernis temporibus claruerunt miracula noticie fidelium duxi notis imprimere, ne videar sub ~io indolencie tante claritatis lucernam includere *Mir. Cuthb. Farne* 1; vos . . providebitis . . quod preclara Domini lucerna amodo sub ~io non lateat *Canon. G. Sempr.* f. 116v; verbi . . modio J. HOWD. *Cyth.* 43. 6 (v. immensitas 2).

2 muid, standard measure (var.); **b** (of grain or bread); **c** (of salt); **d** (of liquid); **e** (of land).

857 (11c) quod habeat intus liberaliter ~ium et pondera, et mensura *CS* 492; et duo preeuntes xl d. habebunt ad procurandum ~ium Rothomagensem *Domus Reg.* 130; **1248** ballivi . . placita nostra tenebunt de ~iis et assisis fractis *BBC* (*Poole*) 197; ~ius est mensura librarum *SB* 30. **b** a**805** dicunt enim: vestri missi mandassent presbiteros nostros: de pane ~io j et dimidio; de vino ~io j; de annona ad caballos ~ia quattuor ALCUIN *Ep.* 298; **962** duos ~ios de mundo grano *CS* 1087; un' molin' reddens x ~ia frumenti (*Sussex*) *DB* I 23ra; reddebat hoc manerium iij ~ios et dim', et braisi iij mod' (*Gloucs*) *Ib.* 162vb; lapidem ponderis duorum ~iorum frumenti *Chr. Westm.* p. 143; s**1464** in principio tanta copia frumenti quod ~ium vendebatur pro duobus denariis HERRISON *Abbr. Chr.* 8; discendit tempestas imbrium . . ita ut Londonie ~ius tritici, qui prius ad tres denarios vendebatur, ex tunc paulatim usque ad duos solidos excrevit *Feudal Man.* 148. **c** dant ij ~ios . . salis *Terr. Fleet* 10. **d** reddit xx ~ios vini (*Essex*) *DB* II 43v; **1130** et in corredio regis. pro x ~iis de meda et x ~iis cervise xxx s. numero per breve regis *Pipe* 73; **1160** et pro iiij ~iis vini ad opus regine xxx s. *Pipe* 13; **1212** per duo ~ia vini *Fees* I 130. **e** datis sibi quattuor ~iis agri *Lib. Landav.* 76.

3 nave of a wheel, hub.

axis . . circumvolvetur in timpano sive in ~io vel in modiolo NECKAM *Ut.* 108; in rotis ligandis . . in ~iis et axibus . . ij s. vij d. *Ac. Beaulieu* 147; **1345** in iiij circulis ligneis pro ~iis carectarum ligandis emptis ij d. *Comp. Swith.* 148; **1364** pro ~iis ij carectarum (v. 1 fretta 1).

4 socket into which mast is fixed.

~ius est nomen equivocum ad mensuram et ad illud instrumentum super quod erigitur navis malus NECKAM *Ut.* 114.

modlettum v. motletum.   **modolamen** v. modulamen

modulabilis [CL], musical, that can be composed musically.

moysica [i. e. musica], ~is *GlC* M 233.

modulamen [CL]

1 (act of) singing, chanting, making music.

qui psalmos dulci ~ine resonabant BEDE *Ezra* 820; **796** psalmos dulci ~ine decantent ALCUIN *Ep.* 114; ~en, cantatio *GlC* M 279; ut . . sine ~ine cantus . . celebrarent G. COLD. *Durh.* 19 p. 26; Orpheus ipse secundus ei manes modulamine flexi *Vers. S. Alb. Libr.* 219; hinc, spretis fanis, resonant modulamina cleri (*Vers.*) ELMH. *Cant.* 93.

2 musical measure, melody, tune, song: **a** (of human voice); **b** (of bird or insect); **c** (of instrument); **d** (of the spheres).

a psalterii melos fantes modulamine crebro ALDH. *CE* 3. 54; **a705** trina cantati modolaminis carmina (ÆTHELWALD) *Ep. Aldh.* 7 p. 496; suavior omnigena certe modulaminis arte TATWINE *Aen.* 1 (*De Philosophia*) 6; evigilans statim consueta Scripturarum ~ina ruminabat CUTHB. *Ob. Baedae* clxi; nunc veneremur eos simplo modulamine sanctos WULF. *Brev.* 319. **b** fugitiva . . apum examina musico ~ine . . revocantur GIR. *TH* III 12 p. 158; ~ina philomele et turturis suspiria conjunguntur R. BOCKING *Ric. Cic.* I 8. 100. **c** ad nonam . . pulsentur . . due minores campane; deinde insimul cum illis due majores, et hoc prolixe et spacioso ~ine *Cust. Westm.* 308; silvas commovit Orpheus modulamine plectri GARL. *Tri. Eccl.* 101; **1476** instrumentorum [musicalium] ~ine *Conc.* III 611a. **d** si gustare velis modulamina dulcia celi GOWER *VC* IV 513.

modulanter [LL]

1 in musical measure, melodiously, tunefully.

terreni debebant ~anter concinere BYRHT. *V. Osw.* 426; merula . . antiquitus medula vocabatur eo quod modulenter mirabiles vocis modos reddit UPTON 198.

2 as a musician, by composing or singing music.

s1421 in Ecclesia Christi jam dicta magis ~anter quam monachaliter victitabat AMUND. I 89.

modulari [CL], **~are** [LL]

1 to set or regulate according to measure or proportion, adjust, balance.

~ant, librant *GlC* M 268; omne quidem quod junctum est natura dissolubile, at vero quod bona ratione junctum atque ~atum est dissolvi velle non est Dei GROS. *Cess. Leg.* I 2. 12; quare compositum ex formis dicitur bona racione junctum atque ~atum SICCAV. *PN* 121.

2 to attune, regulate according to melody, rhythm, or sim.; **b** (absol. or intr.).

organa hidraulica ubi . . per multiforatiles tractus aeree fistule ~atos clamores emittunt W. MALM. *GR* II 168; ante ipsius [meli] modulationem, imo mox cum . . ad quid cithara nostra nunc ~anda sit . . adverto H. BOS. *LM* 1340D. **b** musica est scientia veraciter canendi et recte ~andi ad omnem perfectionem cantus via recta facilis et aperta GARL. *Mus.* 157b; ut patet in 'Omnes' de primo ordine primi modi perfecti sic: longa brevis longa ~ando, brevis longa brevis quiescendo *Mens. & Disc.* (*Anon. IV*) 58.

3 to sing, intone, perform: **a** (trans.); **b** (absol. or intr.).

a ut . . dulcem melodiam ymnista ~aturus [*gl.*: caniturus, *to dremene*] proclamet: . . 'bonum certamen certavi' ALDH. *VirgP* 18 p. 248; et fidibus citharae moduletur carmina Christo *Id. VirgV* 65; fertur quia . . hanc laetaniam consona voce ~arentur BEDE *HE* I 25 p. 46; angelicosque inter caetos sine fine manentes / perpetuam Christo laudem regique Deoque / dulcisonis jugiter modulentur vocibus una *Epigr. Milredi* 811; in tectis modulans rutilo bona carmina rostro ALCUIN *Carm.* 58. 12; incipit et laudem Domino modulare per orbem *Mir. Nin.* 373; per angustum meatum fantium rauciori sono ~abatur organum W. MALM. *GP* V 277; inchoans missam unius confessoris ~ando hanc antiphonam *Canon. G. Sempr.* f. 114. **b** auscultantur . . non Dei laudes canora Christi tironum voce suaviter ~ante GILDAS *EB* 34; ordinavit virum . . maxime . .

~andi in ecclesia more Romanorum . . peritum BEDE *HE* IV 2 p. 206; quasi nobis hinc ipsa praesens corpore reddatur et viva voce ~ari videatur GOSC. *Milb.* 201; *chanter* . . ~ari *Gl. AN Ox.* f. 153v; nuncius Aurore modulans volutabat Alauda / desuper GOWER *VC* I 95.

4 to put into metre, versify.

hoc scribo pueris sed verbis fatuis / et a Romuleo splendore vacuis; / quod mea modulat avena tenuis, / hoc totum gregibus detur innocuis WALT. WIMB. *Palpo* 169.

5 to play (musical instrument): **a** (w. acc.); **b** (w. *in*).

a **1570** [sub-decanus et capitulum] decreverunt quod . . exinde organista . . organa ~abit . . ad preces vespertinas *Chap. Linc.* A/3/7 f. 68.   **b** ut . . citharas circumferre et in eis ~ando pie delectari consueverint GIR. *TH* III 12 p. 155.

6 (intr., of musical instrument) to produce melody, to sound harmoniously.

organa dulcisonis agitet modulantia bombis WULF. *Brev.* 599.

7 to praise, glorify (in verse or song).

sic quoque Justinam modulabor carmine castam ALDH. *Virg* V 1842.

modulate [CL], melodiously, tunefully.

dum cantando ~atius tanto patri deferre cupiunt devoti filii R. BOCKING *Ric. Cic.* I 8. 100.

modulatio [CL]

1 inflexion of tone, variation in tone or pitch, modulation.

fidiculam . . concordi ~onis armonia resonantem vij constare fidibus . . declarat ALDH. *Met.* 3 p. 73; cum vocis ~one cordis jubilatione Deum laudare OSB. *Mir. Dunst.* 11; agrestum calamum meum labiis apposui. et plebeia ~one ignotum tibi interpretatus sum sermonem G. MON. VII 2; nota, quod secundum materialem significationem pausatio dicitur tractus inter duas ~ones ejusdem ordinis vel diversi vel diversorum ordinum, prout melius competit *Mens. & Disc.* (*Anon. IV*) 59; accentus est ~o vocis diccionis ab unius pulsus prolacione *Ps.-GROS. Gram.* 33; in motu saltitacionis et ~onis vocis in cantu SICCAV. *PN* 171; quam planum cantum voco solius est vocis modo impresse modo elevate ~o ODINGTON *Mus.* 92.

2 (act of) singing, chanting, making music.

sanctarum mulierum ad omnem clerum ~o *Trop. Wint.* 17; quam [ecclesiam] . . pro posse honorificare studens musicis ~onibus crebro extulit W. MALM. *GR* II 186; concurreruntque Deo disponente aque potatio, et 'ite missa est' ~o *Mir. Wulfst.* III 11 p. 159; David . . cujus tanta vociferatio tanta jubilatio tantaque ~o auditur in psalmis J. FORD *Serm.* 9. 8; sapiens . . aures suorum obturat, ne earum ~ones audiant ALB. LOND. *DG* 11. 9; est tempus tacendi et loquendi. apperitur . . ostium in claustro . . leccioni et locucioni . . clauditur . . in ecclesia, vane ~oni *Ord. Ebor.* I 32.

3 melody, tune, song, poem.

praecipientes eum . . hunc [sermonem] in ~onem carminis transferre BEDE *HE* IV 22 p. 260; melodia, ~o *Gl. Leid.* 26. 10; clare auditur . . mira supernae harmoniae ~o GOSC. *Transl. Aug.* 40B; sicut in Britannicis . . instrumentis tarda et morosa est ~o GIR. *TH* III 11 p. 153.

4 sound (produced by musical instrument).

'revocante modos concitos', id est modulationes celeres, hoc dicit quia ad ~onem tube solebant in honore deorum saltare TREVET *Troades* 57; **1377** cum tubis et universis aliis modis ~onum . . solempniter equitantes *MGL* II 476.

5 rhythmic syllabic poem (as dist. from quantitative metrical composition).

metra sunt verborum spatia certis pedibus ac temporibus terminata, quibus adhaeret rythmus, id est ~o, quae certa dimensione temporum terminatur BONIF. *Met.* 110.

modulator [CL]

1 one who sets or regulates according to measure or proportion.

c932 (12c) regnante universorum ~ore regnorum Christo Jhesu in secula seculorum *CS* 690; quando Deus Pater . . elegit . . te [sc. beatam Virginem] in habitationem sibi, unde dixit ille ~or tuus de te J. GODARD *Ap.* 252.

2 one who attunes or regulates according to melody, rhythm, or sim., musician, composer, poet.

quia te modulatorem facis atque sophistam, / nobis dic pueris, sophiae rudibus documentis, / quid diatesseron, diapente sit ac diapason *Altercatio* 77; si tempus discernas et modum in singulis ~or simul et moderator observes, qui narrator fueras importunus fieri poteris opportunus GIR. *TH* III 12 p. 157; secundum quod antecessores plenius in libris sancte matris ecclesie continentur ac etiam alibi secundum universaliorem viam, prout ~ores secundum diversas partes plenius utuntur *Mens. & Disc.* (*Anon. IV*) 23; hic ~or, *a endyter WW*.

modulatrix [LL], that attunes or regulates according to tone, pitch, or sim.

arterias venales vocis humane ~ices illi prescidit in gutture R. COLD. *Cuthb.* 60 p. 120.

modulatus [CL], (act of) music-making, singing, or chanting.

in sonitu buccinarum et ~u musicali dux dictus equitavit STRECCHE *Hen.* V 175.

modulenter v. modulanter.

modulus [CL]

1 measure, size, capacity (also fig.); **b** (w. ref. to one's physical or intellectual powers).

explanare valet virtutes illius amplas / quae modulum et numerum excedunt, pro mole gestorum ALDH. *VirgV* 857; **c1173** ministrantibus possent sufficere et humanitatem debitam hospitibus pro loci ~o . . exhibere J. SAL. *Ep.* 322 (310 p. 758); concupiscimus . . desiderare hanc que de te triumphavit dilectionem Christi et hic est interim ~us decoris nostri J. FORD *Serm.* 2. 3; ~o suo minor hec vesica tumescens per acum modicam satis et exilem explosa crepabit GIR. *SD* 30.   **b** si quid nimirum, ut vereor, supra ~um meum facio THEOD. *Pen. pref.*; de initio regni Saul auxilante Domino sumus pro ~o nostro dicturi BEDE *Kings* 545D p. 68; **a787** juxta modolum nostri ingenii sermones vestros . . intimare curavimus *Ep. Bonif.* 138; prior natu Simon . . secundum ~um suum castellum construere consueverat J. FURNESS *Walth.* 11; instantia mea cotidiana . . est Scripturas legere pro ~o meo M. RIEVAULX (*Ep.*) 58.

2 measured amount.

dispensavit eis . . non tritici mensuram sed ~um lactis J. FORD *Serm.* 17. 7.

3 musical measure, melody, tune, song.

excubiis vigiles premeret dum Farne tenebras / quaque preces resonant modulis, fremit insula psalmis BEDE *CuthbV* 777; ~um, tropum *GlC* M 274; inter crispatos ~os . . consona redditur et completa melodia GIR. *TH* III 11 p. 153; cithare cordis ad ~os rudes eliciendum digitos apponere . . consuevistis *Id. SD* 132; tu modulis cithare variis si forte ministres / concordes moveas digitis ex ordine cordas D. BEC. 1777; **1509** hodie plena ~is et jubilo . . Mertonenses . . famiia *Reg. Merton* I 380,

4 form, shape, pattern.

volumen insigne in ~um unius libri compactum *V. Har. prol.* f. 1.

5 measuring unit or instrument.

mensura ~us est quidam circulus ferreus rotundus vel quadratus habens duos pedes in latitudine et longitudine sex pedes in circuitu. lingna vero que dicto circulo mensurantur grossa sunt *Ac. Beaulieu* 199.

6 pipe, conduit.

~i dicuntur qui quasi rivuli sub terra fiunt, per quos ~os aqua sub terra ducitur, per rivulos autem aqua super terram ducitur VAC. *Lib. Paup.* 259.

7 piping on a garment.

1256 ne presbyteri . . ~is, fibulis, aut uncis aureis . . utantur *Conc.* I 716b.

8 nave of a wheel, hub.

1291 carett'. in ij ~is de ulmo emptis, v d. *MinAc* (*Suff*) 997/8.

9 kind, class (of person or sim.).

quibus praecipitanter involvi solent pingues tauri ~i tui retibus GILDAS *EB* 34; quid .. sanctus Osee .. sacerdotibus vestri ~i dixerit .. attendite *Ib.* 84.

10 manner, form (of action).

nunquam enim erit populi ~o [AS: *folces wise*; v. l. modo] bene consultum, nec digne Deo conservabitur, ubi injustum lucrum et magis falsum diligitur (*Quad.*) *GAS* 478; unicum .. nocendi ~um habent GERV. TILB. III 61 p. 980.

11 (as adj.): **a** that sings sweetly or produces melodious sounds. **b** melodious, tuneful.

a tum volucres modulae inmiscunt se nubibus altis ÆTHELWULF *Abb.* 265; laudibus et modulo resonent pia cantica plectro WULF. *Brev.* 554. **b** ministri, / qui modulis culmen caeli concentibus ornant ÆTHELWULF *Abb.* 440.

modus [CL]

1 measure, size, extent.

Erycis .. bellorum instrumenta omnem ~um humanum excedentia leguntur *Lib. Monstr.* I 51; singulae earum ad ~um humani femoris grossae BEDE *HE* I 2 p. 14; foramen ad ~um humane grossitudinis W. MALM. *GR* IV 323 (v. grossitudo 1a).

2 proper measure, correct amount.

aliquid in terra ligabitis, quod supra ~um etiam ligetur praeter vosmetipsos GILDAS *EB* 109; scire loqui decus est; decus est et scire tacere: / aureus, aureus est semper ubique modus L. DURH. *Dial.* I 454; temperantia que addit et minuit ut ~um inveniat R. NIGER *Mil.* II 10; [vita] abbreviata est ultra ~um BACON *Min.* 374 (v. abbreviare 1b); in ipsorum .. occursu principum .. sic modus medius observatur utrimlibet quod eorum neutri statui sensibilis superioritas videbatur ascribi *Ps.*-ELMH. *Hen. V.* 90 p. 251.

3 limit, bound, end (also fig.).

illa aliquando .. fortius firmavit de pessimis, aliquando vero lenius .. ~um imposuit pusillanimis THEOD. *Pen.* I 7. 5; semper .. continentiae ~um observabat BEDE *HE* IV 23 p. 264; Ælfegus .. huic vitae ~um fecit ADEL. BLANDIN. *Dunst.* 4; ne presumeremus (quod absit) ~um veritatis excedere *Mir. Marg.* f. 30v.

4 form, shape, pattern.

suspensis utrimque ~o praeruptorum fluvialibus montium gurgitibus GILDAS *EB* 11; et pontifex signat in ~um crucis tribus vicibus cum pollice EGB. *Pont.* 121; **949** ego Ælfred episcopus crucis ~um depinxi *CS* 877; turris non magna, in ~um edifitiorum facta W. MALM. *GR* IV 369; S. LANGTON *Chron.* 120 (v. 10a infra); omnis semibrevis formatur ad ~um grani ordei, ut hic WALS. *Mus. Mens.* 75.

5 sort (of artefact).

1212 de aliquo ~o straminis *MGL* II 87.

6 manner, form (of act, action, or sim.).

incipit namque historia chronica †quod [l. quae] etiam pari ~o explanaverunt Clemens vel Theophilus et Timotheus THEOD. *Laterc.* 1; **705** quia nullo ~o possum inter illos reconciliare WEALDHERE *Ep.* 22; laborem ~i hujus gratum nobis .. fore asseverantibus BEDE *CuthbP* 37 p. 278; **s1139** ~us satisfactionis foret ut claves castellorum .. traderent W. MALM. *HN* 469 p. 27; **1215** liber homo non amercietur pro parvo delicto nisi secundum ~um delicti *Magna Carta* 20; **1312** qui sigilla sua dicte ordinacioni quasi per ~um garenti apposuerunt *RGasc* IV *app.* p. 553b; in duobus ~is operandi, sc. artificiali et emperico GAD. 126. 1; **1407** ad elecciones .. ac ~um regiminis cancellarii .. *StatOx* 199.

7 particular feature, custom, habit: **a** (of person); **b** (of institution or sim.); **c** (of abstr.).

a mores ejus et ~os .. jam ex parte depinximus GIR. *SD* 120; regnorum Anglie et Francie nobilitates, ~os, et gesturas .. cognoscere et videre desiderat *Ps.*-ELMH. *Hen. V* 31 p. 73; **1488** contra indiscretum ~um quorundam magistrorum *Reg. Merton* I 118. **b** et preter hoc [faciunt] operationes manerii secundum ~um manerii *Chr. Peterb. app.* 161; faciunt operationes secundum ~um ville [de Burgo] *Ib.*; **1380** quidam in eorum primo adventu in villam Oxonie .. ordinis scolastici .. ~um et formam ignorantes *StatOx* 178; deinde inseritur kl' secundum communem ~um ecclesie sc. cum aureo numero *SB* 5. **c** denarius .. numerus ad ~um unitatis disponitur, unde et duplicatur et triplicatur, quemadmodum factum cum unitate ROB. ANGL. *Alg.* 66; **13..** modus est invidie semper ut ab imis / sursum tendant, ultima †contradicunt [? l. contradicant] primis (*De studiis* 21) *Pol. Songs* 207.

8 mood: **a** (gram.) of verb; **b** (log.) of syllogism.

a nam E in paenultimo subjunctivi ~i tempore praeterit perfecto semper corripitur ALDH. *PR* 125 p. 174; ~i septem sunt. indicativus .. promissivus .. imperativus .. optativus .. conjunctivus .. infinitivus .. inpersonalis BONIF. *AG* 496; verba aliorum ~orum .. forciorem racionem, habent supponendi quam verbum infinitivi ~i BACON XV 129; cum verbis construccionem habet variam secundum diversitatem ~orum et temporum, ut .. cras faciam, utinam facerem *Ps.*-GROS. *Gram.* 66. **b** expositores vero divine pagine rationem ~orum pernecessarium esse dicunt ... est enim ~us, ut aiunt, quasi quidam medius habitus terminorum. et profecto licet nullus ~os omnes, unde modales dicuntur, singulatim enumerare sufficiat .. J. SAL. *Met.* 918B-C; ~i autem sunt sex, sc. verum, falsum, possibile, impossibile, contingens, necessarium (SHIRWOOD) *GLA* III 14; redeamus ad principale et videamus, quot ~is potest fieri syllogismus *Ib.* 15.

9 (phil.) mode, manner or state of being of a thing.

oportet sic intelligi quod spiritualiter sumimus Christi carnem in altari. et ille est verus ~us corporis licet non sit ~us consequens corpus WYCL. *Conf.* 124; aliter oporteret concedere quod esse substancialiter sit esse accidentaliter, et esse corporaliter sit esse spiritualiter .. et periret ~orum distinccio *Ib.*

10 (mus.): **a** string. **b** tone. **c** mode, arrangement of the eight diatonic tones of an octave according to fixed schemes of their intervals. **d** (pl.) tune, song, poem.

a est cithara cum xxiiij ~is, in modum delte litere componitur .. et per digitos in diversos modos concitatur S. LANGTON *Chron.* 120 (v. et. 4 supra et b infra). **b** hii octo ~i vulgariter toni vocantur .. et non proprie TUNST. 229b. **c** alterius ~i melum modulans H. BOS. *LM* 1300B; perfectissimus is ~us est qui ~is omnibus mensurabilibus deservit HAUDLO 166; figura est representacio vocis sive soni in aliquo ~orum ordinate HAUBOYS 184; determinaciones mensurarum .. sunt tres, viz. ~us, tempus, et prolacio. ~us .. dicitur de maxima et de longa, ultra quas nemo communiter vocem sub uno spiritu ac tenore retinere potest HOTHBY *Cant. Mens.* L 58; quisquis ~us acutus vocaretur auctentus, i. e. auctor vel princeps. gravis .. ~us plagalis diceretur, i. e. lateralis vel minor TUNST. 229b. **d** dulcisonos mirata modos, quis intonat ipse *Mir. Nin.* 496; ~is *dreamum GlP* 296; et dulces resonabo modos, de divite pauper, / de felice miser, de tribuente petens? L. DURH. *Dial.* I 141; [aves] allicere ~is vel fistula J. SAL. *Pol.* 396B.

11 alteration, modification.

qui tertium ~um addunt sono que vel qui easdem syllabas pronuntiari decernunt, ut 'susquipio' pro 'suscipio' .. quod quam frivolum constet, omnibus vera sapientibus liquet ABBO *QG* 10 (23); **1295** cum .. Ricardus .. juratus et de predictis sibi impositis examinatus quedam confitendo simpliciter et aliqua sub ~o cetera vero negando judicialiter respondisset *Reg. Cant.* I 46.

12 (abl. as adv., *~o* or *tantum ~o*) only, just (*v. et. tantummodo*).

tenore tantum ~o interposito *CS* 903; vivant [rudes] lacte suo. tu modo leta canas! L. DURH. *Dial.* I 128.

13 (*dum ~o*) so long as, provided that.

dum ~o ille .. tristitiam deponeret BEDE *HE* III 14 p. 157 (v. dummodo 1a).

14 (*non ~o .. verum etiam*) not only .. but also.

non ~o x collationes patrum a Cassiano .. patenter propalabunt, verum etiam Gregorius .. per allegoriam luce clarius elimavit ALDH. *VirgP* 13.

15 now, at present (usu. contr. w. *ante, tunc*, or sim.). **b** (*a ~o*) from now on, from that moment on (*v. et. amodo*).

spectacula plura / .. / quae modo membranis per mundum scripta leguntur ALDH. *CE* 5. 16; non est mihi ~o tempus vitam mutandi BEDE *HE* V 14 p. 314; o sacerdotes Domini, dico vobis ~o quod ante non dixi ÆLF. *Ep.* 3. 1; T. R. E. valebat c solidos .. ~o valet xx libras (*Kent*) *DB* I 2ra; ut .. quia tunc noluit a peccato abstinere cum potuit, ~o nequeat abstinere cum velit J. SAL. *Pol.* 444B; Virginis in populo timor et devotio crevit / ex tunc usque modo non habitura modum NIG. *Mir. BVM* 340. **b** si usque nunc fuisti tardus .. a ~o debes esse assiduus. si usque nunc somnolentus, a ~o vigil EGB. *Pont.* 15; ?**1312** a modo sit pax et plausus in Anglorum finibus (*De Morte P. de Gaveston*) *Pol. Songs* 261.

16 (*~o .. ~o*) at one time .. at another, now .. now.

~o [*gl.*: aliquando, *hwilc*] melligeris .. frondibus .. ~o [*gl.*: *hwiltidum*] flavescentes saliculas .. circumvallantes .. ~o teretes heredarum corimbos constipantes ALDH. *VirgP* 4 p. 231–2; cum idem globi ignium .. ~o alta peterent, ~o ima .. repeterent BEDE *HE* V 12 p. 305; hodie regina, hodie et mendica. ~o in regali solio, ~o aequata solo GOSC. *Transl. Mild.* 18 p. 177; vir bonus et prudens modo res conservat ad usum / et modo dispensat, et docet esse suas J. SAL. *Enth. Phil.* 1609–10.

17 only recently, just now.

senes et decrepiti / quasi modo geniti / nectaris illiciti / hauriunt venenum P. BLOIS *Carm.* 24. 6. 46.

moecha [CL], fornicatress: **a** (harlot); **b** (adulteress).

a lupinar ubi .. frontosa ~arum [*gl.*: meretricum, *scrættena*] impudentia turpiter stupratur ALDH. *VirgP* 45; sed dicto citius verborum spicula peltis / presbiter obtundit mecham molimine vincens *Id. VirgV* 1022; **10..** ~am, *dyrnlicendra*. ~am, *forlegisse WW*. **b** compellunt proprium leges decreta maritum / conservare ream mecham, nolit velit ille D. BEC. 2009; hec meca, -ce, pro adultera OSB. GLOUC. *Deriv.* 341; ~a vero, ne inveniri possit imperscrutabilibus latebris abscondita, laqueos mortis vix evasit M. PAR. *Maj.* V 34.

moechalis, adulterous.

Dunstanus .. extraxit eum de ~i genearum occubitu B. *V. Dunst.* 21; repertum insuper cum adultera simul et filia illius principem a ~i toro violenter abstraxit OSB. *V. Dunst.* 27.

moechari [CL]

1 (intr.) to fornicate. **b** to commit adultery. **c** (fig.).

et cum sua matre ~atus est (*De S. Columba*) *NLA* I 200. **b** ninnarius, cujus uxor ~atur, scit et tacet *GlC* N 125; mechor, -aris, i. adulterari OSB. GLOUC. *Deriv.* 341; interrogatus si juraret se nunquam ~atum fuisse, ait "pejus enim est adulterio perjurium" W. BURLEY *Vit. Phil.* 10; sextum mandatum, non makaberis *Ludus Coventriae* f. 33v. **c** mechatur vicium, mores devirginat, illos / corrumpit, spoliat et quasi latro necat GARL. *Epith.* I 107.

2 (trans.) to cuckold.

non scelus est gravius quam sponte suum dominantem / mechari, si quis domine fit mechus amator D. BEC. 1894.

3 (pr. ppl. as sb.) one committing adultery, adulterer or adulteress.

sicut casta .. / conjunx .. fugit, / .. / aspectum, risus, munera, verba, jocos / contemnens, meritum et nomen mechantis abhorret J. SAL. *Enth. Phil.* 1807.

moechia [LL < μοιχεία], adultery.

obscenis fornicationibus et frequentibus mechiis inexplebiliter inhesit ORD. VIT. X 2 p. 9; hec mechia .. i. adulterium OSB. GLOUC. *Deriv.* 341; de quibus in evangelio, 'qui vidit mulierem ad concupiscendam eam etc.', per quod aperte notatur, cum visus inducat ~iam, quod multo fortius inducit cum quis earum lateribus adherere presumit ALEX. BATH *Mor.* IV 50 p. 173; mechie facinus mulier facit, eruit era GARL. *Tri. Eccl.* 105; est damnum dulce mulier, confusio sponsi / .. / vas est mechie, tocius turbinis edes *Latin Stories* 189; cum sic liceret licenciare mechum continuare pro pecunia symoniace in ~ia WYCL. *Blasph.* 176.

moechus [CL < μοιχός]

1 lecher, fornicator, adulterer; **b** (fig.).

10 .. ~us, *gewemmend and forlicgend WW*; ut nichil a te procedat contra naturam, legem, vel usum debitum: hoc facit fornicator et ~us Gros. *Templ.* 5. 2; tam primam uxorem suam . . quam regis Hispanorum filiam ~us infamis decepit et adulter *Chr. Angl.* 75; *horel or hollowr* . . ~us *PP*; hic mecus, A. *lechowr WW*. **b** pelluntur moechi [sc. alieni episcopi], sedes vacuata patrono / redditur Frith. 1039.

2 (as adj.) who fornicates, adulterous (also fig.).

utque successore ~o, tam sanctus dolus deprehensus est Gosc. *Lib. Confort.* 99; mens clam mecha sui meritum necat. intus adulter / sordescit, florent integra membra foris J. Exon. *Virg.* 3; quis nec carne calens nec mechus mente, quis, inquam / in neutra lapsus servat utrumque decus? *Ib.* 67; dissona mandatis, divine subjacet ire: / expacians ire, filia mecha perit Garl. *Epith.* I 138.

3 who issues from adultery.

spurius, i. nobilis ex patre qui etiam ~us et nothus dicitur Osb. Glouc. *Deriv.* 623.

moellus, muellus, ~a [AN *moel*, OF *moiuel, moiel* < modiolus]

1 hub, nave of a wheel.

1273 in j circulo empto ad muellam emptam j d. (*Forncett, Norf*) *MinAc*; **1280** in ij muellis ad eandem parem [rotarum] emptis *MinAc* 935/7; **1316** pro . . circulis ferreis ad muellos rotarum predictarum *KR Ac* 99/21 m. 1.

2 (~us *ovi*) central part of an egg, yolk.

et hic vitellus . . i. moiellus ovi Osb. Glouc. *Deriv.* 597; vitellus, moiellus ovi quod et meditullium dicitur *Ib.* 622.

3 sort of bowl or pan.

moela est scutella maxima, profunda, a rotunditate sic primitus nominata Bart. Angl. XIX 129 p. 1244.

moemana v. maenianum.

moenia [CL *as n. pl.*], (gen. ~*ium*, ~*iorum*, abl. ~*ibus*, ~*iis*)

1 defensive walls (of town, borough, or sim.); **b** (fig.).

portenta . . quorum nonnulla . . intra vel extra deserta ~ia . . intuemur Gildas *EB* 4; ignis . . qui . . Hierosolymorum ~ia, immo aedificia cuncta, consumsit Bede *HE* I 15 p. 32; murus, *weal*. ~ia, *burhweall* Ælf. *Gl.* 145; resedit . . in urbe et Raimundi homines, qui vicum unum tenebant, improbus exactor ~ibus depulit W. Malm. *GR* IV 366; pluraliter ~ia, -orum, quasi munia eo quod muniant urbem Osb. Glouc. *Deriv.* 344; **1260** planchiatura . . turellorum in accinctu meniarum [*sic*] castri fere putrefacta est *CallMisc* 252; hec ~ia, -orum, sunt muri civitatis *WW*. **b** nostris . . obvallatis sanctorum duobus clipeis lateribus invictis dorso ad veritatis ~ia stabilito Gildas *EB* 65.

2 barrier, impediment. **b** rampart.

flammonia quasi flamme monia vel munia *GlSid* f. 147ra. **b** per quos erectis castrorum turribus altis / moenia murorum restaures imbrice rubra Aldh. *VirgV* 647.

moeniare [ML], to surround with defensive walls, fortify.

to walle, meniare, murare, parietare *CathA*.

moerere v. maerere.   **moeror** v. maeror.   **moest-** v. maest-.

1 moeta [OF *moitie* < medietas], moiety, half.

c**1376** unam annuitatem sive annualem redditum . . exeuntem de . a manerii mei terr' et ten' meis in Flembye in com' Cumb' *IPM* 168/16.

2 moeta v. 3 mota.

Mogalus [Ar. *Mughul, -al* < Turk. *Moghol, -al*; cf. Pers. *Mughal, -ul, ūl* < Mongolian *Mongghol*], Mogul, Mongol.

nec volunt vocari Tartari sed Moal, quia . . Cingis Cham fuit natione Moal Bacon *Maj.* I 369; **1275** domino Abagachaan, principi gentis Magalorum (*Pat*) *Foed.* II 43; a magno Tartarorum rege, qui dicitur Moal ab orientalibus videlicet mundi partibus, . . directi sunt ad regem Anglie sex nuncii solemnes

---

Oxnead *Chr.* 250; s**1274** venerant . . sexdecim Tartari, qui Moalli, cum litera regis sui, in concilio publicantes verbis pomposis potenciam Moallorum *Flor. Hist.* III 43; s**1288** Tartari, qui Moalli, Polonie ducatum ingressi *Ib.* 69.

moinellus [AN *moinel* < monialis], mullion.

1333 in predictis ij barris pro moynell' firmiter in gabla orientali retinend' et firmand' *KR Ac* 469/12 m. 16; **1339** in ~is emptis pro fenestris ecclesie *Ib.* 462/15 m. 4; **1444** xiiij moynell' pro fenestris . . plene operat', x moynell' plene operat' alterius secte *Ib.* 503/12 f. IV; **1500** pro factura unius moynell' cum *la brace* in australi parte ecclesie *Ac. Churchw. Glast.* I 336.

1 mola [CL]

1 millstone; **b** (w. ref. to *Matth.* xviii 6).

quod vehit in collo tereti vertigine molam Aldh. *VirgV* 1464; ecclesiam significat cujus farina nos sumus . . et . . quasi ~a superiore et inferiore conterimur Bede *Luke* 507; **10** . . ~a, *cwyrnstan WW*; non levitate möle sed aque currit rota möle Serlo Wilt. 2. 69; ~a aliquantulum sublevatur et in grossiores partes granum frangitur *Quaest. Salern.* N 7; c**1365** debent homines nostri tenentes viiij bovatas afferre mollas, lapides, et ligna dicto molendino *CartINorm* 371. **b** c**957** quales scandalizare est cum ~a asinaria in profundum dimergi (*Lit. Papae*) *CS* 916; mola . . plusquam asinaria est multaque amplius expediret, juxta verbum Salvatoris, ~e asinarie addici ut ad molam sedens secularium fluctuum tumultibus in ejusmodi hominum sorte et numero versaretur J. Ford *Serm.* 115. 3; inter duas ~as asinarias *Misc. Scrope* 300 (v. collistrigium c).

2 whetstone.

quomodo . . ~am rotanti ministro [sc. fabri] ad acuendam falcem . . ligno incluso manus coaluerit *V. Kenelmi B* f. 82v. 1; capiti ejus securim infligens quam ~a recenter et incus procuderunt W. Cant. *Mir. Thom.* IV 26; habeat . . molam [*gl.*: *mule*] qua ferro aciem conferat Neckam *Ut.* 118; **1344** liberavit . . j ~am de petra versatilem pro ferr' acuend' *KR Ac* 23/32 m. 2; c**1450** de qualibet ~a pro fabris vocata *gryndston EEC* 214.

3 mill, press; **b** (w. ref. to *Matth.* xxiv 41); **c** (~a *manualis* or sim.) hand-mill; **d** (var.); **e** (in place-name); **f** (passing into surname).

c**1120** xv libras denariorum et unam mulam quae bene valebat centum solidos *Text. Roff.* f. 214; **1300** est ibi quedam ~a que vocatur *Stanegrist* et valet per annum vj d. *IPM* 95/7; alexanti, i. flos salis, molitur sal cum ~a et illius flos alexanti dicitur *SB* 9; far, ~a [ME: *mylle*], molaris *WW*. **b** allegorice militans ecclesia tres habet ordines sive gradus fidelium, sc. conjugatos, qui in ~a commolentes, qui in lecto; rectores utrorumque sive virgines qui in agro S. Langton *General. Prol.* 194. **c** cuilibet burgensi liceat habere furnum suum et ~am manualem (*Ch. Hugonis Ep. Durh.*) *Boldon Bk. app.* xlii; furnus, furnile, cum farre farina, legumen / unda, mole manibus et equis, cervisia, vinum D. Bec. 1871; **1275** nec permittit eosdem burgenses habere ~as manuales in domibus suis sicut solebant *Hund.* I 192b; **1301** item j ~am ad manum sine *hoper* (*Indentura*) *Exc. Hist.* 23; **1331** Andreas S. tenet unam ~am manualem in prejudicium molendini domini . . . et preceptum est quod omnino amoveatur *Rec. Elton* 303 (cf. ib. 299: de A. S. quia tenet molendinum manuale); ut . . reportarent . . ~arum manualium lapides Wals. *HA* II 30. **d** **1314** in duobus molis pro mustardo [*mustard mill*] ij s. vj d. (*Templar*) *Worc.* I 37; c**1315** ~a ad cinopium *LTR Ac* (*Templar*) 19 r. 38d; trapetae, ~ae olivarum [*olive-press*] *GlC* T 238; **1390** unam moldam piperialem [*pepper-mill*] *KB CourtR* 519 r. 499; piperis ~a, A. *a pyper querne WW*; **1275** idem R. abstulit de Alicia relicta Galfridi de Bosco unam ~am pomorum [*cider-press*] et j pressor[ium] precii xx s. *Hund.* II 211a; **1287** duas ~as torcularias [*wine-press*] *Cal. CourtR Chester* 57; **1340** de . . veteri meremio de ~a et pressorio pomorum *MinAc* 1120/10 r. 12d. **e** c**1149** testibus E. . . et R. pincerna apud ~as Warini [*Ravensmeols, Lancs*] *Ch. Chester* 90. **f** **1230** Nicholao de ~is vj li. *Pipe* 13; **1242** Nicolaus de ~is *Ib.* 22; **1256** Nicholaus de ~is *Cl* 114.

4 multure.

1202 canonici et homines sui qui predictam terram tenebunt molent sine ~a ad molendinum meum de Patestun *Cart. Lanercost* 82.

5 molar-tooth, grinder; **b** (w. ref. to *Psalm.* lvii 7).

~as, intimi dentes *Gl. Leid.* 19. 56. **b** Ignatius . . leonum ~is Romae confractus est Gildas *EB* 74; accedat jam pascualis filius Ysai David qui eripiat agnum de manibus ursi et ~as leonum confringat *Regim. Princ.* 153.

6 jaw.

hic [sc. crocodrillus] comedendo molam nunquam movet inferiorem Neckam *DS* IX 161; que [humiditas] ad ~am inferiorem defluere contingit *Quaest. Salern.* C 27; *a chafte*, maxilla, . . ~a *CathA*.

7 cheek-bone.

hec ~a, A. *chekbone WW*.

8 cake of emmer wheat.

et est fractum de ~a que solebat fieri de quodam genere frumenti quod far vel ador dicitur Beleth *RDO* 42. 51.

9 (eccl.) middle part of altar.

~a vero in altari dicitur pars media sub qua reliquie sigillantur et cui in dedicatione ecclesie crux imprimitur et ubi corpus Christi consecratur Beleth *RDO* 42. 51.

10 (med., ~a *matricis*) mola, fleshy mass in the womb.

de ~a matricis modo videamus, que assimilatur impregnationi, que est quidam globus enormis et deformis generatus in matrice . . et vocatur ~a vel propter molem et pondus quod patitur mulier ab illa massa carnis vel quia maculat matricem sicut mola in panno discolorata Gad. 83v. 1; ~a, matricis, est abortivum quid in matrice generatum *LC* 253.

2 mola [ME *mol*], spot, blemish, defect.

Gad. 83v. 1 (v. 1 mola 10).

molacrum, (understood as) pestilence or sim.

a whalme, quassacio, ~um *CathA*.

molagium [ML], (right of) multure; **b** (? paid in wine).

1247 debent ~ium sc. de qualibet boveta terre unum bussollum et duas denaratas frumenti ad parvam mensuram cum uno rescusso *Cl* 546; **1402** idem oneratur . . de ij d. pro uno tofto cum ij acris dimidia terre de ~io . . existente in manu domini . . usque ad plenam etatem heredis (*MinAc*) *Growth Eng. Ind.* 599; de iiij precariis pro uno tenemento de ~io *Ib.* 610. **b** **1290** j pipa [vini] positus [*sic*] fuit ~io *KR Ac* 4/26; **1290** respondet . . de xxvj doliis vini que reducta fuerunt, quorum j positum fuit ibidem [sc. in navi] in myllagio *Ib.*

molandinum v. molendinum.   **molanurus** v. melanurus.

molanus, mullet (*Mullus barbatus*).

hic ~us, A. *a melet WW*.

molare v. 1 molaris, molere.

1 molaris [CL]

1 (as adj.) of a millstone.

gelu quoque durissimum eam [terram] . . perdurans constrinxit, adeo ut glacies ~em excederet spissitudinem M. Par. *Min.* I 23; pars illa . . que similiter movetur super paxillum basis motu ~i Wallingf. *Rect.* 416.

2 molar, that grinds: **a** (*lapis* or *petra* ~*is*) millstone or whetstone. **b** (*dens* ~*is*) molar-tooth, grinder.

a tandem infixo ~i lapide ictus in spinam crepuit *Lib. Monstr.* III 9; lapides ~es . . ubi grana . . comminuebat R. Cold. *Godr.* 68 (v. lapis 5b); **1240** facias habere J. de M. fabricanti quarellos nostros . . lapidem ~em *Liberate* 15 m. 23; **1296** injuste tenuerunt petras ~es in domibus suis *SelPlMan* 47; **1336** in ij paribus petrarum ~ium de Renys *Cal. Scot.* III 351; **1430** cariam lapides ~es et meremium pro reparacione molendini *Feod. Durh.* 70. **b** ~es dentes [AS: *tux*] . . hominis xv solid' estimantur (*Quad.*) *GAS* 81; ex ictus hujus vehementia . . dentes ei ~es ceciderunt Gir. *EH* I 3 p. 232; ~is dens mandibule fundens aquam recreat membra Samsonis sicientis Ad. Dore *Pictor* 164; s**1209** ut diebus singulis unum ex ~ibus excuterent dentibus M. Par. *Maj.* II 528.

3 that resembles a mill-rind, (her., *crux ~is*) cross moline.

crux ~is seu bicornis potius quae et tricornis SPEL-MAN *Asp.* 102.

4 (as sb.) millstone. **b** (gen.) large stone.

~is, *curnstanes* GlP 864; ~es, *milleston Teaching Latin* I 142; **1314** in uno ~i empto ad molendinum de Schipston viij s. *Comp. Worc.* I 42; possit tibia super columpnam moveri motu ~is WALLINGF. *Rect.* 410; **1372** in j magn' molar' jacent' pro molendino aquatico de Wy, xl s. *MinAc* 900/5; far, mola, ~is [ME: *mylston*] *WW*. **b** quanvis igitur extrema vi a Cesariensibus certaretur, multos ~es in ascendentes volventibus W. MALM. *GR* IV 380; nec desint crates sustinentes ~es [*gl.: grant peres*] eiciendos NECKAM *Ut.* 104; castrum .. quod erat maximis et durissimis constructum ~ibus .. redactum est in favillas M. PAR. *Maj.* V 36.

5 molar-tooth. **b** (gen.) tooth.

~es vel genuini, *wangtep* ÆLF. *Gl.* 157; **c1050** male-dictus sit in .. dentibus mordacibus, in labris sive molibus [?l. molaribus], in labiis (*Excom.*) GAS 440 (=*Text. Roff.* f. 99); **10** .. ~es, *cweorntep WW*; sic dementia ~es exacuerat ut quodlibet osseum, ligneum, ferreum facili .. negotio demoleret W. MALM. *GP* V 261; tertius dentium ordo commolit atque comminuit, unde et ~es vocantur J. FORD *Serm.* 50. 3; quedam animalia habent duas maneries tantum [dentium], sc. incisivos et mollares, ut oves et boves *Ps.*-RIC. *Anat.* 30; dencium tres sunt species: anteriores .. canini .. ~es qui dicuntur comminutivi GAD. 118v. 1; hic ~is, A. *wangtotht WW*. **b** contra has .. beluas, quae rabidis ~ibus et venenosis genuinis inermes .. discer-pere nituntur ALDH. *VirgP* 11; ~es, dentes GlC M 240; puerum in mortem intumescentem, cui virosos ~es anguis infixerat, erexit incolumem W. MALM. *GP* V 247; diviso ~i de quo dolor [sc. dentium] proces-sit W. CANT. *Mir. Thom.* I 15; illudes [Christe] in illusione formato [sc. *Satan*]; / molares illius micatos avelles J. HOWD. *Cant.* 169.

2 molaris [cf. CL *moles*], of mass or volume.

quod tanta foret racio repugnancie quod puncta forent simul quo ad suos situs, sicut quod quantitates ~es essent simul coextense WYCL. *Log.* III 42.

molariter, like a millstone, in a rotatory man-ner.

illa lamina .. que circa paxillum basis ~iter circum-fertur WALLINGF. *Rect.* 416.

molarius [CL]

1 (as adj.) of or belonging to a mill.

a**1204** (c**1295**) de quolibet torno ~io quadrantem *Reg. Wint.* 743.

2 (as sb. m.) miller. **b** (as surname) Miller, Meunier.

tunc illa timida et tremefacta gemere cepit, qui nescit quid evenerat, et statim indicavit ~io quid accederat HUGEB. *Wynn.* 12. **b** c**1159** emit Eudo a filiis Gisleberti ~ii unam mansuram terre *Act. Hen. II* I 284.

3 (as sb. f.) quarry for millstone.

ibi .. ij molini de xxviij sol' et una ~ia de iiij solid' (*Sussex*) *DB* I 25ra; una ~ia ubi molae fodi-untur (*Notts*) *Ib.* 290vb; **1312** cum omnibus .. terris, molendinis, moliariis, pratis *RGasc* IV 627.

molaticus, that grinds.

1375 medietatem siti unius molendini aquatici ~i cum cursu aque *Cart. Glam.* IV 1340.

molatio [LL]

1 (act of) milling or grinding.

1329 pro ~one bladorum (v. admutuatio); **1383** qui quidem molaris in prima ~one defractus fuit per infortunium *MinAc* 1209/15 m. 8 (2); item, quantum solvatur pro ~one quarterii *MGL* I 340; solvatur molendinario, pro ~one quarterii iij denarii *Ib.* 354; **1422** et T. M. molendinario de S. pro ~one x quar' frumenti causa nimii undacionis aque de were, xx d. *Ac. Durh.* 618.

2 multure.

c**1150** dedi .. molendinum .. cum tota ~one ejus-dem manerii *MonExon* 39.

---

molator [LL]

1 one who works in a mill, miller.

1455 pistores inveniebant ~ores in omnibus expen-sis *MunCOx* 218.

2 one who grinds paints, paint-grinder.

1321 [in ij] molator' [sc. colorum] *Fabr. Exon.* 135; **1352** cum .. ~oribus molantibus et temperantibus diversos colores pro pictura capelle *KR Ac* 371/6 m. 19; **1355** ~oribus molantibus et temperantibus diversos colores pro pictura ejusdem capelle *Ib.* 471/6 m. 19.

molatrina v. moletrina.

molatura [ML]

1 millstone.

1282 in ij veteribus ~is emptis pro molendino de Adesham *DC Cant.* (*Ac. Adisham*).

2 multure.

c**1196** in aquis et molendinis excepta ~a proprie domus predicti R. venatoris *Couch. Kirkstall* 274.

1 molda v. mola.

2 molda, ~us [ME, OF *molde, molle, modle* < *modulus*], mould, pattern from which to shape an artefact: **a** (in masonry or sim.) plate or cord of wood, metal, or sim., template. **b** form or matrix for casting metal, ingot-mould.

a 1244 mittat cementarios ad cindendum petras .. ad ingenia regis .. secundum formam et moulam quas magistri G. et R. de C. ei tradent et scire facient *Liberate* 20 m. 5; **1284** Stephani Joignour pro diversis tabulis ad ~as ad opus cementariorum *KR Ac* 467/9 m. 2; **1304** [*boards*] ad ~las *Fabr. Exon.* 33; **1313** ad mouldas *Ib.* 65; **1323** in crombis ferreis pro ~is cementariorum *Sacr. Ely* II 33; **1324** pro iij ulnis canabi pro falsis ~is missis apud Cadanum pro petris ibidem juxta dictos ~os tractandis *KR Ac* 469/8 m. 1; **1333** pro xv peciis petre de Reygate emptis pro mold' .. peciis ad fenestras superiores *Ib.* 469/12 m. 10. **b 1318** pro reparacione ~e et fundacione campane (v. 2 fundatio 1a); **1387** pro diversas novas formas et muldas gunnorum ac super factura et effusione novorum gunnorum *KR Ac* 183/12 f. 31; **1399** idem computat de .. iiij ~is pro pellotis infundendis (*LTR AcWardr*) *EHR* XXVI 701.

moldbredclutum [ME *moldebredclout*], metal plate that protects the mould-board, mould-board clout.

1318 custus carucarum .. in iij ~is, ix d. *MinAc* 1144/4 f. 6; **1326** in iij ~is et viij ferris pedalibus xx d. *Ib.* 1146/22.

?molditium [cf. 2 molda], mould (in masonry).

1423 pro j *righold* empto pro muldic' faciendo, xij d. *Fabr. York* 47.

moldra v. molitura. **molectum** v. motletum.
molemennus v. malamannus.

molena [OF *moleine*], great mullein (*Verbascum thapsus*).

~a, *moleine Teaching Latin* I 50; tergatur anus cum ~a vel cum filtro intincto aliqualiter calido GAD. 6v. 1; tapsus barbatus major masculus, flosmus, ~a, herba luminaria idem, G. *molayne*, A. *catestlyl* vel *feldwrt Alph.* 182; ~a, tapsus, A. *molen MS BL Sloane 3149* f. 8r.

molendare [LL], to grind, mill.

1516 caldra bladorum .. quam ducunt ad molen-dinum de B. ad ~andam unam firlotam pro multura *Form. S. Andr.* I 288.

molendarius [CL], one who grinds or mills, miller. **b** (as surname) Miller, Meunier.

idem homo est ~ius, fur, et fortis WYCL. *Trin.* 69; pistores et ~ii furantes pastum vel farinam *MGL* I 162. **b** c**1285** Rogerus Oliver .. Willielmus Bercarius, Johannes ~ius *Cust. Battle* 55; Thomas ~ius, Willielmus Nylende *Ib.* 57.

molendina v. molendinum.

molendinare [ML], to grind, mill: **a** (absol.); **b** (corn).

---

a 1325 absque cursu illius aque quatuor de molen-dinis predictis ~are nequiunt *RParl* I 417b. **b** a**1190** Odoinus .. debet ~are totum bladum suum in molen-dinis meis de R., liberum et quietum sine motura *Act. Hen. II* II 329; **1305** sunt ibidem duo molendina, aquaticum unum viz. ad bladum ~andum et aliud ad pannum fullandum *Ext. Hadleigh* 229; prohibeatur ne aliquis accedat at molendinum suum cum blado ad ~andum *MGL* I 355; ad cariandum hujusmodi bra-sium .. ad molendinum .. ad molendum sive ~andum *Reg. Brev. Orig.* 127.

molendinaris [ML]

1 (as adj.) that resembles a mill-rind, (her., *crux ~is*) cross moline.

vocatur crux ~is quia similis est cuidam instru-mento ferreo in molendino usitato quod portat lapi-dem molarem, et sic debet discerni BAD. AUR. 125 (cf. UPTON 216).

2 (as sb. n.) mill-site.

1278 sciatis nos dedisse .. Augero .. ~e nostrum .. ad faciendum ibidem molendinum *RGasc* II 40a.

molendinarius [LL]

1 (as adj.) that pertains to a mill or milling. **b** that issues from milling.

a**1190** cum jure bannalis leuge ~ie delationis (v. bannalis); dum Alemanni magno apparatu machinam ~iam fabricassent, in molumentum victualium, gyran-tibus equis, crepitantibus malis circumactis *Itin. Ric.* I 33 p. 78; c**1270** dicto Alano opera ~a debent *Reg. Dunferm.* 231; **1275** in una petra ~ia nova empta vj s. *MinAc* 1057/5 m. 2; **1279** ad .. stabulam ad equos ~ios *KR Ac* 467/7 m. 7; **1306** de terra ~ia de Aldham *Ext. Hadleigh* 236. **b** c**1316** de viginti quarteriis multure ~ie venditis *Cart. Boarstall* 619 p. 226.

2 that resembles a mill-rind, (her., *crux ~ia*) cross moline.

crux .. ~ia, florida BAD. AUR. 175 (v. crux 8f).

3 (as sb. m.) one who grinds or mills, miller. **b** (as surname) Miller, Meunier.

10 .. ~ius, *myleweard WW*; et ibi unus molendinus cum ~io *Chr. Peterb. app.* 157; **1209** in liberatione molendinarii *Pipe Wint.* 46; de ~io furante farinam *MGL* I 341; ~ii, qui .. ministrabant in molendino *Reg. Whet.* II 317; hic mulundinarius, *a mulharde WW*. **b** c**1156** molendinum meum .. quod Hugo ~ius tenet *Cart. Eynsham* I 103; c**1159** ex dono Bernardi ~ii et fratrum ejus *Act. Hen. II* II 308; a**1201** his testibus .. Ricardo ~io *E. Ch. S. Paul.* 204; W. ~ius jactavit N. ~ium cum quadam petra ita quod obiit; et fugit *PlCrGlouc* 14; Rotberti ~ii vij denarius et opera *Chr. Battle* f. 16.

4 millwright.

~ii fabricant faricapsias et rotas versatiles et aquati-cas .. et apte collocant molares .. molendinarii dicun-tur *mouniers* GARL. *Dict.* 130.

5 (as sb. f.) miller (f.), miller's wife, used also as surname Miller, Meunier.

1279 de Agnete ~ia pro eodem vj d. plegius vir ejus *Rec. Elton* 6; **1287** Sibilla ~ia, Willelmus Skinnar', Johannes Botild *Hund. Highworth* 320; c**1295** inter terram Alicie ~ie *Reg. Malm.* II 200.

6 (as sb. n.) mill-site.

1315 quedam ~ia nostra .. cum aquis refluentibus in eisdem molindinariis .. adhuc vacancia *RGasc* IV 1454.

molendinator [ML], one who grinds or mills, miller. **b** (as surname) Miller, Meunier.

~orem nostrum, pater, non diligo, immo odio (*Car-thag* 44) *VSH* I 186; **1276** intravit molendinum de Cappedoc et verberavit male ~orem *Hund.* II 177a. **b** c**1230** Walter ~or *Cust. Waltham* f. 230v; **1285** Wal-terus ~or in misericordia quia fregit parcum domini, plegius Willelmus de Molendino *CourtR A. Stratton* 93.

molendinum, ~us [LL], **~a** [ML]

1 mill; **b** (w. ref. to mill-dam). **c** mill-house.

c**971** de aquis et ~is constitutio regis Eadgari *CS* 1163; c**1030** addo quoque ~os quinque .. in villa .. super fluvium qui vocatur Oldon *CartINorm* 183; iij

molend' de xl sol' (*Kent*) *DB* I 2ra; si ~a, piscaria, vel alia quelibet opera . . preparantur (*Leg. Ed.* 12.8) *GAS* 639; **a1145** (1343) ut anona predicti hospitalis ad ~os ejusdem ville sine multura moliatur (*Pat*) *Mem. Ripon* I 323; **c1162** die quo ~os eis concessi *Regesta Scot.* 210; **1235** debet habere . . meremium in bosco domini ad molandinum suum reparandum . . et ad exclusam molandini cum fracta fuerit similiter reparandam *Cust. Glast.* 100; **1285** in bosco et plano, in aquis et molendis [*sic*] *Reg. Cant.* II 683; **1289** licenciam faciendi ~um vel ~am aut eciam ~a cum molendinario et exclusis in fonte majori calido *RGasc* II 369a; concedo eisdem . . bladum suum ducere ad ~am *FormMan* 4. **b** **c1200** ut firmet ~um suum; **12..** firmare debemus unum ~um (v. 1 firmare 1a). **c** **c1250** cooperiet ~um, cariabit molam, molet ad xiij vas . . et de omnibus operibus istis, capiet panem preter de ~o, de *stod*, de sepe, et de bercaria *Cart. Whitby* II 368.

2 (dist. acc. source of power): **a** (~*um aquaticum, fluviale*, or sim.) water-mill. **b** (~*um equinum, equorum*, or sim.) horse-mill. **c** (~*um manuale*) hand-mill. **d** (~*um maris* or sim.) tide-mill. **e** (~*um ad ventum* or sim.) windmill.

a **c1250** ibidem sunt tria ~a ad aquam, de quibus duo sunt ad firmam pro duabus marcis per annum *Cart. Rams.* I 486; **1284** dominus rex recuperavit seisinam suam de quodam ~o aquato [*sic*] *PQW* 94a; **c1300** de firma ~arum aquaticarum, et de ventorum *FormMan* 13; **1309** idem tenuit ibidem duas ~as aquaticas *IPM* 7/19; **1419** in factura unius fovee ibidem pro j ~o fluviali *Fabr. York* 41. **b** **1183** debet . . habere ~um equorum, et est quietus ipse de multura et operatione molendinorum *Boldon Bk.* 17; **a1184** quilibet burgensis . . potest facere . . ~um equinum et manumolendinum *BBC* (*Cardiff*) 96; **c1198** in celario ~um equitium absque equis et absque lapidibus *Cart. Osney* I 112; **1335** duo molendina ventricia et duo ~a ad equos *RScot* 334a. **c** **1212** pro . . tribus ~is manualibus *Pipe* 88; **1331** de A. S. quia tenet ~um manuale ad dampnum domini *Rec. Elton* 299; **1388** j ~um manuale precii iiij s. *KR Misc.* 5/30. **d** **1209** Ferham: . . in j mola empta ad molindinum maris cum cariagio de Hamptona xxv s. iiij d. *Pipe. Wint.* 26; **1211** in rotis de novo parandis ad ~um maris; . . in batello locando ad portandam molam de Insula ad stagnum ~i maris *Pipe. Wint.* 109; **c1470** pro ~o marit' (*I. of W.*) *RentSurv. R* 585. **e** **a1180** (1316) sciatis me concessisse . . v seliuncas ubi ~um ad ventum situm fuerit *CalCh* III 319; **c1195** totam terram meam de Warlinggeham . . cum ~o ad ventum (*Ch.*) *MonA* VI 604a; **1198** dimidiam acram juxta ~um de venti Radulfi de Burg' *Fines P. Norf* 88; **1202** unum ~um ventile quod situm est in illa acra terre *Fines P. Norf & Suff* 330; **s1256** quod aqua in molendinis aquaticis fecerat, ventus in ~is que vento volvuntur facere non pepercit M. PAR. *Maj.* V 561; **1292** super prestacione decime ~i ventricii *SelCCant* 443.

3 (dist. acc. function): **a** (~*um ad acuendas secures*) whetstone. **b** (~*um bladarium, braciarium*, or sim.) corn-mill or malt-mill. **c** (~*um falcatum*) 'blade-mill', sawmill. **d** (~*um ferri* or sim.) iron-mill. **e** (~*um fullonarium* or sim.) fulling-mill. **f** (~*um pomorum* or sim.) cider-press. **g** (~*um sutorium*) sawmill for cutting leather. **h** (~*um tannarium* or sim.) tanning-mill.

a **1212** pro tribus ~is ad acuendas secures *Pipe* 88. **b** **c1175** exceptis duobus ~is bladariis *Act. Hen. II* II 101; **c1180** quoddam ~um braisarium in Sulia Bona *Ib.* 191; **1185** apud Nehus duo molendina sunt in dominio, ~um sc. blado et aliud *fulerez Rec. Templars* 127; **c1190** molendinum . . ad segetem et aliud ad pannos follendos (v. fullare 1); **1289** reddit compotum de j ~o ad turnum ad bladum molendum et ij parvis molis ad idem (*Pipe*) *MinAc W. Wales* I 50; **1418** ~um granaticum (v. granaticus). **c** **1489** ~um falcatum vocatum *a sythe mylne Ch. Derb* 2260. **d** **1346** ~um ferri *Hist. Brit. Iron & Steel Ind.* 342; **1553** ~i ferrarii manerii *CalPat* 179; **1573** ~um ferrarium (v. ferrarius 1h). **e** **c1087** (v. fullonarius 1); **c1150** (v. fulleraticus); utrumque ~um . . sc. tam illud quod est ad molendum quam illud quod est ad fullandum *Danelaw* 118; **1206** ~um fullonum . . cum una virgata terre *Chr. Evesham* 212. **f** **1245** in carpentria j molend' ad poma molend' et pressorio reparando *Pipe Wint.* (*Raleigh*) B1/18 r. 3d; in pressor' et molendin' pomorum emendandis iiij d. . . in iiij tonellis emptis ad ciceram inponendam v s. *Ib.* r. 16; **1279** in uno ~o pomorum cum pressorio ad idem de novo faciendo *Ac. Stratton* 102 (=*Ib.* 222: in pressorio pomorum faciendo); **1302** in meremio prosternendo et scapulando ad ~um pomorum *DC Cant.* (*East Farleigh*). **g** **1288** de molend fullar' et molend' tannar' et sutor', x li. xiij s. iiij d. *AncExt* 86/1. **h** **c1175** de ~o *folerez* et *taneret Act. Hen. II* II 101; **1206** de ~o *tanerez Pipe* 43; **1288** (v. g supra); **1295** ~um tanarium *JustIt* 1/1306 r. 1d.

4 (in place-name); **b** (passing into surname).

a Normanno domino contra Gaufredum Martellum apud ~um Herle [*Mouliherne*] quod castrum in Andegavensi regione est W. MALM. *GR* III 230; populus castri quod ~is [*Moulins*] dicitur *Ib.* III 232; **c1187** decimam tocius redditus vel exitus ville de Molendin' [*Moulins-la-Marche*] *Act. Hen. II* II 292. **b** **1198** Ricardus de ~o *Pipe* 208; **1230** Nicholaus de ~is *Ib.* 200; **1242** Thomas de ~is *Ib.* 63; **1281** filia Roberti de ~o *CourtR A. Stratton* 137.

5 (obligation to grind corn at the) lord's mill.

1352 dicunt se esse liberos de molend' domini *Rec. Caern.* 23.

molendum v. molendinum.

molentura, (act of) grinding.

1302 molendinarii . . de novo molendino sumoniti . . ad prestandum sacramentum de ~a brasii *CourtR Hales* 443.

molera, ~um [OF *moliere* < molaria]

1 quarry for millstone.

1298 est ibidem quoddam molendinum de quo dominus percipit per annum lx s.; est eciam ibidem ~a del Revesclif, cujus proficuum valet communibus annis xv li. *IPM* 81 no. 17.

2 millstone.

1368 impignorari faciat J. de S. cariantem ~a lucrata infra campum domini episcopi ultra solum prioris et omnes alios qui applicant cum velis super solum domini *Hal. Durh.* 75.

3 (as place-name).

c1189 duas acras terre, unam ad ~eiam et alteram ad Fossam *Act. Hen. II* II 185.

molere [CL], **~are** [LL], **~ire** [ML]

1 to grind, mill (tr. and absol.); **b** (w. ref. to *Matth.* xxiv 41); **c** (corn); **d** (w. implication of paying multure); **e** (pigment).

commolita, ~ata *Gl. Leid.* 26. 1; fessa, i. ~ita, fracta, divisa, *gegrunden GlH* F 718; **c1090** si aliquo infortunio ~ere non poterint, sine moltura ~ant ad meum molendinum *CartINorm* p. 244; cor . . nostrum simile est molendino semper ~enti *Simil. Anselmi* 41 **a1245** nihil faciam ~ire vel braciare *RL* II 356; **c1290** quod statim ~eatur post bladum ~ientium in adventu bladi et brasii nostri in molendino predicto *Cart. Boarstall* 279; cum eodem tempore molendinum ~iret WALS. *HA* I 263. **b** **716** narravit se vidisse puellam quandam in hac terrena vita ~antem [v. l. ~entem] in mola BONIF. *Ep.* 10 p. 13. **c** Osbernus habet molinum annonam suae curiae ~entem (*Chesh*) *DB* I 268ra; grana . . ~endo in farine similaginem comminuebat R. COLD. *Godr.* 68; **1241** mille quarteria frumenti unde l quarteria sint in flore †milita [MS: milcta], et l in duro frumento *Cl* 325; **1291** de quolibet quarterio bladi ~ti in civitate *RGasc* III 32a; **1298** iiij mole ad bladum ~andum *Doc. Scot.* II 346; **c1468** idem molendinum per se emendatum ut in eo grana bene possint ~ari *FormA* 148. **d** **c1210** quod blada sua ad molendina mea ~ant statim post illud quod erit in tremina et ad vicesimum granum *Ch. Chester* 349 p. 348; **1231** si molendinum ibi habuero, ipsi burgenses ad molendinum meum ~ent ad vicesimum vas *Ib.* 435 p. 434; **1291** ~abit ad vicesimum granum *Ch. Derb.* 141. **e** **s1253** an superaltaria sint honesta et non ~antur super ea colores *Ann. Burton* 309; **1319** in j plata ferr' pro color' ~end' *Fabr. Exon.* 104; **1321** ad ~andum color' *Ib.* 135; **1352, 1355** (v. molator 2).

2 to whet, sharpen. **b** to polish, burnish (metal).

1213 pro . . sagittis ~endis et furbiandis *Misae* 256; fecit . . unam plagam mortalem in capite quodam gladio vel aliquo alio genere armorum ~utorum BRACTON f. 138; **1269** R. sic appellatus negat verbo ad verbum pacem Dei et domini sui infractam et assultatus [*sic*] cum ramis [l. armis] mollutis nequiter factum et verberacionem *CBaron* 76; **1295** in ij lapidibus molaribus emptis ad ~and' secures cymentariorum *KR Ac* 459/16 m. 1; **1300** pro . . cultellis emendandis et ~endis ad tallias faciendas, iiij d. *Ib.* 233/12 m. 3; in . . cultellis ~andis *Ib.* 233/17 m. 5. **b** **1243** cum armis molutis sc. loricis et *hauberguns* et aliis *AssizeR* 756 r. 6.

3 to full (cloth) at a fulling-mill.

1342 et xx pann' de Candelwykstrete per ipsum diversis viabus molut' et tons' *KR Ac* 389/14 m. 8.

4 to roll or flatten (metal).

1325 in stipendium Henrici . . dictum ereum ~ientis (v. 2 filare).

5 to chew, masticate.

to chawe, mandere, ~ere LEVINS *Manip.* 45.

6 (*dentes ~ere*) to gnash the teeth.

hunc tam infestus afflaverat spiritus ut proxima queque vel manibus discerperet vel vastis molaribus corroderet, in remotiora dentes ~eret W. MALM. *Wulfst.* II 5.

7 (fig., var.).

sicut supra in lecto uno et ~entes in unum BEDE *Luke* 549; paleas molit qui cum maxillis tanquam cum molaribus ~it verba vana [ME: *þe chafleð*] *AncrR* 17.

moles [CL]

1 large mass or weight, huge size; **b** (w. ref. to *Is.* xl 12). **c** vast amount.

Colossus qui ~e vastissima . . cunctos homines excrevit *Lib. Monstr.* I 3; famulus Dei ingentis scopuli ~e [*gl.*: *micelnysse* vel *hefe*] conexas in medio Tiberis alveo . . mergere jussit ALDH. *VirgP* 51; erant illi gigantee ~is W. MALM. *GP* V 240; hec est elephas . . qui Eleazarum sua ~e occidit P. BLOIS *Ep.* 3. 11A. **b** donec supremis scintillent saecla favillis / et mundi moles montes collesque liquescant ALDH. *CE* 4. 11. 8; credimus hanc mundi ~em in melius renovandam ANSELM (*CurD* I 18) II 79; cilicium quo mortui corpus involvatur comparet et terre ~es reddatur terrestris *Mir. Fridesw.* 26; lapideis saxis terreeque moli . . herbe longe precellunt GIR. *TH* I 13 p. 40. **c** ut pars justorum succumbat mole malorum GREG. ELI. *Æthelwold* 3. 4; ubi tanta intulit ut ~es metallorum terreat advenarum animos W. MALM. *GR* II 181; ut opum ~em suarum presentia sui summopere servarent ORD. VIT. X 20 p. 126.

2 massive structure or building. **b** mound. **c** (fig.) barrier, impediment.

quia palustris humus . . lapideam ~em sustinere non poterat ORD. VIT. IV 16 p. 280. **b** **1552** mollem *CalPat* 419. **c** tunc puer argutus vocali mole solutus / dat sonitum facilem more suo gracilem / de specula R. CANT. *Poems* 16. 46.

3 vast enterprise, heavy responsibility.

tante ~is erat liberari posse principes W. MALM. *HN* 510 (cf. Verg. *Aen.* I 33).

4 (fig., var.).

tantae sunt peccatorum subitae moles GILDAS *EB* 35; nam ingenti miraculorum ~e victus brevitatis compendio plura praetereo ALDH. *VirgP* 35 p. 280; mole gravi noxae pressus, sine lumine cordis BONIF. *Carm.* 6. 12; ut ejus colloquio curarum suarum moles posset avocare W. MALM. *Wulfst.* I 7; nos reminiscentes quot et quantis delictorum ~ibus premimur ROB. BRIDL. *Dial.* 110; sic sanctus suorum siccavit lacrymas, superveniente ~e letitie et dolentium preclusit gemitus, tum desperato gaudio succedente *V. Edm. Rich P* 1820B.

moleschus v. Molossus.

molestamen, trouble, annoyance.

ut . . gaudeat se . . super suo ~ine reportasse solatium AD. MARSH *Ep.* 110.

molestare [CL]

1 to disturb, annoy, molest: **a** (person); **b** (property); **c** (absol. or intr.).

a pessimis . . ~atur vigiliis qui hujus mundi curis . . exuere quaerit animum BEDE *Cant.* 1203; ad hoc enim idem inimicus te ~are nititur ANSELM (*Ep.* 99) III 230; experiamus . . quanta sit sollicitudine ab omni, quod potest eum ~are tutandus J. FORD. *Serm.* 91. 8; **1231** vicecomes ipsum . . contra libertates predictas vexat et ~at *BNB* II 400; **c1330** super injuriosis processibus quibus dominus Cantuariensis episcopus nos . . non desinit †nolestare [l. molestare] J. MASON *Ep.* 33 p. 211; ~ando prelatos et personas ecclesiasticas WALS. *HA* I 213. **b** **1214** nec eam

vel bona ipsius in aliquo ~are presumatis *Pat* I 109a. **c** operatur .. ut .. prorsus desinat quod ~at, vel .. facilius feratur quod inquietat GIR. *TH* III 12 p. 156; **1209** predictus episcopus .. presumit contra justitiam ~are (*Lit. Papae*) Chr. Evesham 133.

2 to violate (law or sim.).

nature leges heresis predicta molestat GARL. *Tri. Eccl.* 13.

molestatio [LL], disturbance, annoyance, molestation.

parcendum .. ab utraque hac filiarum Jerusalem ~one sponsus indicit J. FORD *Serm.* 99. 1; **1201** sine omni ~one domini regis *Pat* I 4b; **1220** ut a dictis ~onibus cessent, et nobis .. debitas permittant libertates *RL* I 87; **1244** archiepiscopus .. ipsum .. multiplici ~one perturbat *Mon. Hib. & Scot.* 43b.

molestator [ML]

1 disturber, molester.

a**1217** ~ores hujusmodi per censuram ecclesiasticam apellacione postposita compescendo (*Bulla Papae*) Kelso 465; **1331** occupatores, seu detentores, ~ores, presumptores, et injuriatores hujusmodi *Mon. Hib. & Scot.* 252b; per istam igitur viam incedentes contra ~ores regni, Romanorum audaciam reprimebant *Ps.*-RISH. 501.

2 one who abuses or violates, violator, trespasser.

1295 ~ores privilegiorum vel jurium (*Lit. Papae*) *Reg. Carl.* I 50.

moleste [CL], annoyingly, bitterly. **b** (~*e ferre*) to take ill, be annoyed (at).

acerve [i. e. acerbe], ~e *GlC* A 103; idropici dolore jecoris vexantur .. i. ~issime *AN Med.* II 239. **b** me et populum Romanum vicisse ~e ferebat ALCUIN *Rhet.* 13; **802** illud etiam commune est omnibus ubique, quod ~e ferant suos dehonorare sanctos *Id. Ep.* 249 p. 403; c**1081** rogo ne ~e feras quod ad me venit LANFR. *Ep.* 56 (54); **1170** ~e tulit dominus meus archiepiscopus quod vos .. Cantuariensi archidiacono .. communicare presumpsistis J. SAL. *Ep.* 295 (297).

molestia [CL], discomfort, trouble, annoyance; **b** (w. ref. to illness or physical affliction).

796 ut nil ~iae legalis inponeretur cervicibus eorum ALCUIN *Ep.* 111 p. 160; scrupolositas .. anxietas vel animi ~ia *Gl. Leid.* 2. 153; nam nullam ~iam procellose tempestatis sentiens WULF. *Æthelwold* 5. **b** infirmitatis ~ia FELIX *Guthl.* 50 p. 152; Ecgberect decussa ~ia egritudinis convaluit BEDE *HE* III 27 p. 193; convaluit tamen de hac ~ia beato auxiliante ÆLF. *Æthelwold* 11; †**725** (12c) nisi importunitate temporis aut ~ia corporis detentus fuerit *CS* 142; nam ignorantiam cecitas sequitur, difficultatis vero mentis angustia cum ~ia corporis comitari solet OSB. BAWDSEY clxxiii.

molestis v. molestus.

molestosus [ML], troublesome, annoying.

est amor .. / .. / cura molestosa, gravis ars, virtus viciosa GOWER *Carm.* 359. 5.

molestra v. mollestra.

molestus [CL], ~**is** [ML]

1 troubling, annoying, distressing.

quem finem hujus ~ae egritudinis esse putas? FELIX *Guthl.* 50 p. 152; nolumus ~i esse vobis, quin potius benigno vos hospitio recipere BEDE *HE* I 25 p. 46; tantos post strepitus, quem non quivere molesta / exsuperare fuga, nituntur fallere tegna FRITH. 1063; **10** .. ~us, *unÿþe WW*; qui se praeparat ut taliter vivat, nulli penitus ~us erit, nulli displicebit ALEX. CANT. *Dicta* 16 p. 174.

2 troubled, annoyed, distressed.

cum .. illa rideret, regem arrisisse perhibet, et ea ~a, regem esse molestatum *Eul. Hist.* I 56.

3 forceful, powerful, that contains or releases great energy.

vis autem in rerum natura nulla ~ior est quam aplanetici corporis conversio ADEL. *QN* 74.

4 (as sb. n.) discomfort, trouble, annoyance.

1300 nullus .. alteri insidias parare presumat, aut verba proferat inordinata seu ~ia inferat quoquomodo

---

Vis. Ely 22; homines tibi ~ia, gravamina, nocumenta, dispendia .. inferentes *Eul. Hist.* II 100.

moleta v. mollestra.   **moletare** v. 1 molitare.

moletrina [CL], ~**um**, mill.

nunc manum admovit novo columbari ad monasterii ~um FERR. *Kinloss* 41; *a wherne*, molatrina LEVINS *Manip.* 81; rectius molam sive ~am dicimus. pro eo loco ubi frumentum ad usum humanum teritur *Jus Feudale* 185.

molettare, to decorate with mullets or stars.

1317 lego .. unam capam chori de indeo ~atam argento *PIRCP* 285 (*Deeds enr.*) r. 1.

1 molettum, ~**us** [ME *molette*, OF *molete*, AN *molet*], (her.) mullet, star (*v. et. macula* 8c).

1392 lego .. unum lectum integrum de glauca sandal, *poudred* cum mollett', cum omni apparatu suo *Test. Ebor.* I 179; in medio cujuslibet aperture dicte fretta, habentur de rubeo serico ~i AMUND. II 355; **1422** unam acquietanciam cum una carta duobus sigillis sigillat' et signat' cum signato unius molett' (*Lib. Mem. Camerarii*) *Anc. Kal. Exch.* II 109.

2 molettum v. motlettum.

molimen [CL]

1 effort, labour, undertaking (also fig.); **b** (in negative sense, w. ref. to scheming).

oracula quibus veluti pulchro tegmine opusculi nostri ~en .. fidissime contegatur GILDAS *EB* 37; hoc templum Bugge pulchro molimine structum ALDH. *CE* 3. 1; ritu dactilico recte decursa nec error / seduxit vana specie molimina mentis *Id. Aen. prol.* 28; solve meae precibus molimina tarda loquelae FRITH. 143; nequitiarum utpote spiritalium ob eliminanda ~ina cuncta B. *Ep.* 385; pedetemptim .. venimus ad vigessimum numerum qui conficitur miro ~ine ex perfectione denarii BYRHT. *Man.* 230; **10** .. ~en, *searo WW*. **b** multa et inquieta .. ejus ~ina fuere, pro sua et contra domini sui magnitudinem W. POIT. I 23; in provintiam juris sui abiit, ingentia contra dominum suum ~ina conaturus W. MALM. *GR* IV 319; diabolus diaboli ~ina prodidit R. COLD. *Cuthb.* 18; parce Dei servis, Anselme, resiste protervis / quorum molimen parat in letalia limen *V. Anselmi Epit.* 175.

2 ruse, trick, artifice.

simplex ille nove querit molimina fraudi NIG. *Paul.* f. 49v. 564; mulier quocumque ~ine aut in se ipsa aut cum altera fornicans duos annos peniteat ROB. FLAMB. *Pen.* 272.

1 molimentum [CL], effort, design, scheme.

hoc molimen .. unde hoc ~um OSB. GLOUC. *Deriv.* 339; omnia diabolica ~a contrivit R. COLD. *Godr.* 81.

2 molimentum v. molumentum.

molina, ~**us**, ~**um** [LL], mill; **b** (dist. as *aestivus* or *hiemalis*); **c** (dist. as tanning-mill); **d** (as place-name); **e** (passing into surname).

838 (c1000) unam ~am in torrente qui dicitur Holanbeorges burna *Ch. Roff.* 19; **858** ~a ad illam eandem terram pertinentia *CS* 496;; **943** unam ~um [v. l. ~am] juxta dirivativis cursibus aquarum Lamburnam *CS* 789; adjuncto ~o quem infra civitatem habebat (*Oxon*) *DB* I 154ra; **1212** j mulinum in Holtam *Fees* I 164. **b** ibi ~um hiemale non aestivum (*Salop*) *DB* I 255va; et ~um ibi hiemale (*Chesh*) *Ib.* 263vb. **c** **1198** pro ~o *tanerez* reparando *RScacNorm* II 293. **d** c1180 ecclesiam S. Martini de Brescio ex integro, ecclesiam etiam de ~is ex integro *Act. Hen. II* II 181. **e** c1157 cum honore Ursi militis de ~is *Act. Hen. II* I 124.

molinagium [ML], multure.

c**1183** sint .. liberi .. ab omni .. ~io, fornagio, vinagio *Act. Hen. II* II 355.

molinaris [LL *as adj.*], (as sb. n.) mill-site.

vendidit priori de Cajaco unum ~e in quo nunc est molendinum *Reg. Gasc. A* I 283.

molinarius [LL], miller; **b** (as surname).

molendinarius vel ~ius, *mylenwyrd* ÆLF. *Gl.* 141; in dominio .. j molin' cum ~io (*Suss*) *DB* I 22va. **b** c**1185** masuram Bartholomei ~ii *Act. Hen. II* II 384; curtillos quos tenet Durandus ~ius *Ib.*

---

molinellum [ML]

1 pepper-mill.

fritillum .. i. ~um, eo quod grana frangat OSB. GLOUC. *Deriv.* 223; fritillum, ~um *Ib.* 243.

2 bit of bridle.

hoc lupatum, -ti, i. genus asperorum frenorum vel ut aliis placet ~um ipsius freni OSB. GLOUC. *Deriv.* 316.

molinetus, gun-mounting or fitting that rotates like a millstone.

1435 una magna colubrina, portans unam libram plumbi .. supra quemdam molmetum [? l. molinetum] nemoreum *Collect. W. Worc.* 567.

molio v. 1 mullo.   **molipda** v. molybda.   **molipddides, molipdides** v. molybdoides.   **molipdina** v. molybdaena.   **molipidie** v. molybditis.   **molipnia** v. molybdaena.   **molipodium** v. molybdium.

moliri [CL]

1 to (labour to) contrive, to design, engineer, make; **b** (as true passive); **c** (fig.).

altera Gorgoneis molitur damna venenis ALDH. *VirgV* 1105; Scotti .. nil contra gentem Anglorum insidiarum ~iuntur BEDE *HE* V 23 p. 351; id nimirum fabricatores mendacii ~iuntur ut quod de habita sibi Mildretha confinxerunt, pro vero credatur GOSC. *Lib. Mild.* 1; quid igitur ~ita est tanta moles argumentorum si tam facile demolitur nihilum molimina eorum? ANSELM (*Mon.* 19) I 34; multos milites habuit .. quibus fretus novos sibi exercitus ipse ~iri .. posset W. MALM. *GR* IV 374 p. 434; foris infiniti, intus multi nostrum ~iuntur exterminium GIR. *EH* I 15. **b** ante vitium in ordine cupiditatis ~itum *Id. Spec.* III 11 p. 181. **c** cacus .. fumum et nebulam, que visui nocent, emittit, quia malitia occultas semper deceptiones ~itur ALB. LOND. *DG* 13. 1.

2 to strive, make efforts (to).

cum .. persecutorum rabies .. catholice fidei propugnaculum .. funditus evertere ~iretur [*gl.*: machinaretur, *heo serewede* vel *hogede*] ALDH. *VirgP* 36 p. 282; **679** raptorum more invadere atque eripere ~iti sunt *CS* 46; cursim frangere magis quam aperire estuantem ediculam ~iuntur GOSC. *Edith* 71; altitudinis sue magnitudine celum scandere manibus ~iti sunt *Natura Deorum* 71; molliebantur vindictam accipere *Offic. R. Rolle* xxxiv (v. fugator 1).

1 molitare, moltare, to grind, mill (frequently).

c**1160** homines sui .. valeant .. moltare ad suos molendinos *Act. Hen. II* I 350; c**1180** concessit nobis quod in eodem molendino bladum nostre dominice curie contra adventum abbatis, et quamdiu ibi moram fecerit, moletare [? *supply* possimus *or sim.*] absque prestatione moliture *Ch. Westm.* 306; **1300** in .. buletacione cccxcvj quarter' .. farrine frumenti multatorum *AcWardr* 110.

2 molitare v. mollitare.   **molitarius** v. mollitarius.

1 molitio [CL]

1 (act of) building, construction.

Brittania .. murorum .. ~onibus .. decorata GILDAS *EB* 3.

2 attempt, design, scheme.

~onibus, dispositionibus *GlC* M 282; ~o, meditatio mali *Gl. Leid.* 35. 128; **1418** ingruente bello forcioribusque adversariorum mollicionibus *Reg. Heref.* 18; **1497** sinistras in dictum monasterium imminentes ~ones .. prohibeant *Reg. Aberbr.* II 309.

2 molitio [LL]

1 (act of) grinding or milling: **a** (of corn); **b** (of ore); **c** (of pigment).

a **1360** allocantur .. pro ~one decem celdrarum bladorum Fratrum Predicatorum *ExchScot* 26; **1400** pro ~one j quarterii frumenti *Test. Ebor.* III 19. **b** frequenter .. ista metalla agglutinantur fortiter lapidibus vel terre, ut non nisi cum vehementissima .. ~one inter molas lapideas durissimas extrahantur *Ps.*-GROS. *Summa* 638. **c** c**1472** pro necessariis ad picturam magni campanilis, viz. .. duobus lapidibus pro ~one colorum *Fabr. York* 77.

2 (act of) sharpening or whetting.

1393 pro mollicione cultellorum domini et cultellorum panetrie *Ac. H. Derby* 236.

1 molītor [CL], one who contrives or engineers, deviser, schemer.

~or . . i. artifex OSB. GLOUC. *Deriv.* 339; ~or, machinator *Ib.* 362.

2 molĭtor [CL], miller.

a milner, molendinarius, mulco [v. l. ~or] *CathA.*

molitorium, sort of small mill, quern.

1472 pro uni ~io empt' pro coquina, xvj d. *Ac. Durh.* 93.

molitura, moltura [ML]

1 (act of) grinding or milling.

a**1240** dum tamen ad molendina mea de Leycestria invenire possunt multuram sine impedimento et dilacione *BBC (Leicester)* 124; s**1253** tanta fuit siccitas . . et aquarum penuria, ut qui ~itura indigebant, usque ad unam fere dietam annonam molendam detulerunt M. PAR. *Maj.* V 395; intra sub muris due molendine volvuntur impetu introeuntis aque servientes pro multura in alimentum urbanorum et plebium *G. Hen. V* 4 p. 28.

2 (assoc. w. *mulctura*; right to exact) multure. **b** (*molitura sicca*) dry multure, multure paid in cash.

c**1075** monachus . . nunquam molturam de annona sua dabit. quod si ipse vult molere ad suum molendinum, faciat si non placet, ad meum molat, molturamque suam habeat (*Ch.*) ORD. VIT. V 15 p. 425; ibi . . ij molini; unus reddit vj sol. et alter ~ituram de dominio (*Cambs*) *DB* I 195va; c**1100** dedi . . unum molendinum; et multuram de Harewad *Cart. Blyth* 333; decimam de moldra [MS: mold'.] in denariis et pisce *Cart. Carisb.* f. 28; c**1157** locum ad faciendum unum molendinum et ~turam de hominibus suis in illa parrochia manentibus *Act. Hen. II* I 127; c**1159** terram . . et ~ituram ejusdem terre *Ib.* 327; **1167** vicecomes r. c. de xx s. de j carrucata terre quam A. presbyter tenet cum multura Chirlund *Pipe* 74; a**1190** sine motura (v. molendinare b); c**1210** quietanciam mouture in molendinis meis *Ch. Chester* 282; c**1230** ad sequendum . . molendinum nostrum . . cum omnibus malturis suis *Reg. Heref.* II 165; **1256** bene defendit quod idem Ricardus nullam liberam milturam habere debet in predicto molendino *AssizeR Northumb* 41; c**1285** molendinum de Bolle . . reddit per annum . . xxvj denarios pro mutura *Cust. Battle* 127; **1429** dicit . . quod ipse mallet pedem dicte domine de Walsyngham fore extra mucturam quam pedem dicte domine le S. pati minimam lesuram *Heresy Tri. Norw.* 90; **1583** piscarias piscaciones sect' soc' mulctur' et consuetudines . . ac omnia alia proficua . . dictis molendinis spectantia *Pat* 1234 m. 26. **b** a**1230** (1331) concessimus eisdem quod decetero de eis siccam ~turam non capiemus nec capere faciemus (*Ch.*) *EHR* XV 519 (=*BBC (Haverfordwest)* 123).

3 (*molitura pomorum*) toll exacted for the pressing of apples.

1294 multura pomorum (*Birdbrook*) *MinAc Essex.*

4 (gen.) due.

1446 concessimus . . quandam multuram nobis per mortem Willelmi nuper episcopi Menevensis . . viz. unum equum, unam sellam, unum birretum, unum collobium, . . et unam mutam canum *Pat* 463 m. 15.

molla v. 1 mola. **mollectum** v. motletum.

mollegladius, (as nickname) 'soft-sword'.

Johannem ~ium . . detractores . . vocabant GERV. CANT. *GR* 93.

mollescere [CL]

1 to become soft or supple; **b** (fig.).

flammarum neu torre cremor, sed sanguine capri / virtus indomiti mollescit dura rigoris ALDH. *Aen.* 9 (*Adamas*) 3; lentiscere, ~liscere *Gl. Leid.* 34. 18; cavendum est . . ut sacrificium quod pro infirmis tenetur ne tam diu teneatur ut putrescat aut ~lescat aut nigrescat ÆLF. *Ep.* 2a. 12; ignis ut a facie ~escens cera liquescit *Trop. Wint.* 40; cur ovum in aceto ~lescit? *Quaest. Salern.* C 3; crebrisque percussionibus non tam ~lescit quam cotidie stringitur malleatoris incus J. FORD *Serm.* 41. 1. **b** si cor meum . . deberet . . ~lescere oleo vestrae dulcis allocutionis ANSELM

(*Ep.* 85) III 210; donec ista duritia presbyterorum . . ~lescat *Id.* (*Id.* 254) IV 166; cepit illico rigor discipline scholastice ~lescere, fervorque studii literalis tepescere KETEL *J. Bev.* 282.

2 (of person) to become soft in character or action, to grow less energetic.

talibus ut pompis miles mollesceret audax ALDH. *VirgV* 1152; **796** non ~lescat animus tuus in adolatione principum, nec torpescat in correctione subjectorum ALCUIN *Ep.* 116; plures in tabernaculis morabantur, in domibus ne ~lescerent requiescere dedignabantur ORD. VIT. IV 4 p. 184; si vere fortis es, cave ne in hac interrogatione ~lescas J. FORD *Serm.* 15. 6.

3 (in gl. as trans.).

malaxare, ~lescere OSB. GLOUC. *Deriv.* 366.

mollestra [CL], sheepskin.

hec ~a, -e, i. pellis ovina eo quod mollis est OSB. GLOUC. *Deriv.* 340; *schepyspilote*, molestra *PP*; **1597** duo mill' moletarum Anglice vocatarum *peltes* KR *Mem* 412 r. 180.

molletum v. motletum.

mollex [cf. CL molliculus], soft, that tends to effeminacy.

illos autem milvus significat quos ~ices voluptates temptant *Best. Ashmole* f. 58.

molliceps, shrike, usu. the grey shrike (*Lanius excubitor*).

μαλακοκρανεύς, ~eps, A. *a shrike, a nyn murder* TURNER *Av.* F 5; ~ipitem esse arbitror aviculam quam Germani *muinmurder* non sine causa nominant. *Ib.*

mollicors, soft-hearted (fig.).

1166 Belgica secunda . . in antiquis historiis provincia Duricordium appellatur; licet, habita contemplatione quorundam, possit et ~dium appellari J. SAL. *Ep.* 168 (167 p. 100).

molliculus [CL], somewhat soft; **b** (as sb.) tender little one.

~us . . i. aliquantulum mollis OSB. GLOUC. *Deriv.* 340. **b** lustrum invenio sive cubiculum, / tandem inspiciens unum molliculum / et intus celicum latentem hinnulum WALT. WIMB. *Carm.* 11.

mollificabilis, that can be made soft or pliable, mollifiable.

nec est idcirco [ferrum] liquabile sed ~e *Ps.*-GROS. *Summa* 641.

mollificare [LL]

1 to make soft or supple, soften; **b** (fig.).

sic potest . . eorum substantia . . ~ari quod fere liquida efficietur *Quaest. Salern.* N 7; quando autem [per] cessionem matricis ovum emittitur, quidam tepidus calor mollificativus in eo generatur, quo ~ante aperitur ovum, et etiam sperma vivificatur, et fit generatio *Ib.* P 48; adde quod ignis dura ~at et liquefacit, mollia indurat et consolidat NECKAM *SS* II 21. 3; caro . . ~ata GILB. II 78v. 1; ut ex humiditate ~et et infundat matricem *Ps.*-RIC. *Anat.* 40 p. 24; potacio aque calefacte . . ~at et debilitat stomachum BACON V 91; virium debilitas accidit ex humiditate innaturali et precipue fleumatica ~ante nervos *Id.* IX 25. **b** suscita in me fletum poenitentiae et ~a cor meum durum et lapideum *Cerne* 105 (cf. ALCUIN *Liturg.* 553B, *Nunnam.* 60); Spiritus . . Sanctus dicitur aqua . . quia ~at cor NECKAM *SS* II 21. 2; s**1432** probare studuit per media mollia et supplicia ~are cor presulis AMUND. I 305.

2 to soften (a person), make less rigorous or sim.

durior est ferro quem nullus mollificabit / vincit feminea set caro mollis eum GOWER *VC* III 1541.

mollificatio [ML], (act of) softening, mollification; **b** (fig.).

ex pauca humiditate non potest fieri ~o et liquefactio *Quaest. Salern.* B 163; sicut expertus fui de quodam socio qui per duos dies post semper habuit ereccionem virge . . et ista [assa fetida] valet in paralesi et ~one virge GAD. 77v. 1; falcones igitur gemini ~oni aeris instinctu legis nature indulgentes, in regione qua nidificaverunt dominium inter aves ceteras vindicasse

visi sunt UPTON *app.* 66 (=NECKAM *NR* I 27: nidificationi aerie). **b** s**1432** primum remedium abbatis in ~onem animi presularis AMUND. I 305 *tit.*

mollificativus [LL], that causes mollification or softening, mollificative; **b** (w. obj. gen.). **c** (as sb. n.) mollificative medicine or sim.

calor ~us *Quaest. Salern.* P 48 (v. mollificare 1a); cum . . clisteri ~o et mordificativo GILB. II 102v. 1; illud est clistere commune ~um GAD. 6v. 1. **b** item [salsa] dure carnis sunt ~a BART. ANGL. XIX 44 p. 1175. **c** purgari cum aliquibus subtilibus ~is BACON V 86n; malagma est ~um saniem prohibens *SB* 29.

mollio v. 1 mullo.

mollire [CL], ~iri

1 to make soft, soften (also dep.). **b** (w. ref. to medical treatment) to soothe, relax, make less painful; **c** (fig.); **d** (w. ref. to *Psalm.* liv 22).

8 . . que ~it, sio huescaþ WW; qui ~it, facit ~itum esse et durum non esse ANSELM *Misc.* 335; alii carnes jumentorum, alii coria aquis ~ita . . per abrasas fauces utero demittebant W. MALM. *GR* IV 362; siccitate agente consumitur dens et ~itur quasi pulvis *Quaest. Salern.* B 162; tuncque pruinosos mollitur Lucifer agros GOWER *VC* I 41. **b** tumorem illum infestum . . conprimere ac ~ire curabat BEDE *HE* IV 30 p. 280; malva . . ca[co]stomachum est, ventrem . . ~it *Alph.* 110. **c** insiste . . duritiam cordis ipsius . . divinorum praeceptorum insinuatione ~ire (*Lit. Papae*) BEDE *HE* II 11 p. 105; ethnica sed nullis molliri corda lagonis / cedebant, virusque tegunt sub mente nocivum FRITH. 1077; **1100** donec . . cor regium tuae predicationis imbribus ~iatur (*Lit. Papae*) W. MALM. *GR* V 416; duriora saxis corda filiorum hominum unde ~iri debuerant *V. Edm. Rich* P 1811B. **d** in facie . . mollito super oleum effluens sermone GIR. *TH* III 52 p. 200.

2 to make weak, enfeeble; **b** (as dep.).

in qua fundavit caelestis gratia mentem / saecula quam penitus numquam mollire valebant ALDH. *VirgV* 1982. **b** **1381** illos reprobat qui . . antiquorum patrum sentencias in materia fidei cum non possint corrigere ~iuntur *Ziz.* 134.

3 to make less hostile, placate, appease.

fertur . . unius ad eum voce viduae misericorditer ~itus, substetisse totius imperator orbis *V. Greg.* p. 105; regem eorum vinctum abduxit, sed non multo post, humana miseratione ~itus, solvendum curavit W. MALM. *GR* I 95; dudum mollierant multos miracula, terror / regum, quos fervens duxit in arma fides GARL. *Tri. Eccl.* 74.

4 to make more tolerable, soften, temper (in quot., as dep.).

Pl: . . maledico . . deis . . et ipsis quoque virtutibus, hanc que meam indigentiam male ~iuntur. Tar: spera. ~ientur LIV. *Op.* 42.

5 to moisten (by assoc. w. OF *moillier* < molliare).

1291 ~ivit . . pollicem suum (v. frotare).

mollis [CL]

1 soft, tender: **a** (of body or part of body); **b** (of natural object); **c** (of artefact); **d** (of pulse); **e** (fig.).

~ia puellarum labra ALDH. *VirgP* 35 p. 278; hec murena, -ne, pro pisce crasso et ~ia quolibet nullum os habet OSB. GLOUC. *Deriv.* 341; si pisces molles sunt, magno corpore tolles / si fuerint duri, parvi sunt plus valituri *Dieta* 56. **b** lectus, ab electis et ~ibus herbis *GlC* L 137; cementa, petre ~iores *Gl. Leid.* 12. 15; terra . . mollis et aquosa GIR. *TH* I 4; **1222** debet . . metere iiij acras, ij de siligine et ij de ordeo et avena, et j carrum . . ad portandum durum blad' et aliud ad portandum ~e blad' *Dom. S. Paul.* 42. **c** **801** mitte mihi tempore oportuno pelliciam longam, qualem mihi misisti, nisi forte alba potest esse, que ~iorem lanam habere videtur ALCUIN *Ep.* 235; monachi . . nive candidiores omnique suavitate ~iores vestes induti ANSELM *Misc.* 359. **d** quarto attenditur secundum consistentiam organi, et tunc dicitur durus et mollis et medius . . ~is est quando digiti cum magna suavitate sentiunt, ita ut videatur ab eis penetrari, et hoc provenit ex humiditate BART. ANGL. III 23. **e** ejus fervidum pectus singularis in se doctrinae divinae sic ~e fecit affluentia, ut . .

V. Greg. p. 99; cor meum ad deploranda perpetrata peccata lapideum est et aridum, ad resistendum vero instantibus ~e et luteum ANSELM (*Or.* 15) III 62.

2 (of slope) gentle.

ipsius urbis situs . . ita sit ~i clivo dispositus ut pluvia ibi decidens nequaquam lutum fatiat W. MALM. *GR* IV 367.

3 (of food) mild, easily digestible; **b** (fig.).

jusserat . . cibos ~iores, quibus infantilis etas delectari, illis quotidie preparari TURGOT *Marg.* 10. **b** non eis juxta apostolicam disciplinam primo lac doctrinae ~ioris porrexisti BEDE *HE* III 5 p. 137.

4 blunt, not sharpened.

sapiens faber aliquociens cultellum fabricat nimis ~em [ME: *wac*] *AncrR* 12.

5 (of mus. note) lowered by a semitone.

a B ~i incipiunt GIR. *TH* III 144 (v. B 2b); in E ~e *Men. & Disc.* (*Anon.* IV) 71; sic ulterius distinguunt omnes voces monochordi secundum has litteras, sc. ♯ quadratam et b rotundam seu ~em, terciam differenciam adicientes, sc. neutram earum. . . qui habet b ~em habuerit dicatur b ~is ODINGTON *Mus.* 97.

6 (of voice) soft.

alia [vox] vinnola, que est ~is et flexibilis ODINGTON *Mus.* 71.

7 agreeable, blandishing, favourable.

sed posterioribus diebus ~iores ex parte regis virum convenere littere W. MALM. *GP* I 56; dicitur . . sermo durus aut ~is, verbum asperum aut lene J. SAL. *Met.* 845B; imperatrix legatum nihil ~e ad suas partes cogitare intelligens, Wintonie venit R. NIGER *Chr.* II 185; ~es sermones habent isti palpones qui regum frequentant limina WALT. WIMB. *Elem.* 318.

8 graceful, elegant.

milvus ~is et viribus et volatu *Best. Ashmole* f. 58.

9 comfortable, free from hardship.

expulserat . . clericos de Wintonia, qui cum, data sibi optione ut aut regulariter viverent aut loco cederent, magis vitam ~em elegissent . . incertis vagabantur locis W. MALM. *GR* II 149.

10 weak, soft in character.

infractuosus et ~is episcopus P. BLOIS *Ep.* 23. 84B.

11 effeminate in appearance or behaviour; **b** (as sb. m.) effeminate man.

cum scortatores et molles sorde cenidos / qui Sodomae facinus patrabant more nefando / . . cognovit ALDH. *VirgV* 2518. **b** Sidomitae vij annos peniteat [v. l. peniteant] ~es sicut adultera THEOD. *Pen.* I 2. 6; chimedae [l. cinaedi] sunt quos apostolus [*I Cor.* vi 10] ~es vocavit *GlC* C 372; inter hec impune procedebat petulans illecebra ~es flammisque cremandos turpiter fedabat Venus Sodomestica ORD. VIT. VIII 4 p. 290; **1187** hodie in episcopi dignitatem adolescentuli promoventur, et ~es P. BLOIS *Ep.* 23. 84B.

12 (as sb. n.) soft, *i. e.* easily dug, land; **b** (? as place-name).

taxus . . animal . . immundum . . ~ia frequentans et montana GIR. *TH* I 25; **c1200** sciatis me dedisse . . tam durum quam ~e (v. durus 1d). **b c1180** usque ad proximam costeriam versus ~e (v. costera 3b).

13 soft bundle of fixed quantity.

a1155 si vero zonas, non minus vendat simul quam j ~e *GAS* 675.

14 (n. pl.) soft or supple things.

ignis dura mollificat . . ~ia indurat NECKAM *SS* II 21. 3.

15 (as sb. m. or n.): **a** agreeable or pleasant thing. **b** (iron., as name of weapon).

a spirat . . hic spiritus contra duos nequam spiritus hinc et inde spirantes, unum qui a dextris ~ia suggerit, alterum qui a sinistris dura intorquet J. FORD *Serm.* 104. 11; modo soli diliguntur / et honores consequuntur / qui loquntur mollia WALT. WIMB. *Van.* 119. **b** undecim instrumenta dicta ~es, A. *whelys* ad projiciendum *plomers* colubrinarum *Collect. W. Worc.* 567–8.

---

mollitare [ML], to make soft, soften (freq.); **b** (hide).

~o -as verbum frequentativum, i. mollire OSB. GLOUC. *Deriv.* 340. **b 1444** omnibus corio caprino et hedulino simile molitantes, parantes, et operantes (v. eruere 4b).

mollitarius, one who softens (hide).

1444 certi coriorum molitarii et operarii (v. eruere 4b).

molliter [CL]

1 softly, tenderly, with sensation of physical softness or comfort (in quots., fig.).

ubi fideles animae ~iter quiescerent BEDE *Cant.* 1126; etenim hec ipsa exterior afflictio, illa interiori cordis roratur et aspergitur gratia, ut sit ~iter aspera suaviter amara, pinguis et arida G. HOYLAND *Ascet.* 275A.

2 smoothly, with gentle movement or action.

amicitie sic sunt deponende tamquam vasa infirma, que paulatim et ~iter deponuntur W. DONC. *Aph. Phil.* 12. 4; hic mulus . . eo quod ~iter ambulat OSB. GLOUC. *Deriv.* 340.

3 gently, tenderly, with mild affection.

non digno Deo zelo severe in filios contemnentes Deum ultus fuerat, sed ~iter et clementer, utpote paterno affectu, admonuerat GILDAS *EB* 76; nunc eos spe beata sollicitat ~iter, palpat feliciter W. MALM. *GP* I 19 p. 31.

4 erotically, effeminately.

prurire, ~iter effluere, quod etiam pro fastidire dicitur OSB. GLOUC. *Deriv.* 480.

mollitia, ~ies [CL]

1 softness, tenderness; **b** (fig.).

virorum quippe nomine solent in scripturis perfectiores quique figurari quos feminea ~ies nulla corrumpit BEDE *Hom.* II 2. 113; in cypresso ~ies fuit et teneritudo per quam compassio designatur J. ST. GILES *Serm.* 369; **1182** quadam ~ie muliebri degenerans P. BLOIS *Ep.* 2. 4A; quod . . circa exteriora [fructus] aquosius est et suam omnino non perdit ~iem *Quaest. Salern.* B 63; inde dicitur apalofarchos [i. e. ἁπαλόσαρκος], i. caro mollis, farchos [i. e. σάρξ] enim est caro . . et ab hac mollice quelibet sorbilia dicuntur appala vel appola *Alph.* 13. **b** miseris itaque per misericordie ~iem conformari mulierem de latere formari est J. FORD *Serm.* 98. 3; cum animi ~ie carnis illecebras a se penitus amputavit *V. Edm. Rich P* 1775B; **s1455** ex ~ie spiritus abhorrentes visum sanguinis *Reg. Whet.* I 169.

2 (of sound) softness.

insunt . . sono due differencie ab eo quod pars mota plures movet . . ita . . quod redeant partes natura propria cum virtute ad proprium situm et non cedant circa percuciens per naturam sue ~ei *Ps.-Gros. Gram.* 26; molles sermones habent isti palpones qui regum frequentant [MS: frequenter] limina, et ~ie verborum adquirunt molliciem vestimentorum WALT. WIMB. *Elem.* 318.

3 smoothness.

ad ~iem ambulatorii gressus non poterit erudiri P. BLOIS *Ep.* 74. 228B.

4 lenience, mildness.

soli Northamhumbri magnum et gentile tumentes interim parere distulere; aquilonalem cervicositatem australi ut dictitabant ~iei, subjugare non dignati W. MALM. *Wulfst.* I 16.

5 peacefulness, stillness, quiet (of a place).

cum in mediis fluctibus esset, sive demonis fraude seu loci ~ie, animal cui insederat quasi in palude impedici ac dimergi cepit . . ALEX. CANT. *Mir.* 40 p. 237.

6 effeminacy, weakness of mind or action.

illa jam per feminam effeminata ~ies Ade J. FORD *Serm.* 31. 3.

7 sexual act in which a man behaves effeminately.

si quis peccaverit in ~ie, quocumque modo per delectationem semen emittendo, triginta dies in pane

---

et aqua peniteat; hoc dico de laicis pueris, quia alii gravius sunt puniendi ROB. FLAMB. *Pen.* 294.

8 luxury, leisure (also contr. w. *militia*).

ubi . . nec labor frangeret nec ~ies enervaret W. MALM. *GP* I 46; **c1167** quis enim suspicetur te alicujus ambitionis stimulo incitatum ut . . concupisceres ~ias voluptatum . .? J. SAL. *Ep.* 170 (206); earum [chordarum] modulatione ~iis . . magis applicari quam militiis, deliciis quam duritiis GIR. *TH* III 12 p. 156; de negligencia hujus vicii tria sunt promovencia . . tercium est nimia ~iei dilectio *Spec. Laic.* 56; perficitur quidem luxurie species contra naturam que ~ies ab apostolo nuncupatur *Spec. Incl.* 1. 4 p. 79; **s1455** plus ~iem sectantes quam miliciam *Reg. Whet.* I 168.

1 mollitio v. 1 molitio.

2 mollitio v. 2 molitio.

3 mollitio

1 (act of) softening or sim.

mollio . . et hec ~o OSB. GLOUC. *Deriv.* 340; urine emissio . . aliquando . . accidit ex ~one nervorum et relaxatione lacertorum in collo vesice BART. ANGL. VII 54.

2 softness (of metal), malleability (infl. by *mollitia*).

ad argentum autem, propter mollitionem [v. l. molliciem] argenti componitur mollior ADEL. *MC* 221 p. 230.

mollitivus [ML], that softens or relaxes, emollient.

contra constipationem ventris utatur clisteri ~o GILB. I 24. 1; ~um . . clistere sic facietis *AN Med.* II 50; post stuphas herbarum ~arum GAD. 49. 2.

mollond' v. malalanda.

mollusca [CL], kind of nut.

hec nux quam castaneam nominavit. dicitur etiam et ~a eo quod mollis est OSB. GLOUC. *Deriv.* 279.

molmannus, molmennus v. malamannus. **molmetus** v. molinetus. **moloceagria, molochia** v. malache. **molocenarius** v. molocinarius.

molocinarius [CL = *maker or seller of mallow garments*], (understood as) one who trains or cares for dogs.

molocenarii [gl.: qui canes pascunt quia molossus canis dicitur] OSB. GLOUC. *Deriv.* 176.

moloncolia v. melancholia. **molongenia** v. melongena.

Molossicus [CL = *Molossian*], rapacious, biting, fierce.

molosus . . i. canis magnus et quasi ad demoliendum paratus, et inde molosicus . . i. mordax vel rapax OSB. GLOUC. *Deriv.* 339.

Molossus [CL]

1 Molossian, inhabitant of Molossia.

cum autem elevacio longam et deposicio duas longas habet, dicitur molossus, sic: - - -, a saltacione ~orum, qui armati fuerunt ODINGTON *Mus.* 90 (v. et. 3b infra).

2 Molossian dog, mastiff, bloodhound; **b** (as nickname).

quantum . . maeroris . . ministravit ad horribilem, more ~i aegri, vomitum nefanda reversio GILDAS *EB* 34; quamvis venator frustra latrante moloso / garriat arcister contorquens spicula ferri ALDH. *Aen.* 60 (*Monocerus*) 2; molossus, *rophund GlC* M 285; et duo et duo pascant unum ~um [AS: *headorhund*] (*Quad.*) *GAS* 447; **1212** per servicium j moleschi *Fees* I 147; molossus quidam qui sanguinolenta ferarum vestigia solebat insequi FORDUN *Chr.* II 37. **b** Bucardus molosus, quod est Gallice *ueautur* MAP *NC* V 5 f. 64.

3 molossus, metrical foot that consists of three long syllables; **b** (mus.).

jambus, trocheus, molosus, tribrachus ALDH. *PR* 112 p. 151; ~us tribus longis temporum sex, ut 'Aeneas' BEDE *AM* 108; item dupla partimur hos: trocheum -|˘, iambum ˘|-, molosum -|--BONIF. *Met.* 109. **b** ODINGTON *Mus.* 90 (v. 1 supra).

1 Molosus v. Molossus.

2 molosus [cf. CL moles], massive, huge.

pre ~i ponderis gravitate ulterius non poterant feretrum . . de loco amovere *Plusc.* VII 15.

1 molta [ML]

1 (right of) grinding or milling.

1421 una cum libera ~a in molendinis nostris dicte ville *Foed.* I 89.

2 (right to exact) multure; **b** (~*a sicca*) dry multure, multure paid in cash.

p**1087** Willelmus rex . . abstulit . . nobis . . omnem ~am de Abricatensi pago *CartINorm* p. 231; c**1091** sciatis me concessisse . . domum de Hertford cum molendinis et cum ~a eorum *Regesta* I 133; c**1130** molendina ejusdem ville cum soca et ~a *CalCh* V 414; c**1155** (1267) sciatis me dedisse et concessisse sancto Petro et monachis Salopesberie totam ~am ejusdem civitatis *Ib.* II 81; **1157** faciatis habere Philippo . . ~as suas in civitate Bajocis *Act. Hen.* II I 140; c**1158** cum molendino et ~a ejusdem ville et aliis pertinentiis suis *Ib.* 185; **1162** sciant me dedisse . . omnem decimam ~e molendini *Dryburgh* 106. **b** si aliquis . . vellet de hominibus suis moutam habere . . cognosceretur utrum homines illi unquam ad molendina irent molendinare vel siccam moutam dederint domino suo *Cust. Norm.* 60. 4.

2 †molta *f. l.*

1331 xix acre terre arrabilis . . que . . modo jacent vastate et molte [MS: mlt'; l. inculte] propter guerras pro defectu tenencium *RB Kildare* 123.

moltare v. 1 molitare.   **moltura** v. molitura.

molucrum [CL]

1 mill-spindle.

~um, i. illud quo mola vertitur quod etiam pro tumore ventris dicitur OSB. GLOUC. *Deriv.* 339; ~um, *the mylle spyndelle WW; a querne staffe*, ~um *CathA.*

2 tumour of the stomach.

OSB. GLOUC. *Deriv.* 339 (v. 1 supra).

molula [CL mola+-ula], little millstone; (her., ~*a calcarium*) rowel, mullet.

Thomas autem Cobhamus de Chafferd . . cantherium aureum cum echina calcarium ~a perforata et lilio superne et cruce cruciata argenteis in ima cuspide ferebat UPTON *app.* 2

molumentum [ML; aphaeretic form of CL emolumentum], emolument, profit.

cum omnibus proficuis et ~is ejusdem prepositure *RGasc* IV 609; **1315** dampnificatus fuit in ~o jurisdictionis ballivarum predictarum, et expensis fecit pro predictis *Foed.* III 508; *a tolle*, emollimentum, molimentum, talliagium *CathA*; *wynninge*, emolimentum, lucrum, questus; questuosus; lucellum diminutivum, molimentum *Ib.*

molura, (act of) fulling.

1342 Johanni R. pro ~a et tonsura ij pann' et dim. scarletti (*AcWardr*) *KR Ac* 389/14 m. 8; **1345** pro retonsione et ~a v pannorum (*KR Ac*) *Arch.* XXXI 7; **1361** pro . . mollura (v. consutura a); **1397** Johanni Trenaunt *sherman* . . pro molur' et tonsura cclxx pannorum . . cum forpicibus *LTR AcWardr* 5 r. 7d.

†molusio, *f.l.*

1455 pro †molusione [l. inclusione] clausure voc' Furnaceclose *Ac. Durh.* 150.

molybda [cf. μόλυβδος], lead (understood as dregs of gold or silver).

molipda est fex auri vel argenti, est autem utilior que colorem spume argenti habuerit, lucida et rufa est, certa virtus est ei ut spume argenti, aut scorie plumbi lotura *Alph.* 120.

molybdaena [CL < μολύβδαινα]

1 kind of lead ore, native lead sulphide. **b** lead oxide.

molipnia, id est plumbum ustum *Alph.* 120; scoria argenti . . virtutem habet similem molipdine *Ib.* 178. **b** ~a, 1. vel plumbago metallica. 2. nata e plumbo

et aere. 3. e mixtura plumbi et argenti. 4. e mixtura plumbi et auri. 5. plumbeis laminis cocta *LC* 253.

2 silver ore.

oore of silver, molybdena LEVINS *Manip.* 175.

molybditis [CL < μολυβδῖτις], litharge or lead oxide.

spuma argenti, quam thalar argyros appellant, nascitur . . molipidie que combusta liquescit *Alph.* 180.

molybdium [μολύβδιον=*leaden weight*], lead.

molipodium, i. medium plumbum vel plumbeum *Alph.* 120.

molybdoides [μολυβδοειδής], of or like lead, (w. *lapis*) lead ore.

lapis molipddides, similem virtutem habet scorio plumbi et lavatur similiter *Alph.* 91; molipdides, est lapis plumbi, vel plumbeus *LC* 252.

molynsis [μόλυνσις], defilement, pollution.

ex †moliusi [l. molinsi] *Ps.*-GROS. *Summa* 640; molinsis SICCAV. *PN.* 187 (v. indigestio b).

momarsiculus [cf. CL momar < μῶμαρ], foolish or easily irascible person.

~us, -li, i. stultus qui cito movetur ad iram OSB. GLOUC. *Deriv.* 332.

momen [CL], movement.

inveni quoque hoc momen, -nis, pro momento, unde Ennius vestri sine momine venti OSB. GLOUC. *Deriv.* 332.

momentalis [ML], of short duration, temporary, momentary.

ne momentalis sit eis conversio talis *Sat. Poets* II 158.

momentaliter [LL], for a short while, temporarily, momentarily.

divitie et gloria secularis ~iter quidem ornant, postremo vero quos ornaverant nudos relinquunt ALB. LOND. *DG* 4. 5.

momentana [LL], apparatus for weighing.

trutina [*gl.*: quae ~a dicitur; de trutina sive bilance; ~a eo quod ad momentum inclinatur] ALDH. *Aen.* 23 (*Trutina*) tit.

momentanee [ML]

1 quickly, in a moment.

1296 inter mundi varietates . . ~ee fluctuantes *Reg. Cant.* I 147; nec ~ee vel leviter transiit ista pugna WALS. *HA* I 282.

2 for a moment, momentarily.

subito et ~ee mihi visus sum H. BOS. *LM* 1321B.

3 for a short while.

ibi nullus nisi ~ee conversatur, famuli monachorum etiam ipsi . . absunt W. MALM. *GP* IV 186 p. 327; ne dum corporibus ~ee providetur, animabus perpetue noceatur AD. MARSH *Ep.* 246 p. 484.

momentaneus [LL]

1 instantaneous, that occurs in an instant.

quis eorum ob praecepta Dei . . ~eas mortes, ut beatus Jeremias excepit? GILDAS *EB* 72; **671** haec, ut reor, et his similia brevi temporis intercapidine ~eoque ictu apprehendi nequaquam valebunt ALDH. *Ep.* 1 p. 477; ~ea morte vitam interminabilem commutavit *Chr. Rams.* 43; grande malum ~ee mortis W. NEWB. *HA* IV 13 p. 330; compendiosa illum equus Arbiter et ~ea cede huic vite subtraxit M. PAR. *Min.* I 175.

2 momentary, of short duration, transitory; **b** (w. ref. to *II Cor.* iv 17).

cum ~eam caelestis oraculi dulcedinem insitae sibi austeritati praetendunt BEDE *Mark* 168C; a**776** quoniam per ~ea succedentium temporum curricula . . omnia labentis vitae subsistentia festinare videntur ad finem *CS* 219; **1121** non ~eo et novo ritu, sed per quadringentos annos . . illibato more . . patrum (*Lit. Archiepiscopi*) *Conc.* I 402b; ita tunc discessum, Goduino parvipendente regis furorem quasi ~eum W.

MALM. *GR* II 199; poterat hujusmodi suggestio virum ~eum, et sua, non que Jesu Christi, querentem, a via veritatis absterrere W. CANT. *V. Thom.* I 53 p. 59; c**1213** vicecomites, qui quasi ~ei sunt et non perpetui, officiales suos et subvicecomites constituere solent GIR. *Ep.* 7 p. 250. **b** ~ea . . tribulatio eternum glorie pondus operatur in nobis NECKAM *SS* III 81. 5; ~ee tribulacionis paciencia eterne glorie coronam sibi operabatur in celis *V. Edm. Rich B* 617.

3 (as sb. m.) transitory person.

cesset invidere . . ~eus perpetuo GIR. *Symb.* I 7 p. 223.

4 (as sb. n. pl.) transitory things.

a**758** (13c) ideo praemia aeternae patriae nobis caducis caelestia ~eis manentia sunt mercanda *CS* 182; si nihil prohibeat quia ~iis ordo excogitari possit COLET *Rom. Enarr.* 182.

momentillum [ML], brief moment.

~um, parvum momentum OSB. GLOUC. *Deriv.* 360.

momentulum [ML], brief moment.

quaedam matrona . . quodam ~o vocavit eum . . ad se B. *V. Dunst.* 12.

momentum [CL]

1 movement.

ALDH. *Aen.* 23 (*tit. gl.*) (v. momentana); motare, frequenter movere. momen, ~um OSB. GLOUC. *Deriv.* 360.

2 short period of time, moment, instant.

sicut latro in hora ultima confessione unius ~i meruit esse in Paradiso THEOD. *Pen.* I 8. 5; ne ad ~um quidem horae mensa Domini sine pane maneret BEDE *Tab.* 413; plurimi scriptores indifferenter brevissimum illud temporis spatium quo palpebra oculi nostri moveri potest . . nunc ~um, nunc punctum, nunc atomum vocant *Id. TR* 3 p. 184; crebris viscerum doloribus cruciabatur, horis ~isque omnibus fracta stomachi virtute *Id. HE* II 1 p. 77; **798** per intervalla horarum ac punctorum seu ~orum ALCUIN *Ep.* 144 p. 228.

3 one fortieth of an hour.

recipit hora . . xl ~a BEDE *TR* 3; ~a a motu siderum celerrimo nuncupantes, cum aliquid sibi brevissimis in spatiis cedere atque succedere sentitur *Ib.*; instans pars temporis est cujus nulla pars est. ~um vero pars temporis est constans ex dlxxiiij instantibus. minutum quoque est ex iiij ~is collectum ADEL. *Alch.* 17; hora . . fit ex quadraginta ~is BRACTON f. 264; ~a quorum quadraginta faciunt horam BACON VI 48.

4 influence, importance, authority.

si haec surdis auribus audias . . Christum despicias nosque . . nullius ~i ducas GILDAS *EB* 36; discifer ut dudum momenti tempore vates ALDH. *VirgV* 1475; accessit etiam favori ejus maximum rerum ~um, archiepiscopus Lanfrancus W. MALM. *GR* IV 305; Basilius quoque insinuat, quod sermo Dei in creandis rebus in mundi primordio non est alius quam proprie voluntatis ~um GROS. *Hexaem.* II 1. 2; **1265** si . . aliquod instrumentum repertum fuerit quod nomine meo . . de predicta terra fecerit mentionem . . nullius sit ~i nec mihi nec heredibus meis *Reg. Paisley* 63; **1346** alioquin hujusmodi licencia nullius penitus sit ~i *Deeds Balliol* 317.

5 tongue of a balance.

~um, *scytel GlC* M 259; **10** . . ~um, *scutil WW*; a facie . . caritatis iniquitas omnis sicut nubes in momento evanuit et nec ~um statere reputatum est J. FORD *Serm.* 13. 8; *a tunge of a balan'*, examen, ~um *CathA.*

monac- v. monach-.

monacha [LL < μοναχή]

1 nun.

non licet viris feminas habere ~as THEOD. *Pen.* II 6. 8; p**754** nomina . . monachorum vel ~arum *Ep. Bonif.* 114; si quis ~am . . in conjugio duxerit, anathema sit O. CANT. *Const.* 7; ~a vel monialis, *mynecynu* ÆLF. *Gram.* 299; Soter papa statuit ut ~a sacra non tangat R. NIGER *Chr. II* 117; precipio fratribus . . ne ingrediantur monasteria ~arum M. PAR. *Maj.* III 142.

2 (~*a vestalis* or ellipt.) vestal virgin.

utinam ab ineunte aetate vestalem te legissem monacam LIV. *Op.* 77; de vestalibus sive ~abus *Ib.* 291.

3 (as plant name) corn-marigold (*Chrysanthemum segetum*).

monica, *budel MS BL Sloane* 5 f. 8vb (=*MS Oxford Bodl. Digby 29* f. 41v).

monachalis [LL]

1 of a monk, monkish, monastic.

celeriter illum ~i ac sacerdotali gratia promovit OSB. *V. Dunst.* 12; monachalis enim cuiquam habitus non sufficit / si sub veste monachali bonum opus deficit HIL. RONCE. 55; jam meretricalis potius quam vir monachalis / promeruit dici de ratione rei NIG. *Mir. BVM* 1039; **1204** sub habitu monacali *CurR* III 153; ad monasterium Roffense confugit ibique ~em ordinem et habitum suscepit GIR. *GE* I 34 p. 107; absit .. ut Sponsa Christi amicta varietatibus, clericali, monicale, albi et nigri, linei aut lanei .. sustineret .. Christi tunicam ita scindi P. BLOIS *Ep.* 212. 497B; c**1238** ~is igitur in orando solitudo est spiritus et mentis quibus oratur GROS. *Ep.* 57 p. 175.

2 of a monastery, (*ecclesia ~is*) monastic church.

s**1186** juxta ~em ecclesiam (v. ecclesia 4b).

3 (as sb. m. or f.) a person in religion (in quot., a nun).

1293 isto die .. venerunt domina Maria monialis Ambrisbur' se quinta ~ium .. et duo filii domini Edmundi *KR Ac* 353/18 m. 6d.

4 (as sb. n. pl.) monastic habit, vows, or sim.

Odo .. apud Floriacum ~ia suscepit BIRCHINGTON *Arch. Cant.* 4; iste Perkyn .. monacalia indutus, quia sub talibus vestium transfiguracionibus plura dampnosa .. perpetraverat AD. USK 27.

monachaliter [ML], as (befits) a monk.

s**1422** omnem substanciam que sibi de porcione sue etatis contigerat, minus ~iter satisque prodigaliter, expendebat AMUND. I 86; memoriter, immo, ~iter, recordemini quot in mundo decepcionis sunt recia *Reg. Whet.* II *app.* 459; suo pristino ~iter victurus restituitur monasterio AD. USK 43.

monachare [ML]

1 to make (one) a monk or nun; (pass.) to be made or become a monk or nun; **b** (fig.).

miles .. / .. / sompnis urgetur; virgo monet ut monachetur *Poem. Hild.* 571; ut prius probentur laici quam ~entur W. MALM. *GP* I 5; Pipinus .. tonsoratur et ~atur DICETO *Chr.* I 127; nec aliquem monacaret sine voluntate conventus BRAKELOND f. 125v; patrem invitum monacari et matrem .. monialem fieri fecit GIR. *SD* 38; de memorata matrona sic monacata *Id. Spec.* III 11 p. 180; **1283** de nostra filia in vestro monasterio ~anda *RGasc* II 178b.   **b** judex enim stomacatur / quando male monachatur / saccus per silencium WALT. WIMB. *Van.* 24.

2 to cause (one) to become a monk.

Carolus .. †Pepinium vero, quem habuit ex ancilla, .. in cenobio ~avit R. NIGER *Chr. I* 70; s**1122** Calixtus papa Gregorium, quem Henricus imperator papam constituit, ~avit *Ann. Worc.* 377.

monachatio [ML], (act of) making one a monk or nun.

c**1200** de ~one Eve matris Henrici *SelCCant* 3.

monachatus [LL]

1 monkhood, condition or status of a monk.

beatum Dunstanum ~us et presbyteratus gradu decoravit ADEL. BLANDIN. *Dunst.* 4; videtur mihi quod nil aliud sit ~us quam perfecta Christianismi observatio et divine sanctionis adimpletio G. CRISPIN *De Monachatu* 1; abicit injustum et sequitur justum, contemnensque saeculum accedit ~um *Simil. Anselmi* 74; ibi secundum regulam Sancti Benedicti devote professus est ~um ORD. VIT. III 2 p. 41; ne notam detractoris incurreret si in absentia monacorum carperet monacatum DEVIZES f. 40v; nec prioratum nec etiam monacatum hujus ecclesie obtinere potuit *Chr. Evesham* 252.

2 (collect.) community of monks.

1282 unde vestrum scire volumus ~um et vestre prudentie complices PECKHAM *Ep.* 334 p. 428; accedunt episcoporum cum universo clero atque ~u sanctiora gubernacula FERR. *Kinloss* 6.

monachellus [ML], little monk (pejorative).

illi econtra trium potius episcoporum assertionibus quam vervecum pellibus atramento denigratis .. fore cedendum abjecto ~orum testimonio EADMER *HN* p. 158.

1 monachia, monkhood, condition or status of a monk.

filii .. quos in hanc ~iae domum .. induxit BEDE *Hom.* I 13. 227 (v. 1 domus 7a); incidencia magistri Gauteri Mahap de ~ia MAP *NC* I 25 *tit.* f. 17v.

2 monachia v. monomachia.

monachicalis [ML], of a monk, monkish, monastic.

in .. barbarorum finibus vitam ducere ~em .. desiderabat HUGEB. *Wynn.* 2 p. 107.

monachicus [LL < μοναχικός], of a monk, monkish, monastic.

cum Julianus .. non modo in clericali gradu constitutos, sed etiam ~a professione fungentes ad militiae cingulum cogeret ALDH. *VirgP* 38 p. 288; jugo ~ae institutionis collum subdidit BEDE *CuthbP* 1; ~ae conversationis studiis imbuti *Id. HE* IV 4 p. 213; abbati ~a subditis obedientia praebebat WILLIB. *Bonif.* 2; a**797** sive in canonica sede sive in ~a sanctitate ALCUIN *Ep.* 55; **1071** Hermannus .. relicto episcopatu ~am vitam petiit LANFR. *Ep.* 2; cultor ~ae institutionis EADMER *V. Osw.* 17; eo tempore cenobia Normannie ~um rigorem servabant ORD. VIT. IV 9 p. 243; ordinem ~um et precipue Cisterciensem .. protegite J. FURNESS *Walth. prol.* 4.

monachilis [LL]

1 of a monk, monastic. **b** (as sb. n. pl.) monastic robes or sim.

697 (15c) in propriam possessionem atque ~em regulam perhenniter perdonavi *CS* 96; elapso denique multo tempore postquam ~em susceperat gradum ÆLF. *Æthelwold* 7; c**1006** video .. vos .. instrui ad mores ~es *Id. Regul. Mon.* 174; illuc abbatizare uvio sub ~i constitutione constituto primo HERM. ARCH. 17 p. 48; audio vos .. ~e monasterium velle erigere W. JUM. VII 23; qui locum illum reverentie ~is gratia nobilitavit W. MALM. *GR* V 442; nigredo ~is habitus humilitatem indicat HAM. S. ALB. 1454B; dum in subditis tam ~em quam clericalem justitiam haberet, ipse in se a nulla monasterii perfectione discreparet *Canon. G. Sempr.* f. 53v.   **b** albus Hugo .. habitu .. dicebatur ipse niger monachus, quod si ~ia gessit in illis gaudebat H. ALBUS 95.

2 who looks or behaves like a monk.

junior annorum formam tenuit seniorum / non infantilis fuit infans hic monachilis R. CANT. *Malch.* I 151.

monachiliter [ML], as a monk.

ille cachinnos ingeminans, 'monachus', inquit, 'est, et causa nummorum ~iter somniat; date ei centum solidos' W. MALM. *GR* IV 333 p. 378.

monachismus [ML < μοναχισμός], monkhood, condition or status of a monk.

si pater .. filio qui ~um induit, praedium in feudum concesserit *Jus Feudale* 97.

monachium [ML < μοναχεῖον]

1 monastery.

c**1400** nullus talis veniet celi monachia (*Vers.*) *Mon. Francisc.* I *app.* 600.

2 monkhood, condition or status of a monk.

jacebat .. metropolitani sacerdotii pallio et ~ii tantum obductus cuculla GOSC. *Transl. Aug.* 41C.

monachizare [ML]

1 to make (one) a monk.

969 consentientes vero huic ipse antistes ~avit *Conc.* I 247a; clericos Wigorniensis ecclesie .. ~avit FL. WORC. I 141; comitem Agelwinum .. ~avit *Chr. Pont. Ebor.* A 345; dimisso sponte archiepiscopatu

2 (intr.) to become or behave like a monk.

probo quod hic penitus ordo non durabit, / nam si sumit redditus, jam monachizabit PECKHAM *Def. Mend.* 410.

monachus [LL < μοναχός]

1 monk; **b** (at court). **c** (~*us laicus*) lay brother.

de deifico tenore ~orumque decretis .. multa ruminans GILDAS *EB* 34; si ~us pro ebrietate vomitum facit, xxx dies peniteat THEOD. *Pen.* I 1. 2; qui non episcopus sed presbyter extitit et ~us BEDE *HE* III 4 p. 134; quidam ~us aecclesiae Cantuar' (*Kent*) *DB* I 2ra; celebret .. omnis monacus xxx psalteria (*Quad.*) *GAS* 261; super Rogerium Cluniacenses †alonaxdi [l. μοναχοί] tale scripserunt epitaphium ORD. VIT. XI 32 p. 277; a**1190** confirmavi .. monochis ejusdem loci duos solidos redditus *Danelaw* 124; a**1190** hanc donationem .. warantizabimus predictis manachis contra omnes homines (*Ch.*) *Cumb. & Westmor. Antiq. Soc.* LXXIX 39; pinguis .. ~us nihil valet .. macer ~us is demum socialis esse incipit J. FORD. *Serm.* 76. 8.   **b** rex curialibus clericis seu ~is ecclesiasticos honores .. porrigebat ORD. VIT. X 2 p. 11.   **c** dominus Patricius Toud, laicus ~us FERR. *Kinloss* 38.

2 (dist. acc. order or w. ref. to colour of habit): **a** (black or Benedictine); **b** (grey or white or Savignac or Cistercian); **c** (Cluniac).

a esse niger monachus si forte velim Cluniaci / ova fabasque nigras cum sale sepe dabunt NIG. *SS* 2077; maritavi filias istas .. Templariis superbiam, nigris ~is luxuriam, albis vero cupiditatem GIR. *IK* I 3 p. 44 (v. et. 2b infra); c**1235** siquis vero ~us niger solus venerit (*Cust. Bury St. E.*) *HBS* XCIX 26; **1360** in .. capitulo provinciali nigrorum ~orum ordinis Sancti Benedicti *Lit. Cant.* II 399.   **b** **1154** griseus ~us (v. grisus 4a); c**1158** ~is ordinis Cistercii qui sunt de domo de Sartis *Regesta Scot.* 128; [Cistercienses] tanto corde recesserunt a nigris ~is ut contrariam eorum vestibus vestem albam habeant MAP *NC* I 24 f. 16v; auctores, nostris habent novos imitatores temporibus, .. quos nos vel albos nominamus ~os vel grisos *Ib.* I 25 f. 18; a**1275** quod albi ~i debeant procedere in processionibus post predicatores et ante nigros monachos *StatOx* 109; in Tulket fuimus grisei monachi situati, / hic sumus albati presenti tegmine scimus R. ESK 15.   **c** c**1168** ita tamen quod semper habeatur ibi conventus xiij ~orum de ordine Cluniacensi *Regesta Scot.* 8.

3 (as surname, representing Le Moyne).

1242 Willelmo ~o et Alisie uxori ejus .. *Pipe* 140.

4 (*piscis ~us*) monk-fish, angel-fish (*Squatina angelus*).

illic [in oceano Britannico] piscis ~us ad medium ventrem squama monachali piscem tegit GERV. TILB. III 63 p. 981.

5 (in plant name, *caput ~i*) dandelion (*Leontodon taraxacum*).

capud ~i, dens leonis, *dent de lion, liones toht MS BL Addit. 15236* f. 175.

monacordus v. monochordus.   **monacornus** v. monocornus.

monadicus [LL < μοναδικός]

1 that consists of monads or units, monadic.

dubitare non possumus, ejuscemodi membra, mutuam inter se amplexura sympathiam, unionemque ~am absolutissimam, sua quasi sponte, admissura DEE *Monas* 205.

2 (gram.) that has a single form.

cum alibi semper neutro potius cedere foemininum observem, illud et ~on et alias ad corruptelam lubricum, potius depravatum censeo LINACRE *Emend. Lat.* xlvii.

1 monalis [cf. CL mono-, LL monas, ML monos], of one.

monos .. inde hic monas .. et hic et hec ~is et hoc ~e, i. unialis OSB. GLOUC. *Deriv.* 354; ~is unialis *Ib.* 365.

2 monalis v. monialis.

3 monalis v. monile.

monaliter [cf. 1 monalis], as of one, in single form.

~iter adverbium, i. unialiter OSB. GLOUC. *Deriv.* 355; ~iter, unialiter, uniformiter *Ib.* 365.

monarcha, ~es, ~us [LL < μονάρχης, μόναρχος], sole ruler, monarch: **a** (of king or emperor); **b** (of anchorite, abbot, or bishop); **c** (of Christ or God); **d** (of animal or plant); **e** (of piece in a game).

a a**738** (12c) Æthelbaldus Britanniae Anglorum ~us [v. l. monarcus] *CS* 155; ~us, singularis rex *GlC* M 272; ~us inperator *Ib.* 278; **961** ego Eadgar Britannie Anglorum monarcas .. roboravi *CS* 1080; **966** ego Edgarus totius Albionis ~a istud .. confirmavi *CS* 1178; **1003** ego Aethelredus .. 'gentis Anglicae Rex et ~a insularum' *Conc.* I 282a; monarces, *anwalda* ÆLF. *Gl.* 110; **1012** (12c) ego Æðelredus egregiae opulentaeque ~es Britanniae *CD* 720; at Edgarus totius imperii ~a effectus OSB. *V. Dunst.* 31; secundus ~us fuit Octavianus Augustus R. NIGER *Chr. I* 19; Carolus magnus .. fit ~a *Id. Chr. II* 147; mundi ~um Assuerum AD. MARSH *Ep.* 246 p. 418; de regibus Angliae successive regnantibus qui ~i dicebantur SILGRAVE 37 *tit.*; Henrice monarche CAPGR. *Hen.* 49. **b** miles Christi ut devicta tyrannorum acie ~a terrae .. factus est BEDE *CuthbP* 17; annuit ipse quidem regalibus improbe coeptis, / substituens ternos sub nomine praesulis intra / contiguos patri fines illo usque monarchos FRITH. 618; o Benedicte ~es, huic .. succurre BYRHT. *V. Osw.* 443. **c** Thomas .. / .. tangens .. / credidit extemplo salvantem saecla monarchum ALDH. *CE* 4. 6. 4; ~um mundi, rectorem poli, redemptorem *Id. VirgP* 40; **948** (12c) omnipotens factor atque ~us dispensator *CS* 870; o Christe vicarie, monarcha terrarum PECKHAM *Def. Mend.* 159; Deus in mundo solus est ~a FORTESCUE *NLN* I 22. **d** in libro Judicum diversa lignorum genera articulata hominis voce loquentia ~um quaesisse referuntur ALDH. *Met.* 7; leo trux, monarcha ferarum GARL. *Tri. Eccl.* 77. **e** hinc thessara, calculus, tabula, urio vel Dardana pugna, tricolus, senio, ~us, orbiculi taliorchus, vulpes, quorum artem utilius est dediscere quam docere J. SAL. *Pol.* 399C.

monarchalis, ~ialis [cf. LL monarcha, monarchia], as a monarch, monarchal, monarchial.

iste Johannes in principio regni sui inter reges ~ales liberrimus fuit KNIGHTON I 197; ecclesia sancti doctoris Anglorum apostoli Augustini prima mater moniarchalis [? l. monarchialis] THORNE 1970.

monarchatus [ML], sole rule, monarchy.

cogitant [Tartari] .. regum thronis eversis .. sibi totius orbis adscribere ~um *Ann. Burton* I 496.

monarches v. monarcha.

monarchia [LL < μοναρχία]

1 sole rule, monarchy; **b** (by man); **c** (by people); **d** (by God or Christ); **e** (by natural phenomenon).

idcirco jugiter mentis monarchia tegnet / ut non insultent animam fantasmata carnis ALDH. *VirgV* 134; sedem Augustorum, qua nunc monarchia mundi / post Romae imperium sub caeli culmine regnat *Ib.* 522. **b** sub tyrannica Antiochi ~ia ALDH. *Met.* 2 p. 64; anarchias, sine principatu vel ubi nullius potestas, ~ia ubi unius *GlC* A 592; **713** ut .. locus sub ~ia proprii abbatis sit liber (*Lit. Papae*) *CS* 129; s**899** successor .. tum ~iae Eaduuerdus ÆTHELW. IV 4; frater ejus Eadmundus imperii ~iam suscepit OSB. *V. Dunst.* 18; futuris successoribus hereditatis jure regnandi ~iam tenentibus W. MALM. *GP* V 226; Slanius solus totius Hibernie ~iam obtinuit; unde et primus Hibernie rex nominatur GIR. *TH* III 5; Julius Caesar .. primus ~iam tenuit *Eul. Hist.* I 63; ~iam quod solum unius principis regimen est regimen esse optimum judicavit FORTESCUE *NLN* I 26. **c** Romani ~iam mundi obtinuerunt NEN. *HB* 15. **d** una deitatis substantia et trina personarum subsistentia totius mundi ~iam gubernans ab alto caeli culmine ALDH. *VirgP* 60; **864** (11c) in nomine Sanctae Trinitatis .. et Jhesu Christi, qui cunctam mundi ~iam .. gubernat *CS* 509; quod .. Christus in apostolica sede regalem constituit ~iam OCKHAM *Pol.* I 47. **e** dum tremet mundi machina / sub ventorum monarchia (ALDH.) *Carm. Aldh.* 1. 18.

2 territory under sole rule, a monarchy, kingdom.

adjacentium regnorum ~iarumque *V. Ed. Conf.* f. 40 (v. 2 angularis 1b); ut ea .. occasione quasi duo regna in unam convenire possent ~iam GIR. *Æthelb.* 4; terram suam sic divisit, Roberto primogenito suo Normanniam; Willelmo secundo filio suo Anglie ~iam DICETO *Chr.* I 212; a**1190** mandavit Adelburgie quatinus nuberet, et fieret ~ia de duobus regnis *Episc. Som.* 12; totum mundum in unam redegit ~iam OXNEAD *Chr. Min.* 417; quasi sub una ~ia terras concludens, imperium .. dilatavit CAPGR. *Hen.* 84; ~iae suae curam .. aliis committens CHAUNCY *Passio* 48.

monarchialis v. monarchalis.

monarchicus [ML], monarchic.

prima enim policia vocatur aristocratica vel naturalis, et secunda vocatur ~a vel regalis; et questio supponitur, monarchiam vel regaliam esse licitam ac meritoriam WYCL. *Civ. Dom.* I 185; primomodo propter fastum et questum ad dignitatem illam ~am aspirando *Id. Sim.* 28.

monarchus v. monarcha.

monas [LL < μονάς] **1** unit: **a** number one. **b** any of numbers one to ten. **c** number one hundred. **d** number one thousand.

a ad septem septimanas ~as additur BEDE *Hom.* II 16. 188; metarunt etenim ter seni themata cicli / in sese refluos juncto mōnāde recursus FRITH. 277; vivere studuerunt .. septenis dierum curriculis ut septem septies augmentatis et ~ade supposito singularis in praesenti vita acquireret fructum jubelei, hoc est annum aeternae felicitatis BYRHT. *HR* 2; quatuor esse scias monades; primam numerorum / radicem; fertur esse secunda decas; / tertia centeno subsistit limite; quartam / nomine chiliadis significare solent NECKAM *DS* X 115 (v. et. 1b, c, d infra); si clavis fuerit vicena minorve sequenti / huic pro clave monos addito bisque novem GROS. *Comp.* 262; Februusque bis octo kalendas / bisextus monadem quarto superaddit in anno BACON VI 105; si super extremam nota sit, monadem dat eidem / quod tibi contingit, si primo dimidiabis (*Carm. Alg.*) *Early Arith.* 74. **b** unum enim et duo et tria sex faciunt, quale in ~adibus numeris nusquam praeter hic invenies, sed neque in decadibus praeter vicesimum et octavum numerum BEDE *Gen.* 33; NECKAM *DS* X 115 (v. 1a supra); ~ibus, id est singularibus, quod sunt ab uno usque ad decem inclusive S. LANGTON *Gl. Hist. Schol.* 42; senarius, qui primus numerus est perfectus, qui ex partibus suis aliquoties simul aggregatis reddit eandem summam, quod in ~adibus numeris non invenitur, nisi in senario, nec in decadibus, nisi in xxviij BART. ANGL. XIX 119; in ~adibus tantum iste senarius est perfectus ODINGTON *Mus.* 96. **c** NECKAM *DS* X 115 (v. 1a supra). **d** NECKAM *DS* X 115 (v. 1a supra).

2 unity as the basis of substance and knowledge; **b** (as the Trinity in Unity); **c** (fig., of monk, w. play on *monachus*).

hermes tantum Trismegistus ait '~as ~adem genuit, in nullo differentem nisi quia ~as est.' he ~ades in se suum reflectunt ardorem NECKAM *SS* I 3. 3. **b** pius est impio junctus consorcio, / infami jungitur monas binario WALT. WIMB. *Carm.* 583. **c** monachus quasi populi ~ados consummatur rite et perficitur COLET *Eccl. Hier.* 254.

monasterialis [LL]

1 (as adj.) of a monastery: **a** (w. ref. to person, habit, rule, or life); **b** (w. ref. to money or property).

a a**680** ut ~em locum et vitam in illa civitate construere potuisset *CS* 60 (v. et. 1b infra); c**690** decem manentes .. Æbbae abbatissae .. ~i juri dono *Ch. Minster-in-Thanet* 4; in aecclesiastica vel in ~i regula *Hist. Abb. Jarrow* 4; ritus ecclesiastici sive ~es BEDE *HE* V 19 p. 323; vir .. ecclesiasticis simul ac ~ibus disciplinis summe instructus *Ib.* V 8 p. 295; ~ibus adscribere votis *Ib.* V 23 p. 351; **801** de honestate ~is vitae ALCUIN *Ep.* 249 p. 402; ~i habitu GOSC. *Wulfh.* 10. **b** a**680** (v. 1a supra); terra .. ~i a me reddita est usui *Reg. Malm.* I 317; c**1260**, **1470** (v. ecclesia 4b); simpla corredia ~ia *Flor. Hist.* III 131; per universa loca ~ia *Plusc.* IX 43; edificii ~is *Reg. Whet.* I 465.

2 (as sb.): **a** monk. **b** monastery.

a c**801** cupientes sua criminosa peccata ~ium reprehensione abscondi ALCUIN *Ep.* 223; **801** nocet ~ibus, qui eum [numerum militum] cum suis suscipiunt *Ib.* 233; a**804** nullus .. senior sive junior, saecularis vel ~is, vir aut femina sua erubescat confiteri peccata .. *Ib.* 280. **b** *a mynster*, cenobium, cenobitalis, monasterium, ~is *CathA.*

monasterialiter [ML], in monastic fashion, as in a monastery.

787 Ceolnodo .. abbati .. ~iter conversanti .. omnes terras .. concedo *CS* 251; unde fratres ipsorum .. ~iter victitent NETTER *DAF* I 573b.

monasteriarcha [μοναστήριον + -άρχης], ruler of a monastery, abbot.

dominis charissimis .. Sancti Augustini cum suo reverendo ~a GOSC. *Aug. Maj. prol.* 43; domnus Egelsinus ~a attollitur et in palacio regis consecratur *Id. Transl. Aug.* 33C; Gotcellinus .. scripsit ad ~am et monachos Cantuarienses BALE *Index* 97.

monasteriolus [LL *as sb. n.*]

1 (as adj.) of a small monastery.

862 ut .. monasterium liberum facio .. ac omnia ~a loca que eidem obedient *CS* 503; **872** liberabo civitatem illam et alia ~a loca quae ad se obediunt *CS* 535.

2 (as sb. n.) small monastery.

[Wilfridus] ~um fundavit EDDI 40; monachus quidam de natione Scottorum .. habens ~um permodicum in loco qui vocatur Bosanhamm BEDE *HE* IV 13 p. 231; duo .. ~a duobus injunxit ecclesiis WILLIB. *Bonif.* 6 p. 35; W. MALM. *GR* V 439 (v. abbatia d); habitacula quaedam quasi ~a construens *Meaux* I 151.

monasterium [LL < μοναστήριον]

1 dwelling of an anchorite, hermitage.

Johannes .. heremita .. in illius rupis se ~io conclusisset ALDH. *VirgP* 29; ~ium unius monachi est habitatio, mono enim apud Grecos solum est *Gl. Leid.* 2. 189; ~ium, i. statio unius OSB. GLOUC. *Deriv.* 334.

2 monastic community: **a** (sts. dist. as *conventualis*); **b** (of monks); **c** (of nuns).

a quia tua fraternitas ~ii regulis erudita .. (*Libellus Resp.*) BEDE *HE* I 27 p. 48; **838** familiae liberorum ~iorum qui antiquitus sub jure dominioque abbatum abbatissarumque constituti fuerint qui me .. ad protectionem .. elegerunt *CS* 421; religiosorum monachorum ~ium conventuale H. BOS. *Thom.* III 37; s**1203** ~iorum conventualium (v. conventualis 1b); **1259** nobis et per nos monesterio nostro .. indulgemus *Cart. Mont. S. Mich.* 33. **b** **679** terram .. tibi Bercuald .. tuoque ~io conferimus *CS* 45; si quis laicus de ~io monachum duxerit furtim, aut intret in ~ium Deo servire aut humanum subeat servitium THEOD. *Pen.* I 3. 1; dilectissimis in Christo Angligenis fratribus, maximeque in ~io sancti patris Benedicti sub scola virtutum regulariter vitam degentibus ABBO *QG* 1 (1); a**1135** ecclesia namque est convocatio fidelium; ~ium vero locus et carcer damnatorum, id est monachorum, qui se ipsos damnaverunt ut damnationem evitarent perpetuam *Educ. Ch.* 104; **1325** nos ac ~ium nostrum Dunolmensem [*sic*] *Pri. Cold.* 15; **1331** monachi ~ii ecclesie Christi Cantuariensis *StatOx* 35. **c** **687** tibi Hedilburgae abbatissae ad augmentum ~ii tui .. trado .. terram *CS* 81; est in Treveris civitate ~ium puellarum ALCUIN *WillP* 21; dedit .. ille [sc. Eadburh] unum magnum sanctimonialium ~ium ASSER *Alf.* 15; moniali in Wiltunensi ~io degenti *CS* 903; ~ium .. fundavit et sanctimonialium choro instituit GOSC. *Transl. Aug.* 36A; **1430** prout in pluribus ~iis monialium in Anglia hodie videmus ad oculum LYNDW. 212 p.

3 college, community of secular canons.

ipse episcopus habet in Sudwerche unum ~ium et unum aque fluctum (*Surrey*) *DB* I 32ra; publicum ~ium *Lib. Eli.* II 1 (v. coenobium).

4 church; **b** (as structure).

isdem Willelmus [filius Ogerii] tenet j ~ium in Dovere de episcopo *DB* I 1va; ~iorum etiam refectionibus [AS: *to cyricbote*] universi Christiani juste laborare debent (*Cons. Cnuti*) *GAS* 353; in pratis, in aquis, in ~iis, in molendinis, in mariscis, et in omnibus que ad predictam villam pertinent *Danelaw* 366; **1221** regratarii sui solebant emere privatim dum cives fuerunt ad ~ium *SelPlCrown* 89. **b** cui .. rex .. donavit terram l familiarum ad construendum ~ium in loco qui dicitur Adbarnae BEDE *HE* IV 3 p. 207; **762** haec .. terrula ab aquilonali portae ~ii tui jacet *Ch. Roff.* 5; duo ~ia construi imperavit ASSER *Alf.* 92; auditorium habendum in ~io ÆLF. *Regul. Mon.* 192; monasterii muros ingentis olibat / fluminis unda NIG. *Mir. BVM* 41; **1220** cognoscit quod due sint ibi ecclesie et quod una combusta fuit ..; et

quia Osbertus non levavit ecclesiam suam, venerunt parochiani ad suam ecclesiam pro defectu ~ii *CurR* IX 55; sicque ad milia utriusque sexus hominum, qui in ecclesia erant, . . rapido cursu de ~io exierunt M. PAR. *Maj.* III 193.

5 aggregate of monastic estates.

ipse episcopus tenuit Witcerce. semper fuit in ~io (*Hants*) *DB* I 41ra; a1190 unam carucatam terre . . cum dimidia parte ~ii de Wikham *Ch. Gilb.* 4.

6 (in proper names): **a** (place-names); **b** (sur-names).

a 1167 priori de ~io Hederoso *Pipe* 126; **1258** priori et canonicis de ~io Ederoso *Cl* 191; **1261** pro fratribus de ~io Cornuto *Cl* 350. **b** 1198 Henricus de ~io *Pipe* 208; **1230** Matheus de ~iis r. c. de xij cl. *Pipe* 186; **1242** Adam de ~io *Pipe* 207; **1430** Waltero de ~iis *Feod. Durh.* 19n.

monastice [LL], in the manner of a monk, monastically.

a799 qui rite et ~e aecclesiasticam normam regere queat *CS* 283; Paulus primus eremita ~e vixit in deserto *Eul. Hist.* I 437; **1526** et si in tantum deviare vultus ab institutis sanctorum patrum, ut ex Bernardinis ~e viventibus hoc nostrum cenobium restaurari non possit (*Vis. Thome*) *EHR* III 722.

monasticulus [LL monasticus + -ulus], little monk.

ad quendam ~um J. FURNESS *Pat.* 98.

monasticus [LL]

1 of a unit, single, unique.

945 aliquantulam terrae partiunculam, hoc est, mansionem ~am ad Basyngum, quae nostro dicitur famine *Cynniges hors croht CS* 803; ut docet ethica, dicta politica dantur amica, / hiis economica jungo, monostica non inimica [*gl.*: monostica quæ docet unumquemque servare religionem, et dicitur unius conservatam, a monos quod est unum, et ycos, quod est custos in monostica, quasi unius custos] GARL. *Mor. Scol.* 142; ut dominii politici aliud est dominium monasticum, aliud civile, et aliud est regale; ~um respectu unius domus sive familie, civile respectu civitatis vel communitatis amplioris familia, et regale respectu regni sive imperii WYCL. *Dom. Div.* 16.

2 of a monk or monastery, monastic.

monastica jura ALDH. *CE* III 7; sacris litteris et ~is disciplinis erudiebatur FELIX *Guthl.* 22; ea quae ~ae castitatis ac pietatis erant BEDE *HE* V 19 p. 323; ~o more flagellis coercitus W. MALM. *GR* III 293; ~e regule se subjecit GIR. *SD* 12; **1236** votum professionis ~ae GROS. *Ep.* 27 p. 106; ita concusse sunt nuge ~e WALS. *HA* I 3.

3 (as sb. m.) man in monastic order, monk.

a723 [discordia] inter omnes homines spargit, maxime per ~os et monachorum contubernia *Ep. Bonif.* 14 p. 23; **1285** erravit . . ~us, qui . . (*Lit. Archiep. Cant.*) *Conc.* II 121b; s1461 (v. capellulatus).

monatarius v. monetarius.

monaulus [CL < μόναυλος], wind instrument with a single pipe.

teste Plinio libro vij ~um, i. simplicem tibiam invenit P. VERG. *Invent.* 15.

monazontes [LL < μονάζοντες], those living a solitary life, monks.

Guillelmus Ebroicensium comes . . decrevit . . domum aedificare in qua electi †alonazontes [l. monazontes] cum vera religione . . congrue possent militare ORD. VIT. XI 33 p. 277.

monca v. 1 manca.

moncellatus [cf. moncellus], heaped.

13 . . sellarius . . habeat scuta listata flosculis, avibus, bestiunculis, quaturnata, ~a, lambata rosis (*Nominale*) *Neues Archiv* IV 342.

moncellus [OF *moncel* < monticellus], little hill, heap (of material); **b** (as unit of measure of harvested crop); **c** (as unit of measure of mud or plaster).

item quod frequenter post pluvias coadunentur fima curie per muncellos, ut per hoc emundetur curia *Cart.*

Glouc. III 220. **b** 1234 si falcat stipulam . . debet falcare x muncellos, quodlibet muncellum de x garbis *Cust. Glast.* 135; c1310 fenum domini donec fiat in munculos *Reg. S. Aug.* 201; ad colligendum fenum et faciendum muncellos *Ib.*; **1399** concessimus . . Guillelmo domino de Courcy quod ipse duo millia musshellarum bladi in regnum nostrum Anglie sive terram nostram Hibernie . . adducere possit *Pat* 352 m. 39. **c** c1230 debet . . cariare fimos, sc. quater xx muncellos sine cibo (*Cust. Lessingham*) *Doc. Bec* 106; **1234** si debet marliare, ducet v muncellos per diem *Cust. Glast.* 136; **1271** in cccxliiij muncellis fimi dispergendis, v d. *Pipe Wint.* B 1/35 r. 2d; **1274** magistro W. Plastrario pro ij muncellis plastri viij s. viij d. *KR Ac* 467/6/2 m. 2; **1287** in mmc muncellis fimorum dispergendis *Ib.* B 1/46 r. 7; **1289** in xxx ~is plastr' Par' emptis *KR Ac* 467/19 m. 2; **1294** Adinecto plastr[ario] pro j ~o plastr' Par', vj s. ij d. *Ib.* 468/6 r. 64; **1316** in fimo cariando extra curiam in campos et spargendo, videlicet vjᶜxl montellis fimi iiij×xv operibus *MinAc* 1132/16 B 8d; **1317** precium centum ~orum de plastro Paris' *Cl* 147 m. 20; **1325** pro j muncello plastri pro quadam trassura ad mold' pro tabernaculis formand', vj s. *KR Ac* 469/8 m. 10; **1355** pro xvj mouncell' plastri Paris' empt' pro diversis edificiis . . item pro factura earundem moncell' *Ib.* 471/6 m. 24; **13** . . musellus de *plastre* debet continere in altitudine iiij pedes et dim. et in latitudine, in parte inferiori, iiij pedes et in latitudine superiori ij pedes *Eng. Weights* 32.

mondare v. mundare. **mondificatio** v. mundificatio. **mondus** v. 3 mundus.

moneagium, monoiagium [OF *moneage, monoiage* < monetagium]

1 act of minting, striking of coins.

1386 prodicionibus, raptibus mulierum, murdris, falso monoiagio exceptis *Pat* 321 m. 17.

2 fee for right to use coinage.

c1183 sint exempti . . ab omni . . monoianagio, foagio, vinagio, pasnagio *Act. Hen. II* 355; c1309 habet predictus abbas [de Voto] de omnibus tenentibus suis in parrochia Sancti Helerii focagium, ~ium, ureccum [etc.] *CartINorm* 408; **1309** clamant habere de omnibus tenentibus suis custumam de fumagio sive moneag[io] *PQW* 828a; **1309** moneagium (v. 1 fumagium b).

moneator [ME, AN *moneiour*], moneyer, minter.

1253 de quingentis libris quas rex liberari precepit ~oribus suis *RGasc* I 354a; **1260** ~or *CatAncD* III D 269.

monedailondus [ME *monedailond*], (tenant of) Mondayland.

1305 *mondaylondes* (v. monedina); **1316** opera . . et de vij mundaylondis . ., quorum quilibet eorum facit per septimanam j opus *MinAc* 1132/13, B 8d.

monedina, ~um [cf. ME *Monedai*], Mondayland, land worked by tenants on Mondays in fulfilment of feudal obligations.

1305 item vj *mondaylondes* debent arare iij acras de *beneherthe* ad ordeum . . debent metere . . de viij ~is xxxij acras . . . item de viij mondinis viij de *beneherthe Ext. Hadleigh* 249.

monedula [CL], jackdaw, chough.

nomina avium: . . gracculus vel ~a, ceo ÆLF. *Gl.* 132; D. BEC. 2211 (v. ciconia 1a); lasciva monedula fando HANV. IX 427; hec ~a, -e, i. avis quedam que alio modo cava dicitur OSB. GLOUC. *Deriv.* 352; omnes undique corvi, cornices et ~e a cunctis Ytalie partibus GIR. *TH* II 28 p. 114; hanc proditionis sue penam recepit quod in avem ~am fuit mutata *Natura Deorum* 115; sed et hoc mirabile simul cum terrae motu contigit, quod columbe, ~e, passeres . . avolabant M. PAR. *Maj.* V 187; hec ~a, chaue *Gl. AN Glasg.* f. 21vc; ~a, G. *choue*, A. *ko* GARL. *Unus* f. 166; nomina avium fferorum: . . ~a, *a roke WW.*

monemerion v. monohemerius.

monere [CL]

1 to bring to the notice of, remind, teach: **a** (w. acc. of person); **b** (w. acc. of thing); **c** (w. inf. or acc. & inf.); **d** (absol. or ellipt.).

a talibus incurvum postquam monuere loquelis WULF. *Swith.* I 263; commodiori ~itus consilio maluit

. . pati dissidentiam *G. Steph.* 11; hoc monitorium . . scola ubi discipulos ~emus OSB. GLOUC. *Deriv.* 352. **b** pandite nunc Elicona, deae, cantusque monete ALDH. *VirgV* 30; quaeque docendo monet, signis probat, actibus implet FOLC. *Carm.* 20; preterit argentum sermo [Cuthberti], superna monens L. DURH. *Hypog.* 69; hoc monitorium . . i. locus ~entium studium OSB. GLOUC. *Deriv.* 352; **1368** unde tota vicinitas ~ebatur de fine suo *Hal. Durh.* 69. **c** ut psalmista monet bis quinis psallere fibris ALDH. *CE* 3. 56; praefatas cujus soboles regina monebat / virgineum castis ut servent gestibus aevum *Id. VirgV* 2116; Dominum in musicis instrumentis laudari ~uit GIR. *TH* III 14. **d** coortat, i. ~et . . docet *GlH* C 1861.

2 to suggest, advise, recommend, warn: **a** (w. acc. of person); **b** (w. acc. of thing); **c** (w. inf. or acc. & inf.); **d** (w. indir. qu.); **e** (absol. or ellipt.).

a Joel ~ens inertes sacerdotes . . edixit GILDAS *EB* 83; a1089 sanctimoniales . . secundum mores et vitas earum ad servandam regulam ~eantur, increpentur, constringantur LANFR. *Ep.* 32 (53); ad penitentiam baptizandos ~ebat, et non nisi quos penitentes videbat, baptizabat *Flor. Hist.* I 104; accusator . . primo munit delinquentem ad partem de defectibus BRINTON *Serm.* 21 p. 85. **b** ne moreris facere quod ~emus ANSELM (*Ep.* 15) III 121; et si prepositus [non] ~eat rectitudinem per eorum testimonium [AS: *gif hit se gerefa ne amanige mid rihte on þara manna gewitnesse*] (*Quad.*) *GAS* 143. **c** Christus . . / per somnum moneat castum servare pudorem ALDH. *VirgV* 1294; ipsos [sc. Brettones] potius ~ent arma corripere BEDE *HE* I 12 p. 27; suo praedocta exemplo ~ebat omnes . . Domino . . serviendum et Domino esse gratias semper agendas *Ib.* IV 21 p. 256; locutus est ad eos et unumquemque ~ens et obsecrans pro eo missas diligenter et orationes facere CUTHB. *Ob. Baedae* clxiii; Deo grates reddere te moneo ÆTHELWULF *Abb.* 811; qui ~itus ire in expeditionem non vadit (*Oxon*) *DB* I 154vb; a1077 meminisse debet beatitudo vestra presentes verbis absentes litteris nos sepe adterutrum ~uisse esse multos detestabili invidia plenos . . LANFR. *Ep.* 17 (41); si instas, ~eberis fugere J. SAL. *Pol.* 662d. **d** moneo vos, ut gradus vestros sanctis observationibus ornetis ÆLF. *Ep.* 2. 1; 1075 rogo et ~eo ut quiescas LANFR. *Ep.* 41 (33B); Moyses ibidem explanavit, ~ens quod sic faceret rex prout ipse ibidem docuit FORTESCUE *NLN* II 5. **e** frumenta dominica . . in ecclesiae corpore ~endo et persuadendo quasi mandendo converte (*Libellus Resp.*) BEDE *HE* I 27 p. 53; expectamus adhuc, ~ente evangelio, . . tempus *Ib.* V 21 p. 340; adversum est quicquid moneo tolerare modeste ÆTHELWULF *Abb.* 31; coortat, i. ~et vel corrigit ~yrt *GlH* C 1861; a1075 intravit Anglicam terram Lanfrancus . . ~entibus atque precipientibus Willelmo glorioso Anglorum rege (*Mem.*) LANFR. *Ep.* (3); amonester, ~ere *Gl. AN Ox.* f. 153v.

3 (of thing or abstr.) to serve as reminder or warning to.

mors aliena monet propriae nos mortis ubique ALCUIN *Carm.* 62. 76; fecit ille quod ~ebat ratio W. MALM. *GP* III 115 p. 252; monumentum . . eo quod ~eat pertranseuntium mentes ad hoc debere transire. . . moneta . . eo quod ~eat videntes ne quid insit falsum OSB. GLOUC. *Deriv.* 352.

4 (p. ppl. as sb. n.) advice, warning.

fortia formidoloso populo ~ita tradunt GILDAS *EB* 18; scita, idest ~ita *Gl. Leid.* 22. 15; visionem ad memoriam revocat, ~itorum recordatur, quae adire incognitam quam adire commonita est, Oxenefordiam interpretans *Mir. Fridesw.* 76; si [vox] nullum intellectum in auditore generat, nullum . . auditori ~itum actionis facit ADEL. *QN* 13; contra ~ita . . profectus, . . ab hostibus est interemptus GIR. *EH* I 42 p. 296; ~itum, A. *a byddynge, or a warnynge WW.*

moneris [CL < μονήρης], ship with one man to each oar.

s878 advectus est Healfdene . . cum triginta ~ibus in occidentales Anglorum partes ÆTHELW. IV 3 p. 43.

monestare [OF *monester* < monere], to remind, suggest, warn.

c1400 et ~avit me primo, secundo, et tercio, ut scriberem intencionem meam ad illam scripturam, et non respondi ei verbum WYCHE *Ep.* 540.

monesticon v. monostichon. **monestrallus** v. ministrallus.

monesum [cf. CL moneta], mint.

a moneo . . hic monetarius, -rii, et hoc monetarium,

-rii, i. locus monete, quod etiam hoc ~um dicitur OSB. GLOUC. *Deriv.* 353; monetorium vel ~um, locus monete *Ib.* 364.

moneta [CL, *by assoc. w.* monere *and* Μνημοσύνη, *mother of the Muses*]

1 (anat.) part of the womb in which conception occurs.

ad hoc enim ut fiat generatio oportet utriusque spermata convenire et in ~am conceptionis transfundi, ut exinde fetus subsequatur generatio *Quaest. Salern.* B 192; fetus in utero materno nervis, venis, arteriis per umbilicum ~e conceptionis illigatus constat *Ib.* B 297; quum spermatis pars suscipitur in una ~a matricis, et altera pars in altera: deinde ille partes sunt continue, et tunc divisus fetus generatur secundum capita et continuus in inferioribus vel econverso GILB. III 129va.

2 mint, place in which money is coined. **b** right to operate a mint.

mercatus redd. l sol. et de ~a l solid. *DB* I 87va; quando ~a vertebatur quisque monetarius dabat xx solid. ad Lundoniam pro cuneis ~ae accipiendis *Ib.* 172ra; **1228** rex commisit Ernaldo de Landa .. et preposito ~e Burdegale .. domum domini regis de monetaria junctam aule domino regis in Burdegala *Cl* 67; duo sunt officia necesssaria in unaquaque ~a, viz. magistri ~e et custodis ejusdem *RB Exch* III 1002; **1433** custodem dicte minete nostre apud dictam villam [Cales'] *Pat* 434 m. 13; **1472** absque aliqua bullione .. magistro ~e turris Londonie seu alicui alii portanda (*Pat*) *Foed.* XI 735; **1475** absque aliqua bullione .. magistro minete turris Londonie seu alicui alii portanda *Ib.* XII 8; **1588** pro gardianis excambii minete infra turrim Lond' *Pat* 1320 m. 15. **b** monetarii reddebant per annum TRE iiij libras pro ~a *DB* II 290v; a**1108** ut sanctus Edmundus habeat monetarium suum in villa sua cum omnibus consuetudinibus ~e sicut habuit tempore patris mei (*Ch.*) *EHR* XXIV 427; **1125** concedo quod abbas .. habeat in villa de S. Edmundo ~am et monetarium et cambium suum (*Ch.*) *Ib.*

3 money: **a** coin. **b** coinage, currency; **c** (dist. as *currens, legalis, usualis*, or sim.); **d** (dist. as *antiqua, nova, vetus*, or sim.); **e** (dist. by colour or metal of composition); **f** (dist. by name, moneyer, mint, or place of origin).

a rex W. geldum ~e posuit *DB* I 203rb (v. geldum 3c); omnis denarius haec tria debet habere: ~am, pondus, puritatem ANSELM *Misc.* 305; denarius quippe bonus puro ex aere, recto pondere, ~aque legitima debet constare *Simil. Anselmi* 90; **1253** (v. aurum 1a); **14..** sunt narratores quibus est numerata moneta / nequam factores nisi sunt ibi munera leta (*Vers. Exch.*) *EHR* XXXV 61. **b** monetarius habet unam [hagam] quietam quamdiu facit ~am (*Berks*) *DB* I 56rb; *GAS* 315, s**1300** (v. fabricare 4a); **1100** volo .. ut omnes burgenses .. jurent tenere et servare ~am meam in Anglia, ut non consentiant falsitatem ~e mee (*De Moneta*) *GAS* 523; s**1125** etc. (v. falsarius 2a); **1205** (v. falsonarius a); **1222**, c**1250**, **1425** (v. debilis 2c); **1236**, **1291** (v. 1 essaium 1b); s**1249**, s**1279**, **1385** (v. excambium 3a); s**1278** (v. falsatio 1a); **1283** cum eam ponderasset, inposuit eidem Judeo predictam platam de tonsura ~e fuisse conflatam *SelPlJews* 121; **1381** (v. falsator 2a); **1467** (v. 1 levis 1d); **1469** (v. libra 4). **c** †**716** (12c) ad aedificationem monasterii .. trecentas libras legalis ~ae *CS* 135; **1216** etc. (v. currere 9b); **1250** etc. (v. legalis 3c); **1323** in viginti libris argenti bone et usualis ~e *Cart. Glam.* IV 104 (ed. 1885–93); **1368** in ~a currente (v. florenus 1); **1370** sex solidos .. bone et usualis ~e *Deeds Balliol* 149; **1460** xx librarum usualis ~e regni nostri *ExchScot* 32; **1542** usualis ~e (v. libra 4). **d** **796** duas .. armillas .. pensantes xxiiij denarios minus de nova ~a regis quam libram plenam ALCUIN *Ep.* 96; **1130** Gillopatric monetarius r. c. de iiij li. pro forisfactura veteris ~e *Pipe* 136; **1182** veterem ~am (v. currere 9a); s**1247** tunc omnino creata est nova ~a *Leg. Ant. Lond.* 13; **1259** mandatum est thesaurario et baronibus de Scaccario quod .. sumptus quos W. de G. apposuit in nova ~a predicti auri regis fabricanda .. in exitibus cambii regis allocari faciant *Cl* 415; **1282** inprimis, in diversis thesaurariis monasteriorum et ecclesiarum Anglie est summa depositorum de ~a veteri xxviiij^{m} ij^{c} xxvij libre viij solidi et viiij denarii et obolus sterlingorum veterum. item de nova ~a in eisdem thesaurariis vij^{m} .. libre etc. sterlingorum novorum *EHR* XXII 52; c**1285** de veteri ~a (v. cambium 2c); **1434** summa oneris, ix li. iiij s. iij d., antique ~e, que summa extendit in nova ~a ad xj li. xiij d. *ExchScot* 561. **e** s**1257** hoc anno creavit rex ~am auream denariorum *Leg. Ant. Lond.* 29; **1361** assignavimus vos .. ad assaiam de ~is nostris, de auro et argento, in turri nostra Londonie (*Lit. Regis*) *Foed.* VI 308; incepit ~a de auro (J. BRIDL.) *Pol. Poems* I 139; **1340**, c**1370** (v. denarius 3c); **1358** in ~a auri in Anglia *RScot* 826b; **1468** computum .. monetariorum domini regis .. de .. expensis provenientibus de cona tam auri et argenti quam de nigra ~a *ExchScot* 580. **f** **1131** ipsis quoque fratribus regularibus damus .. quindecim libras Rothomagensis ~e .. (*Ch.*) *EHR* XXIV 223; **1158** (v. denarius 2a); **1261** in ~a sancte Elene *Cal. Liberate* 25; **1265** de auro in ~a sancte Helene xxiiij s. ix d. numero ponder' lxxj s. x d. ob. *Pipe* 113 r. 2d; Cathaiorum ~a BACON *Maj.* I 372 (v. charta 1b); c**1285** fieri fecit novam ~am que vocabatur Scalding' seu ~a episcopi vel Stephening' a nomine episcopi (*Exch. Ir.*) *KR Ac* 234/19 m. 21; s**1291** xiiij ~e de partibus transmarinis (v. currere 9a); s**1299** (v. crocardus); **1305** (v. cokedo); **1342** in ~a Flandr' vocata Englissh' *Cl* 171 m. 12; **1374** (v. denarius 2c); **1424** pro Scotica ~a *Ac. Durh.* 464; **1469** in quindecim libris grossorum ~e Flandrie, allocanda pro qualibet libra quinquaginta quinque solidos *ExchScot* 659; **1493** tria milia marcarum ~e Scoticane *Scot. Grey Friars* II 321; **1564** ~e Scotie (v. libra 4).

4 standard of purity of coinage.

s**1232** invenerunt .. clerici regis .. octo millia libras argenti optime ~e WEND. III 41.

5 (fig.).

preter morem usitatum, / non per follem sed per flatum / hec moneta cuditur WALT. WIMB. *Virgo* 53.

monetagium [ML, cf. moneta + -agium]

1 a act of minting, striking of coins. **b** fee for right to mint coins.

a de ~io, et de falsa moneta (*Quad.*) *GAS* 544; **1193** in ~io de cc et xlv li. in argenteo blanco *Pipe* 164; **1282** pro operagio et ~io de mdclv libris v s. ferlingorum operatorum et monetatorum ibidem (*Exch. Ir.*) *KR Ac* 230/21; **1289** concedimus .. monetariis et operariis quod per istud operagium et ~ium quod facient et per dictas quantitates quas accipient pro suo operagio, ~io, et labore, nullum ipsis quoad possessionem .. prejudicium generetur *RGasc* II 306b; **1296** pro ~io iiij^{xx}x li. fabricatarum et monetatarum per idem tempus xlj s. iij d., viz. pro libra v d. ob. *KR Ac* 288/25. **b** **1453** de proficuis provenientibus de cclxij li. dim. unc. auri ponderis monetatis in cambio regis .. videlicet de qualibet libra auri ponderis v s., ~io in eisdem incluso *KR Ac* 294/8.

2 fee for right to use coinage.

geldum regis de monedagio *DB* I 336va (v. geldum 3c); **1100** ~ium commune quod capiebatur per civitates et comitatus, quod non fuit tempore regis Eadwardi, hoc ne amodo sit, omnino defendo (*Ch. Hen. I*) *GAS* 522; **1180** xx s. pro ~io retento *RScacNorm* I 21; a**1190** ab omni exaccione tallagii, focagii, ~ii, thelonei *Act. Hen. II* II 316 **1198** G. .. r. c. de x li. ut sit quietus a custodia ~ii de Norhanton *Pipe* 104; **1331** (v. 1 fumagium b).

monetalis [LL], for the striking of coins, for manufacturing money.

s**1248** emolumentum cunei ~is (v. cuneus 3b); **1279** W. archiep. Ebor' sum' fuit ad respondendum .. regi de placito quo waranto clam' habere duos cuneos ~es in civitate .. Ebor' sine licencia .. regis *PQW* 198a.

monetare [ML]

1 to make into money: **a** to make (metal) into coin. **b** to strike (coin).

a **1318** catalla sua iij s. vj d. per particulos in argento ~ato *SelCCoron* 66; auro suo et argento non ~ato *Chr. Ed. I & II* I 34; **1447** cum suis auro et argento monetat' vel non monetat', jocalibus, vasis, sarcinis *RScot* 332a. **b** numularii qui fabricant monetam .. denarios ~ant [*gl.*: *forgent*] GARL. *Dict.* 127; p**1280** quod .. recte denarii .. ~entur (v. cuneus 3b); **1465** computum A. T., monitarii domini regis, de omnibus receptis suis et expensis de officio cone ~ate et fabricate per eundem *ExchScot* 368.

2 (intr.) to strike coin, to operate a mint.

placuit nobis, ut una moneta sit in totum regis imperium, et nemo ~et extra portum (*Quad.*) *GAS* 159.

monetarius [CL]

1 (as adj.) of a moneyer, of a mint.

1091 extra domos ~ias (v. 1 domus 15b); **1306** falsor monete cum instrumentis ~iis captus *BBC* (*Swansea*) 192 (=*Cart. Glam.* III 991: monetarii).

2 (as sb. m.) moneyer, operator of a mint; **b** (as banker or moneychanger); **c** (as itinerant official or judge of monetary offence).

1084 vj libras reddidit pro me Theodrico ~io, pro dimidia terra quam tenebat *Reg. Malm.* I 328; ~ius habet unam [hagam] quietam quamdiu facit monetam (*Berks*) *DB* I 56rb; c**1096**, *Dial. Scac.* I 3F (v. falsarius 2a); si quis captus fuerit, sive ~ius sive alius, cum falsa moneta (*Ch. Hen. I*) *GAS* 522; ementulati sunt ~ii DICETO *Chr.* I 244; **1199** sciatis nos concessisse civibus .. exceptis monatariis et ministris nostris .. *RChart* 20b; ipsi ~ii apponent cuilibet libre vj d. de cupro ..; de quibus vj d. ipsi ~ii dabunt operariis novam monetam fabricantibus iij d. *RBExch* 984; **1321** concessit eisdem custodibus, operariis, ~iis, et ministri[s] supradictis quod .. sint quieti de omnimodis tallagiis *PQW* 469a; **1465** computum .. monitarii (v. monetare 1b). **b** est susceptus a quodam trapezeta ... paulo ante ~ius idem perdiderat cultellum ingentem LANTFR. *Swith.* 2; contra trapezetas quos vulgo ~ios vocant W. MALM. *GR* V 399; **1218** (v. cambium 2c); **1271** R. le S., nuper ~ius cambii archiepiscopatus Cantuarie *Cl* 371; publicanos, i. e. ~ios curam habentes de tributis (WYCL.) *MS Vienna Österreichische Nationalbibliothek 1342* f. 1v; ubi ~ii illius terre monetam .. posuerant pro tutela WALS. *HA* I 265. **c** **1200** nullus eorum debet placitare extra muros civitatis exceptis ~iis et ministris suis *SelPlCrown* 39; **1233** de ~iis et ministris cambiorum Land' et Cantuarie. convocatis .. omnibus ~iis, assaiatoribus, custodibus, operariis, et aliis ministris de cambiis regis Lond' et C. per visum .. illorum provideat quod tot et tales operarii sint in predictis cambiis qui sufficiant ad operationes regis faciendas *Cl* 230; **1248** videatis quod omnes predicti, tam ~ii quam custodes et assaiatores, tales sint quod pro eis possitis et velitis, tam de officio monete nostre, ibidem bene tractande quam de pecunia que eis liberabitur et eciam de proficuo ejusdem *Cl* 107; **1279** habere potuit placita in curia sua de ~iis et judicia eorundem *PQW* 198a; cognoscere denarios veros a falsis .. ad ~ios .. pertinere dinoscitur OCKHAM *Dial.* 404.

3 (as sb. f. or n.) mint.

972 unum ~ium in Stawmford in perpetuam libertatem concedimus *CS* 1258; a moneo .. hic monetarius, -rii, et hoc ~ium, -rii, i. locus monete OSB. GLOUC. *Deriv.* 353; monetorium .. locus monete *Ib.* 364; Turkilus Hoche dedit sancto Petro Colingeham et ~ium in Stanford et terram [ibidem] ex ista parte aque H. ALBUS 70; **1205** exeat a ~ia nostra j *penipeis Pat* 54b nos concessisse .. quod ~ia nostra et escambium nostrum monete nostre inperpetuum sit in civitate nostra Wintonie *BBC* (*Winchester*) 100; **1218** in officio ~ie nostre (v. cambium 2c); **1235** concessimus .. cuneum illum ~ie nostre Cantuar' quem Thomas de Valencen' .. tenuit *KR Mem* 14 m. 5; item dedit .. ~ium sive cuneum infra burgum sancti Edmundi (*V. S. Edm.*) *NLA* II 608.

monetatio [ML], striking of coins, minting.

s**1248** pro opere .. ~onis (v. dealbatio 2a); p**1280** ipsos quoque denarios, ~one consummata, conservare tenetur *RBExch* 1003.

moneticum, fee for right to mint or use coinage (Sp.).

1282 arrarum nomine damus et assignamus loca inferius notate .. cum omnibus villis, aldeis, pechis, ~is, Judeis et Sarracenis ibidem habitantibus .. (*Lit. Regis Aragonum*) *Foed.* II 210.

monetorium v. monetarius. **monia** v. 3 Manna, moenia.

monialis [LL]

1 (as adj.) monastic: **a** of a monk; **b** of a nun; **c** of a monastery.

a **12..** garcifer magistri coci tribuat liberationes ~es *Reg. Pri. Worc.* 127b. **b** patres eam moniali miserunt sub regula HIL. RONCE. I 47; a**1158** concedo .. ancillis Christi de K. unum plenarium ~e corredium *Ch. Westm.* 264; s**1286** Alienora regina .. suscepit habitum ~em et sacrum velamen *Ann. Dunstable* 326; **1335** accepto velamine ~i *CalCh* IV 334; de mulieribus que in habitu ~i .. continenciam non observant GOWER *VC* IV cap. 13 tit. **c** fervet adire Cole quo discat jus moniale *Poem. Hild.* 66; si quando

careat baculus pastore suoque / rege vacet sceptrum
moniale, hec belua sedem / jam sibi sortitur viduam
HANV. V 149; **1342** legenda ~is (*Vis.*) *EHR* XXVI
111; gradale ~e *Ib.* 113; missale est defectivum et ~e
Ib.; legenda male ligata et de usu ~i *Ib.*

2 who is a nun.

benedictio virginis ~is EGB. *Pont.* 106; **940** ~is
feminae (v. femina 1a); **1089** Kelmetunam quam dedit
Serlo de Burri predicte ecclesie cum filia sua ~i *Regesta*
50; **1182** ad faciendum domos leprosarum ~ium *Pipe*
60.

3 (as sb. f.) nun; **b** (dist. as anchoress).

aliae multae nobiles ~es in monastica vita Deo
servientes in eodem monasterio habitant ASSER *Alf.* 98;
932 fidelissimae familiae ~ium *CS* 691; hoc manerium
est ad firmam de lx libris praeter victum ~ium (*Heref*)
DB I 180ra; venerabilis vir, circiter septingentarum
~ium pater J. SAL. *Pol.* 403C; et monachorum, et
~ium, presbiterorum, et clericorum Normannorum
DICETO *YH* II 122; **1200** de placito quare ipsi fecerunt
eam munialem *CurR* I 118; **1222** ~is consecrata, **1546**
~em professam (v. consecrare 3d); **1292** numerus monialium et sororum vestrarum .. excrevit *Reg. Wint.*
52; abbatisse cum eorum ~ibus *Eul. Hist.* I 213; sic
ligat ordo sacer monachos, ligat et moniales GOWER
VC IV 553.   **b** Eddida ~is tenet in elemosina
de rege xij acras terrae ... duae nonnae tenent de
rege in elemosina ij virgas terrae (*Som*) *DB* I 91va;
calumpniatur quedam pauper ~is iiij acras terre quas
illa tenet sub Radulfo (*Norf*) *DB* II 264b.

4 (dist. acc. order or w. ref. to colour of habit):
a (~*is nigra* or sim.) Benedictine. **b** (~*is alba*)
Cistercian or Austin canoness. **c** (~*is S. Augustini*) Austin canoness.

a 1219 universis abbatibus .. et ~ibus nigri ordinis
Wigornensis diocesis *Doc. Eng. Black Monks* I 8;
1537 priorissa nigrarum ~ium de Brewood *Val. Eccl.*
III 103a.   **b 1257** priorisse Albarum ~ium de
Wygornia *Cl* 95; **1299** date fuerunt albis ~ibus de
Wystan *RB Worc.* 87; **1537** monasterium albarum
~ium de Brewood in comit' Salopie *Val. Eccl.* III 193.
c Harwolde prioratus ~ium S. Augustini, Sampson de
Forte primus fundator *MonA* VI 330.

5 (as sb. f. or n.) mullion.

1357 in iiiij^xx pedes ~ium empt', xxvj s. viij d., pro
pede iiij d. (*Sacr. Ely*) *Camb. Antiq. Soc.* I 46; in cc
pedes de ~ibus empt' *Ib.*

6 (as sb. n.) monastic allowance or corrody.

1364 in soluc' facta cantoribus apud Beaurepaire
pro monial' in ij robis empt' .. xxiij s. iiij d. *Ac. Durh.*
44; **1374** in expensis coquine per tempus compoti per
dominum Willelmum de Werdale xxxiiij l. xvj s. viij d.
in solucione facta domino Johanni de Schaftowe pro
~i suo xxxij s. ix d. *Finc.* lxxxix; **1397** item domino
Roberto Crayk pro suo ~e vers' cur' Rom' xlvj s. viij
d. *Ac. Durh.* 600.

7 nunnery.

1586 monasteria, abbatias, prioratus, monalia *Entries* 488a.

moniarchalis v. monarchalis.

monibilis [ML], who can be warned or admo-
nished.

moneo .. unde .. hic et hec ~is et hoc ~e, i. qui
cito admonetur OSB. GLOUC. *Deriv.* 352.

monica v. monacha.   **monicalis** v. monachalis.

monile [CL], ~**ium**, **a** necklace, collar.
b brooch, clasp, ornamental chain. **c** (gen.)
jewel, jewellery, ornament. **d** (fig.).

a sponsa ~ibus diversis ornata GILDAS *EB* 3; in
collo .. ~iorum pondera BEDE *HE* IV 17 (v. juvencula
2a); crepundium, ~e guttoris *GlC* C 889; munila,
baeg Ib. M 315; ~ia ROB. BRIDL. *Dial.* 3, monalia D.
BEC. 2244 (v. inauris); collo ~ia non indulsit *V. Edm.
Rich C* 597; c**1250** video .. munile aureum .. circa
collum ejus (*V. S. Carthagi* 8) *VSH* I 172; collo ..
~iorum pondere portare CIREN. I 209; **1409** cum j
~i pendente per colerium (v. 2 collare 3c).   **b** ~e
.. quod insculptum habebat GIR. *GE* I 32; hoc ~e,
nusche Gl. AN Glasg. f. 21 rb; **1336** unam capam
.. una cum ~i argenteo et amallato, Annunciacionem
Dominicam figuraliter continente *Lit. Cant.* II 125;
1388 secunda autem mitra .. ornata est cum perillis et
viridibus lapidibus permixtis habens in parte anteriori
duo ~ia cum rubeis lapidibus magnis et totidem in

parte posteriori (*Invent. Westm.*) *Arch.* LII 220; s**1399**
(v. fimbria 2a); stetit in medio circuli ponens quatuor
~ia in modum crucis in fimbriis ejusdem circuli in
quibus ~ibus inscripta erant verba salutifera scilicet
Jhesus Nazarenus etc. *Ghost Stories* 417; **14**.. ~ia duo:
sc. unum aureum de cappa regis et aliud argenteum
de cappa abbatis de Ramesia (*Cart. Reading*) *EHR*
III 117; hoc ~e, A. *broche WW*.   **c** ~e, *glencg GlP*
610; s**1241** debellata Norwallia per Johannem regem
Anglie, princeps ejus Lewelinus cum rege pacificatur,
datis obsidibus et terris multis cum decima vaccarum
et aliis ~ibus multis *Ann. Tewk.* I 60.   **d** ista
collum lunulis .. comi concupiscit, illa .. auratis
virtutum ~ibus rutilare .. desiderat ALDH. *VirgP* 17;
a**795** melius est collo sapientiae ~e suspendi, quam
sirico vanitatis involvi ALCUIN *Ep.* 34.

monileatus, supplied with a necklace, adorned
with a brooch.

luna .. unde lunulatus, -a, -um, i. ~atus OSB.
GLOUC. *Deriv.* 305.

monilis [cf. monachilis, monialis], of a monk,
monkish.

sic viget in claustris elemosina ficta sinistris, / dum
monachus genitis dat sua dona suis. / sic floret pietas
mundo secreta monilis GOWER *VC* IV 265.

monima v. mamma.

1 monimen [LL], **monimentum** [ML],
teaching, advice, warning.

saluberrima doctrina / claroque monimine / libravit
Michel mundum / magno adjuvamine *Anal. Hymn.* LI
249 p. 334; multa dehinc populis adhibens monimenta
salutis FRITH. 691; a**989** sint ~enta mei tamen haec; ea
spernere [nolis] (*Ep. Dunst.*) *Mem. Dunst.* 376; in qua
[bibliotheca] denique devastationi ~enta, que de vita
et miraculis sanctorum sancti patres ad posteritatis
notitiam stilo transmiserant, constat esse consumta
AILR. *SS Hex* 11; quante vero et miserabiles .. nobis
supervenerint clades .. luctus nobis, heu, heu, ~enta
perpetui, protestantur OSB. BAWDSEY clxviii; a moneo
hoc ~en, -nis, et inde hoc ~entum, -ti OSB. GLOUC.
Deriv. 352; ut ipsa vexatio ~entum esset auditui *Found.
Waltham* 3; ad posterum ~entum *Chr. Battle* f. 8;
monumen, *garnisemen, remembrement Teaching Latin*
II 30.

2 monimen v. munimen.

monimentum v. 1 monimen, monumentum, munimentum.   **monipes** v. monopes.   **monitarius** v.
monetarius.

monitio [CL]

1 (act of) teaching, advising, warning.

cummunitorium [l. commonitorium], munitionem
[l. monitionem] *GlC* C 741; in omnibus servanda
moderatio est, ut ~o acerbitate, objurgatio contumelia
careat AILR. *Spir. Amicit.* III 104. 695C; ~o, A. *an
heste, or warnynge WW*.

2 (eccl., text of) formal admonition to refrain
from offence.

12.. si .. commoniti per ecclesiasticum judicem
ipsos a se non abjecerint, ecclesiastice excommunica-
tioni subjugamus. ~onem autem volumus .. sufficere
generalem *Conc. Scot.* II 27; **1301** videtur esse de-
liberandum cum prelatis et clericis prelatorum an
debeant vim habere denunciacionis, ~onis, citacionis
seu artacionis *Anglo-Scot. Rel.* 89; preceptis et munitionibus renovatis et late excommunicacionis sentencia
Flor. Hist. III 166; **1543** trinaque canonica ~one *Conc.
Scot.* I cclvi; **1559** ~o sive intimatio concilii provincialis *Ib.* II 176.

3 monitory letter, writ. **b** claim articulated in
writ.

si vestigium minetur ab una scyra in aliam. .. in-
dicetur presenti, et ipse postea suscipiat cum ~one
sua [AS: *mid his monunge*] et minet vestigium illud
extra scyram suam, si possit (*Quad.*) *GAS* 179; **1157**
lectis .. chartis et munitionibus .. a rege .. subscriptis
Conc. I 428a; **1303** in .. expensis garcionis portantis ~ones et executiones .. officialium et decanis *DC
Westm.* 72/12335; per municionem domini Cancellarii
vel Consilii domini Regis ad diurnam comparenciam
vel attendenciam ad respondend' legi *Entries* 600va.
b 1405 reddidimus nostris civibus tot bona de Anglicorum bonis arrestatis, quot valuerunt bona .. que nostri
cives .. amiserunt; residuum .. divisimus ipsis Anglicis .. retentis tamen nobis ~onibus quibuscumque

competentibus contra dictam terram Anglie *Lit. Cant.*
III 93.

monitivus, that teaches, admonishes, or warns,
monitive; **b** (w. *ut* & subjunctive).

tercio vero oportet quod sit prudens correpcio,
prima hortativa, secunda ~a, tercia minativa, nunc
verbis generalibus, nunc specialibus, ut pertinent corripienti et correpto WYCL. *Civ. Dom.* I 333.   **b** hoc
indicium sibi munitivum dat eidem fundatori usque in
diem hodiernum, ut ymago Sancti Edmundi lanceam
quam manu tenet erectam, ante mortem fundatoris in
proximo morituri de manu sua eiciat et in pavimentum
oratorii longius proiciat (*V. S. Edm.*) *NLA* II 688.

monitor [CL]

1 one who teaches, advises, or warns, monitor;
b (scholastic); **c** (fig.).

te monitore patet fons et origo boni WULF. *Poems*
10; a**1000** quamvis excellentia vestra in talibus ~ore
non egeat, rogo tamen multumque rogo ut .. LANFR.
Ep. 30 (25); ibi Goisbertum .. abbatem constituit
quo ~ore monasticus ordo et regularis disciplina
commode viguit ORD. VIT. IV 1 p. 163; omnis iners
monitor discentes reddit inertes D. BEC. 1728; paret
vir sanctus eorum monitis, et cum ipsis ~oribus ~or
ipse dominum regem piis aggrediitur adhortamentis
V. Edm. Rich P 1811A.   **b** didascalus, magister,
pedagogus, preceptor, doctor, ~or OSB. GLOUC. *Deriv.*
175; hic monitor, *a mayster WW*; **1560** ~ores varios e
gravioribus discipulis preterea constituant ... si quis
~orum deliquerit, .. aspere in aliorum exemplum
vapulet *Educ. Ch.* 498.   **c** hinc [falco] .. nobis est
.. providentie monitor NECKAM *NR* I 26.

2 (leg.) summoner; **b** (passing into surname).

c**1253** munitor [*and all other service which it owed*]
(*Ch.*) *Antiq. Salop.* VIII 92; **1277** concessimus ei
officium suum ~oris in wapentach' nostro de Wirke-
worth *Pat* 97 m. 27.   **b** c**1185** hiis testibus ..
Jacobo Munitore Agustino Vinitore .. *AncD* A 2503;
c**1199** me .. confirmasse Willelmo Munitori custodiam gardini mei *Ch. Chester* 307; c**1212** testibus ..
W. Munitore [v. l. Minatore], R. Clerico, et multis aliis
Ib. 373.

monitorialis [ML]

1 that teaches, admonishes, or warns, (*litterae
~es*) letters monitory.

1522 literas ~es emanatas et levatas ad instanciam
Offic. S. Andr. 123; **1545** literas nostras ~es simplices
Conc. Scot. I cclviii.

2 (as sb. f. pl.) letters monitory.

1549 fulminentur ~es cum omnibus censuris ecclesiasticis *Conc. Scot.* II 93.

monitorius [CL]

1 that teaches, admonishes, or warns, monitory, (*litterae ~iae*) letters monitory.

voce ~ia socie .. suadet introitum GIR. *TH* II 4;
voce ~ia *Id. SD* 26; **1220** literas meas ~ias *RL* I 79.

2 (as sb. f. or n.) monitory letter.

1488 certas ~ias .. contra prefatum Thadeum ..
concessit (*Lit. Papae*) *Mon. Hib. & Scot.* 503b; **1543**
~ium pro solutione cujusdam contributionis *Conc.
Scot.* I ccliv.

3 (as sb. n.) place in which one is taught,
school.

moneo .. unde hoc ~ium, -rii, i. locus monentium
studium, sc. vel scola ubi discipulos monemus OSB.
GLOUC. *Deriv.* 352; ~ium, studium, scola, gimnasium
Ib. 363.

monitrix [LL], one who warns (f.).

ex his feminina, domitrix, ~ix, auditrix, conditrix
ABBO *QG* 4 (10).

monitus [CL], act of advising, advice, counsel,
warning.

angelicos sequitur monitus mox vita salusque AL-
CUIN *SS Ebor* 640; praedicti regis ~u [AS: *mynegunge*]
freti *RegulC* 12; huic fidei peccator me vestro ~u credo
ANSELM (*Or.* 10) III 36; quisque sagax sanos monitus
in corde sigillet D. BEC. 84; rudimentum, documentum, ~us, hortamentum, suadela OSB. GLOUC. *De-*

riv. 506; hoc monitu cornix aquilam premunit WALT. ANGL. *Fab.* 14. 3.

mono- [CL < μονο-], single, alone.

~o . . solum est *Gl. Leid.* 2. 189 (v. monasterium 1); ~o, A. *maner of bef* [?l. *lef,* sc. 'alone'] *WW.*

monoceros [CL < μονόκερως], one-horned animal: **a** unicorn. **b** rhinoceros.

a ~us ALDH. *Aen.* 60 *tit.*; ~us, unicornis *Gl. Leid.* 19. 32; componitur quoque ceros ~os, -tis, i. animal quod vocatur unicornis eo quod unum cornu habeat in fronte OSB. GLOUC. *Deriv.* 103; cum vero apud vulgum, pro unicorne, dicitur et scribitur rinoceros rinoscerontis, per ny litteram in penultima sillaba et similiter ~os ~ontis et hujusmodi, error est BACON *Gram. Gk.* 77. **b** unicornis vel ~os vel rinoceros, *anhyrne deor* ÆLF. *Gl.* 118; **11 . .** unicornis vel rinoceron vel ~on, *onhurne deor WW;* de rhinocerote . . hujus fere multe sunt species scilicet rhinoceros, ~os, aegoceros BART. ANGL. XVIII 88.

monochordus, ~um [LL < μονόχορδος], musical instrument composed of a sound-board with a single string, stretched over a fret or bridge, used to teach intervals.

sidera, mensuras, abacum, monochordon et artem / discendique modos grammaticamque doces G. WINT. *Epigr. Hist.* 4; tempore cuncta sono sibi distant in monocordo, / assignata suis sedibus et spatiis / cum digito per digitum vivificantem R. CANT. *Poems* 16. 31; de ~i . . divisione [Pythagoras] non minus mellita subjecit ADEL. *ED* 27; sic quilibet subtilis, si voluerit, poterit continuare singula tria juxta ordinem supradictum, prout in concordantiis monocordi plenius continetur *Mens. & Disc. (Anon. IV)* 73; de disposicione ~i per numeros ODINGTON *Mus.* 78; breviter ~i subjungo divisionem in primo capitulo dimissam WILL. 15; fistula, cistula, tibia, timpana, cum monacordo R. MAIDSTONE *Conc.* 293.

monoclisios [μονο-+κλίσις], (bot.) mugwort (*Artemisia monoclonos*).

monoclosios, A. *mugwort MS Oxford Bodl. Digby 29 f. 41v.*

monocornus [CL mono-+cornu], one-horned animal, unicorn.

hic lupus, hic leo, pardus et ursus et hic monacornus R. MAIDSTONE *Conc.* 294.

monocosmus, ~ium [ML], little cart: **a** cart drawn by one beast. **b** cart that carries one passenger.

a monos . . componitur . . hic ~us, -mi, i. vehiculum ab uno jumento sublatum OSB. GLOUC. *Deriv.* 355; *care, or lytyl cart that one hors drawyth* ~us, -mi *PP.* **b** hoc ~ium, -mii, i. carrus unum tantum portans OSB. GLOUC. *Deriv.* 355; ~us, vehiculum unum tantum portans *Ib.* 365.

monocratulus, bittern.

de volatilibus: . . hic bucio vel ~us, *butor Gl. AN Ox.* 515.

monocubitalis [LL mono-+cubitus+-alis], of one cubit.

quandam crucem ligneam et ~em de muro extraxit M. PAR. *Min.* II 33 (=*Id. Maj.* II 387: cubitalem).

monocubitus [CL mono-+cubitus], of one cubit.

si . . lux multiplicatione sui infinita extendit materiam in dimensionem bicubitam, eadem infinita multiplicatione duplicata extendit eam in dimensionem tetracubitam, et eadem subduplicata extendit eam in dimensionem ~am GROS. 53; omne . . bicubitum est bis ~um et sic de aliis SICCAV. *PN* 98.

monoculare [CL mono-+oculus], to make one-eyed.

s**1252** persecutor Johannes quem ultor Dominus ~averat propter precedencia merita M. PAR. *Maj.* V 363; s**1263** nec unus quidem inde fuit qui effugeret vel nuncium de commissis Norwegio reportaret preter unum dumtaxat militem, ad legacionem fingendam propterea ~atum BOWER X 17 (=*Plusc.* VII 24 p. 98: †monochus [v. l. monoculus]); uno excepto milite . . ~ato *Extr. Chr. Scot.* 106.

1 monoculus [LL < mono-+oculus]

1 (as adj.) one-eyed: **a** (of a person or face); **b** (of animal).

a ~a . . et ceca ibi aliquandiu decubuit, sed post horas aliquot . . videns et sana surrexit R. COLD. *Cuthb.* 123; est qui monoculo vultu contentus et uno / crure potens cursus, plantam resupinat ad ignes / solis HANV. I 276; occiso a regalibus rege ~o G. *Hen.* II I 173; si prima vocalis hominis ~i vel mutulati vel hujusmodi sit A vel O tunc patitur in parte dextera J. MIRFIELD *Brev.* 68; eratque ~us homo iste AD. USK 109. **b** omnes in eo [lacu] pisces ~i reperiuntur, oculum dextrum habentes et sinistro carentes GIR. *EH* II 9; **1282** Stephanus P. . . habet j runc' *bai* ~um *Chanc. Misc.* 2/7 m. 10; **1286** unum cervum . . qui fuit ~us et ex eadem parte fuit sine cornu *Eyre Chester* 12 r. 5; **1313** pro uno equo morello ~o *KR Ac* 375/8 f. 13d.

2 (fig.): **a** (of building) one-windowed. **b** (of institution) partly-endowed.

a palponi Baucidis non placet ollula / neque Diogenis aula monocula WALT. WIMB. *Palpo* 91. **b** Eboracensem . . ecclesiam fere ~am relinquens GIR. *Invect.* II 1 p. 131.

3 (as sb. m.): **a** one-eyed man; **b** (as nickname or sobriquet).

a tres caeci et unus ~us W. MALM. *GR* II 224; hii sapientie nil gustant poculi, / Argi pecunie, sensus †monocili [l. monoculi] / addiscunt animi; scrutantur oculi / non locos logicos, sed loca loculi GERV. MELKLEY *AV* 21; si ~us generat habentem duos oculos, . . unus oculus in filio . . erit magis debilis quam alter GAD. 37v. 1; ~us posset videre (KYN.) *Ziz.* 54; hic ~us, *a oneeyd man WW; one eghyd,* ~us, monotalmus *CathA;* quomodo ~us quidam, facto voto visitandi beatum, regem Henricum, amissi luminis restitucione ilico letificatus est *Mir. Hen. VI* II 31 *tit.* **b** regulus ille qui dicebatur ~us DICETO *YH* I 348; **1225** predicti juratores et villate veniunt et dicunt super sacramentum suum quod omnes isti preter Ric' de Holecumbe ~o quem prius aquietaverunt sunt culpabiles de felonia illa *SelPlCrown* 116.

2 monoculus [cf. CL mono-+culus], (anat.) rectum, anus (w. play on 1 *monoculus*).

sicut in stomacho et matrice, vesica, ~o, que omnia ampla sunt et concavitatem habencia *Ps.-*RIC. *Anat.* 14; post hoc [tercium] intestinum sequitur aliud quod orbus sive ~us appellatur *Ib.* 35.

monodia [LL < μονῳδία], monody, sound or composition uttered by one voice.

~ia, G., latersicinium, quasi solicinium, *þæt is anes sones* ÆLF. *Gl.* 129.

monoftalmus v. monophthalmus.

monogamia [LL < μονογαμία], monogamy.

~ia, singularis nuptiae *GlC* M 250; de ~ia, de singularibus nuptiis *Gl. Leid.* 30. 43; spurios . . matris ~ia me habere prohibebat BALSH. *Ut.* 47 (v. Favonius 2); *chastite,* continencia, . . ~ia *CathA.*

monogamus [LL < μονόγαμος], monogamous, (also as sb. m. or f.) monogamous man or woman.

hic ~us, -mi, i. unius uxoris vir OSB. GLOUC. *Deriv.* 355; *weddyd to one an no moo,* ~us, -mi; monogoma, -me *PP; that is but ons weddet,* monagamus *CathA.*

monogrammus [CL < μονόγραμμος], **~a, ~um** [LL]

1 (as adj.) written as a single character.

litterae . . ~ae scriptae nonnullis in locis inveniuntur, ubi pictura cum museo in pariete imaginis aut in velis, vel alicubi aliter facta fuerit. ibi eorum nomina cum congerie litterarum unum caracterem pictores facere soliti sunt, quod monogramma dicitur *Runica Manuscripta* 353 (v. et. 2a infra).

2 (as sb. n.) single letter, monogram. **b** cross as sign manual.

loetiferas vero scrobibus versute latentes / decipulas sensit Vuinfridus presul, eisdem / perditus insidiis, tantum monogrammate lusus FRITH. 656; *Runica Manuscripta* 353 (v. 1 supra). **b 956** ego . . hoc ~um signo crucis Christi sigillo *CS* 973.

monohemerius [cf. μονοήμερος], that lasts one day.

a †mons [l. monos] quod est unus . . collirium monemerion *Alph.* 120.

monoiagium v. moneagium.

monoides [LL < μονοειδής], of uniform or unique appearance: **a** (of moon at the beginning and the end of lunation); **b** (of fever).

a [luna] ~es *he byð geciged* prima BYRHT. *Man.* 162; cum . . per sex signa distat a sole luna, plena seu pansilenos [v. l. pansilenas] dicitur. cum vero ~es est aut dicotomos aut tricotomos minus accensa videtur NECKAM *NR* I 13 p. 50. **b** febris monoydos *Alph.* 120 (v. ephemerus 1a).

monologion [μονο-+λόγιον], monologue, soliloquy (in quots., as title of book by Anselm).

illum quem Monoloquium nominavi, ~ion vocetis, et alterum non Alloquium, sed Proslogion tituletis ANSELM (*Ep.* 109) III 242; fecit quoque libellum quintum quem ~ion appellavit: solus enim in eo et secum loquitur TORIGNI *Chr.* 90; a**1332** ~ion Anselmi, liber j *Libr. Cant. Dov.* 23; sic loquitur Anselmus, ~ion capit' xxviij OCKHAM *Pol.* II 595; **1510** ~ion Anselmi *Cant. Coll. Ox.* 47.

monoloquium [CL mono-+loquium], monologue, soliloquy (in quot. as title of book by Anselm).

ANSELM III 242 (v. monologion).

monomachia [LL < μονομαχία], single combat, duel; **b** (as form of ordeal).

adulterii accusata, puerulum quendam . . delatori . . ad ~iam opposuit W. MALM. *GR* II 188; cum . . quotidie sui in expeditione ante castella et predia ~iam facere pergerent, Herwardus . . multum deprecatus est G. *Herw.* f. 324b; qui cum unico in ~ia hoste congreditur GIR. *GE* II 9; quicumque . . monomachiam, id est singularem pugnam, sponte susceperit *Fleta* 50; puerulum sturni sui custodem ad †monachiam [l. monomachiam] applicuit, qui adversarium hominem gigantem devicit OXNEAD *Chr.* 23; ad ~ie congressum R. BURY *Phil.* X 164; per eorum corpora commissa ~ia WALS. *HA* II 231. **b 1156** ferventis aque aut ~ie aut alio judicio probaturum (*Lit. Archiep.*) J. SAL. *Ep.* I 16; ecclesiastica lex nusquam nec mōnomachīam / nec ferri nec aque judicium statuit H. CANTOR *Vers.* 229; cum impetitore suo . . ~iam inire aut judicium ignis subire postulant W. CANT. *Mir. Thom.* II 3 p. 157; **1200** ecclesia recipit ~iam; numquid potest duellum fieri salva caritate? P. BLOIS *Ep. Sup.* 59. 3; non . . examinacionem ignis vel aque sive cujuslibet generis ~iam fieri sacri sanxerunt canones WHITTLESEY *app.* f. 12v p. 158.

monomachicus [LL monomachia+-icus], of single combat, monomachic.

matrem sibi spiritualem, de adulterio falso impetitam, ~o certamine liberavit DICETO *Chr.* I 139; per puerum quendam . . ~o certamine defensa est GERV. CANT. *GR* II 57.

monomathicus [μονο-+μάθη+-ικός], of knowledge of a single subject, (in quot. as sb. f.) knowledge of self.

sciencia vero moralis dividitur in monomaticam, familiticam, et politicam. monomatica est de honestate proprie persone. . . monomatica igitur tres habet partes. in prima ostenditur quod summum bonum est infinite bonitatis et quod potissime prodest et maxime potest. in secunda sui parte agitur de virtute et de speciebus ejus quatuor et principiis. in tercia parte docetur quod per se et pro nobis laudandus est Deus *Ps.-*GROS. *Gram.* 14.

monomatica v. monomathicus.

monometer, ~metrum [LL < μονόμετρος], (metr.) that consists of one poetic foot.

~rum, dimetrum, vel trimetrum versum in iambicis, trochaicis, anapesticis metris per pedes duplices computari, in ceteris per simplices BONIF. *Met.* 113; ~on, versus unius pedis *GlC Int.* 218.

monopagia v. monopathia.

monopathia [μονοπάθεια], (med.) headache distinguished by pain in one place.

monopogia GILB. II 89. 1 (v. hemicranius c); ar-

thetica . . passio . . secundum totum vel partes suscipit denominationem, ut cephalea, emigranea, monopagia *Ib.* VII 309v. 2; si figatur [dolor capitis] in aliqua parte circa medietatem, dicitur clavus vel monopagia GAD. 69v. 1.

monopedalis [LL monopeda+-alis], (of measure) of one foot.

s**1249** tanta nivis ingruebat abundantia ut per biduum durans totam terre cooperiens superficiem spissitudine ~i, frondes arborum confregit oneratas M. PAR. *Maj.* V 54; ictus e celo emissus ingentem lapidem . . impulit tanta vi ut in chorum caderet violenter effractus, humum penetrando, ferme ~i longitudine *Flor. Hist.* II 473; linea duorum pedum est dupla linee ~i BACON XVI 74.

monopes [CL mono-+pes], one-footed, (also as sb. m.) one-footed man.

pedum . . alterum in sublime erigit et quasi monipes quandoque seu sonipes velut errabundus anceps incedit R. COLD. *Godr.* 188; languidus per annos undecim unius pedis gravi percussus erat incommodo, qui monipes per terram . . rependo se protrahens, alterius pedis totam corporis molem supportabat auxilio *Ib.* 606.

monophthalmus [LL < μονόφθαλμος], one-eyed, (also as sb. m.) one-eyed man.

malagma monoptalmis impertiendo ALDH. *VirgP* 34; mox monoptalmi restaurat lumina martyr *Id. VirgV* 1321; monofealmon, unum oculum [sc. habentem] *GlC* M 232; monotalmis, luscis *Ib.* M 287; monoftalmus, *anegede* ÆLF. *Gl.* 157; collatum est visus aliquibus et malagma monotalmis necnon mutis taciturnitatis valva reserata est BYRHT. *V. Ecgwini* 387; **10 . .** luscus vel monoptalmus, *anegede* . . monoptalmis, *ænegum* . . monoptalmi, *aneges WW*; *one eyyde*, monotalmus, -mi *PP*; sex cecos ducens tumbam monotalmus adivit *V. Ed. Conf. Metr.* 498; loripes extales, monotalmus quoque cecos *WW*; *one-eghyd*, monoculus, monotalmus *CathA.*

monophylon [μονόφυλον], medicament 'of one sort'.

fiant monopilla Bali' de aquila que [*sic*]. recipe crocum, castor[eum], mirram, piper, piretrum, cinamo[mum], opium, ana'. primo detur quasi cicer, post in majori quantitate, semper crescendo usque ad consumptionem GILB. V 122. 1.

monopillum v. monophylon. **monopogia** v. monopathia.

monopolis [ML < μόνος+πόλις], principal city of a region.

hec ~is, -is, i. civitas que reliquis in regione melior est et liberior OSB. GLOUC. *Deriv.* 355; ~is, caput civitatum totius regionis *Ib.* 365.

monopolium [LL < μονοπώλιον], market.

~ium, statio ubi una res venditur OSB. GLOUC. *Deriv.* 367; Amalricus . . per suos discipulos hinc inde in ~iis et consiliabilis perlegisset BOWER IX 21.

monopolius [cf. LL monopolium], market man.

1250 ~ios, id est venditores inter se paciscentes vel ad invicem colludentes de esu et potu *StatCantab* 205.

monoptalmus v. monophthalmus.

monoptotus [LL < μονόπτωτος], (gram.) that occurs in only one case or number.

sunt quaedam ~a, quae neque per casus neque per numeris declinantur, ut 'fas' BONIF. *AG* 491; sex sunt nomina ~a, quae una terminatione pro omni casu funguntur, ut gummi, nequam ALCUIN *Gram.* 869C; *be þam syx casum we habbað gesæd, ac sume naman synd gehatene* ~a. *þæt sind anre gebigednysse, and se an* casus *gæð for ealle ða odre* ÆLF. *Gram.* 89.

monos [μόνος], one.

monon [? l. monou], unius *Gl. Leid.* 30. 84; ~os Grece, unus Latine OSB. GLOUC. *Deriv.* 354; inde super tractum, fac demptum quod notat unum; / si monos, dele; sit ibi cifra post nota supra (*Carm. Alg.* 41) *Early Arith.* 74; impar si fuerit hic unum deme priori, / inscribens quinque, nam denos significabit / monos predictam (*Ib.* 95) *Ib.*; M. Domini C quater quadraginta monos patet annus (*Vers.*) CAPGR. *Hen.* 133; monomachia interpretatur duellum a †mons [v. l. monos], quod est unus, et mochios quod est pugna, quasi pugna unius altera *Alph.* 120.

monoscelita, ~us v. monothelita.

monoschemus [ML < μονόσχημος], (metr.) that exhibits only one form of metre.

versus monoscemi ALDH. *Met.* 9; in versu xij syllabarum una species est: hic est, quem superius diximus monoscemum nuncupari *Ib.* 10 p. 84; qui versus monoscemi . . certa pedum mensura trutinentur W. MALM. *GP* V 195.

monostichum, ~on [LL < μονόστιχον], monostich, verse of one line.

monesticon, unius versus *GlC Int.* 217; unde dictum est monosticon illud: Romam Petrus habet, totum Gregorius orbem TORIGNI *Chr.* 117; suo sculptum in sigillo monosticum illud jactabat: Apulus et Calaber, Siculus mihi servit et Affer DICETO *YH* II 123; unde ~on: transit ab R. Gerebertus ad R. trans papa vigens R. R. NIGER *Chr. I* 80.

monosticum v. monostichum. **monosticus** v. monasticus.

monosyllabicus [LL monosyllabus+-icus], monosyllabic, of one syllable. **b** (as sb. f.) word of one syllable.

si . . acuta dictio ~a preponatur syllabe acute, tunc gravatur propter consequentiam dictionis, seu sit acuta declinabilis dictio ~a seu indeclinabilis BACON *CSPhil.* 513. **b** ~a non amittit accentum acutum quando nihil sequitur ipsam BACON *Tert.* 238.

monosyllabus [CL *as sb. n.*, LL *as adj.* < μονοσύλλαβος], **a** (as adj.) monosyllabic, of one syllable. **b** (as sb. m., f., or n.) monosyllable, word of one syllable.

a notandum quoque nomina monosillaba quaedam esse quae in obliquis casibus . . ALDH. *PR* 113 p. 153; pronomen ~um . . ALCUIN *Orth.* 2348 (v. disyllabus b); in versibus igitur monosillabarum dictionum nimietas precavenda, ne vel totus versus vel ejus major pars ex monosillabis constiterit dictionibus GERV. MELKLEY *AV* 205; quando diccio monosillaba incipit per S, solet rotundari, exempli gracia, sum, si, se, set, et similia *Orthog. Gall.* S 18; nomen monosillabum impositum in quo sunt sex littere varie conglobate, sc. 'stirps' WYCL. *Ente Praed.* 18. **b** haec sunt quae in ~is producuntur, in disyllabis autem et trisyllabis vel in ceteris polysyllabis corripiuntur BEDE *AM* 101; dic duo quae moveant totas monosyllaba lites [sc. est, non] ALCUIN *Carm.* 63. 5. 2; nichil . . significacionis per ipsam discernatur in ipsa, nullus erit accentus nisi necessitatis causa, cum monosillaba fuerit, aut differencie causa *Ps.*-GROS. *Gram.* 33; omnis ~a apud Latinos modernos acuitur de se BACON *Tert.* 238; secundum equipollens terminare potest in spondeo trium sillabarum cum monosillabo sibi adjecto . .: 'per presentes' *Dictamen* 335.

monotalmus v. monophthalmus. **monothelista** v. monothelita.

monothelita [ML < μονοθελήτης], monothelite, one who supposes two natures but one will in Christ.

papa contra ~as . . synodum celebravit cxxv episcoporum DICETO *Chr.* I 116; in heresim monothelistarum depravarunt Heraclium R. NIGER *Chr. I* 57; Priscianus scripsit de octo partibus, hereticus ut Justinianus, monoscelita, non ut garriunt Apostata *Id. Chr. II* 135; in heresim monoscelitarum dicentem in Christo unam tantum voluntatem fuisse *Ib.* 141; Constans imperator fit monoscelitus *Ib.* 143.

monotonus [LL < μονότονος], of one tone, unvarying, rigid, obstinate.

~us, rigidus *GlC* M 291.

monoydos v. monoides. **monperium** v. memperium.

1 mons v. monos.

2 mons [CL]

1 mountain, hill; **b** (fig. or in vision).

quis in ~te cum Domino locutus? GILDAS *EB* 69; tunc ruit in praeceps ambusta cacumina linquens / congeries lapidum liquefactaque viscera montis ALDH. *VirgV* 1774; monstrorum . . genera . . quanta in . . ultimorum ~tium latebris nutriri monstrantur *Lib. Monstr. prol.*; ~s, *munt* ÆLF. *Gl.* 177; **10 . .** ~s, *dun WW*; **11 . .** ~s, . . *hul* vel *beruh WW*; c**1160, 1230** (v. cilium 2); in hujus sane ~tis aestuantis ascensu crescit herba, quam vulgus fabam inversam nominat GERV. TILB. III 14; hic ~s, -tis, *a hylle WW*. **b** Aaron, ~s fortitudinis *GlC Int.* 13; primus . . gradus in ~te humilitatis est cognitio sui ALEX. CANT. *Dicta* 1 p. 111; deinde restabat pons magnus . . quem pertransire quemlibet oportebat, antequam ad ~tem gaudii perveniret COGGESH. *Visio* 12.

2 mountainous region, range of mountains: **a** the Alps. **b** the Grampians, the Mounth.

a accepit . . Beorngar . . Langobardiam nec non et illas regiones quae in illa parte ~tis sunt ASSER *Alf.* 85; juxta Jupitereas ~tes ÆTHELW. *prol.*; Langobardorum regnum obtinuere a discrimine Jovei ~tis *Ib.* IV 3; veniebant ad eum milites ex omni que citra ~tes est provintia W. MALM. *GR* IV 314. **b** provinciis septentrionalium Pictorum . . quae arduis atque horrentibus ~tium jugis ab australibus eorum sunt regionibus sequestratae. . . australes Picti . . intra eosdem ~tes habent sedes BEDE *HE* III 4 p. 133; **1428** computum . . custumariorum burgi de Inverness . . pro expensis regis fiendis extra ~tem *ExchScot* 452; **1460** camerarius ultra ~tes. de proprietate domini regis ultra ~tes *Ib.* 14.

3 (in proper names): **a** (place-names); **b** (passing into surnames). **c** (~*s Gaudii*, ~*s Jovis*, or sim., representing 'Montjoie' as war cry).

a usque ad annum obsessionis Badonici ~tis GILDAS *EB* 26; adversum Israhelitas in vertice ~tis Gelboae ALDH. *VirgP* 13; a loco qui vocatur Uilfaresdun, i. e. ~s Uilfari BEDE *HE* III 14 p. 155; in loco qui dicitur Æscesdun, quod Latine ~s fraxini interpretatur ASSER *Alf.* 37; filium . . regis Nuth . . in ~tem Ranarum, nunc dictum Brentecnol . . duxisset W. MALM. *Glast.* 34; **1167** vicecomes r. c. de viij li. et vj s. et viij d. de terra vigilum de ~e Acuto *Pipe* 149; **1180** pro leporibus captis infra terminos foreste de ~te Forti *RScacNorm* I 82; contigit autem virum . . qui finibus Ledeburie borialis et ~tis Gumeri necnon et aliis parcium illarum terris amplissimis dominabatur, ad locum eundem . . advenisse GIR. *Æthelb.* 232; sciant praesentes et futuri me fundasse abbatiam in ~te Infirmorum in honorem Dei omnipotentis et sanctae et individuae Trinitatis *E. Ch. Scot.* 9; **1242** in foresta regis que vocatur ~s Gilberti in comitatu Salop' *Cl* 454; Mons Albanus eum tremuit GARL. *Tri. Eccl.* 53; occupavit montem in mari, qui dicitur ~s Sancti Michaelis SILGRAVE 81; versus . . villam quae ~s Relix . . nuncupatur AD. MUR. *Chr.* 127; inter Nodosum Montem ELMH. *Metr. Hen. V* p. 99*n y*. **b** Hugo de ~e Forti (*Essex*) *DB* II 4b; Hubertus de ~te Canesio (*Suff*) *DB* II 281; a**1158** de dono Willelmi de ~e Alto *Cart. Chester* 287; **1230** Olive que fuit uxor Rogeri de ~te Begonis xx li. quamdiu regi placuerit *Pipe* 80; **1242** Simoni de ~e Forti xxxiij li. *Pipe* 128; de Hugo de ~e pro habendis iiij justiciis *Ib.* 163; tenentes terras Gileberti de ~tibus in hoc comitatu *Ib.* 321 *tit.*; **1261** rex . . Imberto de ~te Ferrandi *Cl* 502; **1257** Willelmo de ~te Reverelli *Cl* 40; filius marchionis de ~te Ferrato W. GUISB. 83; **1305** Mattheo de ~te Martini (*KR Mem*) *EHR* XLVIII 88; providit etiam ecclesiae Dunelmensi de domino Lodovico de Bello ~te AD. MUR. *Chr.* 25; cum . . Johanne . . comite ~tis Fortis . . confederaciones (*Lit. Papae*) *Ib.* 180; multos eodem susurro infecit . . et Rogerum de ~te Gomerico comitem Salopie KNIGHTON I 87; **1409** R. de ~e Hermerii *Cal. Pl. Mem. Lond.* IV 291. **c** dux vero Ogerus . . insigne Francorum genti notissimum alta voce proclamat, '~tem Jovis' crebro nominans NECKAM *NR* 263; facto congressu acclamatum est terribiliter; 'ad arma, ad arma'. hinc 'regales, regales'; inde '~tis gaudium, ~tis gaudium' scilicet utrius regis insigne M. PAR. *Maj.* IV 213.

4 mound (sts. artificial): **a** (as site of mill); **b** (as site of mote and bailey in a castle). **c** (~*s talpae*) molehill.

a **1299** in ~te circa idem molendinum largando (*Ac. Milton*) *DC Cant.*; **1304** in novo ~te facto ad molendinum (*Ac. Aghene*) *Ib.* **b** **1167** civitas Wintonie . . infirmis super ~tem lx s. *Pipe* 192; **1363** de herbag' ~tis gardini de Dalton *Ac. Durh.* 177; **1460** pro reparacione capella B. V. in ~te Castri de Elgyn *ExchScot* 20; **1461** pauperibus in hospitali ~tis Castri *Ib.* 85. **c** **1323** de ~tibus talparum (v. de 1f); **1466** pro sparcione ~cium talparum in pratis predictis *MinAc* 1085/20.

5 cliff, precipice.

promontaria, ~tes maris *GlC* P 638; est etiam oratorium quoddam in veneratione Sancti Michaelis

Archangeli dedicatum, ultra flumen Tine, in ~te ripe ejusdem amnis imminenti RIC. HEX. *Hist. Hex.* I 4; monstravit se coram villa super ripam ~tis G. HEN. V 4.

6 heap, mass, pile; b (fig.).

~tes, *hyplas GlP* 524; promittens ei non modo restitutionem ablatorum sed ~tes aureos J. SAL. *Ep.* 244 (272 p. 556); [milium] est parvum in comparacione ad ~tem T. SUTTON *Gen. & Corrupt.* 59. **b** reges habet Britannia . . inmensum ~tem scelerum exaggerantes GILDAS *EB* 27.

7 object shaped like a mountain: a (~*s manus*) mound of the palm of a hand. **b** (~*s molendini*) mounting of a millstone.

a si ~tem manus rimula versus pollicem tendens fortiter findit, consanguinitatis Venus est . . . si ~s plenus est rimulis, ab infirmitatibus evasurum ostendit *Tract. Chirom.* f. 282ra; ~s manus auricularis medii etc. J. FOXTON *Cosm.* pp. 100–1. **b 1368** Alex Milner pro j pare molarum novorum que reliquisse debuit super ~tem molendini (*Halmote*) *DC Durh.*

8 representation of a mountain.

ʒender is a rock in þe west . . . tunc remigat a[d] ~tem, et nauta dicit: *pay now, ser, and goo to lond* (*Digby Plays*) *EETS ES* LXX 122.

monstra v. 2 monstrum.

monstrabilis [CL], that can be shown, demonstrable, apparent.

1101 propter ~em sui corporis infirmitatem *DipDoc* I 2 (cf. ib. 3: propter apparentem sui corporis infirmitatem); qui terminum illum fregerit, nisi sit pro banno domini vel infirmitate ~i, xxx s. emendet (*Quad.*) *GAS* 194.

monstramen, showing, demonstration, indication.

est tamen Domini nomen venerabile veri / amen monstramen GARL. *Myst. Eccl.* 589.

monstrantia [ML], monstrance, vessel in which to exhibit the Host or a relic.

15 . . item ~ia lignea honeste decorata et depicta cum angelis et candelabris pro custodia majoris ~ie tempore et loco oportunis *Reg. Aberd.* II 193.

monstrare [CL]

1 to point out, show.

dum regi monstrant evulsum carne lacertum ALDH. *VirgV* 998; discooperto vultus indumento, ~averunt mihi etiam vulnus incisurae, quod feceram, curatum BEDE *HE* IV 17 p. 245; dorsa mostrabis tue matri consilio proditorum M. SCOT *Proph. pref.* 156.

2 to put on show, display for inspection: a (artefact); **b** (signature, sign manual, doc. or legal instrument).

a Flandrenses . . ~abant res suas *GAS* 232 (v. extolneare); imo reconditi thesauri monstrantur J. HOWD. *Cant.* 74. **b 933** nomina infra caraxata esse ~antur *CS* 694; **1202** vicecomes quem A. vocavit ad warantum quod hoc ei in crastino ~avit dicit quod non venit ad eum set ad quendam comitatum *SelPlCrown* 26; **1258** datus est dies . . Willelmo . . ad ~and' cartas suas *SelPlMan* 59.

3 (mil.) to muster: **a** (men at arms); **b** (mil. or naval equipment).

a 1339 pro quolibet quadraginta sagittariorum . . tres denarios per diem a die quo ad eandem villam de Berewico ~ati fuerunt usque ad dictum festum Sancte Trinitatis . . *RScot* 566b; suos omnes censuit et ~avit ccc^{is} navibus in dicto portu cum armis STRECCHE *Hen. V* 151. **b s1253** milites de partibus Salepesbirie . . noluerunt colla subdere nove domini regis constitutioni, sc. de armis habendis et ~andis M. PAR. *Maj.* V 410; s**1295** ~atis armis et numeratis capitibus que apta essent ad bella properata . . *Lanercost* 169.

4 to show by example, demonstrate, reveal; b (gram., rhet., & log.); **c** (leg.); **d** (~*avit*, as name of writ).

nullum Deo adversantem . . non admisit, ut perspicue ~aretur non nisi innoxios . . in dominica domu esse debere GILDAS *EB* 69; si tanta monstrorum essent genera credenda, quanta in abditis mundi partibus per deserta et oceani insulas et in ultimorum montium

latebris nutriri ~antur *Lib. Monstr. prol.*; praecepit . . ut inter densas harundinum conpagines, quo via sibi ~aret, incederet FELIX *Guthl.* 37; ironia, idest inrisio quoties aliquid quod sub laude dicitur intellectum vituperationis habere ~atur *Gl. Leid.* 28. 74; **958** de lacrimarum valle ad celestia regna . . ire feliciter ~at *CS* 1027; illud memorabile . . quod circa illa tempora in loco hoc ~are dignatus est Dominus ipso opitulante ~abo *Chr. Dale* 6; compunctus tandem, magistrum Henricum de Sanford, loci episcopum, adiit, et vitam suam cum magna contritione ~avit *Latin Stories* 37; pauperibus umquam non monstres te violentem *Dietarium* 55. **b** quod . . in libello quem De conceptu virginali et originali peccato tituli, apertissime ~avi ANSELM (*Praesc.* I 7) II 258; 'plena artis cognitio' quoniam nos totam artis viam ordine ~are curabimus ne, more ceterorum circa artem conquisita magnifice explicantes, ipsam artem nusquam docuisse invenimur BALSH. *AD* 8. **c 1209** J. filius E. et T. de Albo Monasterio in misericordia quia portaverunt arcus et sagittas in foresta regis sine licencia, et ~andum est regi *SelPlForest* 5; **1221** statim post factum istud ~atum fuit coronatoribus ville G. et postea ad proximum comitatum *PlCrGlouc* 102; **1255** ~avit eis hoc factum ita quod ipsi tres vigilaverunt extra villam de G. ad insidiandum si aliquis duceret carnem versus villam de G. *SelPlForest* 115; ut autem que predixi-mus omnibus possint constare, si necesse fuerit, parati sumus ~are ad verum, tam in curia laicali quam in curia Christianitatis *Feod. Durh.* 219; **1313** quod non sit secundum rectum processum mostrato et ostenso quod aliquid sit factum contra formam dicti tractatus (*Tract. Edw. III*) *Camd. Misc.* XV 10; nobis prior de B. quod cum ipse implacitet in curia nostra coram justitiariis nostris de banco per breve nostrum W. de C. *Reg. Brev. Orig.* 38. **d 1315** subdole machinantes breve nostrum quod dicitur ~avit de compoto sub ficto nomine Willelmi W. de Kirketon *Pat* 143 m. 18*d*.

5 (w. inanim. or abstr. subject) to give an indication of, show.

topatius . . / contemplative solidum / vite monstrat officium FRITH. *Cives* 10. 6; dicta sint . . spondeus, Matheus, platea, Nicea, que non esse Latina ~at pronuntiatio ipsa ABBO *QG* 16 (36).

monstratio [CL]

1 (leg.) showing, demonstration (of document).

s**1193** homines regis Anglie . . in curia regis Francie monstrabunt . . quod juraverit ad querendam pecuniam ad liberationem regis Anglie. si . . monstratum fuerit . . vel si defecerit de recipienda ~one, rex Francie non intromittet se de comite Johanne R. HOWD. III 218 (cf. W. COVENTR. II 38: ad recipiendam ~onem).

2 (mil.) muster.

1404 assignavimus vos . . ad monstrum sive ad ~onem eorundem hominum ad arma ac hominum armatorum et sagittariorum de tempore in tempus quociens indiguerit faciend' et supervidend' *RParl* III 527a; **1417** quodque ipsi diem et locum monstri sive ~onis sue fideliter teneant et observent *Cl* 266 m. 6*d*; **1425** proclamari faciatis quod universi et singuli milites . . ad monstrum sive ~onem suam apud Berhamdonne in comitatu Kent . . sub pena . . properent et festinent *Cl* 275 m. 5*d*; **1488** ad monstrum sive ~onem eorundem hominum . . capiend' et supervidend' *RScot* 486b; **1560** venire faciendi ac cetus, conventus, ~ones, ostentaciones, et delectus bellicos habendi *ActPCIr* 83.

monstrator [CL], one who shows, demonstrates, or reveals.

Johannes, ~or Dei, . . fiat in me verbum tuum ANSELM (*Or.* 8) III 29.

monstratrix [LL *gl.*], who shows, demonstrates, or reveals (also as sb. f.).

recte vie . . sancta scriptura specialis quedam ~ix existit AD. SCOT *TT* 629A.

monstrifer [CL = *that produces monsters*], monstrous.

qui monstriferam fertur domuisse Chimeram NECKAM *DS* I 375; monstrifere fame non credo per omnia, sed me / de monstris dicta monstra referre juvat GARL. *Tri. Eccl.* 110.

monstrificus [CL], (that makes) monstrous, (as sb. n.) monstrosity.

de muliere, que sola animal menstruale est, cujus

profluvia inter monstrifica merito numerantur NECKAM *NR* II 156 p. 251.

monstriparus [ML], that gives birth to monsters.

civesne perosus / monstripari pacem pelagi sancire laboras / an pavidis profugisque instas J. EXON. *BT* I 422; sedibus aptissimis plurima grandia saxivoma . . situari constituit, quorum dum uteri ~i nocivis erant vicini partibus . . prolis immisericordis natalicia predicabant *Ps.*-ELMH. *Hen. V* 54.

monstripodus [cf. CL monstrum+pod- < ποδ- + -us], monster-footed (fig.).

insule vulcanee . . sunt . . ix habentes propria nomina . . . ~e Sonore quia nocte ardent Eolie dicuntur *Eul. Hist.* II 119.

monstriterus [cf. CL monstrum+terere+-us], that destroys monsters.

Corineus . . / clavaque monstritera HANV. V 389.

monstro- v. monstruo-.

1 monstrum [cf. monasterium, minsterium], minster.

hec sunt Lincolne: . . / ad monstrum scala *Staura Civ.* 8.

2 monstrum [CL; cf. monere], ~a

1 act of showing, displaying, demonstrating.

1289 prout hec in veua seu ~a facta in causa Ffronciaci in judicato Ffrancie expressa[ta fuerunt] *RGasc* II 361; **1289** introductus est . . usus . . quod, cum terra alicujus . . saysitur et disseisina . . petitur ex adverso, apponitur quod inspectio seu ~a est facienda *Ib.* 515.

2 something that is shown, displayed, or demonstrated, sample: a (product or artefact); **b** (abstr.).

a ostentum, ~um *GlC* O 284; nunc hospitem sine dampno suscipimus, nunc veltrariorum ~a, falconum circinnia . . non timemus (*Quad.*) *GAS* 534; **1317** sub tali plevina quod bala per totum esset prosequens secundum ~um de eadem bala sibi factum *Law Merch.* I 106; **1374** emit xx quarteria frumenti per ~um sibi ostensum apud Billyngesgate cum navi predicta cum eodem frumento tunc jacente apud Wollekay *Pl. Mem. Lond.* A 19 m. 7b. **b** possunt et ~a dici [sc. genera et species], quoniam invicem res singulas monstrant et monstrantur ab eis J. SAL. *Met.* 886a.

3 (mil.) muster.

1384 sciatis quod . . assignavimus vos . . ad ~um tam capitaneorum quam aliorum hominum ad arma *RScot* 59b; **1385** sciatis quod . . assignavimus vos . . ad ~um ducentorum hominum ad arma *Ib.* 69b; **1404, 1417, 1425, 1488** (v. monstratio 2); **1415** recepit breve regium pro ~o faciendo cleri *Reg. Heref.* 87; **1511** ad ~um sive monstrationem eorumdem diligenter faciendum et supervidendum, ita quod iidem homines ad arma . . prompti sint et parati ad deserviendum nobis (*Lit. Regis*) *Foed.* XIII 300; **1587** authoritatem . . milites . . convocandi et congregandi et ad ~a sive monstraciones eorundem . . capiend' et supervidend' *Pat* 1320 m. 7*d*.

4 unusual thing or event shown as a portent, prodigy, sign: a (in bad sense); **b** (in good sense).

a his tantis tempestatibus / ac terrorum turbinibus / nostra pavent praecordia, / tot monstrorum prodigia / quando cernebant lumina (ALDH.) *Carm. Aldh.* 1. 140; et macheram verbi peccati monstra necantem ALDH. *VirgV* 2464; hermafroditus, qui natura conpositus est ut vir sit et femina, id est ~um *GlC* H 64; ~um, deformitas membrorum *Ib.* M 269; dicimus quod quidquid rei et naturae est in casuali, sive ipsum sit ~um sive occasionatum, est non solum factum sed etiam intentum a natura SICCAV. *PN* 205; omni profecto ~o mirabilius foret, si femina pareret nunquam foeta, et fieret mater cicius quam fecunda FORTESCUE *NLN* II 10. **b** ave, monstrum sanctitatis WALT. WIMB. *Virgo* 19.

5 horrible creature, monster.

Scylla, ~um nautis inimicissimum *Lib. Monstr.* I 14; est ~um quoddam in Arcadia, nomine Cacus *Ib.* I 31; hyinae, nocturnum ~um similis cani *Gl. Leid.* 29. 38; territi sunt nautae quibusdam ~is que in solo videbant G. CRISPIN *Herl.* 88; triforme ~um illud MAP *NC* IV 3 f. 44v; [Hercules] omnia ~a illa vicisse dicatur

ALB. LOND. *DG* 13. 4; ~um illud abdomine suo totam patriam vicinam ditavit affluenter M. PAR. *Maj.* V 488.

6 monstrance, vessel in which to exhibit the Host or a relic.

1460 Ade Goldsmythe pro emendacione ~i argenti sive [?l. sine] clausula domini nostri Jhesu Christi iiij d. *Ac. Churchw. Bath* 131; item j ~um argente [*sic*] deaurati .. precium x m. *Ib.* 132; **1500** unum ~um cum ossibus S. Petri in *berill* et crucifixo in summitate ac ymagine B. M. *Fabr. York* 222; **1544** unum monster' de argento deaurat' vocatum *a monstre for the sacrament* .. asportavit *Pat* 738 m. 23/18.

monstruose, monstrose [CL], in a manner to be pointed out, unusually: **a** monstrously. **b** wondrously.

a portentuose, ~uose, exempli causa cum sex digitis nati *Gl. Leid.* 1. 95; quod caput Gorgonis a cervice serpentibus ~ose continebat *Deorum Imag.* 311; immo ecclesia pariendo filios abortivi compellitur, quinimmo ab utero fetus informis ~uose dirumpitur R. BURY *Phil. prol.* 8; videtur quod ecclesia tamquam monstrum habeat mille capita, et sic de aliis membris ~uose fabricatis WYCL. *Eccl.* 116. **b** in multiplicata oblacione pro elemosinis vivorum et mortuorum, quas ~uose receperant WYCL. *Sim.* 26.

monstruositas, monstrositas [LL], monstrosity, condition of being abnormal, or an example of this.

debemus estimare quod ista ~uositas .. accidit BART. ANGL. V 1 p. 118; ~uositas .. aut nulla aut non tanta accidit in plantis BACON II 136; corpora .. susceptibilia .. peccati et ~uositatis *Id.* VIII 127; unde debemus opinari quod causa ~uositatis non est nisi ex materia SICCAV. *PN* 195; quod virtus augmentativa erret ex nature corruptione, patet ex ~uositate hominum in partubus et membrorum inequalitate R. MARSTON *QD* 158; quia hoc foret inordinate gaudere de ~ositate ordinacionis Domini WYCL. *Sim.* 22.

monstruosus, monstrosus [CL]

1 that is pointed out, unusual, abnormal.

de ~uosis hominum partubus *Lib. Monstr. prol.*; c**1107** ~osum .. est, ut Patrem Filius generare .. debeat (*Lit. Papae*) *Conc.* I 386; prodigium .. i. res quelibet horrenda et ~uosa ... hic et hec prodigialis et hoc prodigiale, i. ~uosus OSB. GLOUC. *Deriv.* 460; si .. duo spermata continuentur, et nullus paries distinxerit inter ea, tunc generabitur ex eis pullus ~uosus habens unum corpus et unum caput et quatuor pedes et quatuor alas SICCAV. *PN* 206; ex compassione tardavit Pirrus occidere eam, quod fuit ~uosum in eo quod solebat ad talia promptus esse TREVET *Troades* 80; unde cum vir sit mulieris caput, et corpus caput suum transcendere monstrum esset in natura, mulierum virum transcendere qui est caput ejus, ita ut per eum nullatenus regeretur, quale est supreme regnare, non membrorum ~uosum in ordine universi FORTESCUE *NLN* II 56; varia ~osarum genera haeresium BEKINSAU 747.

2 of or like a monster.

~is, variis *feondlicum GlP* 495; balenam vel aliam marinam belluam ~uosam GIR. *TH* II 12; Dejanira monstrorum domitorem veneno domuit ~uoso, dum in sanguine Nessi, quem occiderat Hercules sanguine et vitam occisoris appetiit P. BLOIS *Ep.* 79. 244D; quandam beluam marinam ~uosam M. PAR. *Maj.* V 488.

monta v. munda.

montanarius [ML], one who lives on a hill or in mountains.

habemus et ~ios et rusticos, qui pro precepto nostro strenue dimicarent M. PAR. *Min.* I 450.

montanus [CL], **~eus** [ML]

1 (as adj.) of or on a hill or mountain. **b** who lives on a hill or in mountains. **c** that grows on a hill or in mountains. **d** (of abstr.) characteristic of or occurring in mountains.

si ~us torrens crebris tempestatum rivulis auctus GILDAS *EB* 17; ut ad montanam apicem attingamus J. HOWD. *Cant.* 159; **1322** sunt ibi alii custumarii tenentes terram ~am *IPM* 76/2 m. 3; **1324** qualibet [*sic*] acra valet per annum j d. et non plus, quia terra est ~ea et lapidea *Ib.* 81/15; **1397** iiij^c acre

pasture ~e .. pro bidentibus *IMisc* 269/6; **1400** unum mesuagium tres virgate terre ~e et tres acre terre in Hertford *Cl* 247 m. 21; **1525** cum decem acris prati ~ie mensure Wallensie *Cart. Glam.* I 266 (ed. 1885-93). **b** per ~os Scotos quos brutos vocant et Galwalenses FORDUN *GA* 10. **c** BART. ANGL. XVII 34 (v. 1 calamentum a); siler ~us assuefactus valet multum GILB. III 150v. 2; sume pulegium ~um et confice in pulverem et bulliatur mel .. *Pop. Med.* 248. 101; pulegium ~um, A. *brotherwort SB* 35; ~um serpyllum, timbra idem *Alph.* 120; lilium ~um majus, *the great mountaine lily* (GERARDE *Herbal* I 93. 150) *OED*; ornus, *which also is named* ὀρεινὴ μελία *or* ~a fraxinus, *mountaine ash* (*Ib.* III 4. 1290) *OED*. **d** ~a .. frigiditate GIR. *TH* I 6 p. 27.

2 like a mountain, mountainous.

cum pelagi montanis fluctibus olim / .. bullirent ALDH. *VirgV* 812.

3 (as sb. f. or n.) down, hill, upland, mountain: **a** (sg.); **b** (pl.).

a 1257 Wallenses parcium illarum et de ~a solent ferre redditum assisum .. ad castrum de Bergheveny (*MinAc* 1094/11 r. 2d) *S. Wales Rec. Soc. Pub.* II p. 74; **1288** de communa pasture in cxl acris muntane et bruere in quibus communare solebat cum omnibus averiis suis toto tempore anni *JustIt* 1280 r. 8d; **1290** quod possit erigere furcas in manerio suo de S. supra ~am extra terras arabiles *PQW* 697b; **1305** J. S. indictatus .. pro quadam muliere .. super ~am inter Wilton et Chalk .. depredata de catallis suis *Gaol Del.* 1015 r. 15; **1345** de pastura estivali super ~am *Comp. Swith.* 146; hoc ~um, *a grete hylle WW*; **1540** sunt in villata de Kylmaynanwood tres pollate et dim. terre arabilis, pasture, ~e, more, et subbosci, qualibet pollata continente in se lx acras *SP Ir.* 2 f. 45. **b** proficiscebat juxta fluvium Tesgeta .. inter ~a docens rusticanos *V. Cuthb.* II 5; hoc debet fieri de Aeilesforda et de toto illo lesto quod ad illud manerium pertinet et de super ~eis et de Acle *Text. Roff.* f. 164v; taxus .. mollia frequentans et ~a GIR. *TH* I 25; super omnia ~a Northumbrie divulgabant verba hec *Mir. Cuthb. Farne* 4; dispergerunt se per ~a AVESB. f. 127b; ~a Scotiae inhabitans BOECE f. 294 (*recte* 295); *a moore, heath,* ~a, -*orum* LEVINS *Manip.* 175.

4 artificial hillock, platform.

ut .. globos et ~as .. facerent G. *Herw.* 334b (v. globus 4a).

5 (as sb. m.) man who lives on a hill or mountain.

demoratus in ~is plebem rusticam .. ad caelestia vocaret BEDE *HE* IV 25 p. 270; s**1195** quomodo rex Anglorum de nece marchionis purgatus sit per literas senis ~ani W. NEWB. *HA* V 16 *tit.* (cf. ib.: vetus de monte .. salutem); vetus de ~is *Leg. Ant. Lond.* 156.

6 (as sb. f. or n.) plant that grows on a hill or in mountains: **a** pennyroyal (*Menthum pulegium*). **b** ? birthwort (? *Aristolachia*).

a ~a, minuta habet folia, A. *broþerwort MS BL Addit. 15236* f. 18v; ~a, *brotherwort*, pulegium montanum *MS BL Sloane 2479* f. 99v. **b** .. A. *sperewort MS Bodl. Ashmole 1477.* 2 f. 32; ~um quatuor habet folia A. *smereworte MS BL Sloane 3149* f. 8v.

montarium, ~orium [cf. OF *monter*], dais, raised platform, or the stair by which one ascends to it.

in medio palacii est quoddam ascensorium magni Chan .. sub isto ascensorio vel ~orio [ME: *that cencerye*] sunt conductus beveragii unde bibunt qui sunt de curia imperatoris *Itin. Mand.* 124.

montarius, montor, montorius [ML; cf. AN *munteur, muntor*], radknight, tenant who holds land in return for providing services on horseback.

1255 et facit servicium j muntorii ad custum proprium per quindenam apud Knoky *Hund.* II 57a; inveniet iij mountor' super custum proprium apud Album Monesterium *Ib.*; per servicium j muntorii in guerra in Walliam *Ib.* 57b; per servicium unius montar' apud Wem'e tempore guerre *Ib.* 58a; faciendo servisc' iiij muntariorum per xl dies apud Album Monasterium *Ib.* 76a; tenet de Johanne .. pro servico [*sic*] unius muntur' *Ib.* 81; tenet .. pro uno ~ore per xl dies apud castrum de Albo Monasterio *Ib.* 114a; **1279** Robertus de Preston tenet Preston .. in capite per servicium unius montaris per xl dies ad Album Monasterium

tempore guerre *Antiq. Salop.* X 180; **1282** muntorem (*Salop*) *Cal. IPM* II 442.

montator [cf. AN *munter* < **montare*], radknight, tenant who holds land in exchange for providing services on horseback.

1166 Rogerus filius Odonis tenet feodum unius militis et trium muntatorum *RBExch* I 272.

montea [cf. OF *montee*], high tide.

1247 licebit piscatoribus piscem suum custodire per unum retractum maris vel per unam munteiam, et deinde voluntatem suam inde facere *Cl* 547; **1248** piscatores possunt custodire congros suos per unam ~eam vel unam retractam donec appreciatur *Ext. Guern.* 27 (=*CalIMisc* I 17).

montensis [LL], of a hill or mountain.

TATWINE *Ars* 14 (v. montibilis).

montescere [ML], to mount, rise.

ecce venti seviunt, equora fervent, fluctus ~escunt (*Mochta* 1) *VSH Salm.* 395.

montibilis, that can be made hilly or mountainous.

a monte montanus et monticus et montinus et montuosus et montensis et monticius et ~is invenimus TATWINE *Ars* 14.

monticius [LL *gram.*], of a hill or mountain.

TATWINE *Ars* 14 (v. montibilis).

monticola [CL], **a** (as adj.) that lives on a hill or in mountains. **b** (as sb.) one who lives on a hill or in mountains.

a monstrisque gemebat / monticolis tellus HANV. V 421. **b** fratres eremite Sancti Augustini .. viventes sine regula .. usque ad adventum Sancti Augustini .. inde dicti sunt Augustini, qui prius ~e vocabantur *Eul. Hist.* I 438.

monticulosus [ML]

1 like a little mountain in size.

agger ~us *GlC* A 408.

2 like a ridge of mountains in appearance.

vario frons ignea sulco / monticulosa cohit HANV. III 126; anchoris amplexu tenaci profundas arenas stringentibus, ~a classis funibus rudentibus validis stabilitur *Ps.*-ELMH. *Hen.* V 37.

monticulus [CL], **~a**

1 little mound, hillock. **b** (~*us talpae* or sim.) molehill.

a**776** ad tumulum vocitatum Kett, ex Kette usque ad ~os, ex inde vero in Lawern *CS* 219; mulier quaedam .. villae illius prope sitae appropinquans ~o, .. paulisper dormire coepit Gosc. *V. Iv.* 92C; grumulus, ~us OSB. GLOUC. *Deriv.* 264; **1346** inter civitatem Dunolmensem et quendam monticollum, qui .. *Reg. North* 388; Salopia .. posita .. in collis vertice .. Britannice dicebatur Pengwern, a dumis crescentibus in illo ~o *Eul. Hist.* II 150; ibi est Roma, quia superflua equivocaretur in nomine civitatis, sicut pueri vocant Oxonie Romam ~um Belli Montis WYCL. *Eccl.* 15; *Ps.*-ELMH. *Hen.* V 20 (v. cataracta 1d). **b** super cujusdam talpe ~um MORE *Chr. Ed. II* 316; **1383** ~as talparum (v. eradicare 1e).

2 artificial mound. **b** barrow. **c** (joc.) pillow.

ex ea terra factus esset quasi ~us quidam super quem postea fundata est ecclesia BELETH *RDO* 76. 81. **b** singulos .. fecit super hec eorum membra ~os in memoriam victorie sue MAP *NC* II 11 f. 26v; quosdam ~os in sepulturam mortuorum *Plusc.* VII 23 p. 96. **c** non sunt usi fratres pulvinaribus usque ad tempus fratris A. ministri. unde cum diceret frater A. in capitulo quod fratres ~os sibi indecenter fecerunt ad caput suum sublevandum respondit custos .. ECCLESTON *Adv. Min.* 43.

3 sheaf, shock, little stack.

quedam paupercula .. ~um feni .. ascendit ORD. VIT. XIII 16 p. 42; quando inceperint [stipulas] coligere, debent in prima die colligere xx ~os, quemlibet de v garbas [*sic*] *Rec. Templars* 57.

4 little mound, swelling (on human body).

giro perambulo ventris monticulum / vix fere sentiens dulcem odorculum WALT. WIMB. *Carm.* 12.

monticus, of a hill or mountain.

TATWINE *Ars* 14 (v. montibilis).

montifodina [ML], mine on a hill or in mountains.

1414 super omnibus . . piscariis, venanciis, forestis, . . monetis, ~is (*Lit. Regis Romanorum*) *Foed.* IX 176.

montifringilla [cf. CL mons+fringilla], brambling, mountain finch (*Fringilla montifringilla*).

avicula [*brambling*] quam ego ~am esse credo fringilla magnitudine et corporis similis est TURNER *Av.* D 5; *a bramlin, bird*, montifrugella LEVINS *Manip.* 133.

montigenus, mountain-born (fig.).

justitie jussu muri tormenta levati / fabricat ingenium montigenasque pilas GARL. *Epith.* IX 160.

montinus, of a hill or mountain.

TATWINE *Ars* 14 (v. montibilis).

montiunculus, little hill.

videres aggeres [panum] in tipum ~orum ad superiora protendere R. COLD. *Cuthb.* 22 p. 49.

montor, montorius v. montarius.

montulus, little hill.

Angli . . condensaverunt pregrandem terre cumulum quasi ~um super quo machinis compositis massis plumbeis tamquam pro lapidibus . . jacerent *Chr. S. Edm.* 62.

montuositas [ML], hilliness, mountainous nature.

per ~atem terre promisse respectu terre Egipti prefert eam Moyses in fertilitate DOCKING 116.

montuosus [CL]

1 hilly, mountainous. **b** (as sb. n.) hilly or mountainous region.

ascendimus quidem de Joppen in civitatem Jerosolimam, . . per viam ~am, asperrimam et periculosissimam SÆWULF 838; ?**1173** terram illam . . ~am et monstruosam P. BLOIS *Ep.* 46. 137A; quare terra quedam plus ~a est quam in alia? *Quaest. Salern.* P 57; **1251** terra illa ~a est et sita inter rupes et satis debilis *IMisc* 5/14; oportuit episcopum . . per loca deserta, . . et invia iter arripere *Proc. A. Kyteler* 17; hipporis . . nascitur in locis humidis et ~is *Alph.* 82. **b** precessit te hinnulus ille spiritalis per ardua et ~a, aspergens itinera sua aromatibus myrrhe et thuris AILR. *Spec. Car.* I 34. 540C.

2 of mountainous size.

delphini . . atque insuper ~ae balenae GOSC. *Aug. Maj.* 51D; Appollineus Phyton ~a invictus magnitudine *Id. Lib. Mild.* 20.

monumen v. 1 monimen.

monumentum [CL]

1 sepulchral monument, tomb; **b** (representing the element 'grave' in the surname Capgrave).

statim facta est lux in omnem terram, et terre motus magnus, et patefacta sunt ~a THEOD. *Laterc.* 10; cujus personam . . epitaphium quoque ~i ipsius . . pandit BEDE *HE* V 8 p. 295; libere Dominus clauso ~o exivit, libere infernum spoliavit, libere ad discipulos 'januis clausis' intravit ALEX. CANT. *Dicta* 5 p. 131; erat . . in crypta ecclesie ~um novum, excisum de petra H. BOS. *Thom.* VI 15; ~um, ergastulum, sarcophagus BELETH *RDO* 156D; hoc ~um, A. *a tumb* WW. **b** de ~o Pileato vulgariter nominatus CAPGR. *Hen. app. II* p. 213.

2 memorial. **b** token, reminder.

~um, memoria *GlC* M 238; hec sunt patrum meorum preclara monimenta que nulla unquam oblivio poterit abolere *Eccl. & Synag.* 55; sepulchrum virginis clam erat . . omnibus . . vetustatis monimentis violentia hostium et temporum deletis W. MALM. *GP* IV 171. **b** redemptor / expurgans veterum clemens monumenta malorum ALDH. *VirgV* 2886; monimentum amoris, indicium *GlC* M 239; ~um, donum *Ib.* M 249; Elfricus . . reliquit aliquantos codices, non exigua

ingenii monimenta W. MALM. *GP* V 254; **1147** hec . . pro hujusmodi testimonio se sacrosancta libenter velle contingere pro hujus rei monimento profitebantur *Ch. Durh.* 36 (=*Feod. Durh.* lxi); **1167** nec possum nisi de paucorum fide amicorum vel pauca et parva ad animum reducere ~a J. SAL. *Ep.* 186 (192); accipe nostre cognationis et mutue dilectionis ~um, ut memineris me sollerti obsequio tuo esse obnoxium G. FONT. *Inf. S. Edm.* 36.

3 written memorial, literary record: **a** charter, deed, document. **b** historical narrative, history.

a Albinus . . omnia . . monimentis litterarum vel seniorum traditione cognoverat BEDE *HE* pref.; **901** cartarum ~is tradere subque testimonio cyrographi concludere *CS* 595; **1219** quesitus si habeat cartam vel ~um per quod possit petere warentiam *CurR* VIII 45; **1380** asportavit ~a et bullas indulgenciarum predicti hospitalis *IMisc* 221/17; **1391** in exp' terrar' apud Ebor' pro exhibicione ~orum nostrorum coram domino archiepiscopo, xxxij s. *Ac. Durh.* 597; **1415** per indenturas ac alia ~a et documenta in predicta capella . . demonstrata *Reg. Durh.* 66. **b** ut Moyses magnus scriptor temporum exposuit in suis ~is THEOD. *Laterc.* 3; scriptorum veterum liquido monumenta testantur / quod Danihel semper virgo floresceret almus ALDH. *VirgV* 323; quid porro jocundius quam fortium facta virorum monimentis tradere litterarum? W. MALM. *HN prol.*

moota [AN, ME *moue* < AS *meu, mæw*; cf. F. *mouette*], seagull.

ad ministrandum ei Dominus ~am deputavit, que singulis diebus Quadragesime primi anni pisciculum, qui vulgo lumpa dicitur, loco statuto ad refectionem detulit *V. Bart. Farn.* 301; accessit ad . . anachoritam Bartholomeum, . . petens . . quatenus unum ex pullis ~arum ei daret aut ipsum accipere permitteret *Mir. Cuthb. Farne* 2; pullos ~arum, memorati fratris prohibicione postposita, lapidibus inquietabat *Ib.* 3.

mor [Ar. *murr*], myrrh.

mor, i. mirra *SB* 30.

1 mŏra [CL]

1 time that elapses before an event takes place, loss of time, delay. **b** (*~am facere*) to make a delay, waste time. **c** (*nec ~a, absque ~a, sine ~a*) without delay, immediately.

~am facit Dominus meus venire GILDAS *EB* 96; quid . . ~arum vincula nectimus? ALDH. *VirgP* 22; inde meumque moram nomen dixere Latini HWÆTBERHT *Aen.* 54 (*De ochenao pisce*) 6; sed quid necto moras? L. DURH. *Dial.* II 211; ~a esse intelligitur ubi nulla difficultas impedit RIC. ANGL. *Summa* 17 p. 19; cum in hujusmodi ~a multum diei consumpsissent et stetisset uterque exercitus G. HEN. V 12 p. 82. **b** de promissione sua laici non debent ~am facere, quia mors non tardat THEOD. *Pen.* II 14. 3. **c** nec ~a . . cæditur GILDAS *EB* 13; absque mora . . / mox . . / . . fuere . . / viii . . / divulgati (ÆTHELWALD) *Carm. Aldh.* 2. 3; illi sine ~a statim obedientes venerunt *V. Cuthb.* III 2; nec ~a, pestis secuta est BEDE *HE* I 13 p. 29; nec ~a, memorati apparitores matrem cum pignoribus suis in direptum vastissimam trahebant *V. II Off.* 231; nec ~a ad tantam regis graciam acceptandam quasi tocius patrie tam proceres ibidem morantes quam cives burgenses et villani ut se homines ligeos regi offerrent jocundo confluxerunt applausu Ps.-ELMH. *Hen. V* 47 p. 118.

2 intervening period, lapse of time. **b** pause in speaking.

Benedictus ~am dierum non determinat, sed absolute imperat ut de itinere reversus monachus per omnes canonicas horas benedictionem accipiat LANFR. *Const.* p. 162; a**1217** considerata religione et honestate fratrum ecclesie Westmonasterii et elemosinarum largicione que in ea geruntur ~a et gratuita liberalitate *Ch. Westm.* 483; quod mensura media correspondeat illi apud haber' ~am indivisibilem DUNS *Ord.* VII 223 (v. defectibilis). **b** [S] dicitur semivocalis liquescere quando non retinet totam ~am sue prolacioni debitam Ps.-GROS. *Gram.* 25.

3 time required for something, time needed.

ante diem mortis dolor adveniens tibi fortis, / anno dante moram, postremam traxit ad horam *V. Gund.* 49; [carmen octavum] dividitur in tres, quia primo impetrat Andromacha ~am plangendi filium moriturum ab Ulixe TREVET *Troades* 53; partus iste nobis datus / pro nobis immolatus / nostri moras incolatus / claudat beatitudine LEDREDE *Carm.* 41. 31.

4 act of staying in one place, remaining, residing. **b** (*~am contrahere, contrectare, facere, trahere* or sim.) to stay, remain.

1275 B. filius S. invenit [plegios] . . quod propter ~am suam London' decennam suam semper sequeretur et nullam libertatem contra voluntatem domini in nullo tempore vendicabit et quociescunque dominus voluerit ad ipsum veniet *SelPlMan* 26; **1292** tempore sue ~e *MunAcOx* I 60; **1310** admittantur [sc. scolares] pro ~a quinque annorum ad majus *Reg. Whet.* II 315 app.; **1311** adventus domini regis et ejus ~a per iij dies ibidem *Ac. Durh.* 9; patriam circuiens, cogitans ubi Deus eo disponeret, ~am tandem cepit sub castello de Bladon *Eul. Hist.* I 225; **1368** pro custodia dicti castri . . de tempore ~e sue in dicto castro *ExchScot* 307. **b** ~am fecit H. CANTOR 3 etc. (v. facere 17); modici temporis in ea ~am fecit GIR. *TH* III 39; in cujus comitiva per plures dies . . ~am traxi AD. MARSH *Ep.* 180 p. 324; **1260**, etc. (v. contrahere 3c); **1314** (v. contrectare 3b); **1454** Johanni . . Pattavii nunc ~am trahenti *Lit. Cant.* III 215.

5 place in which one stays, residence.

indicabant autem nomina mulierum, genera morborum, horam et ~am mortis W. CANT. *Mir. Thom.* VI 31; **1327** in . . competenti area in solo ad . . ecclesiam pertinente . . pro ~a vicarii . . edificanda *Lit. Cant.* I 264; concessisse . . J. L. ~am et sustentacionem suam . . quoadvixerit de domo nostra de Baliscaok *Reg. Kilmainham* 128; **1345** quoad dictam domum pro ~a leprosorum *Mem. Ripon* I 232; c**1350** manerium de Deneya esse pro ~a dictarum sororum . . aptiorem *Mon. Francisc.* II 280; unam cameram pro ~a sua *Meaux* III 110; exinde duxit eum rex per medium civitatis usque ad palatium suum W. quod pro ~a sua propria ornatissime fecerat praeparari G. HEN. V 18 p. 130.

2 mora, 1 morus [AS *mor*]

1 moor, heath.

a**1086** dono et concedo . . totam terram et ~am extra Crepelesgatam *Regesta* I p. 125; de hoc manerio sunt ablatae x acrae silvae et xxv acrae ~ae et prati (*Som*) *DB* I 91vb; c**1175** communem pasturam in mhora *Regesta Scot.* 170; **1221** opturaverunt viam suam quam ipsi habebant . . usque ad ~am que vocatur Walemore. . . dom. H. de N. et P. de B. constabularius suus eis liberavit eam ~am per bundas et per metas ita quod nullam purprestturam fecerunt *PlCrGlouc* 81; **1231** cum tercia parte prati quod ad dominicum suum pertinet et terciam partem ~i et ducentas oves in communi pastura *BNB* II 485; a**1251** sicut ~us et nemus dividunt *Cart. Cockersand* I 261; **1334** ad . . ~as . . que . . fruscuntur (v. frussare 2); **1358** item xl s. warennario ~i de Carole, pro feodo suo unius anni *ExchScot* 562; via . . que ducit de Hotona ad ~um usque ad ductum aque que est divisa inter H. et S. *Meaux* I 377.

2 marsh, bog, fen.

c**1150** in ~o, in turbere, in *bruhere Danelaw* 230; a**1153** de ~a de Edynham ad fodiendum cespites ad faciendum ignem *Kelso* 2; **1288** pastura continens dimidiam carucatam terre tam de *currach* quam ~a, que valet ad affros *IPM* 52/5; **1297** Hybernici eciam, de densitate boscorum et profundidate ~arum adjacensium confidentes, assumunt audaciam cicius delinquendi *StatIr* I 208; **1333** de quadam turbaria ~e in Charleton arrentata R. . . ne exitibus ~e arrentate R. de C. *LTR Mem* 105 m. 187d; **1540** (v. montanus 3a).

3 peat moss, peat.

c**1294** [*peat-moss*] ~a *Cant. Cath. Pri.* 180; **1326** item habet ibidem viij acras ~is et turbis fodendis *BB St. Davids* 60; s**1356** sex cordas ~e (v. chorda 7c); **1650** unacum piscatione ejusdem in aqua de Eske vulgo lie Willokishill nuncupata ac cum ~a dictarum terrarum *Reg. Brechin* II 298.

4 (in surnames).

1203 Micael de ~a *Pipe* 60; **1226** testibus . . Willelmo de ~a *Cart. Osney* IV 70; **1242** Amfridus de ~a *Pipe* 134; **1251** R. de ~a *Cart. Cockersand* 1224; **1256** Philippus de ~a (*Cl* 113); **1291** Johannes de ~a in artibus apud Oxon (*Reg. Linc.*) *EHR* XXVI 505.

3 mōra v. 1 morum.

4 mōra v. 4 morus.

moracia [LL *as sb.* < CL *as adj.*], large, round, hard nut.

hec ~ia, -e, i. dura nux OSB. GLOUC. *Deriv.* 355;

~ia, A. *a walnote* .. hec moraria, *a calyng nut WW*; *a cobylle nutt*, ~ia *CathA*.

moragium [Eng. *moor* < AS **marian*+ *-agium*], moorage, fee for mooring a boat.

1285 in j nova mola empta .. in beveragio .. in wharfagio .. in ~io ij d. (*AcR Meopham*) *DC Cant.*; **1341** de .. ~io (v. coveragium b); **1386** perdonavimus .. summam annuam vj li. iiij s. vj d. .. solvend' per manus vic' nostri com' predicti .. pro warda castri, firma Cuthberti, *feusilver*, ~io, cornagio et pro omnibus aliis oneribus *Pat* 321 m. 11.

1 moralis [CL]

1 (as adj.) of or concerned with ethics, moral: **a** (of person); **b** (of thought, discourse, rule, act, book, or abstr.); **c** (of philosophy); **d** (w. ref. to interpretation of text according to moral sense).

tam naturalis hic nepos noster et tam ~is GIR. *SD* 20; ~is ille philosophus egregius [sc. Seneca] *Id. Ep.* 4 p. 186; tercio modo accipitur sapiencia apud Stoicos et ~es philosophos sicut fuerunt Socrates, Seneca, et Boecius HOLCOT *Wisd.* 6. **b** ex libris ~ibus 'myrmicoleonta' assensum prebuissem ABBO *QG* 15 (34); hanc pravitatem ~em ADEL. *QN intr.* p. 1; **c1214** texens sermonem ~issimum GIR. *Ep.* 8 p. 276; preter hoc congruebat scribi regulas ~es omni condicioni congruentes GROS. *Hexaem.* I 4; de lege .. ~i, id est de decalogo et regulis ~ibus ex decalogo sequentibus *Id. Cess. Leg.* IV 7. 2; de ipsius moribus non ~ibus multa in hoc libro prescribuntur *Flor. Hist.* II 379; operatio ~is partim est extra et partim intra, et operatio interior est amor veri boni sine quo operatio exterior non est vere ~is KILWARDBY *OS* 634; finis autem hic intentus est bonitas ~is, quae non intenditur induci in Deo sed in homine DUNS *Ord.* I 90; '~e' accipitur large pro actibus humanis qui subjacent voluntati absolute. .. aliter accipitur magis stricte pro moribus sive actibus subjectis potestati voluntatis secundum .. dictamen racionis OCKHAM *Quodl.* 176; Socrates, Seneca, et Boecius qui nihil aliud vocant sapienciam quam colleccionem virtutum intellectualium et ~ium HOLCOT *Wisd.* 6. **c** aethica, ~is *GlC* A 323; ethica, ~is *Ib.* E 316; hec est pars ~is philosophie, cujus socia est poetica, que consistit in dictis sicut reliqua pars ~is philosophie consistit in factis BACON *Tert.* 308. **d** velim .. omnia utcumque historico vel ~i sensu interpretari GILDAS *EB* 93; tropologia, ~is explanatio *GlC* T 244; tropologia est ~is locutio cum de moribus informandis in nobismetipsis aperte vel figurate monstratur S. LANGTON *General Prol.* 192.

2 (as sb. m.) moral philosopher.

~is Seneca noster GIR. *RG* 2 p. 47; aliter grammaticus, aliter logicus, aliter ~is, et rhetor et poeticus BACON *Tert.* 308; **s1459** secundum ~es vult nobilis .. animus parcere illis .. quos cernit ante se humiliatos *Reg. Whet.* I 354; gravis ac ~is ille Seneca sub compendio asserit .. FORTESCUE *NLA* I 7.

3 (as sb. m. or n.) moral philosophy.

in ~ibus unum contrariorum accipitur pro alio T. SUTTON *Gen. & Corrupt.* 75; lux et moralis tenebrescit GOWER *Carm.* 355. 17; cui negatum est .. philosophiae abstrusioris mysteria penetrare, ad ~em accedat FERR. *Kinloss* 8.

4 (as sb. n. pl.) book about moral philosophy: **a** Aristotle's *Ethics*. **b** Gregory the Great's *Moralia in Job*. **c** Alexander of Bath's *Moralia super Evangelia*.

a Aristotilem philosophorum principem in suis ~ibus *Plusc.* VII 18 p. 88; **1549** Aristotelis .. ~ia *StatOx* 358. **b** haec .. Gregorius .. libro ~ium .. per allegoriam .. elimavit ALDH. *VirgP* 13; **793** Gregorius in ~ium libro XVIII ait .. ALCUIN *Ep.* 23 p. 64; de ~ibus Job mihi mandastis ANSELM (*Ep.* 23) III 130; Africanus quidam .. ~ia Job comparatus R. NIGER *Chr. II* 145; ~ia Beati Gregorii AD. MARSH *Ep.* 213 p. 378; Gregorius compilavit libros ~ium super Job *Eul. Hist.* I 212; liber ~ium Gregorii abbreviatus HEETE *Catal. Coll. Wint.* 68. **c** ~ia magistri Alexandri de Ba super ewangelia *MS Oxford, Lincoln Coll.* 79 f. 11.

2 moralis [cf. 2 mora], that lives on a moor.

1511 summa gallinarum muralium (v. domesticus 2a).

moralisare v. moralizare. **moralisatio** v. moralizatio.

moralitas [LL]

1 morality, condition of ethical rectitude. **b** study of morality, ethical philosophy.

~as ALDH. *PR* 139; vitiis ~as opponitur GARL. *Mor. Scol. prol.* (v. curialitas 1a); musice .. potestas .. non solummodo speculationi sed ~ati conpuncta est BACON *Tert.* 299. **b** continet .. totam ~atem et totam scienciam racionalem GROS. *Hexaem.* I 4.

2 moral character or the behaviour that issues from it.

nec .. gloriam sibi exigebat, sed pie et religiose ~atis ornamenta querebat *V. Birini* 2; dum animi ~as pluribus se institutis imbuit R. COLD. *Cuthb.* 112; erat dulci ~ate preditus SERLO GRAM. *Mon. Font.* 125 (v. communicabilis 2); ~ate laudabili, sicut verbis et gestibus sic et actibus cunctis modum et modestiam sequi .. cupientes GIR. *PI* III 30 p. 320; Henricus Alienoram .. plus propter singularem qua inter omnes dominas pollebat, pulchritudinem quam ~atem, desponsavit M. PAR. *Min.* I 289; successit Thomas, vir magnae ~atis *Extr. Chr. Scot.* 99.

3 a morality, story that inculcates a moral, or the moral interpretation of such a story; **b** (w. ref. to moral interpretation of Scripture).

factus est spiritualis agricola, vomere doctrine .. corda terrena excolens .. sed sensu ~atis fecundo ea vocans *Chr. Battle* f. 50; cui non placuerit simplicitas picture, placeat saltem ~as scripture *Best. Ashmole* f. 37v; **a1213** in libro nostro Hybernico .. theologicas diligens lector invenire poterit tam ~ates quam allegorias GIR. *Ep.* 3 p. 170; [fratres] infra breve tempus tam in questionibus quam predicationi congruis subtilibus ~atibus profecerunt ECCLESTON *Adv. Min.* 61; sicque lupo simplex agnus fuit esurianti. / ~as: hec notat historia principes potentes / qui furunt in pauperes etc. *Latin Stories* 138. **b** primo .. loco in scriptura sacra .. est simplex historia, deinde allegoria, postea ~as, novissime .. anagogen. .. dulcissimus vero in ~ate *Simil. Anselmi app.* 194; si aliquid ad ~atem pertinens audire delectat .. AD. SCOT *Serm.* 334D; **1180** que superius dicta sunt ad ~atem retorquens, quid edificationis intuentibus pictura conferat, mystica interpretatione ad mores corrigendos inclinare .. satage J. KELSO *Ep.* 627A; caveant de malediccione et pena minata Achab et Jesabel. istam ~atem tangit venerabilis Beda super epistolam Jacobi WYCL. *Eccl.* 198.

moraliter [LL]

1 morally, ethically.

dictet ethice, id est ~iter dictent etice GARL. *Dict.* 134; omnis theologus et jurista ac philosophans ~iter utitur his argumentis BACON *Maj.* III 87; nullus actus naturalis est bonus ~iter propria bonitate OCKHAM *Quodl.* 99; eadem conclusio numero per te potest probari philosophice per premissas speculativas et ~iter per premissas practicas *Ib.* 483; in factis ~iter dubiis R. BURY *Phil.* 18. 229; juramentum .. post fuit falsum ~iter WYCL. *Ver.* II 99.

2 according to the moral interpretation of a text; **b** (w. ref. to Scripture).

~iter autem Cacus malus interpretatur *Deorum Imag.* 326; ~iter quidem sermocinantes dicunt hec esse tantum quantum unum est, unde intelligendum est 'consilii boni' *Ps.*-GROS. *Gram.* 65; **s1459** juxta ~iter loquentes, bellualis .. illa sevicia esse dicitur, ubi nulla subsequitur misericordia *Reg. Whet.* I 354. **b** 'thesaurum istum in vasis fictilibus' .. quod ~iter interpretatum .. GILDAS *EB* 70; quid sit ~iter pedes Christi lacrimis lotos et crinibus extersos osculari AD. DORE *Pictor* 158; ~iter verbum prelati est S. LANGTON *Ruth* 99; isto modo ~iter Christus quandoque videt personam aptam ad fructificandum in ecclesia HOLCOT *Wisd.* 187.

moralizare [ML], to moralize, interpret according to the moral sense. **b** (p. ppl.) interpreted according to the moral sense.

hec autem breviter ~asse sufficiat BRADW. *CD* 395E; literalis autem [sc. sensus] secundum principia Augustini habet summam auctoritatem, alii autem sensus nisi de quanto fundantur in sensu isto autentico vel evidencia racionis quia aliter quilibet posset moralisare vel trahere auctoritatem scripture ad sensum quem vellet habere WYCL. *Euch.* 341 (=NETTER *DAF* II 230va). **b** **1443** Ovidium Metamorphoses ~atum (*Catal. Librorum*) *MunAcOx* 772; **1510** Cato moralisatus in papiro *Cant. Coll. Ox.* I 46.

moralizatio, interpretation according to the moral sense.

incipiunt historie notabiles .. ex gestis Romanorum et quibusdam aliis notabilibus gestis cum moralisationibus eorundem *G. Roman.* 273; cum .. libro cum moralisationibus volucrum et bestiarum vocato Bestiario HEETE *Catal. Coll. Wint.* 68.

moralizator [ML], one who interprets according to the moral sense.

suavissimus quippe ~or erat, ut satis considerare poterit, qui libros ejus inspexerit manu propria emendatos TREVET *Ann.* 212.

moramen [cf. CL moramentum], hindrance, cause of delay.

fluvium, sub plurimo tamen reflui maris ~ine, transvadimus GIR. *IK* I 8.

morantia, pause, interruption, delay.

dicitur .. vulgo ~ia inter monachos, cum legendi, cantandi, aut serviendi munus sibi assignatum omittit quis, unde moram patitur functio regularis AD. EYNS. *Hug.* I 2 p. 11; ministrorum altaris defectus et marantie *Stat. Heref.* 77; in missa ad legendum ~ias et defectus frequenter faciunt *Ib.* 81.

morari [CL], **~are** [LL], **~iare**

1 (tr.) to check the progress of, delay.

rupes maris que naves ~atur BERN. *Comm. Aen.* 12.

2 (intr.) to pause on one's way (also fig.). **b** (w. inf.) to be slow (to).

quid magis ~or longe ambitu verborum? *V. Cuthb.* IV 9; cur ~amur foris? ÆLF. *Æthelwold* 13; quid moro, cur non morior? J. HOWD. *Cyth.* 21.4. **b** nec meminisse moror praeconia clara Chrisanti ALDH. *VirgV* 1123; **a1090** ad litteras .. tam diu ~atus sum respondere ANSELM (*Ep.* 128) III 271; si vulnera ~entur desiccari GILB. IV 197. 1.

3 to remain present, dwell, live, reside (in a place). **b** (w. *ab* or *de*) to stay away from (an event).

civitas in qua tu ~aris ALDH. *VirgP* 25; sunt homines in Oriente, in cujusdam heremi vasta latitudine ~antes, qui .. *Lib. Monstr.* I 18; eos qui in Hii insula ~abantur monachos BEDE *HE* V 21 p. 345; Marinus papa .. qui Scholam Saxonum in Roma ~antium .. liberavit ASSER *Alf.* 71; est .. ibidem ~aturus per triduum DICETO *YH* 114; **1201** qui talis fuit, quod non potuit nec debuit in patria ~ari, per quam capcionem ipse suspensus fuit *SelPlCrown* 41; omnes mercatores habeant salvum et securum exire de Anglia et venire in Angliam et ~ari et ire per Angliam *Magna Carta* 41; creditur moniales ~asse ubi nunc sit hospitale leprosorum *Eul. Hist.* I 229; **1374** in expensis domini Johannis prioris ~antis apud Bieurepair .. xx li. viiij d. ob. *Ac. Durh.* 580; mercatores alienigene .. ~entur ad mensas liberorum hospitum civitatis *MGL* I 168; **1428** R. firmarius omnia blada super dictas terras crescencia .. in grangia de Froma Episcopi intrabit et ~iabit *Reg. Heref.* 112; **1448** annis, quibus ~antur extra universitatem *StatOx* 272. **b** omni .. die per annum debet ostillarius a completorio ~ari, ut, quacunque hora superveniant hospites, ad eos humanitus recipiendos promtus inveniatur *Cust. Westm.* 85; **1293** ~antes de completorio, omnes simul .. priorem suum sequentes ad ostium capituli .. compleant debita hora ad pausacionem *Reg. Malm.* II 394; de matutinis extra chorum ~are licenciam est daturus *Cust. Cant.* 78; de licencia vero ~andi de completorio fratribus concedenda, specificatum est in rubricis de ordine .. et a quo ~andi de completorio licencia fratribus est concedenda *Ib.* 84.

4 to remain, continue to be (in condition).

quanto quis tempore ~atur in peccatis tanto ei augenda penitentia est GILDAS *Pen.* 14; quod autem conquerimini vos ~atos esse velut infructuosam arborem ANSELM (*Ep.* 192) IV 79; sic fera dissociat mors quos Deus associavit, / et moriente morans viduatur conjuge conjux H. AVR. *Hugh* 60; sub qua manucapcione .. Johannes adhuc ~atur *State Tri. Ed. I* 56; prebenda .. vacans sic ~avit quousque .. *Entries* 530vb.

5 to devote attention, linger in consideration.

797 bonum est tibi in his ~are consiliis ALCUIN *Ep.* 122; quid morer? assidua pregustat morte perennem / talibus his mortem semper ubique miser L. DURH. *Dial.* IV 247; primum argumentum mentis bene com-

posite est posse consistere et secum ~ari NECKAM *NR* II 186; fac quod tue delicie / mentis morentur acie / caritasque vivacior J. HOWD. *Cyth.* 145. 11; si ego festinem, prolixius ~emini [ME: *abide ȝe þe lengere*] *AncrR* 88.

6 (*~ari in lege*) to demur (leg.), raise an objection to a plea.

defendentes ~antur in lege *Entries* 573a *marg.*

7 (p. ppl. as adj.) endowed with good character.

cum bonos .. aut malos dicimus mores, vitia distinguimus et virtutes; unde ~atos a bono sive morigeros, morosos vero a vitiis nominamus J. SAL. *Pol.* 545A; juvenis haud scio doctior ne an ~atior MORE *Ut.* 24.

morarium [cf. 2 mora], rent for moor or heath, or ?*f. l.*

1390 perdonavimus .. illam summam annuam .. unde dicta dominium [de Bothal] et villa [de Lourbotull'] .. pro warda castri, firma Cuthberti, *fensilver*, morario, cornagio et pro aliis oneribus penes nos onerantur *Cl* 231 m. 1 (cf. *Pat* 321 m. 11 [1386]: moragio).

moratorius [CL], that causes delay, dilatory.

a**1175** faciatis .. verbum abbreviatum et mandatum domini pape .. sine ~ia dilatione mancipetis effectui P. BLOIS *Ep.* 83. 259B; **1439** hac in re ~ie quedam dilaciones contingere vise sunt BEKYNTON I 214; **1440** ~ia quavis cunctacio posthabita *Ib.* I 40.

moratus v. morari, moretus.

morbescere [LL], to become ill.

multi .. ex nimia gulositate ~unt, suamque crapulam vomitu remediantur P. BLOIS *Ep.* 85. 260B.

morbidare [ML], to make ill (fig.), infect.

morbidat et ledit auras a nare vaporans / pejor quam partis inferioris odor *Latin Stories* 198.

morbidosus [LL *gl.*], prone to illness, diseased.

~us, qui morbis habundat *GlC* M 267; ~us, morbidus, pesticus, pestilens, tabidus, tabidosus OSB. GLOUC. *Deriv.* 367.

morbidus [CL]

1 that causes illness, that makes sick.

cum strinxisset beluam .. / morbida pestiferi compescens flabra draconis ALDH. *VirgV* 552; Ovidius in primo Metamorphoseon autumnos inequales, id est ~os vocat, quorum .. singulis annis graves experimur pestilentias ALB. LOND. *DG* 8. 15.

2 ill, infected, sick: **a** (of person or part of body); **b** (of animal; also fig.); **c** (of abstr.).

a morbida sanatis renovarit viscera fibris ALDH. *VirgV* 771; quis gemens, merens, anxius, ~us non hic mutavit dolorem tripudio, infirmitatem remedio? GOSC. *Transl. Mild.* 1; ~os enim homines, preter moribundos, paucos invenies GIR. *TH* I 33; quem cum sequeretur Ceres, Celeus cepit loqui de filio, quem ~um habebat *Natura Deorum* 54; ut vidue ~e M. SCOT *Phys.* 6; mens medicantem morbida prestolatur; / egra poposcit sanitatis auctorem J. HOWD. *Cant.* 312; fomes est quedam qualitas carnis ~a inclinans appetitum sensitivum ad actum deformem et viciosum in habente usum racionis OCKHAM *Quodl.* 244. **b** **793** isti sunt, qui consuunt pulvillos sub omni cubitu et oves Christi ~as faciunt, non sanatas ALCUIN *Ep.* 17 p. 45; **796** ego .. ~a peccatis ovicula .. *Ib.* 94; in hac pollicitatione a pio pontifice ovis ~a recipitur *V. Gund.* 18; in curia, propter frequentiam populorum animalia venduntur indifferenter, sana et ~a P. BLOIS *Ep.* 14. 47C; ne, tanquam oves ~e, veneno sue malicie et malo exemplo inficiant sanas oves *Cust. Cant.* 227. **c** omnis assercio, que potest per ecclesiam vite damnari, est falsa, ~a, perversa, et prava OCKHAM *Dial.* 420.

3 (as sb.) sick person.

mulcebat desolatum dulcis concentus chorizantium fratrum et tetrum chaos, quod obvolverat ~um, rupit virgineis radiis solare virginis festum GOSC. *Transl. Mild.* 36; in commune omnibus, ~is, sanis et moribundis esus carnium inhibetur AD. EYNS. *Hug.* V 16 p. 195.

morbificare [LL], to make sick (fig.), to debilitate.

ardua morbificant, relevant devexa laborem HANV. I 339; nec te languescere cogat / invidie morsus, quo morbificante bonorum / febricitat nomen *Ib.* IX 471.

morbigenus, disease-bearing, that causes illness.

alter morbigeni consumptus ab igne camini / .. deducitur BEDE *CuthbV* 863.

morbillus, ~a [ML], (disease associated with) pustule, measles, pox.

interius consurgunt .. lepra et variole et morbili GILB. I 1. 1; accidunt egritudines multe, sc. apoplexia, lepra, scabies, varioli, et ~i BACON IX 124; divitum et pauperum corpora variola et ~us prostravit, et lentiginosa scabies maculavit *Flor. Hist.* III 127; signa sequentia sunt .. aliquando variole et ~i et carbunculi et squinancie GAD. 19. 1; omnes pustule calide sunt apostemata calida, sicut variole et ~i .. ; sed variole et ~i sequuntur febrem sanguinis inclusam *Ib.* 25. 1; ~i sunt parva apostemata in cute de colera generata et sunt diminutivum morborum apostematum *Ib.* 40v. 2; ~e, que Anglice dicuntur *pokkes* J. READING 167; ~i et variolae sunt quedam apostemata sicut pustule parve supra totam cutim *SB* 30; cecus omnino effectus per occasionem infirmitatis ~orum (*V. S. Edm.*) *NLA* II 678; ~us, A. *the meseles WW.*

morbocaducus [cf. CL morbus+caducus], that suffers from cord, afflicted with string-halt.

equus ~us, *cheval cordeus Gl. AN Glasg.* f. 21rc.

morbose, so as to make ill or infect (fig.), in a manner that taints.

corrupitque levem regis morbose jugalem FRITH. 603.

morbositas [LL], illness, sickness.

universum ovile simili ~ate corrumpitur GIR. *Spec.* III 7 p. 162; **1268** ad sustentacionem ministrorum altaris Christi ad m[o]rbositatem vergencium *Cl* 547.

morbosium [AN *mortbois* < mortuus boscus], (right to collect) dead wood.

c**1200** concessisse .. in foresta mea de Worthe ~ium ad usus suos, sc. *le carhme* et *le boul* et *le algnei* et *le fredne Doc. Robertsbr.* 54; **1234** [forestarius] debet habere .. omne ~ium (v. copero 1); **1268** *mortboys* (v. 2 dangerium 1b).

morbosus [CL]

1 (as adj.) prone to illness, sickly: **a** (of person or part of body); **b** (of animal).

a filia ~a W. CANT. *Mir. Thom.* III 11 (v. 1 domus 3a); medicus .. ~is interdum membris ignem adhibet GIR. *PI* I 10 p. 35; ave, virgo, per quam sospes / fit morbosus tuus hospes WALT. WIMB. *Virgo* 84; mulieres .. abortuntur vel partus imbecilles et ~os pariunt GAD. 37. 1; ~us, -a, -um, *full of ewylle WW.* **b** extra rem cum ultra duplum, veluti cum pecus um venit, et totus grex perit VAC. *Lib. Paup.* 152; equus .. ~us *morveus Gl. AN Glasg.* f. 21rc.

2 (as sb. m.) man prone to disease, sick man.

evigilans medio morbosus tempore noctis / .. / .. sanum se forte fuisse / reperit ALCUIN *SS Ebor* 451; ex ipso nihil generabitur, vel si sic generabitur ~us GAD. 37. 1.

morbus [CL]

1 disease, illness, sickness; **b** (spec.).

episcopus .. oravit ad Dominum, benedicens puerum, ~um depellens, sanitatem adjungens *V. Cuthb.* IV 5; **726** adjecisti etiam, quodsi pestifer ~us aut mortalitas in aecclesia vel monasteriis inrepserit, quos necdum tetigit, a loco fugiant evitantes periculum *Ep. Bonif.* 26 p. 46; venerat interea vates summusque sacerdos, / quo rex depressus morbo languebat acerbo *Mir. Nin.* 143; vir Dei .. ~um .. tumoris sustinebat in cruribus WULF. *Æthelwold* 30; cur non mors subita vitam vel sonticus ille / morbus ademisset, qui vagus esse solet? NIG. *SS* 477; cogunt .. multas invenire medicinas multorum experimenta morborum GIR. *TH* I 39; ~orum chronicorum BACON IX 187. **b** petrificatio est quasi arene et pulvis essent in oculo ..; et quarto Cirurgie Theodorici vocatur iste morbus anchubitus [*petrification*] GAD. 113. 1; ~us caducus [*falling sickness, epilepsy*] R. NIGER *Chr. I* 58, **1194**, NECKAM *DS* VII 223 etc. (v. caducus 1b); de coturnicibus ... hec sola avis ~um caducum [TREVISA: *fallynge evel*] patitur sicut et homo et eciam passer BART. ANGL. XII 7; insuper passer habet naturam oportunam anachorite, licet odio habeatur, viz. ~um caducum [ME: *fallinde uvel*] *AncrR* 58; *CathA* (v. epilepsia); ~o comitiali [*epilepsy*] vexata W. CANT. *Mir. Thom.* II 10 (v. comitialis 2b); elephantico ~o [*elephancy*] correptus *Ib.* II 52; ~o elephantino .. percussi *NLA* (*Kenelm*) II 113; elephantiosus ~us *BR Will. I* 1, NECKAM *NR* II 143 (v. elephantiosus); ~um epilepticum [*epilepsy*] *Eul. Hist.* I 42 (v. epilepticus 1a); *the French pocke*, ~us Gallicus [*pox*] LEVINS *Manip.* 158; acriori morbo quem medici ~um mortuum [*scabies*] vocant correptus est *Chr. Witham* 504; quamvis quedam sint tactus poscentia crebros, / sunt que tractari vulnera sepe timent, / et, medici norunt, noli-me-tangere morbus / huic similis; morbus impatientis erit NECKAM *Poems* 459; puellam .. longo paralysis ~o [*paralysis*] gravatam BEDE *HE* III 9 p. 146; convalescunt ~o paralytico dissoluti *V. Edm. Rich P* 1821B; regius ~us [*jaundice*], corporis color efficitur sicut pedes †accipitur [l. accipitris] *GlC* R 32; **751** de his qui regio ~o [*scrofula*] vexantur inquisiti, sive homines sive equi sint, quid fiendum sit de illis (*Lit. Papae*) *Ep. Bonif.* 87 p. 197; hec oculum dextrum regio ~o inflata, non solum de visu verum etiam de vita periclitabatur GOSC. *Edith* 294; [pauper] miser, cui preter egestatis incomodum ~us irrepserat, quem regium vocant; et ita lenta tabe, omnes artus infecerat W. MALM. *Wulfst.* II 7; cura scrofularum ... et si ista non sufficient, vadat ad regem ut ab eo tangatur et benedicatur, quia iste vocatur ~us regius, et valet tactus nobilissimi et serenissimi regis Anglicorum GAD. 28v. 2; **1398** in morina ante tonsionem in rub' ~o [*disease of sheep*] (*Ropley, Hants*) *Ac. Man. Wint.*; **1449** de quibus [hogastris] in morina in verolle et rubio ~o ante tonsionem cxxij *Crawley* 483; [fistula] communiter est morbus frigidus; et ideo vocatur ~us Sancti Eligii, quia patiens ex itinere ad locum illum calefit et ita consumitur materia et curatur GAD. 126v. 2; tanquam splenetico ~o [*disease of the spleen*] laborans GIR. *SD* 34; sudifico ~o [*sweating sickness, plague*] .. contabuisse ANDRÉ *Hen. VII* 127.

2 disorder, weakness, vice.

est .. virtus contra ~um nequitie potentissima J. FORD *Serm.* 29. 5; a**1237** superbia ~us est divitum precipue *Conc. Syn.* 215; **12..** percussit eum jactando et ludendo cum quadam parva hachia ~o superbo superveniente ita quod per illud infortunium post octo dies obiit et non aliter nec per illum ictum set per dictum superbum *ICrim* 6/49.

morcellus v. morsellus.

mordacitas [CL], **~icitas**

1 capacity to bite.

a mordeo .. hec ~acitas, -tis OSB. GLOUC. *Deriv.* 338; boni ergo dentes quorum ~acitas vite mortificat veteri, quorum edacitas vite preparat nove, quorum voracitas vite aptat beate J. FORD *Serm.* 50. 2.

2 capacity to sting, corrosive nature; **b** (fig., of vice).

calidi namque humores reumatizantes, acumine suo et ~icitate pungentes nervos radicis dentis dolorem inducunt, quod cognoscitur per puncturas *Quaest. Salern.* B 310. **b** facessat .. procul a lumine efferata livoris ~icitas, procedat in propatulum benignior censure severitas R. NIGER *Chr. II* 106; glorie cupiditas, doctrine perversitas, et sepe adherens invidie ~acitas T. CHOBHAM *Serm.* 8. 34rb.

mordaciter [CL]

1 so as to bite (partly fig.).

937 Fortuna .. filios valle in lacrimarum carnis rictibus debachando venenose ~iter dilacerat *CS* 716; rodo .. unde .. rosim, i. ~iter adverbium OSB. GLOUC. *Deriv.* 502; salibus Socraticis sociorum, vel forte majorum, vitia tangunt; vel ~ius dente rodunt Theonino audacibus dithyrambis W. FITZST. *Thom. prol.* 9; sermo tuus dentes habeat, mordaciter illos / tange, sed irrisos gestus plus mordeat ore VINSAUF *PN* 434.

2 in a biting style, caustically, carpingly.

798 melius est amicum emendare quam reprehendere; sapienter se ostendere quam ~iter alterum notare ALCUIN *Ep.* 149 p. 245; sed quo suppliciis animo mordacius instant, / prorsus eo minimum se profecisse stupebant FRITH. 891; vanae loquacitatis eum [verbis indulgentem] ~iter redarguit *Enc. Emmae prol.*; ~iter loquens, truculenter aspiciens AILR. *Spec. Car.* II 26. 575A; tamen quibusdam clericis honerosus quos suis professionibus videns abuti ~iter arguebat *V. Edm. Rich C* 604; quintodecimo Pirrus oblique et ~iter Agamenonem arguens querit TREVET *Troades* 26.

1 mordacius v. mordaciter.

2 mordacius [cf. mordaculus 3, mordere 3b], bit, pin of a brooch, tongue of a buckle.

~ius, *clouae* GlC M 264; mordatius, *clox Gl. Leid.* 47. 21.

mordaculus [ML]

1 that tends to bite, somewhat snappish.

~us, .. aliquantulum mordax OSB. GLOUC. *Deriv.* 338; in ventris decubat lustro leunculus / sed nullum territat ejus denticulus; / hic enim desinit esse mordaculus, / jam ex leunculo factus agniculus WALT. WIMB. *Carm.* 22.

2 that tends to carp, somewhat caustic.

recedat veritas a nostra terula, / in nostris finibus nec digna glebula, / cum semper soleat esse mordacula WALT. WIMB. *Sim.* 41; **1520** erit fortasse qui ~um putet .. execrationes aut diras haud sane quisquam erit qui vocet (MORE) *Ep. Erasm.* IV 1087; **1520** quod mihi mea facit injuria nihil acerbum videri, idem alius cui non idem rei sensus est, judicet esse ~um (*Ib.*) *Ib.* IV 1096.

3 (as sb. f. or n.) bit, pin of a brooch, tongue of a buckle.

pluscularii sunt divites per plusculas suas et lingulas et ~a [*gl.*: *mordaunz* vel *pendaunz*], per limas et loralia equina GARL. *Dict.* 123; hec mardacula, *a sparbelt WW*; *a molane* .. lorale, ~um CathA.

mordare v. mordere.

mordax [CL]

1 that bites, snappish.

mando dapes mordax lurconum more Ciclopum ALDH. *Aen.* 100 (*Creatura*) 33; taxus .. animal ~ax et immundum GIR. *TH* I 25; bene autem natura culicis exprimit qualitatem lingue ~acis S. LANGTON *Serm.* I. 4; armavit natura canem pede, dente, juventa; / hinc levis, hinc mordax, fortis et inde fuit WALT. ANGL. *Fab.* 27. 2; ~ax, *mordable* GARL. *Unus* 165; ideo quam cito percipis quod mastinus inferni venit ~ax [ME: *snaterinde*] cum sanguinolentis muscis pungencium cogitationum *AncrR* 109.

2 corrosive, stinging. **b** sharp to the taste.

urticas inter mordaces floridus hortus / spirat, et ecclesiae spargit odoris opes GARL. *Tri. Eccl.* 105. **b** venerare acerbum caepe, mordax [*gl.*: *sticul*] allium GlP 420.

3 biting, caustic, carping: **a** (of person or his tongue or words); **b** (of literary style); **c** (of care or concern) gnawing (fig.), nagging.

a praeoccupabant .. se mutuo talibus objectionibus vel multo his ~acioribus velut condebitores sensus mei GILDAS *EB* 1; grandia nam populus mordax quondam idola fecit BONIF. *Aen.* 5 (*De crapula*) 8; alium mordacibus argue verbis, / lenibus hunc rogita, vox increpet aspera durum WULF. *Brev.* 532; sales .. nunc levi lingua nunc ~aci .. dicaces emittunt GIR. *DK* II 14; ~acissimus detractor in absentia, nihil presentialiter proponit, nisi quod placere existimat, verba oris ejus iniquitas et dolus P. BLOIS *Ep.* 77. 239A; linguam ~acem ab illorum et aliorum religiosorum sugillatione compescat J. FURNESS *Walth.* 36. **b** scripsi .. caritatis calamo, non contentionis stimulo, fraternae salutis desiderio, non ~acis reprehensionis stylo ALCUIN *Dogm.* 127D; R. Niger .. de tanto ac tam serenissimo rege [sc. *iron.* Hen. II] ~aci stylo scripsit R. NIGER *Chr. II* 169. **c** unde ~acibus curis rex aliquantulum est relevatus *V. Neot. A* 9; ~acibus curis anxiati G. MON. IX 11; distracto ~acibus curis animo, corrosus quodammodo et dimidiatus ad tam pium accedo spectaculum G. HOYLAND *Ascet.* 253B; languida mordaces jam pulsant pectora cure *Ps.-ELMH. Hen. V* 128.

mordeleus [cf. CL mordere + -leus], (of a node that resembles a tooth) knotty.

~ea, i. nodosa *Alph.* 120.

mordenter [LL], so as to bite, bitingly, caustically.

mordeo .. inde morsellus, -li, et hic et hec morsilis et hoc morsile, i. quod aptum est ad mordendum, et morsico, -as, i. frequenter mordere, et inde morsatilis, ad mordendum habilis, et mordicus adverbium, i. ~er, morsiliter OSB. GLOUC. *Deriv.* 338.

mordere [CL], ~are

1 to bite. **b** to wound by biting; **c** (fig.); **d** (absol.).

solent .. superbi indignantes labia ~ere BEDE *Prov.* 989; tunc assimulantur pisci qui ~ens hamum gratulatur HON. *Eluc.* 1138B; jam linguam mordeo, jam temerarium / sermonem comprimo WALT. WIMB. *Carm.* 310; ad hoc verbum prior [Gloucestrensis] cursus / furabatur sicut ursus / unam vicem atque rursus / momordavit labia *Poésies Pop.* II 219. **b** prudentes quidem estis ut aliquem ore exitiabili ~eatis GILDAS *EB* 95; vipera dira manum letali dente momordit ALDH. *CE* 4. 2. 26; cum ergo ~entur nuclei, ex saliva venenata corrumpitur substantia rei et in naturam venenatam transducitur *Quaest. Salern.* B 275; si uncia momorderit aliquem, omnes sorices de confinio concurrant et mingant super eum, et sic moriatur *Ib.* N 2; **1320** J. Porcarius habet unum canem qui momordit unum cuniculum domini ... et quod quidem canis vicarii fug[abat] sepius lepores in campo *CBaron* 131; canis amens ubicumque momorderit hominem, eum facit amentem HOLCOT *Wisd.* 133. **c** cumque diu corpus mordebant viscera terrae .. ÆTHELWULF *Abb.* 227; grammaticos .. latrando quidem sed non ~endo GIR. *GE* II 36 (v. latrare 1c); tunc appropinquat qui prius a longe stetit et ~et caram Dei sponsam morsu letali [ME: *bit deades bite*] *AncrR* 109. **d** usia, vermis porci que ~ens urit OSB. GLOUC. *Deriv.* 276; in fine ~ebit ut coluber T. CHOBHAM *Serm.* 25. 85va.

2 to take a bite of, nibble, gnaw, chew.

993 larvarica, pro dolor, .. anathematis alogia ambro pomum momordit vetitum (*Ch. Regis*) *Conc. Syn.* 182; momorderat, *ceaw* GlP 1014.

3 to hold firmly, grip. **b** (pr. ppl. as sb.) tongue of a buckle.

~entque cortinarum ansas circuli ut unum ex omnibus tabernaculum fiat cum superni gloria regni puris fidelium mentibus sese dignanter infundit BEDE *Tab.* 430. **b 1215** zonam .. cum lapidibus in bucula et ~anti *Pat* 145b; zonas .. cum .. lapidibus in buculis pendentibus et ~entibus *Ib.* 149a.

4 to cause to smart or sting.

ista dulcedo non sicut lac fuit sed sicut vinum. ex una enim parte dulcescebat, sed ex alia ~ebat AILR. *Serm.* 276A; qui hoc vinum ~ens gustatis *Ib.*; mordicatio sc. ipsius urine que, descendens in concavum vesice, ~et eum et pungit *Quaest. Salern.* L 2.

5 to cause worry or annoyance to, to distress.

qui ~ente se conscientia haesitat BEDE *Ep. Cath.* 12; Socrates indignatus divitiarum curis ~eri GOSC. *Lib. Confort.* 74; ab his etiam quos felicitatis ejus invidia clam ~ebat W. MALM. *HN* 481 p. 38; felicem esse qui mundanas nausiaret illecebras; quarum momento temporis evanescit voluptas; sed totam vitam ~et conscientie asperitas *Id. Wulfst.* I 3; quia nos nec exorati oblatrare desistunt, inexpugnabilem patientie assumentes clipeum, ceptum ut eos ~eat dictandi limitem ingrediamur OSB. GLOUC. *Deriv.* 265; et [donabitur] vita pro morte mordente mansura J. HOWD. *Cant.* 235.

6 to snap at (fig.), carp at, criticize; **b** (absol.).

a801 sed sunt quidam, magis ~ere aliorum dicta parati quam sua in publicum proferre ALCUIN *Ep.* 214; testatur Petronius Arbiter Prometheum primum idolum formasse vulturique jecur prebuisse eo quod invidi dente eum detractionis momorderint ALB. LOND. *DG* 10. 9; quod laudat publice, culpat in abdito; / quod ore predicat, hoc mordet cubito WALT. WIMB. *Palpo* 30; in sacco sordet regis qui crimina mordet *Id. Scel.* 146. **b** cum .. praedicaret evangelium .. alii detrahebant, lacerabant, ~ebant, conviciabantur BEDE *Prov.* 1037; suspectos habuit zelo et mordere perosos WULF. *Swith.* I 172; **c1212** non statim dominum, seu juste sive injuste motum ac ~entem, canina rabie remordere et ad talionem ilico reddendum .. festinare GIR. *Ep.* 5 p. 190.

mordicare [LL], to bite or grip (fig.), to cause to smart, sting, or hurt. **b** (intr.) to smart, sting, or hurt. **c** (pr. ppl. as sb. n.) something that bites (fig.), stings, or hurts.

grossorum vaporum ~antium nervos GILB. I 15. 2; multitudo colere descendentis a cisti fellis in ipsum [jejunum] pungentis et ~antis ipsum *Ps.-RIC. Anat.* 35; per anum ad interiora lavanda infundit que remolliens cibi sic compacti duriciem et ~ando intestina superflua eicit et expellit UPTON 181. **b** sentiens

se sanari, parvulam manum ad locum jecit dolentem, quasi pruritus ~antes unguibus exarans *Mir. Fridesw.* 24. **c** comedisse ~antia DUNS *Metaph.* VI qu. 2 p. 325.

mordicatio [LL]

1 act of biting (fig.), smarting, stinging, or hurting.

ipsa vero .. per uritides poros distillat in vesicam, ibique titillationem et ~onem inferens .. movetur *Quaest. Salern.* B 226; ~o .. urine que .. mordet eum *Ib.* L 2 (v. mordere 4); si .. in ano ~o nimia est et punctura *AN Med.* II 46; pone super ulcus .. medicamen quod refrenat et siccat absque ~one GAD. 124. I.

2 place affected by biting (fig.), smarting, stinging, or hurting.

~ones et puncture continentur GILB. I 49v. 2; vena furcule, que flebotomatur in ~onibus stomachi *Ps.-RIC. Anat.* 44 p. 35.

mordicativus, that bites (fig.), smarts, stings, or hurts.

~us [dolor est] ex humore acuto GILB. II 89v. 1; ut [suppositorium] magis sit ~um apponite stercora murium pulverizata *AN Med.* II 50; calor non est pungitivus nec ~us apud tactum GAD. 20. 2; si [dolor est] de colera, est pungitivus et ~us *Ib.* 69v. 1.

mordice, ~itus, by biting, with the teeth.

de osse .. beatissime .. Marie Magdalene duo ~itus excussit frusta. .. a quo dum impressione digitorum nil quivisset excutere, .. deinde molares dentes apposuit AD. EYNS. *Hug.* V 14 p. 169; **1518** sumptum ore sacramentum non nimis dentibus comminuere, sed tritum ~e sorbere perfecte (*Const. Ebor.*) *Conc.* III 663a.

mordicitas v. mordacitas.   **mordicitus** v. mordice.

mordicus [CL]

1 (as adj.) that bites, (passing into adv.) by biting, with the teeth.

~os, *bibitne* GlC M 251; si leopardus aliquem ~us attigerit, confestim murium copiam adventare ut vulneratum commingant W. MALM. *GR* III 291; crucifixum ~us apprehendens brachia illi corroserit, crura pene truncaverit *Ib.* IV 333; volutabatur ad humum miser, ~us terram apprehendens *Id. Wulfst.* II 15 p. 39; OSB. GLOUC. *Deriv.* 338 (v. mordenter); ~us, mordaciter *Ib.* 362.

2 with tenacious grip, grimly, fiercely.

~us, *gram* GlP 987; non placet regibus Johannes stipticus, / qui scelus arguit Herodis mordicus WALT. WIMB. *Palpo* 129; ita populus Anglicus hoc ad extremum libertatis a suo principe consecutus est, quod et ~us tenet P. VERG. XVII 341.

mordificare, to cause to bite (fig.), to make to smart, sting, or hurt.

cum autem acetum habeat siccitate sua vim ~andi, patet ex hoc quod superinfusum terre subitam facit ebullitionem *Quaest. Salern.* N 21; cum livet [urina] ex debilitate epatis et frigiditate ~ante GILB. VII 292. 2; si vero ad intestina et fuerit phlegma salsum ~ando intestina inducit dysenteriam et sic de aliis BART. ANGL. IV 4 p. 97; sunt autem falsa mundificativa, quia .. salsedine autem et nitrositate sua stomachum et intestina ~ant, et sic ~ata moventur *Ib.* XIX 44.

mordificativus, that causes to bite (fig.), that makes to smart, sting, or hurt.

clistera mollitivum et ~um GILB. II 102. 2; de compositis medicinis facite ~um clistere *AN Med.* II 51.

morditivus, that bites (fig.), smarts, stings, or hurts.

quantumcumque enim urina cruda sit, tantum pungitiva est et ~a; unde etiam plus pungit vulnera quam vinum calidum *Quaest. Salern.* B 256.

mordra, ~um v. murdrum.   **morduratio** v. murdratio.

moreclium [ME *moreclam*], kind of fern.

moreclium *Alph.* 119 (v. amaracus b).

morehaia v. morhaia.

morella [LL < μώριος], (bot.) nightshade (*So-lanum nigrum*); **b** (~*a major*) deadly nightshade, great morel (*Atropa belladonna*). **c** (~*a minor*) black nightshade, petty morel.

contrahit a Mauro nomen maurella NECKAM *DS* VII 271; aqua solatri vel ~e valet plus in apostemate interiori GAD. 5v. 1; **12** . . ~a, i. *morele*, i. *atterlope WW*; nenuf, ~a, endivia etc. GILB. I 26. 2; ~a sive maurella, solatrum, uva lupina, strignum idem sunt. ~e species quedam dicitur solatrum mortale, cujus flos est niger et fructus rubeus. est et aliud solatrum venaticum *SB* 30; ~a, solatrum, houndesberies *MS BL Sloane 3217* f. 52; hec ~a, A. *morelle WW*. **b** *hun-desberie*, venenum habet et vocatur ~a major *MS BL Addit. 15236* f. 179v; ~a major, A. *grete moral or dwale MS BL Addit. 27582* f. 51va; ~a major, respice in . . solatrum *Alph*. 119. **c** recipe . . jusquiami, barbe Jovis, ~e minoris que portat nigros fructus . . *Pop. Med*. 234; *morel, attirloveberie*, et vocatur ~a minor *MS BL Addit. 15236* f. 179v; ~a minor, cujus flos al[bus] et est bonum *MS BL Sloane 2479* f. 99v.

morellus [OF *morel* < *maurus*], dark-coloured, brown, grey, or black (usu. of horse); **b** (as sb. m.) dark-coloured horse.

unum equum ~um *State Tri. Ed. I* 90; **1313** de uno somerio nigro ~o *KR Ac* 99/13; **1313** stalo ~us *Ib*. 375/8 f. 16d; unum cursorium gris' morell' *Ib*. f. 29; **1331** j equs qui dicitur Morell' (*Invent.*) *Arch. J.* LIII 274; legavit . . Willelmus . . runcinum ~um *FormA* 423. **b** a**1123** ~us de Capella regis (*Ch.*) *EHR* XIV 429; cum sanguis regnat, homo somniat se videre . . scarlatam sindonem rubeam vel violaceam, ~um, rosam ingranatam . . M. SCOT. *Phys*. 47; morel, *hors PP*.

morenatus v. morinatus.   **morenna** v. morina.

moresca [ME *moreske*, OF *moresque* < CL Maurus], morris dance.

1508 ludi Maurei quas ~as dicunt (*Spons. Mariae*) *Camd. Misc.* IX 30.

morespechium v. morgenspechium.

morestarius [cf. 2 mora, forestarius], tenant of moorland.

1299 mora. Gilbertus . . tenet j moram per servitium viij d. . . summa redditus ~iorum ij s. *RB Worc.* 199.

moretus, muretus [ME *morei, murrei*, OF *moré, muré, moret* < 4 morus]

1 (as adj.) of murrey cloth or mulberry colour.

1295 item baudekynus murretus . . item duo baudekyni murreti . . item duo baudekyni rubei *Vis. S. Paul.* 328b.

2 (as sb. m. or n.) drink made of fermented juice of blackberry or mulberry.

s**1060** singulis vasis vini, medonis, cervisie, pigmenti, morati, cisere, crus humanum vel caput vel brachium imposuit H. HUNT. *HA* VI 25 (=M. PAR. *Maj*. I 534); **1180** de iiij li. pro ij mod' moreti de forestis de Cesarisburg' *RScacNorm* I 32; pro modio moreti ejusdem foreste *Ib*. 75; videas et siceram . . mustum et medonem atque moretum et omne quod inebriare potest GIR. *Spec*. II 4 p. 41; **1237** cariari faciatis unum dolium de mureto et aliud dolium de *franeboyse* usque Lond' *Liberate* 11 m. 13; hic est cibus qui hominem in penitencia nutrit, que si videatur dura et insipida, in hoc gracie fonte et moreto fit mollis et sapida BROMYARD I f. 330rb.

3 cloth dyed with juice of blackberry or mulberry.

1237 pro mm . . ulnis . . de viridi burnetto, pounacio et muretto *Pipe r.* 13; pro . . iij pannis de viridi, ij muretis, iij burnettis, v blois, j russetto *Ib*.; **1240** unum pannum de mureto *Cal. Liberate* I 445; **1243** pro capa et casula de samicto rubeo cum aurifragiis latis, tunica et dalmatica de amoreto *Liberate* 36 m. 16; **1249** mandatum ut majori et probis hominibus Linc' quod . . capi faciant ad opus regis in villa sua sex bonos pannos de scarlatto et quatuor bonos pannos de morretto in grano *Cl* 159; octo capis . . quinque manicatis de optimo moreto M. PAR. *Maj*. V 673; c**1300** lego . . robam furratam de burneto . . sive de russeto . . sive scarleto, sive murreto, sive cameleto *FormMan* 17; **1303** c s. de uno panno de murreto integro vendito *Ac. Exec. Ep. Lond*. 55; de una supertunica cum capucio de murrata linata precii v s. *Ib*. 56.

morf- v. morph-.   **morga-** v. morgen-.

morgabulum [2 mora+1 gabulum], moor-gavel, rent paid for moorland.

1234 summa predictarum trium summarum de morgab' xij li. viij s. iij d. ob. per totum annum *Cust. Glast*. 32; **1260** Gilbertus atte Mapole tenet j ferdellum et reddit inde xij d. de gabulo et de ~o xvj d. ob. *Ib*. 188; **1310** ~um eodem die [sc. in festo S. Michaelis] de L. P., parcenariis xij d. *Reg. S. Aug*. 211; ~um *Ib*. 221 (v. landgabulum).

morgagiare v. mortgagiare.   **morgagium** v. mortgagium.   **morgan-** v. morgen-.   **morganizare** v. mortgagiare.

morgellina, morginella, kind of plant, ? pimpernel.

morginella, G. et A. *pympernell MS BL Sloane 347* f. 89; morgellina domestica flores facit albos, morgellina agrestis rubeos et flavos *Alph*. 120.

morgengiefa [AS *morgen giefu*], gift presented by a husband to a wife on the morning after consummation of a marriage.

si infra unius anni spatium capiat maritum, perdat morgangifam [v. l. morhangifam] suam et omnem peccuniam quam ex priori marito habebat (*Leg. Hen*. 11. 13a) *GAS* 557; perdat morgangyfam [vv. ll. morganyvam, morgagifam, morhamgifam, AS: *morgengyfe*] suam (*Quad.*) *Ib*. 361.

morgenspechium [ME *morgen speche*], meeting held on the morning of or morning after a guild feast.

1255 in pleno morespechio concessit et quiete clamavit . . omnes redditus *Rec. Leic*. I 70.

morginella v. morgellina.

morhaia [ME *mor+hag*], moor-hag, place from which peat has been cut.

1332 dedi . . totam morhayam meam infra limitas predicti burgii [de Axebrigge] que jacet inter morhayam . . Laurencii Squirel et morhayam domini Hugonis *AncD* B 10751; **1348** unam morheyam cum pertinenciis jacentem in burgo de Axebrygge *Ib*. 10743; **1513** unam morehaiam jacentem infra burgum de A. *Ib*. C 7266; **1536** cum uno *orchard* et duobus *morehays* jacent' infra burgum de Axbrugge *Ib*. 7279.

morhamgifa, morhangifa v. morgengiefa.

morhenna [ME *mor+hen*], moorhen.

gallina illa quam ~am vocant TURNER *Av*. E 3v.

mori [CL]

1 to die. **b** (*morte* ~*i*) to die in death, to die the death. **c** (pr. ppl. *moriens* as sb.) one dying. **d** (fut. ppl. *moriturus* as sb.) one about to die, one bound to die, mortal man.

quis eorum ~i exoptans mundo et vivere Christo . . inquit . .? GILDAS *EB* 71; postmodum Eurydice uxor ipsius [Orphei] a serpente percussa ~tua erat *Lib. Monstr*. I 5; benedictionem aquae ab eo petivit, credens si obitu addicta esset, facilius ~iretur *V. Cuthb*. IV 3; si ~iturus sum, ille me magis quam ignobilior quisque morti tradat BEDE *HE* II 12 p. 108; ita, pater, sic placuit ante te / ut moriendo mortis mors fuissem, / morsus inferni et vita mundo *Trop. Wint*. 17; quando ~itur alodiarius, rex . . habet relevationem terrae (*Kent*) *DB* I 1rb; ~iendum . . est quia inevitabile est illud et commune GIR. *EH* I 9; vestro more mŏri, nostro fit vivere mŏri M. CORNW. *Hen*. 92; **1268** concessit . . quod . . viginti libra leventur de terris . . suis utrum vivat . . tunc an ~iatur *Cl* 551; servies igitur primo Viventi in eternum, et cogita in futuro seculo ac si morireris [*sic*] cras BACON V 174; quando homo ~itur, per a corpore expellitur et nulla alia vita manet HOLCOT *Wisd*. 59. **b** morte ~ieris GILDAS *EB* 91; cardinales . . mala morte ~ierunt *Eul. Hist*. I 273; Titus . . quicumque diem nativitatis filii sui per opus servile violaret, morte ~eretur *G. Roman*. 357. **c** si quis presbiter penitentiam ~ientibus abnegaverit, reus erit animarum THEOD. *Pen*. I 8. 5; o vita ~ientium, salus infirmantium *Nunnam*. 78; ille qui vita est in ~ientibus P. BLOIS *Ep*. 110. 333D. **d** per trina species munerum, id est aurum regi, thus ut Deo, murra ~ituro THEOD. *Laterc*. 15; **1166** in te, omnium ~iturorum dulcissime, plane videbor injurius, si . . J. SAL. *Ep*. 179 (172).

2 (of animal) to die.

alioquin vermis tortionis tuae non ~ietur GILDAS *EB* 31; moriens mea numquam pulpa putrescit ALDH. *Aen*. 14 (*Pavo*) 4; quae moritura facit fetoso viscere bombix *Id. VirgV* 1147; vermis . . / brumae meatu moritur (ÆTHELWALD) *Carm. Aldh*. 2. 128; oportet ut [viperes] ~entur, cum capiuntur BACON IX 64.

3 (of seed) to die before germination; (of plant) to wither, die.

morientibus herbis ALDH. *VirgV* 261; qualiter illud granum frumenti ~tuum multum cadens in terram adferens fructum *V. Greg*. p. 110; hoc est . . facere illud [semen] in terra putrescendo ~i GROS. *Cess. Leg*. I 10 p. 65.

4 (hyperbolic) to be like one dead, to faint, languish.

quatinus sicut Christus carne mortuus est, ita qui Christiani esse voluissent, carnalibus vitiis et concupiscentiis Christi amore ~erentur ALEX. CANT. *Dicta* 20 p. 185; et secat ungue genas et humi moriendo volutat *V. Merl*. 361; [eris fames] urbis enim varias urgens in viscera vires, / hanc sine morte mori cogit ubique ream L. DURH. *Dial*. II 252; est in amore mŏri Veneris se subdere mŏri SERLO WILT. 2. 70.

5 (of natural phenomenon or abstr.) to cease to exist, come to an end.

~iture virginitatis indicia W. MALM. *Wulfst*. I 1 (v. gestus 1a); ventus egreditur et sonus ~itur cum tumultu S. LANGTON *Serm*. 2. 10; per dilectionem, sine qua quasi ~tua est fides R. WESHAM *Inst*. 150.

6 (p. ppl. *mortuus* as adj.) dead: **a** (of person); **b** (of soul). **c** (*mundo* ~*tuus*, fig., of person in religious order) dead to the world.

a mortuus evigilat disrumpens tartara tetra ALDH. *VirgV* 1413; uxor tua quam ~tuam putas . . ministrabit nobis *V. Cuthb*. II 8; nemo emat quicquam supra valorem iiij denariorum, tam vivum quam ~tuum [AS: *ne libbende ne licgende*], nisi habeat fidele testimonium (*Cons. Cnuti*) *GAS* 327; **1153** die qua ego fui vivus et ~tuus *Cart. Chester* 349 p. 232. **b** **1222** quando . . anima est ~tua, tunc efficitur cibus diaboli *Conc. Syn*. 215. **c** viri sancti mundo ~tui GIR. *TH* I 18; hominem mundo ~tuum esse *Id. SD* 12; non convenit anachorita que ~tua [ME: *dead*] est mundo *AncrR* 166.

7 (of animal or part of its body).

viva nihil loquimur, responsum mortua famur HWÆTBERHT *Aen*. 32 (*De membrano*) 4; **1457** pro uno equo conducto . . versus Oxon', et ibidem pro nimio labore ~tuo *Ac. Durh*. 192.

8 (of plant): **a** (of tree or wood). **b** (ellipt. as sb.) dead wood. **c** (ellipt. as sb. f.) deadly nightshade, great morel (*Atropa belladonna*).

a c**1108** etc. (v. 1 boscus 3b); c**1256** (v. estoverium 3); **1450** (v. arbor 1a). **b** **1190** (1368) concedo eciam ut burgenses . . de forestis nostris . . viride habeant ad herbargandum . . et ~tuum ad comburendum *Cal. Pat*. 1377–81 p. 107. **c** ~tua, *morell MS London Soc. Antiq*. 101 f. 88v.

9 (med., *malum* ~*tuum, morbus* ~*tuus*) scabies, mormal, gangrene.

Chr. Witham 504 (v. morbus 1b); GILB. VII 335vb, *PP* (v. 1 malus 11d); malum ~tuum est quedam scabies occupans extremas partes corporis ut crura et tibias . . cum infectione coloris tendentis ad nigredinem vel livorem vel ruborem obscurum GAD. 127v. 1.

10 that has no vitality.

veteranam civitatem et paene ~tuam . . suscitabis ALDH. *VirgP* 25; si . . calcinatur, in terream redit substantiam ut pulvis ~tuus *Correct. Alch*. 11.

11 (leg.) that has no validity.

qui accusantur . . si diem sic condictum subterfugiant respectatum, partem suam, etsi non ~tuam, faciunt tamen egriorem (*Leg. Hen*. 26. 2) *GAS* 562; s**1428** in principio litis res . . desperabilis fuerat, quod jaceret inter causas ~tuas AMUND. I 254; lex scripta sub velamento verborum quasi ~tua jacet FORTESCUE *NLN* I 24.

12 a (*manus* ~*tua*) mortmain. **b** (*terra* ~*tua*, ~*tuum vadium*) land subject to mortgage, unproductive land, yielding no revenue. **c** (*munitio*

~tua) dead stock, unproductive stock that yields no revenue. **d** (opus ~tuum, in mining) ? rock that yields no ore.

a 1276 in manu ~tua, etc. (v. 1 manus 14 a–b). **b** ~tuum vadium dicitur illud cujus fructus vel redditus interim percepti in nullo se acquietant GLANV. X 6; **1200** assignavi predictis monachis has terras, sc. campum meum in ~tuis terris et campum meum de Vallicula Ch. Chester 317; **1245** non debet ei nisi c s. per annum de ~tuo vadio pro predicto debito stallando SelPlJews 13; item invadiatur res quandoque in ~tuo vadio, quandoque non: dicitur autem ~tuum vadium illud, cujus fructus vel redditus percepti interim, in nullo se acquietent RegiamM III 2. 5. **c 1295** super ~tua municione providenda pro diversis castris .. muniendis Prests 141. **d 1323** in .. avallacione ~tuorum operum (v. avalato 2); **1323** in .. avallacione motuorum [sic] operum Pipe 170 r. 53; **1325** Thome Robyn pro factura unius teis' ~tui operis LTR Mem r. 128.

13 (in place-names, passing into surnames). **1189** hiis testibus .. W. ~tui Maris Cart. Sallay 615; **1240** hiis testibus .. Rogero de ~tuo mori, filio Constantini de ~tuo mori Reg. Aberbr. I 96; Mortua portus Aqua dictus GARL. Tri. Eccl. 128; rex .. pervenit usque ad ~tuum Mare, ubi bis pernoctavit SILGRAVE 74; hi sunt similes pomis que nascuntur juxta Mare ~tuum HOLCOT Wisd. 68.

14 (as sb. m.) dead man. **b** (eccl.) service for burial of the dead.

petre fissae sunt et ~tui resurrexerunt THEOD. Laterc. 10; p**675** [Deum] supremum vivorum et ~tuorum examen ALDH. Ep. 4 p. 486; invenerunt corpus .. multo dormienti quam ~tuo similius BEDE HE IV 30 p. 276; capellas cum omni consuetudine vivorum et ~tuorum (Hants) DB I 42r; c**1190** omnes decimas suas tam de vivis quam de ~tuis Regesta Scot. 187; mors vero et vita medium non habent, neque referunt ~tui ALF. ANGL. Cor 1. 4. **b 1340** stola que cum corpore Christi ad ~tuos defertur que utitur in exequiis mortuorum Fabr. York 169; crux ad ~tuos deferenda Ib. 165.

moriare v. morari.

moriatio [cf. morari 3–4], housing.

1442 grangias .. pro ~one et custodia bladorum crescencium vel existencium (Arbitrium) AMUND. II app. 287.

moribundus [CL]

1 about to die, moribund.

fame siti ~us in deserto conquestus est GILDAS EB 71; solus nempe necem cernes moribundus acerbam ALDH. VirgV 1562; cunctis jacuit jam sensibus expers, / et moribundus erat ALCUIN SS Ebor 1193; ~us successor suus, nunc noster prelatus, et a medicis in desperatione relictus, ad ejus imperium mortis evasit periculum Canon. G. Sempr. f. 77.

2 subject to death, mortal.

licet ~ae carnis fessa fragilitas fatescat ALDH. VirgP 18; sic .. ad corpus vivificum prepotentis Mildrethe corpus ~um deponunt Gosc. Transl. Mild. 28; residuum .. vivificantis spiritus donec ~o a corpore .. evaporaverit GIR. TH I 21.

3 about to cease to exist.

nascimur ex ferro rursus ferro moribundae / necnon et volucris penna volitantis ad aethram ALDH. Aen. 30 (Elementum) 3.

moricus [μωρός+-ικός], foolish (with play on the surname More).

nam si quis lector inciderit qui Chordigeram ejus [i. e. Brixii], qui mea Epigrammata, qui ~cum ejus Antimoron inspexerit (MORE) Ep. Erasm. IV 1087.

morigenatus [cf. morigenus], informed with good character, good-natured, or (?) f. l.

si [homo] .. sit nigri vel viridis [coloris], male moriginatus [? l. morigeratus] est GILB. III 158v. 1.

morigenus [cf. CL mos+-genus], informed with good character, good-natured.

ubertim crescebant et fructum boni operis ~a venustate ferebant B. V. Dunst. 15.

moriger v. morigerus.

morigeranter [? LL], as informed with good character, in a well-mannered way, good-naturedly.

tu, mi socie, .. ministra sic nobis pulchre, et postea propina nobis ~er ÆLF. BATA 4. 10.

morigerare [CL]

1 to inform (person) with good morals. **b** to order (place) with good laws.

quando senes eritis, tunc memoriter in cunctis libris Latinis legere possitis et aliquid intelligere in illis, ut alios rursum queatis et docere et ~ari, quia .. ÆLF. BATA 4. 4; ~or, -aris, i. bonos mores gerere OSB. GLOUC. Deriv. 355; regula: nil gignit olidum Cornubia. partus / expolit illimes et ab ubere pignora tersis / morigerat vitiis HANV. V 478. **b** nam neque viri nisi ~ata civitas fuisset, neque mores nisi hi viri prefuissent J. WALEYS Commun. I 1. 8.

2 (p. ppl. as adj.) informed with good morals, of good character; **b** (dist. as bene, male, or sim.).

secundus [sc. filius, i. e Henricus I] patri quam fratri ~atior invictum animum inter adversa et prospera rexit W. MALM. GR III pref.; a modestis et ~atis populis .. segregati GIR. TH III 10; vir patiens, sermone pius, vir morigeratus D. BEC. 40; grata Deo obsequia et benemerita probitatemque et ~atam vitam in hospitali predicto Reg. Kilmainham 109; vicarius habeat clericum proprium .. honestum et ~atum G. S. Alb. II 473; cum diffinisset si [uxor] pulchra esset, si ~ata .. sic sapienti aliquando inire matrimonium statim intulit W. BURLEY Vit. Phil. 286; clericus aptatus, doctor de jure creatus, / legibus ornatus, facundus, morigeratus GOWER CT II 245; CathA (v. morigerosus). **b 970** (11c) monachos .. quibus .. Brihtnothum quendam sapientem ac bene morieratum virum .. praefecit CS 1266; sic plerumque male ~atus homo bonis esse moribus videtur in saeculo. .. sic denique istum non ordo malus ~atum effecit, sed quia hoc esset declaravit Simil. Anselmi 95; cujusdam clerici bene ~ati W. MALM. Mir. Mariae 186; erat praeterea vir ille optime ~atus J. FURNESS Walth. 32; Spiritus .. congregat dispersos, qui quamlibet diverse ~atos inhabitare facit unius moris in domo Canon. G. Sempr. f. 55v; [diocesis sua] quae larga nimis et ampla barbaraque natione et male ~ata majori ex parte referta GIR. JS sup. 149; mirabar itaque vehementer cur tanto tempore vir honeste ~atus quietem plenissimam minime percepisset AD. EYNS. Visio 33; precipitanter excandescere non consuescat in eos quos, mendaci presumpcione sola fallacive conjectura motus, male ~atos esse suspicetur E. THRIP. SS II 20.

3 good-natured.

hominem .. mansuetum ac pium et bene ~atum J. FURNESS Walth. 14; tractabilem, mansuetum, ~atum, prout decet MGL III 442; requiratur si sint mansueti .. et bene ~ati Obs. Barnwell 120; generosus et ~atus V. Ed. II 251; affabilis, mansuetus, ~atus, ab omnibus amatus Eul. Hist. I 283; glaucus in utroque significat benemorigeratum, amabilem, liberalem et libenter sua largientem J. FOXTON Cosm. 39. 1 p. 89.

morigerate, as informed with good character, in a well-mannered way, good-naturedly.

inceditis ~e [AS: þeaplice], cum auscultaveritis ecclesie campanas ÆLF. Coll. 103.

morigeratio [CL], condition of being informed with good morals, good character.

omnis religio fundatur super honestatem et ~onem Cust. Cant. 154; aliud est ~o mentis [ME: heorte þeawes], cujusmodi sunt devocio, misericordia AncrR 143.

morigerosus, informed with good morals, of good character, good-natured.

quamvis sis juvenis, tamen extas morigerosus, / et geris acta senis (Vers.) Collect. Ox. III 186; vertuose, virtuosus, virulentus, morosus, ~us, moralis, moriger, morigeratus CathA.

morigerus [CL], ~iger [ML], informed with good character.

~eri, moribus oboedientes GlC M 275; s**1126** Mabilia, .. domina tum vero ~era W. MALM. HN 452; non solum bene ~eri, sed etiam ad bonum parum idonei Id. Mir. Mariae 173; in summa videas, cum quo tibi res sit agenda, / et quantum poteris moriger esse stude J. SAL. Enth. Phil. 1620; ~er, -a, -um OSB. GLOUC. Deriv. 355; cedunt morigeri, veniunt qui sunt

viciosi GOWER VC VI 567; ~er CathA (v. morigerosus).

moriginatus v. morigenatus.

morina [ME, OF morine < mori], plague, murrain: **a** (of men); **b** (of domestic mammals); **c** (of wild mammals); **d** (of birds); **e** (of bees).

a s**1282** magna ~a hominum Ann. Cambr. 107; cari perdentur, planctus David rapientur, / namque repentina fiet gregis ipsa morina (J. BRIDL.) Pol. Poems I 180; maxima fames .. et ~a pauperum in Anglia Feudal Man. 108. **b 1192** si .. monachi timuerint murinam ovium suarum in eadem villa Couch. Kirkstall 167; **1248** de ij coreis vaccarum mortuarum de ~a venditis Rec. Crondal 52; **1274** receptum: .. de pastura in warectis nichil, quia ~a bidencium in patria communis fuit et nemo pasturam allocare voluit Ac. Stratton 58; s**1280** magna ~a ovium fuit, que incepit in anno precedenti Ann. Cambr. 106; **1308** cum porcis mortuis in ~a Ac. Durh. 2; **1329** onerat se de iiijxxxix multonibus .. de quibus computat in murena in custodia thani de Glampnes viij ExchScot 147; **1342, 1356, 1413** (v. cronator); **1343, 1355, 1394** (v. cadaverator); **1364** porcelli .. inde in ~a pro pocke xiij (MinAc) Econ. Condit. app. 84; **1420** pauperes cultores agrorum quibus deficiunt bestie per murinum Reg. Cant. II 179; **1487** boves et vacce moriebantur in morenna Reg. Mert. 99. **c 1255** quedam dama inventa fuit mortua ~a in campo de A. SelPlForest 18; dictus lepus mortuus fuit ~a et nichil aliud intelligunt nisi infortunium Ib. 42. **d** cingni: .. de quibus computat in ~a iij ut patet super hayam et in decima iij mares FormMan 43; **1318** in ~a per foulmerde, xxix pulcini (MinAc) Econ. Condit. app. 51. **e** apes: .. de quibus computat in ~a in yeme FormMan 43.

morinatus [cf. morina], afflicted by or dead of plague.

1445 carnes putridas fetidas et morenatas vendidit MunAcOx 543.

morinus, morinellus [3 morus+-inus+ -ellus], plover (Eudromias morinellus).

~ellus avis nobis cum ~is communis, stulta admodum est CAIUS Anim. 21; ~ellum voco .. et quod avis est apud ~os frequentissima et quod avis stolida est, quae stultitia Graecis μωρότης dicitur Ib. 21v.

1 morio [CL], buffoon, fool, jester.

†heries [l. hebes], ~io GlC H 44; palatium ingredimur, in quo .. ~onem [gl.: fol] .. respicio BALSH. Ut. 47; videbitur .. conditio furiosi par esse conditioni morrionis, cui non imputatur ad peccatum mortale quicquid faciat NECKAM SS IV 1. 16; s**1238** venit quidam Ribardus ad curiam regis .. et fingens se stultum aliquantis diebus in aula regis jocabatur ad modum ~onis Ann. Osney IV 85; a morionibus cordatus fronesi, / a calcitronibus rex differt genesi WALT. WIMB. Sim. 82.

2 morio [cf. 5 morus, morius], kind of fish.

ordo marinus, / nereides laetae, moriones, grandia cete, / delphini, phocae .. R. CANT. Malch. IV 202.

morion [CL < μώριον], kind of mandrake.

mandragora alia que ~ion dicitur Alph. 109 (v. mandragoras d).

morippia, (?) f. l.

ippia galline mors est †morippia [? l. major ippia] morsus SB 25.

moris v. 5 morus. **morisium** v. maresium. **morius** v. 5 morus.

mormita [ME mor+mite], service of a tenant on a moor, rendered at the value of a mite.

1234 H. filius W. .. debet .. uno die fossare in mordich .. et esse ad mormittam et cariare fenum ... R. de B. .. non dat ad mormittam nisi quadrans [sic] Cust. Glast. 49 (ib. 50: debet terciam partem ob. ad mormitte).

mormorallis [? cf. marmor, murmur], hand mill.

mormorallis, i. mola manualis Alph. 121.

mormur v. murmur. **morosatus** v. 2 morosus 2a.

1 mōrose [cf. 1 morosus], with good morals, virtuously.

vivere morose studeas, fugias vitiosa D. BEC. 2823.

2 mŏrose [cf. 2 morosus]

1 slowly, with delay, deliberately.

quibus .. perscrutandis eo .. ~ius .. intendit, quo .. scripturas sacras .. profundiores invenit AD. SCOT *Serm. pref.* 96C; mora, unde .. morosus .. i. tardus, et inde ~e adverbium OSB. GLOUC. *Deriv.* 355; non precipitanter sed ~e .. habito consilio GERV. CANT. *Chr.* I 499; operatur .. quandoque ~e, ut in motu in caelestium, quandoque subito, ut in operatione prodigiosa *Ps.*-GROS. *Summa* 436; **1346** si quis clavigerorum ipsorum congrue requisitus inspeccionem librorum .. contra formam ordinacionis nostram .. maliciose denegaverit aut ~e distulerit *Reg. Roff. Ep.* f. 223; **1409** choriste non sunt informati ut deberent in cantu nec incedunt ~e et honeste ut deberent in processionibus *Fabr. York* 245; cantitata dicta antiphona, prelatus ~e ac devote ymnum .. incepit *Reg. Butley* 33.

2 for a long time, protractedly.

postea sedit ipse cum suis ad mensam satis ~e, seque hilarem .. exhibuit *V. Thom.* 50; quanto psalmi protrahuntur ~ius, tanto Christi passio ibidem figuratur expressius S. EASTON *Psalm.* 40; neque aliquem cantum eo [sc. cantore] diucius seu ~ius trahere, aut velocius cantare *Cust. Westm.* 29; mandamus quod divinum officium ~ius et devocius ab omnibus in conventu pro viribus sustentetur *Cust. Cant.* 38; in reditu suo prior ante lectum suum ~e sedebit, donec major pars conventus recubuerit *Obed. Abingd.* 364; inequalitas accidit dum una nota ~ius, altera velocius profertur. morosa longa vocatur, velox vero vocatur brevis WILL. 23.

morositas [cf. 1 mora, 2 morosus], delay.

rege solita ~ate responsum differente GIR. *EH* I 20; hilariter et absque ~ate quod dandum est dari debet *Id. PI* I 8; licita et apto tempore apposita ad refectionem sumunt cum quibusdam ~atis tractibus, ut eorum sumptio protractior delectionem secum ingerat ampliorem J. GODARD *Ep.* 223; tandem cum usque ad summitatem murorum opus fuisset perfectum, cum magna ~ate .. clericus concessit in fata *G. S. Alb.* II 115; *lytyng, or long tarryyng* ~as, -tis *PP.*

morosophia [μωρός + σοφία], foolish wisdom, philosophy of a fool.

1523 omnes namque Christianos viros juxta ac foeminas ex aequo sacerdotes esse Stoica quadam ~ia contendunt (C. TUNSTALL) *Ep. Erasm.* V 1367.

morosophus [μωρόσοφος], foolish wise man, sapient fool.

~is visum est MORE *Ut.* 48.

1 mōrosus [CL; cf. mos]

1 informed with good morals, of good character.

~us, fastidiosus, superbus *GlC* M 254; ~us, i. nobilis OSB. GLOUC. *Deriv.* 355; mos me mōrosum, mora me facit esse mŏrosum SERLO WILT. 2. 66 (v. et. 2 morosus 1a); fit postea rector eorum / .. verax, morosus, facundus, et ingenuosus *Hist. Durh.* 133; quidam morosi reges, quidam viciosi GOWER *Carm.* 362; mitis, mōrosus, nunc vivax, nuncque mŏrosus *Mem. Hen. V* 67 (v. et. 2 morosus 1a).

2 good-natured. **b** (as sb. n.) something good-natured, pleasantry.

pristina perierat facecia, ~aque jocunditas MAP *NC* IV 2 f. 44. **b** fare morosa, semper mensaque jocosa *Doctus dicetur* 28.

2 mŏrosus [CL; cf. mora]

1 that moves slowly, delaying or delayed, deliberate: **a** (of person); **b** (of animal); **c** (of action, time, or abstr.).

a in his, inquam, pontificis exsequendis operibus forte nimis ~us videor H. BOS. *Thom.* III 18 p. 247; ideo in describendis ipsis [factis] sum ~ior *Ib.* III 18 p. 248; ingrediens vacuas edes errans alienas / ocius exclames inquirens quis sit in ede. / edis custodem mora si facit esse morosum, / expectes; non sis rudis intrusor thalamorum D. BEC. 1362; SERLO WILT. II 66 (v. 1 morosus 1); tarde venerunt ad eum .. quia .. eorum capitales inimici juxta latus suum .. residebant, unde mirum non esset, licet fuissent ~i in veniendo *Chr. Westm.* 162; *Mem. Hen. V* 67 (v. 1 morosus 1). **b** quorum comparatione cervus, aut damula, vel quodcumque alterius fugitivi generis animal, pigrescere videretur et ~um *Itin. Ric.* VI 5. **c** sicut in Britannicis .. instrumentis tarda et ~a est modulatio GIR. *TH* III 11; ~a quidem et incerta voti mei completio me quasi in frixorio decoquebat P. BLOIS *Ep.* 128. 381A; Willelmus .. sine ~o dispendio Angliam sibi conciliatam inclinavit M. PAR. *Min.* I 35; consilium inierunt, ut .. die statuto non ~o, electionem .. papalem celebrarent *Flor. Hist.* II 262; ut ex deliberatione ~a possit mederi animabus informis *G. S. Alb.* I 170; sanctus nihilominus Hugo / missarum celebrat sollennia more moroso H. AVR. *Hugh* 1010; si prior quoquam ierit, et iter suum ~um fuerit *Obed. Abingd.* 363; **1332** ~a tardatio deportatoris pallii, tam vobis et nobis quam aliis zelantibus honorem ecclesie Cantuariensis, debet displicere *Lit. Cant.* I 477.

2 that lasts a long time, extended, protracted: **a** (of human action or behaviour); **b** (of time, natural phenomenon, or artefact); **c** (mus., of pause or note).

a ~a, diuturna vel longa *Gl. Leid.* 2. 113; cum jam ~a esset in Alemannia regis detentio W. NEWB. *HA* IV 39; **1217** quod assignetis .. terras aliquas, seu certas reditus, de quibus possit, sine magna et ~a dilatione, pecuniam illam solvere *Pat* 50; **1301** pensiones .. non concedantur .. nisi propter .. monasterii utilitatem per episcopum dyocesanum approbatam ~a tamen super hoc .. prehabita deliberacione *Reg. Cant.* 857 (=*Cart. Glouc.* I lxxxv: †morosatum); dampnosa guerra et ~a M. PAR. *Maj.* I 204; numquam .. judicandum est delectacionem [sc. carnalem] esse ~am dum racio reluctatur et negat assensum *AncrR* 111; hec autem ira seu vita ex indignatione seu voluntate divina non est transitoria, sed ~a BRADW. *CD* 526C; **1409** infra vestibulum silencium debitum et ~um non observatur ut deberet a ministris ecclesie *Fabr. York* 245. **b** ~am dictandi intercapedinem .. denegabat ALDH. *VirgP* 59; hac ~a tricatione evenit ut .. *Ib.*; tempestatesque morose NIG. *SS* 2917; unde consultius contraria contrariis sunt curanda, ut viz. cibus refectionis sit .. moderatus, immo brevis, .. non regius, non ~us, non accuratus, stomacum reficiens ne deficiat J. GODARD *Ep.* 229. **c** **1298** fiat pausacio competens et ~a in medio singulorum versuum psalmodia *Reg. Cant.* 814; in metro cujuscunque psalmodie .. fiat pausatio ~a, pariter et devota *G. S. Alb.* II 420; est et alia copula que singulos habet punctos per se ~ior quam sextus modus ODINGTON *Mus.* 140.

3 morosus [cf. 2 mora, ME *mor*], moory, marshy, boggy.

c1090 dominium .. situm est .. per vallem quandam ~am et aquosam *MonA* V 121a; **c1090** per ~um fontem (v. fovea 1d); **1207** in terra arabili et terra ~a *RChart* 167b; **1295** [j carucatam] terre ~e *Cal. IPM* III 309; **1316** terre ~e et kuarres *Med. Bor. Snowd.* 48; **1333** nullum ibi extat .. nisi ~a pastura frisca tuo grossis animalibus *Couch. Kirkstall* 407; **1334** tenuit .. xiiij acras prati ~i ibidem *IPM* 39/8; **1400** regia via .. est aquosa et cooperta aqua et murosa pro defectu reparacionis (*CoramR*) *Pub. Works* 10.

moroteros [*compar. of* μωρός], more foolish (with play on the surname More).

1520 prodiit praeclarus iste Brixii partus Antimorus, Morycho plane moroteros (MORE) *Ep. Erasm.* IV 1096 (cf. ib. IV 1087: versus Brixii quos in Antimorum Μωρίχου μωρότερος inseruit).

morphea [μορφή]

1 (phil.) form, shape.

quamvis materia non absolvatur a forma sicut nec a privacione, impossibile enim est materiam esse sine passionibus et ~ea SICCAV. *PN* 55.

2 (med.) deformative disease of the skin, morphew; **b** (dist. by colour).

monachus Helyas lepra vel ~ea laborabat W. CANT. *Mir. Thom.* VI 8; serpiginem. impetiginem. ~eas GILB. II 152. 2; ut in ~eam [TREVISA: *morpha*] et in lepram patientibus BART. ANGL. V 64 p. 217; habebat .. ~eam, sive polipum in naso, quae totam faciem deturpavit M. PAR. *Maj.* V 647; actio enim virtutis immutative variatur juxta modos et gradus actionis virtutis digestive ... que, si forte prohibeatur, necessario infectionem morfee vel morbum inducit *Ps.*-GROS. *Summa* 525; ad delendum morfeam sive lepram cutis, A. *mool þat is oppe þe velle of manis body Pop. Med.* 243; in cute sicut ~ea, impetigo, et lentigo GAD. 14. 1; generat ~eam, que est lepra cutis *Ib.* 45. 2; ~ea est defedatio cutis maculosa, cutem exasperans .. et dicitur ~ea quasi morbis cutis *Ib.* 85v. 1; alfus, i. morfea *SB* 9; morfea est cutis fedacio maculosa *SB* 30; morfu, *seknesse PP*; *the morfew*, ~ea *CathA.* **b** cujus egritudines sunt synochus et pustule ru[bee] vel ~e ru[bea] GILB. II 90. 1; de cujus liquore albe ~ee lote plene curate sunt BACON IX 17; inde alphuemulas, i. ~ea nigra, et alpholeucas, id est ~ea alba *Alph.* 4.

morpheatus [cf. morphea 2], (med.) afflicted with morphew.

facies ~a GILB. III 171. 2; scarificatio super locum ~um *Ib.* III 171v. 2; si locus ~us pungatur in superficie cutis GAD. 85v. 1; infectionem .. ~am *Ib.* 42v. 2 (v. impetiginosus 2).

morphosis [μόρφωσις], act of forming, shaping; **b** (w. ref. to Ovid's *Metamorphoses*).

hucusque licet meminisse profanam / morfosin, infaustum nature prothea, Tracum / Thesiphonem HANV. VII 81; dextre divine morphŏsis ista placet NECKAM *DS* IV 375; mutari cupit in luxum mutatio talis, / Nasonem latuit, morphŏsis ista nova est *Id. DS* X 248. **b** fabulosa .. Nasonis ~is .. docet .. NECKAM *NR* II 107; Naso in sua ~i describat .. *Ib.* II 789.

morressa v. maresium. **morrettum** v. moretus. **morrio** v. 1 morio.

mors [CL]

1 (act of) dying or being killed, death; **b** (w. gen. indicating instrument of death); **c** (w. abl. indicating instrument of death); **d** (dist. as *corporalis, spiritualis*, or sim.). **e** (*~s propria, naturalis*, or *recta*) natural as dist. from violent death. **f** (*~s mala* or *repentina*) bad or sudden death; **g** (imposed as penalty); **h** (in oath). **i** (*mortetenus*) to the death, to the very end.

in sepulchris ponitur, ut sanctorum omnium sepultura sanciret, et timorem ~tis auferret THEOD. *Laterc.* 21; quos simul ad mortem saxorum tuba terebat ALDH. *VirgV* 2610; cum Theseo .. quem .. jam in ~tis periculo constitutum .. Hercules liberavit *Lib. Monstr.* I 36+; ~s .. nichil aliud est quam extinctio naturalis caloris in corde *Quaest. Salern.* B 84; **1219** nequiter posuit dictum Salamonem virum suum ad ~tem *DocExch* 328. **b** ad .. patrem qui .. pertimescenti dirae famis ~tem .. occidere consuevit vitulum filio GILDAS *EB* 29; qui pro parvulis Christi .. ipsam .. mortem, ~tem autem crucis BEDE *HE* II 6 p. 92; sic dilexi .. mundum, ut Filium meum .. dederim primum in carnem, deinde in mortem, ~tem autem crucis J. FORD *Serm.* 10. 7; Domine .. permitte nobis loqui mysteria per ~tem crucis tue *Eul. Hist.* I 115. **c** **c1160** si transversam fiderit et finem transierit, aqua vel igne ~tem venturam denuntiat *Tract. Chirom.* 282ra. **d** ne morte quidem suorum nec timore mortis .. a ~te animae, qua peccando sternebantur, revocari poterant BEDE *HE* I 14 p. 30; nec dubito me post mortem corporis statum ad perpetuam animae ~tem rapiendum *Ib.* III 13 p. 153; **964** (13c) post ~tem vero carnis *CS* 1143; de morte spirituali ~tem protinus corporalem incurres J. FORD *Serm.* 105. 2; qui mandata Dei salutifera contempnit .. ~te dignus est, non tantum corporali, immo corporis et anime infernali supplicio perpetue duratura *Quadr. Reg. Spec.* 36. **e** **1210** non fuit mortuus per imprisonacionem .. set in domo sua obiit de propria ~te *CurR* VI 107; nec ipse nec frater ejus sunt inde culpabiles quia idem W. obiit de recta ~te sua et non de aliqua plaga *PlCrGlouc* 82; **1276** moriebatur per rectam ~tem et non per verberacionem Roberti *Hund.* II 175; **1349** obiit in dicta prisona .. ~te sua naturali et non violenta *SelCCoron* 112. **f** **824** contigit ut .. comes Aldberht repentina ~te defunctus est *CS* 378; janua Tartareum mala mors aperitur in antrum, / quo semel admissos mors sine morte premit L. DURH. *Dial.* IV 172; si quis forefactum haberet et non veniret, candela exstincta ~te mala periret *G. Roman.* 422; excommunicati mala ~te perierunt *Meaux* I 180; eminatur .. omni familiae ~tem malam, si molesti esse pergemus illi LIV. *Op.* 75. **g** de latrone qui judicatus est ad ~tem (*Kent*) *DB* I 1rb. **h** 'per ~tem Domini nostri' talia pronuntians; quem morem jurandi vel ire nimietas vel rei serietas ab ore principis extorquebat W. MALM. *GR* V 401. **i** probrosis voluptatibus deservire mortetenus LANTFR. *Swith.* 1.

2 (as a personified agent).

usque fugam vitae, cum mors in limine latrat / marcida depopulans vitali pectora flatu ALDH. *VirgV* 2380; sicut per hominis inoboedientiam ~s in humanum genus intraverat ANSELM (*CurD* I 3) II 51; seva ~s vernantis etatis florem messuit W. MALM.

GR I 94; devicta morte Christus baratrique cohorte / ethraque concendit promissaque dona rependit *Eton Roundels* f. 6v.

3 cause of death.

mors etenim venti, mors equora, mors ibi grando, / mors aqua, mors frigus, mors fera turbo fuit. / sic ubi nos sine morte mori tot fata perurgent L. DURH. *Dial.* III 175–6.

4 (leg., ~s *hominis* or ellipt.) (right to a fine for) manslaughter.

1134 concedimus . . omnes regias libertates: murdrum, ~tem hominis, plagam, mehaim (*Ch.*) *EHR* XXIV 211; **1202** ad judicium de vicecomite qui non incarceravit attachiatos . . cum sint appellati de ~te hominis *SelPlCrown* 13; **1269** appellatus de ~te hominis non debet dimitti per pleggios usque adventum justiciariorum nisi per preceptum . . regis *CBaron* 90; **1356** deductis placitis de ~te vel mahemiis *MunAcOx* 174.

5 (leg., ~s *antecessoris*) mort d'ancestor.

1184 expectavit recognitionem de ~te antecessoris sui per quam perdidit *Pipe* 47; si denegetur alii hereditas sua cum major factus fuerit, poterit inde habere assisam et recognitionem de ~te antecessoris sui GLANV. VII 9; recognitiones de nova dissaisina, de ~te antecessoris, et de ultima presentatione *Magna Carta* 18; **1221** de octo acris terre . . unde assisa ~tis antecessorum summonita fuit inter eos in prefata curia *FormA* 221; **1225** A. tulit breve de ~te antecessoris de eadem terra super eundem Willelmum *BNB* III 68.

6 (~s *civilis*) 'civil death', retirement into religion.

a**1250** per ~tem naturalem seu civilem (v. civilis 4).

7 (~s *transitoria* or ellipt.) (death perceived as) life on earth as dist. from life of the world to come (cf. *Rom.* vii 24).

Cynefridus . . a ~te transitoria perpetuam migravit ad vitam *Hist. Abb. Jarrow* 3; suspirabat exire de corpore ~tis hujus P. BLOIS *Ep.* 27. 93B.

8 (med., ~s *parva*) temporary suspension of vital functions.

similiter est sincopis quasi ~s parva et tunc homo non moritur. et cum excitatur a sincopi expelluntur illi vapores mali GAD. 37v. 1.

morsalis, that may be bitten, biteable.

biteabylle, ~is *CathA.*

morsare [ML], to bite.

to bite, . . ~are, morsitare *CathA.*

morsatilis [ML], that can bite.

~is, ad mordendum habilis OSB. GLOUC. *Deriv.* 338.

morsellatim [cf. morsellus], bit by bit, piecemeal.

s**1436** ~im capiencia transeundo momorderunt et cum pedibus suis conculcaverunt AMUND. II 123.

morsellus, ~um [ML]

1 morsel, bite, small piece of food.

de lumbis ejus [sc. capri] tres ~os accipe ADEL. *CA* 10; magnos ~os vaccine in aqua tepefactos donec albescant ei appone *Ib.* 13; cepit garrulare cum astantibus, non plus curans quam si ~um panis in ore suo teneret ECCLESTON *Adv. Min.* 120; s**1245** quolibet mane manus ad celum levant. comedentes, primum moysellum in aera faciunt. bibentes, prius partem in terram fundunt *Ann. Burton* 273; morcellum totum comedas vel detur egenis *Stans Puer* 30 l. 17; signum crucis super ~um murene que est in disco meo (*V. Edm. Rich*) *NLA* I 322 (cf. *V. Edm. Rich P* 1812A: morsum); ad omnem autem ~um esce vel haustum poculi, deberemus laudare Deum ROLLE *IA* 267; hic murcellus, hec buccella, *a musselle WW.*

2 small piece: **a** (unspec.); **b** (of land); **c** (of artefact).

a bolus, -li, i. ~us OSB. GLOUC. *Deriv.* 62; *a morselle*, bolus, buccella, ~us, frustum, frustulum *CathA.* **b** dimisit . . ~um terre ibidem reddens unum boisellum frumenti TORIGNI *app.* p. 334; c**1219** confirmamus . . de dono R. . . ~um terre juxta hor-

---

reum (*Ch.*) *MonA* VI 153b. **c** c**1270** si quid restat de morsellis / caesi panni sive pellis *Pol. Songs* 53.

morsicare [CL], **~itare** [ML], to bite (frequently).

~icare vel ~itare, frequenter mordere OSB. GLOUC. *Deriv.* 362; ~itare *CathA* (v. morsare); *to snacke, byte,* ~itare LEVINS *Manip.* 5.

morsilis [ML], that can bite.

morsatilis, ad mordendum habilis, quod et ~is dicitur OSB. GLOUC. *Deriv.* 362.

morsiliter [ML], in a biting manner, bitingly, mordaciously.

mordenter, ~iter [v. l. morsibiliter] OSB. GLOUC. *Deriv.* 338.

morsio [LL], (act of) biting, bite.

venena que sunt ex ~one et ebibita BACON V 107.

morsitare v. morsicare.

morsivus, that bites, biting; **b** (fig., w. obj. gen.).

dicitur canis equivoce de stella mordente in effectu, de animali latrali ~o, et pisce marino ~o WYCL. *Ente Praed.* 19. **b** cum aliter . . dubium foret ac consciencie ~um si racionis terminus sit diruptus *Id. Sim.* 55.

morsura [LL], (act of) biting or stinging, bite; **b** (fig.).

inventus fuit mortuus ~a j porci *Eyre Yorks* 250; spine morsuras varias / dire crucis angarias J. HOWD. *Cyth.* 30. 4. **b** copula furum funerarie morsura / scindere saxum pectoris indurescens / recte debebunt in tali pressura J. HOWD. *Cant.* 330; sevissima mortis ~a a seculo relegatus *NLA* II 78.

morsus [CL; LL *also 2nd decl.*]

1 (act of) biting or stinging, bite, sting. **b** (med., ~us *cordis*) heart attack or sim. **c** (act of) gripping (of an anchor). **d** (fig.).

venenatum aspidis ~um [*gl.*: laceratione, *sliten*] refragabatur ALDH. *VirgP* 37 p. 285; murmurans contra Dominum populus serpentium ~ibus sternebatur BEDE *Hom.* II 18. 207; mea rodere viscera mursu ALCUIN *Carm.* 4. 43; leones . . nullo eum ~u attingere audebant DOMINIC V. *Ecgwini prol.* p. 77; propter quod fame et peste et cruentis luporum ~ibus frequentius [oves] moriuntur J. FORD *Serm.* 51. 10; castor . . ~u testiculos suos abscidit et in faciem venatoris eos proicit *Best. Ashmole* f. 17; tanquam culicum ~us GIR. *SD* 104; leccyo Mahowndys, viri fortissimi Sarasenorum: / . . / mursum malgorum *Digby Plays* 64. **b** hec . . contingunt vel quando [menstrua] deficiunt longo tempore . . ut in ydropisi vel dissuria vel cordis ~u *AN Med.* II 117. **c** navis . . anchorarum ~u in portu retenta GIR. *EH* I 3 p. 232. **d** comparati jumentis insipientibus strictis . . ~ibus rationis frenum offirmantes GILDAS *EB* 22; nam agnus innocens est et non habet ~um malitiae ÆLF. *Ep.* 3. 86; morsu livoris laceratur vita prioris *V. Anselmi Epit.* 24; hic tuum libitum adequat licito, / sed morsu cubiti detrectet tacito WALT. WIMB. *Palpo* 30.

2 bit, piece, morsel; **b** (of person, partly fig.).

offa, mursus *GlC* O 137; **10.** . ~us, *snæd WW*; ego signum crucis super ~um murane, que est in disco meo faciam *V. Edm. Rich P* 1812A (cf. (*V. Edm. Rich*) *NLA* I 322: morsellum); hic ~us, A. *bytte WW.* **b** hac nocte non eris ~us demonum usque mane *NLA* I 150.

3 bit of bridle.

1286 pro iij ~ibus deauratis emptis ad frena regis, xv s. *Rec. Wardr.* 88; **1290** Alano fabro . . qui contulit regi unum ~um ad frenum *Chanc. Misc.* 4/5 f. 51v; **1411** de . . xvj mors[ibus] pro fren[is] *Ac. Foreign* 45 r. D.

4 clasp, buckle.

1207 pallium regale de purpura cum ~u et brocha auri *Pat* I 77b; a**1238** unam capam de rubeo samito bene paratam cum lato aurifrigio et cum ~o argenteo deaurato ad modum lune *E. Ch. S. Paul.* 86; firmaculum quod vulgariter ~us dicitur M. PAR. *Maj.* V 122; capam unam purpuream, ~u et tassellis carissimis redimitam G. S. *Alb.* I 70; **1297** capa . . cum ~o argenteo *Doc. Scot.* II 144; unus †mors [l. morsus] argenti

---

ad capam chori *AcWardr* 346; **1411** capa . . de velveto blodio, cum uno ~o de perre *Lit. Cant.* III 112.

5 mordancy, sarcasm.

constituit ut adolescentes et scemata sine ~u dicerent ac ab aliis in se dicta perpeti discerent W. BURLEY *Vit. Phil.* 64.

6 (in names of plants): **a** (~us *daemonis* or *diaboli*) devil's bit scabious (*Succisa pratensis*). **b** (~us *galli* or *gallinae*) pimpernel (*Anagallis arvensis*). **c** (~us *galli* or *gallinae* or *pulli*) chickweed (*Stellaria media*).

a frigida alterancia, sicut plantago, ~us dyaboli, que curant a proprietate tertianam GAD. 5. 1; ~us diaboli *SB* 23, *Alph.* 120 (v. diabolus 3). **b** succi ippie majoris, i. ~us galli GAD. 109. 2; ~us demonis, Hibernice *lethan corhygh MS BL Addit. 15236* f. 18v; ~us demonis, *herbe coppe Ib.* f. 180r; ~us dyaboli, *poukesbite MS BL Sloane 2479* f. 99v; ippia, i. ~us galline, hujus autem due sunt species, sc. major et minor. ippia major, i. pimpernella cum flore rubeo. ippia minor, i. *chikenmete SB* 28 (v. et. 6c infra); anagallis Latine ~us gallinae dicitur Anglice *pympernell*, non est *chykwede* TURNER *Herb.* A ii v. **c** *SB* 28 (v. 6b supra); ~us galline, A. *chikemete*, respice in yppia *Alph.* 119; *chekyn wede* . . ~us galline *PP*; ~us galline, A. *chykemete* . . hoc morsuspoli, *a schykynw[ede]* WW.

mortagon v. martagon.

mortalis [CL]

1 subject to death, mortal.

omne, quod in hac ~i carne patimur ex infirmitate naturae BEDE *HE* I 27 p. 55; **800** sicut homo . . is est carne, immortalis anima . . ALCUIN *Ep.* 205 p. 341; s**1141** debere me fratrem meum ~em diligere, set causam Patris immortalis multo pluris facere W. MALM. *HN* 493 p. 53; videbat . . aliquando Evianum sed non ~em cum levi attactu duorum digitorum indiciis scilicet [in *marg.*] et medii [*MS*: medium] per faciem ejus ad os usque descendere *V. Chris. Marky* 75; dicebat . . se ~em esse et moriturum *Chr. Battle* f. 68.

2 that comes to an end, transient: **a** (of physical phenomenon); **b** (of life or sim. condition).

a illi . . in peccatis conceptum et editum primum ad lucem hanc effudere ~em, caligine immortali novissime involvendum J. FORD *Serm.* 28. 2. **b** donec mortalis clausit spiracula vitae ALDH. *CE* 3. 30; per varios casus mortalis vita cucurrit ALCUIN *Carm.* 9. 5; **957** nunc mutando fragilitas ~is vitae marcescit *CS* 1003; ex antiquissimo sarcofago, quo tota in ~em condicionem defluxerat caro W. MALM. *GP* V 255; †**716** (12c) licet ~is vitae pondere pressi *CS* 134.

3 that causes or results in death, deadly, fatal; **b** (of wound or sickness); **c** (of action). **d** (in plant name, *solatrum* ~e) deadly nightshade, great morel (*Atropa belladonna*).

a**805** voluntaria fuit permissio vel dispositio, non ~is dominatio necessitatis ALCUIN *Ep.* 307 p. 471; exitiali, ~i *Gl. Leid.* 4. 29; **9.** . funestissima, ~ia, *þa deadlicostan WW*; letalis, ~is OSB. GLOUC. *Deriv.* 323. **b** cujus forte puer mortali peste subactus ALCUIN *SS Ebor* 1155; inter eos ~ia vulnera [*ME: deapes wunde*] recipiam *AncrR* 153. **c** excommunicatio paenitentium non ~is sed medicinalis est ÆLF. *EC* 16; c**1231** peccatum . . ~issimum *Conc. Syn.* II 219; septem ecclesie sacramenta que sunt remedia homini contra peccatum originale, ~e, et veniale *Spec. Eccl.* 62; mors . . prius . . est sustinenda quam crimen committatur ~e *AncrR* 32; susceptio eucaristie . . cum ~i peccato [*ME: in ani heaved sunne*] *Ib.* 74; omnis divino mandato contravencio est ~is WYCL. *Civ. Dom.* II 228 (v. contraventio); neque . . ~is alicujus criminis maculam animam ejus tetigisse asserebat BLAKMAN *Hen. VI* 5. **d** morella . . solatrum ~e . . G. *morele* A. *nichteschode* vel *houndesberie Alph.* 119.

4 intending to kill or destroy, deadly, mortal: **a** (of enemy) relentless, implacable. **b** (of war) fought to the death. **c** (of enmity or hatred) unappeasable, pursued to the death.

a 1199 omnes ~es inimici sui fuerunt *CurR RC* I 322. **b 1263** hujusmodi predicaciones et perniciose suggestiones facte sunt ad subtrahendum vos et alios fideles nostros a fidelitate et devocione nostra, quod nobis anxius gravat quam aliqua guerra ~is *Cl* 371; contra regem Anglie Edwardum guerram ~em commovit *Plusc.* VII 30. **c** inimicicie ~es, i. e. ad

mortem periculose, sed et immortales quia perpetue MAP *NC* V 5 f. 66; gavisi sunt valde, quia Hubertum ~i odio persequebantur M. PAR. *Maj.* III 224.

5 in which death occurs, (*lectus ~is*) deathbed.

1220 in lecto ~i (v. 2 lectus 1g).

6 (as sb. m. or f.) one who is subject to death, a mortal.

si non te cunctorum ~ium hostes de sinu . . ejus . . abstraxisset GILDAS *EB* 34; ~ium diffidens amminiculo et angelorum fretus suffragio ALDH. *VirgP* 26 p. 262; daturus operam de singulis quae terra fovet ~ium nutrix *Lib. Monstr.* I *pref.*; ut . . mala ~ibus imminere signarent BEDE *HE* V 23 p. 349; **1170** novit . . universitas orbis quod pre cunctis ~ibus . . pietatis gratia et spiritu mansuetudinis abundatis P. BLOIS *Ep.* 50. 149A.

7 (as sb. n.) mortal thing or condition. **b** mortal sin.

Hilarius . . preciosus lapis ad quem ~ia ascendunt *Ps.*-BEDE *Collect.* 319; hinc alii ex illis haec ad mortalia missi / pervenerunt et queque volunt mysteria pandunt WULF. *Brev.* 188; nec enim luteum celesti, divinum ~i pulchre coheret W. MALM. *GR* IV 347 p. 397; hoc monasterium, ut semper ~ia labuntur in decursum, . . per beatum Oswaldum . . resuscitatum est *Id. GP* IV 156; et hinc constat quia ~e et immortale non sunt viventium species aut differentie, sed potius modos vivendi indicant J. SAL. *Met.* 908A; Christus non venit alicui eripere ~ia, licet voluerit omnia ~ia esse sibi subjecta et a se recognosci OCKHAM *Pol.* I 95. **b** quilibet Christianus habet ad custodiam suam bonum angelum, que tamen est sine mortali peccato. nam dum est in ~i, recedit ab eo bonus angelus GERV. TILB. III 103 p. 997; **c1224** audita vero confessione, semper sacerdos interroget confitentem si velit abstinere ab omni ~i (*Const. Lond.*) *EHR* XXX 292; non sapit heresim ut ~e WYCL. *Ver.* III 294; omne ~e dividit a Deo *Ib.* 303; quicunque pregravatus ~i quicquid fecerit, peccat mortaliter *Id. Sim.* 18.

mortalitas [CL]

1 state or condition of being mortal, mortality.

purpureo flore rubescit et numquam defectu dirae ~atis marcescit ALDH. *VirgP* 18; **804** igitur qui in hac ~ate Deum laudare student, in felicitate perpetua cum psalmista cantare habent ALCUIN *Ep.* 278; **904** humana fragilitas . . jacet pressa . . gravedine ~atis *CS* 613; ~as . . nostra, qua rex glorie usque ad mortem et sepulturam carnis sue indui dignatus est J. FORD *Serm.* 92. 9.

2 death, loss of life.

sicut medico eventus ~atis imputari non debet J. SAL. *Pol.* 567C; nec ~as nec casus fortuitus liberat dejectorem BRACTON f. 103v.

3 plague, mortality.

multas Brittaniae provincias ~as saeva corripiebat BEDE *HE* IV 14 p. 233; s**870** primo . . anno ordinationis suae tanta mortalita [*sic*] facta est in Ecclesia Christi ut de tota congregatione . . remanerent quinque *AS Chr.*; qua [sc. agricultura] fatiscente fames e vestigio; ea quoque invalescente ~as hominum subsecuta W. MALM. *GR* IV 327; 'sub pondere lapsus' subite pestilentie . . ex illa . . ~ate solus fertur evasisse Ruanus GIR. *TH* III 2 p. 142; ex hiis [cadaveribus] venit vapor pestilentialis . . et ex hoc accidit ~as BACON IX 28; **1349** petit allocanciam de x s. de talliagio celerarii termino Michaelis hoc anno . . de diversis tenementis nativorum existentium in manu domini causa ~atis accidentis anno precedente *Rec. Elton* 344; **1360** post ~atem communem hominum nuper in Anglia contingentem *Cart. Ciren.* 140 p. 130.

mortaliter [LL], mortally, fatally; **b** (w. ref. to sin).

letaliter adv., i. ~iter OSB. GLOUC. *Deriv.* 299; nec deinceps erat aliquis in castello qui ab armis exiret, quin protinus ~iter lederetur M. PAR. *Maj.* III 86; quinquies ~iter confossus nec interiit J. LOND. *Commend. Ed. I* 16. **b** dico ministros altaris sic conficientes . . ~iter peccare GIR. *GE* I 50 p. 140; licet ille juste occidatur, iste tamen peccat ~iter propter intentionem corruptam BRACTON f. 121v; quid ei dedisti? certe animam tuam, quando ~iter peccasti G. ROMAN. 293; quamvis ~issime peccaret OCKHAM *Dial.* 440.

mortariolum [LL], ~us, ~a

1 little mortar; **b** (fig.).

10.. ~a, *mortere WW*; olibanum cum reliqua parte aceti in ~o tritum et solutum GILB. VII 360. 2; coci . . respondeant . . de . . ~is et pistellis ac de omnibus aliis vasis ac utensilibus *Croyl.* 104; **1397** ij ~a quorum j est ereum et alterum lapideum . . item j parvum ~um pro alleo *Ac. Durh.* 214; **1501** j pila pertinens ad . . ~am *Cant. Coll.* I 33; **1521** ~us lapideus. item ~us ereus cum pestella ferrea *Ib.* I 64. **b** terimus cum ejusdem recordationis pistello, in ~o pectoris nostri AD. SCOT *TT* 610B.

2 cresset, little night-lamp.

timimateria, turibula, ~a et cetera BEDE *Templ.* 802D; c**1270** ~um inveniet singulis noctibus in ecclesia . . et candelas de cera *Cart. Glouc.* I 267; **1290** in cepo ad mortariol', v d. *Ac. Swinfield* 60; **1296** habeat . . sustentacionem unius ~i seu crasseti ardentis de nocte in camera *Reg. Heref.* 337.

mortarium [CL]

1 mortar, vessel in which things are ground or pounded; **b** (as instrument of punishment).

in quoquina sit . . ~ium [*gl.: morter*], pilus, contus NECKAM *Ut.* 97; dum [frumentum] . . conteritur in ~io *Quaest. Salern.* B 131; pulverem admisce et resolutis omnibus in ~io funde GILB. VII 360. 2; et j mortar' de cupro pro speciebus terendis ponderans lvij lib.; et j pestell' de ferro magnum pro eodem mortar' (*KR Ac*) *Arch.* XXXI 81; **1534** mortorium lapideum *Cant. Coll. Ox.* I 74. **b 1423** portabit ~ium (v. litigatrix); si aliqua mulier rixet . . in vico . ., portabit quoddam ~ium per totam villam antecedente eam fistulatore . . ludum faciente *Cust. Fordwich* 7.

2 cresset, night-lamp.

crucibolum, ~ium OSB. GLOUC. *Deriv.* 147; c**1175** donavimus aecclesiae S. Petri de Winterburnia in perpetuam elemosinam duas acras terre ad ~ium (*Middleton MSS*) *HMC* 12; a**1206** vj denarios in festo S. Martini ad ~ium capelle *Cart. Osney* II 480; c**1230** magnum . . cereum paschalem preterea unum ~ium tenetur thesaurarius administrare singulis noctibus per annum *Reg. S. Osm.* I 10; causa inveniendi unum ~ium ardens qualibet nocte coram imagine beate Marie *Capt. Seis. Cornw* 4; **1383** lego circa corpus meum die sepulture mee quinque ~ia cere *Reg. Heref.* 34; quinque magnis cereis, et quatuor ~iis cereis, illuminata G. S. *Alb.* III 422; **1453** cepum liquefactum: . . expenduntur in implecione iiij ~iorum domini et domine . . ccciiij** libre *Ac. H. Buckingham* 41.

3 (mil.) mortar, sort of cannon.

1550 cum . . apparatu . . ~iorum (v. bulletta 1).

4 mortar, plastic building material; **b** (spec. as *vetus* or *novum*). **c** (*liberum ~ium*) rough-cast.

1284 in stipend' quorundam operariorum . . ad faciend' mortar' ad dictum murum *KR Ac* 467/10; **1295** ~ium ad cementarios (v. 2 algea 1); **1307** item xxiiij operatoribus fodentibus terram et facientibus ~ium, ij s. *KR Ac* 501/22 m. 3/1. **b 1289** in vadiis ij . . hominum portancium calcetum . . et faciencium vetus ~ium et novum *KR Ac* 479/15 r. 3. **c 1251** magnam turrim perjectari de libero ~io *Liberate* 28 m. 18.

mortasius [ME, OF *mortaise*], mortise.

1285 in servicio unius cementarii faciencis ~ios ad ponendos guncios [i. e. junctios] *KR Ac* 460/27 A 3; fecit ~ios ubi gunci [i. e. juncti] positi fuerunt et hostia et ad fenestras cum plumbo *Ib.* A 3 (C).

mortbildis v. morthtidis.   **mortekinus** v. morticinus.   **mortella** v. martellus.   **mortellus** v. morterellus.   **mortera** v. morterium.

morterellus, ~um [ME *mortrels, mortreues* < OF *morterel, morteruel*], mortress, sort of soup.

c**1230** habebunt . . vespere . . panem, cervisiam, carnem, morterrellos de lacte *Cust. Waltham* f. 210v; panem, cervisiam, carnem, mortellos *Ib.* f. 219v; c**1250** detur mortrellum ad potagium *Reg. Pri. Worc.* 127b; de bussello, vel de ~is, vel de parvis anguillis in bructeo *Cust. Westm.* 76; **1275** in carne, pisce, et lib' ad ~os . . emptis *MinAc* 6/915/9; **1306** habebunt ~um et potagium simul cum aliis de homagio metentium *Ext. Hadleigh* 237.

morteriale, mortar, vessel in which things are ground or pounded.

1510 unum ~e lapidium. item unum aliud ~e enenum cum *pestell* de ferro *Cant. Coll. Ox.* I 54.

morterium, ~era [ME *morter*, OF *mortier* < CL *mortarium*]

1 mortar, vessel in which things are ground or pounded.

1265 pro iiij ~iis emptis, xvij d. *Manners* 43; **1310** x s. de j ~io eneo pro speciebus ponderante xlv libras . . cum pestello ferreo *Ac. Exec. Ep. Exon.* 7; **1390** unum ~ium de petra et unum ~ium de ligno *PlRCP* 519 r. 499; **1435** duo ~ia de metalli ad faciendum pulveres aptos canonibus *Collect. W. Worc.* 567; **1501** lapideum mortireum . . j parvum mortirium *Cant. Coll. Ox.* I 39.

2 cresset, night-lamp.

c**1350** ~ium sive crassetum (v. crassetus a); **1453** pro ~iis . . noctanter ardentibus perimplendis *Ac. H. Buckingham* 24.

3 mortar, plastic building material.

1244 turrim castri de Corf' ~io ubi defectus fuerit perjactari et exterius per totum dealbari faciat *Liberate* 20 m. 13; in ~a ejusdem sementi facienda xx s. *FormMan* 35; **1317** boket ad morter' *Fabr. Exon.* 81; **1329** pro xxv saccis calcis ab eo emptis . . pro ~io inde faciendo *KR Ac* 467/7/1; quod quidem foramen cum lapidibus et ~ium [*sic*] . . obstupatur (*Anc. Indict.*) *Selden Soc.* XL 60.

mortetenus v. mors 11.

mortettera [ME *mor* + *teter*], moor-tetter, stonechat (*Pratincola rubicola*).

qualis est avicula Anglis stonchattera aut ~a dicta, et Germanorum *klein brachvogelchen* TURNER *Av.* I 2.

mortgagiare [cf. ME *morgagen*], (leg.) to mortgage.

de aliquibus terris aut tenementis sibi per predictum R. morganizandis *Entries* f. 4ra; **1575** dominia . . impignorata et morgagiata fuerunt *Pat* 1128 m. 33.

mortgagium, morgagium [ME, OF *morgage* < *mortuum vadium*], (leg.) mortgage.

ceterasque civitates . . diu in morgagis positas J. READING f. 187v; qui ducatus in pignus. ypotecam, seu morgagium obligatus sive impignoratus existit *Foed.* X 144; **1455** dedit illut [tenementum] in morgagium Thome Hues *Rent. Glouc.* 66a; quando tenens simplicem seisinam habuit per liberacionem petentis ut in morgagio *Reg. Brev. Orig.* 228; quod nuper habuit ex dono et feoffamento predictorum J. B. et R. B. per modum mortgagii pro xxvij li. x s. legalis monete Anglie *Entries* f. 353rb.

morthidis v. morthtidis.

morthrum [AS *morþor*], murder (*v. et. murdrum*).

colere idola, solem, lunam . . maleficia exercere, ~um [AS: *morþweorc*] amare (*Inst. Cnuti* 5. 1) *GAS* 313.

morthtidis [AS *morþ* + *tid*], (mortuary, due paid at) the time of death.

cum . . morthidis (v. census 5b); c**1173** (**1290**) cum redditibus et serviciis debitis . . census, mortbildis, legibus consuetudinibus *CalCh* II 369; †**1060** (**13c**) cum . . decimis, donariis, censu morthidis, legibus *Cart. Rams.* II 75.

morticida [CL mors + -*cida*], 'morticide', killer of death.

ut hominem simul et mortem extinguat, . . ut nomine vocetur novo, sicut hominis sic ~a MAP *NC* III 3 f. 39v.

morticinium [ML]

1 (meat of) animal that has died a natural death or from disease, carrion.

manducasti ~ia aut dilacerata a bestiis, dies xl BONIF. *Pen.* 435; implentur ~iis, fiuntque multorum sepulcra mortuorum discumbentium ventres P. BLOIS *Ep.* 14. 48A.

2 corpse, carcass; **b** (of animal); **c** (of person).

hoc ~ium -nii, i. morte cadens OSB. GLOUC. *Deriv.* 338. **b** quidam ex infidelibus ~ium canis, quod

super omnia odebant, in eorum templum clam projecit BRINTON *Serm.* 39 p. 175. **c** mor[ti]cinii R. COLD. *Cuthb.* 2 p. 3 (v. bruchus); velut de ~io nostro calciate divinitatis cortigiam conantes solvere H. BOS. *LM* 1378D; cum anima imago sit Altissimi, corpus vero sit fetor et ~ium P. BLOIS *Serm.* 686D; **1322** fit, ut famis inedia ante omnem congressum bellicum ~iis arva repleamus, et qui residui sumus .. terga vertimus *Conc.* II 518b.

3 plague, murrain.

bestie et pecora, ex herbarum putredine infecte, ~io corruebant TROKELOWE 94; nullus erat hominum, qui carnes bovinas gustare presumebat, ne forte de ~iis eorum intoxicatus succumberet *Ib.* 105; **1377** propter pestilencias .. animalium et pecorum ~ia variasque extorciones rerum temporalium *Reg. Heref.* 2.

morticinus [CL]

1 dead: **a** (of animal); **b** (of person); **c** (of skin, also fig.).

a **1199** abbas de P. r. c. de iij m. pro cervo mortekino invento in fossato gardini sui *Pipe* 33; G. de S. et D. homo ejus r. c. de xx s. quia D. misit bissam mortikinam infirmam sine visu forestariorum *Ib.*; in venatione multarum †morticiarum [l. morticinarum] et vagancium avium M. SCOT *Proph. pref.* 156. **b** s**1298** intus etenimque ruebant jugulati extraque ~is fratribus subvenire non poterant *Chr. S. Edm.* 69. **c** pellem militis sui occisi vulneratam et ~am extendit H. BOS. *Hom.* 1412C; cujus libri est membranula pellis ovina et †mortuina [l. morticina] *Id. LM* 1381A; audi, successor veteris Ade, testa fragilis, lutum solubile, pellis ~a P. BLOIS *Ep.* 3. 9A.

2 (as sb. f. or n.) meat of animal that has not been slaughtered, carrion; **b** (w. ref. to *Ezech.* iv 14).

manducans ~am inscius, xl GILDAS *Pen.* 13; canones docent quod si quis abscidat aurem animalis morituri aut aliquid membrum tamen ~um erit, nisi vitalis sanguis ex intimis currat foras ÆLF. *Ep.* 2a. 6. **b** qui manducat carnem immundam aut ~am delaceratam a bestiis THEOD. *Pen.* I 7. 6.

3 (as sb. n.) corpse, cadaver; **b** (of animal); **c** (of person); **d** (w. ref. to *Psalm.* lxxviii 2 or *Jer.* xxxiv 20).

hoc ~um -ni, i. morte cesum OSB. GLOUC. *Deriv.* 338; *a corse*, cadaver, ~um *CathA.* **b** Greci carnem ~orum non dant porcis THEOD. *Pen.* II 8. 7; ibis .. serpentum ovis utitur et ~is et ex eis .. cibum pullis suis reportat *Best. Ashmole* f. 59. **c** non .. per culpam reos faciunt sed .. per immunditiae cujuslibet verbi gratia ~i vel reptilis attactum a sanctorum tactu deterrent BEDE *Sam.* 651; ab adversariorum .. membris abradunt spolia, bestiis et avibus eorum relinquentes ~a *Enc. Emmae* II 11; regum morticina vermes hereditant / sicut et pauperum qui regi militant WALT. WIMB. *Sim.* 135; dissensio .. omnium pene procerum regni luenda ~is *Croyl. Cont. B* 529; periunt viri potentes .. absorbet ~a pelagus *Ps.*-ELMH. *Hen. V* 32 p. 81; s**1460** qui ~a occisorum sepelire vellet *Reg. Whet.* I 386. **d** ~a sanctorum in escas tradita volatilibus celi DICETO *YH* II 132.

morticium, morticum, cullis, broth made of meat.

moticium, A. *colys WW*; hoc ~um, *a culys WW*; *a culice*, ~ium *CathA.*

morticius v. morticinus.

mortifacere [CL mors+facere], to make dead or lifeless.

membris ~factis *V. Cuthb.* IV 17 (v. dissolvere 4c).

mortifer, ~erus [CL], that brings death, deadly, fatal; **b** (of person); **c** (of animal); **d** (of plant or herb); **e** (of wound); **f** (of potion, poison, or sim.); **g** (of act, action, or abstr.).

~eris *GlC* L 263 (v. letalis 2). **b** agnus qui suae mortis signum frontibus nostris ad discutienda tela ~eri hostis imposuit BEDE *Hom.* II 7. 138. **c** nonne pacem patriae ~erum ceu serpentem odiens civiliaque bella .. sitiens GILDAS *EB* 30; mortifer ursus timidus recessit ALCUIN *Carm.* 89. 26. 21. **d** si esses in loco ubi scires esse salubres herbas et ~eras ANSELM (*Ver.* 9) I 189; jusquiamus, A. *henebon*, cujus est triplex maneries, alb' ruf' et nig', sed nigra est ~era, alie due competunt medecine *SB* 26; cicuta nigra, herba ~era est, A. *hormwistel Alph.* 40. **e** item pro omni genere plagarum nisi sint ~ere *Pop. Med.* 237. **f** ~erum cujuslibet haereseos virus GILDAS *EB* 12; cum .. cogeretur ut ~erum poculi haustum .. potando consummaret ALDH. *VirgP* 23 p. 255; per veram confessionem vulnus ipsum detegat ac sic expresso ~ero humore .. penitentiae medicamen assumat EADMER *Beat.* 15 p. 289; quoniam habet tela ~ero suco ebria W. MALM. *GR* IV 347. **g** quod ipsae ~ero carmine navigantes decipiunt *Lib. Monstr.* I 14; generaliter fit confessio .. pro venialibus sc. peccatis .. et pro illis ~eris quorum notitiam non habemus GIR. *GE* I 37 p. 111; hanc .. ~eram sapientiam .. stultam fecit sapientia Dei J. FORD *Serm.* 23. 10.

mortificare [LL]

1 to make dead, deprive of life, (refl. or pass.) to die; **b** (w. ref. to *I Reg.* ii 6); **c** (w. ref. to *Rom.* viii 13); **d** (abstr. or fig.).

8.. ~abitur, *biþ cwelmed WW*; carius est mihi capere piscem quem possum occidere quam illum qui non solum me sed etiam meos socios uno ictu potest .. ~are [AS: *ȝecwylman*] ÆLF. *Coll.* 95; ethnicos adhuc superstites ~are moliti sunt ORD. VIT. XIII 10 p. 23; fetus .. teneros, lesione quacunque ~atos .. refocillare solet GIR. *TH* I 27; quidam seminabat tempore eclipsis ordeum in terra fertilissima, tamen semen ~abatur ROB. ANGL. (II) 196; **1378** ab eo emit .. intralia omnium animalium suorum ~atorum *Rec. Leic.* II 181. **b** **801** Dominus Deus qui ~at et vivificat ALCUIN *Ep.* 218; illi ut vivificantem ~arent, ille ut mortuos vivificaret ANSELM (*Or.* 4) III 11; non .. lex littere que mortificat sed spiritus que in sanctitate mentis vivificas J. SAL. *Pol.* 523A; Domine .. qui ~as et vivificas J. FURNESS *Kentig.* 7 p. 174; Domine, gladio forti quo ~as et vivificas .. interfice me J. FORD *Serm.* 106. 11. **c** spiritu facta carnis ~ando AD. SCOT *Serm.* 115D. **d** hec et circumcisio Christi, vitia ~are LANFR. *Comment. Paul.* 325; de cruce depositum, sepultum .. mortem ~antem AD. SCOT *QEC* 25. 843C; **1182** illa vestra magnanimitas .. in morte filii vestri ~ata est P. BLOIS *Ep.* 2. 4A; animas .. salvandas .. pastoralis officii .. defraudatione ~are et perdere AD. MARSH *Ep.* 216 p. 383; alget / in multis hodie mortificata fides GARL. *Tri. Eccl.* 134; hii .. errores quippe carnalium affectuum ~ant per mundicie appetitum ROLLE *IA* 252.

2 to 'kill', to cause to lose vitality, strength, or sim.: **a** (disease); **b** (sound or vision). **c** (alch.) ? to calcine.

pulvis salis et cinis vitis .. ~ant antracem et carbunculum GAD. 127. 2. **b** de plumbo fiunt manubria lime surde quo sonus ~atur M. SCOT *Part.* 295; non ita mortificat visum visus basilisci (*Vers.*) *Latin Stories* 188. **c** fit de mercurio, i. argento vi[vo] suspenso et ~ato GILB. VII 341v. 2; argentum vivum prepara ~ando ipsum cum vapore stanni pro margarita et cum vapore plumbi pro Hibero lapide BACON *NM* 547; et seipsum eciam dissolvit, seipsum coagulat, seipsum putrefacit, seipsum colorat, seipsum ~at, seipsum vivificat, seipsum denigrat, seipsum dealbat *Spec. Alch.* 383.

3 to cause to decay or become gangrenous.

per quod magna pars pedis predicti .. ignita corrosa et ~ata fuit *Reg. Brev. Orig.* 112.

4 to mortify, render 'dead' (to the world, through ascetic practice or sim.); **b** (w. ref. to *Col.* iii 5). **c** (p. ppl. as sb. m.) man 'dead' (to the world).

verum per aliquod tempus sic se ~ans .. post dies aliquot gravi correptus valetudine decubuit H. BOS. *Thom.* IV 14 p. 376. **b** ipsum ~asse membra sua terrena .. signatur BEDE *Hom.* I 1. 24; mortificare decet vitiis carnalia membra / non decet ut ferro mortificentur ea W. MALM. *GP* V 271. **c** erumnosam .. vite istius viam .. tam contemnere docent quam vitare .. et sic mundo ~atos impietate piissima feliciter exulare compellunt GIR. *TH* I 12 p. 36.

5 (leg.) to quash, put an end to (legal action or sim.).

1330 lites quandoque in dicta [sc. apostolica] curia ~ate plerumque respirant, et fiunt sepe immortales *Lit. Cant.* I 334; **1331** loquela ipsa ibidem ~ata remansit *PQW* 74a.

6 to remit, extinguish (rent or payment).

c**1283** ~atur quia fuit in manu domini j vomerem. Thomas ate Pende, ad festum S. Johannis Baptiste, j vomerem *Cust. Battle* 99; **1297** decetero nichil computetur in capite redditus de redditu terrarum et tenementorum alienatorum in feodo per cartam comitis ~atis nec de aliis de quibus reversio non speratur *Ac. Cornw* I 18.

7 to amortize, alienate in mortmain.

1316 quod .. terras et redditus per ipsum Benedictum .. capelle .. assignandos ~etis ipsumque Benedictum eandem capellam inde dotare permittatis *RGasc* IV 1585; **1335** in dictis terris et tenementis ~andis per brevem ad quod damnum et carta impetranda *Sacr. Ely* II 68; **1343** ea [mesuagia etc.] ab eodem [rege] ~ari procuravimus .. ad opus .. cantarie predicte *Pat* 210 m. 12; nimis abusive ac pharisaice vocantur temporalia ecclesiasticis appropriata vel ~ata ut sic Domino consecrata, et sic loca sua et dominia quantumcunque civilia vocant sacra WYCL. *Civ. Dom.* II 27; **1417** volo quod dictum manerium meum post mortem meam ~etur ad sustentandum duos presbiteros et tantos pauperes *Reg. Cant.* II 137; **1479** sciatis nos .. ~asse .. situacionem loci .. fratribus *Scot. Grey Friars* II 195.

8 (pr. ppl. as sb. n. pl.) circumstances that call for the death penalty.

si in ~antibus handhabbenda sit, sicut liber moriatur (*Leg. Hen.* 59. 23a) *GAS* 580.

mortificatio [LL]

1 deprivation or loss of life, death; **b** (w. ref. to *II Cor.* iv 10); **c** (abstr. or fig.).

unus idemque inter mortuos liber ut nostra ~o illius inmortalitate vivificaretur THEOD. *Laterc.* 21; hoc malum desolutionis et ~onis inchoans a pedibus per omnia membra *V. Cuthb.* IV 17; sic corde mortificato a quo procedit aliorum vivificatio sequitur et illorum necessaria ~o BART. ANGL. IV 2; erunt .. autumpnorum tempora frigoribus perniciosa, florum ~ones BACON IX 198; si racio fuerit lesa sic quod non intelligat quid agat pessimum quia ultima adustio et ~o significatur J. MIRFIELD *Brev.* 58. **b** sunt .. qui ~onem Jesu circumferre decreverat in corpore suo P. BLOIS *Ep.* 131. 388A; Ricardi Jeresolima redeuntis, et crucis adhuc ~onem in suo corpore gestantis DICETO *YH* 124; c**1240** [S. Edmundus] in suo corpore crucis ~onem portavit *Ch. Sal.* 273; crucis ~onem jugiter in corpore circumferens *V. Edm. Rich B* 615. **c** per veteris hominis ~onem et novitatem justae vitae ANSELM (*Or.* 3) III 10; qui baptizatur in Christi fidelitatem transire demonstratur, et veteris vitae ~o ibidem significatur ALEX. CANT. *Dicta* 20 p. 185; verbum prophete est: 'maledictus est, qui prohibet gladium suum a sanguine', id est verbum exhortationis a ~one peccati P. BLOIS *Ep.* 76. 232A; vivis in ~one criminum, vivis in abolitione culparum J. FORD *Serm.* 26. 9; myrrha illa presto est, et in ~one jactantie, et in mitigatione patientie sue *Ib.* 85. 6.

2 (alch.) destruction or neutralization of the active quality of a substance, ? calcination.

prius est pulverisatio cum congelatione .. postea est sublimatio cum attritione et ~one BACON *Min.* 314; lapidum ~o est eorum calcinatio *LC* 247a.

3 decay, gangrene, necrosis.

de ~one brachii et de manus curvatione *Canon. G. Sempr.* f. 146v; si fractura ossis sit cum .. contusione carnis sine vulnere exteriori .., est timendum de ~one GAD. 125. 1.

4 mortification, (act of) making 'dead' to the world through ascetic practice or sim.

Domine .. da mihi .. discretam abstinentiam et carnis ~onem ANSELM (*Or.* 1) III 5; **1238** eligentes magis in usu necessariorum ad carnis ~onem citra medium sistere carentes plurimum ultra procedere GROS. *Ep.* 57 p. 177; c**1230** per corporis sui ~onem filios a morte anime credidit suscitandos *Chr. Evesham* 32; ne fervor spiritus sue carnis extingueretur ardore, sed ~one potius accenderetur ipsius M. PAR. *Maj. Addit.* VI 122; c**1270** post tot annos ~onis membrorum *Chr. Evesham app.* 337; **1586** magna pietatis et ~onis exempla *Scot. Grey Friars* II 176.

5 (leg.) amortization, (act of) alienating in mortmain.

1312 de fine .. pro ~one manerii de Nancras dicti abbati et conventui legati in testamento cujusdam nobilis *RGasc* IV p. 549a; c**1335** in solutis pro carta domini regis habenda super ~onem dictorum .. tenementorum *Comp. Swith.* 241; clerici possessionati in egestate positis pretextu appropriacionis, ~onis, consecracionis vel devocionis facte ecclesie WYCL. *Civ.*

Dom. II 30; **1427** terrarum empcione earundemque ~one *Reg. Cant.* II 356; **1471** munimenta . . donacionis Ricardi Vaus . . datoris fundi . . et ~onis supremi domini nostri regis super donacionem predictam *Scot. Grey Friars* II 216.

mortificativus [ML]

1 that makes dead or deprives of life, deadly; **b** (w. obj. gen.). **c** (as sb. n.) remedy that deadens pain, pain-killer.

unde [siccitas] pessima est qualitas et ~a dum excedit BART. ANGL. IV 3 p. 91; sua [solis] siccitas non est ~a BACON *Maj.* I 378; cinis omnium combustorum amarissimus, cum exhalatur, omnino potabile et urina pari modo ac ratione ~a efficitur *Ps.-GROS. Summa* 624; cum frigor sit ~um, calor autem sit vivificativus ROB. ANGL. (II) 192; sic motus inducendo calorem accidentalem tandem relinquit in moto frigus essenciale que est qualitas ~a SICCAV. *PN* 141. **b** per myrrham que . . est . . vermium ~a P. BLOIS *Serm.* 588A. **c** pone aliquid de medicinis sedantibus dolorem et ungamus membrum cum ~is GILB. VII 319v. 2.

mortificator [LL]

1 one who deprives of life, killer, murderer; **b** (fig.).

ille morti datus injuste ~ores suos ad vitam reservare quam perdere maluit BEDE *Sam.* 679; de balatronibus et de furtivis ~oribus [AS: *morþslyhtum*] (*Cons. Cnuti*) *GAS* 389; intrudere pro pastore devoratorem . . pro vivificatore ~orem AD. MARSH *Ep.* 247 p. 458. **b** Dei cultor, vitiorum ~or, virtutum amator (*Deusdedit*) *NLA* I 265.

2 one who practises mortification as an ascetic, mortifier.

mundi contemptores carnisque ~ores PECKHAM *Paup.* 87.

3 (leg.) one who alienates in mortmain.

domibus ~orum et appropriatorum priusquam mortificaciones et appropriaciones *Reg. Brev. Orig.* 180.

mortificatorius [LL], that deprives of life, deadly.

quoniam Saturnus ~ias habet qualitates *Quaest. Salern.* P 144; frigiditas est qualitas ~ia GILB. III 163v. 1.

mortificatura, murder.

si ~a [AS: *morþ*] manifesta fuerit (*Cons. Cnuti* 56) *GAS* 349.

mortificium [CL mors+-ficium], (act of) bringing about death.

gentilitas est si quis idola colat . . vel ~ia quoquo modo suscipiat (*Quad.*) *GAS* 313.

mortificus [LL], that causes death, deadly.

nerion . . virtus est illi ~a *Alph.* 124.

mortikinus v. morticinus.

mortilegiare [cf. mortilegium], to enrol in a book of obits.

1433 ut inter fratres ejusdem domus ~iatus existam *Reg. Cant.* II 487.

mortilegium [CL mors+-legium], necrology, book of obits.

1515 quorum nomina . . in ~io monasterii . . continentur *FormA* 272.

mortireum, mortirium v. morterium. **mortisare** v. mortizare.

mortitivus, that has died a natural death or from disease (as dist. from slaughter).

omnes pelles agnorum . . tam de his que eduntur quam de ~is (*Cart. Kenilworth*) *MonA* VI 221a.

mortizare [ME *mortisen*], to amortize, alienate in mortmain.

1415 ad ~andum, dandum, et assignandum reversionem tenementi ac shoparum predictarum *Deeds Balliol* 49; **1434** ordino quod totum manerium meum de E. . . appropriatum sit ac mortisatum decano et

capitulo ecclesie cathedralis Saresburiensis *Reg. Cant.* II 593.

mortizatio, amortization, alienation in mortmain.

1387 ~o tenementi G. . . facta capelle B. Marie pro missa W. abbatis *Reg. Malm.* II lvi.

mortoboscum [CL mortuus+boscus], dead wood (v. et. **1** boscus 3b, mori 8a).

c1256 de ~o et sicco (v. estoverium 3).

mortorium v. mortarium, mortuarius, motorium. **mortrellus** v. morterellus. **mortua** v. mori.

mortuarius [LL=*of a deceased person*]

1 (as adj.) paid as mortuary.

1345 de iij vaccis ~iis venditis per tempus compoti . . de j bove ~io nichil *Pri. Cold.* cv.

2 (as sb. n.) mortuary, due paid to a church at the time of death; **b** (~*ium vivum*) livestock paid as mortuary.

c1220 ipsi . . inhabitantes recipient in ecclesia de Kergille omnia spiritualia et eidem persolvent annuatim mortoria et omnes oblationes plene *Ch. Coupar Angus* I 63; **1255** percipiet . . vicarius . . decimas molendinorum dicte parochie et ~ium, et decimam feni de Ullecumbe *Ch. Sal.* 324; **1260** excepto quod ~ia et sponsalia cum argento cere *Melrose* 321; **1280** decimam . . feni et ~ia . . ad dictum vicarium volumus pertinere *Reg. Ebor.* 231; item lego melius averium meum ecclesie de G. nomine ~ii vel principalii ad remissionem peccatorum meorum *Form Man* 16. **b 1383** in causa tangenti ~ia viva contra J. L. et communitatem parochie ecclesie Sancti Oswaldi, vij li. x s. ix d. *Ac. Durh.* 133.

3 book that contains the Office of the Dead.

1352 iij gradalia, iij ~ia, j antiphonarium . . j psalterium *Ac. Durh.* 259; **1519** item . . precentori pro uno ordinale et pro uno diurnale et uno ~io . . xx d. (*Ac.*) *DC Cant. MS C. 11* f. 131.

mortuus v. mori.

morua, ~uus, ~uum, ~uca, ~ucus, ~ucum [OF *morue*], cod, kind of fish (*Gadus morrhua*; v. et. **5** morus); **b** (collect.).

hic ~uus, *muluel Gl. AN Glasg.* f. 21ra; **1256** per totum annum capere potest unam ~uam *BBC* (*Newcastle-on-Tyne*) 330; **1265** soluti pro ij carettis cariantibus cviij ~ucas et lengas, etc. *Manners* 5; **1282** item vij^xx xiiij ~uca et *colemouth*, xx s. jv d. *KR Ac* 4/3; **1290** ceperunt . . lxix pisces duros, lix ~utos *Doc. Scot.* I 143; **a1291** in allece x d. in ~uca ix d. *Househ. Ac.* 163; **1325** idem Petrus pro alleis et muruca *EEC* 379; Willelmus de Josse pro muruca salsata *Ib.* 381; **1336** j muruca et j mellvellus de stauro *Househ. Ac.* 180; **c1472** pro xvj ~uis, in anno x s. *BBHouseh* 109. **b 1298** in viij^c allecis iij s. iiij d. et in moruco vij d. *Rec. Elton* 69.

moruellus v. mulvellus.

morula [LL], brief delay, short period or duration. **b** (of syllable) length, duration.

nulla temporis interveniente ~a BEDE *Luke* 389; solem ~is suis et tarditate quotidiana quadrantis hujus annui . . esse ministrum *Id. TR* 38 p. 251; nos . . ~is quibusdam instruendi sumus . . quousque aliquid fortitudinis accrescat in nobis ALCUIN *Gram.* 850A; brevi autem ~a peracta, redit tristis legio infernalis OSB. *V. Dunst.* 30; post modicam ~am tumor turgescens in digito apparebat J. FURNESS *Walth.* 26; quos nullus materialis ignis in tam parva ~a illa combussisset *Chr. Kirkstall* 136. **b** si desit qui personas distinguit, qui sonat ~as sillabarum, cum desit talis expressio, qua sensum aurium feriant genera numerorum BUTLER 402.

morulare [ML], to remain, stay, delay.

cumque diutissime ~ans Walgras depopularetur W. JUM. II 8 p. 48.

1 mōrum [CL], **2 mōrus, 3 mōra**

1 fruit of the black mulberry. **b** ulcer that resembles a mulberry.

mora tibi celsus, dat tibi mora †rubris [l. rubus] NECKAM *DS* VIII 92; aliqua mulier habet celsum in facie, quia pregnans concupivit celsos sive ~a quod

non potuit habere *Quaest. Salern.* B 164; ~a nigra pira coctana juvant parum GILB. II 104v. 1. **b** in palpebris ista vicia nascuntur . . ~um, sanies, formica, glans GILB. III 142v. 1.

2 blackberry.

utitur arboreo fructu morisque rubeti *V. Merl.* 79; ~i182 queque virgata colligere debet in autumpno j tinam de ~is *RBWorc* 35; reddere debent j *sedlap* ~arum *Ib.* 171; ut recedam a te bene remuneratus, detur mihi discus ~is recentibus plenus J. FURNESS *Kentig.* 37 p. 227; NECKAM *DS* VIII 92 (v. 1 supra); **c1250** murum, i. *blakeberie WW*; super rubum quendam ~os nigros habentem (*V. S. Pirani*) *NLA* II 324; batus, rubus ferens ~a *SB* 12; ~a rubi, *blakeberien SB* 30.

3 hart-berry, bilberry, or sim.

~a, *heorotberge GlC* M 292; ~a, *heort berige Gl. Durh.*

2 mōrum v. 4 morus.

1 mŏrus v. 2 mora.

2 mōrus v. 1 morum.

3 mōrus [CL < μωρός], foolish, silly. **b** (as sb. m.) a fool.

te species ejus sensus laudare decebit, / maura licet fuerit cerebello, verme gravata D. BEC. 1939. **b** hic mores, i. quod stultus *WW*.

4 morus [CL], **4 mora, 2 morum**

1 mulberry-tree (*Morus nigra*).

arbor autem ~us eradicanda BEDE *Luke* 540; ~a, celsa agreste *GlC* M 271; ~us vel rubus, *morbeam* ÆLF. *Gl.* 138; **10**. . murus, *morbeam WW*; persicus et morus multa reludit ibi L. DURH. *Dial.* III 348; sub ~o ramosa loricis superindutas vestes abjiciunt W. CANT. *V. Thom.* II 38; foliis celsi, que vulgo ~us dicitur NECKAM *NR* II 164 (v. celsus 2a).

2 (understood as) sycamore tree (*Ficus sycomorus*).

sicaminum . . mora *Alph.* 37 (v. celsus 2a); mora quedam domestica dicuntur citomora que in recepcionibus margarui poni dicunt silvestria *Ib.* 120.

3 (understood as) hazel (*Corylus Avellana*).

hec ~us, *a fylberdtre WW*.

4 blackberry-bush (*Rubus fruticosus*).

murus, *brær GlC* M 378; **10**. . murus, *bremel WW*; rubus aut sentes, a Grecis batos, aliquibus ~us vaticana dicitur. rubum Angli vocant *a bramble* aut *a blakbery busshe* TURNER *Herb.* C i.

5 mōrus, ~ius [cf. OF *morue*], kind of fish, cod (*Gadus morrhua*) or sim. **b** codling. **c** haddock (*Gadus aeglefinus*). **d** dog-fish (*Scyllium catulus*). **e** roach (*Rutilus rutilus*).

quem cum . . medicus . . de pisce quem ~ium dicunt vesci permisisset W. CANT. *Mir. Thom.* II 31 p. 185; melanurus . . ~us [gl.: *morue, muluel, keling*] pelamides NECKAM *Ut.* 98; turdi, salmones, mori, milli, capitones (J. BRIDL.) *Pol. Poems* I 194; **c1472** piscinarum, staucorum [v. l. in piscibus stagni] viz. ~orum, *melewell, codde BBHouseh* 103. **b** *codlynge, fisch,* ~us *PP*; *a kelynge,* ~us; piscis est *CathA.* **c** *haddok, fyshe,* ~ius *PP*; hic ~us, *a haddoke WW*. **d** ~us. *a hound ffysch* (*Medula*) *CathA* p. 169 n. 3. **e** moris, A. *a roche WW*.

morvellus v. mulvellus.

morvosus [OF *morvos, morveux*], (of horse) that is affected by glanders, glandered.

equus ~us, *chival morvus Gl. AN Ox.* 395.

morwardus [ME *mor+-warde*], 'moor-ward', guardian or warden of a moor.

1302 in acquietacione j ~i tenentis v acras *MinAc* 1131/3 E4.

mos [CL]

1 custom, established practice, habit; **b** (w. gerund in gen.); **c** (w. inf. or acc. & inf.); **d** (w. *ut* & subjunctive).

praebendo .. vitia malosque mores: rari sacrificantes et numquam puro corde inter altaria stantes GILDAS *EB* 66; hac ergo auctoritate divinarum scripturarum aecclesia catholica morem optinet EGB. *Dial.* 412; ritu, more, ordine *GlC* R 193; quid juris sit ex civili more et aequitate consideratur ALCUIN *Rhet.* 11; a1241 secundum morem patrie *Cart. Chester* 313 p. 211; alios mores habent Ethiopes, alios Hispani BACON *Maj.* I 138. **b** respondisse fertur sibi umquam moris non fuisse videndi mulieres ALDH. *VirgP* 29 p. 268. **c** mos est monachos vel homines religiosos defunctos aecclesiam portare THEOD. *Pen.* II 5. 1; moris erat eidem .. opus evangelii .. ambulando .. perficere BEDE *HE* IV 3 p. 206. **d** mos obtinuit .. ut dies .. natalitia dicantur BEDE *Hom.* II 13. 157 (v. 1 dies 7c); mos .. mulierum est ut neminem de longinquo diligant *Ps.*-BEDE *Collect.* 205; agrestibus accipitribus moris est ut flante austro alas expandant *Best. Ashmole* f. 42.

2 habitual conduct, character, disposition, ways.

erat .. rex Osuini .. et affatu jucundus, et moribus civilis BEDE *HE* III 14 p. 155; exhibent mihi honores abbatis, sed ego non ostendo illis mores abbatis ANSELM (*Or.* 17) III 68; mores quippe qualitates sunt animae in habitum jam redactae *Simil. Anselmi* 133; femellarius .. femineos habens mores OSB. GLOUC. *Deriv.* 232.

3 moral conduct, way of life, or sim.

eorum vitam, mores, et disciplinam sequi non desisto BEDE *HE* III 25 p. 187; multus .. est in laude virtutis morumque disciplina J. SAL. *Met.* 852B; propter pacem servandam et mores hominum componendos KILWARDBY *OS* 628; in vinum morum convertit aquam vitiorum *Vers. Cant.* 16; 1412 ut ver dat florem, flos fructum, fructus hodorem, / sic studium morem, mos sensum, sensus honorem (*Vers.*) *Ac. Durh.* 609.

4 manner (of doing something), fashion, style.

conculcantes porcorum more pretiosissimas Christi margaritas GILDAS *EB* 38; pro confessione fidei nequaquam formidolosorum more luctatorum palestram certaminis horruerunt ALDH. *VirgP* 51; muliebria opera dilexit et ignaros .. more meretricis decipiebat *Lib. Monstr.* I 1; antiquare, in morem antiquum reducere OSB. GLOUC. *Deriv.* 51; more vispillonum per diversa vagantes *Ib.* 607; triplici vero more longe, breves et semibreves in voce proferuntur, sc. more longo, mediocri et more lascivo HAUDLO 104.

mosa v. mossa.

1 Mosaicus [LL < Μωσαϊκός], Mosaic, of or relating to Moses (as lawgiver of the Hebrews).

cum scita legis ~ae juxta litteram servaret BEDE *HE* III 25 p. 185 (v. lex 4b); legem ~am profitendo M. PAR. *Maj.* III 461; Johannes quoque Damascenus ait: 'servantes legem Christi superiores ~a lege effecti sunt. ..' GROS. *Cess. Leg.* 11. 5 p. 74; hanc .. viam declinandi servitutem et perditionem Deus dedit homini per legis ~e disciplinam R. NIGER *Mil.* II 75; legis Moysaice professoribus WYKES 266 (v. lex 7a).

2 mosaicus v. musaicus.

mosca v. mossa.

moschelaphus [μόσχος + ἔλαφος], kind of animal, ? antelope or sim.

voco ~um vel buculam cervinam CAIUS *Anim.* 9 (v. 2 bucula 1).

moschocaridion v. moschocaryon.

moschocaryon, ~carydion [μόσχος + κάρυον, καρύδιον], nutmeg (*Myristica fragrans*).

moschocaryon, sive moschocaridion, Latinis est nux moschata, Anglis *a mutmuge or a nutmege* TURNER *Herb.* B iii.

moschum v. 3 muscus.

moscillus [CL], (understood as) little habit or custom.

hic mos .. i. consuetudo unde his ~us .. diminutivum OSB. GLOUC. *Deriv.* 355.

moscum, ~us v. 1–2 muscus. **mosiclum, mosilcum, mosilicum** v. mossiculum.

mossa [ML; cf. AS, ME *mos*], place in which moss grows, peat-bog.

unam acram in Thornbanc que extendit a strata versus villam de Bouelton usque ad ~am *Reg. S. Bees* 290; c1180 usque Elsicroft et mosam usque dimidium mose *Act. Hen.* II II 455; c1192 in mosis [*sic* MS] et maresiis *Regesta Scot.* 302; c1215 sicut rivulus descendit a ~a in Naythan *Kelso* 103; a1221 in aquis, in moscis et turbariis, et marleris *Cart. Chester* 766a p. 419; c1230 in mosis et maresiis *Melrose* 199; c1272 ab illa hesa per quendam sichetum extra sepem de Snelleston usque in profundam ~am et sic sequendo illum sichetum per dictam profundam ~am versus Fandon' usque ad Leylache *Cart. Chester* 570 p. 327; 1285 habeant .. communem pasturam suam in moris, petariis, ~is et marrescis *BBC* (*Lanark*) 80; a1324 dominus H. de M. miles dedit .. abbati Cestrie imperpetuum lx carectatas turbarum in ~is suis de B. et S. .. fodiendarum et capiendarum et in terris suis juxta fossuras exsiccandarum *Cart. Chester* 687 p. 375.

mossetum [mossa + -etum], place in which moss grows, peat-bog.

1355 j masset' quod valet per annum xiiij s. iiij d. *Enr. Chester* 3/3 part 1; 1357 in quodam ~o quod vocatur Cotesbachmosse *Ib.* 3/3 part 3; 1388 bona et catalla predicta sic in dictis saccis existencia .. in quadam domo .. vocata *le cartehouse* ut iidem sub musseto reconderentur posita fuerunt *IMisc* 239/7; 1536 supervisores ~i: Georgius Walker, Ewanus Allerton *DL CourtR* 79/1059 r. 2 (cf. ib. r. 1: mossereves: George Walker, Huan Allerton); 1537 R. T. tenet cert' terr' cum mosset' *Cart. Cockersand* 1247.

mossiclum v. mossiculum.

mossiculum [mossum + -culum], lichen.

mossiclum, *ragu GlC* M 258; 9 .. mosiclum, *ragu WW*; 10 .. mosilicum, *ragu WW*; mosilcum, *ragu Gl. Durh.*

mossicus [mossa + -icus], mossy, swampy.

Scotica sit guerra pedites, mons, mossica terra (*Vers.*) *Extr. Chr. Scot.* 132.

mossis [ME *mos* < OE *mos*], place in which moss grows, bog, morass.

1397 jacuerunt cooperti cum cooperturis larvarum de mirica in quodam ~e .. et adventum ipsius Ricardi .. attenderunt *Pat* 347 m. 28.

mossum [ME *mos*], moss.

c1300 custus domorum .. in ~o colligendo v d. *FormMan* 33; 1383 et in ~o colligendo pro letto molar' et capit' stagnorum dicti molendini in eo cubandis, xij d. *MinAc* 1209/15 m. 8 sched. 2; 1536 pro v burdinis masii *Ac. Churchw. Bath* 113.

mostrare v. monstrare.

moszhacumia [Ar. *mashaqūniyā = dross of glass*], ? green vitriol (used to purify metal).

eudica .. alio nomine moszhacumia dicitur ROB. ANGL. (I) *Alch.* 518b (v. eudica).

1 mota [ME *mot* < AS *gemot*], legal plea, judicial cause.

si .. accusatus .. disraisnare et ~am purgare non obtulisset, in misericordia esset domini curie *Cust. Norm.* 62. 1.

2 mota, ~us [ML cf. OF *mote*]

1 mote, mound, hill (as seat of camp, castle, or sim.).

1141 castellum de Wigorn' cum ~o *Cart. Beauchamp* 9; c1159 dedi ei .. ~am Hereford' cum toto castello *BBC* (*Hereford*) 233; 1200 custodivit ~am illius castelli *CurR RC* II 162; 1204 mandamus vobis quod liberetis .. ~am castelli *Pat* 44a; 1213 ad faciendam turrim quam dominus rex precepit fieri in ~a de Notingham *Misae* 235; 1217 faciatis habere .. episcopo ballium castri nostri Wigornie .. retenta ad opus nostrum ~a ejusdem castri *Pat* 46; 1240 precipimus quod ~am turris castri nostri Noting', ubi nuper corruit, et puteum nostrum ibidem reparari facias *Cl* 193.

2 fortress, castle; **b** (in place-name); **c** (in surname).

fortissimam quam apud Balaonem possidebat ~am regi tradidit ORD. VIT. X 8 p. 47; 1153 quod .. redderet .. consilio sancte ecclesie .. ~am de Oxoneford *Act. Hen.* II I 63; 1171 sciati me concessisse .. ~am de Conturniaco .. cum terra que est ante portam ~e

Ib. I 523; situm loci natura muniat ut ~a [*gl.*: *mote*] super nativam rupem debitam sedem sortiatur NECKAM *Ut.* 103. **b** hic .. novem in illo comitatu habuit castra, id est .. Allerias et ~am Gualterii de Clincampo ORD. VIT. X 8 p. 40; cum quingentis militibus ~am Gualterii .. obsedit *Ib.* XII 4 p. 323. **c** 1156 hujus .. carte testes Petrus de ~a *Act. Hen.* II I 121.

3 heap, pile (as measure).

1325 decem et octo molas et sex ~as plastri in villa de Rothomagen' in Normannia .. emisse *Cl* 142 m. 9.

4 moat, defensive ditch.

1172 sciatis me dedisse .. molendinum de villa cum ~a et debito servicio ipsius molendini *Act. Hen.* II I 461; 1325 in stipendiis .. carpentariorum .. faciencium .. quoddam pallicium extra castrum super ~am in traverso ad obstupandum quemdam locum planum super dictam ~am ne predicti Scoti noctanter dictum castrum furentur *MinAc* 1147/23 m. 3; 1509 pro ripariis, gurgitibus .. weris aut mothis factis, edificatis, exaltatis, elargatis vel extensis (*Pat*) *Foed.* XIII 243.

5 (~a ad caseum or sim.) cheese-moat, vessel or mould for pressing curds.

1294 casei iiii^{xx}j pannus ad caseum j debilis. mot' ad caseum ij (*Ac. Blean*) *DC Cant.*; pro ij ~is ad caseum ij d. ob. *Ib.*; 1328 in j ~o pro cas[eo] ij d. *Ac. Man. Wint.* (*Moundesmere*).

3 mota, muta [ME *meute, mute* < OF *muete, moete* < *movita], mute, pack of hounds.

mueta regis viij d. in die *Domus Reg.* 135; c1180 non venabuntur cum motis et cordis *Melrose* 39 p. 31; c1191 decimationem .. coriorum ferarum cum mota canum captarum *Regesta Scot.* 363; c1200 decimam coriorum de cervis que capiuntur per †mentam [l. meutam] canum domini comitis de Ferr' *Cart. Tutbury* 131; 1235 non venabuntur cum motis et cordis *Melrose* 198 p. 181; 1275 tenuit .. super custum domini regis ad destruend' warenn' iij homines, unam mutam canum, quatuor leporarios et unum furettum per vj septimanas *Hund.* I 222a; 1284 per serjanciam custodiendi unam meetam caniculorum haerectorum ad custum ipsius regis *JustIt* 48 r. 28d; c1300 dedi .. libertatem bis vel ter venandi in †warencia [l. warenna] mea de C. cum duabus mutis canum vel una muta, v leporariis et totidem brachetis *FormMan* 4; 1350 canem de meota *Cal. IPM* IX 440 p. 347; muta, A. *a meet of hundys WW*.

4 mota, gull, sea-mew (*Larus canus*).

hec fulica, hec ~a, *mauue Gl. AN Glasg.* f. 21vc.

1 motabilis [LL], **motibilis**

1 that can move or be moved: **a** (of person); **b** (of part of body); **c** (of abstr.).

a in carceribus .. detenti, canonici, vel alii religiosi ~ibiles, furiosi, .. surdi, muti .. conveniri .. non poterunt *Fleta* 381. **b** membra .. in articulis ~abilia requiescebant *V. Cuthb.* IV 14. **c** vim ipsam sensualem sive ~abilem AILR. *An.* III 7; omnem animam viventem et ~abilem produxerunt aque in species suas R. BOCKING *Ric. Cic.* I 7. 78; quasi ~abilem spiritum et nitentem ad ethera concepisset *Croyl. Cont.* A 120.

2 that can be moved or transferred, subject to change.

quedam eciam racione dignitatum et officiorum ~ibilium, abbates vero et priores .. agere non poterunt nec inplacitari, objecta motibilitate et probata vel non negata, sine suis superioribus *Fleta* 116.

3 (as sb. n.): **a** a thing that moves. **b** (*primum ~e*) first mover.

a terra cum animalibus et quibusque suis ~abilibus H. READING (I) *Fid. Cath.* 1370D. **b** raptu primi ~abilis [v. l. mobilis] ab oriente in occidentem *Eul. Hist.* I 14.

2 motabilis v. mutabilis.

motabilitas [ML], **motibilitas**, mobility, (in quot.) liability to be moved or transferred.

motibilitate .. probata *Fleta* 116 (v. motabilis 2).

motale [ML], mote, mound (as seat of castle, fortress, or sim.).

1288 de tota illa milicia et ~i de Tojosa Blanqua ..

pertinentes ad dictam miliciam et ~e *Reg. Gasc. A* II 707.

motalis, that can move easily, motile, agile.

gestuosus, flexibilis . . mobilis, ~is, agilis OSB. GLOUC. *Deriv.* 261.

motamentum [LL *gl.*]

1 instigation, prompting, moving.

1275 habuit ij probatores . . qui indictaverunt plures innocentes et fideles per ~um ballivorum dicti vicecomitis *Hund.* II 24b.

2 (leg.) motion.

a**1201** in ipsa villa . . et non alibi respondeant sine causa et moteamento *BBC (Lostwithiel)* 119.

1 motare [CL]

1 to move (frequentative).

~o . . i. frequenter movere OSB. GLOUC. *Deriv.* 332.

2 to change the position of, to shift.

sunt dispersi lapides sanctuarii pulcherrimi olim et quadrati. Caldaica ~avit flamma duo chirubin (*Oratio Moucani*) *Cerne* app. 219; de villis . . antiqua positione ~atis et in decentioribus locis . . constructis ASSER *Alf.* 91.

3 to exhort, incite, instigate.

Judei . . vane ~antes se in necem Christi COLET *In I Cor.* 167.

4 to affect with emotion, disturb, disquiet.

illis . . neglegentibus postremo ~ato spiritu, austere praecipiens . . de insula discedere exterminavit *V. Cuthb.* III 5.

2 motare v. mutare.   **motarium** v. motorium.

1 motatio [LL]

1 change of place or position, a move, a shift.

metempschosis [*sic*], ~o anime aliae in alterum hominem *Gl. Leid.* 29. 56.

2 (leg.) motion, application made to a court or a judge.

c**1207** licet omni burgensi placitare sine ~one *BBC (Kilkenny)* 158.

2 motatio v. mutatio.

motator [LL], something that moves (in quot., a planet).

†πorsutas [? l. πλανήτας], ~ores *Gl. Leid.* 4. 101.

motellus [OF *motet* + -ellus; cf. CL motare, LL motatio], (mus.) motet, polyphonic choral composition.

usus est quod ita in tenoribus ~orum accipiatur GARL. *Mus. Mens.* 4. 9; usus quidam est in tenoribus discantuum sive ~orum, et hoc propter pulcritudinem punctandi propter regulam quandam: quod possumus conjungere, non disjungetur *Mens. & Disc. (Anon. IV)* 55.

motesmedus [ME *mot* + *med*; cf. 1 mota, 2 medus], mead brewed for an assembly.

1300 de firma cotteriorum cum bracinagio selfodorum cum mottesmedu de dictis terminis *Pipe* 143 r. 28d.

moteta v. motetus.

motetus, ~a [OF *motet*; cf. CL motare, LL motatio], (mus.) motet, polyphonic choral composition.

s**1262** in citharizando cum cantilenis que vocantur molete [MS: motete] ad honorem S. Virginis Matris edite *Chr. Melrose* 188; alia quidem species attendit consonanciam et mensuram vocum ac carminum que ~us dicitur, id est motus brevis cantilene ODINGTON *Mus.* 140; ~i fiunt cum littera in aliquo modorum *Ib.* 143; in ~is et in aliis cantibus HAUDLO 100; primus modus constat ex omnibus longis perfectis, ut patet in hoc ~o *Id.* 166; licet inveniantur longae [semibreves] vel sex vel septem, et illa patent ~o suo qui vocatur *Aucun ont trouvé chant* HAUBOYS 260.

motha v. 2 mota.

motiare [AN *motier*], to explain (word by word, in detail).

1277 dicit quod insufficienter respondit eo quod incepit ~iare et non permotiavit, eo quod ubi dicit querendo quod cepit x porcos nigros et rubeos et ipse dicit defendendo nigros et albos *Hund. Highworth* 45.

motibilis v. 1 motabilis.   **motibilitas** v. motabilitas.
moticium v. morticium.

motio [CL]

1 (act of) moving or shifting.

sentencia Anselmi archiepiscopi de ~one altaris ANSELM *Misc.* 321.

2 movement, motion; **b** (w. ref. to ingestion, digestion, and expulsion; **c** (partly fig.); **d** (w. ref. to the movement of thought).

rursus, omnis ~o in corpore fit, sive sit recta ~o, veluti cum quis unum deserens locum occupat alium, seu sit ~o in gyrum, cum aliquid sc. in eodem existens loco, ut firmamentum in orbem versatur, sive sit ~o partium alicujus rei ad invicem facta vel ab extremis ad medium vel medio ad extrema, veluti fit in partibus aeris, seu sit ~o rei in eodem quidem loco existentis, sed se per quedam quasi incrementa hac illacque spatiantis, quemadmodum in ramis arborum paulatim ad omnes partes crescentibus fit PETRUS *Dial.* 23; non posuit voluntatem circa finem habere praxim sed quasi quamdam ~onem simplicem naturalem DUNS *Ord.* I 229; acetum felle mixtum ei oblatum quando siciebat in cruce, ~onem [ME: *sturunge*] capitum super eum quando derisorie clamabant *AncrR* 64. **b** in tantum etiam in eo virtus egestiva defecerat, ut per quinque vel amplius dies nullam omnino sentiret ~onem *Mir. Wulfst.* I 44 p. 144. **c 799** quam nos quoque diminutionem lunaris formulae perspicatius intuentes, eadem, quae vestris inhaeserat mentibus ~o nostri quoque cordis tetigit quaerelam ALCUIN *Ep.* 170 p. 280. **d** mocio activa objecti et ~o passiva intellectus, que est intelleccio, est idem actus DUNS *Ord.* III 246; cum dicit 'intellectus non movet nisi motus' dico quod non movet secunda ~one nisi motus priore ~one: hec autem comparacio est duarum ~onum intellectus *Ib.* 335–6.

3 expedition, military enterprise.

1217 dedimus . . eis licenciam eundi in peregrinacionem suam in terram Jerosolimitanam, ad communem ~onem crucesignatorum *Pat* 21; ~o Christianorum euncium Jerusalem *Flor. Hist.* II 30; dicitur eciam quod ista ~o Jeroslimitana in subsidium terre sancte continebat plus quam cc milia Christianorum BROMPTON 993.

4 commotion, stirring: **a** (w. ref. to *Joh.* v 7); **b** (w. ref. to discontent, sedition, or sim.).

a hominem habes qui post ~onem aque mittat te in piscinam J. FORD. *Serm.* 75. 7. **b s975** secundo anno valida ingruit fames et multae ~ones diversis in locis per Angliam factae sunt *AS Chr.*; c**1424** insurreccionesve seu ~ones in populo hujus civitatis faciant *Mem. York* I 193.

5 (act of) prompting or urging, suggestion, instigation, impulse.

ad ejus ~onem [v. l. monitionem], veteris hominis depositis exuviis, ovilis illius gregi sociatus . . ibidem . . est relictus *Chr. Rams.* 24; oportet . . quod habeat autoritatem vel internam ~onem a Deo WYCL. *Ver.* II 35; **1417** ad eorum ~onem faciant conventicula et congregaciones illicitas *Mem. York* I 191; qui peccaverunt per te et ~onem tuam et exemplum malum GASCOIGNE *Loci* 46; s**1458** ordinamus . . quod . . per eorum ~ones, curas, et custagia donentur . . quadraginta quinque libre annue, pro missis *Reg. Whet.* I 301.

6 a motive, reason.

o que mente tua fuerit tunc mocio summa, / hoc vel pro mundi sit vel amore Dei? GOWER *VC* III 2091.

7 (leg.) motion, application or proposal: **a** (addressed to the king); **b** (in Parliament).

a 1472 ~o facta domino regi . . per magistrum J. B. *Lit. Cant.* III 257 *tit.* **b s1387** tam ille qui sic movebat in parliamento quam ille alius qui pretextu hujus ~onis statutum illud portavit ad parliamentum sunt ut proditores puniendi *Eul. Hist. Cont.* 363.

8 (by assoc. w. 3 *muta*) mew.

a mewe, ~o, ames LEVINS *Manip.* 94.

motitare [CL], to move (frequently).

to styr, . . motare, ~are, titillare ad luxuriam pertinet *CathA.*

motive, in a manner that moves the emotions, emotively.

predicavit . . ita ~e ut multi differrent communicare quousque fuissent ei confessi ECCLESTON *Adv. Min.* 35; ac plurima predicandi ~e gratia preditus multos . . compugit auditores *V. Edm. Rich C* 601.

motivitas, motivity, ability to initiate motion.

in corde motoris primi quem intelligentiam creatam esse supponimus, id est radicem totius ~atis unicam *Ps.-*GROS. *Summa* 457.

motivus [LL]

1 motive, that moves or causes to move; **b** (contr. w. *mobilis*); **c** (w. obj. gen.).

vis . . ~a et efficiens motum est illa vis que operatur in nervis et in musculis J. BLUND *An.* 55; virium . . sensitivarum quedam est vis ~a, quedam vis est apprehensiva NECKAM *SS* III 94. 1; omnes nervi . . non ~i GILB. II 109. 2; virtus ~a BACON VII 71. **b** caliditas est elementaris proprietas . . summe mobilis et ~a BART. ANGL. IV 1 p. 84. **c** hec itaque fumositas vergens circa arterias, nervos lingue ~os sic impedivit quod ipsa non potuit regi nec suo more reflecti, et sic defuit loquela *Quaest. Salern.* Ba 47; **1237** nec potest . . vis ~a capitis non agere in actu motionis membrorum GROS. *Ep.* 41.

2 that prompts, incites, or brings about; **b** (w. obj. gen.).

s**1261** universis comitatibus . . dirigit epistolas valde ~as ad pietatem populique sibi subjecti revocandam benivolenciam *Flor. Hist.* II 473; **1300** ad causas . . legitimas et ~as oculos convertentes *Reg. Carl.* I 144; adducas alias raciones ~as ad probandum, quod non licet communicare pape heretico OCKHAM *Dial.* 721; **1452** non possumus aliud vestre nobilitati rescribere, respondereve, quam quod contenti sumus de ~is litteris vestris adductis *Foed.* XI 312. **b** est . . lux . . colorum regina utpote eorundem per incorporacionem effectiva et per superfusionem ~a GROS. *Hexaem.* II 10 p. 99; causa . . risus ~a *Flor. Hist.* I 587; ponit racionem ~am illius opinionis T. SUTTON *Gen. & Corrupt.* 73; accidit interea casus eisdem magnatibus nimis damnosus, et tocius angustie subsequentis ~us TROKELOWE 110.

3 (as sb. f.) argument, motive, motion.

1279 rationes et ~as ad exauditionem petitionis . . inducendo *Conc.* II 41a.

4 (as sb. n., log. & phil.): **a** a thing that moves or initiates motion. **b** (*primum* ~*um*) first mover.

a proporcio objecti ad potenciam est proporcio ~i ad mobile vel activi ad passivum DUNS *Ord.* I 100; talia autem quasi activa et passiva, ~a et mobilia T. SUTTON *Gen. & Corrupt.* 53; illa ~a que non agunt alterando non tangunt . . sua mobilia *Ib.* 54. 5. **b** primum . . ~um GROS. 7 (v. intraesse).

5 thing that prompts or incites, a motive, reason.

non est . . ~um vel admiracionis, excitativumve rudis et temerarie reprobacionis E. THRIP. *SS* IV 23; ecce primum ~um quare non debemus amare peccatum HOLCOT *Wisd.* 43; si primum et maximum ~um fuit quies vel solacium aliquod temporale *Spec. Incl.* 1. 2; a**1381** improbatis erroribus jam restat eorum ~is responsere (WYNTERTON) *Ziz.* 211; et hac ~um et cause super matrimonio hujusmodi contrahendo sequuntur AD. USK 48.

motlettum v. motletum.

motletum, ~ettum [MCorn. *motlet*], 'motlet', customary payment (Cornw.).

c**1175** (1378) xv denarios quos reddere debet ad Ridlethunam de quadam consuetudine que vocatur *motileth CalPat* 114; c**1270** una dimidia acra in villa de Trebervet . . tenendum . . per . . tres denarios de *mollet* annuatim solvendos *AncD* A 12051; **1297** et de x s. de mollecto de Relaton' per annum *Ac. Cornw* 232; de xxxij s. de molletto de Kerrier. et de x s. de molletto [MS: de mollecto] de Hiltone *Ib.* 247–8; **1298** idem r. c. . . de xxviij s. ij d. ob. de molleto per annum *MinAc* 811/1 m. 1d; **1300** de molecto de Hilton x s. *IPM* 95/4; de quadam consuetudine vocata *motlet* debita ad eandem portam de hundredo de Kirrier . . xxxij s. et

de motleto de Hilton .. x s. etc. *Capt. Seis. Cornw*
9; de quodam cetero redditu vocato mottlett' *Ib.* 62;
1337 de modletto de manerio de Killaton ad festum
Pasche iiij s. *Ib.* m. 17 p. 72; **1339** de vj d. receptis
de motletto de Penhalyn per annum *MinAc* 816/11
m. 14*d*; **1429** quatuor mesuagia, unum molendinum
aquaticum, centum acre terre .. de nobis ut de castro
nostro de Launceston' ut de ducatu nostro Cornub'
per servicium decem sol. redditus vocatum molettum
annuatim .. tenentur *FineR* m. 31.

moto v. multo.

motor [CL]

1 motor, mover, one who or that which moves
or causes to move; **b** (of God); **c** (of the soul);
d (of abstr.).

omne illud quod movetur a ~ore naturali J. BLUND
An. 27; nullus potest de numero celorum aut eorum
motibus aut ~oribus .. aliquid certum profiteri GROS.
Hexaem. III 8 p. 109; tercius operans per instrumentum qui movet partes, quartus exemplar in ~ore
secundum quod operatur *Ps.-GROS. Gram.* 55; omnis
motus est ex resistencia aliqua mobilis ad ~orem
FISHACRE *Quaest.* 53. **b** ave, mater, ave, virgo, /
.. / quam, qui motor est celorum, / super trinam
angelorum / jerarchiam collocat WALT. WIMB. *Virgo*
49. **c** hac .. ratione videtur posse haberi quod firmamentum et alia superiora ~orem habeant animam
J. BLUND *An.* 6; non obstante quod anima solum sit
~or corporis et nullo modo forma OCKHAM *Quodl.*
63. **d** Empedocles nullum ~orem corporum ponit
nisi amiciciam et litem T. SUTTON *Gen. & Corrupt.*
162.

2 (log. & phil., *primus ~or*) first or prime
mover; **b** (w. ref. to God).

ad primi ~oris essentiam conditorisque sapientia,
agnoscendam ALF. ANGL. *Cor* 5. 1; verum est quod
hec est intencio ~oris primi SICCAV. *PN* 44; si primus
~or poneretur mensura ipsius generis substancie DUNS
Ord. IV 219; necesse est .. quod est ~or primus T.
SUTTON *Gen. & Corrupt.* 196 (cf. ib.: omnia mobilia .. videntur moveri .. motu diurno, per motum
primi mobilis quod movetur a primo ~ore); idem qui
demonstratur in Physicis esse primus ~or OCKHAM
Quodl. 763. **b** motor prime, fave, ne nutent hec
metra prave GARL. *Tri. Eccl.* 47.

motorium [LL *as adj.*], 'pot-stick', stick used
for stirring the contents of a pot, (by assoc. w.
mortarium) a pestle.

~ium, A. *a potstykke WW*; hoc mortorium, A.
postyk WW; hoc motarium, *a potstyk WW*.

motrix [ML]

1 (as sb.) motor, mover (f.); **b** (of the moon
as mover of the tides).

voluntas enim in anima est ~ix generalis R. MAR-
STON *QD* 125. **b** per quem mare fusum refunditur, /
quod motricem lunam exsequitur J. HOWD. *Ph.* 15.

2 (as adj.) that moves or causes to move,
motive.

in .. moto sunt due virtutes ~ices omnino contrarie
BACON *Maj.* I 169.

3 that prompts or incites.

1422 habita .. cum ipsis debita ac diligenti discus-
sione super ~icibus causis hujusmodi imposicionis [sc.
anni census] AMUND. I 84 (=*Reg. Whet.* II 404).

mottesmedus v. motesmedus.   **motulinus** v. mutulinus.

1 motulus [CL motus + -ulus], slight movement.

unius temptationis ictu subicitur, luxuriali ~o vulnus accipitur *Ep. ad amicum* 195.

2 motulus v. mutulus.

motura v. molitura.

motus [CL]

1 motion, movement; **b** (of the body or a
part, also w. ref. to gesture, comportment, or
sim.); **c** (of light or sound); **d** (of heavenly
body); **e** (*terrae ~us*) earthquake; **f** (of action,
abstr., or fig.).

non parvulorum ~ibus aut teneritate mentium
puerorum THEOD. *Laterc.* 17; serpentes .. sinuosis
~ibus .. terram reddiderunt adtritam *Lib. Monstr.*
III 7; ad musicam .. est utilis ad cordas et ~us
ipsarum, voces, tonos, et consonantias numerandas
PETRUS *Peripat.* 98; [saxa] nullum ex se ~um haben-
tia GIR. *TH* I 13 p. 40; corpus mobile in quantum
ipsum est subiectum ~us et quietis J. BLUND *An.* 18;
terminus a quo fiet ~us BACON *Tert.* 170.   **b** dum
divina docet duplam sententia vitam / quam rector
debet justa discernere lance / atque gubernandum carnis cognoscere motum ALDH. *VirgV* 834; prohibuit
.. eos leni ~u manus ne hanc injuriam .. facerent *V.
Cuthb.* III 5; cessabat ab insanis membrorum ~ibus
BEDE *HE* III 9 p. 146; gestus, ~us corporis *GlC* G
54; nec unquam carnem suam ad ~us illicitos relaxa-
vit P. BLOIS *Ep.* 79. 244D; fit quandoque delectatio ex
~u lento et suavi ut videmus quando aliquis leviter
fricatur *Quaest. Salern.* B 161.   **c** omnes consonantes et precipue mute .. que hoc ~u [sc. vocalium
que eas movent animando] carent ut H, K, Q ABBO
QG 11 (25); delectatio sequitur quod satis apparet
in ~u sonitus qui est in psalterio *Quaest. Salern.*
B 161; tempus commensurans ~um radii venientis
ab oculo ad rem visam J. BLUND *An.* 101; medio
legittimo breviter sumpto, quod possit frangi veloci
~u in duobus, in tribus vel quatuor [ad] plus in voce
humana, quamvis in instrumentis possit aliter fieri
Mens. & Disc. (Anon. IV) 23.   **d** vij ~us caeli
qui solem et lunam .. in diversis oriri et occidere
cogunt orbibus *Gl. Leid.* 44. 27; de ~u lune diurno
ADEL. *Elk.* 20 *tit.*; ipse redundat equoris altitudo, /
quod lune motui regentis obedit, / cujus nunc ingens
effluit amplitudo, / nunc minuendo reversura recedit
J. HOWD. *Cant.* 121; proximo sequuntur ascendentes
cum continuacione veri ~us solis *SB* 5.   **e** a qua
prius Hercules terrae ~u fugatus recessit *Lib. Monstr.*
II 6; c**705** fundamenta ecclesiae sicut quodam immenso terrae ~u concussit ALDH. *Ep.* 9 p. 500; **1170**
civitas terre ~u concussa est P. BLOIS *Ep.* 93. 293A;
~us terre, A. *erthequave WW.*   **f** set omnem sensum aut judicii ~us sequitur aut non ADEL. *QN* 13;
~us primi mobilis .. qui etiam dicitur ~us rationalis
ad similitudinem ~us rationis qui est in microcosmo
SACROB. *Sph.* 86; et fac amoris motibus / ad te nos
ire levibus J. HOWD. *Cyth.* 144. 10.

2 (mil.) movement of troops, expedition.

1194 in ~u suo versus Jerosolima *CurR RC* I 6;
1217 ab Anglia non recedent .. ante generalem ~um
crucesignatis prefixum et statutum *Pat* 25.

3 commotion, stirring (w. ref. to discord,
strife, or sim.).

augebantur externae clades domesticis ~ibus GILDAS
EB 19; augentes externas domesticis ~ibus clades BEDE
HE I 12 p. 28; ~us, A. *sterynge WW.*

4 instigation, impulse, suggestion; **b** (in phr.,
mero or *proprio ~u*, or sim.) without being urged
or prompted, spontaneously.

c**1170** sic et nos ~us pubertatis prevenire oportet
atque iniquarum prescindere primitias actionum P.
BLOIS *Ep.* 51. 157B; **1178** ~us adolescentie sequi atque
ad tempus laxioribus indulgere desideriis *Ib.* 15. 56B;
propriis ~ibus bellum indicentes hoc ipsum superare
contendunt quod homines sunt J. FORD *Serm.* 61. 4;
anima .. ~u desiderii vehementis accensa movetur ut
sibi adquirat id quod summum bonum est J. BLUND
An. 13.   **b** **1327** spero quod magis placebit conventui
facere, ~u proprio, ea que sunt .. facienda, quam si,
per me vel alterum, ad hoc inducti fuissent *Lit. Cant.*
I 233; **1349** vobis consulimus, mero ~u, quatinus
dictum confratrem taliter faciatis .. pertractari, ut
asperitas sibi facta .. temperatur *Ib.* II 292; a**1350** det
judicem .. in quem utraque pars consenserit, vel, si in
unam personam consentire noluerint, aliquem deputet
suo ~u *StatOx* 90; papa mero motu scimus quod
talia numquam / concessit GOWER *VC* IV 921; **1458**
ex certa sciencia et mero ~u nostris, perdonavimus,
remisimus, et relaxavimus (*Pat*) *Reg. Whet.* I 291;
rex .. proprio ~u contra opiniones bellatorum ejus ..
homagium fecit *Plusc.* VI 36.

5 a change, a shift.

Walensibus pro ~u fortune ad malum pronis W.
MALM. *GR* V 396.

6 sign, indication.

inaudita postulatione turbatus, ire ~um vultu prodidit W. MALM. *GR* III 302; magnanimitatis ~um
sedarent *Ib.* V 401 (v. magnanimitas 4); c**1150** ~us in-
quietudinum delenire (v. delenire c); glaucitas quidem
oculorum ~us debilitatis est BART. ANGL. V 6 p. 133.

7 mute, pack of hounds.

1307 canes de ~u meo *CalCh* III 87.

moula, moulda v. 2 molda.   **moulus** v. 2 mulus.
mouncellus v. moncellus.   **mountour'** v. montarius.

mountura [ME *mounture* < OF *monteure*],
mounture, a riding horse and harness (paid as
due to the lord on the death of a tenant).

1451 ac terciam partem de wardis, maritagiis, ~is,
releviis, heriettis, escaetis, extrahuris, forisfacturis, finibus, amerciamentis, catallis, lacqueatis, ac catallis
felonum et fugitivorum, subboscis, piscariis, aucupa-
cionibus, proficuis omnium arduorum, viis, semitis, et
omnibus aliis pertinenciis, proficuis, et commoditatibus quibuscumque *Cl* 301 m. 21*d.*

moura [OF *more, meure*], tip of sword or sim.

a**1150** de domibus que cremabuntur forefactura que
.. habeant quantum poterunt sursum percutere de ~a
spate sue si eques fuerint ignem defendendo *Regesta*
III 381.

moveatio [cf. movere], (act of) carrying or moving.

1424 usque ad consummacionem autumpni ac finalem ~em bladorum *Cl* 274 m. 5*d.*

movebilis [LL *as adj.*], (in quot., as sb. n.)
thing that can be moved.

etsi motus magis sit in movibile sive in moto quam
in movente R. ORFORD *Reprob.* 78.

movementum [cf. OF *movement*], motion,
movement.

a movynge, mocio, ~um *CathA.*

moventia, motive power.

quare et spiritus racionales celestes non ~ie seu
motores a movendo, sed intelligencie ab intelligendo
appropriacius nuncupantur BRADW. *CD* 87D; verumtamen accio passiva propria correspondet agencie Dei
vel apcius causancia vel ~ie Dei WYCL. *Ente Praed.*
80.

movere [CL]

1 (trans.) to (cause to) move, (refl. or pass.)
to be in motion, to move; **b** (the body or a part,
also w. ref. to body language, imparting of life,
or sim.); **c** (troops or sim.); **d** (in dipl. formula,
w. ref. to livestock); **e** (abstr. or fig.).

854 (10c) quando caelum et terra ~etur coram
Christo ex exercitu caelesti *CS* 480; ovum non fodias
digito nec pollice, cirpo / stramine, festuca; cultro
tantum moveatur D. BEC. 2625; quod ~etur non
quiescit BALSH. *AD rec.* 2 123; arbores .. quas sensim sine sensu per se ~eri .. constat et augmentari
GIR. *TH* I 13 p. 40; sed aliquid ~ens cum potencia potest ~eri alio movente cum potencia in duplo
velocius KILVINGTON *Soph.* 29g (v. et. 13 infra); yppomaratrum .. habet .. semen .. urinam ~ens *Alph.*
197; nullumque non ~ent lapidem quo putent se nos
a proposito nostro posse deflectere CHAUNCY *Passio*
110.   **b** **625** hi qui ex corruptibili materia constru-
untur .. nisi a te motae [v. l. moti] fuerint ambulare
non poterunt (*Lit. Papae*) *CS* 16; ut ne unum quidem
~ere ipsa membrum valeret BEDE *HE* IV 9 p. 223;
et quocumque pedem movit, pia semina sevit ALCUIN
SS Ebor 609; mortuus ex omni membrorum parte remansit / spiritus excepto quod pectora fessa movebat
Ib. 1157; cevere, clunes ~ere OSB. GLOUC. *Deriv.* 147;
~ebant capita sua super eum qui intuebantur eum
Mir. Cuthb. Farne 5.   **c** deinde suam omnem per
legiones disponens multitudinem, contra catholicum
castra ~et populum *V. Neot.* A 15; †**825** (12c) quando
Egcbergtus rex exercitum Gewissorum ~it contra
Brettones *CS* 390 p. 543.   **d** **1190** questiones de
dote .. quando mobilia vel se ~entia petentur ad
ecclesiam referuntur DICETO *YH* 87; **1254** bona ..
mobilia et inmobilia, seu se ~entia *RGasc* I 334b.
e ne dicant me gravia .. in humeros hominum verborum onera velle imponere, digito autem meo ea,
id est consolatorio afflatu, nolle ~ere GILDAS *EB* 62;
verum illis fribula scrupulum ~entia confringentibus,
quae profetica veritate .. caruerunt ALDH. *VirgP* 44
p. 297.

2 to move from one place to another, dislodge,
displace.

papa dicebat mensam altaris motam .. nec iterum

consecrandam, nec amplius in altare reputandam ANSELM *Misc.* 322.

3 (~*ere verba* or sim.) to utter, pronounce (words or sim.).

hunc timor impugnat verba movente lupo WALT. ANGL. *Fab.* 2. 4; coluber . . heret / amplectensque virum sibila dira movet *Ib.* 10. 8

4 to incite, prompt, urge.

cum ea penitentia mota implere vult vota sua, in potestate viri ejus est utrum impleat an non THEOD. *Pen.* II 12. 13; momarsiculus, qui cito ~etur ad iram OSB. GLOUC. *Deriv.* 360; qua de causa . . solitariam vitam elegit et que fuit ~ens intencio principalis *Spec. Incl.* 1. 2; **1587** pro quibusdam aliis causis et consideracionibus nos ad presens specialiter ~entibus *Pat* 1290 m. 37.

5 to bring into commotion, disturb.

1255 propter garulacionem suam curia mota fuit et negocia domini regis impedita; ideo committitur gaolle *SelPlForest* 25.

6 to affect with emotion, move to feeling, (refl. or pass.) to be struck with emotion.

et tamen non magnopere ~eor quamlibet adversus stipulatorem veritatis suatim livescant ALDH. *VirgP* 58 p. 318; merito ~it haec quaestio sensus et corda multorum BEDE *HE* III 25 p. 182; si . . precibus pietatis non ~eor, nimis ero durus ANSELM (*Ep.* 122) III 263; ille de oblationibus vestris pretiosa sibi serica mercabatur, vos populari et dissuto amictu oculos ~ebatis meos W. MALM. *GR* II 202 p. 249; obscecro proinde, bone rex, . . ~eat illa viscera tua piissima servuli tui tantus dolor AILR. *Ed. Conf.* 786A; **1166** ~eor . . super his, sed super afflictione ecclesie longe amplius ~eor J. SAL. *Ep.* 161 (159); **1217** quamplurimum miramur et ~emur quod mandatum nostrum . . non fecistis *Pat* 84.

7 to bring about, initiate, raise: **a** (war or sim.); **b** (discord, controversy, sedition, or sim.); **c** (legal action).

a ita expeditionem in Brittaniam ~it BEDE *HE* I 3 p. 15; plurima perpessus serpentis bella nefandi / qui solet in sanctos arma movere sua *WillV* 34. 48; quod in eum . . plus quam civilia bella . . ~isset *V. Gund.* 28; primo contra Walenses, post in Scottos expeditionem ~ens W. MALM. *GR* IV 311; **1189** si . . aliquis . . guerram ~ere presumpserit . . excommunicetur (*Lit. Regum*) DICETO *YH* 74; s**1287** Res Meredur . . ~it guerram in Wallia contra regem Anglie *Ann. Exon.* 15. **b** mota . . quaestione de pascha BEDE *HE* III 25 p. 183; dic duo, quae moveant totas monosyllaba lites ALCUIN *Carm.* 63. 5. 2; c**885** ne . . contra eum . . controversiam ~eat aut seditionem concitet *CS* 556 p. 193; si quis in curia regis sedicionem ~erit [AS: *feohte*] (*Cons. Cnuti* 59) *GAS* 351; **1190** contentionem motam inter Rothomagensem ecclesiam . . et Willelmum filium Radulfi . . conquievisse DICETO *YH* 87. **c** c**1170** sciatis me quietam clamasse . . calumpniam quam ~eram adversus eos de terra que est inter A. et C. *Feod. Durh.* 159n; **1220** die quo placitum motum fuit *CurR* VIII 183; c**1225** nuncquam . . heredibus meis clameum vel calumpniam ~ebunt vel ~ere poterunt *Cart. Salley* 593; **1226** omnia placita mota tempore R. quondam . . episcopi . . nondum terminata coram eo venire faciat, et ea secundum legem . . teneat *Pat* 66; **1255** non ~ebimus nec ~eri faciemus aliquam questionem contra B. . . occasione comende . . olim sibi facta de filio Amanevi de L. *RGasc* I sup. 47a.

8 to cause to derive or issue from, (refl. or pass.) to descend from, originate.

si fuerint consanguinei et ex illo eodem stipite parentele unde hereditas ipsa ~etur GLANV. II 6.

9 (intr.) to move; **b** (w. *ire*) to embark on a journey.

hactenus in sanctum sulcando movimus aequor / littoris ad finem nostra carina venit ALCUIN *Carm.* 70. 6. 1; c**1194** torneator ~ebit de domo sua versus torneiamentum et versus domum suam (*Lit. Regis*) DICETO II lxxxi *app.*; hoc . . signum eminens a vallo castri Crescentii tanto pollet artificio ut inspicientibus mugituro et moturo similis videatur GREG. *Mir. Rom.* 3; **1208** incipiet ~ere de domo sua a die Martis proxima ante festum S. Margarete *SelPlCrown* 56. **b** c**1130** quod G. filius R. sit saisitus et tenens de omnibus terris et rebus patris sui sicut pater ejus erat die quo ~it ire ad Jerosolimam *Mandeville* 306.

10 (leg., w. ref. to alienation of property).

s**1189** feudi autem . . transeant in proprietatem et dominium propinquioris domini a quo feodi ~ebunt (*Lit. Regum*) DICETO *YH* 74; **1218** Olcusa non venit et terra ~et de ea *Eyre Yorks* 84; **1219** loquela . . remanet sine die eo quod Matillis est infra etatem et terra ~et de ea *CurR* VIII 67; **1219** hereditas ~et de Roberto patre . . heredis *Ib.* VIII 103; **1289** per illos de quibus ~ebunt seu tenebuntur . . possessiones predicte *RGasc* II 423a; **1315** in omnibus . . proprietatibus, feodis, et retrofeodis . . ab eadem domina Yolandi mediate vel inmediate ~entibus *Ib.* IV 1330 p. 378a.

11 to make a motion.

qualiter ille est puniendus qui ~ebat in parliamento quod mitteretur pro statuto pro quo rex Edwardus secundus erat alias adjudicatus *Eul. Hist. Cont.* 363.

12 to take place, occur.

1361 distancia ~ebat inter . . Johannem . . et Matildam uxorem ejus (v. distare 2).

13 (pr. ppl. as sb.) thing that imparts motion, mover, motor.

secundum diversas qualitates moti et fortitudinem ~entis et etiam secundum diversas dispositiones moti materiales GILB. I 12. 2; KILVINGTON *Soph.* 29g (v. 1a supra).

14 (p. ppl. as sb. n.) a motive, reason.

motivum principale regis fuit eo quod . . BOWER XI 23 (=*Plusc.* VIII 22: motum).

15 (by assoc. w. OF *muer* < mutare) to mew, put hawk in a cage.

to mew an hauke, ~ere, transennare LEVINS *Manip.* 94.

movibilis v. movebilis.

mox [CL]

1 soon (after), a little later; **b** (w. ref. to previous action or event); **c** (w. ref. to the present time, in quot., w. *quam*).

semen in vulva . . mox coaculatur et tendit ad liniamenta membrorum THEOD. *Laterc.* 13; cito, mox, protinus, statim OSB. GLOUC. *Deriv.* 139. **b** cui mox destinatur legio praeteriti mali immemor GILDAS *EB* 15; idola fracta frians et mox in frusta resolvens ALDH. *VirgV* 1541; ordinatus est . . ac mox remissus ad sedem episcopatus sui, id est post dies xiiij BEDE *HE* V 11 p. 303; ita miser ille in aridam expositus, moxque totus dilaceratus, horrendam murium famem explevit W. MALM. *GR* III 290. **c** sperabam quam mox Gallicas naves ad nos venturas FERR. *Kinloss* 51.

2 (*mox ut* or sim., or ellipt.) as soon as.

qui vatem comitatus adit mox limina sacra / occurrens inopina salus complectitur aegros BEDE *CuthbV* 769, mox ut . . odore aeris illius adtacti fuerint, intereunt *Id. HE* I 1 p. 12; mox / ut fuerit clausura mei patefacta sepulchri / invenient WULF. *Swith.* I 74 (v. 2 clausura 1d); originale . . peccatum non aliud intelligo quam quod est in infante, mox ut habet animam rationalem ANSELM (*Orig. Pecc.* 27) II 170; mox ut eam fuit intuitus, sanitatem est pristinam assecutus *Flor. Hist.* I 111; **1440** mox atque ullam . . vacare contingeret BEKYNTON I 19.

3 still, yet, as early as.

ut . . Willibrordi altius nativitatis originem et mox in utero matris divinae electionis repetam praesagia ALCUIN *WillP* 2; mox ab infantia sua per fidem Deo placere contendit *Ib.* 32 p. 140.

4 newly, just, recently.

[Apollo] dicitur Pythius vel a Pythone serpente, quem secundum fabulam mox natus interfecit ALB. LOND. *DG* 8. 1.

moyare v. meiare.

moys [μουσ-], water.

classes quassabit moys et pir tecta cremabit (J. BRIDL.) *Pol. Poems* I 180; dicens, ~s, i. aqua, quassabit classes *Ib.* 182.

Moysaicus v. 1 Mosaicus.   **moysellus** v. morsellus. **moysicus** v. musicus.   **moysillare** v. musellare. **moyus** v. muius.

mozicia [LL], coffer, chest, or sim.

~ia vel arcula, *tæg* ÆLF. *Gl.* 107; **10** . . ~ia, *sealtleaf* [MS: *sealtleap*] *WW.*

mua, muia [OF *mue* < muta], mew, cage.

1171 pro viij muiis quas rex filio regis fecit fieri in castello de Sar' *Pipe* 23; **1198** pro muis faciendis in castro de Cadomo et domo in qua custodes avium jacent *RScacNorm* II 350; ad muas regis faciendas *Ib.* 371; a**1200** mutabit . . unum ostorium ad custum domini et tunc homines domini parabunt muiam in qua ponetur *Antiq. Salop.* II 281.

1 muare v. 2 minare.

2 muare, muere [OF *muer* < mutare], to mew, put (a hawk) in a cage at moulting time.

1255 ad custodiendum unum aucipitem, ad muendum, et ad portandum coram domino rege *Hund.* II 82a; **1535** pro spervario muato *Val. Eccl.* II 115a.

muarius, muerius [AN *muer*, OF *muier* < mutarius], mewed, that has moulted.

1198 dedit . . unum nisum muer' *Fines RC* I 161; **1226** pro hac recognicione . . idem Robertus dedit . . unum esperverum muherum *Fines* 262/18/6; **1226** dedit . . unum †osperverum [l. esperverum] muwerum *Fines Suss* 200; **1237** R. de H. tulit ad Scaccarium j spervarium muarium pro terra sua quam tenet in Claurth' *LTR Mem* 12 m. 3; **1242** tenet serjanciam illam de domino rege per quendam spervarium muerum vel iiij solidos per annum *CurR* XVI 1900; **1255** dedit ea [maneria] . . pro uno spervario muerio reddendo unde annuatim *Hund.* II 65a; c**1275** retinuit redditum unius nisi muarii . . in quo domino regi tenetur *Ib.* 302a; c**1285** per servicium unius sparvarii muer' *Reg. Ant. Linc.* III 248.

mucare [LL=*to blow out as mucus*], (intr.) to become mouldy or musty.

muco, A. *to moule WW.*

mucaria, muccaria, quagmire, fen.

1199 in vivariis, in stagnis, in muccariis, in mariscis *RChart* 6a; **1544** ccc acrarum more et centum acrarum mucarie et mille acrarum marisci (*Pat*) *PRO E 156* 33/75.

muccerare v. mucorare.   **muccipula** v. muscipula. **mucculentus** v. muculentus.

mucellus, ? sieve.

1284 Willelmo Pistori . . pro xiiij par' mucell' per ipsum emptis pro farina butell' [? l. bultellanda], xvij s. *KR Ac* 351/9 m. 7.

mucetta [OF *mucete*], small hole, hidden entrance.

1293 per quandam ~am *CalIMisc* I 1629.

muche, bdellium, sweet gum.

~e, i. bdellium *SB* 30.

muchetus v. muschettus.

mucidare [ML], to become mouldy or musty.

~o, A. *to vynye WW*; *to mowle,* ~are *CathA.*

mucidus [CL]

1 mouldy, musty; **b** (of bread).

muscidus . . i. musitus et quasi in alium colorem mutatus OSB. GLOUC. *Deriv.* 341; ~us, A. *yvyned WW.* **b** si [panis] ~us fuisset pre marcore nimio R. COLD. *Godr.* 69; nonne ~us et durus panis ille? P. BLOIS *Serm.* 6. 582A; expectant quod panes sint muscidi, bacones rancidi, pastilli sint putridi O. CHERITON *Fab.* 67.

2 (as sb. f.) snout.

hec mucida in succiduo, *groin de pork en suz Gl. AN Ox.* 263.

mucilaginosus [LL], mucous, viscous.

assellatio inferioris ventris, aliquando viridis, aliquando ~a BEDE *Retract.* 1032A; cognoscitur . . per frigus et muscillaginosas et albas et pallidas egestiones GILB. V 229v. 2; multitudo muscillaginosa, excreatus putridus, et lippitudo oculorum BACON IX 24; emplastrum ex predictis voco emplastrum ~um GAD. 30. 1.

mucilago [LL]

1 mucus, snot.

muscillagines narium NECKAM *Eccles.* 72c (v. citrinitas c); viscositas mucillaginum, ruptura cotilidonum *Quaest. Salern.* Ba 38; creavit Deus nasum .. ut .. tegat mucillagines exeuntes a cerebro et cedat eas aspettui *Ps.*-RIC. *Anat.* 28; scribo puerulis adhuc inberbibus / quos etas viridis vix armat dentibus, / qui nares sordidas muscillaginibus / extremis manice detergunt finibus WALT. WIMB. *Palpo* 191; cutis corrugatio, multitudo ~inis BACON *Maj.* II 206.

2 mucous or viscous substance; **b** (w. ref. to gelatine); **c** (w. ref. to extract from linseed or sim.); **d** (in excrement).

animalium quedam habent .. spine mucillagines et squame M. SCOT *Phys.* 21 f. 15ra. **b** gelatinia est piscium sive carnium quedam muscillago coagulata que nascitur de illis post alexaconnum. servantur infrigidata in aceto *Alph.* 74. **c** super caput ponatur muscillago psillii GILB. II 81v. 1; ~o seminis lini et fenugreci .. cum terbentina munda et furfure cribrato subtiliter est .. medicina optima GAD. 30. 1. **d** in egestione apparent muscillagines in modum vitri liquefacti GILB. I 38v. 1.

mucillago v. mucilago.   **mucillinus** v. muscellinus.

mucor [CL], mustiness, mould.

apponitur clerico, aut militi curiali panis non elaboratus ..; vinum vero aut acore, aut ~ore corruptum .. P. BLOIS *Ep.* 14. 47C; grana secat, nequis mucor obesse queat NECKAM *DS* IX 218; **1239** ne sacra eucharistia .. contraxerit humiditatem seu ~orem *Conc. Syn.* II 268; hic ~or, A. *mowlde* WW.

mucorare [cf. CL mucor], to cause to become musty or mouldy.

quando vinum novum est vel etiam quando mucceratum est et convenitur in dolio BACON VIII 199.

mucosus [CL], that resembles mucus, miry, slimy.

c**1140** usque ad moram, id est ~am et humidam planiciem (*Ch.*) *MonA* VI 118b.

mucro [CL]

1 sharp end, tip, point: **a** (of sword); **b** (of arrow); **c** (gen.).

quos rigidus ferri neglectos mucro reliquit ALDH. *CE* 4. 7. 35; ~o, caput gladii *GlC* M 310; ~o, *swurdes ord* ÆLF. *Gl.* 142. **b** ~one sagitte misse perforatus NECKAM *NR* I 69. **c** ~o, *ælces wæpnes ord* ÆLF. *Gl.* 142.

2 sword; **b** (w. ref. to *Gen.* iii 24); **c** (w. ref. to an insect's sting); **d** (as symbol of authority or power, *uterque* ~o) both secular and ecclesiastical powers; **e** (fig.).

~onibus undique micantibus GILDAS *EB* 24; monetarius .. perdiderat cultellum ingentem sive potius ~onem .. cujus vagina aureo erat metallo predita LANTFR. *Swith.* 2; hic gladius, ~o, .., *espee Gl. AN Ox.* 134; ventrem .. ~one perfodit *Mir. Hen. VI* I 22. **b** tu princeps preminencie, / cujus cedit potencie / porte mucro versatilis J. HOWD. *Cyth.* 3. 12. **c** sanguineas sumens praedas mucrone cruento ALDH. *Aen.* 36 (*Scnifes*) 3. **d** resumens fere omnes errores et hereses in subversionem utriusque ~onis G. HEN. V I p. 2. **e** pestifera .. lues .. quae in brevi tantam ejus multitudinem remoto ~one sternit GILDAS *EB* 22; acuto testamentorum ~one hominum vitaliter corda transverberans ALDH. *VirgP* 5; licet illud me misterium ex monasterio abstractum, a pristinae quietis vita ~one suae occupationis extinxerat *V. Greg.* p. 77; **786** omnino anathematis ~one perfoditur, qui talia agit *Ep. Alcuin.* 3 p. 25; amoris ~one transverberaverat GOSC. *Lib. Confort.* 30; Bartholano .. pestilentie ~one detrito GIR. *TH* III 3.

mucrologicum v. micrologium.

mucronare [CL], to provide with sharp end, make pointed. **b** (p. ppl., her.) fitchy.

gladius [*swordfish*] dicitur eo quod rostro mucrinato fit; ob hoc naves perfossas mergit *Best. Ashmole* f. 87v; quod fistulosum est, dic, queso, qualiter / acumen habeat et pungat acriter; / nam mucronatum est et cavum pariter / quod cutem terebrat vix visibiliter WALT. WIMB. *Carm.* 397. **b** G. de Clinton, Hun-

---

tingtoniae comes .. sex nigras cruces in spicum ~atas aliis terminatas cruciculis adjecit UPTON *app.* 81.

mucrum [cf. maserium, masera], maple wood.

1292 robbaverunt personam .. de xij coclearibus argenteis et de ij ciphis de ~o, et de j palefrido albo *RCoron* 254 m. 1; **1299** [*a standing cup*] de ~o *Cal. LBLond.* C 34; c**1308** de .. x ciphis de ~o cum pedibus, prec' xl s. *LTR Ac* (*Templars*) 20 r. 3.

muctura v. molitura.   **mucucio** v. 3 munitio.

muculentus, mucculentus [CL]

1 snotty, full of mucus.

mucculentis, *forbrodemum GlP* 605; mucculentus .. i. munctus OSB. GLOUC. *Deriv.* 358.

2 that resembles mucus, viscous.

scabies vesice .. cognoscitur ex urine spissitudine et furfuribus admixtis sedimini muscilento GILB. I 69. 1.

muebris v. muliebris.   **muella, muellus** v. moellus.   **muere** v. 2 muare.   **muerius, muerus** v. muarius.   **mueta** v. 3 mota.

muffa, muffula [ML; cf. OF *mofle, moufle*, ME *muffelen*], glove, mitten.

si liber servum occidat .. reddat parentibus ij mufflas et unum pullum (*Leg. Hen.* 70. 4) *GAS* 588; **1310** j lectus, quo dominus communiter usus fuit, cum botis, pilleis, miffis, caligis, et sotularibus precii lx s. *Ac. Exec. Ep. Exon.* 33; **1322** de j pari muffarum furratarum de pelle vulpina *MinAc* 1146/11 m. 2.

muffla v. muffa.

muga [cf. OF *mugue* = *musk*], nutmeg-wood. **b** (*nux de* ~a) nutmeg.

1290 pro .. reparacione unius forecar' de ~a (v. forcerum 1); **1325** de .. j cipho de nuce ~a cum pede argent' *MinAc* 1126/5 r. 1. **b 1314** in .. nucibus de ~a, pynis, datys, et aliis diversis speciebus (*MinAc*) *EHR* XLII 198.

mugatus [cf. muga; OF *muguete*], (*nux* ~ata) nutmeg (v. et. muscatus).

1328 in .. x libris de nucibus ~atis *ExchScot* 119; **1372** in .. canella, nucibus ~atis, amigdolis *Ib.* 370.

mugecem [Ar. *mujassam* = *invested with a body* (*jism*) (*in three dimensions*)], a solid (in quot., tetrahedron).

dico itaque quia jam signavimus corpus habens quattuor alkaidas triangulas equalium laterum estque mugecem AGZH ADEL. *Elem.* XV 1.

mugerilare v. mugilare.

mugetta, mugettum [OF *muguete*], nutmeg wood. **b** nutmeg.

1296 unus ciphus de ~o et pede argent' deaurat', unus picherus de ~o argento deaurato munitus *KR Ac* 354/9 m. 1; **1302** unus ciphus de ~o cum coop' et pede arg' deaur' *Ib.* 357/13 m. 3d. **b** macis [*gl.*: flos nucis muscate, i. ~e] sumatur, gariophilus accipiatur GARL. *Mor. Scol.* 589 gl.

mugibilis [cf. CL mugire], (as sb. n.) (act of) lowing, ability to low, moo, or bellow.

risibile est proprium hominis et rudibile asini et ~e bovis BACON XV 199.

mugil, mugilis [CL]

1 kind of fish, usu. grey mullet (*Mugil capito*).

~il, *heardhara GlC* M 339; ~ilis vel ~il, *mecefisc* ÆLF. *Gram.* 308; mulus vel ~ilis, *heardra Id. Sup.* 180; quid capis tunc in mari? .. ~iles et fannos ÆLF. *BATA* 6 p. 84; **10..** ~ilis, *sleow WW*; ~iles sunt nobiles pisces qui Romanice vocantur *mulesz Gl. Sid.* 150; hic ~ilus, A. *a mowel WW*; ~il, *a myluel WW*.

2 salmon (*Salmo salar*).

[pisces] sunt diversi, utpote ~iles [*gl.*: *saumuns*], .. congrus et murena NECKAM *Ut.* 97; hic salmo, A. *salmon.* hoc mugyl, idem *WW*.

3 pike (*Esox lucius*).

~il, *haeced GlC* M 332; **10..** lucius, *hacud.* ~il, idem *WW*.

---

mugilare [CL], to utter the cry of a wild ass.

to cry .. onagrorum [est] mugerilare [l. mugilare] *CathA*.

mugilis, mugilus v. mugil.

muginari [CL = *to roar*], to make objection, protest.

~atur, causatur *GlC* M 349.

mugire [CL]

1 (of cattle) to low, moo, bellow; **b** (transf. or fig.).

boves ~iunt vel reboant ALDH. *PR* 131 p. 180; audires .. boves ~ire R. COLD. *Cuthb.* 65 p. 133; jactitat imperium / triumphans proles Veneris / de superis, / cum cogatur iterum / rex superum / mugire P. BLOIS *Carm.* 1. 4. 64; Jupiter .. post Europam ~ire coactus est ... poterit et te femina cogere ad mugitum MAP *NC* IV 3 f. 45. **b** c**802** misi quoque in ora pueri hujus, quamvis vitulus aut natura rationale sit animal, quod ipse in auribus sanctitatis vestrae habet ~ire ALCUIN *Ep.* 248.

2 (of person) to make loud noises as expression of indignation, rage, or sim.

perstrepit et mugit [toparcha], spumas cum sanguine sugit R. CANT. *Malch.* V 222; et alii non audebant ~ire GRAYSTANES 29 p. 88.

3 (of inanim. obj.) to roar, rumble, or sim.

in qua tenebrosa caligine et crebra fulgura choruscare et tonitrua ~ire et terrae motus insoliti esse ceperunt ALEX. CANT. *Mir.* 36 (I) p. 230; ~it terra propulsibus H. HUNT. *HA* VII 6; ~ituro et moturo GREG. *Mir. Rom.* 3 (v. movere 9a); lancearum fragore ~iebant latices *Ps.*-ELMH. *Hen.* V 37 p. 95.

4 (pr. ppl. as sb.) cattle.

argentum ex ungulis ~ientium manabit G. MON. VII 3 p. 387; numquid addetur hostia mugentum / taurique placebunt ad yma prostrati J. HOWD. *Cant.* 225.

5 *f. l.*

1224 ad preces carucarum veniet in yeme cum quanto †mugit [MS: iungit[ur]] semel pro j opere (*Felsted, Essex*) *Ch. & Cust. Caen* 89.

mugissor [cf. CL mugire], one who murmurs or grumbles.

unde murmurator quod aliter dicitur .. ~or OSB. GLOUC. *Deriv.* 343.

mugitare [cf. CL mugire], (frequentative, of cattle) to low, moo.

taurus ~ans FELIX *Guthl.* 36.

mugitus [CL]

1 (act of) lowing or bellowing: **a** (of cattle); **b** (of other animal, mythical creature, or sim.). **c** (of human, as expression of emotion).

a Heliseus .. in cujus exortu .. quadrupes in Galgalis bombosae vocis ~um relevasse describitur ALDH. *VirgP* 20; nec equina carne vesci minus ducunt licitum / quam eorum, que mugitum, prebent animalium SERLO GRAM. *Bell. Stand.* 8; qui ideo cum cornibus pinguntur, sive quod ~um boum imitantur murmure aquarum, sive .. ALB. LOND. *DG* 5. 7. **b** [minotaurus] tam clamore quam ~u ingemuisse describitur *Lib. Monstr.* I 50 audiebant leonem .. magnum ~um dare HUGEB. *Will.* 4 p. 100; [demones] in eundem puteum cum diro ~u se precipites dabant HON. *Spec. Eccl.* 898A; [semibos vir] ~um .. tantum pro sermone reddebat GIR. *TH* II 21. **c** jam incursante hoste ~us emittunt in celum GOSC. *Transl. Mild.* 5 p. 161; ille namque propter inferentium penas ne animadverteretur, ~us et sibilos locutus ediderat *Ep. ad amicum* 36.

2 deep sustained noise, roaring, rumbling. **b** (of horn) blast.

que turris quodam artificio movebatur et ~um tonitruorum imitabatur HON. *Spec. Eccl.* 1004D; 'terra tremens mugitu ceco' sc. quia videri non poterat modus vel causa ~us TREVET *Troades* 15. **b** cornuum ~u viciniam in fugitivum concitavit *Mir. Wulfst.* II 16 p. 170.

mugstallum [ME *mug* < AS *muga* + ME *stalle* < AS *steall*], (right to collect) mown crop.

1234 debeat habere . . j garbam per corigiam quaque die quando metent et feminam colligentem spicas, sc. mugstal', et j stallum feni usque †junil [*sic*, l. lumb'] unius hominis collectum *Cust. Glast.* 106.

mugthressum [ME *mug* < AS *muga* + ME *thresh, thress*], (right to collect) threshed grain.

1234 debet metere j acram frumenti et . . triturare mughthress' . . et habere stramen et j stagga[m] de eodem blado plenum *Cust. Glast.* 87.

mugyl v. mugil.   **muherus** v. muarius.   **muia** v. mua.   **muientum** v. munimentum.   **muillo** v. 1 mullo.

muius, muis [ME, OF *mui* < modius], measure: **a** (of grain or salt); **b** (of iron). **c** (of wine).

a 1432 duo millia muwes salis, percipienda in insula de Gerraund . . in Britannia *Foed.* X 514. **b 1299** cum duodecim duodenis muis ferri *IPM* 92/17. **c 1300** ij moyis vini et tercie partis (*IPM*) *MS PRO* C. *133/93/20.*

mukaab [Ar. *muka'ab*], cube.

sit itaque cubus assignatus muka[ab] ABGDHUTZ conjunganturque AG et AZ et GZ et AH et HG et HZ ADEL. *Elem.* XV 1.

1 mula v. 1 mola.

2 mula [cf. mugil], eel.

10 . . ~a, *æl* . . ~a, *elene WW.*

3 mula [CL], she-mule. **b** mule.

aliter sedet in caruca praefecturae dignitas . . aliter qui pedibus continet ~as ALDH. *VirgP* 19; vidit mulierem ornatu meretritio ~am inequitantem W. MALM. *GR* II 205; tanto apparatu ornamentorum ~arum et equorum incedebant quantum difficile est scribere G. MON. IX 12; ut fecundetur nature munere mula / formula matricis non sinit, apta minus NECKAM *DS* IX 191; cur ~e cum coeunt non concipiunt? . . quia ~e sunt sicce, non concipiunt *Quaest. Salern.* C 24; magus equitavit ~am quam nutrivit ad placitum suum BACON V 144. **b** BACON V 145 (v. mantica a).

4 mula [ME, OF *mule* < Old Flemish *muyl*], chilblain.

pernio sive ~a . . apostema est quod fit . . in yeme maxime propter frigus . . A. *here* vel *moule Alph.* 144; ~ae, sunt pustulae ex frigore vel calore ortae *LC* 254b.

mulare v. 2 mullare.

1 mulcare [CL], to treat roughly, beat up, or sim.; **b** (partly fig.).

cum stolidi proceres, qui mundi regna regebant / martires immerito mulcata carne necarent ALDH. *VirgV* 1780; ~at, graviter vexat *GlC* M 320; multata, percussa *Ib.* M 330; ~atus, percussus *Gl. Leid.* 4. 28; ~ata, vincta *Ib.* 35. 303; ~are, pugnis vel virgis cedere OSB. GLOUC. *Deriv.* 367; ut pro malis non mulcetur / cum citatus propelletur / ad extremum sinodum WALT. WIMB. *Virgo* 159. **b** et laus almorum mulcatur fraude malorum ALDH. *VirgV* 1648; c**1400** ut gula mulcetur satagit, caro ne dominetur (*De Monachis Carnalibus*) *MLJ* XV 138.

2 mulcare [LL], to soothe, pacify.

~are, mulcere, mitigare OSB. GLOUC. *Deriv.* 363.

mulcatio [LL], (act of) soothing or sim.

mulceo . . et inde ~io OSB. GLOUC. *Deriv.* 345.

1 mulcator [cf. 1 mulcare]

1 one who despoils or desecrates.

Novatus . . Dominicae ~or margaritae, porcus niger GILDAS *EB* 67.

2 one who destroys, killer, murderer, or sim. (*v. et. multator*).

mulgatores, peremtores *GlC* M 299.

2 mulcator [LL], one who soothes or mitigates.

mulco . . dicitur a mulceo . . et inde ~or OSB. GLOUC. *Deriv.* 345.

mulcebris [LL], that touches gently, soothing;

b (of animal); **c** (of fire); **d** (of breeze, vapour, or sim.); **e** (of sound or song); **f** (of abstr. or fig.).

softe, molis, molliculus, mulcibris *CathA*. **b** mulcebris anguis amor est, agna ferox, leo mitis GOWER *VC* V 75. **c** ignis . . earum . . aut peremptorius dicendus est, ut ignis exterior, aut ~is et innoxius, ut ignis corporis nostri interior ADEL. *QN* 74; due sunt . . virtutes ignis: altera edax et peremptoria, altera ~is J. SAL. *Pol.* 414C. **d** spiritum enim habet frigidum, et humidum, et ~em, quo inficit aerem *Quaest. Salern.* B 173; adulationis aura ~is GARL. *Mor. Scol. prol.*; vapor . . subtilis dicitur ~is, et grossus est materia sudoris GAD. 44. 1. **e** ex nimia soliditate vox fit stridula, . . reddaturque sonus ~is et delectabilis *Quaest. Salern.* Ba 1; dulcis pernicies est assentacio, / deludens mimico stultos prestigio, / sirena mulcebris cantus obsequio / prodens inprovidos dulci naufragio WALT. WIMB. *Palpo* 117. **f** vix ullo reprimo lacrimas adamante, quod . . / . . mulcebris ardor / . . urat utrumque [sc. carnem et animam] HANV. VII 108; **1414** per hujus suaves et ~es semitas BEKYNTON II 122.

mulcedo [CL], soothing quality, blandishment, or sim.

melodiam mulcido vel corvi marini vel convivium *GlC* M 190; modulatio, mulcido *Ib.* M 247; delinimentum, ~o OSB. GLOUC. *Deriv.* 178; ~o, suavitas . . mitigamen *Ib.* 363; scissure . . vino purgationis vestre lote et oleo ~inis fote GIR. *Symb.* I 16 p. 246

mulcere [CL]

1 to touch gently, stroke, caress.

interius minus haut mulcent mea viscera caros TATWINE *Aen.* 12 (*De patena*) 2; item a ~eo hec mulier . . eo quod ~eat virum OSB. GLOUC. *Deriv.* 345; rex . . iterum Eadmundum amplexibus ~et et osculis G. FONT. *Inf. S. Edm.* 1; o, si forte Jupiter / . . / . . Danes pluens aurum / ymbre dulci mulceat P. BLOIS *Carm.* 8. 7. 67; obviat Abigail mulcet David arma refrenat *Vers. Cant.* 10. 23.

2 to calm, pacify, appease.

in ecclesia cantandi consuetudinem institutam ut qui verbis non compunguntur, modulandi suavitate ~eantur ROB. BRIDL. *Dial.* 107.

3 to soothe, relieve, alleviate.

nemo tamen sentit fera vinctus dampna cremandi / sed mulcent ea plus vinctum quam dulcia mella TATWINE *Aen.* 14 (*De Caritate*) 5; **10** . . accipe virgam . . aequitatis, qua intellegas ~ere pios et terrere reprobos *Rec. Coronation* 19; quoties . . curis saecularibus solutus, orationem otiis ~ebatur, ipse cum Domino pariter fari videretur B. *V. Dunst.* 5; sic nimirum Christi vetus artificium novit quos amat terrere ut ~eat W. MALM. *GR* IV 379; niger emicat alte / sanguis, et exustos mulcet Stix frigida manes J. EXON. *BT* VI 343.

4 to please, charm; **b** (w. inf.); **c** (w. implication of wrongfulness).

mulceat auditum ventosis follibus iste ALDH. *VirgV* 72; ut quicquid illud dulce sonaret ~eret auditum BONIF. *Met.* 110; felicem . . se putabat qui carminis novitate aures ~eret dominae W. MALM. *GR* V 418; Orpheus Eurydicen nympham amavit, eamque sono cithare ~ens, uxorem duxit ALB. LOND. *DG* 8. 20. **b** reginae cupiunt animis me cernere, nec non / reges mulcet adesse mei quoque corporis usus TATWINE *Aen.* 13 (*De acu pictili*) 2; ac fratres precibus mulcet sollempnia festa / ad laetos celebrare piae genetricis honores ÆTHELWULF *Abb.* 468. **c** sirenae . . navigantes pulcherrima forma et cantu ~endo decipiunt *Lib. Monstr.* I 6; callidis verbis populum . . ~eamus G. MON. V 10.

mulcereus v. mulsereus.

Mulciber [CL], Mulciber, name of the god Vulcan.

dicitur et ~er, hoc est ignis aerius, quasi mulcens imbrem ALB. LOND. *DG* 10. 4.

mulcibilis [ML], that can be touched gently, caressed, or sim.

mulceo . . inde . . ~is OSB. GLOUC. *Deriv.* 345.

mulcibiliter, in a gentle or soothing manner.

mulcibilis . . unde ~iter adverbium OSB. GLOUC. *Deriv.* 345.

mulcibris v. mulcebris.   **mulcido** v. mulcedo.

Mulcifer [cf. Mulciber], Mulciber, name of the god Vulcan. **b** fire.

atque senectutis vereor discrimina numquam / Mulcifer annorum numerum ni dempserit igne ALDH. *Aen.* 27 (*Coticula*) 4; Mulcifer egreditur, tantumque remanet adhaerens / lucidus in ramis BONIF. *Carm.* 8. 5 (*De Poculo et Vino*) 6. **b** ~er, ignis. quia omnia mulcet. et dicitur Ulcanus *GlC* M 326.

mulcitrum v. mulctra.

mulco, miller.

a milner, molendinarius, ~o *CathA*.

mulcrum v. mulctra.   **mulcta** v. 2 multa.   **mulctare** v. 3 multare.

mulctaria [cf. mulctorium, 2 mulctura], milking-parlour, dairy.

de exitu de muloteria [? l. mulctaria] de vadio Ivonis de Maris *RScacNorm* I 85.

mulctatio v. multatio.   **mulctator** v. multator. **mulctibilis** v. multabilis.

mulctorium [cf. CL mulgere], teat, udder.

multra [*gl.*: multorium Gallice dicitur *la bivre de la vache* et Anglice *hudur de la vache*], casearium, muscipula GARL. *Dict.* 132.

mulctra, ~um [CL]

1 milking-pail.

muluctra, ceoldre *GlC* M 314; ~a, mulgarium lactis *Ib.* 370; multhra, celdre *Gl. Leid.* 48. 61; ~a, *melcingfata*, ~um dicitur vas in quo mulgetur lac *GlP* 154; cui fortis animus cum sacra Scriptura ut David, cum mulcro lactis occurrit funda et lapide dejecit HON. *GA* 568B; hoc mulctum, *buket Gl. AN Glasg.* f. 20vb; hoc multrum, *boket Gl. AN Ox.* 253; mulcitrum, A. *a payle WW*; hec multra, A. *payle WW*; **1528** majori redeunt spumantia mulctra colostro (*Strena*) *Bannatyne Misc.* II 5.

2 cow's milk.

mulcrum, lac bovinum OSB. GLOUC. *Deriv.* 366.

mulctrale [ML *as adj.*], milking-pail.

~e, vel sinum, vel mulctrum, *meolcfæt* ÆLF. *Gl.* 123; quasi David adversus Philisteum procedit. per calicem ~e accipitur, per corporale funda, per oblatam petra intelligitur HON. *GA* 568C; multrum, multrale, multra, vasa ad mulgendum apta OSB. GLOUC. *Deriv.* 365; **1467** pro viij bollys lingneis et j multrali empt', quorum iij cum multrali sunt apud Rilley et v in coquina, xx d. *Ac. Durh.* 91; hoc multrale, *the tyn of the mylke WW.*

mulctrare, to milk.

1270 cum stipend' trium mulierum multrancium oves per totam estatem *MinAc* 1118/17 r. 3.

mulctrarium [CL], milking-pail.

a milke skele, mulgarium, multrale, multrarium *CathA*.

mulctrix, milkmaid.

c**1175** mittit mane multrices ad pontem [silvestris fluvii] . . unde continuo due assiliunt cerve, que se . . prebebant multure *MonA* II 177b; herciatores, portarius, multrices: quilibet eorum recipit xviij d. (*Ac. Beaulieu*) *MS Bodl. Barlow* 49 f. 90.

mulctrum v. mulctra.   **mulctum** v. mulctra, 2 multa.

1 mulctura v. molitura.

2 mulctura [LL]

1 (act of) milking.

c**1175** multure (v. mulctrix).

2 (by assoc. w. *molitura* and *multa*) mulct, fine, penalty.

1559 sub pena gravis ~e seu alterius cujuscumque punicionis super ipsos racionabiliter imponende (*Ch.*) *Gild Merch.* II 87.

mulda v. 2 molda.   **muldic'** v. molditium.   **muldra** v. murdrum.   **mulecius** v. 1 mulettus.

mulennus, kind of fish, red mullet or cod (in quot., as taxable commodity).

c1180 de .. theloneis allectium et makerellorum, et ~orum [v. l. mulenorum] *Act. Hen. II* II 188.

muletta [ML; cf. OF *mulete*], (young or small) she-mule.

c1308 de j asino et j ~a .. de quibus ~a mittebatur ad manerium de Herbirburg *LTR Ac (Templars)* 19 r. 40.

1 mulettus [ME, OF, *mulet*], kind of fish, usu. red mullet (*Mullus barbatus*).

invenerunt pisces quatuor .. qui vulgo .. ~i dicuntur ... sunt .. marini potius quam fluviales R. BOCKING *Ric. Cic.* I 7. 78; **1265** makerelli, xxj d. .. ~i et bar, xv d. *Manners* 43; **1309** de predictis nativis sedebant quidam ad tres rupes super litus maris .. quolibet die inter festum Purificacionis B. Virginis et Hokkeday ad capiendum muletum cum propriis batillis et proprio apparatu *IPM* 16/9 m. 6; **1324** mulecium meliorem pro ij denariis et alios prout valent *MGL* II 118.

2 mulettus [ML; cf. OF *mulet*], (young or small) he-mule.

c1312 asinus et ~us idem r. c. de j asino et j mulett' inventis ibidem *LTR Ac (Templars)* 19 r. 27d; **1419** summa remanente equorum .. cxxxiiij, unde bastard' vj, jenett' x, palefr' lxiiij, mulett' j, haken' v *Ac. Foreign* 52A.

muletus v. 1 mulettus. **mulewellus** v. mulvellus.

mulgare [cf. mulgere], to wet or sprinkle (with milk).

1383 rupes ~ata lacte Marie *Ac. Durh.* 439.

mulgarium [CL], milking-pail.

~ium *GlC* M 370 (v. mulctra 1); vasa ubi mulgetur uter, ~ium, mulctrum, sinum OSB. GLOUC. *Deriv.* 262; **1329** in stipendio j hominis circulantis mulgar' pro ov[ibus] lact[antibus] per v dies, v d. *MinAc* 856/20 m. 2; *a milke skele* ~ium *CathA*.

mulgator v. 1 mulcator.

mulgere [CL]

1 to milk (animal); **b** (fig.).

oves vitulasque ~ere BEDE *HA* 8; ubera [vacce] pre lactis copia ~enda R. COLD. *Godr.* 113; ~eatur [animal] et exhibeatur statim quia lac citissime corrumpitur J. MIRFIELD *Brev.* 80; ipse [sc. presul] gregis loculos mulget trahit in tribulosque / cause quo lana vulsa manebit ei GOWER *VC* III 195.

2 to extract (milk); **b** (fig., w. ref. to illicit gain or sim.).

quod infantes ab his hominibus ac feris in mari progenitos lactis ~endi gratia cum conchis natare per undas putabant *Lib. Monstr.* II 32; vas in quo ~etur lac *GlP* 154n (v. mulctra 1); multrum .. pro vasis in quibus ~emus OSB. GLOUC. *Deriv.* 357; in hieme est calida velut lac mulsum W. WORC. *Itin.* 68. **b** nam lesurus lenit / et mulcet, ut mulgeat P. BLOIS *Carm.* 25. 15. 88.

3 to nurture with milk, breast-feed.

postquam Domina beata hominem mulsit W. MALM. *Mir. Mariae* 136.

4 to squeeze (in quot., w. ref. to torture).

dehinc et [juvenibus] inundato tractis e carcere, nervo / undique nodoso, stringit inane caput; / quod primum mulgendo trahit baculoque deinde / invertendo rotans, in caput ire facit L. DURH. *Dial.* II 315.

5 (p. ppl. as sb. n.) whey.

mulsum, A. *wei* (gl.) *Teaching Latin* II 31; mulsum, A. *the wyte of botyr WW*; quay, mulsum, serum *CathA*.

muliebris [CL]

1 of, belonging to, or used by a woman or women: **a** (of body or part); **b** (w. ref. to *Esth.* ii 3); **c** (of artefact).

a feminea praeceps cognovi corpora numquam / nec tetigi penitus muliebres turpiter artus ALDH. *VirgV* 749; genus utriusque sexus .. quod dexteram mammam virilem .. sinistram habet ~em *Lib. Monstr.* I 19; erat .. imago sua [Bacchi] facie ~i, pectore nudo, capite cornuto *Deorum Imag.* 19. **b** mundum ~em multo tempore debuerunt unguere variis pigmentis et indui vestibus regalibus *Gl. Leid.* 22. 11. **c** striones, qui †muebri [l. muliebri] indumento gestus inpudicarum feminarum exprimebant *Gl. Leid.* I. 127; arsineum .. vestimentum ~e ardentis coloris OSB. GLOUC. *Deriv.* 31.

2 typical of a woman (sts. pejorative). **b** (of man) effeminate, (~*ia pati*) to undergo a feminine sexual experience, to be used as a pathic or a catamite.

strofosam ~is audaciae muscipulam parvi pendens ALDH. *VirgP* 53 p. 310; credendum est autem quod illa maxime causa vel ~em matris affectum vel carnales adhuc discipulorum animos ad haec postulanda concitaverit BEDE *Hom.* II 21. 229; fortior ille malis, quamvis eum non lateret ~is nequitia, venire properavit W. MALM. *GP* III 100 p. 214; cum clamosa voce et ~i procacitate nomen ejus .. ingeminans COGGESH. *Visio* 7. **b** a postulando .. prohibet pretor .. eum qui ~ia passus est vel qui capitali crimine damnatus est RIC. ANGL. *Summa* 26.

3 (of sex, sperm, or sim.) female; **b** (w. ref. to female animal).

ut ne sexui quidem ~i .. parceret BEDE *HE* II 20 p. 125; signare .. ~em sexum in omni malitia .. fortiorem GIR. *TH* I 12 p. 36; si vero plus de ~i spermate in dextra parte collocetur, femina virago generatur *Quaest. Salern.* B 193. **b** cum ergo in ovo primo galline virginis non sit nisi ~e sperma, non potest fieri inde generatio *Quaest. Salern.* B 214.

4 (of line of succession or sim.) that relates to or issues from a woman.

hi sunt reges Francorum descendentes per ~em lineam: .. R. NIGER *Chr.* II 146; eo quod mulieribus, earum maritis seu liberis pretextu tituli ~is .. ad jus regni et corone successio interclusa est FORTESCUE *Tit. Edw.* 4.

5 (as sb. n.) female or feminine nature, principle, or sim.

aliquid in se esse quod regat virile et aliquid quod regatur ~e AD. SCOT *QEC* 5. 810D.

6 (as sb. n. pl.) menstrual period, (discharge of) the catamenia.

a1200 si matura sit in pilis et uberibus, et si venerint ~ia ejus *Leg. Wall.* A 144; hec ~ia, in plurali hec menstrua, sunt infirmitates mulierum *WW*.

muliebriter [CL], in a manner that is typical of a woman or women, like a woman (usu. pejorative).

manus .. vincendae ~iter protenduntur GILDAS *EB* 6; nullatenus .. more .. ~iter metuentium saevissimis hostibus .. terga .. praebeamus ALDH. *VirgP* 11; contra quos Brutus etiam dispositis catervis non ~iter graditur G. MON. I 15; quod mater audiens et ~iter stupens R. COLD. *Godr.* 345; faciem .. ~iter planam et omni pilositate carentem GIR. *TH* II 20; cum mollibus ~iter indutis, qui ad peccata carnis generaliter inclinantur WYCL. *Blasph.* 277.

muliebrosus [LL; cf. CL mulierosus], fond of women.

nam et Socrates ut traditur natura petulcus erat et ~us ut verbo utar historie, nature tamen intemperantiam castigatione philosophie .. repressit J. SAL. *Met.* 836B.

mulier [CL], ~era

1 woman; **b** (w. ref. to *Prov.* vii 11–13). **c** (fine exacted from) a woman.

~er cum ~ere fornicando, iij annos peniteat THEOD. *Pen.* I 2. 12; de barbosis ~eribus *Lib. Monstr.* I 22; menstrua enim consuetudo ~eribus non aliqua culpa est BEDE *HE* I 27 p. 56; rivales, duo qui uno ~ere utuntur *GlC* R 190; de nomine quod est 'mulier' requisitis quo accentu ejus genitivus debeat pronuntiari. de quo sciendum est quia, quamvis ejus paenultima brevis est, euphoniae causa solet acui ABBO *QG* 5 (12); quo mulierum inter natos non prodiit alter WULF. *Brev.* 344. **b** in Proverbiis ~er illa procax et pertinax sinagogae tipum obumbrans ALDH. *VirgP* 57 p. 317. **c** de adulterio .. habet rex hominem et archiepiscopus ~erem excepta terra S. Trinitatis (*Kent*) *DB* I 1rb.

2 married woman, wife; **b** (dist. from *virgo*).

ad maritum pertinent viij [unciae], ad ~erem iiij *Gl. Leid.* 37. 9; †1093 dedit .. omnem substantiam sue et sue ~eris terciam partem *Ch. Chester* 3 p. 6; c1140 si vero Alanus iste sine herede moritur de propria ~ere *Danelaw* 344; ~er sui corporis potestatem non habet sed vir *V. Chris. Marky.* 15; **1304** ad habend' inquisicionem si debeant participare hereditatem cum heredibus ~eris vel non *MinAc W. Wales* I 316. **b** quare ergo omnes fideles sanctae ecclesiae quicumque estis, sive .. ~eres vel virgines, publice vos admoneo ANSELM *Misc.* 327.

3 (~*er communis, publica*, or sim.) prostitute, whore.

G. MON. VII 4 (v. communis 8b); **1291** secum adduxit quamdam ~erem cursalem, Johannam la Converse nomine, et cum ipsa tota .. nocte jacuit *JustIt* 542 m. 5d; **1310** in diversis expensis circa reparacionem prisone .. pro ~eribus publicis *MunCOx* 257; **1317** ~eres publice *CalPat* 665; **1344** ordinatum est .. quod .. nullus leprosus sit commorans infra procinctum ville nec aliqua ~er communis manens infra muros *Little RB Bristol* I 33.

4 (as personal name).

1271 Mattheus de Louen recognovit .. se debere ~ere de Louen, matri sue, quadraginta marcas *Cl* 394.

muliera v. mulier.

mulierare [CL = *to use as a woman*]

1 (intr.) to behave like a woman.

quod est in ecclesia Christiana detestabile, ut aliquis sc. sponte langueat ~etque, quum sumus vocati in virilem dignitatem COLET *Sacr. Eccl.* 76.

2 (trans., p. ppl. as adj.) born in wedlock, legitimate.

si .. plures habuerit filios ~atos GLANV. VII 1 p. 70; tunc melioris condicionis videbitur in hoc bastardus filius quam ~atus postnatus *Ib.* p. 71.

mulierarius [CL *as adj.*], womanizer.

~ius, frequens mulierum appetitor OSB. GLOUC. *Deriv.* 363.

muliercula [CL], (little, poor, wicked, or sim.) woman; **b** (w. ref. to *II Tim.* iii 6).

ea conditione prius interposita, ut pauperculae direpta et depeculata ~ae redderentur ALDH. *VirgP* 37; **10..** ~e, *earmum wife WW*; uxor ejus .. insano ~a pruritu et irreverenti W. MALM. *GR* IV 388; **1200** decernimus ut clerici .. si ~as in domibus suis sub incontinencie nota tenuerint .. abiciant eas et continenter vivant *Conc. Syn.* 1067; s1210 ~e curiales *Hist. Glouc.* 24. **b** 745 tunc .. penetravit multorum domos et captivas duxit post se ~as oneratas peccatis, quae ducebantur variis desideriis BONIF. *Ep.* 59 p. 111; refusa mundo luce, citantur ~e et .. non cessant donec captivam libidinis demonibus illudendam exponunt AILR. *Inst. Inclus.* 2.

mulierositas [CL = *fondness for women*], effeminacy.

omnia ad flebilem quanquam moestitiam et loquendi quasi ~atem deducuntur J. CHEKE *Pron. Graec.* 74.

mulierosus [CL], fond of women. **b** (as sb. m.) womanizer.

publici erat regiminis negligens ~usque totus ac spurcus effectus, lenonibus .. stipatus BOECE f. 90v. **b** ~is *Ib.* f. 212 (v. gastrimargus 1).

mulierula [mulier + -ula], (little or poor) woman.

dixit .. quidam de astantibus mulieruli [*sic MS*; l. mulierule] contristanti *Mir. Wulfst.* II 21 p. 178.

mulinum v. molina.

1 mulio [CL], **mulius** [ML]

1 mule-driver, muleteer. **b** (gen.) one who tends mules.

terra .. quam .. ~o depopulatur J. SAL. *Pol.* 612B (v. agaso); mula rapit cursum, nam mulam mulio cogit

WALT. ANGL. *Fab.* 35. 1; bursa beat viles per quam fit mulio miles WALT. WIMB. *Scel.* 35. **b** Doec .. non quilibet pastor sed ~o gregis sterilis et infructiosi BEDE *Sam.* 653; ~o, -nis, i. mulorum custos .. dicimus quoque hic ~ius, -lii, pro custode mulorum OSB. GLOUC. *Deriv.* 340; hic ~o, -onis, *qui garde le mule* Gl. AN Glasg. f. 21rc; hic ~o, *gardeyn de mules* Gl. AN Ox. 156.

2 horse-servant, groom.

~o, *horsþegn* GlC M 338; **10** .. ~o, *horshierde WW.*

2 mulio v. 1 mullo.

3 mulio v. mullus.

mulius v. 1 mulio.   **muliwellus** v. mulvellus.

1 mullare [CL], to sew.

unde et millare pro suere dicimus OSB. GLOUC. *Deriv.* 353; *to sewe,* suere .. millare, filare *CathA.*

2 mullare, mullionare [cf. 1 mullo], to stack (hay). **b** (p. ppl. as sb.) stack.

1315 in feno ejusdem [prati] coligendo et mulando iiij s. vj d. *MinAc* 1202/6; **1321** ~abit per dimidium diem et nichil percipiet ... et veniet ad mullonem feni faciendum per unum diem (*Ext.*) M. Nathan *The Annals of West Coker* (Cambridge, 1957) p. 471; **1398** pro feno dicti prati lev' coll' et mullion' *Ac. Man. Coll. Wint.* **b** c**1380** ad faciend' millat' feni *Surv. Durh. Hatf.* 6.

mulleus [CL], sort of shoe.

milleus, i. calciamentum, -ti, propter diversos ejus punctos OSB. GLOUC. *Deriv.* 353; *a scho,* culpcinus .. millus *CathA.*

mulliare [OF *moillier, muillier* < *molliare], to make wet, soak.

1304 de quibus bladis xl quarter[ia] .. frumenti [etc.] .. submersa extiterunt; .. projecta erant ad terram iiijˣˣiiij quarter' .. frumenti mulliat' *KR Ac* 12/32 no. 7.

mullio v. 1 mullo.   **mullionare** v. 2 mullare.

mullionatio, (act of) stacking (hay).

1430 in falcacione, spergicione, levacione, cariacione, et ~one iiij carectarum feni (*DL MinAc*) *Arch. Soc. Derb* XI 141.

1 mullo, mullio [OF *mulon, muilon, moilon*]

1 rick, stack, mow (usu. of hay); **b** (of grain); **c** (of forage or straw).

impetus autem irruentis .. aque fenum sublevavit et de loco illo ~onem hac et illac fluctuantem longe transtulit ORD. VIT. XIII 16 p. 42; quatuor cotmanni .. adjuvant ad faciendum ~iones feni *Boldon Bk.* 16; j ~onem feni *RDomin* 3; **1236** Petrus de Brus .. quia habuit defectum feni venit ibi serviens suus et voluit emere unum mulionem propter necessitatem illam *CurR* XV 1916; **1250** debet .. has precarias [*sic*] prestare .. unum hominem una die ad falcandum .. et duas caractas .. ad ducendum fenum .. et unum hominem una die ad muillon' faciendum *Reg. Malm.* II 67; c**1270** cottarii sine cruftis facient muillonem in curia *Reg. Pri. Worc.* 83b; **1273** de xj molionibus feni venditis in prato .. lxxv s. *Ac. Stratton* 40; c**1283** unusquisque venire debet ad faciendum mulonem feni quousque fiat *Cust. Battle* 80; **1296** de xxj s. ij d. de feno de rewenn' in pratis per millon' *DL MinAc* 1/1 r. 6; c**1380** faciunt molliones feni *Surv. Durh. Hatf.* 12. **b 1547** blada .. in ~onem tassabunt et peditabunt *CalPat* 31. **c 1276** ~one foragii faciendo xlij opera *Ac. Stratton* 199 (=*Ib.* 80: in tassis feni et foragii); **1278** in ij ~onibus foragii in bertona faciendis *Ib.* 98; **1280** faciunt in estate ~onem de stramine remanenti in curia (*Cust.*) *Crawley* 232.

2 ? place in which hay is stored, loft.

c**1170** grangia debetur canonicis ex parte orientali retro hostium plena frumento et .. culacium .. plenum manchorn. et ala .. plena siligine .., reliqua autem parte cum toto meylono vacua remanente *Dom. S. Paul.* 139; tota reliqua parte grangie remanente vacua cum meylone *Ib.*

2 mullo v. mullus.

mulo v. 1 mullo, mullus.

mullus [CL], **mullo** [ML], kind of fish, usu. red mullet (*Mulleus barbatus*).

~us, *heardra* ÆLF. *Gram.* 308; **10** .. ~us, *heardra WW*; lautior est cultus mense quam mulio dicat [l. ditat] NECKAM *DS* III 433; morus, pelamides, ~us [*gl.: mulet*] *Id. Ut.* 98; pretumidus capite mulus; pro ventre superbus / salmo H. AVR. *Poems* 2. 245; **1266** in ~onibus et albis piscibus, emptis ad servicium domini regis *ExchScot* 31; turdi, salmones, mori, milli [*gl.: i.* quidam piscis rubei coloris] capitones (J. BRIDL.) *Pol. Poems* I 194; **1450** pro quinque lastis salmonum salsorum et triginta et tribus mulonibus .. de quibus piscibus .. compotorum rotulator respondebit *Exch Scot* 389.

1 mulsa, ~us, moss.

c**1250** extendit se a vado lapidoso .. usque ad vadum ~i *Reg. S. Thom. Dublin* 351; **1297** in bordis serrandis ad ponenda desuper plumbacia cum clavis emptis ad dictos bordos affirmandos ij s. viij d. in ~a ad idem colligenda iij d. *Ac. Cornw* 65 (cf. ib. 65: in dicta grangia per loca cooperienda et tegulanda iij s. x d. .. in sabulone et *mos* ad idem colligendis ij d.).

2 mulsa v. 2 mulsus.

mulsereus, ~ius [cf. CL mulgere], milky. **b** (of animal) that gives milk, milch.

milke, gala Grece, lac. lacteus .. mulcereus .. participia *CathA.* **b 1438** lego .. quatuor vaccas ~ias *Test. Ebor.* II 64.

mulsor [ML], one who milks (animal).

hic ~or, *a mylker WW.*

mulsura [CL], (act of) milking.

1372 ad ponderandum dictum plumbum ante ~am et post ~am *Ac. Man. Coll. Wint.*

mulsurum [cf. CL mulsus], mead.

10 .. ~um, *gemilscad wæter WW.*

1 mulsus v. 1 mulsa.

2 mulsus [CL]

1 mixed with honey.

~um, cum melle mixtum *GlC* M 334.

2 sweet (as if flavoured with honey), honeysweet.

nectaris idcirco contemnit pocula mulsa ALDH. *VirgV* 2541; manducans mulso inspireris nectaris haustu BONIF. *Aen. prol.* 7; ~um, dulce *Gl. Leid.* 23. 19; ~a nectaris stillicidia atque caraenum quod regalibus conficitur ferculis BYRHT. *V. Osw.* 465.

3 bitter-sweet or sweet and sour.

dows egyr, or sowr and swet menkte togyder, ~us, -sa, -um .. *dulce amarum PP.*

4 (as sb. f. or n.) drink prepared with honey; **b** oenomel, drink made from wine and honey. **c** mead.

implete tres hydrias, unam vino, aliam ~o, tertiam cervisia FOLC. *V. J. Bev.* 9; a melle enim dicitur Melsa vel a ~o, quia spirituali jucunditate et dulcedine semper abundat M. RIEVAULX (*Ep.*) 63 p. 177; si laxativum facere volueris .. da cum ~a GILB. II 100. 1; mussa, i. mel, A. *hony* MS BL Sloane 347 f. 90; melsa, respice in apomoli *Alph.* 115. **b** ~um est vinum melle dulcoratum BEDE *Ezra* 905; ~a vel ~um, potio quedam que fit ex vino OSB. GLOUC. *Deriv.* 363. **c** ~um, *beor* ÆLF. *Gl.* 128; pete nobis ~um aut medoneum sive vinum ÆLF. BATA 4. 11 p. 36; **10** .. ~um, *medo WW*; **11** .. idromellum vel ~um, *beor WW*; ~um i. aqua cum melle coctum [*sic*] *Gl. Bodl.* 51; potus .. tria genera: celia, ~um [*gl.: mede*], vinum succinatum BALSH. *Ut.* 48; ~um quod ex aqua et melle fit BACON IX 85; ~a est potus factus ex viij partibus aque et nona mellis despumati, et coquitur ad consumpcionem tercie partis *SB* 31.

5 must, unfermented wine. **b** new wine.

sint .. vina, cervicia .. ~um [*gl.: mut*], claretum NECKAM *Ut.* 98. **b** dicimus quoque hoc ~um, -si, pro novo vino OSB. GLOUC. *Deriv.* 345.

1 multa v. miltos.

2 multa, mulcta [CL], **mulctum**

1 a fine, mulct: **a** (paid in cash); **b** (paid in kind).

a ut .. debita solummodo ~ta pecuniae regi ultori daretur BEDE *HE* IV 19 p. 249; transgressores vel gravi pecuniarum ~ta vel vite dispendio affitiens W. MALM. *GR* V 411; pecuniaria .. xx solidorum ~cta punitus GIR. *GE* II 27 p. 303; **1283** pene seu ~cte pecuniarie in delictis hujusmodi notoriis reprobe sunt PECKHAM *Ep.* 427. **b** c**1280** pro uno *dawnbwyd* ~cto aries trium annorum pinguis *Leg. Wall. D* 381.

2 tribute, tax, payment.

tribute .. ~ta *PP.*

3 (gen.) punishment.

~ta, -te, i. pena OSB. GLOUC. *Deriv.* 354; habet .. dolum, furtum, rapinam, ~cta injusta *AncrR* 71.

multabilis, mulctibilis [cf. CL multare], liable to a fine.

fyneable, mulctibilis LEVINS *Manip.* 2.

multangularis, that has many angles, polygonal.

superficiem .. non gibbosam vel multiangularem *Ps.*-GROS. *Summa* 598 (v. gibbosus 3b).

multangulus [CL], that has many angles.

si esset multilatere figure et multiangule, tunc in elevacione angulorum esset corpus BACON IV 343.

multardus v. multwardus.

1 multare v. 1 molitare.

2 multare v. 1 mulcare.

3 multare, mulctare [CL]

1 to fine, mulct.

pena pecuniaria ~tati fuerunt GIR. *Spec.* III 12 (v. 3 errare a); nec arrarum nec fidei dampno ~ctabitur ipsa vel parentes ejus VAC. *Mat.* 282; **1283** auctoritate vestra ~ctatus fuit in x libris esterlingorum PECKHAM *Ep.* 427.

2 to levy or exact (tax or sim.).

dum multat taxa [*gl.: dum recipit taxam et exacciones de regno*] non fiet gracia laxa (J. BRIDL.) *Pol. Poems* I 183–4; *tollyn, or take tolle,* ~to *PP.*

3 to reproach.

illum .. tali animadversione ~tavit GILDAS *EB* 38.

4 (gen.) to punish, afflict, or sim. (*v. et.* 1 *mulcare*).

dum eadem mortis ira, qua filii sunt, ~tatur GILDAS *EB* 69; cum fatuis virginibus .. ~tabitur ALDH. *VirgP* 15; justa sunt divinitus ultione ~tati BEDE *Kings* 718; ~tabitur, *witnath* GlC M 344; graviori sunt ~tandi paenitentia ANSELM (*Ep.* 257) IV 170; ave, [Jhesu] proles pro patrio / gratis multata [v. l. mulctata] vicio J. HOWD. *Cyth.* 83. 2.

5 a (gdv. as sb. m.) person who is to be punished. **b** (p. ppl. as sb. m.) person who has been punished.

a ut extra ecclesiae asylum ~tandus caperetur GOSC. *Transl. Mild.* 21 p. 183. **b** ne enim ~ctatus haberet materiam conquerendi, quod a patre acceperat, filiabus contulit *V. Edm. Rich P* 1806E.

multatio [LL], **mulctatio** [ML]

1 (act of) fining, a fine.

1423 de ~tatione rectorum et vicariorum non apparencium in processione, iv s. *Ac. Durh.* 463.

2 (gen.) punishment, torture, or sim.; **b** (~tatio mortis or sim.) capital punishment.

~tatio, condemnatio *GlC* M 311; ~tatio .. i. pena OSB. GLOUC. *Deriv.* 354; concives .. state modo, dum stare licebit, et de mea ~tacione minime timeatis WALS. *HA* II 27. **b** s**1376** dux .. quamvis sciret tales defectus dignos mortis ~ctacione, .. elegit tamen dilacionem prolacionis sentencie *Chr. Angl.* 79; qui omnes, spreta reverencia sanctuarii, Deique timore, quia tunc temporis ipsa turba maledicta hominem non reverebatur, consimili ~ctacione capitum fuisse peremptos WALS. *HA* I 462.

multator, mulctator [cf. CL 1 mulcare, 3 mul-

tare], one who carries out a punishment, tormentor, destroyer, or sim. (*v. et.* 1 *mulcator*).

hunc plagiatorem . . ~tatorum [*gl.*: ~ctator G. *murtrissur*] . . nolo ut cognoscas BALSH. *Ut.* 48; abactores, sicarii, ~tatores [*gl.*: *murdrus*] NECKAM *Ut.* 105; *a tormentowre*, spiculator . . ~tator *CathA.*

multatrix, tormentress, executioner (f.).

quem fera multatrix lictoribus impietatis / addixit saevas mucronis pendere poenas FRITH. 193.

multhra v. mulctra.   **multiangularis** v. multangularis.   **multiangulus** v. multangulus.

multibibus [CL *as adj.*], one who drinks much, bibulous person.

hic volo bibere totis conatibus, / donec longissimis exspuem tractibus, / ut dicant angeli jocundis vultibus / cum ad me venerint "vivat multibibus"! WALT. WIMB. *Carm.* 165.

multiceps [LL], many-headed, who has many heads.

sed si acephalus in vitis est, ~ceps non est PULL. *Sent.* 935C.

multicidium [multus + -cida + -ium], murder of many, massacre.

1194 in raptu mulierum, in incendiis, et in ~iis *CalCh* II 374.

multicium [CL *as pl.*], sort of garment.

~ium, *rochet* GARL. *Unus gl.* 165; ~ia, G. *chemesis* HALES *Exoticon gl.* 322.

multicius [cf. CL molere], that grinds or mills.

1255 habet eciam ibidem dictus abbas duo molendina, unum fuloraticium, aliud ~ium: molendinum fullorraticum, xxx sol.; molendinum ~ium, xxiiij sol. *Hund.* II 55b.

multicolor, ~orus [CL], multicoloured, that has many colours; **b** (fig., of style).

~ora, *bleofage GlP* 175; nisi ~oribus parietes picturis reniteant W. MALM. *GR* IV 337; proinde juxta magnificentiam tuam aptasti vestem congruam tibi vestiens temetipsum ~oribus, ornatus quidem vestibus tuis sed incomparabiliter exornans eas vestitu tuo J. FORD *Serm.* 20. 3 p. 175; ~or, A. *medle WW*; ejus tunc multicolor cutis apparebat / nunc nigra nunc viridis nunc rubea fiebat (*Vers.*) RIPLEY 423.   **b** non indecens estimo si ~ori stilo varietur oratio W. MALM. *GR* II 173.

multicoloratus [ML], multicoloured, that has many colours.

multicolor . . unde ~us OSB. GLOUC. *Deriv.* 122; considerandum ergo quare laudatas erigit alas et quare habeat alas ~as *Quaest. Salern.* N 28.

multicolorus v. multicolor.

multicrepus [ML], who talks much, garrulous.

verbosus, loquax . . ~us OSB. GLOUC. *Deriv.* 154.

multicuba [ML], one who has many sexual relations.

polidamas, -me, i. ~a, et multigamus, qui plures sc. habet uxores OSB. GLOUC. *Deriv.* 7; *a leman* . . ~a *CathA.*

multifaciare, to provide (mass) with many prefaces.

~ient, id est, multarum facierum celebrent GIR. *GE* II 26 p. 290 (v. duplifaciare).

multifarie [LL], in a manifold manner, in many ways, parts, or places.

~ie multis modis eadem Christi ecclesiae mysteria saepius iterata significatione repetuntur BEDE *Gen.* 103; c**798** igitur et gladius ~ie significari videtur ALCUIN *Ep.* 136 p. 206; multipharie siquidem multisque modis suam Deus instruit creaturam J. SAL. *Pol.* 416D; sacramentis ~ie prestitis GIR. *TH* III 22; **1432** multipharie est puniendus *StatOx* 241; *dyversyly*, ~ie *CathA.*

1 multifarius [LL; CL multifariam *as adv.*]

1 manifold, various, diverse in appearance,

kind, character, or sim.; **b** (of person); **c** (of artefact); **d** (of action or abstr.).

~iam, multiplicem *GlC* M 359.   **b** in qua questione . . semetipsum redditorem voluntarium, debitorem ~ium . . recognoscit R. BURY *Phil. prol.* 2; s**1454** fit mencio . . de fratribus variis et ~iis, qui subtraxerunt se ab obediencia abbatis *Reg. Whet.* I 146.   **c** vestes Aaron ~iae BEDE *Tab.* 465D.   **d** confitentes se ~iam fallacis astutiae seduccionem spiritalem per visibilia fantasia intelligere *V. Cuthb.* II 6; c**798** abyssus in Scripturis sanctis ~ias habet allegorias ALCUIN *Ep.* 136 p. 206; ~io tormentorum labore BEDE *Hom.* II 5. 131; aedificium ~io decore . . ampliavit *Id. HE* V 20 p. 331; ~io piae revelationis gaudio *Ib.* V 21 p. 336; Willelmo . . in excidium Anglie properanti ~ia intentione ac multiplicibus impensis deservierat EADMER *HN* p. 14 (=DICETO *Chr.* I 204); s**1303** pro his et aliis multiphariis injuriis *Flor. Hist.* III 113; ~ia beneficia *Chr. Rams. app.* 409.

2 (acc. sg. f. as adv.) in a manifold manner, in many ways, parts, or places.

omnipotentia divinae majestatis . . me . . ~iam et multis modis temptari permisit ABBO *QG* 1 (2); quamvis non omnes valeam enumerare, ~iam enim hoc facit ANSELM (*Praesc.* 3. 4) II 267; ~iam, i. in multis partibus OSB. GLOUC. *Deriv.* 216; ~iam, i. multis modis adverbium *Ib.* 354; quos pro arbitrio suo diffiniens et multiphariam dividens J. SAL. *Pol.* 438C; [ecclesiam] picturis et celaturis multiphariam decoravit AILR. *SS Hex prol.* 175; in Britannia que tunc temporis in plurima regna ~iam [v. l. multiphariam] divisa fuisset *V. II Off.* 229*.

2 multifarius [CL multus + fari + -ius], garrulous, who talks much.

~ius, multiloquax *GlC* M 357.

multifer [CL], fruitful, bountiful, sumptuous.

multiferis omnes dapibus saturare solesco TATWINE *Aen.* 29 (*De mensa*) 1.

multifidus [CL]

1 split into many pieces or along many lines. **b** (gen.) much divided.

multifidos varium lichinos qui sparsit in orbem BEDE *CuthbV* 8; ~us . . unde Lucanus 'multifidas jaculata faces' [*Phars.* II 687] OSB. GLOUC. *Deriv.* 354; cui fistula maxillam penetraverat, et ore ~o quotidie maxillares educebat humores W. CANT. *Mir. Thom.* II 22; ardenti spolio vestitur sidere celum / mutifidaque face [cf. Ovid *Met.* VII 259] tenebris occurrit et orbi HANV. VIII 355.   **b** ut ~us trames regnorum in unius Westsaxonici terminetur compendium W. MALM. *GR* I 105.

2 manifold, diverse in appearance, kind, character, or sim. **b** (understood as assoc. w. CL *fides*).

cordi illorum . . ~um fraudulentiae . . vulnus inflixere BEDE *Sam.* 710; flagitium tam grave tam ~um tam diuturnum expietur *Id. Ezra* 874.   **b** dicitur . . virtus Seraphim multimoda et ~a [TREVISA: *of many feies*] . . ~a inquantum beatificatur possidendo BART. ANGL. II 8 p. 29.

multiflorus [LL], many-flowered (in quot., as part of plant-name).

1597 calendula ~a orbiculata *double globe marigolde* (GERARDE *Herbal* II 244. 600) *OED* s. v. *marigold*.

multiforatilis [CL], that has many holes.

per ~es tractus W. MALM. *GR* II 168 (v. modulari 2a); fenestris lucem dabant vel panni . . tenuitas . . vel ~is asser *Id. GP* III 100 p. 217.

multiformis [CL]

1 multiform, having many forms or appearances: **a** (of person or mythical creature); **b** (of course or route); **c** (of artefact); **d** (of noise or sound); **e** (of action or abstr.).

a expolitus / et mollitus / sermo super oleum / me seducit, / dum inducit / multiformem Protheum P. BLOIS *Carm.* 15. 2. 6.   **b** cum . . ~em flumina cursum dividant ADEL. *QN* 56.   **c** ~em favorum machinam angulosis . . cellulis construunt ALDH. *VirgP* 4 p. 232.   **d** catuli alvo inclusi latratus ~es et sonoros reddiderre W. MALM. *GR* II 154.   **e** nomina, quae ~i quinque declinationum radice . . pululasse noscuntur ALDH. *PR* 113 p. 152; daemones . . ~um

omni nequitia eorum ~i EGB. *Pont.* 13; ne sequenti die ~ibus giris fatigatus deficeret W. MALM. *GR* IV 365; de angelorum ~i in specie visitatione GIR. *TH* II 43; Domine Jesu . . per ~em sapientiam tuam J. FORD *Serm.* 38. 2; ~is gratia Dei *Ib.* 97. 9; s**1249** ~is proditorum ars ut arte decipiatur M. PAR. *Maj.* V 57.

2 (as sb. n. pl.) things that have different forms or appearances.

reliquie . . que inter alia ~ia ex predecessorum suorum regum cum regno adquisitione obtinuerat *Chr. Battle* f. 33v.

multiformitas [LL], diversity or variety of forms or appearances.

per diligentiam tractatuum et ~atem discussionum AD. MARSH *Ep.* 144; ~ate laterum et angulorum BACON *Maj.* I 161; tamen propter tantam fructuum ~atem fruges parere non omittit *Eul. Hist.* II 106.

multiformiter [CL], in a variety of ways, in many forms.

praedicatio . . doctrinae ~iter emanavit WILLIB. *Bonif.* 6 p. 33; ipsa saecula in ipso Dei ordine ~iter variantur LANFR. *Comment. Paul.* 294A; primos homines extrinsecam ante offensam plane liquet et ~iter deliquisse et ~ius potuisse PULL. *Sent.* 749A; s**1256** fecit . . convictos de homicidio . . ~iter puniri M. PAR. *Maj.* V 564.

multigamus [ML], one who has many sexual partners or wives.

~us qui plures . . habet uxores OSB. GLOUC. *Deriv.* 7 (v. multicuba); polidamas, multarum amator, ~us *Ib.* 479; *a leman*, . . ~us *CathA.*

multigenus [CL], varied, of many different kinds, sorts, or forms.

in me multigena sapientia constat habunde HWÆTBERHT *Aen.* 33 (*De scetha*) 1; quendam subjectum monachum circos quoque multos / in hoc precepit fieri libro bene comptos, / completos quoque agalmatibus variis decoratis / multigenis miniis pulchris necnon simul auro GODEMAN 14; circumfertur passim armorum [? l. armatorum] seges ~a *Enc. Emmae* I 4; humilis in oculis suis, compaciens afflictis, elemosinarum ~arum affluentissimus erogator *Canon. Edm. Rich* 192.

multigradus [ML *gl.*], that has many steps, degrees, levels, or sim.

~us OSB. GLOUC. *Deriv.* 354.

multilaterus [LL], that has many sides, many-sided, multilateral.

rectilinee figure sunt que rectis continentur lineis, . . quedam ~e pluribus quam quattuor rectis lineis concluduntur ADEL. *Elem.* I def. 20 p. 32; si mundus esset alterius forme quam rotunde, sc. trilatere vel quadrilatere vel ~e SACROB. *Sph.* 80; dimensiones foraminis ~i BACON *Maj.* II 492.

multilinguis [ML *gl.*], who talks much, garrulous.

verbosus, loquax . . ~is OSB. GLOUC. *Deriv.* 154.

multilocus v. multiloquus.

multiloquax [LL], who talks much, garrulous. **b** (as sb.) garrulous person.

~ax *GlC* M 357 (v. 2 multifarius); valde verbosus es et ~ax ÆLF. BATA 4. 16 p. 39.   **b** multiloquax animam meritis denudat honestis ALCUIN *Carm.* 62. 174.

multiloqui [ML], to talk much, to chatter.

to blab, garrire, ~i LEVINS *Manip.* 1; *to brable*, idem ~i *Ib.* 2.

multiloquium [CL], (act of) excessive talking; **b** (w. ref. to *Prov.* x 19); **c** (w. ref. to *Matth.* vi 7).

jam ne nos fallant multoloquio suo Scottorum scolaces [i. e. sculaces] THEOD. *Laterc.* 1; non solum stultiloquia, sed etiam ~ia evertunt AILR. *Inst. Inclus.* 7; ideo, ne ~io aures delicatas offendam, epistolam in verbo doctoris gentium claudo P. BLOIS *Ep.* 16. 62C; non est opus ~io ubi res est in expedito GIR. *EH* I 15 p. 253; vilitas hominis cognoscitur in ~io W. BURLEY *Vit. Phil.* 230n.   **b** ~ium non declinat peccatum; fluvius exundans cito colligit lutum ultra modum ALEX.

BATH *Mor.* I 13 p. 128. **c** ethnicorum, id est gentilium, in ~io putare se exaudiri. et revera omne ~ium a gentibus venit ROB. BRIDL. *Dial.* 77.

multiloquus [CL], who talks much, garrulous, loquacious. **b** that is spoken often, much-repeated. **c** (as sb. m.) garrulous person.

nunc simulabat se mutum, nunc ostendebat sine modo ~um OSB. *Mir. Dunst.* 19 p. 148; dicax, ~us, verbicrepus, procax OSB. GLOUC. *Deriv.* 325; qui sepius juraverit vel qui multilocus fuerit *Cust. Cant.* 252. **b 1189** sepe enim ~us rei magnitudinem rumor excedit *Ep. Cant.* 292 p. 274. **c** inter multiloquos et grandia verba serentes J. SAL. *Enth. Pol.* 231.

multimembris [ML], that has many members (in quot., rhet.).

si forte divisio [sc. sermonis] fiat ~is, ne videatur ignarus, debet separare unum membrum vel duo T. CHOBHAM *Praed.* 286.

multimode [LL], in many ways.

~e coactus regis Francorum . . religiosa . . instantia ANSELM (*Ep.* 126) III 267; ~e Deum offenderant G. Steph. 69; Creator a creaturis ~e laudari non renuit GIR. *TH* III 14; in magnum . . dampnum regni . . in destruccionem populi ~e V. *Ed.* II 173; dyversyly . . ~e *CathA.*

multimodus [LL]

1 of many kinds, sorts, or forms, manifold, diverse.

quem cum parentes . . ~is philosophorum disciplinis imbuissent ALDH. *VirgP* 36 p. 280; elemento huic ~is purificationibus praeparato EGB. *Pont.* 35; quae sibi multimodis variabant bella figuris ALCUIN *SS Ebor* 1328; **10** . . ~am *manigfealdne WW*; otia multimodi causa fuere mali L. DURH. *Hypog.* 66; ornatur auro et argento . . aliisque coloribus ~is *Itin. Mand.* 52.

2 (abl. pl. as adv.) in many ways.

scio ~is verba posse interpretari, sed ego simplicem interpretationem sequor ÆLF. *Gram.* 1; negotium hoc laboris plenum, modice fructuosum, ~is dampnosum AD. EYNS. *Hug.* IV 8 p. 40; sciat naturas vulpium multimodis T. CHOBHAM *Praed.* 274.

multinomius [cf. CL multinominis], of or having many names.

philosophus . . ostendens quod Deus, cum sit unus, est tamen ~ius, dicit quod vocatur Zeus et Jupiter BRADW. *CD* 12B.

multinubus [LL], who marries many times (in quot., w. ref. to concubinage).

legitimam uxorem non desideravit, ~o concubinatu voluptatem exercens W. MALM. *GR* IV 388.

multipartitus [LL; CL multipertitus], divided into many parts.

Anglie regnum plurimis regibus olim ~um fuisse multis scripturarum in locis autentice docent ystorie G. FONT. *Inf. S. Edm.* 1 p. 35.

multipes [CL]

1 worm that has many feet.

~es, i. vermis quidam multos habens pedes OSB. GLOUC. *Deriv.* 354; de vermibus: . . ~es terrenus ex multitudine pedum vocatus *Best. Ashmole* f. 85; P. CORNW. *Disp.* 150 (v. limax); hic ~es, A. *a tuentifotworme WW*; *a worme* . . *gurgulio* . . ~es *CathA.*

2 woodlouse.

~es, G. *clouport*, A. *lukechest* GARL. *Unus gl.* 166; ~es, A. *a lokecheste* . . ; hic ~es, *a welbode WW*; *a wolle bode*, ~es *CathA.*

3 shrimp (*Crangon vulgaris*).

~es, A. . . *a shrympe WW.*

multipetax [CL multus+LL petax], that covets or strives after (many things), very greedy (also w. obj. gen.).

tellus aequoreis circumgiratur ab undis / multipetax olim scelerum, cultrixque deorum FRITH. 32; **1012** (12c) rancor ~ax (v. legirupus).

multipharie v. multifarie. **multipharius** v. 1 multifarius.

multiplex [CL], ~plicitus

1 that has many layers or thicknesses.

funium triplicium, immo ~icium, tenacitate GIR. *TH* III 26 p. 170; ideo ~ici veste fulget et leonibus currum trahentibus ALB. LOND. *DG* 2. 2.

2 large-numbered, numerous, abundant.

multiplici quibus en bona munere grata ministro TATWINE *Aen.* 33 (*De igne*) 3; ~iciore . . faenore cumulatus BEDE *HA* 6 (v. faenus b); fructum . . ~icem credentium populorum pius agri spiritalis cultor invenit *Id. HE* II 15 p. 116; multiplices auri nec numerantur opes ALCUIN *Carm.* 104. 6. 4; sororis copula et ~icibus xeniis muneratus W. MALM. *GR* II 134; **s1227** talenta . . cum usuris ~icibus suo largitiori restituisset M. PAR. *Maj.* III 134.

3 that consists of many parts or elements, complex, compound.

tradidit mihi duas epistolas in quibus erat ~ex supputatio omnium rerum, quae erant in duobus monasteriis ASSER *Alf.* 81; requirens eum, ~icis annaliter et eo plus infirmitatis attritus molestia HERM. ARCH. 36.

4 (math., of number or amount) that contains a smaller number or quantity twice or many times without remainder. **b** (as sb.) a multiple.

~ex [TREVISA: ~ex] numerus qui habet in se minorem numerum bis . . aut multipliciter, ut duo ad unum BART. ANGL. XIX 125 p. 1228; ~ex [TREVISA: ~ex] subparticularis numerus est qui comparatus ad inferiorem sibi numerum continet eum multipliciter *Ib.* 1229; cum xviiij anni kalendarii nostri non exequent xxx annos Arabum nec sint submultiplices nec ~ices ad illos GROS. *Comp.* 233; de ~ici et submultiplici et eorum speciebus et quando numerus excedit alium . . tunc dicitur numerus excedens ~ex ad alterum et numerus qui exceditur submultiplex ad ipsum SICCAV. *PN* 103. **b** ~ex est major minoris cum eum minor numerat ADEL. *Elem.* V def. 2 p. 145; si proposite fuerint due quantitates in quibus duarum aliarum multiplicitates quantitatum equales, dueque minores a duabus majoribus demantur, unaqueque scilicet a sua ~ice, erit . . *Ib.* V 6; ~ex est quando major numerus totus in se precise continet totum minorem multipliciter sicut binarius unitatem HOTHBY *Prop.* 329a.

5 that has many forms, aspects, or sim., varied, manifold: **a** (of person, also pejorative); **b** (of act, action, or abstr.).

a multiplici Christus reddat tibi munera mitis ALCUIN *Carm.* 83. 5; erat . . vir ille cum religione simplex, tum eruditione ~ex W. MALM. *GR* I 31; **c1211** nec mirum tamen si is, qui ~ex et varius fuit in religione, nunc mente mutabilis existat et intencione GIR. *Ep.* 6 p. 216; [Christus] est ~ex BART. ANGL. I 21 (v. distributio 1a); maliciosi, ~ices, impuri, perfidi COLET *In I Cor.* 179; hostiarii sunt, qui stant pro foribus templi Dei, excludentes ~es, simplices sinentes intrare *Id. Sacr. Eccl.* 47. **b** multiplici specie cunctorum compta colorum ALDH. *Aen.* 100 (*Creatura*) 77; post ~ices militiae caelestis agones BEDE *HE* V 11 p. 303; haec autem tam ~ex curiositas et exaltatio et delectatio *Simil. Anselmi* 36; barbararum . . gentium ~ices tribulationes W. MALM. *GR* II 114; de promptuario suo affert ~icem colorum venustatem J. SAL. *Met.* 854C; **1303** propter suas ~icitas inobedienceas *Reg. Cant.* 660.

6 that has many meanings: **a** (of word); **b** (of formulation or idea).

a verba legis propter aliqua verba equivoca vel ~icia in ipsa contenta, possunt habere diversos sensus OCKHAM *Dial.* 628. **b** augeat et numerum populi per dogmata verbi / ut multiplicia laetus mercede laboris ALCUIN *Carm.* 28. 13; qualiter oporteat dividi ea quorum ~ex est significatio J. SAL. *Met.* 903D; ~ex designato in omnibus misticis observari debet si in una vero veritas stare non poterit BERN. *Comm. Aen.* 9.

multiplicabilis [CL=*manifold*], that can be multiplied, multipliable.

sive appetitus ~is est secundum multiplicationem virium GROS. 265; cum sua essentia sit ~is in species BACON VII 134; ergo divina substancia non est ~is in apprehensione, sed terminus significans rem non ~em in apprehensione non potest congrue pluralem

numerum habere; ergo hoc nomen Deus non potest congrue pluralem numerum habere; ergo hoc nomen Deus non potest congrue habere pluralem numerum MIDDLETON *Sent.* I p. 62b; sic dicimus in generalibus et corruptibilibus tantum formam esse ~em et actu multiplicatam per materiam SICCAV. *PN* 126; non enim est ~is [sc. Deus] nec plurificabilis in multa individua . . que substancialiter et solo numero differant BRADW. *CD* 12C.

multiplicamen [CL multiplicare+-men], (act of) multiplying, multiplication.

nostrum Deus igitur nobis det optamen / illius in speciem per multiplicamen (*Vers.*) RIPLEY 426.

multiplicare [CL]

1 to increase in size or extent, enlarge.

dicet aliquis . . quod nihil est per universalem ecclesiam, saltem postquam ~ata fuit in diversis regionibus approbatum OCKHAM *Pol.* III 65.

2 to increase in number or amount, multiply: **a** (person, group, or sim.); **b** (w. ref. to *Ezech.* xxii 25); **c** (artefact); **d** (abstr. or fig.).

a quia nunc, humano genere ~ato et terrarum orbe repleto *Lib. Monstr.* I *pref.*; ~atis fidelium plebibus BEDE *HE* V 23 p. 351; verbum dulce quidem tibi multiplicabit amicos ALCUIN *Carm.* 62. 120; multiplicare greges, Domini praecepta secutus *Id. SS Ebor* 1230; non conferebat potestatem ~andi prolem OCKHAM *Pol.* II 489 (v. exire 9a). **b** et viduae tuae ~atae sunt in medio tui GILDAS *EB* 90. **c** nempe talenta sibi multiplicare data ALCUIN *Carm.* 43. 22; harum eventu victoriarum ~ata Wilfrido predia, aecclesie cum monachis constitute W. MALM. *GP* III 100 p. 219; **1418** utitur arte ~andi [sc. metalla] contra formam statuti *CoramR* 629 m. 18d; et habebis elixir tuum ~atum eousque quod divido modo predicto ~are poteris in infinitum RIPLEY 308. **d 601** quanto se in mente nostra gaudia de gentis vestrae . . conversione ~ant (*Lit. Papae*) BEDE *HE* I 32 p. 69; ex his vero tribus tot alia vitia nascuntur sicque ~antur *Simil. Anselmi* 37; ~ate majestatis beneficio GIR. *TH intr.* p. 5.

3 (math.) to multiply; **b** (w. *cum*); **c** (w. *per*); **d** (w. numeral adverb); **e** (pr. ppl. as sb. m.) multiplier; **f** (gdv. as sb. m.) multiplicand; **g** (p. ppl. as sb. m.) number that has been multiplied.

et sic ~ando denarium numerum, ad centenarium pervenitur ROB. ANGL. *Alg.* 66; a leva dupla, divide, multiplicaque (*Carm. Alg.* 34) *Early Arith.* 73. **b** earum . . radix est omnis res ex unitatibus cum se ipsa ~ata aut omnis numerus supra unitatem cum se ipso ~atus ROB. ANGL. *Alg.* 68; ~a ergo 10 cum 10, et producuntur 100 *Ib.* 90. **c** ~a tria per tria, fiunt novem BEDE *Gen.* 99; a prima . . olympiade quicquid factum dicitur, per quaternarium ~ata numeri summa manifestatur ABBO *QG* 20 (43); si tu per numerum numerum vis multiplicare (*Carm. Alg.* 103) *Early Arith.* 75. **d** decuplatus, decies ~atus OSB. GLOUC. *Deriv.* 179. **e** ponatur prima multiplicandi sub extrema ~antis hoc modo 10¹⁰. in prima differentia est circulus, qui nichil significat, sed [in] secunda unitas, que 10 significat, qui denarius est multiplicator ADEL. *Alch.* 19; ~antem multiplicatumque novenario dividentes *Ib.*; divide totalem numerum per multiplicantem (*Carm. Alg.* 136) *Early Arith.* 76. **f** ~andi ADEL. *Alch.* 19 (v. 3e supra); ~andos scribemus in locis diversis, singulos in singulis OCREATUS *Helceph.* 135; dein minimum multiplicantium sub maximo ~andorum *Ib.* **g** ~atumque ADEL. *Alch.* 19 (v. 3e supra).

4 to lengthen, extend (period of time).

826 (12c) si quis . . hanc donationem custodierit et multiplicaverit ~et Deus dies suos *CS* 392.

5 to increase in degree, intensity, or scale.

agonia . . ~atur HERM. ARCH. 1 (v. agonia c); controversia ~atur et . . causa . . aggravatur DOMINIC V. *Ecgwini* II 2 p. 41; ex calore fit nimia dilatatio, quia ex calore accidentali calor naturalis intenditur et ~atur in corpore *Quaest. Salern.* N 61.

6 (~*are verba*) to multiply words, argue, quarrel.

1598 quod Fardinando Cropper ~avit verba cum Rogero Sankie; ideo ipse in misericordia *DL CourtR* 79/1073.

7 to make fertile or fruitful.

9 . . fecundare, i. ~are, *gewæstm bærian WW.*

8 (intr.) to grow in number, multiply.

cum homines ceperint ~are [v. l. ~ari] *Eul. Hist.* II 276; cujus [sc. Dei] precepto multiplicabit homo GOWER *VC* III 1432.

multiplicatio [CL]

1 increase in size or extent.

in GD ex ~one AB ADEL. *Elem.* VII 5; c**1164** cum universis que ab advocatis ipsius collata sunt ~oni ecclesie beate Marie de Lillesh' *Act. Ep. Linc.* 155.

2 increase in number or amount, multiplication; **b** (of god, person, or sim.); **c** (of artefact); **d** (of action, activity, or sim.); **e** (partly fig.).

~o . . non est ante quantitatem indeterminatam T. SUTTON *Gen. & Corrupt.* 142. **b** ut nullo modo se expediri ex ea posse crederet, nisi aut incarnatione Dei Patris et Spiritus Sancti aut deorum ~one se impediret ANSELM (*Incarn. B* 1) II 5; cum de ~one sanctorum disputaretur J. FORD *Serm.* 6. 1; de nova Danorum ~one anno Domini DCCCLXXVII M. PAR. *Maj.* I 409. **c** ~ones . . evangeliorum, ut singula queque locum teneant, nec approbo quidem nec prohibeo GIR. *GE* I 48 p. 129; nobile seu scutum auri, propter cujus ~onem argentum . . erat valde rarum in terra eo quod domini in alios usus varios illud transmutabat [sic] (J. BRIDL.) *Pol. Poems* I 139; **1456** cum nobis expositum sit quod aliqui sunt modo utiles et honesti per quos numisma tam de auro quam de argento posset . . faciliter multiplicari . ., [quosdam] deputamus . . ad diligenter investigandam veritatem super hiis que in scriptis erunt eis ministrata pro antedicta ~one numismatis . . consequenda *Pat* 481 m. 13; **1550** perdonavimus . . ~onem et pejoracionem . . cunie nostre (v. alchimistria). **d** in plantis sunt multe ~ones effectuum et diverse quia multi rami et fructus, et folia multiplicantur infinitum BACON XI 180; **1377** propter ~onem negociorum et temporis brevitatem *MGL* II 466. **e** in pii germinis ~one studiosi J. FORD *Serm.* 16. 5.

3 (math.) multiplication.

quantitates in quibus aliarum quantitatum ~ones secundum eundem numerum eis associatarum fuerintque ~ones equales ADEL. *Elem.* V 1; dicuntur . . quantitates equales secundum proportionem unam, prima ad secundam et tertia ad quartam, cum fuerit ~o prime et tertie equalis ~onibus secunde et quarte equalibus *Ib.* 23; cum . . nodi numerorum et cum illis aliquot unitates proposite fuerint. tunc ~o quater repetenda est ROB. ANGL. *Alg.* 90.

multiplicativus [LL], that multiplies or increases, multiplicative (usu. w. obj. gen.); **b** (math.).

caliditas . . est elementaris proprietas summe activa, penetrativa, summe mobilis et motiva, generata ex motu radiorum sui ipsius ~a [TREVISA: *multiplieþ itsilf*] sive communicativa illorum BART. ANGL. IV 1 p. 84; et in hoc patet quod motio corporalis est vis ~a lucis GROS. 92; est itaque lux sui ipsius naturaliter quodam ~a, et . . generativitas quedam sui ipsius quodammodo de sui substantia *Id. Hexaem.* II 10. 1; quia postquam res est multiplicabilis et ~a, sequitur ut multiplicet et multiplicetur *Ps.*-GROS. *Gram.* 36; item ociositas est discursuum inutilium occasionativa et verborum inutilium ~a J. WALEYS *V. Relig.* 2 f. 220M; asseruit . . quod ipsa [transubstanciacio] est successio ~a corporis quod prefuit loco adequato corporis desinentis esse (W. WOODFORD) *Wycl. & Ox.* 193n. **b** numerus . . diminutus est cujus partes ~e reddunt summam minorem toto, ut octonarius NECKAM *NR* II 173 p. 295; senarii . . partes ~e reddunt summam equalem toti, sc. unitas, binarius, ternarius *Id. SS* III 17. 1.

multiplicator [LL], one who multiplies or causes to increase. **b** (math.) multiplier, quantity by which another quantity is multiplied.

peccant in causa saccus macer et vola clausa, / peccat et orator verborum multiplicator / qui putat in lite sine bursa vincere rite WALT. WIMB. *Scel.* 42; c**1350** controfactores misterie monete et cunagii ~ores *Reg. S. Aug.* 367. **b** singularis ~or quemcumque multiplicat, in eodem pone digitum et ulteriorem articulum THURKILL *Abac.* f. 56v.

multiplicitas [LL]

1 large amount or number.

colorum est varietas / virtutum multiplicitas FRITH. *Cives* 14. 4; si simplicem habet intellectum et non ~ate phantasmatum obrutum ANSELM (*Incarn. A* 10) I 289; rerum gestarum claritate et Deo servientium

~ate W. MALM. *GR* II 160; quantitas vel ~as, vel certa varietas cibi et potus AILR. *Spec. Car.* III 35. 84. 608; quia ~as sermonum plerumque intelligentiam claudit J. SAL. *Met.* 898C; cum videret opus Dei in ~ate monasteriorum multiplicari, noluit Dei voluntati obviare *Canon. G. Sempr.* f. 50.

2 (math.) multiplied quantity.

naturali multiplicatione a prima specie ~atis que est decupla OCREATUS *Helceph* 133.

3 manifold variety, diversity in forms, aspects, or sim., multiplicity.

'vagi', propter instabilitatem. investigabiles, propter ~atem ANDR. S. VICT. *Sal.* 32; sic nec diversitas vel ~as, sed sola unitas H. BOS. *LM* 1352B; in Trinitate nec est solitudo nec singularitas neque triplicitas neque ~as NECKAM *SS* I 20. 2; si cujusdam equivocacionis ~ate fallatur R. BURY *Phil.* 5. 79.

4 variety of meanings.

demonstrassent ~atem et equivocacionem hujus nominis 'regis' OCKHAM *Pol.* II 678.

multipliciter [CL]

1 in many folds.

in nullo quoad habitum distinguuntur, nisi penes colorem panni, quem sibi ad capud ~iter ligant S. SIM. *Itin.* 34.

2 in large amount or number, abundantly.

601 ut in spiritalis operis studio . . valeant ~ius insudare (*Lit. Papae*) BEDE *HE* I 29 p. 63; nam jamdudum in lege scriptum audierat, Dominum decimam sibi ~iter rediturum promisisse ASSER *Alf.* 99; **9** . . catervatim, gregatim, ~iter, *heapmælum WW*.

3 in a variety of ways, in many forms, aspects, or sim.

diabolus qui exierat . . ~ius redit BEDE *Templ.* 787A; virum . . eruditione ~iter instructum *Id. HE* V 8 p. 296; in numeris, quorum doctrinalis scientia ~iter suggerit rationes physicas ABBO *QG* 22 (48); esse in aliquo ~ius quam Aristotilis tempore diceretur J. SAL. *Met.* 898D; divina . . essentia ~iter predicatur, sicut et ~iter intelligitur NECKAM *SS* I 14. 3.

4 in a variety of senses or meanings.

~iter enim dicitur tactus proprie et methaforice T. SUTTON *Gen. & Corrupt.* 50.

5 many times, repeatedly.

de sacramento . . quinquagenarii vel quadragenarii numeri ~iter a patribus disputatum est BEDE *Hom.* II 16. 187; ejus adventum juxta quod Deus promiserat antiqui patres expectaverunt et sancti prophete ~iter annuntiaverunt et eum Hebrea lingua messiam nominaverunt *Eccl. & Synag.* 60; indignum . . est tota die ~iter contra solum inferre manum et vix denique nil valere G. HERW. f. 329.

multiplicitus v. multiplex.

multiplicitudo, manifold variety, diversity in forms, aspects, or sim., multiplicity.

Johannes primo capitulo dicens: 'omnia per ipsum facta sunt' . . loquendo tamen extensive de ~ine, ut dicit communissime res distinctas, conceditur totam multitudinem encium non superaddere Deum in bonitate vel perfeccione WYCL. *Ente (Sum.)* 99.

multiplicium, shirt. **b** kerchief, headscarf.

hoc ~ium, *chemise Gl. AN Glasg.* f. 21rb. **b** hoc flameolum, hoc ~ium, *curchyfe WW*.

multiplicus [CL], that has many forms, aspects, or sim., varied, manifold.

1313 hii fraude multiplica virum prodiderunt, / impia gens Scotica quem circumdederunt (*Bannockburn* 65) *Pol. Songs* 265; **1480** solut' pro jantaculo dato magistro Johanni Rotherham pro multiplia [? l. multiplica] sua benevolencia civitati Cantuar' *Ac. Chamb. Cant.* 136a.

multiplius v. multiplicus.

multiplois [CL multus+OF *ploi*], that has many folds or knots.

de ~i linea et corio cocto. ad vitalium quoque custodiam ~is linea varie consuta lorice superponitur R. NIGER *Mil.* I 19.

multipotens [CL], that has much power or ability.

musica multipotens plerumque quod invenit auget L. DURH. *Dial.* I 97.

multisillabus v. multisyllabus.

multisyllabus [CL multus+CL syllaba], that contains many syllables, polysyllabic.

caveantur inter cetera multisillabe dictiones quales sunt epidipodionides, nisi tales quibus jocunda sonoritas invenitur, quales sunt dictiones pentasillabe pedem dactilum continentes in sui principio GERV. MELKLEY *AV* 209.

multitudo [CL]

1 great amount or number, multitude, abundance: **a** (of persons, animals, or sim.); **b** (of substance, artefact, or sim.); **c** (of act, action, or sim.); **d** (of abstr.).

a credentium ~o in catholica florens ecclesia ALDH. *VirgP* 19; exclusa ~ine daemonum, ~o ibi sanctorum memoriam haberet BEDE *HE* II 4 p. 88; pestilentiae lues . . magnam hominum ~inem stravit *Ib.* III 27 p. 192; hoc . . rapiat . . et exponat ~ini luporum ANSELM (*Ep.* 161) IV 33. **b** eodem modo juxta ~inem et paucitatem substantiarum ipse substantie ad unius substantie similitudinem erunt tractande ROB. ANGL. (I) *Alg.* 68; ~inem auri mutuavit P. BLOIS *Ep.* 158. 453C; membrum etiam illud ~ine aque frigide potate debilitatur *Quaest. Salern.* B 91; nigri autem oculi moventur minus propter ~inem [TREVISA: *multitude and plente*] humoris BART. ANGL. III 17; copula est id ubicumque fit ~o punctorum. punctus . . est ubicumque fit ~o tractuum GARL. *Mus. Mens.* 12. 4–5. **c** vitet ~inem fletus et coitus et ~inem implecionis potus et cibi BACON V 85. **d** interpretatur cherubim . . scientiae ~o, vel scientiae intellectus BEDE *Tab.* 405; c**800** in Cherubin ~o scientiae, sed in Christo ~o miserationis ALCUIN *Ep.* 9 p. 328; enormitas culparum mearum quae excedit ~inem miserationum vestrarum ANSELM (*Or.* 9) III 32; tunc gustabit illam magnam ~inem dulcedinis ejus AILR. *Serm.* 30. 21; in ~ine humilitatis tue J. FORD *Serm.* 26. 2.

2 (ellipt.) large body of people, crowd, throng.

magnam ex eis ~inem sternens et omnes e finibus depulit GILDAS *EB* 15; tunc omnis ~o regia . . audiens avem, stupore ad eam conversa subsistit *V. Greg.* 88; inmensa ~o . . cum conjugibus ac liberis . . convenerat BEDE *HE* I 17 p. 35; patria . . a superflua ~ine liberetur G. MON. VI 10; turba, hoc est ~o, habet similem causam fletus TREVET *Troades* 72.

multivagus [CL], that wanders much, wide-ranging.

propter ~um lunae discursum BEDE *TR* 11 p. 203; altera fixus / impetus astra movet, error premit altera flexu / multivago torsisse vias HANV. VIII 365.

multividus [LL], who or that sees much, perspicacious.

multivido fratrum posthaec oramine fultus FRITH. 802; qui ceco nesciunt pulmento vivere / solent in curia devote querere / Argi multividi visum in olere, / Bachum in cantari cum sacra Cerere WALT. WIMB. *Palpo* 92.

multivira [LL], woman who has (sexual relations with) many men, prostitute.

centrices, meretrices, lupe, ~e OSB. GLOUC. *Deriv.* 150.

multivocatio [cf. LL multivocus], (act of) designating by many words.

quemadmodum in aliis misticis voluminibus, ita et in hoc equivocationes et ~ones esse et integumenta ad diversa respicere BERN. *Comm. Aen.* 9; diversa nomina idem, quod est ~o, . . designant *Ib.* 10.

multivocus [LL], (gram.) that has many names or is expressed by many words; **b** (as sb. n. pl.).

alia [nomina sunt] sinonima vel polionima, i. e. ~a vel plurivoca, quod multa nomina unam rem significent TATWINE *Ars* 18 p. 10; polionima, ~a *Gl. Leid.* 43. 11; particulis opus hoc placuit complere duabus / multivocis prior, equivocis pars altera cedit GARL. *Syn.* 1578A. **b** ~a et diversivoca, que Boethius adicit, magis ad grammaticam pertinent. ~a autem sunt cum in ejusdem rei intellectum et nominationem plura

verba concurrunt, ut ensis, mucro, gladius J. SAL. *Met.* 895A.

multivolus [CL]

1 who or that wants much, avid.

hi mox arcessunt crudelia jura furentis / multivolae Domini beluae quam jura tueri FRITH. 196; lectorem ~um benivolum esse desidero GERV. CANT. *AP* 325.

2 variable, unstable.

ob ~um variantis animi motum BEDE *Sam.* 501; qui vero habet uxorem . . ebriosam, luxuriosam, ~am [TREVISA: *unstedefast*] BART. ANGL. VI 13 p. 246.

multo [Gall. **multo*; cf. Ir. *molt*, AN *multun*, OF *mouton*]

1 (gen.) sheep; **b** (~*o silvestris*) wild sheep. **c** mutton, flesh of sheep used as food.

et si cornutus veniat ad fercula vervex / illum sacra prior benedicat bucca parentis / tunc alii atque alii multoni membra per aulam / discerpant rapiantque sacro sum carmine laudis ALCUIN *Carm.* 8. 24; pastura quae reddit ix ~ones (*Essex*) *DB* II 2; **1244** de ccc ~onibus vivis bonis et pinguibus *Cl* 216; c**1280** habebunt tempore falcationis unum ~onem qui vocatur *madschep* post tonsionem *Cart. Glouc.* III 64; **1308** in equis, pullis, carcos' boum, ~onum, et aliis minutis . . *Ac. Durh.* 2; **1315** ~o lanutus, crassus, pro viginti denariis *MGL* II 678; **1428** pro centum et tribus mutonibus emptis . . ad usum domus regis *ExchScot* 443; **1525** mutounes (v. 2 marta a). **b 1250** capere in parco . . unum ~onem silvestrem *Cl* 379. **c 1369** in carne motonis et anis ij s. vj d. in speciebus iiij d. *Gild Merch.* II 100; **1419** quia furatus fuit unam tibiam ~onis ad macellas S. Nicholai *MGL* I 607; s**1419** dicti erant a Francis mutonum commestores et vini consumptores *Plusc.* X 25.

2 ram, wether.

c**1180** ad septingentas oves . . vel totidem ~ones *Melrose* 82; cum . . D ovibus que ibi sunt inter oves et ~ones et agnos *RDomin* 15; habeat . . oves, boves . . arietes, verveces, ~ones [*gl.: rigrames*], ciciros, burdones NECKAM *Ut.* 112; c**1280** si . . custodierit ~ones aut oves matrices (*Cust.*) *Crawley* 235; c**1283** debet habere xix oves et j ~onem *Cust. Battle* 30; ~ones et oves matrices et agni dictarum ovium *FormMan* 12; **1336** j ~o et j bidens matrix *Househ. Ac.* 181.

3 (~*o matrix*) ewe.

de sex pellibus ~onum matricum *FormMan* 14; bercarius presentat j ~onem matricem coloris albi precii viij d. provenientem de extrahuris *CourtR Lygh* I f. 3.

4 (mil.) battering-ram.

1289 pro j truncco ad j ~onem inde faciendum (*KR Ac*) *Building in Eng.* 86; **1292** aliis diversis ferramentis emptis ad ingenium, et ad ~onem ejusdem ingenii . . eidem pro j parva corda ad ~onem et ad ingenium *KR Ac* 468/6 r. 3 (14); **1300** unum catum, unum ~onem, et unum berfrarium, et alia ingenia . . ad insultum faciendum castro de Karlaverok *AcWardr* 140.

5 French gold coin, bearing a picture of the Lamb of God.

rex Francie transmisit . . quadraginta millia mutonum auri *Plusc.* IX 41 p. 295.

multofortius, [al. div.], much rather, so much the more.

aliquando est tanta inobedientia in materia naturali, ideo non potest natura supra illam nec ~ius posset ars nec eam rectificare BACON XIII 135; ubi est generatio animalis ex animali est monstrum; ergo ~ius si ex planta generatur animal *Ib.* 137; si adjectivum . . potest apponi substantivo, ~ius substantivum poterit cum substantivo *Id.* XV 48; ~ius alie creature non figuntur in esse nisi per Deum KYKELEY 221.

multolinus [ML multo + -inus, cf. vitulinus], of or from sheep.

percamenum vitulinum . . percamenum ~um *Ac. Beaulieu* 195; in lxvj duzanis percameni ~i faciendis *Ib.* 196.

multoloquium v. multiloquium.

multominus [ML; al. div.], much less, to a much lesser degree.

cum in his nec sensus aliquid agat, multo minus memoria, ratio, et voluntas AILR. *An.* I 46; homines . . non possunt animam occidere, multominus aliqua res inferioris nature *Ib.* II 61.

multonare [cf. multo 4], to ram, fit with driven piles.

1237 pro eadem placia [ubi domus molendini debuit assederi] cum terra mutonata bene implenda *KR Ac* 501/18 m. 3; pro defectibus terre adimplendis et mutunandis *Ib.*

multonarius [multo + -arius], one who guards or tends sheep, shepherd.

1307 in consuetudine vj carucariorum et j ~ii per annum, vij quart' (*Ac.*) *Doc. Bec* 152; in consuetudine ~ii, quia de villa, j vellus *Ib.* 156.

multoninus [ML], of or from sheep.

1307 H. de H. captus . . pro suspicione latrocinii eo quod portabat sepum bidencium et carnes ~as in peciis minutis ad vendendum *Gaol Del.* 39/2 m. 1d; **1319** coreis bovin' multon', et porcin' *Fabr. Exon.* 102; **1320** cepi ~is caprinis *Ib.* 126; si . . plus appeteret carnes mutoninas quam gallinas, mutonine tunc essent concedende, et sic autem de aliis J. MIRFIELD *Flor.* 154; potest . . uti carnibus edinis, mutoninis, et vituli lactantis . . *Id. Brev.* 82.

multonulus [multo + -ulus], small or young wether.

1298 in ij ~is et xiiij matriculis emptis . . in j ~o et j matricula emptis *Rec. Elton* 63.

multopere [LL], to a great extent, greatly, much.

immoderatam fortitudines ostentationem ~e dissuadebat rex atque castigabat W. POIT. I 11.

multorium v. mulctorium.

multotiens, ~**ies** [LL], often, many times; **b** (contr. w. *semel*).

cum ~ies mare transito . . et insularum partibus lustratis . . statuta . . notissima haberet *Hist. Abb. Jarrow* 5; omnia, multoties quae per te signa geruntur ALCUIN *SS Ebor* 438; nam quomodo ipsi hosti fortiter resisteret, cum sibi proprius equus ~iens repugnaret? *Simil. Anselmi app.* 193 p. 99; opes . . parentum suorum . . ~ies rapuit ORD. VIT. III 2 p. 41; ipsum ~iens dicentem audivi GIR. *RG* II 5 p. 51; **1219** averia . . inparcavit multotociens [*sic*] et tenuit contra vadium et plegios *CurR* VIII p. xiv; **1440** vidi eos ~iens in uno lecto solum cum sola et nudum cum nuda jacentes et insimul laborantes *DC Durh. Reg. III* f. 250v. **b 790** singulos digitorum articulos non semel, sed ~ies oscularer ALCUIN *Ep.* 10.

multotociens v. multotiens. **multra** v. mulctra. **multrale** v. mulctrale. **multrare** v. mulctrare. **multrarium** v. mulctrarium. **multrum** v. mulctra, murdrum. **multuellus** v. mulvellus. **multura** v. mulctura, molitura.

multurare [cf. ML molitura, multura], to grind corn (w. implication of payment of multure).

c**1200** ~abunt ad molendinum meum per eamdem mensuram sicut et alii homines mei *BBC* (*Ulverston*) II app. 382; **1331** omnes recti tenentes regis . . debent ~are ad molendina regis *Ext. Guern.* 68.

multus [CL; v. et. plus, plurimus]

1 (w. sb. in pl.) numerous, many; **b** (w. partitive gen.). **c** (as sb. m. pl.) many persons. **d** (as sb. n. pl.) many things.

tu . . ~orum tyrannorum depulsor GILDAS *EB* 33; qui ~a mola fecerit, id est, homicidium, adulterium cum muliere et cum pecude THEOD. *Pen.* I 7. 1; per ~os annos BEDE *HE* III 7 p. 140; hominum mores nosse ~orum GIR. *TH intr.* p. 7. **b** ~i nobilium simul et mediocrium de gente Anglorum BEDE *HE* III 27 p. 192. **c** propter quod ~i volunt hoc genus compositionis bucolico carmini magis convenire ALDH. *Met.* 10 p. 94; cum multa venalia . . fuissent anlata, ~i ad emendum confluxissent BEDE *HE* II 1 p. 79; hoc . . in ~orum cordibus indignationem . . generavit M. PAR. *Maj.* V 37. **d** lucratus est Theodorus in illis partibus ~a *Descr. Constant.* 253.

2 (w. sb. in sg.) great in amount, number, or variety, numerous, abundant.

in quibusdam locis pratum et silva, sed non ~a *DB* I 165ra; totam viam salubriter emensus ~oque auro introitum mercatus W. MALM. *GR* II 178; qualitas causarum ~a est: emendabilium et non emendabilium (*Leg. Hen.* 9. 1) *GAS* 554; in ~a audiencia verbum istud emiserunt GIR. *SD* 66 (cf. ib.: in audiencia magna).

3 (of time) long.

tantorum et tot virorum victoriam . . unus Noricus ~a hora interpolavit W. MALM. *GR* II 228; ~o tempore antequam esset natus AILR. *Serm.* 44. 21; alimentum quod est in . . parva flamma ~o tempore T. SUTTON *Gen. & Corrupt.* 59.

4 great in degree, scope, or intensity.

jacebat ~o . . dolore constricta BEDE *HE* V 3 p. 286; ~a vi, magna virtute *GlC* M 318; multi multa mihi causa doloris adest L. DURH. *Dial.* II 22.

5 great in authority, influence, or sim., much of.

aut sim magniloqui multus sectator Homeri FRITH. 1313; multus ubique putabar: / multus in ecclesia, multus in urbe mea L. DURH. *Dial.* III 457.

6 (n. sg. as sb.) great amount, plenty; **b** (w. partitive gen.).

si vero pro infirmitate aut quia longo tempore se abstinuerit, et in consuetudine non erit ei ~um bibere vel manducare . . THEOD. *Pen.* I 1. 4; ideo . . in firma ~um perdit (*Worc*) *DB* I 172ra. **b** nec ~um temporis intercessit W. MALM. *GR* II 228; in castris Persarum ~um auri . . inventum est M. PAR. *Maj.* I 62; est . . ~um discriminis inter elixir et medicinam RIPLEY 114.

7 (n. sg. acc. as adv.): **a** (w. vb.) greatly, much. **b** (w. adj. or adv.) very.

a quem medici multum ruris per terga virentem / . . / quaesisse feruntur ALDH. *Aen.* 94 (*Ebulus*) 4; ~um quippe genus et species, hoc est generalitas et specialitas, abinvicem differunt *Id. VirgP* 58 p. 319; neque illis ~um obesse reor talem Paschae observantiam BEDE *HE* III 25 p. 188; indoluit, ~um doluit *GlC* I 359; alteriusque liberalitatem et fidelitatem ~um commendantes GIR. *SD* 66. **b** cum regius juvenis . . sederet . . ~um sollicitus BEDE *HE* II 12 p. 109; dicunt . . burgenses . . ~um grave sibi esse *DB* I 252ra; ~um nefarie peremptus est M. PAR. *Maj.* I 291; **1327** in . . tenementis ~um utilibus ecclesie . . assignatis *AncD* A 1940; **1448** charta . . impugnata erat coram . . baronibus [sc. Scaccarii], et implacitata ~um graviter per . . thesaurarium hospicii domini regis *Reg. Whet.* I 55.

8 (n. sg. abl. as adv.): **a** (w. adj. or adv. in compar. degree) by far, much. **b** (in specification of time) long (before or after).

a objectionibus . . ~o his mordacioribus GILDAS *EB* 1 p. 27 (v. mordax 3a); carceris et multo tenebris obscurior atris ALDH. *Aen.* 100 (*Creatura*) 55; c**705** sed ~o magis, mi amantissime . . lectionibus divinis . . semper invigila *Id. Ep.* 8 p. 500; justius ~o est de incognitis bonum credere quam malum BEDE *HE* III 25 p. 187; ~o fructuosius atque utilius facere hoc poteris ANSELM (*Ep.* 101) III 233; ~o plures milites et servientes M. PAR. *Maj.* V 24. **b** non ~o post acrior gentem peccatricem ultio diri sceleris secuta est BEDE *HE* I 14 p. 30; ut in illis locis ~o ex eo tempore fides intemerata perduraret *Ib.* 21 p. 41; templo ~o ante edificato ANDR. S. VICT. *Dan.* 103.

multwardus [multo + ME *warde*], one who tends or guards sheep, shepherd.

c**1370** [*the shepherd*] multardus *HMC Rep.* (*Wells*) I 252.

muluctra v. mulctra. **mulundinarius** v. molendinarius.

1 mulus v. mullus.

2 mulus [CL], mule; **b** (w. *equus*); **c** (fig.).

~um namque scimus quia ex equa et asino promiscuum genus ducit BEDE *Sam.* 653; ~us, *mul* ÆLF. *Gl.* 120; ut ex equa et asino ~us *Quaest. Salern.* N 5; Absalon pendet de quercu et ~us pertransit AD. DORE *Pictor* 161; **1292** in duobus moulis emptis apud Neapol', lv flor' *KR Ac* 308/15 m. 6; in uno *houce* pro uno moulo *Ib.* **b** unum equum ~um portantem cupellam *Hist. Durh.* 129. **c** hujus [monachi] ergo officium debet esse leonem crudelitatis . . ~um luxuriae, asinum pigritiae, aliaque bestialia vitia *Simil. Anselmi* 94.

muluwellus v. mulvellus.

mulvellus [ME *mulwel*, OF *mulvel*], kind of fish, usu. cod (*Gadus morrhua*); **b** (as taxable commodity, also paid in kind).

c**1100** centum de salmone iiij d. centum de milu-uello si ematur iiij d. (*Cust.*) *MonA* I 143a; in Albania .. duobus in locis .. pisces marini qui ~i dicuntur monoculi reperiuntur GIR. *IK* II 9; quod reperitur hodie / in mulwellis Albanie *Ps.*-MAP143. 328; **1202** et de careta ~orum j ~um .. ubi nullam consue-tudinem capere debet de aliquo *SelPlCrown* 21; c**1230** habebunt panem ordei et aquam ad potandum et allec vel muliwellum vel caseum bis in die (*Cust.*) *Doc. Bec* 85; **1232** concessimus .. quod capiatis .. de quolibet centum salmonum, congrorum, et mulewellorum .. unum obolum *Pat* 483; **1234** cum .. haberet .. quandam naviculam honustatam muluwellis ad vendendum *CurR* XV 1048 p. 231; **1328** Johanni Logan, clerico coquine, per viginti bacones, ducentes novemdecim murvellos *ExchScot* 89; **1329** computat .. in xxx mil-vellis emptis, x s. et in xxxvj salmonibus salsis emptis xviij s. *Ib.* 125; **1336** j mellvellus de stauro preempto *Househ. Ac.* 180; **1373** in ostreis, lampredis, allecibus, albis piscibus, moruellis, salmonibus, et turbotis *Exch Scot* 451; c**1376** in salmone .. in melewell' *Ac. Obed. Abingd.* 38; **1419** de milwello salso eadem capienda consuetudo *MGL* I 240.   **b** a**1190** libe-ram et quietam ob omni teloneo .. multuello, mello, maquerello, harengis *Act. Hen. II* II 334.

mulwellus v. mulvellus.

muma, mumata, (Scot.) measure of soap.

a**1166** quatuor mumatas savonis *Scone* 18 p. 14 (cf. *E. Ch. Scot.* p. 287: mume).

mumacus, royal adviser.

~us, consiliarius regis OSB. GLOUC. *Deriv.* 366.

mumia v. mummia.

mummare [ME *mommen, mummen*], to act as a mummer.

1377 menestrallis London' venientibus cum civibus London' qui venerunt apud Kenyngton' ad ~andum cum dicto domino principe *KR Ac* 398/8 m. 1.

mummia [ML < Arab. *mūmiyā, mūmiyā'* < *mūm=wax*]

1 medicinal preparation from the bituminous substance of Egyptian mummies, mummy pow-der, liquid, or sim.

bolus arme, ~ia, et consolida GILB. I 72. 1; de mumia grana iij GAD. 134v. 1; ~ia quiddam est quod invenitur in sepulcris Babiloniorum *SB* 31; ~ia est quidam fructus qui invenitur in sepulcris corporum balsamatorum *Alph.* 121; mumia versa, pro conversa, liquor est mumiae *LC* 254b.

2 mummy, embalmed body of person or ani-mal.

mumia, dicitur non solum humana caro, balsamo condita, sed etiam alia quaeque, non per se mortua, sed occisa, et medicata curativae facultatis *LC* 254b.

3 (gen.) substance, essence.

mumia elementorum, est balsamus elementorum externorum *LC* 254b; mumia medullae, vel medullis, sunt ossium ipsae medullae *Ib.*; mumia transmarina, Paracelso est manna *Ib.*

munamen v. munimen.   **muncaria** v. matricaria.
muncellus v. moncellus.

munctor [*aphaeretic form of* emunctor], one who extorts or squeezes out (*cf. emungere* 3).

non sis clerorum vellens munctor loculorum D. BEC. 1850.

munctorium [*aphaeretic form of* LL emuncto-rium], forceps (for extinguishing a light).

~ium, *isentange* ÆLF. *Gram.* 314.

munctris v. flammula 2a.

munda, ~um [AS *mund*]

1 'mund', (fee paid or exacted for) protection.

debent ~am regis hoc est quinque libras [AS: *be cyninges munde, þæt is mid fif pundum*] (*Inst. Cnuti*) *GAS* 283; deinde .. debet ipsi ecclesie sue

pacis infracturam secundam montam regis [AS: *be cyninges fullan mundbrece*] (*Cons. Cnuti*) *Ib.*; hee sunt rectitudines .. monte fractura [AS: *mundbryce*], domi invasio, obstitus (*Ib.*) *Ib.* 317; emendam altaris solvat juxta ordinis dignitatem dominoque aut regi per plenam montam [AS: *be fullan mundbrice*] (*Ib.*) *Ib.* 343; et consuetudines liberalium hominum duppliciter omnes habere, videlicet duplicem ~am, duplicem manbote et forisfacturam (*Inst. Cnuti*) *Ib.* 615; ut Lefsius episcopo totum dampnum suum suppleret et ~am suam redderet *Lib. Eli.* II 11 p. 85.

2 frontlet, bandage for the forehead, phylac-tery.

~um [Eng. *frontlet*] STANBR. *Vulg.* 9.

3 sheath.

hec ~a, *a schyn that a schyld ys conseuyd in WW.*

mundalis v. mundialis.

mundane [ML], in a mundane manner, in the ways of this world.

set debes distinguere breviter et plane / aliud est vivere munde et mundane / mundane se gerere non est mentis sane PECKHAM *Def. Mend.* 562; sicut apostoli .. non sunt mundani conversantes ~e, ita regnum Christi .. non erat .. ~e regendum OCKHAM *Pol.* II 701.

mundanter, in a clean or tidy manner.

1373 prima [sollicitudo] est circa animam ut ~er conservetur BRINTON *Serm.* 28 p. 109.

mundantia, cleanliness, purity.

si autem pro ~ia [v. l. munditia] licitum putaverint, tribus annis sic peniteant THEOD. *Pen.* I 10. 2.

mundanus [CL]

1 of or belonging to the universe, cosmic. **b** (*harmonia* or *musica* ~a) cosmic harmony, music of the spheres. **c** (astr.) that occurs at sunrise.

ab exordio ~ae creationis BEDE *Hom.* II 7. 135; c**1198** nunquam in principe / sine participe / mundane machine / frons labitur (*Pol. Poems*) *EHR* V 316; dicebant .. unam tantum esse animam, id est ~am, solam omnia vegetantem ALB. LOND. *DG* 6. 14. **b** Pitagoras .. docens primo musicam aliam ~am, aliam humanam, aliam instrumentalem ADEL. *ED* 27; dicitur et luna sistrum habere propter primum ~ae harmonie tonum, qui a terra usque ad lunam est ALB. LOND. *DG* 7. 4.   **c** cosmicus ortus sive ~us SACROB. *Sph.* 3 p. 95 (v. cosmicus b).

2 of, for, or connected to this world (as dist. from the world to come), worldly, mundane, terrestrial (also sts. pejorative); **b** (dist. from *ecclesiasticus*). **c** (as sb. m.) inhabitant of this world. **d** (as sb. n. pl.) mundane things, things of the world.

florida mundanae calcans commercia vitae ALDH. *VirgV* 1845; facta .. atque ornata habitatione ~a, supererat ut .. habitator ac dominus rerum crearetur BEDE *Gen.* 28; quod tot ~e potestates nutum illius prestolarentur W. MALM. *GR* III 263; nam mundanus amor excecat lumina mentis J. SAL. *Enth. Phil.* 683; ~us vero timor est, pro evitanda pena obstinere a bono, retenta voluntate mala AD. SCOT *TT* 781C (v. et. initialis 1d); vicit quippe ~i principis injustitiam J. FORD *Serm.* 25. 9; **1236** quatenus .. prudentia divine sapientie .. detegat laqueos astutie ~e GROS. *Ep.* 26 p. 103.   **b** magis in ecclesiasticis quam in ~is rebus erat industrius BEDE *HE* IV 12 p. 228; **1295** conventibus, locis, vel personis .. ecclesiasticis vel ~is *Reg. Carl.* 52; **1323** bona sua mobilia et immobilia tam ecclesiastica quam ~a *Reg. Aberbr.* I 222.   **c** tale fuit dominium primorum parentum, quale nunc est dominium ~orum OCKHAM *Pol.* II 431; hic oritur murmur apud ~os CAPGR. *Hen.* 160.   **d** si omnia .. ~a non per se sunt creata PETRUS *Dial.* 28; a**1467** quod abbas, officiarii, et extraequitatores expendirent residuum in ~is et riotis *Paston Let.* 61 p. 103.

mundare [CL]

1 to make clean or tidy; **b** (w. ref. to sifting, refining, or sim.).

omnis liquor projiciatur foras .. et ~etur vas THEOD. *Pen.* I 7. 8; clibanum .. ~andum *Hist. Abb. Jarrow* 4 (v. 2 clibanus a); **1186** pro ~anda curia et pro sepe in curia castelli vj s. *Pipe* 178; **1274** ad ~endas

scutellas argentas *Househ. Henry* 411.   **b** expurgat justos tribulatio, mundat ut aurum / fornax, et sicut grana flagella probant GARL. *Tri. Eccl.* 9; **1324** pro frumento mondando pro semine *MinAc* 965/6 r. 2b; **1334** in j cribro pro calce ~ando *Ac. Durh.* 525; **1416** item in mercede iiij feminarum ~ancium farinam aven' pro expens' coquine *Ib.* 612.

2 (fig. or partly fig.) to cleanse (of), purge: **a** (person or part of body); **b** (leg., w. ref. to acquittal or exoneration); **c** (refl. & pass., w. ref. to *Lev.* xii 2–3); **d** (country); **e** (abstr.).

a ut peccata sua delerentur humilitate confessionis, labia, ut Esaiae, ~ata sunt et efficaci oratione sibi ad-juncta GILDAS *EB* 72; non ergo circumcisione carnis illos ~are opus est quorum tanta fides corda purifi-cat BEDE *Acts* 976; ~ato diligentius oculo cordis *Id. Retract.* 1014; [martyr] etsi fonte baptismatis non est ablutus, sui tamen est sanguinis lavacro ~atus *Id. HE* I 7 p. 21; sicut me in baptismo ~asti a peccatis ANSELM (*Or.* 4) III 12; oportet nos corda nostra ~are AILR. *Serm.* 46. 2.   **b** qui cum per judicium aque se ~are non posset, obtulit quingentas marcas argenti .. pro vita habenda *G. Hen. II* 156; **1195** Cristina ~et se per ignem *CurR PR* I 83; illi ~ent se per aquam *Ib.* 89. **c** tunc post istos septem dies, id est post istam vitam, ~atur ista mulier que peperit masculum, et circum-ciditur infantulus AILR. *Serm.* 33. 19.   **d** edicimus .. ut patriam in finibus omnibus ~emus [AS: *clænsian agynne*] et ut a sceleribus cessetur (*Cons. Cnuti* 4) *GAS* 311.   **e** mundatis mente [*gl.*: i. Anglicis qui conscienciam suam ~averunt de peccatis suis] currit charisma repente (J. BRIDL.) *Pol. Poems* I 164.

3 to make shiny, polish.

poliendos lapides, ~andos *GlC* P 505.

4 to make healthy, to cure.

petit leprosus a Christo ~ari AD. DORE *Pictor* 157; cum .. vidissent eum [Christum] .. leprosos ~asse M. PAR. *Maj.* I 95; Jesus .. ~ans leprosos, suscitans mortuos *Itin. Mand.* 70.

5 to clean off, remove, eliminate; **b** (fig.).

rudus, stercus quod de domo ~atur *GlC* R 257; turgentem mundat squamoso corpore lepram / nec minus et multis vestigia languida curat *Mir. Nin.* 252; **1444** quod ~arent spumam ab aqua, et quod facerent cerevisiam novam post mundificationem stare tempore sufficienti *MunAcOx* 541.   **b** ut ~entur sordes mentis meae ANSELM (*Or.* 7) III 19; urbs utinam vana mundata supersticione / serviat antiqua diis nostris religione NIG. *Laur.* 1011.

mundatio [LL]

1 (act of) cleaning or tidying; **b** (w. ref. to sifting, refining, or sim.); **c** (w. ref. to *Lev.* xii 2–3); **d** (fig.).

1266 cum cariagio xix doliorum vini .. et ~one cellarii *ExchScot* 3; in ~ione armorum domini regis, xiiij s. viij d. *Ib.* 24; ad mundandum cum pannis .. curtarius allocabit unum panem conventualem pro illa ~one *Cust. Swith.* 21; **1497** licebit .. custodi .. in .. gardino .. cloacam .. situare ac ibidem ad ejus ~onem puteum fodere *Deeds Balliol* 172.   **b** c**1350** in ~one unius carectat' plumbi de cineribus *Ac. Durh.* 381; **1458** pro ~one bladorum grangie de Methven de croppo anni presentis *ExchScot* 426; **1467** pro ~one granorum *Ib.* 494.   **c** die octavo mulier suscipit ~onem AILR. *Serm.* 5. 12.   **d** non utique sanguis ejus in peccatorum remissionem, hoc est in nostram ~onem fuisset effusus BEDE *Mark* 291; si quid ejus calliditate .. corruptum fuerit, efficiatur coelesti sanctificatione ac ~one .. purgatum EGB. *Pont.* 56; ut ab his a quibus fiunt fiant per ~onem conscientiam invisibiliter LANFR. *Cel. Conf.* 629C; labe .. peccati .. infecta .. humana natura .. nec nitro .. nec ullo genere ablutionis vel ~onis purgari possit BALD. CANT. *Commend. Fid.* 550.

2 (act of) curing or healing.

leprosorum ~one et mortuorum suscitatione BEKIN-SAU 743.

3 (act of) cleaning away, removal, elimination.

lepre ~o et hujusmodi defectuum naturalium GROS. *Cess. Leg.* III 6 p. 148.

mundativus [ML], that cleans (in quot., w. obj. gen.).

sicut .. aqua est ~a corporum sic penitencia spiri-tuum KILWARDBY *Jejun.* 174.

mundator [LL], one who cleans or purges, cleaner, cleanser (also fig.).

Deum indultorem criminum, Deum sordium ~orem EGB. *Pont.* 56; numquid putas .. aliquando non tedere medicum egroti sui .. et ~orem inquinati sui AD. SCOT *Serm.* 386B; quis .. non diligat ~orem, defensorem, illuminatorem suum? G. STANFORD *Cant.* 222 n. 99; ~ores refectorii .. habebunt duos panes *Cust. Swith.* 23.

mundatorius [LL], that cleans, cleansing.

et nos mundi simus ac ~iis Scripturarum fluentis seduli adsidere curemus BEDE *Hom.* I 12. 62.

mundatrix [LL], (as adj.) that cleans or purges (also as sb. f.).

1165 scopebam spiritum meum .. ut doceat quia spirituale exercitium et ~ix discussio conscientie avertit flagellum et impetrat misericordiam Dei J. SAL. *Ep.* 138 (144 p. 32); [ciconia] mundatrix chortis rana, bufone, lacertis / vescitur NECKAM *DS* II 611.

mundaylondus v. monedailondus.

munde [CL], in a clean or tidy manner, neatly (also fig.).

omnia composite, celeriter, et ~e disponit MAP *NC* V 3 f. 60; vita pudica quid est nisi mundum vincere, munde / vivere M. RIEVAULX *app.* 4; hec tria condones, Deus: ecclesiam venerari / intactam, mundum contempnere, vivere munde *Id.* (*Vers.*) 3 p. 30; c**1230** ~e debet omnia blada colligere (*Cust.*) *Doc. Bec* 54; ideo oportet ut cor tuum bene et ~e preparare ad modum domus materialis G. *Roman.* 310.

mundeburdum, mundeburgium v. mundiburdium.
mundere v. mundare.

mundescere, to become or be clean.

dos datur a nupta: .. / .. / illimis bonitas manuum mundescere curis HANV. IX 406.

mundialis [LL]

1 of or belonging to the universe, cosmic.

non enim dominantur demones mundo, id est ~i machine sive rerum universitati, sed peccatoribus NECKAM *SS* I 23. 1; fiunt quedam exempla celorum visibilia et totius ~is machine FISHACRE *Sent. Prol.* 82; quod videretur ~is machina in antiquum chaos reversura M. PAR. *Min.* I 253; ipso firmatur moderante compago / machina manet fabrice mundialis J. HOWD. *Cant.* 487. 2; **1338** convenit ut in opificis benediccionem et laudem tota machina ~is assurgat *FormOx* 89.

2 of, belonging or connected to this world, worldly, mundane. **b** (as sb. m.) inhabitant of this world. **c** (as sb. n. pl.) worldly things or affairs.

ut .. relictis .. ~ibus tenebris ad amoena caelorum regna .. festinaret GILDAS *EB* 9; quia .. igne divinae caritatis fortiter ardebat, merito .. flammis ~ibus praevalere .. poterat BEDE *HE* II 7 p. 95; mundus ergo eum accipere non potest, id est, ~es homines ALCUIN *Exeg.* 936A; inter mundalium fluctus errorum H. READING (I) *Dial.* 1160C; quod tota divisio status mundialis / sit fastus, ambicio, libido carnalis PECKHAM *Def. Mend.* 74; de imparitate amoris ~is et Dei ROLLE *IA* 216. **b 1377** tres .. prime conclusiones imprimunt ~ibus fidem Christi (WYCL.) *Ziz.* 247. **c** ab antiquorum sanctitate degenere, in ~ibus sc. efficaces, in spiritualibus desides W. MALM. *GR* V 445; **1304** jugum sacre observancie regularis spretis mundalibus .. portantes *Reg. Carl.* 224; unus .. nobilitate generosus, quondam prepotens in ~ibus Croyl. 5; abjectis ~ibus propter Dominum *Eul. Hist.* II 383.

mundialitas [ML], worldliness.

illis enim deest procurator propter ~atem qua ecclesia divertit a Christi regula WYCL. *Civ. Dom.* II 102.

mundialiter [LL], in a mundane manner, in the ways of this world, mundanely.

cur quietem quam illi ~iter a mundi fuga quesierant, in Christo non querimus GOSC. *Lib. Confort.* 74; ut notemus unum cenobium monachorum .. consumit ~iter bona pauperum WYCL. *Apost.* 40; et cum ~iter superbientibus, jocose lascivientibus *Id. Blasph.* 277.

mundiarius [CL mundus + -arius; cf. mundi-

alis], of, belonging or connected to this world, worldly, mundane.

qui loca arida perambulat, quia sanctos homines in concupiscentiis mundiarios [? l. mundiariis] multis modis temptat HON. *Spec. Eccl.* 891C.

mundiburdium [ML; cf. AS *mundbyrd*], protection, patronage. **b** royal commandment (that guarantees protection).

723 quod sub nostro mundeburdio [v. l. mundeburgio, mundeburdo] vel defensione eum recipere deberemus (*Lit. Regis Caroli Martelli*) *Ep. Bonif.* 22; ~ium tuum velut tutissimi litoris herbidantes planities adii (*Ep. Dunst.* 13) *Mem. Dunst.* 375. **b** comawndment *off a kyng*, ~ium *PP*.

mundicola [CL mundus + -cola], inhabitant of this world.

annuit et vere cor dixit pacis habere / mundicolas erga, pravis solitum dare terga *Poem. Hild.* 529; cunctis mundicolis par est amencia / quibus est carior Christo pecunia WALT. WIMB. *Sim.* 8.

mundicors [LL], pure at heart, pure-hearted. **b** (as sb. m., also w. ref. to *Matth.* v 8).

nec .. se ipse quisquam ~dem et immunem esse peccati absque temeritate pronunciat BEDE *Prov.* 996B. **b** quia ~des, teste Scriptura, videbunt Deum ALCUIN *Dub.* 1042C; beati vero ~des sunt, quorum mentes premissarum beatitudinum exercitia illustrant, et earum munditia directionem cordis ad Deum gubernat ANSELM *Misc.* 329; sapientiam illam .. querite que versari est, non que super terram ... hanc autem soli ~des adipisci queunt (*Serm.*) OSB. BAWDSEY clxxi; ~des vero et perfecte purgati ipsam lucem veritatis in se conspiciunt, quod immundi facere nequeunt GROS. 138.

mundifactura, (act of) making clean or tidy, cleaning.

1512 pro ~a candelabre et bacene erga festum Paschale *Ac. Churchw. Bath* 102.

mundificare [LL]

1 to make clean or tidy, cleanse, purge; **b** (w. ref. to purifying, refining, or sim.); **c** (med.); **d** (fig.); **e** (leg., w. ref. to acquittal or exoneration).

intus et exterius sint pelves mundificate D. BEC. 2542; vasa vestra ~antes GIR. *GE* II 39 p. 363; s**1229** patriarcha cum episcopis suis suffraganeis ~avit templum Domini et ecclesiam Sancti Sepulchri WEND. IV 197 (=M. PAR. *Min.* II 312). **b 1205** quod .. faciatis triturari centum quarterios frumenti et quantum potueritis in mundo ~ari *Cl* I 31a; dein accipies sal petre, et argentum vivum convertes in plumbum, et iterum plumbum eo lavabis et ~abis, ut sit proxima argento BACON *NM* 551; ignis non ita ~at [ME: *clenseþ*] aurum sicut infirmitas animam *AncrR* 61. **c** ad intestina ~ada *Quaest. Salern.* B 267 (v. furculus); similiter cistis fellis et splen purgant epar a superfluitatibus cholericis .. sicut renes ~ant [TREVISA: *clensiþ*] ab aquosis BART. ANGL. VI p. 116; nunquam †inundificabitur [l. mundificabitur] corpus a febre GILB. I 22. 2; caro et cutis cum provocatione longi sudoris [debent] ~ari BACON IX 22; cocule marine sunt teste .. tales enim pulverizate et cum oleo rosarum temperate ~are habent et consolidare *SB* 16. **d** post Domini sequitur oratio corpora, corda / mundificans GARL. *Myst. Eccl.* 209; sordes qui purificat, / emundans omnia, / peccato nos mundificat / materna gracia LEDREDE *Carm.* 32. 39; non fuit in mundo qui mundum mundificaret GOWER *VC* VII 627; se ~ando a viciis .. expurgat *Plusc.* VII 18 p. 87. **e** mittat in manum venditoris, qui vendidit ei, et roget, ut ~et [AS: *þet he clænsie*] et adquietet ei, si possit (*Quad.*) *GAS* 224; unus amicos habeat, qui eum ~ent [AS: *þe hine .. clænsian*] (*Ib.*) *Ib.* 226.

2 to clean off, remove, eliminate.

res .. cum .. ebulliunt ut aquarum feces cum non dividuntur neque ~antur necesse est putrefieri GILB. I 6v. 1.

mundificatio [ML]

1 (act of) making clean, cleansing, purging; **b** (alch., w. ref. to refinement or purification); **c** (med.); **d** (fig.).

1503 laboratoribus versantibus circa ~onem aule *Cant. Coll. Ox.* II 237. **b** si corpus immundum

perfecte non mundaveris .. et ejus omnem fetorem non abstuleris donec post suam ~onem tinctura in illud decidat ROB. ANGL. (I) *Alch.* 516b; nec conjunxeris ea [elementa] ante ipsorum ~onem, cum propter eorum immunditiam separentur *Correct. Alch.* 18; quia aurum est corpus perfectum ex argento vivo rubeo, claroque, et ex tali sulphure ideo non eligimus ipsum pro materia lapidis ad elixir rubeum, eo quod ita simpliciter est perfectum, sine ~one ingeniosa *Spec. Alch.* 381; argentum vivum .. post completam ~onem est .. millesies melius RIPLEY 325. **c** inter suas alias operationes quandoque ad corporis ~onem maxime operatur, pro fortitudine virtutum naturalium in corpore *Quaest. Salern.* W 1; in fluxu ventris non fit constrictio nisi processerit ~o GILB. V 230v. 1; transmititur colera .. ad mondificationem ipsorum intestinorum *Ps.-RIC. Anat.* 37; de hiis que induunt cutem pulcritudine juvenili et ~one BACON IX 8; vomitus .. bonus .. quia venit per viam ~onis J. MIRFIELD *Brev.* 60; alcanna .. valet ad ~onem et dealbacionem cutis *Alph.* 7. **d** primus [dies Quadragesime] est sanctificationis, hoc est ~onis, si sic dicere liceat BELETH *RDO* 11. 22; de occisione Turcorum et ~one sancte civitatis WEND. II 141 (cf. M. PAR. *Min.* I 146); post ~onem suam [sc. vitam] locuntur vivaciter solum caritatis sonancia ad edificacionem proximi WYCL. *Civ. Dom.* I 419.

2 (act of) cleaning off, removal, elimination.

eodem modo de mense in mensem mulieres per ~onem menstruorum quasi renovantur et in humiditate minuuntur *Quaest. Salern.* P 38.

mundificativus [ML]

1 that cleanses or purges, mundificative; **b** (w. obj. gen.). **c** (as sb. n.) a cleansing or detersive medicine, a mundificative.

aquam .. ~am ab omnibus inquinamentis GIR. *GE* I 5 p. 17; allumen de Maroc est pulvis subrufus, acetositatem parvam in se continens. est autem ~e et depurative nature M. SCOT *Lumen* 256; infirmi sunt .. potibus et medicinis diureticis, apertivis, et ~is [TREVISA: *medicines þat .. clensiþ*] resolvendi et assuefaciendi BART. ANGL. VII 54 p. 339; projiciunt spiritus ~os in ea, et sic albificant illa, et rubificant BACON *Tert. sup.* 88; divertantur cum clisteri ~o GAD. 10. 1. **b** sirupus .. ~us sanguinis GILB. II 105v. 1. **c** si volumus facere ~um, ponatur mel vel serum GAD. 6v. 2.

2 that cleans off, removes, or eliminates (in quot., w. obj. gen.).

humor igitur colericus naturalis non excedens terminos nature est aliorum humorum subtiliativus .. fecis et putredinis ~us [TREVISA: *clensiþ*] BART. ANGL. IV 10 p. 98.

mundinalis v. mundialis.

munditia, ~ies [CL], ~ium

1 freedom from dirt, admixture, or sim., cleanness, purity. **b** (pl.) (act of) cleaning or tidying, (~*ias facere* or *exercere*) to clean, tidy up.

caliditas .. veram habet siccitatem quia humores malos .. consumit et remanet ~ia caloris qui iterum inquinetur sordibus aquilonis T. CHOBHAM *Serm.* 22. 152vb. **b** Sabbato .. mandatum et ~ias [AS: *clænsunge*] diligenti cura exerceant *RegulC* 64; everras, i. ~ias circa mortuos OSB. GLOUC. *Deriv.* 197 (v. everriae); staminiam et femoralia complicata .. cingulo colligabunt, et ad ~ias privatim portabunt ac deinde ad lavatorium incedent *Cust. Westm.* 145; omnes ~ias .. in claustro .. per fratres de elemosinaria .. facere tenetur *Ib.* 177; non veritus ipse abbas et rector lapides et cementum ad fabricam apportare, panes coquere, aut ceteras ~ias facere KNIGHTON I 37.

2 (moral, spiritual, or sim.) purity; **b** (of person or body); **c** (w. ref. to *II Reg.* xxii 25); **d** (of act, action, or sim.); **e** (of abstr.).

qui .. se ipsum zelo ~ie castravit R. NIGER *Chr.* I 29; angeli sumus per innocentiam, archangeli per ~iam NECKAM *SS* III 15. 3; precipue si diligas castam ~iam [ME: *clennesse*], sine qua non potest quis me deligere *AncrR* 157. **b** quod intellegens propheta cum cordis ~iam quaereret dicens: 'cor mundum crea in me, Deus' BEDE *Hom.* II 14. 173; sed quoniam matris ~ia per quam mundus est, non fuit nisi ab illo, ipse quoque per se ipsum et a se mundus fuit ANSELM (*CurD* II 16) II 119; nam nec Genitoris

probitas modo Geniti ~iem sacramento procuratam accumulare estimatur PULL. *Sent.* 768D; martyrum constantia, sanctitas confessorum, ~ia virginum AD. SCOT *Serm.* 291D; est enim castitas ~ia carnis et mentis T. CHOBHAM *Serm.* 1. 6va. **c** velociter Gundulfus vocabatur, ut per ~iam manuum ipsius tantarum rerum celsitudo tractaretur *V. Gund.* 31; in ~ia manuum et puritate vite BALD. CANT. *Commend. Fid.* 407. **d** p**675** Demetarum sacerdotes de privata propriae conversationis ~ia gloriantes nostram communionem magnopere abominantur ALDH. *Ep.* 4 p. 484; qui apostolicae sive fidem pietatis seu munditiam actionis et verbis ostendant et factis BEDE *Tab.* 413; **773** mores et magna vitae ~ia . . aedifica *Ep. Bonif.* 120. **e** aliquoties nascitur ex ministerio angelorum, ex ~ia et libertate anime, quorum exempla et probationes et autoritates ad manum habemus *Quaest. Salern.* B 29.

3 elegance, refinement, beauty.

lauticiae, ~iae *GlC* L 24; hoc mundum . . i. ~ie pretium OSB. GLOUC. *Deriv.* 339 (v. 2 mundus).

mundivagus [LL], who wanders around the world.

~us OSB. GLOUC. *Deriv.* 339.

mundriare, to clean, cleanse.

1319 [*for cleansing*] mundriand' *Fabr. Exon.* 104.

mundrum v. murdrum. **mundum** v. munda, 1–3 mundus.

mundura, (act of) cleaning, tidying, pruning.

1288 ~a arborum et salicium in gardino valet xij d. *RB Worc.* 82; **1299** una cum ~a arborum gardini *Ib.* 56; ~a hayarum circa gardinum *Ib.* 87.

1 mundus [CL]

1 clean, neat, tidy. **b** (*in ~um*) neatly. **c** (w. ref. to draft of document or sim.) in a fair copy.

quia jocundum nobis et satis ~um in corde tuo habitaculum praeparasti ALDH. *VirgP* 27 p. 263; nam nobis mundum tribuisti in corde sacellum / quo jucundantes semper laetabimur ambae *Id. VirgV* 723; abbas . . vidit omnia vasa ~issima ac solum scopatum ÆLF. *Æthelwold* 10; [pagella] non mendosa set magis ~a . . ab omni fermento furfuris M. RIEVAULX (*Ep.*) 73; lectisternia valde ~a *Latin Stories* 135. **b** c**1470** pro xij paribus ocrearum . . factis in ~um . . pro sutura xij parium galage et arracione earumdem in ~um *Mem. York* I 194. **c** **1338** examinare ea que sunt facta et ordinata necdum in ~um redacta *Lit. Cant.* II 197; **1439** ministrata fuit eisdem quedam nota supplicacionis in Anglicis per dictum reverendum patrem concepta, que postmodum in ~um redacta fuit et in manibus . . archiepiscopi . . remansit celsitudini regie presentanda *Reg. Cant.* III 286.

2 free from admixture, impurity, or sim., fine, of good quality: **a** (of natural object); **b** (of grain); **c** (alch., of metal). **d** (as sb. n.) refined product.

a meque inlumina per ~issimam margaritam, mundi rector et amator totius castitatis *Nunnam.* 80. **b** **962** duos modios de ~o grano et nichil foras ad poenam *Cart. Heming* I 145; c**1210** xxvj quarteria de meliori et ~iori frumento *Ch. Sal.* 74; **1297** illud frumentum quod bonum erat et ~um mutavit pro frumento putrido et calefacto *PlRExch* r. 50*d*. **c** corpus . . ~um est stannum ROB. ANGL. (I) *Alch.* 518b (v. corpus 11b). **d** **1371** capiunt ~um siliginis et frumenti, renuentes capere pisas ad liberaciones suas *SessPLincs* I 173.

3 (ritually, morally, or spiritually) pure: **a** (of person or part of body); **b** (w. ref. to *Lev.* xii 2–3); **c** (w. ref. to *I Reg.* xxi 5); **d** (w. ref. to *Act.* xx 26); **e** (of animal); **f** (of act, action, or sim.); **g** (of abstr.). **h** (as sb. m.) morally or spiritually pure person. **i** (as sb. n.) morally or spiritually pure thing.

a dies festos celebrant, sacra ~o corde oreque conficiunt GILDAS *EB* 12; p**675** in hoc hereticos infeliciter imitantur, qui se catharos, id est ~os, nuncupare voluerunt ALDH. *Ep.* 4 p. 484; sperans quia mox baptizatus . . ad aeterna gaudia jam ~us transiret BEDE *HE* V 7 p. 292; 'nunc autem sancti sunt', id est ~i LANFR. *Comment. Paul.* 176B; clericus ergo clarus atque castissimus, monacus debet esse mitis atque ~issimus LUCIAN *Chester* 69; ~i ministeriales et judices justi AD. MARSH *Ep.* 1 p. 79. **b** similiter peniteant quae intrant aecclesiam ante ~um sanguinem post partum, id est, xl diebus THEOD. *Pen.* I 14. 18; nec in istis omnibus [mulier] ~a erit nisi puer circumcidatur AILR. *Serm.* 33. 28. **c** nisi prius ~os eos David a mulieribus fateretur BEDE *HE* I 27 p. 59. **d** ille damnabiliter peccat, qui non est ~us a sanguine subditorum OCKHAM *Dial.* 691. **e** nam quod ~a quidem haec animalia juxta legem, sed timida sunt et inbellia BEDE *Acts* 965; ego projiciam inmundos [pisces] foras, et sumo mihi ~os [AS: *clæne*] in escam ÆLF. *Coll.* 94; hec est archa Noe, in qua sunt animalia ~a et immunda, et corvus et columba BALD. CANT. *Commend. Fid.* 551D. **f** delectatus vita ~issima sanctorum BEDE *HE* I 26 p. 47; contra luxuriam est ejus nativitas de munda [ME: *cleane*] virgine et tota ejus ~a [ME: *cleane*] vita *AncrR* 97. **g** scientes quod benefactorum retributio optima est ~a frui conscientia W. MALM. *GR* IV 337; quamvis faciat opera perfecta, non est perfecte ~a ista anima AILR. *Serm.* 33. 15. **h** ~orum est munda contingere *Ps.*-BEDE *Collect.* 56; quatinus per penitenciam ejus quandoque ~iorum recipias animam W. MALM. *Wulfst.* I 15; hostia divina mundis [*gl.*: quia per illud sacramentum ~i salvabuntur] fiet medicina (J. BRIDL.) *Pol. Poems* I 208. **i** *Ps.*-BEDE *Collect.* 56 (v. 3h supra).

4 (leg.) not guilty.

unam partem [pecunie latronis] habeat uxor ejus, si in eo ~a [AS: *clæne*] sit et ipsius facinoris conscia non fuerit (*Quad.*) *GAS* 173; **1176** si ad aquam ~us fuerit, inveniat plegios (*AssizeR Northants*) *G. Hen. II* I 108 (=R. HOWD. II 89).

5 bare (of), not covered (by).

cujus pectus est ~um a pilis M. SCOT *Phys.* 84.

2 mundus, ~um [CL], (*~us muliebris* or sim.) beauty products, toiletries, or sim. that a woman uses.

~um muliebrem *Gl. Leid.* 22. 11 (v. muliebris 1b); hoc ~um . . i. munditie pretium, unde in libro Hester [cf. *Esth.* ii 3] accipiant ~um muliebre . . i. unguenta et pigmenta . . quibus mulieres mundatiores et ornatiores habentur OSB. GLOUC. *Deriv.* 339.

3 mundus [CL]

1 the world, the universe. **b** (*~us originalis*) the world before Noah's Flood. **c** (*major ~us*) the world, universe, macrocosm (usu. contr. w. *minor ~us*; *v. et. macrocosmus, megacosmus*). **d** (*minor ~us*) the 'little world' of human nature, man as microcosm (*v. et. microcosmus*). **e** (var.).

fauni de veteribus pastoribus fuerunt in principio ~i *Lib. Monstr.* I 4; est enim re vera orbis idem in medio totius ~i positus BEDE *TR* 32; aestimo quia ~us antequam fieret nihil erat ANSELM (*Casus Diab.* 12) I 253; utrum pronoea que Latine providentia vocatur ~um regat . . an non BALSH. *AD rec.* 2 133; velle dinumerare ~i duracionem valde temerarium est et impium GROS. *Cess. Leg.* III 4. 8; sicut mondus non est eternus a parte ante, sic nec motus BACON XIII 378; mondus non habet virtutem infinitam; ergo non debet habere durationem infinitam *Ib.* 382. **b** priusquam Deus originalem ~um cataclysmo dilueret R. BURY *Phil.* 16. 211. **c** omne bonum fecunda parit, majorque minori / obsequitur mundus HANV. VIII 326–7; rerum . . quas vel ~o majori ad ornatum vel minori ad usum natura produxit GIR. *TH intr.* p. 7; major ~us . . minor mundus . . ut homo ROB. ANGL. (II) 163 (v. macrocosmus). **d** microcosmum id est minorem ~um ALDH. *VirgP* 3 (v. microcosmus 1a); facta est . . species hominis inter omnes species animalium melior et elegantior . . unde haud injuste minor ~us vocatur PETRUS *Dial.* 28; non sine causa dicitur homo minor mundus, quia quecumque sunt in superiori et in inferiori mundo. in majori quippe sunt vij planetarum orbes . . . in minori similiter, quia cerebrum nature vim Lune retinet, pulmo Mercurii, testes Veneris, cor Solis, renes Martis, epar Jovis, splen Saturni, compago corporis circuli fixarum ADEL. *Alch.* 16–17*n*. **e** post hoc [sc. principium rerum] est ~us anime universalis, post illum vero materia PETRUS *Dial.* 20; sane nunc celum empyreum, nunc ~us archetypus, nunc ~us sensilis, nunc sola regio sublunaris, nunc homo, nunc renovatio rerum ejusdem generis ~us nuncupatur. empyreum celum ~um dixerim propter sui munditiam . . ~us quoque sublunaris regio nominatur . . sane ~us a motu, quo semper movetur, sic dicitur GERV. TILB. I 1 p. 884–5; ~us sensibilis factus est ad similitudinem ~i architipi SACROB. *Sph.* 80.

2 this world (as dist. from the world to come, usu. pejorative); **b** (as person); **c** (w. ref. to *Joh.* xvi 33); **d** (w. ref. to the inhabitants of this world). **e** (*~um relinquere*) to renounce the world, join a religious order. **f** (in phr.).

peccata, quae communiter cum omnibus ~i sceleratis agit GILDAS *EB* 1 p. 27; qui falsas mundi contemnunt pectore pompas ALDH. *VirgV* 116; praesentis ~i tenebras transiens supernam migravit ad lucem BEDE *HE* III 8 p. 143; non que Dei sed que ~i sunt sapientes DICETO *Chr.* I 249; **1460** nullum denarium nec aliquam ~i pecuniam (v. denarius 9a). **b** tu ostendisti ~o Dominum suum . . . partus tuus . . ~um captivum redemit, aegrum sanavit, mortuum resuscitavit ANSELM (*Or.* 7) III 20; caro enim et ~us sunt canes diaboli venatici T. CHOBHAM *Serm.* 6. 29rb. **c** c**803** ipso dicente Domino, victore ~i hujus ALCUIN *Ep.* 265 p. 423; in primo quidem spiritu, opitulante Deo ~um vicimus J. FORD *Serm.* 18. 7. **d** mirum quod homini, quem patria tota diligit, . . aeris inclemencia gravis oves omnes . . sic ademit. †illi [l. ille] vero, quem totus, nec immerito, ~us exosum habet, nec pecudum aut pecorum nec etiam armentorum . . ulla penitus dampna persensit GIR. *SD* 66. **e** qui postea, ex nimio pavore quem habuit, ~um reliquit *Plusc.* IX 9. **f** dicunt quod nunquam sciverunt quod aliquis in ~o locutus fuit cum eodem Salamone in turri antequam de turri cecidisset (*PlRJews*) *Doc Exch* 329; **1312** caveret quod nulli homini viventi de ~o solveret quicquam . . nisi per litteras . . ejusdem Aymerici *RGasc* IV *app.* p. 560b.

3 (w. ref. to age, stage in life, or sim.).

an quia spreta lates mundoque infensa priori / nos etiam noscenda fugis? J. EXON. *BT* I 8; Mathildis . . cum pervenisset ad ~um muliebrem, opportuno tempore illustrissimo comiti de Huntedunia . . nupsit J. FURNESS *Walth.* 9.

muneda [W. *mynydd*], mountain, mountainous land.

1250 concedimus . . quadraginta acras terre separalis apud Marthirgery de propinquiori ~a juxta terram dictorum monachorum *RChart* 93 m. 2; totam ~am de Rogerston' *Ib.*; **1307** [*the mountain*] ~am [*of Rogerston*] *CalCh* III 104.

munella v. numella.

†munerabilis, *f. l.*

de quibus dominus rex perdit escaetas et alia† munerabilia [l. innumerabilia] *Hund.* II 123b.

munerare, ~ari [CL]

1 to present (with a gift), to reward, endow, or sim.; **b** (w. nom. or acc. of person & abl. of reward).

non solum amantes sed et ~antes eleemosynas largiter dantes GILDAS *EB* 27; gratulor, ~or, molior, machinor ALDH. *PR* 120 p. 166; misericordia . . querit perditum, pietas reformat inventum, justitia ~at jam perfectum AILR. *Spec. Car.* II 11. 555; ~are, honorare, insignire, donare OSB. GLOUC. *Deriv.* 363; o felicem paupertatem in regno celorum ~andam! BALD. CANT. *Tract.* 9. 491D. **b** **625** ut vos ab originali peccato eriperet et ereptos . . caelestibus praemiis ~aret (*Lit. Papae*) BEDE *HE* II 10 p. 103; milites . . quos ipse profusissimis expensis ~abat W. MALM. *GR* IV 314; at primus parens noster libero ~atus arbitrio AILR. *Spec. Car.* I 4. 508; qui etiam angelum vincit in lucta mutato nomine ~abitur et palma R. NIGER *Mil.* III 53.

2 to bestow (on), give (to) (w. dat. of person & nom. or acc. of reward).

c**1153** donec triginta quattuor marcas argenti sterlingorum quas ei abbas transactionis hujus causa ~avit abbati . . restituat *Doc. Bury Sup.* 816; c**1290** pro quadam pecunie summa quam dicti prior et conventus nobis in magna necessitate nostra pre manibus ~averunt *Cart. Blyth* 442; pro quadam summa pecunie mihi ~ata pre manibus *Ib.* 450.

munerarius [CL]

1 one who performs duties or bestows gifts.

munifex, ~ius *GlC* M 361.

2 one who requires or accepts gifts.

~ius, munera accipiens *Gl. Leid.* 4. 48; ~ius, qui semper munera requirit OSB. GLOUC. *Deriv.* 367.

1 muneratio [CL], (act of bestowing a) gift, reward, endowment, or sim.

sive id esset in sustentatione pauperum, sive in ~one ecclesiarum OSB. *V. Dunst.* 23 p. 95; cui statim decem aureis remuneratio, archiepiscopus hunc .. versum in crastino duplicata ~one contribuit GIR. *Invect.* I 2 p. 91; apud ecclesiasticos magna ~one dignus censebatur WALS. *HA* II 140.

2 muneratio v. numeratio.

munerative v. numerative.

munerator [LL], one who gives or rewards, giver, donor.

Domine sancte .. profectuum ~or EGB. *Pont.* 20; attende quam benignus Creator, quam munificus ~or J. FORD *Serm.* 15. 5; quis sermo vicissitudines ejus vel dona explicabit qualibus et quantis erga ~ores sive officiarios suos usa fuerit? CIREN. II 222.

munerba, cucurbit, cupping-glass.

Willibaldus .. emebat sibi balsamum et replevit unam ~am, tollit unam cannam quae fuit concava et .. habuit imum; illam replevit de petrae oleo et fecit intus in ~am, et secavit illam cannam parem ~a, ita ut in margine ambo erant similes plane, et sic claudebat os ~ae HUGEB. *Will.* 4 p. 101.

munĕre v. 1 munire.

munerose, in a generous manner, graciously.

unde Josephus in sexto que verba novissima ~e [Cassiodorus: onerose] suscipiens OSB. GLOUC. *Deriv.* 344.

munerosus [ML], generous or deserving to be rewarded.

~us, largus vel munere dignus OSB. GLOUC. *Deriv.* 363.

munfascal [Ar. *munfaṣil* = cut off, detached, separate], (math.) apotome.

quoniam latus ejus AZ rationalis cum autem dividetur linea secundum proportionem habentem medium et duas extremitates erit utraque dividens munfascal. .. latus igitur figure xij basium surdum diciturque munfascal ADEL. *Elem.* XIII 17.

mungatorium [cf. LL emunctorium, munctorium], (anat.) drainage channel.

nota regulam: in apostematibus interiorum membrorum nec in venenosis nec in ~iis venarum et arteriarum .. apponenda sunt apocrustica GILB. IV 192. 1.

mungere [LL; *aphaeretic form of* CL emungere]

1 to blow or wipe one's nose. **b** (p. ppl. as adj.) snotty, full of mucus.

caute †inungatur [v. l. iungatur; l. mungatur] nasus, pupilla regatur / tussis stringatur, sputum deforme tegatur GARL. *Mor. Schol.* 41. **b** ~o .. inde munctus .. et mucculentus .. i. munctus OSB. GLOUC. *Deriv.* 358.

2 to snuff a candle.

to snyte a nese or a candelle, ~ere *CathA.*

3 to clean; **b** (w. ref. to emptying a money pouch or sim.).

to clense, acerare, .. ~ere *CathA.* **b** vellens exuvias et mungens loculos *Ps.-MAP* 8. 140.

munia [CL *n. pl.*; v. et. moenia], ~**ium** [LL]

1 duties, functions, services; **b** (political, military, or sim.); **c** (religious or sim.); **d** (of the body or its parts); **e** (of abstr.).

qui ~ia atque orgia sibi commissa non enervavit sed viriliter complevit BYRHT. *V. Ecgwini* 354; **10** .. ~ia, *þenunge, hæse WW; offyce,* officium, ~ium *CathA.* **b** ~ia, officia militiae *GlC* M 348; is aliquantis diebus sedulo militie ~ia executus est W. MALM. *GR* III 232; **s1140** nec vero minor erat regi animus ad adeunda que sibi competebant ~ia *Id. HN* 483 p. 42; adherere potentibus, se rei publice ~iis immiscere J. SAL. *Pol.* 676A; municipium, i. oppidum, unde municipales, i. custodes oppidi, i. *castelens,* quasi capientes ~ia *GlSid* f. 146rb p. 144; hic omne sceleris oletum abicit / et sordes lambit has quas princeps vomuit; /

pro tali studio crismati debuit, / pro tali munio mitrari meruit WALT. WIMB. *Palpo* 86. **c** lauta supernarum qui confert munia rerum ALDH. *VirgV* 289; illa nihilominus post debitas horas in ecclesia sola relicta, solita persolvebat ~ia GOSC. *Edith* 276; inmortale laudis sacrificium Deo omnipotenti persolvere, ceteraque supplicationum ~ia horis canonicis reddere *V. Neot. A* 21; munia solvimus et tibi psallimus Omnipotenti R. CANT. *Malch.* V 330; quin sacrum sancti viri visitando sarcophagum, voti sui ~ia predevota persolveret *Mir. Hen. VI* II 58 p. 150. **d** omnia membra mihi plasmavit corporis auctor / nec tamen ex isdem membrorum munia sumpsi ALDH. *Aen.* 72 (*Colosus*) 2; nil puerile gerens, facundae munia linguae / aspirante Deo gestis explebat apertis FRITH. 53; **956** ~ia vocis precelsa Conditoris reminiscimur proprii ab ore Tonantis *CS* 910. **e** nec absurde forsan dicatur ~io concupiscentie digna appeti debere. cujus ad officium sine dubio pertinet, cura alendi corporis, ut dum ratio investigandis instat, concupiscentia carni necessaria querat PULL. *Sent.* 735A.

2 gifts, bounties (also paid as tribute or sim.); **b** (of abstr.).

dictum autem municipium quod tantum ~ia, id est tributa debita vel munera, reddat BEDE *Acts* 988. **b** necnon aegrotis impendens munia vitae ALDH. *VirgV* 700.

3 barrier, impediment, or sim. (used for defence or protection).

~ia, aedificia *GlC* M 353; menia, -orum, quasi ~ia eo quod muniant urbem OSB. GLOUC. *Deriv.* 344; flammonia quasi flamme monia vel ~ia *GlSid* f. 147ra p. 145 (v. moenia 2).

municeps [CL]

1 a native, citizen, or inhabitant of a municipium (v. *municipium* 1).

~cipes, quorum municipatus in Tribulano municipio fuerat ALDH. *VirgP* 52; non autem se civem sed ~cipem a municipio, id est territorio ejusdem civitatis [sc. Tharsi] in quo nutritus est, appellat BEDE *Acts* 988; ~ceps, cives municipii *GlC* M 319.

2 citizen of a city, borough, castle, or sim.; **b** (fig.).

Siculus indigena et Catenensis oppidi ~ceps ALDH. *VirgP* 41; pro ~cipe quidam codices civem habent, quod ex uno Graeco, id est πολίτης, transfertur BEDE *Retract.* 1029; ~ceps, *burgliod GlC* M 294; despecta exilitate patris mei, ~cipis Barcinonensis admodum tenuis W. MALM. *GR* II 170; venerat vir quidam non ignote militie Herefordie viz. ~ceps *Mir. Wulfst.* I 12; sta et intuere concives tuos, hujus ~cipes civitatis J. FORD *Serm.* 63. 5. **b** regni caelestis .. ~cipes GILDAS *EB* 32; conici datur, quam pretiosa sit supernis ~cipibus pudicitiae generositas ALDH. *VirgP* 31.

3 (mil.): **a** a member of a garrison (in a castle or sim.). **b** governor or warden of fortress, castle, or sim., castellan, constable.

a Ricardus autem filius regis aliique ~cipes sic improviso impetu preventi sunt ORD. VIT. XII 12 p. 341; *sowdyowtre,* stipendarius .. ~ceps *PP.* **b** ~ceps, *portgerefa* vel *burhwita* ÆLF. *Gl.* 111; Guillelmus de Rolmara Novimercatus ~ceps et commanipulares ejus ORD. VIT. XII 3 p. 322; ~ceps, -is, i. castellanus vel princeps qui munitionem capit OSB. GLOUC. *Deriv.* 344; Henricus [II] .. nactus autem regnum Anglorum, servos, spurios, caligatos, cubili, mense, regno, prefecit et ex iis questores, pretores, proconsules, tribunos, ~cipes, forestarios super provincias constituit R. NIGER *Chr. II* 167; Matheus de Clera ~ceps principalis castelli de Dovera prestitit auctoritatem predonibus DICETO *YH* II 111 (cf. M. PAR. *Maj.* II 399).

4 freeman.

a frankling, libertus, .. ~ceps LEVINS *Manip.* 136.

municipalis [CL]

1 (as adj.) of a municipium, city, borough, or sim., municipal; **b** (of an official); **c** (of legislation, works, or sim.).

municipium, i. castellum et hic et hec ~is, et hoc ~e OSB. GLOUC. *Deriv.* 345. **b** Waltero aurifabro, ~iali Oxonie AD. MARSH *Ep.* 110; ~es magistratus seu jurisdictiones quas hodie nos maros .. dicimus *Jus Feudale* 378 (v. marus c). **c** gesta ~ia vel publica *Gl. Leid.* 1. 58; ut ~es provincie illius discerent leges

W. BURLEY *Vit. Phil.* 218; leges erant civiles, et suae cujusque civitatis ~es COLET *Rom. Exp.* 258.

2 (as sb.): **a** a native of a certain place. **b** citizen.

a 10 .. ~es, *innihte beborene WW.* **b** municeps et ~is unum est, id est civis *GlC* M 321.

3 (mil.) governor or warden of a castle or fortress, castellan.

a ~ibus circumquaque comiti fit deditio castellorum DICETO *YH* II 63; ~es, castellani qui municipium custodiunt OSB. GLOUC. *Deriv.* 367; *GlSid* f. 146rb p. 144 (v. munia 1b).

municipatus [CL]

1 citizenship, (right or place of) residence in a municipium, city, or sim.; **b** (fig.).

ALDH. *VirgP* 52 (v. municeps 1); noster autem municipatus in caelis est. et Hieronimus ad Heliodorum scribens ita posuit quia non aliud ~um quam civilem conversationem, quod Graece dicitur πολίτευμα, intelligi voluerit BEDE *Retract.* 1029 (v. et. 1b infra); ~us, jus ipsius municipis ut principatus *GlC* M 322; **10** .. ~u, *burhrædenne WW;* ~us, dignitas vel defensio municipii OSB. GLOUC. *Deriv.* 367. **b 672** alti ~us municeps ALDH. *Ep.* 5 p. 489; in superno Hierosolimae ~u praedestinatos *Id. VirgP* 34; ~us in caelis BEDE *Retract.* 1029 (v. 1a supra); Christus .. suis dilectoribus vitae ~um promittens dedit ALCUIN *Liturg.* 473D.

2 office of a castellan, wardenship of a castle, city, or sim.

Hugoni .. de Grentemaisnilio ~um Legrecestre commendavit aliisque nobilibus viris ~us urbium et presidatus cum magnis honoribus .. distribuit ORD. VIT. IV 7 p. 222.

municipialis v. municipalis.

municipiolum [LL], little town or small castle.

~um quoddam situm prope Rothomagum .. obsidione vallavit DICETO *YH* II 116.

municipium [CL]

1 municipium, city whose inhabitants enjoyed the privileges of Roman citizens.

juxta Epidaurum, Dalmatiae ~ium ALDH. *VirgP* 29; plura monachorum ergasteria in celeberrimo Antiochiae ~io *Ib.* 36 p. 282; a ~io BEDE *Acts* 988 (v. municeps 1).

2 (small) city, town, borough, or sim.; **b** (w. ref. to the) central part as dist. from the suburbs.

~ium [*Matth.* v 14: civitas] in monte positum et lichinum sub modio coruscantem ALDH. *VirgP* 44; ~ium, civitas modica *GlC* M 327; ~ium, *burhscipe* ÆLF. *Gl.* 144; frater Osbertus, ~io quod Clara dicitur oriundus et altus OSB. CLAR. *Ep.* 1 p. 39; **1275** possint convenire burgenses et alios laicos ~ii nostri Oxon' *BBC* (Oxford) 176. **b 1244** in ~io aut suburbio Oxon' *BBC* (Oxford) 174; **1278** in ~io et suburbio Oxonie .. erunt triginta unus regentes *MunAcOx* 38; **c1330** cancellarius cum .. ab ipsa confirmacione [episcopi] ad ~ium redierit *StatCantab* 314; in ecclesiis suis infra cruces monachis et clericis oriundis de ~io ville predicte, et alia episcopalia exercenda (*V. S. Edm.*) *NLA* II 675.

3 fortified place, castle. fortress; **b** (w. *oppidum*); **c** (fig.) protection.

oppida, ~ia *GlC* O 191; eisque Novumcastellum, Raimalast, atque Sorellum aliaque ~ia sua pro depopulanda Neustria patefecit ORD. VIT. IV 19 p. 297; inque suo, quod pulchre et inexpugnate in pelagi litore locarat, ~io [sc. *Dunster Castle*] G. *Steph.* 37; Stephanide .. in rupe .. prerupta .. ~ium construente locumque natura munitum arte juvante GIR. *EH* I 11; hoc ~ium, *i. castellum* OSB. GLOUC. *Deriv.* 344; *stronge place,* ffortalicium .. ~ium *PP.* **b** dum se in oppido ~io temerarie obsedisset BEDE *HE* III 1; M. PAR. *Maj.* I 157 v. l. (v. 4 infra). **c** quoties epistolari beneficio vestre mihi sanctitatis ~ium impertitis *Ep. Anselm.* V 327.

4 defensive wall or sim. (of a castle).

ecclesiarum potius refugiis quam castrorum ~iis .. seque suaque tueri solent GIR. *TH* II 55; comes sub ~io oppidi [v. l. ~ii oppidi] .. ipsum interfecit M. PAR.

Maj. I 157; rex Anglorum Stephanus Lincolniam obsedit, et cum construeret unum ~ium contra castellum .. operarii ejus fere octoginta .. interfecti sunt *Ib.* II 64.

munifex [CL], one who performs duties or functions. **b** one who gives presents or rewards.

~ex, qui munus facit *GlC* M 345. **b** ~ex, qui munera dat OSB. GLOUC. *Deriv.* 367.

munificare [CL], to endow, enrich, present (with gift); **b** (person); **c** (place).

~are, locupletare vel largiri, vel formare OSB. GLOUC. *Deriv.* 367. **b** monstrans de eo nil dubitative quem Deus sic ~aret coelico lumine HERM. ARCH. 1 p. 28; noluit anceps bellum cum feroci populo committere. sed apertis thesauris quosque nobiliores adire ut singulis munificatis in concordiam reduceret G. MON. IV 5; nobiliores ~atos in concordiam reduxit *Eul. Hist.* II 251. **c** xeniavit locum donis ac redditibus propriis ~avit HERM. ARCH. 16.

munificatio [ML], donation, endowment.

1011 ita ut ab omni mundiali ccnsu perpetualiter ditali ~one libera collocetur *Ch. Burton* 34.

munifice [CL], **~enter** [LL], in a munificent manner, generously.

~e, magnifice *GlC* M 371; sciatis quod promitto hoc suum sacrosanctum habitaculum ~e donandum GOSC. *Transl. Mild.* 10; litteris excellentes viros .. ~enter curare W. MALM. *GP* III 115 p. 249; mirus ad ~e sullevandam pauperum inopiam *Ib.* V 274; episcopus .. ~entissime se .. habuit H. HUNT. *HA* X 23; quid .. vanius quam amorem divitiarum preferre amori Creatoris, qui illas tibi sed et vitam .. ~e contulit? NECKAM *NR* II 187 p. 331.

munificens v. munificus. **munificenter** v. munifice.

munificentia [CL]

1 generosity, liberality, munificence; **b** (of person); **c** (of God); **d** (of abstr.); **e** (as title or form of address).

~ia, largitas *GlC* M 333; **10..** ~ia, *est WW*. **b** per illum suggillans tenaciam suamque ad inchoata consumanda spondens ~iam GOSC. *Transl. Mild. cap.* p. 156; magnanimitas avi, ~ia patrui, prudentia patris W. MALM. *GR* (*Ep. ad Rotbertum*) vol. II p. 356; quorum et gaudebat amicitia et eminebat ~ia *Id. GP* V 217; regie ~ie donariis honoratus .. et oneratus GIR. *EH* I 2. **c** a**627** in splendore gloriae sempiternae cohabitare, ejus opitulante ~ia valeatis (*Lit. Papae*) BEDE *HE* II 10 p. 103; omnipotentis Dei manificentia .. claviculam inveniunt *Chr. Evesham* 7. **d** a**640** illud etiam clementer conlata suae pietatis ~ia tribuit (*Lit. Papae*) BEDE *HE* II 18 p. 120; inter divinae dilectionis ~iam et infimi amoris diligentiam ALDH. *VirgP* 17; de innumeris ingenue mentis ~iis AD. MARSH *Ep.* 233; sed potius jam et in reliquum ex ostensa ~ia miseracionis sue magis exaltari faceret *G. Hen. V* 12 p. 86. **e** gratias ago ~iae vestrae quod dignos .. sedis legatos ad nos direxistis ANSELM (*Ep.* 193) IV 82; **1396** ~iam vestram conservet .. Omnipotens in prosperitate votiva *Lit. Cant.* III 49.

2 gift, donation, endowment. **b** charter of donation.

ni profusior eis ~ia cumularetur, testantur se cuncta insulae rupto foedere depopulaturos GILDAS *EB* 23; **704** si quis vero successorum nostrorum hanc donationis nostrae ~iam augere .. maluerit, augeat Dominus partem ejus in libro vitae *CS* 111; centeni fructus pro sua gratiae distributione ~iam tribuat EGB. *Pont.* 61; aliquam terram ad ecclesie ~iam libenter impendo *Chr. Abingd.* I 11; ipsum ad Angliam remisit cum honoribus et ~iis *Eul. Hist.* III 33. **b** **775** ego Offa rex hanc meam ~iam signo crucis munio *CS* 209; **779** conscribta est .. haec ~ia piissimi regis Offan anno ab incarnatione Christi .. *CS* 230; **804** ego .. hanc ~iam signo sanctae crucis subscripsi *CS* 313; **873** ego Æþelulf rex Occidentalium Saxonum hanc meam munivicentiam cum .. signo crucis Christi roborabo *CS* 536.

munificus [CL], **~ens** [LL *gram.*]

1 generous, munificent: **a** (of God, person, or part of body); **b** (of nature); **c** (of abstr.).

a remunerator tuus vult te esse ~um. et qui dat ut habeas, mandat ut tribuas ALCUIN *Moral.* 626A; quem .. ~um nobis senserimus AILR. *Spec. Car.* III 25. 598; ?c**1180** quem constat pre ceteris cor magnificum et ~um habuisse P. BLOIS *Ep.* 44. 129B; dextera ejus ~a est et liberalis BALD. CANT. *Commend. Fid.* 435; munera nature gaudens dat copia vultu / terrigenis hilari munificaque manu NECKAM *Poems* 124; c**1415** pecuniam per manum vestram ~entem .. michi destinatam expendidi cicius quam putavi *FormOx* 419. **b** est vitis nature ~e deliciosum munus NECKAM *NR* II 167 p. 275. **c** paterna vestra dilectio .. et cum non largitur, ~a, et cum secura est, sollicita ANSELM (*Ep.* 49) III 162; particulam terre .. cum pratis et silvis ~a liberalitate restitui W. MALM. *GR* II 153; siquidem Deus spiritus est, neque terrenis divitiis nec largitate ~a, sed religiosis operibus et gratiarum actione placandus HON. *Eluc.* 1152A; c**1473** paternitatem tuam, tot .. beneficiis .. de me .. quam optime ~am *Lit. Cant.* III 260.

2 who or that confers or shows honour, honorific.

~us, honorificus *GlC* M 349.

3 (compar. *~entior*; superl. *~entissimus*).

munificus, -a, -um, i. largus quasi munera faciens .. et hic et hec ~entior .. et ~entissimus OSB. GLOUC. *Deriv.* 344; **1177** nullus rege nostro est .. ~entior in eleemosynis P. BLOIS *Ep.* 66. 198C.

munila, munile v. monile.

munimen [CL]

1 (act of) fortifying, defence, protection (also fig.); **b** (w. subjective gen.); **c** (w. objective gen.); **d** (w. *contra*).

acclinis destinae quae extrinsecus ecclesiae pro ~ine erat adposita BEDE *HE* III 17 p. 160; ut tuo semper ~ine [AS: *gifæstnunge*] et tuo auxilio protegamur *Rit. Durh.* 37; ecce, quid ars solide muniminis addidit urbi L. DURH. *Dial.* I 449; celico nos munimine tuearis J. HOWD. *Cant.* 171; s**1376** ut .. ei consilium impenderet et munamen *Chr. Angl.* 89. **b** ut sub illius consilio et ~ine Deo serviret EDDI 2; uno semper abbati gubernatum, eodem privilegii ~ine tutatum *Hist. Abb. Jarrow* 16; hujus saeculi laqueis circumfusus spei fideique suae ~ine salvabitur BEDE *Acts* 964; c**799** nec aditum, quem quaerit, repperiat vestris in cordibus, sed omni custodia animas vestras confirmate in caritatis ~ine ALCUIN *Ep.* 187; omnem .. religionem illius sub pacis ~ine regaliter custodire B. *V. Dunst.* 25; auxilio Christi tamen et munimine freti WULF. *Brev.* 236. **c** **956** (12c) solutum omni jugo legali praeter expeditionem pontis et arcis ~en *CS* 957; rectitudo judicii ~en est populorum ANDR. S. VICT. *Sal.* 64; c**1150** ecclesiam .. vallo circumcingere elaborans, ut haberet locum illum ad ~en sui J. HEX. I 144; ad ~en et illustracionem sui civitas Cantuaria .. istud monasterium .. fecit ELMH. *Cant.* 111. **d** quia omnis sermo Dei invincibile ~en est contra adversa omnia omnibus .. sperantibus ANDR. S. VICT. *Sal.* 84.

2 fortified place, stronghold, castle.

municipes tuos de munitionibus tuis .. expulit, sueque ditioni ut exhereditaret te ~ina subegit ORD. VIT. VIII 5 p. 295.

3 (w. ref. to document, seal, or sim.) corroboration, guarantee, confirmation.

1083 ut haec .. inconcussa permaneant ego Willelmus rex regium ~en imponens mea auctoritate .. confirmavi *Regesta* I 182 p. 50; †**725** (12c) contra malignantium hominum .. insidias regalium ~ine invigilo litterarum *CS* 142; **1161** hujus carte mee ~ine confirmasse *Regesta Scot.* 182; c**1165** ea que sanctis locis .. collata sunt confirmare et .. scriptorum ~ine roborare *Ch. Westm.* 280; c**1180** eam [sc. donacionem] scripti nostri attestatione et sigilli nostri ~ine confirmamus *Ib.* 303.

4 charter or sim.

c**1130** volumus nos confirmasse et presenti ~ine corroborasse monachis de Colum tertiam partem ecclesie *Cart. Colne* f. 6v; *a chartyr*, carta, monimen, cirographum, scriptum, sceda *CathA*; *an obligacion*, cirographus, cirographum, monimen, obligacio *Ib.*

5 relic (as focus of protective power).

lanceam invenies que latus Domini Salvatoris in cruce perforavit. hoc ~en sacrosanctum est ORD. VIT. IX 10 p. 548.

munimentarium [CL munimentum + -arium], place in which documents are kept, chest, archive, or muniment room.

1415 in aliis cophinis ~ii inter spiritualia et temporalia (*Rentale*) *MonA* III 237a

munimentum [CL]

1 (act of) fortifying, protection, defence; **b** (fig.).

haec eadem destina in ~um est parietis .. forinsecus adposita BEDE *HE* III 17 p. 160; c**795** preter expeditionalibus causis et pontium structionem et arcium ~um quod omni populo necesse est *CS* 274; **8..** munumentum, *getremminc WW*; corrigia namque sola colligata pedi, nullo est ~o sibi. .. sotularis vero etiam solus pedem munit, satisque decenter convenit sibi *Simil. Anselmi* 91; hoc munimen .. unde hoc ~um, -ti, ambo pro defensione OSB. GLOUC. *Deriv.* 344. **b** ad fidei ~um et edificationem morum ORD. VIT. II 8 p. 306.

2 thing or place that provides protection, defensive work, equipment, or sim.; **b** (w. ref. to horseshoe); **c** (fig., w. ref. to cross, sacrament, faith, or sim.).

seditiosi silvas, paludes, estuaria, et urbes aliquot in ~is habent ORD. VIT. IV 4 p. 184; taxus .. scrobes subterraneos, tanquam refugii loca ~aque .. effodiens GIR. *TH* I 25; quanto artificio [castores] ex attracta materia mediis in fluctibus ~a connectant *Id. IK* II 3 p. 115; turres et menia innumeris ~is et machinis bellicis roborabant *Ps.*-ELMH. *Hen. V* 59 p. 147; regem Anglie .. cum suis regalibus et excellentissimis ~is bellicis .. inimicorum suorum gladio non extracto .. tergum dedisse *Plusc.* VIII 27. **b** ferrea pedum ~a equis affigenda BOECE f. 310 (v. faber 3c). **c** c**799** portate in frontibus vexillum crucis, et in cordibus caritatis ~a et catholicae fidei firmamentum ALCUIN *Ep.* 187; confessione, assidua .. oratione, oleique sacri unctione, et Dominici corporis salvifica perceptione. denique talibus ac tantis instructus ~is xj kalendas Julii migravit ORD. VIT. XIII 31 p. 86; crux testimonium fidei in fronte, ~um cordis in pectore, armatura fortis contra insidias temptatoris BALD. CANT. *Serm.* 8. 8; insurgunt demones et cum toto exercitu uniunt peccata ut possint auferre homini ~um suum et communionem suam T. CHOBHAM *Praed.* 157.

3 castle, fortress, stronghold.

Normanni omnes communi umbone patriam per sua quisque ~a tutari W. MALM. *GR* III 230; nec inde discessi donec hostem publicum de Neustria expulerim, et cuncta ejus ~a optinuerim ORD. VIT. VII 15 p. 232; super tectum principalis aule in ~o jaciebant *Ib.* VIII 13 p. 341.

4 (w. ref. to document, seal, or sim.) assurance, guarantee, confirmation.

petiit .. in ~um libertatis monasterii quod fecerat, epistolam privilegii ex auctoritate apostolica firmatam BEDE *HE* IV 16 p. 241; c**1161** me concessisse et hujus mee carte ~o confirmasse *Regesta Scot.* 176; c**1198** huic scripto nostro sigilli nostri ~um apposuimus *Ch. Westm.* 308; accipe nostre mutue dilectionis ~um, ut memineris (*V. S. Edm.*) *NLA* I 325.

5 muniment, document that guarantees ownership, rights, or sim.; **b** (dist. from *charta, instrumentum*, or sim.). **c** (gen.) document.

1130 nos confirmasse et ~o presenti roborasse omnia bona et possessiones *Cart. Colne* f. 6; c**1160** ita bene et libere ut ~um R. episcopi protestatur *Regesta Scot.* 159; **1200** ut haberet ~a sua et ostenderet quo jure terram illam tenet *CurR* I 266; **1228** datum est domino regi intelligi quod quidam abbates .. occuparunt .. quasdam terras .. que dominice nostre esse debent et solent, sine aliquo ~o quod inde habeant a predecessoribus suis regibus Anglie *Pat* 179. **b** **1195** cartas et omnia ~a que inde habet et habuit reddidit *Ch. Sal.* 56; chartis et monimentis omnia communivit M. PAR. *Maj.* I 130 (=*Flor. Hist.* I 147: ~is); **1471** litterarum, evidenciarum, instrumentorum, et ~orum tenores *Scot. Grey Friars* II 216. **c** presbiter ille fuit, statuens monastica jura / instituitque novos veterum munimenta revolvens / hic monachos ÆTHELWULF *Abb.* 111; dominus papa mandavit archiepiscopo nostro quatinus si haberet ~a coram afferret H. CANTOR f. 28; **1327** quedam †muienta [l. munimenta] sua super ipsum Johannem Bailliof ibidem inventa ab eo abstulerunt *Pat* 169 m. 14*d*; licet ipsa scrinia integra et salva apparerent, tamen omnia monimenta nostra contenta nimio ignis calore concreta sunt et penitus concremata *Croyl.* 98; s**1381** ~a vetera studuerunt dare flammis WALS. *HA* II 9.

munio

1 warden or keeper of a castle, fortress, or sim., castellan.

Belesmensis ~o novum castellum totis nisibus destruere studuit ORD. VIT. VIII 24 p. 421; ecclesiastica ornamenta .. simonialis ~o ad subsidium satellitum suorum distraxit *Ib.* XI 14 p. 215; Rodbertus de Candos, ~o regii dangionis *Ib.* XII 37 p. 451; Rannulfus Bajocensis qui Ebroice turris ~o erat *Ib.* XII 39 p. 456; Guillelmus cognomento Trossebot, Bone Ville ~o *Ib.* XIII 38 pp. 116–17.

2 defender (of a castle), member of garrison.

Paganus .. de Mondublel .. aliique ~ones castri defecerunt ac .. castrum sine defensore deseruerunt ORD. VIT. VIII 24 p. 418; omnes miserias ac passiones .. perpessi sunt Christicole ~ones *Ib.* IX 10 p. 551.

1 munire [CL]

1 to provide with defensive works, fortify; **b** (fig.).

civitas Brettonum ~itissima usque hodie BEDE *HE* I 1 p. 13; vallum .. quo ad repellendam vim hostium castra ~iuntur *Ib.* I 5 p. 16; arx ~itissima .. regis imperio pulcherrima operatione consita est ASSER *Alf.* 92; rege priore Willelmo conducticio exercitu castella ~iente contra exterorum impetus, castellum Cantuarie septingentis armabatur militibus GOSC. *Transl. Mild.* 23; pars ejus [Lundonie] beati Petri monasterio decoratur, orientali ingenti turre ~itur AILR. *An.* II 5; s**1346** pontes omnes diluens et ~iens ne ad eum transiremus AVESB. f. 106v. **b** ~itissima civitas est ordo noster et vallata undique bonis observantiis AILR. *Serm.* 3. 7. 221; muris student se munire, / sed mors novit transilire / turres atque menia WALT. WIMB. *Van.* 142.

2 to provide (with defensive equipment or sim.), to arm: **a** (person); **b** (artefact); **c** (fig., w. ref. to faith, sacrament, or sim.).

a nam Troes armis ~iti erant, ceteri vero inermes G. MON. I 5; clipeatus, clipeo ~itus OSB. GLOUC. *Deriv.* 142; **1511** ad .. homines equites .. arraiandum et triandum ac armari et ~iri faciendum (*Pat*) *Foed.* XIII 300. **b** at Brutus divulgato ejus adventu naves ~it G. MON. I 12; habuit .. navem armis aereis ~itam *Deorum Imag.* 22. **c** quos imperator mira fidei constantia ~itos cum .. fallere nequiret ALDH. *VirgP* 33; cum parvo exercitu sed fide Christi ~ito BEDE *HE* III 1 p. 128; vexillum sublime crucis venerare, fidelis, / qua qui se munit, tristia non metuit ALCUIN *Carm.* 114. 2; haec prolixius exequens, vitam suam armis justicie et pietatis usque in finem providentissime ~ire non destitit *V. Gund.* 40; date operam quatenus vos predictis virtutibus ~iatis AILR. *Serm.* 28. 33; se sanctissimo corpore et sanguine Domini nostri Jesu Christi ~ivit FERR. *Kinloss* 47.

3 to furnish, supply, provide (person, place, artefact, or sim.): **a** (with persons as military personnel); **b** (with artefact or money).

a Brutus vero potitus victoria oppidum sex centis militibus ~ivit G. MON. I 6; **1242** galyas regis exkippari et bona gente ~i faciat *RGasc* I 26b. **b** **1217** navem .. mittatis usque Dovre, cum omnibus vinis in ea contentis, ad ~iendum castrum nostrum Dovre *Pat* 46; interim ~ivit oleo lampadem suam ipse filius olei, ut posset prudenter occurrere ipsi Domino venienti *V. Edm. Rich P* 1815B; **1243** quingenta quarteria .. avene .. missa .. usque Dovoriam ad castrum nostrum ~iendum *RGasc* I 236b; **1257** de vinis et aliis victualibus mittendis in Walliam ad ~iendum castra regis .. contra adventum regis ad partes illas *Cl* 69; **1265** centum quarteria frumenti .. ad castrum Hereford' inde ~iendum *Cl* 53; **1296** estimantes .. vos .. pecunia non esse ~itos *RGasc* III 336a.

4 to guard, protect, defend: **a** (person, his life, or part of body); **b** (province); **c** (abstr.).

a contra pluvias, ventos, flumina temptationum ~iti BEDE *Ep. Cath.* 49; horum ergo consortio non solum a terrenis est ~itus incursibus *Id. HE* II 1 p. 75; muniat frontem, loca sive cordis / sermo divinus ALCUIN *Carm.* 121. 11; illum auctoritas vestra .. contra malevola machinamenta ~iat ANSELM (*Ep.* 126) III 268; omnipotens Deus .. vestram vitam .. protegat et ~iat *Id.* (*Ib.* 344) V 282; costarum crates que ventrem ~iunt et custodiunt ANDR. S. VICT. *Sal.* 136; est tibi credendum murmur satis esse timendum / cum sit commune, tunc te super omnia mune GOWER *Carm.* 362. 28; **1423** supplicavit illis ut ei [*sic*] munierent sive absolverent ab officiis ballivorum *BB Wint.* 22. **b** Severus, ob provintiam ab incursatione barbarorum ~iendam, celebrem illam .. fossam de mari ad mare duxit W. MALM. *GR* I 1. **c** sensus hominis et cogitationes .. nisi diligenti custodia ~iantur, facile mors illabitur per fenestras istas AILR. *Serm.* 28. 10; paucorum opinio .. quam firmissima ratio non ~it J. SAL. *Met.* 913A; secum quisque experiatur que, quot, et quanta, proposite questionis articulum ~iant, aut impugnent *Ib.* 914B.

5 to make sound, comfort, safeguard: **a** (healthy person); **b** (sick or distressed person); **c** (death).

a Achilles natus est quasi homo perfectus, quem mater Stygiis aquis intinxit, id est, contra omnes labores durum ~iit ALB. LOND. *DG* 11. 24. **b** ut .. consilio eum ~ias et auxilio *Ep. Anselm.* IV 66; Anselmus .. illum volens esse ~itum, misit illi epistolam consolatoriam *V. Gund.* 19; c**1280** quatuor .. versus Psalmi .. donec convalescat vel de medio tollatur .. et ad collectam, nonnisi pro infirmo ~ito 'super infirmum nostrum ostende virtutem' *Obed. Abingd.* 410. **c** obitum suum Dominici corporis .. perceptione ~ivit BEDE *HE* IV 3 p. 210; sacrati olei liquore perunctus Dominici corporis et sanguinis perceptione exitum suum ~ivit WULF. *Æthelwold* 41; obitum suum .. ejus invicta virtute ~ivit EADMER *V. Osw.* 34.

6 (w. ref. to document or sim.) to guarantee, confirm, corroborate. **b** (w. ref. to person) to provide or support by muniments.

943 si quis meam ~itissimam donacionem certaverit .. caelestium turmarum consortem .. laetetur *CS* 784; c**1143** donationem .. presentis nostri scripti pagina ~io atque corroboro *Doc. Theob.* 25; carta seriem vite et miraculorum ejus .. continens, signis pontificum et abbatum .. ~ita *Canon. G. Sempr.* f. 112v; horum omnium seriem, sicut subscripta est et sigillis nostris ~ita, inquisivimus *Ib.* f. 116; a**1204** eam [donacionem] presentis scripti testimonio et sigilli mei apposicione ~ire curavi *Cart. Hosp. Essex* 61; c**1208** sigilli mei impressione .. hanc meam donationem ~ivi et corroboravi *Ch. Str. Marc.* 52; c**1210** ad plenam veritatis noticiam litteras presentes sigillo meo ~itas eidem ecclesie commisi *Ch. Westm.* 459; **1265** alteram partem .. scripti .. sigillo suo ~ivit *Cl* 222. **b** **1365** priorem super assecucione et detencione dictarum decimarum sufficienter esse munictum ac eciam titulum exhibuisse sufficientem .. pronunciavimus *Cart. Mont. S. Mich.* 9 (cf. ib. 11: sufficienter fuisse et esse ~itum).

7 to reinforce, garnish, decorate, embellish.

amiciebatur .. pallio pullo .. quod agninis pellibus ~iebatur *V. Thom. A* 24; clipeis .. rotundis et rubris circulariter ferro ~itis GIR. *EH* I 21; tunicam manubiis et birris, laciniis ~itam [*gl.*: *garni*] NECKAM *Ut.* 98; coopertorium viridi sagio ~itum [*gl.*: *garni*] *Ib.* 100; **1303** unus camahutus ~itus auro cum aymeraldis in circuitu *DocExch* 279.

8 (assoc. w. *monere*) to advise, warn, remind; **b** (w. *ut* or *ne* & subj.); **c** (w. *de*).

1253 sicut stetit super foveam, et in eam deberet cecidisse, alter ipsum ~ivit *Rec. Leic.* I 41. **b** debet in tempore belli .. ~ire .. homines domini ne in malum incidant *Cust. Bleadon* 208; veruntamen, quia fama te sanctum virum predicat, ~io te, ut si forte terram meam ingrediaris, caute progrediaris M. PAR. *Maj.* III 414; **1294** ~iatur ut faciat finem pro terra viri sui *CourtR Hales* 311. **c** Anselmus .. ~iens regem Henricum de adventu Roberti ducis Normannie et de versuto proposito suo, ut rex navalem expeditionem mitteret contra eum suasit *Flor. Hist.* II 35.

2 munire v. musire.

munitas [LL *gl.*]

1 immunity, exemption from service, duty, or obligation (in quot., mon.).

1199 [monasterium] non .. de honore .. inminuere, sed eandem libertatem et ~atem quam illi dederunt .. conservare *RChart* 9a.

2 defensive works, fortification, or sim.

1341 item in diversis expensis ~atuum [*sic* MS] factis *Ac. Durh.* 203.

3 protection, help, support.

segregavit aecclesia .. Euticen .. et Dioscorum defensorum ejus catholicae fidei ~ate WILLIB. *Bonif.* 8 p. 42.

1 munitio v. minutio.

2 munitio v. monitio.

3 munitio [CL]

1 (act of) fortifying, defence, protection (also fig.); **b** (w. subj. gen.); **c** (w. obj. gen.).

fratri .. Mauritio frater Anselmus divinam in prosperis custodiam, in adversis ~onem ANSELM (*Ep.* 43) III 154; munitium, ~o, obsidio, circumvallatio OSB. GLOUC. *Deriv.* 363; causa hujus necessitatis [celebrandi baptismum] triplex est. prima causa est ~onis, ut si rex aliquis vellet obsidere aliquam civitatem .. tunc pueri illius loci debent baptizari, ne inbaptizatos aliquo periculo mori contingat BELETH *RDO* 110. 115; **1190** monachi .. sint quieti de theloneo et portagio .. et de uureck maris et de †mucucione [l. municione] in mari et foragio (*Ch.*) *Hist. Harcourt* IV 1281; sicut hortulanus cernens plantam delicati fructus crescere prope viam .. ubi modo a bestiis, modo ab aliis .. leditur .. quia stat sine ~one in via communi HOLCOT *Wisd.* 181. **b** ut, ubi aquarum ~o deerat, ibi praesidio valli fines suos .. defenderent BEDE *HE* I 12 p. 26; delicata est liliorum ~o, sed nulla terribilior hostibus, nulla malignis spiritibus impenetrabilior J. FORD *Serm.* 70. 7. **c** utraque in alto solent poni sed tigna ad munitionem fiunt, laquearia vero magis decori domorum quam ~oni proficiunt BEDE *Cant.* 1100; maceria .. quae ad vinearum ~onem solet de lapidibus componi *Ib.* 1111; **811** arcis ~onem et pontis instructionem (v. expeditio 2d); c**957** salva expeditione pontis et arcis ~one *CS* 936; magna fortitudo et ~o omnium bonorum est quod justi domos et familias habent ANDR. S. VICT. *Sal.* 59.

2 thing that provides protection, defensive works, equipment, or sim.; **b** (w. ref. to *II Cor.* x 4); **c** (fig.).

vir .. sapiens .. civitatem quam rex magnus vallavit et ~onibus circumdedit et obsedit, per sapientiam suam liberavit ANDR. S. VICT. *Sal.* 131; aspicio .. vallos innumerabiles .. intervallis angustis distantes, velud ~onem [*gl.*: *garnisement*] sustinentes BALSH. *Ut.* 47; ceperunt contra eam [villam] ~ones et expugnacula properari *V. Ed. II* 242 (v. expugnaculum); castellum .. antemuralibus quibusdam ~onibus lapideis, quas guerratores mantellos appellant, tutatum *Ps.*-ELMH. *Hen. V* 59 p. 148. **b** ad destructionem ~onum quibus nos armamur BALD. CANT. *Serm.* 3. 59. 529; vitia que arma nostra nobis auferunt et omnes ~ones nostras destruunt ut inermes cito vincamur T. CHOBHAM *Praed.* 153; in civitate viri iniqui est murmuracio et panis nequicie unde sequitur destructio ~onis, quia 'omne regnum in se ipsum divisum desolabitur' [*Luc.* xi 7] *Id. Serm.* 18. 66ra. **c** cum non refert Deo id quod est in corde, fallax est sibi et ~onem cordis evertit *Ib.* 4. 22rb.

3 fortified place, castle, fortress, or sim.; **b** (dist. from *castellum* or *castrum*).

944 (12c) expeditione pontis ~onisque confectione *CS* 796; s**1139** preveniendos ergo citius et ad deditionem ~onum artandos W. MALM. *HN* 468; et ipsos hominesque eorum ~ones suas .. custodire coegit ORD. VIT. III 5 p. 74; rex .. apud urbem Santonicam veniens, tres ibi ~ones sibi subjugavit DICETO *YH* I 273; **1216** precipiens pontem tornatilem ~onis, in qua fuit, erigi *DipDoc* I 31; **1242** rex .. fidelibus suis existentibus in ~one apud Partenay salutem *RGasc* I 39b. **b** **940** pontis aedificium ~onis castellique auxilium *CS* 761; **1153** de castris et ~onibus [v. l. murationibus] meis securitatem .. feci *Act. Hen. II* I 63; si .. decederem, castrum Wintonie et ~onem [v. l. ~ones] Hamptonie duci redderet *Ib.* I 64.

4 garrison, body of soldiers stationed in a castle, fortress, or sim.

1242 iter arripuimus versus B., in villa de P. .. sufficientem demittentes ~onem *RGasc* I 28b; licet sui interim cum ~one nostra fortes habuissent conflictus *Ib.*; **1253** pacari faciat ~ones castri regis .. de quindecim diebus *Ib.* I 352b; **1254** habere faciat novem militibus qui sunt in ~one Sancti Macarii de vadiis suis centum et decem dierum *Cl* 229; executoribus testamenti .. Willelmi de Sancto Johanne defuncti qui fuit in ~one regis apud Sanctum Macarium *Ib.*; invasit castellum de Warham et obsedit et lucratus est, et ~onem maximam in ea misit. veniente itaque Henrico .. ~onem regis Stephani in castello dimissum [v. l. dimissam] trucidavit *Eul. Hist.* III 65.

5 (act of) furnishing, supplying, or provisioning: **a** (of fortified place); **b** (of ship); **c** (w. obj. gen.). **d** (*~o mortua*) dead stock, stock that yields no revenue.

1180 idem habet in ~one castri de Bonavilla blada, vina, et bacones *RScacNorm* I 69; pro xx baconibus liberatis .. ad ~onem castri de †Neelfa [? l. Neefla] *Ib.* 70; **1227** bladum et alia victualia, ad ~onem .. castrorum *Pat* 105; **1263** rex dedit Edwardo filio regis omnia vina regis existentia apud Not' ad ~onem castrorum ipius Edwardi in Marchia Wallie *Cl* 216; **1265** quinque dolia vini .. ad ~onem .. castri [Norhampt'] *Cl* 31. **b 1416** pro victualibus pro ~one navium missarum ad partes boreales contra insulares pro defensione patrie *ExchScot* 265. **c 1461** et eidem Johanni Theyn' pro fodicione et ~one calcis ac ustura ejusdem .. apud *le lymekill'* juxta Charleton' *Ac. Bridge House* f. 32r. **d 1295** super mortua ~one providenda pro diversis castris .. muniendis *Prests* 141.

6 instrument that guarantees rights, status, or sim.; **b** (w. ref. to seal).

803 primatum monarchiae archiprincipatus permanere canonicis et apostolicis ~onibus statuimus (*Clovesho*) *Conc. HS* III 543. **b c1192** (1283) omnes eciam redditus ejusdem domus .. et cetera omnia .. sigilli mei ~one confirmo (*Pat*) *Ch. Chester* 221.

munitiuncula [LL], small castle or fortified place.

quadam ~a expugnata fere omnes meliores comitis milites cepit Fl. Worc. II 39; **s1139** quandam ~am .., Cernei nomine, occupaverat ibique milites suos posuerat W. Malm. *HN* 479; firmavit sibi ~am quia locus congruebat circumcinctus palude J. Hex. *HR Cont.* 314; confirmavit Willelmum .. nepotem suum .. ~amque ab hostibus constructam effregit *Ib.* 326; suscepit eos Ptholomeus .. in ~am que vocatur Doch J. Godard *Ep.* 230.

munitivus v. monitivus. **munitor** v. monitor.

munitorius [LL *gl.*]

1 (as sb. m.) one who is responsible for provision.

c**1270** tractatorem servisii, hostiarium de celario et duorum servientium in firmaria, ~ium conventus, scutularium prioris (*Reg. Pont.*) *Reg. Wint.* 655.

2 (as sb. n.) girdle, belt.

~ia, praecinctoria *GlC* M 321; ~ia, succinctoria, perizomata Osb. Glouc. *Deriv.* 367.

munitus v. minuere 3, 1 munire. **munium** v. munia. **munivicentia** v. munificentia.

muntak [Ar. *muntaq*], rational.

augmentumque dupli AG in GB supra duplum AD in DB idhe muntak erit rationale Adel. *Elem.* X 77.

muntarius v. montarius. **muntator** v. montator. **munteia** v. montea. **muntiare** v. nuntiare. **muntorius, munturius** v. montarius.

munus [CL]

1 duty, function, task; **b** (w. ref. to taxation or sim.); **c** (eccl.); **d** (acad.); **e** (of abstr.).

701 dum ab omni ~ere saecularium functionum efficiuntur immunes (*Lit. Papae*) *CS* 105; jamque funibus subvecte stabant scale plures proceritate in celum minantes, quibus manus artificum queque ~us exequeretur injunctum W. Malm. *Wulfst.* I 8 p. 15. **b c1199** scio quod si rex tuus angariis, parangariis, .. ceterisque sordidis et extraordinariis ~eribus ecclesiam decreverit pregravare, quamplures episcopos hujus rei fautores inveniet P. Blois *Ep.* 112. 338C; †**1050** (15c) collata fuit villa de Kyrkenes .. absque omni ~ere et onere, et exactione regis *E. Ch. Scot.* 5. **c** ipse .. excepto cantandi vel legendi ~ere et aliud in mandatis ab apostolico papa acceperat Bede *HE* IV 16 p. 241; presbiter interea baptistae munere functus, / quem novo incesti pulsabat mania demens / sacrilegium patrare nefas cum clamore latrans *Mir. Nin.* 150; **946** omne sacrificium quod nos dicimus ~us ecclesiasticum, et opus ecclesiasticum et ~us rogificum .. reddatur *CS* 816; metuens ne sub tali scandalo .. fieret animarum destitutio ad orationis ~us animum intendit Osb. *V. Elph.* 126; ceterum spectat ad ~us episcopi ut, si videat naufragari innocentiam, et manu et lingua occurrat W. Malm. *GR* II 202; recolens .. quoniam susceperat doctoris et pastoris officium, predicationis ~us implebat J. Sal. *Thom.* 11 p. 306. **d 1549** postridie calendas Octobris ~us procancellariatus .. vacabit *StatOx* 350. **e** nimirum felicem se reputans, si in hujuscemodi proposito fati ~us impleret *Mir. Fridesw.* 11.

2 reward, payment, or sim.; **b** (w. obj. gen.); **c** (w. ref. to retribution for wrongful deed).

~erum dies, remunerationes militum *GlC* M 331; stipendia, ~era *Ib.* S 491. **b** fidelis vite ~us martirium acceperunt *Canon. G. Sempr.* f. 34. **c** dies ~erum, punitio reorum *GlC* D 263.

3 present, gift, endowment; **b** (w. ref. to greed, bribery, or sim.); **c** (w. ref. to *Is.* xxxiii 15); **d** (abstr.).

utinam haberem aliquid digni ~eris, quod offerrem huic Gildas *EB* 75; munera nunc largire, rudis quo pandere rerum / versibus aenigmata queam clandistina fatu Aldh. *Aen. praef.* 7; jussit revelli sepulchrum pretiosa ibidem ~era conditurus Bede *HE* I 18 p. 36; **761** Dominus .. non quantitatem ~eris sed devotionem offerentium semper inspicit *CS* 190; si nescirem me totum esse tuum et te totum esse meum, referrem gratias pro ~eribus tuis Anselm (*Ep.* 34) III 141; aurum .. in dotem virgini et ~us nuptiale dedit J. Waleys *Brev. Virt.* III 1 f. 209rb. **b** qui regem caeli redimentem saecla cruore / vendidit argenti calcatus munere demens Aldh. *VirgV* 2594; qui vel minis fractus vel corruptus ~eribus cessit deprecanti Bede *HE* II 12 p. 107; nihil enim iniquius est quam ~era accipere in judiciis Alcuin *Moral.* 628C; acceptio ~erum in judiciis, praevaricatio est veritatis *Ib.* 629B; quante venerationis apud antiquos fuit ~era respuere Gir. *GE* II 28 p. 304. **c** manus suas excutiebat ab omni ~ere et .. sordes avaricie .. eliminabat J. Sal. *Thom.* 11 p. 307; manus .. suas excussit ab omni ~ere P. Blois *Ep.* 10. 32C. **d** ex hoc purae virginitatis ~us .. liquet servavisse Aldh. *VirgP* 29; sub lege constitutus sed Christi ~ere recreatus Bede *Acts* 952; aurea venturae qui quaerunt munera vitae Bonif. *Aen.* 347; scimus .. quod episcopalis gratia Sancti Spiritus ~us est W. Malm. *GR* III 265; hi qui de Castalio fonte Musarum hauriebant ~us poeticum J. Sal. *Met.* 830D; dans eis ~us occulte dilectionis tue J. Ford *Serm.* 53. 12.

4 document of donation, charter, or sim.

hoc ~us et hanc libertatem scripsi *CS* 416.

5 kindness, favour, service; **b** (in phr.).

qui gratuito ~ere .. lampades sanctorum martyrum nobis accendit Gildas *EB* 10; donabantur ~ere regio possessiones .. ad instituenda monasteria Bede *HE* III 3 p. 132; gratie .. michi habende sunt illorum vice qui tantis miseriis exempti sunt meo ~ere W. Malm. *GR* II 202; Filius eterni Patris et Virginis alme / natura Deus est, munere factus homo J. Sal. *Enth. Phil.* 710. **b c1150** Roberto divino ~ere episcopo Lincolnie .. R. comes Cestrie salutem *Ch. Chester* 78.

munuscularius [ML]

1 one who serves for payment or reward, mercenary.

~ius, qui servit pro munere, mercenarius Osb. Glouc. *Deriv.* 363.

2 one who gives presents.

sed si non modo promissores sed ~ios in gratia illius quem captas antecedere pergis J. Sal. *Pol.* 500A.

munusculum [CL]

1 small gift or present; **b** (w. implication of bribery, extortion, or sim.); **c** (dist. from *munus*); **d** (abstr.).

hac praefatiuncula .. aliquantula metrorum ~a .. subjunxi Aldh. *Met.* 5 p. 75; Deo gratias agens quod tale ~um de terra Anglorum mereretur accipere Bede *HE* V 21 p. 345; ~um quod misisti multum libenter accepi Cuthb. *Ob. Baedae* clx; ego ~a qualia mihi Deus donavit illis [presbiteris] distribuam *Ib.* clxiii; siquidem pauper insipiens, cum obolum acquirit vel aliud quid parvi ~i, dicit .. Alex. Cant. *Dicta* 3 p. 120; ~um, parvum munus, premiolum, donellum Osb. Glouc. *Deriv.* 363. **b 701** nec quisquam episcoporum .. quaelibet ~a a religiosa congregatione extorquere vel exposcere praesumat (*Lit. Papae*) *CS* 105; nec ~a prebeant vel regi vel principibus nisi voluntaria W. Malm. *GR* I 84; c**1158** exigit a cunctis munuscula Sporus J. Sal. *Enth. Phil.* 1417; **1164** ceterum michi videtur esse consilium, ut .. litteras vestras cum aliquo ~o transmittatis ad dominum Remensem *Id. Ep.* 134 (136 p. 8); captata benevolentia pusillis .. ~is et impetrata *V. Edm. Rich C* 592. **c** a ~is deinde venitur ad munera quoniam et his, qui furantur et rapiunt, a rebus minimis ausus et usus increscit J. Ford *Serm.* 110. 6. **d** fructuosum eulogiae ~um ignotis allatum parasitis Aldh. *VirgP* 38 p. 290; **971** annuente Christi .. gratia tam recidivis praesentis vitae ~is futuram aeternae vitae beatitudinem .. adquirere lucrando *CS* 1270.

2 ? signet-ring.

1457 lego .. unum par precum de *curell* cum uno anulo sive ~o annexo *Test. Ebor.* II 214.

muprena v. muraena.

1 mura [ME *mure, mere* < AS *mearh*], mare.

1460 Daniel famulus, furator equi ac murre satis notorius *Paston Let.* 605.

2 mura v. 2 murus. **muracidus** v. 2 muricidus.

muraena [CL < μύραινα]

1 kind of eel, identified sts. as moray, usu. as lamprey.

quales pisces capis? .. tructas, et ~as [AS: *lampredan*], et qualescumque in amne natant Ælf. *Coll.* 94; **11..** hec ~a, i. *lampreie WW Sup.* 60; ~a, piscis qui et fluta et licus dicitur Osb. Glouc. *Deriv.* 362; **s1135** rex .. comedit carnes ~arum, que semper ei nocebant et semper eas amabat H. Hunt. *HA* VII 43 (=Torigni *Chr.* 125, cf. M. Par. *Maj.* II 161); item salsamentum omnibus pissibus non dicitur competere, nam sunt diversi, utpote mugiles, .., ~a [*gl.*: *lampreie*] Neckam *Ut.* 97; queritur quare murrena percussa aliquo ponderoso ligno in aqua non moriatur *Quaest. Salern.* B 143; hec ~a, *lamproie Gl. AN Glasg.* f. 21ra; **13..** piscator .. habet pisces .. ~as sive lampridas (*Nominale*) *Neues Archiv* IV 340; hec muprena, A. *lamprune WW*.

2 ring or chain for the finger, arm, or neck.

ornamenta .. colli .. et pectoris et humerorum torques, bulle, monilia, murrene, catelle, armille, fibule Balsh. *Ut.* 53.

muraenula [LL]

1 little eel.

moraenula, *eil GlC* M 288; ~a, piscis similis anguile marinus sed grossior *Gl. Leid.* 19. 8; *Cust. Westm.* 76 (v. lamprilla); ~e parve Gad. 10v. 1 (v. lipernella); **13..** piscator .. habet pisces .. ~as sive lampridulas (*Nominale*) *Neues Archiv* IV 340; **1430** in ij murinulis salsis, v d. *Ac. Durh.* 61.

2 little ring or chain for the finger, arm, or neck.

dilectissimo fratri .. fulgenti .. ut ~is obrizi auri materia Bonif. *AG pref.* p. 9; ~a, *bool GlC* M 302; ~as, catenulas *Gl. Leid.* 13. 10; c**1058** has .. per monile meum et ~as aureas vermiculatas matri Domini dedi *MonA* III 14b; ~a, lunula, parvum monile Osb. Glouc. *Deriv.* 362; ~a catenula quo monile solet astringi *Ib.* 467; ~as ab auribus perforatis dependentes Neckam *NR* II 188 p. 334; ~as aureas vermiculatas argento Gir. *JS* III 197; *a colar of silver or golde*, ~a *CathA*.

muragiarius [ML muragium + -arius], one who collects murage.

c**1320** ~ii ceperunt .. xvj denarios, et duos denarios pro benale, ubi cepisse debuerunt nisi tantum viij denarios pro muragio (*AssizeR*) *Lond. Ed. I & II* II 156.

muragium [ML]

1 (right to collect) murage, toll or tax levied for the erection, maintenance, or repair of town walls. **b** revenue from the levying of murage.

1159 confirmo eisdem monachis quod ipsi eorumdemque homines firmarii .. sint liberi .. et exempti ab omnibus ~iis vel curagiis seu quibuslibet aliis terrenorum servitiorum exactionibus *Act. Hen. II* I 519; c**1175** liberi .. et quieti ab omnibus consuetudinibus .. ~iis et escuagiis *Ib.* II 71; **1235** de mesuagio illo in villa Oxonie .. quod ceperunt in manum regis pro defectu ~ii ad mesuagium illud pertinentis *Cl* 204; **1237** rex loco Radulfi Felagh' qui .. consuevit .. denarios ~ii civitatis Wigornie expendere substituit Robertum .. ad predictos denarios expendendos *Cl* 490; **1262** de ~io sic provisum est: quod cum necesse fuerit claudere civitatem predictam, assignetur pars aliqua muri claudenda *Reg. Heref.* 93; **1275** W. adquisivit .. xxiiij acras terre arabilis apud Hendreby de pecunia murag' et boistag' *Hund.* I 322b; **1276** burgenses de Scardeburg' ceperunt ~ium .. tam de non mercatoribus quam mercantibus et de

qualibet navi illud veniente xij d. et quolibet batello vj d. et .. non apposuerunt terciam partem collecte sue circa facturam murorum *Ib.* 108b; **1411** quod tallagium pro ~io esset collectum pro reparacione murorum *BB Wint.* 27. **b** **1275** fecit cariare apud Sanctum Bot' meliorem petram .. et ibi fecit quandam domum de dicto ~io ad valenciam xx libr' ut credimus *Hund.* I 322b.

2 erection, maintenance, or repair of town walls.

1413 in solucione facta pro pavagio facto in foro Dûnelm' de mandato .. prioris .. in solucione facta pro pavagio et ~io factis in Novo Elvet xxj s. iiij d. *Ac. Durh.* 224.

1 muralis v. 2 moralis.

2 muralis [CL]

1 of or pertaining to a wall.

vel pretento deditionis umbone vel claustrorum ~ium objectu W. Malm. *GR* I 17; quod pars ~is ultro decidens ingressum illi patefecerit *Ib.* III 248; ligneas contra ~em altitudinem machinas erigere Ord. Vit. IX 7 p. 501; naturalis sive ~is moles [*gl.*: *ky pesauntyme de mur*], ex cemento et lapidibus constructa Neckam *Ut.* 103; nummus edificat excelsa menia, / summorum moncium juga sublimia / murali circinat circumferencia Walt. Wimb. *Sim.* 39.

2 (of plant) that grows on walls: **a** (*herba ~is*, also ellipt. as sb. f.) pellitory of the wall (*Parietaria officinalis*). **b** (*ruta ~is*) wall rue (*Asplenium Ruta-muraria*). **c** (*hedera ~is*) ivy (*Hedera helix*).

a murialis similis est in foliis linarie et habet florem rubeum *Alph.* 121; paritaria .. herba ~is idem. G. et A. *paritarie Ib.* 134. **b** salvia vita *or* ruta ~is .. *in English stone rue* Turner *Herb Names* H iv. **c** edera ~is, *yvy of wall MS BL Royal 12. E. 1* f. 83; edera ~is, *wallyve MS Cambridge, Trinity College O. 8. 2* f. 7vb.

3 that is used for building walls.

1335 item solut' Willelmo Tegulatori pro factura xviij mill' et lx tegularum ~ium *Sacr. Ely* II 67; **1389** factores tegularum .. non vendant mille tegularum ~ium carius quam pro quinque solidis *Mem. York* I 42; **1448** de lapidibus ~ibus venditis (v. lapis 2a); **1450** cum .. adquisicione lapidum ~ium pro eodem [muro] *Ac. Durh.* 633.

4 that is situated near a city wall.

rex habet xx mansiones ~es (*Oxon*) *DB* I 154ra; propterea vocantur ~es mansiones quia, si opus fuerit .., murum reficient *Ib.*

5 that resembles the shape of a (city) wall, turreted: **a** (of crown or sim.); **b** (her.).

a [quercus] ~is dicebatur illa cum aliquis primus murum ascenderet et ad hujus rei insigne querna fronde post memoriam coronabatur Bern. *Comm. Aen.* 123. **b** stationariis accidunt variae laterum incisiones: fluctuatio .. dentatio .. pinnatio etc. pinnatum seu ~e Spelman *Asp.* 105.

6 (as sb. n., usu. pl.) defensive walls (of city, camp, or sim.).

resonabant colles, resonabant urbis [Lincolnie] ~ia H. Hunt. *HA* VIII 18 p. 274; hoc ~e, -is, pro muro Osb. Glouc. *Deriv.* 344; in campo .. ab urbis et castri ~ibus non remoto Gir. *Galf.* II 9; ~ium nostrorum custodiam talibus [sc. sanctis] Auctorem omnium tutoribus credidisse Lucian *Chester* 49; [Roma] que frena totius urbis tenuerat, nunc sua ~ia cohibere non sufficit Gerv. Tilb. II 16 p. 931; ~ia civitatis et portas custodiendo *Flor. Hist.* II 486; dicunt Gurmundum .. fossata et ~ia fecisse *Eul. Hist.* II 124.

murare [LL]

1 (absol. or intr.) to build or repair a wall; **b** (w. internal acc.). **c** (pr. ppl. as sb.) one who builds or repairs a wall.

c1140 pro omni servitio ~andi quod pertinet ad prefatum murum *Cart. S. Fridesw.* I 17; **c1250** si debeat claudere, fossare, vel cooperire, vel ~are, .. operabitur ab ortu solis usque ad occasum *Cart. Rams.* I 393. **b** **1336** in stipendio j hominis ~antis quemdam murum a porta ad introitum manerii *DL MinAc* 242/3886 m. 3; ~ancium j murum de luto *Ib.* m. 4 (cf. ib. m. 3: in stipendiis .. ~ancium pariet' dicte domus). **c** **1336** (v. 1b supra).

2 (trans.) to wall, provide or separate with (defensive) wall; **b** (city, borough, castle, also fig.); **c** (gate or sim.); **d** (house or shed); **e** (cistern); **f** (cemetery, court, park, or tract of land).

~atus .. i. muro ornatus Osb. Glouc. *Deriv.* 344. **b** **793** esto .. civitas firma fide ~ata non domus pluviis diruta Alcuin *Ep.* 17 p. 45; Esonia civitas .. vetustissimo Cesarum opere ~ata *G. Steph.* 16; urbes ~ate, castra turrita Ailr. *Spir. Amicit.* III 77. 690; castella .. ~ata Gir. *TH* III 37; castrum seu villam ~atam *Meaux* II 333; dicte tres ville fuerunt edificate ante regem Lud, qui fecit ~ari London et Ludgate W. Worc. *Itin.* 96. **c** **1297** porte .. ex utraque parte ~ate *Doc. Scot.* II 160; porta que vocatur porta inferni, quam claudebant sive ~abant Gallici (J. Bridl.) *Pol. Poems* I 212. **d** per cancellos qui domum undique ~abant Andr. S. Vict. *Sal.* 37; **1278** in nova bercaria ~anda de terra *Ac. Stratton* 218 (=ib. 98: in j muro de novo faciendo circa bercariam). **e** **1430** duobus latamis locatis .. ad cesternam apud quadrivium .. ~andam *MS Devon RO Exon. Receiver's Ac.* m. 1*d*. **f** **1277** in parco suo in curia sua summe ~ato de petra et morterio *Hund. Highworth* 45; in curia sua ~ata petra et morterio *Ib.*; **1336** in stipendiis iij hominum ~ancium iiij perticatas circa faldam *DL MinAc* 242/3886 m. 3; **1453** cemeterium sit mundum et ~atum in expensis popularium *Conc.* III 565a; **1496** operantibus ac ~antibus *le warant* molendini juxta monasterium x s. *Ac. Durh.* 654.

3 to wall up (a doorway).

1511 ~atum est ostium (*Rent. Durh.*) *DC Durh.* f. 216.

4 to hem in, enclose.

alios [sc. rebelles] .. in loca montana ~abat *Ps.-Elmh. Hen. V* 4 p. 9.

murarius [ML], one who builds or maintains walls, waller.

1423 ~iis pro muris circa herbarium *Ac. Durh.* 271; **1432** tot lathomos, ~ios, et opararios quot pro emendacione et reparacione castrorum predictorum .. necessarii fuerint *Pat* 432 m. 15*d*.

muratio [ML]

1 (act of) building a wall, walling. **b** (w. *murus* or *paries* in obj. gen.) erection, building.

c1330 in ~one facta sub terra contra T. de T. *Ac. Durh.* 519; **1341** in exp' factis circa ~one aque ductus ad mineram de Fery *Ib.* 542; **1478** ~one [*gl.*: *wallyng*] *King's Lynn Corporation, Trinity Guild account* Gd. 68; **1514** pro factura j *le gutter* pro ductu aque de *le stepled* subter pontem ligneum, et pro ~one sub eodem *Ac. Durh.* 161; **1533** soluti Willielmo Guby in ~one in domo carbonum *Househ. Bk. Durh.* 181. **b** **1365** in ~one parietum cujusdam saline ad tascam *DL MinAc* 242/3888 m. 2; **1479** operantibus in .. ~one murorum et posicione del Milurasses *Ac. Durh.* 647.

2 (act of) walling up (of doorway).

1385 in ~one unius ostii in *le dongeon Ac. Durh.* 265.

3 (assoc. w. 3 *munitio*) fortified place, castle.

ego vero de castris et ~onibus [*Foed.* I 186: munitionibus] meis securitatem talem duci .. feci (*Ch.*) Brompton 1039.

murator [ML], **~orius,** one who builds or maintains walls, waller.

c1312 [*wallers*] ~ori (*Ac.*) W. R. Lethaby *Westminster Abbey. The King's Craftsmen*, London, 1906, p. 186; **1352** [*wall-builders*] murator' *Rec. Leic.* II 79; **1418** in j ~ore facienti j caminum in domo janitoris (*Ac.*) *Arch. J.* XXXVIII 77; **1420** ~ores .. laboratores *Ac. Durh.* 270; hic ~or, A. *waller* .. hic †murinator, *a waller WW*.

muratorius v. murator. **murca** v. masculus, muria. **murcellus** v. morsellus. **murcidium** v. muricidium.

murcus [LL < μύρκος], inarticulate.

credere ni vis / quod pueri sic / edere metrum / (improbe!) possunt / hic resident qui / dogmate docti / pontificali, / ut neque sensum / prodere murcum / sive poema / non fore rectum *Responsio* 63.

murder- v. murdr-.

murdrare, ~ere, ~iare, ~ire [ME *murdren, mortheren* < AS *amyrþran*; OF *murdrer, murdrir* < Frankish]

1 to murder. **b** (pr. ppl.) murderer. **c** (p. ppl. as sb. m.) murdered man. **d** (p. ppl. as sb. n.) murder. **e** (right to) a fine paid by a manor or hundred in which murder was committed for failure to bring murderer to justice.

~itus homo (*Leg. Hen.* 92. 5) *GAS* 608; quando aliquis alicubi ~atus reperiebatur (*Leg. Ed.*) *Ib.* 641; quos ipsi ~ierunt (*Ib.*) *Ib.* 644; **1194** duos homines suos ~averunt et in saccos .. asportaverunt *CurR RC* I 60; si [pater] inique filium ~ierit, igne comburatur *Cust. Norm.* 35. 1; **1214** B. ut dicunt respondit quod dominus rex non erat vivens set ~itus inter inimicos suos in Norwallia *SelPlCrown* 70; **1281** hoc videns et timens quod .. Robertus .. meurreret vel dampnum faceret predictis J. et W. .. cucurrit (*JustIt* 147 m. 13) *Law Quarterly Review* LXXXIII 371; **1309** noctanter pessime ~iaverunt Thomam D. *S. Jers.* XVIII 270; puer .. ~itus fuit *Ib.* 329; **1392** in quodam vivario ipsius Drogonis felonice interfecit et ~avit .. Drogonem magistrum suum cum uno baculo precii ob' *SelCCoron* 48; W. de H. felonice murthuravit predictum Willelmum G. uno baculo nullius valoris in capite suo *Ib.* 97; **1392** felonice interfecerunt et murderaverunt *JustIt* 2/192 m. 1. **b** archilatrones, murdrantes, mansa cremantes / damnat Elmh. *Metr. Hen. V* 122. **c** a parentibus ~iti (*Leg. Hen.* 92. 36) *GAS* 608; parentes ~ati (*Leg. Ed.*) *Ib.* 641; dixerit aliquis parentum ~iti (*Ib.*) *Ib.* 644; de consanguinitate ipsius defuncti ~ati *RegiamM* IV 5. **d** **a1540** pro felonia et ~edo cujus [? l. cujusdam] infantis apud Hull interfecti *Sanct. Bev.* 47. **e** **1156** quieti sint .. de ~edis et de variis ad murdredum pertinentibus *BBC* (*Wallingford*) 150; **c1160** quieti sint .. de schiris .. exceptis ~edis et Danegeldis *Reg. Malm.* I 331; **1166** terre .. sint quiete de .. sectis .. et omnibus placitis .. exceptis ~edo et latrocinio *Ambrosden* I 170; **1187** libera .. de †murdrero [l. murdreto] et scutagio et assisis et summonitionibus *Ch. Gilb.* 37; amerciamenta ~edorum *Eul. Hist.* III 204.

2 to quash, quell (an appeal).

de muneribus datis coronatori pro eo quod falsam et procuratam ceperet inquisicionem pro jure alicujus ~iendo *Fleta* I 21; item si appella aliqua falso fecerit irrotulari, vel passus ~iri, vel de rotulis suis extrahi vel forte .. admittere vel irrotulari supersederit vel retraxerit *Ib.* 22 (cf. *StRealm* I 211: *apel .. soffri estre murdri*).

murdraria [cf. murdrare], murderess.

~ia sui ipsius *AncrR* 71.

murdrarius [cf. murdrare], murderer.

1214 contra ruptarios, hereticos, et murtrarios *Pat* 139b; **1255** quicunque .. illuc domicilium .. elegerit, nisi ~ius fuerit *RGasc* I *sup.* 15; **c1280** contra ruptarios, hereticos et ~ios *DipDoc* 360; **1312** pro vispilionibus, murtrariis, ac itinerum raptoribus quibus terra ducatus erat diffamata puniendis *RGasc* IV *app.* p. 553b.

murdratio [cf. murdrare], murder.

s1397 decapitacio comitis Arundale et morduracio ducis Gloucestrie Herrison *Abbr. Chr.* 3; **a1540** pro morte et murderatione Roberti Lancastre *Sanct. Bev.* 320.

murdrator, ~etor, ~itor [cf. murdrare, ~ere, ~ire] murderer.

de triplici juramento vel ordalio blaseriorum vel ~itorum (*Quad.*) *GAS* 389; de .. ~itoribus (*Ib.*) *Ib.* 389 (v. blaserius); quodsi infra annum posset ~itor inveniri, fieret de eo justicia (*Leg. Ed.*) *Ib.* 641; ~itor autem vel traditor, si rex condonaverit eis vitam et membra, servata lege nullo modo remanebunt (*Ib.*) *Ib.* 644; robator vel ~ator vel latro *Assize Clar.* 170; in primis de pace domini regis et justitia ejus violata per ~itores et robbatores et burgatores Bracton f. 115b; ~atores hominum (*Leg. Malc.*) *APScot* I app. 347 (v. diffortiator 2); pacis infractores, raptores, incendiarios, ~atores, pugnatores *Flor. Hist.* III 123; **1354** in manutenenciam latronum, ~edorum, et malefactorum *SelCKB* VI 95; si infra hunc terminum posset ~ator haberi, tradetur justicie regis, et ipsi marcas thesauro regis commendatas rehaberent Knighton I 85; **1530** quorumcumque proditorum, ~atorum, homicidarum, felonum, burgulatorum (*Pat*) *Foed.* XIV 369.

murdredum, murdriare v. murdrare. **murdredor, murdretor** v. murdrator.

murdrigeldum [murdrum + geldum], murderfine.

si quis Anglorum Britonum aliquem illorum interficeret, si se super hoc defendere non posset judicio Dei, sc. aqua vel ferro, fieret de eo justicia. si autem aufugeret, solveretur murdrigildo, ut inferius explicabitur (*Leg. Angl. Lond.* 17) *Über die Leges Anglorum saeculo XIII ineunte Londoniis Collectae* Halle, 1897, 27.

murdrire, ~itus v. murdrare. **murdritor** v. murdrator.

murdrix, murderess.

quod nec latrones nec interfectores vel murthedrices nec raptores nec alios malefactores manutenebunt (*Ass. Will.*) *APScot* I 377a.

murdrizare, to murder.

1525 interficere, murthurizare, capere, mutilare *Form. S. Andr.* I 265.

murdrum, ~us, ~a [ME *murder, morther* < AS *morþor*; OF *murdre, mordre* < Frankish]

1 murder; **b** (defined in leg. sources); **c** (spiritual).

c**1080** (1312) si ~um inventum fuerit in aliquo loco super terram ecclesie S. Martini de Bello in leuga . . nullus se intromittat inde nisi abbas et monachi ejus *CalCh* III 197; si Francigena appellaverit Anglicum de . . mordro (*Artic. Will.* I) *GAS* 487; **1100** ~a etiam retro ab illa die qua in regem coronatus fui omnia condono (*Ch. Hen.* I) *Ib.* 522; qui ~um aperte perpetrabit (*Quad.*) *GAS* 349; de ~a (*Ib.*) *Ib.* 544; unde ~a venit in Angliam (*Leg. Ed.*) *Ib.* 642; justas consuetudines in ~is . . observabo W. MALM. *HN* 464; c**1169** causa de ~a *Regesta Scot.* 80; **1200** de murthra et latrocinio *Reg. S. Osm.* I 211; s**1208** nepotem proprium eo genere mortis, quod ~a dicitur, nequiter propria manu trucidavit *Flor. Hist.* II 136 (=*Ann. Lond.* 9: ~ia); **1289** pro murtro, vel morte hominis, vel plaga mortifera *RGasc* II 351a; **1290** idem J. est culpabilis de ~o unius parvi procreati de concubina sua *Leet Norw.* 35; **1312** Guillelmum . . ibidem letaliter vulnerarunt et murtro interfecerunt eundem *RGasc* IV 1171 p. 327b; **1313** si maneriis ecclesie ~e evenerint *PQW* 333b; **1393** protestando . . quod ~os predictos sic felonice factos ex regali potestate fecit *Pat* 337 m. 8; s**1266** homicidia, murthia, incendia *Plusc.* VII 27; s**1415** maxima murthia et occisio facta est *Ib.* X 24; a *murthur*, ~um *CathA*; **1525** oppressiones, murthuras, spolia . . facere *Form. S. Andr.* I 265. **b** ~um proprie dicitur mors alicujus occulta, cujus interfector ignoratur. murdrum enim idem est quod absconditum vel occultum *Dial. Scac.* I 10A; quod dicitur ~um, quod nullo vidente nulla sciente clam perpetratur GLANV. XIV 3; de homicidio quod nullo presente, nullo sciente, nullo audiente, nullo vidente, clam perpetratur, quod dicitur ~um BRACTON f. 134b; est . . ~um occulta hominum occisio a manibus hominum nequiter perpetrata que nullo sciente vel vidente facta est preter solum interfectorem et suos coadjutores et fautores *Fleta* I 46; duo . . sunt genera homicidii: unum quod dicitur ~um, quod nullo vidente vel sciente clam perpetratur; preter solum interfectorem et ejus complices *RegiamM* IV 5. **c** accusabunt . . nos peccata de mordra [ME: *mordre*] anime *AncrR* 115.

2 (right to) a fine paid by a manor or hundred in which murder was committed for failure to bring murderer to justice. **b** (~um forinsecum) murder-fine from an alien fee.

a**1085** tres hidas perpetuo teneant bene et in pace . . quietas de ~o et geldo vel Danegeldo *Regesta* I p. 125; a**1130** sint liberi de . . placitis omnibus justicie regis de muldra et latrocinio (*Ch.*) *AncD* A 7575; **1130** Gaufridus de Bechesieta reddit compotum de xv m. argenti pro duobus ~is de quibus implacitatus fuit *Pipe* 125; c**1176** sicut teneo mea propria, cum multro et morte hominis, et plaga, et mehaing, et sanguine *Act. Hen.* II II 107; **1200** sciatis nos concessisse burgensibus . . quietantiam ~i infra burgum et portsoka *RChart* 45b; **1204** lestag', pang', . . et pecunia pro mundr' danda *Ib.* 129b; **1221** mortuus fuit in hundredo suo et ideo ~um sit in hundredo illo *PlCrGlouc* 20; **1232** amerciamentum assisum fuit super dictum hundredum per errorem pro morte hominis qui per infortunium periit, pro qua morte ~um non est accipiendum *KR Mem* 11 m. 10*d*; **1260** ~um decetero non

adjudicetur coram justiciariis ubi infortunium tantummodo adjudicatum est, set locum habeat ~um in interfectis per feloniam et non aliter *Cl* 150; concessimus . . civibus nostris quitanciam ~i infra civitatem *Leg. Ant. Lond.* 103. **b** **1233** habeant quietanciam de murdro de omnibus hominibus, terris et feodis suis, tam infra predicta hundreda quam extra, salvo nobis et heredibus nostris forinseco ~o, si inciderit, de alienis feodis infra predicta hundreda *KR Mem* 12 m. 9*d*.

murdrus v. murdrum. **mureleg-, murelig-** v. murileg-. **muremium** v. maeremium.

1 murena v. morina.

2 murena v. muraena.

3 murena [ME *mur, mor*, pl. *moren*], moor, wasteland.

1559 in domibus, edificiis, muris, ~is, lignis, lapicidiis . . *Scot. Grey Friars* II 115.

muren(n)ium v. maeremium.

murex [CL; cf. μύαξ]

1 shellfish that yields purple dye. **b** bream.

circumcisi . . ferro myrices, id est cocleae maris quae et conchilia vocantur BEDE *Cant.* 1195; ~ice, *wurman GlC* M 375; ~ice vel conchylium, *weluc* ÆLF. *Sup.* 181; **10** . . ~ex, *wurma WW*; non fastidit in minimis, nec doluit natura parturiens delfines, sicut non doluit cum exiguos ~ices cocleasque produceret GROS. *Hexaem.* VI 1. 4; unde cuticulam glabram operies, / si sua repetit murex et aries? WALT. WIMB. *Carm.* 430. **b** hic ~ex, A. *a breme WW*.

2 spiny shell of a *murex*, sharp stone. **b** (mil.) caltrop.

~ex, -ice, a lapide *GlC* M 342; ~ices, *scylpbs* [i. e. *scylpas*] *GlP* 834. **b** ~icibus, *calcetrepes Teaching Latin* I 31.

3 purple dye obtained from a *murex*. **b** (gen.) purple or deep red colour (also fig.). **c** purple cloth.

sic cocci murice rubro / purpureus stillat sanguis de vertice guttis ALDH. *Aen.* 98 (*Elleborus*) 2; lana . . fucata jam myrice . . ad figuram altioris pertinet virtutis BEDE *Cant.* 1196; ~ex, regalis purpura *GlC* M 329; ~ice, ostro, purpura *Ib.* M 352; aurifluae rutilant Serrano murice zonae FRITH. 349; **10** . . ~ice, *telge WW*; pontificalia insignia intincto ~e coccoque bis tincto flammantia GOSC. *Aug. Maj.* 52A; hic purpura, punico, ~ice et Sidoniis conchiliis imbuta, coccusque bis tinctus auro intexitur Id. *Edith* 69; Aidanus . . indutus clamidem vel auro rigentem vel Tirios ~ices estuantem W. MALM. *GR* I 49; blatia, genus purpure, blatta, ostrum, ~ex OSB. GLOUC. *Deriv.* 79; pater cujus Colophonius genitus ~ice lanas tingebat *Natura Deorum* 59. **b** ut rosa puniceo tincturas murice cunctas / coccineosque simul praecellit rubra colores ALDH. *VirgV* 162; fit de sordida lana coccus precioso ~ice Spiritus Sancti bis tinctus GOSC. *Lib. Confort.* 33; rosarum turba fragrans proprii ~icis libertate praeclara ridebit Ps.-ELMH. *Hen.* V 6; vado sanguinis decurrebant rivuli, platearum saxa tingebantur ~ice sanguinis *Ib.* 45 p. 111. **c** ~ices, vestes purpuree OSB. GLOUC. *Deriv.* 361; non caro luxuriat lecto, non murice lectus, / non pulvinari fascies, non sindone pectus: / pro lecto lectica datur, pro murice murus, / pro pulvinari pulvis, pro sindone saccus H. AVR. *Hugh* 287, 289; dives . . / . . purpuratus commendari / Tulliusque nominari / meruit pro murice WALT. WIMB. *Van.* 93.

murfaca v. marfaca.

murgiso [CL; cf. μοργύλλεῖ *he loiters*], cozener, shirker.

mergisso, callidus †murmuratum [l. murmurator] *GlC* M 187; a *coystrel*, mirgizo, -onis, hic LEVINS *Manip.* 55.

murgisona [cf. CL murgiso], cozener, shirker (f.).

a *cosbaude*, mirgizona, -ae LEVINS *Manip.* 43.

1 muria [CL]

1 brine.

salsugo, ~ia, *bryne* ÆLF. *Gl.* 128; pissiculi . . coquendi sunt in salsamento sive in ~ia, . . quod . . est . . aqua sali mixta, et dicitur ~ia, quia maris saporem exprimit vel sapit NECKAM *Ut.* 97; *mere sawce*, ~ia, -ie *PP*; a *broth*, brodium, ~ia est piscium

CathA; ~ia, habet effectum salis et aquae marinae *LC* 254.

2 dregs of oil.

~ia, faex olei *GlC* M 340; hec ~ia, i. fex olei eo quod fit oleo pro muro quia naturalius retinet liquorem quam si esset sine fece OSB. GLOUC. *Deriv.* 344; amurca est fex olei superior et est utilis, sed †murca [l. muria] est fex olei inferior et est inutilis *SB* 10; *dreggis*, . . ~ia olei est *CathA*.

2 muria v. 1 Murra.

murialis v. 2 muralis.

1 †murica, *f. l.*

1420 invenimus . . de vaccis . . de †hurtis et muricis [l. hurtardis et matricibus] ccvij de hogris (*Invent.*) *MonA* VI 935b.

2 murica v. myrica.

muriceps [LL *gl.*], mouse-catcher, cat.

ALDH. *Aen.* 65 (~ceps) *tit.*; ~ceps vel musio, murilegus, *catt* ÆLF. *Gl.* 120; tu ~cipis stercus! ÆLF. BATA 4. 27 p. 52; delectantur simul . . visus et tactus, ut in conspiciendo et complanando aliquem ~cipem album *Simil. Anselmi* 15; murices melius atre caligine noctis / quam de luce vident NECKAM *DS* IX 183.

muricidium [CL murus + -cida + -ium; cf. τοιχωρυχία], (act of) cutting of walls (w. ref. to housebreaking).

de furto, de murcidio, . . de combustione domorum de nocte . . nulla fiet convictis reconciliatio *Cust. Norm.* 36. 2.

1 muricidus [CL], ~a, one who kills a mouse, faint-heart, coward.

componitur mus . . hic muriscidus, -di, i. homo ignavus et remissus et ad nihil aliud utilis nisi ad mures scindendos OSB. GLOUC. *Deriv.* 342; hec †murida [l. muricida], *a ratunner* . . hic ~us, *a losynge WW*; *a mowse slaer*, ~a *CathA*.

2 muricidus [CL murus + -cida + -us], that cuts (through) walls.

ex vilibus et muracido ferro (M. SCOT *Part.*) *Med. Sci.* 295 (v. andanicus).

murida v. 1 muricidus.

murileginus [LL murilegus + -inus], of a cat.

1277 coopertoria . . sint . . vel nigris aut mureleginis pellibus seu vulpinis *Doc. Eng. Black Monks* I 80.

murilegulus [LL murilegus + -ulus], little cat.

cattus vel ~us aut muriceps, *catt* ÆLF. *Gram.* 309.

murilegus [LL], ~a, cat: **a** (domestic); **b** (feral); **c** (in place-name).

descendit per funem appensum in medio mire magnitudinis murelegus niger *Map NC* I 30 f. 22v; oneratus fuit rege Francorum, et per eum retardatus, sicut ~us cui malleus pendet ad caudam DEVIZES 78; murelegus [TREVISA: mureligus, *the catte*] idem est quod musio sive catus BART. ANGL. XVIII 74; pauperes . . pueros suos manducabant, canes, murelegos, stercus columbarum *Ann. Berm.* 470; ~um sibi familiarem HIGD. VII 42 p. 308 (=*Meaux* II 335–6: murilegium); veteres [sc. fabule] sunt ita trite quod ex nostris feminis sciant et ~e LIV. *Opera* 6; ~us idem est quod catus, sic dictus quod mures legit aut colligit UPTON 167; quendam mureligum in columbari suum ibidem projecit *Reg. Brev. Orig.* f. 106r. **b** **1214** quod habeat per totam forestam nostram Essex' canes suos currentes ad vulpem et leporem et murelegos silvestres *Cl* 162b; **1239** de wrecco . . habuit lx libras cere et xxxij pelles ~orum *BNB* III 279; **1276** capiendo in eadem chacia . . cheverillum, ~um, leporem *Reg. Heref.* 54; **1279** habet libertatem venandi et capiendi vulpes et lepores et murleg[os] in foresta de Wychewode *Hund.* II 856a; de tymbria wlpium, cirogrillorum, martinorum, murelegorum, sabinorum, beveriorum vel similium (*Ass. de tolloneis*) *APScot* I 667a; **1311** de xij pellibus vulpium, murelegorum, yrcorum et caprarum j d. *Reg. Gasc. A* I 96; **1334** habent chaceam suam per totam ballivam foreste predicte ad lepores, vulpes, ~os, tessones et ad omnimodas hujusmodi vermes *RParl* II 79. **c** **1435** in vico Mureligorum [i. e. *Catte Street*] *MunAcOx* 512.

murina, ~um, ~us v. morina, murrina, murrinus.

murinator v. murator. **murinium** v. maeremium.
murinula v. muraenula.

murinus [CL]

1 of a mouse. **b** (mil., *murina sedes*) mouse-hole, foxhole.

mys latine mus vel sorex interpretatur et ex eadem prima positione derivativum dicitur miurus vel ~us vel soricinus ALDH. *Met.* 10 p. 95. **b** Anglicos ab infra ~is sedibus conarentur expellere *Ps.*-ELMH. *Hen. V* 54.

2 mouse-coloured.

colore id animal est . . ~o aut asinino CAIUS *Anim.* f. 10b.

3 (bot., *hordeum ~um, lolium ~um*) wild or wall barley (*Hordeum murinum*).

TURNER *Herb.* B iv v (v. hordeum 3).

murion [cf. mus, murinus], (bot.) mouse-ear hawkweed, marjoram, or mouse-ear chickweed. **b** weed (fig.), ineffectual person.

~ion, auricula muris idem *SB* 30; mirion, auricula muris idem, A. *mousher Alph.* 117. **b** Riganus . . minas minis recessit cumulando, regemque delirum cum filio suo inutili ac vano ~ione, frontose diffiduciavit *V. II Off.* 220.

muripila [al. div.], pier of a wall, pilaster, buttress.

boterasse of a walle, . . muripula, -le *PP*.

muris v. 2 murus. **muriscidus** v. 1 muricidus.
murisculus v. marisculus. **murmuco** v. murmurro.

murmur [CL; cf. μορμύρω]

1 low continuous noise, murmur, rumble: **a** (of natural phenomenon, esp. water); **b** (of artefact, in quot. of wheel).

a pernitidisque rivis leni ~mure serpentibus GILDAS *EB* 3; convexa poli . . / murmura vasta tonant flammis commixta coruscis ALDH. *VirgV* 2042; spumosos natando gurgites magno perturbant ~mure *Lib. Monstr.* II *pref.*; atque sub ingenti repeto sic murmure pontum *Aen. Laur.* 3. 5; ausculta diligenter et audies ~mur aquarum transeuncium sub ista glacie HOLCOT *Wisd.* 65. **b** velut rota plaustri feno carnalis voluptatis onusta cum gravi ~mure recedit J. FORD *Serm.* 23. 12.

2 murmur, mutter, whisper; **b** (in a crowd).

rumur, ~mur *GlC* R 242; ~mur, *uastrung Gl. Leid.* 3. 48; mormure dic tacito ALCUIN *Carm.* 4. 45; saepius ingeminans tacito sub murmure mecum *Ib.* 9. 193; hec quidem minimam habent vocis naturam quia per se prolate tantum ~mur in ore faciunt *Ps.*-GROS. *Gram.* 20. **b** ambiguam plebiculam in varium ~mur dissicent GOSC. *Lib. Mild.* 1; ~mure populi cum quodam quasi favore subsecuto GIR. *EH* I 15; **1549** populi ~mur devitetur *Conc. Scot.* II 92.

3 grumble, complain, protest. **b** loud noise.

procurator stulto ~mure post clamabat dicens, "perge oppido adorare tantum Christum tantum . ." B. *V. Dunst.* 27; sermo ejus erat humilis, pudicus, veridicus, expers cenodoxie, ~muris, oblocutionis, et jactantie J. FURNESS *Walth.* 42; misticus intellectus de Magdalena et unguento ejus de Phariseo et ~mure ipsius AD. DORE *Pictor* 158; ~mur autem est oblocutio indebito modo facta, contra Deum vel alicujus factum *Spec. Laic.* 55; quod licet ipsa / hoc sine mentali murmure raro facit GOWER *VC* IV 576; de quorum insurrectione in absencia regia ~mur pululare inceperat *G. Hen. V* 3. **b** garrio voce carens rauco cum murmure stridens ALDH. *Aen.* 21 (*Lima*) 5; dira fremens saevo passim cum murmure Martis / ignea inferni animabus Tartara complet BONIF. *Aen.* 188; clarior ecce tuba subito vox faucibus haesit, / auribus adpositis murmura clausa ciet ALCUIN *Carm.* 9. 110; miser smigmarius clamans smigma plus facit ~muris [ME: *nurð, noise, grucchunge*] quam dives mercator cum preciosis mersibus *AncrR* 17.

murmurabilis, that can be muttered about.

grudgeable, ~is LEVINS *Manip.* 3.

murmuranter [LL *gl.*], mutteringly, discontentedly.

s**1460** cepit protinus status omnis et gradus, etas

et sexus, ordo et condicio, contra eum ~er agere *Reg. Whet.* I 378.

murmurare [CL]

1 to make a low continuous noise, murmur, rumble: **a** (w. natural phenomenon as subject); **b** (w. animal as subject).

a litora ~ant ALDH. *PR* 131; [flumen] Pyriphlegethontis Tartarei . . qui rapidis . . ignibus saxa ~antia torquet *Lib. Monstr.* III 24. **b** [lupus] ibat malignum murmurans, peotende *GIP* 824.

2 to speak in low or indistinct voice, to murmur, mutter, whisper.

†mutilat [l. mussitat], ~at *GlC* M 346; sussurrat, ~at *Ib.* S 604; susurrat, qui in aurem ~ans loquitur *Gl. Leid.* 19. 23; mussare, mussitare, ~are, mutire OSB. GLOUC. *Deriv.* 362; garrio, i. ~o, i. *jangler*, inde garrulus *GlSid* f. 145va.

3 to grumble, complain, protest.

tanto ergo minus de flagello quo castigamur ~are debemus quanto certius in eo paternae dilectionis pignus tenemus BEDE *Prov.* 951; causetur, ~etur *Gl. Leid.* 2. 24; si non fuerint saturati, . . ~abunt, accusabunt . . et rapient GIR. *GE* II 33 p. 327; **1220** vide plurimum †importunat [MS: murmurat] nostrum vulgus (*AncC* I 195) *RL* I 81 (=*DipDoc* I 66: murmurat); **1236** habuit duos filios, Thomam primogenitum et Robertum postnatum; et voluit promovere Robertum, et dedit ei viij acras, et quando Thomas hoc scivit, ~avit inde *CurR* XV 1945; Christus contra passionem suam nunquam ~avit set semper stetit et permansit H. HARTLEPOOL 196; laventur cum eis placuerit, prout solebant, ita quod non habeant occasionem ~andi *Norw. Cath. Pri.* 119; **1468** ex altera parte . . quia cementarii hujus civitatis ~abant inter se de pagina sua in ludo Corporis Christi . . *Mem. York* II 124.

murmuratio [CL]

1 the uttering of a low continuous noise, murmuring.

murmuro . . unde . . hec ~o, -nis OSB. GLOUC. *Deriv.* 343; nec sono nec ~oni . . alicujus, si forte, quod absit, indiscrete agitur, nullo modo est intendendum *Cust. Cant.* 185.

2 discontented muttering, grumbling, complaining.

inde ~onis iniquitatem [*sic*] succenditur unde debuit ab iniquitate compesci BEDE *Prov.* 1014; a**796** tantum pater spiritalis praevideat, ne justam quislibet habeat ~onem ALCUIN *Ep.* 54; stulta dehinc ~o procacis ministri, firma ex fide pontificis sic superata, quievit B. *V. Dunst.* 27; nec solum absque ~one pati molestias, sed etiam ut graviter puniamur ad vindictam Dei amare debemus ALEX. CANT. *Dicta* 1 p. 113; hic multoties ~onibus insudabat, et a detractione lingue non parcebat J. FURNESS *Walth.* 85; de illa ~one [TREVISA: *stryf*] questionum nichil ad propositum BART. ANGL. XIX 40; ut per hec omnis ~onis materia et occasio . . tollantur FLETE *Westm.* 118.

murmurator [CL], murmurer, mutterer, complainer.

GlC M 187 (v. murgiso); detractores et ~ores Apostolus Deo odibiles appellat H. LOS. *Ep.* 48; **1166** illi [ministri Dei] . . etsi queruli et ~ores, tamen secuti sunt Moysen J. SAL. *Ep.* 178 (171 p. 126); ~ores cibi et potus, et precipue monachos ~ores condemnans BRAKELOND f. 131v; detractores, libenter audientes susurratores, ~ores OCKHAM *Dial.* 595; hic ~or, *a grocher WW*; *a grucher*, ~or, susurro *CathA*.

murmureus [cf. 2 murra], of maple wood.

1416 lego . . j ciphum murmoreum ligatum cum argento *Reg. Cant.* II 102; **1449** pro emendacione j ciphi ~ii vij d. *Cant. Coll. Ox.* II 172.

murmurium [LL]

1 murmur, mutter.

ingeminantis Amen vox est audita per urbem, / murmuriique [v. l. murmuris atque] sonum percipit omne forum NIG. *SS* 684.

2 grumble, complaint, protest.

ne cum ~io sibi commisso agat officium . . aliis sine dubio periculosum generabit ~ium *Cust. Cant.* 133.

murmuro v. murmurro.

murmurosus [LL]

1 that makes a low continuous noise, buzzing.

quid est inanis gloria, quam venentur, nisi musca vilissima, ~a, sordida, pungitiva P. BLOIS *Ep.* 14. 46C.

2 that murmurs, muttering.

quid . . dulcedinis aut devotionis invenies apud eos, quibus versa est in nauseam ~a atque confusa iteratio et farsura psalmorum P. BLOIS *Ep.* 86. 270B.

3 that grumbles, complains, or protests.

que licet sit vexata doloribus, repleta illusionibus, . . tamen adhuc aculeis contradictionum hispida, rebellis, superba, ~a, querulosa, contumax, inquieta in suum et animae conjurat exitium P. BLOIS *Ep.* 11. 34C; hec est caro uxor nostra litigiosa, id est superba, ~a et rebellis, contumax, querula, inquieta *Id. Ep. Sup.* 44. 9.

murmurro, murmurer, mutterer, complainer.

murmurator, quod aliter dicitur hic ~o, -nis OSB. GLOUC. *Deriv.* 343; murmucones [v. l. murmurones], murmuratores, mugissores *Ib.* 362.

murnus v. murrinus. **murosus** v. 3 morosus.

1 Murra, Myrrha [CL < Μύρρα], **~um, ~us**

1 Myrrha, Smyrna, daughter of Cinyras, mother of Adonis through incest with her father.

Cinyras iste filiam habuit Myrrham, que patrem suum amabat *Natura Deorum* 165; decima fabula de Mirra et Cinara patre suo, quem Mirra amavit turpiter et ideo versa in arborem mirram WALS. *AD* 145 (v. et. 2 infra).

2 tree into which Myrrha was changed, myrrh tree (*Commiphora schimperi* or sim.).

distillans myrrham myrrha frutecta tenet NECKAM *DS* VIII 48 (v. et. 4a infra); myrrha [TREVISA: *mirra*] est arbor in Arabia altitudinis quinque cubitorum similis spine quam achantum dicunt BART. ANGL. XVII 102; hic habuere locum, / juniperusque rogi custos, montana cypressus / mirraque ventre gravis et lacrimosa parens GARL. *Epith.* IV 166; WALS. *AD* 145 (v. 1 supra); mira, lacrinum est arbor cujusdem [*sic*] nominis que in Arabia invenitur, hec arbor incisa lacrimam emittit. est ergo optima mirra que est mundissima, tactu aspera et arida, odore suavis, gustu amara; et est calefaciens *Alph.* 119.

3 aromatic herb.

murra et aloae herbae sunt *GlC* M 313; murra et aloe herbe sunt *Gl. Leid.* 10. 18; hic redolent flores rosarum et illa convallium, . . myrrha et aloe . . M. RIEVAULX (*Ep.*) 65.

4 myrrh, aromatic gum of myrrh tree; **b** (fig.).

aloae . . pulvis ejus miscetur cum mirra. myrra vero unguentum est *Comm. Cant.* III 148; NECKAM *DS* VIII 48 (v. 2 supra); ortus aroma dabat, piper album, mite cuminum, / et quicquid murie gracius esse potest A. MEAUX *Susanna* 144; nobilitas et salis et mirre degenerat in cadaver *V. Edm. Rich C* 606; murra datur ad bibendum ad puncturas scorpionis KILWARDBY *Jejun.* 171; myron est unguentum a quo myrrum in usu Latinorum; myron est myrra BACON *Gram. Gk.* 63; si gustare velis modulamina dulcia celi, / est tibi mundana mirra bibenda prius GOWER *VC* V 514; c**1420** eidem pro dimidio libre marre . . empta pro eadem medicine [*sic*] (*KR Ac*) *JRL Bull.* XXVI 273; musus vel murus, sapor camphoratus *MS BL Sloane 3217* f. 150v. **b** suave tamen redolent virtutum cinnama, myrrha NECKAM *DS* III 289; mirram odoris incliti / ejus distillant digiti, / rubente cincti stillula J. HOWD. *Cyth.* 138.

2 murra [CL =*mineral, perh. fluorspar, from which vases were made*], **~um, ~us**

1 maple wood.

1276 unus ciphus de ~a cum pede argenteo de precio xx solidorum *Chanc. Misc.* 34/35; **1281** cepit . . pro suspic'one latrocinii unum ciphum de ~o *PQW* 398a; **1315** cuppe de ~o: . . item vetus ciphus de ~o fractus et corruptus *Invent. Ch. Ch.* 73; **1334** ciphus . . de ~a cum pede argenteo (*Invent.*) *Arch. J.* LIII 277; **13** . . iterum habeat ciphos aureos sive de ~a vel de macera, cuppos cum cooperculis cuppatos

(*Nominale*) *Neues Archiv* IV 340; **1417** lego . . unum cippum parvum de ~a ligatum cum argento *Reg. Cant.* II 105; **1521** chiphus de mirra *Cant. Coll. Ox.* I 62.

2 cup made of maple wood, mazer.

macer, mazer, ~a GARL. *Comm. gl.*: p. 228; **1304** exceptis . . expensis aule circa ciphos et ~as per annum emendos *Ac. Durh.* 113; **1371** in celaria sunt mappe et manutergia sufficiencia, ij ~e, xviij cocliaria argenti *Pri. Cold. app.* lii; **1400** de j ~o ligato cum argento *Test. Ebor.* III 88; **1415** lego . . ~am ornatam cum pede argenteo *Reg. Cant.* II 39; **1458** (v. bursellum); mirra, A. *maser, masere* . . hec ~a, *a masowyr WW*; **1489** monile . . cum una parva ~a stante cum coopertorio ejusdem borderat' cum argento et deaurat' *Cart. Boarstall* 290; **1497** unam ~am ligatam cum argento et deauratam *Entries* 216va.

3 murra [ME *murei*, OF *muré* < 1 morum], murrey cloth, mulberry-coloured cloth (in quots., of a garment).

1448 [lego] Isabelle Plumpton . . meam parvam ~am *Wills N. Country* 49 (cf. ib. 275: [**1518**]: *to my brother . . a gowne of murrey furred with blak bogye*); **1457** lego Jacobo Pereson . . unam cellam . . et unam ~am planam *Wills Richm.* 3.

1 murraeus, myrrheus [CL]

1 of myrrh.

mirrei montis apprehende cacumen [cf. *Cant.* iv 6] J. HOWD. *Cant.* 339.

2 of the colour of myrrh, reddish brown.

equos . . badios, aureos, myrteos [vv. ll. myrrheos, mirrheos] BALSH. *Ut.* 46; **1388** [alba] de *samyt* ~ei coloris (*Invent.*) *Arch.* LII 242; albe principales ~ei coloris brudate sunt due (*Ib.*) *Ib.* 247.

2 murraeus [cf. 2 murra], of maple wood.

nisi forte aliquis fratrum cyphum ~eum vel aliud quodcumque vas qualicumque modo fregerit violenter *Cust. Westm.* 85 (=*Cust. Cant.* 162); **1281** fregit celarium . . et cyphos argenteos et alios cyphos ~os . . cepit *EyreR* 186 r. 32*d*; **1337** in iiij ciphis ~eis de refectorio de novo reparand' *Sacr. Ely* II 79; **1352** ij ciphi ~ei *Ac. Durh.* 259; **c1350** ipse . . inveniet veteres pannos ad tergendum siphos argenteos et mureos *Cust. Swith.* 17; in factura cujusdam ciphi ~ei pro potu caritatis AMUND. II app. 274.

3 murraeus [cf. 3 murra], of murrey cloth or of mulberry colour.

1362 lego domino J. de M. capellano robam meam ~eam *Test. Karl.* 40.

1 murratus v. moretus.

2 murratus, myrrhatus [CL], flavoured with myrrh, bitter.

~um, amarum *GlC* M 374 (=*Gl. Leid.* 25. 2); ipsi calicem vini myrrhati in passione sua propinati lego J. FORD *Serm.* 22. 8; obtulerunt ei acetum, vinum mirratum EDMUND *Serm.* 585; vini mirrati mixtio J. HOWD. *Cyth.* 18. 8; vini Iesus myrrhati spiculo *Id. Ph.* 316; Jhesus antiquitus extento brachio / Judeis fecerat viam in invio / an ergo debuit pro beneficio / tanto retribui mirrata pocio? WALT. WIMB. *Carm.* 581; cum vino albo mirrhato et rosato GAD. 121v. 2.

murrena v. muraena. **murretus** v. moretus.
murreus v. 1–3 murraeus.

murrifer, myrrhifer [1 Murra + -fer *also assoc. w.* myrum], that brings forth the odour of myrrh or sim., fragrant.

reseratur mirrifera tumba Gosc. *Edith* 268.

murrifluus, myrrhifluus [1 Murra + -fluus; *also assoc. w.* myrum], that flows or abounds with (the scent of) myrrh or sim.

verbi gratia, habemus hanc in usu: mellifluus. a simili possumus dicere mirrifluus, balsamifluus, venenifluus GERV. MELKLEY *AV* 90.

murrina [CL]

1 kind of grape.

~e, genus uvarum, unde et murratus OSB. GLOUC. *Deriv.* 366.

2 liqueur wine.

potus item tria genera: celia, mulsum, [vinum] succinatum, nam lorea, passum, murina [*gl.: vin vermayl, muree, moree*] deerant BALSH. *Ut.* 48.

murrinus [2 murra + -inus]

1 (as adj.) of maple wood.

s**1181** tria salsaria argentea, tres cuppe †murtine [l. murrine] M. PAR. *Maj.* II 316; ipse . . reparabit omnia vasa in refectorio, videlicet . . ciphos ~os *Cust. Swith.* 17; ciphos ~os *Ib.* 21.

2 (as sb. m.) maple wood.

cyphos . . reparant de murinis [*gl.: G. de maser*] GARL. *Dict.* 126; **1341** lego . . omnes ciphos de murno *RR K's Lynn* I 151; lego Magistro Thome Beek . . j chiphum de murno quem dominus R. de C. michi dedit *Ib.* 160.

mursus v. morsus. **murthedrix** v. murdrix.
murthia, murthium v. murdrum. **murthr-, murthur-** v. murdr-. **murtillanus** v. myrtillanus.
murtr- v. murdr-. **muruca** v. moruca. **murula** v. merula. **murum** v. 1 morum. **murunca** v. myrmex.

1 murus v. 4 morus.

2 murus [CL], ~a

1 wall (usu. defensive); **b** (w. ref. to Hadrian's Wall); **c** (of city, monastery, or sim.); **d** (of house, church, tower, or sim.); **e** (of mill, saltpan, or sim.); **f** (of garden or sim.); **g** (fig., also w. ref. to *Ezech.* xiii 5).

nec glus lentescens murorum moenia pangit ALDH. *VirgV* 1387 (v. 1 glus); receptam partem insulae a ceteris indomitis gentibus non ~o . . sed vallo distinguendam putavit BEDE *HE* I 5 p. 16; **1222** Gerardo le mineur ad purgandum fundamentum nove turris et ad prosternendum j partem muris [*sic*] *Ac. Build. Hen.* III 136; **1450** in factura . . magni ~i defensorii (v. defensorius 1a); **1567** lincabunt . . ~os marittimos *Pat* 1039 m. 18 (v. lincare). **b** quos jussit construere inter duo maria trans insulam ~um GILDAS *EB* 15; ~um non ut alterum . . a mari usque ad mare inter urbes . . directo librant B. 18; relictis civitatibus ac ~o fugiunt BEDE *HE* I 12 p. 28; usque ad ~um quem Severus . . inter Britanniam Scotiamque construxerat G. MON. XII 10. **c** civitas . . nomine Bizantium cujus ~i jam prae vetustate consumpti sunt ALDH. *VirgP* 25 p. 259; in ipsa villa tam intra ~um quam extra (*Oxon*) *DB* I 154ra; postquam Kenulfus abbas locum ~o cinxit, a similitudine urbis Burch vocatus est W. MALM. *GP* IV 180; in vico igitur cui nomen est Haliluella extra ~os Oxenefordie erat juvenis quidam Thurbenus nomine *Mir. Fridesw.* 96; **c1198** inter ~os civitatis London' *Ch. Westm.* 308. **d** ut . . poneret altaria . . intra ~os ejusdem ecclesiae BEDE *HE* V 20 p. 331; custodi firmis haec cuncta habitacula muris WULF. *Swith.* pref. 35; **1257** ~e dicte turris in malo statu sunt *RL* II 124; si audires fures vel raptores frangentes ~os tuos *AncrR* 89; **1472** operantibus in emendacione pavimenti subtus voltam porte occidentalis abbathie, cum factura ~i infra le *porterloge* . . iiij s. *Ac. Durh.* 644. **e** p**1186** noveritis me dedisse . . totam ~am cum salina et omnibus pertinenciis ejus que est a boreali parte mure *Danelaw* 201; **c1190** totam ~am cum salina *Ib.* 206; **1474** operanti apud le Hanyng super adquisicione et *scapelyng* cclx *achelers* pro ~o molendini de Sheles *Ac. Durh.* 645. **f 1287** R. S. assuetus est transcendere ~os noctanter et perforare parietes et alias fellonias facere *Leet Norw.* 7; **1332** W. per infortunium cecidit sub quodam ~o unde recepit mortem *RCoron* 81; W. currit in gardino sub quodam ~o et . . ~us super . . W. cecidit unde recepit mortem *Ib.* 82; **1378** ita quod non frangant ~um gardini clausum *Hal. Durh.* 144. **g** tristitiae quinto grassantia bella tumultu / virtutum muros et propugnacula frangunt ALDH. *VirgV* 2644; pro sancti fratris vel, sc. Edwardi, regali martyrio et pro regni ~o Gosc. *V. Iv.* 88A; validissimum illum ecclesie ~um, Dunstanum dico, multorum convitiorum jacula impeterent nec quaterent W. MALM. *GR* II 161; civitas profecto est regis magni quecumque hujuscemodi timoris ~o circumcingitur anima J. FORD *Serm.* 114. 6; **c1211** nec tanquam tubam vocem exaltant neque pro domo Domini se ~um opponunt GIR. *Ep.* 6 p. 236.

2 (dist. by material): **a** (~*us lapideus, de terra*, or sim.). **b** (~*us siccus*) dry wall.

a c1205 quandam partem terre . . cum medietate ~i lapidei, unde assisam civitatis tradidi ad ~um faciendum *Ch. Westm.* 371; **1298** una aula . . cum ~o de terra et stramine cooperta (v. furca 3a); ~i terrei magne spissitudinis ad dorsum earum versus terram armati angulis et propugnaculis pro defensione G. Hen. V 3 p. 24. **b** in factura sicci ~i *Ac. Churchw. Bath* 95.

3 (*murotenus*) to or against the wall.

omnem aquilonalem extremamque terrae partem pro indigenis muro tenus capessunt GILDAS *EB* 19; **10** . . murotenus, *wiþ bone weall WW*; quis enim facile estimat, posse in eo corpore spiritum remanere, cujus caput tam impetuosa vis ferientis equi murotenus quassaverat *Mir. Hen. VI* III 103.

4 (in surname).

c1220 testibus . . Waltero de ~o *Cart. Osney* II 266.

3 murus v. nurus.

murusculum [LL *gl.* murusculus], device for cutting defensive walls, gun.

mangonale . . ~um *PP*.

murvellus v. mulvellus.

mus [CL; cf. μῦς]

1 mouse; **b** (in prov.); **c** (as type of the small, cowardly, fussy, or harmful).

si . . sit cibus ille liquidus in quo mus vel mustela inmersa moritur, purgetur THEOD. *Pen.* I 7. 9; mys Latine mus vel sorex interpretatur ALDH. *Met.* 10 p. 95; mus, muris, *muus GlC* M 343; ne [sacrificium] tam diu teneatur ut . . a muribus aut avibus sumatur ÆLF. *Ep.* 2a. 12; queritur quedam animalia quare complemento caude careant, ut cervi et lepores, cum animalia minus corpulenta hoc completum perfecte habeant, ut mus et quedam alia? *Quaest. Salern.* B 73; hic mus, *soriz Gl. AN Glasg.* f. 21vb; quendam murem permodicum sepulchri foramen intrare, nidum facere, et partum in angulo quodam producere *NLA* I 239; *Ps.*-ELMH. *Hen. V* 68 (v. caro 1a). **b** cum apud abaciam de Thornolmia nobiscum vos anno preterito duximus, tanquam murem in pera aut serpentem in sinu GIR. *SD* 28; mus in pera suum dominum non reddit amicum WALT. ANGL. *Fab.* 10. 11; s**1251** sic inverecundus hospes angui in sinu et muri in pera meruit comparari M. PAR. *Maj.* V 205. **c** mendax Grecismus est Grecis philosophis mus. / quando Latinismus est turget mons velut ismus [l. is mus; *gl.*: mus, ridiculosus, unde Oratius: parturient montes, nascetur ridiculus mus] GARL. *Mor. Scol.* 359; nocivus ut mus BACON V 143; **c1298** vix est mure melior Walays aut Gilmaurus, / ad quorum victoriam nunquam crescet laurus (*Dunbar* 201) *Pol. Songs* 175; Londonienses . . meticulosi ut mures, timidi sicut lepores *V. Ric.* II 73; timidi velut lepores, meticulosi ut mures WALS. *HA* II 145.

2 (in plant names): **a** (*auricula muris*) mouse-ear hawkweed (*Hieracium pilosella*), marjoram (*origanum*), or mouse-ear chickweed (*cerastium*). **b** (*pappa muris*) stonecrop (*Sedum*). **c** (*testiculus muris*) ? silverweed, goose tansy (*Potentilla anserina*).

a *SB* 12 etc. (v. auricula 3a, b, c). **b** pappa muris, stoncrop *MS BL Sloane 2479* f. 102. **c** testiculus muris, *mowse heer MS BL Sloane 3217* f. 74.

3 (*mus araneus*) shrew.

mursiranus, *screauua GlC* M 336; mus iranus, *scraeua Gl. Leid.* 47. 78; mus araneus, *screawa* ÆLF. *Gl.* 122; musaraneum, alce, hyena *MS BL Stowe 57* f. 157.

4 (*mus major*) rat.

mures majores qui vulgariter rati vocantur GIR. *TH* II 32.

5 (*mus marinus*) turtle.

mus marinus, *the see mouse, gothe out of thewater, & . . laieth her egges . . in the erthe* (L. ANDREWS *Noble Life* III 57) *OED* s. v. sea-mouse.

6 (*mus peregrinus*) ermine.

jussit . . regalia ornamenta clamidem sericamque interulam et renonem de pretiosis pellibus peregrinorum murium subito comburi ORD. VIT. IV 13 p. 264.

1 Musa [CL < Μοῦσα]

1 Muse, one of nine goddesses presiding over the arts; **b** (dist. by name or class); **c** (expl. as

mode of learning or understanding); **d** (expl. as element or organ from which sound issues).

de fonte aut monte ~arum ALDH. *Met.* 9; hymnos .. primum Emmia Timote effecit in Apollinem et ~as BONIF. *Met.* 112; Helson [i. e. Helicon], mons ~arum *GlC* H 76; Musa refer, celebremque viri depinge vigorem H. AVR. *Guthl. proem.* 4; novem ~e choream faciunt et circa Apollinem cantus melodiam promunt *Deorum Imag.* 4; musica .. dicitur a ~is quasi poete finxerunt Jovis esse filias et memorie, quia nisi memoria teneantur, soni pereunt ODINGTON *Mus.* 60. **b** non rogo ruricolas versus et commata Musas / nec peto Castalidas metrorum cantica nimphas / .. servare ALDH. *VirgV* 23; Erata [i. e. Erato], ~a *GlC* E 284; Euterpe, nomen ~ae *Ib.* 349; Melfoben [i. e. Melpomene] ~a *Ib.* M 183; Pieris, ~a [silvestris] *Ib.* P 404; Thersicorem [i. e. Terpsichore]: ~a *Ib.* T 154; **9..** ruricolas ~as *landælf WW*; sunt novem ~e filie Jovis et Memorie, secundum alios filie Thespii .. quarum nomina sunt hec: Clio, Euterpe, Melpomene, Thalia, Pollinna, Erato, Tercicore, Urania, Calliope *Natura Deorum* 21. **c** sunt .. novem ~e que sapientiam comitantur: Clio cogitatio discendi, Polimia memoria retinendi, Tersicore delectatio studendi, Erato inventio similium, Melpomene cogitatio perseverandi, Talia dans capacitatem, Calliope optima vox, Euterpe bene delectans, Urania celestis que est intelligentia BERN. *Comm. Aen.* 35; ~e autem appellate sunt a Greco *maso*, id est, a querendo, quod per eas .. vis carminum et vocum quereretur GIR. *TH* III 15; Fulgentius .. novem ~as doctrine atque scientie modos appellat ... prima Clio ponitur, que fama interpretatur. .. secundam Euterpen dicimus, que bene delectans interpretatur. .. tertia Melpomene dicitur, i. e. meditationem faciens ... quarta Thalia, i. e. capacitas vel ponens germina. quinta Polymnia, i. e. multam memoriam faciens ... sexta Erato, i. e. inveniens simile. .. septima Terpsichore, i. e. delectans instructione. .. Uranea octava, i. e. celestis. .. nona Calliope, i. e. optime vocis ALB. LOND. *DG* 8. 18 (=WALS. *AD* 16). **d** novem ~e ei [sc. Apolloni] ideo applicantur, quod secundum philosophos que vocem humanam operantur novem sunt: duo viz. labia, quatuor dentes, plectrum lingue, gutturis cavitas, pulmonis anhelitus ALB. LOND. *DG* 8. 17 (=WALS. *AD* 16); Varro tres tantum esse ~as commemorat, unam que ex aque nascitur motu, alteram quam aeris icti efficit sonus, tertiam que mera tantum voce consistit ALB. LOND. *DG* 8. 22; alii intelligunt novem ~as octo sperarum musicos cantus et unam illam armoniam que ex omnibus conficitur consonantibus WALS. *AD* 17.

2 source of artistic inspiration or a work that issues from it.

nunc juvat ymnidicam paulatim vertere musam WULF. *Brev.* 318; **10..** ~is, *mid sangum WW*; hinc Anglae poteris musae gustare saporem R. CANT. *Poems* 1. 16; crux cancellavit musam michi metra novantem GARL. *Mor. Scol.* 273; nec Homerus neque Maro, / virgo clara, stilo claro / laudes tuas caneret; / immo neque Gabriel te / digna musa, digno celte / lucubrando pingeret WALT. WIMB. *Virgo* 139; Xenophon .. vocabatur .. a multis ~a propter leporem interpretacionis, quam ob rem sibi invicem emulabantur ipse et Plato W. BURLEY *Vit. Phil.* 150.

3 cornemuse, hornpipe, bagpipe.

organa, nabla, lire, tympana, musae, / cymbala, sistra, chori, sidera, montes, / valdes et fluvios laudibus implent GOSC. *Edith* (II) 270; **11..** ~a, *pipe* vel *hwistle WW*; ~a, pastorum ~a, instrumentum sonorum, *backepipe* GARL. *Mor. Scol. gl.* 147; sunt michi carmina consona, timpana, letaque musa GOWER *VC* III 829.

2 musa [Ar. *mawza*], **a** plantain, tree-like herbaceous plant (*Musa paradisiaca*) or banana tree (*Musa sapientum*). **b** medicament made from plantain or banana.

a non enim sunt arboris poma [paradisi], sed cujusdam herbe in altum crescentis ad modum arboris, que ~a appellatur; cujus folia in figura et colore foliis cujusdam herbe, que Anglice dicitur *radigche*, multumque assimilantur, quamvis in longitudine et latitudine illa multum excedant. folia enim ipsius communiter habent in longitudine duos vel sex pedes, et in latitudine quandoque unum, quandoque duos .. et .. predicta herba nunquam facit fructum nisi semel S. SIM. *Itin.* 40. **b** materia competenter purgata detur tertia die rubes tro[chisca] cum aurea parum vel cum ~a enea ante acces[sum] GILB. I 21v. 1; fiat stupha .. exeunti detur ~a vel melius tyriaca *Ib.* I 39. 1; si fiat emplastrum de ~a enea et .. ponatur super loca pulsuum si tunc patiens sudaverit judicandus est evadere J. MIRFIELD *Brev.* 66; detur etiam ei interdum ~a cum succo liquiricie et dragaganti *Ib.* 84.

3 musa [Ar. *muzz*], sour apple.

~a vel muscis fructus est in quo dicunt primum parentem †percasse [l. peccasse], alii dicunt in ficu, et est nomen saporis compositi ex sapore dulci et acetoso, A. *sourappel Alph.* 121.

4 musa v. 3 muscus.

musac v. musaicus.

musach [LL < Heb. *misach*], place of possession, treasury.

a tresory, corbanan sacerdotum est, gazophilacium populorum, musach regum, repositorium, pecuniarium *CathA*.

musaeus, museus, musius [CL < Μουσαῖος, Μουσεῖος]

1 (as adj.) of or inspired by the Muses.

opus museum, †carnes [l. carmen] musarum *GlC* O 205.

2 (as sb. n.) place dedicated to the Muses, museum, library, archive.

qui quidem libri cum essent in museo positi, cuidam servo suo in mandato episcopus dedit .. *Hist. Durh.* 14 p. 152; ex musaeo Edwardi Braynwode BALE *Index* 69.

3 (*opus ~um* or ellipt. as sb. n.) mosaic.

pictura cum museo in pariete *Runica Manuscripta* 353 (v. monogrammus 1); **s570** avunculus tuus .. abstulit perticos ligneos qui erant in trullo [ecclesie Sancte Sophie], et continuo posuerunt musium et deauraverunt illud DICETO *Chr.* 99; basilica dicta Vaticanum, ex mirifico opere musivo aureo et vitro laqueata GERV. TILB. *sup.* vol. II p. 768.

musaicus [cf. 1 Musa, musicus]

1 of or inspired by the Muses, musical. **b** (as sb.) inspired or musical composition.

festum nativitatis Domini nostri Jhesu Christi .. constituit celebrari, cujus solitas observancias devotis laudibus .. et ~is concentibus .. dilatavit *Ps.*-ELMH. *Hen. V* 30. **b** **s1458** neque de Cirreo flumine .. vel haustulum unum degustaveras, ut sic scires cum Musis singulis in singulis ~is singulariter decantare *Reg. Whet.* I 314.

2 of mosaic. **b** (as sb.) mosaic.

est ecclesia sumptuosissima .. biblicis historiis opere mosaico excellenter ornata S. SIM. *Itin.* 14; extruxit ecclesiam opere ~o et marmoribus et auro diversimodo ditissime et regaliter ornatam *NLA* II 20. **b** **10..** musac, *bleostæning WW*.

musalis [cf. 1 Musa], of a Muse.

pergite, Pierides, musali pollice flores / carpere ALCUIN *Carm.* 14. 1.

musardus [ME, OF *musard*], one who muses, idle fellow; **b** (as surname).

tantum declinaverunt musa, muse, quod omnes ~i reputati sunt BRAKELOND f. 160v; **1291** qui .. consuevit nos .. nominare ~os, brevitores, fatuos, et bollardos *Doc. Eng. Black Monks* I 133 (v. bollardus). **b** Hugo ~us (*Lincs*) *DB* I 336vb.

musare [ME *musen*, AN *muser*], to stare, waste time.

1311 projiciens impetuose unum quadrantem in luto, fecit pauperes ~are in eodem et hoc tempore frigide hiemis (*Acta Contra Templarios*) *Conc.* II 386b.

1 musca [CL]

1 fly. **b** (*~a canina*) flea. **c** horse fly, mosquito, gnat, or midge. **d** (*~a mellis*; also ellipt.) honey-bee.

cynomia, omne genus ~arum *GlC* C 980; ~a, *flege Ib.* M 376; ad ecclesiam .. in qua propter ~arum ingruentem abundantiam nec etiam divina celebrari poterant GIR. *GE* I 53 p. 160; nonne figuram aranee gerunt, que de suis visceribus telam texit, ut capiat ~am vilissimam? P. BLOIS *Ep.* 14. 46C; musca rotata rota nisu proprio sibi vires / adquirit NECKAM *DS* I 637; isto motu moventur planete contra motum sperarum, sicut ~a contra motum rote ROB. ANGL. (II) 153; ~e contrite et superposite [apostema] rumpunt GAD. 28. 2; in ista abbathia non intrant ~e nec pulices [ME: *neyther flen ne flyen*] nec tale aliquid fedum miraculo Dei et beate Marie virginis *Itin. Mand.* 42. **b** ~a canina, quae in cane habitat *Gl. Leid.* 36. 11; quarto misit Dominus cynomias, i. e. ~as caninas T. CHOBHAM *Praed.* 34; ~a canina que in estate adheret auribus canum et fortiter mordet et nimis infestat eos BACON *Gram. Gk.* 90. **c** casnomia, ~a venenosa *GlC* C 149; cariscus, ~a modica *Ib.* 150; conopeum, rete ~arum *Ib.* 531; spalagius, ~a venenosa *Ib.* S 452; **c1160** (v. conopeum 1a); vir Dei multoties ~am vel culicem insidentem faciei, et sanguinem sugentem, si per impatientiam ob angorem percutiendo perimeret, mox ad predictum opus curreba J. FURNESS *Walth.* 39; ut patet in vermibus et ~is qui carnibus insident et sanguinem sugunt BART. ANGL. IV 7 p. 103; non magis principes defendunt lanceis / quam musce facerent suis aculeis WALT. WIMB. *Carm.* 376; Latinus dicit cynyps cynyphis, et est ~a parvulina que fortiter pungit dormientes in estate, maxime in locis humidis BACON *Gram. Gk.* 33; nam conopeum est reticulum subtile, quod ponitur circa capita divitum, propter culices et ~as parvas excludendas *Ib.* 77; pungit musca [*gl. i. musche*], sapit muscum [*gl. i. muge*], viret arbore muscus [*gl. i. mos*] *Alph.* 122. **d** [homo] qui semper erit collector predictarum ~arum *Act. Hen. II* II 352; tanquam ~a mellis in floribus camporum *Plusc.* VI *prol.*

2 ornament in the shape of a fly or bee.

c1100 dedit unum aureum calicem .. et unam auream ~am pulchre gemmis ornatam *MonA* II 566b.

2 Musca, Mouche, Haute-Marne (passing into surname).

1261 Ricardus de ~a' *Cl* 493.

3 Musca, Muscius, 4 Muscus [Ar. *musta'rib* = *making oneself an Arab, like an Arab*], **a** Mozarabic Spain. **b** (*obolus de ~a* or sim.) Almohad dinar of 2.3 grams. **c** (*denarius de ~a* or sim.) Almohad double dinar of 4.6 grams. **d** (*pannus de ~a* or sim.) cloth from Mozarabic Spain. **e** valuable artefact from Mozarabic Spain.

a **1211** pro iij m. auri de ~ia (v. aurum 1a). **b** **1190** in soltis per breve regis ipsi vicecomiti cc m. pro xx m. auri in obolis de ~ze *Pipe* 146; **1192** Benedictus f. Ysac .. c li. et j m. auri de obolis ~ii *Pipe* 231; **1193** Benedictus filius Ysaac c li. et j m. auri de obolis ~e vel x m. argenti pro fine suo *Pipe* 30; **1198** de cc obol' de Muce *RScacNorm* II 423; **1238** oboli de Musc' *Cal. Liberate* 356; **1239** xx obol' Muc' *Ib.* 366; **1239** xxxvj ob. Musc' *Ib.* 376; **1243** xij maillias de Muz (v. capitagium 2); **1251** totum aurum nobis debitum in festo beati Edwardi poni faciatis in auream monetam ut in bisanciis vel obolis de Mus' et aliam monetam auream, dum tamen prefata moneta nobis respondeat ad valenciam auri de folio *Cl* 509; **1251** mandatum est Eduuardo de Westmonasterio quod .. atachiari faciat crucefixo apud Westmonasterium xij obolos de ~a *Cl* 546; **1253** mandatum est .. justiciario regis Anglie, et quod de catallis que fuerunt Salomonis le Evesque, Judei Lond', liberent in garderoba regis .. iiij [xx]v m. .. auri videlicet in bisantiis xxiiij marcas et dimidium et in obolis ~i xxx .. *Cl* 459; **1262** mandatum est thesaurario de Scaccario quod lxx obolos Murc' attachiandos ad feretrum Beati Edwardi .. habere faciat sacriste Westmonasterii *Cl* 151; **1270** liberate .. iiij li. vj s. viij d. pro quinque duodenis obolorum de Murcia .. emptis .. ad oblaciones nostras .. faciendas *Liberate* 46 m. 10; **1271** pro octo denariis et decem obolis de Murch' *Ib.* 47 m. 9; **1295** portatile lingneum .. cum .. duobus obolis de Marchia aureis .. affixis *Vis. S. Paul.* 314; **1396** xxiiij obolos auri nuncupatos obolos de ~a *Cl* 237 m. 7. **c** **1244** computate W. H. .. xij li. xv s. quos posuit .. in cij denariis de ~e qui faciunt ij marcas auri per pondus *Liberate* 21 m. 16. **d** **1167** pro ij magnis pannis sericis et ij tapetis et iij pannis de ~e et j samit xxiiij li. *Pipe* 2; **1237** pro .. ix pannis de Mucia et xxv pannis de Alesta *Pipe* 81 r. 13; **1238** uno panno de Musc' *Cal. Liberate* 356; **1241** liberate eciam eidem lvij s. iij d. pro aurifragiis et liniatura et factura cujusdam tunice et dalmatice factis [*sic*] de quodam panno de Musc' ad opus nostrum *Liberate* 15 m. 10. **e** **1415** *a kind of treasure* ~ie *DL* 42/17 f. 85.

4 musca v. 1 muscus.

5 musca v. 2 muscus.

6 musca v. 3 muscus.

muscadus v. muscare.

muscar [cf. 1 musca], musket, male sparrow-hawk.

de volatilibus: . . hic ~ar, *muschet Gl. AN Ox* 489; de avibus: . . hic muschar, *muschet Gl. AN Glasg.* f. 21vc.

muscare [cf. 2 muscus]

1 to emit an odour.

dum male muscantem livens lepra prodit, et albor / arguit errantem detegit atque nefas E. THRIP. *SS* V 21.

2 (p. ppl. as adj.) scented with musk or a similar odour. **b** (*acus ~ata*) musk storks-bill (*Erodium moschatum*), herb Robert (*Geranium robertianum*), or sim. **c** (*herba ~ata*) sweet woodruff (*Asperula odorata*). **d** (*nux ~ata*) nutmeg (*Myristica fragrans*).

pliris ~ati GILB. II 120. 2; inunctio cum unguento ~ato *Ib.* II 120v. 2; *Ib.* III 158v. 2 etc. (v. alipta); unguentum ~atum . . bonum est; sed est magnum et carum pro divitibus GAD. 66v. 1. **b** acus ~ata GAD. 125v. 1, *Alph.* 2, 110 (v. 2 acus 3a); acus ~ata major *MS BL Sloane 405* f. 7v. **c** GILB. III 149. 2, GAD. 49. 2, *Herb. Harl. 3388* f. 8ov (v. 1 hasta 7); herba ~ata, *muge de bois MS BL Addit. 15236* f. 177v; herba ~ata, i. hastula regia, *woderove SB* 24; herba ~ata major et minor *Alph.* 80. **d** queritur quare si aliquis nucem ~atam de sero comedit, urina in crastina die redolebit? *Quaest. Salern.* R 6; **1205** dim' libr' de girofl' et in libr' de nucibus musgatis *Cl* 21b; **1207** una libra nucis musgate xij s. *Cl* 88a; **1213** dim' libr' nuc' muscat' *Cl* 156b; arboris hic fructus nux est muscata; per illam / lux celebris stomacho festa diurna colit GARL. *Epith.* IV 297; comportes aloen, calamiati, cinnama, muscum, / muscatamque nucem, macis, odora thyma *Ib.* VI 362; **1303** cyphus de nucibus muscadis munitus arg' cum cooperculo de eadem secta sine pede *DocExch* 279; GAD. 4v. 2 (v. confortativus c); **1417** in nucibus ~atis, vj d. *Ac. Durh.* 286; **14 . .** de qualibet libra gariofili galyngale nucis ~ati masseorum quibibes croci et cerici ven. ob. *EEC* 213; macis non est flos nucis ~ate ut quidam credunt, sed adheret ipsi nuci ~ate, et circa ramum ut videtur in avellana *MS BL Sloane 3217* f. 48v.

3 (as sb. f. or n.) ointment scented with musk or a similar odour.

pliris, arcoticon, ~ata GILB. II 105v. 1; ungatur caput . . ~ato *Ib.* III 159. 2.

4 sweet red wine made from muscat grape.

sumat de electuario cum ~ato BACON V 97.

muscarius [CL]

1 that catches flies, that lives on flies.

lana ostri elabitur / vermiculo, cum vertitur, / spissam ceu aranea / telam texit muscarea (ÆTHELWALD) *Carm. Aldh.* 2. 144.

2 (as sb. n.): **a** place in which flies abound. **b** flywhisk, fan to keep flies away.

a *a flee* . . muscetum, ~ium, muscularium, musceletum sunt loca ubi habundant musce *CathA.* **b** flavellum, ~ium *GlC* F 248; *a flee flape*, flabellum, flabrum, ~ium, muscularium *CathA.*

muscator, ~oria, ~orium [cf. 1 musca], flywhisk, fan to keep flies away.

in visco ad muscas capiendas empto' v d. in iiij ~oribus emptis' j d. ob. *Ac. Beaulieu* 244; debet . . refectorarius . . ~orias in estate providere *Obs. Barnwell* 154; **1298** unum ~orium de pennis pavonum (*Hist. S. Paul.*) *Arch. J.* V 203; **1345** duo ~oria satis apta in capsula *Sacr. Lichf.* 109.

musceleon [μοσχέλαιον, infl. by 2 muscus], oil scented with musk.

radatur caput et ungatur cum oleo, ~eo, et aliis unguentis *Quaest. Salern.* P 95; recipe . . cepe, cepule, masticel[eon] ~eon anetil[eon] olei viol[arum] succi cucur[bitarum] GILB. III 146. 1; musteleon, i. olivum mustelinum a musto dicitur *SB* 30; musteolum est quoddam oleum de musco et aliis speciebus aromatibus factum *Ib.* 31; ~eon oleum muscelinum et est color putorum vel scriptorum *MS BL Sloane 2479* f. 99v; ~eon olium est de musco muscellinum idem *MS BL Sloane 3217* f. 50; ~eon est oleum muscellinum non de musco sed de fructu muscelli arboris *Alph.* 122; mustilio, A. *mestylyon WW.*

1 muscella [CL], young female mule.

muscula, *mule Teaching Latin* I 22.

2 muscella [cf. 1 musca+ella], little fly, flea, gnat, or mosquito.

a midge, ~a LEVINS *Manip.* 116; *a litle flye*, ~a *Ib.* 152.

3 muscella v. musculus.

muscelletum [2 muscella+-etum], place in which flies abound.

musceletum *CathA* (v. muscarius 2a).

muscellinus [musceleon+-inus], (*oleum ~um*) oil scented with musk (also ellipt. as sb. n.).

inungatur oleo muscel' . . GILB. II 107. 2; cum predictis oleis, excepto ~o *Ib.* II 120v. 2; impone al[bum] oleum mastic in quo solves licium; eodem modo appone al[bum] ~um in quo ponuntur mell[is] succi fen[ugreci] verbene *Ib.* III 145v. 2; unguatur capud . . olio mucillino *AN Med.* II 202; potest ungi cum oleo nardino vel ~o GAD. 66v. 1; olivum mustelinum *SB* 30, oleum ~um *Alph.* 122 (v. musceleon).

1 muscellus [1 muscus+-ellus], little mossy growth.

Alph. 122 (v. musceleon).

2 muscellus v. musculus.

muscerda [CL *as pl.*], mouse excrement.

hec ~a, -de, i. stercus murium OSB. GLOUC. *Deriv.* 342; hec ~a, *estront de soris Gl. AN Glasg.* f. 21rc; *a mowsse turde*, musterda *CathA.*

1 muscetum [1 musca+-etum], place in which flies abound.

CathA (v. muscarius 2a).

2 muscetum [1 muscus+-etum], mould, mushroom.

mussetum, A. *musserouns WW.*

muscetus v. muschettus. **muschar** v. muscar.

muschettus [ME, AN *muschet* < 1 musca], musket, male sparrow-hawk.

1234 xij decim espervarios et v ~os distribuendos inter milites qui sunt in munitione ejusdam castri *Cl* 454; **1256** musketi *CallMisc* I 74; **1257** de iiij ~is receptis de aeria in montana (*MinAc* 1094/11) *S. Wales & Mon Rec. Soc.* II 122. **1266** in xiiij espervarias et iiij muskett' custodiendis per j mensem et illis portandis usque Holdernesse, x s. *MinAc* 1087/6 r. 1; **1269** in . . x espervariis iiij muchet' cum carne ad eosdem empta *Ib.* r. 4; **1271** x espervarios, iiij muchet' cum carnibus ad eosdem emptos *MinAc* 1087/6 r. 4; **1286** pro putura xiiij girfalconibus regis, duobus falconibus laneriis, ij esperveriis et j ~o regis existentibus in eisdem mutis ad mutandum *KR Ac* 351/20 m. 5; **12 . .** muskettos (v. aerea); istum nisum quidam muscetum vocant, set certe scias quod differunt et sunt duo. nam muscetus multo minor est niso, dorsumque habet magis rubium, avis est que cito mansuescit, et velox ad volatum, set parum valet UPTON 189.

muscida [1 muscus+-idus], mossy growth.

lapides . . tam in fontis scaturigine quam in rivo . . sanguine ejus conspersi . . sunt quasi congelato cruore detersi. ~a vero que eisdem lapidibus adheret, quasi thus redolet (*V. S. Wenefredae*) *NLA* II 419 (=*VSB* 292: mussa).

muscidus v. mucidus.

muscifugium [1 musca+fugare+-ium; cf. febrifugium], fly-whisk, fan to keep flies away.

1429 j ~ium de *pecok* (*Comp.*) *Arch. J.* V 204.

muscilentus v. muculentus.

muscilio [1 musca, muscio+-ilis+-io], kind of fly.

sicut vespe videntur fieri ex cadaveribus equorum mortuorum, et apes ex cadaveribus vaccarum mortuarum, et ~ones ex vino putrefacto SICCAV. *PN* 186.

muscillaginosus v. mucilaginosus. **muscillago** v. mucilago.

muscio [LL], large fly.

hec musio, -nis, *a grett flye WW.*

muscipula [CL], mousetrap; **b** (fig.).

~a, *muusfalle GlC* M 324; habeat . . muscipulam [*gl.: surçur, rature, musfale*] contra mures NECKAM *Ut.* 111; assatur caseus et ponitur in ~a; quem cum sentit ratus, intrat in ~am, capit caseum et capitur a ~a O. CHERITON *Fab.* 49a; muccipula, instrumentum ad mures capiendos . . G. *arblayt* GARL. *Unus gl.* 172; hec ~a, *ratiere Gl. AN Glasg.* f. 20vb; **1327** foramen . . ad modum ~e in qua mures capiuntur *MGL* III 416. **b** strofosam muliebris audaciae ~am ALDH. *VirgP* 53; muscipulas nostis quas obicit aemulus hostis, / illicibus quaerens animos vitiare figuris FRITH. 1344; adversa fortuna miseros tam victos quam victores ~a sua irretivit ORD. VIT. IV 4 p. 187; superbia est ~a peccati OSB. CLAR. *Ep.* 39 p. 133; spes tua certa fuit hac de re me irritare et in ~am tuam irretire M. RIEVAULX (*Ep.*) 74; **s1250** Robertus curie et curialium ~as evitans, ad melioris vite . . manipulos colligendos . . convolavit M. PAR. *Maj.* V 137; **s1251** ~as et promissiones papales detestans, mendicare cogebatur *Ib.* 201.

muscipulare [LL], to catch in a mousetrap (fig.).

s1253 quod cum audisset papa, precordialiter ingemuit, et se comperiens ~atum, consilium et consolationem accepit a senatore M. PAR. *Maj.* V 418; **s1119** Romanos . . in suum favorem retributionis beneficio ~ando per peram inclinavit *Id. Min.* I 225; **s1237** quod cum papa comperisset, dissimulans se laici ~ari fallaciis, dimisit eum in pace *Flor. Hist.* II 222; ut abbatem . . consuetis fallaciis ~aret G. S. *Alb.* I 379; impostor nos ~avit *Ib.* 383.

muscipulatio, act or means of catching in a mousetrap (fig.).

s1251 episcopus . . civitatis . . prohibuit sub pena anathematis, ne aliquis clericus eorum audiret eloquia vel sequeretur vestigia, asserens hec omnia esse diaboli ~ones M. PAR. *Maj.* V 249.

muscipulator [LL *gl.*], one who catches a mouse. **b** one who entraps by deception.

a mowsse taker, ~or *CathA.* **b** hic ~or, -ris, i. deceptor OSB. GLOUC. *Deriv.* 343; ~or, deceptor, fraudator, pellicator, alterplex, . . fraudulentus, defraudator *Ib.* 362.

Muscius v. 3 Musca.

muscivus [1 muscus+-ivus], mossy.

974 monasteria quae velut ~is scindulis cariosisque tabulis tignotenus visibiliter diruta (*Ch.*) W. MALM. *GR* II 153 (=*GP* V 252).

musco [ML], fly.

fflech ffly, ~o, -is *PP.*

1 muscosus [CL; cf. 1 muscus], mossy.

de moloso: . . setosi, ~i, dumosi ALDH. *PR* 118.

2 muscosus [cf. 1 musca+-osus], that abounds with flies.

a flee . . sunt loca ubi habundant musce, ~us *CathA.*

1 muscula v. 1 muscella.

2 muscula [LL], little fly, flea, mosquito, gnat, or midge.

nullum ore vel unguibus laedit ne minimas quidem ~as vel vermiculos quibus minores paene omnes aviculae se suosque pullos nutriunt BEDE *Hom.* I 12. 62.

3 muscula v. musculus.

muscularium [1 muscula+-arium], place in which flies abound.

CathA (v. muscarius 2a).

musculatum [musculus 2a], mess of mussels.

1474 pro truta et stureo et le *mombles* unius *porpess* et pro uno musclado, cum speciebus eidem deservientibus *Ac. Chamb. Cant.* 143.

musculosus [CL], full of muscle, muscular.

in loco . . ~o GAD. 123. 2 (v. lacertosus a); carnes . . ~e *SB* 28 (v. caro 4b); membra ejus non multum ~a carne tumencia *Ps.*-ELMH. *Hen.* V 6.

musculus [CL], 3 muscula

1 little mouse.

~us . ., i. parvus mus Osb. Glouc. *Deriv.* 342; hic ~us, A. *a lytyl mus.* est musculus piscis, parvus mus, pars †tibiales [l. tibialis] *WW* (v. et. 2c, 3 infra).

2 (sea creature): **a** a mussel, edible bivalve mollusc. **b** kind of whale. **c** pilot-fish.

a exceptis variorum generibus concyliorum, in quibus sunt et ~ae, quibus inclusam saepe margaritam . . inveniunt Bede *HE* I 1 p. 10; †geniculus [?l. geniculas], muscellas *GlC* G 55; quid capis in mari? . . ~as [AS: *muslan*] torniculi, neptigalli Ælf. *Coll.* 94; ~o, *muxle* (*Id. Gl.*) *Teaching Latin* I 25; varia conchiliorum genera; inter que sunt et ~e quibus sepe inclusam margaritam omnis quidem coloris optimam inveniunt H. Hunt. *HA* I 1; **1278** posicio ~orum: . . idem respondet de xxiiij s. pro ~is positis super libertat' domini (*Ac. Milton*) *DC Cant.*; **1299** loca ~orum: . . de xl s. de locis ~orum hoc anno (*Ib.*) *Ib.*; **1309** redditus ~orum in litore maris, xl s. (*Milton*) *MinAc Essex*; c**1320** ostria et ~as (*Eyre*) *Lond. Ed. I & II* II 181; de singulis batellis applicantibus cum ostris et musclis *Ib.* 182; **1378** pro muskelis collectis infra dominium contra defensionem messoris *Hal. Durh.* 143; **1382** ~as (v. 1 manda); **1413** quosdam batellos suos cum ostriis et ~is careari . . fecerunt *Cl* 263 m. 35; **1486** et *dragging* ~orum in Tilbery Hope in eodem com' Essex' *Pat* 563 m. 4 (24). **b** [pisces] diversi sunt, utpote . . murena, ~us [*gl.*: *baleyn*, *wal*] et epimera Neckam *Ut.* 97. **c** est musculus piscis *WW* (v. 1 supra).

3 muscle.

digitalium ~orum, *fingir doccana GlC* D 294; ~us . . pro quadam parte brachii dicitur Osb. Glouc. *Deriv.* 342; Alf. Angl. *Cor* 6. 1 (v. 2 dilatare 1d); secundo mense producitur in spiritus lacerti, ~i, et rotundi *Quaest. Salern.* B 194; vis . . motiva et efficiens motum est illa vis que operatur in nervis et in ~is J. Blund *An.* 55; ~us est membrum exterius et [ex] ligamentis et carne nervorum et ligamentorum intersticia replens conpositum ut ipso tracto vel dilatato secundum sui partes sequitur extensio vel incurtatio membri mediante corda . . Ps.-Ric. *Anat.* 42 p. 28; omnis motus animalis qui incedit secundum rectum provenit a motu nervorum et ~orum qui fit per constriccionem seu dilatacionem Gros. *Hexaem.* X 2. 7; in feretro Sancti Dunstani continentur . . duo brachia cum suis duobus mustellis . . due tibie cum suis duobus mustellis (*Reliquiae*) Domerh. *Glast. app.* 445.

4 sort of small boat.

dromo, longa navis . . ~us dicitur parva navis Osb. Glouc. *Deriv.* 174; ~us, genus parve navis *Ib.* 367.

muscum v. muscus.

1 muscus [CL], 4 musca

1 moss. **b** mould.

aliquid de veteri ~o, quo superficies ligni erat obsita Bede *HE* III 2 p. 130; capella . . ~o silvestri solum et hedere nexibus adornata Gir. *IK* I 3 p. 37; lapis cavatus . . in quo ~us ex antiquo succrevit, sicut natura lapidea aquis consuetius infusa parturire naturali tramite consuescit R. Cold. *Cuthb.* 141; cura: accipitur mussa de arboribus, et in vino albo cocta calida supponatur *Quaest. Salern.* Ba 65; **1237** in musso colligendo, ob. *KR Ac* 501/18 m. 1; c**1280** cum libera communa erbagii et mussi *Couch. Furness* II 276; **1293** xviij d. in mussa colligenda pro stagno *KR Ac* 260/3 m. 2; pumices muscidos, i. habentes ~um et est ~us Anglice *musse* vel *mosse GlSid* f. 150vb; **1307** in musso iij d. *Fabr. Exon.* 37; **1317** vj fessis musei [*sic*; l. musci] silvestri ad cooperturam plumbi super scaccarium *Ib.* 80; ~us arboris in omni membro nervoso apostemato valet coctus cum vino et oleo Gad. 30. 1; **1376** mulieribus colligentibus ~um et *hather* et operantibus in stagno, iiij li. iij s. vij d. *Ac. Durh.* 583; ~us, nomen est equivocum ad idem aromaticum et ad illam lanuginem que vestit arbores et similiter vestit lapides torrentes *SB* 30; timbul est ~us lapidis in aqua de levi faciens hominem cadere *SB* 42. **b** *a mowldnes*, glis, mucor, mussa *CathA*.

2 place in which moss grows, bog.

†c**1150** in bosco et moscis de P. *Ch. Chester* 91; a**1150** duo rivuli descendunt de musso qui est retro Thocchesheued *Reg. Newbattle* 17; c**1150** [dedi terras] . . in pratis . . in moris, ~is et mariscis *MonA* VI 1128b; a**1161** sicut wascellus cadit a musso de Carnegogyl *Kelso* 102; **1180** usque ad mussam que est inter

Threpwnde et Cumbesleie cnol *Regesta Scot.* 236 p. 275; c**1180** ex transverso musso *Melrose* 66 (cf. ib. 200: rivulus qui descendit de mussa); c**1183** in aquis et molendinis, in miscis et mariscis (*Reg. Holm Cultram*) *MonA* V 597a; **1215** in mussis et mariscis, in aquis dulcibus et salsis *RChart* 210a; **1292** desicut dura terra et mussa sibi invicem obviant et inde ascendendo in directum usque ad medietatem musse . . et inde per transversum musse et nemoris *PQW* 130a; **1318** sic sequendo circa Garthstoh inter duram terram et humidam usque ad mussam; et sic descendendo per mussam illam, usque ad rivum (*Pat* 150 m. 22) *MonA* VI 556b.

3 the colour of moss, green.

~us, viriditas vel viridis color Osb. Glouc. *Deriv.* 361.

2 muscus [LL < μόσχος] < Pers. *mušk*], 5 musca

1 musk-deer.

~us, bestia, et sanguis ejus boni odoris est *Gl. Leid.* 47. 8.

2 odoriferous reddish brown substance secreted by the preputial gland of a male musk-deer.

de cruce cui quidam veteres jam vespere muscos / attulit Alcuin *SS Ebor* 447; ~o et speciebus exoteris placant olfactum J. Sal. *Pol.* 761B; quare ~us positus in loco fetido redolet multum *Quaest. Salern.* Ba 26; sapo . . malaxetur . . desiccetur ad solem . . addito ~o . . fiat muscatum Gilb. III 159. 2; in muscho et ceteris aromaticis Bacon II 18; muscus [*gl.*: ~us invenitur in lumbis animalis quod vescitur spicanardi . .; ~us species est aromatica que invenitur in renibus cujusdam animalis] promatur, maratrum vulgo comedatur Garl. *Mor. Scol.* 590; ut in mosco sine accensione vel in thure accenso Bacon *Maj.* II 432; s**1393** quidam . . inclinato torticio, submisit ignem in stuppa [vel] †inusto [MS: musco] quo corpora eorum fuere exterius cooperta Wals. *HA* II 212; hic muscus, A. *muske WW*; musus vel murus, sapor camphoratus *MS BL Sloane 3217* f. 50v.

3 odoriferous plant. **b** (~*us de campo*) birdsfoot trefoil (*Lotus corniculatus*), galingale (*Cyperus longus*), sweet woodruff (*Asperula odorata*), or sim.

~us, genus herbae *GlC* M 312; nomina herbarum: . . hic ~us, A. *muske WW*. **b** ~us de ca[m]po *Alph.* 49 (v. dens 3b); ~us de campo, *horstoth MS Cambridge Univ. Libr. Dd. 11. 45* f. 109ra.

4 (*nux* ~*i*; also ellipt.) nutmeg.

~o, *muge Teaching Latin* I 50; **1357** in j li. nucum ~i iij s. iiij d. *Ac. Obed. Abingd.* 14.

5 sweet red wine made from muscat grape. **b** meal at which wine is drunk.

1212 quod duo dolia ~i ematis ad opus nostrum *Cl* 124a; **1218** unum dolium boni vini Wascon' et unum dolium de ~o ad opus nostrum *Cl* 371a; medicina cordialis ut crocus et ~us Bacon IX 46. **b** hec cena, *a sopere*; hec musta idem est. dic mustam cenam, mustumque latens odorem *WW*.

3 muscus, 6 musca, muscum [cf. CL mus, musculus]

1 mouse.

10 . . ~us, *treowes meos* . . ~um, *meose WW*; insula Lastydeuale in Wallia . . non est populata nisi silvestres herbas, aves . . vocate *mewys kormerentes*, et ratones et ~e id est *mowses* W. Worc. *Itin.* 136.

2 muscle.

muskle, moschum Levins *Manip.* 194.

3 pathological swelling, chilblain.

musa, A. *kybe yn the hele MS BL Sloane 347* f. 89v.

4 muscus v. 3 musca.

1 musella, ~um [ME, OF *musel*]

1 muzzle, snout of an animal.

1282 Robertus de W. . . habet j runc' nigrum cum ij pedibus posterioribus albis . . et ~a alba *Chanc. Misc.* 2/7 m. 10; **1298** unum equum ferr' pomele cum ~o albo *KR Ac* 6/40 m. 2; **1300** pro restauro unius

equi nigri cum ~o albo *AcWardr* 176; **1303** pro uno dextrario morello cum . . ~o albo *KR Ac* 363/18 f. 17; **1313** pro uno equo . . badio cum macula in ~o *Ib.* 375/8 f. 14; **1340** pro consimili restauro j equi sui ferrant pomell' cum ~o albo *TR Bk* 203 p. 258.

2 muzzle, halter for the snout of an animal.

1252 custodi albi ursi nostri, qui nuper missus fuit nobis de Norvag' et est in turri nostra London, habere facias unum musell' . . et unam longam et fortem cordam ad tenendum eundem ursum piscantem in aqua Thamis' *Liberate* 29 m. 15.

2 musella [? Ar.] form of custom or tribute.

quadam namque die contigit eum ad quendam locum ubi ~as, id est tributum, debebat pro se et pauperibus, qui in ejus comitatu erant, persolvere *BR Will. I* 2.

musellare [cf. 1 musella 2], to muzzle or hood (a bird of prey).

1290 Reginaldo filio G. . . eunti . . ad moysillandum austurcum (*AcWardr*) *Chanc. Misc.* 4/4 f. 56v.

musgare v. muscare. **musica** v. musicus.

musicalis [ML], of or concerned with music, musical: **a** (of instrument); **b** (of notation); **c** (of sound); **d** (of composition or performance); **e** (of study of the art or theory of composition or performance).

a repente circa se quasi multitudinem ~ium diversis instrumentorum sonis perstrepentium audivit Gosc. *Mir. Iv.* lxxvi; Elmh. *Metr. Hen. V intr.* p. 80 (v. instrumentum 5a); duo paria organorum . . cum Ferr. *Kinloss* 74. **b** ista probantur maxime per magnam figuram ~em Garl. *Mus. Mens.* 14; notula ~is est figura quadrilatera soni numerati, tempore mensurali significative ad placitum *Mus. Mens. (Anon. VI)* 399. **c** per que tria omnis concordantia ~is vel armonice artis radicaliter accipitur *Mens. & Disc. (Anon. IV)* 66; per totam civitatem . . in sonitu buccinarum et modulatu ~i dux . . equitavit Strecche *Hen. V* 175. **d** sunt quidam alii antiquorum nominantes easdem proportiones, prout una proportio crescit super alteram, sicut patet in quadam antiphona ~i *Mens. & Disc. (Anon. IV)* 63. **e** alia vero dubia relinquo magistris in sciencia ~i studentibus *Fig.* 42; duas domos, . . unam sc. grammaticalem, alteram ~em fundavit *Hist. Durh.* 6; ~ibus . . scienciis Blakman *Hen. VI* 12 (v. minorascere).

musicaliter, musically.

~iter tractant ista per causarum assignationem Bacon *Tert.* 231.

musicare [ML], to praise in music.

solum unus super omnia laudandus, qui est benedictus in secula; nec est nostrum discernere, ~ando subtilitatem sue artis Wycl. *Ente Praed.* 156.

1 musice [CL], in music, musically.

tacere ~e, non est aliud quam pausare *Mus. Mens. (Anon. VI)* 401.

2 musice v. musicus 4.

musicus [CL < μουσικός]

1 (as adj.) of the Muses.

fuit olim funs ille musicus, / quem sacravit Chorus poeticus Hil. Ronce. 69.

2 of or concerned with music, musical: **a** (of instrument); **b** (of sound); **c** (of composition or performance); **d** (of the art or theory of composition or performance).

a sambuca salpicibus respondet musica crebris Aldh. *VirgV* 374; in modulis et omnibus ~is instrumentis G. Mon. III 19; sambuca est ~i species instrumenti Andr. S. Vict. *Dan.* 31; barbitum, instrumenti ~i genus Osb. Glouc. *Deriv.* 78; a**1332** epistola Jeronimi ad Dardanum de ~is instrumentis *Libr. Cant. Dov.* 39. **b** licet . . ~a sambucorum armonia persultans insonuerit Aldh. *VirgP* 21; numeris, id est ~a consonancia. septem discretas voces et consonanciam musice denotat etiam secundum fabulam quod prius ore cantavit Bern. *Comm. Aen.* 117; fonus, -ni, i. cantus, inde fonicus, -a, -um, i. ~us Osb. Glouc. *Deriv.* 219. **c** musica . . carmina Aldh. *VirgV* 1717 (v. 2 cantus 1); regem et convivas ~o acromate aliquantisper delinivit W. Malm. *GR* II 131; [ecclesiam] honorificare studens ~is modulationibus *Ib.* 186; ~e cantilene

modulamina recto sillabarum tramite lustrare *Id. GP* V 195; organa ubi per aereas fistulas ~is mensuris elaboratas 'dudum conceptas follis vomit anxius auras' *Ib.* V 255. **d** sicut de arte ~a legitur ante diluvium inventa GIR. *TH* III 1; s**1430** (v. instrumentum 5a).

3 (of person) expert in the theory of composition or performance of music.

cum .. ~i cantores paucis caracteribus multas acutarum et gravium differentias indicent vocum et ob hoc quidem caracteres illos musice claves dicunt J. SAL. *Met.* 850D.

4 (as sb. f. *~a* or *~e*) music; **b** (personified); **c** (dist. as *humana, instrumentalis, mundana*, or sim.); **d** (as composition or performance, sts. dist. by form); **e** (as liberal, spec. quadruvial, art); **f** (acad.); **g** (as book about theory of composition or performance).

Augustinus .. sex libris de ~a fecisse comprobatur ALDH. *Met.* 10; quot pedibus, numeris, rithmo stat musica discant ALCUIN *Carm.* 26. 40; Cantuarie cantor Osbernus .. ~a certe omnium sine controversia primus W. MALM. *GR* II 149; [Goscelinus] post Bedam secundus ~e porro palmam post Osbernum adeptus *Ib.* IV 342; L. DURH. *Dial.* IV 101 (v. harmonicus 2a); ypodorus, gravis sonus in ~a OSB. GLOUC. *Deriv.* 630; nisi quod in ~a hac una vocum dumtaxat dissonabat H. BOS. *Thom.* III 24 p. 273; est itaque tanquam convertibilis ~a nature. .. unde .. gens Hibernica .. inter lugubres funerum planctus musicas efferunt lamentationes GIR. *TH* III 12. **b** **1432** ~a cum Boecio practicam artis sue .. propalabant (v. ars 3a). **c** legitimam Venerem legimus esse mundanam ~am, id est equalem mundanorum proportionem, quam alii Astream, naturalem justiciam, vocant BERN. *Comm. Aen.* 9; NECKAM *NR* II 173 etc. (v. instrumentalis 4); sonus instrumentorum dulcis est in auribus humanis, set nulla ~a ita suavis sicut vox hominis T. CHOBHAM *Serm.* 4. 21ra; musica .. quedam vocalis, .. et est mundana in elementis, temporibus et motibus, celestis in stellarum convenienciis et spherarum motibus, humana in humanorum temperanciis, instrumentalis et in consonanciis .. *Ps.*-GROS. *Gram.* 13; ~a instrumentalis BACON *Tert.* 230 (v. instrumentum 5a). **d** moysica, modulabilis *GlC* M 233; ut masculam in ecclesia ~am haberent nec quicquam effeminate defringentes W. MALM. *GP* III 116 p. 258; in quodam tractatu qui incipit Habito de ipsa plana ~a, que immensurabilis respective dicitur *Mens. & Disc.* (*Anon. IV*) 33; plana ~a, que immensurabilis dicitur GARL. *Mus. Mens.* 1 (v. immensurabilis 2); duo puncti sumentur hic pro uno, et aliquando unus eorum ponitur in concordantia propter colorem ~e, sit primus, sit secundus *Ib.* 11. 14; ligatura .. principaliter convenit ~e Gregoriane HOTHBY *Cant. Fig.* Fa 30. **e** consummatis .. disciplinis, quae vij speciebus dirimuntur, i. e. arithmetica, geometrica, ~a, astronomia, astrologia, mechanica, medicina ALDH. *VirgP* 35; *Ib.* 59 (v. astrologia a); non est queso mirandum, cum et illa id est calculandi pericia in geometria, astronomia, ~a, reliquisque quamplurimis artibus, sine quibus nemo perfectus dicitur philosophus .. THURKILL *Abac.* f. 55v; W. MALM. *GR* II 167 (v. ars 3a); mathematica .. habet sub se arismetricam, ~am, geometriam, astronomiam *Ps.*-GROS. *Gram.* 13. **f** **11..** intra septa sepedicte ecclesie scolas urbis et viculorum ejus tam grammatice quam ~e regi debere statuentes, earum regimine prepositis sacerdotum ipsius ecclesie et eorum dispositioni commisimus (*Ch.*) *EHR* XVIII 712; **1453** scola ~e alta tercia xiij s. iiij d. (*Rental*) *Cart. Osney* III 253; **1531** quatenus studium duodecim annorum in facultate ~es cum praxi et institutione continua in eadem facultate .. *StatOx* xcix. **g** c**1170** ~a Boethii in asseribus. ~a Osberni [sc. OSB. *Mus.*] in pargameno. .. ~a Hogerii. expositio in ~am Guidonis *Libr. Cant. Dov.* 8; est et altera medietas, que dicitur armonica, que partim convenit cum arsmetica, partim cum geometrica, prout in ~a Boecii .. plenius habetur *Mens. & Disc.* (*Anon. IV*) 65; a**1332** ~a Augustini, libri vj *Libr. Cant. Dov.* 18; a**1332** ~a Salomonis, quinta *Ib.* 55.

5 (as sb. m.) musician, man expert in the theory, composition, or performance of music.

~orum regula ALDH. *Met.* 3 (v. fidicula 1a); a ~is hec reperta est fabula ALB. LOND. *DG* 10. 7; hoc numero cordarum vel fistularum vel prout in cimbalis benesonantibus apud bonos ~os plenius habetur *Mens. & Disc.* (*Anon. IV*) 86; nam cum dicitur edificator est ~us licet ~us distinguatur ab edificatore R. ORFORD *Reprob.* 81; sicut dicimus ~um ambulare, quia sc. illud in quo est musica sicut accidens in subjecto ambulat W. MACCLESFIELD *Quaest.* f. 52vb; vero qui utitur cithara ~us est; sed suum instrumentum sibi nomen imposuit, sc. citharedus ODINGTON 62; incipiunt regule cum maximis magistri Franconis cum addicionibus aliorum ~orum, compilate a Roberto de Handlo HAUDLO 80; magna altercacio versatur hodie inter ~os nostros, quibus dicentibus quod non sit dare pausam minimam, quod manifeste falsum est *Mus. Mens.* (*Anon. VI*) 401; de qua multitudine ad sonum applicata proprie considerat ~us, de magnitudine vero proprie geometer, et ~us per accidens HOTHBY *Cant. Mens.* L 59; hic musicus, *a musyker WW*.

6 (as sb. n.) capacity for or achievement in music.

primum quando nomine vel definitione idem assignatum fuerit .. secundum .. quando proprio ut discipline susceptibilis homini .. tertium .. quando ab accidente ut sedens vel ~um Socrati J. SAL. *Met.* 908C; corrumpitur aliquid quia est in habente contraria ut ~um corrumpitur in nigro ipso nigro corrupto BACON VIII 258.

1 musio v. muscio.

2 musio [LL], cat.

~o apellatus quod muribus infestus sit *Best. Ashmole* f. 35v; murelegus idem est quod ~o sive cattus BART. ANGL. XVIII 74; *a catte*, catus, .. ~o *CathA*.

musire [cf. LL *gl.* mussiare], (of a mouse) to squeak.

mures mintriunt vel †muniunt [? l. musiunt] ALDH. *PR* 131 p. 180.

musit- v. mussit-. **musitatorium** v. minsatorium. **musium, musivus** v. musaeus. **muskelus** v. musculus. **muskettus, musketus** v. muschettus.

Muslemiticus [Ar. *muslim*], Muslim.

cur potius Christianam quam Muzalemiticam sectatus es religionem? PETRUS *Dial.* 64.

musmo [CL], kind of wild sheep.

~ones ALDH. *PR* 118; leopardi .. burdones et tytiri et ~ones quique in genere suo conveniunt W. DONC. *Aph. Phil.* 3. 58.

musona [OF *muison, moison* < mensio], measure, or (?) revenue, profit.

1305 quod triginta dolia cervisie de ~a ... ad opus nostrum .. emi .. facias *Cl* 122 m. 20.

mussa v. muscus, 2 mulsus.

mussare [CL], to fill with murmuring. **b** to hesitate, be afraid.

undique concursus, fremit aequor numina rursus / mille volant coram, mussant totam maris oram R. CANT. *Malch.* IV 215. **b** *doter*, .. dubitare .. formidare, vereri, ~are *Gl. AN Ox.* f. 154r.

mussatio [cf. mussare], moo, growl, murmur.

[simie] quibusdam ~onibus quid facto opus esset deliberare ceperunt NECKAM *NR* II 129.

mussellus v. moncellus. **mussetum** v. mossetum, 2 muscetum. **musshella** v. moncellus b.

mussitare [CL; *frequentative form of* mussare < μύζειν], **~ari**

1 to moo or growl repeatedly (also fig.).

equi hinniunt, ferae ~ant, grues gruddant ALDH. *PR* 131; leporaria .. ossa per aream queritando .. musitabat GIR. *GE* II 11 p. 226; sed wlpis musitavit sepius circa istam arguciam (WYCL. *Conf.*) *Speculum* VIII 507.

2 (intr.) to talk in subdued tone, to whisper. **b** (tr.) to whisper. **c** to whisper for, sigh for, moan for.

tardante signo quo sopor monachorum interrumpi soleret, quidam per dormitorium ~ari et mirari W. MALM. *Mir. Mariae* 163; indecens enim et illiberale testabatur esse, si clam obsonaretur; domesticis interim musitantibus *Id. Wulfst.* III 2; clerici inter prandendum invicem musitantes timere se asserunt, ne .. AD. EYNS. *Hug.* V 7; nescio quis desiderate salutis bajulus repente adveniens, hiis verbis quasi ~ando ejus revelavit auriculam: "age" inquit "o mulier" *Mir. Hen. VI* III 99. **b** quia semel laxato silentio feminae pronae sint ad ~andum frivola W. MALM. *GR* V 440; anus .. venefica .. quam [Herewardus] .. audivit nescio quid secum musitare *Lib. Eli.* II 106. **c** occurrit aegro .. paternam ipsius clementiam ~anti GOSC. *Aug. Maj.* 48D.

3 to whisper discontentedly, to grumble, complain.

vulgus militum, ut fieri solet, per tabernacula ~abat W. MALM. *GR* III 238; clericis modeste ~antibus [v. l. musitantibus], vaticinium protulit *Id. GP* I 17; corde ~ante et submurmurante BALD. CANT. *Tract.* III 428C; videbis summarios, sub oneribus exspectantes, silere quadrigas, dormitare preambulos, mercatores curie anxiari, omnesque invicem ~antes P. BLOIS *Ep.* 14. 49A; hoc dicto, singulis dissono, non absque strepitu, murmure hic ~antibus, excutiuntur sedibus *Chr. Battle* f. 68v; at ille [presbiter] vocavit adhuc alium, et alius tercium de absolucione hujus musitantes *Ghost Stories* 416.

4 to do no more than grumble, to keep quiet.

hanc iste intelligens tegnam omnibus patere musitat et silet quod non audet publicare GOSC. *Lib. Mild.* 12; **1166** quid, dilecte mi, obstupescis, quid ~as, quid lucernam niteris obfuscare? J. SAL. *Ep.* 190 (180 p. 194).

5 (w. play on 1 musa) to muse, meditate.

da mihi hodie .. musitantem jugiter in sublime Martinum, cujus nunquam vel ori Deus vel oculis celum desit GIR. *GE* II 38 p. 359; et si musitetur: quomodo veritas talis facit ..? .. sic musitans WYCL. *Univ.* 374; videtur Augustinum sentire quod sint ficte, super quo dicto sepe musitavi *Id. Ver.* I 74.

mussitatio [CL]

1 murmur, whisper.

non vox aliqua nec musitatio inter illas audiebatur J. WORC. 42; audita est mutuo loquentium ~o W. CANT. *Mir. Thom.* V 4; qui .. in claustro .. silencium ruperit, sive risum, jocum, vel musitacionem fecerit *Cust. Cant. Abbr.* 265.

2 grumbling.

[reges] gratia plenos vultus exhibeant, ne .. ~onem incidant plebis BEDE *Prov.* 1012A; servorum .. ~ones compescere ALCUIN *Exeg.* 697C; **1001** (14c) hocque regia praecipimus auctoritate, ut nullus elatio vel ~o altioris aut inferioris personae hanc nostram donationem evertere seu minorare praesumat (*Ch.*) *MonA* II 480a; hic animadverto ~onem dicentium melius fuisse ut antiqua .. conservarentur W. MALM. *GR* III 278; fit in turba murmur et ~o, accurrunt undique AILR. *Ed. Conf.* 780C; sicut in doloribus siluit a murmure immo et ab omnimoda ~one sic .. siluit ab ostentatione patientie sue J. FORD *Wulf.* 57.

mussitator [LL *gl.*], murmurer, grumbler.

quae gentes eum [Christum] deprecabuntur si in sola Hispania perpauci ~ores eum catholice deprecantur? ALCUIN (*Adv. Elipand.* I 13) *Dogm.* 249D; ut tibi soli cum tuis paucis ~oribus, non doctoribus, universalis ecclesiae fides non placeat (*Ib.* II 1) *Ib.* 286D; quondam errantes et ~ores BALD. CANT. *Commend. Fid.* 637A.

mustaceum [CL], cake made with must (in quot., fig.).

amusum virginis dulce mustacium / elimat, acuit, ignit ingenium WALT. WIMB. *Carm.* 146.

mustardarius [ME *mustarder* < OF *mostardier*], one who makes or supplies mustard.

1523 officium salsarii sive ~ii *Augm. Bk.* 101 f. 150.

mustardus, ~um [ME, AN *mustard*, OF *mostarde* < mustum], mustard.

c**1250** in ~o duo d. et ob. *FormOx* 490; **1290** in mostardo, ij d. *Ac. Swinfield* 48; **1292** item in petrocil' et mustard' ix d. *KR Ac* 308/15 m. 9; c**1300** Robertus le Mustarder habuit .. in semine mustard' et aceto iiij s. *RParl* I 250a; **1305** in ~o empto ij d., .. in dimidia lagena ~i, ij d. (*Ac. Househ., Middleton MSS*) *HMC* 326; **1306** in carne bovis empta pro die Sancti Michaelis, xv d.; in ~o, j d. *MinAc* 856/15 m. 2; **1314** in duobus molis pro ~o ij s. vj d. *Comp. Worc.* 37.

mustela, mustella [CL], weasel; **b** (m.) male weasel.

liquidus in quo .. ~ela inmersa moritur THEOD. *Pen.* I 7. 9 (v. mus 1a); mustela ALDH. *Aen.* 82 *tit.*; ~ae dindrant *Id. Met.* 131 p. 180; ~e hic multe, sed minute plurimum et subrufe GIR. *TH* I 27; mors ~a basilisco *Ib.*; quare ~ella post lesionem serpentis statim

pro remedio querit portulacam? *Quaest. Salern.* N 25; hec ~ela, *mustoile Gl. AN Glasg.* f. 21vb; liniatur cum sanguine mustelle GAD. 28v. 2; hec ~a, *wesylle WW.* **b** accipiatur ~e testiculi et relinquatur ~a vivus *AN Med.* II 125.

mustelaris, ~e [OF *mustelieres*], (mil.) armour for joints, spec. knee-caps.

1253 emi faciat .. unas mustelerias ferreas cum perticula ferrea supra pedem. si inveniantur in civitate Burdegale venales *RGasc* I 358a; **1277** unum par mustelar' ferreorum *Cl* 94 m. 11; **1290** loricas, aketones, gambisones, quisones, mustileres et alias armaturas *KR Ext. & Inq.* 3/1/18; c**1312** ij par' plat' ferri, .. mustelar', gorgear' ferri, quissor' et cirothec' de balayn *LTR Ac* 19 r. 25.

musteleon v. musceleon.

1 mustelinus v. muscellinus.

2 mustelinus [CL], of a weasel.

mustela, si Grecum esset, Latina tamen declinacione et Latino more accipitur in quantum ab eo ~us derivatur BACON *Gram. Gk.* 100.

mustellus v. musculus. **musteolum** v. musceleon. **musterda** v. muscerda.

mustidus [CL mustum+-idus], musty, stale-smelling.

debet in altari renovari eucharistia de octavo die in octavum, ne ~a fiat T. CHOBHAM *Conf.* 103.

mustile v. missilis.

1 mustum v. 2 muscus.

2 mustum [CL], unfermented or partially fermented grape-juice, must; **b** (w. ref. to *Job* xxxii 19); **c** (fig.).

~um .. id est vinum a lacu statim sublatum, majoris solet esse fervoris BEDE *Cant.* 1209; utrum de ~o non defecato vel aceto .. [sanguis Domini] confici valeat, questio est GIR. *GE* I 8; quare vinum citius inebriat quam dulce ~um? *Quaest. Salern.* P 24; **1259** capiat ad opus regis xxx[ta] dolia vini, viz. xx dolia de veteri vino et decem dolia de ~o *Cl* 445; acinum, quod de uva relinquitur extracto ~o *SB* 9. **b** factus est venter ejus quasi ~um absque spiraculo quod lagunculas novas dirumpit W. NEWB. *Serm.* 824. **c** qui non vino veteri, quod in nuptiis ecclesiae defecit sed ~o sunt gratiae spiritalis impleti BEDE *Acts.* 948; **796** Petrus, postquam ~o Sancti Spiritus repletus est, in palatio Romano pro fide Christiana Neroni respondit ALCUIN *Ep.* 113 p. 165; vix adhuc ~um eras, quando corruptus es in acetum P. BLOIS *Ep.* 86. 269B; ave, crater cujus mustum / illum fidum, illum justum / Petrum debriaverat WALT. WIMB. *Virgo* 33; ~um fumosum juvenilis ingenii philosophice difficultati delibant, vinumque maturius defecatum economice sollicitudini largiuntur R. BURY *Phil.* IX 148.

Musulmannus [Pers. *musulmān* < Ar. *muslim*], Muslim.

qui suo ipsorum idiomate Muselmanni, Magier, Czechi, Besermanni dicuntur, ab Europeis omnibus Turcae, Hungari, Bohaemi et Tartari nuncupantur CAMD. *Br.* 26.

1 musus v. 2 muscus.

2 musus [cf. musella], muzzle, snout.

os .. tunc dicitur ~us vel grugnum M. SCOT. *Phys.* 21; ~um *Ib.* (v. grunium).

1 muta v. 3 mota.

2 muta [AN *mod* < modius], muid, measure: **a** (of solid); **b** (of liquid).

a 1251 braesii .. ad quamlibet ~am siccandam (v. 2 mitta b); **1252** faciet .. unam ~am et dimidiam braesii *Cart. Rams.* I 300. **b 1198** et in custamento navis que duxit vina regis ad ~am v m. per breve regis *Pipe* 198; **1273** ij ~arum [vini] *Cal. IPM* II 32.

3 muta [ME *meue*, OF *mue* < mutare], mew, cage in which a bird of prey moults.

cum accipitrem in ~am miseris, ~am ita para ut tribus diei horis solem habeat nec super ipsum pluat ADEL. *CA* 13; **1157** (v. 1 haia 1a); **1179** r. c. .. de j accipitre de duabus ~is *Pipe* 83; **1232** rex commodavit H. de B. .. ~as duas de Geitinton' ad aves suas mutandas. et mandatum est vicecomiti N. quod Johanni de E. .. predictas ~as et columbaria regis .. habere faciat ad predictas aves mutandas *Cl* 56–7; auceps .. ex quo includat accipitres regis in ~is suis donec eos foras extrahat non debet alicui respondere de ulla calumpnia *Leg. Wall.* A 115; **1286** falconariis euntibus ad ~as Lond' ad extrahendum ex ~is duos girfalcones regis .. lx s. *KR Ac* 351/20 m. 4; hec ~a, *mue Gl. AN Ox.* 163; **1290** dictus girfalco positus fuit in ~is (*AcWardr*) *Chanc. Misc.* f. 55; Petro de Radenhale, custodienti unum asturcum regis, quem mutaverat de feodo in ~is suis de Radenhale, pro vadiis suis *AcWardr* 306.

4 muta v. mutus.

mutabilis [CL]

1 liable to change, uncertain. **b** subject to change of mood or purpose, unsteadfast, inconstant. **c** (as sb. n.) thing liable to change.

799 et inmortale posuit pro inmutabili; quia quod ~e est, quodammodo moritur eo, quod est, dum aliud aliquid incipit esse, quod non erat ALCUIN *Ep.* 163; quippe non magis opposita sunt ~e in tempore et inmutabile in aeternitate quam non esse in aliquo tempore et esse semper in aeternitate ANSELM (*Praesc.* 5) II 255; nullum .. elementum in diversas qualitates aere ~ius est ADEL. *QN* 33; antequam ab ista ~e vita discederem DOMINIC *V. Ecgwini* I 9; †**909** (12c) recordati sunt terrene potestatis quia misera est et fragilis atque per intervalla temporum motabilis *CS* 624 p. 294; nichil enim ~e fieri potest incommutabile nisi participatione boni quod non est ~e AILR. *An.* II 50; antecedens probatur, quia aliquod subjectum est ~e, quia aliquod encium est possibile distinguendo possibile contra necessarium, et sic procedendo ex necessariis DUNS *Ord.* II 162. **b** qualiter autem Deus ascenderit qui semper ubique praesens de loco ad locum ~is non est BEDE *Hom.* II 15. 178; mutabilis orbis ~em propter hominem creatus est; immutationem quoque hominis immutatio sequitur orbis PULL. *Sent.* 982B; jus illud prorupit ab homine editum et ejus inconstanti voluntati subjectum, quo ejus arbitrio ~e et mutatum, quandoque bonum operatum, multotiens vero malum FORTESCUE *NLN* I 29. **c** qua tunc sane soporatur, cum ~ibus cunctis per Dei contemplationem mentem eximit et ad ea solum que sursum sunt sapienda excedit J. FORD *Serm.* 97. 4.

2 that can be changed, alterable.

c**1250** redditus ~is *wardsilver* xxij d. *scharsilver* ad festum Sancti Edmundi pro quolibet bove vel vacca (*Cust. Bury St. E.*) *MS BL Harley 3977* f. 38ra.

3 (of fabric) that changes in appearance when viewed from different angles, shot.

1564 tunicella de taffeta ~e *Ac. LChamb.* 57 f. 31 (=*Misc. LChamb.* 33 p. 117: *a peticote of chaungeable taffeta*).

mutabilitas [CL]

1 liability to change, uncertainty. **b** change of mood or purpose, unsteadfastness, inconstancy.

799 saeculum vero dicitur post creatas rerum species, et in diversas temporum ~ates distinctae ALCUIN *Ep.* 163 p. 264; cognoscere volubilitatem fortune statusque humani ~atem W. MALM. *HN* III *prol.* p. 46; cum hanc ipsam ~atem eventuum Dei providentia in se immutabiliter operetur P. BLOIS *Ep.* 19. 71C; nullam prorsus habens in se vicissitudinis ~atem BART. ANGL. I 21 p. 17; ipsa .. materia .. est ~as rerum mutabilium, capax formarum omnium in quas mutantur res mutabiles GROS. *Hexaem.* I 18. 3; malo .. fortune ~ati quam tante gravitati tuae indignum aliquid ascribere videri dum .. FREE *Ep.* 63. **b** Jesus Christus heri et hodie, ipse est in secula semper unus, semper idem, nullam patiens ~atem *Ep. Anselm.* II 234; omne quod alicujus in se vicissitudinis, ~atis, aut lesionis suspicionem pretendere queat, procul arceat atque repellat EADMER *Beat.* 5; inquietamur .. a malitia .. hujus ~atis BALD. CANT. *Tract.* 449D; a**1332** libellus de humana ~ate *Libr. Cant. Dov.* 44.

2 changed circumstance, altered condition.

a**1206** ut hec mea promissio stabilis et firma permaneat nec aliqua unquam ~ate possit infringi *Ch. Westm.* 482.

mutabundus [LL], bound to change.

ne a vento [MS: ventu] quassaretur, velut [columna] mutabunda quae in paludibus stare cognoscitur BYRHT. *V. Osw.* 416; parcior fieret numerus et ille quidam ~us W. GUISB. 87.

mutakafia [Ar. *mutakāfi'*], perfectly matched, equally balanced.

superficies mutekefie sunt inter latera quarum incontinua proportionalitas retransitive reperitur ADEL. *Elem.* VI def. 2; si .. fuerint latera illos equales angulos continentia mutekefia, erunt duo illi trianguli equales *Ib.* VI 14; si ergo mutakefia, mergetur medietas lapidis in aquam medietasque super eminebit ALF. ANGL. *Plant.* 29.

mutalis v. nucalis.

mutamen, change.

s**1460** omen et id letum tulerat mutamine mestum *Reg. Whet.* I 383.

mutamentum, exchange.

1325 persolvant solita juramenta, homagia, fidelitates, obediencias, census, redditus, et omnia ac singula alia servicia tam in ~o dominii, quam alias debita vel consueta *Foed.* IV 165.

mutare [CL]

1 to give and receive, to exchange (esp. in trade); **b** (abstr. & fig.).

pecora aequali pretio possunt ~ari THEOD. *Pen.* II 14. 6; diu ~andis mercibus studuit MAP *NC* IV 16 f. 58; **1288** quando ~avit duas pernas pro juvinca in foro *CourtR A. Stratton* 161; **1406** de nil in pecunia rec. pro quinque equis .. quia ~abantur pro iiij[xx] bidentibus *Ac. Durh.* 400. **b** ibique, ~ato in sacrum velum regni diademate, ancillis Christi se conjunxit GOSC. *Transl. Aug.* 36A; Æthelbertus migravit ad Dominum, ~ato regno in coelestibus, die vicesimo *Ib.* 44D.

2 to put in place of another, to substitute, replace: **a** (person); **b** (animal); **c** (artefact, esp. clothing); **d** (name, condition, or abstr.).

a vir sapiens non putat se mori, sed migrare, nec amicos relinquere, sed ~are *Ps.*-BEDE *Collect.* 142; dictus ille filius ejus, si tamen filius, quoniam vel ab alio genitus vel in cunis forte ~atus vel .. GIR. *SD* 38; ~are dominos plebs indocta cotidie vellent *Ib.* 134. **b 1228** equus deductus in manu: j d. si sit ~atus: nihil *EEC* 158; quamvis mutabit eques absque malis equitabit GARL. *Mor. Scol.* 572. **c** confessorem .. domo .. ~atis .. mutuo vestibus occuluit GILDAS *EB* 11; monacus bonus et non qualis ille predictus habitum non animum ~ans et monasterium deserens GIR. *SD* 12; s**1338** rex ~avit arma sua GERV. CANT. *app.* II p. liii; ~avit capas Fratrum de Carmelo in purum album KNIGHTON I 273. **d** mutato nomine sanctus / Paulus ALDH. *VirgV* 484; tandem confectus senio sua tempora scriptor / in melius mutat, non mutans gaudia vitae ÆTHELWULF. *Abb.* 226; quatenus .. Deus .. stimulos praesentis .. infirmitatis aliqua qualicunque leviori infirmitate ~aret ASSER *Alf.* 74; **1255** postea convictum est per viridarios quod ~avit nomen suum *SelPlForest* 17; nomina duarum figurarum, sc. minime et crochete, volo ~are, quia melius est ~are nomen figure quam eam extra gradum suum ponere HAUBOYS 188; ideo ~anda sunt nomina, sc. minime et crochete *Id.* 190.

3 to change (feathers), to moult. **b** (pass.) to experience change of feathers. **c** to mew, to put (bird) into mew (in order to change feathers); **d** (absol.); **e** (intr.) to change feathers.

eo tempore quo aves aquaticae pennas ~ant et habitum .. *G. Herw.* f. 332b. **b** quod si non bene mutaverit, dabis ei sorices ... item pulverem de favo mellis super carnem ei prebe, et bene ~abitur ADEL. *CA* 13 (v. et. 3e infra); datur .. eis [accipitribus] cibus de aliqua carne aliquantulum venenosa et sic faciliius ~entur BART. ANGL. XII 2 p. 519; precium rubei accipitris antequam ponatur in *mut*, dimidium libre. postquam de *mut* extractus fuerit et in album ~atus, libram valet *Leg. Wall.* A 147. **c** a**1108** (1227) pro uno accipitre ~ato *CalCh* I 47; **1166** P. M. debet j accipitrem mut' *Pipe* 15; nisum ~andum miserat in caveam W. CANT. *Mir. Thom.* V 22; volucres .. ~atos et pennis suis renovatos *Ib.* VI 147; si promittens determinans dixerit accipitrem instantis anni vel ~atum *Dial. Scac.* II 25B; **1198** servicium ~andi osturcum *Fees* 13; etiam vulgo notum est aves generosas ~ari in casis ex virgis compactis NECKAM *NR* I 33; **1228** rex per cartam suam dedit H. de A. .. manerium de E. .. per unum spervarium ~atum domino regi per annum reddendum *Cl* 21; **1247** serjantiam custodiendi falcones domini regis .. dum fuerint ~aturi (*AssizeR*) *Fees* 1403. **d 1201** dicit se debere ei servitium, sc. mutationem unius nisi, si ipse B. ei commiserit ad

~andum *CurR* II 53. **e** plumescit, ~at *Gl. Leid.* 19. 57; si non bene ~averit ADEL. *CA* 13 (v. 3b supra).

4 to change: **a** (natural phenomenon or event, also absol.); **b** (form or design of artefact, esp. coinage); **c** (text); **d** (term or condition).

a mutatis [v. l. motatis] temporibus generationes et regna mutantur [v. l. motantur] FELIX *Guthl.* 50 p. 150; dextera ~atur quando sibi vertix in circium declinans ad eum subregit austronothum *Gl. Leid.* 44. 25; jacinctus est ceruleus / virore medioximus, / cujus decore facies / mutatur ut temperies FRITH. *Cives* 12. 4; omnipotentia divine majestatis que tempora ~at et ordinat ABBO *QG* 1 (2); cunctarum fere natura rerum .. in deterius est ~ata GIR. *TH* I 33; non poterit ~ari quin eveniat GROS. *Quaest. Theol.* 199 (v. immutabilis c); ambulet et ita velociter quod incipiat fatigari, et hanelitus ~ari J. MIRFIELD *Flor.* 138; signa mortis: .. vultus pallido tumore †mictatus [? l. mutatus] est, virides oculi, crurium tumor *Id. Brev.* 70. **b** **1100** defendo, ne aliquis monetarius denarios ~et nisi in comitatu suo (*Ch.*) *GAS* 523; s**1248** ~ata est moneta Anglie *Ann. Exon.* 13; s**1279** moneta in melius ~abatur *Flor. Hist.* III 53. **c** nunc .. ejusdem regis decreta pro temporum qualitate ~antur ALDH. *VirgP* 18; sic ergo componatur libellus ut predictum est. si secus fuerit compositus, sit licentia ~andi et corrigendi RIC. ANGL. *Summa* 10; si libellus ~atus fuerit *Ib.*; s**1398** rex autem super hoc facto, ut videretur habere colorem et auctoritatem, fecit rotulos parliamenti ~ari et deleri contra effectum concessionis predicte WALS. *HA* II 227. **d** c**854** nemo audeat hoc donum ~are ab ipso monasterio sine ira .. Dei *Reg. Malm.* I 297; **867** munificentiam ~are aut minuere temptet *CS* 516; **882** (12c) si quis .. meam donationem infringere atque motare temptaverit *CS* 550; **930** non motata sed sempiternaliter manenti elucubratione voluntatis *CS* 669; s**547** ducatus [sc. Northanhimbrorum] in regnum ~atus regnavitque ibi primus Ida W. MALM. *GR* I 44.

5 to change (abstr.): **a** (orth. & gram.); **b** (log. & phil.). **c** (arith. & geom.); **d** (mus.); **e** (will, intention, or mind); **f** (counsel or behaviour, also absol.); **g** (*vitam ~are*) to change the form of life, to enter a religious order. **h** (*~atis ~andis*) with the necessary changes being made.

a ob praepositio .. B ~at in eam conversa litteram ALDH. *PR* 140; mobilia [nomina] vero sunt quae in aliud genus moveri possunt vel motari TATWINE *Ars* 1. 44 p. 18. **b** non .. idem habent [corruptibile et incorruptibile] susceptivum quod possit ~ari de forma unius ad formam alterius T. SUTTON *Gen. & Corrupt.* 64. **c** cum itaque ~abitur [proportio], erit proportio DH ad DZ sicut proportio quadrati BG ad quadratum linee T ADEL. *Elem.* X 42; cumque ~averimus, erit proportio pyramidis rotunde ABGDL ad pyramidem cujus basis .. *Ib.* XII 11. **d** si ascendis cum uno vel descendis una proportione vel duabus, ascende postea vel descende cum reliquo, et sic ~ando descensionem vel ascensionem nunc cum uno nunc cum reliquo, donec veniat ad finem GARL. *Mus. Mens.* 16; exemplum pausationis semibrevis patet eis, qui sciunt reducere vel facere ~ando de uno modo alium ut illi, qui .. *Mens. & Disc.* (*Anon. IV*) 61; iterato differendo secundum et ~ando tertium sic: CFC, CFF, CFG, CFa, CFc *Ib.* 73. **e** sed mentes muto ALDH. *Aen.* 80 (*Calix vitreus*) 7; haec est ebriositas quando statum mentes ~antur [v. l. mentis ~ant] et lingua balbuttit et oculi turbentur EGB. *Pen.* 11. 10; totus in affectum mutari pene videtur, / quisquis in etherea conspicit urbe Deum L. DURH. *Dial.* IV 397; potest enim hujusmodi voluntas judicis remitti, corrigi, ~ari RIC. ANGL. *Summa* 35 p. 71; faciem ~o, quod compellit amor AD. MARSH *Ep.* 225; si ~et intentionem et velit ire ad ecclesiam .. OCKHAM *Quodl.* 95; 'ego Dominus et non ~or', si autem ~aret sensum suum ad mutacionem sentiti, tunc foret in sensu summe mutabilis capiens dependenter a sensibili sensum suum WYCL. *Ver.* II 109. **f** fac eos ~atis pro te orare moribus GILDAS *EB* 32; si cum matre quis fornicaverit xv annos peniteat, et nunquam ~at nisi Dominicis diebus THEOD. *Pen.* I 2. 16; mater si occiderit filium .. xv annos peniteat, et nunquam motat nisi in Dei Dominico *Ib.* I 14. 25; c**795** luxoriam castitate ~ate ALCUIN *Ep.* 42; cur non .. frater .. mores et modos optimos etatis maleficio non ~avit? GIR. *SD* 40; domine, nos ~avimus consilium, presentamus vobis ad ecclesiam illam magistrum P. de B. *Feod. Durh.* 250. **g** non est mihi modo tempus vitam ~andi BEDE *HE* V 14 p. 314; c**1120** quandocumque vitam voluerit ~are suam, vel ad monachicum habitum vel ad heremiticam vitam .. *Cart. Rams.* I 130; c**1145** si prior mortuus fuerit N. vel vitam suam ~averit, relinquens seculum .. *Ch. Westm.* 380; **1243** decedente vero R., vel vitam ~ante *Couch. Furness* III 654. **h** **1272** mandatum est vicecomiti ut supra, ~atis ~andis *Cl* 497.

6 to change the position of, to transfer: **a** to remove (person from one place to another). **b** to transplant (plant). **c** to change (location).

a quatenus ad Christum convertat dogmate plures / ruricolas mutans ad caeli regna falanges ALDH. *VirgV* 83; Palladius ex Helenopoli ~atus est in Asponam DICETO *YH* I 413. **b** arbores quoque plantare, putare, purgare, inserere, et ~are ROB. BRIDL. *Dial.* 154. **c** metafora, id est translatio cum ~atur nomen aut verbum ex eo loco in quo proprium est *Gl. Leid.* 28. 76; qualiter ~avit locum et construxit capellam beate Marie *Chr. Dale.* 5; corpus Christi omnem locum retinet quem prius habuit: igitur non ~at locum et per consequens non ~atur localiter OCKHAM *Quodl.* 593; ~ari localiter est aliter se habere in loco nunc quam prius *Ib.*

7 to transform, mutate.

cum .. priorem carnificem tanta prodigia videntem in agnum ex lupo ~aret GILDAS *EB* 11; vimina .. silvestria e frondosis nemoribus allata ~avit in obrizum flaventis auri metallum ALDH. *VirgP* 23; quidquid aliud convertendo ~at, ipsum etiam ab eodem ~ari .. necesse est ADEL. *QN* 44; erant due anicule impudice et malefice que quendam juvenem histrionicum in figuram asini ~averunt R. NIGER *Chr. II* 155 (cf. W. MALM. *GR* II 171 p. 201); post vocem suam puerilem ~atam *Eng. Clergy* 267.

8 to translate.

litteris Anglicis, quas in Latinum ~avimus *Chr. Rams.* 196.

9 (inf. pass. as sb.) change, act of being changed.

sic loquitur Philosophus de ~ari localiter OCKHAM *Quodl.* 593.

mutarius [cf. 3 muta, mutare]

1 (as adj., of bird) that has been put into a mew to change its feathers, mewed, moulted.

1199 per servicium unius nisi mutuarii per annum *RChart* 21a; **1201** B. .. petit versus W. de O. .. j nisum ~ium per annum *CurR* II 53; **1212** Hugo .. solebat tenere c solidatas terre et xij solidatas in Clawrd' reddendo j espervarium ~ium ex dono Henrici regis *Fees* 150; **1235** reddendo inde per annum espervarium mutorium *BNB* III 127; **1242** H. de A. r. c. de j spervario ~io de firma manerii de E. *Pipe* 3; juratores presentant quod Willelmus de Blavegny tenet unam serjantiam in Ardel' per servicium unius spervarii ~ii, et valet per annum c s. *Fees* 1409.

2 (as sb. n.) change of clothes, clothes into which one changes.

hoc ~ium, *a chaungyngcloth WW*.

mutasabihus [Ar. *mutashābih = resemble one another*], resembling one another, similar, alike.

omnis trianguli rectanguli superficies lateris angulum rectum respicientis sicut due superficies duorum laterum angulos rectos continentium cum fuerint mutesebiha ADEL. *Elem.* VI 31.

mutathanus [Ar. *mutathannā(h) = be doubled, be repeated*], doubled, repeated.

proportio lateris unius proportionalis in latus proportionale se respiciens duplicata [v. l. mutecene] ADEL. *Elem.* VI 18; proportio K ad L duplicata [v. l. mutecene] cum proportione L ad M *Ib.* VI 24; quantusque G in T tantus H in Z proportioque G in D est proportio H in Z triplicata proportione A in B est proportio H in Z duplicata [v. l. muthetene biltekerir] *Ib* VIII 11.

1 mutatim [cf. mutare 1], by exchange.

quod merces .. ~im vendi possint, prout antea fieri consuevit *MGL* II 206.

2 mutatim v. mutuatim.

mutatio [CL]

1 act of giving and receiving, exchange: **a** (of land or property); **b** (of currency).

a **1008** (13c) mutuacio duarum villarum pro villa de Rolueston ... acta est .. hec ~o anno Dominice apparicionis m viij *Ch. Burton* 31; hae [domus] sunt de ~one de Wadford (*Leic*) *DB* I 230ra; c**1150** in confirmacione terre sue, quam ei dedit apud Westonam pro ~one terre de Leia *Eng. Feudalism* 282. **b** trapezita, qui in mensa mummorum per ~ones victum querit *Gl. Leid.* 38. 29; **1254** omnia .. illa que habemus .. in tenentiis d'Ensignac .. Markesio .. pro uno marketino aureo .. nobis .. in ~one ab eodem Marchesio .. solvendo, damus *RGasc* I 345b; s**1464** frumenti .. modium vendebatur pro duobus denariis. item ~o nobili pro viij solidis et iiij denariis HERRISON *Abbr. Chr.* 8.

2 substitution of one thing for another, replacement: **a** (of person or relic); **b** (of clothing).

a dramatis: motatio personarum vel introductio *GlC* D 366; in Anglia quasi consuetudinarium erat, ut cum aliquae praecipuae dedicationes aut sanctarum ~ones reliquiarum alicubi fieri deberent .. *V. Gund.* 31; s**1318** ex annuali ~one aldermannorum *MGL* I 36. **b** novicii .. in sexta feria semper suam faciunt professionem, atque ad ~onem Dominice resurrexionis in Dominica dealbentur *Cust. Westm.* 226; dicatur postmodum quid faciendum est ad vesperas et ad ~onem *Cust. Cant.* 8; et, abjectis pannis, gracia ~onis vel balnei, sic mutans in apostasiam incideret! WYCL. *Apost.* 5; **1511** pro habitu novo et ~one habitus iiij s. x d. *DC Cant. MS C. 11* f. 121b.

3 putting into a mew in order to change feathers, mewing, moulting.

tractatis egritudinibus et curationibus, de ~one dicendum est ADEL. *CA* 13; **1201** debere ei servitium, sc. ~onem unius nisi *CurR* II 53; **1219** postquam girefalco ejus cepit volare .. post hanc ~onem *Cl* I 407b; **1284, 1286** (v. essaimatio); **1300** A. de C., cui rex liberari fecit duos spervarios ad mutandum in mutis ejusdem Andree juxta Wyndesore, pro putura eorundem spervariorum tempore ~onis eorundem .. j li. *AcWardr* 306; [alietus] primo anno domationis parum valet, secundo plus, tercia tamen ~one aucupat satis bene UPTON 189.

4 change: **a** (of natural phenomenon or event); **b** (of form or design of artefact, esp. coinage). **c** (of text, term, or condition).

a a**1169** rerum subite ~ones solent afferre molestias J. SAL. *Ep.* 170 (206); **1175** pariter enim contigit ut omnino cessaret dolor et morbus extingueretur et vulnera sanarentur, relictis dumtaxat cicatricibus et gratiosa ~one cutis, que adhuc perseverant ad vere liberationis indicium *Ib.* (323); vicaria frigoris et caloris ~one *Canon. G. Sempr.* f. 158; has vero ~onum vicissitudines semper per octonos dies observabant COGGESH. *Visio* 29; unicuique ~oni necesse est aliquid subici, ut habetur in fine primi Physicorum Aristotelis, quoniam omnis ~o est in aliquo subjecto J. BLUND *An.* 320; varietatem et ~onem temporum *Canon. S. Osm.* 4; obedientia ista quam habent comete ad ~onem celi primi signum est sublimationis eorum, id est separationis a natura terrestri et assimilationis nature celesti GROS. *Com.* 24; sustinuit magnum certamen et laborem cum illis de Ramesey propter ~onem seculi quia dominus rex cum matre sua applicuit in Angliam *Chr. Rams.* 351. **b** **1431** pendent xxxj s. iij d. propter ~onem monete, super quo consulendus est rex *ExchScot* 526; **1431** receperunt quasdam summas custume ante ~onem monete quas solverunt regi diu post ~onem dicte monete *Ib.* 533. **c** fecit .. jussionis ex parte ~onem GILDAS *EB* 38; **892** ut haec largitio eo stabilior sine motatione et disceptatione perseveret *CS* 570; a**1213** quibusdam artificiosis et titulorum ~onibus ex magnorum virorum laboribus egregiis excerpta et quasi de novo nunc fabricata GIR. *Ep.* 3 p. 172; de ~one libelli RIC. ANGL. *Summa* 10 *tit.*; c**1300** primum vicium [cartarum] est ~o literarum, sc. quando ponitur H pro A *FormMan* 1.

5 change: **a** (of abstr., orthog., log., or mus.); **b** (of will, intention, counsel, or behaviour); **c** (*~o vitae*) change of form of life by entry into religious order.

a 'ce' et 'ci' sonum habent 'que' et 'qui', maxime cum eidem littere simillima G distinguatur vocalium ~one ABBO *QG* 10 (24); ~o est divisio unius vocis propter aliam sub eodem signo, eodem voce et etiam sono GARL. *Mus.* 160; ex predictis differenciis, sc. ♮ quadrata, b molli, et proprio cantu, accidunt ~ones in cantilenis ut .. ODINGTON *Mus.* 99; et prius non fuit presens isto modo, et non per ~onem in essencia divina, sed per ~onem intellectus ipsius beati W. ALNWICK *QD* 359. **b** o ingens exemplum humane ~onis GOSC. *Transl. Mild.* 18 p. 177; si homo unum plus habet cordi quam alterum que ~o est? PULL. *Sent.* 694B. **c** c**1180** reddendo .. mihi annuatim

duos solidos pro omni servitio et seculari exactione quamdiu vixero, nisi vitam mutavero; post vero decessum meum vel vite mee ~onem, quieti erunt de me et de heredibus meis de prescriptis duobus solidis *Danelaw* 72; c**1190** quominus prefatum tenementum libere in manus capituli post decessum meum vel vite ~onem reddeat *Reg. Ant. Linc.* IV 111.

6 change of position or location, transfer.

sancti vij dormientes . . super sinistrum latus . . sunt conversi et usque ad lxxiiij annos sic erunt assidue ut interim non releventur altera ~one OSB. CLAR. *V. Ed. Conf.* 18 p. 99; rimule . . si parve, [significant] anime instabilitatem, si magne, loci ~onem *Tract. Chirom.* 282ra; est . . loci ~o motus continuus T. SUTTON *Gen. & Corrupt.* 103.

7 transformation, mutation.

si consideremus istam ~onem, majus mirum fecit Dominus in hoc quam si fecisset lupum et ovem simul esse AILR. *Serm.* 216C; de variis hominum in lupos ~onibus GIR. *TH* II 19 p. 105; yena . . assiduo auditu addiscit vocamen quod exprimere possit ~onem vocis humane *Best. Ashmole* f. 17v; hic dicitur quod transsubstanciacio dicitur equivoce ~o, in comparacione ad mutaciones alias naturales WYCL. *Apost.* 185.

mutativus, that causes change.

secundo dicitur aliquid participative calidum, de quanto est ~um tactus, ut mixtum igneum, quod non oportet ad omnem punctum habere ignem, sed sufficit quod spissius habeat quam sensus sufficit discernere WYCL. *Log.* III 124.

mutator [CL], one who gives or receives goods, trader.

1470 deductus noster cignorum . . per venatores, piscatores, ancipites et cignorum ~ores magnaliter devastatus existit *Pat* 526 m. 4*d* (=**1472**: *Ib.* 529 m. 18*d*.

mutatorius [LL =*of change*]

1 (as adj.) for moulting, for a change of feathers, (*domus ~ia*) a mew.

ancipitres vero maxime ledit fimus . . et ideo eorum ~ia domus a locis fimosis longe debet esse remota UPTON 173.

2 that has changed its feathers, mewed, moulted.

†**1104** (1331) noverit . . nos dedisse . . serganteriam . . de P. . . reddendo inde annuatim unum nisum ~ium *CalCh* IV 217.

3 (as sb. n.) change.

eligat e multis hic mutatoria vocum GARL. *Syn.* 1577A; mox mutatoria florum / assumens in vere, rosas pro murice gestat, / lilia pro bysso, violas pro veste hyacinthi H. AVR. *Hugh* 29.

4 mew, cage in which a bird of prey moults.

servantur autem accipitres domestici vel domiti in ~iis [TREVISA: *mwes*] ut a pennis veteribus et induratis exonerentur . . et sic facilius mutentur. . . ~ia [TREVISA: *mewis*] a locis fumosis debent esse remota BART. ANGL. XII 2.

5 (as sb. f. or n.) change of clothes. **b** garment; **c** (fig.).

pauperes carentes ~iis W. MALM. *GR* IV 374 p. 664; videat, inquam, episcopus quid faciat inter tot vestium ~ia, de vestibus suis jam attritis H. BOS. *Thom.* III 6 p. 197; supellectile ditatur, familia crescit, vestium ~iis et ere cumulatur MAP *NC* IV 11 f. 52v; vestitu vario solus hic affluit, / nam vultus habitum mutat et exuit / per diem millies et novum induit; / tot mutatoria Cesar non habuit WALT. WIMB. *Palpo* 133; **1356** indutus variis vestimentis ~iis variarum condicionum cotidie variatis vagatur *SelCKB* VI 111. **b** facit . . / et anulos et mutatoria / de patrimonio regentis omnia, / quem stare patitur nudum ad ostia *Ps.*-MAP15; s**1299** pincernam, vario indutum, totidem, amicti diversis ~iis, sequuntur *Ann. Scot.* 396; c**1396** albe ~ie ultra vestimenta diversis altaribus vij (*Invent.*) *Meaux* III lxxxi; decem ~ia casularia BLAKMAN *Hen. VI* 11 (v. casularis); robe, ~ium, -ii PP; *sloppe, garmente,* ~ium, -ii PP; muliebria ~ia auro texta cum saphiris, purpura et bisso induit *Wager* f. 43b; *a robe,* ~ium *CathA*; **1493** unum ~ium novum panni aurei, viz. casula, due tunice, tres albe, una stola (*Invent.*) *Misc. Bannatyne* II 22. **c** c**1189** advertens presentiam nostrorum verbum studuit ~iis palliare *Ep. Cant.* 324.

mutatrix, one who changes, changer (f.).

luna, mutatrix luminis J. HOWD. *Ph.* 1030.

mutecene v. mutathanus. **mutekefia** v. mutakafia. **mutesebihus** v. mutasabihus.

mutescere [LL], **mutere** [ML], to become or be silent, be mute.

si constet proprie domine mechata libido, / mutescas; domino super hoc non esto locutor D. BEC. 1919; hec probo, mutescunt, residentque metuque tepescunt GARL. *Tri. Eccl.* 89; vim mutescendo sustines impugnantis J. HOWD. *Cant.* 81; cum cumulus temporalium prelatos infatuat et facit eos in debito officii sui ~escere WYCL. *Blasph.* 26; quia tolleretur radix peccati et laxarentur ora cleri modo ~entis *Id. Ver.* III 57; licet presul ~eat *Ib.* 66; **1426** amodo ergo ~eat canis ille raucus *Reg. Cant.* III 138.

muthanus [Ar. *muthannā*n =*doubled, repeated*], doubled, repeated.

proportio A in B erit proportio laterum ad latera se respicientia repetita [v. l. muthena] ADEL. *Elem.* VIII 16.

muthenus v. muthanus. **muthetene** v. mutathanus.

mutilamen [ML], injury, mutilation.

~en, *a meym* WW.

mutilare [CL]

1 to wound, maim (as punishment); **b** (fig.).

militem . . flagellatum graviter ~atumque cum dedecore remisit magno GIR. *IK* I 2 p. 29; non solum morti adjudicatur, verum etiam vivus trahitur, suspenditur, mutillatur, et tandem decollatur *Chr. Peterb.* 65; si furem mutilas pro latrocinio / vel signa stigmate sive cauterio . . WALT. WIMB. *Carm.* 420; in qua sudorem umbra tam improperiose ~atus [ME: *ituked*], tam aspere punitus est quod . . *AncrR* 142. **b** cumulavit enim thesaurum de rapina, famam suam mutulando, et sepultus Wyntoniae *Feudal Man.* 132.

2 to mutilate, damage by cutting off a part of: **a** (person); **b** (animal); **c** (plant); **d** (artefact); **e** (absol.).

a bajulum ejus Godwinum nomine capite incontinenti ~aret *V. Har.* 1 f. 3b; **1369** cuidam pauperi ~ato, percipienti per annum, de elemosina regis . . xl s. *ExchScot* 348; natura patitur humanum corpus, ne totum intereat, a medico ~ari FORTESCUE *NLN* I 25. **b** si liber servum occidat, . . reddat parentibus . . unum pullum ~atum (*Leg. Hen.* 70. 4) *GAS* 588; **1189** habeant canes suos non mutulatos per omnia dominia et maneria sua *Cart. Antiq.* EE 21; utque salire solet mutulati [v. l. mutilati] cauda colubri GOWER *VC* I 1141; **1438** cum baculis et j bill' dictum jumentum verberaverunt et mutulaverunt *DL CourtR* 126/1875 m. 3*d*. **c** arbores . . frondibus ~as GIR. *TH* II 54. **d** que [sc. toga] manicis mutilata quidem, scd ad usquc minutos / longa pedum digitos stringit utrumque latus L. DURH. *Dial.* II 521; **1342** ymago sancti loci male depicta et mutulata manu (*Vis.*) *EHR* XXVI 116. **e** ~are, i. e. *recouper* GlSid f. 148rb; mutulare, *to mamere* WW.

3 to cut off (part of body).

ut linguam ~arent et lumina terebrarent W. MALM. *GR* I 68 p. 72; ut totam cognationem suam perderet et deleret, aliis in patibulo suspensis, aliis membris mutulatis, absque delectu sexus etatis vel conditionis *Mir. Wulfst.* I 43 p. 142; c**1270** caput ejus mutulatur / et os ejus perforatur / certans pro justicia (*De Morte Montf.*) *EHR* XI 317.

4 to deprive of, curtail (property, income; w. acc., abl., or prep.).

maxima parte regni ~atus. qua injuria percussus vivendi finem fecit W. MALM. *GR* II 147; monasterium Ripense possessionibus propriis ~ans *Id. GP* III 104; ne Lincolniensis ecclesia se ~atam submurmuraret de possessionibus *Croyl. Cont. A* 118; antiqua privilegia vel ~are contendimus vel abrogare GIR. *EH* II 36; bona ipsorum [sc. parentum] nunc ex parte ~ando, nunc totaliter occupando *Id. SD* 126; **1219** ecclesiam tantis . . possessionibus et honoribus ~atam *Pat* 210; patrimonia omnium pene monasteriorum . . ~averat *Eul. Hist.* I 403.

5 to truncate, make short. **b** to abbreviate.

Hibernia . . Britannia longe brevior et ~atior GIR. *TH* I 3. **b** etsi liber historicus hic etiam contra historie legem sic excreverit, oro tamen . . ne ipsum quis ~et aut excurtet H. BOS. *Thom.* VII 2.

6 to remove: **a** to take away. **b** to leave out.

a 1293 quem mors invida dente nephario mutulavit *Reg. Cant.* II 1271. **b** intervertitur igitur confessio hoc triplici modo, cum a principio vel a medio vel a fine peccati aliquid ~atur, ne tota peccati continentia in palam . . exponatur R. NIGER *Mil.* IV 19.

mutilatio [LL]

1 wounding, maiming.

sicut homicidium morte occisoris vult ex lege puniri, sic et ~o membrorum lege talionis que exigit dentem pro dente, oculum pro oculo GROS. *DM* V 7; **1279** de . . occisionibus et ~onibus hominum *RGasc* II 74; c**1300** tribus casibus, viz. homicidio, ~one, et libero tenemento duntaxat exceptis *MunAcOx* 79; s**1437** de vita sua auferenda, et ~one membrorum suorum ei imponenda AMUND. II 132; hec mutilatio, A. *mameryng* WW.

2 mutilation, act of cutting off: **a** (part of body); **b** (part of coin).

a effugientes suspendium . . ~one tamen membrorum puniti miserabile spectaculum fiunt in populo *Dial. Scac.* II 7A; per partium inferiorum ~onem GIR. *IK* I 11 p. 85; ut nullus caperet . . valorem trium denariorum sub pena ~onis digiti nec valorem sex denariorum sub pena manus amputande WALS. *YN* 263. **b** s**1247** moneta . . circumcisione cepit deteriorari . . cum ratione materie, non forme, talem incurrisset moneta ~onem *Flor. Hist.* II 341.

3 curtailment, impairment.

ignoratur utique quid satius incoeptum quam ut propria falcicula, licet sit scabrosa, ~one tenuatim obducta, propriam messem sudati laboris pro posse virium piare procedam B. *V. Dunst.* 1 p. 4; que cum ille dare differret, excusata ~one regni, vel quod eadem alii calumpniarentur aut etiam possiderent W. MALM. *HN* 467; utpote in tributo et terrarum ultramarinarum ~one M. PAR. *Min.* I 387; quantum nephas in ~one Cantuariensis diocesis . . Offa rex commisisset *Flor. Hist.* I 404; in destructionem seu ~onem et diminucionem OCKHAM *Pol.* I 137; qui . . privatas missas et ~onem sacramentorum defendant JEWEL *Apol.* 26.

mutilator

1 one who wounds or maims.

sanguinis effusor, mutulator [sic] *FormOx* I 110.

2 one who mutilates by cutting off: **a** (part of plant); **b** (part of coin).

a hujuscemodi quidem ~ores arborum et vitium in ramis et palmitibus luxuriantibus resecandis, incautis putatoribus similes qui persepe magis fructuosa et plus necessaria resecant H. BOS. *Thom.* VII 2. **b 1278** perfidos Judeos pecunie ~ores . . captivari constituit *Ann. Mon.* IV 278.

3 one who curtails.

~ores . . vitium H. BOS. *Thom.* VII 2 (v. 2a supra).

mutilus [CL]

1 wounded, maimed, mutilated. **b** (of animal) hornless, or having stunted horns; **c** (fig.).

potens Deus, non quasi invalidus, id quod hic ~um deformeque est, tale sinet permanere PULL. *Sent.* 983. **b** 11 . . ~us, *hornles* WW *Sup.* 310. **c** **1145** ~a facie incedebat G. FOLIOT *Ep.* 48.

2 kind of fish.

nomina piscium: . . salmo, mugil apoa mutilus [*gl.: hornkeke*] et coclea concha STANBR. *Vulg.* 12.

mutire v. muttire.

mutitas [LL *gl.*], muteness, dumbness.

sed sicut ~as non excusat nos quin debemus hec illis dicere . . WYCL. *Sim.* 6.

muto v. multo. **mutoninus** v. multoninus.

muttire [CL]

1 to murmur, whisper. **b** to mutter in protest.

nec mutire audebat humana ignavia, et gemitum extincti domini premebant ab indictione terrifica *V. Kenelm. B* 81rb; mutus, -a, -um, unde mutio, -is, i.

murmurare OSB. GLOUC. *Deriv.* 343; quosdam Grecie philosophos .. qui secundum eorum assertiones, fidem catholicam in multis voluerunt corrigere, repulit, nec mutire permittebat M. PAR. *Min.* II 194. **b 1165** dicitur quod episcopi .. in eis modo jurisdictionem exercent, eo quod clerici vestri attoniti nunc mutire non audent J. SAL. *Ep.* 138 (144 p. 34); territus ille quid contra mutiret non invenerat R. COLD. *Godr.* 318; **1187** (v. dissonare 2b); cumque adversus hec non possint mutire, qui etiam bene gesta ponunt in contradictione; adhuc subsannant et detrahunt et dente canino ejus opera corrodunt *Mir. Wulfst.* II 15.

2 to be silent.

mutito, ni .. vinciri te nunc mavoles LIV. *Op.* 23.

3 to bleat.

hircorum [est] mutire *CathA* (cf. ib. lincum [est] aucare vel nutare [l. muttire]).

mutonare v. multonare.

mutuare, ~ari [CL]

1 to borrow: **a** (trans. or absol.); **b** (money); **c** (artefact); **d** (animal or land); **e** (word, name, style, or sim.); **f** (abstr.); **g** (iron. or facet.).

a in hoc peccator est, quia ~atur et non solvit BALD. CANT. *Serm.* 15. 77. 560. **b** misit ergo ~atos solidos xx, statimque restituta est omni suo nitori GOSC. *Lib. Mild.* 7; pauca quae mecum tuli et multa quae ~atus sum, quorum adhuc sum debitor, expendi ANSELM (*Ep.* 210) IV 106; quod videns domina sua, uxor sc. Roberti de Northweia, et ab illo sepius pecuniam ~ata *Mir. Wulfst.* II 16 p. 169; **1266** per denarios ~atos de abbate de Dunfermelin *ExchScot* 31; c**1290** ~ata fuit quadraginta solidos de quodam Judeo *State Tri. Ed. I* 12. **c** abbas .. Beccensis ~avit a servo vestro fratre Anselmo aurum quod pro calice misistis ANSELM (*Ep.* 90) III 217; non habuit [Christus] sepulcrum nisi ~atum, nec sudarium nisi misericorditer ei datum ALEX. BATH *Mor.* IV 30 p. 148; securibus .. amplis .. quas a Norwagiensibus .. sunt ~ati GIR. *TH* III 10 p. 151; **1231** ~avit pannos ad lectum *BNB* II 403; **1409** liberavit Radulpho .. in recompensacione tot petras ferri ab ipso ~atas pro instrumentis ferreis (*Ac.*) *EHR* XIV 529. **d** a**1122** sciatis me concessisse priori .. tres hidas terre .. quas W. rex pater meus ~avit ad eis de victu eorum ad opus W. E. quamdiu ipse W. viveret (*Ch.*) *EHR* XXXV 392; **1293** J. dicit se nullam bestiam propriam habere unde possit arrare nisi ex mutuo unde .. allegat quod quamdiu bestias ~averit ad arrandum non debet domino respondere de aliqua arrura *SelPlMan* 111. **e** theatrum: locus ab spectaculo vocabulum ~ans BEDE *Acts* 1040; sanctissimi Ambrosii morientis dictum ~atus W. MALM. *GR* I 61; spei felicis infans felici auspicio utrorumque parentum nomen ~atur *Id. Wulfst.* I 1; tollo .. ~at preteritum et supinum a verbo fero OSB. GLOUC. *Deriv.* 588; quia in nulla omnino parte sonum retinet, qui est fix, sed ~at sonum hujus littere que est Y *Ib.* 629; formam .. et modum hunc scribendi ab illo ore aureo communis patris nostri venerabilis Gilleberti Londoniensis episcopi ~avi P. CORNW. *Panth. prol.* 40. **f** hec gratie plenitudo, de qua totus mundus gratiam ~avit quando verbum caro factum est AILR. *Inst. Incl.* 29; illa [stella] .. inter Martem posita et Saturnum, ab utroque temperiem ~ari putatur ALB. LOND. *DG* 3. 3; claretur a melle dulcedinem ~at [TREVISA: *borweþ*] et saporem BART. ANGL. XIX 56. **g** discordia seu versabatur inter regem Stephanum, ut dicam regem ~atum qui Henrico regi primo latenter successit in regnum GERV. CANT. *Imag.* 44.

2 to lend: **a** (trans. or absol.); **b** (money or gold); **c** (with interest); **d** (artefact).

a faeneror, ~or, praesto *GlH* F 265–7 (v. faenerare, ~ari a); 'dives imperat pauperibus' .. quia ~atur eis et ita sibi servire compellit ANDR. S. VICT. *Sal.* 70; quidam libentius ~ant debitoribus nunquam mutuum soluturis P. BLOIS *Ep.* 12. 38C; et ideo, si nos ~amur aliquid alicui, non vult quod ab eo expectemus remunerationem, sed a solo Deo T. CHOBHAM *Praed.* 226. **b** c**1163** mercatores .. asserentes se .. fratribus .. pecuniam ~asse *Reg. Malm.* I 374; **1254** trescentis .. marcis solidis et denariis .. quos .. nobis ~averunt pro negociis nostris expediendis *RGasc* I 301b; ~ans .. pecuniam in eum cui ~at pecunie transfert dominium OCKHAM *Pol.* I 311; rex misit Londoniensibus ut aurum sibi ~arent *Eul. Hist. Cont.* 387. **c 1290** cum .. ordinaverimus .. quod nullus Judeus .. extunc aliquid sub usura Christiano alicui ~aret super terris, redditibus, seu rebus aliis (*Ch.*) *SelPlJews* xl. **d 1267** pro duobus doliis vini que .. ~avit regi *Cl* 318.

---

3 to acquire (by exchange or payment).

~averunt pro eis alia [sc. jugera] sed ab eodem domino, alteramque reddiderunt cartarum altera retenta MAP *NC* I 25 f. 20v; totam terram habuit quam pro Normannia optinuit ~andam *Flor. Hist.* II 456; quod homo ~at suam libertatem coram majore et aliis aldermannis cum camerario civitatis *Ann. Lond.* 86.

4 to alternate, (~ata vice) alternately.

a**797** festinavi obviam vestrae dulcedinis praesentiae, et ecce ~ata vice pro laetitia visionis vestrae tristitiae cartula advenit ALCUIN *Ep.* 55.

5 to replace.

crucifixorum capita abscissa super cesorum corpora ponebant, mortuorum vero capita ~antes super crucifixa reponebant *Meaux* I 121.

6 to make known, communicate.

intellecto et nobis intimato [v. l. mutuato] quod .. AD. MUR. *Chr.* 185.

mutuarius v. mutarius.

mutuatim [ML]

1 in a mutual manner, mutually, reciprocally.

~im, mutuo, alternatim OSB. GLOUC. *Deriv.* 362; quandocunque .. fratres sibi mutatim [*sic*] in claustro occurrunt *Cust. Westm.* 166 (cf. *Cust. Cant.* 211).

2 by mutual agreement, jointly.

1271 partes mutuis scriptis .. ~im sigilla sua apposuerunt *Cl* 396.

mutuatio [CL]

1 (act of) borrowing; **b** (w. subj. gen. of borrower). **c** (w. obj. gen. of loan).

mutuo .. unde .. ~o OSB. GLOUC. *Deriv.* 341. **b 1519** item ~one Johannis Clerk London liij s. iiij d. (*Ac.*) *DC Cant. MS C. 11* f. 131v. **c 1392** pro ~one c marcarum de thesauro Anglie *Ac. H. Derby* 162.

2 (act of) lending (in quot., w. dat. of borrower).

1348 in ~one domino regi per priorem vj li. xiij s. iiij d. *Ac. Durh.* 547.

3 exchange.

has [terras] dedit Willelmus .. pro ~one Bovecome (*Wilts*) *DB* I 64vb; **1008** ~o duarum villarum pro villa (v. mutatio 1).

mutuator [ML]

1 borrower.

mutuo .. unde ~or OSB. GLOUC. *Deriv.* 341; **1204** concedimus quod ~or ille denarios illos in mercimoniis in Anglia expendat *Pat* 39b.

2 one who acquires by exchange, exchanger.

venditore vel ~ore mortuo, pristinos repecierunt ab herede .. agros MAP *NC* I 25 f. 20v.

mutuicapere, to borrow, take as a loan.

1325 in sexdecim libris argenti quas ab eodem ~it (*CourtR St. Ives*) *Law Merch.* I 107.

mutuitas, state or condition of being mutual, mutuality, reciprocity.

cum enim Spiritus Sanctus sit amor perfectus in delectatione, unione, et rectitudine, et amor perfectum delectationis, unionis, et rectitudinis habeat ex ~ate: sequitur de necessitate quod Spiritus Sanctus procedit per modum mutui amoris MIDDLETON *Sent.* I 106b; in nobis amor mutuus est jucundior, quia per talem ~atem habetur in dilecto amplior racio diligibilitatis DUNS *Sent.* I 12. 1. 10 p. 860.

mutulare v. mutilare.

mutulinus [mutulus+-inus], of a sheep. **b** (as sb. n.) sheep-skin.

1334 in vij carcos' mutil' et ij carcos' porc' *Ac. Durh.* 23; **1337** in carne bovis et mutilina xviij d. ob. *Househ. Ac.* 202; j qr. carnis ~e xij d. *Ib.* 206; **1347** in .. xiv pellibus multilinis [MS: mutilinis] et agninis *Ac. Durh.* 172; **1392** pro carnibus bovinis, motulinis, porcinis *Ac. H. Derby* 227; caro ~a, *chepeflesche WW*; recepit diversas carnes bovinas et ~as BOWER XV 2. **b 13** .. recepi quemdam librum Digesti veteris in

---

mutelino apparitati sine addicionibus precii sexaginta solidorum *DCDurh. Misc. Ch.* 4130.

mutulus, mutulis, mutulo [AN *mutun*, OF *mouton* < multo+-ulus]

1 sheep.

1277 iiij boves, vj mutilones, et sex africane femine *Ambrosden* 405; **1342** in carne bovis et motuli iij d. .. in ovis j d. *Sacr. Ely* II 103; in carne vitulorum et ~orum ix d. obolus *Med. Stage* II 288; **1520** item in carne mutulium x d. *REED York* 221.

2 corbel, post (? by assoc. w. 'ram').

a corbel, post, a bragget, post, ~us LEVINS *Manip.* 55.

mutunare v. multonare.   **mutura** v. molitura.

mutus [CL]

1 (of animal) that cannot produce articulate sound, inarticulate (also as sb); **b** (w. ref. to *Is.* lvi 10).

quot de ~is aut brutis ratiocinationis argumenta requiruntur ALDH. *Met.* 7; a ~o [ME: *dumbe*] animali disce sapientiam *AncrR* 42. **b** et stabit sicut canis ~us non valens respondere T. CHOBHAM *Praed.* 75.

2 unable to produce sound or to speak, dumb; **b** (of person or part of body); **c** (of animal); **d** (of artefact or its nature); **e** (as sb. n.).

10 .. ~us, dumb *WW*. **b** quidam adulescens ~us BEDE *HE* V 2 p. 283; tunc aeger juvenis mutusque adducitur illi ALCUIN *SS Ebor* 1099; illum / jusserat adduci, mutamque ostendere linguam *Ib.* 1106. **c** rane .. in Britannia ~e GIR. *TH* I 28; indomitus sicut taurus, ~us ut piscis BACON V 143. **d** ~a insensibilium rerum natura ALDH. *Met.* 7; qui turmas vulgi surdum mutumque metallum / imperio terrente jubet venerarier omnes *Id. VirgV* 370; quasi truncus inutilis vel statua ~a positus juxta archam Domini T. CHOBHAM *Serm.* 8. 34va. **e** quae sunt tria ~a quae docent sapientiam in corde hominis. est mens, oculus, et litera *Ps.-BEDE Collect.* 175.

3 temporarily unable to speak, speechless; **b** (of person or part of body); **c** (of abstr.).

elinguis, ~us *GlC* E 121. **b** heu, cur muta silent ora jam vocis egena? ALCUIN *Carm.* 60. 7; morbo crescente, triduo exensis et ~us jacuit W. MALM. *GR* II 193. **c** et noster animus ad ea quae amica desiderat compassio, maerore languidus et pudore ~us deficiet ANSELM (*Ep.* 12) III 116.

4 reluctant to speak, reticent, taciturn: **a** (of person); **b** (leg., *se ~um tenere*) to keep oneself mute, stand mute, refuse to plead; **c** (fig.).

a hebetes ac ~os et in flexibus mundialium negotiorum mendacibus doctissimos GILDAS *EB* 66; surda debes esse ad omnia que seculi sunt audiendum, et ad loquendum ~a AILR. *Inst. Inclus.* 28; si maledicitur, non maledicit; si percutitur, non comminatur. ~us est enim ad injuriam BALD. CANT. *Serm.* 10. 28. 497. **b 1384** rettatus se ~um tenuit, per quod ad penam suam .. positus existat *Pat* 317 m. 19. **c** facinus .. perpetratum ~i taciturnitate silentii oblivioni non traderem ASSER *Alf.* 95.

5 (of consonant) that cannot be sounded by itself, mute (also as sb. f.).

septem .. semivocales .. novem ~ae BEDE *AM* 2349 (v. consonare 1b); *sume syndon* ~ae, *þæt synd dumbe* ÆLF. *Gram.* 5; omnes consonantes, et praecipue ~ae, velut exanime corpus jacent quousque illas singulae vocalium .. animando movent ABBO *QG* 11 (25); sicut in litteris quedam ~e non quod omnino nihil sed quod aliarum respectu minimum sonent J. SAL. *Met.* 844c.

6 (as sb. m.) a dumb person; **b** (w. ref. to *Prov.* xxxi 8).

mutos et mancos, claudos surdosque repertos / .. / caelitus instaurant ALDH. *VirgV* 1085; ut episcopus Johannes ~um benedicendo curaverit BEDE *HE* V 2 *tit.*; et pleno est penitus mutus sermone locutus ALCUIN *SS Ebor* 1111; quare omnes ~i surdi sunt? *Quaest. Salern.* Ba 12. **b** os aperire ~o praecipit, populo gentium fidei verbum praedicare BEDE *Prov.* 1029.

7 (as sb. f.) small bell.

c1255 tacta nola, cui ~a vel scilla est nomen *G. S. Alb.* I *app.* p. 520.

mutuus [CL]

1 (of money) given on loan.

1164 accepi . . decem marcas ~as J. SAL. *Ep.* 134 (136 p. 12).

2 felt or done by each of two in relation to the other, mutual, reciprocal: **a** (of act, action, or sim.); **b** (of abstr.); **c** (of person, pred.).

a suavitate divinae laudationis, dulcedine ~ae dilectionis BEDE *Cant.* 1176; illud oris illius donum ac ~ae commercium allocutionis *Ib.* 1206; cum . . ~a se cede prosternerent W. MALM. *GR* II 110; qui dum alterutram cavent offensionem, ~am incurrunt perniciem AILR. *Spec. Car.* III 40. 620; determinat qualia sunt activa et passiva que habent accionem et passionem ~am T. SUTTON *Gen. & Corrupt.* 57; de hiis qui ~is sacramentis se astringant ad partes placitorum *Eyre Kent* I 46; **1396** conjunccio ~a feminarum contra naturam in actu carnali *Concl. Loll.* XII 803 (=*Ziz.* 368, cum seipsis). **b** c1318 ut . . firmius inposterum robur accipiat ~e inter nos vinculum caritatis J. MASON *Ep.* 30 p. 214; **1421** ut animarum nostre mitue fraternitatis reeffluerent in salutem. secundum quod mitua nostra fraternitas inita et contracta requirit *DC Cant. Reg. S.* f. 86. **c** Walwanus . . irruit in eum [sc. Quintilianum] et caput amputavit . . . interea Marcellus ~us maximo affectu volens Quintilianum vindicare Walwano jam imminebat a tergo *Eul. Hist.* II 343.

3 that satisfies both sides, mutually acceptable.

s1141 pateretur ergo regem et se liberari ~is conditionibus W. MALM. *HN* 510.

4 common, joint.

per batellas eciam servientes ad ~um accessum tam regis quam ducis et divisi exercitus *G. Hen. V* 6 p. 34.

5 that corresponds.

si solida equidistantium superficierum fuerint equalia, erunt eorum bases ~e altitudinibus eorum ADEL. *Elem.* XI 35; anguli . . equales qui sunt ex TD et DH et NL et LM, latera vero eos continentia ~a *Ib.* XI 38.

6 alternate, respective.

1232 sigilla sua vice ~a huic scripto . . apposuerunt *Ch. Chester* 430.

7 (as sb. n.) loan; **b** (~*um principale*) principal loan. **c** (~*o*) as a loan.

~um, *wrixlung* ÆLF. *Gl.* 115; si debitor paratus erat solvere, deinde convenit, ut retineret pecuniam in causam crediti, contrahitur ~um, quia creditor intelligitur recepisse, et illi dedisse P. BLOIS *Ep.* 71. 221A; intelligite . . quod quicquid Dominus sustinuit pro nobis quasi ~um nobis dedit ut ei restituamus T. CHOBHAM *Serm.* 6. 29ra; **1341** xl s. argenti ex causa miiui ab eodem recept' *AncD* Ser. D. 11238; accepit diversa ~a absque consensu abbatis sui et sine compoto reddito *Meaux* III 109. **b 1337** reservetur summa ~i principalis *StatOx* 140. **c** nec mora ~o expetitos viginti solidos, nichil enim de suo habebat, mittit . . consolatrici suae Mildrethae Gosc. *Transl. Mild.* 18 p. 178; **1244** dixit quod eos ~o cepit de dicta Judea *SelPlJews* 8.

8 (something given in) exchange.

hanc revocat ipse Rogerus pro ~o illius terrae quam rex dedit Isaac (*Norf*) *DB* II 179; si . . terram eis warentizare non poterimus, ~um ad valens . . eis dabimus *FormA* 253.

9 mutual or reciprocal thing.

sic . . non sit differencia modorum Aristotelis penes 'esse' rei et racionis, sed penes ~um et non-mutuum: et si ~um, penes quantum et quale DUNS *Ord.* III 288.

10 (abl. sg. as adv.) with mutual action, agreement, or sim., mutually, reciprocally.

praeoccupabant igitur se ~o talibus objectionibus vel multo his mordacioribus GILDAS *EB* 1 p. 27; monachi . . dixerunt ~o: "cur moramur foris?" ÆLF. *Æthelwold* 13; ut quod in inveniendo quod querebatur minus poterant singuli, ~o se juvantes complerent universi ANDR. S. VICT. *Dan.* 20; **11** . . sigilla sua ~o apposuerunt *Cart. S. Nich. Exon.* 44; duos dormire simul est se ~o brachiis dilectionis amplecti, et tales se ~o incendunt et calefaciunt T. CHOBHAM *Serm.*

---

14. 52va; comes Lancastrie et multi nobiles ~o sibi confederati (J. BRIDL.) *Pol. Poems* I 133.

11 alternately, respectively.

hi autem tres sibi ~o successerunt *Hexham* 42.

12 on both sides.

spes est ~o victorie certa, memoria fuge nulla M. PAR. *Maj.* I 341.

muwis v. muius.   **Muzalemiticus** v. Muslemiticus.

my [LL < *μῦ*], mu, twelfth letter of Greek alphabet. **b** numeral (=40).

940 (14c) crux quae excelsis toto et dominaris Olimpo / inclita lex domini Christi fundamen et aulae / alpha, mi, et Ω *CS* 751; nomen patris scribitur per capa et mi, id est per K et M S. LANGTON *Chron.* 204; labda, mi, ni BACON *Maj.* I 75 (v. delta a); mi Grecum habens acutum WILL. 20. **b** c1020 moy, 'm', M, xxxx *Runica Manuscripta* 351.

mya [*μυῖα*, *μῦα*]

1 a fly.

scothomia dicitur a scothos quod est videre et mias quod est musca, quasi visio muscarum *SB* 38.

2 form of game, blind man's buff.

hodeman blind, play, mya LEVINS *Manip.* 135.

mygale [LL < *μυγαλῆ*], shrew-mouse.

megale, *hearma* GlC M 166; ~e est dolosum rapax ingluviosum, sic habetur in glosa Levitici undecimo [cf. Lev. xi 30] BACON *Gram. Gk.* 63.

myirmica v. myrmex.   **Mylerensis** v. Miliarensis.
myna v. 3 mina.   **mynaria, mynarium** v. minaria.

mynegunga [AS *mynegung*], demand (for payment), claim.

eum graciemus pro labore suo de communi pecunia nostra . . ne forte ipsa remaneat ~a [AS: *seo mynugung*] (*Quad.*) *GAS* 178.

mynkk' v. minka.   **myntarius** v. mintarius.   **myopara, ~o** v. myoparon.

myoparon [CL < *μυοπάρων*], light boat, galley.

mimopora, *ðeofscip* GlC M 208; caupulus, navis . . myopara, scopa OSB. GLOUC. *Deriv.* 143; mioparo navis ex vimine et corio contexta, unde in historia dicitur gens Saxonum in mioparonibus . . nituntur *Ib.* 174.

myotacismus [LL < *μυτακισμός*], (gram.) 'motacism', intrusion of letter M by false division of syllables.

scopulosas . . labdacismi collisiones et ~i voragines ALDH. *VirgP* 59; *hig prutlice gymað þates* miotacismus *gefleard, þa synd on Grecisc* kakosyntheton *gecwedene* BYRHT. *Man.* 96.

myoura v. mioura.   **myrabolanus** v. myrobalanum.

myracopum [LL < *μυράκοπον*], ointment that contains myrrh.

miracopium, i. mire mitigativum *Alph.* 1.

Myrcius v. Mercius.

myrepsia [*μυρεψία*], preparation of ointments.

inde mirobalanus, quasi glans vendibilis, miriplon enim vendere dicitur, sine meripsia quasi species vendibilis *Alph.* 19.

myrex v. murex.   **myriada** v. myrias.

myriadalis [LL myrias < *μυριάς* + -alis], of the number ten thousand or of any large number or amount, countless, myriadfold.

quare et multitudo omnium instancium preteritorum simpliciter equaretur multitudini instancium equinoccialium, eclipsalium, annalium, et ~ium BRADW. *CD* 184D.

myrias, myriada [LL < *μυριάς*], ten thousand or any large number or amount: **a** (of persons); **b** (of money or sim.); **c** (of years).

a Danorum . . multitudo et . . legionum catervae congregatae sunt ita ut . . de mille in xx ~adas excrevissent BYRHT. *HR* 71; ut . . contra legiones

---

dimicaret cum suis ~adis *Ib.* 73. **b** fiat ad inceptum collata pecunia bellum / at populus regem multis myriadibus auxit J. HERD *Hist. IV Regum* 48. **c** inchoancium sc. seu terminancium eclipses, annos parvos aut magnos ~adesve annorum BRADW. *CD* 184D.

myrica, ~e [CL < *μυρίκη*]

1 tamarisk (*Tamarix*).

~e namque est infructuosa arbor et humilis, gustu nimis amara, omnique humana cultura prorsus indigna ac propterea fructificans in desertis BEDE *Hom.* II 25. 435A; murica, *gespon* GlC M 296; miricae, arbor est, Latine tramaricius dicitur *Gl. Leid.* 14. 10; **10** . . murica, *gespan* WW; balanus rapseo est simile arboris mirice, nuces habens intus rotundas *Alph.* 18; mirice, i. tamaricium; cum foliorum elixatura cum vino bibita splenis tumorem compescit, dolori dentium subvenit *Ib.* 118.

2 broom (*Cytisus scoparius* or *Spartium junceum*).

multas audivimus vestratum audaces jactantias ut plantam mirice ad scopam reverti MAP *NC* II 25 f. 32v; oleum de floribus mirice GILB. VI 263v. 1; **1287** de . . ruscis, mericis, feno . . decima persolvatur (*Syn. Exon.*) *Conc.* II 1053; murica, *geneste Teaching Latin* I 150; **1378** W. W. in misericordia pro transgressione . . quod vetuit eum succidere merutas suas *CourtR Ottery St. M.* m. 7; genesta, genestula idem, i. mirica, reubis agrestis idem *SB* 22; **1406** licenciam succidendi, evacuandi et ardendi omnimodum parvum boscum et subboscum, brusshall', vepres, et mericam super solum nostrum in australi parte super et juxta altam viam de Shetershill' . . crescencia *Pat* 375 m. 21; mirica, genesta idem, G. *geneste*, A. *brom*, cujus fructus vocatur carepos mirice id est fructus geneste *Alph.* 117; hec murica, A. *wermine brome* WW.

3 heather (*Erica* or *Calluna vulgaris*).

mirica, *hæp* ÆLF. *Gl.* 139; *lyng of þe heth*, bruera . . merica *PP*; hec pruera, *lingge*. merica idem est *WW*.

myricetum [cf. CL myrica]

1 (thicket of) broom.

miriceta et spineta, verticem moventia / tymus usta et arbusta, rubi atque filices / timebantur et rebantur hostibus ut milites WILL. GLASG. *Sum.* 56.

2 place where broom grows.

~um, campus vel locus, ubi genista nascitur *LC* 254.

myrifilon v. myriophyllon.   **myringa** v. meninga.

myriophyllon [CL < *μυριόφυλλον*], **~os**, milfoil, yarrow (*Achillea millefolium*).

myrifyllon [gl.: de myrifoliis Grece, millefolium Latine] ALDH. *Aen.* 50 tit.; mirifillo, *gearwe* GlC M 204; myrifilon . . *gæruwe* ÆLF. *Gl.* 133; miriohllos *Alph.* 118 (v. millefolium a).

myristicus [*μυριστικός*], fragrant, odoriferous. **b** (*nux ~a*) nutmeg (*Myristica fragrans*).

gala. carda. miristice nardi. zedoar' GILB. V 215v. 1; †ministicum [l. miristicum], i. odoriferum *Alph.* 117. **b** nux †mirifica [l. miristica], nux muscata idem *SB* 32; nux miristica vel carida, nux muscata idem *Alph.* 126; *a nutmig*, nux ~a LEVINS *Manip.* 119.

myrmecelaeon [*μύρμηξ* + *ἔλαιον*], ant-oil, medicinal liquid extracted from ants.

murmicelon, oleum formicarum *MS BL Sloane 2479* f. 99v; mirmicelion, i. oleum formicarum *Alph.* 118.

myrmecia v. myrmex.

myrmecina [LL myrmex < *μύρμηξ* + -ina; cf. CL myrmecion < *μυρμήκιον*], kind of wart.

sunt quedam [verruce] que faciunt pruritum magnum et sunt minime et dicuntur mirmicine a mirmon quod est formica GILB. III 170. 1.

myrmecoleon [LL < *μυρμηκολέων*], ant-lion.

myrmicoleon ALDH. *Aen.* 18 tit.; mirmicaleon . . formicarum leo GlC M 379; si animadvertisset in eodem libro genitivum myrmicoleontis . . more Greco ABBO *QG* 15 (34); mirmicoleon OSB. GLOUC. *Deriv.* 367 (v. myrmex 1); mirmicaleon sive mirmiceon BART.

ANGL. XVIII 10 (v. formicaleo); mirmicoleon, i. leo formicarum *SB* 30.

myrmedon [μυρμηδών], ant's nest.

mimir, mirmita, formica idem, inde mirudones [v. l. mirmidones] *Alph.* 118.

myrmex, myrmica [LL < μύρμηξ]

1 ant.

scandere sique polum pinnis myirmica supernum / appetat atque tetrum devincere mole camelum *Altercatio* 7; mirmicoleon, mirmicarum leo OSB. GLOUC. *Deriv.* 367; mirmix, formica *Ib.* 367; mirmix sive mirmicia, formica *SB* 30; mirmice dicuntur quedam species formicarum ut in Oribasio *Alph.* 118; mirmir, mirmita, formica idem *Ib.*; hec formica, hec †murunca [l. murmica], *a pysmere WW*.

2 excrescence on the skin. **b** (pl.) genital warts.

myrmecia est cutis excrescentia quaedam *LC* 254a. **b** myrmeciae sunt verrucae in pudendis *Ib.*

myrobalanum [CL], **~us** [LL], **~a**

1 myrobalan, ben-nut; **b** (var.).

myrabolani [TREVISA: *mirabolanes*] vero saporis sunt horribilis et amari BART. ANGL. XVII 116 p. 895; si materia est in epate, non dentur mirabola GILB. I 18. 1; mirobolani, i. mirobolanam *WW*. **b** optima . . ei esset decoctio cassie fistule ~orum citrinorum cum capillis Veneris P. BLOIS *Ep.* 43. 127A; similiter agaricus similitudine coloris purgat fleumam, reubarbarum coleram, mirobalani indi melancoliam *Quaest. Salern.* B 162 p. 80; acceptionem trifere minoris que est ex mirobalanis nigris et emblicis et belbricis et medicinis tardantibus caniciem BACON IX 47; cum mirabolanis, kebulis vel de aliis generibus preter citrinos qui non conveniunt in purgatione fleumatis *Ib.* 49; purgatio fiat . . cum . . mirabolanis citrinis vel kebulis, . . ita quod mirabolani temperentur . . in lacte amigdalarum GAD. 5. 2.

2 ben-nut tree.

fructus . . mirabalanorum in principio sunt dulces, in medio sunt pontici, et in fine amari BACON XIV 80.

myropola [CL < μυροπώλης], seller of unguents or scented oils (in quot., f.).

miropola . . femina unguentaria OSB. GLOUC. *Deriv.* 432.

myropolium [CL < μυροπώλιον], shop in which unguents, scented oils, or perfumes are sold; **b** (fig.).

miropolium . . i. domus unguentaria, eo quod mire flagret OSB. GLOUC. *Deriv.* 335; *schop* . . miropolum *PP*; hoc mirrepolium, est domus unguenta *WW*. **b** miscentur species in miropolio / matris et virginis, nec fit confusio WALT. WIMB. *Carm.* 51.

myrotheca [LL < μυροθήκη], receptacle for unguent; **b** (fig.).

in merothece, in domo ungentorum *GlC* I 142; merotetes, domus ungentorum *Ib.* M 138; in myrthece, in domo unguentaria *Gl. Leid.* 35. 169; hec mir- reteca, est repositorium ung' *WW*. **b** lucebat area purpurata . . ut divinarum ac secularium rerum mirotheca, ut varia oblectamenta, humanos oculos et mentes gratificantia GOSC. *Edith* 44.

myrothecium [CL < μυροθήκιον], (small) receptacle for unguent (in quot., fig.).

haec, videlicet, sunt pigmenta et ~ia religionis JEWEL *Apol.* E 8.

Myrrha v. 1 Murra.

myrrhites [CL < μυρρίτης], kind of gem.

~es [TREVISA: *merites*] est gemma sic dicta eo quod myrrhe in colore similis est qui compressus spirat odorem sicut nardus BART. ANGL. XVI 66.

myrrhum v. 1 Murra, myrum. **myrrum** v. myrum. **myrta** v. myrtus.

myrtacantha [LL < μυρτάκανθος], butcher's broom, knee holly (*Ruscus aculeatus*).

mirta agrestis, aut exmursine, aut mircacante, folia habet mirte similia, alba et acuta in fine, semen rotundam et oblatum et obrufum, urinam et menses provocat *Alph.* 119.

myrtetum [CL], **~eta** [LL], myrtle grove. **b** bath in a myrtle grove (*cf. NGML*).

squalidus hirsutus peteret myrteta luporum ALDH. *VirgV* 349; ~eta, ubi multae sunt mirtae *Gl. Leid.* 17. 20 (v. myrtus 1); **10** . . mirteta, *wirgræfen* . . †myrtea [l. myrteta] *demu WW*; mirtetum, locus ubi mirtus crescit OSB. GLOUC. *Deriv.* 361; hujusmodi visionem revelavit Dominus Zacharie et fuit visio ymaginaria congruens temporibus illis, juxta quod exposuit Zacharie angelus latens inter frutecta vel mirteta GROS. *Post. Mark* 356; secundum Indos oritur in hac facie puella virgo habens super se linteum laneum, et vestimenta vetera in manu illius, et manus illius suspense, et ipsa est erecta in medio mirceti, volens venire ad mansiones patrum suorum, atque amicorum petere vestimenta et ornamenta BRADW. *CD* 74D. **b** *hoote bathe*, murtetum *PP*.

myrteus [CL]

1 of a myrtle tree.

hec mirtus . . inde mirteus OSB. GLOUC. *Deriv.* 335.

2 that resembles the myrtle-berry in colour, purple, myrtle-coloured.

~eus, *bleoreod* ÆLF. *Gl.* 163; **10** . . ~eus, *bleoread*, *musfealu WW*.

myrthece v. myrotheca.

myrtiger [CL myrtus < μύρτος + -ger], myrtle-bearing (in quot., epithet of Venus).

prodit in abruptum pretentis insula saxis / mirtigere sacrata dee, pars ima recessu J. EXON. *BT* III 212.

myrtillanus [cf. CL myrtus < μύρτος], (*herba ~a*) marsh crowfoot (*Ranunculus scelerosus*).

apium risus, herba scelerata vel murtillana *Alph.* 11 (v. apium 2b); herba scelerata, i. apium risus, respice ibi. et vocatur herba mirtilana sive brutacea *Ib.* 79.

myrtillus, ~um, myrtella [cf. CL myrtus < μύρτος; AN *mirtelle* = bilberry; OF *mirtille* = myrtle tree]

1 myrtle berry.

fida pudicitie servatrix, frigida myrtus / perdit myrtillis nobilitata suis NECKAM *DS* VIII 128; mirtillorum aut rubi aut lentisci GILB. II 81. 1; anisi. viscaginis. mirtelle *Ib.* II 112v. 2; pulvis mirtillorum vel foliorum mirti GAD. 7v. 2; mirtillus autem semen mirti est, A. *bloberi* secundum quosdam, et a mirto sive mirtillo vinum et olivum [? l. olium] mirtinum *SB* 30.

2 fruit of sweet-gale.

mirons sive mirca frutex est cujus fructus sunt mircilli *Alph.* 118.

3 wine made from myrtle berries.

mircus sive mirca idem, inde vinum et oleum mirtinum sive mirtillum, et mirchite indeclinabile quod sonat quantum mirtinum *Alph.* 119.

myrtinus [LL < μύρτινος], made from myrtle.

detur syrupus ros' mirtinus. cum zuccar' GILB. I 45v. 2; oleum mirtinum *Ib.* II 81. 1; sapa mirtina *Ib.* IV 178v. 1; olivum [? l. olium] mirtinum *SB* 30 (v. myrtillus 1); oleum mirtinum *Alph.* 119 (v. myrtillus 3).

myrtus, mirtus, myrta [CL < μύρτος]

1 myrtle tree (*Myrtus communis*) or its fruit.

arbores balsami . . viti similiores quam ~o BEDE *Cant.* 1098 (cf. Pliny *Nat.* XII 54); ~us, *uuir GlC* M 381; ~us, modicus arbor boni odoris semper viride *Gl. Leid.* 13. 48; myrteta, ubi multae sunt mirtae idest arbores fructuosae *Ib.* 17. 20; dicitur hec mirtus, -ti, eo quod mire oleat OSB. GLOUC. *Deriv.* 335; se[men] mirte. coralli GILB. IV 197. 1; mircus sive mirca *Alph.* 119 (v. myrtillus 3).

2 bog myrtle, sweet-gale (*Myrica gale*).

c**1250** mirtus, i. *gagel WW*; *gayl*, i. mirta *SB* 22; mirtus sive mirta frutex est *SB* 30; mirons sive mirca frutex est *Alph.* 118 (v. myrtillus 2).

3 (~a agrestis or nigra) butcher's broom, knee holly (*Ruscus aculeatus*).

mirta agrestis *Alph.* 118 (v. myrtacantha); oleum mirtinum, i. oleum mirte agrestis, i. nigre *Ib.* 128.

myrum, ~on [LL < μύρον; also assoc. w. 1 Murra], unguent, perfumed oil; **b** (as chrismal ointment).

myrrhum [TREVISA: *mirrum*] est unguentum de myrrha et aliis speciebus aromaticis compositum et confectum BART. ANGL. XVII 103; myron est unguentum a quo myrrum in usu Latinorum BACON *Gram. Gk.* 63; myron est unguentum *LC* 254a. **b** myro, uncxio chrismalis *GlC* M 380.

mysa v. 2 misa. **mysimbri** v. mesembria.

mysterialis [LL], mysterious, that is hidden or cannot be explained by reason; **b** (dist. from *materialis*).

c**1150** semita per speculum mysteriale patet *Anecd. Poet.* 9. 10. **b** s**1455** in flammam . . adeo grandem, ut nec rore, nec latice . . nec aliqua aquea specie altera, sive materiali, sive misteriali, aliter extingui poterat *Reg. Whet.* I 160.

mysterialiter [LL]

1 secretly.

pryvaly, clam, clamdestine, clanculo, latenter, misterialiter, mistice, occulte, private, secrete, tacite adverbium *CathA*.

2 in a mysterious manner, mysteriously.

c**1160** his duodecim lapidibus status . . civitatis Dei in supernis ~iter est fabricatus OSB. CLAR. *Ep.* 41 p. 153.

mysteriarches [LL < μυστηριάρχης]

1 one who presides at mysteries, mysteriarch; **b** (eccl.).

hic misteriarches . . i. princeps misterii OSB. GLOUC. *Deriv.* 25. **b** ~es [sc. Laurentius martyr], *dyrnmaga GlP* 625; c**993** provincia . . sortita promum salutiferi Christi sacramenti misteriarchae (*Ep.*) *Mem. Dunst.* 399; c**993** dilectissimo in Christo patri [sc. archiepiscopo] Sigerico misteriarchae (*Ep. Elfwerdi*) *Ib.* 400; dum . . virgo de lutoso ornamenti sui squalore querimoniam replicat, dux ~es ad illum spectatorem appropiat . . GOSC. *Transl. Mild.* 21 p. 183.

2 one to whom divine secrets or mysteries have been revealed; in quot., of St. John the Divine.

sic ait ~ae Johannis theologia GOSC. *Lib. Confort.* 91.

1 mysterium v. mistera.

2 mysterium, misterium [CL < μυστήριον]

1 (pl.) secret religious rites for the initiated, mysteries.

clancula virginea pandens, misteria clave ALDH. *VirgV* 837; orgia, misteria Bachi *GlC* O 260.

2 hidden thing or affair, a secret; **b** (w. ref. to hidden meaning or sense); **c** (alch.).

angelum . . ad meum colloquium Dominus mittebat, qui mihi misteria [v. l. ~ia], quae non licet homini [cf. *II Cor.* xii 4] narrare, monstrabat FELIX *Guthl.* 50 p. 156; homo procul ab aulicis misteriis secretus W. MALM. *GR V prol.*; misterium domini sui se illi secreto communicaturum respondit *Id. GP* I 54 p. 101; nonne reges et principes populorum fidelibus suis consiliorum suorum ~ium communicant? BALD. CANT. *Serm.* 4. 6. 404; hec omnia plena sunt philosophicis misteriis et quanto apertius loquimur tanti verius et auditoribus utilius RIC. MED. *Anat.* 233; mysticum est occultum, secretum sacratum, unde ~ia dicuntur sacramenta et secreta BACON *Gram. Gk.* 63. **b** misterium dicitur quasi secreta significatio T. CHOBHAM *Praed.* 10. **c** ~ium est essentia interioris naturae, totius substantie in subtili reconditaque materiae parte vehens. unde a succo tantum discedit, quantum succus a corpore, et quia in intimis recessibus materiae corporeae latet subtilemque admodum habet naturam, mysterium vel arcanum solet appellari *LC* 254a; misterium magnum est omnium rerum materia prima, principium et mater conjunctarum corruptibilium creaturarum Dei *LC* 254b.

3 something that must be explained figura-

tively, mystery; **b** (w. ref. to religious truth, doctrine, or sim.); **c** (of nature or sim.); **d** (w. ref. to wondrous deed, occurrence, or sim.).

sacramentum vel ~ium, *geryna*, vel *digla* ÆLF. *Gl.* 164. **b** ~ii Trinitatis . . cum lagoenas viris tenentibus egregias in manibus GILDAS *EB* 70; Judaei per x loca in fimbriis suis faciebant pro misterio decalogi *Comm. Cant.* II 21; sic . . Esaias Novi Testamenti ~ia praegustans ait BEDE *Acts* 975; Cantica Canticorum in quibus sapientissimus regum Salomon ~ia Christi et ecclesiae . . sub figura sponsi et sponsae descripsit BEDE *Cant.* 1083; fidei ~iis sunt inbuti *Id. HE* V 24 p. 354. **c** regnante Theo . . qui . . de secretis caelorum gloriae humanaeque naturae misteriis docet *CS* 743; nature morumque ~ia variis figmentorum involucris obtexentes J. SAL. *Pol.* 390D. **d** septena sigillati voluminis signacula transactae praefigurationis misterium continentia ALDH. *Met.* 2 p. 65; eademque nativitas angelicis est praedicata vocibus et celebrata ~iis BEDE *Cant.* 1168; per beatum Oswaldum fiunt hic divina ~ia; per orationes ejus caeci illuminantur BYRHT. *V. Osw.* 475; non . . credimus illam insufflationem sine aliquo ~io factam esse ANSELM (*Proc. Sp.* 5) II 194.

4 (eccl.) sacrament; **b** (~*ium sacrae communionis* or sim., or ellipt.) Holy Communion, the Eucharist; **c** (w. ref. to the consecrated elements).

cum ad ~ia celebranda congregati essemus BEDE *Acts* 984; per manus temporalium sacerdotum sacri baptismatis vel eucharistiae sacrosancta misteria celebrantur (*Quad.*) *GAS* 284; c1187 prohibemus ut nunquam in ea divina celebrentur misteria *Cart. Osney* IV 431; ~ia dicuntur sacramenta BACON *Gram. Gk.* 63 (v. 2a *supra*). **b** si ecclesiam possit intrare vel etiam ad ~ium communionis sacrae accedere BEDE *HE* I 27 p. 54; jubet sanctae communionis ~ium ante se celebrari OSB. *V. Dunst.* 44; Dominici . . corporis et sanguinis sacrosancta ~ia AILR. *Ed. Conf.* 757A; expleto . . ~io, amoto ab humeris pallio cum infula . . processit ad regis curiam A. TEWK. *Add. Thom.* 8; si egritudinis accidit . . eventus quo inceptum nequeat consummare misterium . . sacerdos *Cust. Westm.* 222. **c** de sumendo Dominici corporis sanguinisque ~io BEDE *HE* I 27 p. 58; nos . . credimus, post benedictionem ecclesiasticam illa misteria esse verum corpus et sanguinem Salvatoris W. MALM. *GR* III 286.

5 interpretation according to non-literal sense (*v. et.* 1 *littera* 11b).

misterium . . et typus conprehendunt generaliter has tres species: tropologiam, allegoriam, anagogen T. CHOBHAM *Praed.* 10.

6 astonishment, wonder.

nec sine misterio sunt tanta ac talia primitiva nostre dotacionis insignia contemplanda ELMH. *Cant.* 100 (v. dotatio 2a).

mystes [CL < μύστης=*one initiated in secret rites*]

1 priest.

672 ad augmentum simmistis mistisque [*gl.*: mistes Graece dicitur misterii auctor. simmistes vero qui sub eo est sive conscius mysterii] . . tripudii immo ad doxam onomatis Cyrii ALDH. *Ep.* 5 p. 490; quum peto sacratae sublimes sedis honores, / tunc quod sim digamus, mihi mystes deneget illos J. HERD *Hist. IV Regum* 12.

2 one who is addicted or devoted (in quot., to games).

alea, charta, fritillus, pila, sphaera, discus: an non haec, celeriter exhausta pecunia, . . suos ~as [E: *haunters*] mittunt aliquo latrocinatum? MORE *Ut.* 57.

mysticare [ML], to symbolize, signify in a mystical sense (as dist. from literal).

ecclesia brevior cancellus mysticat esse / prelatos humiles, subjectos corpore, mente GARL. *Myst. Eccl.* 63; spem pars alta quidem mysticat, ima fidem *Id. Tri. Eccl.* 46.

mystice [LL]

1 in a hidden manner, secretly.

investigare sermonem quo se Deum etiam ubi patenter non dicit ~e significat BEDE *Prov.* 1011.

2 mystically, in a manner that must be explained figuratively.

incliti lapidis spectaculum, qui septenis oculorum obtutibus mistice ornatus describitur ALDH. *Met.* 2 p. 66; quorum distantiam Jezechiel propheta ~e describit cum veniente plagarum articulo tres tantummodo viros Noe . . Danihel et Job liberandos esse praedixit BEDE *Tab.* 415D; mistice, sacrae, divine *GlC* M 206; quia Spiritus Sanctus mistice illa [sc. sacramenta] vivificat DICETO *Chr.* 208; 1364 sacerdotes, qui die et nocte debent ~e in tabernaculo manere *Conc.* III 60a.

3 (w. ref. to interpretation) in a manner according to a non-literal sense (*v. et. litteraliter* 3).

possunt . . ~e in lana qui ovinus est habitus omnia pietatis . . opera . . accipi BEDE *Prov.* 1031; dicunt . . eundem hec omnia parere intellectum, ~e conspectu que tamen ad litteram sunt divisa AD. SCOT *TT* 657B; ~e vero illud prophete intellectum planum erit NECKAM *NR* II 49; unde quicquid dicitur tropologice vel allegorice, vel anagogice, potest esse dici dictum mistice et typice T. CHOBHAM *Praed.* 10; in Novo Testamento . . est duplicatus intellectus decalogi ut . . intelligatur litteraliter et mistice *Ib.* 93; Luce . . illa verba intelligunt de duobus gladiis materialibus; quare intelligere ipsa de gladio materiali et spirituali est ~e interpretari ipsa OCKHAM *Pol.* I 91.

mysticus [CL < μυστικός]

1 hidden, secret.

qualem vero conclusionem hec mistica colloquia . . fuerint operata G. HEN. V 25 p. 172.

2 mystical, that must be explained figuratively, that has mysterious origin or nature.

conspicator Alexander . . quosdam catacuminos . . ab eodem mistico baptismatis officio regeneratos extitisse ALDH. *VirgP* 32 p. 273; in ~o Rubri maris baptismate quo Dei populus salvatus est BEDE *Cant.* 1145; misticam S. Petri apostolorum proceris tonsuram accepit FELIX *Guthl.* 20; Algarus qui tam occulta misticis intuitus luminibus foras quoque efferre fuerit dignus W. MALM. *GP* II 74 p. 149; jam in navi mystica Thomas, nauta imus, / quam jactabant flumina, quam premebat limus *Poem S. Thom.* 73; misticus ille rubus non sensit in igne calorem / sic non amisit pariendo Maria pudorem *Eton Roundels* f. 3; ne contra preceptum ejusdem [sc. Christi] nolit pro salute corporis ejus ~i membrum putidum amputari OCKHAM *Pol.* I 117; c1430 mundum evomuistis, et penes mundanos mistica morte mortui estis (*Ep.*) *Reg. Whet.* II app. p. 460.

3 that has non-literal, usu. allegorical or symbolical, meaning.

sed etiam decupla recapitulationis serie misticam portendere allegoriam catholica Patrum decreta sanxerunt ALDH. *Met.* 2 p. 69; implebatque actu, quicquid sermone docebat / esset ut exemplum mystica verba loquens (*Vers.*) BEDE *HE* II 1 p. 79; in ~is scripturarum eloquiis, quasi imaginibus quibusdam in

speculo H. BOS. *LM* 1362C (v. imago 6a); vetus . . legalium sacrificiorum solempnitas . . quedam fuit . . future completionis ~a significatio BALD. CANT. *Serm.* 4. 9. 405; Daniel scripturam ~am in pariete legit et interpretatus est M. PAR. *Maj.* I 38; vaticinium antiquum . . aliquantulum est obscurum et ~um nisi plenius explanetur *Eul. Hist.* I 418.

4 (w. ref. to interpretation) mystical, non-literal (*v. et. litteralis* 6).

quadrifaria evangelicae relationis dicta misticis catholicorum patrum commentariis exposita ALDH. *VirgP* 4; non utique absque figura ~i sensus BEDE *Retract.* 1021; ut librum beati Job . . ~a interpretatione discuteret *Id. HE* II 1 p. 75; ut sit lex prima quam littera ingerit; secunda quam ex eo misticus intellectus agnoscit J. SAL. *Pol.* 522D; ut interpretationem ipsius nominis aptius ad ~um intellectum reducamus *Chr. Rams.* 10; **1521** mistica exposicio super Apocalipsim *Cant. Coll. Ox.* I 61.

5 that is used at the performance of the sacraments.

et quidem in ~is illis et sacerdotalibus indumentis, pallio etiam insignitus, sicut ibidem tunc missam celebraverat, perrexisset ad curiam nisi . . templares milites . . obstitissent H. BOS. *Thom.* III 37 p. 304.

6 (as sb. n.) hidden thing, affair, or sim., a secret, mystery; **b** (in literary text or interpretation).

venerant enim cognoscentes, quia mistica quedam inbuti THEOD. *Laterc.* 5; octava promissio non alia quam prima verbis iteratur . . misticum vero est in numero quod iteratur in promisso ANSELM *Misc.* 330; tutius ut veniant in apertum judice tanto / mystica GARL. *Myst. Eccl.* 7; mortis imago / Judicis eterni mistica scire nequit GOWER *VC* II 444; non ego sidereas affecto tangere sedes / scribere hec summi mistica quero poli *Ib.* III *prol.* 54. **b** et quia eadem doctorum verba fidelium quaedam ~a latent et occulta quae sollertiore comprehendantur industria BEDE *Prov.* 991; ut non tam in codicibus quam in propriis moribus ~a valeas lectitare AILR. *Jes.* III 19; in quibus [sc. libris] . . dispendiosa in breviorem stilum converti, ~a luculencius explanavi *Meaux* I 71.

7 non-literal sense or mode of interpretation.

aurum enim in ~is ad puritatem sensus, argentum vero ad eloquii refertur claritatem ALB. LOND. *DG* 9. 5.

mystrum, mistron [LL < μύστρον], a measure of liquid.

c1100 concule due cignum sive mistron [faciunt] *Eng. Weights* 2 (v. conchula 2).

mythologia [LL < μυθολογία], (act of telling) a tale; **b** (as title of literary work).

a tale . . mitologia . . narracio *CathA.* **b** cum Methologia Fulgencii *Cant. Coll. Ox.* I 22.

mythopoeius [LL < μυθοποιός], mythopoeic, that creates myths or fables.

figura metopoea que personis semper cognoscit certissime applicari *Gl. Leid.* 28. 34.

mythus, ~os [CL < μῦθος], myth, tale, fable.

hec mithus, i. fabula jocosa et relatu dulcis OSB. GLOUC. *Deriv.* 346; *a tale,* fabula, mitologia, mithos Grece, mitus, narracio *CathA.*

mytulus v. mitulus. **myxolydius** v. mixolydius.

2007. 05. 14 B   74.00 (49.00)